U0525359

证券市场技术指标百科全书

（原著第二版）

罗伯特·W.科尔比 著
(Robert W. Colby)
尹梦秋 郑三江 许宁 韩辞 译

山西出版传媒集团
山西人民出版社

图书在版编目（CIP）数据

证券市场技术指标百科全书：原著第二版/（美）罗伯特·W.科尔比著；尹梦秋等译.— 太原：山西人民出版社，2022.11
ISBN 978-7-203-10937-2

Ⅰ.①证⋯ Ⅱ.①罗⋯ ②尹⋯ Ⅲ.①证券市场—研究 Ⅳ.① F830.91

中国版本图书馆 CIP 数据核字（2022）第 046339 号

Robert W. Colby
Encyclopedia of Technical Market Indicators, 2e
0-07-012057-9
Copyright © [2002] by McGraw-Hill Education.
All Rights reserved. No part of this publication may be reproduced or transmitted in any form or by any means, electronic or mechanical, including without limitation photocopying, recording, taping, or any database, information or retrieval system, without the prior written permission of the publisher.
This authorized Chinese translation edition is jointly published by McGraw-Hill Education and SHANXI PEOPLE'S PUBLISHING HOUSE.This edition is authorized for sale in the People's Republic of China only, excluding Hong Kong, Macao SAR and Taiwan.
Translation Copyright © [2022] by McGraw-Hill Education and SHANXI PEOPLE'S PUBLISHING HOUSE.
版权所有。未经出版人事先书面许可，对本出版物的任何部分不得以任何方式或途径复制传播，包括但不限于复印、录制、录音，或通过任何数据库、信息或可检索的系统。
本授权中文简体字翻译版由麦格劳－希尔教育出版公司和山西人民出版社合作出版。此版本经授权仅限在中华人民共和国境内（不包括香港特别行政区、澳门特别行政区和台湾）销售。
翻译版权 ©[2022] 由麦格劳－希尔教育出版公司与山西人民出版社所有。

著作权合同登记号：图字：04-2014-016

证券市场技术指标百科全书：原著第二版

著　　者：	（美）罗伯特·W.科尔比
译　　者：	尹梦秋　郑三江　许宁　韩辞
责任编辑：	崔人杰
复　　审：	贺权
终　　审：	姚军
装帧设计：	周周設計局®

出 版 者：	山西出版传媒集团·山西人民出版社
地　　址：	太原市建设南路 21 号
邮　　编：	030012
发行营销：	0351-4922220　4955996　4956039　4922127（传真）
天猫官网：	https://sxrmcbs.tmall.com　电话：0351-4922159
E-mail：	sxskcb@163.com　发行部
	sxskcb@126.com　总编室
网　　址：	www.sxskcb.com

经 销 者：	山西出版传媒集团·山西人民出版社
承 印 厂：	廊坊市祥丰印刷有限公司

开　　本：	787mm×1092mm　1/16
印　　张：	48
字　　数：	950 千字
版　　次：	2022 年 11 月　第 1 版
印　　次：	2022 年 11 月　第 1 次印刷
书　　号：	ISBN 978-7-203-10937-2
定　　价：	288.00 元

如有印装质量问题请与本社联系调换

译者序

在证券市场投资决策中,交易者既需要熟悉市场基本面,又需要在把握买卖时点时使用市场技术指标。不同的交易者对技术指标的理解深度和广度不同,使用方法也存在差异,其中少数精明的投资者(所谓"聪明钱")会基于过去的市场行为评估技术指标,并确定最佳指标参数,从投资中获取超额收益。那么技术性策略需要考虑哪些因素?如何选取市场技术指标?如何构建指标体系并设计最佳参数?可用的技术指标又有哪些?

本书能为读者揭示以上问题的答案。本书介绍了市场技术指标的优点、指标回测方法与步骤以及交易系统的构建规则。特别地,本书系统介绍了一百多种最佳市场技术指标,并对多数技术指标,通过可用历史数据进行了回溯测试,展示出各指标的实际预测价值和优缺点。读者可以根据自己的需要,将适合的指标加入到适合自己的交易系统中,通过精确量化,找到特定的决策规则,实现利润最大化和风险最小化。

本书广泛适合不同层次的读者,并对量化交易者有特别的实践价值。通过阅读本书,金融类专业学生和金融市场交易一般爱好者可以从广度上了解市场技术指标的种类、基本功能及其内涵;熟练的市场交易者可以系统熟悉各类市场技术指标,学习本书作者的技术指标应用理念和应用方法;量化交易者可以在借鉴本书作者交易理论和回测方法基础上,深入理解并验证市场技术指标的参数确定,并通过实证检验丰富、完善和创新自己的交易系统。

本书译者及团队长期致力于证券市场的量化投资和交易系统开发,核心团队研发的 PTW 量化交易系统已经实现多个版本的升级,并运用于不同的纯量化的全部投资于中国证券二级市场的阳光私募基金中。借助本书的思想，译者团队所在的上海弈量投资管理有限公司，对不同技术指标基于中国股票市场的历史数据进行了回溯测试与本土检验，并开发出一系列适合本国股票市场的组合式指标量化交易系统。

  本书的翻译是沈阳理工大学尹梦秋老师带领的译者团队集体智慧的结晶，上海弈量投资管理有限公司赵学雷、刘建国、李庆阳、周旋、沈伟，辽宁大学罗春婵、李维峰，兴业银行韩征，光大证券王磊、安杰，国金证券孟冀，参与了本书的翻译或审阅工作。在此，一并向他们表示衷心的感谢。此外，也感谢我们的法律顾问阎辉和马宁。

  在本书翻译中，译者尽量保留原文的本意和原作者的语言风格，同时力求符合中文阅读习惯，希望读者阅读后有所收获。限于本人翻译水平，书中仍然会有许多错误和疏漏之处，欢迎读者和同行专家批评指正。

尹梦秋 郑三江 许宁 韩辞
2018 年 6 月

序 言

世界顶级交易商和投资者都使用市场技术指标，这些少数精明的投资者跑赢了市场，从投资中积累了财富。本书中的证据有力地表明，加入这一少数成功人行列的最可能的方法是，采用建立在对过去市场行为进行客观表现评估基础上的严格的现实投资方法。

本书提供了由一百多种最佳市场技术指标积累起来的宝库，这些指标是经过大量相关市场参与者几十年密切关注市场价格行为而开发出来的，市场技术指标旨在使高度复杂的投资决策过程相对简单和有效。

我们测试了所有可用历史数据，以精确地向你展示如何建立具体的指标参数，以及清晰的买卖证券规则，目标是使利润最大化，并使损失风险最小化。你将能够为自己评判最适合的指标，应用在自己的投资决策中，并与自己的目标相一致，无论涉及短期交易、长期投资、积极投机还是资本保护。你将对各种可能的指标公式的实际预测价值、优势和弱点获得现实的理解。

本书将为聪明的投资者节省多年的时间，为他们揭示交易和投资的最佳方法。投资的"车轮"已经发明出来，你不必再重新发明它。本书中的许多观点将激发富于想象力的市场学员独立进行假设测试，因为既定的概念可以用各种新的方法加以剖析和重组。有了相对廉价的计算机、软件和数据，任何聪明的投资者都可以使用负担得起的工具进行原始研究。本书提供丰富的测试思想来源，适用于你的交易系统。

罗伯特·W. 科尔比
特许市场技术分析师

致　谢

"如果说我看得比别人更远些，那是因为我站在巨人的肩膀上。"艾萨克·牛顿如是说。

许多人长期努力却难以获得对市场真正行为方式的实际性理解，也有些人慷慨地分享他们宝贵的来之不易的经验，这样我们可能会受益。在这几页中，会尽可能向他们提名致谢。

除特别注明外，本书中所有的历史测试和图表使用 Equis 国际公司提供的强大的 Metastok© 软件。Equis 国际公司联系方式：犹他州盐湖城东 700 南街 3950 号 100 室，邮编 84107，电话（800）882—3040 或（801）265—8886，传真（801）265—3999，网址 www.equis.com。Metastok© 是一家路透社公司 Equis 国际公司的注册商标。

除特别注明外，回溯几十年时间的长期数据由美国国债（UST）证券公司提供（新泽西州普林斯顿市沃恩大道 5 号，区号 5209，邮编 08543—5209，电话（201）734—7747）。该机构经纪商长期以来一直是技术分析和可靠数据的首选供应商，数据包括市场宽度（涨跌及高低点）、情绪（空头卖出、投资顾问意见、看跌/看涨比率）、成交量、价格指数和个股数据，美国国债（UST）公司是公认的机构投资者准确和详细点数图的"来源"。

许多优秀的图表和指标研究是由内德·戴维斯研究公司［佛罗里达州威尼斯鸟湾西大道 600 号，邮编 34292，电话（941）484-6107，传真（941）484-6221，网址 www.ndr.com］提供的。几十年来，内德·戴维斯研究公司为专业和机构投资者提供了广泛的研究服务。

网站 www.equis.com 上的路透社数据链接提供快速和可靠的日末数据

更新，以及超过 20 年的个股、各种价格指数、成交量、宽度、收益率以及期货价格的历史数据。

商品期货系统公司（CSI）的垄断优势提供了干净的历史数据和快速的最新标准普尔 500 综合股价指数期货合约的日末数据更新，使用在我们的许多策略举例中。CSI 是公认的提供准确期货价格数据的领导者，CSI 还提供股票价格和成交量数据。商品期货系统公司联系方式：佛罗里达州博卡拉顿西棕榈园路 200 号，邮编 33432，电话（561）392—8663，网址 www.csidata.com。

联邦储备系统（www.federalreserve.gov）的联邦储备委员会董事会，以及圣路易斯联邦储备银行（www.stls.frb.org/fred/data/business.html），在他们的互联网网站上免费提供历史的和当前的经济数据。

我们感谢我们的前合著作者，注册会计师托马斯·A. 梅耶斯，他告诉我们可以编纂一本技术研究百科全书。我们感谢执行编辑史蒂芬·艾萨克斯以及麦格劳—希尔出版社的同事们对这部百科全书出版的贡献。

最后，我们感谢我们市场技术分析师协会［新泽西州伍德布里奇主街 74 号三楼，电话（732）596—9399，传真（732）596—9392，网址 www.mta.org］的会员做出的无数贡献。该顶尖技术分析师的专业机构拥有期刊、时事通讯、图书馆、网站、电子邮件聊天列表、会议和研讨会，这些活动激发了许多令人振奋的想法。欢迎新会员加入。

目 录

第一部分 市场技术指标评价 ... 1
    市场技术指标简介 ... 2
    市场技术指标的前行模拟为跨时持续盈利提供可能 ... 7
    找到适用你的市场技术指标 ... 21
    关于市场技术指标、模型及交易系统的其他观点 ... 31

第二部分 市场技术指标 ... 39
    绝对广量指标 ... 40
    累积/派发线（AD） ... 44
    累积摆动指标（ASI） ... 47
    自适应移动平均线（AMA） ... 51
    涨跌背离摆动指标（ADDO） ... 52
    涨跌线指标（A-D 线） ... 52
    非累积涨跌线：休斯宽度动量摆动指标 ... 59
    八个参数的百分比休斯宽度动量摆动指标 ... 65
    涨跌比率指标 ... 66
    投资顾问情绪指标 ... 69
    ADX（平均动向） ... 73
    美国个人投资者协会调查 ... 73
    安德鲁音叉线：中线方法 ... 74
    阿姆斯的简易波动指标（EMV） ... 79

阿姆斯的短线交易指数（TRIN，MKDS）……………… 82
阿隆指标，阿隆摆动指标 ……………………………… 91
占星术，天文周期的金融应用 ………………………… 97
占星术，长期周期 ……………………………………… 101
平均动向指标（ADX）………………………………… 102
平均真实波幅 …………………………………………… 102
黑箱系统 ………………………………………………… 103
布林线 …………………………………………………… 103
布林带宽指标 …………………………………………… 109
博尔顿—特伦布莱指标 ………………………………… 110
括括弧，括弧，动态括弧 ……………………………… 111
宽度涨跌比指标：宽度冲力 …………………………… 112
好友指数 ………………………………………………… 117
看涨—看跌美元价值流向线（CPFL）………………… 119
看涨—看跌美元价值比率 ……………………………… 123
看涨—看跌期权费比率 ………………………………… 126
看涨—看跌期权成交量比率 …………………………… 130
蔡金的资金流指标 ……………………………………… 133
钱德动量摆动指标（CMO）…………………………… 134
统计显著性卡方检验 …………………………………… 137
熔断，每日价格限制，停牌，交易限制 ……………… 139
多重技术指标组合 ……………………………………… 140
交易商持仓报告 ………………………………………… 141
商品期货通道指标（CCI）…………………………… 142
商品期货通道指标穿越零：零值CCI ………………… 145
商品期货选择指标（CSI）…………………………… 149
信心指标 ………………………………………………… 153
反向意见：逆向思维投资艺术 ………………………… 154
估波曲线（估波指南）………………………………… 155

累计净值线 ··· 162
累积成交量指标 ··· 163
时间和价格周期 ··· 163
数据时间和价格周期 ··· 175
数据探索，数据挖掘时间和价格周期 ································· 176
月内之日时间和价格周期 ·· 176
周内之日 ·· 185
十年形态，十年周期 ·· 190
DEMA ·· 195
需求指标（DI） ·· 195
背离停损，凯斯自适应性背离停损 ···································· 196
帝纳波利点位，斐波那契盈利目标 ···································· 196
动向指标（DMI） ··· 199
较低的平均动向（ADX）：暴风雨前的平静 ······················· 203
背离分析 ·· 204
唐奇安的四周规则 ··· 207
双指数移动平均线（DEMA） ·· 207
道氏理论 ·· 211
邓尼根的单向公式 ··· 241
邓尼根的冲力方法 ··· 241
有效市场假说 ··· 242
艾尔德射线 ··· 242
终点移动平均线（EPMA） ··· 243
包络线，移动平均包络线和交易带 ···································· 243
净值下降比率 ··· 247
探索性数据分析 ··· 247
指数移动平均线（EMA），指数平滑移动平均线 ················· 247
斐波那契数列，斐波那契周期 ··· 256
强力指数 ·· 261

傅里叶分析：快速傅里叶变换	261
基金净申购指数	265
CSI 永久合约期货滚动算法	266
期货合约：到期月份和符号	267
江恩角	268
江恩九方图	272
通用汽车充当市场领头羊股票	274
格罗斯三一指数	278
霍兰指数	279
哈里克获利指标	283
高动量交易系统	286
高低点逻辑指数	287
兴登堡凶兆	287
节假日指标	288
圣杯指标	289
钩形指标	289
假设检验	290
指标季节——艾尔德概念	290
指标季节——科尔比变量	291
指标季节——科尔比变量指标策略举例	291
惯性指标	299
内部人卖出/买入比率	299
市场间背离	306
日内交易，当日交易，日内价格行为	306
一月份晴雨表	310
一月份效应	314
一月份前五日：一个"早期预警"系统	315
卡吉图	317
凯恩的%K钩形指标	319

凯斯指标	319
带 EMA 滤波器的肯特纳通道	320
肯特纳短期趋势规则	323
肯特纳 10 日移动平均线规则	324
关键反转日	324
带滤波器的关键反转日	325
克林格成交量摆动指标（KO）	328
确然指标（KST）	329
大宗交易比率	336
大宗交易	337
最小二乘法	337
线性回归线	338
线性回归斜率	341
流动性指标	344
利弗莫尔摆动系统，利弗莫尔渗透滤波器	345
罗瑞报告	345
卢卡斯数列	354
保证金指标	354
保证金负债量	354
保证金比率	359
市场轮廓	360
市场风向	360
玛特的大师交易公式	361
数学模型	361
最大熵谱分析（MESA），最大熵法（MEM）	363
麦克莱伦摆动指标	364
麦克莱伦和指标	368
信步指标	374
会员/零股指标	374

会员空头比率 ………………………………………………… 375

蔡金的资金流指标 …………………………………………… 380

年内之月：显著季节性升降趋势 …………………………… 380

最活跃股票 …………………………………………………… 388

平滑异同移动平均交易方法（MACD）…………………… 390

移动平均滤波器和多重确认 ………………………………… 393

移动平均摆动指标 …………………………………………… 393

移动平均线斜率 ……………………………………………… 394

多重共线性 …………………………………………………… 394

运用指数移动平均线交叉规则的多重时间框架分析 …… 395

共同基金现金/资产比率 …………………………………… 399

N日规则 ……………………………………………………… 399

负量指标（NVI）…………………………………………… 401

新高减新低指标 ……………………………………………… 404

新高新低差/交易股票总数量：新高/新低比率 ………… 408

新高数量/交易股票总数量 ………………………………… 411

新股寒暑表指标（IPO月发行总量）……………………… 415

新低数量/交易股票总数量 ………………………………… 415

百分之九十之日，九比一之日 ……………………………… 420

诺弗里的拥塞相系统 ………………………………………… 429

上涨股票数量 ………………………………………………… 429

下跌股票数量 ………………………………………………… 432

零股平衡指标：零股卖出总量/零股买入总量 …………… 437

零股卖空比率 ………………………………………………… 440

奥哈马的三维技术指标 ……………………………………… 452

净额成交量指标 ……………………………………………… 452

未平仓合约 …………………………………………………… 453

未平仓合约之拉里·威廉姆斯变异系数 …………………… 457

未平仓合约趋势跟踪策略 …………………………………… 458

— 6 —

期权指标	462
摆动指标	463
区间外收盘的外包日	465
超买/超卖摆动指标	465
抛物线时间/价格交易系统	466
位于30周及10周简单移动平均线上方股票百分比	473
许可滤波器，许可筛选器	479
枢轴点	479
枢轴点转向交易系统	480
点数图（P & F图）	483
极化分形效率指标（PFE）	489
正量指标（PVI）	491
节前季节性指标	495
总统选举周期	495
价格通道交易区间突破规则	502
价格通道交易区间突破规则——动态角度	506
价格摆动指标：移动平均摆动指标	506
价格趋势通道：向上倾斜或向下倾斜	510
程序化交易成交量指标	511
投射带指标	513
投射摆动指标	518
专有指标	523
心理线——心理线意向摆动指标（PI）	523
公众空头比率	524
公众/专家空头比率	528
看跌/看涨期权费比率	532
看跌/看涨期权费比率跳跃策略的指标策略举例	532
看跌/看涨比率：看跌/看涨成交量比率	536
Q棒指标	540

R 平方指标 ………………………………………………………… 546
随机游走假说 ……………………………………………………… 550
随机游走指标（RWI） …………………………………………… 550
灵活参数的随机游走指标 MetaStock© 系统测试规则 ………… 552
区间指标：厄普肖"跟踪交易区间"价格投射方法（HOTR） … 555
区间指标（TRI） ………………………………………………… 559
价格变动率指标（ROC） ………………………………………… 563
相对强度（比率分析） …………………………………………… 566
相对强弱指标（RSI） …………………………………………… 575
相对波动性指标（RVI） ………………………………………… 582
忍蔻图（砖形图） ………………………………………………… 585
阻力指标 …………………………………………………………… 586
阿瑟·梅里尔阻力指标 …………………………………………… 586
七数规则 …………………………………………………………… 588
圣诞老人升浪 ……………………………………………………… 589
舒尔茨上涨股票比（A/T） ……………………………………… 589
第二小时指标 ……………………………………………………… 593
二次发售指标 ……………………………………………………… 593
板块轮动指标 ……………………………………………………… 594
情绪指标 …………………………………………………………… 596
夏普比率 …………………………………………………………… 598
菲利普·厄兰格个股空头净额指标 ……………………………… 598
熊市标志 …………………………………………………………… 603
简单移动平均线（SMA）：算术移动平均数 …………………… 607
简单移动平均线指标策略 ………………………………………… 608
速度阻力线 ………………………………………………………… 615
跳板指标 …………………………………………………………… 616
阶段分析指标 ……………………………………………………… 616
标准差指标 ………………………………………………………… 618

统计学指标……619

斯蒂克斯指标（STIX）：短期聚合指标……620

随机指标（莱恩随机指标）……624

随机指标流行突破：斯特克突破……634

股票市场价格指数……634

支撑和阻力指标……637

摆动滤波器指标……641

威尔德摆动指标……641

摆动回撤水平……642

泰勒公式方法……643

TEMA……644

三线反转图……644

移动平均线三线交叉……646

跳动量柱状图……650

时间分割成交量指标（TSV）……650

时间序列预测（TSF），移动线性回归，终点移动平均线（EPMA）……651

交易股票总量……652

总卖空比率……652

总盈利交易百分比，交易者胜率……652

陷阱：牛市陷阱，熊市陷阱……653

跟踪转向交易系统……653

趋势通道指标……653

趋势线指标……654

三叉戟商品期货交易系统……656

三重交叉法……656

三重滤网交易系统……661

契克斯指标（TRIX，对数收盘价三重指数平滑移动平均线）……661

真实波幅……665

25 日多元化指标的指标策略举例：旧标准已过时 …………… 668
双重移动平均线交叉 …………………………………………… 672
龟汤交易法 ……………………………………………………… 672
典型价格 ………………………………………………………… 672
终极摆动指标 …………………………………………………… 673
价格不变股票数量指标 ………………………………………… 677
涨跌成交量比率 ………………………………………………… 680
波动率简介 ……………………………………………………… 684
蔡金波动率指标 ………………………………………………… 685
芝加哥期权交易所市场波动率指数（VIX）…………………… 685
波动率（VIX）指标策略举例 ………………………………… 688
波动带指标 ……………………………………………………… 689
波动率与价格通道 ……………………………………………… 689
波动率与价格通道趋势跟踪策略的指标策略举例 …………… 690
波动率扩张指标 ………………………………………………… 693
阿瑟·梅里尔的波动率指标 …………………………………… 694
波动比率 ………………………………………………………… 695
成交量指标 ……………………………………………………… 697
成交量加速度 …………………………………………………… 702
成交量收集摆动指标，成交量收集趋势 ……………………… 705
成交量：净上涨减下跌股票累积成交量指标 ………………… 711
成交量：累积成交量比率 ……………………………………… 712
上涨股票成交量 ………………………………………………… 712
下跌股票成交量 ………………………………………………… 715
成交量：克林格摆动指标（KO）……………………………… 715
成交量：纽约证券交易所对比场外市场 ……………………… 719
成交量：平衡成交量指标（OBV）…………………………… 719
成交量摆动指标 ………………………………………………… 725
成交量*价格动量摆动指标（V*PMO）……………………… 727

成交量反转指标 …………………………………………………… 730
上涨日成交量/下跌日成交量 …………………………………… 733
成交量：威廉变异离散量（WVAD） …………………………… 733
每周华尔街（W＄W）市场技术指标 …………………………… 735
加权移动平均线：移动位置加权算术平均方法 ………………… 739
差别加权技术指标 ………………………………………………… 744
威尔德平滑 ………………………………………………………… 745
威廉百分比范围指标（%R） ……………………………………… 745
威廉变异离散量（WVAD） ……………………………………… 745
威科夫波浪 ………………………………………………………… 745

MetaStock© 系统及罗伯特·W. 科尔比提供的特别优惠 …………… 746

第一部分

市场技术指标评价

市场技术指标简介

使用市场技术指标的24个优点

1. 市场技术指标可以根据逻辑、常识和基于过去表现的实际可操作性来进行选择或放弃。

2. 市场技术指标可以通过系统、科学的方法来获得。

3. 市场技术指标提供了一个精确量化的框架,用于组织有关实际观测的市场行为信息。

4. 市场技术指标可以根据历史先例为投机决策提供坚实的基础。

5. 市场技术指标可以节省宝贵的时间,我们不需要花几十年的时间亲自观察市场来学会利用它的行为模式。有效的指标测试和选择,是从历史先例中进行学习的更容易、更快速、更便捷的方法。

6. 不同的市场技术指标可以针对三种可能的趋势方向进行调整:上涨、下跌和横盘。

7. 市场技术指标可以以任何时间框架检测趋势。由于市场的分形特点,趋势会在不同的时间间隔内以相似的方式展开,因此,市场技术指标可以适应通常持续多年的占主导地位的主要趋势,通常持续几个星期到几个月的中期趋势,每天的小趋势,以及短期交易者关注的瞬时波动。

8. 市场技术指标可应用于各种金融工具:股票、期货、商品期货、货币和其他在公开市场交易的工具。

9. 市场技术指标可以用来及时检测趋势和趋势的可能变化。市场技术指标预测未来可能出现的趋势,并使我们走在市场趋势的前沿。相反,大多数投资者反应太慢,因为他们把注意力集中在落后的基本面上,包括当前的新闻上。

10. 市场技术指标能使我们做出明确的决定,不必有不确定性、猜测、困惑、焦虑和压力,因为它们可以被精确地定义和测试。

11. 市场技术指标提供了精确和客观的信号，可以使我们免受预测、意见、偏见、自我、希望、贪婪和恐惧对不断变化的市场趋势的准确认识的干扰。通过基于客观的市场技术指标信号而行动，以冷静的态度和最稳定的情绪和心理进行参与，我们可以使成功的机会最大化。

12. 我们对市场技术指标进行的九步前行模拟，为选择合理、具体的市场技术指标参数提供了客观、有序的程序。这九个步骤使我们能够基于对过去实际市场行为的完全客观的回溯测试，建立精确的决策规则。

13. 经过测试和精确定义的市场技术指标规则给出具体的信号，使我们能够自信地执行交易。我们能感到自信，因为这些规则能将实际的过去市场行为的风险回报表现最大化。

14. 虽然未来不太可能完全反映过去，但假设未来的市场行为将与过去相似，是我们建立当前决策的最佳假设，因此，我们可以选择过去表现最好的特定的市场技术指标参数。

15. 市场技术指标能提供比其他决策方法更大的灵活性和适应性。技术分析可以扩展到包括与所分析市场无关的数据，如市场间比较、情绪调查和周期研究，以及被视为基本面的数据，如经济和货币数据，技术分析工具可以检测任何数据序列中的趋势和趋势变化。

16. 与其他决策方法相比，市场技术指标可以相对快速和容易地使用。通常，投资策略是不完全确定的或过于复杂的，有大量难以量化的变量。许多复杂的系统是不可能被理解和检测的。相比之下，许多市场技术指标提供了简单、合理、明显直观、易于理解和精确定义的基于可控数量变量的公式。这些品质使我们能够及时自律地执行决策，这对金融市场上的成功至关重要。

17. 市场技术指标研究总是产生有价值的结果。即使一个指标不能产生明显有用的结果，我们也会受益，因为我们可以放弃这个指标，并把注意力转移到其他方向的研究上。对于那些亏钱的非常糟糕的指标，我们可以尝试按它们的信号反向操作，如果逻辑上允许的话，当它们变为消极的时候买入，当它们变为积极的时候卖出。

18. 传统的市场技术指标可以适用于结合最先进和最复杂的数学和统计学工具。

19. 资本保护是任何谨慎投资策略的首要规则，通过已测试市场技术指标的严格运用，可以有效地降低大额亏损的可能性。历史研究可以使我们精确地确定我们的风险控制方法，风险降低意味着利润回报的更大可能性。

20. 以历史测试过的市场技术指标为基础，当意外的情况发生时用风险控制来减少损害，这种概率的应用是我们能采用的最好方法。其他方案（徒劳地寻求对未来的一致性准确预测，对新闻变化做出反应，或追随最新的市场大师）都不起作用。

21. 市场技术指标比以往任何时候都更容易获得，由于技术的进步，独立研究所需的历史数据是容易获取和加工的。

22. 市场技术指标日益成为消息灵通的市场参与者的首选决策工具，大多数最成功的投资者和交易员都使用市场技术指标。

23. 顶尖的交易员和投资者所使用的相同市场技术指标，目前都可以获得，本书提供了如何以有序的、一步步的方式制定和测试市场技术指标的必要知识。

24. 本书中提供的特定市场技术指标参数，将使实际市场历史的风险回报表现最大化。

交易与投资中关注趋势最重要

市场价格运动是有趋势的，许多变量会影响趋势，市场价格领先于潜在基本面状况的实际发展。因此，趋势为什么产生，在实时情况中并不总是清晰的。有时，趋势结束后，原因还不明朗。设计市场技术指标只是为了确定趋势和趋势的变化，而不考虑潜在的原因和影响。

趋势是持续的，我们不需要知道一个趋势会持续多久。我们只需要知道，趋势会持续下去，直到市场上金融工具的供求平衡发生某些变化，我们需要及时识别趋势的变化。

随着不同能力和不同约束的投资者以不同的速度感知和应对新的发展，市场对重要的新力量的反应随着时间的推移而展开。市场趋势的开始，就像一块鹅卵石被扔进一个平静的池塘中央后出现的水的涟漪圈。开始时，最有知识和最知情的玩家基于新的现实来做交易，他们的交易在市场上制造了第一圈涟漪。紧跟着，第二知情者做出反应，创造了第二波。不久之后，第三知情的投资者进行交易，创造了第三波。如此下去，直到最后最单纯的投资者对变化的环境做出反应。到那时，趋势已经结束，趋势反转即将到来，这就是定向价格趋势在买卖浪潮中展开的方式。

人们买入和卖出股票时，受他们的情绪所支配。除了所有理性的对基本经济状况考虑之外，群众的情绪状态和投资者心理，是决定投资者决策和实际市场行为的最重要的因素，投资者心理在本书的行情指标和专家情绪指标中进行了揭示。

趋势可以在多种不同的时间框架中检测，从几年到瞬时。有三种可能的趋势方向：上涨、下跌或横盘。这些趋势方向在不同的时间框架中有所不同：持续多年的主要长期趋势，持续几周到几个月的重要中期趋势，持续数日的微小短期趋势，以及只涉及短线交易者的嘈杂的瞬时趋势，不同的趋势方向和不同的时间框架要求不同的具体市场技术指标参数来最大化风险回报表现。这似乎很复杂，但这种复杂性可以通过对适当的投资目标的有序识别和有序的研究方法来管理，如本书所示。

市场技术指标回溯测试被证明是有效的

　　市场技术指标的最大优点之一是，它们可以根据实际的市场历史进行测试。一些世界上顶尖的交易员和投资者使用回溯测试来决定他们的交易策略（参见杰克·D. 施瓦格《华尔街点金人——华尔街精英访谈录》，纽约金融学院，1989：共458页）。例如，理查德·丹尼斯在芝加哥期货市场16年的交易中，将400美元运营到200,000,000美元（除了高杠杆极大地放大收益和损失以外，期货"投机"与股市"投资"是一样的）。同几乎所有伟大的期货交易员一样，丹尼斯是一位研究市场本身行为的技术人员，丹尼斯雇用数学家和计算机专家帮助他测试所有已知的市场技术指标。以他的研究为基础，他建立了一套利用价格趋势获利的交易规则，能迅速止损，并识别不可持续的过激行为。为了证明他的方法是有效的，而不是唯独对他个人有用，丹尼斯将他的交易规则教给23名新学员，他称其为他的"海龟"。虽然他们以前没有交易经验，但23人中有20人年度平均回报率为100%。这些结果表明，精确定义的对历史数据的回溯测试交易规则是一种选择交易策略的合理方法。

　　对市场技术指标进行回溯测试已被证明在实际操作中是有用的，因为市场的行为模式不会随着时间而发生巨大变化。正如美联储主席艾伦·格林斯潘所说："人的心理塑造了推动市场经济竞争的价值体系。这个过程与人的本性是密不可分的，本质上是不可改变的，因而将未来锚定于过去。"正如哲学家乔治·桑塔亚纳在《理性的生活》（1906）中所写的那样："那些不记得过去的人注定要重蹈覆辙。"传统上，大多数投资者结合自己的直觉和很容易从大众信息来源获得的"传统智慧"，来做出决策，不幸的是，对广泛变形的已知事实的主观考虑，会导致糟糕的决策和低于平均水平的结果。依靠基于非系统地收集未过滤信息而改变主观印象，实际决策过会变得非常混乱。当我们不能分析，甚至不能准确地识别出错误时，就不能从错误中学习和改进。当市场气氛宽松、赚钱很容易时，这似乎不是一个问题，但当困难时期来临——正如它们经常这样时，随意的未经测试的方法会迅速成为对财富的一种严重危害。

　　对市场技术指标进行回溯测试提供了切实可行的替代方案，使成功的概率更高。一个经过测试的、客观和系统的策略并不依赖于预测或主观判断，也用不着猜测和怀疑。相反，它提供了一套明确的指令，即严格控制投资风险，并使最大化利润不断积累。此外，通过测试涵盖许多市场周期的大量历史数据，我们可以设计一个模型，使各种市场环境中的回报和风险权衡最大化。

市场技术指标的类型：趋势、动量、情绪

　　早期的技术人员观察并分类记录各种交易数据。随着时间的推移，重复的形态被发现，从而出现一般理论，趋势（价格运动：上涨、下跌或横盘）成为技术分析的主要考虑因素。

　　动量（价格速度或价格变动率）是价格趋势方向改变的领先指标，动量变化通常先于价格趋势变化。在一个典型的主要市场周期，价格开始一轮新的上涨趋势时，伴随着非常高的和上升的动量，标志着一个新的牛市。在接下来的几个月到几年里，该正速度逐渐降低，价格上涨的斜率变小。通常，在价格达到最终高点之前，动量就会达到峰值，然后，随着价格在反弹中涨幅变小，速度逐渐减小。当价格回升到或略高于先前的峰值时，动量形成一种峰值不断降低的形态，这就是所谓的负背离。当在小的反弹中价格开始低于先前的峰值——明显表明看涨衰竭时，牛市的终点到来。当价格跌破先前的小低点，而动量急剧下降到负值区域时，这就是熊市周期下降的开始。最后，经过长时间的下跌，价格速度在实际价格达到最终低点之前筑底，逐渐地，在轻微的价格下跌中价格速度变得越来越低。价格可能会创出更低低点，但动量并不像以前较高价格低点处那样低，这就是所谓的正背离。随着负动量的减少，新的上涨周期阶段开始确立。最后，很可能在一次或多次的低点测试之后，或是在低位上出现一段长时间的沉闷、横盘的价格波动后，价格以大的成交量和高的价格速度突破至一个新的多月以来的高点，从而预示着一个新的牛市，这个完整周期重复不断。

　　基本图表分析以各种统计公式为补充，这些公式被称为行情带指标（股票行情带是一个流动的、几乎实时的报告，依次列示股票交易所大厅每一笔股票交易。"行情带说明一切"是华尔街由来已久的格言）。行情带指标用价格、成交量和宽度数据量化市场的方向（趋势）和速度（动量），行情带指标提供了趋势变化潜力的线索。

　　情绪指标基于反向意见理论：当投资者转向极端情绪时，他们有可能反应过度。这些指标包括空头卖出量、看跌和看涨活跃度以及投资顾问服务意见调查，情绪指标用来突出看涨过量（超买）和看跌过量（超卖）的关键时刻，是预示趋势衰竭的有用的领先指标。

　　其他未归类为技术指标的指标，作为股票价格的指标也有广泛的追随者，货币、

利率、经济和基本面指标可以用我们测试市场技术指标的同一客观方法进行回溯测试。技术分析师很实际，考虑任何可能帮助他们盈利的数据。货币、利率、经济、和基本面指标在罗伯特·W. 科尔比《投资策略》（www.robert wcolby.com，2002）一书中分别阐述。

市场技术指标、交易系统及投资择时模型的判断标准

百分比准确率（盈利交易对总交易）为新手交易者所痴迷，但它并不是判断交易系统的一个非常重要的标准。一些非常有效的技术择时模型错误的时候更多，而一些非主流模型往往正确的时候更多。

一个主要的指标表现衡量标准是净利润总额与最大净值回撤之比，也称为风险回报率。最大净值回撤决定一个策略的操作实用性，即使最终总利润很高，一个承受巨大损失的模型也是不切实际的。

最大净值回撤是资本从峰值到谷值的整体最大下降幅度。最大净值回撤不只是连续亏损交易的最大累积损失，因为表现糟糕时期可能会被一小笔利润所打断，而随后的累积净值回撤将重启，达到一个更低的水平。

掌握回报与风险的最佳和最简单的方法是对累计净值图进行目视检查。大的净值回撤在图上是很明显的。如果这些回撤相比其他指标的回撤更严重，我们应该放弃该交易系统，而选择另一种策略。

还有许多其他的指标表现衡量方法，其中一些涉及极其复杂的统计操作，但这些并不像最大净值回撤图那样告诉我们太多，"保持简单"仍是最好的建议。

市场技术指标的前行模拟为跨时持续盈利提供可能

模拟，或历史回溯测试，是迄今为止最强大的分析技术之一，这是寻找有效市场策略的关键一步。通过模拟，我们可以分离出在过去实际市场历史上一贯盈利的择时模型，强大的计算机、专业的软件和可靠的历史数据使模拟越来越容易进行。

模拟比其他方案——使用未经测试的决策模型或使用过去不会产生一致利润的系统明智得多，然而批评者指出，未来的市场行为模式可能与过去不相符。没错，但完美的匹配是不必要的。通过对不完美的相似性、模式或倾向进行量化，可以获得有价值的好处。如果市场是人类群体心理的一种表现形式，如果大众的行为具有

某种潜在的秩序和独特的重复模式，那么有效的历史测试就可以发现这些模式。

测试市场技术指标的正确方法是使用"前行的""盲模拟"，也称作事前交叉验证。这是一个有序的、系统的程序，可以真实地测试一个可以分九个步骤执行的假设。

市场技术指标前行模拟的九个步骤

1. **形成假设**。从合理的市场行为假设开始，这些假设是充分建立在逻辑和观测基础之上的，在本书中有一百多个有前景和明确定义的假设（市场技术指标）可供选择。

2. **获取数据**。我们可以针对我们感兴趣的可交易金融工具，获得最大数量的准确历史数据。数据越多，我们测试结果的显著性就越大。

3. **检查数据**。我们仔细检查我们的数据以确保其准确性，检查数据最简单的方法是绘制图表，然后寻找离群值或异常值。此外，我们根据独立的数据源系统地抽样检查其余的数据，准确的数据对于测试指标至关重要。

4. **数据分段**。将数据库划分为合理的固定长度的时间间隔，如年、季、月，初始数据段应该比其余数据段长。

5. **优化**。加载最早的数据段，然后找出能最大化风险回报表现的特定参数。优化，也称为曲线拟合，是系统地寻找最佳的具体指标参数——"最好"从某种意义上是指，相对于累计净值中最坏的峰值至谷值的回撤，该参数将产生最大和最一致的净利润。最旧数据段的最佳参数是通过"蛮力数字运算"发现的：为了确定哪一个特定的常数能产生相对于损失风险的最高回报，我们系统地改变了我们选择的指标公式中的参数值。为了避免过度曲线拟合，我们将优化严格限制在最早的数据段中。我们用来寻找最好的特定参数的最早的数据段被称为"可见数据"（或"样本中数据"），而后来和未使用的最近数据段称为"未见数据"（或"样本外数据"）。我们阻止最近的未观测数据段进入前行模拟（第六步）。在这里的第五步中，我们记录哪个特定参数能产生最佳的风险回报表现，但是我们不记录任何基于可见数据的表现数据。相反，只有基于未见数据的表现数据才能计入在我们的前行模拟表现评估中（在第九步中）。

6. **前行**。这个新发现的最优指标参数（来自第五步）被及时地向前投射到下一个和更近的样本外未见数据段中，这些数据未包含在蛮力最优化寻找中。我们为该模拟评估（第九步）记录表现数据。

7. **添加**。我们将我们刚刚用于前行模拟（第六步）中的数据段添加到前面的可见数据库（第五步）中。每个前行步骤之后，我们的可见数据库在增大，而我们的未见数据库在缩小。

8. 重复第五、六、七步中建立的循环模式，直到我们用完所有未见数据为止。 我们再次启动第五步优化过程，将刚刚可见数据（来自第六步）包含在第五步中用于优化的更大可见数据库中。再次运行第五步优化，我们使用新发现的最佳参数结果对下一个未见数据段前行（第六步）。然后我们将刚刚可见数据（刚刚在第六步中使用）添加到可见优化数据库（来自第五步）中，该数据库随着每次重复而变得更大。我们重复这个循环，反复执行第五、六、七步，直到我们前行完所有未见数据，把我们带到当前的时间。这可能看起来像在工作，但相比于每天一次实时判断一个指标，它是非常快速和容易的。

9. 评估结果。 如果我们获得了足够"清洁"（"准确"）的数据，如果我们将这些数据分割成足够多的数据段，就可以从现实角度来审视，我们的指标是如何经过多年的多次迭代而演进和执行的，我们已经看到我们的指标在过去的时间里是否是合理和一致的。我们现在可以比较各种指标的模拟结果，以便我们选择最佳指标用在实时应用中，我们有了一个客观的依据来接受或拒绝我们的指标假设。

如果我们对未见数据的模拟测试结果是可以接受的，就将对所有可用数据进行最后的优化，以确立一个指标参数，用于实时前行。请注意，如果我们跳过这一点而不进行整个九步走的前行模拟，我们就剥夺了自己在现实视角上考虑我们指标的长处、弱点和随时间的演进，就将无法感受到我们进行整个九步走而感受到的那种对指标的信心程度。

我们可以在我们的可见数据库中保留所有我们先前的可见数据，不管它有多么陈旧。人创造了市场，而人的基本本性在多年里不会发生太大的变化。因此，旧数据可能并不会过时，而从众心理产生的旧历史模式也可能会再现。

另一方面，我们可以通过系统地删除一些预定数量的最早的可见数据，并添加同样数量的新的未见数据，来使我们的决策规则随着时间而更快地演进，换句话说，我们可以使用预先确定长度的移动时间窗口来决定我们的具体参数。如果有一个很好的理由相信市场的基本性质可以随着时间而改变，那么我们系统地删除最早期的历史数据段就是合理的。

这个模拟过程将科学方法的严谨性赋予技术分析理论。如果当使用未见数据向前投射到未来周期时，我们基于可见数据开发的指标能产生一致的和相对强劲的表现，那么我们就有一个合理的理由，将该指标向前使用到近在眼前的不可见未来中。

很显然，最好在模拟中找出我们的指标是有效还是不足，而不是用真正的钱来实时发现。不管我们的假设被接受还是被拒绝，我们都会受益。正如托马斯·爱迪生指出的那样，一个被拒绝的假设也是非常有用的信息，它使我们能够将我们的资源转移到其他可能产生更好结果的方法上。做研究的过程经常会回馈给我们对市场行为的更现实的见解，并激发新的想法。

一个简单技术指标的前行模拟具体举例

演进式指数移动平均线交叉策略是最简单的趋势跟踪市场技术指标之一。我们选择指数移动平均线交叉策略进行演示，是因为它们的简单性和有吸引力的理论和实践优势。我们更喜欢用指数平滑作为移动平均方法，因为它比简单移动平均对新数据更敏感，对旧数据的依赖性更小。此外，与加权移动平均方法相比，指数平滑对新数据的敏感性更小，对旧数据的依赖性更小，与其他方法相比，指数平滑更加稳定。

该策略当价格上穿其自身跟踪指数移动平均线时买入多头并平仓空头，然后当价格下穿其自身跟踪指数移动平均线时卖出多头并卖出空头。在本例中使用每周数据，如果本周五收盘价高于上周指数移动平均线，我们将在本周五收盘时买入道琼斯工业平均指数多头。另一方面，如果最近的周末价格低于上周的指数移动平均线，我们卖出我们的多头头寸并卖出道琼斯工业平均指数空头，这种策略使我们一直在场内，或者持有多头或者持有空头。清晰而精确定义的买入和卖出信号绝对不会给不确定性、主观判断或解释提供空间，因为这些可能会导致问题的产生。移动平均平滑是许多趋势跟踪方法和系统的基础，而我们的无限制的交叉规则是其最简单的形式。

避免后视偏差。我们既要做多也要做空，因为我们必须非常小心，不要无意中引入看涨偏见，这对于那些选择多头或现金策略而不卖空的人来说是一种常见但明显不正确的假设。在后视中很明显的是，在过去的一个世纪里，股票市场一直存在着强势看涨（向上）的偏向，但这一信息在一个世纪以前根本不存在。注意，一个随机的多头或空头策略会使空头方产生大量亏损，原因是市场从1982年到2000年间出现了不寻常的上升趋势。因此，一个多空交易策略才是一个很好的测试，因为任何能从机会均等的卖空中生存下来并依然表现强劲的指标，都一定是好的。

唯一可变的参数是周期长度 n。用这种简单的无偏见方法，只有一个参数（变量）需要优化：用来估计我们的指数平滑常数的时期数（在本例中为周数）。使用公式 $2/(n+1)$ 将时间段转换成指数平滑常数，其中 n 表示时期数。

n 越大：

- 时期数越大；

- 指数移动平均长度越大；
- 指数移动平均线跟随原始数据越松散；
- 跟踪原始数据的滞后时间越长；
- 决策规则的敏感性越低；
- 买卖信号的数量越少；
- 对不触发交易信号的随机运动的容忍度越大，且产生改变现有多头或空头头寸信号所需的价格变动越大。

一个大的 n 意味着指标缓慢、不敏感、不活跃，产生的交易信号很少。

n 越小：

- 时期数越小；
- 指数移动平均长度越小；
- 指数移动平均线跟随原始数据越紧密；
- 跟踪原始数据的滞后时间越短；
- 决策规则的敏感性越高；
- 买卖信号的数量越多；
- 对不触发交易信号的随机运动的容忍度越小，且产生改变现有多头或空头头寸信号所需的价格变动越小。

一个小的 n 意味着指标快速、敏感、活跃，产生的交易信号很多。

交易成本、股息、保证金和利息可以有很大变化，并使分析复杂化。本例中不包括这些成本，这只是为了说明起来简单，而根本不是因为它们在现实中不重要。相反，在选择投资策略时，这些都值得仔细考虑。交易越频繁，交易成本就越大，这不仅包括佣金，而且也包括"滑移"——你的报价实际获得的价格与你希望获得的价格相比有差异。滑移可以是高度可变的，它可以超过买卖价差，特别是在快速的市场中。滑移通常是负数，因此是成本。由于保证金和杠杆可以大大放大利润和亏损，所以这是另一个主要考虑因素。

运用九步法对道琼斯工业平均指数进行前行模拟举例

1. **形成假设**。我们选择一个单一参数（周期长度）的指数移动平均线交叉策略。

2. **获取数据**。我们从美国国债证券公司获取道琼斯工业平均指数回溯至 1900 年的历史数据（此数据也可从其他来源获得）。为了简化本例中的工作，我们只对周末数据取样。

3. **检查数据**。通过对图表的目视检查以找出异常值（离群值），以及系统的抽样检查，我们仔细检查数据以确保其准确性，并纠正任何数据错误。

4. **数据分段**。我们选择将数据分段为一年的时间间隔，从每年的1月1日到12月31日。因此，我们一次前行一年，我们的可见数据库将以每年52个周五收盘价的规模增长，而我们为未来前行模拟提供的未见数据库将每年缩减52个周五收盘价。我们选择从1900年1月1日至1915年12月31日的16年期间每周收盘价作为我们最初（最早）的数据段，该初始数据段必须包括至少30次交易，并覆盖一个完整的低频周期（例如众所周知的4年周期）的整数倍，以消除买卖偏见。两个4年周期是8年，两个8年周期是16年（参见"周期"指标）。

5. **优化**。我们对我们的最初数据段（16年的每周收盘价）进行蛮力优化，系统地尝试从1周到50周的所有指数移动平均周期长度。我们记录哪个参数能产生最佳的风险回报表现结果。所有这些初始数据被认为是可见数据，所以它不会被计算在我们第九步的前行盲模拟的表现评估中。

6. **前行**。我们将第五步中优化得到的最佳参数应用到下一年数据段的未见数据中。我们为第九步的评估仔细记录该前行实时模拟的结果。

7. **添加**。我们将第六步中刚刚用于前行模拟的数据添加到先前优化过的可见数据库（第五步）中，所以我们初始16年的每周收盘价现在变为17年。我们保留我们优化数据库中所有旧的可见数据，即使我们每年都添加新的刚刚可见数据，也永远不从我们不断增长的优化数据库中删除任何可见数据。我们优化数据库的年数将从16年增长到17年，到18，到19、20、21、22、23、24、25、26年……直到我们所有的数据结束。

8. **重复**。我们重复第五、六、七步，一遍又一遍，一次一年，直到所有未见数据都被用于我们的前行模拟中。

9. **评估结果**。我们只评估对未见数据进行前行模拟的累积结果。这将使我们可以从现实视角审视，我们的方法是如何经过多年的多次迭代而实时演进和执行的。

这种一年又一年的前行模拟，将使我们的优化指标参数随着时间的推移适应在市场周期节奏中的任何可能的演进变化。我们仔细记录每一次对每年未见数据进行前行模拟的利润和亏损，以便我们能建立一个现实的、关于我们的指标随着时间的推移而模拟的累积跟踪表现的记录。

在这一点上，我们选择了我们的假设，获取了我们的数据，彻底检查了我们的数据，对我们的数据进行了分段，现在为我们的下一步即第五步的优化做好了准备。

5. **优化**。我们系统地尝试20世纪开始16年每周收盘价的从1到50的每一个指数移动平均周期长度，我们发现所有测试的周期长度都是盈利的，获取最大利润的记录使用的是 4 周指数移动平均线交叉策略。

6. 前行。我们对接下来的从 1916 年 1 月 1 日至 1916 年 12 月 31 日的 52 周的未见数据，测量该 4 周指数移动平均线交叉策略的模拟表现，我们为未来评估（第九步）记录该模拟结果。

7. 添加。我们将刚刚模拟的数据（来自第六步中的从 1916 年 1 月 1 日至 1916 年 12 月 31 日的数据）添加到先前优化过的可见数据库（第五步）中，这样我们初始 16 年的每周收盘价现在变为 17 年。

8. 重复。我们重复第五、六、七步。

5. 优化。我们将系统的蛮力数字运算应用到 17 年的数据中（现在为从 1900 年 1 月 1 日至 1916 年 12 月 31 日）。我们再次发现，获取最大利润的记录使用的是 4 周指数移动平均线交叉策略。

6. 前行。我们对接下来的从 1917 年 1 月 1 日至 1917 年 12 月 31 日的 52 周的未见数据，用该 4 周指数移动平均线交叉策略前行，我们为未来评估（第九步）记录该模拟结果。

7. 添加。我们将刚刚模拟的数据（来自第六步中的从 1917 年 1 月 1 日至 1917 年 12 月 31 日的数据）添加到先前优化过的可见数据库（第五步）中。我们初始 16 年的每周收盘价现在变为 18 年，我们保留了我们优化数据库中所有初始 16 年的数据，并且我们每年都不断地将所有模拟数据添加进来。因此，我们的优化数据库在每年年底会增长 52 周。

8. 重复。我们再次重复第五、六、七步。我们继续优化，向前投射，然后在 1918、1919、1920 年末……直到 1936 年末，将这些数据添加到可见数据库。

5. 优化。从 1915 年 12 月到 1936 年 12 月的每一年末，我们发现同样的结果：所有测试的周期长度都是盈利的，而且获取最大利润的记录都使用 4 周指数移动平均线交叉策略。

6. 前行。由于增加所有 22 个一年的增量后，指数移动平均周期长度保持 4 周不变，所以我们可以将前行模拟结果总结为图 1 中的 1915 年 12 月 31 日至 1937 年 12 月 31 日的一条连续的累计净值线。这 22 年期间的实时模拟利润为年均 52.52%，总模拟利润为 1156%，这将是 36% 的最大回撤的 32.1 倍。最大回撤是指，如果我们在最坏的时候开始执行我们的策略，也就是如果我们在最坏的累积损失期开始之前的累积净值线顶峰开始执行我们的策略时，我们将遭受的最坏情况。在总数 294 次交易中，只有 39% 或 115 次是盈利的，这是长期趋势跟踪策略的典型代表，然而，收益将大于亏损。

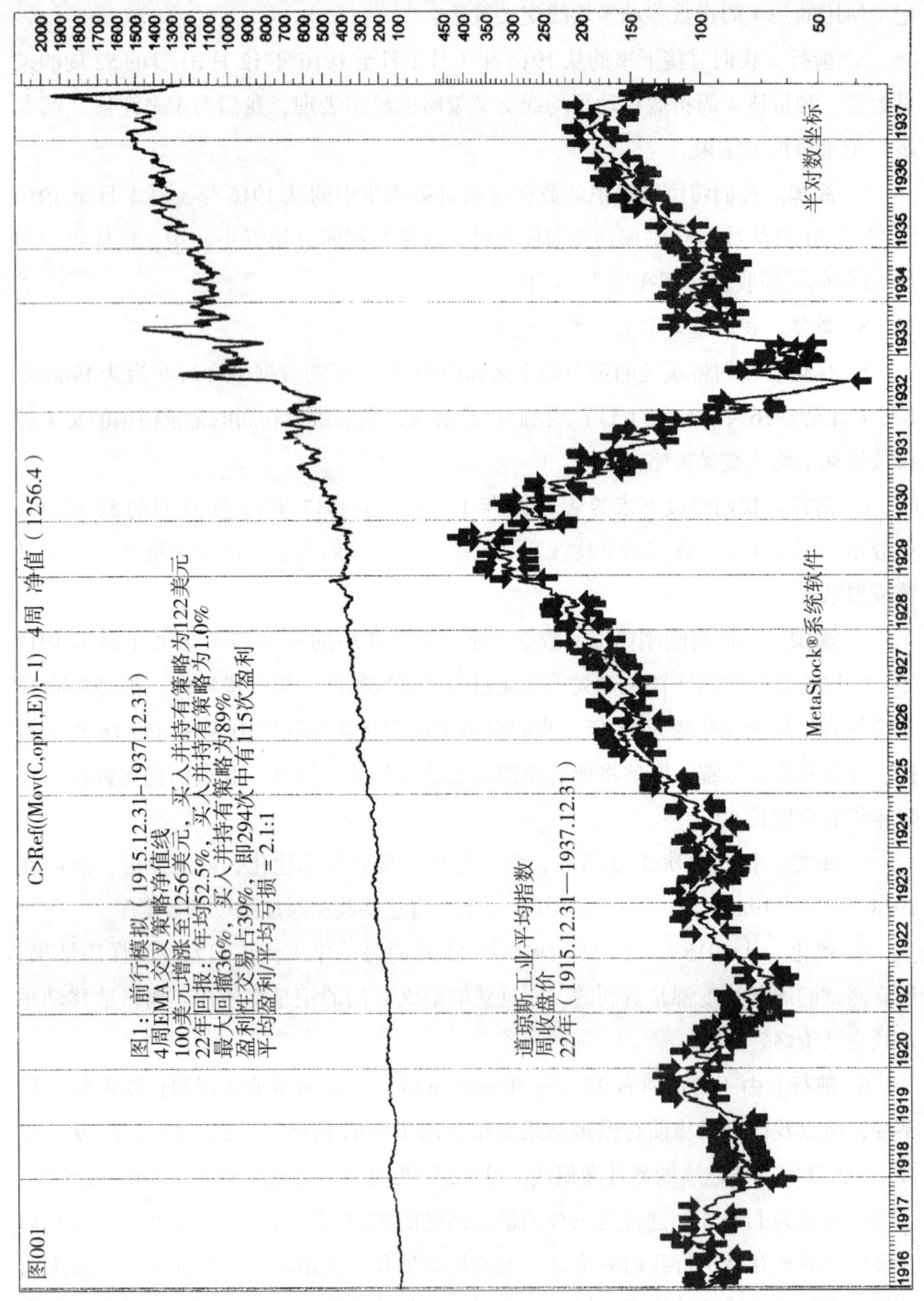

请注意1937年底股票市场的大幅下跌，如此大幅度的净值下降可以被看作是一个暗示，即过去与市场行为拟合如此好的指数移动平均线可能需要更新。在实际操作中，每当我们看到这样的净值下降，我就可以把它看作是一个来自市场的信息，需要重新运行我们的第五步优化，看看是否发生了什么变化——即使这样的优化还没有被我们的预定义程序所"计划"。

7. **添加**。我们将模拟数据（来自第六步）添加到先前优化过的可见数据库（第五步）中。也就是说，为了准备我们的下一次常规蛮力优化（第五步），根据我们的预定义程序，我们加载从1900年1月1日至1937年12月31日的所有数据。对于所有可见数据，或者已经在我们以前的年末优化中使用过，或者如1937年的数据，已经在最近52周中的前行模拟中使用过。

8. **重复**。我们再次重复第五、六、七步。

5. **优化**。重复该较长的新的38年蛮力优化，提供给我们整个22年的模拟实时实践中第一个周期长度的变化：现在最好的风险回报表现记录是用17周指数移动平均交叉规则。

请注意，虽然这次回溯搜索最优周期长度发现了截至1937年12月31日一个新的17周的周期长度，这个新的参数不会改变我们在过去22年实时模拟中的模拟跟踪记录。模拟表现分别记录在一个完全独立的步骤中，即第六步前行中。我们过去的模拟跟踪记录是像现在这样不变的，不能修改，不管后面的回溯搜索优化可能揭示什么，我们小心地将"过去"与"未来"分开。

6. **前行**。重要的问题仍然是：在未来，新的优化决策规则在下一年的新的、未测试的、未触及的、未知的、未见的数据中执行得如何？为了回答这个问题，我们将前行模拟向前投射到下一个52周的未见数据。我们加载从1938年1月1日至1938年12月31日的未见数据，将17周指数移动平均交叉策略应用于该未见数据，然后仔细记录结果。

7. **添加**。我们将刚刚在第六步前行模拟中使用的从1938年1月1日至1938年12月31日的数据添加到先前优化过的可见数据库中（现在长度是39年），以便为我们接下来的常规第五步优化做准备。所有39年的可见数据，或者已经在我们以前的优化中使用过，或者对于1938的数据，已经在前行模拟中使用过。

我们继续这一过程，一遍又一遍，每年年末进行，优化（第五步）、前行（第六步）、添加（第七步）和重复（第八步）。我们在1939、1940、1941、1942、1943、1944、1945、1946、1947年末遵循同样的常规程序……直到1991年末。每一次我们都发现，在优化过程中所有的周期长度都是盈利的，而且每年获取最大利润的记录都是使用 17 周指数移动平均交叉策略。

6. **前行**。由于对于所有 54 个一年期增量，指数移动平均周期长度都保持 17 周不变，所以我们可以将前行模拟结果表示为图 2 中的 1937 年 12 月 31 日至 1992 年 12 月 31 日的一条连续的累计净值线。该时期的实时模拟利润为年均 10.58%，总模拟利润为 582%，这将是 40% 的最大回撤的 14.6 倍（最大回撤是指，如果我们在最坏的时候开始执行我们的策略时，我们将遭受的最坏情况）。在总数 375 次交易中，只有 29% 或 107 次是盈利的。

7. **添加**。我们将所有模拟数据添加到我们先前优化过的数据库中。

5. **优化**。我们加载从 1900 年 1 月 1 日到 1992 年 12 月 31 日的所有可见数据，以进行我们的常规蛮力优化。所有这些数据，或者在我们初始优化中或者在某一次我们每年末的前行模拟中已经见到。我们对所有 93 年可见数据进行的新优化，提供给我们 55 年中第一个周期长度的变化：最好的风险回报表现是通过使用 40 周指数移动平均交叉规则产生的。

6. **前行**。我们为我们的计算机内存加载接下来从 1993 年 1 月 1 日至 1993 年 12 月 31 日的 52 周的先前未见数据，然后我们将 40 周指数移动平均交叉策略应用于该未见数。我们仔细记录结果。

在 1994、1995、1996 和 1997 年末，我们发现，所有 50 个测试周期长度都是盈利的，最好的风险回报表现都是使用 40 周指数移动平均线交叉策略产生的。由于对于所有 4 个一年期增量，指数移动平均周期长度都保持 40 周不变，所以我们可以将前行模拟结果表示为图 3 中的 1993 年 1 月 1 日至 1998 年 10 月 30 日（我们本次演示的截止日期）的一条连续的累计净值线。该 5.8 年期间的实时模拟利润为年均 18.48%，总模拟利润为 221%，这将是 19% 的最大回撤的 6.4 倍。在总数 8 次交易中，只有 38% 或 3 次是盈利的。

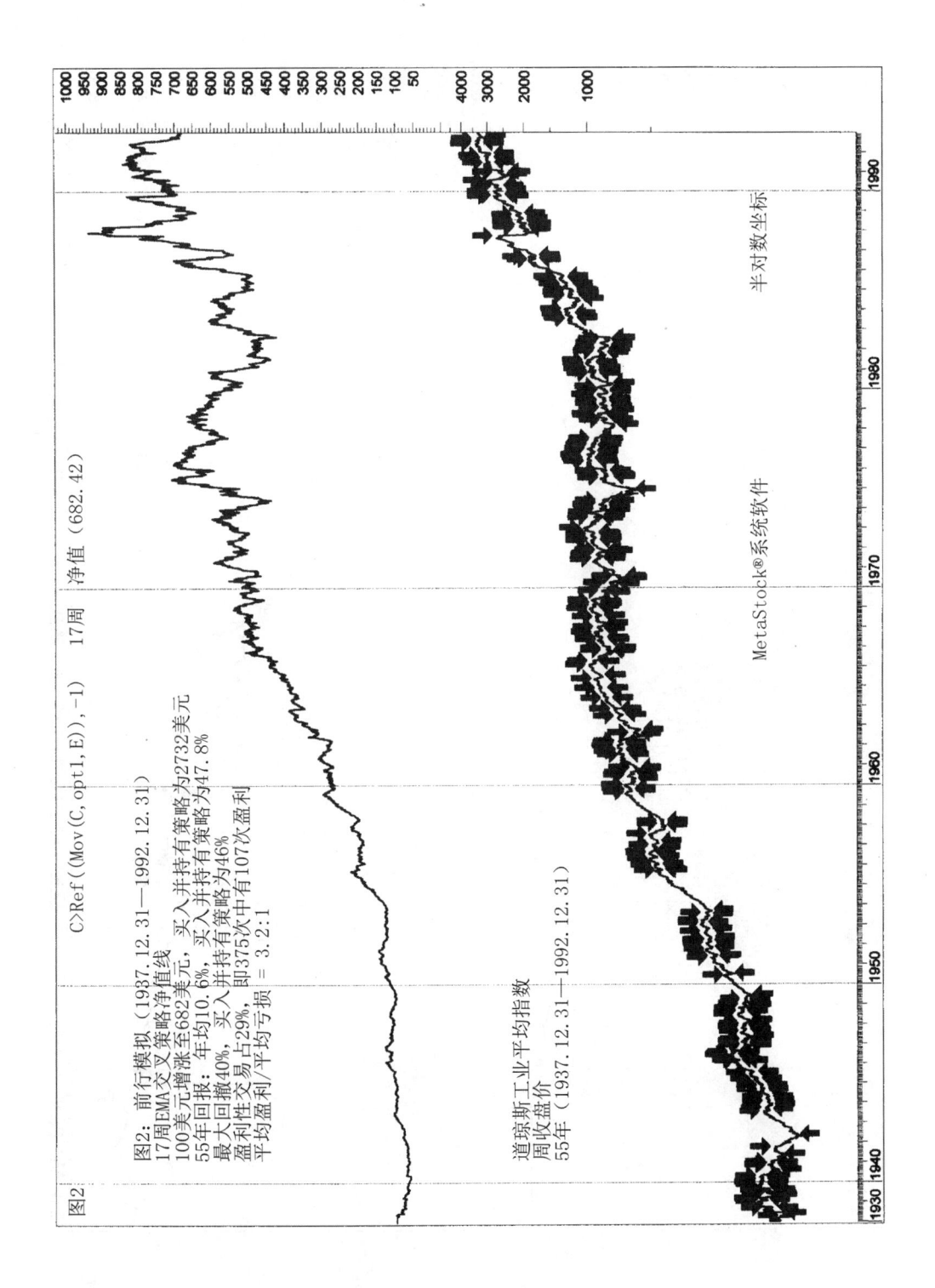

图2：前行模拟（1937.12.31—1992.12.31）
17周EMA交叉策略净值线
100美元增涨至682美元，买入并持有策略为2732美元
55年回报：年均10.6%，买入并持有策略为47.8%
最大回撤40%，买入并持有策略为46%
盈利性交易占29%，即375次中有107次盈利
平均盈利/平均亏损 = 3.2:1

C>Ref((Mov(C,opt1,E)),-1)   17周   净值（682.42）

道琼斯工业平均指数
周收盘价
55年（1937.12.31—1992.12.31）

MetaStock®系统软件   半对数坐标

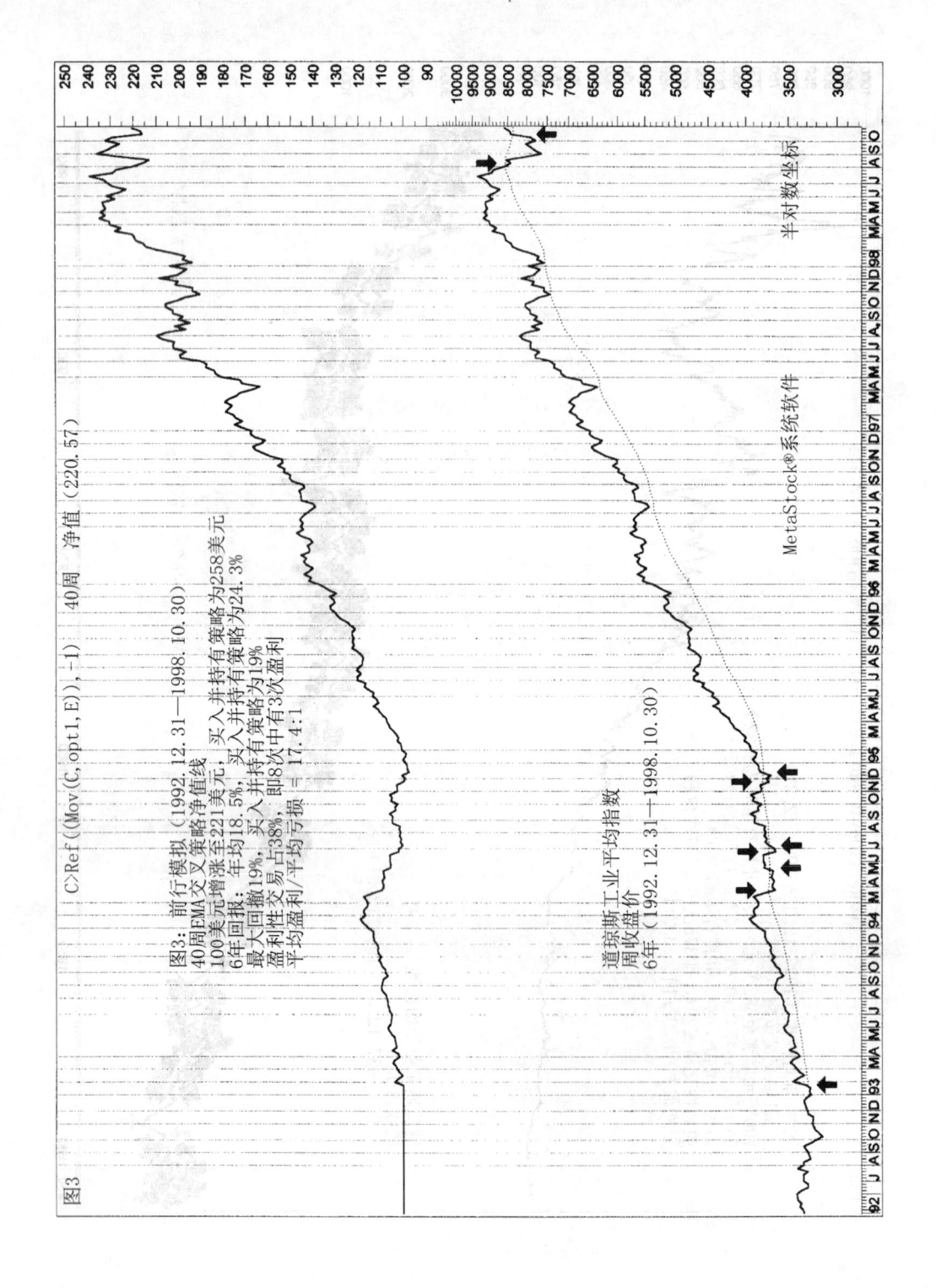

图3：前行模拟（1992.12.31—1998.10.30）
40周EMA交叉策略净值线
100美元增涨至221美元，买入并持有策略为258美元
6年回报：年均18.5%，买入并持有策略为24.3%
最大回撤19%，买入并持有策略为19%
盈利性交易38%，即8次中有3次盈利
平均盈利/平均亏损 ≈ 17.4:1

C>Ref((Mov(C,opt1,E),-1) 40周 净值（220.57）

道琼斯工业平均指数
周收盘价
6年（1992.12.31—1998.10.30）

半对数坐标

MetaStock®系统软件

接下来的两个表显示了指数移动平均线交叉策略和消极的买入并持有策略的模拟实时结果。动态演进的指数移动平均线交叉策略与不变的买入并持有策略相比，能产生更大的利润（总再投资盈亏百分比 P&L%）和更小的风险（总累计净值最大回撤百分比 MDD %，其中 MDD %是指最大回撤占累计净值的百分比）。

EMA：道琼斯工业平均指数前行盲模拟						
实时日期	EMA周数	EMA盈亏%	年均盈亏%	EMA最大回撤%	EMA盈亏%/最大回撤	再投资盈亏%初始100美元
1915—1937	4	1291.20	58.75	36.00	35.87	1391.20
1937—1992	17	627.90	11.43	40.00	15.70	10126.54
1992—1998	40	174.41	24.91	19.00	9.18	27788.25
合计	61	2093.51	95.09	95.00	60.74	27788.25
平均	20.33	697.84	31.07	31.67	20.25	334.80

完全投资于道琼斯工业平均指数的买入并持有策略						
实时日期	买入并持有周数	买入并持有盈亏%	年均盈亏%	买入并持有最大回撤%	买入并持有盈亏%/最大回撤	再投资盈亏%初始100美元
1915—1937	全部	25.17	1.15	89.00	0.28	125.17
1937—1992	全部	2586.45	47.08	46.00	56.23	3362.63
1992—1998	全部	221.55	31.64	19.00	11.66	10812.54
合计		2833.17	79.87	154.00	68.17	10812.54
平均		944.39	26.62	51.33	22.72	130.27

考虑到实际上整体市场趋势自 1932 以来特别是 1982 年至 1998 年间大多数时间有强烈上升偏向，但我们的简单趋势跟踪策略的结果却没有因卖空而不利，这也许是引人注目的。虽然盈利能力在振荡、横盘和走势不明的时期受到明显影响，但这种不利情况在经历了显著价格涨跌运动的市场中被克服。在持久而强烈的熊市比如 1929 至 1932 年的熊市中，流行的买入并持有策略会大幅亏损，而多空交易指数移动平均线交叉策略能提供明显的空头获利机会。

对 1900 年至 1998 年的所有可用数据进行的据蛮力优化数字运算，产生了一些有趣的其他发现。在该 98 年里，1 至 100 周之间所有指数移动平均长度的交叉信号都是盈利的，所有信号都盈利的事实表明基本趋势跟随概念的稳健性，这一概念在技术分析中已确立。此外，从10周到50周的所有指数移动平均长度都跑赢了买入并持有策略，表现最佳的40周指数移动平均长度的收益率击败买入并持有策略超过六比一，而遭受的风险要小得多。40周指数移动平均交叉策略的最大回撤比买入并持有策略小44%，该风险的降低很有价值。

即使是最佳的40周指数移动平均交叉策略中也有72%的交易是错误的，但至少在这种情况下的底线表明，"经常错误，但从不怀疑"是一种美德，因为我们自动减少损失并让我们的利润运行。我们避免困惑、优柔寡断、犹豫和焦虑。我们总是清楚地知道该采取什么行动，以及什么时候采取行动。我们总是清楚地知道，根据我们的完全客观、冷静、公正、预定的公式，我们在市场中应该持有什么头寸，这些都是有价值的优点。

如果将一只眼睛一直盯在后视镜上，大多数投资者会避免成为空头方。从1938年到1998年的60年，使用演进式指数移动平均交叉策略进行空头卖出交易是亏钱的。如果完全忽略空头交易，交易的次数会减少一半，而利润会更大。

但是，这正是我们应该避免的那种后视过度拟合情况。无偏的客观性要求既买入多头又卖出空头，这就是为什么我们对演进式指数移动平均交叉策略进行的所有测试都假设无偏地进行多头买入和空头卖出：要么我们100%多头投资于DJIA，要么我们100%空头投资。注意，当你什么也不想时，偏见不会悄悄潜入你的研究中。

前行模拟总结与结论

最理智的对未来进行预测的方法需要仔细研究过去，这似乎只是常识，然而，绝大多数投资者仍然没有充分利用这一历史测试程序。

当然，不能保证未来的结果类似于过去的表现，然而，正确进行的前行模拟为选择有效决策规则和实际投资策略提供了有逻辑的、一致的和完全客观的方法。逻辑和经验都表明，该方法为未来的成功提供了一个相当好的机会。此外，要选择如此坚实地建立在实际市场行为基础上的投资策略，没有其他替代方法。

值得重复的是，我们应该测试涵盖各种市场环境的大量历史数据。此外，我们应该避免过度的曲线拟合，涉及太多的条件或规则，或者更糟的是，为了有意或无意过滤掉特定糟糕时期这一唯一目的而设计的带有后见之明的有偏见或有条件的规则。我们应该确定，我们的研究是真正的盲视、诚实和客观的。复杂性使我们的研究难以理解，保持简单可以帮助我们理解，并对我们的指标有信心。

这种高度简化的演示完全是出于教学目的，并不是任何特定交易策略的推荐。

它的目的是展示如何用一个清晰定义的前行模拟方法来模拟真实世界的体验。为了清晰起见，示例和假设被故意简化为最低限度。更现实的是，没有反映在这些数字中的交易成本必须从模拟利润中扣除。此外，使用每日而不是每周的数据采样，可以获得更好的模拟结果。

找到适用你的市场技术指标

有数百个市场技术指标、交易系统、投资择时模型和其他策略。有些是有效的，而另一些则不是。我们怎么区分它们呢？我们如何选择一种方法而不冒投资风险呢？我们如何和何时使用最好的指标？我们怎样才能真正使一个系统成为我们自己的？我们怎样才能避免常见的错误？我们怎样才能识别并避免有缺陷的想法？我们如何区分小麦和谷壳、事实与虚构、神话与现实？我们如何为不同的市场环境和不同的投资目标找到合适的工具？

这些问题的最好答案是，基于实际的历史市场数据进行前行模拟（参见第2章）。使用模拟，我们可以开发和测试一套精确的交易规则——不给不确定性或困惑留有余地的规则，从而处理各种市场行为。我们可以找到特定的决策规则，使过去的利润最大化，使重大损失的风险最小化。通过在各种市场条件下测试我们的想法，可以揭示我们所需要的关于市场性质和交易方法的极其重要的信息。有了这些知识，我们的交易就有了信心。信心决定了我们如何能够交易，不是作为弱者，受制于我们自己的贪婪和恐惧的人类情感，而是作为强者，基于建立在实际市场行为基础上的可验证的可靠知识，勇敢而冷静地采取行动。

规避六个常见错误

许多投资理念在逻辑上是有缺陷的。逻辑和常识可以节省时间和精力。有六个常见的错误可以很容易避免。

1. 避免基于相同数据发出两次信号的指标：当新数据进入计算时发出一次，当相同数据从计算期移动窗口中退出时再发出一次。随机指标、价格变动率、动量指标，甚至是简单移动平均线（特别是快速、敏感的）都发出两次信号，特别是当数据进入和退出移动时间窗口时显示出一个很大变化。显然，市场并不关心我们所谓的拿走的数字，或减少掉的数字——通过移动时间窗口的旧数据。市场向前看，而不是向后。任何对过去旧数据做出反应的指标都会将随机错误引入我们的分析中，我们需要独立于旧数据并走在前沿，处理代表最新的市场现实情况的新数据。

2. 关注市场随着时间的推移而发生的结构变化。在股票市场上，零股交易数据由于期权的推广已经跟以前不一样了，此外，专家和会员空头卖出比率与几年前的水平也不相同了。当今交易股票数量比几十年前大得多，破坏了不同时期的涨跌线、新高减新低差和成交量的可比性。这些数据需要在统计上标准化，但通常情况都没有这样做。与其使用绝对指标点位，不如尝试将指标重新改成不同的比率，比如用上涨数量减去下跌数量再除以交易股票总数量。另外，尝试趋势偏离比率：用当前指标点位除以其自身跟踪一年或半年移动平均线。通常，这些改变将使指标标准化，以使得它随着时间的推移看起来更稳定。

3. 避免在价格大幅变动后使用美元或点数，要使用百分比变动来代替。例如，自1997以来，道琼斯工业平均指数单日内价格变动100点已经相当常见，但在10年前即1987年以前，一天变动100点是前所未闻的。用现在的动量水平（通常定义为今日收盘价减去n日前收盘价）与多年以前道指很低时候的动量水平进行比较，是一个严重的错误，它们是不可比的。当然，因为绝对价格指数水平如此之高，使得当前以价格或指数点数表示的动量读数的更高值和更低值都更为极端。使用美元或点数的差值，而不是比率或百分比，会破坏随着时间的推移的可比性，导致无法准确地比较今天的行为与过去的行为。

4. 避免过度的复杂性和曲线拟合。一个具有许多部分、几种不同的数据类型和几种不同的计算方法的模型，即使不是不可能理解，但理解起来也是很难的。如果我们不能理解我们的指标，就没有足够的信心在不确定、困惑、焦虑和高压的时期执行它的信号。在高度复杂性上添加曲线拟合，任何统计模型的实践价值都会崩溃，过度复杂和过度处理的模型在实时交易中的记录是不良的。

5. 不要期望经验成为一位好的或仁慈的老师，在市场上，"经验是最好的老师"这一俗语是不正确的。经验是太晚学到的知识，经验是当你得不到你想要的东西时得到的东西，从实际经验中学习是有很大缺陷的。经验往往是非系统的，甚至是偶然的，绝不可能从中学习获得。如果没引入足够的知识，非结构化交易在实时性上会无比混乱，有不断变化的干扰，包括事件、意见和瞬间的价格波动。让事情变得更糟的是，我们自己的情绪反应会改变和歪曲我们对客观现实的看法。即使我们能从经验中学习，经验的获得也需要极长的时间，需要很多年才能看到市场的所有阶段。经验充其量是收集数据和制定决策规则的一个低效方法，交易和投资中的错误决策会付出极大代价。通过历史回溯测试获得模拟经验的代价，远低于试图在实时交易中缓慢而痛苦地获得经验的代价。

6. 避免"交易者的地狱"。我们必须确定，我们的交易规则包含所有基础，不给不确定性、优柔寡断、犹豫和不正常的过激情绪留出可能变成巨大鸿沟的缝隙。我们必须时刻清楚地知道，我们必须采取什么样的及时有效的行动，才能在交易和投资中取得成功。

做好自己的工作：基于你知道的做出你自己的决策

花些时间来确定适合你的合适的现实目标。同一尺码并不适合所有人，要量体裁衣。一个资本雄厚的无杠杆的长期投资者从利用长期趋势中寻求最大化利润的最好交易系统，非常不同于高杠杆的投机者希望以最小的风险牟取适度利润的最好交易系统，趋势跟踪的大投资者可以容忍与长期主要趋势的次级折返相关的重大净值回撤。另一方面，试图从价格波动和涟漪中获利的小交易者需要一个能严格控制净值回撤并提供持续盈利的敏感的短期交易系统。

大投资者和小交易者都需要考虑交易的实际成本，经验丰富的大投资者试图通过不去追逐每一次波动来降低成本。许多人努力减少他们的交易，当他们的交易规模导致价格远离时，他们担心产生"市场影响"。可以通过与小涟漪相反进行择时交易使影响最小化：当大多数交易者正在止损和抛售头寸时，逢低买进，当许多交易者在用买入的市场指令追涨时，逢高卖出。使用与大多数人同样的方式进行交易，"追逐趋势"，一定会充满着最糟糕的可能。

对于新手小交易者来说，交易成本令人十分震惊——初学者无法想象看似很小的佣金和滑移是如何吞噬净值的。我们都必须学会控制我们的交易，不要过度交易，要等待机会，不要在错误的时间冲动行事。对交易系统、实时执行和计算机模拟的彻底理解，可以提供投资者和交易者都需要的事实。

长期趋势跟踪者充分利用在相当长的时间内逐步发展的大趋势，这不是一件很难做的事，因为对于拥有一份长期图表和一本关于技术分析基础的好书的任何人，主要趋势通常是显而易见的。

短期交易者面临的挑战更多，他受到似乎是毫无道理的经常发生的公众心理突然变化的限制，他也会遇到不可预见的信息事件、不断变化的期望以及谣言。这些打击毫无预警，使得交易系统的结果会根据非常短期的碰运气而调整。

由于利润可能在短期内迅速消失，短期交易者往往在离场前迅速获利。做对并收银的感觉很好，但这会降低获利的可能性。另一方面，根深蒂固的避免犯错的心理驱动力，以及做错时拒绝接受，往往会使短期自由交易者承受亏损头寸的时间比他们应该承受的时间更长。作为经验法则，容忍的损失只会变得更糟，而且容忍的时间越长，他们遭受的损失就越严重。

短期交易提供了挑战和行动以及迅速从无到有的机会，因此，短期交易系统总是存在市场的。

要想成功，我们就必须研究和学习，做好自己的工作。我们不能简单地购买别人的黑箱系统（一个未披露决策规则的系统），因为我们无法在不确定性、压力和损失上升时有足够的信心来跟随它，除非我们完全理解并相信它，否则世界上最好的黑箱交易系统对我们也几乎没有价值。相比之下，一个我们深刻理解并对大量实际历史进行过测试的系统对我们来说更有用，即使它实际上不如我们未完全理解和信任的另一个系统更有效，信心产生差异。

太多的投资者浪费了财富和多年时间，在使用他们只是在某个地方听说或看到却从未亲自测试过的模糊概念时被市场所折磨。他们最终在困惑和失败中退出市场，通常在亏损掉他们的大部分资本后指责每个人而非他们自己。他们的问题产生原因甚至在事后看来还无法确定，因为他们的决策过程是随意的，他们从自己的经验中学不到任何东西。

为了在射击线上，在所有的混乱和噪声中有效地发挥作用，我们必须制订我们自己的行动计划，同时排除所有外部意见、建议、谣言、新闻报道和其他有害噪声。当我们想问别人正在发生什么或我们该做什么时，这明显表明我们已经变得困惑并失去了纪律。我们必须立即平仓我们的头寸，系统地分析出了什么问题。除非我们基于测试良好的市场技术指标信号认同我们的交易策略，否则我们的策略并不真正属于我们，而且在我们需要时它也不会出现在我们面前。

对测试过的市场技术指标信号的前行历史模拟和系统地执行，提供了一种有序的方法，用于量化和应用过去实际市场行为给出的教训。我们确切地知道什么会起作用，什么不起作用。我们可以以这种知识为基础，满怀信心地向未来前行。

对于《市场技术指标百科全书》第二版，我们在可比较的基础上，利用所有可得历史数据测试了127个技术指标，我们的测试结果为你自己的研究提供了初步的筛选。下表能帮助你找到适合你的市场技术指标。

市场技术指标比较评估

	对比买入并持有策略	年均相对优势	多空交易中盈利交易占比%	空头交易中盈利交易占比%	每年交易次数	盈亏比指数
绝对广量指标	35.13	0	56.42	无	27.23	34.49
累积派发线（AD）	327898.38	4554.84	49	41.27	86.05	10.81
累积摆动指标（ASI）	429129.83	5961.04	44.99	37.33	74.22	23.58
涨跌线指标（A-D线）	3075777.61	45084.89	51.36	43.28	104.67	31.80
休斯非累积涨跌线	464210.92	67454.12	50.90	43.15	102.65	100.00
八个参数的百分比休斯涨跌摆动指标	12800398.17	186721.50	53.57	45.62	148.79	32.71
涨跌比率指标	7055813.92	102924.31	51.36	43.17	105.30	31.57
投资顾问情绪指标	70.27	1.85	47.54	45.90	3.21	87.10
阿姆斯的简易波动指标（EMV）	4944.66	68.69	43.43	35.32	57.74	15.60
阿姆斯的短线交易指数（TRIN, MKDS）	80.47	4.94	79.79	74.47	11.55	88.43
阿隆指标，阿隆摆动指标	55.89	0.78	44.12	无	35.42	25.37
270日阿隆指标	5.20	0.07	63.33	无	0.42	91.88
布林线	-35.10	-1.88	88.61	无	4.24	80.62
宽度涨跌指标：宽度冲力	17122.14	249.76	52.26	44.19	104.39	23.36
买入并持有策略：消极策略	0.00	0.00	无	无	0.00	100.00
看跌—看跌美元价值流向线（CPFL）	-12.94	-0.53	100.00	无	0.12	100.00
看跌—看跌美元价值比率	101.65	5.95	60.00	61.90	2.40	81.91
看跌—看跌期权费比率	41.17	2.10	66.67	50.00	0.61	96.76
看跌—看跌期权成交量比率	116.41	4.79	58.13	49.89	74.84	24.74
钱德动量摆动指标（CMO）	-26.67	-1.43	77.46	无	11.40	60.26
商品路径指标（CCI）	136.42	1.90	43.31	38.99	29.24	16.18
商品期货通道指标穿越零：零值CCI	26967.33	374.60	46.83	38.57	101.21	24.88
估波曲线（估波指南）	-11.80	-0.12	51.22	无	0.81	75.74
平滑动量斜率指标	263.49	2.60	62.50	无	0.63	85.06

(续表)

指标	对比买入并持有策略	年均相对优势	多空交易中盈利交易占比%	空头交易中盈利交易占比%	每年交易次数	盈亏比指数
月内之日	650.85	6.45	61.63	无	11.93	47.24
月内之日加年内之月	3013.58	29.85	67.68	56.00	1.97	88.53
周内之日	239.05	4.93	56.82	无	50.16	15.58
需求指标(DI)	1728.18	24.01	34.32	28.27	25.25	19.58
动向指标	118.32	1.64	44.43	38.92	52.65	15.16
双指数移动平均线(DEMA)	−47.24	−2.53	46.74	无	56.50	31.95
道氏理论	3920.98	38.75	87.10	63.33	0.60	68.28
道氏理论:90日价格通道	114.21	1.13	61.82	无	0.54	88.31
道氏理论:8个不同指标价格通道	5637.10	55.71	54.84	53.85	1.26	83.10
道氏理论:使用3日EMA	2349788.11	23220.51	44.36	36.93	57.47	20.30
包络线,移动平均包络线	3.35	0.18	84.09	无	4.72	85.56
指数移动平均线(120日)	2430.53	23.98	25.59	17.97	10.87	33.76
指数移动平均线(5日)	77865725.02	766849.86	42.28	34.38	62.10	22.27
通用汽车充当市场领头羊股票	−55.05	−2.66	51.45	无	48.16	26.91
霍兰指数	5699.64	83.14	54.53	34.21	70.19	22.38
哈克获利指标	−57.00	−3.05	47.92	无	41.16	32.84
指标季节——科尔比变量	17919.98	176.82	49.14	40.97	44.26	17.73
指标季节——科尔比比优化变量	8348307.47	82374.96	51.46	43.36	85.39	23.60
内部人卖出/买入比率	29.22	0.98	76.74	无	1.44	94.37
带EMA滤波器的肯特纳通道	−20.16	−0.98	77.00	60.00	11.75	64.97
关键反转日	−35.56	−1.73	70.97	无	1.51	90.39
确然指标(KST)	−57.89	−0.57	60.00	无	0.39	83.34
33%快速参数KST	63.64	0.63	58.93	无	0.55	76.57
5日线性回归线	−26.04	−1.39	49.38	无	55.71	34.74

(续表)

	对比买入并持有策略	年均相对优势	多空交易中盈利交易占比%	空头交易中盈利交易占比%	每年交易次数	盈亏比指数
线性回归斜率,244 日	−49.19	−2.63	100.00	无	0.27	100.00
罗瑞买人力量减去卖出压力	1216146.87	19916.26	49.88	45.02	110.10	28.56
罗瑞短期买人力量	1220638.12	19989.81	50.73	46.37	108.15	26.04
保证金负债量超买/超卖区间规则	111.56	3.20	100.00	66.67	0.20	98.71
保证金负债量穿越跟踪 13 月 EMA	−43.71	−1.24	69.23	无	0.37	96.56
麦克莱伦和指标穿越 0,多空交易	7087.84	103.39	47.45	34.66	30.88	30.28
麦克莱伦和指标穿越 0,仅做多头交易	−27.13	−1.24	44.09	无	1.36	77.99
麦克莱伦和指标方向,多空交易	7129.19	103.99	47.45	34.75	30.88	30.28
会员空头比率(25 日 EMA 及 10%包络线)	0.05	0.00	80.33	无	1.11	96.58
年内之月:季节性策略	643.83	6.39	64.65	56.00	1.97	77.25
平滑异同移动平均交易方法(MACD)	0.99	0.01	58.62	无	0.40	86.58
多重时间框架分析	14324.15	141.18	38.36	31.57	24.29	23.46
负量指标(NVI)	−32.31	−0.45	46.27	无	30.74	32.62
新高减新低指标	960.51	15.82	43.89	39.81	24.24	34.79
新高新低差/交易股票总数量	382.20	6.29	48.51	36.57	4.41	71.78
新高数量/交易股票总数量><1.55%	78.20	1.29	42.20	39.11	28.72	21.48

市场技术指标比较评估

	对比买入并持有策略	年均相对优势	多空交易中盈利交易占比%	空头交易中盈利交易占比%	每年交易次数	盈亏比指数
新低数量/交易股票总数量<>3.53%	2002.46	32.97	43.98	41.36	18.87	52.58
百分之九十之日,九比一之日	-53.17	-1.43	57.89	无	1.02	84.77
上涨股票数量	2515162.84	36689.09	54.08	44.84	129.85	23.29
下跌股票数量	1122877.16	16379.59	53.47	46.18	141.44	18.34
零股卖出总量/零股买入总量	31.07	0.80	55.34	无	43.18	25.68
零股卖空比率	221.06	5.66	51.06	49.18	109.15	12.34
未平仓合约	16.85	0.90	65.00	50.31	17.05	53.61
未平仓合约趋势跟踪策略	20.27	1.08	78.18	56.36	5.88	72.42
抛物线时间/价格交易系统(反向交易)	20.19	1.06	76.19	59.10	35.12	42.53
位于30周简单移动平均线上方股票百分比	467.45	13.36	58.06	50.54	5.32	78.41
位于10周简单移动平均线上方股票百分比	245.24	7.01	57.53	46.58	4.17	59.39
枢轴点转向交易系统	13463.27	133.22	43.97	36.86	68.24	22.28
正量指标对比1年期EMA	44.08	0.61	33.33	无	1.50	75.93
总统选举周期	-73.63	-1.07	94.12	无	0.25	99.30
价格通道区间突破规则	45.96	2.47	38.46	30.77	2.80	81.70
价格摆动指标:移动平均摆动指标	331.86	3.28	29.94	无	1.75	67.41
投射带指标	-21.99	-1.18	77.24	无	6.58	72.36
投射摆动指标	16.57	0.89	76.64	无	11.45	73.16
公众空头比率	123.20	2.24	83.33	72.22	0.65	95.25
公众/专家空头比率	61.59	1.12	100.00	80.00	0.18	99.70
看跌/看涨期权费比率	143.47	6.73	76.67	55.00	5.63	69.28
看跌/看涨成交量比率跳跃策略	141.37	6.14	89.47	90.00	1.69	98.65
1日Q棒指标	-78.32	-4.19	49.19	无	75.61	22.47
9日Q棒指标	4.33	0.23	74.04	无	19.59	67.81

(续表)

	对比买入并持有策略	年均相对优势	多空交易中盈利交易占比%	空头交易中盈利交易占比%	每年交易次数	盈亏比指数
R 平方指标	−47.00	−2.52	100.00	无	0.27	100.00
随机游走指标（RWI）	−65.05	−3.48	53.19	无	2.52	74.81
区间指标（TRI）	−49.82	−2.67	33.33	无	1.28	92.55
价格变动率,18 周	305.37	3.02	43.06	无	2.07	60.43
相对强弱指标（RSI）	−31.39	−1.68	85.94	无	6.86	78.13
相对波动性指标（RVI）	1.33	0.07	100.00	0.00	0.25	98.67
舒尔茨上涨股票比（A/T）	3779846.12	55137.23	53.56	43.26	117.22	29.55
空头净额比率	−57.89	−0.84	72.97	无	1.07	90.38
熊市标志	83908.87	1223.99	42.90	45.00	54.00	30.67
简单移动平均线（126 日）	2022.54	19.96	24.83	16.93	8.74	32.96
专家空头比率	−7.43	−0.14	100.00	无	0.15	100.00
斯蒂克斯指标（STIX）：短期聚合指标	1814.19	26.46	40.78	32.42	22.32	26.99
随机指标（7 日 K，3 日 SMA，30 买入，70 卖出）	52.12	2.55	77.29	63.97	26.63	42.84
带 EMA 滤波器的随机指标	3.32	0.16	78.13	45.10	13.44	64.18
闪电图（TICK 穿越 11 日 EMA）	12905.09	368.28	51.88	46.50	119.92	18.28
交易股票总量（270 日 EMA）	79.15	1.15	54.28	无	27.07	52.04
三重 EMA（TEMA），6 日	−21.19	−1.13	46.97	无	47.58	36.76
TRIX（三重指数平滑）	−32.86	−1.76	48.10	无	56.13	35.01
25 日多元化指标	−93.32	−1.36	92.86	无	0.20	97.33
带布林线的 25 日多元化指标（324 日,2 个标准差）	45.61	0.67	93.33	无	0.22	99.80
终极摆动指标	31.20	1.67	96.00	57.14	2.46	93.20

(续表)

	对比买入并持有策略	年均相对优势	多空交易中盈利交易占比%	空头交易中盈利交易占比%	每年交易次数	盈亏比指数
价格不变股票数量指标	-25.01	-0.36	59.38	48.45	18.83	25.06
涨跌成交量比率	26.91	1.65	54.72	40.38	130.27	20.30
芝加哥期权交易所市场波动率指数(VIX)	-46.65	-3.17	63.43	无	29.40	46.79
波动率与价格通道	109.29	5.72	75.00	50.00	1.68	80.04
成交量指标	177.21	2.47	51.84	44.55	54.40	7.63
成交量加速度	1767385.88	24350.59	52.37	46.96	101.02	23.20
成交量收集摆动指标	457807.44	6307.55	49.22	41.96	97.46	10.39
成交量:累积成交量指标	66357.02	1789.85	47.88	45.49	101.74	28.93
成交量:克林格摆动指标(KO)	-74.73	-3.99	46.30	无	36.14	27.18
成交量:平衡成交量指标(OBV)	1165062.91	16051.94	43.47	35.67	104.21	17.76
成交量*价格动量摆动指标(V*PMO)	1495436.39	20603.74	44.05	35.66	69.00	19.15
成交量反转指标	90.06	1.24	45.80	35.88	40.69	4.03
成交量:威廉变异散量(WVAD)	515047.90	7096.20	44.07	35.61	67.79	10.86
加权移动平均线(6日)	51712052.38	510822.71	42.63	34.34	62.02	18.41

关于市场技术指标、模型及交易系统的其他观点

制定决策的一个有用指南：比尔曼、博尼尼和豪斯曼

下列寻找数学解的一般过程适用于所有类型的决策情况：
1. 建立使用的标准（例如，相对于风险使利润最大化）。
2. 选择一组供考虑的备选方案。
3. 确定要使用的模型和过程参数值。
4. 确定哪种方案优化了第一步中建立的标准。

关键变量以合乎逻辑的方式组合起来，形成关于实际问题的模型，模型是某一实证情况的简化表示。理想的情况是，它把令人困惑的复杂性从自然现象中剥离，用几个有简单联系的变量复制出自然现象的本质行为。只要模型能相当可靠地作为实证问题的对应部分，模型越简单越好。一个简单的模型将：

- 节省时间和脑力。
- 容易被决策者理解。
- 能够在必要时快速有效地进行修改。

我们的目标并不是要构建一个在每方面都尽可能接近现实的模型，这样的模型需要花费太长的时间来构建，而这可能超出人的理解能力，相反，我们想要的是能合理预测结果并与有效的行动相一致的最简单的模型。

如果我们的变量可以量化，那么数学有助于决策过程。数学是一门内在严谨的学科，能确保程序有序。我们必须明确我们所选择的变量是什么，以及我们假设它们之间存在的关系是什么。数学是一种强有力的技术，用于将变量关联起来并从给定的前提推断出有逻辑的结论，数学和计算机使处理相当复杂的问题成为可能。

求解模型意味着得出合乎逻辑的结论，如果模型的设计和求解得当，这样的结论应该成为一个有用的决策指南。

以上内容经出版商许可改编（比尔曼、博尼尼、豪斯曼《经济决策定量分析》第七版，伊利诺伊州霍姆伍德：理查德·D. 欧文出版公司，邮编60430，1986：第4—19页）。

形态识别决策规则的有效应用：特德·C. 厄尔

在金融与经济领域中，可控实验数据是无法在实验室中产生的，正式的理论模型在实际投资应用中也没有被证明是有效的。因此，我们开发实用的投资决策规则的唯一可行的替代方法，是通过使用统计标准对历史数据测试进行验证，实证建模将科学方法应用到投资决策中。我们不必关注复杂的原因和影响，我们只需测试观测事件之间的统计相关性。通过实证建模，我们可以用对于实际投资应用有意义和有效的方式，识别出与其他事件相关的事件。

带有形态识别决策规则的建模是实证建模的一个实际应用：

- 我们将指标数据序列中的形态与预测数据序列中的形态联系起来。
- 我们使用过去的时间序列数据来寻找可量化的相关性。
- 我们通过观察与我们想要预测的事件几乎同时发生的指标数据序列中的变化来发现形态。
- 我们测试我们认为合理相关的任何指标数据。
- 我们针对长期历史来测试我们的决策规则，这样我们就可以确定统计有效性，从而决定接受或拒绝指标。
- 我们在统计可靠性程度基础上建立我们的接受标准，当在足够长的时间内进行测试的形态识别决策规则，一直产生统计上显著的结果时，这将赢得我们的信心。

我们需要精确定义我们的决策规则，这样它们才可以被任何使用者清楚地应用。实证模型必须是客观的，这样当决策规则应用于同一历史时间序列数据时，结果才可以被独立复制。

有六个阶段的研究普遍适用于所有类型的数学建模：

1. 用公式表示问题。
2. 收集用于识别形态的数据序列。
3. 开发决策规则以识别指标序列中的形态。
4. 测试决策规则并评估预测序列的预测结果。
5. 建立对决策规则使用的控制。
6. 继续执行决策规则的实际应用。

这六个阶段中的每一个阶段都包括几个步骤，随着我们研究的进展，这些步骤会经常被重新评估和重新运行。在投资中，有无数的相互关系可供选择。我们以理性和常识为基础减少关系从而进行测试。我们的研究过程得益于来自实证方法的经验、对变量的熟悉，以及对数据中奇怪或意外的怪异情形的识别。我们根据来自过去测试结果的反馈来适应未来的测试。

建立对决策规则使用的控制是必要的，不管规则对历史数据有多好用，规则在未来的运行方式可能不会完全相同，变量之间关系的变化会突如其来。因此，我们应该事先制定指导方针，告诉我们在我们的决策规则不能正常工作的情况下该怎么办。这些指导方针应包括，在达到预定的指定百分比损失时对未平仓头寸的保护性平仓。另外，预先指定的连续亏损交易数可能会触发我们决策规则的暂停交易规定，直到我们能修正它们，使其对于原始数据和新数据都能成功运行为止。

《市场择时报告》（亚利桑那州图森市第225号邮政信箱，邮编85702）的编辑特德·C.厄尔，拥有工程学和金融学的高级学位，他以高度自律、科学的眼光对待投资决策。厄尔的方法似乎一直在被使用，因为他被《择机者文摘》（弗罗里达，FL）称为美国最准确的市场分析师。经出版商授权，本文关于厄尔的思想改编自其影响广泛的论文《基于形态确认决策规则建模》（《股票和商品期货技术分析》1986年4月：第39页，www.traders.com）。

开发自己交易系统的好处：乔·克鲁辛格

交易系统必须与每个交易者的个人目标相适应，它必须设计简单，这样我们才能准确地理解它是如何运行的。这对我们来说是有意义的，这样我们就可以适应它了。它必须有一个符合我们对市场运作方式的看法的基本逻辑，它必须符合我们的心理需求、性格、偏好、风险回报舒适度、资本和时间限制，它必须提供交易频率，或不提供，这对我们来说才是舒适的。

每个人必须决定什么感觉最好，没有人比我们更关心我们的金钱和个人舒适度，所以我们必须依靠自己设计一套适合我们个人需要的交易系统。如果跳过这一步，我们将不能毫不猜测地一直执行一个交易系统。

乔·克鲁辛格在他的著作《交易系统工具箱——如何建立、测试和应用赚钱的股票和期货交易系统》（伊利诺伊州芝加哥：普罗伯斯出版公司，1994，共246页）中，分享了许多实用的工具，经出版商许可改编。

保持简化并进行充分测试：罗伯特·C.佩尔蒂埃

注意统计检验和模型建立中丧失自由度的概念，引入模型中的每一个额外参数代表了一种对未见数据模型预测可信度减损进行控制的措施。施加的约束（指标信号）越多，结果的预测可信度越低。

检验所选自变量之间的关联度。一个设计得好的统计实验能检验联合相关性，这将排除多余的变量，以避免夸大结果。最好的交易模型使用的变量非常少，不超过2~5个。

择时模型的测试应针对较长的样本数据库，足以容纳至少30次交易，从而接近根据中心极限定理的正态性。测试期限应包括一个完整的低频周期的整数倍，以消除买入和卖出偏见。例如，对于著名的4年股市周期，分析师应该测试至少8年（两个周期长度）的数据，以消除表现偏差，更短的测试周期或超过5个参数所开发的模型是不可靠的。

昔日的职业统计学家罗伯特·C. 佩尔蒂埃，是商品期货系统公司（佛罗里达州博卡拉顿西棕榈园路200号，邮编33432，www.csidata.com）的总裁，他的公司出售用于研究的当前数据和历史数据，他的数据因其准确性而得到认可，经CSI新闻杂志（1986年2月）的出版商许可改编。

指标评价的单元方法：戴维·R. 阿伦森

评价技术指标效用的单元方法不同于更常见的信号事件方法但与其互补，后者在我们按信号行动时，对过去数据产生的净利润或亏损进行评估。单元方法按照将类似指标读数的观测值分组在一起的方法，将历史数据排序并归类到"单元"（也称为"箱"或"区"）中。把观测值归类到10个典型的单元中，例如，顶部的两个单元将包含总观测值数量的20%，具有最高的指标读数；中间6个单元将包含总观测值数量的60%，最低的两个单元将包含观测值数量的20%，具有最低的指标读数。

单元方法直接关注指标预测未来市场变动的能力，而不是来自指标交易信号的盈利能力。其次，单元方法对整个可能值范围内而不是仅在"信号事件"点上评估指标的预测信息内容。第三，不需要定义买卖规则来进行单元方法分析，这避免了规则过于复杂的问题。第四，由于我们的分析不再局限于特定的操作点，所以我们就有了一个更大样本的数据点。第五，根据特定的预测时域对指标进行评估。例如，一个指标在预测接下来50日的趋势时可能是有用的，但在用于预测未来10日的趋势是无用的，单元方法将揭示这一点。通常情况下，分析师在同一分析中检验一个指标，会考虑许多不同时域（例如，在接下来的10、20、60、120和250日）。

单元方法通过衡量指标当前水平和随后在市场中的百分比变动之间的关联程度来确定指标的预测能力，换句话说，它对市场未来变动的揭示程度取决于指标的当前水平。

单元方法将这种依赖的程度连续地评级为 0% 到 100% 不等级别，读数为 100% 意味着完美的预测能力，而 0% 表示完全缺乏预测性信息，这种评级称为方差缩减。

金融市场过于复杂且容易受到随机冲击，使得单一指标无法包含高度的预测能力。指标通常在 0% 到 10% 的范围内评分，更多的指标得分接近于零而不是 10，实现更高水平的方差缩减需要将多个互补指标适当地集成到一个多元模型中。

单元方法的一个主要好处是，它允许对特定时间范围的许多指标进行排名比较。这一点很重要，因为市场分析师通常有一整套的指标，但缺乏一种客观的方法来比较短期、中期和长期的预测能力。

为了说明单元方法是如何执行的，我们选择纽约证券交易所平滑涨跌比率指标（SADR），该比率被定义为"上涨股票数量与下跌股票数量的净差额除以交易股票总数量"。我们将 10 日指数移动平均法应用于不规则的每日比率，我们选择标准普尔 500 指数（S&P 500）的 60 日未来变动百分比作为我们的预测时域——我们的因变量。用统计数据分析的说法，标准普尔 500 指数的未来变动被称为因变量。术语"因变量"的含义是，这个变量的值在某种程度上取决于指标的当前值。由单元方法提供的方差缩减评级，衡量了这种依赖程度。

方差缩减在统计上是从历史数据中确定的。我们抽样了 5354 天的历史数据。过去 5354 个观测值中的每一个都以两条信息为特征：给定日期的 SADR 指标值和标普 500 指数此后 60 天的百分比变动值。

单元方法的核心是根据类似的指标值将观测值分组到单元中。数据分组方式有无限种，但最常见的方式是以十分位数为基础。十分位数分组创建 10 个同样密集的单元，每个单元的数量为 10%。由于所创建的单元数量会影响分析的结果，所以建议尝试几种不同的单元结构。通常情况下，最强的指标对于各种单元分辨率都有很好的排名。

分组过程是根据 SADR 值对所有 5354 天进行排名开始的。在顶部十分位中的那些天（最高 SADR 值的 535 天）被放置在第 10 单元中。在剩下的 4819 种情况中，接下来最高 SADR 读数的 535 个被放置在第 9 单元中，第 8 单元得到第三高 SADR 值的一组。分组过程继续进行，直到最低 SADR 读数的 535 个观测值被放置在第 1 单元中。

当所有 5354 个观测值基于相关 SADR 值被放置在各自适当的单元中后，单元方法把注意力转向因变量——市场的未来百分比变动。首先，计算所有 5354 个观测值的"大样本"因变量平均值，对于这一分析中所使用的数据集，对于所有 5354 种情况，标准普尔 500 指数平均 60 日百分比变动为 +1.85%，这一正值仅反映了自 1945 以来股价长期上涨的趋势。

碰巧，这个大样本平均值可以作为一个简单预测或朴素预测的基础，它是在任何给定一天，市场在接下来的60日走势的历史最佳估计。

接下来，计算每个单个单元中的因变量平均值。换句话说，先计算出第10单元中的535种情况的平均因变量，对于第9单元、第8单元等也进行相同的操作，直到计算出每个单元的平均因变量。

落入第10单元中各种情况的平均因变量为+3.22%，这意味着，对于符合第10单元的535种情况，标准普尔500指数平均60日未来变动为3.22%。单元因变量可以作为条件预测的基础，而条件预测则还取决于大的因变量平均值以外的信息，在这种情况下，3.22%的条件预测高于大因变量平均值即朴素预测值1.85%。

条件预测是否真的比朴素预测好，是由方差缩减大小决定的。朴素预测往往比基于一个指标的预测更准确，后者方差缩减为零或负数。方差缩减是指条件预测比朴素预测少出错的程度，方差缩减越高，预测信息含量越高。方差缩减大小表明，使用每个十分位单元的因变量平均值时，相比于朴素预测我们的预测出错率有多低，带预测信息的指标被定义为一个能够比朴素预测提供更准确预测的指标。

必须小心防止意外的方差缩减，它会偶然出现。测试指标的数量越大，这种风险就越大，交叉验证和显著性检验可以使这种风险最小化。

交叉验证包括将数据分成两个独立的集合进行学习和测试，学习集用于导出单元因变量值，这些值然后用于在独立测试集上进行预测。换句话说，我们要求在两个独立的数据集中找到预测能力，因此，如果在测试集上不能很好地预测，那么在一组数据上看起来很好的指标将被揭示为伪指标。

尽管交叉验证方法有内在严谨性，但仍有很小的可能性为，伪指标在测试集和学习集中都表现较好，因此，作为额外保险形式，指标实现的方差缩减必须超过显著性的临界值。这个临界值是用一个复杂的统计理论推导出来的，该理论计算了一个无用的指标可能偶尔单独在5%的时间实现的方差缩减数量，能够通过这两个测试的指标获得有效的预测信息。

当允许指标一致行动时，信息协同作用可能是显著的。当单独显示没有预测能力的指标适当结合时，能表现出高水平的预测能力。数据分析的一个分支叫作"多元分析"，致力于发现这种效果。很容易找到数千个可能的指标，将备选指标减少到一个可管理数量的过程被称为特征选择。

拉登研究集团的检查（EXAMINE）程序确定了284个指标的方差缩减，用于预测标准普尔500指数。每一个指标根据5个不同的因变量进行评估，这些因变量都是预测时域：标准普尔500指数在接下来10、20、60、120、250日内的百分比变化。该测试的结果表明，下列4个指标可能包含有用的预测信息：收益曲线斜率的变化，长期国债收益率的平滑变化，3 个月期国库券收益率的平滑变化，平滑收益率曲线斜率。此外，拉登的分析表明，较长的时域是最可预测的：超过 10% 的方差缩减是用 120 日和 250 日预测实现的，而用 10 日和 20 日预测实现的最大方差缩减为 3%。使用单独指标看起来可行的最短时域是 60 天。虽然用单一指标难以预测少于 120 日的时域，但多重指标可以预测短期时域达到有意义的程度。在改善各种指标信息方面，长期指数平滑（大约等于 150 日简单移动平均线）产生的结果比短期平滑更好，即使短期时域预测也是如此。

客观评价一个指标的预测能力对于合理预测系统的开发至关重要。这最好留给计算机，用严谨的数据分析方法编程，采用交叉验证和显著性检验。

经出版商拉登研究集团（纽约麦迪逊广场站第 1809 号邮政信箱，邮编 10159）总裁戴维·R. 阿伦森许可改编。

第二部分

市场技术指标

绝对广量指标

绝对广量指标能适度有效地衡量股票价格运动，无论方向向上还是向下。该指标的开发者为诺曼·福斯贝克（经济计量研究所，佛罗里达州北方联邦公路3471号，邮编33306）。绝对广量指标使用纽约证券交易所每日数据。也可以使用周末消息来源，比如《巴伦周刊》提供的每周数据。

绝对广量指标是上涨股票数量减去下跌股票数量的绝对值。为了使数据长期可比，绝对差值必须再除以交易股票总数量。我们可以通过用交易股票净变动数量的绝对值，除以交易股总数量即任意给定一天的日终价格上涨、下跌和不变股票的数量总和，将数据转化为百分比形式。

该计算在数学上可以表述为：

$$N=((|A-D|)/(A+D+U))*100$$

其中

N＝今日的1日净变动股票数量绝对值与交易股票总数量比率

A＝上涨股票数量

D＝下跌股票数量

U＝价格不变股票数量

A＋D＋U＝每日交易股票总数量

*100＝乘以100将小数比率转换成百分比

绝对值忽略正负符号，所以，例如，如果该日市场运动是轻度看涨的（上涨股票数量为1500只而下跌股票数量为1300只），那么绝对广量指标的分子等于200。另一方面，如果下一日市场趋势转向为轻度看跌（上涨股票数量为1300只而下跌股票数量为1500只），那么绝对广量指标的分子仍然等于200，因为绝对值仅计算差值，而不管失衡偏向上涨方还是下跌方。相反，大多数宽度指标为上涨标上正号而为下跌标上负号，并保留着符号。

当上涨与下跌股票数量的绝对差值相对较高时，表明较大比例的股票价格发生了变化。在绝对广量指标的背后，福斯贝克精确观察到，当价格变动股票数量较高时，市场更可能靠近了一个市场底部。显著的市场价格低点往往更为极端，情绪更加激烈，多数股票受到普遍悲观、恐惧和为满足保证金要求而被迫抛售的影响，大多数股票的价格在市场底部附近发生变化。

相反，当上涨与下跌股票数量的绝对差值较低时，一定有许多股票价格保持不变。显著的市场价格顶点往往表现平淡，进展缓慢，因为准备买进股票的现金储备逐渐减少，直到最终被耗尽。股票上涨趋势开始停滞，一只股票接着一只股票，随着时间的推移整个筑顶过程蔓延开来。在一个较长牛市的结尾，当看涨变得越来越枯竭时，股票的需求和供给最终达到均衡，因此更多的股票可能在当天以不变价格结束。

绝对广量指标的指标策略举例

以 1932 年以来 68 年期间纽约证券交易所每日上涨、下跌和价格不变股票数量和道琼斯工业平均指数的每日数据文件为基础，我们发现，如果不带主观性，不运用复杂技术分析，不妄断，而以纯机械式的信号为基础，高于和低于跟踪 2 日指数移动平均线的极端点位策略能产生良好的交易结果：

多头开仓（买入）：当今日当前绝对广量指标大于其自身前一日的 2 日指数移动平均线加上 81% 时，以道琼斯工业平均指数当日收盘价买入。

多头平仓（卖出）：当今日当前绝对广量指标小于其自身前一日的 2 日指数移动平均线减去 81% 时，以道琼斯工业平均指数当日收盘价卖出。

空头开仓（卖出空头）：从不操作。

运用该绝对广量指标趋势跟踪策略，以 100 美元开始投资并将利润再投资，假如充分运用该投资策略进行利润再投资操作，无交易成本和税收，净利润总额将达到 17,675.90 美元。这比买入并持有策略高出 35.13%。空头卖出交易将有少量亏损。交易较活跃，平均每 13 个日历日交易一次。该指标正确的时间多于错误的时间，盈利性交易占 56.42%。

在 Equis 国际公司 MetaStock© 系统中，当前绝对广量指标被插入在通常预留给成交量（V）的数据字段中，其测试规则书写如下：

多头开仓：V>(Ref(Mov(V,opt1,E),-1)+((opt2/100))*
　　　　　Ref(Mov(V,opt1,E),-1))

多头平仓：V<(Ref(Mov(V,opt1,E),-1)-
　　　　　((opt2/100))*Ref(Mov(V,opt1,E),-1))

OPT1 当前值：2

OPT1 当前值: 81

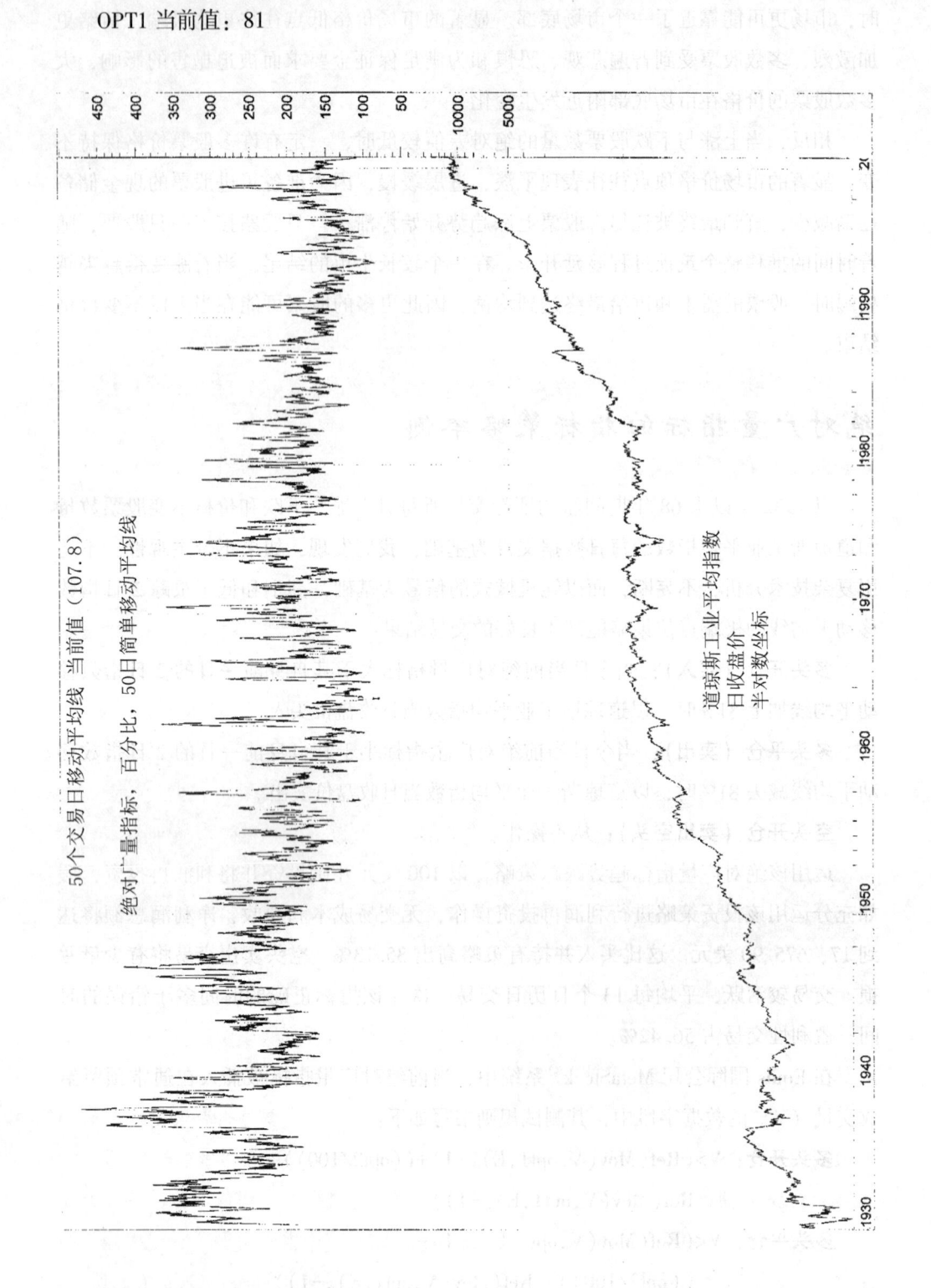

50个交易日移动平均线 当前值（107.8）
绝对广量指标，百分比，50日简单移动平均线

道琼斯工业平均指数
日收盘价
半对数坐标

绝对广量指标

净利润总额	17675.9	未平仓头寸价值	-142.58
盈亏百分比	17675.9	年均盈亏概况比率%	257.65
初始投资	100	利息收入	0
当前头寸	多头	头寸建立日期	9/6/00
买入并持有利润总额	13080.55	测试总天数	25041
买入并持有利润率%	13080.55	年均买入并持有利润率%	190.66
已平仓交易总数	1868	佣金支付总额	0
每笔交易平均利润	9.54	平均盈利与平均亏损比率	1.18
多头交易总数	1868	多头交易中盈利交易占比%	0
盈利多头交易总数	1054	空头交易中盈利交易占比%	0
盈利交易总数	1054	交易总数中盈利交易占比%	814
盈利交易总金额	51394.28	交易总金额中净利润金额占比%	-33575.81
平均盈利	48.76	平均盈利总额中净平均盈利占比%	-41.25
最大盈利	1661.07	最大盈亏合计中平均盈利占比%	-2749.01
亏损交易平均持仓期数	8.79	盈利持仓期数差占亏损持仓期数比例%	8.31
盈利交易最长持仓期数	64	最长盈亏持仓期差占最长亏损持仓期数比%	48
最大连续盈利次数	11	最长连续盈亏期数差占连续亏损期数比例%	7
空仓总期数	5820	平均空仓期数	3.11
最长空仓期数	16		
系统未平仓回撤	-44.08	盈亏比指数	34.49
系统未平仓最大回撤	-44.08	风险回报指数	99.75
最大未平仓交易回撤	-2930.24	买入并持有指数	34.04

		超额净利润比率%	35.13
		年均超额净利润比率%	35.14
		平均每笔交易天数	13.14
		多头交易中盈利交易占比%	56.42
		空头交易中盈利交易占比%	#
		交易总数中盈利交易占比%	56.42
		交易总金额中净盈利金额占比%	20.97
		平均盈亏总额中净平均盈利占比%	8.34
		最大盈亏合计中平均盈利占比%	-24.67
		盈利持仓期数差占亏损持仓期数比例%	5.78
		最长盈亏持仓期差占最长亏损持仓期数比%	33.33
		最长连续盈亏期数差占连续亏损期数比例%	57.14
		净利润与系统未平仓回撤之比	40099.59
		净利润同系统未平仓回撤之差与净利润之比%	99.75
		系统未平仓回撤与净利润之比%	-0.25

在 Equis 公司 Metastock© 系统报告"(盈亏概览统计)中,净利润总额等于利润合计减去亏损合计,包括按市值计价的未平仓头寸。相对地,盈利交易总额是指已实现利润合计(仅包括已平仓头寸,不包括任何未平仓头寸)。同样,亏损交易总金额是指已实现亏损合计(仅包括已平仓头寸所有亏损总额,不包括任何未平仓头寸)。系统平仓回撤是指仅基于已平仓头寸的累计净值低于初始投资的最大降幅。买入并持有回撤(SODD)是指头寸平仓时累计净值线低于初始投资的最大降幅。盈亏比指数是关于平均盈利交易总金额与亏损交易总金额联系在一起的一个复杂计算结果,值的范围位于-100(最差可能表现)与+100(最好可能表现)之间,0值代表盈亏相等,风险回报指数等于净利润总额减去系统未平仓回撤再除以净利润总额。在本次演练交易中,初始投资假设为 100 美元。多头交易和空头交易都进行,除非另有说明,交易按当天收盘价格执行。统计分析中不包括交易成本,利息费用和利润。

— 43 —

累积/派发线（AD）

累积/派发线（AD）是关于平衡成交量（OBV）这一基本概念的改变，但 AD 线似乎没有 OBV 那样有效。AD 差值是用相对于价格波动区间的收盘价位置加权的每日成交量。该指标是由马克·蔡金（纽约州新纽约东 77 号大街第 177 号，邮编 10021）开发的，它是衡量价格加权成交量动量的蔡金摆动指标的基础。

我们使用每日数据来说明这一指标，尽管类似的累积/派发线可以基于任何时间框架来计算；在这些时间框架内，可以获得从数分钟到数月长度的成交和价格（最高价、最低价低和收盘价）数据。

累积/派发线测量每日收盘价在每日价格变动区间内的位置，表示为该区间的一个分数。这一分数乘以每日总成交量，得出每日净累积量（用正号"+"标示的买入压力）或派发量（用负号"-"标示的卖出压力）的量化值。这些每日净压力累积成一个运行总和，并绘制成一条线，上涨的趋势是看涨的，下跌的趋势是看跌的。

在数学上，累积/派发线可以表述如下：

$$AD = cum((((C-L)-(H-L))/(H-L))*V)$$

其中

AD = 累积/派发线的累积运行总和线

cum = "计算累积运行总和线"的缩写

C = 当日收盘价

H = 当日最高价

L = 当日最低价

V = 当日总成交量

在累积的累积/派发线上可以使用标准技术分析工具，包括趋势线，更高高点和更低低点的识别，以及对比普通价格走势图的背离分析。累积/派发线也可以与其自身的跟踪移动平均线相比较，从而产生买入和卖出信号。

累积/派发线指标策略举例

历史数据显示，累积/派发线对于多头和空头方曾经都是适度有效的指标，但尤其对于多头一方。以 1928 年至 2000 年的 72 年期间道琼斯工业平均指数每日价格为基础，我们发现，如果不带主观性，不运用复杂技术分析，不妄断，而以纯机械式的趋势跟踪信号为基础，下列参数能产生良好的交易结果：

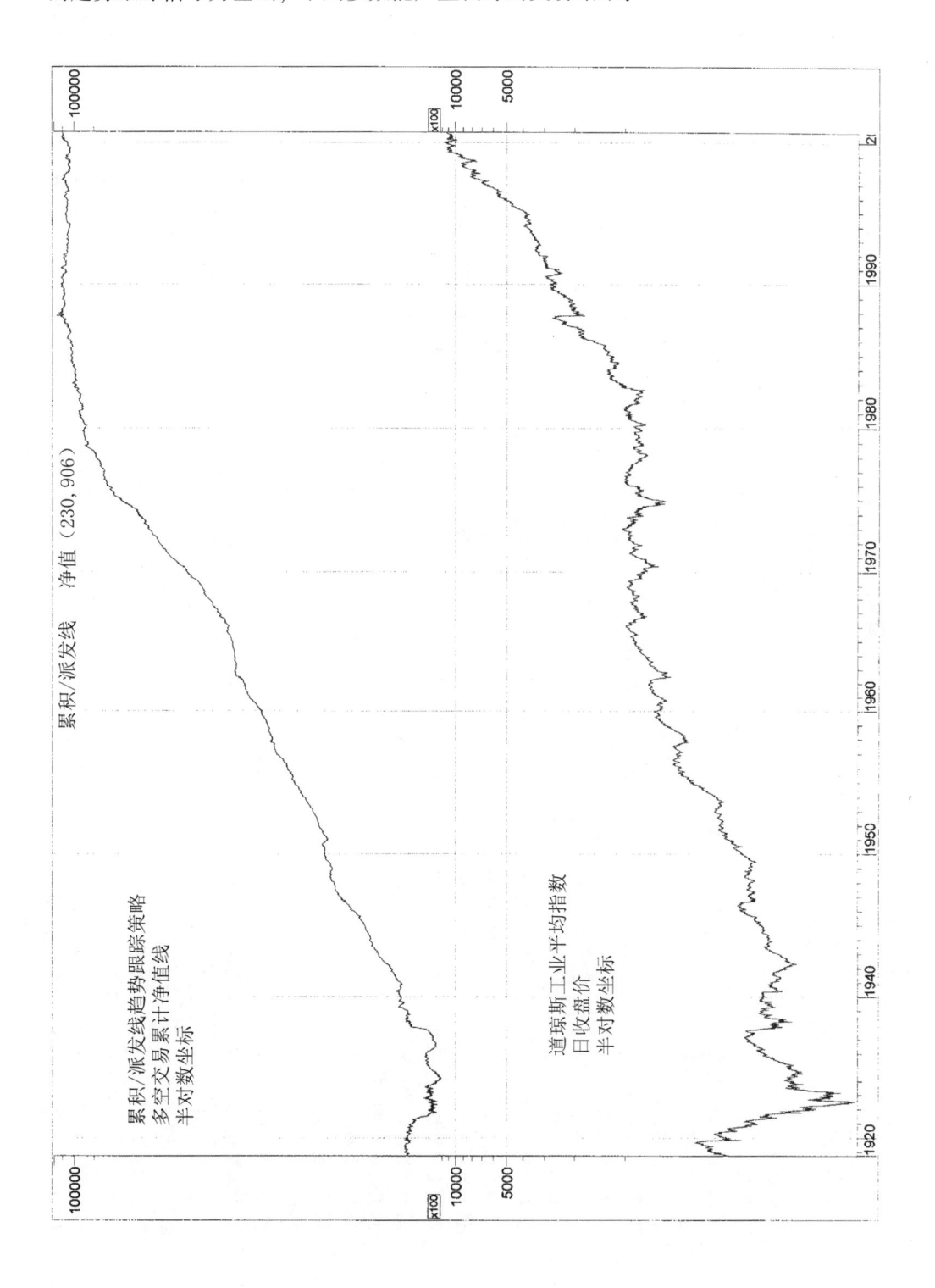

累积/派发线

净利润总额	15006746	未平仓头寸价值	
盈亏百分比	15006746	年均盈亏百分比	
初始投资	100	利息收入	
当前头寸	空头	头寸建立日期	
买入并持有利润总额	4575.25	测试总天数	
买入并持有利润率%	4575.25	年均买入并持有利润率%	
已平仓交易总额	6195	佣金支付总额	
每笔交易平均利润	2423.59	平均盈利与平均亏损比率	
多头交易总数	3098	空头交易总数	
盈利多头交易数	1518	盈利空头交易数	
盈利交易总数	2796	亏损交易总数	
盈利交易总金额	138793616	亏损交易总金额	-123779512
平均盈利	49640.06	平均亏损	-36416.45
最大盈利	2783770	最大亏损	-1389113
盈利交易平均持仓期数	5.28	亏损交易平均持仓期数	2.79
盈利交易最长持仓期数	33	亏损交易最长持仓期数	15
最大连续盈利次数	11	最大连续亏损次数	14
空仓总期数	4	平均空仓期数	4
最长空仓期数	4		
系统平仓回撤	-68.74	盈亏比指数	10.81
系统未平仓回撤	-69.07	风险回报指数	100
最大平仓交易回撤	-1389113	买入并持有指数	327737.45

超额利润比率%		超额净利润比率%	327898.38
		年均超额利润比率%	327923.23
		平均每笔交易天数	4.24
	8/29/00		
	26276		
	63.55		
	0		
	1.36	多头交易中盈利交易占比%	49.00
	3097	空头交易中盈利交易占比%	41.27
	1278	交易总数中盈利交易占比%	45.13
	3399	交易盈亏总金额中净盈利金额占比%	5.72
		平均盈亏总额中净平均盈利占比%	15.37
		最大盈亏合计中净盈利占比%	33.42
		盈亏持仓期数差占亏损最长持仓期数比例%	89.25
		最长盈亏持仓期数差占最长亏损持仓期数比例%	120.00
		最大连续盈亏期数差占连续亏损期数比例%	-21.43
		净利润与系统平仓回撤之比	21726865.50
		净利润同系统平仓回撤之差与净利润之比%	100.00
		系统未平仓回撤与净利润之比%	0.00

在 Equis 公司 Metastock® 系统报告"(盈亏概览统计)中,净利润总额等于利润合计减去亏损合计,包括市值计价的未平仓头寸。相对地,盈利交易总额是指已实现利润合计(仅包括已平仓头寸所有获利交易,不包括任何未平仓头寸)。同样,亏损交易总金额是指已平仓交易所有亏损合计(仅包括已平仓交易时所有亏损总额,不包括任何未平仓头寸)。系统平仓回撤是指基于已平仓头寸净值曲线低于初始投资的累计已实现亏损最大降幅。系统未平仓回撤(SODD)是指头寸未平仓时累计可能亏损净亏现总额与初始投资总额的累计已实现盈亏总金额与初始投资系额联系在一起的一个复杂计算结果,值的范围位于-100(最差头寸未平仓表现)与+100(最好可能表现)之间,0值代表盈亏相等。风险回报指数等于净平仓利润总额减去系统未平仓回撤以净利润总额的差再除以净利润总额。在本次演练交易中,初始投资假设为100美元。多头交易和空头交易都按进行,交易按信号出现当天收盘价格执行。统计分析中不包括交易成本、利息费用和利润。

多头开仓（买入）：当当前累积/派发线大于昨日的累积/派发线 3 日指数平滑移动平均线时，以道琼斯工业平均指数当日收盘价买入。

多头平仓（卖出）：当当前累积/派发线小于昨日的累积/派发线 3 日指数平滑移动平均线时，以道琼斯工业平均指数当日收盘价卖出。

空头开仓（卖出空头）：当当前累积/派发线小于昨日的累积/派发线 3 日指数平滑移动平均线时，以道琼斯工业平均指数当日收盘价卖出空头。

空头平仓（平仓）：当当前累积/派发线大于昨日的累积/派发线 3 日指数平滑移动平均线时，以道琼斯工业平均指数当日收盘价平仓空头。

运用该累积/派发线策略，以 100 美元开始投资并将利润再投资，假如充分运用该投资策略进行利润再投资操作，无交易成本和税收，净利润总额将达到 15,006,746 美元，这比买入并持有策略高出 327,989.38%。空头卖出交易包括在本策略中，自从 1982 年 8 月以来是亏钱的，但尽管如此，就全部 72 年期间整体来看还是盈利的。空头卖出交易如此拖后腿，以至于自从 1987 年 10 月 19 日以来，尽管多头交易是净盈利的，但该累积/派发线策略在总体上实际是亏钱的。

Equis 国际公司 MetaStock© 系统测试规则书写如下：

多头开仓：AD( )>Ref(Mov(AD( ),opt1,E),-1)

多头平仓：AD( )<Ref(Mov(AD( ),opt1,E),-1)

空头开仓：AD( )<Ref(Mov(AD( ),opt1,E),-1)

空头平仓：AD( )>Ref(Mov(AD( ),opt1,E),-1)

OPT1 当前值：3

累积摆动指标（ASI）

累积摆动指标（ASI）是摆动指标（SI）的累积总和，而摆动指标是一个复杂的趋势确认/背离指标，是由 J·小威尔斯·威尔德在其 1978 的著作《技术交易系统中的新概念》（趋势研究出版社，北卡莱罗纳州麦克林斯维尔第 128 号邮政信箱，邮编 27301）中公开的，威尔德设计的 SI 更好地代表了真正的市场趋势。SI 比较当前价格（包括开盘价、最高价、最低价和收盘价）与上期价格之间的关系，在数学上，SI 可以表述如下：

$$SI = ((50*K)/M) * ((C-Cp)+0.5(C-O)+0.25(Cp-Op))/R$$

其中

K = H-Cp 与 L-Cp 中的较大者

H = 当期最高价

Cp = 上期收盘价

L = 当期最低价

M = 期货交易所设置的价格变动限额值

C = 当期收盘价

O = 当期开盘价

Op = 上期开盘价

R = 通过下列两步确定：

第 1 步：确定下列三个值中哪个最大

$$H-Cp, 或$$
$$L-Cp, 或$$
$$H-L$$

第 2 步：根据下列规定计算 R：

如果第 1 步中的最大值为 H-Cp，那么

$$R = (H-Cp) - 0.5(L-C) + 0.25(Cp-Op)$$

如果第 1 步中的最大值为 L-Cp，那么

$$R = (L-Cp) - 0.5(L-C) + 0.25(Cp-Op)$$

如果第 1 步中的最大值为 H-L，那么

$$R = (H-L) + 0.25(Cp-Op)$$

股票没有每日价格变动限额。因此，当使用 MetaStock© 系统软件时，我们用最大数 30,000 作为"价格变动限额参数"。

ASI 可以绘制为一个线形图。在 ASI 上可以使用标准技术分析工具，包括趋势线，更高高点和更低低点，以及对比普通价格走势图的背离分析。ASI 也可以与其自身的跟踪移动平均线相比较，从而产生买入和卖出信号。

累积摆动指标（ASI）的指标策略举例

历史数据显示，ASI 对于多头和空头方都是适度有效的指标，但尤其对于多头一方。以 1928 年至 2000 年的 72 年期间道琼斯工业平均指数每日价格为基础，我们发现，如果不带主观性，不运用复杂技术分析，不妄断，而以纯机械式的趋势跟踪信号为基础，下列参数能产生良好的交易结果：

多头开仓（买入）：当当前 ASI 大于昨日的 ASI 的 2 日指数平滑移动平均线时，

以道琼斯工业平均指数当日收盘价买入。

多头平仓（卖出）： 当当前 ASI 小于昨日的 ASI 的 2 日指数平滑移动平均线时，以道琼斯工业平均指数当日收盘价卖出。

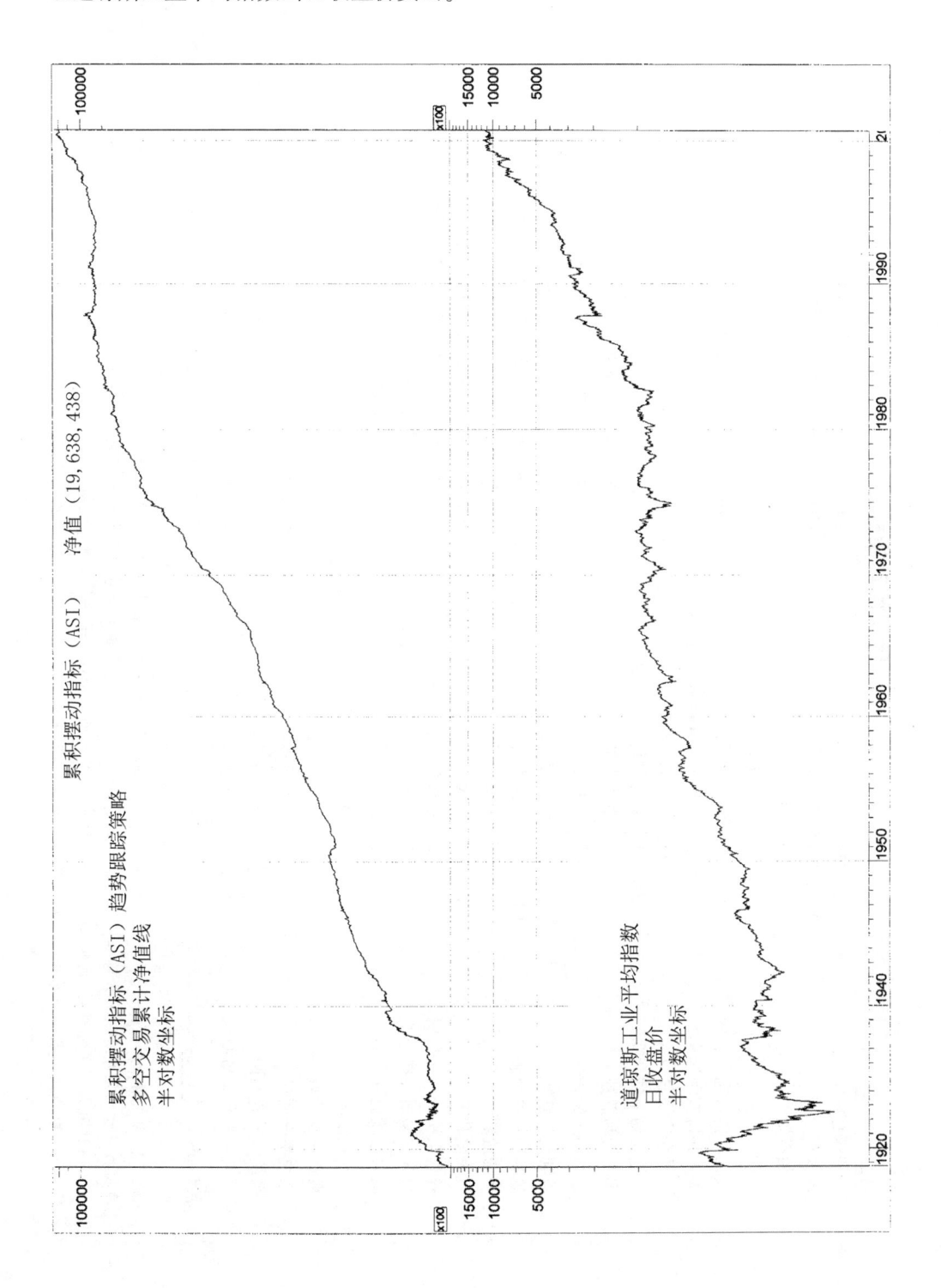

累积摆动指标（ASI）

项目	值	项目	值
净利润总额	19638338	未平仓头寸价值	68306.24
盈亏百分比	19638338	超额净利润比额	429129.83
初始投资	100	年均超额净利润比率%	227296.22
当前头寸	空头	利息收入	0
		头寸建立日期	9/7/00
买入并持有利润总额	4575.25	测试总天数	26676
买入并持有利润率%	4575.25	平均每笔交易天数	4.92
已平仓交易总数	5343	年均买入并持有利润率%	63.55
每笔交易平均利润	3662.74	佣金支付总额	0
		平均盈利与平均亏损比率	1.87
多头交易总数	2672	平均盈利交易总数	2171
盈利多头交易数	1202	多头交易中盈利交易占比%	44.99
盈利空头交易数	2199	空头交易中盈利交易占比%	37.33
盈利交易总数	83200696	交易总数中盈利交易占比%	41.16
亏损交易总数	-63630736	盈利交易总金额占比%	13.33
平均亏损	37835.7	平均盈利总金额中净平均盈利占比%	30.30
最大盈利	1622776	最大盈亏合计中净盈利占比%	44.70
		-20238.78	
		-620164	
盈利交易平均持仓期数	6.52	盈亏持仓期数差占亏损持仓期数比例%	126.39
盈利交易最长持仓期数	22	最长盈亏持仓期数差占最长亏损持仓期数比例%	100.00
最大连续盈利次数	8	最大连续盈亏期数差占连续亏损期数比例%	-33.33
		11	
		12	
平均空仓期数	5		
最长空仓期数	5		
盈亏比指数	0	净利润与系统平仓回撤之比%	23.58
系统平仓回撤	-0.33	净利润同系统未平仓回撤之差与净利润之比%	5951011515.15
系统未平仓回撤	-620164	系统未平仓回撤与净利润之比%	100.00
买入并持有指数	430622.79	系统未平仓回撤与当天收盘价格执行%	0.00

在 Equis 公司 Metastock® 系统报告（盈亏概览统计）中，净利润总额等于利润合计减去亏损合计，包括按市值计价的未平仓头寸。相对地，盈利交易总额是指已实现利润合计（仅包括已平仓头寸），不包括任何未平仓头寸。同样，亏损交易总金额仅是指已实现亏损合计（仅包括已平仓交易）所有亏损总额，不包括任何未平仓头寸）。系统平仓回撤是指于平仓头寸的净值低于初始投资净值线的最大降幅。系统未平仓回撤（SODD）是指头寸未平仓时累计净值线低于初始投资净值线的最大降幅。盈亏比指数是关于平仓盈亏总金额与一起的一个复杂计算结果，值的范围位于-100（最差可能表现）与+100（最好可能表现）之间，0值代表盈亏相等，风险回报指数等于净利润总额减去系统未平仓回撤以净利润的差再除以净利润。在本次演练交易中，初始投资假设为 100 美元。多头交易和空头交易都进行，交易发信号出现当天收盘价格执行。统计分析中不包括交易成本，利息费用和利润。

空头开仓（卖出空头）：当当前 ASI 小于昨日的 ASI 的 2 日指数平滑移动平均线时，以道琼斯工业平均指数当日收盘价卖出空头。

空头平仓（平仓）：当当前 ASI 大于昨日的 ASI 的 2 日指数平滑移动平均线时，以道琼斯工业平均指数当日收盘价平仓空头。

运用该 ASI 策略，以 100 美元开始投资并将利润再投资，假如充分运用该投资策略进行利润再投资操作，无交易成本和税收，净利润总额将达到 19,638,338 美元，这比买入并持有策略高出 429,129.83%。空头卖出交易包括在本策略中，自从 1984 年 12 月以来是亏钱的，但尽管如此，就全部 72 年期间整体来看还是盈利的。

Equis 国际公司 MetaStock© 系统测试规则书写如下：

多头开仓：ASwing(30000)>Ref(Mov(ASwing(30000),opt1,E),-1)
多头平仓：ASwing(30000)<Ref(Mov(ASwing(30000),opt1,E),-1)
空头开仓：ASwing(30000)<Ref(Mov(ASwing(30000),opt1,E),-1)
空头平仓：ASwing(30000)>Ref(Mov(ASwing(30000),opt1,E),-1)

OPT1 当前值：2

自适应移动平均线（AMA）

自适应移动平均线（AMA）使用连续变化的指数移动平均线平滑常数，该常数随着价格趋势斜率接近垂直而变大，随着价格趋势斜率趋近于零而变小。换句话说，在一个陡峭和加速的价格趋势中，指数移动平均期限长度变得更短或对输入计算的新数据更敏感。在扁平化价格趋势中，指数移动平均期限长度变得更长或对输入计算的新数据不太敏感。

虽然自适应移动平均线（AMA）是一个有趣的新想法，具有很大的知识要求，但对于这种更复杂的趋势平滑方法，我们的初步测试并没有显示出任何真正的实务优势。毕竟，决定平滑常数的数据仍然是用于其他平滑方法的同样的过去旧数据，所以还是在研究后视镜，而不是在研究不可知的未来。另外，很正常也很常见的是，陡峭的价格趋势会暂停并形成小的持续形态，在这种情况下，自适应移动平均线（AMA）会比非自适应移动平均线更容易产生无利可图的多空拉锯战。最后，一个自适应移动平均线的计算步骤更多，因此需要更长的时间来计算，尽管随着计算机硬件和软件变得越来越快，对这些的考虑会变得更少。

涨跌背离摆动指标（ADDO）

解释涨跌线的一个流行方法，是将它与一个市场价格指数比如道琼斯个业平均指数（DJIA）进行直观比较。例如，如果涨跌线进入下降趋势而 DJIA 仍处于上升趋势中，这种负背离（有时）会增加最终变为看跌价格趋势的概率，市场将下行。通常信号有一个可变的提前期，而且在这种直观分析判断预测中存在另一种风险，就是主观性可能会不知不觉产生。

特许市场技术分析师阿瑟·A. 梅里尔，创建了他的涨跌背离摆动指标（ADDO），摆脱了这种主观风险。他对 ADDO 的计算和解释共分十个步骤：

1. 分三个子步骤将所有纽约证券交易所股票的每日宽度数据转换为每周数据：合计当周每日上涨股票数量，单独合计每日下跌股票数量，然后合计每日价格不变股票数量。

2. 用上涨股票数量总和减去下跌股票数量总和，考虑符号，结果为净上涨股票数量。

3. 将该净差值放在（A-D）/U 比率的分子上，该比率为净上涨股票数量除以价格不变股票数量。梅里尔认为埃德蒙·塔贝尔开发了该指标，该指标强调了市场信心（价格不变股票数量少）或犹豫不决（价格不变股票数量多）。

4. 合计最近跟踪 52 周的上述每周（A-D）/U 比率值。

5. 用 DJIA 每周收盘价和（A-D）/U 比率的移动总和，计算两者最近 52 周的线性回归线。

6. 绘制该线性回归线，Y 轴为 DJIA，X 轴为（A-D）/U 比率的移动总和。

7. 对于给定的（A-D）/U 比率移动总和的值，确定 DJIA 的预测值，也就是在回归线上确定一点，该点在给定的（A-D）/U 比率值的正上方。

8. 将 ADDO 表示为 DJIA 当前收盘价减去其预测值的背离百分比。

9. DJIA 对其预测值的正背离会提高未来看跌的概率。

10. DJIA 对其预测值的负背离会提高未来看涨的概率。

涨跌线指标（A-D 线）

累积每日涨跌线，也许是最广为人知的市场宽度指标，传统上已被用来发现相对于一般市场价格指数比如标准普尔 500 指数或道琼斯工业平均指数的背离。

最常见的是，累积 A-D 线计算为纽约证券交易所每日上涨股票数量减去下跌股票数量的净值的运行总和。也可以为其他市场比如纳斯达克市场计算类似的指标，同时也可以使用每周数据，计算该指标只有两个步骤。

1. 用每日上涨股票数量减去下跌股票数量，考虑符号，得出净上涨股票数量，它通常是一个负数。

2. 将该每日涨跌差加入到每日净上涨股票数量的累计总和中，这形成一条连续的线，随着纽交所市场宽度趋势变化而上升和下降。

例如，我们的计算期间为一个月，如图所示的 2000 年 8 月 8 日至 9 月 8 日。这些计算确定了一个初始值，将 1974 年 12 月 24 日 A-D 线的历史低点设定为 0。从该日期开始，我们避免了处理负数。或者，如果一个人不介意绘制很大的负数，也可以将 1974 年 12 月 24 日的点设置为 -124,484，跟随《每日股票价格记录》的先例（标准普尔公司，纽约百老汇 25 号，邮编 10004），商业图书馆持有该数据源。

计算 A-D 线

日期	上涨数量	下跌数量	涨跌差	累积值	DJIA
8/8/00	1588	1256	332	60121	10976.90
8/9/00	1440	1400	40	60161	10905.80
8/10/00	1347	1473	-126	60035	10908.80
8/11/00	1998	853	1145	61180	11027.80
8/14/00	1835	1038	797	61977	11176.10
8/15/00	1161	1690	-529	61448	11067.00
8/16/00	1594	1243	351	61799	11008.40
8/17/00	1602	1220	382	62181	11055.60
8/18/00	1170	1603	-433	61748	11046.50
8/21/00	1325	1477	-152	61596	11079.80
8/22/00	1435	1329	106	61702	11139.10
8/23/00	1287	1496	-209	61493	11144.60
8/24/00	1431	1381	50	61543	11182.70
8/25/00	1420	1329	91	61634	11192.60
8/28/00	1378	1426	-48	61586	11252.80
8/29/00	1325	1470	-145	61441	11215.10
8/30/00	1408	1410	-2	61439	11103.00
8/31/00	1716	1149	567	62006	11215.10
9/1/00	1626	1164	462	62468	11238.80
9/5/00	1417	1446	-29	62439	11260.60
9/6/00	1592	1235	357	62796	11310.60
9/7/00	1529	1269	260	63056	11259.90
9/8/00	1304	1514	-210	62846	11220.60

从另一个角度看，公布在周末的新闻来源比如《巴伦周刊》上的纽约证券交易所每周数据，也可用于单独计算该指标。每周数据产生的累积线，看起来与流行的每日累积总值线有很大不同。

技术分析师们早已注意到，最常见的减法计算，不能抵补交易股票数量随着时间的推移而膨胀带来的扭曲，也就是，在交易所上市的股票越来越多。为重新获得分析随着时间的推移的可比性，一些分析师在累积运行总和之前标准化了每日数据，具体如下：

$$N = (A-D)/(A+D)$$

或

$$T = (A-D)/(A+D+U)$$

其中

N＝今日的1日净上涨股票数量与所有显示出任意价格波动的股票总数量比率

A＝上涨股票数量

D＝下跌股票数量

T＝今日的1日净上涨股票数量与交易股票总数量比率

U＝价格不变股票数量

A＋D＋U＝每日交易股票总数量

然而，这些调整似乎都没有同基本A-D线的行为有任何重大区别，简单地从上涨数量中减去下跌数量，一直是最流行和使用最广泛的计算方法。

累积每日涨跌线的解释

相对于有广泛基础的市场价格指数，累积每日涨跌线的趋势和背离一直是最流行的解释技巧（然而，正如从下表看到的一样，可能会有一种更好的方法来看待这些数据）。例如，如果市场价格指数在累积涨跌线下降的时候上升，则表明潜在的市场疲软，这是股票价格看跌的警告，有时甚至是早期预警。相反，如果市场价格指数在下降，而累积涨跌线正在上升，潜在的市场力量是显而易见的，这是股票价格的看涨信号。下表说明了累积涨跌线对比有广泛基础的市场价格指数的传统解释，特别是对比标准普尔500指数（S&P）。

累积涨跌线的解释

市场指数（S&P500）	涨跌线	解释
上涨	下跌	看跌
接近或位于前期顶部	明显低于对应顶部	看跌
接近或位于前期顶部	明显高于对应顶部	看涨
下跌	上涨	看涨
接近或位于前期底部	明显高于对应前期底部	看涨
接近或位于前期底部	明显低于对应前期底部	看跌

累积每日涨跌线指标策略举例

累积每日涨跌线是建立在纯粹客观基础上的一个有效指标。以1932年7月8日道琼斯工业平均指数历史低点41.22点以来68年期间纽约证券交易所每日上涨和下跌股票数量和道琼斯工业平均指数的每日数据文件为基础，我们发现，如果不带主观性，不运用复杂技术分析，不妄断，而以纯机械式的信号为基础，可能最简单的趋势跟踪规则能产生良好的交易结果。

多头开仓（买入）：当累积每日涨跌线相对于其前一日水平上升时，以道琼斯工业平均指数当日收盘价买入。

多头平仓（卖出）：当累积每日涨跌线相对于其前一日水平下降时，以道琼斯工业平均指数当日收盘价卖出。

空头开仓（卖出空头）：当累积每日涨跌线相对于其前一日水平下降时，以道琼斯工业平均指数当日收盘价卖出空头。

空头平仓（平仓）：当累积每日涨跌线相对于其前一日水平上升时，以道琼斯工业平均指数当日收盘价平仓空头。

运用该累积涨跌线趋势跟踪策略，以100美元开始投资并将利润再投资，假如充分运用该投资策略进行利润再投资操作，无交易成本和税收，净利润总额将达到8.224亿美元，这比买入并持有策略高出308万%，即使空头卖出交易也是盈利的。交易极度活跃，平均每3.49个日历日就交易一次。

在Equis国际公司MetaStock©系统中，当前累积涨跌值被插入在通常预留给成交量（V）的数据字段中，其测试规则书写如下：

多头开仓：V>Ref（V, -1）

多头平仓：V< Ref（V, -1）

空头开仓：V< Ref（V, -1）

空头平仓：V> Ref（V，-1）

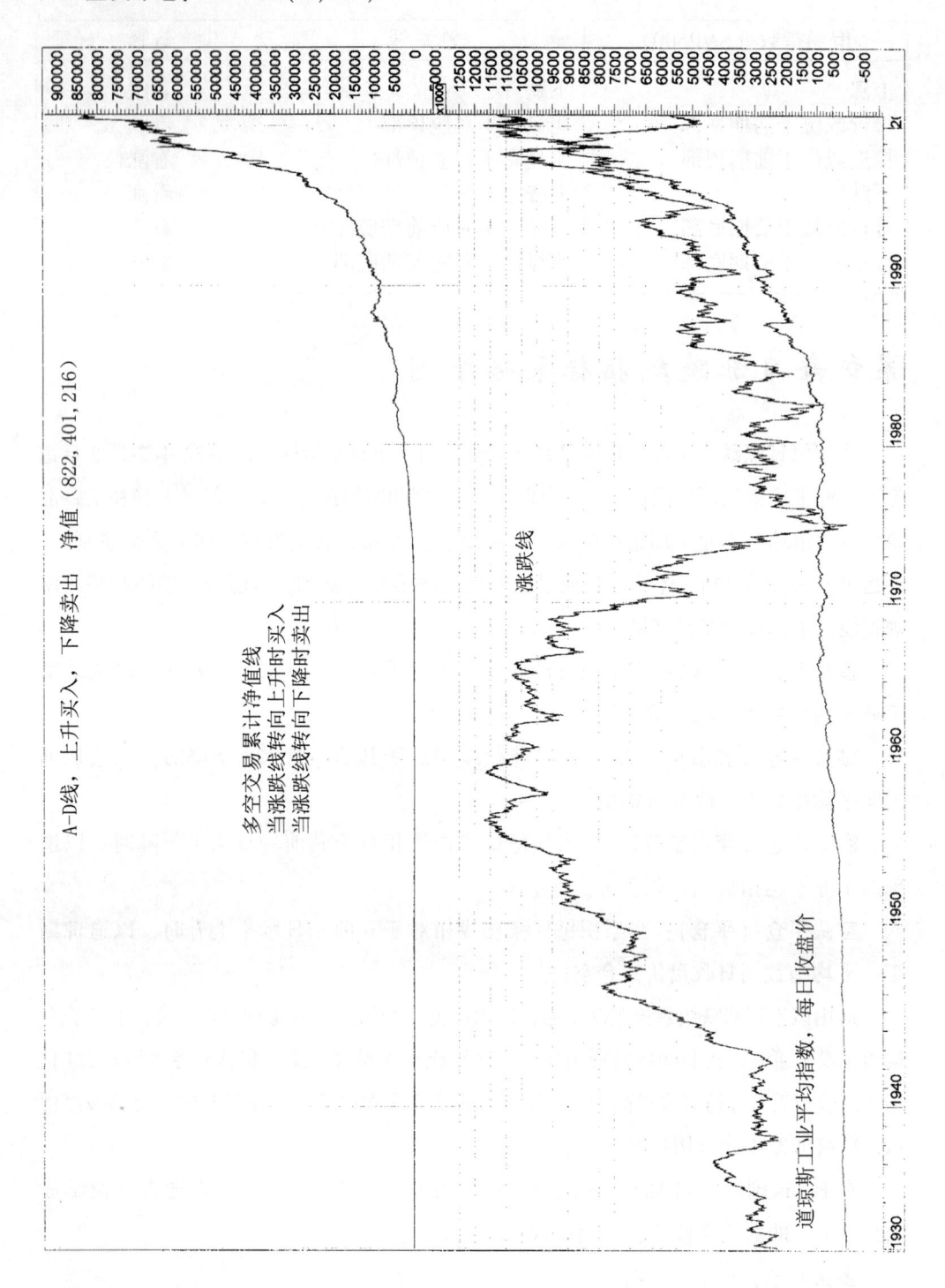

A-D线，上升买入，下降卖出　净值（822，401，216）

多空交易累计净值线
当涨跌线转向上升时买入
当涨跌线转向下降时卖出

涨跌线

道琼斯工业平均指数，每日收盘价

累积涨跌线，上升买入，下降卖出

净利润总额	822401088	未平仓头寸价值	0
盈亏百分比	822411088	年均盈亏百分比	12054792.9
初始投资	100	年均超额净利润比率%	0
当前头寸	空头	利息收入	
买入并持有利润总额	26737.12	头寸建立日期	9/8/00
买入并持有利润率%	26737.12	测试总天数	24901
已平仓交易总额	7141	佣金支付总额	0
每笔交易平均利润	115166.1	平均盈利与平均亏损比率	1.63
多头交易总数	3571	空头交易总数	3570
盈利多头交易数	1834	盈利空头交易数	1545
盈利交易总数	3379	亏损交易总数	3762
盈利交易总金额	2.586E+09	亏损交易总金额	−1.764E+09
平均盈利	765454.09	平均亏损	−468918
最大盈利	57249344	最大亏损	−27337728
盈利交易平均持仓期数	4.6	亏损交易平均持仓期数	2.55
盈利交易最长持仓期数	20	亏损交易最长持仓期数	12
最大连续盈利次数	9	最大连续亏损次数	11
平均空仓期数	3		
最长空仓期数	3		
系统平仓回撤	0	盈亏比指数	0
系统未平仓回撤	0	风险回报指数	100
最大未平仓回撤	−27337728	买入并持有交易成本	3075777.71

超额利润比率%	0		3075777.61
年均超额净利润比率%			3075808.46
			3.49
平均每笔交易天数			
			51.36
多头交易中盈利交易占比%			43.28
空头交易中盈利交易占比%			47.32
交易总数中盈利交易占比%			18.90
交易总金额中盈利金额占比%			24.02
平均盈亏总额中净平均盈利占比%			35.36
最大盈亏合计中净盈利占比%			80.39
盈亏持仓期数差占亏损持仓期数比例%			66.67
最长盈亏持仓期数差占最长持仓期数比例%			−18.18
最大连续盈亏期数差占连续亏损期数比例%			
			#
净利润与系统未平仓回撤之比			100
净利润同系统未平仓回撤之差与净利润之比%			0.00
系统未平仓回撤与净利润之比%			

在 Equis 公司 Metastock© "系统报告"（盈亏概览统计）中，净利润总额等于利润合计减去亏损合计（仅包括已平仓头寸）中，利润合计是按市值计价的未平仓头寸。相对地，盈利交易所平仓总金额是指已实现利润合计（仅包括已平仓头寸），不包括任何未平仓头寸。同样，亏损交易总金额是指已实现亏损（仅包括已平仓头寸）。净利润与初始投资比率是净利润合计除以基于已平仓头寸将系统净值与初始投资的累计差得到的。系统平仓回撤（SODD）是指头寸未平仓时累计净值线低于任何初始投资的最大降幅。盈亏比指数是关于初始投资盈利金额的一个复杂计算结果，值的范围在−100(最可能表现)与+100(最可能表现)之间，0值代表盈亏相等，风险回报指数等于净利润总额减去系统未平仓回撤再除以净利润总额。在本次演练交易中，初始投资假设为100美元。多头交易和空头交易都进行，除非另有说明。交易按收盘价格执行。统计分析中不包括交易成本，利息费用和投资。

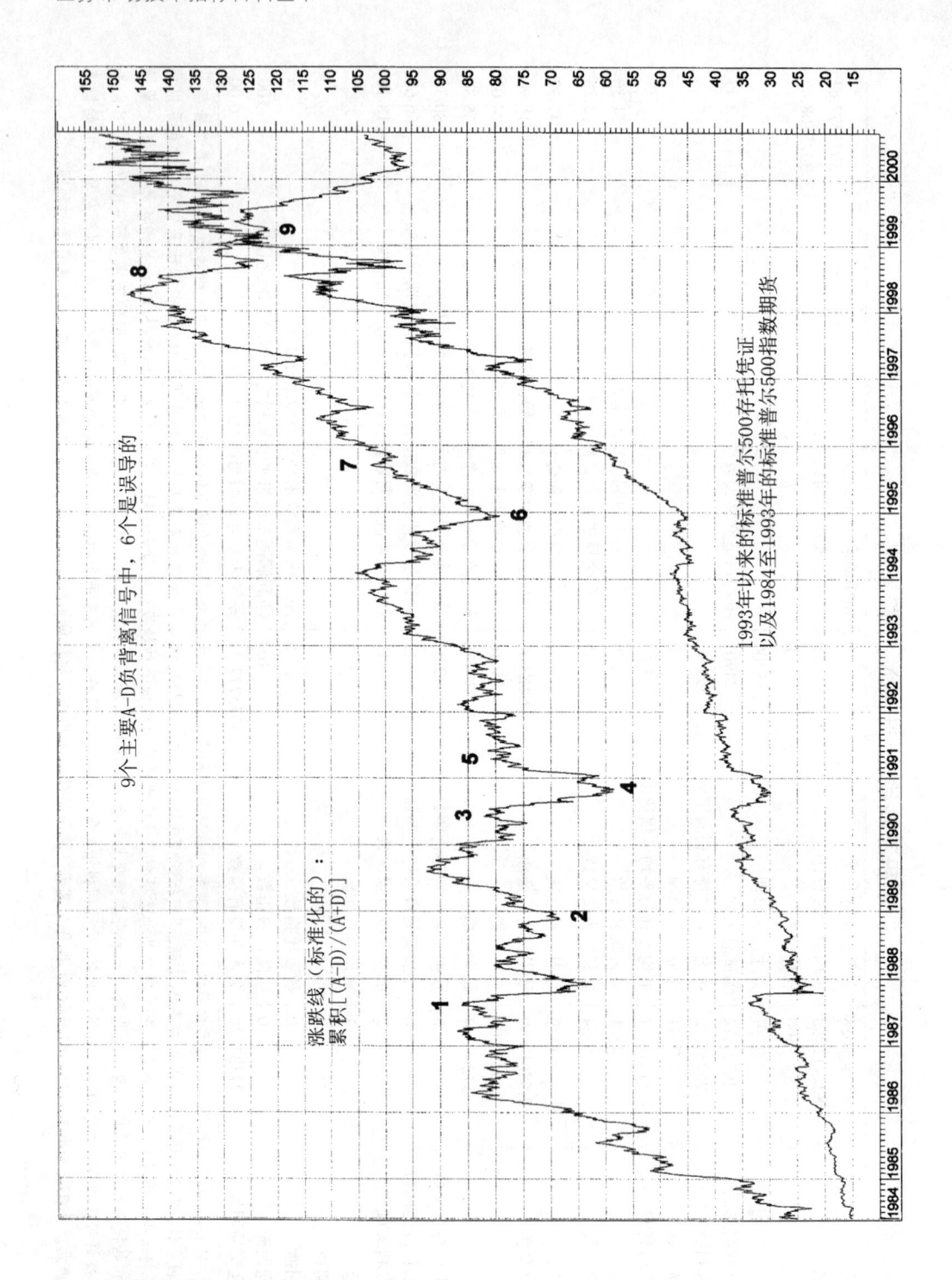

传统的图表解释方法只不过是技术分析人员的经验、判断和客观性说明。对于新手的风险是，人的判断可能受到主观因素包括头寸偏好的影响，它使指标观测者倾向于在持有多头时将指标解释为看涨，而在持有空头时解释为看跌。此外，涨跌线和市场指数之间的显著背离有时只是在回顾中是清晰的。

累计每日涨跌线预测了历史上每一次主要的市场下跌。问题是它什么也没做，只是预测了主要的下跌。粗略地浏览一下附图，就可以说明这个问题。在图上标记的九个关键时点，涨跌线显示出明显的负背离（至少事后看是这样）。图中九个主要 A-D 线背离点给出的看跌预警，表现的结果令人印象不太深刻。从 1987 年到 2000 年期间，占三分之二的大部分涨跌线背离，都被证实是不合时宜或完全误导的。

九个主要 A-D 线背离

信号	年份	背离	预测	结果	得分
1	1987	负背离	看跌	正确	1
2	1988	负背离	看跌	错误	0
3	1990	负背离	看跌	正确	1
4	1990	负背离	看跌	错误	0
5	1991	负背离	看跌	错误	0
6	1994	负背离	看跌	错误	0
7	1995	负背离	看跌	错误	0
8	1998	负背离	看跌	正确	1
9	1999	负背离	看跌	错误	0
平均					33%

在过去 40 年——历史上的大牛市中，很少出现相对于主要价格指数的涨跌线正背离。涨跌线在 1959 年筑顶，从此以后大多保持看跌，这是该数据标准背离分析方法的一个严重缺陷。

非累积涨跌线：休斯宽度动量摆动指标

休斯宽度动量摆动指标，以 20 世纪早期的一位先驱技术分析师来命名，其计算分为简单的三步：

1. 用每日上涨股票数量减去下跌股票数量。
2. 用该差值（来自第一步）除以每日交易股票总数量。
3. 最后，通过用一条移动平均线平滑该比率（第 2 步中计算的），从而控制小的不规则的每日波动。

第 1 步与第 2 步中的计算可写为：

$$H = (A-D)/(A+D+U)$$

其中

H＝今日的 1 日净上涨股票数量与交易股票总数量比率

A = 上涨股票数量

D = 下跌股票数量

U = 价格不变股票数量

A + D + U = 每日交易股票总数量

原始数据从每日报纸或电子数据服务机构获得，最常见的是以纽约证券交易所每日交易统计数据为基础，也可以为其他市场比如纳斯达克市场计算类似的指标。从另一个角度来看，也可以使用周末消息来源公布的每周数据来单独计算，每周数据产生的指标与更流行的每日摆动指标大不相同。

传统的图表解释方法检验摆动指标的趋势、绝对点位以及相对于市场价格指数的水平，然而，大多依赖于技术分析师的经验、判断和客观性。对于新手的风险是，人的判断可能受到主观因素包括头寸偏好的影响，它使指标观测者倾向于在持有多头时将指标解释为看涨，而在持有空头时解释为看跌。此外，摆动指标和市场指数之间的显著背离有时只是在回顾中清晰，但还有另一种解释方法。

休斯宽度动量摆动指标——非累积涨跌线的指标策略举例

即使没有任何数据平滑或其他操作，休斯宽度动量摆动指标也是一个有用的指标。以1932年3月8日以来68年期间纽约证券交易所每日上涨和下跌股票数量和道琼斯工业平均指数的每日数据文件为基础，我们发现，如果不带主观性，不运用复杂技术分析，不妄断，而以纯机械式的信号为基础，可能最简单的趋势跟踪规则能产生良好的交易结果。

多头开仓（买入）：当休斯宽度动量摆动指标升至上穿0时，以道琼斯工业平均指数当日收盘价买入。

多头平仓（卖出）：当休斯宽度动量摆动指标跌至下穿0时，以道琼斯工业平均指数当日收盘价卖出。

空头开仓（卖出空头）：当休斯宽度动量摆动指标跌至下穿0时，以道琼斯工业平均指数当日收盘价卖出空头。

空头平仓（平仓）：当休斯宽度动量摆动指标升至上穿0时，以道琼斯工业平均指数当日收盘价平仓空头。

运用该休斯宽度动量摆动指标趋势跟踪策略，以100美元开始投资并将利润再投资，假如充分运用该投资策略进行利润再投资操作，无交易成本和税收，净利润总额将达到579,826,624美元，这比买入并持有策略高出4,624,210.92%，即使空头卖出交易也是盈利的。交易极度活跃，平均每3.56个日历日就交易一次。

在 Equis 国际公司 MetaStock© 系统中，当前休斯宽度动量摆动指标被插入在通常预留给成交量（V）的数据字段中，其测试规则书写如下：

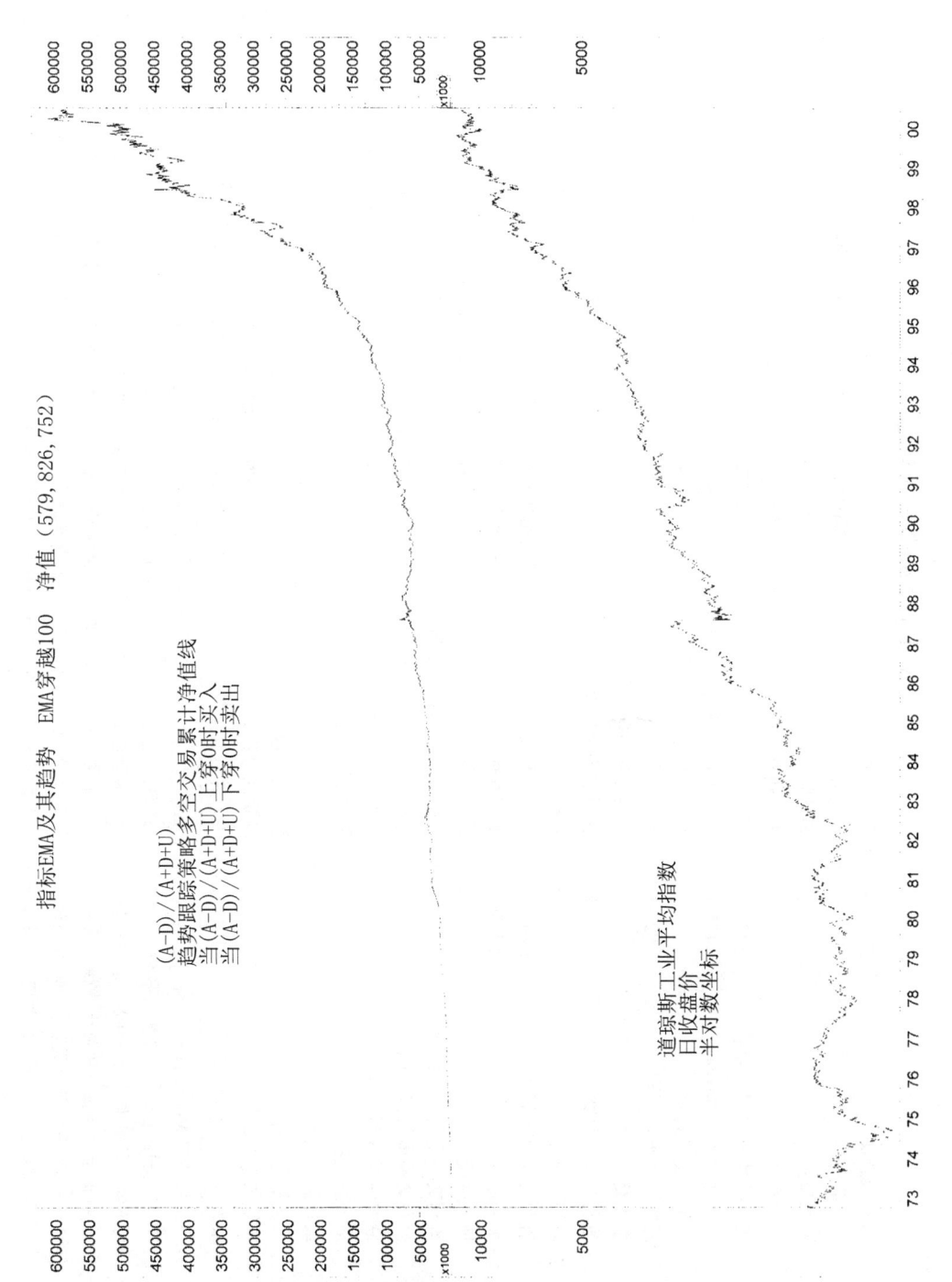

多头开仓：V>0
多头平仓：V<0
空头开仓：V<0
空头平仓：V>0

指标EMA及其趋势　EMA穿越100　净值（579，826，752）

(A−D)/(A+D+U)
趋势跟踪策略多空交易累计净值线
当(A−D)/(A+D+U)上穿0时买入
当(A−D)/(A+D+U)下穿0时卖出

道琼斯工业平均指数
日收盘价
半对数坐标

(A−D)/(A+D+U) 穿越 0

净利润总额	579826624	未平仓头寸价值	0		
盈亏百分比	579826624	年均盈亏百分比	8458025.65	超额净利润比率%	4624211.92
初始投资	100	利息收入	0	年均超额净利润比率%	4624298.93
当前头寸	空头	头寸建立日期	9/8/00		
买入并持有利润总额	12538.66	测试总天数	25022		
买入并持有利润率%	12538.66	年均买入并持有利润率%	182.9	平均每笔交易天数	3.56
已平仓交易总数	7037	佣金支付总额	0		
每笔交易平均利润	82396.85	平均盈利与平均亏损比率	1.64		
多头交易总数	3519	空头交易总数	3518	多头交易中盈利交易占比%	50.90
盈利多头交易数	1791	盈利空头交易数	1518	空头交易中盈利交易占比%	43.15
盈利交易总数	3309	亏损交易总数	3728	交易总数中盈利交易占比%	47.02
盈利交易总金额	1.849E+09	亏损交易总金额	−1.269E+09	交易总金额中净盈利金额占比%	18.59
平均盈利	558864.36	平均亏损	−340519.42	平均盈利总额中净平均盈利占比%	24.28
最大盈利	40027968	最大亏损	−19114144	最大盈亏合计中净盈利占比%	35.36
盈利交易平均持仓期数	4.69	亏损交易平均持仓期数	2.58	盈亏持仓期数差占盈亏持仓期数比例%	81.78
盈利交易最长持仓期数	20	亏损交易最长持仓期数	12	最长盈亏持仓期数差占最长亏损持仓期数比%	66.67
最大连续盈利次数	9	最大连续亏损次数	11	最大连续盈亏期数差占连续亏损期数比例%	−18.18
空仓总期数	0	平均空仓期数	无		
最长空仓期数	0				
系统平仓回撤	−11.57	盈亏比指数	31.35	净利润与系统平仓回撤之比%	579826624.00
系统未平仓回撤	−100	风险回报指数	100	净利润同系统平仓回撤之差与净利润之比%	100
最大未平仓回撤	−19114144	买入并持有指数	4624211.95	系统未平仓回撤与净利润之比%	0.00

在 Equis 公司 Metastock© "系统报告"（盈亏概览统计）中，净利润总额等于利润合计减去亏损合计，包括按市值计价的未平仓头寸。相对地，盈利平仓交易总金额是指已实现利润合计（仅包括已平仓头寸，不包括任何未平仓头寸）。同样，亏损金额是亏损总金额是已实现亏损合计（仅包括已平仓交易）所有亏损总额，不包括任何未平仓头寸）。系统平仓回撤是指基于已平仓头寸净值线低于初始投资的累计净值时累计净值线低于初始投资净值的最大降幅。系统未平仓回撤是指基于已平仓头寸的累计净值与未平仓时累计净值的最大降幅。统计未平仓计算结果，值的范围位于 −100（最差可能表现）与 +100（最好可能表现）之间，0 值代表盈亏相等，除非另有说明，交易按信号出现当天收盘价格执行。统计分析中不包括交易成本，利息费用和利润。
假设为 100 美元，多头交易和空头交易都进行，风险回报指数是系统平仓回撤再除以净利润总额。在本次演算中，初始投资

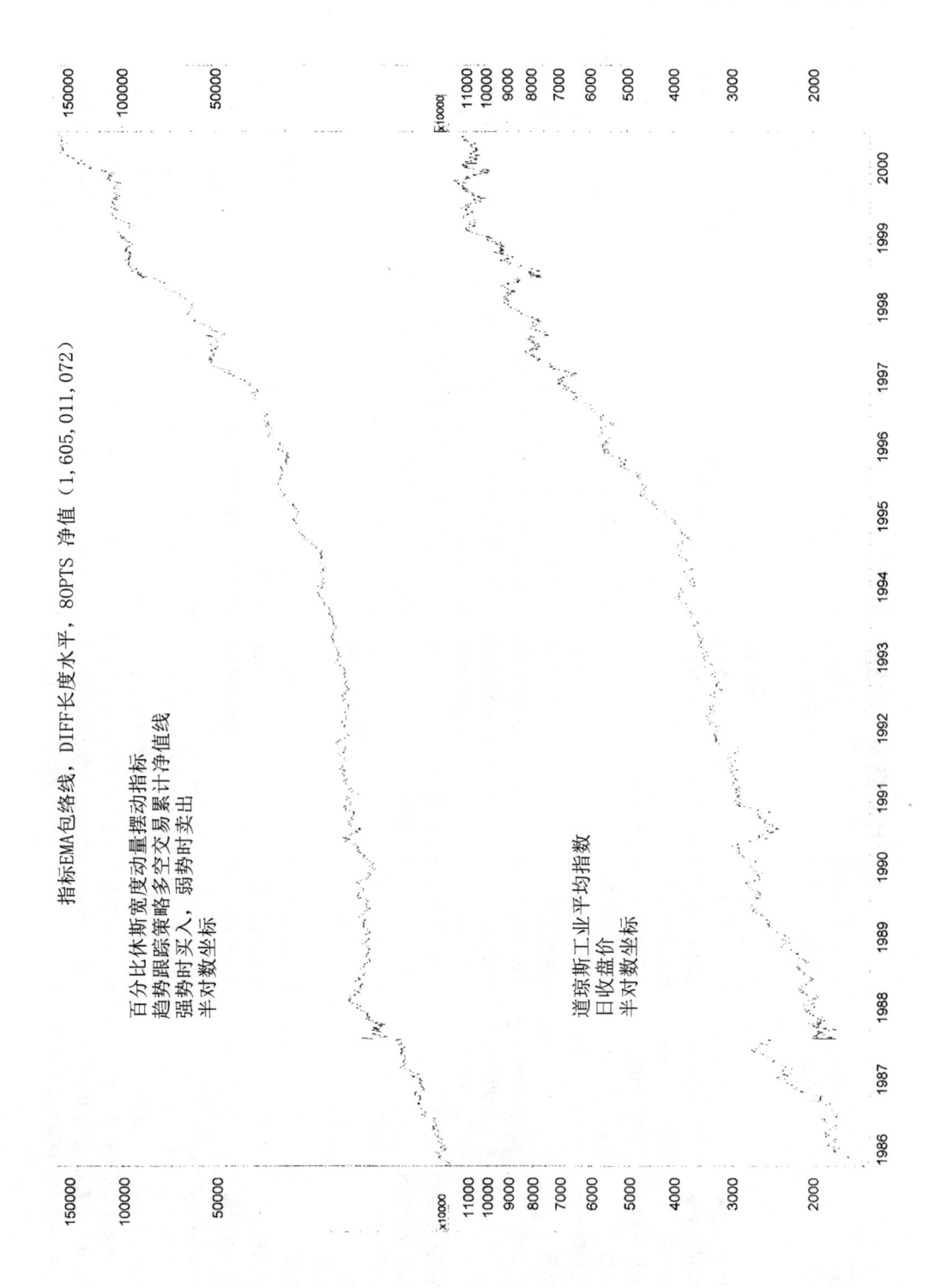

指标EMA包络线，DIFF长度水平，80PTS 净值（1，605，011，072）

百分比休斯宽度动量摆动指标
趋势跟踪策略多空交易累计净值线
强势时买入，弱势时卖出
半对数坐标

道琼斯工业平均指数
日收盘价
半对数坐标

百分比休斯度宽度动量摆动指标

净利润总额	1.605E+09	未平仓头寸价值	5582535	超额净利润比率%	12800398.17
盈亏百分比	1.605E+09	年均盈亏百分比	23412556.7	年均超额净利润比率%	12800641.79
初始投资	100	利息收入	0		
当前头寸	空头	头寸建立日期	9/7/00		
买入并持有利润总额	12538.66	测试总天数	25022	平均每笔交易天数	2.45
买入并持有利润率%	12538.66	年均买入并持有利润率%	182.9		
已平仓交易总数	10200	佣金支付总额	0		
每笔交易平均利润	156806.71	平均盈利与平均亏损比率	1.5		
多头交易总数	5393	空头交易总数	4807	多头交易中盈利交易占比%	53.57
盈利多头交易数	2889	盈利空头交易数	2193	空头交易中盈利交易占比%	45.62
盈利交易总数	5082	亏损交易总数	5118	交易总数中盈利交易占比%	49.82
盈利交易总金额	4.901E+09	亏损交易总金额	-3.031E+09	交易总金额中净盈利金额占比%	19.50
平均盈利	964299.71	平均亏损	-645006.56	平均亏损中净平均盈利占比%	19.84
最大盈利	93997312	最大亏损	-38615808	最大亏损合计中净盈利占比%	41.76
盈利交易平均持仓期数	3.06	亏损交易平均持仓期数	2.22	盈亏持仓期数差占亏损持仓期数比例%	37.84
盈利交易最长持仓期数	9	亏损交易最长持仓期数	6	最长盈亏期数差占最长亏损持仓期数比%	50.00
最大连续盈利次数	11	最大连续亏损次数	12	最大连续盈亏期数差占连续亏损期数比例%	-8.33
空仓总期数	2760	平均空仓期数	2.01		
最长空仓期数	10				
系统平仓回撤	-3.42	盈亏比指数	32.71	净利润与系统未平仓回撤之比%	4693014 4561.40
系统未平仓回撤	-3.42	风险回报指数	100	净利润同系统未平仓回撤之差与净利润之比%	100
最大未平仓交易回撤	-38615808	买入并持有指数	12844923.6	系统未平仓回撤与净利润之比%	0.00

在 Equis 公司 Metastock© "系统报告"(盈亏概览统计)中, 净利润总额等于利润合计减去亏损合计,包括按市值计价的未平仓头寸。相对地,盈利交易合计是指已实现利润合计(仅包括已平仓头寸),不包括任何未平仓头寸。同样,亏损交易合计是指已实现亏损合计(仅包括已平仓头寸)。盈利金额基于已平仓头寸的累计净值低于初始投资的最大降幅。系统平仓回撤(SODD)是指头寸未平仓时累计净值线低于初始投资的累计净值的最大降幅。盈亏比指数是关于已平仓盈利交易总金额与亏损总金额联系在一起计算的一个复杂结果,值的范围位于-100(最差可能表现)与+100(最好可能表现)之间,0值代表盈亏相等。风险回报指数等于净利润总额减去系统未平仓回撤的差的再除以净利润总额。在本次演练交易中,初始投资假设为100美元,多头交易和空头交易都执行,交易按信号出现当天收盘价格执行,除非另有说明。统计分析中不包括交易成本,利息费用和利润。

八个参数的百分比休斯宽度动量摆动指标

用休斯宽度动量摆动指标能建立大量的可能排列。这些排列可以写满本书。仅从下列示例算法中，就能建立数万个参数设置，该算法看起来是有一些获利潜力的。对于这一算法，为了避免处理负数和分数，创建一个围绕100%上下波动的摆动指标，我们先把休斯宽度动量摆动指标从分数形式转换成百分比形式，然后再加上100%。该转换可表述如下：

$$百分比休斯宽度动量摆动指标 =$$
$$(H*100)+100=(((A+D)/(A+D+U))*100)+100$$

其中

H＝今日的1日净上涨股票数量与交易股票总数量比率

A＝上涨股票数量

D＝下跌股票数量

U＝价格不变股票数量

A＋D＋U＝每日交易股票总数量

多头开仓（买入）：当百分比休斯宽度动量摆动指标大于其自身前一日的12日指数移动平均线的92%时，以道琼斯工业平均指数当日收盘价买入。

多头平仓（卖出）：当百分比休斯宽度动量摆动指标小于其自身前一日的12日指数移动平均线的104%时，以道琼斯工业平均指数当日收盘价卖出。

空头开仓（卖出空头）：当百分比休斯宽度动量摆动指标小于其自身前一日的12日指数移动平均线的104%时，以道琼斯工业平均指数当日收盘价卖出空头。

空头平仓（平仓）：当百分比休斯宽度动量摆动指标大于其自身前一日的12日指数移动平均线的92%时，以道琼斯工业平均指数当日收盘价平仓空头。

运用该百分比休斯宽度动量摆动指标趋势跟踪策略，以100美元开始投资并将利润再投资，假如充分运用该投资策略进行利润再投资操作，无交易成本和税收，净利润总额将达到160亿美元。这比买入并持有策略高出1280万%，即使空头卖出交易也是盈利的。交易极度活跃，平均每2.45个日历日就交易一次。尽管很盈利，但该指标交易如此活跃，计算如此复杂，所以它并不适合每一个人。

在Equis国际公司MetaStock©系统中，当前百分比休斯宽度动量摆动指标被插入在通常预留给成交量（V）的数据字段中，其测试规则书写如下：

多头开仓：V>Ref（Mov（V，opt1，E，-1）* （opt5/100）

多头平仓：V<Ref（Mov（V，opt2，E，-1）* （opt6/100）

空头开仓：V<Ref（Mov（V，opt3，E，-1）* （opt7/100）

空头平仓：V>Ref（Mov（V，opt4，E，-1）* （opt8/100）

OPT1 当前值：12

OPT2 当前值：2

OPT3 当前值：8

OPT4 当前值：46

OPT5 当前值：92

OPT6 当前值：104

OPT7 当前值：104

OPT8 当前值：92

涨跌比率指标

涨跌比率是一个宽度动量摆动指标，计算它首先用每天上涨股票数量除以下跌股票数量；然后通过用移动平均方法来控制一些不规则的每日运动，平滑上面得出的分数值。平滑前的基本计算由下列公式给出：

$$R = A/D$$

其中

R=今日的1日上涨股票数量与下跌股票数量比率

A=上涨股票数量

D=下跌股票数量

涨跌比率摆动指标的指标策略举例

即使没有任何数据平滑或其他操作，涨跌比率也是一个有用的指标。以1932年3月8日以来68年期间纽约证券交易所每日上涨和下跌股票数量和道琼斯工业平均指数的每日数据文件为基础，我们发现，如果不带主观性，不运用复杂技术分析，不妄断，而以纯机械式的信号为基础，简单的交叉趋势跟踪规则能产生良好的交易结果。

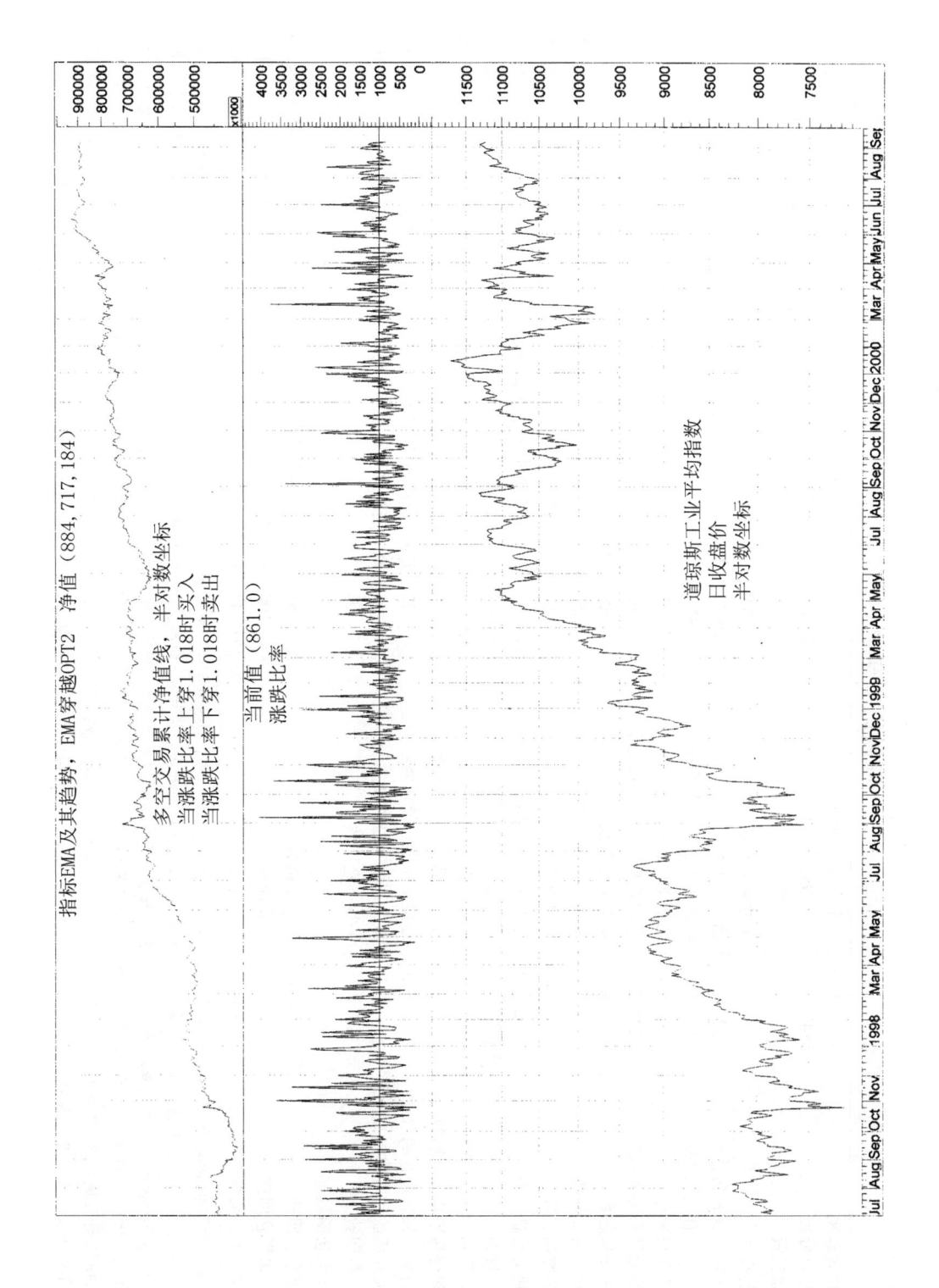

指标EMA及其趋势，EMA穿越OPT2 净值(884,717,184)

多空交易累计净值线，半对数坐标
当涨跌比率上穿1.018时买入
当涨跌比率下穿1.018时卖出

当前值(861.0)
涨跌比率

道琼斯工业平均指数
日收盘价
半对数坐标

涨跌比率穿越 1.018

项目	值	项目	值
净利润总额	884717056	未平仓头寸价值	0
盈亏百分比	884717056	年均盈亏百分比%	12905512.2
初始投资	100	超额净利润比率%	7055813.92
当前头寸	空头	年均超额净利润率%	7055948.21
买入并持有利润总额	12538.66	利息收入	0
买入并持有利润率%	12538.66	头寸建立日期	9/8/00
已平仓交易总数	7219	测试总天数	25022
每笔交易平均利润	122553.96	平均每笔交易天数	182.9
多头交易总数	3610	佣金支付总额	0
盈利空头交易数	1854	平均盈利与平均亏损比率	1.63
亏损交易总数	3412	多头交易中盈利交易占比%	51.36
盈利交易总金额	2.802E+09	空头交易中盈利交易占比%	43.17
亏损交易总金额	-1.918E+09	交易总数中盈利交易占比%	47.26
平均盈利	821294.74	交易总金额中净盈利金额占比%	18.74
最大盈利	63495616	平均盈利总额中净平均盈利占比%	23.97
亏损交易平均持仓期数	4.57	最大盈亏合计中净盈利占比%	35.36
亏损交易最长持仓期数	20	盈亏持仓期数差占亏损持仓期数比例%	79.22
最大连续亏损次数	10	最长盈亏持仓期数差占最长亏损持仓期数比例%	66.67
平均空仓期数	0	最大连续盈亏期数差占连续亏损期数比例%	-9.09
最长空仓期数	0		
系统平仓回撤	-10.67	盈亏比指数	31.57
系统未平仓回撤	-100	风险回报指数	100
最大未平仓交易回撤	-3032048	买入并持有指数	7055815.48
		净利润与系统未平仓回撤之比%	884717056.00
		净利润同系统未平仓回撤之差与净利润之比%	100
		系统未平仓回撤与净利润之比%	0.00

在 Equis 公司 Metastock© 系统报告中，净利润总额等于利润总额（盈亏概览统计）中，净利润总额等于利润总额减去亏损总额，不包括任何未平仓头寸。相对地，盈亏总额是指已实现利润合计（仅包括已平仓头寸），不包括任何未平仓头寸。亏损交易总额是指已实现亏损合计（仅包括已平仓交易）。同样，亏损平仓回撤是指基于已平仓头寸的累计净值净值大降幅，系统未平仓回撤(SODD)是指关于未平仓头寸的累计净值与初始投资值差最计算结果，值的范围位于-100（最差可能表现与+100（最好可能表现）之间，0值代表盈亏相等，风险回报指数关于净利润总额以净利润的差再除以净利润总额。在本次演练交易中，初始投资假设为 100 美元。多头交易和空头交易都进行，除非另有说明，交易按信号出现当天收盘价格执行。统计分析中不包括交易成本，利息费用和利润。

— 68 —

多头开仓（买入）：当涨跌比率升至上穿 1.018 时，以道琼斯工业平均指数当日收盘价买入。

多头平仓（卖出）：当涨跌比率跌至下穿 1.018 时，以道琼斯工业平均指数当日收盘价卖出。

空头开仓（卖出空头）：当涨跌比率跌至下穿 1.018 时，以道琼斯工业平均指数当日收盘价卖出空头。

空头平仓（平仓）：当涨跌比率升至上穿 1.018 时，以道琼斯工业平均指数当日收盘价平仓空头。

运用该涨跌比率趋势跟踪策略，以 100 美元开始投资并将利润再投资，假如充分运用该投资策略进行利润再投资操作，无交易成本和税收，净利润总额将达到 884,717,056 美元，这比买入并持有策略高出 7,055,813.92%，即使空头卖出交易也是盈利的。交易极度活跃，平均每 3.47 个日历日就交易一次。

在 Equis 国际公司 MetaStock© 系统中，当前涨跌比率乘以 1000（以避免处理小数）被插入在通常预留给成交量（V）的数据字段中，其测试规则书写如下：

多头开仓：Mov（V, opt1, E）>opt2
多头平仓：Mov（V, opt1, E）<opt2
空头开仓：Mov（V, opt1, E）<opt2
空头平仓：Mov（V, opt1, E）>opt2
OPT1 当前值：1
OPT2 当前值：1018

投资顾问情绪指标

该指标可指投资顾问服务简报进行的四种不同情绪民意测验或调查中的任何一种，订阅者一般可以通过拨打电话获得。这些数据也在《巴伦周刊》中刊印，该周刊每周六提供。四种调查分别由投资人情报公司、市场风向公司、美国个人投资者协会和好友指数公司进行。

最初的投资顾问情绪指标是一种超买/超卖情绪指标，建立在所谓反向意见理论的基础上：大多数人认为的，"应该是错误的"。自 1962 以来，亚伯拉罕·W. 科恩和他的后继者，股票市场简讯《投资者情报》（纽约拉奇蒙特西大街 1 号，邮编

10538）的编辑们，研读了大约 100 种不同的股票市场简讯，并统计了明确表示股票市场未来走势看涨、看跌和修正走势观点的百分比。

在过去的 35 年里，看涨的平均百分比为 42.96%，看跌为 33.60%，修正走势为 23.44%。普遍意见认为，最重要的数字是看跌的百分比。大多数人在大部分时间谈论看涨，而修正走势的精确含义是模糊的。但是，描述一个明确看跌的观点就是在说一些显而易见的东西。

然而，与流行的反向意见相反，当看跌百分比高于平均水平时买入而看跌百分比低于平均水平时卖出，这不是一个盈利的策略。事实上，从 1 到 1000 周所有指数移动平均长度交叉策略都会亏钱。尽管每个指数移动平均长度的信号大多都是正确的，但损失要大于收益。实际上摒弃反向意见人群，也就是与逆向投资者反向操作，将是一个盈利的策略。

顽固的逆向投资者会反驳说，只有当这个指标达到极端时它才应该计数。但问题是，很难量化什么是极端，因为观测数据的范围自 1974 以来特别是自 1994 以来已经缩小，该指标的波动性变得越来越小。只是通过检查报告数据的图表，就显而易见。由于观测范围不断变化，对这一指标的解释通常已变得危险而主观。

反向意见是流行的观点，即使是电视评论员也知道，他们对技术分析的一般理解水平充其量是表面的。许多经验丰富的技术分析师使用情绪指标，但更多的是作为趋势、动量和其他技术指标的补充，而不是作为一个独立的信号产生器。情绪指标通常显示定向价格运动即将结束之前的超买和超卖水平，因此，当孤立地看待它时可能会产生误导，一般来说，情绪指标更多的是一个背景指标，不适合用于精确择时。

带看涨偏向决策规则的投资顾问情绪看跌指标策略举例

该偏向策略花费在空头方的时间不多，但当做空时总的来说是盈利的。也就是说，在那些空头比例异常的短暂时期，市场是表现不佳的。以 1962 年 1 月 28 日至 2000 年 12 月 29 日的 38 年期间投资顾问情绪看跌指标和道琼斯工业平均指数的每周数据文件为基础，我们发现，如果不带主观性，不运用复杂技术分析，不妄断，而以纯机械式的反向信号为基础，看涨偏向决策规则能产生良好的交易结果：

多头开仓（买入）：当投资顾问情绪看跌指标的当前水平小于其上周的 54 周指数移动平均线加上 10 个百分点时，以道琼斯工业平均指数当周收盘价买入。

投资顾问情绪看跌指标乘以100
及其看跌指标54周EMA加上1000

道琼斯工业平均指数
周收盘价
半对数坐标

多空交易累计净值线，半对数坐标
投资顾问情绪看跌，看涨偏向决策规则

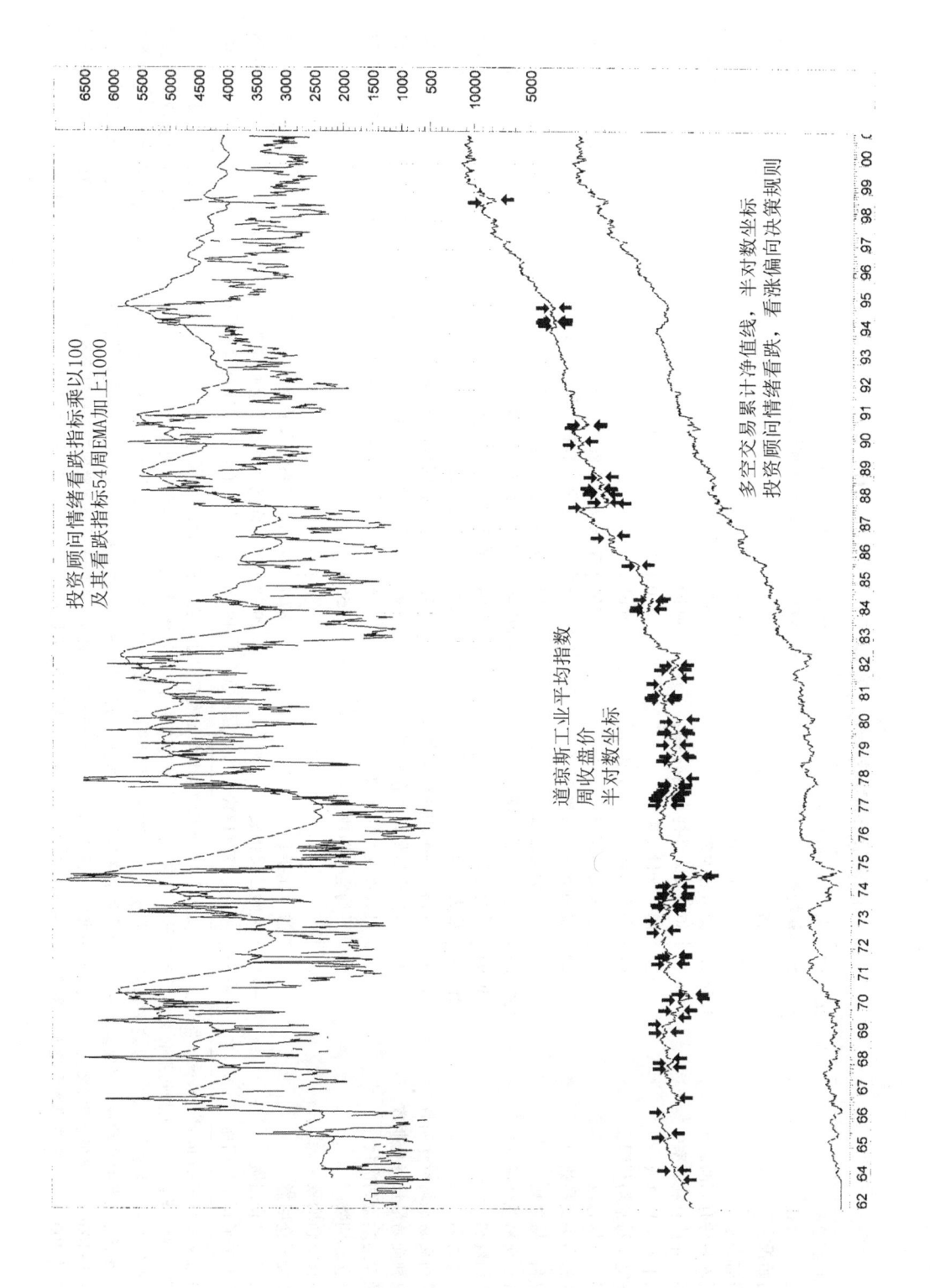

投资顾问情绪看跌，穿越54周EMA+10%点

净利润总额	2649.57	未平仓头寸价值	765.46	超额净利润比率%	70.27
盈亏百分比	2649.57	年均盈亏百分比	69.67	年均超额净利润比率%	70.26
初始投资	100	利息收入	0		
当前头寸	多头	头寸建立日期	10/2/98		
买入并持有利润总额	1556.12	测试总天数	13882	平均每笔交易天数	113.79
买入并持有利润率%	1556.12	年均买入并持有利润率%	40.92		
已平仓交易总数	122	佣金支付总额	0		
每笔交易平均利润	15.44	平均盈利与平均亏损比率	6.61		
多头交易总数	61	空头交易总数	61	多头交易中盈利交易占比%	47.54
盈利多头交易数	29	盈利空头交易数	28	空头交易中盈利交易占比%	45.90
盈利交易总数	57	亏损交易总数	65	交易总数中盈利交易占比%	46.72
盈利交易总金额	2276.6	亏损交易总金额	-392.49	交易总金额中净盈利金额比%	70.59
平均盈利	39.94	平均亏损	-6.04	平均盈亏总额中净平均盈利占比%	73.73
最大盈利	1012.36	最大亏损	-33.21	最大盈亏合计中净盈利占比%	93.65
盈利交易平均持仓期数	25.009	亏损交易平均持仓期数	7.75	盈亏持仓期数差占最长持仓期数比例%	223.74
盈利交易最长持仓期数	194	亏损交易最长持仓期数	47	盈亏持仓期数差与最长亏损期数比例%	312.77
最大连续盈利次数	4	最大连续亏损次数	6	最大连续盈亏期数差与连续亏损期数比%	-33.33
空仓总期数	55	平均空仓期数	55		
最长空仓期数	55				
系统未平仓回撤	0	盈亏比指数	87.1	净利润与系统未平仓回撤之比%	420566.67
系统未平仓回撤	-0.63	风险回报指数	99.98	净利润同系统未平仓回撤之差与净利润之比%	99.98
最大未平仓交易回撤	-36.53	买入并持有指数	119.46	系统未平仓回撤与净利润之比%	0.02

在Equis公司Metastock© 系统报告"盈亏概览统计"中，净利润总额等于利润合计减去亏损合计（仅包括已平仓头寸，不包括任何未平仓头寸）。相对地，盈利交易总额是指已实现利润合计（仅包括已平仓头寸，不包括任何未平仓头寸）。相对地，盈利交易总额是指已实现利润合计（仅包括已平仓头寸，不包括任何未平仓头寸）。同样，亏损合计是指已实现亏损合计（仅包括已平仓头寸）。所有交易总金额是指仅基于已平仓头寸的净平仓后累计盈亏总额，不包括任何未平仓头寸。系统平仓回撤是指仅基于初始投资净值线低于初始投资净值的累计投资的最大降幅。系统未平仓回撤是指未平仓头寸的最大降幅的最大降幅，系统未平仓回撤（SODD）是指头寸未平仓时累计净值线与+100（最好可能表现）与-100（最差可能表现）之间，0值代表盈亏相等，除非另有说明，交易按信号出现当天收盘价格执行。在本次演练交易中，初始投资假设为100美元。多头交易和空头交易都进行，风险回报指数是系统未平仓回撤再除以净利润总额。统计分析中不包括交易成本、利息费用和利润。

多头平仓（卖出）：当投资顾问情绪看跌指标的当前水平大于其上周的 54 周指数移动平均线加上 10 个百分点时，以道琼斯工业平均指数当周收盘价卖出。

空头开仓（卖出空头）：当投资顾问情绪看跌指标的当前水平大于其上周的 54 周指数移动平均线加上 10 个百分点时，以道琼斯工业平均指数当周收盘价卖出空头。

空头平仓（平仓）：当投资顾问情绪看跌指标的当前水平小于其上周的 54 周指数移动平均线加上 10 个百分点时，以道琼斯工业平均指数当周收盘价平仓空头。

运用该投资顾问情绪看跌指标看涨偏向策略，以 100 美元开始投资并将利润再投资，假如充分运用该投资策略进行利润再投资操作，无交易成本和税收，净利润总额将达到 2,649.57 美元，这比买入并持有策略高出 70.27%，即使空头卖出交易也是盈利的，而且它包括在本策略中。该指标在整个期间给出的盈利性信号占 46.72%。交易相对不活跃，平均每 113.79 个日历日交易一次。尽管大多数信号都是不盈利的，但要注意，成功交易平均盈利是失败交易平均亏损的 6.61 倍。

在 Equis 国际公司 MetaStock© 系统中，投资顾问情绪看跌数据（乘以 100 以避免处理小数）被插入在通常预留给成交量的数据字段中，其测试规则书写如下：

多头开仓：V<(Ref(Mov(V,opt1,E),-1)+OPT2)
多头平仓：V>(Ref(Mov(V,opt1,E),-1)+OPT2)
空头开仓：V>(Ref(Mov(V,opt1,E),-1)+OPT2)
空头平仓：V<(Ref(Mov(V,opt1,E),-1)+OPT2)

OPT1 当前值：54
OPT2 当前值：1000

ADX（平均动向）

（见"动向"指标）

美国个人投资者协会调查

美国个人投资者协会（AAII）位于伊利诺伊州芝加哥，每天寄出 25 张明信片，向小的零售投资商询问关于他们对接下来六个月股票市场表现的意见。该指标是由投资顾问服务简报进行的四种不同情绪民意测验或调查之一，订阅者可以通过拨打电话获得这些指标。滞后一段时间以后，这些数据也在《巴伦周刊》中刊印，该周刊每周六提供。流行的解释是通常要逆向操作（参见"反向意见"指标和"投资顾问情绪指标"）。民意调查难以解释，它们更多地用作背景指标，而不用于精确择时。

通过对一个11年期限的测量，内德·戴维斯研究公司发现，当这一数据的2日平滑值下降至44%看跌值时，表明过度悲观，随后可以获得非常高的回报。当平滑值运行到61%上方时，表明过度乐观，随后收益低于平均水平。

安德鲁音叉线：中线方法

安德鲁音叉线或中线方法，是一个基于图表的直观工具，用于判断趋势强度、支撑和阻力，它是由艾伦·霍尔·安德鲁斯开发出来的，使用在算术坐标的柱状图上。

安德鲁音叉线需要有三个用时间和价格分开的价格枢轴点：早期的高点（或低点），随后的折返低点（或高点），以及后来的高点（或低点）。安德鲁音叉线可以在任何价格折返后画出，也就是说，可以在对现有趋势的任何修正后画出。从折返高点和低点（时间的第二个和第三个日期）之间的中点，沿时间向后（过去）画线，延长到标志着趋势开始的初始价格极值（高点或低点）。接下来，使用该中点线画两条平行线，一条是从最近的折返高点，另一条是从最近的折返低点，把所有三条平行线向前延伸到未来。

高点和低点可以被定义为价格枢轴点。在日线柱状图上，枢轴点高点是这样一个日线高点，前面紧跟着一个较低的日线高点，后面也紧跟着一个较低的日线高点，枢轴点低点是前面和后面都紧跟着一个较高的低点的一个日线低点。

任何三个枢轴点都可以用来画安德鲁音叉线。为了简单起见，选择那些类似量级的标志较大的连续定向变化的明显点。如果你被太多的枢轴点弄糊涂了，就切换到下一个更大的时框架的柱状图，从日线柱状图转到周线柱状图。

虽然传统的技术分析师使用他们的判断来选择合适的价格枢轴点，但可以设计各种定量滤波器规则来确定合适的价格枢轴点，例如，可以使用包络线、布林线和价格通道。当价格紧贴一条极端的边界线，然后在前一个或几个柱形的下方反转时，一个显著的价格枢轴点被识别出来。此外，动量背离可以用来识别枢轴点。

第二部分　市场技术指标

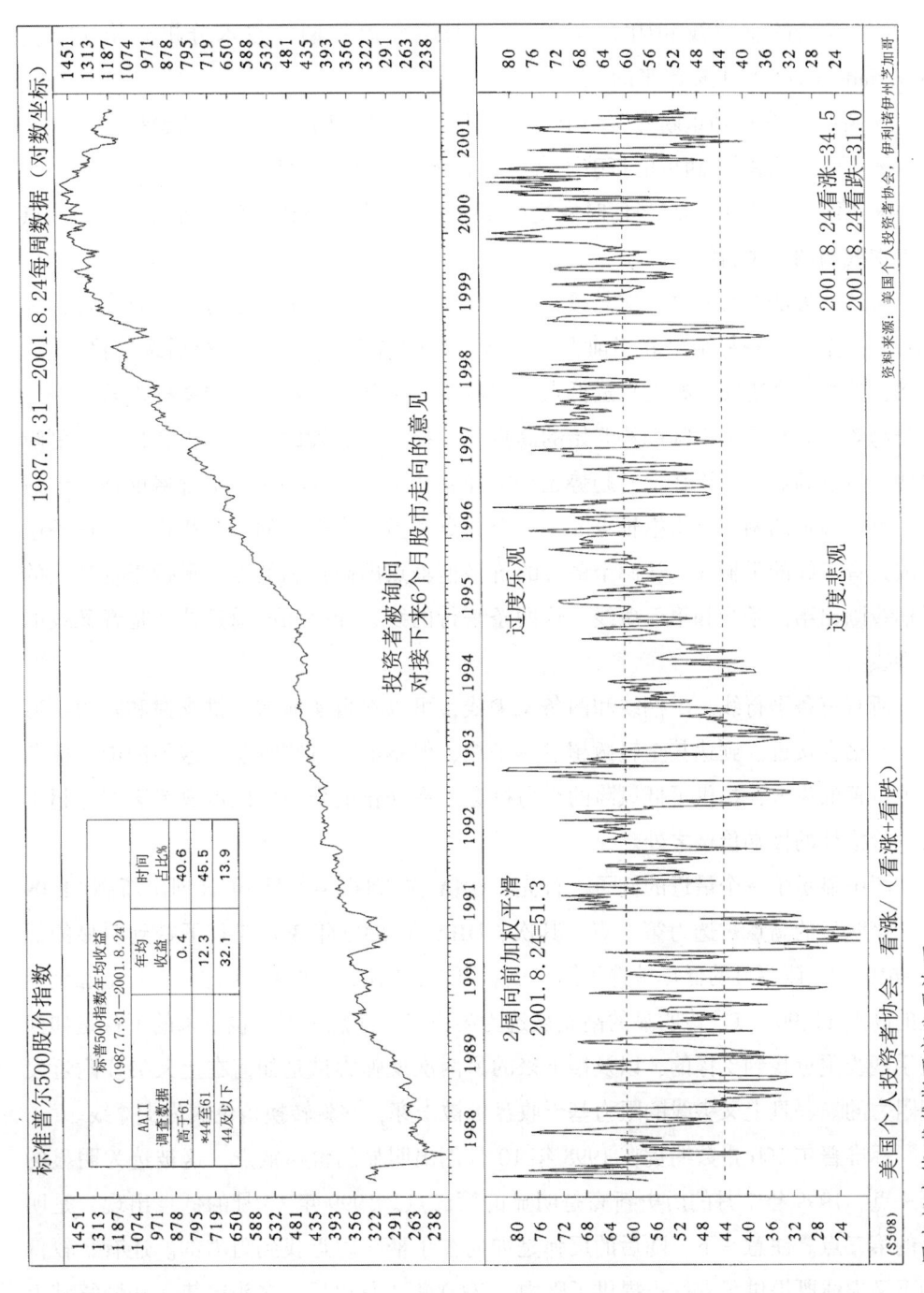

标准普尔500股价指数　　　　　　　　　　　　　1987.7.31—2001.8.24每周数据（对数坐标）

标普500指数年平均收益 （1987.7.31—2001.8.24）			
AAII 调查数据		年均 收益	时间 占比%
高于61		0.4	40.6
*44至61		12.3	45.5
44及以下		32.1	13.9

投资者被询问
对接下来6个月股市走向的意见

过度乐观

过度悲观

2周向前加权平滑
2001.8.24=51.3

2001.8.24看涨=34.5
2001.8.24看跌=31.0

资料来源：美国个人投资者协会，伊利诺州芝加哥

(S508)　　美国个人投资者协会　看涨/（看涨+看跌）

图表经内德·戴维斯研究公司许可

— 75 —

构建安德鲁音叉线的三个具体标准是由巴巴拉·斯塔在其 1995 年发表的论文《安德鲁音叉的支撑线和阻力线》（《股票和商品期货技术分析》第 13 卷，www.traders.com）上提出来的。

- 第一，在成功重新考验一个价格低点或高点后识别出一个新的趋势。
- 第二，识别出随后的打破了常规趋势线的折返（逆势修正运动）。
- 第三，迅速识别趋势何时恢复。在该点有一个趋势和一个逆势折返，从该点画出中线与两条平行线。

看待此方法的另一种方法是按时间顺序排列。当看待上升趋势时，首先选择标志着上一个下降趋势结束和当前上升趋势开始的低点。其次，选择后续价格高点。再次，选择一个更晚一些的折返低点。当看待一个下降趋势时，选择标志着上一个上升趋势结束和当前下降趋势开始的高点，选择一个后续的低点，再选择一个更晚一些的折返高点。无论在上升趋势还是下降趋势中，中线将这三个价格枢轴点中最早的点与最近的两个价格枢轴点——一个高点和另一个低点的中点相连接，这条中线成为音叉线的手柄线。从两个最近的价格枢轴点即高点和低点，平行于音叉线的手柄线画出第二条线和第三条线，这两条平行的线，随时间向前延伸，是音叉线的叉尖线。

所有三条平行线、手柄线和两条叉尖线，可以在事实面前提供支撑和阻力。通常，价格会接近、到达甚至轻微超过一条线，但不能超过它收盘。这种冲击支撑和阻力位置的失败，提供了低风险的交易机会：平仓止损指令可以被放置于刚好超出失败价格柱的极端价格之处。

图中显示了一个最近的例子。首先，DJIA 在 2000 年 1 月 14 日创出新高 11909 点，该明显的高点被选为第一点。其次，DJIA 在 2000 年 3 月 8 日下跌到明显的低点 9612 点，该明显的低点被选为第二点。再次，DJIA 在 2000 年 4 月 12 日上涨到明显的高点 11,909 点，该明显的高点被选为第三点。注意一下，接下来的下跌是如何在手柄线附近找到支撑的，以及接下来的另两次反弹尝试是如何在上叉尖线附近发现阻力的。一旦上叉尖线的阻力基于收盘价被击穿，它就转换角色成为支撑线。

标准普尔 500 指数期货在 1998 年 10 月创出明显的价格低点，这被选为明显的第一点，1999 年 7 月的历史新高是明显的第二点。1999 年 10 月的低点出现，是明显的第三点。注意一下，随后的反弹是如何在手柄线附近找到阻力的。还有，较低的下叉尖线既提供了支撑也提供了阻力。2000 年 4 月以后，多头趋势无法恢复其上升势头变得越来越明显，未能克服下叉尖线，在每一次反弹尝试中距离越来越大。

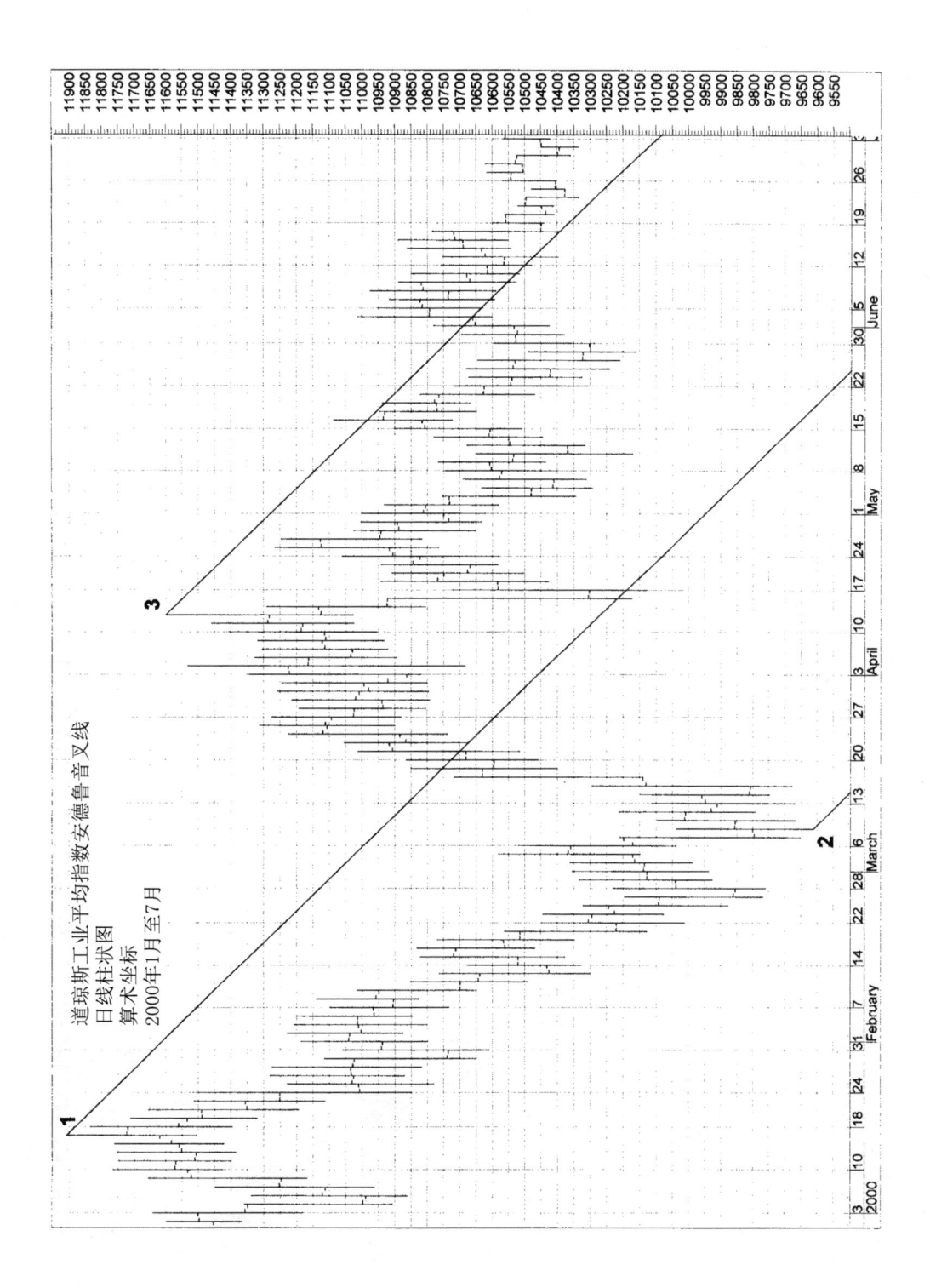

道琼斯工业平均指数安德鲁音叉线
日线柱状图
算术坐标
2000年1月至7月

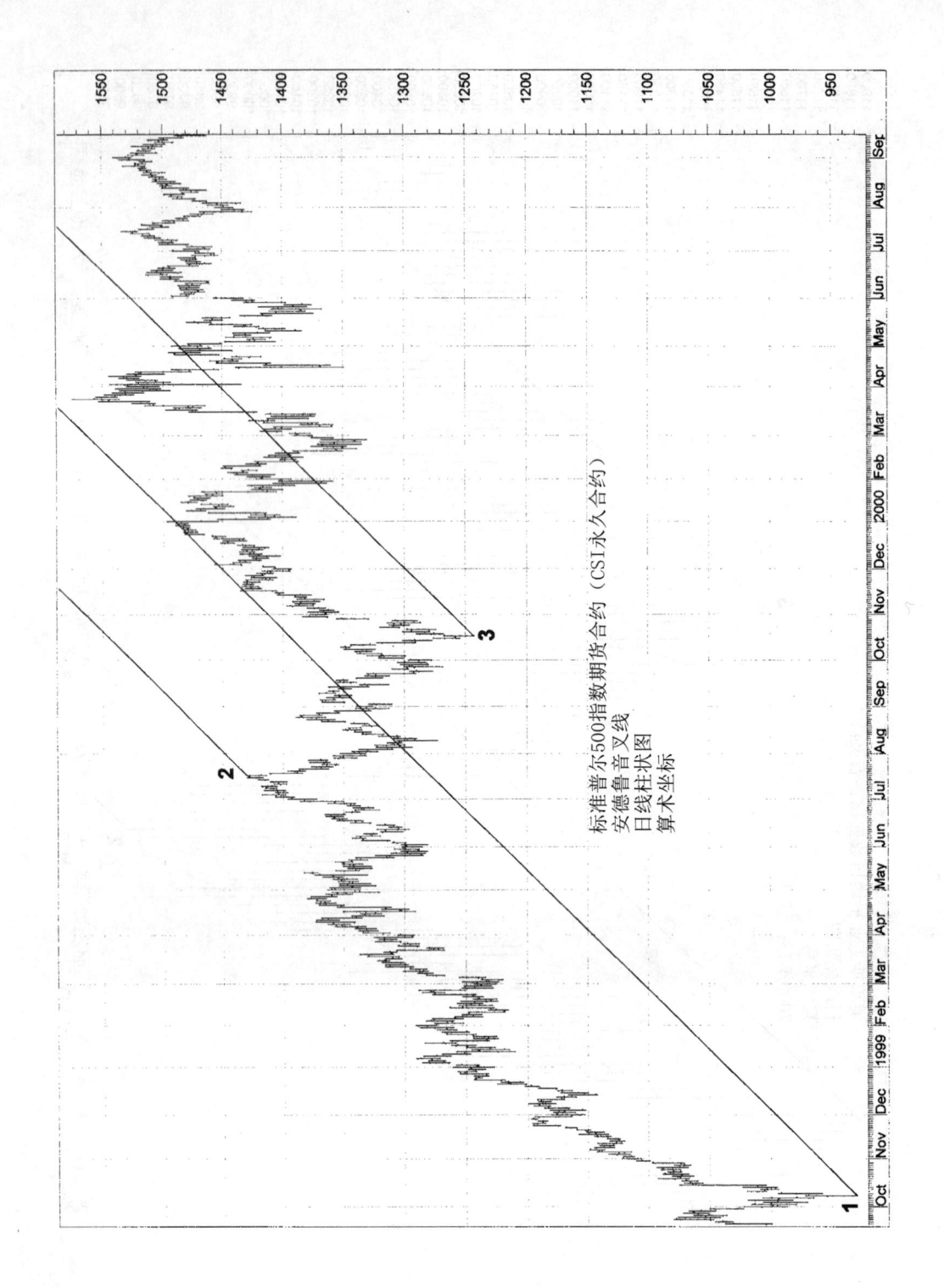

标准普尔500指数期货合约（CSI永久合约）
安德鲁普叉线
日线柱状图
算术坐标

阿姆斯的简易波动指标（EMV）

阿姆斯的简易波动指标（EMV）量化价格波动的容易程度。EMV是一个适度有效的价格和时间动量指标，由理查斯·W. 小阿姆斯提出（阿姆斯投资顾问公司，新墨西哥州阿尔伯克基马车队东北大道800号，邮编87102）。

价格变化越大且成交量越小，价格运动就越容易。EMV用价格变动（使用价格波幅的中点）除以成交量与价格波幅的比率。在数学上，EMV表述如下：

$$EMV = (((H+L)/2) - ((H_p+L_p)/2)))/(V/(H-L))$$

其中

H = 当期最高价

L = 当期最低价

H_p = 上期最高价

L_p = 上期最低价

原始EMV可以用移动平均线平滑，当平均线上穿0时产生买入信号，当平均线下穿0时产生卖出信号。平滑EMV上较高的读数表明价格运动容易向上，所以看涨路上阻力最小。平滑EMV上较低的读数表明价格运动容易向下，所以看跌路上阻力最小。

阿姆斯简易波动指标（EMV）的指标策略举例

历史数据显示，EMV对于多头和空头方都是适度有效的，但尤其对于多头一方。以1928年至2000年的72年期间道琼斯工业平均指数每日价格为基础，我们发现，如果不带主观性，不运用复杂技术分析，不妄断，而以纯机械式的趋势跟踪信号为基础，下列参数能产生良好的交易结果：

多头开仓（买入）：当用4期指数移动平均线平滑的EMV上升高于0时，以道琼斯工业平均指数当日收盘价买入。

多头平仓（卖出）：当用4期指数移动平均线平滑的EMV下降低于0时，以道琼斯工业平均指数当日收盘价卖出。

空头开仓（卖出空头）：当用4期指数移动平均线平滑的EMV下降低于0时，以道琼斯工业平均指数当日收盘价卖出空头。

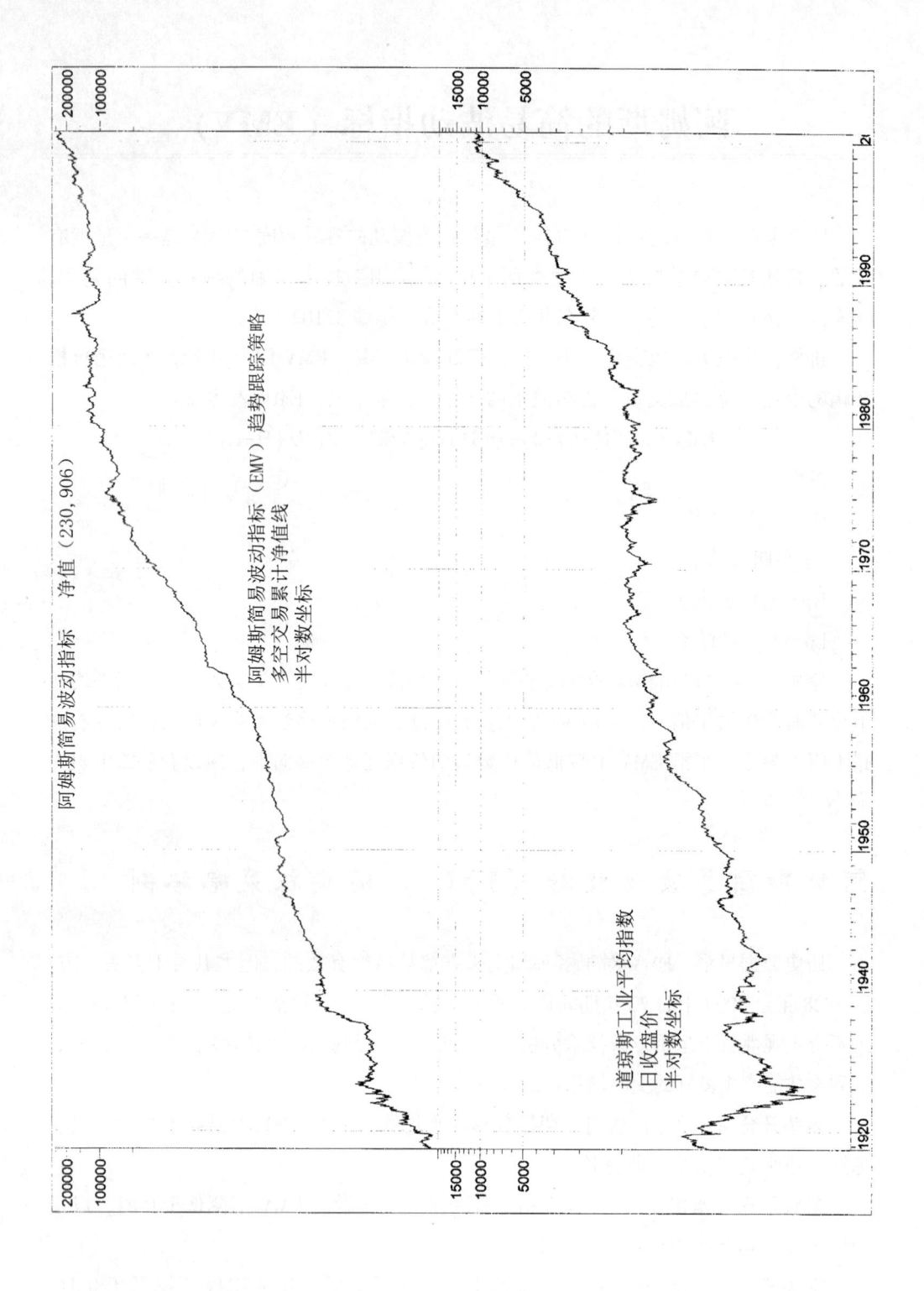

阿姆斯简易波动指标 净值（230,906）

阿姆斯简易波动指标（EMV）趋势跟踪策略
阿姆斯简易交易累计净值线
多空交易
半对数坐标

道琼斯工业平均指数
日收盘价
半对数坐标

阿姆斯简易波动指标（EMV）

项目	值	项目	值
净利润总额	230805.78	未平仓头寸价值	0	超额利润总额	4944.66
盈亏百分比	230805.78	年均盈亏百分比	3206.12	年均超额净利润比率%	4945.04
初始投资	100	利息收入	0		
当前头寸	空头	头寸建立日期	9/8/00		
买入并持有利润总额	4575.25	测试总天数	26276	平均每笔交易天数	6.32
买入并持有利润率%	4575.25	年均买入并持有利润率%	63.55		
已平仓交易总数	4157	佣金支付总额	0		
每笔交易平均利润	55.52	平均盈利与平均亏损比率	1.82		
多头交易总数	2079	空头交易总数	2078	多头交易中盈利交易占比	43.43
盈利多头交易数	903	盈利空头交易数	734	空头交易中盈利交易占比%	35.32
盈利交易总数	1637	亏损交易总数	2520	交易总数中盈利交易占比%	39.38
盈利交易总金额	147969.5	亏损交易总金额	-1248890	交易总金额中净盈利金额占比%	8.46
平均盈利	903.91	平均亏损	-495.59	平均盈亏总额中净平均盈利占比%	29.18
最大盈利	33302.14	最大亏损	-9382.08	最大盈亏合计中净平均盈利占比%	56.04
盈利交易平均持仓期数	8.32	亏损交易平均持仓期数	3.41	盈利持仓期数差占亏损持仓期数比例%	143.99
盈利交易最长持仓期数	35	亏损交易最长持仓期数	24	最长盈持仓期数差占最长亏损持仓期数比例%	45.83
最大连续盈利次数	9	最大连续亏损次数	12	最大盈占连续亏损期数比例%	-25.00
空仓总期数	5	平均空仓期数	5		
最长空仓期数	5				
系统未平仓回撤	-7.83	盈亏比指数	15.6	净利润与系统未平仓回撤之比	2947711.11
系统未平仓回撤%	-7.83	风险回报指数	100	净利润同系统未平仓回撤之差与净利润之比%	100.00
最大未平仓交易回撤	-9382.08	买入并持有指数	4944.66	系统未平仓回撤与净利润之比%	0.00

在 Equis 公司 Metastock© "系统报告"（盈亏概览统计）中，净利润总额等于利润合计减去亏损合计，包括按市值计价的未平仓头寸。相对地，盈利交易总金额是指已实现利润合计（仅包括已平仓头寸）。同样，亏损交易总金额是指已实现亏损合计（仅包括已平仓头寸）的累计。最大平仓回撤(SODD)是指头寸平仓时累计净利润线低于任何平仓头寸的初始投资净值曲线低于基于已平仓头寸的初始投资净值线的最大降幅。盈亏比指数是关于净盈亏总金额与亏损总金额联系在一起的一个复杂计算结果，值的范围位于-100（最差可能表现）与+100（最好可能表现）之间，0 值代表空头交易等于多头交易。风险回报指数等于净利润总额减去系统未平仓回撤以净利润的差与净利润总额之比按百分号进行执行，除非另有说明，交易按信号出现当天收盘价格执行。统计分析中不包括交易成本、利息费用和利润。假设为100美元。

— 81 —

空头平仓（平仓）：当用4期指数移动平均线平滑的 EMV 上升高于 0 时，以道琼斯工业平均指数当日收盘价平仓空头。

运用该 EMV 策略，以 100 美元开始投资并将利润再投资，假如充分运用该投资策略进行利润再投资操作，无交易成本和税收，净利润总额将达到 230,805.78 美元。这比买入并持有策略高出 4,944.66%。空头卖出交易包括在本策略中，自从 1980 年 3 月以来是亏钱的，但尽管如此，就全部 72 年期间整体来看还是盈利的。

Equis 国际公司 MetaStock© 系统测试规则书写如下：

多头开仓：EMV(opt1,E)>0
多头平仓：EMV(opt1,E)<0
空头开仓：EMV(opt1,E)<0
空头平仓：EMV(opt1,E)>0
OPT1 当前值：4

阿姆斯的短线交易指数（TRIN，MKDS）

阿姆斯的短线交易指标是一个流行的超买/超卖指标，于 20 世纪 60 年代由理查斯·W. 小阿姆斯开发（阿姆斯投资顾问公司，新墨西哥州阿尔伯克基马车队东北大道 800 号，邮编 87102），阿姆斯指数通常也指它的报价机提示符号 TRIN 和 MKDS。在数学上，阿姆斯指数计算如下：

（上涨股票数量/下跌股票数量）/（上涨股票成交量/下跌股票成交量）

因此，阿姆斯指数是用四个数字组合成三个比率来计算的，这三个比率使用的四个数字来自纽约证券交易所（NYSE）每日交易的所有股票的收盘价和成交量数据，这些数据很容易从路透社等在线渠道获得。此外，数据也在许多日报上公布，例如，在华尔街日报上，这些数据出现在第 C2 版，在 "纽约证券交易所股票市场数据库" 的 "日记" 一栏。

所需要的四个数字是：

• 上涨数量，或上涨股票数量，是纽交所当日价格变动为正、向上的上市股票的数量；

• 下跌数量，或下跌股票数量，是纽交所当日价格变动为负、向下的上市股票的数量；

• zAdy vol (000)，上涨股票成交量，或上涨成交量；

- zDec vol (000)，下跌股票成交量，或下跌成交量。

收集这些数据后，分三步计算阿姆斯指数：

1. 用上涨股票数量除以下跌股票数量，也就是上涨股票数量/下跌股票数量；

2. 用上涨股票成交量除以下跌股票成交量，也就是上涨股票成交量/下跌股票成交量；

3. 用第 1 步得出的比率除以第 2 步得出的比率，也就是（上涨股票数量/下跌股票数量）/（上涨股票成交量/下跌股票成交量）。

阿姆斯指数有效地量化了买入压力相对于市场整体卖出压力的强度。我们发现，大于 1.444 的极高阿姆斯指数点位和在 0.523 或以下的极低阿姆斯指数点位都是看涨的，在一年持有期（或向前的时间窗口）的 99% 置信水平上统计显著。这意味着在每日阿姆斯指数的极端读数之后，股市上涨只是偶然的概率小于百分之一。

极高和极低的点位都是看涨的，这给人的最初印象可能很奇怪，但是当我们反思市场是如何筑底和反转趋势时，我们就能理解这一点，重要趋势反转的特点是市场情绪的极度波动。首先，由于市场价格大幅下跌的结尾市场还在下跌（极端超卖），所以市场情绪极度看跌。当抛售耗尽时，意味着每一个能卖出的人都已经卖出，卖出压力枯竭，逢低买入者进入市场。价格开始上涨，导致卖空者止损，而投资组合经理必须迅速跳上上涨之船，这样他们才不会被他们的业绩基准落下。强大的反弹效应从熊市留下的废墟上出现，价格反转至均值（例如 50 日或 200 日移动平均线），甚或可能超越。在新一波牛市开始时，买入压力对卖出压力的突然失衡造成了相对于卖出的买入比率的扭曲，因此，极高和极低水平的阿姆斯指数都是看涨的，首先是恐慌性抛售高潮的高位，接下来是单边回跳反弹的低位。

强烈的卖出压力是看涨的。如果在任何一天卖出压力比买入压力大很多，阿姆斯指数就会上升到 1.444 或更高，而且很可能在 99% 的置信水平上，市场将在一年内升得更高。

强烈的买入压力也是看涨的。如果在任何一天买入压力比卖出压力大很多，阿姆斯指数就会下降到 0.523 或更低，而且很可能在 99% 的置信水平上，市场将在 6 个月到 1 年内升得更高。对于 1 个月和 3 个月的短期向前时间窗口，0.523 或更低的读数也是看涨的，但置信水平为较低的 95%，高于 0.523 但低于 1.444 的阿姆斯指数没有统计学意义。

传统上，技术分析师用标准的每日读数的 10 期简单移动平均线来平滑原始数据，他们这样做是为了稳定那些不规则的日常运动。10 日移动平均数大于 1.266 的结果在一年持有期（向前的时间窗口）非常看涨，这些结果在 99.9% 的置信水平上具有很高的统计学意义，这意味着在 10 日阿姆斯指数读数超过 1.266 之后，股市上涨只是偶然的概率小于千分之一。

下表为阿姆斯指数10日SMA>1.266的样本外模拟，显示了没有后视偏差的样本外测试，它显示了使用阿姆斯指数10日简单移动平均值大于1.266的所有完整的多头交易回合（本书1988版建立了这些具体的参数）。由于这些参数是在1987之前可得数据基础上建立的，因此表中的性能统计数据代表了使用这个指标实际获得的模拟，不包括交易成本、税收和股息。最初的100美元将增长到454.95美元，亏损交易一次也没有。

注意，在我们的测试中，在前一个买入信号的一年内出现的重复买入信号（也就是阿姆斯指数10日SMA>1.266），会将一年持有期从重复买入信号时间开始再延长一年，因此，一系列重复买入信号大大延长了持有期。例如，在1987年10月16日开仓的多头交易，保持持仓超过5年，直到1992年12月3日，因为在前一个买入信号还未满一年时就出现重复买入信号。还要注意，1986年7月16日阿姆斯指数的实际读数为1.2663，四舍五入为1.266，但实际上大于1.266，因为我们严格的决策规则要求这样做。

阿姆斯指数10日SMA>1.265的样本外模拟

阿姆斯 10日SMA	日期	标普500	+1年	标普500	净利润	净利润率%	复合本利和
1.266	7/16/86	235.00	7/16/87	312.70	77.70	33.06	133.06
1.681	10/16/87	282.70	*12/3/92	409.55	126.85	44.87	192.77
1.284	2/23/93	434.80	2/23/94	470.69	35.89	8.25	208.68
1.267	7/16/96	628.37	7/16/97	936.59	308.22	49.05	311.04
1.904	10/27/97	876.98	*9/30/99	1282.71	405.73	46.26	454.95

*一年持有期因重复性买入信号而延长：阿姆斯指数10日SMA>1.266。

我们最初的测试方法将1928年1月至1987年3月59年测试周期的阿姆斯指数读数划分为20个区间，每个区间的出现次数大致相同。对于一个区间内的每一个读数，计算随后的四个时间段（1个月后、3个月后、6个月后和12个月后）的盈利或亏损。使用卡方检验，对每个区间内读数的综合结果与整体市场表现（用标准普尔500指数衡量）进行统计比较。在该比较的基础上，指出了不同程度的看涨和看跌显著性。

操控这一迷人的指标有**无数变量**，因太多而无法在这里一一测试。计算"开放式10日TRIN"或"开放式10日交易指标"，是用10日上涨股票总数量与10日下跌股票总数量的比率，除以10日上涨股票成交量与10日下跌股票成交量的比率。"开放式30日TRIN"或"开放式30日交易指标"类似，使用30日的总量数据。分析师们已经用斐波那契数列、其他数列和优化值对每日总量数据进行了试验，他们用各种不同的增量改变了信号的临界值水平，不一定是对称的，因为原始观测数据并不是围绕均衡比率1.00对称分布的。

在1986年，**单日阿姆斯指数读数为**2.65和更高被发现是一个有用的临界值（参见 J·阿尔菲尔和 B·库恩"来自阿姆斯指数的一个帮手"，《股票和商品期货技术分析》第5卷第4期第142—143页，www.traders.com）。如果我们在阿姆斯指数为2.65或更高时以每日收盘价买入标准普尔500综合股价指数并持有一年，那么在过去的35年的12次交易中，我们将获利11次：92%的信号是盈利的。

由于这些参数是在1987之前可得数据基础上建立的，因此表中关于1987年以后平仓交易的表现统计数据代表了使用这个指标实际获得的模拟，不包括交易成本、税收和股息。1986年最初的100美元将增长到273.25美元，亏损交易一次也没有。同我们的阿姆斯指数10日简单移动平均线大于1.266规则一样，使用不同参数的14年样本外模拟的100%精确性表明，阿姆斯指数背后的基本观点是非常有价值的。

注意，在我们的测试中，在前一个买入信号的一年内出现的重复买入信号（也就是1日阿姆斯指数读数大于2.65），会将一年持有期从重复买入信号时间开始再延长一年，因此，一系列重复买入信号大大延长了持有期。例如，在1986年7月7日开仓的多头交易，保持持仓超过5年，直到1991年10月10日，因为在前一个买入信号还未满一年时就出现重复买入信号。

阿姆斯指数10日SMA>1.265的样本外模拟

阿姆斯指数	日期	标普500	+1年	标普500	净利润	净利润率%	复合本利和	86年以来
2.82	6/24/65	83.56	6/24/66	86.58	3.02	3.61	103.61	
8.99	10/3/66	74.90	10/3/67	96.65	21.75	29.04	133.70	
3.16	3/14/68	88.32	3/14/69	98.00	9.68	10.96	148.35	
3.50	5/4/70	79.37	5/4/71	103.79	24.42	30.77	193.99	
2.81	9/27/74	64.94	12/2/75	89.33	24.39	37.56	266.85	
2.66	10/14/76	100.88	*11/18/77	95.33	−5.55	−5.50	252.17	
3.06	5/7/79	99.02	*10/25/83	166.45	67.43	68.10	423.90	
2.78	2/8/84	155.85	*1/2/86	209.59	53.74	34.48	570.06	
2.81	7/7/86	244.05	*10/10/91	380.55	136.50	55.93	888.90	155.93
4.02	11/15/91	382.60	11/16/92	420.70	38.10	9.96	977.42	171.46
2.85	2/16/93	433.91	2/16/94	472.79	38.88	8.96	1065.00	186.82
8.82	10/27/97	876.98	*9/31/99	1282.71	405.73	46.26	1557.72	273.25
4.01	4/14/00	1356.56	4/14/01					

*一年持有期因重复性买入信号而延长；阿姆斯指数>2.65。

用阿姆斯指数进行短期交易具有无法抵抗的诱惑，毕竟，该指标的全名是"阿姆斯短线交易指数"。在现实世界中，能基于对数据的历史研究有耐心持股一年的交易者很少。

我们寻找了一个能适应当前市场行为的、机械式的多空交易决策规则。以阿姆斯短线交易指数、1993年初以来标准普尔500指数存托凭证的一系列调整价格数据和1984年至1993年的16年期间标准普尔指数期货的合并每日数据文件为基础，我们发现，如果不带主观性，不运用复杂技术分析，不妄断，而以纯机械式的信号为基础，下列参数能产生良好的交易结果：

多头开仓（买入）：当每日阿姆斯短线交易指数的11日指数移动平均线大于0.800时，以当日收盘价买入。

多头平仓（卖出）：当每日阿姆斯短线交易指数的11日指数移动平均线小于0.800时，以当日收盘价卖出。

空头开仓（卖出空头）：当每日阿姆斯短线交易指数的11日指数移动平均线小于0.800时，以当日收盘价卖出空头。

空头平仓（平仓）：当每日阿姆斯短线交易指数的11日指数移动平均线大于0.800时，以当日收盘价平仓空头。

运用该策略，以100美元开始投资并将利润再投资，假如充分运用该投资策略进行利润再投资操作，无交易成本和税收，净利润总额将达到1,640.39美元。这比买入并持有策略高出80.47%。此外，最糟糕的回撤比买入并持有策略轻微一些。

在Equis国际公司MetaStock©系统中，阿姆斯短线交易指数乘以1000后被放在通常预留给成交量的数据字段中，其测试规则书写如下：

多头开仓：Mov（V, opt1, E）>opt2
多头平仓：Mov（V, opt1, E）<opt2
空头开仓：Mov（V, opt1, E）<opt2
空头平仓：Mov（V, opt1, E）>opt2

OPT1 当前值：11
OPT2 当前值：800

第二部分　市场技术指标

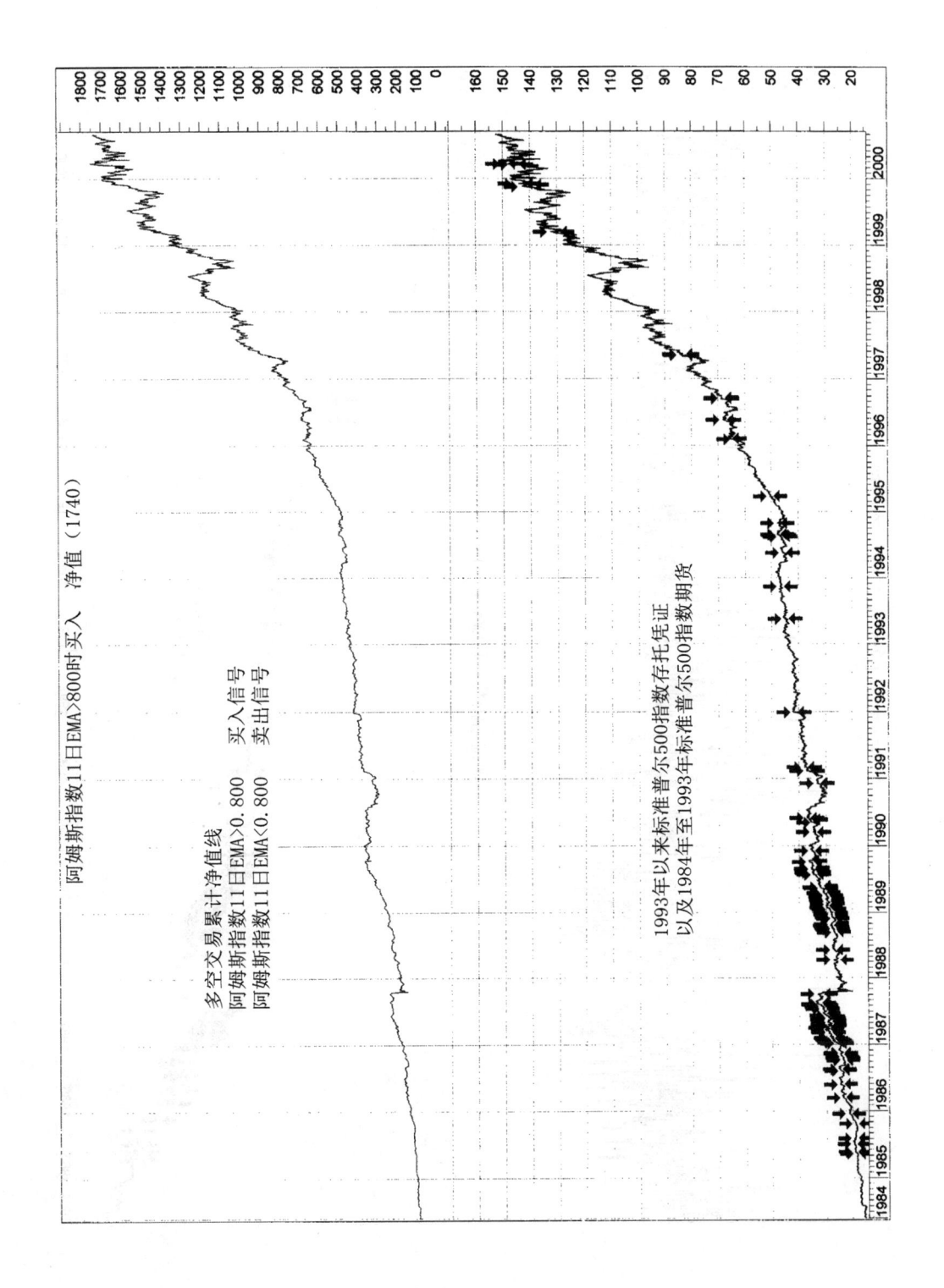

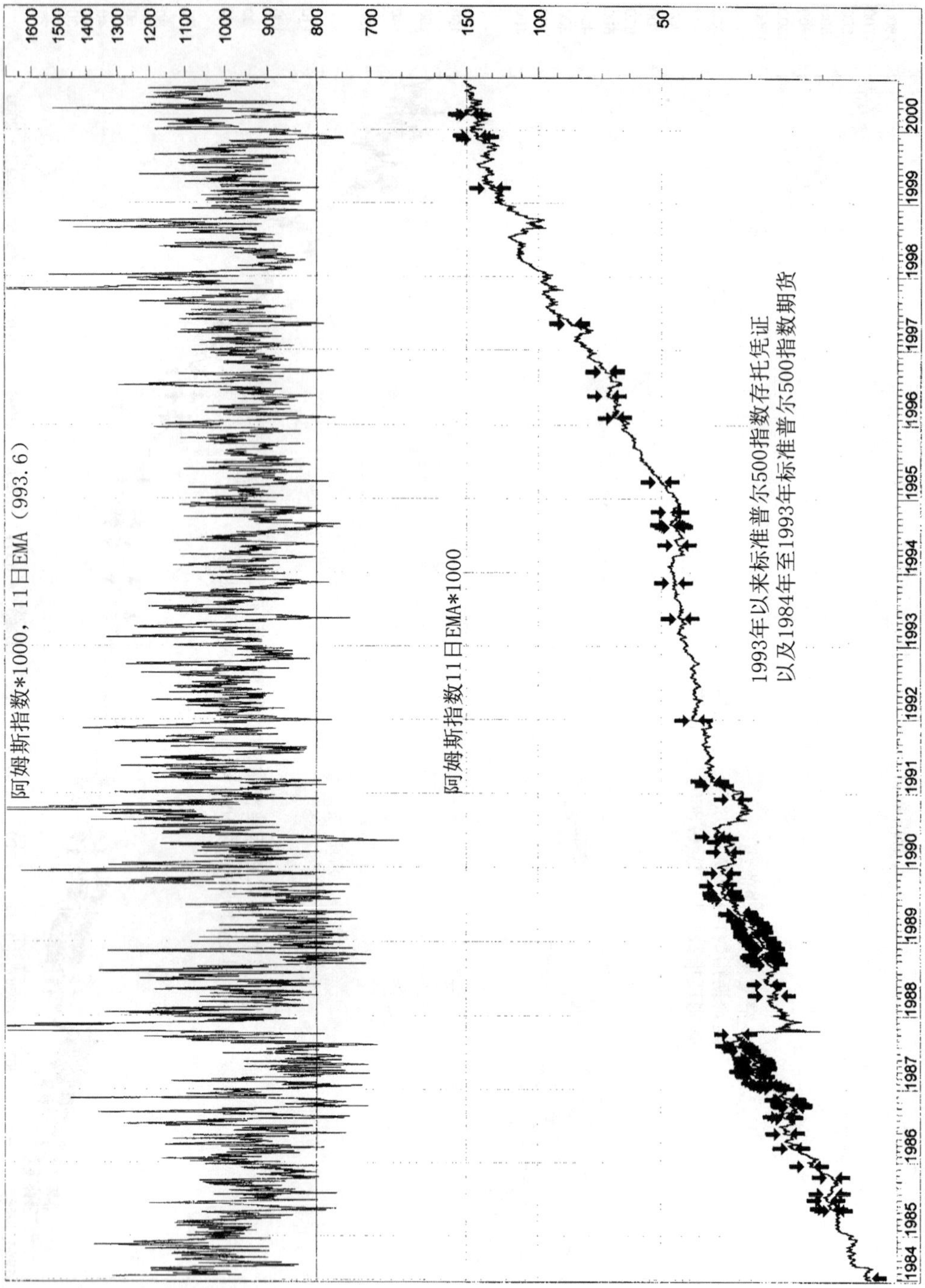
阿姆斯指数*1000，11日EMA（993.6）
阿姆斯指数11日EMA*1000
1993年以来标准普尔500指数存托凭证
以及1984年至1993年标准普尔500指数期货
1600
1500
1400
1300
1200
1100
1000
900
800
700
150
100
50
1984
1985
1986
1987
1988
1989
1990
1991
1992
1993
1994
1995
1996
1997
1998
1999
2000

阿姆斯指数 11 日 EMA>0.800，标普买入信号

项目	值	项目	值
净利润总额	1640.39	未平仓头寸价值	80.47
盈亏百分比	1640.39	超额净利润比率%	80.48
初始投资	100	年均盈亏百分比	100.8
当前头寸	多头	利息收入	0
买入并持有利润总额	908.93	头寸建立日期	3/22/00
买入并持有利润率%	908.93	测试总天数	5940
已平仓交易总数	188	年均买入并持有利润率%	55.85
每笔交易盈利平均比率	8.58	佣金支付总额	0
多头交易总数	94	平均盈利与平均亏损比率	2.53
盈利多头交易数	75	平均每笔交易天数	31.60
盈利交易总数	145	多头交易中盈利交易占比%	79.79
盈利交易总金额	1827.51	空头交易中盈利交易占比%	74.47
平均盈利	12.6	交易总数中盈利交易占比%	77.13
最大盈利	521	交易总金额中净盈利金额占比%	78.98
亏损交易平均持仓期数	22.48	平均盈利与总额中净平均盈利占比	43.26
盈利交易最长持仓期数	463	最大亏损与合计中净盈利占比	86.66
最大连续盈利次数	19	盈亏持仓期数差占亏损持仓期数比例%	5.99
空仓总期数	11	盈利盈亏持仓期数差占最长亏损持仓期数比例%	250.76
最长空仓期数	11	最大连续亏损期数差占连续亏损期数比例%	533.33
系统平仓回撤	0	盈亏比指数	88.43
系统未平仓回撤	−3.03	风险平仓回撤指数	99.82
最大未平仓交易回撤	−160.85	风险同系统未平仓回撤之差与净利润之比	99.82
		买入并持有指数	83.5
		净利润与系统未平仓回撤之比	54138.28
		系统平仓回撤与净利润之比	−0.18

在 Equis 公司 Metastock© "系统报告"（盈亏概览统计）中，净利润总额等于利润合计减去亏损合计，包括按市值计价的未平仓头寸。相对地，盈亏交易总金额是指已实现利润合计（仅包括已平仓交易所有头寸）减去已实现亏损合计（仅包括已平仓交易所有头寸）。同样，亏损总金额是低于初始投资的最大降幅。系统平仓回撤是指基于已平仓头寸的累计净资金总额与亏损总金额回撤，系统平仓回撤（SODD）是指头寸未平仓时累计净资金线（低于初始投资的最大降幅。系统未平仓回撤是指基于已平仓头寸将盈亏总金额与盈亏总金额联系在一起的一个复杂计算结果，值的范围位于−100（最差可能表现）与+100（最好可能表现）之间，0 值代表盈亏相等，除非另有说明，交易按盈价格执行。统计分析中不包括交易成本、利息费用和利润。风险回报指数是系统未平仓回撤减去系统未平仓回报总额。在本次演练交易中，初始投资假设为100美元，多头交易和空头交易都进行，交易按信号出现当天收盘价格执行。统计分析中不包括交易成本，利息费用和利润。

阿姆斯指数 11 日 EMA>0.800, DJIA 买入信号

项目	值	项目	值
净利润总额	1253.93	未平仓头寸价值	42.7	超额净利润比率%	36.43
盈亏百分比	1253.93	年均盈亏百分比	76.96	年均超额净利润比率%	36.43
初始投资	100	利息收入	0		
当前头寸	多头	头寸建立日期	3/22/00		
买入并持有利润总额	919.13	测试总天数	5947	平均每笔交易天数	31.97
买入并持有利润率%	919.13	年均买入并持有利润率%	56.41		
已平仓交易总数	186	佣金支付总额	0		
每笔交易平均利润	6.51	平均盈利与平均亏损比率	2.17		
多头交易总数	93	空头交易总数	93	多头交易中盈利交易占比%	81.72
盈利多头交易数	76	盈利空头交易数	58	空头交易中盈利交易占比%	62.37
盈利交易总数	134	亏损交易总数	52	交易总数中盈利交易占比%	72.04
盈利交易总金额	1475.28	亏损交易总金额	-264.05	交易总金额中净平均盈利占比%	69.64
平均盈利	11.01	平均亏损	-5.08	平均盈亏总额中平均盈利占比%	36.86
最大盈利	328.63	最大亏损	-71.86	最大盈亏持仓期数差占比最长持仓亏损持仓期数比例%	64.11
盈利交易平均持仓期数	25.1	亏损交易平均持仓期数	15.56	盈利持仓期数差占比持仓期数比例%	250.76
盈利交易最长持仓期数	463	亏损交易最长持仓期数	132	最长盈亏持仓期数差与净利润之比%	150.00
最大连续盈利次数	10	最大连续亏损次数	4		
空仓总期数	11	平均空仓期数	11		
最长空仓期数	11				
系统平仓回撤	0	盈亏比指数	82.61	净利润与系统未平仓回撤之比	58052.31
系统未平仓回撤	-2.16	风险回报指数	99.83	净利润同系统未平仓回撤之差与净利润之比%	99.83
最大未平仓回撤	-172.75	买入并持有指数	41.07	系统未平仓回撤与净利润之比%	-0.17

在 Equis 公司 Metastock© 系统报告"(盈亏概览统计)中,净利润总额等于利润合计减去亏损合计,包括按市值计价的未平仓头寸。相对地,盈利交易所有未平仓头寸己平仓合计(仅包括任何未平仓头寸)。同样,亏损总金额是指已实现亏损总金额,不包括任何未平仓头寸。盈利交易总金额是指仅基于已平仓头寸的累计净值线低于初始投资线的最大降幅,系统未平仓回撤(SODD)是指未平仓回撤时累计净值线低于初始投资线的最大降幅。系统平仓回撤仅指已平仓头寸,系统未平仓回撤包括未平仓头寸。盈亏比指数是指数是否将盈利与亏损联系在一起的一个复杂计算结果,值的范围位于-100(最可能表现)与+100(最好可能表现)之间,0值代表盈亏相等。风险回报指数等于净利润减去系统未平仓回撤后再除以净利润总额。在本次演练交易中,初始投资假设为 100 美元,多头交易和空头交易都进行,除非另有说明,交易按信号出现当天收盘价格执行。统计分析中不包括交易成本、利息费用和利润。

另外，如本主题最后一个表格所示，同样对于 1984 年至 2000 年的 16 年期间，使用道琼斯工业平均指数的每日数据，完全一样的参数也跑赢买入并持有策略。

阿隆指标，阿隆摆动指标

阿隆指标是由图莎尔·S. 钱德在其 1995 年的论文《一个时间价格动量摆动指标》中设计出来的（《股票和商品期货技术分析》第 13 卷第 369—374 页，www.traders.com）。该想法的目的是，通过测量确定的 n 期移动时间窗口内自从最近 n 期高点和 n 期低点以来经过的时期数量，来快速发现从价格定向趋势转向横盘交易区域的变化（反之亦然），阿隆摆动指标是阿隆向上减去阿隆向下之差。

在数学上，阿隆值表示如下：

$$阿隆向上 = 100 * ((n-H)/n)$$
$$阿隆向下 = 100 * ((n-L)/n)$$

其中

阿隆向上＝自从最近 n 期高点以来的期数，用总期数 n 的百分比来表示。
阿隆向下＝自从最近 n 期低点以来的期数，用总期数 n 的百分比来表示。
H＝在确定的 n 期移动时间窗口内自从最近 n 期高点以来的期数。
L＝在确定的 n 期移动时间窗口内自从最近 n 期低点以来的期数。
n＝所评估的移动时间窗口内的期限总数。

阿隆指标有两个部分，每一个的值都是从 0 到 100 之间。阿隆向上测量从最近 n 期高点以来的期数，当价格创出 n 期新高时，阿隆向上等于 100，这表明价格趋势较强。当价格未能创出 n 期新高时，阿隆向上等于 0，这表明上涨趋势已经失去了看涨动量。

阿隆向下测量从最近 n 期低点以来的期数，当价格创出 n 期新低时，阿隆向下等于 100，这表明价格趋势较弱。当价格未能创出 n 期新低时，阿隆向下等于 0，这表明下跌趋势已经失去了看跌动量。

当阿隆向上线持续保持在 70 和 100 之间，而阿隆向下线持续保持在 0 和 30 之间时，表明上涨趋势强烈。当阿隆向下线持续保持在 70 和 100 之间，而阿隆向上线持续保持在 0 和 30 之间时，表明下跌趋势明显。

一个简单明了的决策规则是：当阿隆向上线上穿阿隆向下线时买入，当阿隆向下线上穿阿隆向上线时卖出，这与阿隆摆动指标穿越 0 是一样的。

阿隆向上线穿越阿隆向下线指标策略举例

历史数据显示，阿隆指标仅对多头方来说是一个适度有效的指标，它对空头方是亏钱的。以 1928 年至 2000 年的 72 年期间道琼斯工业平均指数每日价格为基础，我们发现，如果不带主观性，不运用复杂技术分析，不妄断，而以纯机械式的趋势跟踪信号为基础，下列参数能产生良好的交易结果：

多头开仓（买入）：当 2 日阿隆向上大于 2 日阿隆向下时，以道琼斯工业平均指数当日收盘价买入。

多头平仓（卖出）：当 2 日阿隆向上小于 2 日阿隆向下时，以道琼斯工业平均指数当日收盘价卖出。

空头开仓（卖出空头）：从不操作。

运用该仅做多头阿隆指标策略，以 100 美元开始投资并将利润再投资，假如充分运用该投资策略进行利润再投资操作，无交易成本和税收，净利润总额将达到 7,132.30 美元，这比买入并持有策略高出 55.89%。空头卖出交易不包括在本策略中，它在整个 72 年期间总体上是亏钱的，但那些空头损失不超过多头盈利。

Equis 国际公司 MetaStock© 系统测试规则书写如下：

多头开仓：AroonUp(opt1)>AroonDown(opt1)
多头平仓：AroonUp(opt1)<AroonDown(opt1)
OPT1 当前值：2

阿隆指标作为长期牛市指标时的指标策略举例

对于在所有时间内都正确的指标的需求总是很大，而这一指标自从 1982 年就从未做错过交易。信号并不是最及时的，而且利润也比消极的买入并持有策略仅高出 5.2%，但是有些人宁可不变富也要交易正确。

多头开仓（买入）：当 270 日阿隆向上大于 270 日阿隆向下时，以道琼斯工业平均指数当日收盘价买入。

多头平仓（卖出）：当 270 日阿隆向上小于 270 日阿隆向下时，以道琼斯工业平均指数当日收盘价卖出。

空头开仓（卖出空头）：从不操作。

运用该仅做多头阿隆指标策略，在 1928 年以 100 美元开始投资并将利润再投资，假如充分运用该投资策略进行利润再投资操作，无交易成本和税收，净利润总额将达到 4,813.25 美元，这比买入并持有策略高出 5.20%。空头卖出交易不包括在本策略中，它自从 1938 年以来以及在整个 72 年期间总体上都是亏钱的，但那些空头损失不超过多头盈利。

Equis 国际公司 MetaStock© 系统测试规则书写如下：

多头开仓：AroonUp（opt1）>AroonDown（opt1）

多头平仓：AroonUp（opt1）<AroonDown（opt1）

OPT1 当前值：270

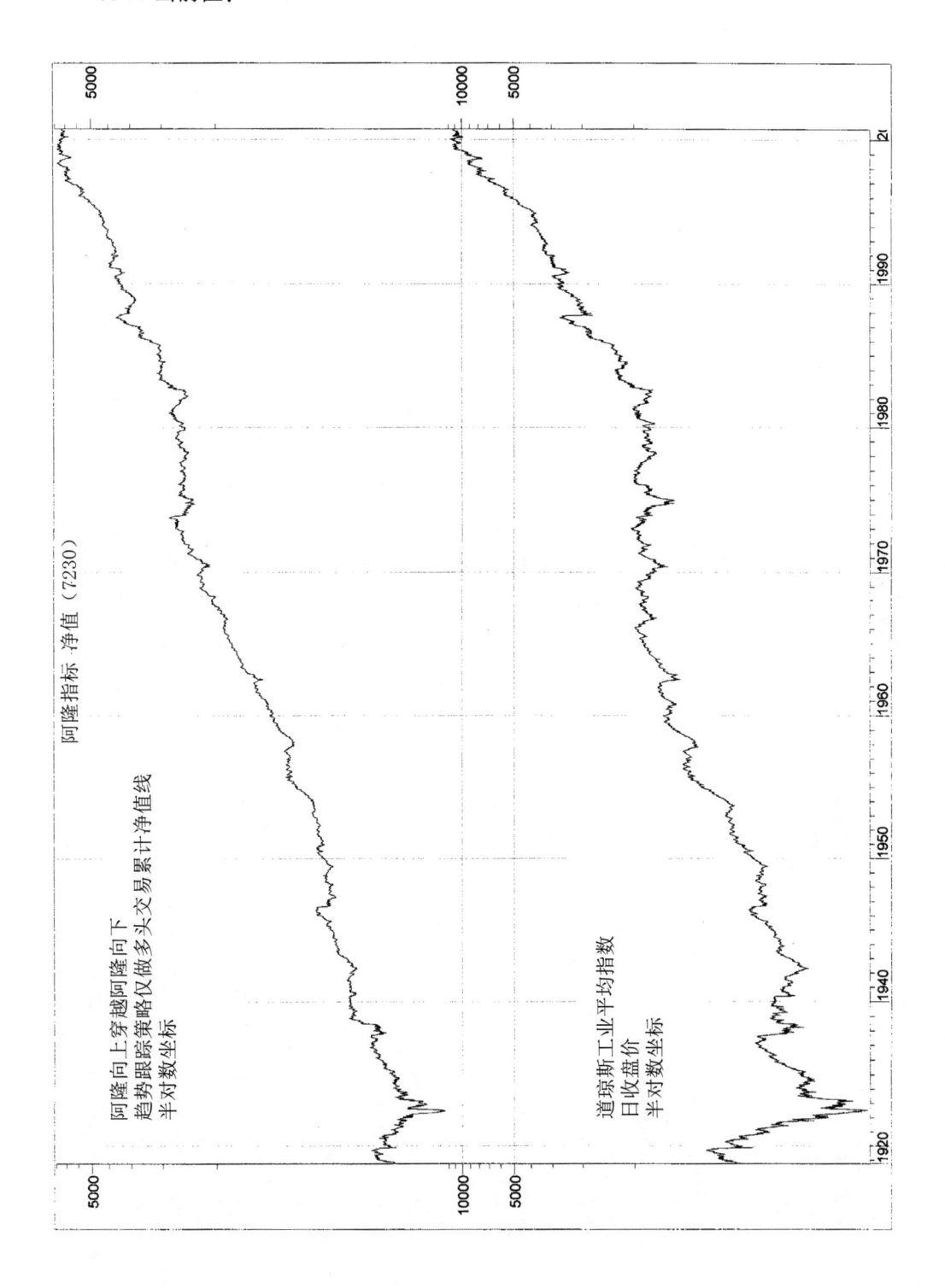

阿隆指标

净利润总额	7132.3	未平仓头寸价值	无
盈亏百分比	7132.3	年均持仓盈亏百分比率%	99.07
初始投资	100	利息收入	0
当前头寸	空仓	头寸建立日期	9/8/00
买入并持有利润总额	4575.25	测试总天数	26276
买入并持有利润率%	4575.25	年均买入并持有利润率%	63.55
已平仓交易总金额	2550	佣金支付总额	0
每笔交易平均利润	2.8	平均盈利与平均亏损比率	17
多头交易总数	2550	空头交易总数	0
盈利多头交易数	1125	盈利空头交易数	0
盈利交易总数	1125	亏损交易总数	1425
盈利交易总金额	28115.33	亏损交易总金额	−20983.02
平均盈利	24.99	平均亏损	−14.72
最大盈利	529.28	最大亏损	−350.01
盈利交易平均持仓期数	6.75	亏损交易平均持仓期数	3.33
盈利交易最长持仓期数	21	亏损交易最长持仓期数	12
最大连续盈利次数	9	最大连续亏损次数	12
空仓总期数	10826	平均空仓期数	4.24
最长空仓期数	20		
系统平仓回撤	−47.28	盈亏比指数	25.37
系统未平仓回撤	−47.28	风险回报指数	99.34
最大未平仓交易回撤	−350.01	买入并持有指数	55.89
		超额利润比率%	55.89
		年均超额净利润比率%	55.89
		平均每笔交易天数	10.30
		多头交易中盈利交易占比%	44.12
		空头交易中盈利交易占比%	#
		交易总数中盈利交易占比%	44.12
		交易总盈亏金额中盈利金额占比%	14.53
		平均盈亏总额中净平均盈利占比%	25.86
		最大盈亏合计中净盈利占比%	20.39
		盈亏持仓期数差占亏损持仓期数比例%	102.70
		最长盈亏持仓期数差占最长持仓期数比例%	75.00
		最大连续盈亏期数差占连续亏损期数比例%	−25.00
		净利润与系统平仓回撤之比%	15085.24
		净利润同系统未平仓回撤之比与净利润之比%	99.34
		系统未平仓回撤与净利润之比%	−0.66

在Equis公司Metastock® 系统报告"(盈亏概览统计)中,净利润总额等于利润合计减去亏损合计,包括按市值计价的未平仓头寸。相对地,盈利交易总金额是指已实现利润合计(仅包括已平仓交易所有获利总额,不包括任何未平仓头寸)。同样,亏损交易总金额是指已实现亏损合计(仅包括已平仓交易所有亏损总额,不包括任何未平仓头寸)。系统平仓回撤是指净值线低于初始投资的最大降幅,系统未平仓回撤(SODD)是指头寸平均差−100(最差可能表现)与+100(最好可能表现)之间,0值代表盈亏相等。风险回报指数等于净利润总额除以净利润总额减去系统未平仓回撤的差再演练交易中,初始投资假设为100美元,多头交易和空头交易都进行,除非另有说明,交易按信号出现当天收盘价格执行。统计分析中不包括交易成本、利息费用和利润。

第二部分　市场技术指标

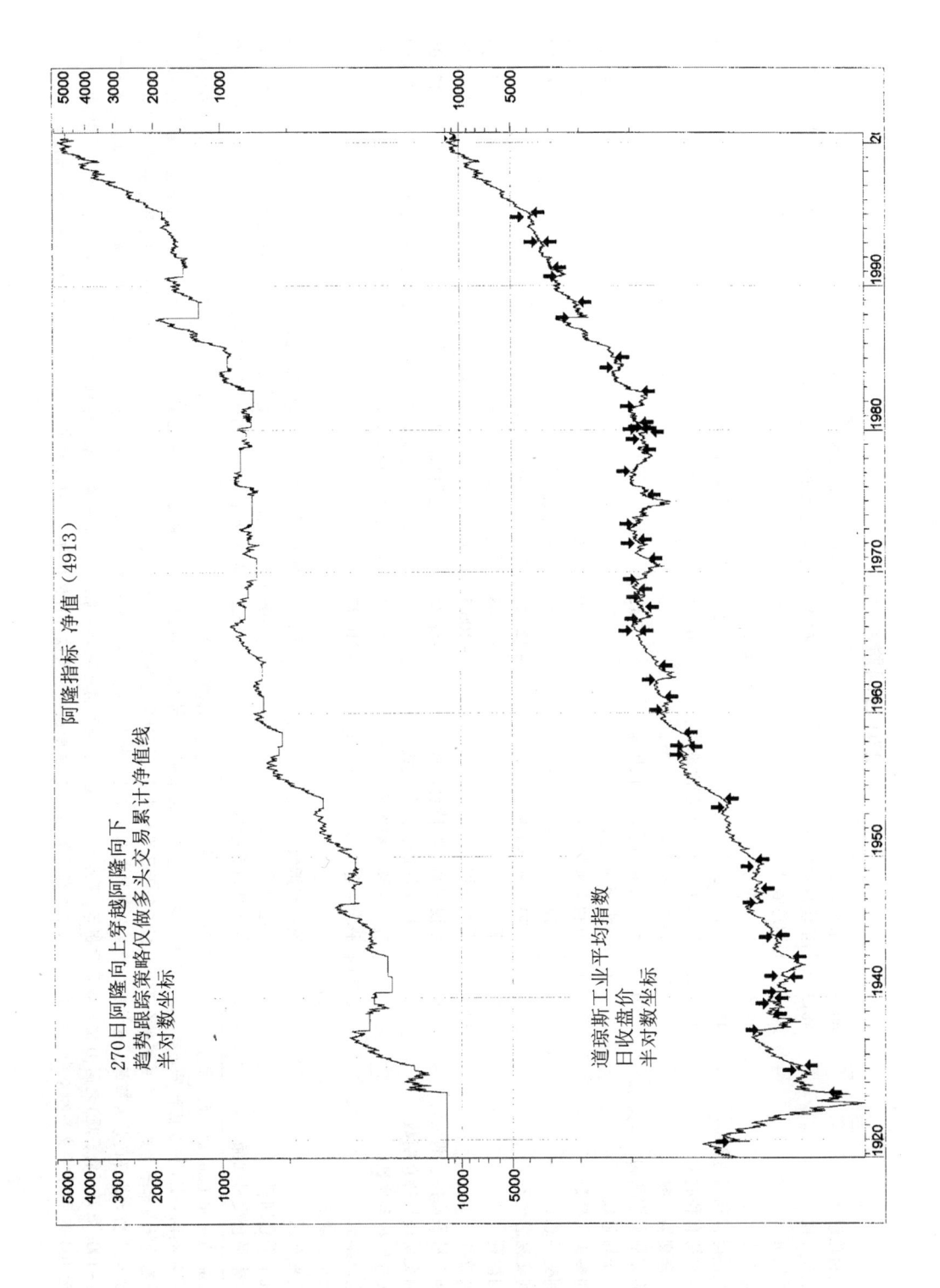

阿隆指标 净值（4913）

270日阿隆向上穿越阿隆向下
趋势跟踪策略仅做多头交易累计净值线
半对数坐标

道琼斯工业平均指数
日收盘价
半对数坐标

270日阿隆指标

净利润总额	4813.25	未平仓头寸价值	无
盈亏百分比	4813.25	年均盈亏百分比	66.86
初始投资	100	利息收入	0
当前头寸	空仓	头寸建立日期	4/18/00
买入并持有利润总额	4575.25	测试总天数	26276
买入并持有利润率%	4575.25	年均买入并持有利润率%	63.55
已平仓交易总数	30	佣金支付总额	0
每笔交易平均利润	160.44	平均盈利与平均亏损比率	7.13
多头交易总数	30	空头交易总数	0
盈利多头交易数	19	盈利空头交易数	0
盈利交易总数	19	亏损交易总数	11
盈利交易总金额	5238.73	亏损交易总金额	-425.48
平均盈利	275.72	平均亏损	-38.68
最大盈利	3094.32	最大亏损	-106.5
盈利交易平均持仓期数	494.53	亏损交易平均持仓期数	182.45
盈利交易最长持仓期数	1307	亏损交易最长持仓期数	386
最大连续盈利次数	6	最大连续亏损次数	3
空仓总期数	6720	平均空仓期数	1137
最长空仓期数			
系统平仓回撤	0	盈亏比指数	91.88
最大未平仓回撤	0	风险回报指数	100
最大未平仓交易回撤	-106.5	买入并持有指数	5.2

超额利润比率%	5.20
年均超额净利润比率%	5.21
平均每笔交易天数	8.01
多头交易中盈利交易占比%	63.33
空头交易中盈利交易占比%	#
交易总数中盈利交易占比%	63.33
交易总金额中净盈利金额占比%	84.98
平均盈亏总额中净平均盈利占比%	75.39
最大盈亏合计中净盈利占比%	93.35
盈利持仓期数差占亏损持仓期数比例%	171.05
最长盈亏持仓期数差占最长亏损期数比例%	238.60
最大连续盈亏期数差占连续亏损期数比例%	100.00
净利润与系统未平仓回撤之比	#
净利润同系统未平仓回撤之差与净利润之比%	100.00
系统未平仓回撤与净利润之比%	0.00

在Equis公司Metastock©"系统报告"（盈亏概览统计）中，净利润总额等于利润合计减去亏损合计，包括按市值计价的未平仓头寸。相对地，盈利交易总金额是指已实现利润合计（仅包括已平仓头寸，不包括任何未平仓头寸）；同样，亏损交易总金额是指已实现亏损合计（仅包括已平仓头寸）。盈亏百分比是基于已平仓头寸的累计净值低于初始投资线的最大降幅，系统平仓回撤（SDD）是指头寸未平仓时累计净值低于初始投资线的最大降幅。系统平仓回撤仅指基于已平仓头寸的累计净值低于初始投资线的最大降幅。盈亏比指数是关于将盈利交易总金额与亏损交易总金额联系在一起的一个复杂计算结果，值的范围位于-100（最差可能表现）与+100（最好可能表现）之间，0值代表盈亏相等。风险回报指数是系统未平仓回撤总额除以净利润总额，在本次演练交易中，初始投资假设为100美元，多头交易和空头交易都按进行，交易按当天收盘价格执行。统计分析不包括交易成本、利息费用和利润。除非另有说明，交易信号出现当天收盘价格执行。

买入日期	卖出日期	收益点数
9/10/82	5/3/84	215.76
1/29/85	10/19/87	320.27
11/10/88	8/23/90	217.64
4/17/91	1/22/93	123.1
2/4/93	10/20/94	229.93
2/15/95	4/18/00	3094.32

占星术，天文周期的金融应用

将占星术和天文周期应用于金融市场分析，是复杂的且存在着争议。众所周知，W·D. 江恩是20世纪上半叶实战中的一个非常有影响力的技术分析师和交易员，他将占星术大量地应用到市场择时中，据说非常成功。不幸的是，江恩的方法在其作品中没有完全公开。

过去4000年积累的占星术文献可以填满整个图书馆，直到几百年以前，它还是在各主要大学中教授的一门重要学科。如今，占星术在校园里已不再流行，但在校园外仍保留着大批追随者。

很少有市场技术人员承认试图将占星术纳入他们的工作中，不知有多少大资金的管理人积极而秘密地热衷于该学科，阿奇·克劳福和比尔·莫里迪恩是最杰出的在工作中公开使用占星术的技术分析师。

阿奇·克劳福曾被巴伦财经周刊称为"华尔街最著名的占星家"，这基于他在过去40年中的许多神秘的预言。他因提前几个月预言1987年股灾而闻名，而且他正确预测了1990年7月和2000年3月的熊市。克劳福还提前精准指出了许多短期趋势的变化日期，比如2001年4月4日的临时底部。他的预测扩展到市场转折以外。在2001年9月4日的简报中，也就是在纽约世界贸易中心于9月11日遭受袭击的7天前，克劳福提前几天明确识别出可能导致战争和股价大幅下跌的两个独立的火星相位。

克劳福提供一种流行的投资顾问服务，侧重为美国一般股票市场价格指数（主要是标准普尔500指数、道琼斯工业平均指数和纳斯达克100指数）以及包括美国国债、黄金、石油和外汇的期货指数进行市场择时。他的月度简报《克劳福展望》（亚利桑那州图森市东太阳升大道6890号120—70室，邮编85750—0840，电话（520）577—1158，传真（520）577—1110，www.astramoney.com），已经出版超过了20年。他还更新了一天两次的电话热线（900）776—3449。克劳福结合天文周期和技术分析进行的市场预测，为他在《赫伯特与择机者文摘》调查中赢得了市场择时最高评价。

比尔·莫里迪恩是一位国际闻名的金融研究者、基金经理和分析软件的设计者，其中包括为研究时间序列数据（包括股票价格）和行星周期之间的相关性而开发的第一个程序。此外，他在1998版的《行星股票交易》一书中为1062只个股编制了首批权威的交易图。

莫里迪恩发现，股票初始交易日期的星象图与股票价格走势的后续变化相关。他对广泛持有股票的55个案例研究精确地显示出推运和行运是如何与价格变动相关的，莫里迪恩的最新著作《行星经济预测》将超过200年的每月工业生产指数与行星周期关联起来。他在1994年的月球周期对DJIA的影响研究，于2001年被密歇根大学的一项分析所证实。他还展示了一个其信号跑赢市场的3.8年火星周期。想获得莫里迪恩的研究和市场择时咨询服务，可以通过网站www.billmeridian.com，或寄信给《周期研究》：纽约市下阿凯德第五大街666号第402室，邮编10103。

下面的研究是由比尔·莫里迪恩更新过的，而且这里的转载经过了他的许可，以前曾在1985年《英国占星协会杂志》、1986年美国全国地球宇宙研究委员会以及卢埃林的《二十世纪九十年代的金融占星学》上发表过。

比尔·莫里迪恩的美国股价中火星——灶神星周期

普通股票价格的主导节奏之一是一个大约4年长度的周期。例如该周期低点包括1974、1978、1982、1986、1990、1994和1998年。

当第一次审视该周期时，分析师认为这种现象属于总统周期的4年。他们推测，政府在选举期间通过美联储刺激经济，从而提供繁荣的假象，确保现任总统连任。然而，更密切的分析揭示出，在每6年或8年举行选举的国家也存在这种周期。可是，当地媒体人士继续根据各自的经济状况和本地事件来描述牛市和熊市。他们不认为有一些更大的力量，也就是众所周知的共同性原则在发挥作用。此外，该周期在美联储 1913 年成立之前就已经存在。

据说，强大的罗斯柴尔德银行家族已经在 19 世纪 00 年代首次利用 4 年周期来进行盈利交易。在 1952 年 6 月 30 日，沃瑞尔·L·邓巴在《巴伦周刊》上描述了一个 3.84 年周期。

这个周期有行星相关性，为了确定经度会合行星周期的长度（从两个行星会合到下一次会合所经过的时间长度），可以将恒星周期代入下列公式：

$$(A \times B)/(A-B) = 会合周期$$

（其中 A 和 B 是所涉及的两个行星的恒星周期）

将行星火星和小行星灶神星（它在职业股票交易者的命宫图上通常很突出）的恒星周期代入该公式，得出一个 3.90 年的周期。

股票市场在火星—灶神星 90 度相位处到达顶部，且它会在火星—灶神星的 240 度角处到达底部，下一页的表格显示了 1903 年以来基于火星—灶神星周期的机械式的买卖策略对比消极的买入并持有策略的交易结果。

只要火星和灶神星分开 240 度，投资组合就买入道琼斯工业平均指数，而当火星和灶神星分开 90 度时，卖出 DJIA。在由于逆行导致相位发生多次的情况下，最新相位被选为买入或卖出信号。

跟随该火星—灶神星周期市场择时规则信号，1000 美元的投资将增长到 283,472 美元，相比买入并持有策略为 117,645 美元，这跑赢超过 2.4 比 1。此外，自我们第一次发布以来，该周期的表现一直在改善，因为直到 1985 年时该周期跑赢仅为 1.9 对 1。

火星—灶神星周期市场择时规则产生了 19 次盈利和 6 次亏损，正确的信号占 76%。另外，表现一直在改善：6 次亏损中有 4 次发生在 1942 之前，自 1942 以后只有两个稍稍不正确的买入信号，而且自从 1982 年以来所有的买入信号都是盈利的。为了便于简单介绍，这些数字忽略了交易成本、利率、股息和杠杆作用。

交易次数	美元净值	买入日期	DJIA	卖出日期	DJIA	变动%
1	1000	12/11/1903	46	05/11/1906	93	102%
2	2016	12/22/1907	58	06/03/1909	94	61%
3	3256	02/10/1911	85	07/09/1913	75	-12%
4	2859	02/09/1955	57	08/14/1917	92	61%
5	4613	02/20/1919	83	09/11/1921	71	-14%
6	3949	03/16/1923	104	10/02/1925	146	40%
7	5548	05/04/1927	169	10/15/1929	347	106%
8	11425	07/08/1931	144	11/16/1932	63	-56%
9	5005	08/26/1935	129	12/09/1936	181	40%
10	7022	07/13/1938	137	01/04/1941	132	-4%
11	6771	09/15/1942	106	02/02/1945	154	45%
12	9792	10/27/1946	166	03/02/1949	174	5%
13	10261	11/20/1950	232	03/22/1953	287	24%
14	12720	12/01/1954	384	04/23/1956	507	32%
15	16792	01/13/1958	440	06/02/1960	628	43%
16	23983	01/19/1962	701	07/11/1964	846	21%
17	28956	01/29/1966	984	08/11/1968	881	-10%
18	25938	02/16/1970	754	09/02/1972	969	29%
19	33347	03/22/1974	878	09/13/1976	983	12%
20	37329	05/21/1978	855	10/19/1979	815	-5%
21	35565	07/20/1982	833	11/13/1983	1254	50%
22	53513	05/28/1985	1302	12/07/1987	1812	39%
23	74501	08/01/1989	2641	12/31/1991	3169	20%
24	89396	09/25/1993	3543	01/21/1996	6884	94%
25	173695	01/10/1997	6704	01/31/2000	10941	63%
26	283472	11/13/2000*		03/17/2003		

*一共有3次在1年内出现买入信号三分相：

2000年11月13日、2001年5月14日和2001年11月10日。

火星—灶神星买卖信号策略收益： 283,472美元

买入并持有策略收益： 117,645美元

占星术，长期周期

根据大卫·麦克明的观点（《金融危机和56年周期》，澳大利亚布鲁诺博2480号双棕榈），1760年以来在美国和西欧的金融危机的趋势中，已经建立了一个56年周期（芬克1932，麦克明1995）。米尔斯（1867）推测："商人的心理情绪往往按周期变动"。在整个经济史上，几代人似乎都在重复狂躁乐观情绪和抑郁悲观情绪的循环。当情绪突然从贪婪转向恐惧时，危机就发生了。56年周期与太阳和月亮的周期密切相关，众所周知，这些周期对地球和地球上所有的生命形式，包括人类，都有直接的影响。太阳和月亮直接影响下列地球现象：引力引起大海、大气和地表的潮汐，地震和火山活动，天气，磁和电磁能量场，四季，24小时的一天，生殖/繁殖周期（人类的平均月经周期与29.5天的朔望月是一样的而且人类平均妊娠期为9个朔望月），繁殖、蜕皮，而且哺乳动物的许多生理节奏受光周期的季节性变化（日光的小时变化）调节，而且重力影响生命体液的生物潮汐，这可能会冲撞身体机能和情感。56年周期似乎与太阳和月亮之间的角度关系有关：太阳、月亮和交点之间的0°和180°夹角，每56年和9年重复一次，相差不超过1度。在36年的子周期之间存在完美的相关性：（1）太阳和月亮北交点会合的黄道位置；（2）月亮对太阳和月亮北交点相合处的角度；（3）月亮北交点在一年内特定日期的位置。重大金融危机最有可能发生在月亮北交点处于下面的象限时："白羊座—金牛座—双子座"和"天秤座—天蝎座—射手座"，几个变量结合起来产生复杂的周期行为。特定的形态永远不会完全重复，而是有所不同，并在较长时间间隔内逐渐变化。在这里展示的麦克明的观点改编自1996年4月期旧金山证券技术分析师协会每月简报。

历法研究公司（佐治亚州玛丽埃塔第680666号邮政信箱，邮编30068，电话（770）579—5804，www.canlendarresearch.com）的克里斯多弗·L. 卡罗兰提出"精确长波股票周期的新证据"。从他在期权交易场内的位置，卡罗兰亲自见证了1987年股灾的影响，根据卡罗兰的螺旋历法，它准确地发生在1929年股灾的同一农历日期。这一工具识别了股票市场可能的转折点，这些转折点通过卡方检验提供非常显著的相关性。基本上，日食和月食提供了显著的市场择时日期，虽然并不是所有的日月食都对市场产生影响。自从1763年以来，市场顶部和恐慌与大约每36年和58年周期发生的日月食相关。卡罗兰的螺旋历法，使他能提前识别1998年7

月和2000年4月14日的20%~30%幅度的"壶穴"式巨大而快速的下跌，前者实际下跌开始于1998年7月17日，后者当日为抛售高潮日。再往前展望，卡罗兰识别出2001年12月股市的潜在顶部和2023年7月一个可能像1987式的恐慌。这是对卡罗兰在2000年5月市场技术分析师协会第二十五届年度研讨会上讲话的简要总结，改编自迈克·卡尔的笔记，该笔记公布在市场技术分析师协会（MTA）网站www.mta.org上。

值得注意的是，独立研究人员使用不同方法的工作中，是如何出现相同或相似的周期长度的（参见"周期"指标）。

平均动向指标（ADX）

（参见"动向指标"）。

平均真实波幅

平均真实波幅不过是过去n期真实波幅的平均值。真实波幅是一定期间的完整价格波动区间，包括跳空缺口。跳空缺口是指没有执行实际交易的价格点。跳空通常发生在一夜之间，往往是对新闻事件的反应，尽管跳空可能发生在任何时间间隔内和没有任何事件发生的时候。

J·小威尔斯·威尔德在其1978的著作《技术交易系统中的新概念》（趋势研究出版社，北卡莱罗纳州麦克林斯维尔第128号邮政信箱，邮编27301）中将真实波幅定义为下列三个可能值中的最大值：

$$TR = H - L$$
$$TR = H - P$$
$$TR = P - L$$

其中

T = 真实波幅

H = 当期最高价

L＝当期最低价

P＝上期最低价

威尔德将平均真实波幅（ATR）定义为真实波幅的指数平滑值（或指数移动平均值）。最常见的是，威尔德的例子中使用的指数平滑常数为 1/14 或 0.07143，大约相当于 27 日简单移动平均值。对于他的波动性指标，威尔德使用的指数平滑常数为 1/7 或 0.14286，大约相当于 13 日简单移动平均值。

黑箱系统

这些指标是没有提供文献记载的专有指标，用于计算结果的算法或公式没有被泄露出来。很好理解，这种保密的商业动机就是要保护该分析的独特性，防止大范围模仿，并维护商业机密。然而，对使用者不幸的是，这种保密妨碍了对指标输出结果的理解和研发。如果交易者不能准确理解一个专有指标所述及其原因，那么在几次失败信号以后，他很可能会放弃以这一指标为基础的所有原则。尽管对大多数指标来说一系列失败信号都很常见，但好的指标会在交易者坚持每一个跟踪信号的原则后，克服这一难题，但这种坚持不太可能出现在黑箱中。另外，如果专有指标所依赖的基础假设因某种外部发展力量而改变，使用者在发生重大损失前将不能理解该难题。进一步来说，依赖于某一专有指标并不能有助于使用者发展智力、提高交易技术或增长智慧，因此，思维最缜密的技术分析师避免所有专有指标。而且，无论一个指标被接受还是被拒绝，对技术指标的运行及其历史表现进行全面研究，能为洞察市场运动的性质提供有利的帮助。

布林线

这一流行指标与古老的移动平均包络线相似，它是由布林资本管理有限公司（加利福尼亚州曼哈顿海滩第 3358 号邮政信箱，邮编 90266，电话（310）798—8855，网址 www.bollingerbands.com）的特许金融分析师和市场技术分析师约翰·布林格开发出来的。

与移动平均包络线不同，包络线按同一固定百分比在移动平均线的上方画出一条"阻力"线并其下方画出一条"支撑"线，而布林线将两者替换为按两个标准差在一条 20 日简单移动平均线的上方画出一条阻力线并其下方画出一条支撑线。

布林线是多用途的，可以适用于任何时间框架，从几分钟到几个月。设计它们的目的是，对市场中的大波动迅速做出反应，并显示价格相对于正常交易范围是高还是低，布林格将他的交易带同其他指标一起使用来确认价格行为。

布林格建议，用 20 日简单移动平均线和正负两个标准差来描述中期趋势。这些已经成为最常用的默认设置。对于短期趋势分析，布林格建议使用 10 日简单移动平均线和 1.5 个标准差。对于长期趋势分析，布林格建议使用 50 日简单移动平均线和 2.5 个标准偏差。

布林格提示，移动平均长度应描述所选择的时间框架，而且该移平均长度几乎总是不同于曾证明用于交叉买卖最有用的那些。同时布林格认为，识别一个合适的移动平均长度的方法是，选择一个能为底部启动第一浪的修正浪提供支撑的长度。如果平均线被修正浪所击穿，那么平均值太短；如果修正浪低于平均线，那么平均值就太长了，移动平均线应该提供更多支撑而不是被击穿。

布林格不推荐用他的交易带作为价格触及或穿过交易带时的绝对买卖信号，相反，他用交易带来提供一个框架，在该框架内价格可能与其他独立的技术指标有关，比如"平衡成交量"或"资金流"指标。例如，如果价格触及上轨，并且所选择的独立技术指标也确认了该价格强度，则不会产生卖出信号——反而识别出持续买入的确认信号。另一方面，如果价格紧跟上轨而独立指标不确认该价格强度（也就是该指标负背离），识别出卖出信号。卖出信号的另一个例子是，在一系列更高的价格高点之后，所有的价格都推到或超出上轨，而最终的价格新高不能达到上轨，因此表明价格上涨失去动量，给出卖出信号。

镜像分析将适用于使用下轨来识别买入信号，例如，如果价格触及下轨，并且所选择的独立技术指标也确认了该价格疲软，则不会产生买入信号，反而识别出持续卖出的确认信号。另一方面，如果价格紧跟下轨而独立指标不确认该价格疲软（也就是该指标正背离），识别出买入信号。买入信号的另一个例子是，在一系列更低的价格低点之后，所有的价格都推到或低于下轨，而最终的价格新低不能达到下轨，因此表明价格下跌失去动量，给出买入信号。

布林线指标策略举例

想要同布林格设计的那样使用布林线，需要经验和判断力，但即使朴素的测试假设中也表明，布林线作为纯机械式的逆势技术指标，具有某种客观的潜在价值，绝大多数超卖买入信号都是盈利的。此外，这些买入信号是很稳健的，对于从 6 天到 50 天简单移动平均长度加减两个标准差，都是盈利的，而且大多数时间都是正确的。

高百分比的盈利交易看起来很诱人，然而重要的是要注意，这一策略和其他反趋势策略一样，在 1987 年的股灾中、1998 年的下跌和其他市场价格下跌中未能提供任何保护。正如下图所显示，有一个急剧的净值回撤。使用布林线逆势超卖和超买信号，会跑输消极的买入并持有策略。从过去看，空头卖出交易是不盈利的。

以 1982 年 4 月 21 日至 2000 年 12 月 8 日间的 18 年期间标准普尔 500 综合股价指数期货 CSI 永久合约的全部历史上每日数据文件为基础，数据从网站 www.csidata.com 收集，我们发现，如果不带主观性，不运用复杂技术分析，不妄断，而以纯机械式的超买/超卖信号为基础，布林格提出的下列参数大多数时间都能产生利润（对于仅做多头交易）。

多头开仓（买入）：当标准普尔 500 综合股价指数期货 CSI 永久合约收盘价小于每日收盘价的当前 10 日简单移动平均线减去两个标准差时，以当日收盘价买入。

多头平仓（卖出）：当标准普尔 500 综合股价指数期货 CSI 永久合约收盘价大于每日收盘价的当前 10 日简单移动平均线加上两个标准差时，以当日收盘价卖出。

空头开仓（卖出空头）：从不操作。

运用该布林线逆势交易策略，以 100 美元开始投资并将利润再投资，假如充分运用该投资策略进行利润再投资操作，无交易成本和税收，净利润总额将达到 678.60 美元。这比买入并持有策略低 35.10%。空头卖出交易都是不盈利的，且空头卖出交易不包括在本策略中，空头卖出交易会将利润减少一半。尽管该策略不能跟上消极的买入并持有策略的步伐，但仅做多头交易的布林线作为指标在整个期间给出的盈利性买入信号占 88.61%。交易相对不活跃，平均每 86.16 个日历日交易一次。注意，该策略仅考虑收盘价而忽略日内最高价和最低价。

Equis 国际公司 MetaStock© 系统测试规则书写如下：

多头开仓：CLOSE<BBandBot（CLOSE，opt1，S，opt2）

多头平仓：CLOSE>BBandTop（CLOSE，opt1，S，opt2）

OPT1 当前值：10

OPT2 当前值：2

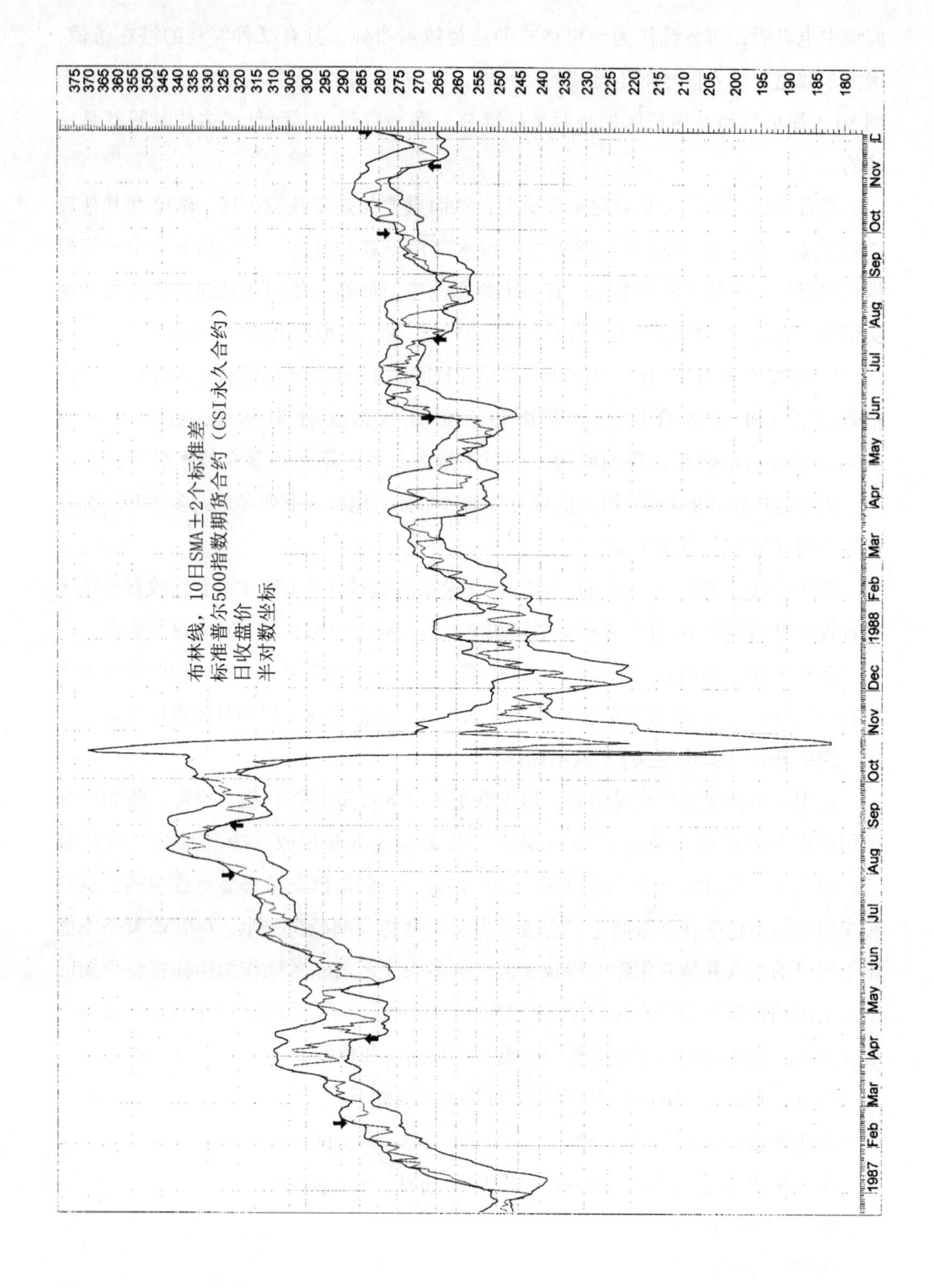

布林线，10日SMA±2个标准差
标准普尔500指数期货合约（CSI永久合约）
日收盘价
半对数坐标

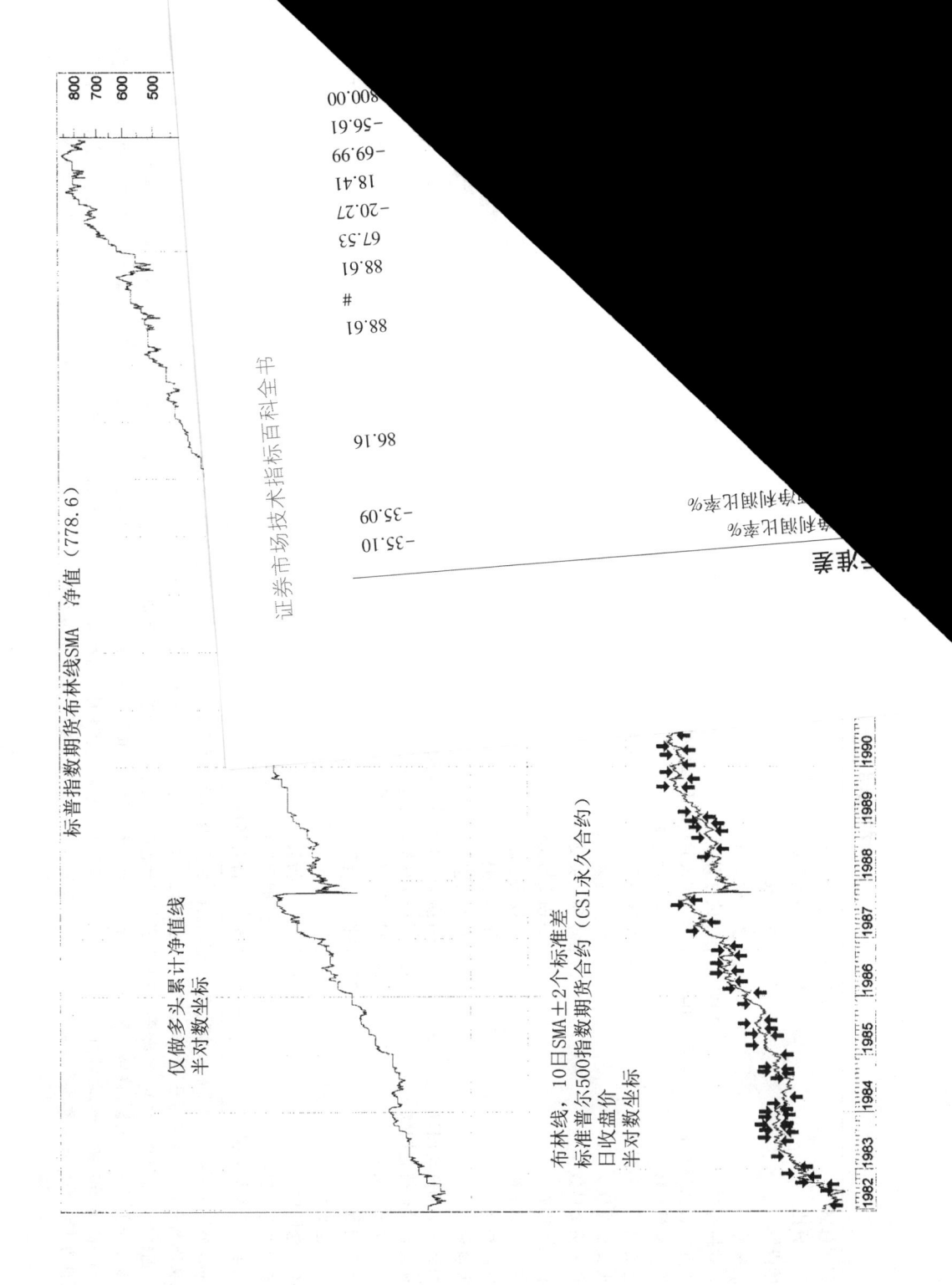

标普指数期货布林线SMA 净值（778.6）

仅做多头累计净值线
半对数坐标

布林线，10日SMA±2个标准差
标准普尔500指数期货合约（CSI永久合约）
日收盘价
半对数坐标

布林线，10日SMA±2个标准差

净利润总额	678.6	未平仓头寸价值	无
盈亏百分比	678.6	年均盈亏百分比	36.39
初始投资	100	利息收入	0
当前头寸	空仓	头寸建立日期	12/5/00
买入并持有利润总额	1045.54	测试总天数	6807
买入并持有利润率%	1045.54	年均买入并持有利润率%	56.06
已平仓交易总数	79	佣金支付总额	0
每笔交易平均利润	8.59	平均盈利与平均亏损比率	0.66
多头交易总数	79	空头交易总数	0
盈利多头交易数	70	盈利空头交易数	0
盈利交易总数	70	交易总数中盈利交易占比	9
亏损交易总数金额	841.73	交易总盈金额中净盈利占比%	-163.13
平均盈利	12.02	平均盈利合计中净盈利占比%	-18.13
最大盈利	66.37	最大盈利合计中净盈利占比%	-45.73
盈利交易平均持仓期数	25.94	盈利持仓期数合计持仓期数比例%	86.44
盈利交易最长持仓期数	82	盈利持仓期数差占最长亏损持仓期数比%	189
最大连续盈利次数	18	最长连续盈亏期数差与连续亏损期数比例%	2
空仓总期数	2277	平均空仓期数	28.46
最长空仓期数	110		
系统平仓回撤	-7.23	净利润与系统平仓回撤之比%	80.62
系统未平仓回撤	-12.53	净利润同系统未平仓回撤之差与净利润之比%	98.19
最大未平仓交易回撤	-92.13	买入并持有指数	5415.80
		风险回报指数	98.15
		系统未平仓回撤与净利润之比%	-1.85

在Equis公司Metastock©"系统报告"(盈亏概览统计)中，净利润总额等于利润合计减去亏损合计(仅包括已平仓交易)所有利润合计(仅包括已平仓头寸)。相对地，盈利交易总金额是指已实现利润合计(仅包括已平仓交易所有利润总额，不包括任何未平仓头寸)。同样，亏损交易总金额是指已实现亏损合计(仅包括已平仓交易时累计亏损总额，不包括任何未平仓头寸)。系统平仓回撤是基于已平仓头寸净值的累计平仓投资净值曲线低于初始投资净值的最大降幅。系统未平仓回撤(SODD)是指未平仓时可能累计净值曲线低于初始投资净值的最大降幅。盈亏比指数是把关于平仓盈利交易总金额与净亏损交易总金额联系在一起的一个复杂计算结果，值的范围位于-100(最差可能表现)与+100(最好可能表现)之间，0值代表盈亏相等。风险回报指数等于净平仓回撤以再除以净利润总额。在本次演练交易中，初始投资假设为100美元，多头交易和空头交易都进行，除非另有说明，交易按信号出现当天收盘价格执行。统计分析中不包括交易成本、利息费用和利润。

— 108 —

以布林线为基础并受随机指标公式启发，特许金融分析师和市场技术分析师约翰·布林格开发出%b作为一个价格动量摆动指标。正如随机指标量化最新收盘价在其近期价格波动区间内的位置一样，%b量化最新收盘价在布林线内的位置。但与随机指标仅限定在0至100区间不同，当价格超出布林带时，%b的变动可以超出这些边界。

- %b小于0 价格在下轨线下方。
- %b等于0 价格在下轨线上。
- %b等于50 价格在上轨和下轨间的中线上。
- %b等于100 价格在上轨线上。
- %b大于100 价格在上轨线上方。

%b指标可以用作超买/超卖信号，%b也使得价格本身同其他确认和背离分析指标相比较。

布林带宽指标

布林带宽指标是4倍的当日收盘价20日标准差。根据特许金融分析师和市场技术分析师约翰·布林格的观点，波动性是周期性的，波动性异常低的时期与波动性异常高的时期交替出现。布林带宽指标量化这种波动性，布林格用它来识别会导致相反情况出现的异常的和不可持续的波动。例如布林格提示，标准普尔500指数布林带宽下降低于2%会导致价格大幅波动，布林格还用布林带宽来识别趋势的结束。布林带宽指标由下列等式给出：

布林带宽指标 =（布林线上轨-布林线下轨)/布林线中轨

其中布林线上轨是收盘价移动平均线加上两个标准差，布林线下轨是收盘价移动平均线减去两个标准差，布林线中轨是收盘价移动平均线本身。

假设默认参数为约翰·布林格建议的围绕20日简单移动平均线加减两个标准差，上述公式化简为：

布林带宽指标 =（4 * 20日 sigma)/20日均值

其中sigma是围绕20日简单平均线的20日收盘价标准差。

博尔顿—特伦布莱指标

博尔顿—特伦布莱指标是一个累积涨跌线指标，它用价格不变股票数量作为一个基本组成部分。由于其计算的复杂性更高，博尔顿—特伦布莱指标几乎不如更简单的宽度计算指标受欢迎。这里只给出了它的计算基础。

博尔顿—特伦布莱指标的计算分五步：

1. 用上涨股票数量除以价格不变股票数量。
2. 用下跌股票数量除以价格不变股票数量。
3. 用上涨比率减去下跌比率。
4. 计算差值的平方根。
5. 用平方根加上上一日博尔顿—特伦布莱指标，考虑符号（如果上涨数量多则为正号，如果下跌数量多则为负号）。

用下列两个公式来表示该指标：

如果上涨数量比下跌数量更多，那么：

$$T = Y + \sqrt{(A/U) - (D/U)}$$

但如果上涨数量比下跌数量更少，那么：

$$T = Y - \sqrt{(A/U) - (D/U)}$$

其中

T = 今日博尔顿—特伦布莱指标

Y = 昨日博尔顿—特伦布莱指标

A = 上涨股票数量

D = 下跌股票数量

U = 价格不变股票数量

$|x|$ = x 的绝对值

例如，如果昨日博尔顿—特伦布莱指标为 1000，今日市场行情坚挺，有 1400 只股票上涨，600 只股票下跌，200 只股票价格不变，那么今日博尔顿—特伦布莱指标计算如下：

$$T = 1000 + \sqrt{(A/U) - (D/U)}$$

$$T = 1000 + \sqrt{(1400/200) - (600/200)}$$

$$T = 1000 + \sqrt{7 - 3}$$

$T = 1000 + \sqrt{4}$

$T = 1002$

但如果今日市场行情疲软,有600只股票上涨,1400只股票下跌,200只股票价格不变,那么今日博尔顿—特伦布莱指标计算如下:

$T = 1000 - \sqrt{|(A/U)-(D/U)|}$

$T = 1000 - \sqrt{|(600/200)-(1400/200)|}$

$T = 1000 - \sqrt{|3-7|}$

$T = 1000 - 2$

$T = 998$

可以从任意开始日期开始计算博尔顿—特伦布莱指标。建议从Y的一个正值(例如1000)开始,以避免处理累积净值的额外工作。

博尔顿—特伦布莱指标可以作图,方式类似于涨跌线指标。传统上,技术分析师关注指标与市场价格指数比如道琼斯工业平均指数的背离,从而评估基础市场的强弱。该指标的绝对和相对点位不如其趋势更重要。

括括弧,括弧,动态括弧

括括弧是一个非常灵活和有适应性的分析工具,可以用来识别其他难以驾驭数据的绝对或相对点位极值。括括弧是内德·戴维斯研究公司(弗罗里达州威尼斯鸟湾西大道600号,邮编34292,电话(941)484—6107,传真(941)484—6221,网址 www.ndr.com)的一个主要工具。

一些源数据是有序的,能提供具有良好预测能力的明显和稳定的高低值。用水平线来标示这些极值是一项很简单的任务,极值可以被确定为高低分界点,或称临界值。例如,可以使用极值区来将信息分割进三个括弧区中:看涨区、中性区和看跌区。对于那些喜欢细微级别的人,可以确定任何量级的区域,并可根据历史统计意义来权衡。

但大多数源数据是如此有"噪声",以至于需要先对其进行平滑或标准化处理。如果数据随着时间推移而移动,趋向于更高或更低,可以围绕数据设置移动平均带来标记极值(参见"包络线"指标)。

此外,如果源数据包含大幅的波动性变化,可以围绕数据设置合适的标准差带来标记极值(见"布林线"指标)。

超买/超卖模型经常依赖括弧规则，这些指标通常在实际的顶部或底部发出极值信号。这个领先指标的特性可以允许超买/超卖模型用作筛选器，或者许可滤波器，只有当两个信号方式相同，要么都看涨作为买入信号，要么都看跌作为卖出信号时，才允许其他模型的信号发挥作用。

由于市场有时碰上一个超买/超卖的极端而该极端趋势仍在继续，所以只有观察到下面两种情况时，超买/超卖区的变化才识别信号：第一，必须有一个n期（n的值是通过历史研究确定）极值读数（超买/超卖）；第二，当数据最终退出极端区域时，实际买入或卖出信号才被识别。因此，这种方法只有当产生极端水平的压力上升时才起作用，这可能提供一个更安全的入场点，更接近于实际趋势转向的时间。

宽度涨跌比指标：宽度冲力

宽度涨跌比指标是由马丁·茨威格开发出来的，它是上涨股票数量除以上涨股票数量与下跌股票数量之和的比率的10日简单移动平均线。它通常是以纽约证券交易所上市股票为基础来计算的，对于其他市场比如纳斯达克市场也可以计算类似的指标。在计算10日简单移动平均线之前，该指标可以用下面的公式表示：

$$Z = (A)/(A+D)$$

其中

Z＝今日的1日上涨股票数量与所有价格上显示出任意价格波动的股票总数量比率

A＝上涨股票数量

D＝下跌股票数量

累计净值线图显示，从1932年7月22日到1994年3月30日期间（对于仅做多头交易不做空头交易），当出现极端的定向冲力从而确认市场动量强劲时，宽度涨跌比指标给出了稳定盈利的买入和卖出信号。当10日简单移动平均线达到极值，上升高于买入信号0.659，下降低于卖出信号0.366时，跟随动量指标是合算的，账面净值稳定上升，没有回撤。

然而，自从1994年3月30日以来，没有再出现信号。指标图显示，从1992年1月6日以来没有再触及0.66的高点，很明显，基础统计数据情况发生了变化，所以A/(A+D)的10日移动平均线不再触及曾经的高点。我们必须总结，这个以前还有用的指标，更多地依赖于点位而不是基础数据的趋势，所以不再适应数据宽度不断变化的行为。

对于宽度涨跌比指标，趋势比点位更重要

宽度涨跌比指标的趋势是一个有效的指标，尽管不像涨跌线指标那样盈利。以1932年3月8日以来68年期间纽约证券交易所每日上涨和下跌股票数量和道琼斯工业平均指数的每日数据文件为基础，我们发现，如果不带主观性，不运用复杂技术分析，不妄断，而以纯机械式的信号为基础，可能最简单的趋势跟踪规则能产生良好的交易结果。

多头开仓（买入）：当宽度涨跌比指标相对于其前一日点位上升时，以道琼斯工业平均指数当日收盘价买入。

多头平仓（卖出）：当宽度涨跌比指标相对于其前一日点位下降时，以道琼斯工业平均指数当日收盘价卖出。

空头开仓（卖出空头）：当宽度涨跌比指标相对于其前一日点位下降时，以道琼斯工业平均指数当日收盘价卖出空头。

空头平仓（平仓）：当宽度涨跌比指标相对于其前一日点位上升时，以道琼斯工业平均指数当日收盘价平仓空头。

运用该宽度涨跌比指标趋势跟踪策略，以100美元开始投资并将利润再投资，假如充分运用该投资策略进行利润再投资操作，无交易成本和税收，净利润总额将达到2,159,426美元，这比买入并持有策略高出17,122%，即使空头卖出交易也是盈利的。交易极度活跃，平均每3.50个日历日就交易一次。

在Equis国际公司MetaStock[©]系统中，宽度涨跌比指标线被插入在通常预留给成交量（V）的数据字段中，其测试规则书写如下：

多头开仓：V>Ref(V,-1)

多头平仓：V<Ref(V,-1)

空头开仓：V<Ref(V,-1)

空头平仓：V>Ref(V,-1)

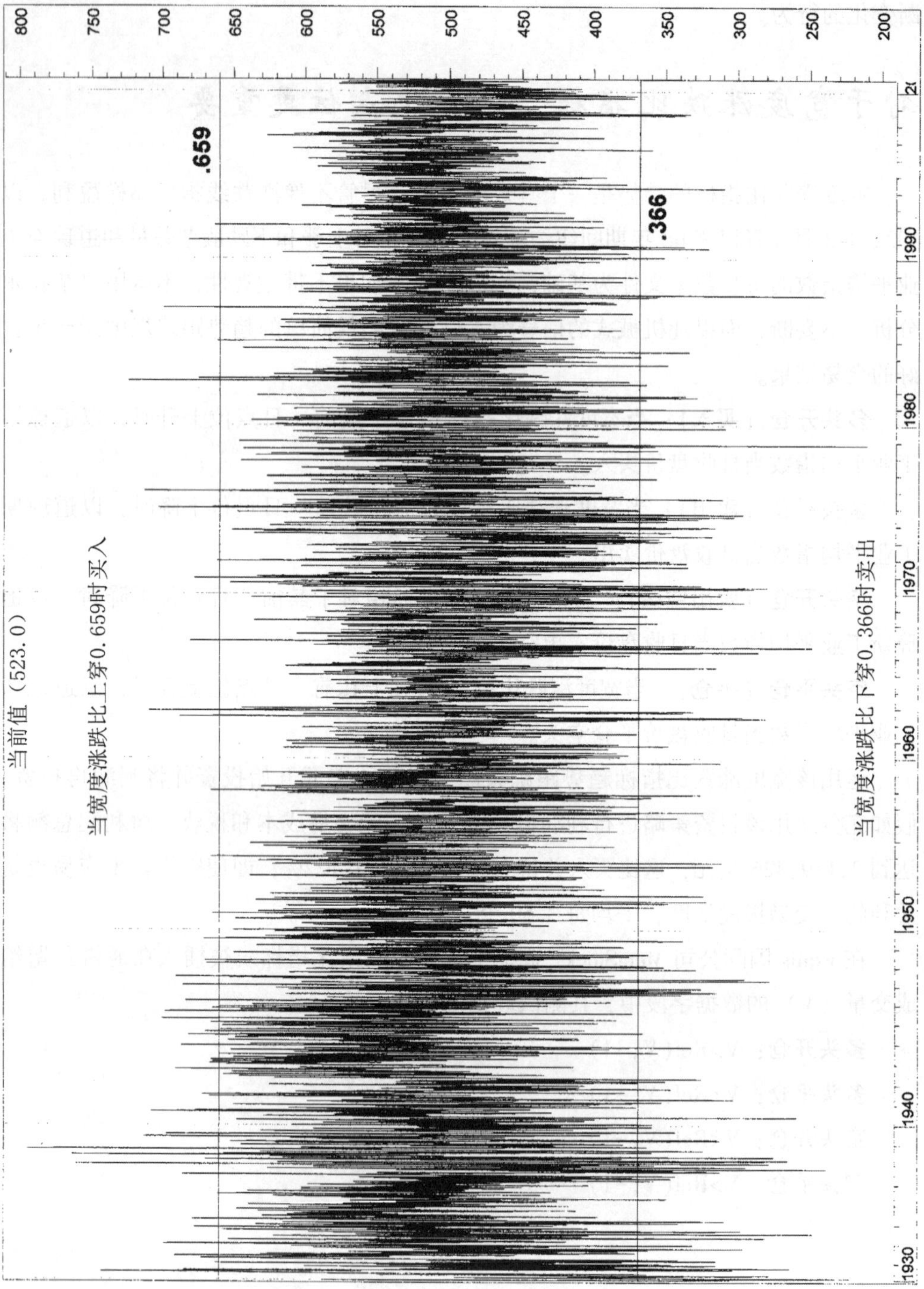
当前值（523.0）
当宽度涨跌比上穿0.659时买入
当宽度涨跌比下穿0.366时卖出
.659
.366
800
750
700
650
600
550
500
450
400
350
300
250
200
1930
1940
1950
1960
1970
1980
1990

原始宽度涨跌比 净值（7456）

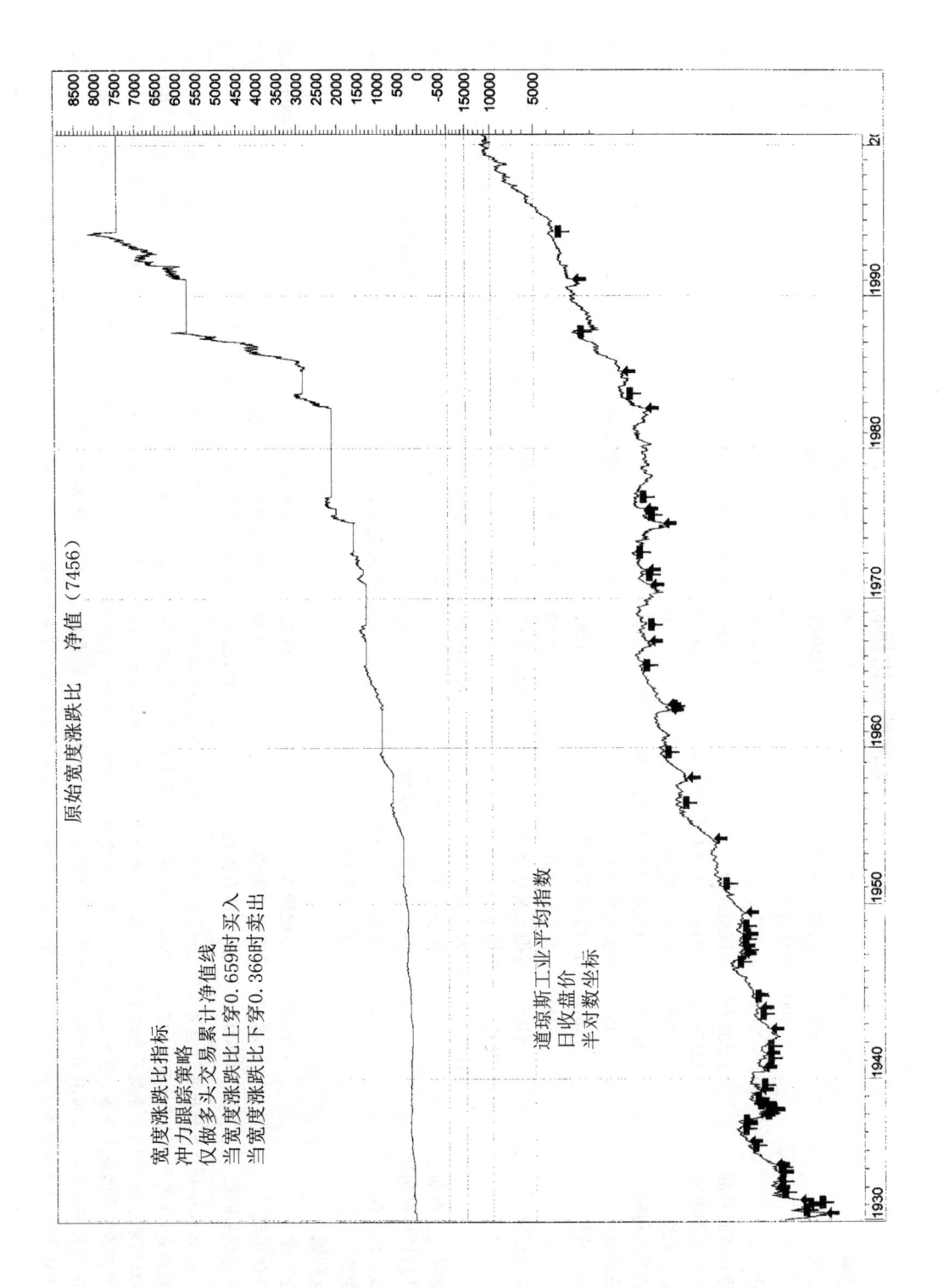

宽度涨跌比指标
冲力跟踪策略
仅做多头交易策略
当宽度涨跌比上穿0.659时买入
当宽度涨跌比下穿0.366时卖出

道琼斯工业平均指数
日收盘价
半对数坐标

宽度涨跌比指标

净利润总额	2159426	未平仓头寸价值	0	超额净利润比%	17122.14
盈亏百分比	2159426	年均盈亏百分比	31499.9	年均超额净利润比率%	17122.47
初始投资	100	利息收入	0		
当前头寸	空头	头寸建立日期	9/8/00		
买入并持有利润总额	12538.66	测试总天数	25022	平均每笔交易天数	3.50
买入并持有利润率%	12538.66	年均买入并持有利润率%	182.9		
已平仓交易总数	7156	佣金支付总额	0		
每笔交易平均利润	301.76	平均盈利与平均亏损比率	1.4		
多头交易总数	3578	空头交易总数	3578	多头交易中盈利交易比%	52.26
盈利多头交易数	1870	盈利空头交易数	1581	空头交易中盈利交易占比%	44.19
盈利交易总数	3451	亏损交易总数	3705	交易总数中盈利交易占比%	48.23
盈利交易总金额	9244850	亏损交易总金额	-708519.5	交易总金额中净盈利金额占比	13.22
平均盈利	2678.89	平均亏损	-1912.39	平均盈亏总额中净平均盈利占比	16.69
最大盈利	116321.25	最大亏损	-98349.75	最大盈亏合计中净盈利占比	8.37
盈利交易平均持仓期数	4.22	亏损交易平均持仓期数	2.88	盈亏持仓期数差占亏损持仓期数比例%	46.53
盈利交易最长持仓期数	18	亏损交易最长持仓期数	12	最长盈亏持仓期数差占最长亏损持仓期数比%	50.00
最大连续盈利次数	10	最大连续亏损次数	11	最大连续盈亏期数差占连续亏损期数比例%	-9.09
空仓总期数	2	平均空仓期数	2		
最长空仓期数	2				
系统平仓回撤	-27.53	盈亏比指数	23.36	净利润与系统平仓回撤之比	7682056.21
系统未平仓回撤	-28.11	风险回报指数	100	净利润同系统未平仓回撤之差与净利润之比	100
最大未平仓交易回撤	-9349.75	买入并持有指数	17122.15	系统未平仓回撤与净利润之比%	0.00

在 Equis 公司 Metastock© "系统报告"（盈亏概览统计）中，净利润总额等于利润合计减去亏损合计，包括按市值计价的未平仓头寸。相对地，盈利交易总金额是指已实现利润合计（仅包括已平仓已平仓头寸）。同样，亏损合计（仅包括任何未平仓头寸）。同样，亏损总金额是交易总金额依于初始投资的最大降幅。系统平仓回撤（SODD）是指已已实现亏损总金额依于初始投资的最大降幅。系统未平仓回撤（SODD）是指未平仓时累计净值曲线依于初始投资净值所有累计的最大降幅。盈亏比指数是指平均盈利与平均亏损关系在一起复杂计算结果，值的范围位于-100（最差可能表现）与+100（最好可能表现）之间，0值代表盈亏相等。风险回报指数是净利润减去系统未平仓回撤以净利润总额。在本次演练交易中，初始投资假设为100美元，多头交易和空头交易都执行，除非另有说明，交易按信号出现当天收盘价格执行。统计分析中不包括交易成本、利息费用和利润。

— 116 —

好友指数

密苏里州堪萨斯城的共识公司提供四种不同情绪民意调查（由投资顾问服务简报所做的调查）之一，订阅者可以通过拨打电话获得它。滞后一段时间以后，会发布在每周六发行的巴伦金融周刊上。流行的解释是通常要反向投资（参见"反向意见"和"投资顾问情绪"指标）。

好友指数是由期货经纪人和投资顾问在广泛分发的公开市场信中表达的市场意见的制表。意见通过影响力来量化和加权，解释如下：

90%~100%：过度乐观，极度超买，上涨趋势结束迫在眉睫

80%~90%：失衡的乐观，超买，可能反转向下

60%~80%：适度，上涨趋势会持续，但如果接近底部则会寻找新低

50%~60%：中性

30%~50%：适度，下跌趋势会持续，但如果接近顶部则会寻找新高

20%~30%：失衡的悲观，超卖，可能反转向上

0%~20%：过度悲观，上涨趋势结束迫在眉睫

反向意见是流行的观点，即使是电视评论员也知道，他们对技术分析的一般理解水平充其量是表面的。许多经验丰富的技术分析师使用情绪指标，但更多的是作为趋势、动量和其他技术指标的补充，而不是作为一个独立的信号产生器。情绪指标通常显示定向价格运动即将结束之前的超买和超卖水平，因此，可能会产生误导。一般来说，情绪指标更多的是一个背景指标，不适合用于精确择时。

如图所示，在14年的期间，内德·戴维斯发现买入信号能有每年25.1%的超高收益，即，当数据跌破其动态下轨（见"布林线"），表明过度悲观时买入。有趣的是，同时使用两个极值作为买入和卖出信号，对于仅做多头交易产生的收益，仅比买入并持有策略高出6%。

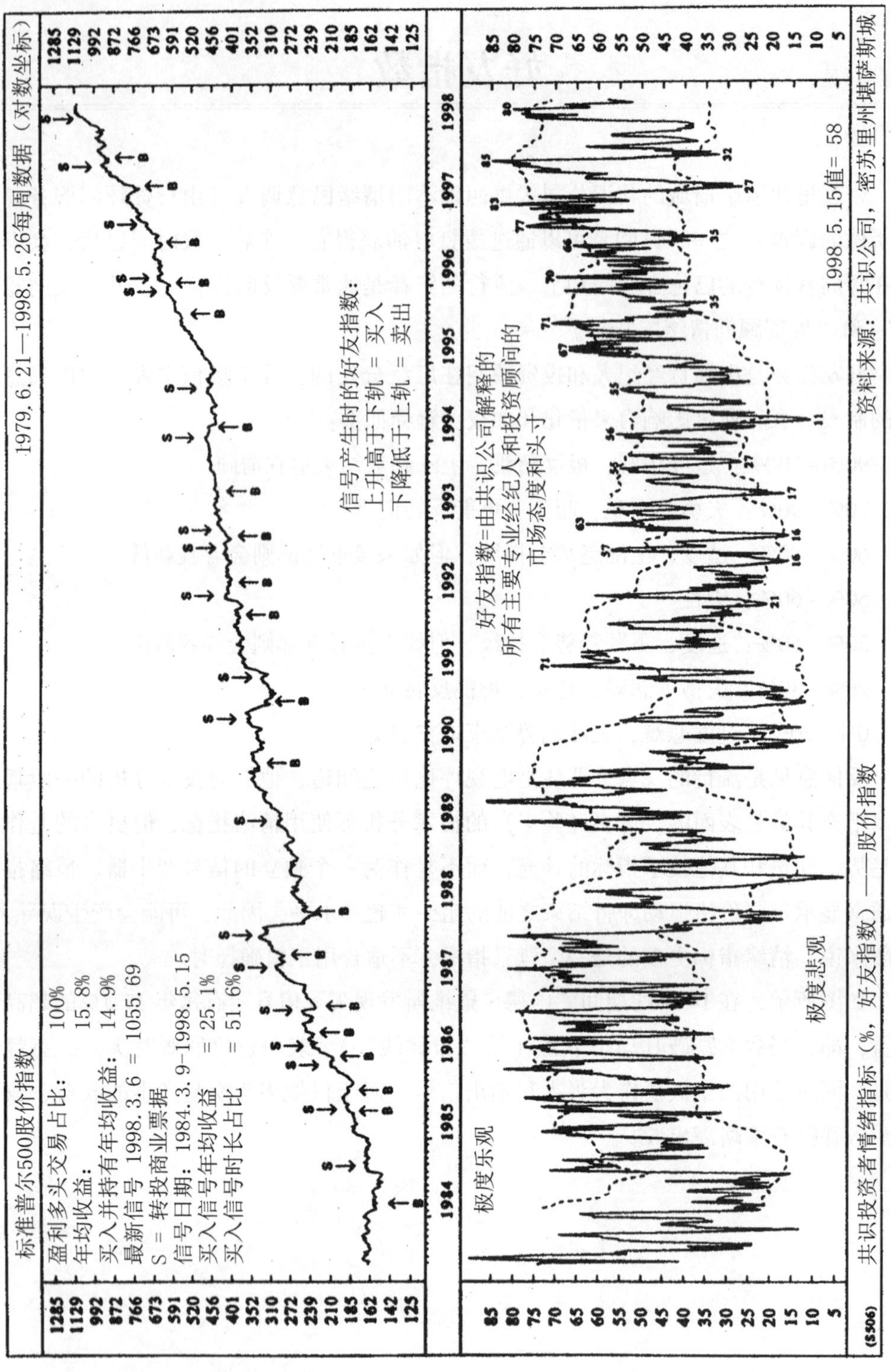

图表经内德•戴维斯研究公司许可

看涨—看跌美元价值流向线（CPFL）

看涨—看跌价值流向线（CPFL）是由罗伯特·B.麦柯顿创建的一种情绪和价格方向确认指标。它可以使用每日或每周数据计算。

麦柯顿设计 CPFL 来反映资金流动方向的选择。期权交易的相对重要性需要用交易的美元价值也就是价格乘以成交量来衡量。与此相反，传统的看涨—看跌期权分析对所有的看涨和看跌成交量都一视同仁，也就是说，1000 份价格为 1/16 的期权交易合约和 1000 份价格为 25 的期权合约一样重要。麦柯顿纠正了这个错误，用期权价格乘以期权成交量得出交易的美元价值。一千份 25 美元的合约价值为 250,000 美元，比 1/16 美元的期权价值 6250 美元高出 400 倍。假设价格为 1/16 的期权更可能反映一个疯狂赌徒的希望，而价格为 25 的期权更可能反映的是一个严肃的专家考虑的战略，麦柯顿的价格乘以成交量衡量方法把重点放在了该放的地方。

如果股票成交量领先于价格，并且期权成交量为未来的股价走势提供了进一步的线索，那么麦柯顿的理由是，当 CPFL 新趋势的开始提前于基础股票的价格时，股票价格应该跟随。另外，如果股票价格反弹至新高而 CPFL 未能上升，期权的美元流动就相对薄弱，价格强度就不应该继续。同样，如果股票价格跌到新低，CPFL 不能通过创出新低来确认价格疲软，期权的美元流动就比较强，而且股票价格的下降应该是暂时的。

麦柯顿的看涨—看跌期权美元价值流向线（CPFL）可以分七个步骤计算：

1. 收集所分析的基础股票、指数或商品期货的全部看涨和全部看跌期权的日终收盘价和成交量数据。由于大多数出版物不公布全部期权的完整细节，麦柯顿收集他每只股票的全部行权价格和全部到期日的电子化数据。

2. 用每个看涨期权的成交量乘以其收盘价。

3. 对每只股票每个看涨期权的结果（来自第二步）进行汇总，得出当天的看涨美元价值。

4. 用每个看跌期权的成交量乘以其收盘价。

5. 对每只股票每个看跌期权的结果（来自第四步）进行汇总，得出当天的看跌美元价值。

6. 用看涨美元价值减去看跌美元价值，得出看涨—看跌美元价值净值。考虑符号，所以如果看涨美元价值小于看跌美元价值，看涨—看跌美元价值净值将带有负号。

7. 计算看涨—看跌美元价值净值（来自第6步）的累计总值。当看涨美元价值大于看跌美元价值时，该累计总值将上升，当看涨美元价值小于看跌美元价值时，它将下降。

麦柯顿看涨—看跌美元价值流向线指标策略举例

历史数据显示，看涨—看跌美元价值流向线能在多头方提供精确的信号。以1983年3月至2001年1月的18年期间标准普尔100股价指数的每周看涨和看跌期权数据以及道琼斯工业平均指数为基础，我们发现，如果不带主观性，不运用复杂技术分析，不妄断，而以纯机械式的趋势跟踪信号为基础，下列参数能产生（对于仅做多头交易）适度良好的交易结果：

多头开仓（买入）：当每周看涨—看跌美元价值流向线上穿其每周看涨—看跌美元价值流向线的上周跟踪114周指数移动平均线时，以道琼斯工业平均指数当周收盘价买入。

多头平仓（卖出）：当每周看涨—看跌美元价值流向线下穿其每周看涨—看跌美元价值流向线的上周跟踪114周指数移动平均线时，以道琼斯工业平均指数当周收盘价卖出。

空头开仓（卖出空头）：从不操作。

运用该看涨—看跌美元价值流向线策略，以100美元开始投资并将利润再投资，假如充分运用该投资策略进行利润再投资操作，无交易成本和税收，净利润总额将达到832.45美元，这比买入并持有策略低12.94%。空头卖出交易不包括在本策略中，它会使净利润减少2.69%，这种仅做多头交易看涨—看跌美元价值流向线在整个期间给出的3次信号全部为盈利性买入信号。交易不活跃，平均每2,963.67个日历日交易一次。

在Equis国际公司MetaStock©系统中，看涨—看跌美元价值流向线被插入在通常预留给成交量的字段中，其测试规则书写如下：

多头开仓：V>Ref(Mov(V,opt1,E),-1)
多头平仓：V<Ref(Mov(V,opt1,E),-1)
空头开仓：V<Ref(Mov(V,opt1,E),-1)
空头平仓：V>Ref(Mov(V,opt1,E),-1)
OPT1 当前值：114

第二部分　市场技术指标

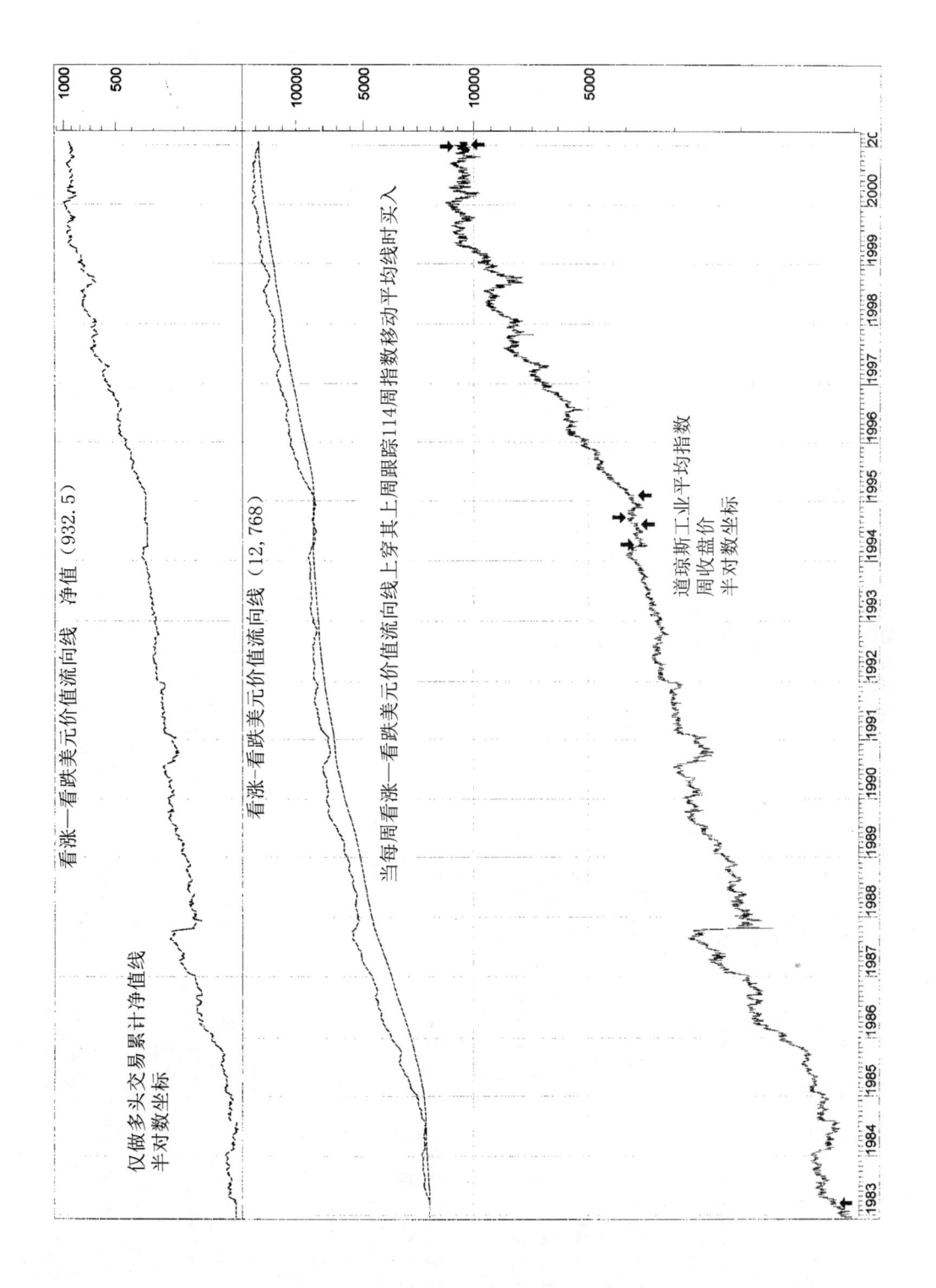

看涨—看跌美元价值流向线

净利润总额	832.45	未平仓头寸价值	11.77	超额净利润比率%	-12.94
盈亏百分比	832.45	年均盈亏百分比	34.17	年均超额净利润比率%	-12.94
初始投资	100	利息收入	0		
当前头寸	多头	头寸建立日期	1/12/01		
买入并持有利润总额	956.18	测试总天数	8891	平均每笔交易天数	2963.67
买入并持有利润率%	956.18	年均买入并持有利润率%	39.25		
已平仓交易总额	3	佣金支付总额	0		
每笔交易盈利平均利润	273.56	平均盈利与平均亏损比率	无		
多头交易总数	3	多头交易中盈利交易占比	0	多头交易中盈利交易占比%	100.00
盈利多头交易数	3	空头交易中盈利交易占比	0	空头交易中盈利交易占比%	100.00
盈利交易总数	3	亏损交易总数	0	交易总数中盈利交易金额占比%	100.00
盈利交易总金额	820.68	亏损交易总金额	0	交易总额中净平均盈利占比%	#
平均盈利	273.56	平均亏损	无	平均盈亏合计中净盈利占比%	#
最大盈利	585.4	最大亏损	0	最大盈亏合计中净盈利占比%	#
盈利交易平均持仓期数	298.33	亏损交易平均持仓期数	无	盈亏持仓期数差占平均持仓期数比例%	#
盈利交易最长持仓期数	579	亏损交易最长持仓期数	0	最长盈亏持仓期数差占最长亏损持仓期数比%	#
盈利连续盈利次数	3	最大连续亏损次数	0	最长盈亏期数差占连续亏损期数比例%	#
空仓总期数	380	平均空仓期数	95		
最长空仓期数	339				
系统平仓回撤	0	盈亏比指数	100	净利润与系统未平仓回撤之比%	30161.23
系统未平仓回撤	-2.76	风险回报指数	99.67	净利润同系统未平仓回撤之差与净利润之比%	99.67
最大未平仓交易回撤	-2.76	买入并持有指数	-11.71	系统未平仓回撤与净利润之比%	-0.33

在Equis公司Metastock©系统报告"盈亏概览统计"中,净利润总额等于利润合计减去亏损合计,包括按市值计价的未平仓头寸。相对地,盈利平仓交易总金额是指已实现利润合计(仅包括已平仓交易所获利润总额,不包括任何未平仓头寸)。同样,亏损交易总金额是指已实现亏损合计(仅包括已平仓交易所有亏损总额,不包括任何未平仓头寸)。系统平仓回撤是指仅基于已平仓头寸净值线低于初始投资的最大降幅,系统未平仓回撤(SODD)是指头寸平仓时计算净值线低于初始投资的最大降幅。最大未平仓交易回撤是指将盈利交易与亏损交易总金额联系在一起的一个复杂计算结果,值的范围位于-100(最差可能表现)与+100(最好可能表现)之间,0值代表盈亏相等,盈亏比指数是关于盈亏总金额减去系统未平仓回撤的差再除以净利润总额。在本次演练交易中,初始投资假设为100美元,多头交易和空头交易都进行,除非另有说明,交易按信号出现当日收盘价格执行。统计分析中不包括交易成本,利息费用和利润。

看涨—看跌美元价值比率

看涨—看跌美元价值比率是由罗伯特·B. 麦柯顿创立的一个情绪摆动指标。它可以使用每日或每周数据计算，可以将该比率的显示范围调整为在 0 至 200 区间围绕 100 上下摆动。

计算时，对该看涨—看跌美元价值比率进行标准化并调整显示范围，从看涨—看跌美元价值流向线的第 1 至第 6 步开始。

7. 用看涨美元价值减去看跌美元价值的净差值除以看涨美元价值加上看跌美元价值的和。

8. 用第 7 步的比率乘以 100，得出相对于看涨加看跌美元价值总和的看涨—看跌美元价值净值百分比。

9. 用第 8 步的结果加上常数 100（以调整显示范围）。

10. 计算第 9 步中每周总和的 3 期指数移动平均线。

11. 绘制该 3 期指数移动平均线。

麦柯顿看涨—看跌美元价值比率指标策略举例

历史数据显示，看涨—看跌美元价值比率在多头和空头方都是有效信号，尤其是在多头一方。以 1984 年 1 月至 2001 年 1 月的 17 年期间标准普尔 100 股价指数的每周看涨和看跌期权数据以及道琼斯工业平均指数为基础，我们发现，如果不带主观性，不运用复杂技术分析，不妄断，而以纯机械式的趋势跟踪信号为基础，下列参数能产生非常好的交易结果：

多头开仓（买入）：当每周总和（来自第 10 步）的 3 期指数移动平均线从 60 下方上升到 60 上方时，以道琼斯工业平均指数当周收盘价买入。

多头平仓（卖出）：当每周总和（来自第 10 步）的 3 期指数移动平均线从 61 上方下降到 61 下方时，以道琼斯工业平均指数当周收盘价卖出。

空头开仓（卖出空头）：当每周总和（来自第 10 步）的 3 期指数移动平均线从 61 上方下降到 61 下方时，以道琼斯工业平均指数当周收盘价卖出空头。

空头平仓（平仓）：当每周总和（来自第 10 步）的 3 期指数移动平均线从 52 下方上升到 52 上方时，以道琼斯工业平均指数当周收盘价平仓空头。

运用该看涨—看跌美元价值比率策略，以 100 美元开始投资并将利润再投资，假如充分运用该投资策略进行利润再投资操作，无交易成本和税收，净利润总额将达到 1469.11 美元，这比买入并持有策略高出 101.65%。空头卖出交易包括在本策略中，它从 1990 年 10 月后是亏钱的，但在整个 17 年期间是盈利的。这种多空交易看涨—看跌美元价值比率在整个期间给出的盈利性信号占 60.98%。交易更活跃但仍旧适中，平均每 151.98 个日历日交易一次。

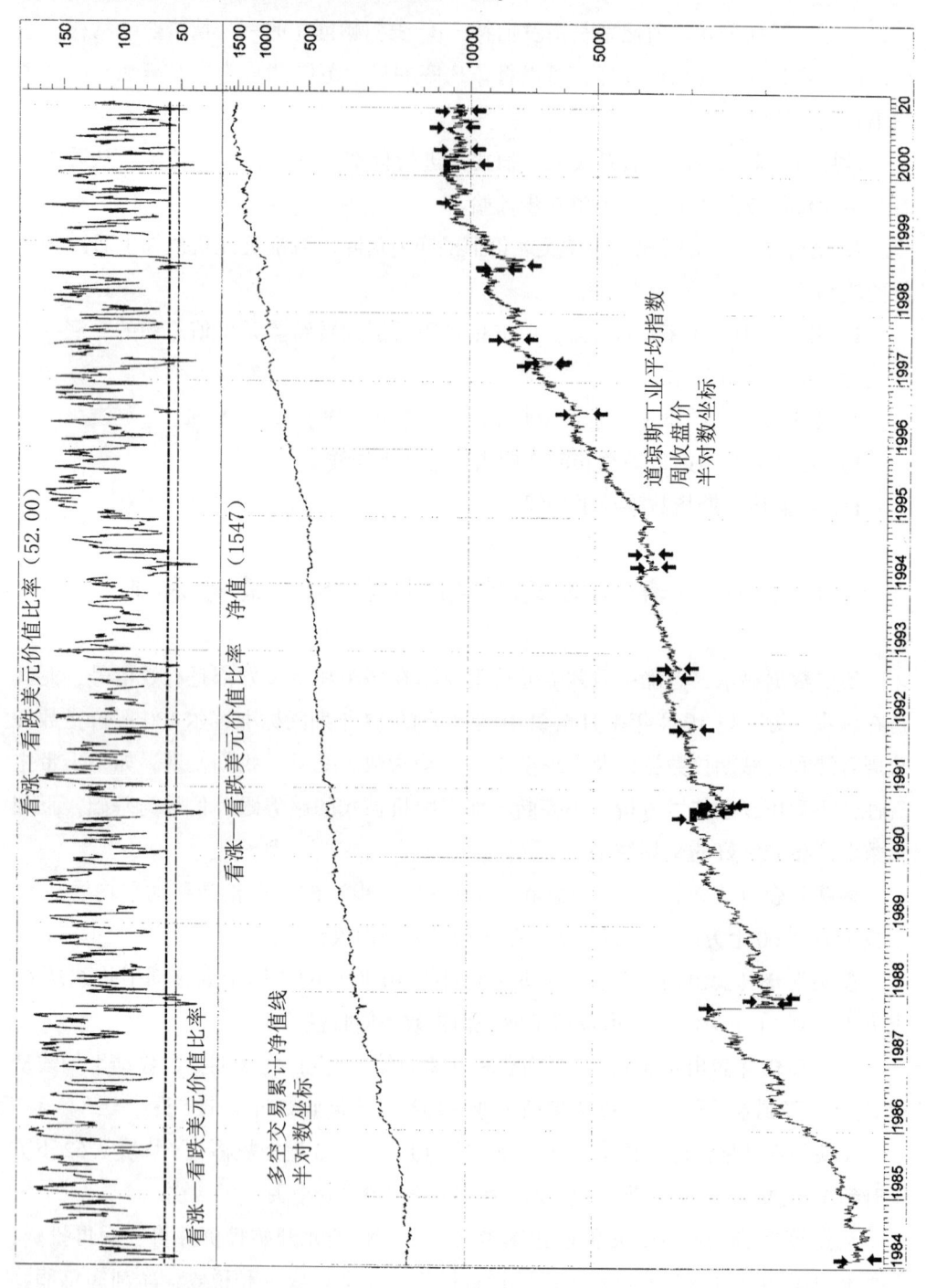

看涨-看跌美元价值比率

净利润总额	1469.11	超额净利润比率%	3.59	未平仓头寸价值	101.65
盈亏百分比	1469.11	年均超额净利润比率%	86.06	未平仓头寸价值	101.65
初始投资	100	利息收入	0	年均超额净利润比率%	101.64
当前头寸	多头	头寸建立日期	12/22/00		
买入并持有利润总额	728.54	测试总天数	6231	平均每笔交易天数	151.98
买入并持有利润率%	728.54	年均买入并持有利润率%	42.68		
已平仓支付总额	41	佣金支付总额	0		
每笔交易平均利润	35.74	平均盈利与平均亏损比率	3.53		
多头交易总数	20	空头交易总数	21	多头交易中盈利交易占比%	60.00
盈利多头交易数	12	盈利空头交易数	13	空头交易中盈利交易占比%	61.90
盈利交易总数	25	亏损交易总数	16	交易总数中盈利交易占比%	60.98
盈利交易总金额	1790.02	亏损交易总金额	−324.51	交易总金额中盈利交易占比%	69.31
平均盈利	71.6	平均亏损	−20.28	平均盈利总额中净平均盈利占比%	55.86
最大盈利	370.79	最大亏损	−63.08	最大盈亏合计中净盈利占比%	70.92
盈利交易平均持仓期数	34.4	亏损交易平均持仓期数	3.56	盈亏持仓期数差占亏损持仓期数比例%	866.29
盈利交易最长持仓期数	191	亏损交易最长持仓期数	13	最长盈亏持仓期数差占最长亏损持期数比例%	1369.23
最大连续盈利次数	7	最大连续亏损期数	3	最大连续盈亏期数差占连续亏损期数比例%	133.33
空仓总期数	14	平均空仓期数	2.8		
最长空仓期数	6				
系统平仓回撤	0	盈亏比指数	81.91	净利润与系统平仓回撤之比	25505.38
系统未平仓回撤	−5.76	风险回报指数	99.61	净利润同系统未平仓回撤之差与净利润之比	99.61
最大未平仓交易回撤	−128.18	买入并持有指数	102.14	系统未平仓回撤与净利润之比%	−0.39

在 Equis 公司 Metastock© "系统报告"(盈亏概览统计)中,净利润总额等于利润合计减去亏损合计,包括按市值计价的未平仓头寸。相对地,盈利交易总金额是指已实现利润合计(仅包括任何已平仓头寸),不包括任何未平仓头寸。同样,亏损交易总金额是指已实现亏损合计(仅包括已平仓头寸所有交易总亏损金额,不包括任何未平仓头寸)。系统平仓回撤是指系统平仓时已将盈亏总金额与初始投资净值线低于初始投资净值线相比的最大降幅,系统未平仓时未平仓头寸未平仓时未计累计净利润和平仓时可能表现)+100(最好可能表现),0 值代表盈亏相等,风险回报指数是指数数平仓时可能表衡。盈亏比指数是有关于净利润总额的一起加上累计算结果,值的范围位于−100(最差可能表现)+100(最好可能表现),0 值代表盈亏相等,风险回报指数是净利润与净利润总额减去系统未平仓回撤之间的差与净利润总额的差再除以净利润总额。本次演练交易中,初始投资假设为 100 美元。多头交易和空头交易都进行,除非另有说明。交易按信号出现当天收盘价格执行,统计分析中不包括交易成本、利息费用和利润。

在 Equis 国际公司 MetaStock© 系统中，看涨—看跌美元价值比率被插入在通常预留给成交量的字段中，其测试规则书写如下：

多头开仓：Ref(Mov(V,opt1,E),-1)<opt2 AND Mov(V,opt1,E)>opt2
多头平仓：Ref(Mov(V,opt1,E),-1)>opt3 AND Mov(V,opt1,E)<opt3
空头开仓：Ref(Mov(V,opt1,E),-1)>opt4 AND Mov(V,opt1,E)<opt4
空头平仓：Ref(Mov(V,opt1,E),-1)<opt5 AND Mov(V,opt1,E)>opt5

OPT1 当前值：3
OPT2 当前值：60
OPT3 当前值：61
OPT4 当前值：61
OPT5 当前值：52

看涨—看跌期权费比率

看涨—看跌期权费比率是一个情绪摆动指标，它通常使用每日数据计算，尽管可以使用每周数据。

可以标准化该比率，并且可以通过下列七个步骤将该比率的显示范围调整为在 0 至 200 区间围绕 100 上下摆动：

1. 使用期权清算公司的股票期权合约平均期权费合计，用看涨期权费减去看跌期权费。

2. 用看涨期权费加上看跌期权费。

3. 用来自第 1 步的差除以来自第 2 步的和。

4. 用第 3 步的比率乘以 100，得出相对于看涨加看跌期权费总和的看涨减看跌期权费净值百分比。

5. 用来自第 4 步的百分比加上常数 100（以调整显示范围）。

6. 计算第 5 步中调整过范围的新比率的 5 期指数移动平均线。

7. 绘制该 5 期指数移动平均线。

机构投资者可通过 UST 证券公司（新泽西州普林斯顿市沃恩大道 5 号，区号 5209，邮编 08543—5209，电话（201）734—7747）获得该指标的历史数据。

看涨—看跌期权费比率指标策略举例

看涨—看跌期权费比率在多头和空头方都是有效信号，尤其是在多头一方。以1981年4月至2001年1月的20年期间期权清算公司的股票期权合约平均期权费合计的每周看涨和看跌期权费数据以及道琼斯工业平均指数为基础，我们发现，如果不带主观性，不运用复杂技术分析，不妄断，而以纯机械式的趋势跟踪信号为基础，下列参数能产生良好的交易结果。

多头开仓（买入）：当每周看涨—看跌期权费比率的5期指数移动平均线从80下方上升到80上方时，以道琼斯工业平均指数当周收盘价买入。

多头平仓（卖出）：当每周看涨—看跌期权费比率的5期指数移动平均线从80上方下降到80下方时，以道琼斯工业平均指数当周收盘价卖出。

空头开仓（卖出空头）：当每周看涨—看跌期权费比率的5期指数移动平均线从80上方下降到80下方时，以道琼斯工业平均指数当周收盘价卖出空头。

空头平仓（平仓）：当每周看涨—看跌期权费比率的5期指数移动平均线从80下方上升到80上方时，以道琼斯工业平均指数当周收盘价平仓空头。

运用该看涨—看跌期权费比率策略，以100美元开始投资并将利润再投资，假如充分运用该投资策略进行利润再投资操作，无交易成本和税收，净利润总额将达到1307.40美元，这比买入并持有策略高出41.17%，即使空头卖出交易也是轻微盈利的且包括在本策略中。这种多空交易看涨—看跌期权费比率在整个期间给出的盈利性信号占58.33%，交易不活跃，平均每596.25个日历日交易一次。

在Equis国际公司MetaStock©系统中，平滑看涨—看跌期权费比率被插入在通常预留给成交量的字段中，其测试规则书写如下：

多头开仓：Ref(Mov(V,opt1,E),-1)<opt2 AND Mov(V,opt1,E)>opt2

多头平仓：Ref(Mov(V,opt1,E),-1)>opt3 AND Mov(V,opt1,E)<opt3

空头开仓：Ref(Mov(V,opt1,E),-1)>opt4 AND Mov(V,opt1,E)<opt4

空头平仓：Ref(Mov(V,opt1,E),-1)<opt5 AND Mov(V,opt1,E)>opt5

OPT1 当前值：5

OPT2 当前值：80

OPT3 当前值：80

OPT4 当前值：80

OPT5 当前值：80

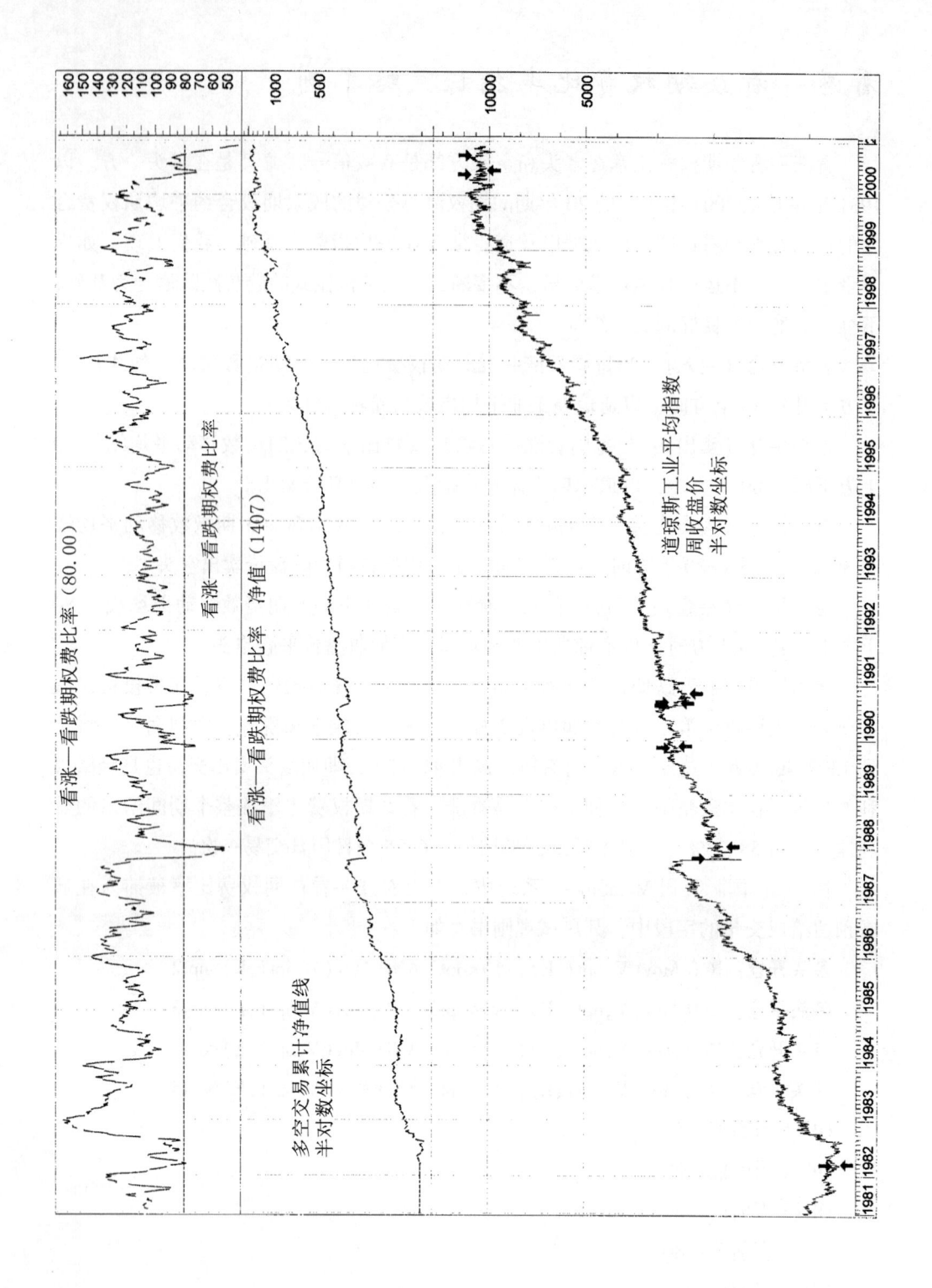

看涨—看跌期权费比率

净利润总额	1307.4	超额净利润总额	23.48	超额净利润比率%	41.17
盈亏百分比	1307.4	年均盈亏百分比	66.69	年均超额净利润比率%	41.17
初始投资	100	利息收入	0		
当前头寸	空头	头寸建立日期	9/29/00		
买人并持有利润总额	926.09	测试总天数	7155	平均每笔交易天数	596.25
买人并持有利润率%	926.09	年均买入并持有利润率%	47.24		
已平仓交易总数	12	佣金支付总额	0		
每笔交易平均利润	106.99	平均盈利与平均亏损比率	21.66		
多头交易总数	6	空头交易总数	6	多头交易中盈利交易占比%	66.67
盈利多头交易数	4	空头交易盈利数	3	空头交易中盈利交易占比%	50.00
盈利交易总数	7	亏损交易总数	5	交易总数中盈利交易占比%	58.33
盈利交易总金额	1327.71	亏损交易总金额	-43.78	交易总金额中净盈利金额占比%	93.62
平均盈利	189.67	平均亏损	-8.76	平均盈利总额中净平均盈利占比%	91.17
最大盈利	1022.69	最大亏损	-18.1	最大盈利合计持仓期数比例%	96.52
盈利交易平均持仓期数	132.71	亏损交易平均持仓期数	10	盈亏持仓期数差占亏损持仓期数比例%	127.10
盈利交易最长持仓期数	498	亏损交易最长持仓期数	40	最长盈亏持仓期数差与最长连续亏损期数比%	1145.00
最大连续盈利次数	4	最大连续亏损次数	4	最大连续盈亏期数差与连续亏损期数比%	0.00
空仓总期数	48	平均空仓期数	48		
最长空仓期数	48				
系统平仓回撤	-1.51	盈亏比指数	96.76	净利润与系统平仓回撤之比%	23514.39
系统未平仓回撤	-5.56	风险回报指数	99.58	净利润同系统平仓回撤之差与净利润之比%	99.57
最大未平仓交易回撤	-21.7	买人并持有指数	43.71	系统未平仓回撤与净利润之比%	-0.43

在 Equis 公司 Metastock© " 系统报告 " （盈亏概览统计）中，净利润总额等于利润合计减去亏损合计，包括按市值计价的未平仓头寸。相对地，盈利交易总金额是指已实现利润合计（仅包括已平仓头寸）减去亏损合计，不包括任何未平仓头寸。同样，亏损交易总金额是指已实现亏损（仅包括已平仓交易）所有亏损总额，不包括任何未平仓头寸。系统平仓已平仓头寸的最大降幅。系统未平仓回撤（SODD）是指头寸未平仓时累计净值曲线低于初始投资的累计净值的最大降幅。盈亏总金额是关于将盈利交易总金额与亏损交易总金额联系在一起的一个复杂结果，值的范围位于-100（最坏可能表现）与+100（最好可能表现）之间，0值代表盈亏相等，风险回报指数是盈亏净利润总额减去系统未平仓回撤以净利润总额，在本次演练交易中，初始投资假设为100美元。多头交易和空头交易都进行，除非另有说明。交易按信号出现当天收盘价格执行，统计分析中不包括交易成本、利息费用和利润。

看涨—看跌期权成交量比率

看涨—看跌期权成交量比率，另一个情绪摆动指标，是流行的期权涨跌比率的逆向指标。看涨期权和看跌期权成交量统计由芝加哥期权交易所（CBOE）报告。它可以使用每日或每周数据计算。

可以标准化该比率，并且可以通过下列五个步骤将该比率的显示范围调整为在0至200区间围绕100上下摆动。

1. 使用芝加哥期权交易所成交量数据，用看涨期权成交量减去看跌期权成交量。
2. 用看涨期权成交量加上看跌期权成交量。
3. 用来自第1步的差除以来自第2步的和。
4. 用第3步的比率乘以100，得出相对于看涨加看跌期权成交量总和的看涨减看跌期权成交量净值百分比。
5. 用来自第4步的百分比加上常数100（以调整显示范围）。

根据"反向意见理论"，当期权投机者走向极端时他们通常是错的，因此，高于平均看涨—看跌期权成交量比率的点位是看跌的，低于平均看涨—看跌期权成交量比率的点位是看涨的。因为交易者的极端情绪走向正常是要花费时间的，所以构建一个滞后3日的指标才是有利的。

看涨—看跌期权成交量比率指标策略举例

看涨—看跌期权成交量比率在多头和空头方都是有效信号，尤其是在多头一方。以芝加哥期权交易所的每日看涨和看跌期权成交量数据以及道琼斯工业平均指数为基础（从1978年1月到2001年1月的23年），我们发现，如果不带主观性，不运用复杂技术分析，不妄断，而以纯机械式的趋势跟踪信号为基础，下列参数能产生良好的交易结果。

多头开仓（买入）：当看涨—看跌期权成交量比率（三个交易日之前的）小于当前每日看涨—看跌期权成交量比率的88日指数移动平均线时，以道琼斯工业平均指数当日收盘价买入，这意味着相对低的看涨期权成交量。

多头平仓（卖出）：当看涨—看跌期权成交量比率（三个交易日之前的）大于当前

每日看涨—看跌期权成交量比率的 88 日指数移动平均线时，以道琼斯工业平均指数当日收盘价卖出，这意味着相对高的看涨期权成交量。

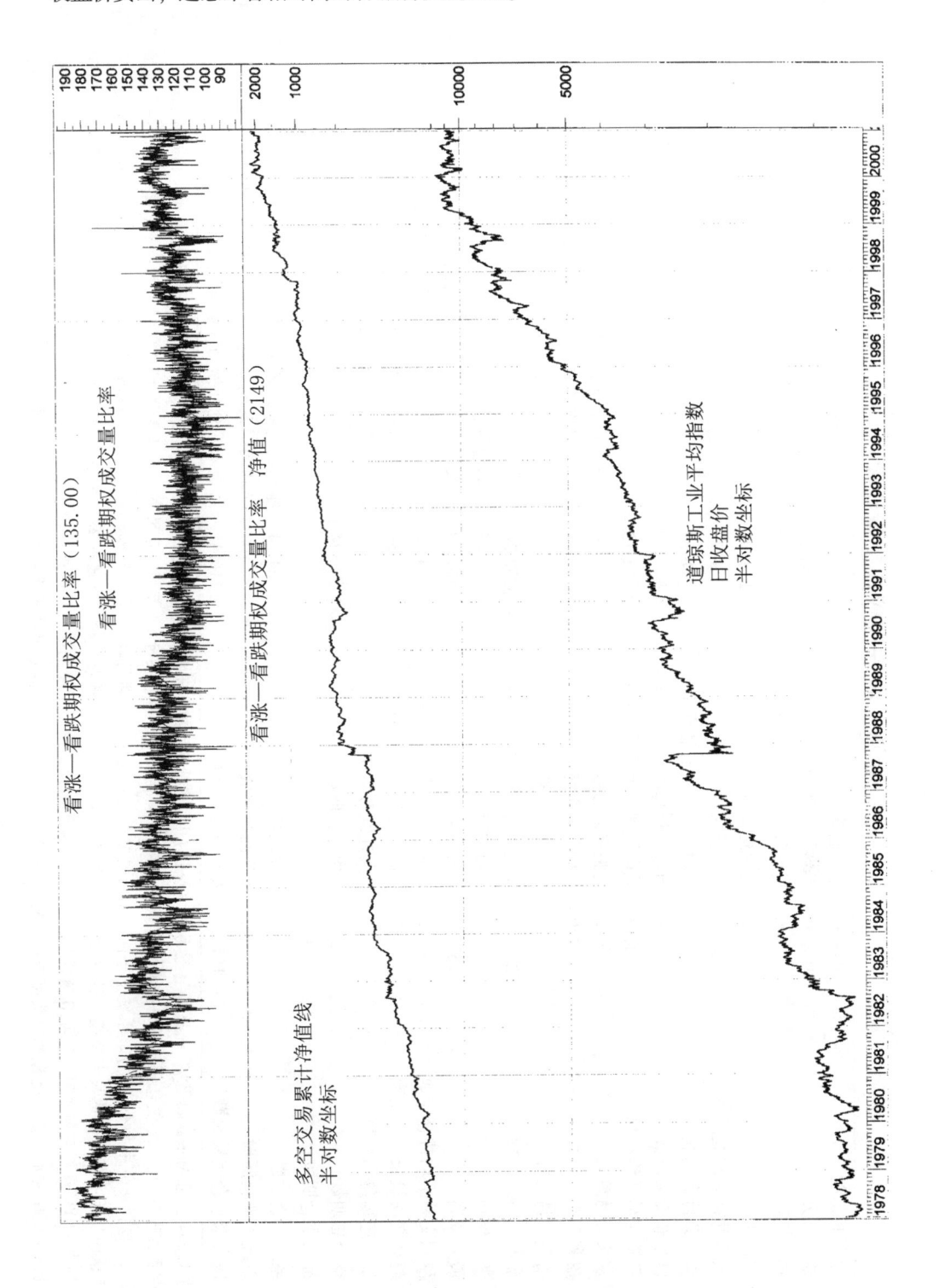

看涨—看跌期权成交量比率

净利润总额	2048.64	未平仓头寸价值	0
盈亏百分比	2048.64	年均盈亏百分比	84.24
初始投资	100	利息收入	0
当前头寸	空头	头寸建立日期	1/8/01
买入并持有利润总额	946.66	测试总天数	8876
买入并持有利润率%	946.66	年均买入并持有利润率%	38.93
已平仓交易总数	1820	佣金支付总额	0
每笔交易平均利润	1.13	平均盈利与平均亏损比率	1.13
多头交易总数	910	空头交易总数	910
盈利多头交易数	529	盈利空头交易数	454
盈利交易总数	983	亏损交易总数	837
亏损交易总金额	8281.02	盈利交易总金额	-6232.38
平均盈利	8.42	平均亏损	-7.45
最大盈利	163.02	最大亏损	-167.89
盈利交易平均持仓期数	4.12	亏损交易平均持仓期数	4.28
盈利交易最长持仓期数	42	亏损交易最长持仓期数	30
最大连续盈利次数	11	最大连续亏损次数	7
空仓总期数	324	平均空仓期数	324
最长空仓期数	324		
系统平仓回撤	0	盈亏比指数	24.74
系统未平仓回撤	0	风险回报指数	100
最大未平仓交易回撤	-167.89	买入并持有指数	116.41

		超额净利润比率%	116.41
		年均超额净利润比率%	116.39
		平均每笔交易天数	4.88
		多头交易中盈利交易占比	58.13
		空头交易中盈利交易占比	49.89
		交易总数中盈利交易占比	54.01
		交易总金额中净盈利金额占比	14.12
		平均盈亏总额中净平均盈利占比	6.11
		最大盈亏合计中净盈利占比	-1.47
		盈亏持仓期数差占亏损持仓期数比例	-3.74
		最长盈亏持仓期数差占最长持仓期数比例	40.00
		最大连续盈亏期数差占连续亏损期数比例	57.14
		净利润与系统未平仓回撤之比	#
		净利润同系统未平仓回撤之差与净利润之比%	100.00
		系统未平仓回撤与净利润之比%	0.00

在 Equis 公司 Metastock© 系统报告 "(盈亏概览统计)中，净利润总额等于利润合计减去亏损合计，包括按市值计价的未平仓头寸 (仅包括任何未平仓头寸)。相对地，盈亏比率是指已实现利润合计 (仅包括任何未平仓头寸)。相对地，盈亏比率是指已实现利润合计 (仅包括已平仓交易) 所有获利润，不包括任何未平仓头寸。同样，亏损交易总金额仅指已实现亏损合计 (仅包括已平仓交易) 所有亏损总额，不包括任何未平仓头寸。系统平仓回撤是指基于已平仓头寸的累计净投资的最大降幅。系统未平仓 (SODD) 是指未平仓时累计净值线低于初始投资的最大降幅。系统未平仓时累计净值线低于初始投资的最大降幅。盈亏比指数是关于将盈利交易总金额与亏损交易总金额联系在一起的一个复杂计算结果，值的范围位于-100 (最差可能表现) 与+100 (最好可能表现) 之间，0 值代表盈亏相等，风险回报指数等于净利润减去净利润总额以净利润总额。在本次演算交易中，初始投资假设为 100 美元。多头交易和空头交易都进行，除非另有说明。交易按信号出现当天收盘价格执行，统计分析中不包括交易成本、利息费用和利润。

— 132 —

空头开仓（卖出空头）：当看涨—看跌期权成交量比率（三个交易日之前的）大于当前每日看涨—看跌期权成交量比率的 88 日指数移动平均线时，以道琼斯工业平均指数当日收盘价卖出空头，这意味着相对高的看涨期权成交量。

空头平仓（平仓）：当看涨—看跌期权成交量比率（三个交易日之前的）小于当前每日看涨—看跌期权成交量比率的 88 日指数移动平均线，因此意味着相对低的看涨期权成交量时，以道琼斯工业平均指数当日收盘价平仓空头。

运用该看涨—看跌期权成交量比率反向策略，以 100 美元开始投资并将利润再投资，假如充分运用该投资策略进行利润再投资操作，无交易成本和税收，净利润总额将达到 2048.64 美元，这比买入并持有策略高出 116.41%，即使空头卖出交易也是轻微盈利的且包括在本策略中。这种多空交易看涨—看跌期权成交量比率在整个期间给出的盈利性信号占 54.01%，交易极度活跃，平均每 4.88 个日历日就交易一次。

在 Equis 国际公司 MetaStock© 系统中，平滑看涨—看跌期权成交量比率被插入在通常预留给成交量的字段中，其测试规则书写如下：

多头开仓：Ref(Mov(V,opt1,E),-opt3) > Ref(Mov(V,opt2,E),-opt4)

多头平仓：Ref(Mov(V,opt1,E),-opt3) > Ref(Mov(V,opt2,E),-opt5)

空头开仓：Ref(Mov(V,opt1,E),-opt3) > Ref(Mov(V,opt2,E),-opt5)

空头平仓：Ref(Mov(V,opt1,E),-opt3) > Ref(Mov(V,opt2,E),-opt4)

OPT1 当前值：88

OPT2 当前值：1

OPT3 当前值：0

OPT4 当前值：3

OPT5 当前值：3

蔡金的资金流指标

参见"成交量加速摆动指标，成交量加速趋势"。

钱德动量摆动指标（CMO）

钱德动量摆动指标（CMO）是一个价格动量摆动指标，在计算方法上与RSI（相对强弱指标）密切相关：CMO的分子既使用上涨天数也使用下跌天数，对非平滑数据进行计算，所以比率是平滑过的。相对于RSI限定于100至0之间的显示范围，CMO指标显示范围限定于+100与-100之间，默认的超买/超卖临界值为+50/-50。像其他摆动指标一样，CMO可以用多种方式解释。CMO是由图莎尔·钱德和斯坦利·克罗尔提出的（《新技术交易者》，约翰·威利父子出版公司，纽约，1994，共256页）。

CMO指标策略举例

CMO产生的结果似乎类似于RSI。即使朴素的测试假设中也表明，CMO作为纯机械式的逆势技术指标，使用-50作为买入信号及+50作为卖出信号，具有某种客观的价值。大多数超卖买入信号是盈利的，尽管胜率低于RSI。此外，这些买入信号是稳健的，从1天到31天的所有CMO长度都是盈利的，大部分时间都正确（仅限于多头交易）。

高百分比的盈利交易看起来很诱人，然而重要的是要注意到，CMO（同其他反趋势策略一样）在1987年的股灾、1998年的下跌和其他主要的市场价格下跌中未能提供任何保护。如图中所显示，存在急剧的净值回撤。使用CMO逆势超卖和超买信号，对于仅做多头交易会跑输消极的买入并持有策略，而空头卖出交易是不盈利的。

以1982年4月21日至2000年12月8日间的18年期间标准普尔500综合股价指数期货CSI永久合约的全部历史上每日数据文件为基础，数据从网站www.csidata.com收集，我们发现，如果不带主观性，不运用复杂技术分析，不妄断，而以纯机械式超买/超卖信号为基础，下列参数能产生良好的交易结果。

多头开仓（买入）：当5日CMO小于-50时，以标准普尔500综合股价指数期货CSI永久合约当日收盘价买入。

多头平仓（卖出）：当5日CMO大于+50时，以标准普尔500综合股价指数期货CSI永久合约当日收盘价卖出。

第二部分 市场技术指标

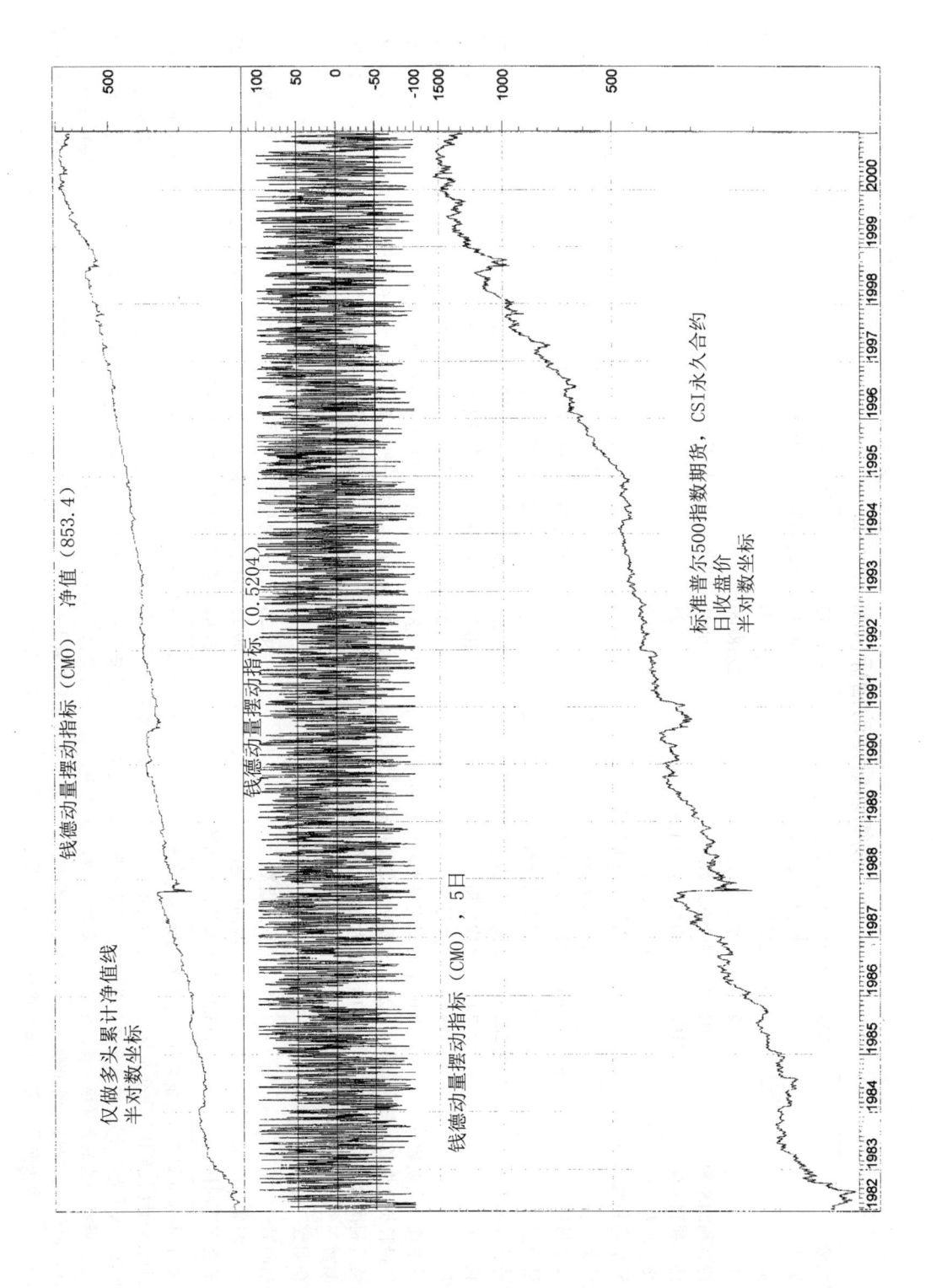

钱德动量摆动指标（CMO），5 日

净利润总额	753.39	未平仓头寸价值	
盈亏百分比	753.39	年均盈亏百分比	- 12.73
初始投资	100	超额净利润比率%	- 26.67
当前头寸	多头	年均超额净利润比率%	- 26.68
买入并持有利润总额	1027.4	头寸建立日期	
买入并持有利润率%	1027.4	利息收入	0
已平仓交易总额	213	测试总天数	12/18/00
每笔交易平均利润	3.6	佣金支付总额	6821
多头交易总数	213	平均每笔交易天数	32.02
盈利多头交易数	165	平均盈利与平均亏损比率	0.74
盈利交易总数	165	空头交易总数	0
盈利交易总金额	1262.88	多头交易中盈利交易占比%	77.46
平均盈利	7.65	空头交易中盈利交易占比%	#
最大盈利	38.09	交易总数中盈利交易占比%	77.46
盈利交易平均持仓期数	8.01	交易总金额中净盈利金额占比	43.54
盈利交易最长持仓期数	25	平均盈亏总额中净平均盈利占比%	- 10.35
最大连续盈利次数	15	最大盈亏合计中净盈利占比	- 15.00
空仓总期数	2968	盈亏持仓期数差占最长持仓期数比例%	- 29.00
平均空仓期数	51	最长盈亏持仓期数差占连续盈亏期数比例%	55.08
最长空仓回撤		最大连续盈亏期数差占连续盈亏期数比例%	- 41.86
系统平仓回撤	- 2.55	盈亏比指数	60.26
系统未平仓回撤	- 5.52	风险回报指数	99.27
最大未平仓交易回撤	- 113.21	买入并持有指数	- 27.91
		净利润与系统平仓回撤之比	13648.37
		净利润同系统未平仓回撤之比	99.27
		系统未平仓回撤与净利润之比	- 0.73
			275.00

在 Equis 公司 Metastock© "系统报告"（盈亏概览统计）中，净利润总额等于利润合计减去亏损合计（仅包括已平仓头寸）。同样，亏损交易总金额是指已实现亏损合计（仅包括已平仓头寸）。相对地，盈利交易总金额是指已实现利润合计（仅包括任何未平仓头寸，不包括任何未平仓头寸）。系统平仓回撤是指基于已平仓头寸净值被线低于初始投资的最大降幅，系统未平仓回撤（SODD）是指头寸未平仓时累计净值线低于初始投资的最大表现的最大降幅，而最好表现的一个复杂计算结果，值的范围位于-100（最差可能表现）与+100（最好可能表现）之间，0值代表盈亏相等。风险回报指数等于净利润总额减去系统未平仓回撤总额，再除以系统未平仓回撤总额。在本次演练交易中，初始投资假设为100美元。多头交易和空头交易都进行，交易按信号价格执行，统计分析中不包括交易成本、利息费用利润。

空头开仓（卖出空头）：从不操作。

运用该 CMO 逆势交易策略，以 100 美元开始投资并将利润再投资，假如充分运用该投资策略进行利润再投资操作，无交易成本和税收，净利润总额将达到 753.39 美元，这比买入并持有策略低 26.68%。空头卖出都是不盈利的，且空头卖出不包括在本策略中，空头卖出交易会将利润减少一半。仅做多头交易的 CMO 作为指标在整个期间给出的盈利性买入信号占 77.46%，交易相对不活跃，平均每 32.02 个日历日交易一次。

Equis 国际公司 MetaStock© 系统测试规则书写如下：

多头开仓：CMO（C，opt1）<-50

多头平仓：CMO（C，opt1）>+50

OPT1 当前值：5

统计显著性卡方检验

根据特许市场技术分析师阿瑟·A. 梅里尔的观点，卡方检验告诉我们指标的可靠性有多大，他有数十年作为专业统计师和技术分析师的经验。卡方检验是一种标准的统计检验，用于确定数据展现的形态是否可能是偶然产生的。对于一个简单的双向检验（只有两种可能结果，比如正确或错误），带有耶茨校正的卡方检验公式是：

$$(((| a1-e1 | -0.5)^2)/e1) + (((| a2-e2 | -0.5)^2)/e2)$$

其中

| … | = 里面表达式的绝对值，也就是不考虑符号

a1 = 结果 1 的实际观测频率

e1 = 结果 1 的预期或理论频率

a2 = 结果 2 的实际观测频率

e2 = 结果 2 的预期或理论频率

梅里尔提供了一个以 1952 至 1983 年 31 年期间全部交易日为基础的实际例子。实际观测到的市场上涨时的星期一的数量是 669 个，实际观测到的市场下跌时的星期一的数量是 865 个，全部星期一的总数是 1534 个。由于全部交易日的 52.1% 在该时期是上涨的，上涨星期一的预期频率将是全部星期一的总数乘以该预期频率，即 1534 乘以 52.1%，得 799。下跌星期一的预期频率将是全部星期一

的总数 1534 乘以 47.9%（即 100% 减去 52.1%），得 735。这是我们需要插入到上述卡方公式的全部数据：

$$(((| a1-e1 | -0.5)^2)e1)+(((| a2-e2 | -0.5)^2)/e2) =$$
$$(((| 669-799 | -0.5)^2)/799)+(((| 865-735 | -0.5)^2)/735) =$$
$$((129.5^2)/799)+((129.5^2)/735) =$$
$$(16770.25/799)+(16770.25/735) = 20.99+22.82 = 43.81$$

卡方检验结果为 43.81，在 99.9% 置信水平上是高度显著的，也就是说，实际观测结果只是由于随机原因的概率小于千分之一。

一般来说，卡方检验结果被解释如下：

从零到 3.84（包括 3.84）的卡方检验结果是不显著的，也就是说，实际观测结果只是由于随机原因的概率至少为二十分之一。

高于 3.84 的卡方检验结果，在 95% 置信水平上可能是显著的，也就是说，实际观测结果只是由于随机原因的概率小于二十分之一。

高于 6.64 的卡方检验结果，在 99% 置信水平上是显著的，也就是说，实际观测结果只是由于随机原因的概率小于百分之一。

高于 10.83 的卡方检验结果，在 99.9% 置信水平上是高度显著的，也就是说，实际观测结果只是由于随机原因的概率小于千分之一。

一般来说，用交叉表可以识别变量之间的关系，皮尔森卡方检验是确定变量之间关系的最常用的显著性检验。基本上，我们观察实际结果，并将它们与预期频率进行比较，假设变量之间没有关系。

作为一项简单二项试验的一个小例子，假设我们抛掷一枚均匀的硬币来预测股票市场的方向。既然该朴素预测与任何实际结果之间可能没有关系，那么我们预计正确预测和不正确预测的数量大致相同。用另一句话说，随着我们增加样本数量，实际观测结果和预期结果之间的差异应该接近零（当预期结果为 50/50 时，卡方减小到实际观测头数与实际观测尾数之差的平方，然后再除以实际观测头数与实际观测尾数之和）。

我们接下来测试一个实际技术指标，如果该指标有些实际价值，那么实际观测结果和预期结果之间的差异应该是显著的。实际观测结果会偏离朴素预测期望的 50/50 形态，按照实际观测结果与预期结果同相等的正确预测数量与和错误预测数量的偏离程度，统计显著性同比例增加。

卡方检验取决于观测的总数量。随着观测数量的增加，实际观测频率与预期形态之间的偏差相对较小。另一方面，当预期的单元频率下降到 5 以下时，概率不能以足够的精度进行估计。对于预期频率小于 10 的小样本，通过使用耶茨校正，在求平方之前将预期频率和观测频率之差的绝对值减小 0.5，可以提高精确性。

熔断，每日价格限制，停牌，交易限制

对 1987 年 10 月 19 日股市崩盘 23%做出反应，美国证券交易委员会（SEC）实施了熔断制度或交易限制，旨在限制单日股票市场价格的最大跌幅。这些限制抑制了价格的阶段性下跌，首先限制了纽约证券交易所（NYSE）的程序交易，如果继续下跌，那么最终暂停所有美国股票、期权和期货交易活动。这些限制的目的是控制任何一天内可能出现的情绪化恐慌，给投资者时间来冷静地评估形势，熔断并不能阻止价格在超过一天的时期下跌超过 30%。

纽交所 80A 规则规定，当道琼斯工业平均指数（DJIA）从前一天的收盘价上涨或下跌 2%时，标准普尔 500 指数股票的股指套利指令必须是稳定的；也即是，在弱市中高卖（高报价卖出指令），在强市中低买（低报价买入指令），2%值要在每季度开始时基于上季度 DJIA 平均点位重新设置。

此外，纽交所会在下跌 10%、20%和 30%处宣布停牌。如果 DJIA 在下午 2：00（美国东部时间）前下跌 10%，停牌一小时。如果 DJIA 在下午 2：00 和 2：30 之间下跌 10%，停牌三十分钟。下午 2：30 以后，对下跌 10%实际上不进行限制。如果 DJIA 在下午 1：00 前下跌 20%，停牌两小时。如果 DJIA 在下午 2：00 后下跌 20%，当天剩余时间停牌。另外，如果 DJIA 在一天的任何时间下跌 30%，当天剩余时间停牌。

当标准普尔 500 指数期货下跌 2.5%时以及期货下跌 5%时，芝加哥商业交易所（CME）施加 10 分钟停牌。更大的价格下跌停牌时间更长，如果下午 2：30（东部时间）前下跌 10%，只允许在该 10%跌停板处或上方进行期货交易。如果主要期货合约被责令限价，并且纽交所宣布停牌（由于 DJIA 下跌 10%），期货交易也将暂停。当占全部股本权重 50%的标普 500 指数基础股票重新开市时，期货交易可以恢复。如果下午 2：30（东部时间）后下跌 10%，在 102 分钟内只可以在该 10%跌停板处或上方发生期货交易。接下来，如果在 102 分钟结束时主要期货合约仍被责令限价，交易再暂停两分钟。类似的停牌在下跌 15%处有效，在下跌 20%处，当天剩余时间期货停牌。

多重技术指标组合

在组合中包括、排除和加权指标的标准应基于投资者的目标、逻辑、常识和对几十年的未见历史数据进行模拟的历史风险调整回报。此外，每一个组成指标都应分别分析和跟踪，以便技术分析师能够察觉到每个指标的行为可能发生的变化，因为随着交易环境的结构性变化，一些指标随着时间的推移已经发生了巨大变化。

存在着大量可能的技术指标组合。例如，假设我们从本书中只挑选10个指标，决定检查这些指标的所有组合，我们需要检查10的10次方个组合，或者100亿个组合。

商品期货交易趋势指标就是说明指标组合可以变得多么复杂的一个例子。该指标采用快速和慢速移动平均线交叉，用成交量和未平仓合约动量确认趋势，用交易带停损，用超买/超卖水平获利，以资金管理为基础进行清算，采用倒金字塔式交易。此外，对系统的组成部分赋予不同的权重，较长期的要素赋予较大的权重。

还有许多其他更为复杂的组合指标系统，而且指标组合越复杂，最终的系统就越难理解和处理。如果不去理解组合实际上是如何运行的，用这种方式组合不同的指标是很容易的。此外，一个指标链并不比其最薄弱环节更为强大。

当我们给不同的指标分配可变权重时，可组合的数量迅速增长。交易员和数学家威廉·埃克哈特说，考虑指标间的关系分配权重往往是假设超载的。关于稳健统计的文献说明，最好的策略不是一个优化的加权方案，而是一个将每个指标赋权为1或0的系统。如果指标足够好用，可以平均赋权。如果不好，就完全排除它。对埃克哈特进行的令人振奋的采访（参见J·施瓦格《市场新秀》，1995，纽约：哈珀柯林斯出版集团，第109页，共512页）。

特许市场技术分析师阿瑟·A. 梅里尔使用另一种方法，他有数十年作为专业统计师和技术分析师的经验。梅里尔观察到，在任何给定的时间一些指标都是看涨的，而另一些则是看跌的，只看到那些能确认自己先入为主的观点的指标，是人的本性。梅里尔对这个问题的解决办法是客观地根据过去的表现来为指标赋权。首先，他用预测道琼斯工业平均指数未来1、5、13、26、52周内走势的准确性来衡量每一个指标，对较长的时期逐渐给予更大的权重，这通常能提供最精确的预测。接下来，梅里尔用正确预测数量除以预测总数量来定义准确性，他用一个自由度的统计显著性卡方检验进一步量化了准确性。梅里尔将其全部指标的这类重要数据转化为与卡方的对数成正比的权重数据，这是他自己独创的创新。最后，他用所有看涨权重的总和除以所有看涨加上所有看跌权重的总和，作为统计证据的一个完全客观的权重，他称之为技术趋势平衡。

普鲁登建议的指标组合框架

因素	单元	指标*	权重
价格	动量 范围 形式		
成交量	合计总量 上涨量/下跌量 平衡量		
时间	周期		
情绪	新闻 观点 投机		

*具体指标的选择基于时间框架和市场。

亨利·O. 普鲁登博士提出了一种指标组合框架，他是金门大学市场技术分析研究所的商学教授和执行董事（加利福尼亚州旧金山米申街 536 号，邮编 94105，电话 415-442-6583，传真 415-442-6579，电子信箱 hpruden@ggu.edu），《股票和商品期货技术分析》杂志（www.traders.com）提供关于他的 4 页论文《群体行为的生命周期模型》（1999）的转载。

交易商持仓报告

由于大的商业套期保值者是资金最雄厚并对市场供求最有见解的专业人士，所以他们被认为是商品期货市场中的"精明投资者"。当商业机构多头大于正常情况时，是看涨的。当空头大于正常情况时，是看跌的。大投机者通常也是对的，尽管不太多。小投机者，比如公众和股票市场中的零股交易者，通常是错的。商品期货交易委员会（CFTC）在每个月的 11 日发布交易商持仓数据，每月只有一次，而数据报告要滞后 11 天，因此，它对长期趋势背景分析要比对短期交易更有用。

商品期货通道指标（CCI）

商品期货通道指标（CCI）是由唐纳德·R. 兰伯特开发的一个价格动量指标。尽管名字中用了"商品期货"一词，CCI 同样适用于股票。从数学上，CCI 公式表示为：

$$CCI = (M-A)/(0.015 * D)$$

其中

M =（H+L+C）/3 = 某一时期的简单平均价格

H = 某一时期的最高价

L = 某一时期的最低价

C = 某一时期的收盘价

A = M 的 n 期简单移动平均值

D = 平均价格与平均价格的简单移动平均值之差（M-A）的绝对值的平均偏差

CCI 创建了一个类似于统计标准得分的指标，作为一个统计变量来测量价格对平均价格的漂移。它可以分六步来计算：

1. 计算每期平均价格——最高价加最低价加收盘价再除以 3。
2. 计算来自第 1 步得数的平均价格的 n 期简单移动平均值。
3. 用每期的平均价格（第 1 步中计算）减去平均价格的 n 期简单移动平均值（第 2 步中计算）。
4. 计算平均偏差，它是第 3 步中差值的绝对值的合计。
5. 用平均偏差乘以 0.015。
6. 用第 3 步的结果除以第 5 步的结果（平均的价格移动平均偏差除以 0.015 倍的平均偏差）。

大多数 CCI 的随机波动应该落在 +100% 至 -100% 的通道内，超出 +100% 至 -100% 的运动应该是非随机的。因此，这种大的运动可以创造交易机会。

交易规则很简单：

- 当 CCI 上升高于 +100% 时买入多头。
- 当 CCI 下降低于 +100% 时卖出多头。
- 当 CCI 下降低于 -100% 时卖出空头。
- 当 CCI 上升高于 -100% 时平仓空头。

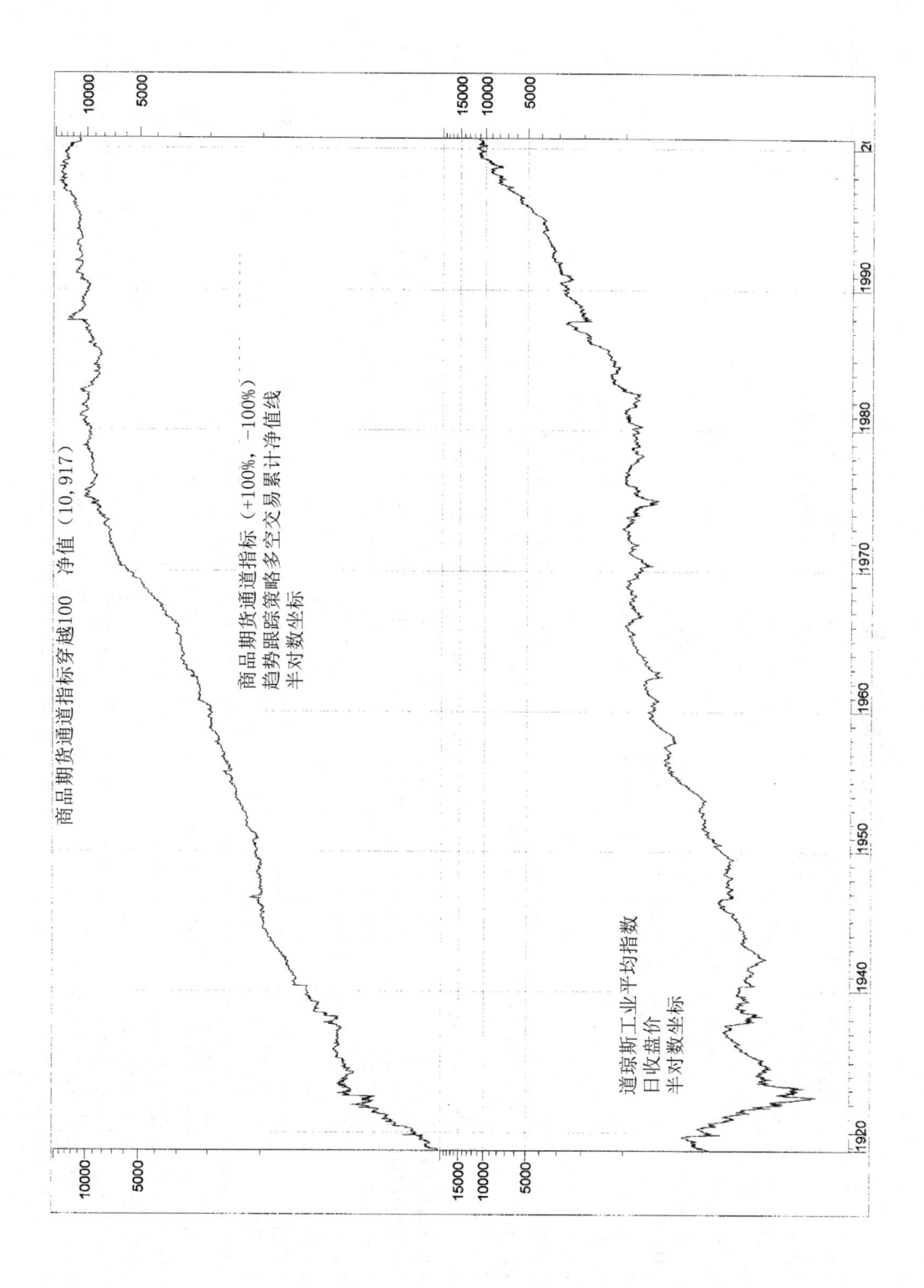

商品期货通道指标穿越100 净值（10,917）

商品期货通道指标（+100%，-100%）
趋势跟踪策略多空交易累计净值线
半对数坐标

道琼斯工业平均指数
日收盘价
半对数坐标

商品期货通道指标

项目	数值	项目	数值
净利润总额	10816.84	未平仓头寸价值	无
盈亏百分比	10816.84	超额净利润比率%	136.42
初始投资	100	年均超额净利润比率%	136.44
当前头寸	空仓	利息收入	150.26
买入并持有利润总额	4575.25	头寸建立日期	9/7/00
买入并持有利润率%	4575.25	测试总天数	26276
已平仓交易总数	2105	年均买入并持有利润率%	63.55
每笔交易平均利润	5.14	佣金支付总额	0
多头交易总数	1210	平均盈利与平均亏损比率	1.68
盈利空头交易数	524	空头交易总数	895
盈利交易总数	873	盈利多头交易占比%	43.31
盈亏交易总金额	66846.78	盈利空头交易占比%	38.99
平均盈利	76.57	交易总数中盈利交易占比%	41.47
最大亏损	2226.53	交易总金额中净盈利金额占比%	8.80
亏损交易平均持仓期数	6.85	平均盈利占净平均盈利占比%	25.47
亏损交易最长持仓期数	21	最大亏损合计中净盈利占比%	55.16
最大连续亏损次数	8	盈亏持仓期数差占亏损持仓期数比例%	112.07
空仓总期数	12307	最长盈亏期数差占最长持仓亏损期数比例%	133.33
最长空仓期数	26	平均空仓期数	-33.33
系统平仓回撤	-2.76	盈亏比指数	5.86
系统未平仓回撤	-2.76	风险回报指数	16.18
最大未平仓交易回撤	-643.44	买入并持有指数	99.97
		净利润与系统未平仓回撤之比%	391914.49
		净利润同系统未平仓回撤之差与净利润之比%	99.97
		系统未平仓回撤与净利润之比%	-0.03

在 Equis 公司 Metastock® 系统报告中，"盈亏概览统计"(盈亏报告) 中，净利润总额等于利润合计减去亏损合计，包括按市值计价的未平仓头寸。相对地，盈利交易金额是指已实现利润合计 (仅包括已平仓头寸)，不包括任何未平仓头寸。同样，亏损交易总金额是指已实现亏损合计所有亏损总额，不包括任何未平仓头寸。系统平仓回撤是指仅基于已平仓头寸的累计亏损投资金额最大降幅，系统未平仓回撤 (SODD) 是指头寸平仓时累计已实现利润合计与净初始投资净值线低于初始投资的最大降幅。盈亏比指数是关于将盈利交易总金额与亏损总金额联系在一起来计算结果，值的范围位于圈-100 (最差可能表现) 与 +100 (最好可能表现) 之间，0 值代表盈亏相等，风险回报指数等于净利润总额减去系统未平仓回撤后的差再除以净利润总额。在本次演练交易中，初始投资假设为 100 美元。多头交易和空头交易都进行，交易按信号出现当天收盘价格执行，统计分析中不包括交易成本、利息费用和利润。

商品期货通道指标的指标策略举例

历史数据显示，商品期货通道指标对多空双方都是有效的指标，但对多方尤其有效。以1928年至2000年的72年期间道琼斯工业平均指数每日价格为基础，我们发现，如果不带主观性，不运用复杂技术分析，不妄断，而以纯机械式的趋势跟踪信号为基础，下列参数能产生良好的交易结果：

多头开仓（买入）：当CCI（14）上升高于+100%时，以道琼斯工业平均指数当日收盘价买入。

多头平仓（卖出）：当CCI（14）下降低于+100%时，以道琼斯工业平均指数当日收盘价卖出。

空头开仓（卖出空头）：当CCI（14）下降低于-100%时，以道琼斯工业平均指数当日收盘价卖出空头。

空头平仓（平仓）：当CCI（14）上升高于-100%时，以道琼斯工业平均指数当日收盘价平仓空头。

运用该CCI策略，以100美元开始投资并将利润再投资，假如充分运用该投资策略进行利润再投资操作，无交易成本和税收，多空交易净利润总额将达到10,816.84美元，这比买入并持有策略高出136.42%。空头卖出交易包括在本策略中，自从1987年10月以来是亏钱的，但尽管如此，在整个72年期间总体上还是盈利的。交易较活跃，平均每12.49个日历日交易一次。

Equis国际公司MetaStock©系统测试规则书写如下：

多头开仓：CCI(opt1)>100
多头平仓：CCI(opt1)<100
空头开仓：CCI(opt1)<-100
空头平仓：CCI(opt1)>-100
OPT1当前值：14

商品期货通道指标穿越零：零值CCI

兰伯特最初设计价格通道指标（CCI）时，具有介于+100%与-100%之间的巨大中性区域。这使得当价格快速运动时，CCI 系统在大部分时间远离市场，尤为重要的是在关键转折点的时间。因此，CCI 错过了新趋势的早期阶段。这些早期阶段通常是最活跃的。

通过放宽正负 100 的滤波器（+100%和-100%），换成穿越中性的零值线来产生买卖信号，就可以克服滞后问题。在我们的假设中，交易结果能产生更多的盈利。

零值 CCI 指标策略举例

历史数据显示，零值 CCI 对多空双方都是有效的指标，但对多方尤其有效。以 1928 年至 2000 年的 72 年期间道琼斯工业平均指数每日价格为基础，我们发现，如果不带主观性，不运用复杂技术分析，不妄断，而以纯机械式的趋势跟踪信号为基础，下列参数能产生良好的交易结果。

多头开仓（买入）：当零值 CCI（2）上升高于 0%时，以道琼斯工业平均指数当日收盘价买入。

多头平仓（卖出）：当零值 CCI（2）下降低于 0%时，以道琼斯工业平均指数当日收盘价卖出。

空头开仓（卖出空头）：当零值 CCI（2）下降低于 0%时，以道琼斯工业平均指数当日收盘价卖出空头。

空头平仓（平仓）：当零值 CCI（2）上升高于 0%时，以道琼斯工业平均指数当日收盘价平仓空头。

运用该零值 CCI 策略，以 100 美元开始投资并将利润再投资，假如充分运用该投资策略进行利润再投资操作，无交易成本和税收，多空交易净利润总额将达到 1,238,397.90 美元，这比买入并持有策略高出 26,967.33%。空头卖出交易包括在本策略中，自从 1982 年 8 月以来是亏钱的，但尽管如此，在整个 72 年期间还是盈利的。交易极度活跃，平均每 3.61 个日历日交易一次。

Equis 国际公司 MetaStock©系统测试规则书写如下：

多头开仓：CCI(opt1)>0
多头平仓：CCI(opt1)<0
空头开仓：CCI(opt1)<0
空头平仓：CCI(opt1)>0
OPT1 当前值：2

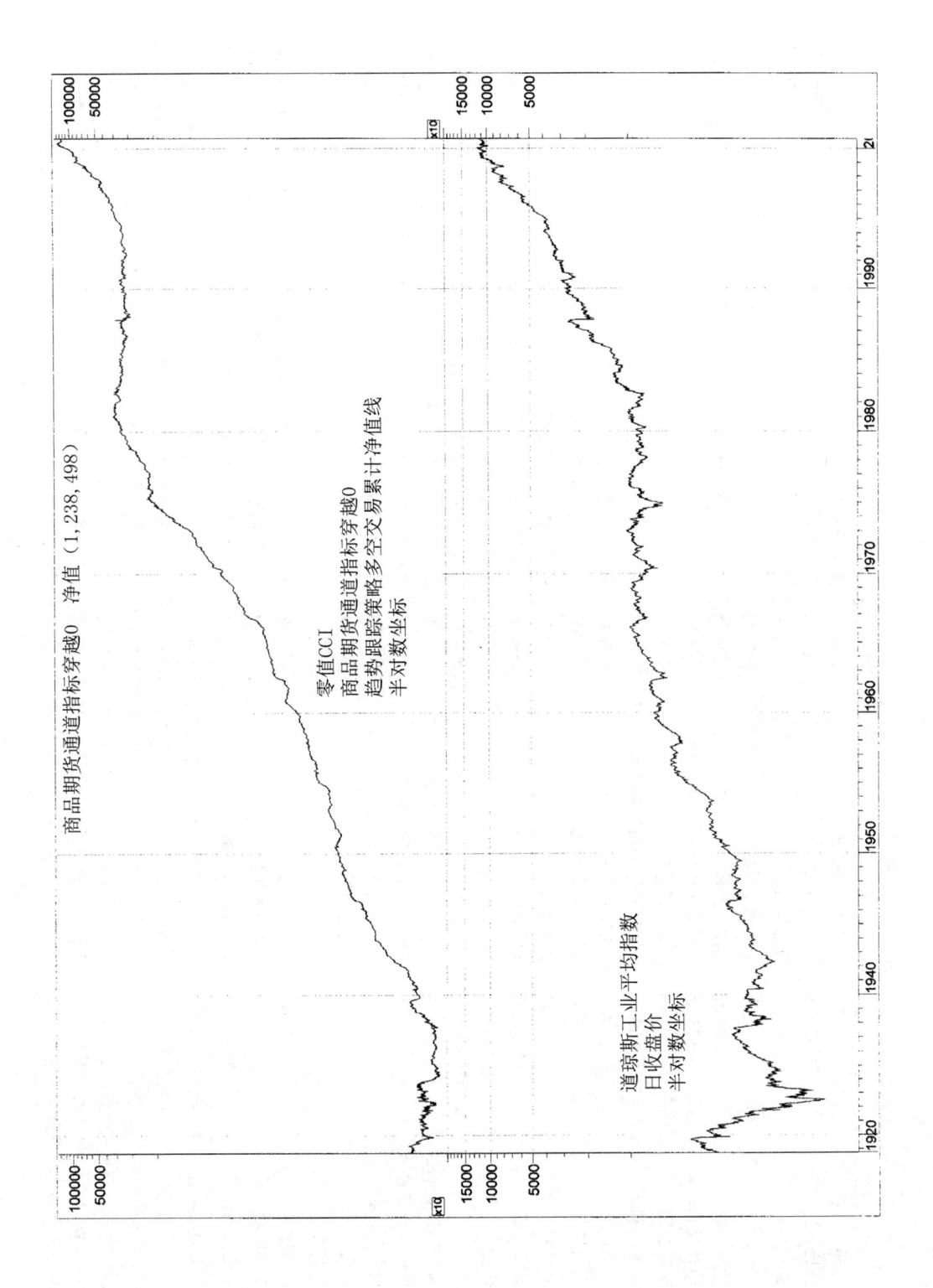

商品期货通道指标穿越0 净值（1,238,498）

零值CCI
商品期货通道指标穿越0
趋势跟踪策略多空交易累计净值线
半对数坐标

道琼斯工业平均指数
日收盘价
半对数坐标

零值 CCI

净利润总额	1238397.9	未平仓头寸价值	4307.73
盈亏百分比	1238397.9	年均盈亏百分比	17202.59
初始投资	100	利息收入	0
当前头寸	空头	头寸建立日期	9/7/00
买入并持有利润总额	4575.25	测试总天数	26276
买入并持有利润率%	4575.25	年均买入并持有利润率%	63.55
已平仓交易总数	7286	佣金支付总额	0
每笔交易平均利润	169.38	平均盈利与平均亏损比率	1.78
多头交易总数	3643	空头交易总数	3643
盈利多头交易数	1706	盈利空头交易数	1405
盈利交易总数	311	亏损交易总数	4175
盈利交易总金额	4973692	亏损交易总金额	-3739598
平均盈利	1598.74	平均亏损	-895.71
最大盈利	105713.25	最大亏损	-35504.13
盈利交易平均持仓期数	4.71	亏损交易平均持仓期数	2.56
盈利交易最长持仓期数	18	亏损交易最长持仓期数	8
最大连续盈利次数	10	最大连续亏损次数	13
空仓总期数	2	平均空仓期数	2
最长空仓期数	2		
系统平仓回撤	-54.03	盈亏比指数	24.88
系统未平仓回撤	-54.03	风险回报指数	100
最大未平仓交易回撤	-35504.13	买入并持有指数	27061.48

超额净利润比%	26967.33		
年均超额净利润比率%	26969.38		
平均每笔交易天数	3.61		
多头交易中盈利交易占比%	46.83		
空头交易中盈利交易占比%	38.57		
交易总数中盈利交易占比%	42.70		
交易总金额中净盈利金额占比%	14.16		
平均盈亏总金额中净平均盈利占比%	28.18		
最大盈亏合计中净盈利占比%	49.72		
盈亏持仓期数差占亏损持仓期数比例%	83.98		
最长盈亏持仓期数差占最长亏损持仓期数比例%	125.00		
最大连续盈亏期数差占连续亏损期数比例%	-23.08		
净利润与系统未平仓回撤之比	2292056.04		
净利润同系统未平仓回撤之差与净利润之比	100		
系统未平仓回撤与净利润之比%	0		

在 Equis 公司 Metastock© "系统报告"（盈亏概览统计）中，净利润总额等于利润合计减去平仓损失合计，包括按市值计价的未平仓头寸。相对地，盈亏百分比是指已实现利润合计（仅包括已平仓交易）。同样，亏损交易总额是指已实现亏损合计（仅包括已平仓头寸）。盈利交易总金额是交易所有盈利交易所产生的最大降幅，不包括任何初始平仓头寸。系统平仓回撤是基于已平仓头寸的累计净值线低于初始投资的最大降幅，系统未平仓回撤（SODD）是指未平仓时累计净值线低于初始投资的最大降幅。盈亏比指数是关于净盈利交易总金额与亏损交易总金额联系在一起的一个复杂计算结果，值的范围位于-100（最差可能表现）与+100（最好可能表现）之间，0值代表盈亏相等，风险回报指数等于系统未平仓回撤总额再除以净利润总额。在本次演练交易中，初始投资假设为 100 美元。多头交易和空头交易都进行，除非另有说明。交易按信号出现当天收盘价格执行，统计分析不包括交易成本、利息费用和利润。

— 148 —

商品期货选择指标（CSI）

商品期货选择指标（CSI）是为了确定哪一个期货合约最可能使得一美元投资收益最大而设计的公式。它最初由 J·小威尔斯·威尔德公开于其 1978 年的著作《技术交易系统中的新概念》中（北卡莱罗纳州麦克林斯维尔：趋势研究出版社）。CSI 源于威尔德的动向指标（DMI）。

CSI 是用平均动向指标比率（ADXR）乘以平滑真实波幅（STR）再乘以代表每一个期货合约资金运动潜力的一个常数（K）：

$$CSI = ADXR * STR * K$$

CSI 从动向（DM）开始，定义为当期价格区间位于上期价格区间外的最大部分，所以，

$$PDM = H - Hp$$
$$MDM = Lp - L$$

其中

PDM = 上升动向或正的 DM

MDM = 下降动向或负的 DM

H = 当期最高价

Hp = 上期最高价

Lp = 上期最低价

L = 当期最低价

上面两个值中的较小一个被重置为 0。也就是，如果 PDM>MDM，那么 MDM 重置为 0。或者，如果 MDM > PDM，那么 PDM 重置为 0。同时，所有负数被重置为 0。因此，在一个内包日（低点更高且高点更低），PDM 与 MDM 都是负数，所以都被重置为 0。

真实波幅（TR）被定义为下列三个可能值中的最大值：

$$TR = H - L$$
$$TR = H - Cp$$
$$TR = Cp - L$$

其中 Cp 是上期收盘价。

在继续进行之前，所有数据要用指数平滑常数进行平滑。威尔德建议的指数平滑常数为 1/14，或 0.07143，大约相当于 27 日简单移动平均值（以下计算中全部使用该平滑常数）。

正向指标（PDI）是用指数平滑上升动向除以平滑真实波幅，因此，

$$PDI = SPDM/STR = 平滑\ PDM/平滑\ TR$$

记住，当 Lp-L 大于 H-Hp 时，PDM 被重设为 0，所以 PDI 一定是下降的。

负向指标（MDI）被定义为下列指数平滑数据：

$$MDI = SMDM/STR = 平滑\ MDM/平滑\ TR$$

记住，当 Lp-L 小于 H-Hp 时，MDM 被重设为 0，所以 MDI 一定是下降的。

接下来，动向（DX）被定义为 100 乘以每日 PDI 减去 MDI 的差的绝对值再除以 PDI 与 MDI 之和：

$$DX = 100 * |PDI - MDI|/(PDI + MDI)$$

平均动向（ADX）是 DX 的 0.07143 倍指数平滑值。

平均动向指标比率（ADXR）平滑 ADX。所以它进一步平滑已经平滑的指标，ADXR 是最近 ADX 加上 14 期以前读数的和再除以 2。

接下来，我们查看需要计算 K 的具体期货合约信息，常数 K 代表每一个期货合约的资金运动潜力，根据下列公式计算：

$$K = V/M * (1/(150+C)) * 100$$

其中

V = 用美元表示的一美分价格波动值

M = 用美元表示的保证金

C = 用美元表示的佣金

CSI 是用 ADXR 乘以 STR（平滑真实波幅），结果再乘以 K，从而得出我们的 CSI 计算公式：

$$CSI = ADXR * STR * K$$

第二部分 市场技术指标

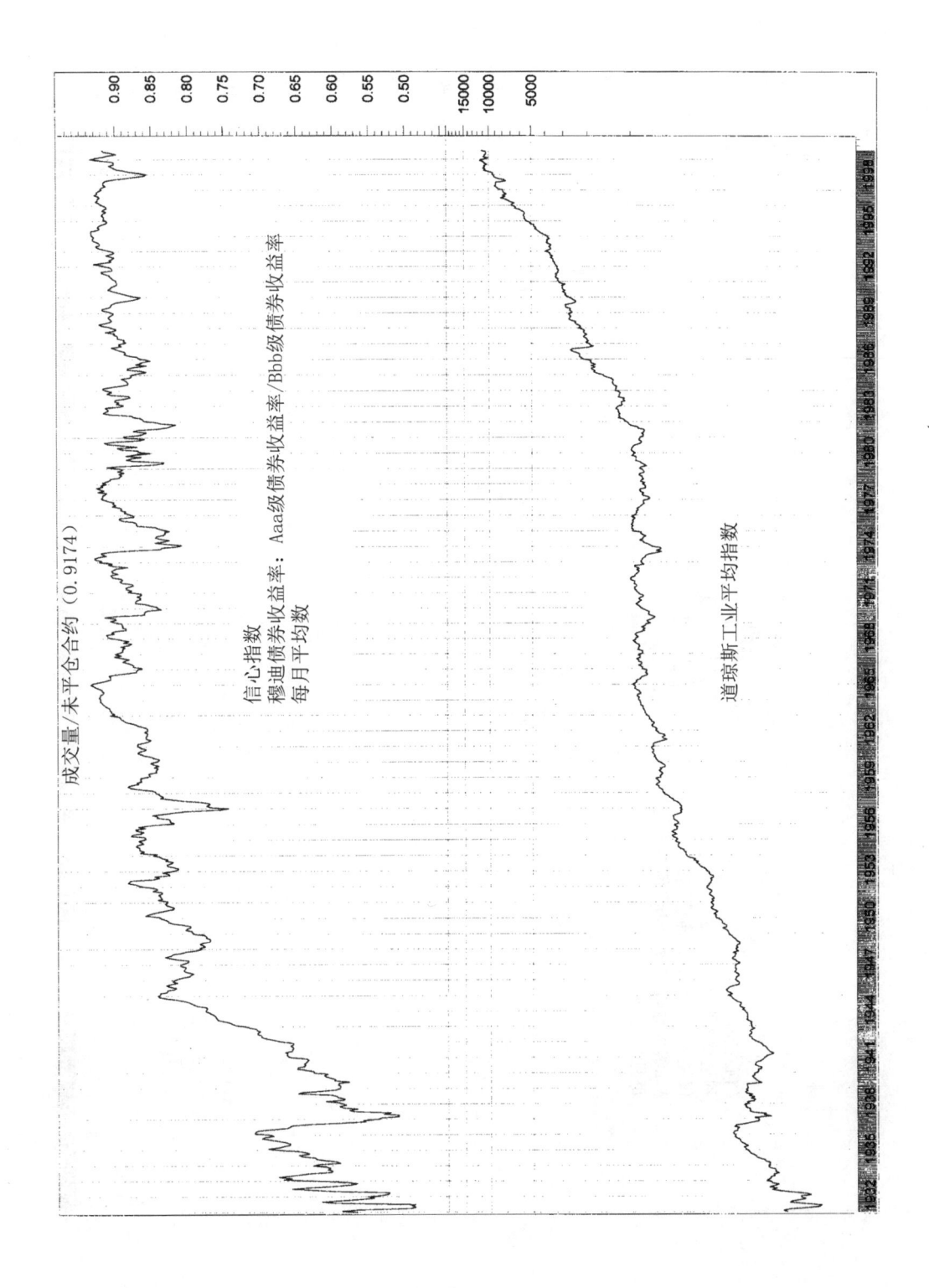

信心指标 净值（707.4）

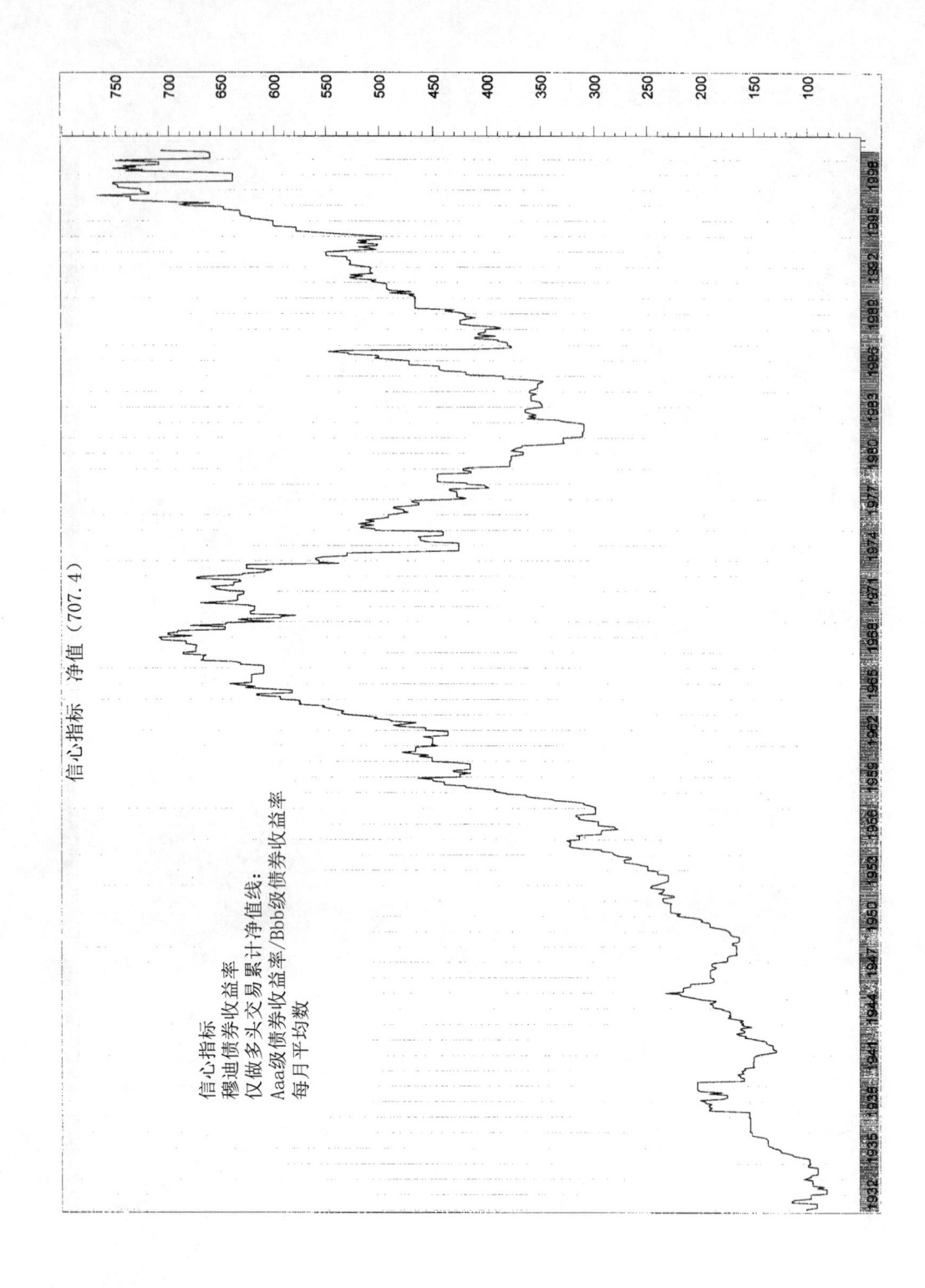

信心指标
穆迪债券收益率
仅做多头交易累计净值线：
Aaa级债券收益率/Bbb级债券收益率
每月平均数

信心指标

信心指标由《巴伦周刊》于 1932 年开发，它是最古老的情绪指标之一，它的计算是用高等级保守型债券平均收益率除以中等级投机债券平均收益率。

信心指标建立在一个逻辑性观测基础上：当投资者对未来经济状况感觉有信心时，他们更愿意将资金投向风险较高、投机性更强的债券。结果是，低级债券的收益率下降，因此信心指数上升。但是当投资者对未来经济担心时，他们会将资金从投机性债券转移到更高等级债券，因此信心指数下降。

此外，似乎合理的是，债券信心与股票市场情绪之间应该是正相关的。当投资者有信心时，他们会冒险购买风险较高的债券和股票，这些债券和股票也相当依赖于未来的经济状况。

我们用穆迪投资者服务公司评级的最高等级 Aaa 级公司债券收益率除以较低等级 Bbb 级公司债券收益率的比率来测试这些观点（请参阅前两页的图表）。

我们检验了每月平均收益率，回测到 1932 年 1 月。第 164 页的图表显示，在 1932 年 5 月大萧条的艰难时期，投资者信心极度低迷，Aaa 级债券收益率对 Bbb 级债券收益率的比率降至 0.4873 的低点。高等级债券收益率不到低等级债券的一半，低等级债券收益率是最高等级债券收益率的两倍多。

到 1966 年 1 月，信心高涨，Aaa 级对 Bbb 级公司债券收益率的比率升至 0.9368，高等级 Aaa 级债券收益率仅比低等级 Bbb 级债券收益率低 6.32%。

在 1932 年至 1968 年的 36 年中，累计净值线显示，作为仅做多头交易策略的盈利性指标，信心指标趋势变动向上。当信心指标变得更高时，我们在月末买入道琼斯工业平均指数，当信心指标回落时，我们退出多头头寸而持有现金。

通过在最近 32 年测试各种各样趋势滤波器后我们发现，建立在信心指标上升（买入多头）和下降（退出多头头寸而持有现金）基础上的股票交易策略，是不盈利的。对于多头或现金策略，图形显示，2000 年 8 月累计净值线实际上低于 1968 年 12 月，以下降的信心指标为基础卖出股票空头是极不盈利的。

尽管在遥远的过去信心指标对于仅做多头交易策略能产生利润，但它不再为股票市场择时提供有价值的可能性。

反向意见：逆向思维投资艺术

有时被称为反向意见理论的观点认为，我们与大多数人进行相反的操作可能更合适，这被汉弗莱·B. 尼尔在其著作中称为"逆向思考的艺术"。(H. B. 尼尔《逆向思维投资艺术》，爱达荷州考德威尔：卡克斯顿出版社)

逆向思维变得流行起来——也许过度流行，这要归功于罗伯特·J. 法雷尔的影响，他曾担任美林证券技术分析师数十年。逆向思维的应用并不简单，而且被广泛滥用。用顶尖的对冲基金经理乔治·索罗斯的话来说："尽管普遍被预期到但实际上还是发生的事件很多……逆向操作已成为时尚，但与盛行的预期对赌是远远不够安全的……事件往往在多数时间会增强盛行的预期，只有在拐点才会同它们相抵触，而识别拐点的难度众所周知。既然逆势操作观点已成为主流倾向，我就变成一名坚定的反逆势操作人士。"（乔治·索罗斯《金融炼金术》，约翰·威利出版公司，纽约，1994：第307—308页，共378页）实际上，我们已经根据一些事实确认，逆势操作正在淡出（参见"投资顾问服务指标"）。

"反向意见通常是提前的，"据汉弗莱·B. 尼尔说，"公众也许更多的时候是正确的……公众在趋势中是正确的，但在两端是错误的……"识别正确的时点而与盲目的群众们逆势而行并不总是容易的，动量会把价格带向远非合理的地方，这就是艺术出现的地方。

尼尔建议我们审视任何问题的各个方面，并挑战大众的观点，认为"流行预测过重会导致它们自己的垮台"。背后的逻辑是，市场不能容纳绝大多数参与者有同样的思维方式和做同样的事情。当每个人都看涨，就不能剩下能买的人，当每个人都看跌，就不能剩下能卖的人。实践中的问题是，认为逆势操作淡出的共识意见从来不会接近100%。

研究人类行为的科学家确认，当加入大的人群或团伙时，人们就失去了他们的个性和批判能力，一群人容易产生极端原始性、情绪化、冲动和非理性。从众行为是不假思索的，社会性与群居是人类天性的一个基本部分，所以人们都愿意和组织连在一起并毫无疑问和不假思索地跟随它。也许这种品质在某些情况下具有某种群体生存价值，但在从事市场交易时对个人来说可能要付出很大的代价。

群体似乎达到狂热情绪的顶点时，这个点有时是一个转折点，但精确择时并不容易确定。一位聪明的交易者可能在1987年的"星期一股灾"前的星期五买入看涨期权，他确信股票市场是超卖的，每个人都看跌，股票价格早就该反弹了。在两个交易日内他是对的，但那两天让一切都不同了。就在下一个交易日市场完全崩溃的时候，他亏损了大部分钱。相反，如果他等上两个交易日，理想地是在星期二午餐后买入，他就会迅速赚取一大笔钱，而不是亏损一大笔。

有许多的情绪技术指标和超买/超卖类指标，试图客观地量化过度的群众意见，也许更重要的是量化群众行为，因为人们总是不按他们说的做。

所以，反向意见已经成为一种流行看法，由电视评论员们随意地到处传播，他们对技术分析的一般理解水平是肤浅的。许多经验丰富的技术分析师使用情绪指标，但更多的是作为趋势、动量和其他技术指标的补充，而不是作为一个独立的信号发生器。情绪指标通常在定向价格运动结束之前显示超买和超卖水平，因此可能会产生误导。一般来说，情绪指标是一个背景指标，对于精确择时没有用。

约翰·布林格指出，仅有反向思考是不足够的，相反，有效地使用取决于一群人迷信地聚集在一起直到有些事惊醒他们。必须有一种广泛拥护的不正确的或变得不正确的意见，以及为扭转这种意见而创造条件的一个催化剂。（特许金融分析师和市场技术分析师约翰·布林格，布林资本管理有限公司，加利福尼亚州曼哈顿海滩第 3358 号邮政信箱，邮编 90266，电话（310）798-8855，网址 www.bollingerbands.com。）

估波曲线（估波指南）

估波曲线量化长期平滑价格动量变化，以识别重要的股票市场底部。它是由埃德温·塞奇威克·估波设计的，并于 1962 年发表在《巴伦周刊》上。估波的原始表述是一个标准普尔 500 指数的 14 个月变动率加上 11 个月变动率之和的 10 个月加权移动平均线。当这个平滑的价格动量改变方向时识别出信号，从下降转向上升时买进，从上升转向下降时卖出。平滑价格动量对价格本身的背离，也能被分析出来。

使用每日收盘价数据和平均每个月 21 个交易日，估波曲线的 MetaStock© 自定义公式语言可以表述如下：

((Mov((ROC(Mov(C,21,S),231,%)+ROC(Mov(C,21,S),294,%))/2,210,W))); Input("Plot a horizontal line at",-100,100,0);

估波曲线改变方向指标策略举例

将估波曲线公式用于 1900 年 1 月至 2001 年 5 月的 101 年期间道琼斯工业平均指数每日收盘价数据文件，我们发现，如果不带主观性，不运用复杂技术分析，不妄断，而以纯机械式的趋势跟踪信号为基础，下列参数能产生适中的交易结果。

多头开仓（买入）：当估波曲线大于前一日估波曲线的 5 日指数移动平均线时，以道琼斯工业平均指数当日收盘价买入。

多头平仓（卖出）：当估波曲线小于前一日估波曲线的 5 日指数移动平均线时，以道琼斯工业平均指数当日收盘价卖出。

空头开仓（卖出空头）：从不操作。

运用估波曲线改变方向趋势跟踪策略，以 100 美元开始投资并将利润再投资，假如充分运用该投资策略进行利润再投资操作，无交易成本和税收，净利润总额将达到 19,091.66 美元，这比买入并持有策略少 11.80%。空头卖出交易是不盈利的，所以空头卖出交易不包括在本策略中。该仅做多头交易的估波曲线改变方向作为指标在整个期间给出的盈利性买入信号占 51.22%，交易不活跃，平均每 451.51 个日历日交易一次。注意，净值回撤与买入并持有策略相比是适度的。

Equis 国际公司 MetaStock© 系统测试规则书写如下：

多头开仓：(Mov((ROC(Mov(C,opt1,S),opt1∗opt2,%)+
ROC(Mov(C,opt1,S),opt1∗opt3,%))/2,
opt1∗opt4,W))>Ref(Mov(
(Mov((ROC(Mov(C,opt1,S),opt1∗opt2,%)+
ROC(Mov(C,opt1,S),opt1∗opt3,%))/2,
opt1∗opt4,W)),opt5,E),-1)

多头平仓：(Mov((ROC(Mov(C,opt1,S),opt1∗opt2,%)+
ROC(Mov(C,opt1,S),opt1∗opt3,%))/2,
opt1∗opt4,W))<Ref(Mov(
(Mov((ROC(Mov(C,opt1,S),opt1∗opt2,%)+
ROC(Mov(C,opt1,S),opt1∗opt3,%))/2,
opt1∗opt4,W)),opt5,E),-1)

OPT1 当前值：21

OPT2 当前值：11

OPT3 当前值：14

OPT4 当前值：10

OPT5 当前值：5

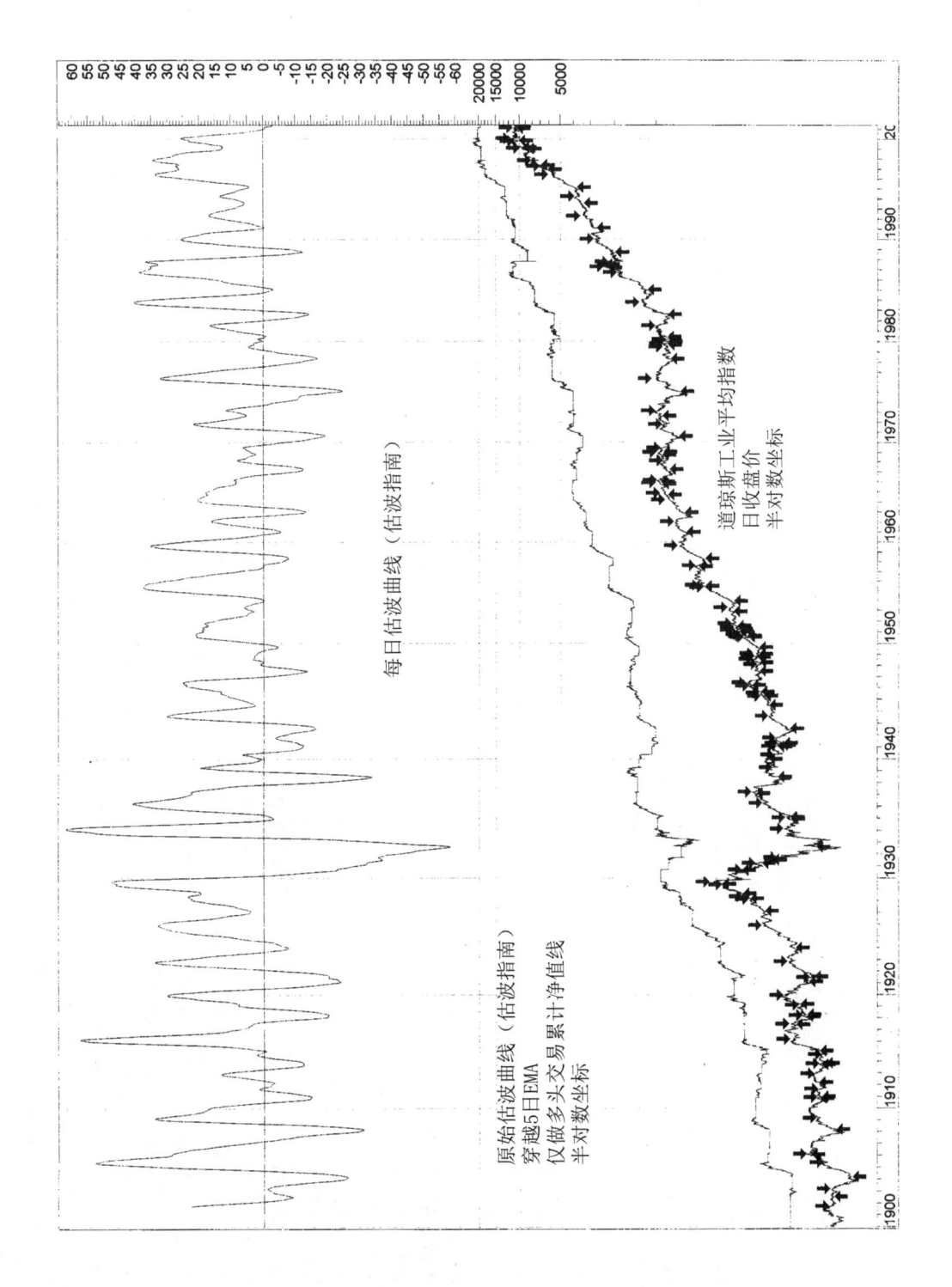

估波曲线穿越 5 日 EMA

净利润总额	19091.66	未平仓头寸价值	- 109.79
盈亏百分比	19091.66	年均净利润比率%	188.21
初始投资	100	超额净利润比率%	
当前头寸	多头	年均超额利润比率%	0
买入并持有利润总额	21646	测试建立日期	5/7/01
买入并持有利润率%	21646	平均每笔交易天数	37024
已平仓交易总数	82	年均买入并持有利润率%	213.4
每笔交易平均利润	234.16	佣金支付总额	0
多头交易总数	82	平均盈利与平均亏损比率	3.94
盈利多头交易数	42	空头交易总数	0
亏损多头交易数	42	盈利空头交易数	0
盈利交易总金额	25317.04	亏损空头交易数	40
平均盈利	602.79	亏损交易总金额	- 6115.59
最大盈利	5150.14	多头交易中盈利交易占比%	51.22
盈利交易平均持仓期数	235.79	空头交易中盈利交易占比%	#
盈利交易最长持仓期数	575	交易总数中盈利交易占比%	51.22
最大连续盈利次数	9	交易总金额中净盈利金额占比%	61.09
空仓总期数	15215	平均亏损	- 152.89
最长空仓期数	759	最大亏损	- 1820.33
系统平仓回撤	- 3.52	平均盈亏合计中净盈利占比%	59.54
系统未平仓回撤	- 10.41	最大盈亏持仓期数持仓期数比例%	47.77
最大未平仓交易回撤	- 3064	盈亏持仓期数差占平均持仓期数比例%	233.13
		最长盈亏持仓期数差占最长持仓期数比例%	138.59
		最大连续亏损次数	5
		平均空仓期数	80.00
		盈亏比指数	183.31
		风险回报指数	183397.31
		买入并持有指数	99.95
		净利润与系统未平仓回撤之比	75.47
		净利润同系统未平仓回撤之差与净利润之比%	99.95
		系统未平仓回撤与净利润之比%	- 0.05
			- 12.31

在 Equis 公司 Metastock© 系统报告("盈亏概览统计"中,净利润总额等于利润合计减去亏损合计价计价的未平仓头寸。相对地,盈利交易总金额是指已实现利润合计(仅包括已平仓所有交易所有头寸),不包括任何未平仓头寸。系统平仓回撤是指仅基于已平仓头寸计价的未平仓头寸),不包括任何未平仓头寸),不包括任何未平仓头寸。同样,亏损交易总金额是指已实现亏损合计(仅包括已平仓交易所有头寸损值,不包括任何未平仓头寸)。系统平仓回撤是指基于已平仓头寸计算净值低于初始投资净值的最大降幅。系统未平仓回撤是指计算累计净值低于初始投资累计净值的最大降幅,系统未平仓时能计净值低于初始投资的最大降幅。盈亏比指数是指数是关于将盈利交易总金额与亏损交易总金额关联在一起的一个复杂计算结果,值的范围位于-100(最差可能表现)与+100(最好可能表现)之间,0 值代表盈亏相等。风险回报指数等于指数等于净利润总额减去系统未平仓回撤的差再除以净利润总额。在本次演练交易中,初始投资假设为 100 美元。多头交易和空头交易都进行。交易按信号出现当天收盘价格执行,统计分析中不包括交易成本、利息费用和利润。

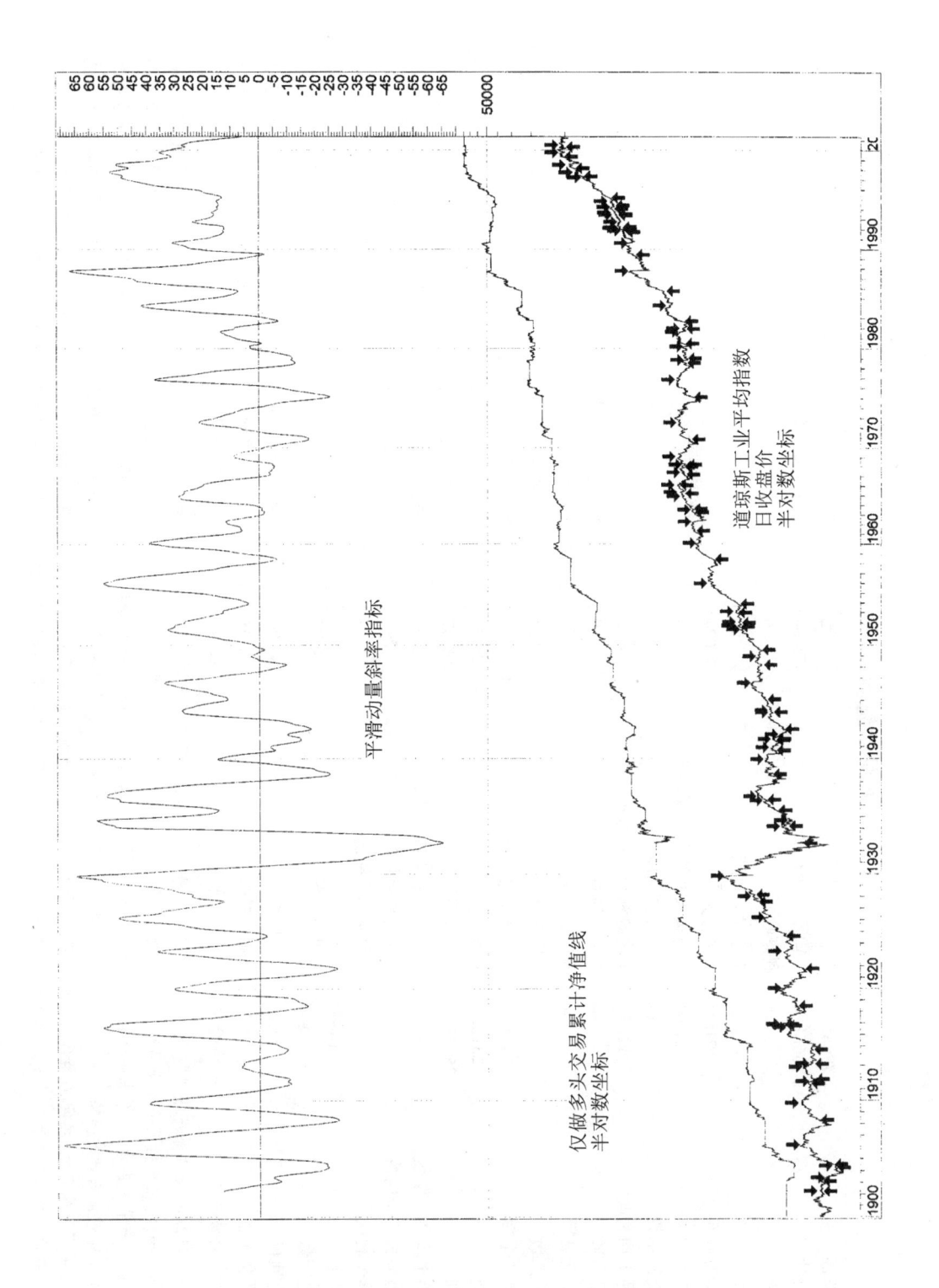

平滑动量斜率指标

净利润总额	78681.33	未平仓头寸价值	无
盈亏百分比	78681.33	超额净利润比率%	263.49
初始投资	100	年均盈亏百分比	775.68
当前头寸	空仓	利息收入	0
买入并持有利润总额	21646	头寸建立日期	7/7/00
买入并持有利润率%	21646	测试总天数	37024
已平仓交易总数	64	年均买入并持有利润率%	213.4
每笔交易平均利润	1229.4	佣金支付总额	0
		平均盈利与平均亏损比率	4.02
多头交易总数	64	空头交易总数	0
盈利多头交易数	40	盈利空头交易数	0
亏损交易总数	40	亏损空头交易数	0
盈利交易总金额	92505.03	交易总天数	24
平均盈利	2312.63	盈利交易总金额中净盈利占比%	-13823.7
最大盈利	25975.73	平均盈亏总额中净平均盈利占比%	-575.99
盈利交易平均持仓期数	287.45	最大盈亏合计中净盈利占比%	-3109.47
盈利交易最长持仓期数	577	盈亏持仓期数差占最长持仓期数比例%	72.08
最大连续盈利次数	6	盈亏期数差占最长亏损持仓期数比例%	292
空仓总期数	14691	最大连续盈亏期数差占连续亏损期数比例%	3
最长空仓期数	855	平均空仓期数	226.02
系统平仓回撤	-15.21	盈亏比指数	85.06
系统未平仓回撤	-17.25	风险回报指数	99.98
最大平仓交易回撤	-5310.55	净利润与系统平仓回撤之比%	456123.65
		净利润同系统未平仓回撤之比%	99.98
		系统未平仓回撤与净利润之比%	263.49

在Equis公司Metastock©"系统报告"(盈亏概览统计)中,净利润总额等于利润合计减去亏损合计,包括按市值计价的未平仓头寸。相对地,盈利交易总金额是指已实现利润合计(仅包括已平仓交易所有头寸),亏损交易总金额是指已实现亏损合计(仅包括已平仓交易)所有亏损总额,不包括任何未平仓头寸。同样,亏损交易总金额是指已实现亏损合计(仅包括已平仓回撤(SODD)是指头寸未平仓时累计净值线低于初始投资的最大降幅,系统未平仓回撤(SODD)是指头寸未平仓时累计净值线低于初始投资的最大降幅。系统平仓回撤是指基于已平仓头寸的累计净值线低于初始投资净值线的最大降幅。盈亏比指数是关于净利润与盈亏总金额联系在一起的一个复杂计算结果,值的范围位于-100(最差可能表现)与+100(最好可能表现)之间,0值代表盈亏相等,风险回报指数等于净利润总额减去系统未平仓回撤再除以净利润总额。在本次演练交易中,初始投资假设为100美元。多头交易和空头交易都进行,除非另有说明。交易按信号出现当天收盘价格执行,统计分析中不包括交易成本、利息费用和利润。

平滑动量斜率指标的指标策略举例

使用平滑动量曲线斜率的一般思想可以被简化并适应任何时间框架的任何市场，当然，可能存在着大量的变量。估波的原始公式有五个变量，但我们可以把这个数减少到三并获得更稳健和更获利的结果，累计净值回撤更少且更温和。下列公式是使用 MetaStock© 公式语言对平滑动量斜率的改编，它以更少的变量（三个对五个）用于每日数据分析：

Mov(ROC(Mov(C,21*2,E),21*2*2*5,%),21*2*5,E);
Input("Plot a horizontal line at",-100,100,0);

这些参数中的任何一个都可以改变。在这个具体的例子中，该公式可翻译为只有三个步骤：

1. 计算每日收盘价的 42 日指数移动平均线；
2. 计算该来自第 1 步的 42 日指数移动平均线的 420 日百分比变动率；
3. 计算该来自第 2 步的 420 日变动率的 210 日指数移动平均线。

当平滑变动率（来自第三步）的斜率由向下转为向上时，识别出买入信号。当平滑变动率（来自第三步）的斜率由向上转为向下时，识别出卖出信号，结果绘制在两页前的第 172 页的图上。

同样以 1900 年 1 月至 2001 年 5 月的 101 年期间道琼斯工业平均指数的每日数据文件为基础，我们发现，如果不带主观性，不运用复杂技术分析，不妄断，而以纯机械式的趋势跟踪信号为基础，这三个参数能产生良好的交易结果。

多头开仓（买入）：当平滑变动率的斜率由向下转为向上时，以道琼斯工业平均指数当日收盘价买入。

多头平仓（卖出）：当平滑变动率的斜率由向上转为向下时，以道琼斯工业平均指数当日收盘价卖出。

空头开仓（卖出空头）：从不操作。

运用该平滑动量斜率指标趋势跟踪策略，以 100 美元开始投资并将利润再投资，假如充分运用该投资策略进行利润再投资操作，无交易成本和税收，净利润总额将达到 78,681.33 美元，这比买入并持有策略多 263.99%。空头卖出交易是不盈利的，所以空头卖出交易不包括在本策略中。仅做多头交易的平滑动量斜率作为指标在整个期间给出的盈利性买入信号占 62.50%，交易相对不活跃，平均每 578.50 个日历日交易一次。在图上注意，与估波曲线相比，累计净值的回撤更少且更温和。

Equis 国际公司 MetaStock© 系统测试规则书写如下：

多头开仓：Mov(ROC(Mov(C,opt1 * opt2,E),opt1 * opt2 * opt2 * opt3,%),
　　　　　opt1 * opt2 * opt3,E) > Ref(Mov(
　　　　　(Mov((ROC(Mov(C,opt1 * opt2,E),opt1 * opt2 * opt2 * opt3,%),
　　　　　opt1 * opt2 * opt3,E),1,E),-1)

多头平仓：Mov(ROC(Mov(C,opt1 * opt2,E),opt1 * opt2 * opt2 * opt3,%),
　　　　　opt1 * opt2 * opt3,E) < Ref(Mov(
　　　　　(Mov((ROC(Mov(C,opt1 * opt2,E),opt1 * opt2 * opt2 * opt3,%),
　　　　　opt1 * opt2 * opt3,E),1,E),-1)

OPT1 当前值：21

OPT2 当前值：2

OPT3 当前值：5

累计净值线

累计净值线作为一个指标是指所有信号业绩的累积总计（所有利润减去所有损失的累计总和），包括参与市场的未平仓头寸。本书中为了演示的目的，我们总是从100美元开始，并在每次平仓多头或空头交易之后进行净利润再投资，交易亏损导致累计净值线按比例下降。为了简化我们的分析，我们不考虑诸如交易成本、保证金、利息和税收等变量。在真实的交易世界中，累计净值线将是我们账户净值以及可变成本净值的图形表示。在本书中，累计净值线严格按照指标的效率沿正确识别的价格方向而上升和下降。

累计净值线的技术分析可以成为一个有用的资金管理工具。当累计净值线趋向上升时，我们的指标就按预期的那样运行，市场环境有助于我们的交易风格。我们可以设计一个指标来为上升的累计净值线给出信号，然后增加头寸规模、现金准备承诺以及杠杆。另一方面，当累计净值线的趋势转向（从向上转为向下）时，我们可以降低仓位规模、总资本暴露和杠杆。既然我们能使用基本指标来挖掘市场价格的趋势，我们也可以将类似的指标应用于我们的累计净值线，挖掘基本指标的运行趋势，从而充分利用有利的市场环境。

累计净值线也可用于在基本指标之间做出选择。对累计净值线图形的方向、斜率和平滑度以及回撤的相对规模进行目测检查，能又快又好地为图表使用者提供对一个指标的关键风险回报表现特点的感觉。此外，累计净值线方差的标准统计检验可用作目测检查的补充。这就量化了表现，允许使用共同标准对不同指标（经过在不同的时间段和在不同的假设下进行测试）进行客观比较。

累积成交量指标

累积成交量指标是每日上涨股票成交量减去下跌股票成交量净差额的累积总计，与累积每日涨跌线类似。指标上升趋势表明相对于股票供给来说股票净需求增加，这是看涨的。指标下降趋势表明，相对于股票需求来说股票净供给增加，这是看跌的。技术分析师通常使用《华尔街日报》C2版和其他主要报纸上公布的纽约证券交易所数据（参见"成交量：上涨股票成交量减下跌股票成交量净额累积成交量指标"）。

时间和价格周期

周期分析师研究时间，因为它与市场产生的数据有关。周期（Cycle）一词来自希腊语"kuklos"，意思是圆圈。一个周期是一个时间间隔的重复，其间完成一轮定期重复的事件。周期分析应用过去的两个过去事件之间时间间隔的先例，比如市场价格低点之间的时间，旨在估计未来价格动态的概率，并做出一个特定趋势可能持续多久的专业估计。

在市场技术分析师协会会员中，只有大约15%承认在其工作中使用周期，一些技术分析人员认为周期应该被视为一个单独的研究领域。事实上，这个问题很深奥，下面的讨论必然仅限于一些比较知名的金融周期（参见"占星术"和"斐波那契数列"）。

许多现代城市人选择否认周期的存在，或者是因为他们不能找到一个令人满意的周期应该存在的逻辑理由，或者是因为他们不喜欢承认周期在他们生活中的作用。

西方文化宁愿幻想每个人都能完全控制自己的生活，而我们的生命在按周期不可避免地形成，甚至是注定的，每一个生命体的生命都是在精算预测的时间内预先安排和预先设计好的。

行星地球经历着逐日的、逐季的和广袤时间的周期性变化。地球物理学家，钻入岩石层深入地球内部，可以测量数千数万年的这些变化。一些科学家推测，我们的祖先经历了周期性的冰河期，我们的后代将应付未来的循环。另外，地球轨道会通过一片小行星带，那里曾导致造成地球生命形式大规模灭绝的碰撞，地球将按非常长的周期一次又一次地穿过这个小行星带。

古代人与自然世界紧密相连，接受了生命的周期性事实。生存需要播种、收割和从事与自然周期相适应的畜牧业，尽管大多数现代城市居民不怎么考虑它。两千多年前，萨摩斯岛的毕达哥拉斯识别出被称为音乐的振动的周期性质，他将其扩展到天体音乐，比时钟更规则的空中之光的简谐运动，太阳、月亮和星星的运动准确地定义了我们对地球上时间的概念。我们的祖先做出了非凡的努力来建造非凡的纪念碑，比如巨车阵，以标记这些空中之光的周期。

观测股市周期

市场周期是分形的，在较大的周期内有较小的周期，有极长的周期和极短的周期。在同一时间不同的时间框架中有许多周期，所以周期分析可能变得极其复杂。短周期从属于更长周期，以分钟计量的日内市场价格周期，从属于以日计量的小周期。这些都受到以周计量的中期次级周期的定向支配，而这些次级周期相应地又受到以月计量的长期主要周期的支配，而这些主要周期仍从属于以年、十年、百年、千年等计量的更长周期。

仅限于从1949年到2001年的过去52年的每日收盘数据，道琼斯工业平均指数平均每3.39个日历日就改变一次方向，它的两倍是6.78个日历日。因此，一个短期的每日周期交易者可能希望每周大约做两次交易。

接下来，如果我们过滤掉不到1%的价格波动，道琼斯工业平均指数平均每10.09个日历日就改变一次方向，它的两倍是20.19个日历日。因此，一个小周期交易者可能会寻找一个大约每月给出三次信号的交易系统。

正如观测周期长度表（在下一页）所显示，当我们将百分比价格滤波器线性地增加时，交易频率会呈指数级下降。在8%个滤波器上似乎有一个断点，大于8%的滤波器会导致交易时距的平均日数递减式减少，因此，8%的价格波动可以被看作是不用紧盯每日波动就能最大化利润的投资者的一个目标。如果我们过滤掉不到8%的价格波动，道琼斯工业平均指数平均每186.97个日历日改变一次方向，它的两倍是整个周期373.94个日历日。这可转换成53.42周，或者12.29个月，或者1.02年。该1年周期很受中周期交易者欢迎，他们试图捕获8%的价格波动，并寻求一个每年大约两次信号的交易系统。8%滤波器表（在第180页）显示了所有8%滤波器的日期，1.02年周期的高低转折点。

观测周期长度表（在下一页）再次说明了使用不同大小的价格变动滤波器来减少噪音时，过去52年道琼斯工业平均指数的显著市场价格低点（底部）之间的不同实际平均周期长度。平均周期长度只向我们给出基本周期节律的粗略估计，因为平均值隐藏了大量的变异性。因此，这些周期应仅被视为趋势，而不是任何一种精确的时钟。

筑巢周期：周期内周期

J·M.赫斯特描述了筑巢周期（《股票市场交易择时的利润魔法》，普伦蒂斯·霍尔出版社，纽约，1960）。不同长度的周期组合解释了一些观测周期变化。赫斯特观测到，不同长度的周期往往收敛于显著的市场价格底部，不同周期越一致，形成重要周期底部的趋势就越大。赫斯特建议，可以将不同的周期间隔平均化，从而构建一个能提示价格趋势可能转折点的模型。

赫斯特说明了下列周期之间的比例关系：10周周期，两个它就是20周周期；20周周期，两个它就是40周周期；40周周期，两个它就是80周周期。周期长度相当接近这些出现在我们的表中的观测周期长度。

此外，在同一张表中，我们注意到下列观测周期长度之间的比例关系：

观测周期长度

滤波器大小	交易次数	平均持续日数	整个周期日数	整个周期周数	整个周期月数	整个周期年数
0	5569	3.39	6.78	0.97	0.22	0.02
1	1871	10.09	20.19	2.88	0.66	0.06
2	943	20.03	40.05	5.72	1.32	0.11
3	581	32.50	65.01	9.29	2.14	0.18
4	395	47.81	95.62	13.66	3.14	0.26
5	271	69.68	139.37	19.91	4.58	0.38
6	195	96.84	193.68	27.67	6.36	0.53
7	143	132.06	264.11	37.73	8.68	0.72
8	101	186.97	373.94	53.42	12.29	1.02
9	83	227.52	455.04	65.01	14.95	1.25
10	65	290.52	581.05	83.01	19.09	1.59
11	60	314.73	629.47	89.92	20.68	1.72
12	51	370.27	740.55	105.79	24.33	2.03
13	43	439.16	878.33	125.48	28.86	2.40
14	35	539.54	1079.09	154.16	35.45	2.95
15	33	572.24	1144.48	163.50	37.60	3.13
16	28	674.43	1348.86	192.69	44.32	3.69
17	23	821.04	1642.09	234.58	53.95	4.50
18	21	899.24	1798.48	256.93	59.09	4.92
19	21	899.24	1798.48	256.93	59.09	4.92
20	17	1110.82	2221.65	317.38	72.99	6.08
25	13	1452.62	2905.23	415.03	95.45	7.95
30	7	2697.71	5395.43	770.78	177.26	14.77
35	7	2697.71	5395.43	770.78	177.26	14.77
40	3	6294.67	12589.33	1798.48	413.61	34.47

两个 1.02 年周期（以 8%价格滤波器为基础）合计为 2.04 年，对比 2.03 年观测周期（以 12%价格滤波器为基础）。

三个 2.03 年周期（以 12%价格滤波器为基础）合计为 6.09 年，对比 6.08 年观测周期（以 20%价格滤波器为基础）。

三个 6.08 年周期（以 20%价格滤波器为基础）合计为 18.24 年，对比在几个数据系列中的大约 17.7 年至 18 年观测周期（参见第 184 页）。

三个 17.7 年至 18.24 年合计为 53.10 年至 54.72 年，它在长周期范围内（参见第 181 页）。

二分之一个 17.7 年至 18.24 年为 8 至 10 年的朱格拉周期（参见第 180 页）。

观测周期长度

交易次数	交易类型	开仓日期	交易次数	交易类型	开仓日期	交易次数	交易类型	开仓日期
1	多头	6/13/49	35	多头	11/23/71	69	多头	6/15/84
2	空头	6/12/50	36	空头	1/11/73	70	空头	9/4/86
3	多头	7/13/50	37	多头	8/22/73	71	多头	9/29/86
4	空头	1/5/53	38	空头	10/26/73	72	空头	8/25/87
5	多头	9/14/53	39	多头	12/5/73	73	多头	10/19/87
6	空头	9/23/55	40	空头	1/3/74	74	空头	10/21/87
7	多头	10/11/55	41	多头	2/11/74	75	多头	10/26/87
8	空头	4/6/56	42	空头	3/13/74	76	空头	11/2/87
9	多头	5/28/56	43	多头	5/29/74	77	多头	12/4/87
10	空头	8/2/56	44	空头	6/10/74	78	空头	1/7/88
11	多头	2/12/57	45	多头	10/4/74	79	多头	1/20/88
12	空头	7/12/57	46	空头	11/5/74	80	空头	1/2/90
13	多头	10/22/57	47	多头	12/6/74	81	多头	1/30/90
14	空头	8/3/59	48	空头	7/15/75	82	空头	7/16/90
15	多头	9/22/59	49	多头	10/1/75	83	多头	10/11/90
16	空头	1/5/60	50	空头	9/21/76	84	空头	6/1/92
17	多头	3/8/60	51	多头	11/10/76	85	多头	10/9/92
18	空头	6/9/60	52	空头	12/31/76	86	空头	1/31/94
19	多头	10/25/60	53	多头	2/28/78	87	多头	4/4/94
20	空头	12/13/61	54	空头	9/8/78	88	空头	3/11/97
21	多头	6/26/62	55	多头	11/14/78	89	多头	4/11/97
22	空头	8/22/62	56	空头	10/5/79	90	空头	8/6/97
23	多头	10/23/62	57	多头	11/7/79	91	多头	10/27/97
24	空头	5/14/65	58	空头	2/13/80	92	空头	7/17/98
25	多头	6/28/65	59	多头	4/21/80	93	多头	8/31/98
26	空头	2/9/66	60	空头	11/20/80	94	空头	8/25/99
27	多头	10/7/66	61	多头	12/11/80	95	多头	10/15/99
28	空头	9/25/67	62	空头	4/27/81	96	空头	1/14/00
29	多头	3/21/68	63	多头	9/25/81	97	多头	3/7/00
30	空头	11/29/68	64	空头	12/4/81	98	空头	4/11/00
31	多头	5/26/70	65	多头	3/8/82	99	多头	5/26/00
32	空头	4/28/71	66	空头	5/7/82	100	空头	9/6/00
33	多头	8/10/71	67	多头	8/11/82	101	多头	10/18/00
34	空头	9/8/71	68	空头	11/28/83			
35	多头	11/23/71	69	多头	6/15/84			

朱格拉周期，8至10年周期

1860年，克里门特·朱格拉基于对银行、利率、股票价格、企业倒闭、专利颁发、生铁价格以及各种其他现象的数据研究，第一次观测到一个持续8至10年的一般经济周期。朱格拉周期成为股票价格 10 年周期的 10 年形态以及 9.25 年周期的朱格拉波浪的基础。自 1834 以来该周期已经重复了 16 次。伊恩·诺特利通过巴特尔斯概率检验发现，9.25 年周期不是偶然发生的，5000 次中出现绝不止一次。请注意，8 至 10 年大约是 17.70 年战争周期的一半（参见"战争周期"）。

按照《金融危机和 56 年周期》（澳大利亚布鲁诺博 2480 号双棕榈）作者大卫·麦克明的观点，太阳、月亮及月亮交点相互之间 0 度和 180 度夹角，每 9 个太阳年重复一次，相差不超过 1 度（参见"占星术，天文周期的金融领域应用"）。

我们的 25%滤波器（来自我们的观测周期长度表）揭示了一个 7.95 年周期，该 7.95 年周期大约是著名的 4 年周期的两倍，7.95 年周期的简单移动平均线有效平滑了 7.95 年或更短的筑巢周期。

4 年周期（基钦周期）和 49 至 58 年长周期（康德拉季耶夫周期）

两个 2.03 年周期（来自我们的观测周期长度表）合计为 4.06 年，而 4 个 1.02 年周期合计为 4.08 年。因诸如罗斯柴尔德等交易者，4 年周期享誉了超过一个世纪。1923 年，哈佛教授约瑟夫·基钦展示了 1890 年至 1922 年期间 4 年周期对英国和美国银行清算、批发价格和利率的影响。比尔·默里迪恩将 4 年周期与美国总统选举周期及火星—灶神星周期联系在一起（参见"占星术，天文周期的金融领域应用"）。

4 年周期表（在下一页）说明了从 1896 年开始道琼斯工业平均指数重要市场价格低点之间的实际观测周期长度，这些底部大多出现在美国中期选举之前。标记为时间的列，代表以"时间（年）"（含年转换为小数部分）表示的重要低点之间的持续时间，是最近的日期和紧跟上一行的之前日期之间的差值。

大约 13 个 4 年周期构成长周期，从 49 年到 58 年不等。克拉克在 1847 发现了经济数据中的这一周期，后来，它由 W.S. 杰文斯和 N.D. 康德拉季耶夫重新发现。我们已经（在筑巢周期中）注意到，三个 17.7 年至 18.24 年合计为 53.10 年至 54.72 年，这恰好在长周期范围内。

自从 1885 年以来，美国股市的市场价格低点或底部之间的长周期平均持续了 53.94 年，长周期表（在第 183 页）显示了所有可用的数据，该表以 1896 年后每日道琼斯工业平均指数为基础。最早三个日期（1885、1890 和 1893 年）的数据是标准普尔公布的月平均价格，在这里我们假设最低点出现在月中即 15 日。

长周期

低点日期			DJIA	时间
月	日	年	价格	（年）
8	10	1896	29.64	
6	23	1900	53.68	3.87
11	9	1903	42.15	3.38
11	15	1907	53.00	4.02
9	25	1911	72.94	3.86
12	24	1914	53.17	3.25
12	19	1917	65.95	2.99
8	24	1921	63.90	3.68
3	30	1926	135.20	4.60
7	8	1932	40.60	6.27
3	31	1938	97.50	5.73
4	28	1942	92.70	4.08
10	30	1946	160.50	4.51
6	14	1949	160.60	2.62
9	15	1953	254.40	4.25
10	22	1957	416.20	4.10
6	25	1962	524.60	4.68
10	10	1966	735.70	4.29
5	26	1970	627.50	3.63
12	9	1974	570.00	4.54
3	1	1978	736.75	3.23
8	9	1982	770.00	4.44
8	4	1986	1730.60	3.99
10	11	1990	2344.31	4.19
4	4	1994	3520.80	3.48
9	1	1998	7400.30	4.41
			平均	4.08

利率和股票价格长周期

特许市场技术分析师查尔斯.D.柯克帕里克，在他的查尔斯.H.道氏奖获奖论文《利率和股票价格的长周期》中发现。在过去的200年里，每一个时期，在长期利率下降和股市上涨的每一期间，总是跟随着一个主要的股市崩盘。长期利率下降意味着通货紧缩，这最终被证明对股市是有害的，股市崩盘是在市场跌破其过去4年（40个月）周期价格低位时得到确认的。例如，最近40月周期底部于1998年8月31日创出，DJIA收盘价低点为7539.07点。如果这个底部被跌破，它可能会预示美国股市具有大幅下跌风险。

柯克帕里克集团公司提供柯克帕里克的研究：科罗拉多州贝菲尔德第502县级公路第7669号，邮编81122，电子邮箱 keikco@capecod.net。

长周期

低点日期			加上	低点日期		
月	日	年	年数	月	日	年
1	15	1885	53.21	3	31	1938
12	15	1890	51.37	4	28	1942
8	15	1893	53.21	10	30	1946
8	10	1896	52.84	6	14	1949
6	23	1900	53.23	9	15	1953
11	9	1903	53.95	10	22	1957
11	15	1907	54.61	6	25	1962
9	25	1911	55.04	10	10	1966
12	24	1914	55.42	5	26	1970
12	19	1917	56.97	12	9	1974
8	24	1921	56.52	3	1	1978
3	30	1926	56.36	8	9	1982
7	8	1932	54.07	8	4	1986
3	31	1938	52.53	10	11	1990
4	28	1942	51.93	4	4	1994
10	30	1946	51.84	9	1	1998
		平均	53.94			

战争周期和49年至58年长周期

战争周期与经济和金融周期有关，尤其是与通货膨胀、通货紧缩、衰退和萧条的周期有关。对战争的预期，尤其是对战争的恐惧，对股票价格是看跌的。投资者显然讨厌战争，虽然观测的数量远远不足以建立统计上的有效性，但美国卷入战争的长周期可能在49年至58年之间。

- 1754年法国和印度战争爆发58年之后，美国和英国之间1812年战争爆发。
- 1812战争爆发49年之后，1861年美国内战爆发。
- 1861年美国内战爆发53年后，1914年第一次世界大战爆发。

- 1898 年美西战争爆发 52 年之后，1950 年朝鲜战争爆发。
- 1914 年第一次世界大战爆发 53 年后，同在 1967 年发生美国入侵越南战争和中东战争。
- 1939 年 9 月 1 日，德国入侵波兰从而点燃第二次世界大战 51 年后，伊拉克于 1990 年 8 月 2 日入侵科威特，每一次都跟随着美国的战争准备和随后的参与战争。
- 1941 年 12 月 7 日日本轰炸珍珠港 49 年零 41 天后，由美国领导的联军于 1991 年 1 月 17 日轰炸了伊拉克。

战争周期和 17.70 年周期

周期研究的基础证实了以下历史数据集的周期性，其中一些可能是相关的：
- 17.70 年战争周期，可以追溯到公元前 600 年。
- 17.50 年美国批发价格周期。
- 18.00 年烟煤生产周期。
- 17.33 年尼罗河洪水期周期。

三个 17.70 年周期是 53.10 年（17.70 乘以 3 等于 53.10），这与美国股票价格的长周期相当一致，平均为 53.94 年，美国股票价格长周期 53.9 年的三分之一是 17.98 年。

将我们的调查仅限于美国，从 1775 年 4 月 19 日美国殖民地民兵第一次革命战争同英军在马萨诸塞州的莱克星顿和康科德打响开始，沿时间向前数，已经有 12 个完整的 17.70 年周期：

- 在第五个 17.70 年周期末（17.70 乘以 5 等于 88.50 年），美国于 1863 年卷入内战。
- 在第八个 17.70 年周期末（17.70 乘以 8 等于 141.60 年），美国于 1916 年卷入第一次世界大战。
- 在第十个 17.70 年周期末（17.70 乘以 10 等于 177.00 年），美国于 1952 年卷入朝鲜战争。
- 在第十一个 17.70 年周期末（17.70 乘以 11 等于 194.70 年），美国于 1970 年卷入越南战争。
- 第十三个 17.70 年周期（17.70 乘以 13 等于 230.10 年）在 2005 年结束。2001 年 9 月 11 日反恐战争开始。

长期利率三年周期

长期利率3年周期表（在下一页）表明，在整个过去23年历史上的债券期货交易中，美国国债期货合约中可能存在一个3.02年周期（中值），包括上升和下降阶段。上升阶段，即1.79年的周期向上部分持续了典型3.02年完整周期的59%，而下降阶段，即1.23年的周期向下部分持续了3.02年的41%。

我们还检验了1932年至2000年的68年期间穆迪投资者服务公司Aaa级长期公司债券每月平均收益率数据，我们发现了28个波动10%或以上的方向向上或向下的趋势。这些10%收益率摆动的持续时间中值为609个日历日或20.01个月，或1.67年。1.67年摆动持续时间乘以2得出3.34年的完整周期。

尽管中值给了我们一个满意和精确的数字，但重要的是要注意，收益率波动的持续时间有很大的变化，从最小的0.17年到最大的12.09年不等。

斐波那契时间周期

罗伯特.C.迈纳用斐波那契比率为未来时间划分了比例。首先，迈纳将斐波那契时间周期比率应用于最新完成的价格摆动的持续时间，最重要的斐波那契比率是：0.382，0.500，0.618，1，1.618，2和2.618。

迈纳的替代时间投射是按先前同一方向价格摆动的时间比率来计算的，也就是说，向上摆动是按先前向上摆动的比例来计量的，而向下摆动是按先前向下摆动的比例来计量的。此外，替代时间投射可以来自比最新价格摆动更早的同向价格摆动。

迈纳指出，当价格和时间比率重合时，趋势改变的可能性非常大。

迈纳的趋势振动方法（Trend Vibration™）建立在一个趋势早期的两个定向运动基础之上：初始冲力和该冲力的初始修正浪。放在一起，这两个运动就是艾略特的一浪和二浪，迈纳将它们称作初始振动。向前预测的该初始振动时间的斐波那契比率，与接下来的转向日期相一致，包括已完成趋势的终点。

第二重要的是日数的计算，从显著的转折点开始按连续数字顺序数每一天，既使用交易日数也使用日历日数。当一日或多日计数是斐波那契数列的一个数时，趋势方向改变的概率提高。击中斐波那契数字越多，这个日期的确认和力度就越大。

长期利率三年周期

债券上涨

价格低点日	价格低点	价格高点日	价格高点	价格上涨%	年数
2/22/80	51.8873	6/13/80	72.0126	38.79	0.31
9/28/81	46.9591	5/5/83	66.0524	40.66	1.60
7/2/84	49.0233	4/17/86	87.0810	77.63	1.79
10/19/87	62.9304	10/16/89	83.1591	32.14	1.99
9/24/90	71.7288	9/7/93	100.9870	40.79	2.96
11/11/94	79.2886	1/4/96	100.8330	27.17	1.15
6/13/96	87.5706	10/5/98	111.6700	27.52	2.31
1/18/00	89.8438	11月-01	124.6942	38.79	1.79

上面最后一行是基于过去平均表现进行的预测。

均值	40.67	1.73
中值	38.79	1.79

债券下跌

价格高点日	价格高点	价格低点日	价格低点	价格下跌%	年数
9/6/77	85.5065	2/22/80	51.8873	−39.32	2.46
6/13/80	72.0126	9/28/81	46.9591	−34.79	1.29
5/5/83	66.0524	7/2/84	49.0233	−25.78	1.16
4/17/86	87.0810	10/19/87	62.9304	−27.73	1.51
10/16/89	83.1591	9/24/90	71.7288	−13.75	0.94
9/7/93	100.9870	11/11/94	79.2886	−21.49	1.18
1/4/96	100.8330	6/13/96	87.5706	−13.15	0.44
10/5/98	111.6700	1/18/00	89.8438	−19.55	1.29

均值	−24.44	1.28
中值	−23.63	1.23

数据基于CSI永久合约,按时间加权最近两期期货合约。此外,1999年12月因合约变化调整了数据。

穆迪 Aaa 级长期债券收益率：10%摆动

次数	方向	转向日期	日数	月数	年数
	向下	6/30/32			
1	向上	12/31/36	1645	54.04	4.51
2	向下	4/30/37	120	3.94	0.33
3	向上	7/31/39	822	27.00	2.25
4	向下	9/30/39	61	2.00	0.17
5	向上	4/30/46	2404	78.98	6.59
6	向下	12/31/47	610	20.04	1.67
7	向上	1/31/50	762	25.03	2.09
8	向下	6/30/53	1246	40.93	3.41
9	向上	4/30/54	304	9.99	0.83
10	向下	9/30/57	1249	41.03	3.42
11	向上	5/31/58	243	7.98	0.67
12	向下	6/30/70	4413	144.97	12.09
13	向上	2/28/71	243	7.98	0.67
14	向下	10/31/74	1341	44.05	3.67
15	向上	9/30/77	1065	34.99	2.92
16	向下	3/31/80	913	29.99	2.50
17	向上	6/30/80	91	2.99	0.25
18	向下	9/30/81	457	15.01	1.25
19	向上	5/31/83	608	19.97	1.67
20	向下	6/30/84	396	13.01	1.08
21	向上	1/31/87	945	31.04	2.59
22	向下	10/31/87	273	8.97	0.75
23	向上	9/30/93	2161	70.99	5.92
24	向下	11/30/94	426	13.99	1.17
25	向上	1/31/96	427	14.03	1.17
26	向下	4/30/97	455	14.95	1.25
27	向上	12/31/98	610	20.04	1.67
28	向下	5/31/00	517	16.98	1.42

	日数	月数	年数
中值	609	20.01	1.67
均值	886	29.11	2.43
最小值	61	2.00	0.17
最大值	4413	144.97	12.09

正如 W.D. 江恩所建议的，迈纳在计算日数时也使用 30 的倍数（具体为 30、60、90、120、150、180、210、240、270、300、330 和 360）和 36 的倍数（具体为

36、72、108、144、180、216、252、288、324 和 360），历史上以前转折点的**周年纪念日**也为他的时间分析增添了价值。

迈纳也使用**布林线**（也称标准差带和波动带）来帮助识别和确认时间/价格转折点。移动平均线上下两个标准差建立了一个包含95%价格行为的通道。在波动性相对低的盘整交易区市场中，这样的布林线表明的支撑与阻力很可靠。在趋势性市场中，趋势强烈并持续，逆趋势的折返不会超过移动平均线上轨和下轨的中轴线。在看涨趋势中，价格大多数时间都在考验上轨和移动平均线。在看跌趋势中，价格大多数时间都在考验下轨和移动平均线。

迈纳观察到，在趋势可能变化的独立确定的周期性时间点，价格经常位于一个或另一个极端轨道线处。为确认趋势改变，价格会迅速沿新趋势方向运动到相对的轨道线，显示出高度的绝对价格波动，趋势、艾略特波浪和图形形态解释都补充和完善了迈纳的周期分析。

这里引用的时间和价格投射方法是经过罗伯特 . C. 迈纳许可的改编（《动态交易》，动态交易者集团公司，亚利桑那州图森市北奥拉克尔 6336 号 326-346 室，邮编 85704）。我们推荐的这本书提供了实用的解释指南和大量实际交易案例，迈纳还开发了软件，有效地计算任何市场上的斐波那契关系，包括时间以及价格。

数据时间和价格周期

使用任何类别的技术分析，精确的数据都很关键。至少，要对图形形式中的数据进行全面的目测检查。最明显的离群值和错误应该从其他数据中脱颖而出，根据实际情况进行检查，要根据独立的数据源对其他数据进行抽样检查。

回溯测试的规则是，找到可获得的最多和最精确的数据，我们从来不嫌数据多。允许较长的数据库进行前行模拟，这是一项最强大的分析技术。

当处理不同的独立数据序列，比如用于充当股票价格买卖信号的情绪指标时，要特别注意，数据点要按正确的顺序排列。将两个数据序列粘贴到一个电子表格上，很容易看到失调的地方。

经济数据通常滞后报告，因此标注为一月份的数据实际上是在二月份或三月份报告的。因此，我们必须按报告时间滞后的数量，将数据的标注日期提前。实际市场价格的日期必须与经济数据实际报告的日期而不是标注日期相一致，我们不能在信号发生时对未得数据进行虚拟交易，我们必须坚持我们的模拟是现实的，否则我们就是在愚弄自己。例如，在经济衰退结束之日买入，并在经济衰退开始之日卖出，如果我们能够实际执行，那将是一个盈利的策略，但我们不能实际执行。因经济数据报告滞后而进行了调整，所以经济衰退择时策略的利润消失。

数据探索，数据挖掘时间和价格周期

数据探索是发现过程中不可避免的一部分。我们必须建立具体的、明确定义的解析程序，以探索大量原始数据，发现趋势、形态或变量之间的关系。如果找到一个算法，它可以应用于探索样本外看不见数据的信号，如果这富有成效，那么就可以启动实际的交易程序。我们最常用的数据探索程序的一个例子，是用"指数移动平均交叉规则"来查明基本方向趋势。在数据挖掘能正确使用时，它成为技术指标开发中的重要一步。

月内之日时间和价格周期

特许市场技术分析师阿瑟.A.梅里尔在其经典著作中开创了股票市场价格的季节性行为研究[A·梅里尔（1984），《华尔街价格行为》（第二版），纽约查帕瓜：分析出版社]。

使用日历和道琼斯工业平均指数的每日价格变动，他计算了从1897年至1983年87年期间各月内每一天DJIA上涨或下跌的次数。

测算月内从第1日到第31日的每个具体日期，梅里尔发现，在月内的前6个日历日和最后3个日历日中有明显的牛市倾向。他发现，用胜率即"上涨"日数的百分比来表示，股市在月中表现滞后。

我们独立收集了过去从1900年至2000年100年间的统计数据，我们的发现支持了梅里尔早些时候所做的17年数据研究。我们的数字（见下页）表明，每月的最后两个日历日和最初两个日历日，都可能是上涨的，其余各日更容易下跌而不是上涨。

尽管亏损日更频繁，盈利规模却大于亏损规模。正如"盈利（亏损）百分比"一列所示，对多头交易来说，31个日历日中只有14天实际上是亏钱的（平均），而31个日历日中只有17天实际上是赚钱的，而且亏损日每天亏钱数比盈利日每天赚钱数要少。因此，我们不仅需要考虑观察到的频率，还有考虑到价格运动的量级。

注意，交易总次数的一些变化源于闰年、节假日和周末。由于害怕因第一次世界大战的爆发而使股票卖出失衡，1914 年纽约证券交易所从 7 月 31 日至 12 月 11 日停业。还有，在 1952 年 5 月 26 日以前，在星期六也开市。

月内之日指标策略举例

历史数据显示，以月内之日为基础的简单策略能产生良好的交易结果，但只对多头方如此。在过去 100 年里特别是 1974 年以后，空头方是亏钱的。以 1900 年至 2000 年的 100 年期间道琼斯工业平均指数每日收盘价为基础，我们发现，如果不带主观性，不运用复杂技术分析，不妄断，而以纯机械式的趋势跟踪信号为基础，下列参数能产生良好的交易结果。

多头开仓（买入）：当每月日历显示当天是 26 日时，以 DJIA 当日收盘价买入，如果 26 日停市则在接下来的交易日买入。

多头平仓（卖出）：当每月日历显示当天是 6 日时，以 DJIA 当日收盘价卖出，如果 6 日停市则在接下来的交易日卖出。

空头开仓（卖出空头）：从不操作。

运用该月内之日策略，以 100 美元开始投资并将利润再投资，假如充分运用该投资策略进行利润再投资操作，无交易成本和税收，净利润总额将达到 155,414.94 美元，这比买入并持有策略高出 650.85%，1204 个信号中大约有 61.63% 能产生盈利性交易。空头卖出交易不包括在本策略中，在过去 100 年它会亏钱，尤其是从 1974 年以后。注意，当我们同时考虑月份时，空头交易结果要好得多。（参见"年内之月"指标）。

Equis 国际公司 MetaStock© 系统测试规则书写如下：

多头开仓：DayOfMonth( ) = opt1 OR
　　　　　DayOfMonth( ) = opt1+1 OR
　　　　　DayOfMonth( ) = opt1+2 OR
　　　　　DayOfMonth( ) = opt1+3

多头平仓：DayOfMonth( ) = opt2 OR
　　　　　DayOfMonth( ) = opt2+1 OR
　　　　　DayOfMonth( ) = opt2+2 OR
　　　　　DayOfMonth( ) = opt2+3

OPT1 当前值：26

OPT2 当前值：6

月内之日

月内之日	盈利（亏损）百分比	交易总次数	盈利交易数	亏损交易数	盈利次数占比	平均盈亏比率
1	177.32	848	445	403	0.5248	1.3447
2	233.92	893	460	433	0.5151	1.4312
3	11.66	905	437	468	0.4829	1.3038
4	2.17	831	387	444	0.4657	1.1567
5	213.69	891	441	450	0.4949	1.4400
6	-39.20	919	407	512	0.4429	1.0529
7	-16.07	912	416	496	0.4561	1.1140
8	-24.20	937	408	529	0.4354	1.1985
9	24.05	937	442	495	0.4717	1.1922
10	-7.10	938	435	503	0.4638	1.1252
11	-43.81	918	389	529	0.4237	1.1257
12	-12.00	853	393	460	0.4607	1.1239
13	69.05	927	458	469	0.4941	1.2048
14	30.30	934	443	491	0.4743	1.2110
15	40.35	941	449	492	0.4772	1.2067
16	-11.51	937	426	511	0.4546	1.1625
17	-14.84	939	430	509	0.4579	1.1228
18	-41.91	936	414	522	0.4423	1.0699
19	62.54	932	422	510	0.4528	1.3960
20	-18.60	940	406	534	0.4319	1.2415
21	-47.42	928	406	522	0.4375	1.0531
22	2.53	880	387	493	0.4398	1.2838
23	-13.69	919	411	508	0.4472	1.1751
24	-23.18	916	410	506	0.4476	1.1416
25	-14.97	841	391	450	0.4649	1.0900
26	15.88	902	410	492	0.4545	1.2587
27	21.81	925	441	484	0.4768	1.1678
28	40.99	914	436	478	0.4770	1.2266
29	172.17	867	422	445	0.4867	1.4802
30	185.49	787	408	379	0.5184	1.3322
31	79.58	523	271	252	0.5182	1.3036
平均 16.00	37.25	892.58	416.16	476.42	0.47	1.22

第二部分　市场技术指标

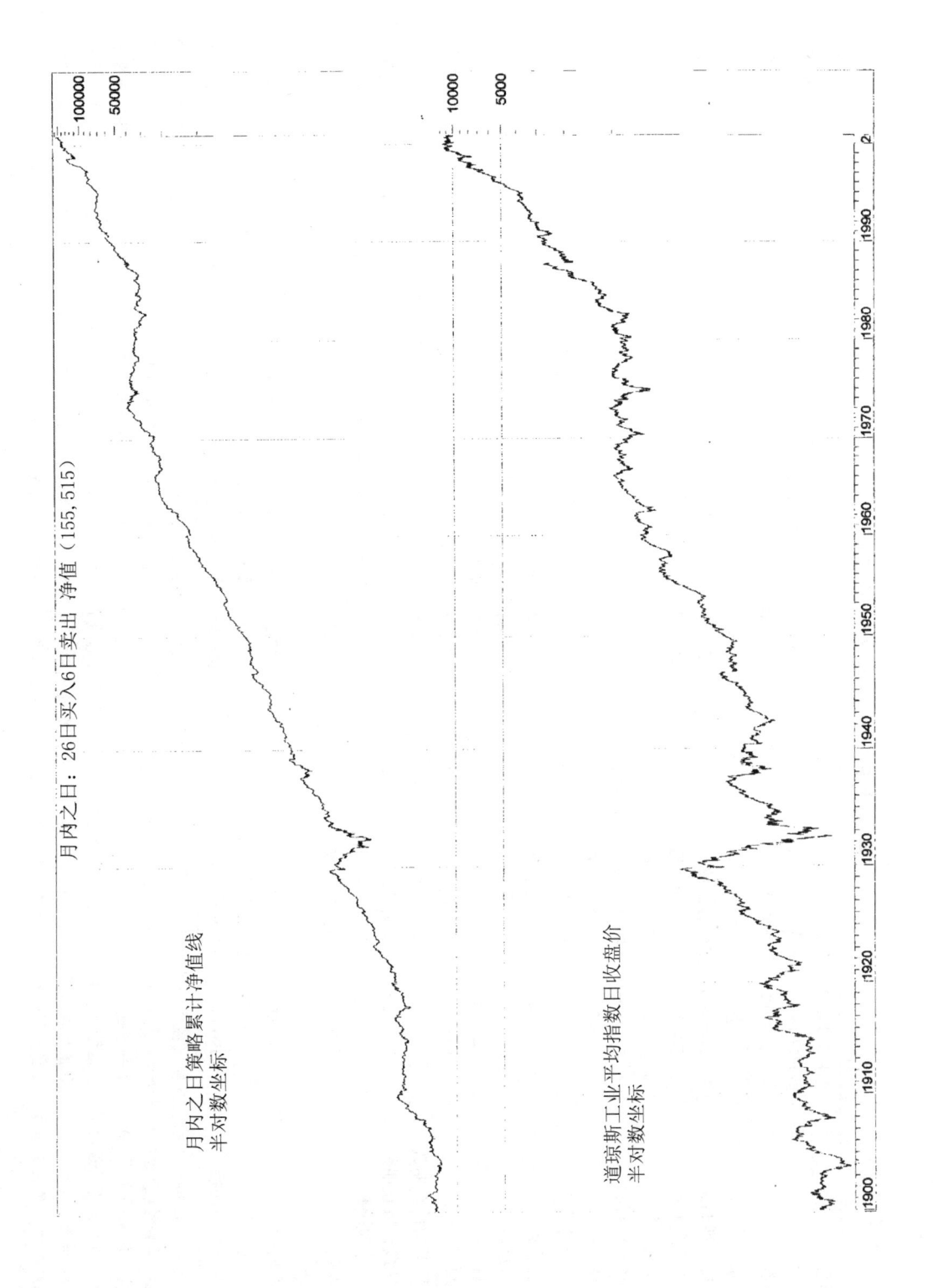

月内之日：26日买入6日卖出 净值（155, 515）

月内之日策略累计净值线
半对数坐标

道琼斯工业平均指数日收盘价
半对数坐标

月内之日,26日买入6日卖出

净利润总额	155414.94	未平仓头寸价值	无	超额净利润比率%	650.85
盈亏百分比	100	年均盈亏百分比	1539.39	年均超额净利润比率%	650.85
初始投资		利息收入	0		
当前头寸	空仓	头寸建立日期	11/6/00		
买入并持有利润总额	20698.6	测试总天数	36850	平均每笔交易天数	30.61
买入并持有利润率%	20698.6	年均买入并持有利润率%	205.02		
已平仓交易总额	1204	佣金支付总额	0		
每笔交易平均利润	129.08	平均盈利与平均亏损比率	1.18		
多头交易总数	1204	空头交易总数	0	多头交易中盈利交易占比%	61.63
盈利多头交易数	742	盈利空头交易数	0	空头交易中盈利交易占比%	#
盈利交易总数	742	亏损交易总数	462	交易总数中盈利交易占比%	61.63
盈利交易总额	32898631	亏损交易总额	-173571.44	交易总金额中净盈利金额占比%	30.92
平均盈利	443.38	平均亏损	-375.7	平均盈利中净平均盈利占比%	8.26
最大盈利	8459.17	最大亏损	-7131.32	最大盈利合计中净盈利占比%	8.52
盈利交易平均持仓期数	8.68	亏损交易平均持仓期数		盈亏持仓期数差占持仓期数比例%	-1.36
盈利交易最长持仓期数	26	亏损交易最长持仓期数	22	盈亏最长持仓期数差占最长持仓期数比例%	13.64
最大连续盈利次数	15	最大连续亏损次数	9	最大连续盈亏期数差占连续亏损期数比例%	66.67
空仓总期数	19573	平均空仓期数	22		
最长空仓期数					
系统平仓回撤	-6.64	盈亏比指数	47.24	净利润与系统未平仓回撤之比%	2295641.65
系统未平仓回撤	-6.77	风险回报指数	100	净利润同系统未平仓回撤之比%	100
最大未平仓交易回撤	-13966.65	买入并持有指数	650.85	系统未平仓回撤与净利润之比%	0

在Equis公司Metastock©"系统报告"(盈亏概览统计)中,净利润总额等于利润合计减去亏损合计,包括按市值计价的未平仓头寸。同样,亏损交易总额是指已实现利润合计(仅包括已平仓头寸),不包括任何未平仓头寸。系统平仓回撤是指基于已平仓头寸的累计净值线低于初始投资净值线的最大降幅。系统未平仓回撤(SODD)是指头寸未平仓时累计净值线低于初始投资净值线)与+100(最好可能表现)之间,0值代表盈亏相等,除非另有说明。交易按信号价格执行,交易按执行,统计分析中不包括交易成本、利息费用和利润。假设为100美元。多头交易和空头交易都进行,除非另有说明。交易按信号价格执行,交易出现当天收盘价格执行,统计分析中不包括交易成本、利息费用和利润。

— 180 —

月内之日加年内之月指标策略举例

一个更复杂的策略同时考虑月内特定之日和年内之月,如果不带主观性,不运用复杂技术分析,不妄断,而以纯机械式的趋势跟踪信号为基础,能产生更加良好的交易结果。

多头开仓(买入):每年在 10 月 27 日以 DJIA 当日收盘价买入,如果 10 月 27 日停市则在接下来的交易日买入。

多头平仓(卖出):每年在 9 月 5 日以 DJIA 当日收盘价卖出,如果 9 月 5 日停市则在接下来的交易日卖出。

空头开仓(卖出空头):每年在 9 月 5 日以 DJIA 当日收盘价卖出空头,如果 9 月 5 日停市则在接下来的交易日卖出空头。

空头平仓(平仓):每年在 10 月 27 日以 DJIA 当日收盘价平仓空头,如果 9 月 5 日停市则在接下来的交易日平仓空头。

运用该季节性策略,以 100 美元开始投资并将利润再投资,假如充分运用该投资策略进行利润再投资操作,无交易成本和税收,多空交易净利润总额将达到 644,466.56 美元,这比买入并持有策略高出 3,013.58%,199 个信号中大约有 61.81%能产生盈利性交易。即使包括在本策略中的空头卖出交易,在 1982 年以来的大牛市期间也是赚钱的。

Equis 国际公司 MetaStock© 系统测试规则书写如下:

多头开仓:(Month( ) = opt1 AND DayOfMonth( ) = (opt2+0)) OR
(Month( ) = opt1 AND DayOfMonth( ) = (opt2+1)) OR
(Month( ) = opt1 AND DayOfMonth( ) = (opt2+2)) OR
(Month( ) = opt1 AND DayOfMonth( ) = (opt2+3)) OR
(Month( ) = opt1 AND DayOfMonth( ) = (opt2+4))

多头平仓:(Month( ) = opt3 AND DayOfMonth( ) = (opt4+0)) OR
(Month( ) = opt3 AND DayOfMonth( ) = (opt4+1)) OR
(Month( ) = opt3 AND DayOfMonth( ) = (opt4+2)) OR
(Month( ) = opt3 AND DayOfMonth( ) = (opt4+3)) OR
(Month( ) = opt3 AND DayOfMonth( ) = (opt4+4))

空头开仓:(Month( ) = opt3 AND DayOfMonth( ) = (opt4+0)) OR

(Month( ) = opt3 AND DayOfMonth( ) = (opt4+1)) OR

(Month( ) = opt3 AND DayOfMonth( ) = (opt4+2)) OR

(Month( ) = opt3 AND DayOfMonth( ) = (opt4+3)) OR

(Month( ) = opt3 AND DayOfMonth( ) = (opt4+4))

空头平仓：(Month( ) = opt1 AND DayOfMonth( ) = (opt2+0)) OR

(Month( ) = opt1 AND DayOfMonth( ) = (opt2+1)) OR

(Month( ) = opt1 AND DayOfMonth( ) = (opt2+2)) OR

(Month( ) = opt1 AND DayOfMonth( ) = (opt2+3)) OR

(Month( ) = opt1 AND DayOfMonth( ) = (opt2+4))

OPT1 当前值：10

OPT2 当前值：27

OPT3 当前值：9

OPT4 当前值：5

来自耶鲁·赫希《股票交易者年鉴》的每月之日的独立研究

实际历史业绩数据（见下一页），量化了每个月每一特定日标准普尔 500 指数价格上涨次数的百分比，每年更新于耶鲁·赫希《股票交易者年鉴》：赫希组织集团公司，新泽西州老塔潘区中央大街 184 号，邮编 07675，第 138 页，网址 www.stocktradersalmanac.com。赫希年鉴提供的年度更新，包括各种各样有趣的基于日历的统计研究。

第二部分 市场技术指标

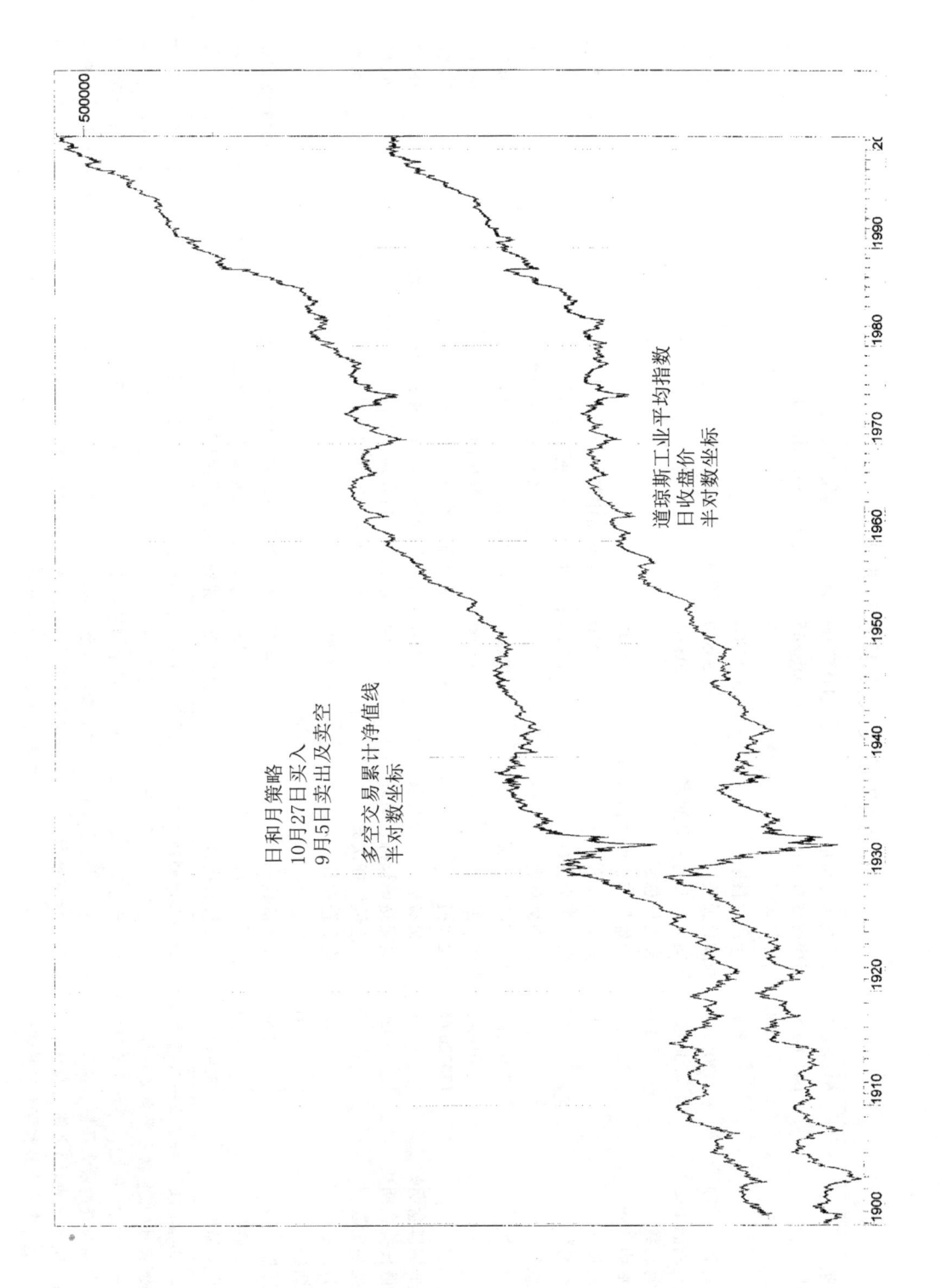

10月27日买入，9月5日卖出

项目	值	项目	值
净利润总额	644466.56	未平仓头寸价值	-11857.09
盈亏百分比	644466.56	年均盈亏百分比	6383.45	超额利润比率%	3013.58
初始投资	100	利息收入	0	年均超额净利润比%	3013.58
当前头寸	多头	头寸建立日期	10/27/00		
买入并持有利润总额	2698.6	测试总天数	36850	平均每笔交易天数	185.18
买入并持有利润率%	2698.6	年均买入并持有利润率%	205.02		
已平仓交易总额	199	佣金支付总额	0		
每笔交易盈利与平均亏损比率	3298.11	平均盈利与平均亏损比率	5.47		
多头交易总数	99	空头交易总数	100	多头交易中盈利交易占比	67.68
盈利多头交易数	67	盈利空头交易数	56	空头交易中盈利交易占比	56.00
盈利交易总数	123	亏损交易总数	76	交易总数中盈利交易占比	61.81
盈利交易总金额	739821.5	亏损交易总金额	-83497.89	交易总金额中净盈利金额占比%	79.72
平均盈利	6014.81	平均亏损	-1098.66	平均盈亏总额中净平均盈利占比%	69.11
最大盈利	130720.66	最大亏损	-18789.31	最大盈亏合计中净盈利占比%	74.87
盈利交易平均持仓期数	147.6	亏损交易平均持仓期数	124.91	盈亏持仓期数差占亏损持仓期数比例%	18.17
盈利交易最长持仓期数	450	亏损交易最长持仓期数	264	盈亏总数持仓期数差占最长亏损持仓期数比%	70.45
最大连续盈利次数	7	最大连续亏损次数	4	最大连续盈亏期数差占连续亏损期数比例%	75.00
空仓总期数	204	平均空仓期数	204		
最长空仓期数	204				
系统平仓回撤	-2.56	盈亏比指数	88.53	净利润与系统未平仓回撤之比%	15199683.02
系统未平仓回撤	-4.24	风险回报指数	100	净利润同系统未平仓回撤之差与净利润之比%	100
最大未平仓交易回撤	-32949.94	买入并持有指数	2956.29	系统未平仓回撤与净利润之比%	0

在 Equis 公司 Metastock© "系统报告"（盈亏概览统计）中，净利润总额等于利润合计减去亏损合计，不包括任何未平仓头寸。净利润总额，不包括任何未平仓头寸（仅包括已平仓头寸）。相对地，盈利交易总金额，不包括任何未平仓头寸（仅包括已平仓头寸）。同样，亏损交易总金额是指已平仓交易所有亏损总额。系统平仓回撤是指基于已平仓头寸的累计净投资降幅；系统未平仓回撤（SODD）是指未平仓头寸时累计净值曲线低于初始投资的最大降幅。盈亏比指数是指净利润总额与亏损总金额的比率，值的范围是 -100（最差可能表现）与 +100（最好可能表现）之间，0 值代表盈亏相等。风险回报指数等于系统未平仓回撤的差再除以净利润总额。在本次演练交易中，初始投资假设为 100 美元。多头交易和空头交易都进行，除非另有说明。交易按信号出现当天收盘价格执行，统计分析中不包括交易成本、利息费用和利润。

周内之日

特许市场技术分析师阿瑟·A.梅里尔在其经典著作中开创了股票市场价格的季节性行为研究［A·梅里尔（1984）《华尔街价格行为》（第二版），纽约查帕瓜：分析出版社］。

使用日历和道琼斯工业平均指数每日价格变化，他计算了从1952年到1983年的31年期间各周中每日市场上涨或下跌的次数。

衡量周内每一特定日（星期一、星期二、星期三、星期四和星期五），梅里尔发现，交易周内的后三个日历日有强势看涨偏向，由强到弱依次为星期五、星期三和星期四。他发现，星期二稍好一些，而星期一亏损的时候要多得多。

梅里尔发现，DJIA在周内每一天平均上涨的时间占52.1%。星期二、星期三和星期四与正常情况偏离不远，上涨的时间分别占50.5%、55.2%和53.2%。星期一和星期五偏离比较远：星期一看跌，市场上涨的时间仅占43.6%；而星期五看涨，市场上涨的时间占57.7%。

对于从1952年5月26日星期一至2000年11月22日星期三的过去48年的统计数据，我们进行了独立的计算。

2001年标准普尔500指数市场表现概率图
全年任一交易日市场上涨的可能性*

（以1953年1月至1999年11月特定交易日标准普尔500指数上涨的次数为基础）

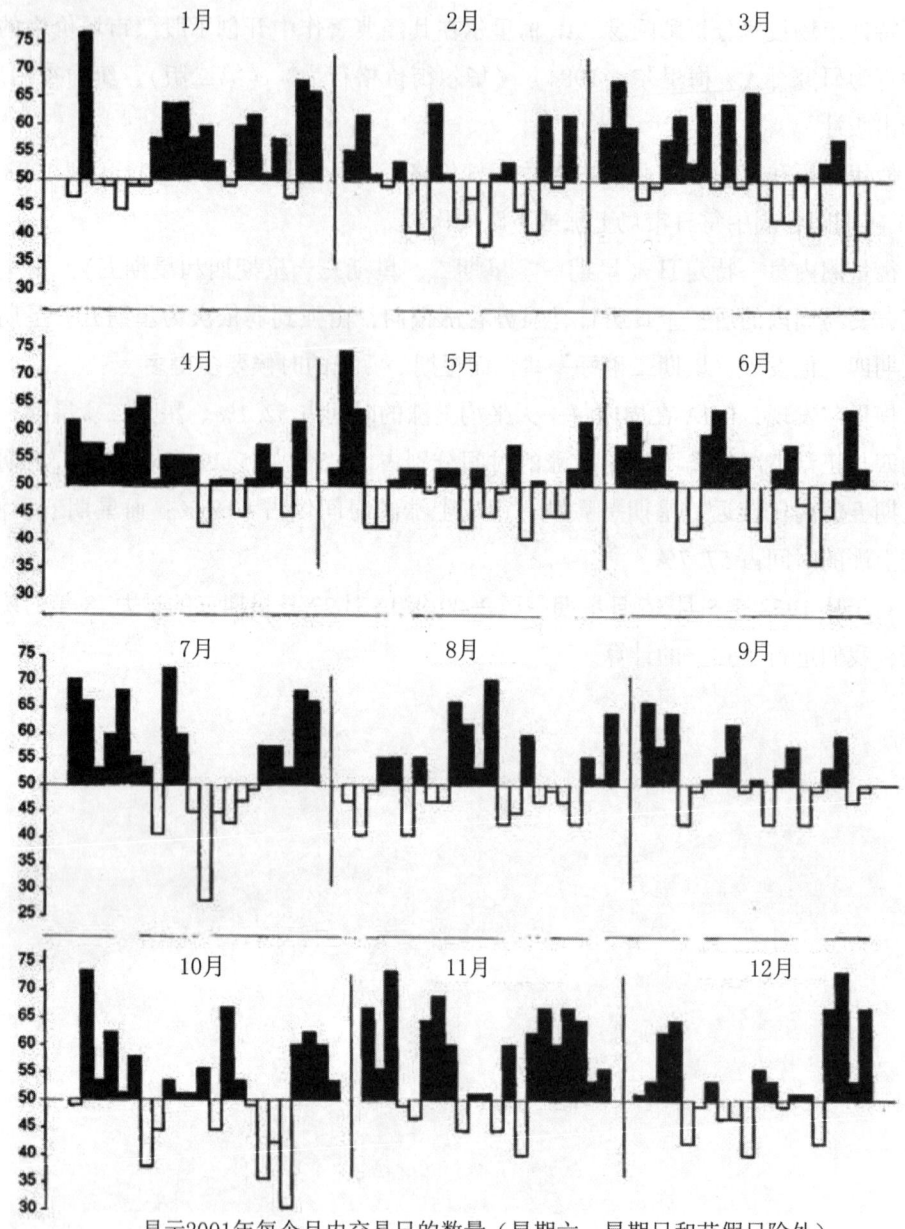

显示2001年每个月内交易日的数量（星期六、星期日和节假日除外）
188页内容的图形表示
参见76、94、96和134页新趋势的发展变化

经耶鲁·赫希《股票交易者年鉴》许可转载：赫希组织集团公司，新泽西州老塔潘区中央大街184号，邮编07675，www.stocktradersalmanac.com。

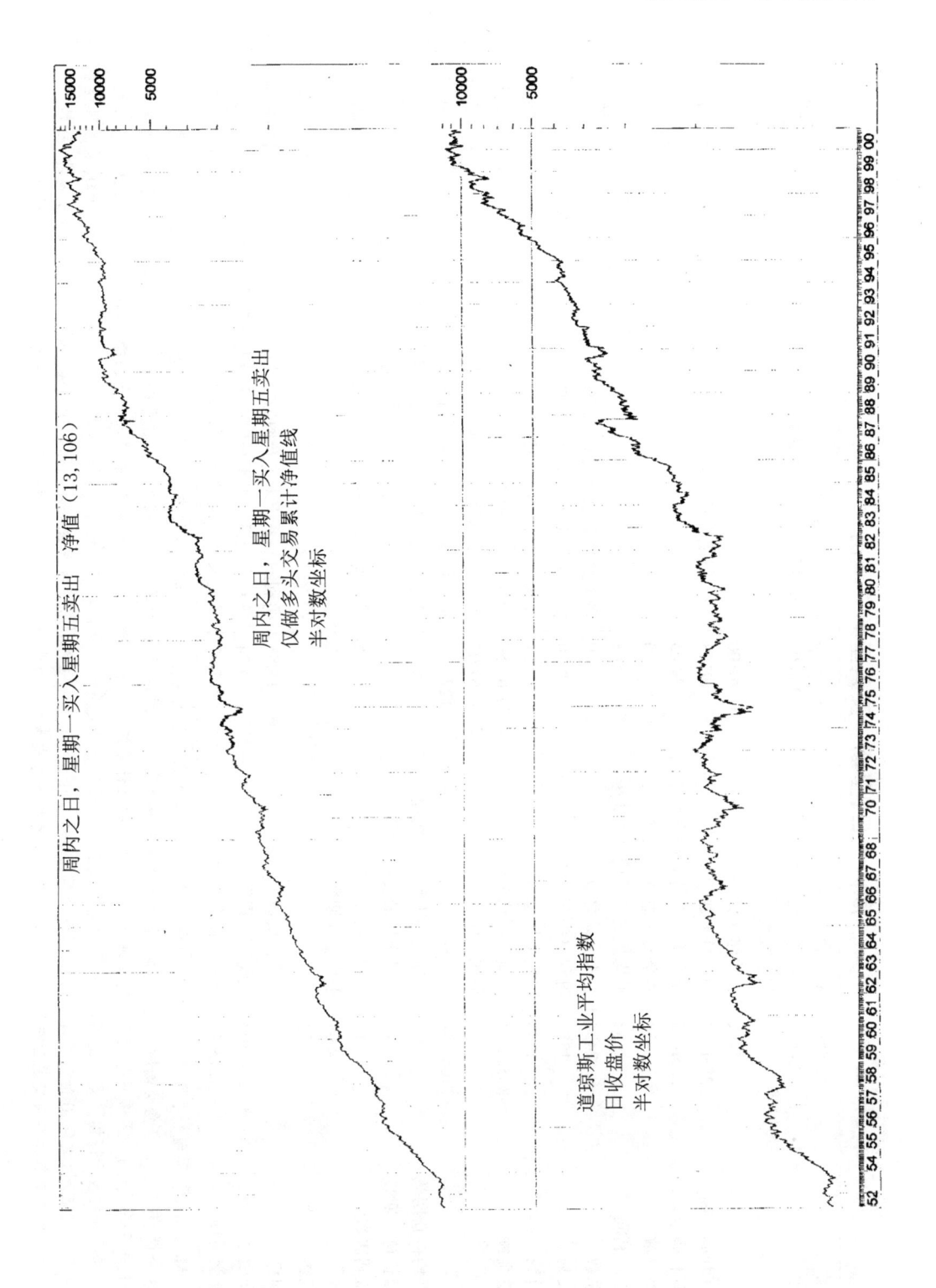

周内之日，星期一买入星期五卖出 净值（13,106）

周内之日，星期一买入星期五卖出
仅做多头交易累计净值线
半对数坐标

道琼斯工业平均指数
日收盘价
半对数坐标

周内之日，星期一买入星期五卖出

净利润总额	13006.5	未平仓头寸价值	13006.5
盈亏百分比	100	年均盈亏百分比	-79.78	超额净利润比率%	239.05
初始投资		利息收入	268.02	年均超额净利润比率%	239.05
当前头寸	多头	头寸建立日期	0		
买入并持有利润总额	3836.15	测试总天数	10/20/00		
买入并持有利润率%	3836.15	年均买入并持有利润率	17713	平均每笔交易天数	7.28
已平仓交易总数	2434	佣金支付总额	79.05		
每笔交易平均利润	5.38	平均盈利与平均亏损比率	0		
多头交易总数	2434	空头交易总数	0.9	多头交易中盈利交易占比%	56.82
盈利多头交易数	1383	盈利空头交易数	0	空头交易中盈利交易占比%	#
盈利交易总数	1383	盈亏交易总数	1051	交易总数中盈利交易占比%	56.82
盈利交易总金额	83575.84	亏损交易总金额	-70489.59	盈利交易总金额中净盈利金额占比%	8.49
平均盈利	60.43	平均亏损	-67.07	盈亏总额合计中净盈利占比%	-5.21
最大盈利	1051.41	最大亏损	-1273.47	最大盈亏持仓期数比例%	-9.55
盈利交易平均持仓期数	5.01	亏损交易平均持仓期数	5.02	盈亏持仓期数差占最长持仓期数比%	-0.20
盈利交易最长持仓期数	13	亏损交易最长持仓期数	13	最长盈亏持仓期数差占最长持仓期数比%	0.00
最大连续盈利次数	12	最大连续亏损次数	6	最大连续盈亏期数比占连续亏损期数比例%	100.00
空仓总期数	4868	空头总期数	2		
最长空仓期数	2				
系统平仓回撤	0	盈亏比指数	15.58	净利润与系统平仓回撤之比%	13006.50
系统未平仓回撤	-100	风险回报指数	99.24	净利润同系统未平仓回撤之差与净利润之比%	99.23
最大未平仓交易回撤	-1273.47	买入并持有指数	236.97	系统未平仓回撤与净利润之比%	-0.77

在 Equis 公司 Metastock© "系统报告"（盈亏概览统计）中，净利润总额等于利润合计减去亏损合计，包括市值计价的未平仓头寸。相对地，盈利交易所有盈利金额合计，指已实现利润合计（仅包括已平仓头寸）。同样，亏损交易总金额是指已实现亏损的最大降幅。系统平仓回撤是指基于已平仓头寸的账户价值最大降幅。系统未平仓回撤（SODD）是指头寸未平仓时累计净值线低于初始投资的最大降幅。盈亏比指数是关于平均盈利与平均亏损的一个复杂计算结果，值的范围位于-100（最差可能表现）与+100（最好可能表现）之间，0值代表盈亏相等，风险回报指数等于指数平仓回撤总额减去系统未平仓回撤总额再除以初始投资。在本次演练交易中，初始投资假设为100美元。多头交易和空头交易都执行，除非另有说明。交易按信号出现当天收盘价格执行，统计分析中不包括交易成本、利息费用和利润。

我们的发现完全支持梅里尔在盈利日频率上的发现，结果精确符合他的排名顺序。星期五最好，后面是星期三、星期四，然后是星期二稍好一些。星期一依然是亏损的时候多于盈利的时候，而且星期一是一周中唯一亏损的一天。然而，星期一亏损的频率不如之前梅里尔17年测试中发现的那么糟糕，可能由于1982年至2000年出现大牛市的原因。

就价格运动的"量级"而言，星期三表现出最好的收益，星期一是一周中唯一亏钱的一天。

注意，在1952年5月26日星期一以前，在星期六也进行交易，包括该日期以前的数据会使测试结果变形。因此，本研究中不包括1952年5月26日以前的数据。

周内之日	盈利（亏损）百分比	交易总次数	盈利交易数	亏损交易数	盈利次数占比	平均盈亏比率
星期一	-69.97	2434	1170	1264	0.4807	0.7994
星期二	155.77	2358	1190	1168	0.5047	1.1256
星期三	518.41	2486	1345	1141	0.5410	1.0315
星期四	109.52	2480	1296	1184	0.5226	0.9858
星期五	295.48	2452	1329	1123	0.5420	0.9703
平均16.00	201.84	2442	1266	1176	0.5182	0.9825

注意，由于闰年、节假日和周末的存在，交易总次数会有一些变化。星期二次数较少，反映出星期一为节假日的频率较高。我们的规则是，星期一收盘时买入星期二收盘时卖出，当星期一停市时没有交易进行。

周内之日指标策略举例

表中最好的策略很明显：在星期一收盘时买入，在星期二收盘时卖出。历史数据显示，这一简单的策略（以周内之日为基础）对于仅做多头交易能产生良好的交易结果。尽管在过去48年里空头一方也能赚钱，但自从1987年11月30日起空头卖出交易是亏钱的，所以空头卖出交易不包括在该显示结果中。以1952年5月26日至2000年11月22日的48年期间道琼斯工业平均指数每日收盘价为基础，我们发现，如果不带主观性，不运用复杂技术分析，不妄断，而以纯机械式的趋势跟踪信号为基础，下列参数能产生良好的交易结果。

多头开仓（买入）：当日历显示当天是星期一、星期二、星期三或星期四时，以先到者为准，以 DJIA 当日收盘价买入。这种日期排列是必要的，以免星期一是节假日时错过某一周的交易。

多头平仓（卖出）：当日历显示当天是星五时，以 DJIA 当日收盘价卖出。如果由于节假日原因某一周交易日没有星期五，则持仓至下一个周五。

空头开仓（卖出空头）：从不操作。

运用该仅做多头交易的周内之日策略，以 100 美元开始投资并将利润再投资，假如充分运用该投资策略进行利润再投资操作，无交易成本和税收，净利润总额将达到 13,006.50 美元。这比买入并持有策略高出 239.05%，2434 个信号中大约有 56.82% 能产生盈利性交易。空头卖出交易不包括在本策略中，从 1952 年至 1987 年它是赚钱的，但自从 1987 年 11 月 31 日以后它是亏钱的。

Equis 国际公司 MetaStock© 系统测试规则书写如下：

多头开仓：DayOfWeek( ) = opt1 OR

DayOfWeek( ) = opt1+1 OR

DayOfWeek( ) = opt1+2 OR

DayOfWeek( ) = opt1+3

多头平仓：DayOfWeek( ) = opt2

OPT1 当前值：1

OPT2 当前值：5

十年形态，十年周期

传统上，每一年要用数字来记。十年周期指标的基础是，表示年份的尾数数字可能与股价表现有关。这种日历研究是由埃德加·劳伦斯·史密斯开创的［E. L. 史密斯（1932）《盛衰与世事》，纽约：麦克米伦出版公司（1959）以及《普通股和商业周期》，威廉·弗雷德里克出版社］。安东尼·贾比斯对这项研究做出了贡献。

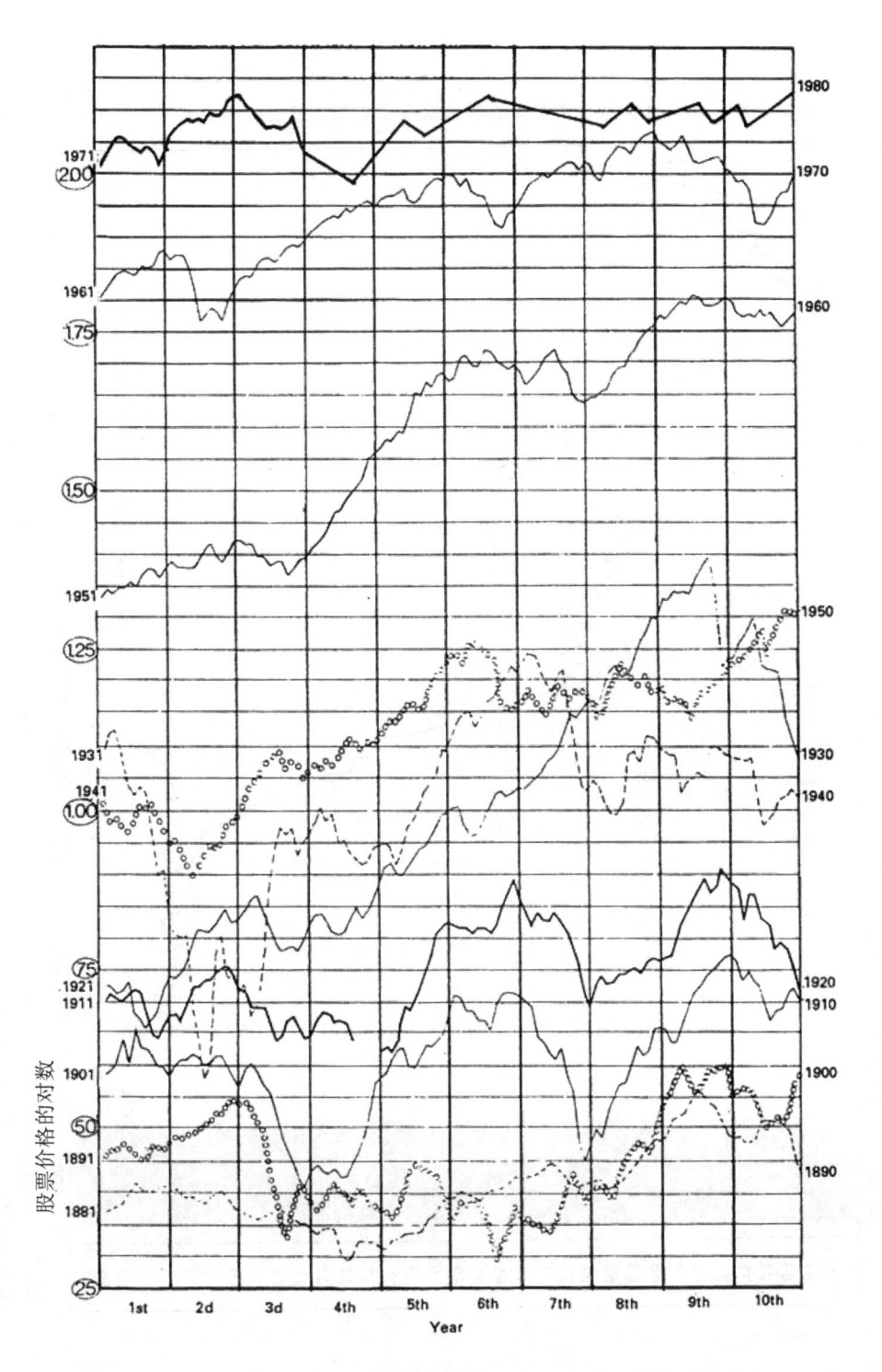

图表源自埃德森·古尔德《1974年股票市场预测》,马丁.J.普林改编并更新了1974-1980年的预测。经马丁.J.普林许可转载:《技术分析解析:成功投资者发现投资趋势和转折点指南》第四版,麦格劳—希尔教育出版公司,2002;第379页,共560页。

道琼斯工业平均指数10年期的"十年形态"

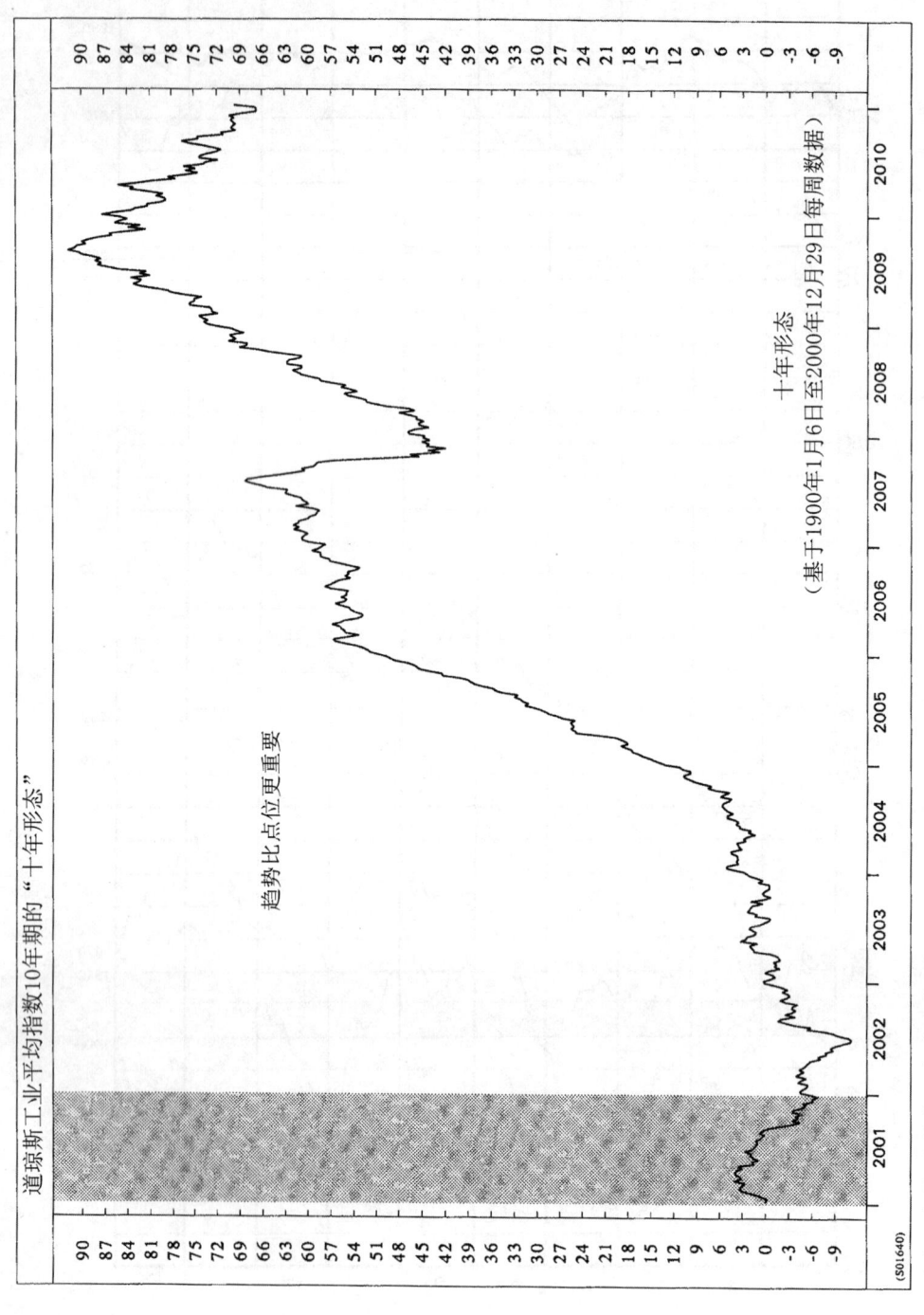

趋势比点位更重要

十年形态
(基于1900年1月6日至2000年12月29日每周数据)

图表经内德·戴维斯研究公司许可

十年股票市场周期

道琼斯工业平均指数年均变动%
十年之年份

十年	第1年	第2年	第3年	第4年	第5年	第6年	第7年	第8年	第9年	第10年
1881—1890	3.0	-2.9	-8.5	-18.8	20.1	12.4	-8.4	4.8	5.5	-14.1
1891—1900	17.6	-6.6	-24.6	-0.6	2.3	-1.7	21.3	22.5	9.2	7.0
1901—1910	-8.7	-0.4	-23.6	41.7	38.2	-1.9	-37.7	46.6	15.0	-18.0
1911—1920	0.5	7.6	-10.3	-5.1	81.7	-4.2	-21.7	10.5	30.5	-32.9
1921—1930	12.7	21.7	-3.3	26.2	30.0	0.3	28.8	48.2	-17.2	-33.8
1931—1940	-52.7	-23.1	66.7	4.1	38.5	24.8	-32.8	28.1	-2.9	-12.7
1941—1950	-15.4	7.6	13.8	12.1	26.6	-8.1	2.2	-2.1	12.9	17.6
1951—1960	14.4	8.4	-3.8	44.0	20.8	2.3	-12.8	34.0	16.4	-9.3
1961—1970	18.7	-10.8	17.0	14.6	10.9	-18.9	15.2	4.3	-15.2	4.8
1971—1980	6.1	14.6	-16.6	-27.6	38.3	17.9	-17.3	-3.1	4.2	14.9
1981—1990	-9.2	19.6	20.3	-3.7	27.7	22.6	2.3	11.8	27.0	-4.3
1991—2000	20.3	4.2	13.7	2.1	33.5	26.0	22.6	16.1	25.2	
变动合计	7%	40%	41%	89%	369%	72%	-38%	222%	111%	-81%
上涨年数	8	7	5	7	12	7	6	10	9	4
下跌年数	4	5	7	5	0	5	6	2	3	7

基于每年年收盘价
1981—1985 考尔斯指数

经耶鲁·赫希《股票交易者年鉴》许可转载；赫希组织集团公司；新泽西州老塔潘区中央大街184号，邮编07675，网址 www.stocktradersalmanac.com。

晚些时候艾德森·古尔德的研究涵盖1881年至1970年共89年，编制了十年周期每一年的平均趋势情况。如205页内德·戴维斯研究公司图形所示，从第九年第四季度的高点到第二年中期的主要市场低点，有一个相当稳定和巨大的下降趋势。在第二年的第三季度，有一个短暂但猛烈的反弹。在该短暂反弹以后，股价向更高位运行，直到第四年。第五年上涨猛烈，没有重大回调。在第六年有适当的回调，股票价格小幅上涨至第七年的第三季度，接下来剧烈回调至年末。第八年和第九年的前三个季度再次猛烈上涨，没有明显的回调。从第九年的第四季度，再次开始相当稳定和巨大的下降趋势，直到第二年中期的低点。注意，这些只是过去表现的平均趋势，不是严格的市场规则。还有，对于1982年中期主要市场低点、1987年第三季度剧烈回调的开始以及2000年至2002年巨大下跌趋势，它们有些准备性价值。

在耶鲁·赫希公司的《股票交易者年鉴》（赫希组织集团公司：新泽西州老塔潘区中央大街184号，邮编07675，www.stocktradersalmanac.com）中，每年会更新十年周期的历史表现统计，该年鉴提供十年周期和其他稀奇有用的基于日历的统计研究的年度更新。

对于道琼斯工业平均指数，以5结尾的年份是到目前为止最好的年份，比如2005年。5结尾的年份已经连续12次上涨，自从1881年以来每个十年内都是上涨的。12次盈利在2%至82%之间，平均盈利29%。

对于道琼斯工业平均指数，以8结尾的年份是其次最好的年份，比如2008年，自从1881年以来12次8结尾的年份中有10次上涨。8结尾的年份上涨趋势的例外是1948年和1978年的轻微下跌，亏损仅分别为2%和3%。以8结尾的年份的平均表现为盈利14%。

第九年值得表扬，上涨的时间占75%。第一年上涨的时间占三分之二。

对于道琼斯工业平均指数，以0结尾的年份是到目前为止最差的年份，比如2000年和2010年。自从1881年以来12次0结尾的年份中有8次下跌，包括最近的1990年和2000年。8次下跌在4%至34%之间，平均亏损13%。

以3结尾的年份是其次最差的年份，比如2003年。自从1881年以来12次3结尾的年份中有7次下跌，7次下跌年份中有3次亏损17%至25%。以3结尾的年份的平均表现为亏损14%。

对于道琼斯工业平均指数，以7结尾的年份也是相对较差的年份，比如2007年。自从1881年以来7结尾的年份中有半数时间下跌（12次中有6次）。6次下跌年份中有4年是真正熊市，亏损17%至38%。以7结尾的年份的平均表现为亏损3%。

以4、6和2结尾的年份依次更加混乱，但总体上稍稍上涨，市场平均上涨一位数，这些年份12次中有7次上涨。

DEMA

参见"双指数移动平均线"指标。

需求指标（DI）

需求指标是以价格变动、成交量和波动性为基础的动量摆动指标，它由杰姆斯·西贝特设计，作为价格变动的领先指标。按照托马斯·E. 艾斯普瑞的观点（"需求指标微调"，《股票和商品期货技术分析》第 4 卷第 4 期第 141—143 页，www.traders.com），DI 建立在买入压力（BP）对卖出压力（SP）比率的基础之上。如果 BP 大于 SP，那么赋予该比率一个正号。但如果 SP 大于 BP，那么赋予该比率一个负号。如果今日价格上涨，买入压力（BP）被定义为总成交量，而卖出压力（SP）被定义为今日总成交量除以今日调整后价格变动。另一方，如果今日价格下跌，SP 被定义为今日总成交量，而 BP 被定义为今日总成交量除以今日调整后价格变动。今日调整后价格变动由两部分来确定：第一，计算从昨日收盘价至今日收盘价的价格百分比变动；第二，用该百分比价格变动乘以今日波动性调整后价格的 3 倍。今日波动性调整后价格是今日收盘价除以价格变动的 10 日均线，价格变动被定义为最近两个交易日的最高高点减去最低低点。

幸运的是，DI 的复杂公式在 MetaStock© 软件中的预编程序，除了 y 轴的范围为 +100 至 -100 这点不同外，其他同西贝特原始公式完全一样（原始图形的绘制范围顶部标记为+0，中间为 1，而底部为-0）。

DI 用标准动量摆动指标方式来解释，DI 穿越 0 确认价格趋势的改变。更主观地说，DI 与价格的背离表明趋势改变。DI 的极高读数表明需求非常强劲，在这种情况下，可能会有进一步反弹意图。当 DI 长时间在 0 附近徘徊，需求和供给达到均衡，小幅价格波动不会持续太长时间，波动幅度也不会太大。

需求指标（DI）的指标策略举例

历史数据显示，简单的需求指标穿越 0 线策略主要在多头方能产生良好的交易结果。在过去18年牛市中，空头方会亏钱。以1928年至2000年的72年期间纽约证券交易所每日交易股票的数量和道琼斯工业平均指数每日价格为基础，我们发现，如果不带主观性，不运用复杂技术分析，不妄断，而以纯机械式的趋势跟踪信号为基础，下列参数能产生良好的交易结果。

多头开仓（买入）：当前需求指标大于0时，以DJIA当日收盘价买入。

多头平仓（卖出）：当前需求指标小于0时，以DJIA当日收盘价卖出。

空头开仓（卖出空头）：当前需求指标小于0时，以DJIA当日收盘价卖出空头。

空头平仓（平仓）：当前需求指标大于0时，以DJIA当日收盘价平仓空头。

运用该需求指标策略，以100美元开始投资并将利润再投资，假如充分运用该投资策略进行利润再投资操作，无交易成本和税收，多空交易净利润总额将达到83,643.62美元，这比买入并持有策略高出1,728.18%。在1818个信号中只有大约31.30%能产生盈利交易，平均每次开仓交易持续14.45个日历日。空头卖出交易包括在本策略中，自从1982年以来是亏钱的。

Equis国际公司MetaStock©系统测试规则书写如下：

多头开仓：DI( )>0

多头平仓：DI( )<0

空头开仓：DI( )<0

空头平仓：DI( )>0

背离停损，凯斯自适应性背离停损

参见"凯斯指标"。

帝纳波利点位，斐波那契盈利目标

（参见"斐波那契数列"。）斐波那契数列能用在价格上，旨在预测支撑、阻力和目标。见"www.coast@fibtrader.com/"，或海岸投资软件公司：加利福尼亚州亨廷顿海滩信天翁大道8851号，邮编92646，电话（714）968-1978。

第二部分 市场技术指标

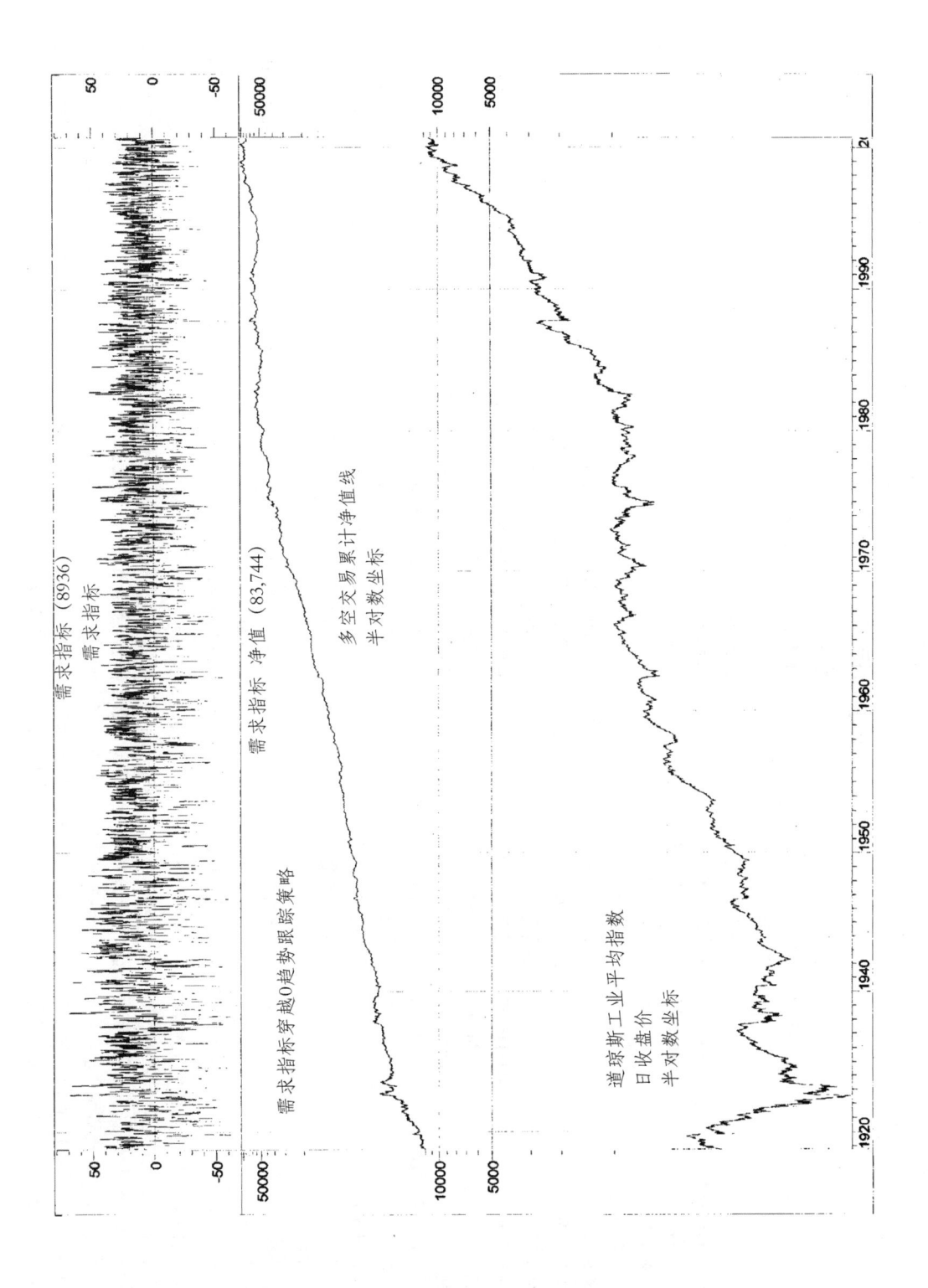

需求指标

项目	值	项目	值
净利润总额	83643.62	未平仓头寸价值	3978.73	超额净利润比率%	1728.18
盈亏百分比	83643.62	年均盈亏百分比	1161.89	年均超额净利润比率%	1728.31
初始投资	100	利息收入	0		
当前头寸	多头	头寸建立日期	8/2/00		
买入并持有利润总额	4575.25	测试总天数	26276	平均每笔交易天数	14.45
买入并持有利润率%	4575.25	年均买入并持有利润率%	63.55		
已平仓交易总数	1818	佣金支付总额	0		
每笔交易平均利润	43.82	平均盈利与平均亏损比率	2.7		
多头交易总数	909	空头交易总数	909	多头交易中盈利交易占比%	34.32
盈利多头交易数	312	盈利空头交易数	257	空头交易中盈利交易占比%	28.27
亏损交易总数	569	亏损交易总数	1249	交易总数中盈利交易占比%	31.30
盈亏交易总金额	423115.28	亏损交易总金额	-343450.31	交易总金额中净盈利金额占比%	10.39
平均盈利	743.61	平均亏损	-274.98	平均盈亏总额中净平均盈利占比%	46.01
最大盈利	13907.58	最大亏损	-4294.28	最大盈亏合计中净盈利占比%	52.81
盈利交易平均持仓期数	24.38	亏损交易平均持仓期数	4.78	盈亏持仓期数差占亏损持仓期数比例%	410.04
盈利交易最长持仓期数	112	亏损交易最长持仓期数	24	最长盈亏持仓期数差占亏损持仓期数比例%	366.67
最大连续盈利次数	5	最大连续亏损次数	15	最大连续盈亏期数差占连续亏损期数比例%	-66.67
空仓总期数	10	平均空仓期数	10		
最长空仓期数	0	盈亏比指数	19.58	净利润与系统未平仓回撤之比%	41821810.00
系统未平仓回撤	-0.2	风险回报指数	100	净利润同系统未平仓回撤之差与净利润之比%	100
最大未平仓交易回撤	-4294.28	买入并持有指数	1815.14	系统未平仓回撤与净利润之比%	0

在 Equis 公司 Metastock© "系统报告"（盈亏概览统计）中，净利润总额等于利润合计减去亏损合计，包括按市值计价的未平仓头寸。相对地，盈利交易总金额是指已实现利润合计（仅包括已平仓头寸），不包括任何未平仓头寸。同样，亏损交易总金额是指已实现亏损合计（仅包括已平仓头寸）。系统未平仓回撤是指基于头寸基于已平仓头寸的累计净值低于初始投资线的最大降幅，系统未平仓回撤（SODD）是指头寸未平仓时累计净值线低于初始投资总金额的最大降幅，不包括盈亏总金额是关于将盈利交易总金额与亏损联系在一起的一个复杂计算结果，值的范围位于-100（最差可能表现）与+100（最好可能表现）之间，0值代表盈亏相等，风险回报指数是系统未平仓回撤后再除以净利润总额，在本次演练交易中，初始投资假设为100美元。多头交易和空头交易都按进行，交易按信号出现当天收盘价格执行，统计分析中不包括交易成本，利息费用和利润。

动向指标（DMI）

动向指标（DMI）是一个独特的过滤动量指标，由 J·小威尔斯·威尔德发表于其 1978 年的著作《技术交易系统中的新概念》中（趋势研究出版社，北卡莱罗纳州麦克林斯维尔第 128 号邮政信箱，邮编 27301）。DMI 是一个相当复杂的趋势跟踪指标。威尔德断言，市场只有 30% 的时间表现出强劲的趋势。为了避免在盘整市场中试图跟随趋势而无利可图的挫折，威尔德设计了 DMI 作为一个滤波器，只有当市场表现出明显的趋势特征时才允许进行交易。当市场不能表现出明显的趋势或定向行为时，DMI 让投资者远离市场。

通过使用指数移动平均数和比率，DMI 将高点、低点和收盘价数据压缩为从 0 到 100 变动的范围内，动向（DM）被定义为当期价格区间超出上期价格区间外的最大部分。因此，

$$PDM = H - H_p$$
$$MDM = L_p - L$$

其中
PDM = 上升动向或正的 DM
MDM = 下降动向或负的 DM
H = 当期最高价
H_p = 上期最高价
L_p = 上期最低价
L = 当期最低价

上面两个值中的较小一个被重置为 0，也就是，如果 PDM>MDM，那么 MDM 重置为 0。或者，如果 MDM > PDM，那么 PDM 重置为 0。同时，所有负数被重置为 0。因此，在一个内包日（低点更高且高点更低），PDM 与 MDM 都是负数，所以都被重置为 0。

真实波幅（TR）被定义为下列三个可能值中的最大值：

$$TR = H - L$$
$$TR = H - C_p$$
$$TR = C_p - L$$

其中 C_p 是上期收盘价。

在继续进行之前，PDM、MDM 和 TR 要用指数平滑常数进行平滑。威尔德建议

的指数平滑常数为 1/14，或 0.07143，大约相当于 27 日简单移动平均值。以下计算中全部使用该平滑常数。

正向指标（PDI）是用指数平滑上升动向除以指数平滑真实波幅。因此，

$$PDI = SPDM/STR = 平滑\ PDM/平滑\ TR$$

记住，当 Lp-L 大于 H-Hp 时，PDM 被重设为 0，所以 PDI 一定是下降的。

负向指标（MDI）被定义为下列指数平滑数据：

$$MDI = SMDM/STR = 平滑\ MDM/平滑\ TR$$

记住，当 Lp-L 小于 H-Hp 时，MDM 被重设为 0，所以 MDI 一定是下降的。

接下来，动向（DX）被定义为 100 乘以每日 PDI 减去 MDI 的差的绝对值再除以 PDI 与 MDI 之和：

$$DX = 100 * |PDI - MDI|/(PDI + MDI)$$

DX 必须一直保留在 0（表明 PDI 与 MDI 相等）与 100（表明完全只有一个而没有另一个）区间内。

平均动向（ADX）是 DX 的 n 期指数平滑值（威尔德建议也用相同的指数平滑常数，1/14 或 0.07143）。

动向比率（ADXR）被定义为今日 ADX 加上 14 日前的 ADX 的平均值，也就是当期 ADX 加上 14 日前 ADX 值再除以 2。

威尔德认为，较高的并上升的 ADX 及其均值 ADXR 表明主要趋势健康且有力，或是上涨或是下跌。较低的并下降的 ADX 及其均值 ADXR 表明市场无趋势，方向不明。作为一般指南，ADXR 读数低于 20 可能表明市场无趋势，而 ADXR 读数大于 25 则表明市场趋势明显。

动向指标的指标策略举例

历史数据显示，动向对于多头和空头方都是有效的，尤其对于多头一方。以 1928 年至 2000 年的 72 年期间道琼斯工业平均指数每日价格为基础，我们发现，如果不带主观性，不运用复杂技术分析，不妄断，而以纯机械式的趋势跟踪信号为基础，下列参数能产生良好的交易结果。

多头开仓（买入）：当 PDI（2）大于 MDI（2）并且 ADX（2）大于其自身 2 日指数移动平均线时，以道琼斯工业平均指数当日收盘价买入。

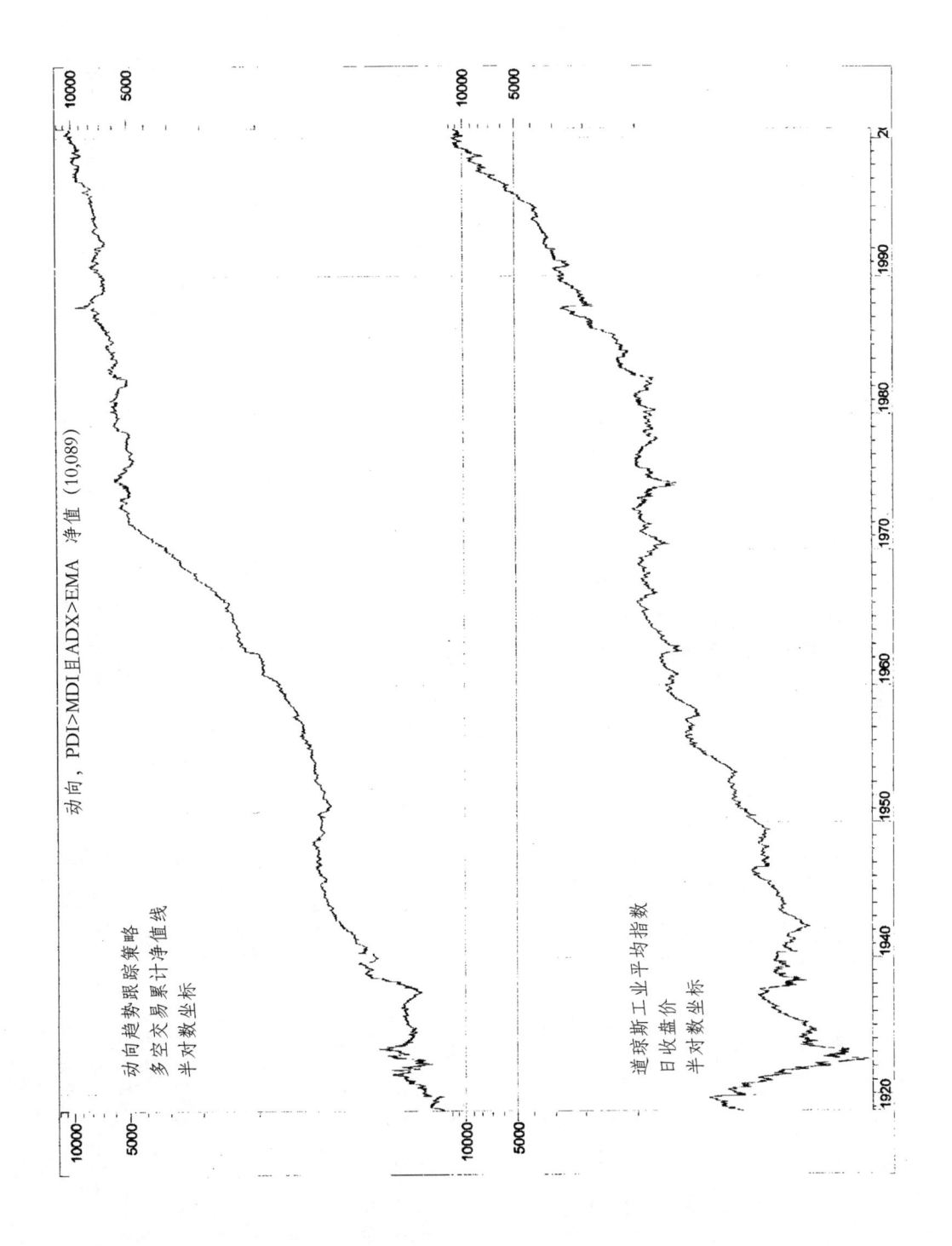

动向，PDI>MDI且ADX>EMA 净值（10,089）

动向趋势跟踪策略
多空交易累计净值线
半对数坐标

道琼斯工业平均指数
日收盘价
半对数坐标

动向

净利润总额	9988.57	未平仓头寸价值	无
盈亏百分比	9988.57	年均盈亏百分比	138.75
初始投资	100	利息收入	0
当前头寸	空仓	头寸建立日期	9/7/00
买入并持有利润总额	4575.25	测试总天数	26276
买入并持有利润率%	4575.25	年均买入并持有利润率%	63.55
已平仓交易总数	3790	佣金支付总额	0
每笔交易平均利润	2.64	平均盈利与平均亏损比率	1.64
多头交易总数	2030	空头交易总数	1760
盈利多头交易数	902	盈利空头交易数	685
盈利交易总数	1587	亏损交易总数	2203
盈利交易总金额	65866.3	亏损交易总金额	-55877.76
平均盈利	41.5	平均亏损	-25.36
最大盈利	1052.32	最大亏损	-486.09
盈利交易平均持仓期数	5.12	亏损交易平均持仓期数	2.87
盈利交易最长持仓期数	20	亏损交易最长持仓期数	12
最大连续盈利次数	8	最大连续亏损次数	13
空仓总期数	10888	平均空仓期数	9
最长空仓回撤		盈亏比指数	3.13
系统平仓回撤	-0.05	风险回报指数	15.16
系统未平仓回撤	-0.28	买入并持有指数	100
最大未平仓交易回撤	-486.09		118.32

超额净利润比率%			118.32
年均超额净利润比率%			118.32
平均每笔交易天数			6.93
多头交易中盈利交易占比%			44.43
空头交易中盈利交易占比%			38.92
交易总数中盈利交易占比%			41.87
交易总金额中净盈利金额占比%			8.20
平均盈亏总额中净平均盈利占比%			24.14
最大盈亏合计中净盈利占比%			36.81
盈亏持仓期数差占亏损持仓期数比%			78.40
最长盈亏持仓期数差占持仓期数比%			66.67
最大连续盈亏期数差占连续亏损期数比例%			-38.46
净利润与系统未平仓回撤之比			3567346.43
净利润同系统未平仓回撤之差与净利润之比			100.00
系统未平仓回撤与净利润之比			0.00

在 Equis 公司 Metastock®"系统报告"(盈亏概览统计)中,净利润总额等于利润合计减去亏损合计,包括按市值计价的未平仓头寸。相对地,盈利交易所有平仓头寸指已实现利润合计(仅包括已平仓头寸,不包括任何未平仓头寸)。同样,亏损交易总金额是指已实现亏损合计(仅包括已平仓头寸)。系统平仓回撤是指基于已平仓头寸的累计净值曲线低于初始投资净值线的最大降幅,不包括任何未平仓头寸。系统未平仓回撤(SODD)是指头寸未平仓时累计净值线低于初始投资的最大降幅。盈亏指数是关于平仓盈利与平仓亏损的一个复杂计算结果,值的范围位于-100(最差可能表现)与+100(最好可能表现)之间,0值代表盈亏相等。风险回报指数等于净利润总额减去系统未平仓回撤总额,再除以净利润总额。在本次演练交易中,初始投资假设为 100 美元。多头交易和空头交易都进行,除非另有说明。交易按信号出现当天收盘价格执行,统计分析中不包括交易成本,利息费用和利润。

— 202 —

多头平仓（卖出）：当 PDI（2）小于 MDI（2）或者 ADX（2）小于其自身 2 日指数移动平均线时，以道琼斯工业平均指数当日收盘价卖出。

空头开仓（卖出空头）：当 PDI（2）小于 MDI（2）并且 ADX（2）大于其自身 2 日指数移动平均线时，以道琼斯工业平均指数当日收盘价卖出空头。

空头平仓（平仓）：当 PDI（2）大于 MDI（2）或者 ADX（2）小于其自身 2 日指数移动平均线时，以道琼斯工业平均指数当日收盘价平仓空头。

运用该动向策略，以 100 美元开始投资并将利润再投资，假如充分运用该投资策略进行利润再投资操作，无交易成本和税收，净利润总额将达到 9988.57 美元。这比买入并持有策略高出 118.32%。空头卖出交易包括在本策略中，自从 1987 年 10 月以来是亏钱的，但尽管如此，就全部 72 年期间整体来看还是盈利的。

Equis 国际公司 MetaStock© 系统测试规则书写如下：

多头开仓：PDI(opt1)>MDI(OPT1) AND
　　　　　　ADX(opt1)>Mov(ADX(opt1),opt1,E)

多头平仓：PDI(opt1)<MDI(OPT1) OR
　　　　　　ADX(opt1)<Mov(ADX(opt1),opt1,E)

空头开仓：PDI(opt1)<MDI(OPT1) AND
　　　　　　ADX(opt1)>Mov(ADX(opt1),opt1,E)

空头平仓：PDI(opt1)>MDI(OPT1) OR
　　　　　　ADX(opt1)<Mov(ADX(opt1),opt1,E)

OPT1 当前值：2

较低的平均动向（ADX）：暴风雨前的平静

丹·切斯勒观察到，紧接突破图形形态边界之前，具有显著的波动性收紧和成交量萎缩倾向。切斯特使用 ADX（用威尔德建议的指数平滑常数 1/14 或 0.07143）作为识别这种关键时刻的工具。ADX 点位低于 15 表明缺乏趋势和明显的波动性下降——暴风雨前的平静——这倾向于在趋势性运动之前发生，无论是在牛市还是熊市中，在股票还是商品期货中，在日线图形还是日内图形中。经商品期货交易顾问与特许市场技术分析师丹尼尔·L. 切斯勒许可改编：佛罗里达州惠灵顿保罗花园大道 2075 门 302 号，邮编 33414，电话（561）793-6867，电子邮箱 dan@crowd-control.com。

背离分析

背离分析可能提供即将到来的趋势变化的及时信号，但并不是所有的背离都会跟随着趋势变化，反应时间可能会延迟。当前实践中，会对各种各样的指数和指标进行相互比较，以寻找技术上的背离。

研究表明，逻辑上选择的技术指标背离的数量越多，趋势转向的可能性就越大。相反，确认现有趋势的指标数量越多，趋势持续的可能性就越大。

当任一工具（股票、指数或合约）的价格运动趋势显著，但逻辑上选择的同行指标并没有进行确认，或没有伴随类似运动时，技术背离出现。

例如，当道琼斯工业平均指数创出新高，但是道琼斯运输业平均指数和累积每日涨跌线没有通过创出新高确认该强势，那么负背离出现，这暗示着最近的将来看跌。相反，如果工业平均指数创出新低，而运输业平均指数和A-D线没有通过创出新低来确认该弱势，那么正背离出现，这暗示着最近的将来看涨。

实际上，在较窄的严格卡方统计检验中，戴维·A.格利克斯坦和罗尔夫·乌贝尔斯（"道氏理论依然无恙！"《投资组合管理期刊》，1983年春季刊）总结说，1971年至1980年道琼斯工业平均指数和运输业平均指数间的每日联系，以及累积每日涨跌线都是随机的但统计上反而是显著的。

卡利什独立研究也发现了高度显著的类似背离，超过了0.005水平，所以实际观察到的结果仅归于随机机会的概率低于5‰。当然这也意味着，有超过99.5%的把握说明这些关联关系不是偶然发生的（参见约瑟夫·E·卡利什"背离分析：几项实证检验"，《市场技术分析师协会杂志》，1986年5月）。卡利什抽样调查了从1961年至1980年的每周数据，以识别道琼斯工业平均指数、道琼斯运输业平均指数、纽约证券交易所累积每日涨跌线、20只最活跃股票、累积每周涨跌线和位于自身30周移动平均线上方股票百分比的5%和10%转向趋势线之间的背离。卡利什的综合卡方检验表明，确认或背离的指标数量越多，市场越有可能沿着这些确认或背离指标预期的方向运动。

第二部分　市场技术指标

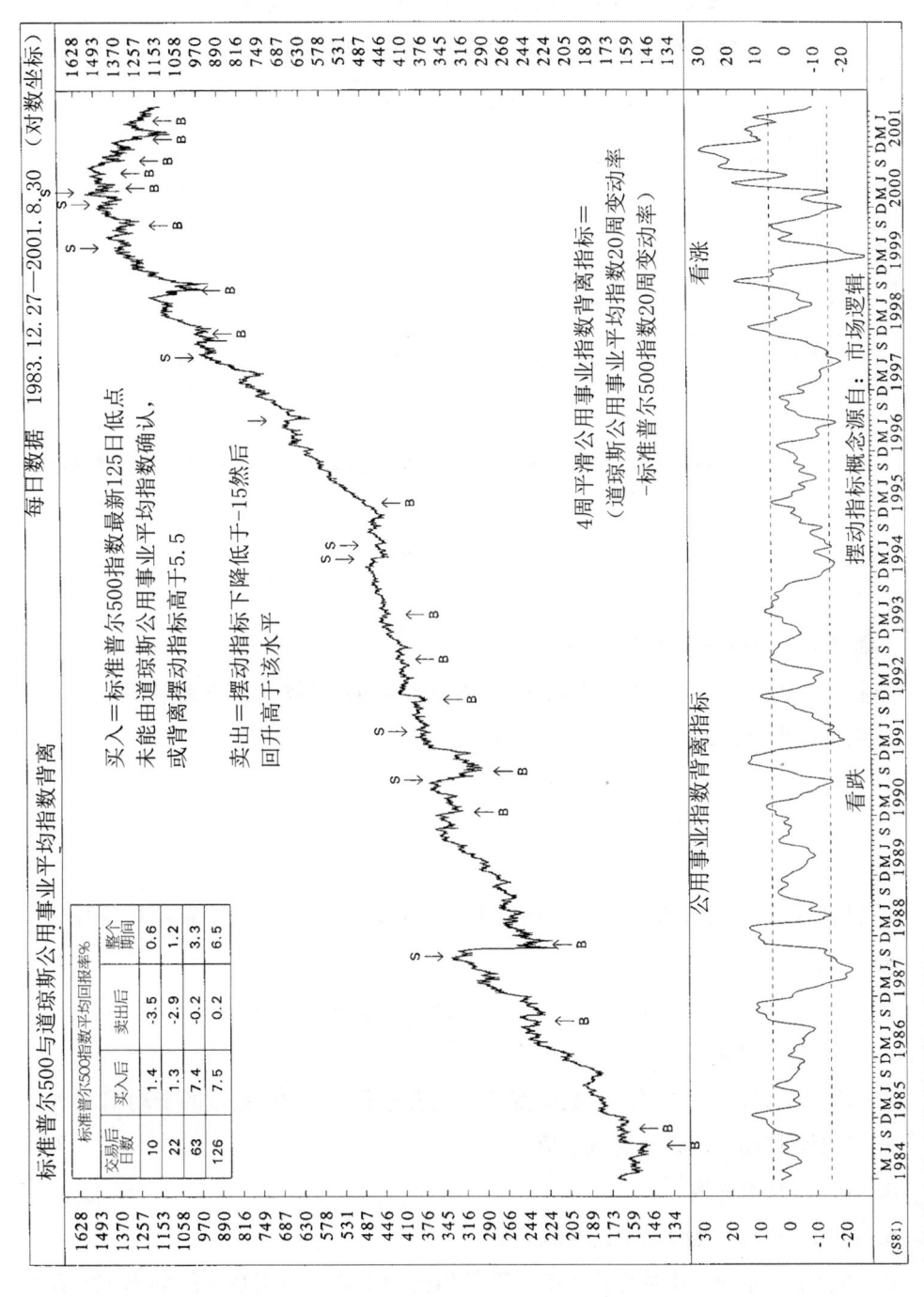

每日数据　1983.12.27—2001.8.30（对数坐标）
标准普尔500与道琼斯公用事业平均指数背离

标准普尔500指数平均回报率%			
交易后日数	买入后	卖出后	整个期间
10	1.4	-3.5	0.6
22	1.3	-2.9	1.2
63	7.4	-0.2	3.3
126	7.5	0.2	6.5

买入＝标准普尔500指数最新125日低点未能由道琼斯公用事业平均指数确认，或背离摆动指标高于5.5

卖出＝摆动指标下降低于-15然后回升高于该水平

4周平滑公用事业指数背离指标＝
（道琼斯公用事业平均指数20周变动率-标准普尔500指数20周变动率）
公用事业指数背离指标　　看涨　　看跌
　　摆动指标概念源自：市场逻辑

图表经内德·戴维斯研究公司许可

《市场逻辑》简报开发了一个公用事业指数背离指标，它的计算和解释分为以下七步：

1. 使用每周数据，计算标准普尔500综合股价指数和道琼斯公用事业平均指数的20周百分比变动率。
2. 用道琼斯公用事业平均指数的变动率减去标准普尔500指数的变动率。
3. 用4周移动平均线平滑该差值。
4. 绘制该平滑曲线。
5. 在5.5和-15处画水平信号线。
6. 当标准普尔500指数创出125日新低但公用事业平均指数未能创出125日新低，或公用事业指数背离摆动指标上升超过5.5时，买入标准普尔500指数。
7. 当公用事业指数背离摆动指标下降低于-15然后又上升高于-15时卖出。如图所示，该公用事业指数背离摆动指标在过去给出了盈利性信号。

唐奇安的四周规则

该规则是更常见的价格通道交易区间突破规则的一种具体形式,其中周期长度设置为四周。当前最高价格上升超过最近四周价格最高点达最小价格测量单位时,买入。当前最低价格下跌低于前四周价格最低点达最小价格测量单位时,卖出。

双指数移动平均线(DEMA)

设计 DEMA 是为了获得比 EMA 更快的反应。DEMA 是单、双指数移动平均线(EMAs)的综合运用,从而产生另一条比原来两条 EMA 时滞都短的 EMA。DEMA 是在 1994 年由帕特里克·G. 马洛伊提出的("用快速移动平均线平滑数据",《股票和商品期货技术分析》杂志第 12 卷第 1 期,www.traders.com)。

根据我们的独立观察,在短期长度中,DEMA 对不断变化的新数据的反应,似乎比对普通 EMA 的反应更有效。然而,在长期长度中,比起同样长度的 EMA,DEMA 的反应敏感性更差。如表所示,对于 23 天和更长的期限长度 DEMA 表现不如 EMA。因此,DEMA 不应该被当作是其他任何移动均线的替代,相反,最好把 DEMA 当作是应给予适当谨慎关注的一个陌生的可用新工具。

下表显示了一个使用 DEMA 的标准移动平均交叉规则和一个相同长度的普通 EMA 的信号表现对比,以交易日表示,衡量从 1982 年 4 月 21 日至 2000 年 12 月 29 日期间标准普尔 500 综合股价指数期货 CSI 永久合约。数据只反映多头交易。

信号表现对比

DEMA长度日数	净利润合计	交易次数合计	成功次数	失败次数	胜率%	平均盈利/平均损失
2	421.17	1243	590	653	47.47	1.49
3	545.79	1057	494	563	46.74	1.67
4	516.49	945	425	520	44.97	1.78
5	399.46	868	383	485	44.12	1.79
6	339.45	813	351	462	43.17	1.86
7	240.32	762	319	443	41.86	1.84
8	276.58	711	296	415	41.63	1.93
9	277.35	664	285	379	42.92	1.81
10	239.35	631	257	374	40.73	1.97
11	198.83	594	238	356	40.07	1.97
12	192.75	568	223	345	39.26	2.08
13	202.92	543	208	335	38.31	2.21
14	218.71	518	198	320	38.22	2.29
15	232.26	513	200	313	38.99	2.23
16	198.51	504	191	313	37.90	2.25
17	180.76	490	185	305	37.76	2.21
18	146.84	483	180	303	37.27	2.17
19	133.69	471	174	297	36.94	2.20
20	137.85	452	165	287	36.50	2.27
21	158.59	440	160	280	36.36	2.36
22	129.72	437	155	282	35.47	2.37
23	101.30	435	155	280	35.63	2.26
24	93.91	426	147	279	34.51	2.34
25	68.51	428	142	286	33.18	2.37

第二部分 市场技术指标

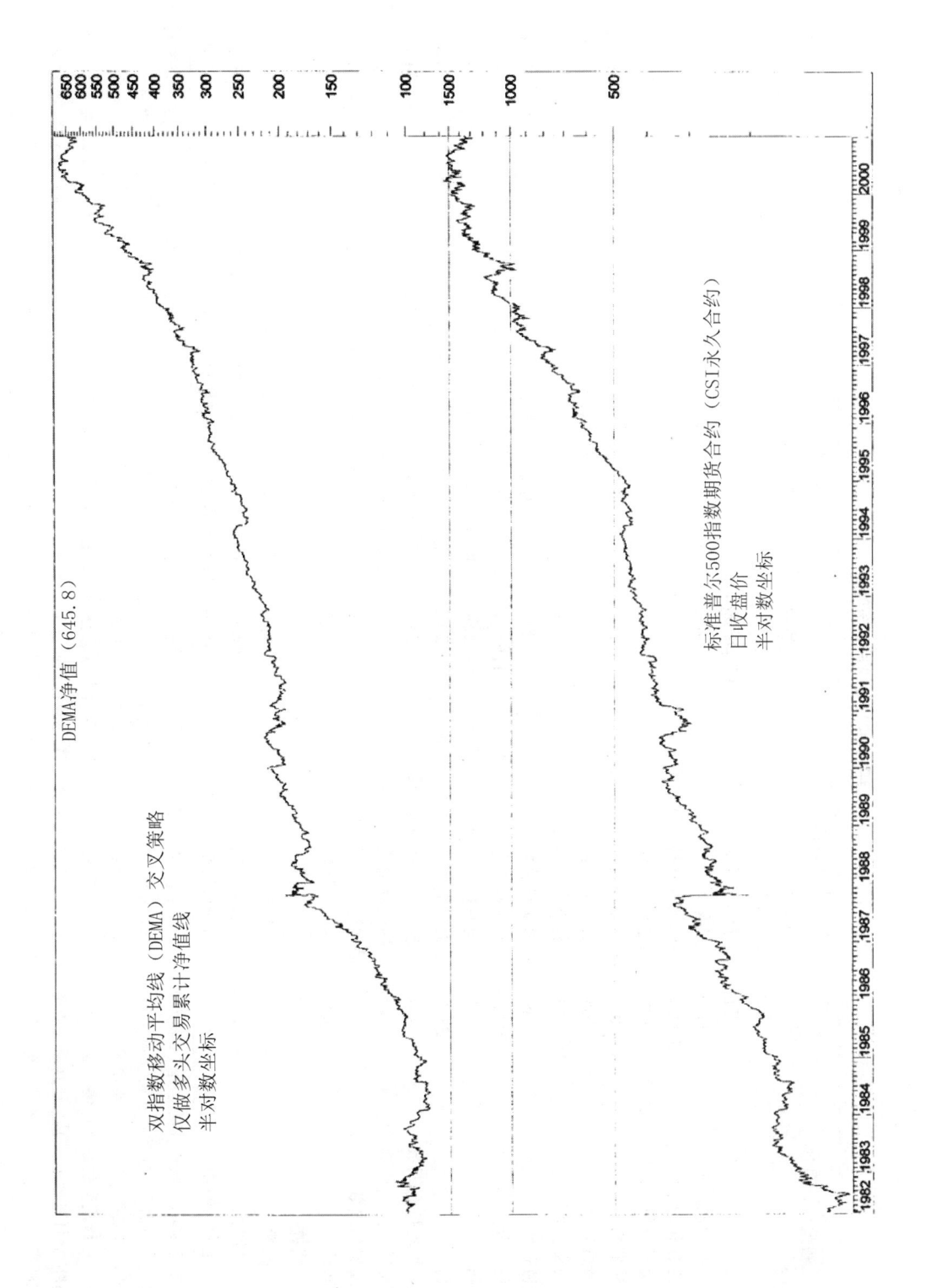

DEMA净值(645.8)

双指数移动平均线(DEMA)交叉策略
仅做多头交易累计净值线
半对数坐标

标准普尔500指数期货合约(CSI永久合约)
日收盘价
半对数坐标

3日DEMA交叉策略

项目	值	项目	值
净利润总额盈亏百分比	545.79	未平仓头寸价值	无
初始投资	545.79	年均盈亏百分比	29.18
	100	超额净利润比率	-47.24
当前头寸	空仓	年均超额净利润比率%	-47.23
买入并持有利润总额	1034.49	利息收入	0
买入并持有利润率%	1034.49	头寸建立日期	12/28/00
已平仓交易总数	1057	测试总天数	6828
		平均每笔交易天数	6.46
		佣金支付总额	0
每笔交易平均利润	0.52	年均买入并持有利润率%	55.3
多头交易总数	1057	平均盈利与平均亏损比率	1.67
盈利多头交易数	494	空头交易总数	0
盈利交易总数	494	多头交易中盈利交易占比%	46.74
亏损交易总数	563	空头交易中盈利交易占比%	#
盈利交易总金额	1708.35	交易总数中盈利交易占比%	46.74
平均盈利	3.46	亏损交易总金额	-1162.56
最大盈利	31.13	交易总金额中净盈利金额占比%	19.01
盈利交易平均持仓期数	4.02	平均亏损	-2.06
盈利交易最长持仓期数	9	最大亏损	-22.62
最大连续盈利次数	7	盈亏持仓期数差占中净平均盈利占比%	25.36
空仓总期数	3484	盈亏持仓期数差占持仓期数比例%	15.83
平均空仓期数	10	最长盈亏持仓最长持仓期数比%	64.75
		最长盈亏期数差占持仓期数比%	28.57
		最大连续亏损期数占连续盈利期数比例%	-30.00
盈亏比指数	-11.96	净利润与系统未平仓回撤之比%	4563.46
风险回报指数	-11.96	净利润同系统未平仓回撤之差与净利润之比%	97.81
买入并持有指数	-22.62	系统未平仓回撤与净利润一回撤之比%	-2.19
系统平仓回撤	-11.96		
系统未平仓回撤	-11.96		
最大未平仓交易回撤	-22.62		

在Equis公司Metastock© 系统报告®(盈亏概览统计)中，净利润总额等于利润合计减去亏损合计，包括按市值计价的未平仓头寸。相对地，盈利交易总金额是指已实现利润合计(仅包括任何未平仓头寸)，不包括任何未平仓所有获利总额。同样，亏损交易总金额是指已实现亏损合计(仅包括已平仓头寸)。系统平仓回撤(仅包括已平仓头寸)是指线性的最大降幅。系统未平仓回撤(SODD)是指头寸未平仓时累计净值线低于初始投资的最大降幅。盈亏指数是关于将盈利交易总金额联系在一起的一个复杂计算结果，值的范围位于-100(最差可能表现)与+100(最好可能表现)之间，0值代表盈亏相等。风险回报指数等于净利润减去系统未平仓回撤的差再除以净利润总额。在本次演练交易中，初始投资假设为100美元。多头交易和空头交易都按信号按价执行，除非另有说明。交易按信号出现当天收盘价格进行，统计分析中不包括交易成本、利息费用和利润。

— 210 —

运用该 DEMA 趋势跟踪策略,以 100 美元开始投资并将利润再投资,假如充分运用该投资策略进行利润再投资操作,无交易成本和税收,净利润总额将达到 545.79 美元,这比买入并持有策略低 47.24%。空头卖出交易是不盈利的,并且空头卖出交易不包括在本策略中,该仅做多头 DEMA 策略在整个期间给出的盈利性买入信号占 46.74%。交易非常活跃,平均每 6.46 个日历日交易一次。

Equis 国际公司 MetaStock© 系统测试规则书写如下:

多头开仓:CLOSE>Dema(CLOSE,opt1)

多头平仓:CLOSE<Dema(CLOSE,opt1)

OPT1 当前值:3

道氏理论[①]

道氏理论是技术分析的一个主要基石,它是用于确定股票价格主要趋势的最古老和最著名的方法之一。它源自查尔斯·H. 道的著作,于 1900 至 1902 年间发表在他创办的日报《华尔街日报》上。在 20 世纪的前几十年,道氏理论被分析师和作家 S. A. 纳尔逊、威廉·P. 汉密尔顿和罗伯特·雷亚进一步完善。

道氏理论的七个基本原则

1. 价格平均指数特别是道琼斯工业平均指数和道琼斯运输业平均指数消化一切。由于平均指数反映了所有股票市场投资者的所有信息、经验、知识、观点和行动,因此可能影响股票需求或供应的一切都被平均指数所消化。

2. 股票价格有三种趋势。主要趋势是指主要长期趋势,但是,没有一种趋势会长期沿直线运动,次级折返走势是中期修正,会打断趋势并朝主要趋势的相反方向运动。涟漪(小趋势)是很小的日常波动,只被短期交易者所关注,道氏理论家根本不关注。

3. 主要向上走势,也被称为多头市场,通常股票价格有三次上升运动。第一次

[①] 版权© 2001 归 www.robertwcolby.com。转载已经许可,转载与更新源自 www.robertwcolby.com。

上升运动是在商业发展缓慢但预期改善时有远见的投资者累积股票的结果，第二次上升运动是投资者对经济基本面改善和公司盈利不断增长做出反应而买入股票的结果，最后一次上升运动发生在公众最终注意到所有财务消息都好的时候。在最后的上升运动中，投机活动猖獗。

4. 主要向下走势，也被称为空头市场，通常有三次下跌运动。第一次下跌运动是在有远见的投资者基于经验判断，认为高估值和企业盈利激增不可持续时发生。第二次下跌运动反映了恐慌，此时害怕的公众愿意以任何价格倾销最近刚刚以更高的价格买进的股票。最后一次下跌运动源于廉价抛售和筹集现金的需要。

5. 两个平均指数必须相互确认。为主要的多头市场的主要趋势提供信号时，两个平均指数都必须高于它们各自次级折返的先前上升高点。为主要的空头市场的主要趋势提供信号时，两个平均指数都必须下降低于它们各自次级折返的先前低点，只有一个平均指数创新高或新低的运动没有意义。一个平均指数先于另一个之前出现趋势改变信号也并不少见，道氏理论没有规定两个平均指数趋势确认的时间限制。

6. 只考虑盘尾时平均指数的收盘价，日间价格变动被忽略。

7. 主要趋势保持有效，直到两个平均指数都给出道氏理论转向信号。

对道氏理论的进一步有益阐述

这一由来已久的理论的要点是对股票市场主要运动的识别。这种主要运动需要相当长的时间才能展开，而且价格变动会相当大。虽然道氏理论没有详细规定，但是主要趋势通常持续一年到几年。多头市场通常会持续更长的时间，而空头市场的持续时间较短，但价格运动的下跌速度更为剧烈。

维克托·斯波朗迪对道氏理论的定义进行了量化（参见斯波朗迪《华尔街大师——交易员维克投资方法》，约翰·威利父子出版公司，纽约，1991）（译者注：维克托·斯波朗迪的两本著作曾被合译为《专业投机原理》）。他发现，75%的主要的空头市场价格下跌在20.4%至47.1%之间，还有，75%的空头市场持续了0.8至2.8年。多头市场持续时间更长：75%的多头市场持续了1.8至4.1年。

次级走势是与主要趋势方向相反的折返或修正，这种中期的次级走势通常持续3到13周，它通常折返先前主要趋势摆动的1/3、1/2或2/3。斯波朗迪发现，65%的次级折返持续3个星期至3个月，98%持续2周至8个月。此外，斯波朗迪还发现，有61%的折返为先前主要趋势价格摆动的30%与70%之间。

小趋势（涟漪）通常只持续1天至3周，它被道氏理论忽略为微不足道的噪声。斯波朗迪发现，98.7%的小趋势持续低于2周。

区间线是一个狭窄的盘整价格区间，延续10个日历日或更长时间，时间越长越重要。确定狭窄范围的有用参考值准则大约为5%，尽管威廉·汉密尔顿把1929年2月至6月的区间线划为价格区间超过11%。平均指数通常会突破与主要趋势方向相同的区间线。这些突破十分可靠。尽管区间线可以标志着反转到一个新的与既定主要趋势相反的方向，这样的反转信号还是不太可靠。

无论单一平均指数变动有多大，如果没有另一个平均指数的确认，都不足以表明主要趋势发生变化。缺乏确认（以收盘价为基础的一个平均指数超过之前次级折返价格极值，但另一个平均指数未能确认所形成的背离）只能作为小心前面可能有一个实际信号的预警。

没有必要两个平均指数在同一天甚至同一个月确认，尽管有些权威人士认为越接近越好，随着时间的推移，没有确认就要更加谨慎。缺少平均指数联合确认，就没有主要趋势改变的信号——实际上是缺乏确认。

最后一个重要细节是，在比较每一个平均指数的收盘价和它的前一次波的极端收盘价时，平均指数的最小价格计量单位（小至一美分，也就是没有四舍五入时0.01美元）也是非常重要的。

整个牛市到熊市周期经历六个阶段：怀疑，增加认识，狂热，不相信，震惊和恐惧，以及厌恶。

在主要的多头市场，第一阶段是"精明投资者"（知识与经验最丰富的投资者）以廉价积累股票阶段。同时，对股票市场的大众情绪从厌恶到普遍怀疑不等。股市情绪低迷，可能已经持续了很长一段时间。但一些投资者仍然认为，尽管经济基本面依然严峻，但周期已经向上。精明投资者开始竞买失宠的股票，这些股票以诱人的廉价销售。曾经一直低迷的成交量开始反弹上升，反映出那些有远见的、耐心的投资者正在进入市场。

牛市第二阶段被称为是一个加价阶段。股票价格上升，并伴随着成交量的放大，人们越来越认识到经济基本面将会改善。股票大幅上涨，这时进入市场会获得高回报。

牛市第三阶段表现为普遍的狂热和投机，市场情绪指标接近记录水平。基本面现在看起来极度乐观，甚至有可能广泛谈论经济快速增长和繁荣永无止境的"新时代"。市场中投机者盈利数百万的故事充斥着媒体，每个人都很乐观并且在买入，所以成交量极大。然而，在该第三阶段的后期，正当贪心的买家抛出大量货币，并通常用保证金变成满仓投资时，成交量开始萎缩。而且，精明投资者提醒自己，"没有一棵树能长到天上去"，所有美好的事物最终都会结束。因此，那些早期以批发价格买入股票的有见识的投资者停止了购买。此外，他们开始进入"派发"阶段，以零售价格分批卖出股票。当贪婪而无知的狂热者们以荒谬的高价抢购估值过高的股票时，精明的卖出在加剧。在这场游戏的最后阶段，在"明显"的看涨面下开始出现显示看跌的技术裂缝。由于单纯的玩家非理性地购买错误的股票而精明投资者清算了最好的股票，这导致了股票及大盘的技术指标产生背离。股市震荡，进展举步维艰。

熊市第一阶段表现为明显和普遍的技术性恶化，即使此时几乎每个人仍然极度觉得看涨。但是，当每个打算购买的人都已经进场时，价格就只有一条路可以走了——下跌。当购买力用完时，以当前价格来吸纳精明投资者加速分销股票的需求就会不足，因此价格必定走低。越来越多的股票已经停滞，形成了可能看跌的图形形态。但是，即使当股票突破了关键的图形支撑点位时，这种明显的空头技术证据也被那些无知的大众普遍忽视。毕竟，经济基本面仍然是乐观的，"逢低买进"仍然是经纪人、交易商及其媒体的付费代言人的建议。公众希望并相信，所有华尔街高收入分析师、策略师和经济学家的"传统智慧"是正确的。此外，公众还被告知，他们因长期而买入，而且长期而言股票价格总是上涨的。因此，股票价格下跌通常会让人难以置信。只要公众的保证金还没有用完，他们就会购买更多。但他们已经用光了，因此他们不能再买入了。

熊市第二阶段表现为突然的情绪变化，从乐观和希望变为震惊和恐惧。某一天，公众醒来并非常惊奇地发现"皇帝没穿衣服"，实际的经济基本面并不足以像以前希望的那样积极。实际上，可能存在一些小问题。精明的投资者早已消失，当公众想退出时，已经没有想买的人剩下，股票价格在真空中急剧下跌。恐惧迅速取代贪婪，一波又一波的恐慌席卷市场。当单纯的投资者尖叫着"不惜任何代价让我出去"时，成交量放大。当价格下跌过大过快时，敏锐的专业交易员愿意沿着下跌的股价而卖出。然而，可以预料到的最好结果是"死猫反弹"，它只能收复陡峭下跌的一小部分。

熊市第三阶段表现为沮丧的抛售，最后是对股票的厌恶。基本面已经明显恶化，前景黯淡。价格下行仍在继续，但随着潜在的卖方以抛售价格平仓，下降的比率最后开始放缓，即使是最初能抵制下跌趋势的最好股票，也会屈从于空头的持续。成交量在恐慌阶段处于高位，但随着清算结束，伴随着价格的下降开始萎缩。最终，在所有能卖出的人都卖出之后，熊市力量枯竭，沮丧的公众哀叹是"再也不买股票了"。当股票完全卖完后，循环周期的各阶段重新开始。当每个打算卖出的人都已经离场时，价格只能向着一个方向前进——上涨。

这些阶段并不神秘，一个多世纪前道及其后继者们早已经书写好了。这些阶段不断重复，一遍又一遍，可是公众仍然永远学不会。所有这些都太容易了，只不过是人的天性，容易陷入当下的大众情绪，失去所有的洞察力，并跟随大众情绪奔跑而已。如果你没有学会如何识别技术指标，如果你不遵守纪律，那么世界上最容易做的事情就是让自己跟随大众情绪即"群体思维"。但那种方式在关键的转折点是会犯错的，即买在顶部并卖在底部，持续跑输市场。为了赚钱和跑赢市场，我们需要反向操作。道氏理论告诉了我们如何去做。

道氏理论指标策略举例

一个世纪以来值得尊重的道氏理论经受住了时间的考验。我们用1900年1月至2001年2月的涵盖过去101年期间实际历史数据对道氏理论进行的测试，证实了这一重大贡献对技术分析的重要性。我们试图尽量减少主观性和妄断，而且不添加其他形式的分析。我们利用可得的公开资源反复检查了我们的信号。以道琼斯工业平均指数和道琼斯运输业平均指数的收盘价趋势确认信号为基础，仅用上面列举的道氏理论的七大基本原则，我们发现，无论是长期信号还是短期信号，交易结果都非常良好。

根据阿瑟·A. 梅里尔的建议［《华尔街价格行为》（第二版），分析出版社，纽约查帕瓜，1984：第84页，共147页］，我们对1914年12月12日以前的旧的包括12只股票的道琼斯工业平均指数序列所有收盘价乘以0.7339，以使其与该日引入的新的包括20只股票的工业平均指数可比（如果抛开假设利润清单，以前的道氏理论信号编译器不能做出这种调整）。

运用该道氏理论策略，以100美元开始投资并将利润再投资，假如充分运用该投资策略进行利润再投资操作，无交易成本和税收，净利润总额将达到864,494.25美元，这比买入并持有策略高出3920.98%，超出四分之三的信号，即41次信号中的75.41%能产生盈利性交易。交易不活跃，平均每605.5个日历日才交易一次。即使空头卖出交易也是盈利的，并且包括在本策略中，尽管自从1987年10月19日黑色星期一之后不再盈利。

道氏理论信号

交易次数	交易类型	开仓日期	平仓日期	盈利与亏损	最大不利偏移
	空仓	1/2/00	10/20/00	0	0
1	多头	10/20/00	6/4/03	-1.14	0
2	空头	6/4/03	7/12/04	12.59	60.81
3	多头	7/12/04	4/26/06	89.09	0
4	空头	4/26/06	4/24/08	48.66	70
5	多头	4/24/08	5/3/10	52.38	0
6	空头	5/3/10	10/10/10	10.04	61.14
7	多头	10/10/10	1/14/13	11.61	0
8	空头	1/14/13	4/9/15	-13.84	53.58
9	多头	4/9/15	8/28/17	100.4	0
10	空头	8/28/17	5/13/18	18.84	4.41
11	多头	5/13/18	2/3/20	92.86	0
12	空头	2/3/20	2/6/22	84.83	0
13	多头	2/6/22	6/20/23	51.5	0
14	空头	6/20/23	12/7/23	-21.66	0
15	多头	12/7/23	10/23/29	1438.14	9.47
16	空头	10/23/29	5/24/33	1502.63	0
17	多头	5/24/33	9/7/37	3399.12	69.83
18	空头	9/7/37	6/23/38	1569.71	0
19	多头	6/23/38	3/31/39	297.83	110.15
20	空头	3/31/39	7/17/39	-720.42	0
21	多头	7/17/39	5/13/40	-282.01	120.06
22	空头	5/13/40	2/1/43	670.57	0
23	多头	2/1/43	8/27/46	4408.02	109.5
24	空头	8/27/46	5/14/48	165.01	0
25	多头	5/14/48	11/9/48	-1017.09	155.34
26	空头	11/9/48	10/11/49	-888.04	0
27	多头	10/11/49	4/2/53	5585.02	149.34
28	空头	4/2/53	1/19/54	-493.31	0
29	多头	1/19/54	10/1/56	10184.33	234.6
30	空头	10/1/56	4/21/58	1014.88	0
31	多头	4/21/58	3/3/60	9832.76	374.29
32	空头	3/3/60	11/4/60	973.95	0
33	多头	11/4/60	4/26/62	5304.89	502.98
34	空头	4/26/62	11/9/62	4016.71	0
35	多头	11/9/62	5/5/66	21912.49	494.92
36	空头	5/5/66	1/11/67	5970.23	0
37	多头	1/11/67	6/12/69	6432.3	702.7
38	空头	6/12/69	11/23/70	6375.41	0

道氏理论信号——续

交易次数	交易类型	开仓日期	平仓日期	盈利与亏损	最大不利偏移
39	多头	11/23/70	4/27/73	10627.73	718.05
40	空头	4/27/73	1/27/75	24620.09	0
41	多头	1/27/75	7/27/77	34915.9	618362
42	空头	7/27/77	8/2/78	881.06	0
43	多头	8/2/78	7/2/81	13652.2	787.45
44	空头	7/2/81	8/31/82	10438.44	0
45	多头	8/31/82	1/2/84	63291.28	786.83
46	空头	1/2/84	8/3/84	2081.92	0
47	多头	8/3/84	10/16/87	216216.19	1077.03
48	空头	10/16/87	2/29/88	36245.03	0
49	多头	2/29/88	1/25/90	118422.34	1904.54
50	空头	1/25/90	6/4/90	−90531.06	0
51	多头	6/4/90	8/17/90	−52350.94	2734.99
52	空头	8/17/90	1/18/91	−356.94	0
53	多头	1/18/91	8/21/92	109322.69	2451.61
54	空头	8/21/92	2/3/93	−21545.19	0
55	多头	2/3/93	3/30/94	42304.06	3175.79
56	空头	3/30/94	2/13/95	−54763.19	0
57	多头	2/13/95	7/15/96	194625.63	3768.6
58	空头	7/15/96	11/11/96	−126504.75	0
59	多头	11/11/96	8/4/98	251020.56	6046.13
60	空头	8/4/98	1/6/99	−52184	0
61	多头	1/6/99	9/23/99	88167.94	9028.98
62	空头	9/23/99	2/16/01	−42291.94	1589.9
合计				864494.24	37971.64

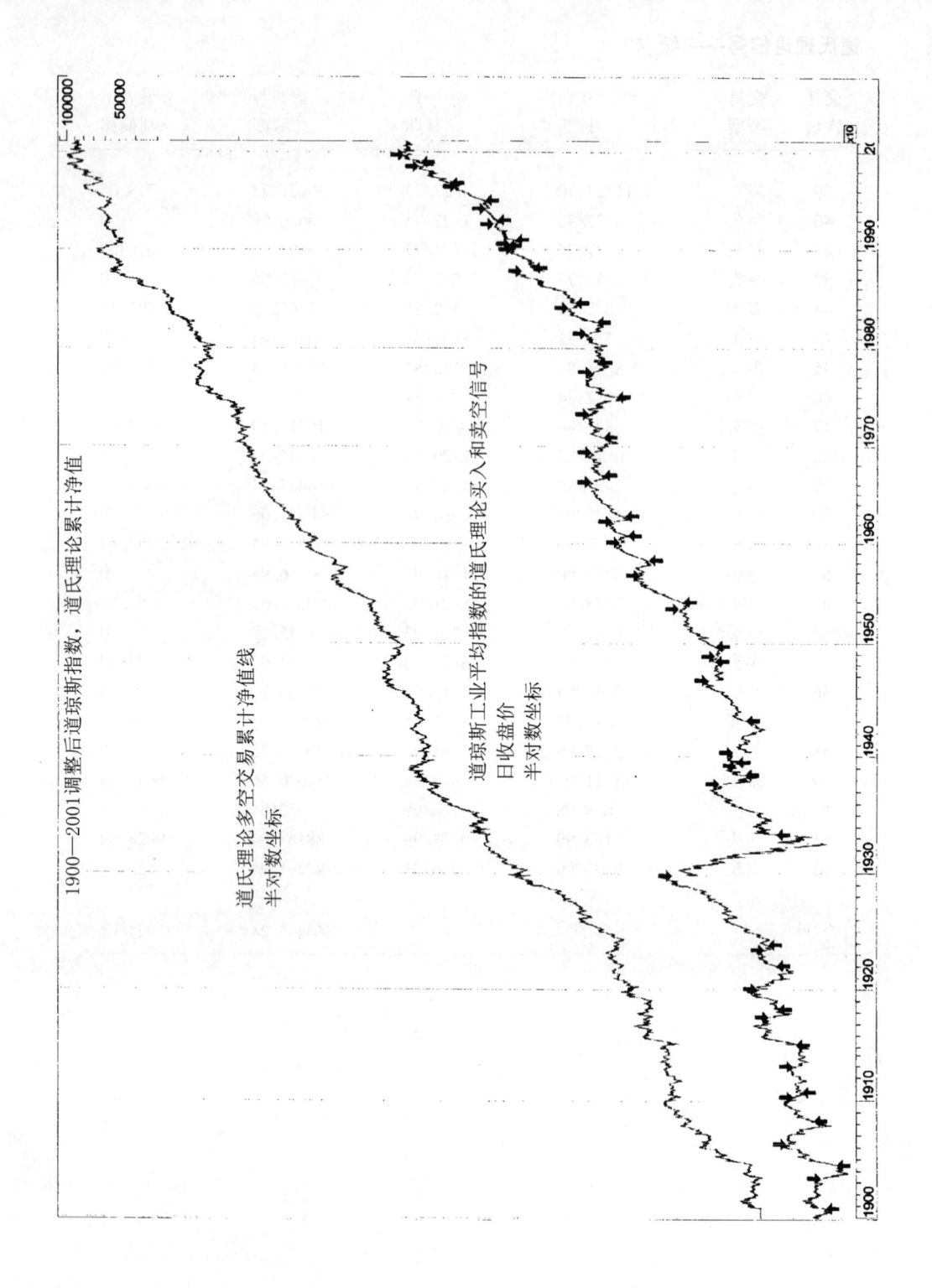

1900—2001调整后道琼斯指数，道氏理论累计净值

道氏理论多空交易累计净值线
半对数坐标

道琼斯工业平均指数的道氏理论买入和卖空信号
道琼斯工业平均指数日收盘价
半对数坐标

道氏理论

项目	数值	项目	数值
净利润总额	864494.25	未平仓头寸价值	-42291.96	超额净利润比率%	3920.98
盈亏百分比	864494.25	年均盈亏百分比	8542.9	年均超额净利润比率%	3920.95
初始投资	100	利息收入	0		
当前头寸	空头	头寸建立日期	9/23/99		
买人并持有利润总额	21499.6	测试总天数	36936	平均每笔交易天数	605.51
买人并持有利润率%	21499.6	年均买人并持有利润率%	212.46		
已平仓交易总额	61	佣金支付总额	0		
每笔交易平均利润	14865.35	平均买人与平均亏损比率	1.06		
多头交易总数	31	空头交易总数	30	多头交易中盈利交易占比%	87.10
盈利多头交易数	27	盈利空头交易数	19	空头交易中盈利交易占比%	63.33
盈利交易总数	46		15	交易总数中盈利交易占比%	75.41
盈利交易总金额	1308459.8	亏损交易总金额	-401673.56	交易总金额中净盈利金额占比%	53.02
平均盈利	2844.78	平均亏损	-26778.24	平均盈亏总额中净平均盈利占比%	3.02
最大盈利	251020.56	最大亏损	-126504.75	最大盈亏合计中净盈利占比%	32.98
盈利交易平均持仓期数	521.57	亏损交易平均持仓期数	212.04	盈亏持仓期数差占持仓期数比例%	145.56
盈利交易最长持仓期数	1760	亏损交易最长持仓期数	774	盈亏最长持仓期数差占最长亏损持仓期数比例%	127.39
最大连续盈利次数	21	最大连续亏损状数	3	最大连续盈亏期数占连续亏损期数比例%	600.00
空仓总期数	243	平均空仓期数	243		
最长空仓回撤		盈亏比指数	-1.14	净利润与系统末平仓回撤之比%	68.28
系统末平仓回撤		风险回报指数	-2.01	净利润同系统末平仓回撤之差与净利润之比%	100.00
最大买人并持有指数回撤	-126504.8	买入并持有指数	3724.27	系统末平仓回撤与净利润之比%	0.00	43009664.18

在 Equis 公司 Metastock© 系统报告"（盈亏概览统计）中，净利润总额等于利润合计减去亏损合计，包括按市值计价的未平仓头寸。相对地，盈利交易总金额是指已实现利润合计（仅包括已平仓头寸）。盈亏百分比是系统平仓回撤（仅包括已平仓头寸）。系统平仓回撤仅指基于已平仓头寸的累计未平仓时最大降幅，不包括任何未平仓头寸。同样，亏损交易总金额是指已实现亏损所有亏损合计（仅包括已平仓头寸）。盈亏回撤(SODD)是指头寸未平仓时累计指已实现利润合计（仅包括已平仓头寸），不包括任何未平仓头寸。系统平仓回撤是指基于已平仓头寸的累计未平仓时值线最大降幅，系统未平仓时累计未平仓值线最低于初始投资的累计未平仓时最差可能表现）与+100（最好可能表现）之间，0值代表盈亏相等，除非另有说明。交易按信号出现当天收盘价格执行，统计分析中不包括交易成本、利息费用和利润。假设为100美元。多头交易和空头交易都进行，除非另有说明。

— 219 —

对道氏理论的批评

尽管道氏理论的记录令人印象深刻，但它还是受到了一些批评。主要的一点是，次级折返定义的不精确性对道氏理论信号的精确择时产生了某种混淆。这是一个重大的批评，但正如我们将看到的，这并不是不能克服的一个问题。

"想产生这种想法是决不允许的，"罗伯特·雷亚在1934年发表的《均线的传说》一文中警告说，"在对道与汉密尔顿识别出的各种价格形态正确分类与预测权威方面，也许没有两个学徒会达成一致意见，因此，任何对它们进行记录和分类的尝试似乎都会引起争议。"雷亚警告自欺欺人地解释道氏理论的危险："批评家们会正确地指出，在我们进行的这项研究中，很容易产生一种支持道氏理论的好论点，因为事后诸葛亮很容易，这一论点是正确的……我希望我对道氏理论的尊重是这样的，只要在我能力范围内，我会作为一个公正的观察者来对待这个问题，指出平均指数无论是不能为未来趋势提供线索的位置，还是会提供错误提示的位置……坦诚记下1917年、1926年和1930年的每一个交易片段都是一件痛苦的事。"在这些年里每一年道氏理论都给出了错误的信号。

根据诺曼·福斯贝克的观点，道氏理论缺乏特异性（《股票市场逻辑》，经济计量研究所股份有限公司，佛罗里达州北方联邦公路3471号，邮编33306，1976：第9—12页）。"不幸的是，由于股票价格似乎很少以统一的、完全确定的周期形态运行，所以很难制定'特定'标准。实际上，不同的道氏理论家得出了完全不同的道氏理论买入和卖出信号标准……并由此也得出了不同的信号日期……"

"次级趋势往往令人困惑……对它的正确评估……给道氏理论家们提出了最大的难题……"小趋势也很难确定，而且"……从这些日常波动中得出的推论很容易产生误导……只要道氏理论家关于关键时期的观点有所不同（不幸的是这通常就是事实），第二次猜测的代价将继续产生。即使是最有经验、最谨慎的道分析师也发现，当一个股票市场的首次冒险被某些后续的市场行为所动摇时，有必要偶尔改变他们的解释"。参见罗伯特·D.爱德华兹和约翰·马吉《股市趋势技术分析》（第七版），约翰·马吉股份有限公司，芝加哥州大街103号，1997：共624页。

道氏理论"并不总是给出正确的预测，而且预测也不总是清晰的"，特许市场技术分析师阿瑟·A.梅里尔在《华尔街价格行为》（第二版）（分析出版社，纽约查帕瓜，1984：第81页，共147页）一书中这样说。

"对于道氏理论家或任何趋势跟踪交易者来说，最困难的工作是能够区分现有趋势中的正常次级折返和相反方向的新趋势的第一阶段。对于什么时候市场给出一个实际的反转信号，道氏理论家们意见并不一致。"特许市场技术分析师约翰·J.墨菲在《金融市场技术分析》（纽约金融学院，纽约，1999：第29页，共542页）一书中这样说。

"在考虑结果时要注意，这些信号是解释的结果，在某些情况下是事后诸葛亮的结果。一些道氏理论家不同意我的解释，"马丁·J.普林在《技术分析解析》第三版（麦格劳—希尔教育出版公司，纽约，1991：第40页脚注，共521页）一书中这样说。

"然而，对小趋势和次级折返的区分并不总是那么清晰，而且这是道氏理论中唯一有点主观的因素。"维克托·斯波朗迪在《交易员维克——华尔街大师方法》（约翰·威利父子出版公司，纽约，1991：第46页）一书中这样说。

所有的批评都认为，道氏理论的优势远远超过其弱点。在过去100年里道氏理论被证明是一种有用的、稳健的、可获利的投资方式，道氏理论对技术分析的发展做出了极其重要的贡献。通过彻底研究道氏理论，包括其信号的详细历史表现，技术学徒们将大大受益。该是我们投资的时候了。

道氏理论的新前沿

更加引人注目的是，考虑到其缺乏演进变化，道氏理论在充满动荡事件的过去一个世纪时间的考验中幸存下来，这些事件包括两次世界大战，一次世界范围的经济萧条，以及令人难以置信的科学和技术成果，这在查尔斯·H.道所在时期都是不可思议的。再考虑一下，只有少量原始数据且没有计算机，道却在短短几年内从无到有创造了一个预测股市的晴雨表。如果查尔斯·H.道及其继承者S.A.纳尔逊、威廉·P.哈密顿和罗伯特·雷亚今天还活着的话，他们可以在自己难以想象的更多数据和分析数据能力的帮助下，扩展他们的开创性工作。

用合理纪律来适当约束，从而确保程序和逻辑的有效，计算机能够处理复杂的数据，其效率远高于我们的单独脑力，它可以在混乱的大量数据中快速发现人眼永远看不到且人脑永远把握不到的形态。由于计算机没有情感，也不在乎我们的钟爱假设是被接受还是被拒绝，所以它不会看到本就不存在的信号，也不会忽视真正存在的信号。在冷静计算方面，我们无法与计算机的能力相匹配。它可以帮助我们精确地定义决策规则，然后我们可以用它来实际执行精确限定的行动。然而我们必须永远记住，由于计算机缺乏判断和常识，我们必须对其施加合理的限制，以免它涌现出的误导性噪声比我们已经处理的还多。

道氏理论计算机辅助测试新假设

假设一：我们可以用客观和精确的分析来识别信号。既然区分主要趋势、次级折返趋势和小趋势是人类分析师运用道氏理论时的最大问题，那么让我们用利润最大化的标准通过编制计算机程序来定义这些运动。

在最基本的层面上，如果不考虑任何资格或细微的要求，道氏理论的买入信号要求上涨要高于先前的高点，卖出信号要求下跌要低于先前的低点，这种可能最简单的定义类似于所谓的"价格通道交易区间突破规则"（这也被期货交易者称为理查德·D. 唐奇安的 n 期交易规则，理查德·丹尼斯的"海龟交易规则"之一。参见"价格通道"）。这是一个最古老和最简单的趋势跟踪模型：当每日收盘价上升到一个新的 n 期高点时我们买入，然后当每日收盘价下跌到一个新的 n 期低点时我们卖出多头并卖空。这是一个精确定义的模型，没有为怀疑或模糊思维留有余地，我们可以用这样一个模型来操作。

运用一些富有想象力的数据库操作并持续较长时间，我们能够在单一测试中同时分析道琼斯工业和运输业平均指数的每日收盘价，而不是像我们在过去的美好日子里那样，一次只能分析一个。具体来说，我们在微软 Excel 中创建一个人工文件，将运输业平均指数（乘以 100 以避免处理小数）复制到通常预留给工业平均指数的每日成交量字段（列）中，然后将该文件复制到一个数据文件管理软件程序——盐湖城 Equis 国际公司的 Windows 下载程序中（www.equis.com）。

使用该准备好的数据和同样来 Equis 国际公司的 MetaStock© 系统的 Windows 软件，在奔腾级的计算机上运行，我们能够在单一测试中搜索出高达 32,000 种的不同期限长度，应用于整个世纪的每日市场数据（超过 25,000 天）。我们的准确测试程序写在第 238 页上。

第二部分　市场技术指标

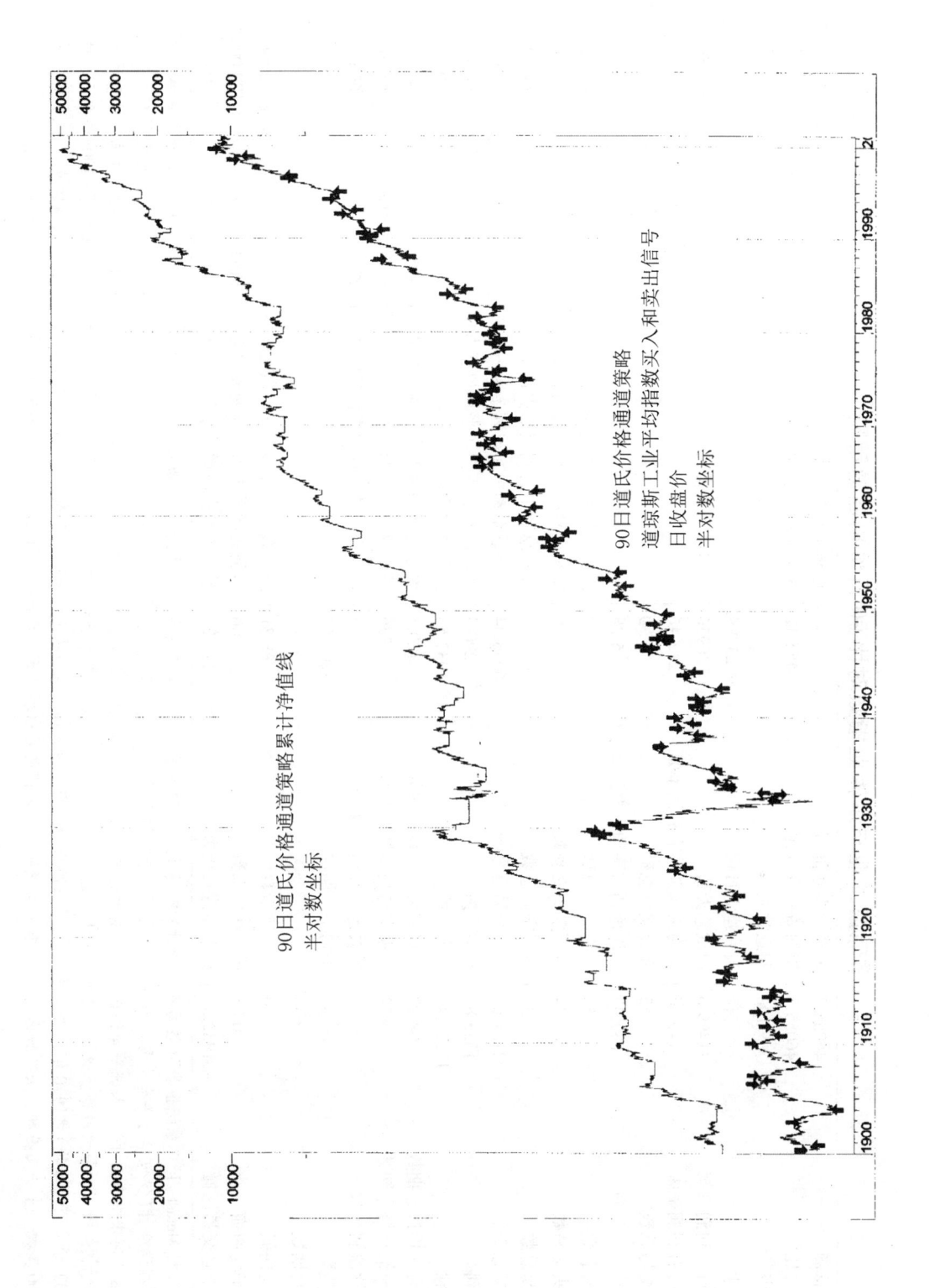

道琼斯工业指数对比运输业指数 90 日价格通道策略

净利润总额	46055.3	未平仓头寸价值	无
盈亏百分比	46055.3	年均盈亏百分比	455.12
初始投资	100	利息收入	0
当前头寸	空仓	头寸建立日期	9/23/99
买入并持有利润总额	21499.6	测试总天数	36936
买入并持有利润率%	21499.6	年均买入并持有利润率%	212.46
已平仓交易总数	55	佣金支付总额	0
每笔交易平均利润	837.37	平均盈利与平均亏损比率	5.28
多头交易总数	55	空头交易中盈利交易占比	0
盈利多头交易数	34	空头交易中亏损交易占比	0
盈利交易总数	34	亏损交易总数中盈利交易占比	21
盈利交易总金额	52151.64	交易总金额中净盈利金额占比%	-6096.34
平均盈利	1533.87	平均亏损中净平均盈利占比%	-290.3
最大亏损	11226.46	最大盈利合计中净盈利占比%	-1932.58
盈利交易平均持仓期数	408.97	亏损交易平均持仓期数	120.1
盈利交易最长持仓期数	877	亏损交易最长持仓期数	336
最大连续盈利次数	5	最大连续亏损次数	3
空仓总期数	11397	平均空仓期数	203.52
最长空仓期数	650		
系统平仓回撤	0	盈亏比指数	88.31
系统未平仓回撤	-0.85	风险回报指数	100
最大未平仓交易回撤	-1932.58	买入并持有指数	114.21

超额净利润比率%	114.21
年均超额净利润比率%	114.21
平均每笔交易天数	671.56
多头交易中盈利交易占比%	61.82
空头交易中盈利交易占比%	#
交易总数中盈利交易占比%	61.82
交易总金额中净盈利金额占比%	79.07
平均盈亏总额中净平均盈利占比%	68.17
最大盈亏合计中净盈利占比%	70.63
盈亏持仓期数差占持仓最长亏损期数比例%	240.52
最长连续盈亏期数差占连续亏损期数比例%	161.01
	66.67
净利润与系统平仓回撤之比%	5418270.59
净利润同系统未平仓回撤之差与净利润之比%	100.00
系统未平仓回撤与净利润之比%	0.00

在 Equis 公司 Metastock© "系统报告"（盈亏概览统计）中，净利润总额等于利润合计减去亏损合计（仅包括已平仓头寸），盈亏概总额等于利润合计（仅包括已平仓头寸）。同样，亏损交易总金额是指交易总金额中所有亏损交易的总金额，不包括任何未平仓头寸。系统平仓回撤是指已平仓交易所实现投资初始价值线低于初始投资价值的最大降幅，系统未平仓回撤（SODD）是指头寸未平仓时累计净值线低于初始投资价值的最大降幅。盈亏比指数是将盈利交易总金额与亏损交易总金额联系在一起的一个复杂计算结果，值的范围在-100（最差可能表现）与+100（最好可能表现）之间，0值代表盈亏相等。风险回报指数是系统未平仓回撤再除以净利润总额，在本次演练交易中，初始投资假设为100美元。多头交易和空头交易都进行，除非另有说明。交易按信号出现当天收盘价格执行，统计分析中不包括交易成本、利息费用和利润。

— 224 —

应用于两个指数的价格通道交易区间突破规则指标策略举例

我们对价格通道假设测试了两次：第一次，单独对道琼斯工业平均指数测试；第二次，对工业和运输业指数一起测试，要求联合确认。我们发现，查尔斯·H. 道下列表述是正确的：两个平均指数的确认更加重要，产生的结果比单独一个指数突破更好。

对于过去 101 年的工业和运输业两个指数，都仅测试一个变量周期长度（用交易日表示），不进行空头卖出而只做多头的策略，90 天期限长度下的假设净利润最高。利润将超过消极的买入并持有策略两倍以上，如下所示。但是由于该策略没有获得传统道氏理论的结果，我们继续尝试。

在 Equis 国际公司 MetaStock© 系统中，当前道琼斯工业平均指数（乘以 100 以避免处理小数）被插入在通常预留给成交量（V）的数据字段中，其测试规则书写如下：

多头开仓：C>Ref(HHV(C,opt1),-1)
　　　　　AND V>Ref(HHV(V,opt1),-1)
多头平仓：C<Ref(LLV(C,opt1),-1)
　　　　　AND V<Ref(LLV(V,opt1),-1)
空头开仓：C<Ref(LLV(C,opt1),-1)
　　　　　AND V<Ref(LLV(V,opt1),-1)
空头平仓：C>Ref(HHV(C,opt1),-1)
　　　　　AND V>Ref(HHV(V,opt1),-1)

OPT1 当前值：90

90 日道氏价格通道

交易次数	交易类型	开仓日期	平仓日期	盈利与亏损	最大不利偏移
—	空仓	1/2/00	10/20/00	0	0
1	多头	10/20/00	11/8/02	5.63	0.37
—	空仓	11/8/02	1/21/04	0	0
2	多头	1/21/04	4/26/06	92.1	2.18
—	空仓	4/26/06	8/18/06	0	0
3	多头	8/18/06	1/28/07	−7.15	2.53
—	空仓	1/28/07	4/24/08	0	0
4	多头	4/24/08	1/14/10	64.47	0.34

90日道氏价格通道——续

交易次数	交易类型	开仓日期	平仓日期	盈利与亏损	最大不利偏移
—	空仓	1/14/10	10/15/10	0	0
5	多头	10/15/10	8/10/11	-11.49	4.1
—	空仓	8/10/11	3/20/12	0	0
6	多头	3/20/12	4/12/12	6.86	0
—	空仓	4/12/12	1/21/14	0	0
7	多头	1/21/14	4/23/14	-9.75	2.34
—	空仓	4/23/14	4/9/15	0	0
8	多头	4/9/15	1/31/16	94.61	4.64
—	空仓	1/31/16	9/26/16	0	0
9	多头	9/26/16	12/21/16	-37.14	11.23
—	空仓	12/21/16	5/13/18	0	0
10	多头	5/13/18	2/3/20	64.59	4.23
—	空仓	2/3/20	11/25/21	0	0
11	多头	11/25/21	11/13/22	84.74	0.01
—	空仓	11/13/22	1/27/23	0	0
12	多头	1/27/23	3/3/26	241.58	5.47
—	空仓	3/3/26	6/17/26	0	0
13	多头	6/17/26	5/27/29	628.62	7.78
—	空仓	5/27/29	6/26/29	0	0
14	多头	6/26/29	10/23/29	-91.23	22.75
—	空仓	10/23/29	3/28/30	0	0
15	多头	3/28/30	6/9/30	-142.89	33.07
—	空仓	6/9/30	8/6/32	0	0
16	多头	8/6/32	2/23/33	-238.01	14.62
—	空仓	2/23/33	4/24/33	0	0
17	多头	4/24/33	10/19/33	122.66	1.98
—	空仓	10/19/33	1/15/34	0	0
18	多头	1/15/34	5/5/34	-46.82	4.99
—	空仓	5/5/34	6/11/35	0	0
19	多头	6/11/35	6/14/37	381.14	0
—	空仓	6/14/37	7/1/38	0	0
20	多头	7/1/38	1/25/39	39.97	6.62
—	空仓	1/25/39	7/17/39	0	0
21	多头	7/17/39	1/13/40	24.58	11.25
—	空仓	1/13/40	9/3/40	0	0
22	多头	9/3/40	2/14/41	-127.29	12.08
—	空仓	2/14/41	7/21/41	0	0
23	多头	7/21/41	10/16/41	-105.21	10.99
—	空仓	10/16/41	9/24/42	0	0
24	多头	9/24/42	11/8/43	234.7	0

90 日道氏价格通道——续

交易次数	交易类型	开仓日期	平仓日期	盈利与亏损	最大不利偏移
—	空仓	11/8/43	3/11/44	0	0
25	多头	3/11/44	2/26/46	444.41	5.44
—	空仓	2/26/46	5/28/46	0	0
26	多头	5/28/46	7/23/46	−141.19	16.48
—	空仓	7/23/46	2/7/47	0	0
27	多头	2/7/47	4/12/47	−109.05	11.98
—	空仓	4/12/47	7/14/47	0	0
28	多头	7/14/47	9/27/48	−80.95	20.21
—	空仓	9/27/48	10/4/49	0	0
29	多头	10/4/49	6/29/51	471.09	0
—	空仓	6/29/51	6/25/52	0	0
30	多头	6/25/52	4/6/53	26.37	7.39
—	空仓	4/6/53	1/19/54	0	0
31	多头	1/19/54	10/1/56	1239.27	0
—	空仓	10/1/56	7/5/57	0	0
32	多头	7/5/57	8/19/57	−236.29	37.94
—	空仓	8/19/57	5/2/58	0	0
33	多头	5/2/58	9/22/59	1018.35	4.11
—	空仓	9/22/59	1/12/61	0	0
34	多头	1/12/61	4/26/62	319.47	0
—	空仓	4/26/62	11/9/62	0	0
35	多头	11/9/62	6/9/65	1849.33	0
—	空仓	6/9/65	9/27/65	0	0
36	多头	9/27/65	5/5/66	−250.72	38.11
—	空仓	5/5/66	1/11/67	0	0
37	多头	1/11/67	11/3/67	245.63	0
—	空仓	11/3/67	5/1/68	0	0
38	多头	5/1/68	2/25/69	−90.46	43.55
—	空仓	2/25/69	10/5/70	0	0
39	多头	10/5/70	7/12/72	1149.6	23.14
—	空仓	7/12/72	12/4/72	0	0
40	多头	12/4/72	3/22/73	−716.21	101.82
—	空仓	3/22/73	9/25/73	0	0
41	多头	9/25/73	5/22/74	−954.72	152.24
—	空仓	5/22/74	1/27/75	0	0
42	多头	1/27/75	8/20/75	806.53	0
—	空仓	8/20/75	1/5/76	0	0
43	多头	1/5/76	10/8/76	540.1	0
—	空仓	10/8/76	4/25/78	0	0
44	多头	4/25/78	10/31/78	−340.53	41.14

90 日道氏价格通道——续

交易次数	交易类型	开仓日期	平仓日期	盈利与亏损	最大不利偏移
—	空仓	10/31/78	3/27/79	0	0
45	多头	3/27/79	10/19/79	-426.67	56.68
—	空仓	10/19/79	7/7/80	0	0
46	多头	7/7/80	8/21/81	152.67	12.29
—	空仓	8/21/81	8/31/82	0	0
47	多头	8/31/82	2/1/84	2168.77	6.26
—	空仓	2/1/84	8/3/84	0	0
48	多头	8/3/84	10/16/87	7346.97	38.87
—	空仓	10/16/87	2/29/88	0	0
49	多头	2/29/88	1/25/90	3733	130.14
—	空仓	1/25/90	6/4/90	0	0
50	多头	6/4/90	8/17/90	-1932.58	290.39
—	空仓	8/17/90	1/18/91	0	0
51	多头	1/18/91	8/21/92	4038.77	43.56
—	空仓	8/21/92	2/3/93	0	0
52	多头	2/3/93	3/30/94	1622.54	71.6
—	空仓	3/30/94	2/13/95	0	0
53	多头	2/13/95	7/15/96	8205.6	0.67
—	空仓	7/15/96	11/11/96	0	0
54	多头	11/11/96	8/4/98	11226.46	0
—	空仓	8/4/98	1/6/99	0	0
55	多头	1/6/99	9/23/99	3460.46	481.71
—	空仓	9/23/99	2/16/01	0	0
合计				46055.29	1799.29

假设二：允许期限长度根据多头或空头信号的特点而改变。20世纪30年代罗伯特·雷亚以及1991年维克托·斯波朗迪公布的统计表格显示，牛市和熊市在范围和持续时间上有很大不同，因此，买入和卖出信号的回测期限长度不应该是一样的。此外，四种可能的市场行为（买入多头、卖出多头、卖出空头和平仓空头），每一种的要求也没有必要都一样，因此，我们将允许这些参数改变。

假设三：允许每个平均指数的期限长度独立改变。由于道琼斯工业和运输业平均指数的历史表现明显不同，甚至两个平均指数的趋势方向偶尔会相反，因此让我们允许每个平均指数的参数有所不同。

结合三个假设，我们完全考虑全部交易可能性。对于四种可能的市场行为（买入多头、卖出多头、卖出空头和平仓空头），我们允许每一种都有两个不同的期限长度，一个期限长度适用于道琼斯工业平均指数的收盘价（INDU），另一个不同的期限长度适用于道琼斯运输业平均指数的收盘价（TRAN）。

对四种可能的行为（买入多头、卖出多头、卖出空头和平仓空头）和两个价格平均指数进行测试，每个模型都有八种指标（4×2＝8）来测试，我们可以改变每一个指标的具体期限长度的数值（常常称为参数设置）。正如路易斯·B. 门德尔森（"交易系统设计与测试：如何避免代价高昂的错误"，门德尔森公司，弗罗里达州韦斯利查普尔市苹果花巷25941号，邮编33544，网址 www.profittaker.com）所指出的那样，当我们允许参数设置值（期限长度）的数值增加时，测试的模型数量呈几何式增加。例如，如果让我们的八个指标都为3期长度，那么我们需要测试3的8次方＝3×3×3×3×3×3×3×3＝6561个模型。但如果我们打算在测试中只增加一期期限长度，就会增加到4的8次方＝4×4×4×4×4×4×4×4＝65,536个模型。只额外增加一个期限长度，就会击垮我们当前的软件资源，因为当前一次测试中的极限是32,000个模型。尽管我们的计算能力同过去比很优异，但测试复杂模型依然十分受限。

幸运的是，我们不必把自己限制在最宽只有3个参数的非常粗略的测试中。作为替代方案，我们可以将测试分成两半，只做多头或只做空头，分别测试每一种。这使得每次测试的指标数量减半，从8个减少到4个。只使用4个指标，我们使13期长度的测试能一次通过，因为共有13的4次方＝13×13×13×13＝28,561个模型。然后我们可以对这个组合模型做最后的微调，一个指标接着一个指标进行。然而，由于我们把测试分成几部分，所以我们很可能错过了参数设置的最优组合，我们的发现可能是次优的。

经过多次重复测试后，我们的研究揭示出下列结果：

多头开仓（买入）：当INDU上升至9个交易日新高并且TRAN上升至39个交易日新高时买入。

多头平仓（卖出）：当INDU下跌至22个交易日新低并且TRAN下跌至166个交易日新低时卖出。

空头开仓（卖出空头）：当INDU下跌至22个交易日新低并且TRAN下跌至166个交易日新低时卖出空头。

空头平仓（平仓）：当INDU上升至36个交易日新高并且TRAN上升至32个交易日新高时平仓空头。

结果富有启发性。这些规则的不对称意味着，我们并不一直拥有头寸。注意，我们依据非常敏感的短期价格确认来买入，只需要INDU的9日新高并由TRAN的39日新高来确认，因此，获得一个买入信号相对容易。相反要注意，获得卖出多头和卖出空头的信号相对较难：我们必须等到INDU下跌至22日新低并且由

TRAN下跌至166日新低进行确认的时候。因此，这种无思维模型正确地识别到股票市场的长期看涨倾向，即上涨的时间比下跌的时间长，而且上涨幅度大于下跌幅度。

观察从1900年1月2日开始至2001年2月16日的整个期间，上述决策规则连续精确地确定了买入和卖出信号。对于什么是信号，以及何时和在什么价格点位出现信号，这都毫无疑问。如果在过去101年里我们能执行该策略，我们将击败买入并持有策略达难以置信的5637.10%，净利润总额将达到1,233,454.40美元。这种更复杂的趋势跟踪规则也更活跃，平均每290.83个日历日交易一次。在总共127次交易中，有69次即54.85%是盈利性交易（总共127次交易中的69次）。

在Equis国际公司MetaStock©系统中，当期道琼斯运输业平均指数（乘以100以避免处理小数）被插入在通常预留给成交量（V）的数据字段中，其测试规则书写如下：

多头开仓：C>Ref(HHV(C,opt1),-1)
　　　　　　AND V>Ref(HHV(V,opt5),-1)

多头平仓：C<Ref(LLV(C,opt2),-1)
　　　　　　AND V<Ref(LLV(V,opt6),-1)

空头开仓：C<Ref(LLV(C,opt3),-1)
　　　　　　AND V<Ref(LLV(V,opt7),-1)

空头平仓：C>Ref(HHV(C,opt4),-1)
　　　　　　AND V>Ref(HHV(V,opt8),-1)

OPT1 当前值：9

OPT2 当前值：22

OPT3 当前值：22

OPT4 当前值：36

OPT5 当前值：39

OPT6 当前值：166

OPT7 当前值：166

OPT8 当前值：32

第二部分　市场技术指标

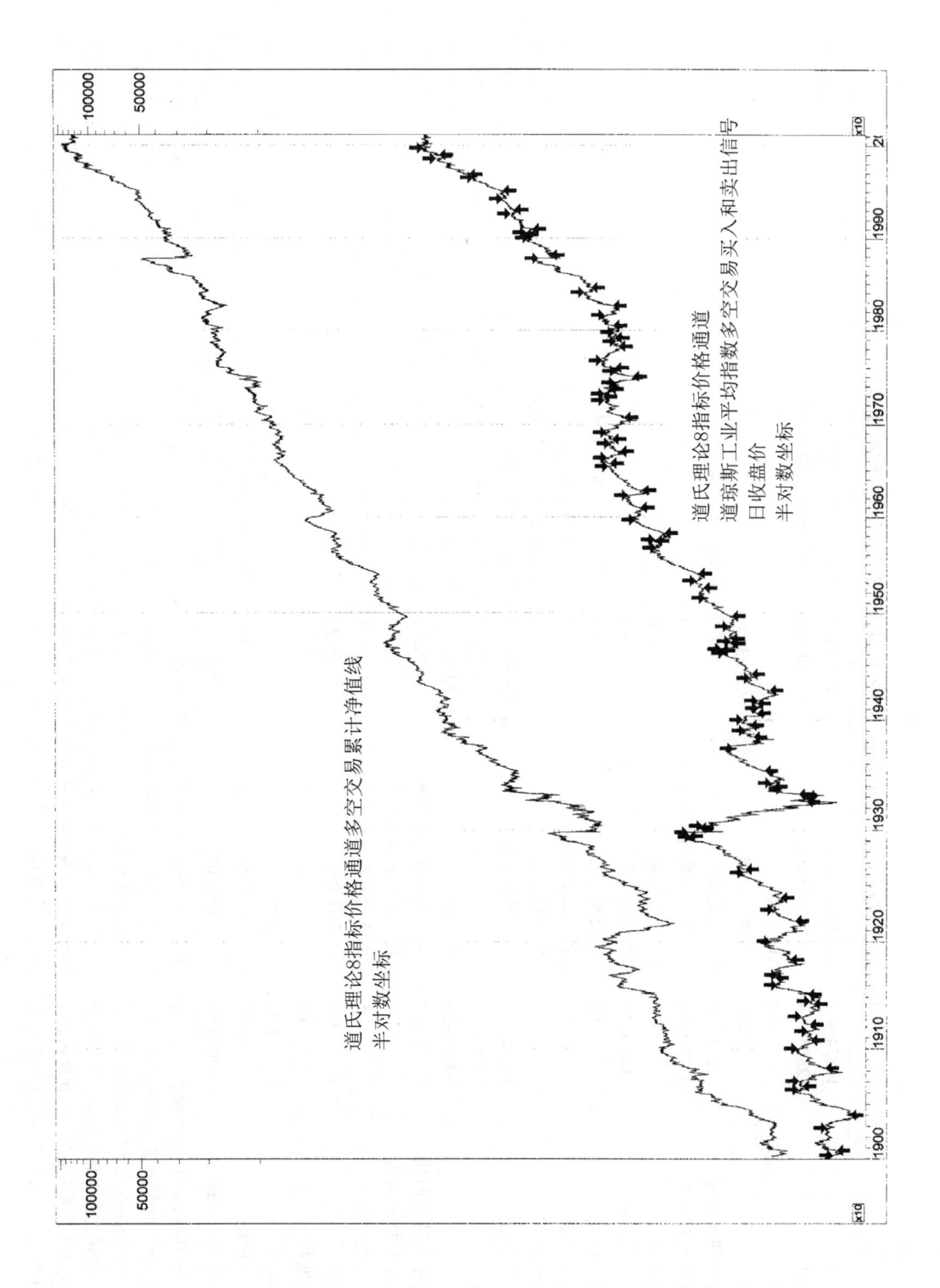

道琼斯工业与运输业指数对比 8 指标不同价格通道策略

净利润总额	1233454.4	未平仓头寸价值	- 36561.93	超额净利润比率%	5637.10
盈亏百分比	1233454.4	年均盈亏百分比	12188.94	年均超额净利润比率%	5637.05
初始投资	100	利息收入	0		
当前头寸	多头	头寸建立日期	3/23/00		
买入并持有利润总额	21499.6	测试总天数	36936	平均每笔交易天数	290.83
买入并持有利润率%	21499.6	年化买入并持有利润率%	212.46		
已平仓交易总数	127	佣金支付总额	0		
每笔交易平均利润	10000.13	年均买入并持有平均亏损比率	5.1		
多头交易总数	62	空头交易总数	65	多头交易中盈利交易占比	54.84
盈利多头交易数	34	盈利空头交易数	35	空头交易中盈利交易占比	53.85
盈利交易总数	69	亏损交易总数	58	交易总数中盈利交易占比	54.33
盈利交易总金额	1520814.4	亏损交易总金额	- 250798.14	交易总金额中净盈利金额占比	71.69
平均盈利	22040.79	平均亏损	- 4324.11	平均盈亏总额中净平均盈利占比	67.20
最大盈利	600036.56	最大亏损	- 53044.61	最大盈亏合计中净盈利占比	83.76
盈利交易平均持仓期数	317.62	亏损交易平均持仓期数	92.78	盈亏持仓期数差占亏损持仓期数比例%	242.34
盈利交易最长持仓期数	1334	亏损交易最长持仓期数	780	最大盈亏持仓期数差占最长持续亏损期数比例%	71.03
最大连续盈利次数	5	最大连续亏损次数	7	最大连续盈亏期数差占连续亏损期数比例%	- 28.57
平均空仓期数	337				
最长空仓期数	69				
系统平仓回撤	- 4.28	盈亏比指数	83.1	净利润与系统平仓回撤之比%	7016236.52
系统未平仓回撤	- 17.58	风险回报指数	100	净利润同系统未平仓回撤之比与净利润之比%	100.00
最大平仓交易回撤	- 130768.4	买入并持有指数	5467.05	系统未平仓回撤之比%	0.00

在 Equis 公司 Metastock© 系统报告"（盈亏概览统计）中，净利润总额等于利润合计减去亏损合计（仅包括已平仓头寸的未平仓头寸）。相对地，盈利交易总金额是指已实现利润合计（仅包括任何未平仓头寸，不包括任何未平仓头寸）。同样，亏损资金总额是指已实现亏损合计（仅包括已平仓的未平仓头寸）。系统平仓回撤是指基于已平仓头寸的累计净值低于初始投资的最大降幅，系统未平仓头寸（SODD）是指头寸未平仓时累计净值线低于初始投资的最大降幅。盈亏比指数是将盈利交易总金额与亏损总金额联系在一起的一个复杂计算结果，值的范围位于-100（最差可能表现）与+100（最好可能表现）之间，0 值代表盈亏相等。风险回报指数等于指数未平仓净利润总额减去系统未平仓回撤总额。在本次演练交易中，初始投资假设为 100 美元。多头交易和空头交易都进行，交易按信号出现当天收盘价格执行，统计分析中不包括交易成本、利息费用和利润。

道氏理论对比 8 指标价格通道

交易次数	交易类型	开仓日期	平仓日期	盈利与亏损	最大不利偏移
—	空仓	1/2/00	3/24/00	0	0
1	多头	3/24/00	11/8/02	-2.12	8.29
2	空头	11/8/02	12/31/02	-2.16	1.02
3	多头	12/31/02	3/5/03	0.61	0.07
4	空头	3/5/03	11/19/03	30.03	0.77
5	多头	11/19/03	4/23/06	138.84	0.65
6	空头	4/23/06	7/31/06	2.98	1.28
—	空仓	7/31/06	8/1/06	0	0
7	多头	8/1/06	1/28/07	-5.22	1.5
8	空头	1/28/07	7/5/07	28.73	1.1
9	多头	7/5/07	8/12/07	-38.02	7.83
10	空头	8/12/07	12/5/07	35.69	1.99
—	空仓	12/5/07	1/6/08	0	0
11	多头	1/6/08	1/14/10	149.65	2.3
12	空头	1/14/10	3/7/10	-3.06	0.61
13	多头	3/7/10	4/28/10	-37.21	5.91
14	空头	4/28/10	8/16/10	24.24	2.47
15	多头	8/16/10	8/11/11	-1.78	1.98
16	空头	8/11/11	11/3/11	13.16	0.49
17	多头	11/3/11	12/9/12	43.6	0.03
18	空头	12/9/12	4/1/13	22.86	1.86
—	空仓	4/1/13	4/3/13	0	0
19	多头	4/3/13	4/29/13	-23.01	2.77
20	空头	4/29/13	7/18/13	7.89	1.15
—	空仓	7/18/13	7/21/13	0	0
21	多头	7/21/13	4/17/14	9.74	2.12
22	空头	4/17/14	1/21/15	0	1.55
—	空仓	1/21/15	3/23/15	0	0
23	多头	3/23/15	2/1/17	346.62	0
24	空头	2/1/17	3/19/17	-70.84	8.45
—	空仓	3/19/17	4/10/17	0	0
25	空头	4/10/17	12/28/17	140.35	7.88
26	多头	12/28/17	1/20/19	90.12	0
27	空头	1/20/19	2/24/19	-50.41	4.48
—	空仓	2/24/19	2/26/19	0	0
28	多头	2/26/19	8/7/19	151.16	1.56
29	空头	8/7/19	10/6/19	-111.78	11.24
30	多头	10/6/19	11/12/19	-38.87	4.89
31	空头	11/12/19	3/8/20	77.67	3.54
32	多头	3/8/20	12/21/20	-292.35	30.63

道氏理论对比 8 指标价格通道——续

交易次数	交易类型	开仓日期	平仓日期	盈利与亏损	最大不利偏移
33	空头	12/21/20	5/5/21	-126.75	13.28
34	多头	5/5/21	6/18/21	-81.5	12.78
35	空头	6/18/21	7/23/21	-12.63	2.61
36	多头	7/23/21	5/7/23	157.4	5.33
37	空头	5/7/23	9/11/23	10.82	2.78
38	多头	9/11/23	2/17/28	617.29	7.85
39	空头	2/17/28	3/12/28	-67.74	10.85
—	空仓	3/12/28	3/16/28	0	0
40	多头	3/16/28	10/29/29	140.55	2.74
41	空头	10/29/29	1/29/30	-177.88	43.44
—	空仓	1/29/30	2/4/30	0	0
42	多头	2/4/30	6/12/30	-87	21.3
43	空头	6/12/30	9/9/30	11.8	2.51
—	空仓	9/9/30	9/27/30	0	0
44	空头	9/27/30	1/22/31	211.77	1.66
45	多头	1/22/31	4/15/31	-27.82	3.8
46	空头	4/15/31	6/24/31	95.61	0
—	空仓	6/24/31	6/26/31	0	0
47	多头	6/26/31	9/3/31	-176.52	20.9
48	空头	9/3/31	1/15/32	399.16	0
49	多头	1/15/32	3/28/32	-191.43	14.08
50	空头	3/28/32	7/25/32	449.04	2.06
51	多头	7/25/32	7/23/34	1510.04	0.74
52	空头	7/23/34	10/11/34	-125.96	3.73
—	空仓	10/11/34	10/24/34	0	0
53	多头	10/24/34	2/6/35	153.3	3.07
54	空头	2/6/35	4/12/35	-139.73	6.94
—	空仓	4/12/35	4/25/35	0	0
55	多头	4/25/35	8/27/37	1883.13	1.76
56	空头	8/27/37	5/9/38	1625.29	1.97
57	多头	5/9/38	5/13/40	1019.09	11.69
58	空头	5/13/40	7/16/40	812.47	0
59	多头	7/16/40	11/12/41	-531.39	7.82
60	空头	11/12/41	7/2/42	810.24	1.86
61	多头	7/2/42	11/5/43	2692	0
62	空头	11/5/43	1/4/44	-142.49	1.68
63	多头	1/4/44	7/23/46	4804.49	2.93
64	空头	7/23/46	11/2/46	1877.28	9.3
65	多头	11/2/46	4/14/47	-610.27	8.98
66	空头	4/14/47	6/19/47	-987.51	9.45

道氏理论对比 8 指标价格通道——续

交易次数	交易类型	开仓日期	平仓日期	盈利与亏损	最大不利偏移
—	空仓	6/19/47	6/20/47	0	0
67	多头	6/20/47	11/10/48	−275.66	11.05
68	空头	11/10/48	1/7/49	−729.18	7.83
—	空仓	1/7/49	2/4/49	0	0
69	空头	2/4/49	3/30/49	−45.95	0.53
70	多头	3/30/49	5/31/49	−869.65	10.09
71	空头	5/31/49	7/19/49	−599.02	6.95
—	空仓	7/19/49	7/26/49	0	0
72	多头	7/26/49	8/26/53	7110.11	0.45
73	空头	8/26/53	10/19/53	−536.37	6.8
—	空仓	10/19/53	10/29/53	0	0
74	多头	10/29/53	9/28/56	14749.36	2.43
75	空头	9/28/56	3/28/57	17.79	24.22
—	空仓	3/28/57	4/9/57	0	0
76	多头	4/9/57	8/23/57	−505.43	6.92
77	空头	8/23/57	1/24/58	1831.8	10.39
78	多头	1/24/58	9/8/59	15586.65	13.77
79	空头	9/8/59	1/5/60	−3472.36	42.78
80	多头	1/5/60	3/4/60	−5376.04	75.68
81	空头	3/4/60	6/8/60	−2881.24	40.56
82	多头	6/8/60	7/21/60	−2096.57	33.72
83	空头	7/21/60	11/10/60	287.25	24.93
—	空仓	11/10/60	1/4/61	0	0
84	多头	1/4/61	4/26/62	3554.47	0
85	空头	4/26/62	11/2/62	4605.45	0
86	多头	11/2/62	5/27/65	23884.76	0
87	空头	5/27/65	7/30/65	2436.15	4.82
88	多头	7/30/65	7/26/66	−2451.73	29.57
89	空头	7/26/66	11/16/66	2595.17	4.06
90	多头	11/16/66	2/8/68	2628	35.18
91	空头	2/8/68	4/8/68	−3042.94	34.1
92	多头	4/8/68	6/2/69	4014.79	14.77
93	空头	6/2/69	10/24/69	5839.77	0
94	多头	10/24/69	11/21/69	−3752.56	39.13
95	空头	11/21/69	8/24/70	6094.44	0
96	多头	8/24/70	9/12/72	20873.59	12.11
97	空头	9/12/72	11/1/72	−2518.8	22.5
—	空仓	11/1/72	11/13/72	0	0
98	多头	11/13/72	1/29/73	−63.25	0.61
99	空头	1/29/73	9/19/73	8926.77	2.56

道氏理论对比 8 指标价格通道——续

交易次数	交易类型	开仓日期	平仓日期	盈利与亏损	最大不利偏移
100	多头	9/19/73	5/17/74	−11285.87	122.06
101	空头	5/17/74	10/14/74	17920.78	40.83
102	多头	10/14/74	8/11/77	35997.58	95.9
103	空头	8/11/77	4/14/78	14527.53	0
104	多头	4/14/78	8/27/81	20017.05	36
105	空头	8/27/81	10/30/81	7783.11	3.14
106	多头	10/30/81	3/4/82	−10409.36	45
107	空头	3/4/82	4/8/82	−8186.39	35.39
—	空仓	4/8/82	4/26/82	0	0
108	多头	4/26/82	6/8/82	−13072.48	63.35
109	空头	6/8/82	8/20/82	−13838.05	67.06
110	多头	8/20/82	2/8/84	50087.77	0
111	空头	2/8/84	8/1/84	3785.25	30.26
112	多头	8/1/84	10/19/87	109461.14	0
113	空头	10/19/87	5/1/88	−53044.61	292.76
114	多头	5/1/88	1/15/90	82263.52	152.36
115	空头	1/15/90	3/19/90	−11124.56	86.26
116	多头	3/19/90	8/6/90	−4749.81	110.58
117	空头	8/6/90	12/5/90	12807.31	42.57
118	多头	12/5/90	8/21/92	84134.44	140.1
119	空头	8/21/92	10/23/92	6072.56	122.12
120	多头	10/23/92	10/4/94	79818.88	14.32
121	空头	10/4/94	1/6/95	−8914.06	134.91
122	多头	1/6/95	8/4/98	600036.56	35.33
123	空头	8/4/98	11/2/98	−28423.25	266.47
124	多头	11/2/98	9/16/99	250569.88	30.12
125	空头	9/16/99	11/12/99	−3922.5	123.4
126	多头	11/12/99	1/28/00	−3727.63	57.2
127	空头	1/28/00	3/23/00	−46719.38	397.7
128	多头	3/23/00	2/16/01	−36561.88	1468.22
合计				1233454.4	4892.22

只有一条指数移动平均线交叉应用于两个平均指数的指标策略举例

假设四：通常当市场沿陡峭的倾斜方向运行，或者上升或者下降时，价格通道用于确定水平交易区突破才好用。在这些情况下，至少斜线的使用对于信号的产生更有效。指数移动平均线交叉（参见"指数移动平均线"）是一种斜线的例子，同时适用于道琼斯工业和运输业平均指数，用来确定趋势和趋势变化信号。

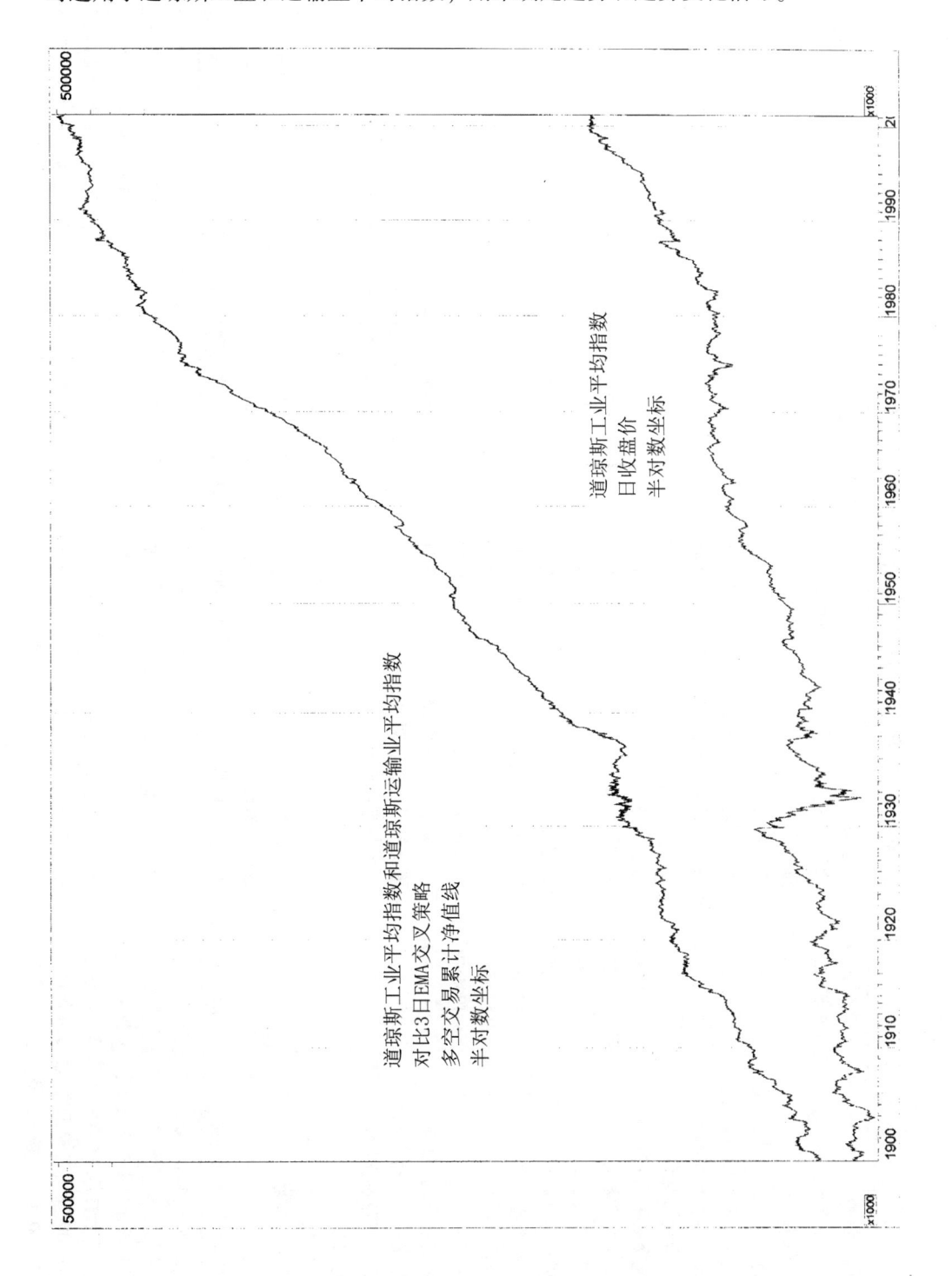

道琼斯工业平均指数和道琼斯运输业平均指数
对比3日EMA交叉策略
多空交易累计净值线
半对数坐标

道琼斯工业平均指数
日收盘价
半对数坐标

道琼斯工业及运输业平均指数对比 3 日 EMA

净利润总额	505216544	未平仓头寸价值	0	超额净利润总额	2349788.11
盈亏百分比	100	年均盈亏百分比	4992528.66	年均超额净利润比率%	2349767.58
初始投资		利息收入	0		
当前头寸	空头	头寸建立日期	2/16/01		
买入并持有利润总额	21499.6	测试总天数	36936	平均每笔交易天数	6.35
买入并持有利润率%	21499.6	年均买入并持有利润率%	212.46		
已平仓交易总数	5816	佣金支付总额	0		
每笔交易盈利与平均利润	86866.67	平均盈利与平均亏损比率	1.83		
多头交易总数	2908	空头交易总数	2908	多头交易中盈利交易占比%	44.36
盈利多头交易数	1290	盈利空头交易数	1074	空头交易中盈利交易占比%	36.93
亏损交易总数	2364	交易总数	3452	交易总数中盈利交易占比%	40.65
盈利交易总金额	2488249344	亏损交易总金额	-1983032960	交易总金额中净盈利金额占比%	11.30
平均盈利	1052558.94	平均亏损	-574459.14	平均盈利总额中净平均盈利占比%	29.39
最大盈利	49968768	最大亏损	-27665024	最大盈亏合计中净盈利占比%	28.73
盈利交易平均持仓期数	8.91	亏损持仓平均持仓期数	3.61	盈亏持仓期数差占亏损持仓期数比例%	146.81
盈利交易最长持仓期数	36	亏损交易最长持仓期数	19	最长盈亏持仓期数差占最长亏损持仓期数比%	89.47
空仓总期数	8	最大连续盈利次数	18	最大连续盈亏期数差与亏损期数比例%	-55.56
最长空仓期数	4	平均空仓期数	4		
盈亏比指数	-4.36	盈亏比指数	20.3	净利润与系统未平仓回撤之比	1120214065.19
系统未平仓回撤	-4.51	风险回报指数	100	净利润同系统未平仓回撤之差与净利润之比%	100.00
最大未平仓交易回撤	-27665024	买入并持有指数	2349788.15	系统未平仓回撤与净利润之比%	0.00

在 Equis 公司 Metastock© "系统报告"(盈亏概览统计)中,净利润总额等于利润合计减去市值计价的未平仓头寸,包括按市值计价的未平仓头寸。相对地,盈利交易总金额是指已实现利润合计(仅包括已平仓交易所有获利头寸,不包括任何未平仓头寸)。同样,亏损交易总金额是指已实现亏损合计(仅包括已平仓交易所有亏损头寸)。系统平仓回撤是指仅基于已平仓头寸的净市值低于初始投资的最大降幅,不包括任何未平仓头寸。盈亏指数是关于将盈利交易总金额与亏损交易总金额联系在一起的一个复杂计算结果,值的范围位于-100(最差可能表现)与+100(最好可能表现)之间,0值代表盈亏相等。风险回报指数是系统未平仓回撤总额除以净利润总额。在本次演练交易中,初始投资假设为 100 美元。多头交易和空头交易都进行,除非另有说明。交易按信号出现当天收盘价格执行,统计分析中不包括交易成本、利息费用和利润。

指数移动平均线交叉规则对于所有时间框架都是一个盈利的指标，尤其是对于短期。对于 100 日或更短区间的所有时间长度，表现都优于消极的买入并持有策略。对于交易成本非常低的交易者，3 日左右的指数移动平均长度是最好的。以 1900 年至 2001 年的 101 年期间道琼斯工业和运输业平均指数每日收盘价为基础，我们发现，如果不带主观性，不运用复杂技术分析，不妄断，而以纯机械式的趋势跟踪信号为基础，下列参数能产生非常好的交易结果。

多头开仓（买入）：当道琼斯工业平均指数的收盘价上穿其收盘价的昨日 3 日指数移动平均线，并且道琼斯运输业平均指数的收盘价也上穿其收盘价的昨日 3 日指数移动平均线时，以道琼斯工业平均指数当日收盘价买入。

多头平仓（卖出）：当道琼斯工业平均指数的收盘价下穿其收盘价的昨日 3 日指数移动平均线，并且道琼斯运输业平均指数的收盘价也下穿其收盘价的昨日 3 日指数移动平均线时，以道琼斯工业平均指数当日收盘价卖出。

空头开仓（卖出空头）：当道琼斯工业平均指数的收盘价下穿其收盘价的昨日 3 日指数移动平均线，并且道琼斯运输业平均指数的收盘价也下穿其收盘价的昨日 3 日指数移动平均线时，以道琼斯工业平均指数当日收盘价卖出空头。

空头平仓（平仓）：当道琼斯工业平均指数的收盘价上穿其收盘价的昨日 3 日指数移动平均线，并且道琼斯运输业平均指数的收盘价也上穿其收盘价的昨日 3 日指数移动平均线时，以道琼斯工业平均指数当日收盘价平仓空头。

运用该指数移动平均线交叉策略，以 100 美元开始投资并将利润再投资，假如充分运用该投资策略进行利润再投资操作，无交易成本和税收，净利润总额将达到 5.05 亿美元，这比买入并持有策略高出百分之二百多万。空头卖出交易也是盈利的并且包括在本策略中。然而，对于其他典型的趋势跟踪策略，在 1980 年至 2000 年的异常大牛市中，空头卖出交易是不盈利的。注意，该策略的信号中只有 40.36% 是正确的，但平均指数盈利交易规模是平均指数亏损交易规模的 1.83 倍。该指数移动平均线交叉策略交易非常活跃，平均每 6.35 日交易一次。

在 Equis 国际公司 MetaStock© 系统中，当前道琼斯运输业平均指数（乘以 100 以避免处理小数）被插入在通常预留给成交量（V）的数据字段中，其测试规则书写如下：

多头开仓：CLOSE>Ref(Mov(CLOSE,opt1,E),-1) AND
　　　　　　V>Ref(Mov(V,opt1,E),-1)

多头平仓：CLOSE<Ref(Mov(CLOSE,opt1,E),-1) AND
　　　　　　V<Ref(Mov(V,opt1,E),-1)

空头开仓：CLOSE<Ref(Mov(CLOSE,opt1,E),-1) AND
　　　　　V<Ref(Mov(V,opt1,E),-1)
空头平仓：CLOSE>Ref(Mov(CLOSE,opt1,E),-1) AND
　　　　　V>Ref(Mov(V,opt1,E),-1)
OPT1 当前值：3

道氏理论的未来演进如何？

在这里我们的目的并不是提供对道氏理论的任何特定定位或修改，我们只是希望激发关于道氏理论会如何演进的思考。你可以用下述观点来开展你自己的研究，你可以寻找与你自己的特定目标和限制条件相一致的属于你自己的独特指导原则，你可以以实际历史证据为基础开发属于你自己的独特指标及其解释。本书中有大量的指标能用于补充道氏理论基本概念。

想一想理论是如何演进的。观察者思索数据，形成假设，然后检验该假设。假设可以多次修正，以更好地同数据相匹配。当新数据能获得时，假设也会改变。假设是允许演变的，这样它才能越来越好地描述被观察的现象。

仅仅是对数据深思熟虑而不对其进行检验，会带来错误的假设、错误看法、错误结论和普遍困惑。当你针用数据对假设进行严格检验时，看起来应该是正确的事情通常并不正确。检验帮助我们澄清思想，没有检验，我们会错过数据的微妙之处，以及随着时间的推移潜在现象性质的演进变化。缺乏检验，错觉就会持续，过时的信念会导致有缺陷的决策。

多年来，由于定义不精确和缺乏持续演进检验，道氏理论受到误解。变化是永恒的，任何理论都不应该被看作是金科玉律。

我们的检验必须是客观的、精确的和公正的。在任何时候，我们都必须对检验什么和如何检验保持严格的逻辑上的控制。我们的检验必须有意义，这就是为什么经验判断从不过时。

通过对过去运行良好的一系列决策规则进行回溯测试，来进行定义和持续再定义，具有令人信服的逻辑。实际上，也没有其他可替代的让人接受的方法。你可以为你想要的建立学说，但是没有历史回溯测试，你的基础就是不可靠的，你就不能了解它。建立在真实历史数据模拟运行基础上的客观方法，只是提供了最好的硬事实支持。

邓尼根的单向公式

邓尼根的单向公式对买入信号要求的检验是,之前的底部后面跟着一个向上的冲力。而它对卖出信号要求的检验是,之前的顶部后面跟着一个向下的冲力。此外,冲力日的整个交易区间必须离开前一日的交易区间,也就是,对于买入信号,冲力日的高点和低点都必须高于前一日的最高点,而对于卖出信号,冲力日的高点和低点都必须低于前一日的最低点。设计这些严格的标准,是为了给出更少的但更重要的信号。

关于进一步讨论,参见 W·邓尼根(1954)《投机选择研究》,旧金山:邓尼根出版公司。另外参见 W·邓尼根(1956,1997)《股票和谷物收益新蓝图》及《股票和商品期货交易单向公式》,伦敦:皮特曼出版公司。

邓尼根的冲力方法

邓尼根的冲力方法是一个趋势转向信号,它由任意给定一天的五个价格设置中任何一个来触发,由后一天的一个冲力来确认,该冲力是指一个相对大的价格运动。最优的冲力大小可以通过回溯测试来决定。

下降趋势被定义为高点更低且低点更低,在下降趋势中有五个前提,使用每日数据来设置趋势转向的买入信号:

1. 前一日低部的检验。
2. 收盘价转向(每日低点更低并随后转向更高的每日收盘价)。
3. 比当前下降趋势中最大的每日波动区间的一半还要小的狭窄日波动区间。
4. 内包日,比前一日的每日高点更低且每日低点更高。

对于这四个前提的每一个,如果在紧接下来的一日出现上升方向的冲力,则给出买入信号。第五个前提是失败保护设置,以确保我们不会错过一个主要趋势:对之前上升趋势高点的向上冲力,设置一个上升趋势改变的信号。在第五个情况中,冲力的确认没有时间限制——冲力对第五个设置的确认可能要在许多天以后才能完成买入信号。

上升趋势被定义为高点更高且低点更高,在上升趋势中有五个前提,使用每日数据来设置摆动转向的买入信号:

1. 前一日高点的检验。
2. 收盘价转向（每日高点更高并随后转向更低的每日收盘价）。
3. 比当前上升趋势中最大的每日波动区间的一半还要小的狭窄日波动区间。
4. 内包日，比前一日的每日高点更低且每日低点更高。

对于这四个前提的每一个，如果在紧接下来的一日出现下降方向的冲力，则给出卖出信号。第五个前提是失败保护设置，以确保我们不会错过一个主要趋势：对之前下降趋势低点的向下冲力，设置一个下降趋势改变的信号。在第五个情况中，冲力的确认没有时间限制——冲力对第五个设置的确认可能要在许多天以后才能完成卖出信号。

重复出现信号，尤其是检验前期底部或顶部以及收盘价转向，提供更加重要的确认。双冲力尤为重要，即一个冲力后面紧跟着另一个冲力，或者第一个冲力后面跟着一个短暂的停歇然后是另一个冲力。

有效市场假说

有效市场假说是技术分析的对立面。它是广为流传的随机漫步假说的一个淡化版本（参见："随机漫步假说"）。该观点基本为，市场是如此有效，以至于它会对所有已知信息立即做出反应，并立即反映在股票价格上。因此，没有任何人能击败市场，因为任何已知情况都已经反映在当前价格中。

有效市场假说从未被证实，好像正慢慢被淘汰，相对立的研究证据不断在积累。此外，也找不到即使愿意对该观点感兴趣的真正的市场专家、交易者和投资者。一直成功的交易者确信，他们的利润直接反映了他们的技巧，与随机收获没有任何关系。记住，如果市场真的有效，本书中许多技术指标的强劲表现就不可能存在。

艾尔德射线

艾尔德射线是由亚历山大·艾尔德于1989年开发的，并在其畅销著作《以交易为生：心理学、交易策略、金钱管理》（纽约：约翰·威利父子出版公司，1993）中公布。

艾尔德使用每日数据，计算了日收盘价的 13 日指数移动平均线（EMA）。他把多头力量（Bull Power）定义为当日最高价（high price）减去该 13 日 EMA，把空头力量（Bear Power）定义为当日最低价（low price）减去该 13 日 EMA。

$$Bull\ Power = High - EMA$$
$$Bear\ Power = Low - EMA$$

艾尔德射线的基本交易规则为：

当长期趋势向上且空头力量为负但处于上升也就是负值开始变弱时买入。如果空头力量存在正背离，也就是如果价格低点更低但空头力量低点变高，这种情况也适用，尽管不是至关重要，空头力量负背离时清算多头头寸。

当长期趋势向下且多头力量为正但处于下降也就是正值开始变弱时卖出空头。如果多头力量存在负背离，也就是如果价格高点更高但多头力量高点变低，这种情况也适用，尽管不是至关重要，多头力量正背离时平仓空头头寸。

终点移动平均线（EPMA）

严格来讲这一术语用词不当，因为实际指标的计算并不像一条移动平均线。而是，EPMA 是线性回归线加上其斜率的最终值（参见"时间序列预测（TSF）"）。

包络线，移动平均包络线和交易带

使用一条移动平均线上下固定百分比来绘制包络线，包络线通常用作超买和超卖信号；当证券价格到达上轨时产生卖出信号，而在下轨处产生买入信号。移动平均的长度和移动平均线的适当加减平移百分比，既依赖于证券的交易特性又依赖于证券的价格波动性。通常，较大的波动导致较大的平移百分比。过度热情的买方和卖方将价格推向极端时，上轨和下轨提供阻力和支撑点位，使价格趋势出现反转并回归至均值（移动平均线），甚或走向相反的极端。

包络线的参数可以根据观测证券自身的历史习性和波动性在很宽范围内调整。例如，著名的市场简报作者杰瑞·菲佛斯，为一般股票市场指数如道琼斯工业平均指数计算出一条 21 日指数移动平均线（EMA）。对于垂直平移百分比，杰瑞喜欢加减 3.5%。也就是，他在该 21 日 EMA 的每一点上加上 3.5% 得出上轨线。然后他在该 21 日 EMA 的每一点上减去 3.5% 得出下轨线。

包络线指标策略举例

即使朴素的测试假设中也表明，包络线作为纯机械式的逆势技术指标，具有潜在价值，绝大多数超卖的买入信号都是盈利的。此外，对于仅做多头来说这些买入信号是很稳健的，对于从 1 天到 50 天指数移动平均长度，大多数时间都是盈利和正确的。

高百分比的盈利交易看起来很诱人，然而要注意，这一策略（同其他反趋势策略一样），在 1987 年股灾、1998 年大跌和其他市场价格下跌中未能提供任何保护。正如下图所显示，有一个急剧的净值回撤。使用包络线逆势超卖和超买信号，对于仅做对头交易来说，其表现稍稍优于消极的买入并持有策略，而从过去看，空头卖出交易是不盈利的。

以 1982 年 4 月 21 日至 2000 年 12 月 8 日的 18 年期间标准普尔 500 综合股价指数期货合约的全部历史上每日数据文件为基础，数据从网站 www.csidata.com 搜集，我们发现，如果不带主观性，不运用复杂技术分析，不妄断，而以纯机械式的买入/卖出信号为基础，下列参数能产生良好的交易结果。

多头开仓（买入）：当标准普尔 500 综合股价指数期货合约收盘价低于昨日当日收盘价的 4 日指数移动平均线减去其 2% 时，以当日收盘价买入。

多头平仓（卖出）：当标准普尔 500 综合股价指数期货合约收盘价高于昨日当日收盘价的 4 日指数移动平均线加上其 2% 时，以当日收盘价卖出。

空头开仓（卖出空头）：从不操作。

在 Equis 国际公司 MetaStock© 系统中，包络线的测试规则书写如下：

多头开仓：CLOSE<(Ref(Mov(CLOSE,opt1,E),-1)-((opt2/1000))*Ref(Mov(CLOSE,opt1,E),-1))

多头平仓：CLOSE>(Ref(Mov(CLOSE,opt1,E),-1)+((opt2/1000))*Ref(Mov(CLOSE,opt1,E),-1))

OPT1 当前值：4

OPT2 当前值：20

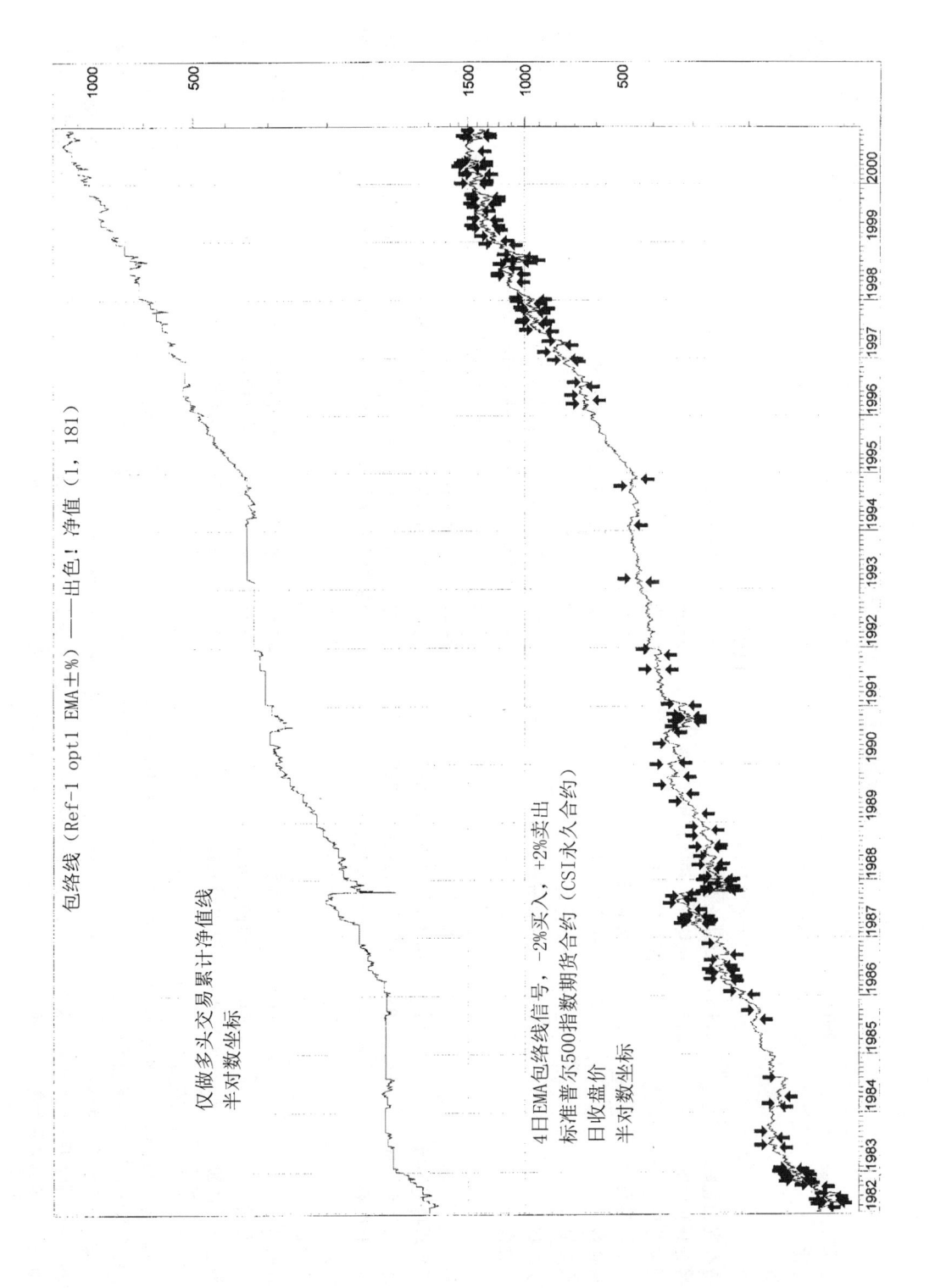

包络线，4日EMA及2%

净利润总额	1080.61	未平仓头寸价值	无
盈亏百分比	1080.61	年均盈亏百分比	57.94	超额净利润比率%	3.35
初始投资	100	利息收入	0	年均超额净利润比率%	3.35
当前头寸	空仓	头寸建立日期	12/5/00		
买入并持有利润总额	1045.54	测试总天数	6807	平均每笔交易天数	35.26
买入并持有利润率%	1045.54	年均买入并持有利润率%	56.06		
已平仓交易总数	88	佣金支付总额	0		
每笔交易平均利润	12.28	平均盈利与平均亏损比率	1.31		
多头交易总数	88	空头交易总数	0	多头交易中盈利交易占比%	84.09
盈利多头交易数	74	盈利空头交易数	0	空头交易中盈利交易占比%	#
盈利交易总数	74			交易总数中盈利交易占比%	84.09
盈利交易总金额	1263.05	亏损交易总金额	-182.44	交易总金额中盈利金额占比%	74.76
平均盈利	17.07	平均亏损	-13.03	平均盈利金额中净平均盈利占比%	13.42
最大盈利	163.8	最大亏损	-38.44	最大盈亏合计中净盈利占比%	61.99
盈利交易平均持仓期数	20.08	亏损交易平均持仓期数	32.07	盈亏持仓期数差占亏损持仓期数比例%	-37.39
盈利交易最长持仓期数	333	亏损交易最长持仓期数	172	盈亏最长持仓期数差占最长持仓期数比例%	93.60
最大连续盈利次数	11	最大连续亏损次数	2	最大连续盈亏期数差占连续亏损期数比例%	450.00
空仓总期数	2954	平均空仓期数	33.19		
最长空仓期数	291				
系统未平仓回撤	-3.09	盈亏比指数	85.56	净利润与系统未平仓回撤之比	17861.32
系统未平仓回撤	-6.05	风险回报指数	99.44	净利润同系统未平仓回撤之差与净利润之比	99.44
最大未平仓交易回撤	-81.19	买入并持有指数	3.35	系统未平仓回撤与净利润之比%	-0.56

在Equis公司Metastock©"系统报告"(盈亏概览统计)中，净利润总额等于利润合计减去干损合计(包括按市值计价的未平仓头寸)。相对地，盈利交易总金额是指已实现利润合计(仅包括已平仓头寸)，不包括任何未平仓头寸，亏损交易总金额是指已实现亏损合计(仅包括已平仓所有交易损总额，不包括任何未平仓头寸)。系统平仓回撤是指仅基于已平仓头寸的累计净值低于初始投资的最大降幅，系统未平仓回撤(SODD)是指头寸未平仓时累计净值低于初始投资的最大降幅。盈亏比指数是关于将盈亏总金额与亏损总金额联系在一起的一个复杂计算结果，值的范围位于-100(最差可能表现)和+100(最好可能表现)之间，0值代表盈亏相等。风险回报指数等于净利润总额减去系统未平仓回撤的差再除以净利润总额。在本次演练交易中，初始投资假设为100美元。多头交易和空头交易都执行，交易按信号出现当天收盘价格执行，统计分析中不包括交易成本、利息费用和利润。

净值下降比率

净值下降比率衡量风险，是用年化收益率除以累计净值线净值下降幅度的一个标准差。

探索性数据分析

探索性数据分析是当变量关系特性不存在（或不完全存在）先验期望时，识别变量间系统关系的过程。在典型的探索性数据分析过程中，为研究系统形态，要考虑并比较许多变量，运用各种技术。在继续模型构建的下一步之前，我们需要找到能通过逻辑和常识测试的相关变量。

指数移动平均线（EMA），指数平滑移动平均线

指数移动平均线（EMA）也称指数平滑移动平均线。EMA 是最好的移动平均线技术，与其他移动平均方法比，它越来越为技术分析师们所偏爱。在对市场产生的新数据的反应行为上，EMA 代表了过度敏感的加权移动平均线与过度迟钝的简单移动平均线之间的出色折中点。同其他平均技术指标相比，EMA 平稳无缝地跟随当前数据趋势，使跳跃、摆动和滞后最小化。

在计算上，EMA 是所有移动平均技术中最简单和最流畅的一个。EMA 所需的计算最少，数据处理最少，涉及数据历史最少。EMA 只需两期数据数值：最新可用原始数据和最近过去一期 EMA。例如，处理每日数据，我们只需要今日观测到的未加工数据和昨日 EMA，就能计算今日 EMA。因此，EMA 免除了跟踪和处理一长串历史数据的需要。

这种高级计算方法的一个显著优势是，EMA 永远不会因旧数据突然退出计算而扭曲。旧数据不会突然退出，因为实际上它不在计算之列。为了实用，过去数据的影响会因不断降低昨日 EMA 权重而淡出。正确计算 EMA 的方法，避免了完全由无

关的过时数据退出计算而产生的当前不规则变动问题。

指数移动平均线的计算如下：

$$EMA = (C-Ep) K+Ep$$

其中

EMA = 当期指数移动平均线

C = 当期收盘价

Ep = 上期指数移动平均线

K = 指数平滑常数，等于 2/(n+1)

n = 由 EMA 粗略估计的简单移动平均线总期数

指数平滑常数公式，K = 2/(n+1)，可以使 EMA 与更迟缓的简单移动平均长度 n 近似比较。随着日数 n 的增加，K 值变得越来越小，EMA 对较新的数据变得越来越不敏感。

使用下表可以迅速地把简单的 n 日换算成指数平滑常数（K），以及反向换算。

日数 n	K = 2/(n+1)	日数 n	K = 2/(n+1)	日数 n	K = 2/(n+1)	日数 n	K = 2/(n+1)
1	1.00000	10	0.18182	100	0.01980	1000	0.00200
2	0.66667	20	0.09524	200	0.00995	2000	0.00100
3	0.50000	30	0.06452	300	0.00664	3000	0.00067
4	0.40000	40	0.04878	400	0.00499	4000	0.00050
5	0.33333	50	0.03922	500	0.00399	5000	0.00040
6	0.28571	60	0.03279	600	0.00333	6000	0.00033
7	0.25000	70	0.02817	700	0.00285	7000	0.00029
8	0.22222	80	0.02469	800	0.00250	8000	0.00025
9	0.20000	90	0.02198	900	0.00222	9000	0.00022
10	0.18182	100	0.01980	1000	0.00200	10000	0.00020

当从新的 EMA 开始时，为得到精确读数要花费大约 n 天进行计算。为快速开始计算 EMA，在计算的第一天我们使用 n 日简单移动平均值作为公式中前一日 EMA (Ep) 的近似值：

$$EMA = (C-Ep) K+Ep$$

第一天以后，为了维持我们的 EMA，除了昨日 EMA 和今日新数据外，我们不再需要任何数据。

下一页的表格举例说明了如何计算 4 期 EMA，它也被称作为 40% EMA，因指数平滑常数 K 而命名。

指数平滑举例
用4期简单移动平均近似

年底	NYSE 收盘价	上期 EMA	差值 = 收盘价−上期 EMA (D)	乘以	平衡常数 (K) 等于 2÷(n+1) = 2÷(4+1) =	差值乘以平滑常数 D×K	加上 上期 EMA		当期新 EMA
1968	58.90	58.90	0.00		0.4 =	0.00	58.90	=	58.90
1969	51.53	58.90	−7.31	×	0.4 =	−2.95	+58.90	=	55.95
1970	50.23	55.95	−5.72	×	0.4 =	−2.95	+55.95	=	53.66
1971	56.43	53.66	+2.77	×	0.4 =	+1.11	+53.66	=	54.77
1972	64.48	54.77	+9.71	×	0.4 =	+3.88	+54.77	=	58.65
1973	51.82	58.65	−6.83	×	0.4 =	−2.73	+58.65	=	55.92
1974	36.13	55.92	−19.79	×	0.4 =	−7.92	+55.92	=	48.00
1975	47.64	48.00	−0.36	×	0.4 =	−0.14	+48.00	=	47.86
1976	57.88	47.86	+10.02	×	0.4 =	+4.01	+47.86	=	51.87
1977	52.50	51.87	+0.63	×	0.4 =	+0.25	+51.87	=	52.12
1978	53.62	52.12	+1.51	×	0.4 =	+0.60	+52.12	=	52.72
1979	61.95	52.72	+9.23	×	0.4 =	+3.69	+52.72	=	56.41
1980	77.86	56.41	+21.45	×	0.4 =	+8.58	+56.41	=	64.99
1981	71.11	64.99	+6.12	×	0.4 =	+2.45	+64.99	=	67.44
1982	81.03	67.44	+13.59	×	0.4 =	+5.44	+67.44	=	72.88
1983	95.18	72.88	+22.30	×	0.4 =	+8.92	+72.88	=	81.80
1984	96.38	81.80	+14.58	×	0.4 =	+5.83	+81.80	=	87.63
1985	121.58	87.63	+33.95	×	0.4 =	+13.58	+87.63	=	101.21
1986	138.58	101.21	+37.37	×	0.4 =	+14.95	+101.21	=	116.16
1987		116.16		×	0.4 =		+116.16	=	

120日指数移动平均线（EMA）指标策略举例

以 1900 年至 2000 年期间 DJIA 每日收盘价为基础，从 1 日至 300 日长度的指数移动平均线交叉策略全部都是盈利的，击败消极的买入并持有策略至少达 69%。假设我们在 1900 年初始投资 100 美元，5 日、3 日和 2 日 EMA 产生的最大净利润超过 60 亿美元。1 至 20 日期限长度的 EMA 产生的净利润全部超过 1 千万美元，而且 20 种期限长度全都跑赢买入并持有策略超过 540 比 1。1 至 60 日期限长度的 EMA 产生的净利润全部超过 100 万美元，而且 60 种期限长度全都跑赢买入并持有策略超过 64 比 1。"中等期限"长度中，44 日 EMA 产生的结果最好，净利润为 3,251,721 美元，这是买入并持有策略 20,105 美元的 162 倍多。随着移动平均期限长度的增加，表现恶化。流行的 200 日 EMA 交叉策略产生更少的利润 109,158 美元，这仅为买入并持有策略 20,105 美元净利润的 5.4 倍。

如果不带主观性，不运用复杂技术分析，不妄断，而以纯机械式的趋势跟踪信号为基础，超过 100 日的"长期"EMA 期限长度中，120 日 EMA 交叉策略能产生最大利润。

多头开仓（买入）：当每日收盘价高于前一日的每日收盘价 120 日指数移动平均线时，以 DJIA 当日收盘价买入。

多头平仓（卖出）：当每日收盘价低于前一日的每日收盘价 120 日指数移动平均线时，以 DJIA 当日收盘价卖出。

空头开仓（卖出空头）：当每日收盘价低于前一日的每日收盘价 120 日指数移动平均线时，以 DJIA 当日收盘价卖出空头。

空头平仓（平仓）：当每日收盘价高于前一日的每日收盘价 120 日指数移动平均线时，以 DJIA 当日收盘价平仓空头。

运用该 120 日 EMA 交叉策略，以 100 美元开始投资并将利润再投资，假如充分运用该投资策略进行利润再投资操作，无交易成本和税收，净利润总额将达到 508,772.91 美元。这比买入并持有策略高出 2,430.53%。空头卖出交易也是盈利的，但自从 1987 年股灾以后不再盈利。交易频率适中，平均每 33.57 个日历日交易一次。总共有 240 次盈利性交易和 862 次亏损交易，胜率仅为 21.78%。但是由于该趋势跟踪策略能减少损失并让盈利持续，尽管大多数信号是错的，它还是赚钱的，这是长期趋势跟踪策略的一个典型。这一策略可以单独使用，作为其他交易系统的滤波器也是有用的。

Equis 国际公司 MetaStock© 系统测试规则书写如下：

多头开仓：CLOSE>Ref(Mov(CLOSE,opt1,E),-1)
多头平仓：CLOSE<Ref(Mov(CLOSE,opt1,E),-1)
空头开仓：CLOSE<Ref(Mov(CLOSE,opt1,E),-1)
空头平仓：CLOSE>Ref(Mov(CLOSE,opt1,E),-1)
OPT1 当前值：120

5 日指数移动平均线（EMA）指标策略举例

在我们对每日 DJIA 数据进行的测试中，这是最简单的趋势跟踪指标。在上述同一公式中，用 5 日替换 120 日，运用该 5 日 EMA 交叉策略，以 100 美元开始投资并将利润再投资，假如充分运用该投资策略进行利润再投资操作，无交易成本和税收，净利润总额将达到 160 亿美元，这比买入并持有策略高出百分之七千八百万，空头卖出交易也是盈利的。交易频率极度活跃，平均每 5.88 个日历日就交易一次。总共有 2417 次盈利性交易和 3889 次亏损交易，胜率仅为 38.33%。

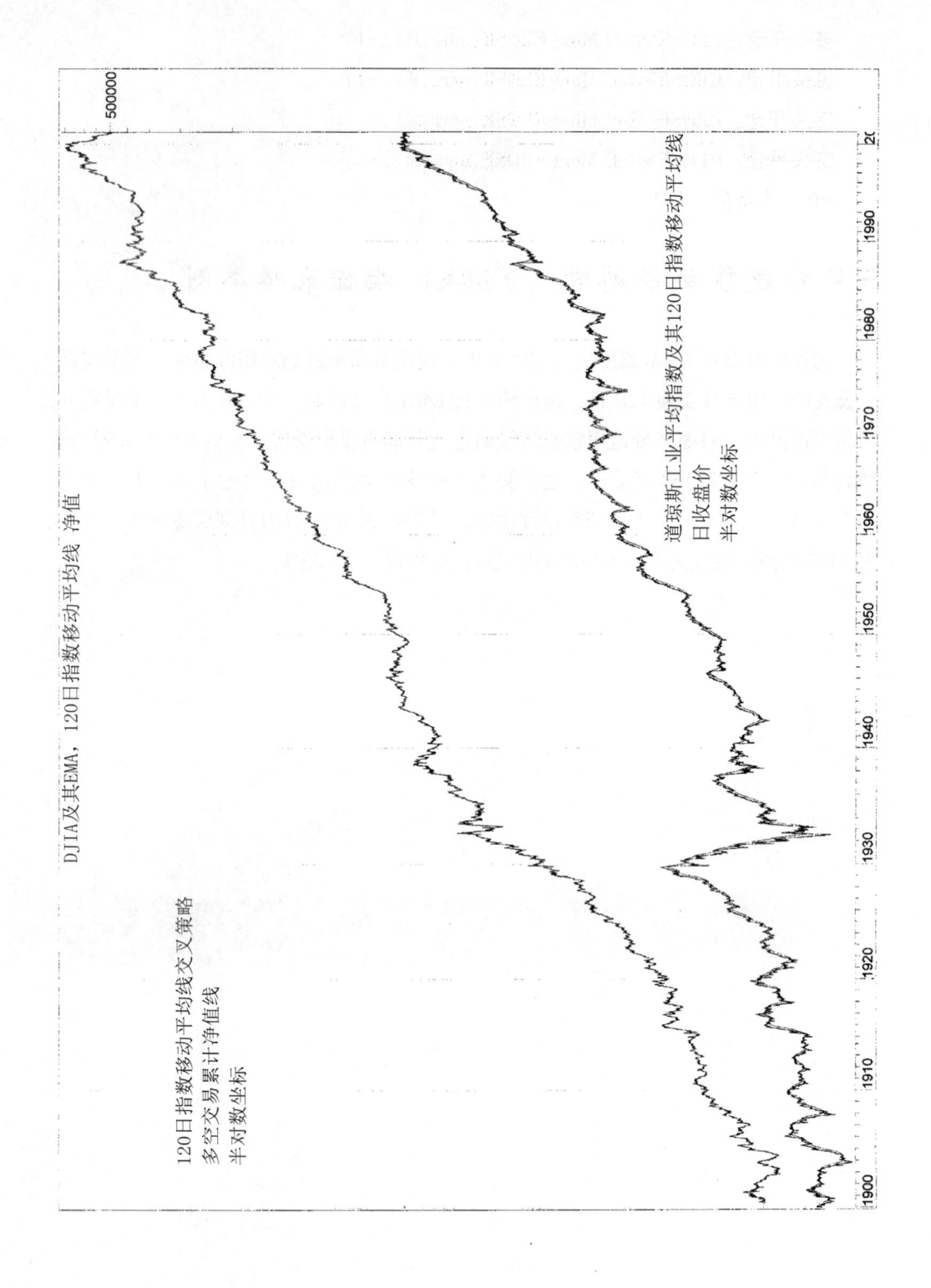

DJIA及其EMA，120日指数移动平均线 净值

120日指数移动平均线交叉策略
多空交易累计净值线
半对数坐标

道琼斯工业平均指数及其120日指数移动平均线
日收盘价
半对数坐标

120 日 EMA 交叉策略

净利润总额	508772.91	未平仓头寸价值	24650.96	超额净利润比率%	2430.53
盈亏百分比	100	年均盈亏百分比	5020.47	年均超额净利润比率%	2430.48
初始投资	空头	利息收入	0		
当前头寸	空头	头寸建立日期	3/9/01		
买入并持有利润总额	20105.4	测试总天数	36989	平均每笔交易天数	33.57
买入并持有利润率%	20105.4	年均买入并持有利润率%	198.4		
已平仓交易总数	1102	佣金支付总额	0		
每笔交易平均利润	439.31	平均盈利与平均亏损比率	5.33		
多头交易总数	551	空头交易总数	551	多头交易中盈利交易占比%	25.59
盈利多头交易数	141	盈利空头交易数	99	空头交易中盈利交易占比%	17.97
盈利交易总数	240	亏损交易总数	562	交易总数中盈利交易占比%	21.78
盈利交易总金额	1482363.63	亏损交易总金额	-998241.63	盈利总金额中净盈利金额占比%	19.52
平均盈利	6176.52	平均亏损	-1158.05	平均盈利总额中净平均盈利占比%	68.42
最大盈利	167218.81	最大亏损	-41004.06	最大盈亏合计中净盈利占比%	60.62
盈利交易平均持仓期数	95.11	亏损交易平均持仓期数	6.82	盈亏持仓期数差占最长持仓期数比例%	1294.57
盈利交易最长持仓期数	500	亏损交易最长持仓期数	68	最长盈亏持仓期数差与净持仓期数比例%	635.29
最大连续盈利次数	4	最大连续亏损次数	28	最大连续盈亏差占连续亏损期数比例%	-85.71
空仓总期数	121	平均空仓期数	121		
最长空仓期数	121				
系统平仓回撤	-20.12	盈亏比指数	33.76	净利润与系统平仓回撤之比%	2528692.40
系统未平仓回撤	-20.12	风险回报指数	100	净利润同系统平仓回撤之与净利润之比%	100.00
最大未平仓交易回撤	-41004.06	买入并持有指数	2553.14	系统未平仓回撤与净利润之比%	0.00

在 Equis 公司 Metastock© ™ 系统报告"(盈亏概览统计)中,净利润总额等于利润合计减去亏损合计(包括按市值计价的未平仓头寸)。相对地,盈利交易总金额是指已实现利润合计(仅包括任何未平仓头寸),不包括任何未平仓头寸)。同样,亏损交易总金额是指已实现亏损合计(仅包括已平仓所有亏损)。系统平仓回撤(仅包括任何未平仓头寸)。系统平仓回撤是指仅基于已平仓头寸的累计净值低于初始投资净值的最大降幅,系统未平仓回撤(SODD)是指未平仓时累计净值低于初始投资净值的最大降幅。盈亏指数是指将盈利交易总金额与净盈利金额联系在一起的一个复杂计算结果,值的范围位于-100(最差可能表现)与+100(最好可能表现)之间,0值代表盈亏相等。风险回报指数等于净利润数减去系统未平仓回撤再除以净利润总额。在本次演练交易中,初始投资假设为100美元。多头交易和空头交易都按进行,除非另有说明。交易按信号出现当天收盘价格执行,统计分析中不包括交易成本、利息费用和利润。

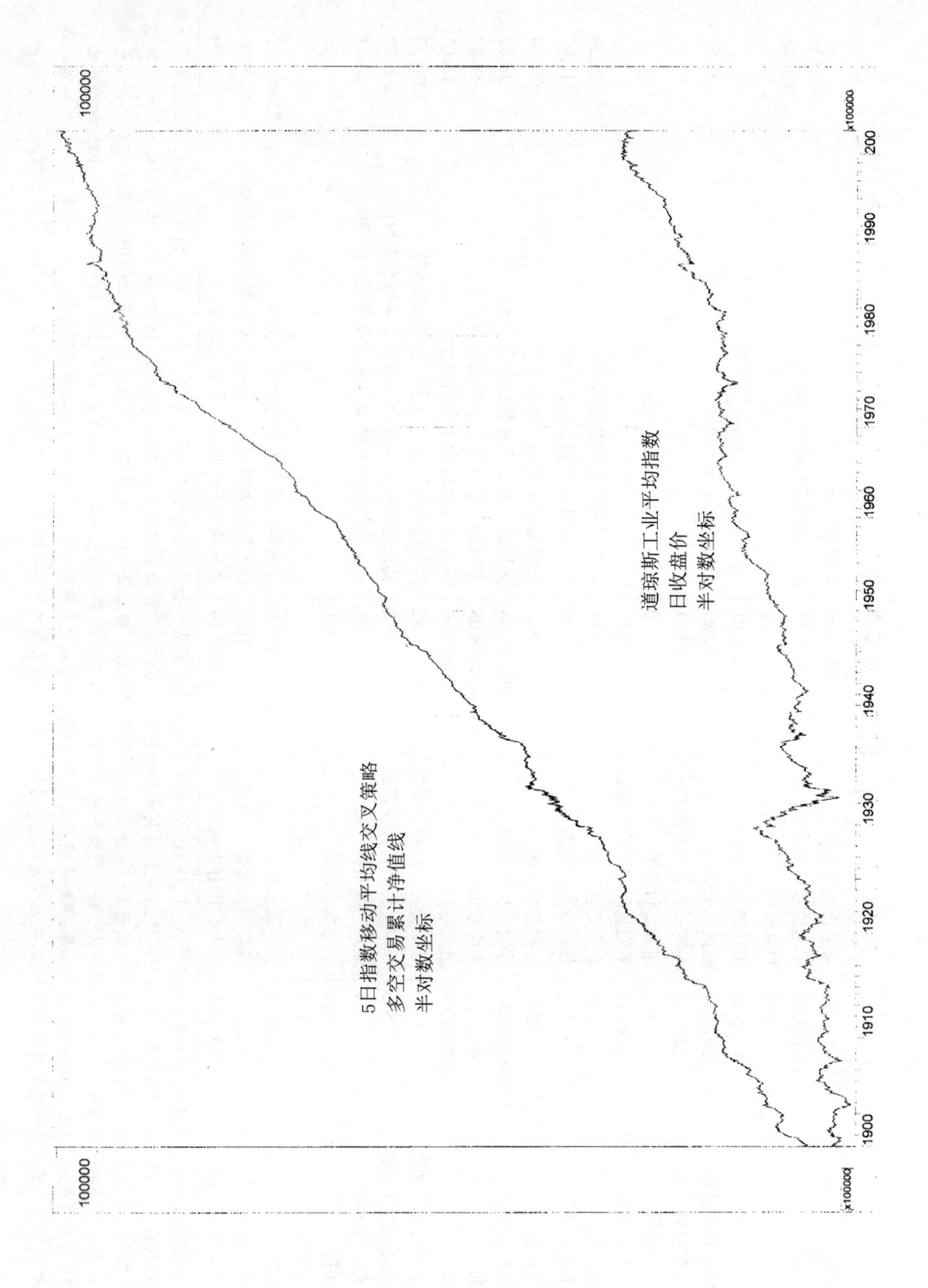

5日指数移动平均线交叉策略
多空交易累计净值线
半对数坐标

道琼斯工业平均指数
日收盘价
半对数坐标

5 日 EMA 交叉策略

净利润总额	16437mm	未平仓头寸价值	0
盈亏百分比	16437mm	年均盈亏百分比	161876079.2
初始投资	100	利息收入	0
当前头寸	空头	头寸建立日期	6/22/01
买入并持有利润总额	20109.2	测试总天数	37062
买入并持有利润率%	20109.2	年均买入并持有利润率%	207.89
已平仓交易总数	6306	佣金支付总额	0
每笔交易平均利润	2606541.82	平均盈利与平均亏损比率	2.07
多头交易总数	3153	空头交易总数	3153
盈利多头交易数	1333	盈利空头交易数	1084
盈利交易总数	2417	亏损交易总数	3889
盈利交易总金额	73800mm	亏损交易总金额	-57362mm
平均盈利	30533627.8	平均亏损	-14750053
最大盈利	1737168384	最大亏损	-603679744
盈利交易平均持仓期数	9.09	亏损交易平均持仓期数占亏损持仓期数比例%	3.12
盈利交易最长持仓期数	39	亏损交易最长持仓期数	24
最大连续盈利次数	6	最大连续亏损次数	13
空仓总期数	6	平均空仓期数	6
最长空仓期数	6		
系统平仓回撤	-7.71	盈亏比指数	22.27
系统未平仓回撤	-7.71	风险回报指数	100
最大未平仓交易回撤	-60368064	买入并持有指数	77865727.91

超额净利润比率%	77865725.02
年均超额净利润比率%	77866117.35
平均每笔交易天数	5.88
多头交易中盈利交易占比%	42.28
空头交易中盈利交易占比%	34.38
交易总数中盈利交易占比%	38.33
交易总金额中净盈利金额占比%	12.53
平均盈亏总额中净平均盈利占比%	34.85
最大盈亏合计中净盈利占比%	48.42
盈亏持仓期数差占中亏损持仓期数比例%	191.35
最长盈亏持仓期数差占最长亏损持仓期数比%	62.50
最大连续盈亏期数差占连续亏损期数比例%	-53.85
净利润与系统未平仓回撤之比%	213189mm
净利润同系统未平仓回撤之差与净利润之比%	100.00
系统未平仓回撤与净利润之比%	0.00

在 Equis 公司 Metastock® 系统报告（盈亏概览统计）中，净利润总额等于利润合计值减去亏损合计值（包括按市值计价的未平仓头寸）。相对地，盈利交易总金额是指已实现利润合计（仅包括已平仓头寸）。同样，亏损交易总金额是指已实现亏损合计（仅包括已平仓交易所有亏损总额，不包括任何未平仓头寸）。系统平仓回撤仅指基于已平仓头寸的累计净投资的最大降幅，系统未平仓回撤（SODD）是指当头寸平仓时累计净利润线低于初始投资的最大降幅。盈亏比指数是关于净盈利交易总金额与净亏损总金额联系在一起来计算的一个复杂结果，值的范围位于-100（最可能表现）与+100（最佳可能表现）之间。0 值代表盈亏相等，风险回报指数等于净利润总额减去系统未平仓回撤，在本次演练交易中，初始投资假设为 100 美元。多头交易和空头交易都按价格执行，除非另有说明。交易按信号出现当日收盘价格执行，统计分析中不包括交易成本、利息费用和利润。

斐波那契数列，斐波那契周期

意大利比萨的莱昂纳多·斐波那契（1170—1250）是一位数论学家，二项差分序列的重新发现归功于他，被称作为斐波那契数列。报道称，该数列的发现源于他研究埃及吉萨大金字塔，据说该金字塔基于这些数字及其比率。人们相信，在莱昂纳多再次发现该数列很久以前，它就为埃及人以及毕达哥拉斯所熟知。

斐波那契数列是这样一个数列，每一个接下来的数都是前两个数的和：

0，1，1，2，3，5，8，13，21，34，55，89，144，233，377，610，987，以此类推。

这些数字具有有趣的内在联系。在电子数据表格（见表）中同它们做游戏是令人大开眼界的练习。首先，我们在 A 列为每一行进行编号以建立参考标签。其次，我们在 B 列建立斐波那契数列，在单元格 B1 从 0 开始，B2 格内为 1，然后用每一格的值加上上一格的值。第三，在 C 列，用 B 列斐波那契数列的每一个数除以 B 列斐波那契数列中紧跟上方的前一个数。第四，在 D 列，用斐波那契数列的每一个数除上方第二格中的数。第五，在 E 列，用斐波那契数列的每一个数除上方第三格中的数。这就是斐波那契扩展序列，接下来的数是前一个数的 1.618 倍，是更前一个数的 2.618 倍，是上三格中数的 4.236 倍。

接下来的三列（F、G、H）显示斐波那契收缩序列，斐波那契数字与下一格数字的比率为 0.618，与再下一格数字的比率为 0.382，与下三格数字的比率为 0.236。

此外你在表中会看到 0.5000、1.000 和 2.000，这些也很有用。最后请注意，主要比率 0.618 和 1.618 的平方根分别为 0.768 和 1.272。

当以升序向前投射价格目标时，最重要的斐波那契比率为：0.236，0.382，0.500，0.618，0.786，1.000，1.272，1.618，2.000，2.618 和 4.236。这些比率在相互比较市场价格运动时很有用。

在技术分析中，斐波那契数的解释是以经验判断为基础的。流行的计算机软件，比如 MetaStock© 系统，能提供斐波那契数列的直观研究。斐波那契弧线、扇形线和回撤线以使用者画出的连接重要价格低点和高点的直线为基础。如果该直线是上升的，弧线和扇形线指向上方；如果该直线是下降的，弧线和扇形线指向下方。

行	B 斐波那契数	C B列中斐波那契数除以上一格的数	D B列中斐波那契数除以上两格的数	E B列中斐波那契数除以上三格的数	F B列中斐波那契数除以下一格的数	G B列中斐波那契数除以下两格的数	H B列中斐波那契数除以下三格的数
1	0				0.000	0.000	0.000
2	1				1.000	0.500	0.333
3	1	1.000			0.500	0.333	0.200
4	2	2.000	2.000		0.667	0.400	0.250
5	3	1.500	3.000	3.000	0.600	0.375	0.231
6	5	1.667	2.500	5.000	0.625	0.385	0.238
7	8	1.600	2.667	4.000	0.615	0.381	0.235
8	13	1.625	2.600	4.333	0.619	0.382	0.236
9	21	1.615	2.625	4.200	0.618	0.382	0.236
10	34	1.619	2.615	4.250	0.618	0.382	0.236
11	55	1.618	2.619	4.231	0.618	0.382	0.236
12	89	1.618	2.618	4.238	0.618	0.382	0.236
13	144	1.618	2.618	4.235	0.618	0.382	0.236
14	233	1.618	2.618	4.236	0.618	0.382	0.236
15	377	1.618	2.618	4.236	0.618	0.382	0.236
16	610	1.618	2.618	4.236	0.618	0.382	0.236
17	987	1.618	2.618	4.236	0.618	0.382	0.236
18	1597	1.618	2.618	4.236	0.618	0.382	0.236
19	2584	1.618	2.618	4.236	0.618	0.382	0.236
20	4181	1.618	2.618	4.236	0.618	0.382	0.236
21	6765	1.618	2.618	4.236	0.618	0.382	0.236

斐波那契弧线和斐波那契圆提供支撑和阻力，以及可能的趋势变化时间。这些线同连接前期低点与下一高点的直线相交叉，在该直线上的交点分别为该线长度的61.8%、50%和38.2%。以下一高点为圆心，然后经过这些点画圆。当未来价格运动接触图中向右延伸的弯曲弧线和圆线时，找到支撑、阻力和/或趋势变化。同样，也可以经过连接前期高点与下一低点的斐波那契比例直线来绘制弧线和圆。

斐波那契扇形线也提供支撑和阻力。图中扇形线的计算和绘制分为五步：

1. 用下一重要高点价格减去早期重要低点价格。
2. 用该差值乘以 61.8%、50% 和 38.2%。
3. 用这些结果加上早期低点价格。

4. 在下一高点价格当天，在正下方绘制这些点（来自第三步）。

5. 连接早期低点价格与绘制的点（来自第四步），形成随时间向前延伸的直线。

所得的上升斐波那契扇形线就是对未来支撑与阻力的估计。用同样的方法可以绘制下降的斐波那契扇形线，它以重要价格高点至下一重要价格低点的距离为基础，在下一低点正上方绘制斐波那契价格点。

斐波那契回撤线也以使用者画出的连接重要价格谷值与峰值的直线为基础。如果该线是上升的，回撤线将向下投射；如果该线是下降的，回撤线将向上投射，这些回撤线提供支撑和阻力。在NASDAQ100期货合约图上可以注意到，以2000年3月24日至5月24日两个月期间陡峭的价格下跌为基础，0.618的回撤比率很好地成为2000年7月17日和9月1日反弹的阻力，0.236的回撤比率有效地在2000年8月3日成为支撑。

斐波那契五角形/星形线可以覆盖在价格图上，其中五角形或星形的一条边由重要价格底点与重要价格顶点连线形成，那么，在支撑与阻力的可能点位出现在实际价格图上之前，五角形/星形的其他边所在直线就可以用于预测这些点位。五角形/星形以正五边形开始，为了在五边形中找出五角星，先经由五边形内从每一个角依次向隔一个角（也就是跳过相邻角）画出五条对角直线，星形的每一条线的长度是五边形每条边长度的1.618倍。

斐波那契时间周期线是按照斐波那契数列分割的时间间隔而放置的垂直线。从明显的转向高点或低点开始，标记为第0天，MetaStock©系统可以计算和标记随后的交易日（跳过周末和节假日），依据于斐波那契数列：0，1，1，2，3，5，8，13，21，34，55，89，144，233，377，610，987，以此类推。在标志斐波那契时间周期的这些垂线附近，要警惕可能有价格趋势方向的改变。

罗伯特·C.迈纳用斐波那契比率将未来时间划分比例。首先，迈纳将**斐波那契时间周期比率**用于最新完成价格摆动的持续时间，既使用交易日数也使用日历日数。最重要的斐波那契比率为：0.236，0.382，0.500，0.618，0.786，1.000，1.272，1.618，2.000和2.618。

迈纳的替代时间投射根据同一方向上前一个价格摆动的时间比率来计算：向上摆动根据前一个向上摆动的比例来测量，而向下摆动根据前一个向下摆动的比例来测量。替代时间投射也可以源自于最近一个摆动以前的同方向价格摆动。

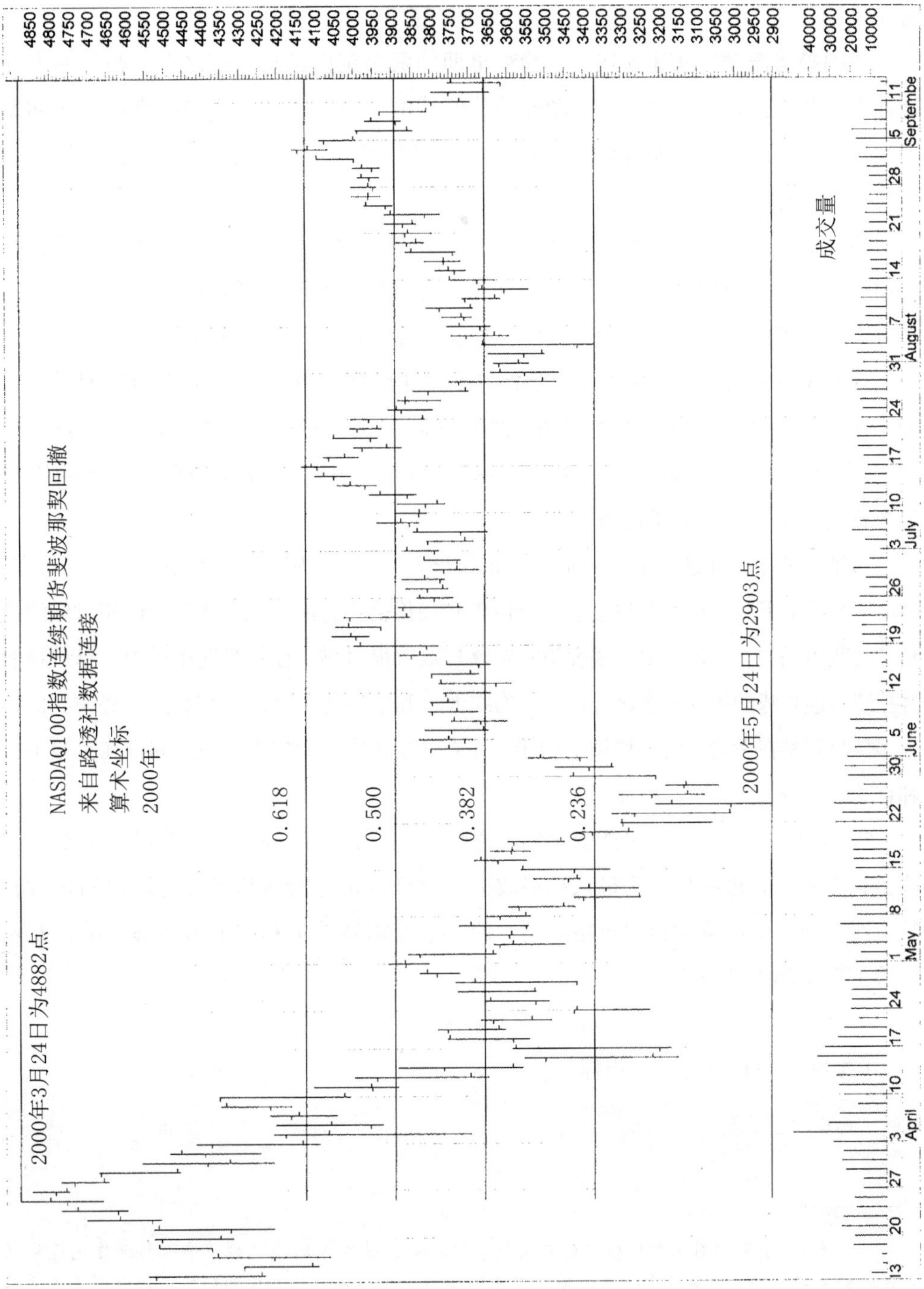
NASDAQ100指数连续期货斐波那契回撤
来自路透社数据连接
算术坐标
2000年
2000年3月24日为4882点
2000年5月24日为2903点
0.618
0.500
0.382
0.236
成交量
April
May
June
July
August
Septembe

迈纳指出，当价格和时间比率相一致时（第 5—36 页）[①]，趋势改变的概率非常高。

迈纳趋势振动方法建立在一个趋势早期的两个定向运动基础之上：初始冲力和该冲力的初始修正浪。这两个运动就是艾略特的一浪和二浪，迈纳将它们称作初始振动。向前预测的该初始振动时间的斐波那契比率，与接下来的转向日期相一致，包括已完成趋势的终点。（第 5—38 页）[②]

第二重要的是日数的计算，从显著的转折点开始按连续数字顺序数每一天，既使用交易日数也使用日历日数。当一日或多日计数是斐波那契数列的一个数时，趋势方向改变的概率提高。击中斐波那契数字越多，这个日期的确认和力度就越大。

正如 W·D. 江恩所建议的，迈纳在计算日数时也使用 30 的倍数（具体为 30，60，90，120，150，180，210，240，270，300，330 和 360）和 36 的倍数（具体为 36，72，108，144，180，216，252，288，324 和 360），历史上以前转折点的周年纪念日也为他的时间分析增添了价值。

迈纳也使用**布林线**（也称标准差带和波动带）来帮助识别和确认时间/价格转折点。移动平均线上下两个标准差建立了一个包含 95%价格行为的通道。在波动性相对低的盘整交易区市场中，这样的轨道线表明的支撑与阻力很可靠。在趋势性市场中，趋势强烈并持续，逆趋势的折返不会超过移动平均线上轨和下轨的中轴线。在看涨趋势中，价格大多数时间都在考验上轨和移动平均线。在看跌趋势中，价格大多数时间都在考验下轨和移动平均线。

迈纳观察到，在趋势可能变化的独立确定的周期性时间点，价格经常位于一个或另一个极端轨道线处。为确认趋势改变，价格会迅速沿新趋势方向运动到相对的轨道线，显示出高度的绝对价格波动，趋势、艾略特波浪和图形形态解释都补充和完善了迈纳的周期分析。

一月份前五日：一个"早期预警"系统

（参见"一月份前五日指标"。）

---

① *这里引用的时间和价格投射方法是来自迈纳的著作中的不完整节选，其著作是近年来出现的斐波那契研究中更具有创造性和实用性的一个。迈纳也为结合这些研究、将它们置于实用角度提供了指导，同时提供了大量真实案例。我们推荐罗伯特·C. 迈纳的著作《动态交易》：动态交易者集团公司，亚利桑那州图森市北奥拉克尔 6336 号 326-346 室，邮编 85704。迈纳还开发了软件，以提高计算斐波那契相关关系的效率，包括时间以及任何市场价格等。经许可转载。

② 同上

强力指数

强力指数是用平滑的价格变动乘以成交量速度摆动，由亚历山大·埃尔德在其畅销著作《以交易为生：心理学、交易策略、金钱管理》中提出（约翰·威利父子出版公司，纽约，1993）。强力指数的精确计算方式同一个更古老的指标相同［参见"成交量乘以价格动量摆动指标（V PMO）"］。

艾尔德的解释用了五页，其中包含了大量相当复杂的解释，他将其命名为强力指数。主要来说，当与大趋势相反时他弱化非常短期的趋势，他寻求的是强力指数对基础价格序列的背离。

然而作为一个纯机械式的指标，我们的测试表明，强力指数用作趋势跟踪指标更好，而不是退而用作逆势指标。

傅里叶分析：快速傅里叶变换

据说傅里叶分析非常适合于在物理学中寻找精确的循环周期，因此对于具有良好数学背景的受过良好教育的分析师来说，将这种方法应用于市场数据是很诱人的。问题在于，与来自于物理学的数据不同，市场数据是相对不规则的，市场不是钟摆。尽管我们能够用傅里叶分析获得精确的和貌似科学的答案，但我们不能依赖于基本假设，因此，我们对预测的任何价值都没有信心。实际上，我们的研究表明，将傅里叶分析应用于金融市场周期分析是没有成效的。

用理查德·莫吉和杰克·施瓦格的话（《施瓦格期货交易技术分析》，约翰·威利出版公司，纽约，1994：第591—592页，共775页）来说，"……周期只是一种市场力量，有时会被其他市场影响所淹没。此外，即使最一致的周期也会偏离它们的数学描述。因此，周期预测在交易决策（排除其他方法和考虑）中的死板应用是灾难的根源。"

傅里叶变换（FT）是对时间域事件的频率描述，FT旨在研究重复现象。FT是以法国分析师和物理学家让·巴普蒂斯·约瑟夫·傅里叶（1768—1830）的名字命名的，他对热传导的研究对数学物理学和实函数的研究有着深远的影响。1822年，傅里叶首次将任何函数表示为正弦和余弦项的无穷总和。FT将波形或函数分解或区分为不同频率的正弦曲线，其总和等于原始波形，它识别或区分不同频率的正弦曲线及其各自的振幅。FT 是一个积分变换，将函数 f 传递给另一个函数 F。在合理的条件下，FT 是可逆的。f (x) 的傅里叶变换可以表示如下：

$$F(y) = \int_{-\infty}^{\infty} f(x)\exp(-iyx)dx$$

其中

exp = 指数函数符号

$\int_{-\infty}^{\infty}$ = 虚数 –1 的平方根符号

dx 代表的要素为 x 的导数

快速傅里叶变换（FFT）是一种有效的傅里叶变换数字计算算法。FFT 是一种缩略计算，它计算快速，以秒而不是以分钟来计算。FFT 放弃相位关系，只专注于周期长度和振幅（强度）。FFT 的优点是它能够从一系列数据例如证券价格中，提取占主导地位的周期。

FFT 的首要基础是，任何有限的时间有序数据集都可以通过将数据分解成一组正弦波来近似计算，每一个正弦波都有一个特定的周期长度、振幅以及和其他正弦波的相位关系。由于 FFT 的设计被应用到无趋势周期性数据，而证券价格的数据往往有趋势，所以原始价格数据必须去趋势化，通常采用线性回归趋势线来进行。证券价格数据也不是真正周期性的，因为证券在周末和一些节假日不交易。这些不连续性必须被消除，可通过平滑函数例如汉明窗来传递数据，这种函数是基于二进制码来纠正传输错误的，假设高比例错误的可能性可以忽略不计。

Equis 国际公司 MetaStock© 系统软件程序可以从价格数据中提取主导的 FFT 周期，显示周期长度和振幅（周期强度）。将下列"默认"FFT 公式复制到 MetaStock© 系统指标建立器中：

$$fft(CLOSE, 100, 1, DETREND, POWER)$$

其中

fft = 快速傅里叶变换

CLOSE = 当日收盘价

100 = 分析的时期数，以日为基础

DETREND = 用于去除数据趋势的线性回归平滑方法

POWER = 分析显示的类型、功率谱，它是关于周期功率（y 轴）与周期长度或频率（x 轴）的柱状图形式的绘图。

该 FFT 公式绘制出图形，绘制线上以纵轴 y 轴测量的最高峰，是"典型"的主导周期长度。经验并没有把这一时间周期长度解释为精确的天数，而是认为，将其视为"加减几天"可能更为实际，因为市场中长期观测周期具有典型变异性。

傅里叶（0.1026）

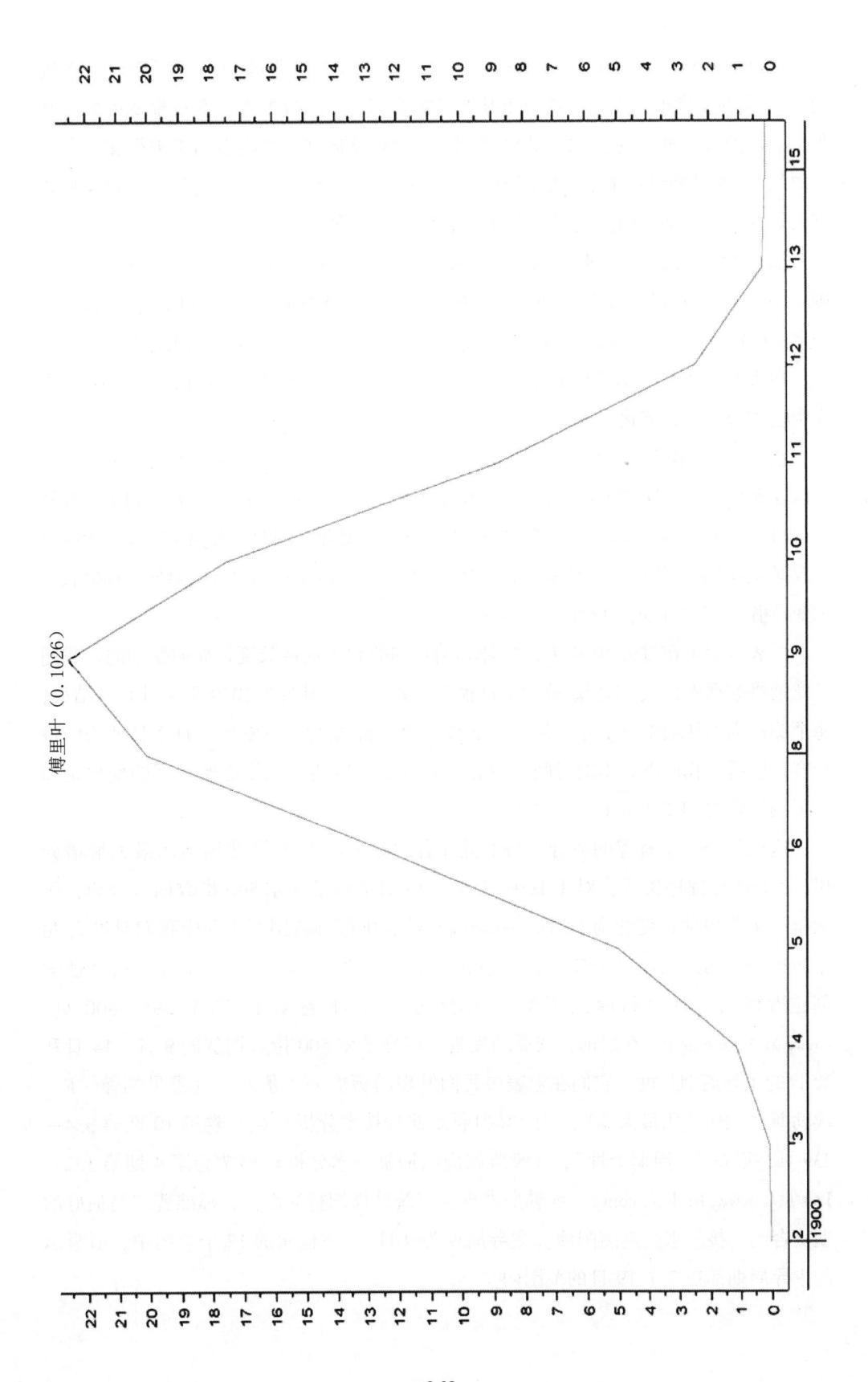

在自己的网站（www.mesasoftware.com）上，专业工程师和市场周期研究者约翰·F.埃勒斯指出，正确使用傅里叶变换需要相对长的数据库，在观察期内数据必须是固定的（不变动的）。对于短数据库，他得出结论是："使用FFT进行交易是不可取的。"埃勒斯设计了最大熵谱分析（MESA）软件程序，在识别关于相对少量数据的短的变动周期方面，它是比FFT更好的解决方案。

加载1900至2000年过去100年期间的琼斯工业平均指数每日收盘价，应用Equis国际公司MetaStock©系统公式fft（CLOSE，100，1，DETREND，POWER），在过去一个世纪中每日DJIA的FFT主导周期长度平均约为22.57日，出入为几天左右。

在表的第3列，我们基于DJIA实际每日收盘价运行FFT，我们依赖于FFT公式来为这些数据去趋势化。

在第4列，我们首先用每日收盘价除以收盘价的170日指数移动平均数来为实际DJIA去趋势，然后我们测试该比率（参见本书"指数移动平均线"部分）。FFT的计算公式利用线性回归趋势线为该收盘价/EMA比率去趋势化，因此，我们可以说原始收盘价数据被两次去趋势化。正如阅读第二版文献所预期，两次去趋势方法会使得周期长度的变异稍微更少且稳定性更高。

下表显示了在过去70年中，各种起始日期的FFT周期长度是如何变动的。我们任意地将数据库分成14个重叠的测试窗口。每个测试周期在2000年9月8日结束，每个测试周期从表中显示年份的1月2日开始。测试完从1930年1月2日开始的最长窗口以后，我们以5年的时间增量让时间前移，目的是测量起始日期的变化是如何影响计算的FFT主导周期长度的。

这也许是一个有趣的巧合，FFT批评者约翰·F.埃勒斯使用他的最大熵谱分析（MESA）程序发现，对于1993年6月13日的标准普尔500指数期货合约，所测量的主导周期长度约为14日——均值日数和中值日数同第4列中我们对过去70年历史使用两次去趋势FFT方法发现的一样（参见约翰·F·埃勒斯"用物理学创建指标"，《股票和商品期货技术分析》第11卷第10期第395—400页，www.traders.com）。在之前，埃勒斯发现了标准普尔500指数期货的9日、14日和22日的主导周期长度，它们在上表中我们发现的历史FFT值域内（参见约翰·F·埃勒斯"如何使用最大熵"，《股票和商品期货技术分析》第5卷第10期第334—339页，以及，"周期个性"，《股票和商品期货技术分析》第7卷第4期第132—134页，www.traders.com）。埃勒斯发现，就统计周期行为而言，标准普尔是最好的期货合约，接下来是美国国债（主导周期为9日）。在检验的12个合约中，所显示的主导周期都在7至19日的范围内。

不同时间窗口的 FFT 周期长度

开始日期 1月2日	结束日期 9月8日	收盘价 FFT 日数	收盘价 FFT/170 日 EMA 日数
1930	2000	21	12
1935	2000	27	19
1940	2000	13	11
1945	2000	16	14
1950	2000	16	8
1955	2000	21	15
1960	2000	23	20
1965	2000	15	17
1970	2000	17	13
1975	2000	24	15
1980	2000	23	21
1985	2000	16	13
1990	2000	15	14
1995	2000	11	9
值域		11 至 17	8 至 21
均值		18	14
中值		17	14

基金净申购指数

基金净申购指数是一个由特许市场技术分析师阿瑟·A. 梅里尔开发的情绪指标。梅里尔发现，专业管理的共同基金买入减卖出净额是未来13周、26周和52周期限股票期货市场走向的一个非常重要的指标。

《巴伦金融周报》以月为基础公布普通股共同基金买入和卖出数据，以及股票型基金、债券型基金和和收益型基金的基金总资产数据，大约有一个月的滞后。更及时的数据可在订阅基础上从投资公司协会（华盛顿特区西北 M 街 1600 号，邮编 20036）获得。

为了计算梅里尔指标，首先用普通股买入总额减去普通股卖出总额。其次，用该差值除以包括股票型基金、债券型基金和和收益型基金的基金总资产。第三，用 33% 的指数平滑常数，也就是大约等于 5 月简单移动平均线来平滑该比率。第四，通过除以标准差使该平滑比率标准化。

梅里尔发现，在 10 年的回测期内，他的基金净申购指数大于均值以上三分之二个标准差时是看涨的，当它超过均值以下三分之二个标准差时是看跌的。以道琼斯工业平均指数来衡量，对于未来 13 周、26 周和 52 周三个不同的时间间隔，远期预测在统计上高度显著。

CSI 永久合约期货滚动算法

CSI 永久合约数据用 CSI 专有公式来计算，该公式使得历史期货数据有助于长期的技术分析研究。历史数据需要进行调整，因为不同到期日的合约之间存在价格差异。

CSI 永久合约是两个最近活跃合约的时间加权平均价格。随着最近合约接近到期，根据能反映距离到期日（或滚动日期）的直线线性公式来分配递减的权重。同时，每天为下一个较远期合约分配递增的权重。加总每天的两个时间加权合约价值，得出 CSI 永久合约价格。

CSI 永久合约实际上比乍看起来简单，正如下面的实际例子所示。对于标准普尔 500 股票综合指数期货合约，合约之间间隔三个月。三个月平均为 63 个交易日，这取决于假期的分配和日历上其他小巧合。每个日历年有四个合约，分别在每一个季度的 3 月份、6 月份、9 月份和 12 月份的第三个星期五到期。

假设现在是 6 月份的第二个星期四，最近的合约即 6 月份合约，将从明天起一周后，也就是从今天起一周加一天后的星期五到期。这个星期四是传统上预定的滚动日，此时芝加哥商品期货交易所的场内交易员将下一个合约（本例中为 9 月份合约）命名为近月合约。因此截至今天，在交易大厅现在保留了主流资金，用于交易 9 月份合约。根据 CSI 永久合约公式，在这个星期四滚动日，最近合约，也就是即将到期的 6 月份合约，权重为 6 月份合约价格的 0/63 倍（0 除以 63 等于零）。与此同时，新的"近月" 9 月份合约的权重是 9 月份合约价格的 63/63 倍（也就是 9 月份合约价格的 100%）。

下一个交易日，即星期五，9 月份合约的权重是 9 月份合约价格的 62/63 倍，而 12 月份合约的权重是 12 月份合约价格的 1/63 倍。第三个交易日，即星期一，9 月份合约的权重是 9 月份合约价格的 61/63 倍，而 12 月份权重则为 12 月份合约价格的 2/63 倍。第四个交易日，即星期二，9 月份权重是 9 月份价格的 60/63 倍，12 月份权重是 12 月份价格的 3/63 倍。

如此等等，直到 9 月份合约滚动日（9 月份的第二个星期四），9 月份合约的权重是 9 月份合约价格的 0/63 倍，而 12 月份合约的权重是 12 月份合约价格的 63/63 倍。接下来的一天，12 月份权重 62/63，3 月份权重为 3 月份合约价格的 1/63 倍。第二天，12 月份合约权重为 61/63，3 月份的权重为 3 月份价格的 2/63 倍。将两个加权合约加在一起，得出 CSI 永久合约。

另一种方法是按各自的未平仓合约量加权最近的两个合约，当最重的未平仓合约转移到接下来的交割月份时，向前滚动并排除最近的合约。

对于技术分析的长期计算机研究，该 CSI 永久合约可能是处理合约滚动的最佳解决方案。CSI 永久合约的唯一缺点是，我们不能实际买入或卖出它，或将它用作短期交易的精确支撑和阻力点位。

另一种方法是向后调整的合约。在滚动日期，如果下一个合约的交易价格高，例如比 6 月份即将到期的合约高出 10 个点，那么在所有历史数据上加上 10 个点。另一方面，如果下一个合约比 6 月份即将到期的合约低 10 个点，那么从所有历史数据中减去 10 个点来填补缺口。不幸的是，这种方法会使很早以前产生负价格，这样的负数会在技术策略的回溯测试中产生问题，此外，长期图表趋势分析可能被大幅扭曲。

因此，CSI 发明了他们的永久合约，以消除历史负数。长期图表看起来不错。但是当然，你不能打电话给你的经纪人实际为 CSI 永久合约下订单，因为它们不交易。

期货合约：到期月份和符号

期货合约通常在到期的几个月之前交易变得最活跃，然而，在到期月或有时在到期前一个月，交易活跃度枯竭，这取决于特定合约的惯例。期货交易者必须关注日历，以及成交量和未平仓合约的变化。一般来说，只有在最活跃的合约中交易才合算，以避免陷入因流动性不足而增加下滑（下滑是指你期望在下单中得到的价格和实际得到的价格之间的差额）。

股票指数期权在每个月的第三个星期五之后的星期六到期。这些在 3 月份、6 月份、9 月份和 12 月份的第三个星期五，被称为"三巫"日，因为期货、指数期权及单个股票期权都在次日到期，在这种同时到期日的前后几天都有异常波动。一般来说，最好是在到期前从即将到期的期权中退出，因为期限溢价和流动性在到期前几天或几周内以加速的方式降低。

符号	月份
F	1月份
G	2月份
H	3月份
J	4月份
K	5月份
M	6月份
N	7月份
Q	8月份
U	9月份
V	10月份
X	11月份
Z	12月份

江恩角[①]

W·D. 江恩（1878—1955）开发应用了他所称作的"几何角"，现在通常称作江恩角，用来确定趋势的方向和动量、支撑和阻力，以及价格转向的概率。

江恩着迷于时间（T）与价格（P）之间的关系。江恩沿着所有重要的价格枢轴点高点与低点画出角，他仅用一个枢轴点来画出以预先确定的固定速率上升或下降的角，具体如下：

T×P	n度
1×8	82.5度
1×4	75度
1×3	71.25度
1×2	63.75度
1×1	45度
2×1	26.25度
3×1	18.75度
4×1	15度
8×1	7.5度

[①] 版权©2002归 www.robertwcolby.com。转载已经许可。转载与更新源自 www.robertwcolby.com。

其中

T：时间单位数，在图中画在水平的 x 轴上；

P：价格单位数，在图中画在垂直的 y 轴上；

×：读作"乘"；

n 度具体规定了江恩角的斜率，用"度"来计量。

把时间×价格转换成读数，得到一个方形网格，其中 x 轴上一个时间单位所占的水平距离与 y 轴上一个价格单位所占的垂直距离相同。例如，在水平的 x 轴上 1 周的时间可以设置为 1/16 英寸，在垂直的 y 轴上 1 美元的价格可以设置为 1/16 英寸。在这种均匀比例的比例图上，1×1 的几何角上每一单位时间内价格上升一点，该角为 45 度角。

没有这种相等的时间和价格比例，用度数描述的江恩角就不能正确算出。但这不会阻止在奇特的均匀网格上画出正确的江恩角，它只会阻止将价格乘时间的角正确地转换成度数来表示。但是，如果我们不考虑用度数来表示，那就不影响对江恩角的解释。不考虑用度数来表示，而是用时间乘价格的单位数量来表示江恩角，这要更简单。

为了便于操作，每周江恩角画在周线柱状图上，这似乎能提供最有用的视角。江恩经常说，周线图比日线图更重要。无论如何，江恩角是灵活的，可用于任何时间级别，只要时间乘价格比例计算正确就行。

江恩角提供的支撑和阻力提示，基于其他方法可能并不明显。例如，在一个上升趋势中，1×1 角往往能提供主要支撑。当价格下降到低于 1×1 角时，出现主要转向信号。根据江恩观点，接下来预期价格会下降到下方的另一个角——2×1 角。用另一句话说，当一个角被击穿时，预期价格要考验下一个不太陡的角。

江恩特别重视 1×1 角。在一个完美比例的时间乘价格网格上，上升趋势中 1×1 角从一个价格枢轴点低点开始，沿精确的 45 度角向"东北"方向延伸。该 1×1 角是最重要的角：它代表一个持续完美的趋势，不太快也不太慢，刚刚正好。在看涨趋势中，1×1 角往往能提供主要支撑。当该 1×1 角被击穿时，给出重要的价格趋势转向信号，接下来价格会下降，考验 2×1 角。

在看跌趋势中，1×1 角从一个价格枢轴点高点开始，沿精确的 45 度角向"东南"方向延伸。最后在下降趋势之后，当价格向上变动并保持在 1×1 角（向下倾斜并向左 45 度的角）上方时，接下来价格会走向上升之路，考验下一个不太陡的江恩角——下降的 2×1 角。一旦确定突破，提供阻力的角就会提供支撑。

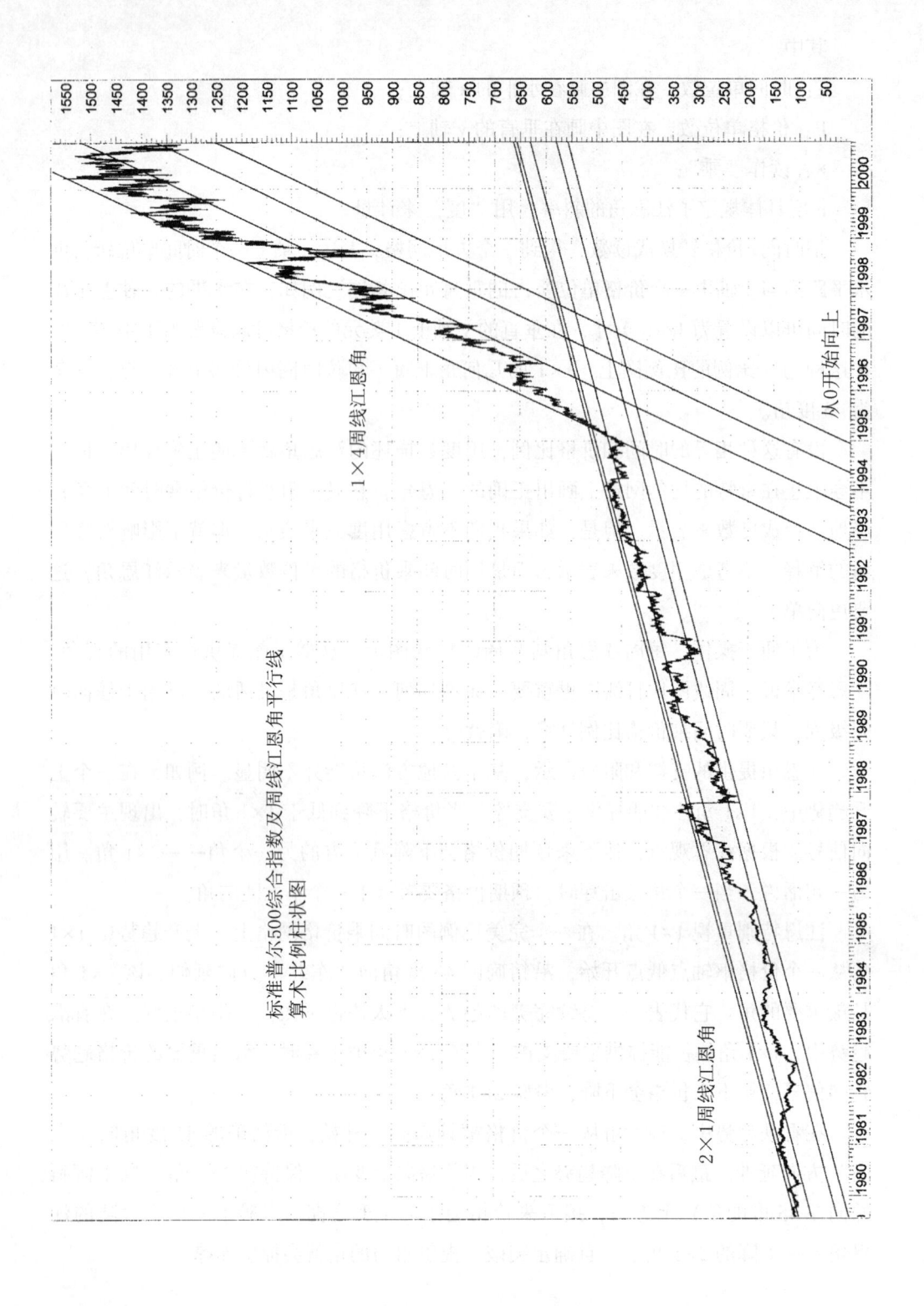

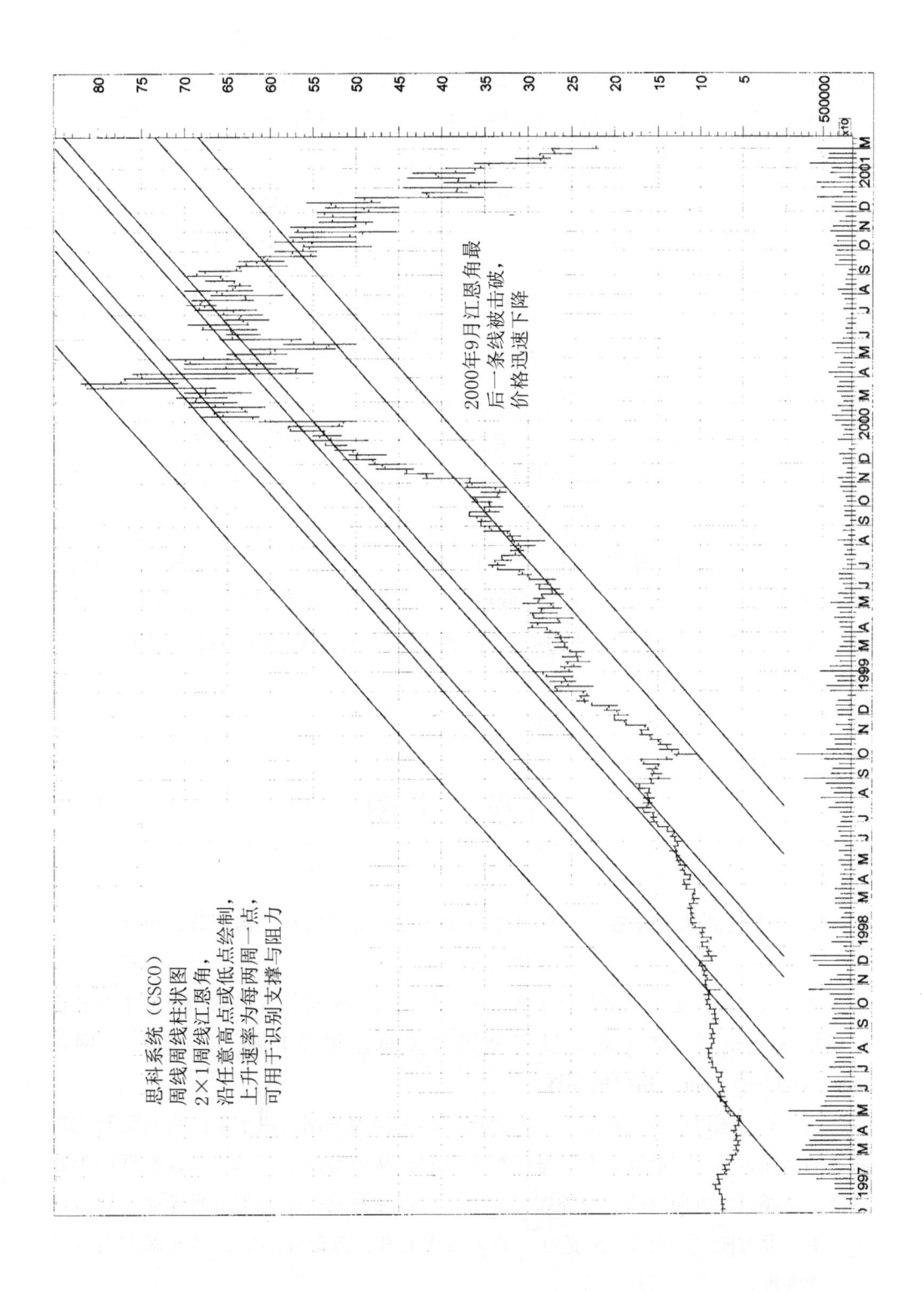

思科系统（CSCO）
周线周线柱状图
2×1周线江恩角，
沿线任意高点或低点绘制，
上升速率为每两周一点，
可用于识别支撑与阻力

2000年9月江恩角最
后一条线被击破，
价格迅速下降

此外，当一个 1×1 角穿越从一个重要的过去枢轴点价格（明显高点或低点）形成时开始延伸的水平线时，那么时间和价格相对于该过去枢轴点来说是方形的，这时趋势很可能会改变，或者是现有趋势加速。当几何角穿越 0 度角或另一个几个角时，趋势也很可能会改变。

识别最重要的江恩角依赖于所分析工具的价格水平：价格非常高和非常低的工具会分别跟随陡峭和平浅的江恩角。用另一句话说，发挥支撑和阻力作用最好的江恩角取决于所分析工具的价格水平。

对于标准普尔 500 综合股价指数，通过从 1982 年 8 月 9 日的价格低点 102.20 点开始的 2×1 周线江恩角，很好地确定了一个相关的支撑和阻力价格通道，直到 1995 年。在 1994 年 12 月 9 日低点 442.88 点以后，标普指数价格水平迅速升高，以至于通过上升的 1×4 周线江恩角更好地确定了牛市趋势。扫视一下图你就会明白这些江恩角的价值，一旦使用者能识别出一个枢轴点高点或低点，就能事先画出它们。

江恩还把重要的价格和时间区间以及前期高低点分为八个部分，在那里寻找支撑和阻力。例如，在大幅攀升以后分割低点至高点的价格区间，最重要的分割点为 8/8（高点）、1/2（中点）和 0/8（低点），接下来重要的是 3/8 和 5/8 点。用小数形式表示，3/8 为 0.375，5/8 为 0.625，距离斐波那契比率 0.382 和 0.618 只相差 0.007。

江恩九方图

W.D. 江恩的九方图数字周期与许多大自然周期关系和结构相关，包括那些出现在大金字塔、斐波纳契螺旋、各种谐波频率、毕达哥拉斯天体学振动、伽利略等价定理及其太阳系运动概念以及伦纳德·欧拉的十二平均律音阶的结构，正如特许市场技术分析师、空气动力投资公司公关总监康斯坦斯·布朗在其网站 www.aeroinvest.com 上指出的那样。

这里的插图以江恩专家彼得·苏亚雷斯的工作为基础，纠正了出现在流行出版物上的错误。学习它最好的方法是仔细研究它，从中心的 1 开始，以线性回归形式扩展，按顺时针方向以圆形向外螺旋上升。可以注意到一个有趣的现象是，偶数的平方沿东北方向（平行于 45 度角）的对角线上升，而奇数的平方沿西南方向（平行于 225 度角）的对角线下降。

第二部分 市场技术指标

一整圈360度的度数按逆时针方向标出，主要强调了水平角、垂直角和对角线角，尤其是45、90、135、180、225、270、315和360度。当关注的交易工具出现重要的价格高点或低点时，我们就沿着这些主要角后面的数来寻找潜在的支撑、阻力和价格目标。

例如，当标准普尔500股指期货合约在1982年8月9日确立其有史以来最低点101点并转向上升时，我们可以指望主要角45度角（101点位于该角）上的数字来寻找上升目标，尤其是数字106、111、116、122、127、133、139、145（该价格所处的一个360度完整数字周期），以此类推，沿螺旋向外上升。随着价格上升，角之间的数值距离变得更大。

试错实验是学习该方法的唯一途径。构建属于你自己的电子表格，可以帮助你开始理解江恩九方图数字周期螺旋。

通用汽车充当市场领头羊股票

"对通用汽车有利的才对国家有利。"许多年以前通用汽车（GM）前任总裁报道宣称。实际上，GM曾经是美国最大和最有实力的公司之一，GM股票是华尔街投机者最爱，GM股票的变动会被当作股票市场总体需求（看涨）与供给（看跌）主导力量的领头羊（领先指标）而被紧紧跟随。

通用汽车领头羊规则被定义为，GM股票的当前趋势不能沿同一方向持续。当现行价格趋势停滞达连续4个月时，信号被识别出来。对看涨一方，在一次大盘下跌后，当GM股票在4个月期限内不能创出新低时，买入股票。对看跌一方，在一次大盘上涨后，当GM股票在连续4个月内不能创出新高时，卖出股票。

从1929年到1958年，这一简单规则像有魔力一样发挥了作用：十次信号，十次盈利。1959年的一次失败信号后，跟随着1961年至1962年的三次更好的信号。

令人沮丧的是，根据诺曼·福斯贝克的研究，1962年至1976年通用汽车领头羊指标失灵了，命中概率仅一半，且跑输单纯的买入并持有策略（诺曼·福斯贝克. 股票市场逻辑. 经济计量研究所：佛罗里达州北方联邦公路3471号，邮编33306，1976：共384页）。

由托马斯·A. 梅耶斯收集，在本书第一版中公布的数据表明，在1974年4月至1984年5月的十年里，通用汽车领头羊指标产生了六次成功信号和九次失败信号，该指标实际上是亏钱的。

价格图显示，在过去 20 年 GM 跟不上市场步伐，它作为市场领导者的日子在很早以前就结束了。

通用汽车作为市场领头羊指标策略举例

以 1980 年 3 月 17 日至 2000 年 11 月 22 日 20 年期间 GM 与 DJIA 每日收盘价数据文件为基础，系统搜寻未能发现任何击败市场的策略，空头卖出交易会严重持续亏损。然而，只做多头交易，如果不带主观性，不运用复杂技术分析，不妄断，而以纯机械式的信号为基础，GM 穿越不同长度的指数平滑移动平均线能产生轻微盈利的交易结果。

多头开仓（买入）：当今日 GM 股票收盘价大于其自身前一日的 2 日指数移动平均线时，以 DJIA 当日收盘价买入。

多头平仓（卖出）：当今日 GM 股票收盘价小于其自身前一日的 2 日指数移动平均线时，以 DJIA 当日收盘价卖出。

空头开仓（卖出空头）：从不操作。

运用该通用汽车领头羊趋势跟踪策略，以 100 美元开始投资并将利润再投资，假如充分运用该投资策略进行利润再投资操作，无交易成本和税收，净利润总额将达到 547.68 美元，这比买入并持有策略少 55.05%，空头卖出交易会严重并持续亏损。交易比较活跃，平均每 7.58 个日历日交易一次。该指标正确的时候比错误的时候稍多一些，盈利性交易占 51.45%。

在 Equis 国际公司 MetaStock© 系统中，GM 收盘价被插入在通常预留给成交量（V）的数据字段中，其测试规则书写如下：

多头开仓：V>Ref(Mov(V,opt1,E),-1)

多头平仓：V<Ref(Mov(V,opt1,E),-1)

空头开仓：V<Ref(Mov(V,opt1,E),-1)

空头平仓：V>Ref(Mov(V,opt1,E),-1)

OPT1 当前值：2

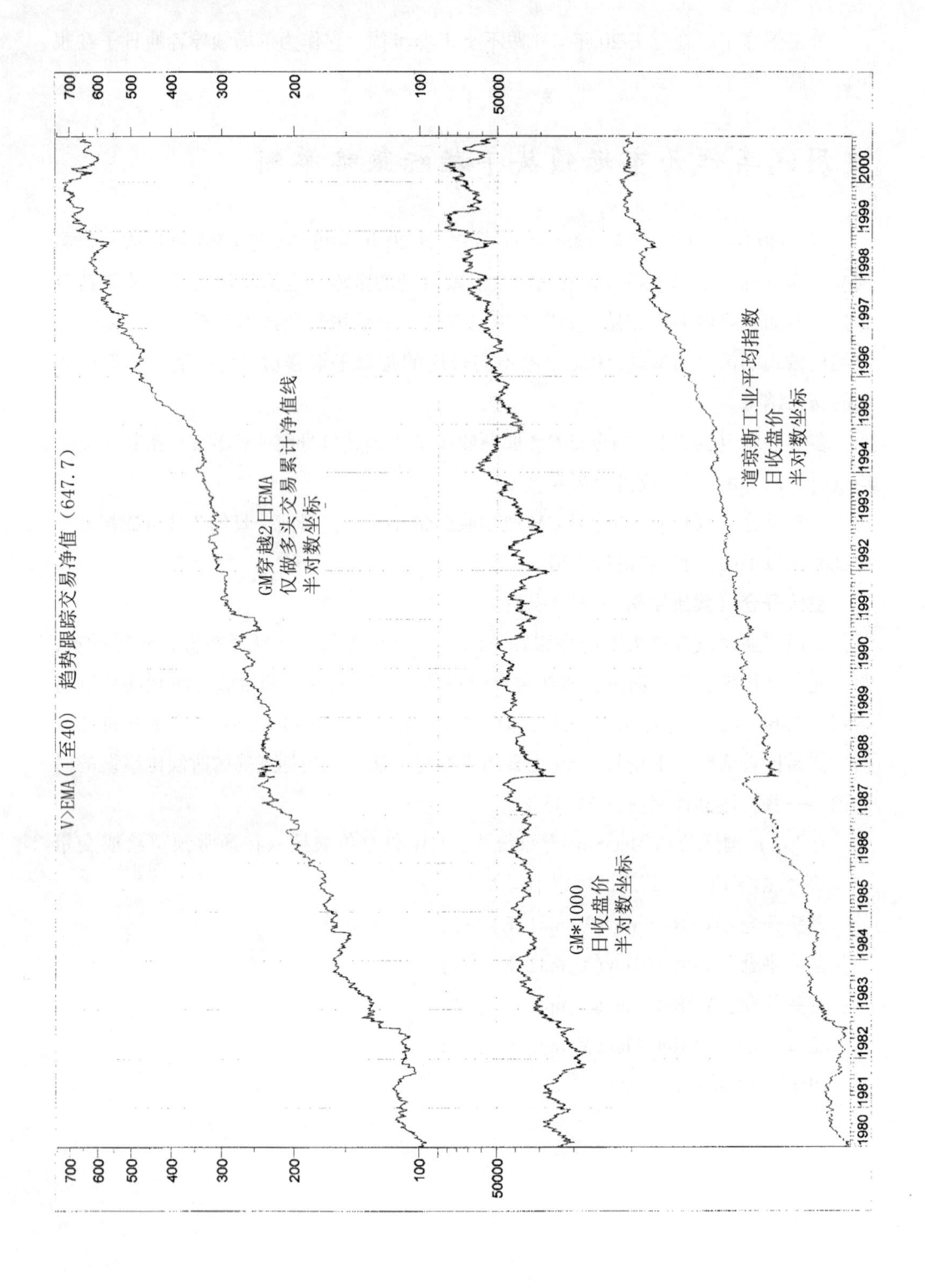

通用汽车领头羊

项目	值	项目	值
净利润总额	547.68	未平仓头寸价值	无
盈亏百分比	547.68	年均盈亏百分比	26.46	超额净利润比率%	-55.05
初始投资	100	利息收入	0	年均超额净利润比率%	-55.05
当前头寸	空仓	头寸建立日期	11/16/00		
买入并持有利润总额	1218.54	测试总天数	7556	平均每笔交易天数	7.58
买入并持有利润率%	1218.54	年均买入并持有利润率%	58.86		
已平仓交易总数	997	佣金支付总额	0		
每笔交易平均利润	0.55	平均盈利与平均亏损比率	1.29		
多头交易总数	997	空头交易总数	0	多头交易中盈利交易占比%	51.45
盈利多头交易数	513	盈利空头交易数	0	空头交易中盈利交易占比%	#
盈利交易总数	513	亏损交易总数	484	交易总数中盈利交易占比%	51.45
盈利交易总金额	2035.06	亏损交易总金额	-1487.39	交易总金额中盈利金额占比%	15.55
平均盈利	3.97	平均亏损	-3.07	平均盈亏总额中净平均盈利占比%	12.78
最大盈利	39.96	最大亏损	-49.69	最大盈亏合计中净盈利占比%	-10.85
盈利交易平均持仓期数	4.25	亏损交易平均持仓期数	2.92	盈亏持仓期数差占亏损持仓期数比例%	45.55
盈利交易最长持仓期数	14	亏损交易最长持仓期数	11	最长盈亏持仓期数差与净平均盈利之比	27.27
最大连续盈利次数	10	最大连续亏损次数	8	最大连续盈亏期数差占连续亏损期数比例%	25.00
空仓总期数	3630	平均空仓期数	3.64		
最长空仓期数	18				
系统平仓回撤	-3.85	盈亏比指数	26.91	净利润与系统未平仓回撤之比	13971.43
系统未平仓回撤	-3.92	风险回报指数	99.29	净利润同系统未平仓回撤之差与净利润之比	99.28
最大未平仓交易回撤	-49.69	买入并持有回撤	-55.05	系统未平仓回撤与净利润之比	-0.72

在 Equis 公司 Metastock© "系统报告"（盈亏概览统计）中，净利润总额等于利润合计减去亏损合计，包括按市值计价的未平仓头寸。相对地，盈利交易总金额是指已实现利润合计（仅包括已平仓头寸）。同样，亏损交易是指已实现亏损合计（仅包括已平仓头寸）所有亏损总额，不包括任何未平仓头寸）。系统平仓回撤是指仅基于已平仓头寸净值低于初始投资的最大降幅，系统未平仓回撤（SODD）是指头寸未平仓时累计净值线低于初始投资的最大降幅。盈亏指数是关于将盈利交易总金额与亏损总金额联系在一起的一个复杂计算结果，值的范围为 -100（最差可能表现）与 +100（最好可能表现）之间，0 值代表盈亏相等，风险回报指数是系统未平仓回撤除以净利润总额。在本次演练交易中，初始投资假设为 100 美元。多头交易和空头交易都按信号出现当天收盘价格执行，除非另有说明。统计分析中不包括交易成本，利息费用和利润。

— 277 —

通用汽车领头羊指标 4 月规则

1942 至 1984 年买入和卖出信号结果

买入信号			卖出信号		
买入日期	DJIA	下跌%	卖出日期	DJIA	上涨%
42 年 4 月	96.92	34.5	46 年 6 月	211.47	118.2
48 年 7 月	185.90	12.1	56 年 3 月	503.88	171.0
58 年 4 月	450.72	10.5	59 年 11 月	650.92	44.4
61 年 4 月	672.66	-3.3	62 年 4 月	687.90	2.3
62 年 10 月	569.02	17.3	64 年 3 月	802.75	41.1
64 年 8 月	840.35	-4.7	66 年 2 月	951.89	13.3
67 年 5 月	892.93	6.2	68 年 1 月	863.67	-3.3
68 年 7 月	883.36	2.3	69 年 2 月	903.97	2.3
70 年 9 月	758.97	16.0	71 年 8 月	901.43	18.8
72 年 3 月	928.66	-3.0	72 年 8 月	953.12	2.6
74 年 4 月	847.54	11.1	74 年 10 月	658.17	-22.3
75 年 4 月	842.88	-28.1	76 年 4 月	986.00	17.0
76 年 12 月	996.09	-1.0	77 年 5 月	931.22	-6.5
78 年 6 月	836.97	10.1	78 年 12 月	817.65	-2.3
79 年 6 月	843.04	-3.1	80 年 1 月	879.95	4.4
80 年 8 月	955.03	-8.5	81 年 1 月	970.99	1.7
81 年 5 月	976.86	-0.6	81 年 10 月	851.69	-12.8
82 年 3 月	805.65	5.4	84 年 5 月	1167.19	44.9
平均		4.1			24.2

格罗斯三一指数

这一指标将每周专家空头卖出活动与公众卖空进行比较,是由已故的罗伯特·格罗斯开发出来的,他是《专业投资者》市场简报编辑(佛罗里达州庞帕诺比奇第 2144 号邮政信箱,邮编 FL33061)。该指标被称作"专业投资者三一指数",格罗斯三一指数的计算和解释共分为五步。首先，计算构成该指数的三个基本要素比率：

专家空头比率＝专家空头／全部空头

会员空头比率＝会员空头／全部空头

公众空头比率＝公众空头／全部空头

本书中将分别阐述这些空头卖出比率。

其次，用下列指数平滑常数（计算举例参见指数移动平均线）来平滑这三个要素比率的每一个：平滑常数18%（大约相当于10周简单移动平均值）用于专家空头比率和公众空头比率，指数平滑常数29%（大约相当于6周简单移动平均值）用于会员空头比率。

第三，将平滑的专家和会员空头比率加在一起。

第四，用该和值除以平滑的公众空头比率。

第五，鲍伯·格罗斯将较高的读数值解释为看跌，因为它们表明，与公众卖空对比，专家卖空相对较重。较低的读数值看涨，因为它们表明，与公众卖空对比，专家卖空相对较轻。

霍兰指数

霍兰指数是一个多重时间框架的市场宽度指标，开发者为P. N. 霍兰（交易点位公司，加利福尼亚州五兰冈市万特乐大道22801号210室，邮编91364）。通常使用纽交所每日数据，尽管也可以使用来自其他交易所的每日和每周数据。

霍兰指数包括三个组成部分，每个部分的目的和解释都不同。短期部分是上涨股票数量与下跌股票数量净差额的3日指数移动平均线，中期部分是上涨股票数量与下跌股票数量净差额的20日指数移动平均线，长期部分是上涨股票数量与下跌股票数量净差额的200日指数移动平均线。

三个部分每一个解释都不同。中期部分（20日指数移动平均线）被主观解释为，当趋势线或支撑与阻力点位被穿越时给出买入和卖出信号。

长期部分（200日指数移动平均线）并不用于产生特定的买入和卖出信号。而其意图是用来决定股票价格的主要趋势。

当短期部分（3日指数移动平均线）移动超过+100时，给出买入信号。买入信号保持有效，直到接触点位-150，那时，短期卖出信号产生，直到下一个短期买入信号前保持有效。

图表显示，霍兰指数点位随着时间推移而扩大，反映出在纽约股票交易所交易股票数量的提高。传统霍兰参数没有为点数的扩张留有余地，但它也许应该因这一事实而调整。

3日指数移动平均线霍兰指数指标策略举例

已建立的短期规则能让自身接受客观测试。以1932年3月8日以来68年期间纽交所每日上涨和下跌股票数量和DJIA的每日数据文件为基础，我们发现，如果不带主观性，不运用复杂技术分析，不妄断，而以纯机械式的信号为基础，上述参数能产生良好的交易结果。

多头开仓（买入）：当上涨股票数减去下跌股票数的3日指数移动平均线上升超过100时，以DJIA当日收盘价买入。

多头平仓（卖出）：当上涨股票数减去下跌股票数的3日指数移动平均线下降低于-150时，以DJIA当日收盘价卖出。

空头开仓（卖出空头）：当上涨股票数减去下跌股票数的3日指数移动平均线下降低于-150时，以DJIA当日收盘价卖出空头。

空头平仓（平仓）：当上涨股票数减去下跌股票数的3日指数移动平均线上升超过100时，以DJIA当日收盘价平仓空头。

运用3日霍兰指数趋势跟踪策略，以100美元开始投资并将利润再投资，假如充分运用该投资策略进行利润再投资操作，无交易成本和税收，净利润总额将达到727,197美元，这比买入并持有策略高出5,699.64%，即使空头卖出交易也是盈利的。交易极度活跃，平均每5.20个日历日就交易一次。

在Equis国际公司MetaStock©系统中，当前霍兰指数被插入在通常预留给成交量（V）的数据字段中，其测试规则书写如下：

多头开仓：Mov(V,opt1,E)>100

多头平仓：Mov(V,opt1,E)<-150

空头开仓：Mov(V,opt1,E)<-150

空头平仓：Mov(V,opt1,E)>100

OPT1 当前值：3

第二部分　市场技术指标

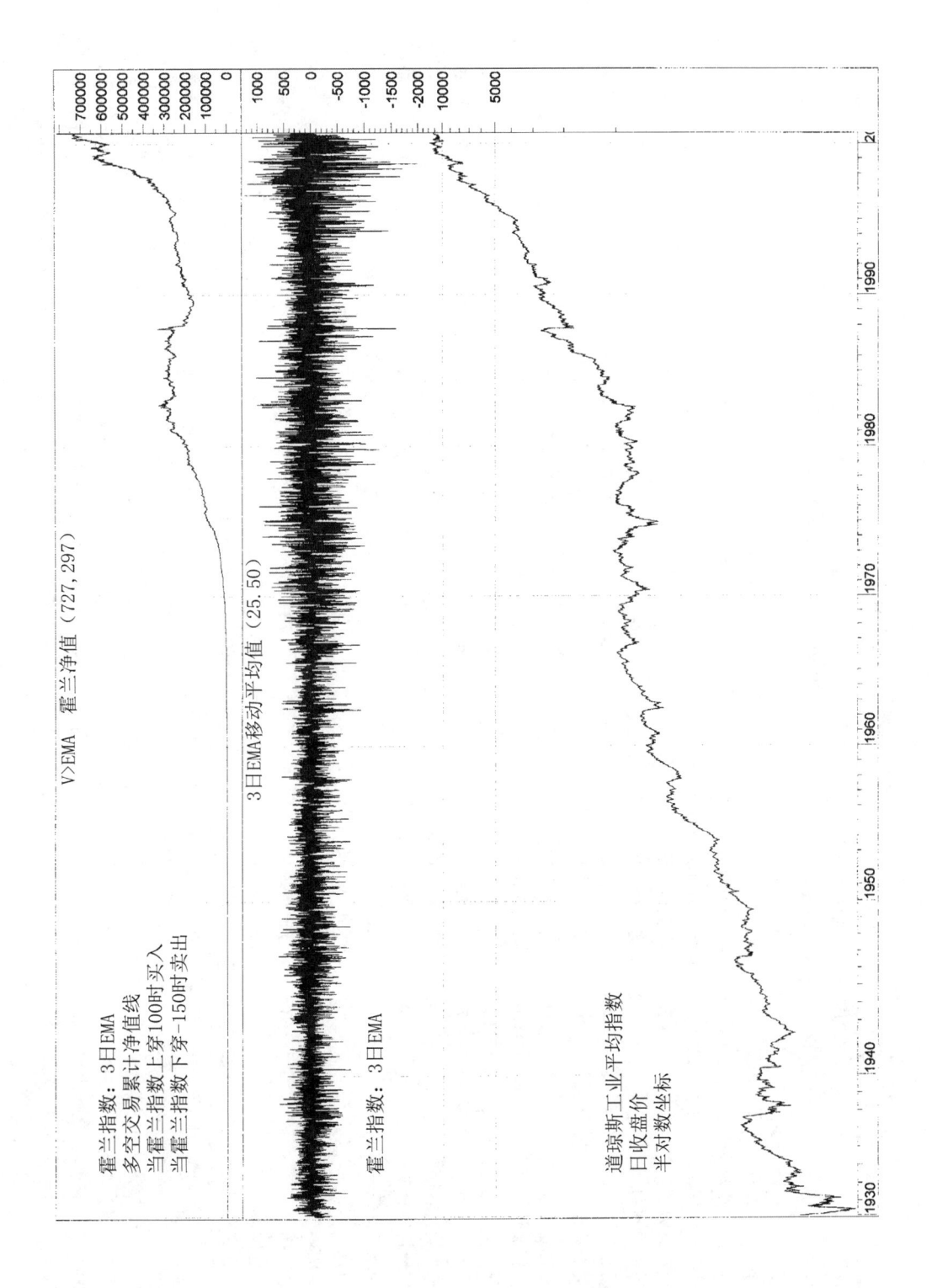

V>EMA　霍兰净值（727，297）

霍兰指数：3日EMA
多空交易累计净值线
当霍兰指数上穿100时买入
当霍兰指数下穿-150时卖出

3日EMA移动平均值（25，50）

霍兰指数：3日EMA

道琼斯工业平均指数
日收盘价
半对数坐标

— 281 —

霍兰指数：3 日 EMA

净利润总额	727197	未平仓头寸价值	0	超额净利润比率%	5699.64
盈亏百分比	727197	年均盈亏百分比	10607.74	年均超额净利润比率%	5699.75
初始投资	100	利息收入	0		
当前头寸	空头	头寸建立日期	9/8/00		
买入并持有利润总额	12538.66	测试总天数	25022	平均每笔交易天数	5.20
买入并持有利润率%	12538.66	年均买入并持有利润率%	182.9		
已平仓交易总数	4812	佣金支付总额	0		
每笔交易平均利润	151.12	平均盈利与平均亏损比率	1.62		
多头交易总数	2406	空头交易总数	2406	多头交易中盈利交易占比%	54.53
盈利多头交易数	1312	盈利空头交易数	823	空头交易中盈利交易占比%	34.21
盈利交易总数	2135	亏损交易总数	2677	交易总数中盈利交易占比%	44.37
盈利交易总金额	3248707	亏损交易总金额	-2521506.3	交易总金额中净盈利金额占比%	12.60
平均盈利	1521.64	平均亏损	-941.91	平均盈亏总额中净平均盈利占比%	23.53
最大盈利	57467.2	最大亏损	-22480.06	最大盈亏合计中净盈利占比%	43.76
盈利交易平均持仓期数	6.51	亏损交易平均持仓期数	3.36	盈亏持仓期数差占亏损持仓期数比例%	93.75
盈利交易最长持仓期数	45	亏损交易最长持仓期数	30	最长盈亏持仓期数差与最长持仓期数比例%	50.00
最大连续盈利次数	9	最大连续亏损次数	14	最长连续盈亏损期数差占连续亏损期数比例%	-35.71
空仓总期数	3	平均空仓期数	3		
最长空仓期数	3				
系统平仓回撤	-60.6	盈亏比指数	22.38	净利润与系统平仓回撤之比	1199995.05
系统未平仓回撤	-60.6	风险回报指数	99.99	净利润同系统未平仓回撤之差与净利润之比%	99.99
最大未平仓交易回撤	-22480.06	买入并持有指数	5699.64	系统未平仓回撤与净利润之比%	-0.01

在 Equis 公司 Metastock© 系统报告（盈亏报告）中，净利润总额等于利润合计减去亏损合计，包括市值计的未平仓头寸。相对地，盈利交易总金额是指已实现利润合计（仅包括已平仓头寸）中，净利润总额等于利润合计减去亏损合计，不包括任何未平仓头寸）。同样，亏损交易总金额是指已实现亏损合计（仅包括已平仓头寸）所有亏损总额，不包括任何未平仓头寸）。系统平仓回撤是指仅以基于已平仓头寸的累计净值净利润线低于初始投资的最大降幅，系统未平仓回撤（SODD）是指未平仓头寸时累计净值线低于初始投资的最大表现）之间，0 值代表无相等，风险回报指数等于净利润总额减去系统未平仓回撤总额，除非另有说明。交易按信号出现当天收盘价格执行，统计分析中不包括交易成本、利息费用和利润。假设为 100 美元。多头交易和空头交易都进行，除非另有说明。交易按信号出现当天收盘价格执行，统计分析中不包括交易成本、利息费用和利润。

— 282 —

哈里克获利指标

哈里克获利指标是一个用于分析期货的动量摆动指标。以价格、成交量和未平仓合约的变动为基础，约翰·哈里克开发出复杂公式。由于需要未平仓合约数据，它不能适用于一般股票。

先用价格变动速度乘以成交量，这被称作资金流。用资金流乘以未平仓合约每日变动百分比的绝对值，该结果被称作调整后美元额。最后，用指数移动平均法平滑该调整后美元额，算出的摆动指标围绕水平的零值参考线上下变动。

哈里克获利指标公式被编程，出现在 MetaStock© 指标下拉窗口上。1美分变动的值默认参数为100，但允许该值稍作变动。相比而言，乘数显示为关键变量。这决定了指数移动平均的长度，大体上约为几天，在默认设置10附近的较小值会产生敏感的短期交易摆动指标，而接近最大设置100的较大值会产生变化缓慢的长期摆动指标。

对哈里克获利指标的可能解释包括其自身的上升或下降趋向。摆动指标的点位也同基础证券的价格点位进行比较，从而识别背离和收敛，穿越零值水平参考线显得并不重要。

哈里克获利指标的指标策略举例

以1982年4月21日至2000年12月29日间的18年期间标准普尔500综合股价指数期货的全部历史上每日收盘价数据文件为基础（使用从网站 www.csidata.com 收集的 CSI 永久合约数据），我们发现，如果不带主观性，不运用复杂技术分析，不妄断，而以纯机械式的买入/卖出信号为基础，下列参数能产生良好的交易结果。

多头开仓（买入）：当前哈里克获利指标（1美分变动值使用默认参数100且用10作为乘数值）上穿其自身的以前一日收盘价计算的跟踪2日指数移动平均线时，以标准普尔500综合股价指数期货CSI永久合约当日收盘价买入。

多头平仓（卖出）：当前哈里克获利指标（1美分变动值使用默认参数100且用10作为乘数值）下穿其自身的以前一日收盘价计算的跟踪2日指数移动平均线时，以标准普尔500综合股价指数期货CSI永久合约当日收盘价卖出。

空头开仓（卖出空头）：从不操作。

哈里克获利指标（-7,698）

哈里克获利指标（100,10）

哈里克获利指标 净值（544.8）

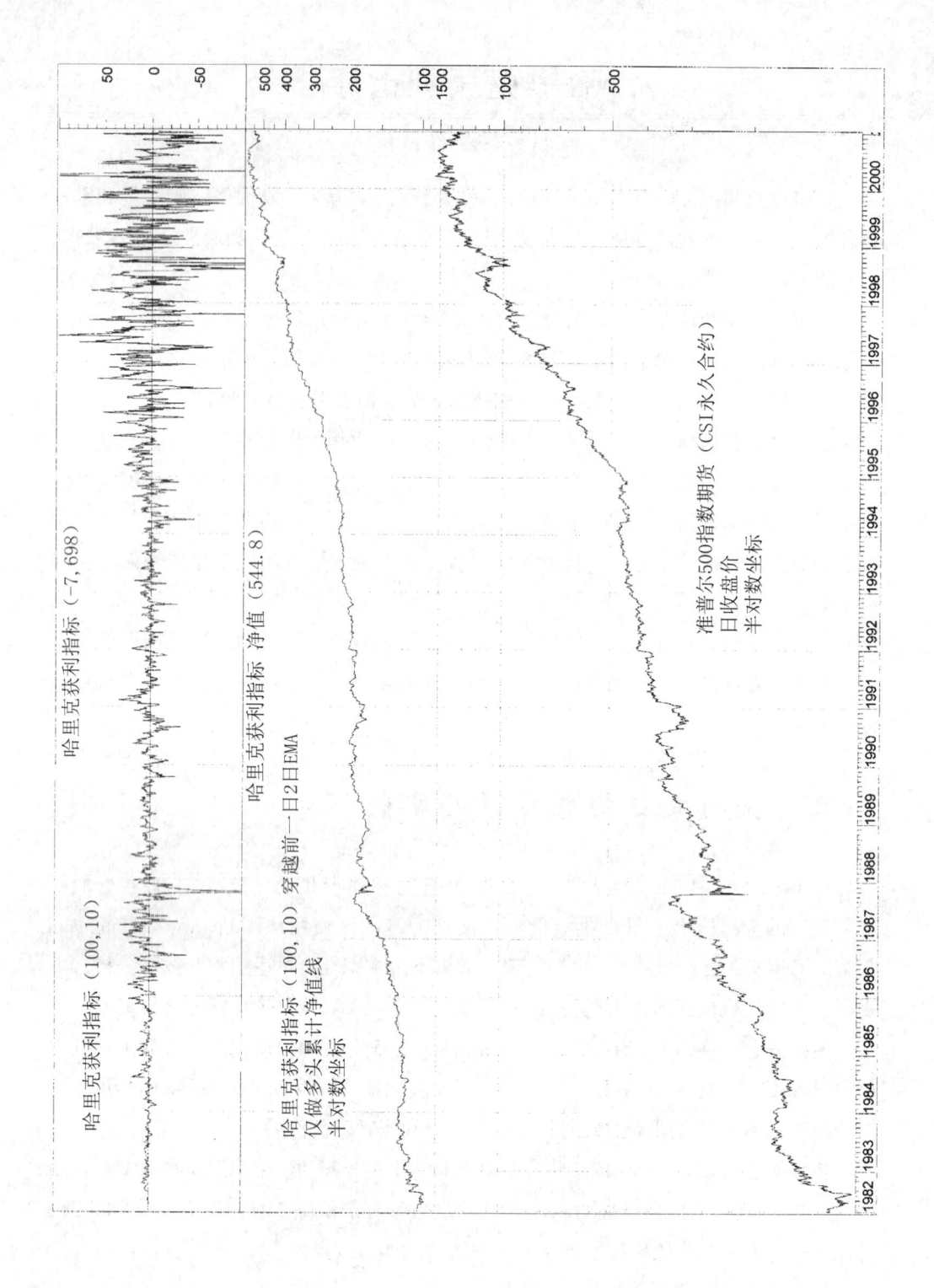

哈里克获利指标（100,10）穿越前一日2日EMA
仅做多头累计净值线
半对数坐标

准普尔500指数期货（CSI永久合约）
日收盘价
半对数坐标

哈里克获利指标（100,10），穿越前一日 2 日 EMA

净利润总额	444.84	未平仓头寸价值	3.41	超额净利润比率%	- 57.00
盈亏百分比	444.84	年均盈亏百分比	23.78	年均超额净利润比率%	- 57.00
初始投资	100	利息收入	0		
当前头寸	多头	头寸建立日期	12/22/00		
买入并持有利润总额	1034.49	测试总天数	6828	平均每笔交易天数	8.87
买入并持有利润率%	1034.49	年均买入并持有利润率%	55.3		
已平仓交易总数	770	佣金支付总额	0		
每笔交易平均利润	0.57	平均盈利与平均亏损比率	1.61		
多头交易总数	770	空头交易总数	0	多头交易中盈利交易占比	47.92
盈利多头交易数	369	盈利空头交易数	0	空头交易中盈利交易占比	#
盈利交易总数	369	亏损交易总数	401	交易总数中盈利交易占比	47.92
盈利交易总金额	1351.03	亏损交易总金额	- 909.59	交易总金额中净盈利金额占比	19.53
平均盈利	3.66	平均亏损	- 2.27	平均盈亏总额合计中净平均盈利占比	23.44
最大盈利	32.87	最大亏损	- 12.77	最大盈亏持仓期数合计中净盈利占比	44.04
盈利交易平均持仓期数	5.2	亏损交易平均持仓期数	2.89	盈亏持仓期数差占亏损持仓期数比例%	79.93
盈利交易最长持仓期数	16	亏损交易最长持仓期数	14	最长盈亏持仓期数差占最长亏损期数比例%	14.29
最大连续盈利次数	7	最大连续亏损次数	7	最大连续盈亏期数差占净连续亏损期数比例%	0.00
空仓总期数	3183	平均空仓期数	4.13		
最长空仓期数	15				
系统平仓回撤	- 6.33	盈亏比指数	32.84	净利润与系统未平仓回撤之比	7027.49
系统未平仓回撤	- 6.33	风险回报指数	98.6	净利润同系统未平仓回撤之差与净利润之比	98.58
最大未平仓交易回撤	- 26.84	买入并持有指数	- 56.67	系统未平仓回撤与净利润之比	- 1.42

在 Equis 公司 Metastock© 系统报告"盈亏概览统计"中，净利润总额等于利润合计减去亏损合计，包括按市值计价的未平仓头寸。相对地，盈亏总金额是指已实现利润合计（仅包括任何未平仓头寸），不包括任何未平仓头寸。同样，亏损交易总金额是指已实现亏损合计（仅包括已平仓头寸）。盈利交易总金额是指已实现利润合计（仅包括任何未平仓头寸）。系统平仓回撤是指已平仓头寸的最大降幅。系统未平仓回撤（SODD）是指头寸未平仓时累计净值曲线（低于初始投资的最大表现）的最大降幅。盈亏比指数是关于盈亏总金额联系在一起的一个复杂计算结果，值位于范围－100（最差可能表现）与+100（最好可能表现）之间，0值代表盈亏相抵。风险回报指数等于净利润总额减去系统未平仓回撤以净利润总额，统计分析中不包括交易成本，利息费用和利润。假设为 100 美元。多头交易和空头交易都进行，除非另有说明。交易按信号出现当天收盘价格执行。在本次演练交易中，初始投资

— 285 —

运用该哈里克获利指标趋势跟踪交易策略，以 100 美元开始投资并将利润再投资，假如充分运用该投资策略进行利润再投资操作，无交易成本和税收，净利润总额将达到 444.84 美元，这比买入并持有策略少 57.00%。空头卖出交易是不盈利的，且空头卖出交易不包括在本策略中。空头卖出会进一步削减利润。该仅做多头交易哈里克获利指标在整个期间给出的盈利性买入信号占 47.92%。交易极度活跃，平均每 8.87 个日历日交易一次。

Equis 国际公司 MetaStock© 系统测试规则书写如下：

多头开仓：Qstick(opt1)<0

多头平仓：Qstick(opt1)>0

OPT1 当前值：9

Equis 国际公司 MetaStock© 系统测试规则书写如下：

多头开仓：HPI(100,opt1)>Ref(Mov(HPI(100,opt1),opt2,E),-1)

多头平仓：HPI(100,opt1)<Ref(Mov(HPI(100,opt1),opt2,E),-1)

OPT1 当前值：10

OPT2 当前值：2

高动量交易系统

高动量交易系统识别异常高的短期动量（价格变动速度）以及该速度变动的早期信号，从而按逆向方式交易。使用细分为可操作时间间隔的日内数据，首先识别从其他速度中突出出来的极高的速度剧升点。接下来，当价格创出一两个更高高点而速度未能创出更高高点（负的动量背离）时，交易者在其开始失速时退出交易。就在最高的价格高点上方设置一个保护性停损点，然后跟踪你的停损点，最后如果价格按预期下跌就可以拿走利润。

对于极端负价格动量后面跟随正的背离，可以设计相反的多头策略，它可以被命名为"低动量交易系统"。两个系统一起构成一个尝试在极端处退出并争取回归均值的逆势交易系统，实际上这在除了最强势市场外的所有市场中十分常见。

关于进一步论述，参见查尔斯·勒博，大卫·W.卢卡斯《技术交易者期货市场计算机分析指南》，欧文第一商业出版公司，伊利诺亚州霍姆伍德，1992：共 234 页。

高低点逻辑指数

高低点逻辑指数是由经济计量研究所的诺曼·福斯贝克开发出来的（佛罗里达州北方联邦公路3471号，邮编33306）。使用纽交所数据，该指标被定义为下面两个比率中较小的一个：新高数量除以交易股票总数量，新低数量除以交易股票总数量。该指数的较低水平可能暗示着一个方向上的强势市场，有很多新高和很少新低，或者有很少新高和很多新低。同样，该指数的较高水平可能暗示着一个混乱的双向市场，有很多新高和很多新低，许多股票趋势向上而很多其他股票趋势向下。

福斯贝克测试了40年期间的纽交所每周高低点逻辑指数。他先用10周指数平滑移动平均线平滑了原始数据，他发现，平滑指数点位高于0.050时看跌，而点位低于0.010时看涨。

在该书的第一版中，托马斯·A.梅耶斯确认了福斯贝克的发现。使用卡方统计检验方法，他独立地检查了长达50年（1937—1987）的纽交所每周高低点逻辑指数。梅耶斯发现，下列结果在99.9%的置信水平上高度显著：这些结果只是偶然发生的概率不足千分之一。

梅耶斯先用10周简单移动平均线平滑了每周原始数据，他发现，所观察的平滑每周指数点位高于0.058的最高5%股票，在3个月的向前时间窗口中看跌。另一方面，所观察的平滑每周指数点位小于等于0.005的最低5%股票，在3个月和12个月的向前时间窗口中都看涨。

梅耶斯还发现，原始的（未用移动平均线平滑的）每日指数点位高于0.020的顶部10%股票，在1个月和3个月的向前时间窗口中都看跌。底部10%股票，原始每日指数点位小于等于0.002，在1个月、3个月和6个月的向前时间窗口中都看涨。

用10日简单移动平均线平滑每日数据，梅耶斯发现，点位小于等于0.002的最低10%股票，在所有测试时间框架1个月、3个月、6个月和12个月的向前时间窗口中都看涨。

兴登堡凶兆

该复合指标被设计为面临主要股市麻烦的一个警示，它由《萨德伯里牛熊报告》编者吉姆·米耶卡提出，由《里奇兰报告》编者肯尼迪·甘米奇为纪念"兴登堡灾难"而命名（兴登堡号是一艘充满氢气的德国飞艇，在1937年5月6日到达新泽西州莱克赫斯特时爆炸并燃烧，36人死亡）。兴登堡凶兆指标要求满足下列全部三个条件：（1）新高数量或新低数量的较小者超过交易股票总数量的2.4%；（2）纽交所综合指数的10周简单移动平均线上升；（3）麦克莱伦摆动指标为负。

节假日指标

股票市场开市时间安排在星期一至星期五的上午9：30至下午4点，节假日除外。1952年5月26日以前，它曾在星期六开市。该市场偶尔会由于极端的暴风雪或前任美国总统的葬礼而休市，但这是罕见的。市场因为第一次世界大战爆发的恐慌，从1914年7月13日直到1914年12月11日休市超过4个月，2001年9月11日星期二纽约世贸大厦恐怖袭击后，休市4天。

从1991年到1999年，股票市场开市交易252、253或254天，视日历而定。股票市场一年中平均开市交易252.7778天。

股票市场在一年中有九个工作日因节假日定期休市——新年、马·路德·金纪念日、华盛顿诞辰日、耶稣受难日、阵亡将士纪念日、独立纪念日、劳动节、感恩节和圣诞节。马丁·路德·金纪念日、华盛顿诞辰日和阵亡将士纪念日分别在1月、2月和5月的第三个星期一庆祝。当任一节假日适逢星期六时，市场在之前的星期五休市。当任一节假日适逢星期日时，市场在之后的星期一休市。

特许市场技术分析师阿瑟·A. 梅里尔在其经典著作中开创了股票市场价格的季节性行为研究：《华尔街价格行为》（第二版），分析出版社，纽约查帕瓜，1984：共147页。

梅里尔发现，在大多数节假日前一天市场有强烈的上涨趋势。平均而言，节假日前一天DJIA上涨在统计上高度显著，在整个时间里占68%。梅里尔发现，表现最好的节假日依次为劳动节、独立纪念日、阵亡将士纪念日、圣诞节和新年（整个时间里上涨占81%至72%）。

选举日在11月的第二个星期二，前一日上涨时间占71%。

然而，耶稣受难日前一日和感恩节前一日仅比平均水平稍好一些，因此，统计上不显著。关于最新的节假日马丁·路德·金纪念日前后的市场行为，还没有充足的数据得出任何结论。

牛市节假日规则的一个明显例外是 2 月份总统日前一个交易日，实际上下跌稍微经常一些。总统日前一日上涨时间仅占 40%，这明显看跌。

节假日后一日一般不明显，除了非常牛市的感恩节后一天，上涨时间占 66%。还有，独立纪念日后一天上涨时间占 60%。

"犹太新年卖出，赎罪日买入"在大多数时间都是正确的：两个圣日之间，市场上涨时间仅占 40%（犹太人新年是 9 月末 10 月初新月后的一天，犹太人赎罪日在 9 天以后，即犹太人新年的第 10 天）。

"6 月 4 日买入劳动节卖出赚取你全年的开销"在统计上是显著盈利的，盈利时间占 66%。

梅里尔创造了短语"感恩节买入新年卖出用于支付你圣诞节的账单"，该策略在 1897 年至 1983 年期间会获得高度显著的胜率 72%。

我们的测试提倡另一种策略："劳动节卖出，万圣节买入。"更详细些，"9 月 5 日卖出，10 月 27 日买入。"该策略记录相当良好（参见"年内之月"指标）。

圣杯指标

圣杯指标是一个特别价格设置：在创出新高的强劲价格上升趋势中，并且在小的价格回调至 20 日指数移动平均线之后，当价格运动到前一日价格高点时买入。强劲价格上升趋势由平均动向值（14 日）超过 30 并且上升来定义。就在最近回撤低点下方设置一个保护性停损点并跟踪该设置，参见劳伦斯·A. 康纳斯，琳达·布拉福德·瑞斯克《华尔街智慧：高胜算短线交易策略》，M·戈登出版集团，加利福尼亚州马里布，1995：共 239 页。

钩形指标

当价格突破至阻力线以上或支撑线以下但立即反转，向相反方向强劲运动时，钩形出现，这会使跟随突破而行动的趋势跟踪交易者上钩或掉入陷阱。这些趋势跟踪交易者现在必须止损，这又为新的定向动量火上浇油，短期交易者对这种快速变动的结果很感兴趣。钩形也被称为跳板。

假设检验

传统假设检验旨在检验关于两个变量之间关系的先验假设。

在金融学界，不可能进行控制性实验室实验；历史数据可能存在错误和偏差，或者不能足量获取；计算机测试程序容易受某些隐含假设、漏洞和偏差的制约；数学理论和公式需要以不切实际的假设为基础；关于很难量化的指标如交易费用也必须做出假设。

对比一下经典技术分析的逐渐演进，成千上万的交易者在不运用假设的基础上，用实际资金进行了数十年数据的实时、每天、各种市场条件下的技术分析测试。技术分析在残酷市场现实的硬砧上经受锤炼，交易者每天在那里进行买卖交易。

指标季节——艾尔德概念

播种有时节，收割也有时令。根据亚历山大·埃尔德的观点（《以交易为生：心理学、交易策略、金钱管理》，纽约：约翰·威利父子出版公司，1993），指标季节可以向交易者显示他处于市场周期的哪里。艾尔德关于指标季节的观点以杰拉尔德·阿佩尔的平滑异同移动平均线指标为基础（参见"平滑异同移动平均线"指标）。

艾尔德使用相对于零值线（高于或低于）的位置和平滑异同移动平均线柱状图（MACDH）的斜率（上升或下降），为交易提供信号，斜率被定义为当前 MACDH 与上期 MACDH 之间的关系。

当每周 MACDH 低于 0 并且其斜率变为正时，属于市场的春季，是买入时间。持有多头头寸直到每周 MACDH 变动到高于 0 时——现在属于夏季，是开始卖出的时间。

当每周 MACDH 高于 0 并且其斜率变为负时，属于市场的秋季，是卖出空头的时间。持有空头头寸直到每周 MACDH 变动到低于 0 时——现在属于冬季，是开始平仓空头的时间。

指标季节——科尔比变量

本书 188—192 页概括的艾尔德的初始概念，在我们的独立测试中表现不好。但是我们发现了一个使用每日数据和修正解释规则的指标，它的表现大大优于市场，不用任何优化。

当每日 MACDH 高于 0 并且其斜率为正时，属于市场的春季，是买入时间。只要每日 MACDH 保持高于 0 并且其斜率为正，就持有多头头寸。当每日 MACDH 下穿 0 或其斜率变为下降时，清算多头。

当每日 MACDH 低于 0 并且其斜率为负时，属于市场的秋季。因此，这是卖出空头的时间。只要每日 MACDH 保持低于 0 并且其斜率为负，就持有空头头寸。当每日 MACDH 上穿 0 或其斜率变为上升时，清算多头。

指标季节——科尔比变量指标策略举例

20 世纪 30 年代以后，科尔比变量的指标季节策略累计净值线显示出的回撤期很少。以 1900 年 1 月至 2001 年 4 月的 101 年期间每日末 MACDH 和 DJIA 每日收盘价文件为基础，如果不带主观性，不运用复杂技术分析，不妄断，而以纯机械式的信号为基础，下列参数能产生良好的交易结果。

多头开仓（买入）：当前 MACDH 既大于 0 又高于其前一日点位并因此显示正的且上升的价格变动速度时，以 DJIA 当日收盘价买入。

多头平仓（卖出）：当前 MACDH 小于 0 或低于其前一日点位并因此显示恶化的价格变动速度时，以 DJIA 当日收盘价卖出。

空头开仓（卖出空头）：当前 MACDH 既小于 0 又低于其前一日点位并因此显示负的且恶化的价格变动速度时，以 DJIA 当日收盘价卖出空头。

空头平仓（平仓）：当前 MACDH 既大于 0 又高于其前一日点位并因此显示正的价格变动速度时，以 DJIA 当日收盘价平仓空头。

运用该科尔比变量的指标季节趋势跟踪策略，以 100 美元开始投资并将利润再投资，假如充分运用该投资策略进行利润再投资操作，无交易成本和税收，净利润总额将达到 3,631,710.75 美元，这比买入并持有策略高出 17,919.98%。空头卖出交易是盈利的,并且空头卖出交易包括在本策略中。尽管盈利性很高,该策略错误的时候往往多于正确的时候,盈利性交易仅占 45.07%。交易极度活跃,平均每 8.25 个日历日交易一次。

Equis 国际公司 MetaStock© 系统科尔比变量指标季节测试规则书写如下:

多头开仓:

((Mov(C,12,E)-Mov(C,26,E))-
(Mov(Mov(C,12,E)-Mov(C,26,E),9,E)))>0 AND
((Mov(C,12,E)-Mov(C,26,E))-
(Mov(Mov(C,12,E)-Mov(C,26,E),9,E)))>
Ref(((Mov(C,12,E)-Mov(C,26,E))-
(Mov(Mov(C,12,E)-Mov(C,26,E),9,E))),-1)

多头平仓:

((Mov(C,12,E)-Mov(C,26,E))-
(Mov(Mov(C,12,E)-Mov(C,26,E),9,E)))<0 OR
((Mov(C,12,E)-Mov(C,26,E))-
(Mov(Mov(C,12,E)-Mov(C,26,E),9,E)))<
Ref(((Mov(C,12,E)-Mov(C,26,E))-
(Mov(Mov(C,12,E)-Mov(C,26,E),9,E))),-1)

空头开仓:

((Mov(C,12,E)-Mov(C,26,E))-
(Mov(Mov(C,12,E)-Mov(C,26,E),9,E)))<0 AND
((Mov(C,12,E)-Mov(C,26,E))-
(Mov(Mov(C,12,E)-Mov(C,26,E),9,E)))<
Ref(((Mov(C,12,E)-Mov(C,26,E))-
(Mov(Mov(C,12,E)-Mov(C,26,E),9,E))),-1)

空头平仓:

((Mov(C,12,E)-Mov(C,26,E))-
(Mov(Mov(C,12,E)-Mov(C,26,E),9,E)))>0 OR
((Mov(C,12,E)-Mov(C,26,E))-
(Mov(Mov(C,12,E)-Mov(C,26,E),9,E)))>
Ref(((Mov(C,12,E)-Mov(C,26,E))-
(Mov(Mov(C,12,E)-Mov(C,26,E),9,E))),-1)

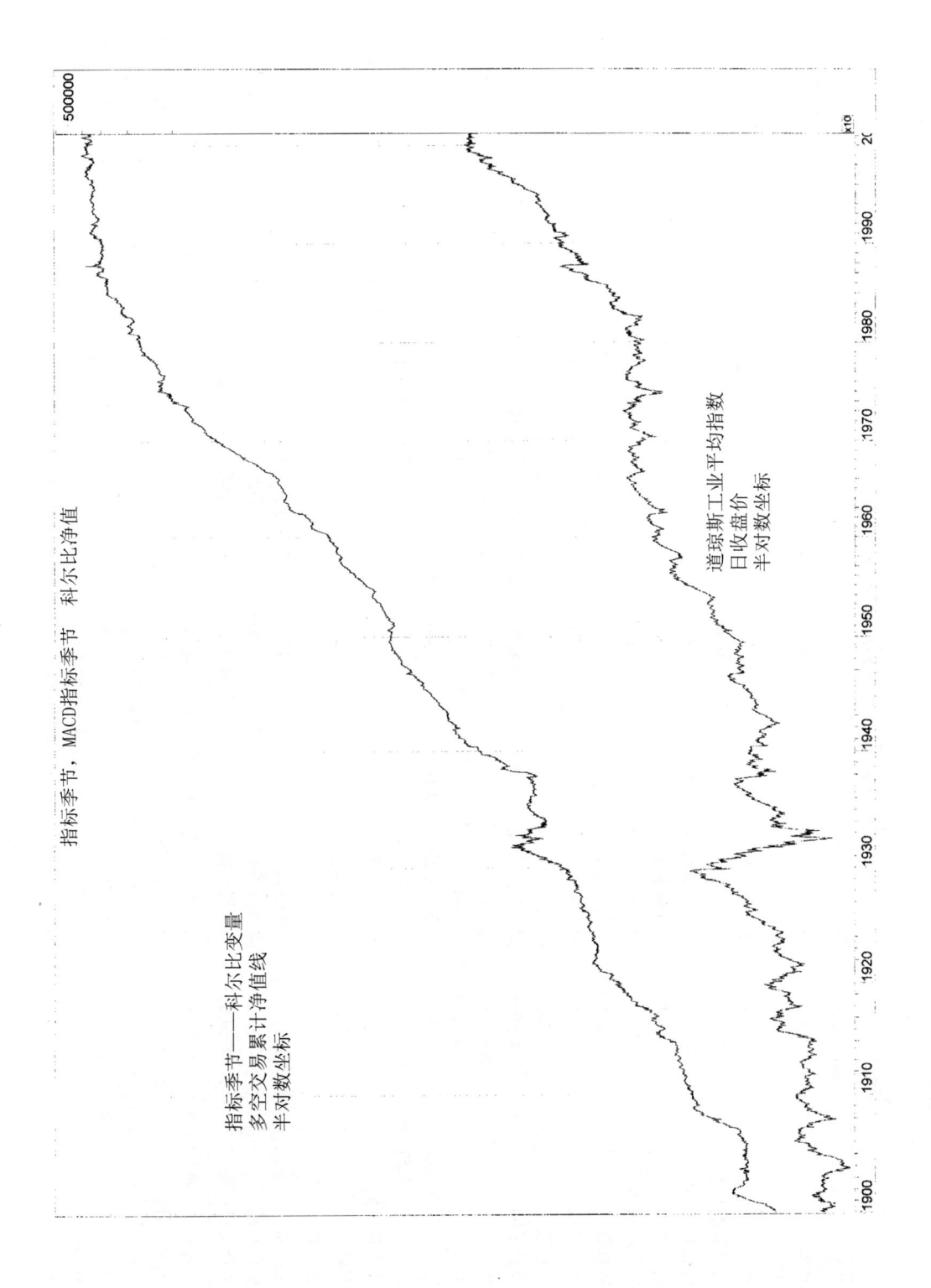

指标季节，MACD指标季节 科尔比净值

指标季节——科尔比变量
多空交易累计净值线
半对数坐标

道琼斯工业平均指数
日收盘价
半对数坐标

指标季节——科尔比变量

净利润总额	3631710.75	未平仓头寸价值	74900.09	超额净利润比率%	17919.98
盈亏百分比	3631710.75	年均盈亏百分比	35835.05	年均超额净利润比率%	17920.24
初始投资	100	利息收入	0		
当前头寸	多头	头寸建立日期	4/5/01		
买入并持有利润总额	20153.8	测试总天数	36991	平均每笔交易天数	8.25
买入并持有利润率%	20153.8	年均买入并持有利润率%	198.86		
已平仓交易总额	4486	佣金支付总额	0		
每笔交易平均利润	792.87	平均盈利与平均亏损比率	1.48		
多头交易总数	2255	空头交易总数	2231	多头交易中盈利交易占比%	49.14
盈利多头交易数	1108	盈利空头交易数	914	空头交易中盈利交易占比%	40.97
盈利交易总数	2022	亏损交易总数	2464	交易总数中盈利交易占比%	45.07
盈利交易总金额	20408018	亏损交易总金额	-16851206	交易总金额中净盈利金额占比%	9.55
平均盈利	10092.99	平均亏损	-6838.96	平均盈亏总额中净平均盈利占比%	19.22
最大盈利	481084.5	最大亏损	-206704.25	最大盈亏合计中净盈利占比%	39.89
盈利交易平均持仓期数	5.73	亏损交易平均持仓期数	3.09	盈亏持仓期数差占亏损持仓期数比例%	85.44
盈利交易最长持仓期数	14	亏损交易最长持仓期数	11	最长盈亏持仓期数差占最长亏损持仓期数比例%	27.27
最大连续盈利次数	10	最大连续亏损次数	11	最大连续盈亏期数差占连续亏损期数比例%	-9.09
空仓总期数	17263	平均空仓期数	4.08		
最长空仓期数	39				
系统平仓回撤	0	盈亏比指数	0	净利润与系统未平仓回撤之比	#
系统未平仓回撤	0	风险回报指数	100	净利润同系统平仓回撤之差与净利润之比%	100.00
最大平仓交易回撤	-2060704.25	买入并持有指数	18291.62	系统未平仓回撤与净利润之比%	0.00

在Equis公司Metastock©"系统报告"(盈亏概览统计)中,净利润总额等于利润合计减去亏损合计,包括按市值计价的未平仓头寸。相对地,盈利交易总金额是指已实现利润合计(仅包括已平仓头寸)。同样,亏损交易是指已实现亏损合计(仅包括已平仓头寸)。系统平仓回撤是指基于平仓头寸的累计净利润最大降幅,不包括任何未平仓头寸。系统未平仓回撤(SODD)是指头寸未平仓时累计净值线低于初始投资的最大降幅。盈亏比指数是关于将盈利交易总金额与亏损交易总金额联系在一起的一个复杂计算结果,值的范围位于-100(最差可能表现)与+100(最好可能表现)之间,0值代表盈亏相等。风险回报指数等于系统未平仓回撤总额以净利润总额。在本次演练交易中,初始投资假设为100美元。多头交易和空头交易都进行,除非另有说明。交易按信号出现当天收盘价格执行,统计分析不包括交易成本、利息费用和利润。

— 294 —

指标季节——科尔比优化变量指标策略举例

根据我们的观点,指标参数从来不必当作已经给定。不使用 MACDH 的默认设置值 12、26 和 9,我们允许改变这些值。明显的是,当我们为 MACDH 输入 3、33 和 3 来代替默认值 12、26 和 9 时,盈利性上升近 5 倍。

运用该科尔比优化变量的指标季节趋势跟踪策略,以 100 美元开始投资并将利润再投资,假如充分运用该投资策略进行利润再投资操作,无交易成本和税收,净利润总额将达到 1,682,521,344 美元,这比买入并持有策略高出 8,348,307.47%。空头卖出交易是盈利的,并且空头卖出交易包括在本策略中。尽管盈利性很高,该策略错误的时候往往多于正确的时候,盈利性交易仅占 47.42%。交易更加极度活跃,平均每 4.27 个日历日交易一次。

Equis 国际公司 MetaStock© 系统科尔比优化变量指标季节测试规则书写如下:

多头开仓:

$((\text{Mov}(C,\text{opt1},E)-\text{Mov}(C,\text{opt1}*\text{opt2},E))-$
$(\text{Mov}(\text{Mov}(C,\text{opt1},E)-\text{Mov}(C,\text{opt1}*\text{opt2},E),\text{opt1},E)))>0 \text{ AND}$
$((\text{Mov}(C,\text{opt1},E)-\text{Mov}(C,\text{opt1}*\text{opt2},E))-$
$(\text{Mov}(\text{Mov}(C,\text{opt1},E)-\text{Mov}(C,\text{opt1}*\text{opt2},E),\text{opt1},E)))>$
$\text{Ref}(((\text{Mov}(C,\text{opt1},E)-\text{Mov}(C,\text{opt1}*\text{opt2},E))-$
$(\text{Mov}(\text{Mov}(C,\text{opt1},E)-\text{Mov}(C,\text{opt1}*\text{opt2},E),\text{opt1},E))),-1)$

多头平仓:

$((\text{Mov}(C,\text{opt1},E)-\text{Mov}(C,\text{opt1}*\text{opt2},E))-$
$(\text{Mov}(\text{Mov}(C,\text{opt1},E)-\text{Mov}(C,\text{opt1}*\text{opt2},E),\text{opt1},E)))<0 \text{ OR}$
$((\text{Mov}(C,\text{opt1},E)-\text{Mov}(C,\text{opt1}*\text{opt2},E))-$
$(\text{Mov}(\text{Mov}(C,\text{opt1},E)-\text{Mov}(C,\text{opt1}*\text{opt2},E),\text{opt1},E)))<$
$\text{Ref}(((\text{Mov}(C,\text{opt1},E)-\text{Mov}(C,\text{opt1}*\text{opt2},E))-$
$(\text{Mov}(\text{Mov}(C,\text{opt1},E)-\text{Mov}(C,\text{opt1}*\text{opt2},E),\text{opt1},E))),-1)$

空头开仓:

$((\text{Mov}(C,\text{opt1},E)-\text{Mov}(C,\text{opt1}*\text{opt2},E))-$
$(\text{Mov}(\text{Mov}(C,\text{opt1},E)-\text{Mov}(C,\text{opt1}*\text{opt2},E),\text{opt1},E)))<0 \text{ AND}$
$((\text{Mov}(C,\text{opt1},E)-\text{Mov}(C,\text{opt1}*\text{opt2},E))-$
$(\text{Mov}(\text{Mov}(C,\text{opt1},E)-\text{Mov}(C,\text{opt1}*\text{opt2},E),\text{opt1},E)))<$

Ref((((Mov(C,opt1,E)−Mov(C,opt1∗opt2,E))−
(Mov(Mov(C,opt1,E)−Mov(C,opt1∗opt2,E),opt1,E))),−1)

空头平仓：

((Mov(C,opt1,E)−Mov(C,opt1∗opt2,E))−
(Mov(Mov(C,opt1,E)−Mov(C,opt1∗opt2,E),opt1,E)))>0 OR
((Mov(C,opt1,E)−Mov(C,opt1∗opt2,E))−
(Mov(Mov(C,opt1,E)−Mov(C,opt1∗opt2,E),opt1,E)))>
Ref(((Mov(C,opt1,E)−Mov(C,opt1∗opt2,E))−
(Mov(Mov(C,opt1,E)−Mov(C,opt1∗opt2,E),opt1,E))),−1)

OPT1 当前值：3

OPT2 当前值：11

第二部分 市场技术指标

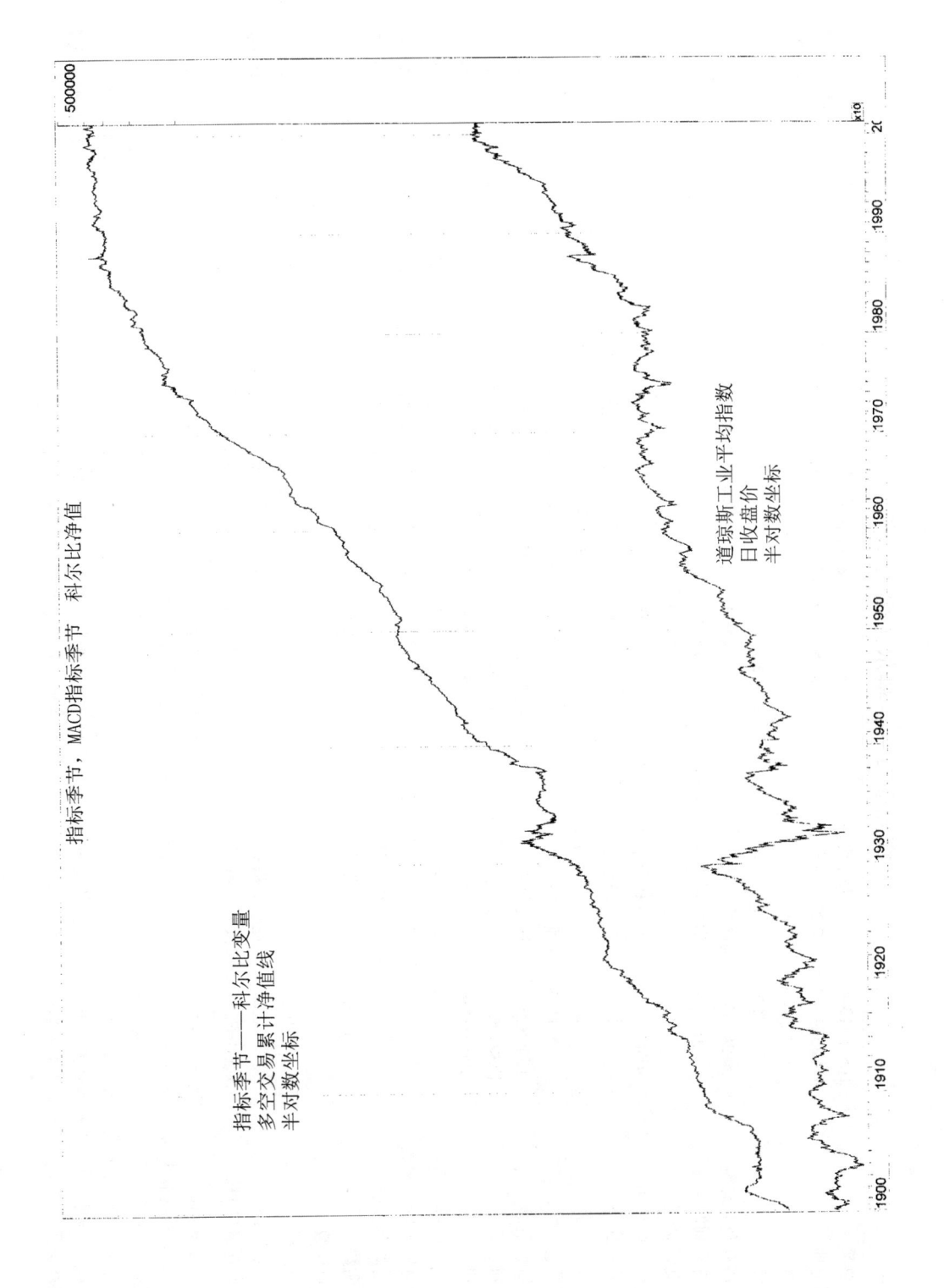

指标季节，MACD指标季节 科尔比比净值

指标季节——科尔比变量
多空交易累计净值线
半对数坐标

道琼斯工业平均指数
日收盘价
半对数坐标

指标季节——科尔比优化变量

项目	值	项目	值
净利润总额	1682521344	未平仓头寸价值	0	超额利润比率%	8348307.47
盈亏百分比	1682521344	年均盈亏百分比	16601883.99	年均超额净利润比率%	8348428.61
初始投资	100	利息收入	0		
当前头寸	多头	头寸建立日期	4/12/01		
买入并持有利润总额	20153.8	测试总天数	36991	平均每笔交易天数	4.27
买入并持有利润率%	20153.8	年均买入并持有利润率%	198.86		
已平仓交易总数	8654	佣金支付总额	0		
每笔交易平均利润	194421.23	平均盈利与平均亏损比率	1.45		
多头交易总数	4339	空头交易总数	4315	多头交易中盈利交易占比%	51.46
盈利多头交易数	2233	盈利空头交易数	1871	空头交易中盈利交易占比%	43.36
盈利交易总数	4104	亏损交易总数	4550	交易总数中盈利交易占比%	47.42
盈利交易总金额	7130662912	亏损交易总金额	-5448136704	交易金额中盈利金额占比%	13.38
平均盈利	1737490.96	平均亏损	-1197392.68	平均盈亏总额中净平均盈利占比%	18.40
最大盈利	120703136	最大亏损	-5316825	最大盈亏合计中净盈利占比%	38.84
盈利交易平均持仓期数	3.48	亏损交易平均持仓期数	2.31	盈亏持仓期数差占亏损持仓期数比例%	50.65
盈利交易最长持仓期数	9	亏损交易最长持仓期数	6	最长盈亏持仓期数差占最长亏损持仓期数比例%	50.00
最大连续盈利次数	13	最大连续亏损次数	12	最大连续盈亏期数差占连续亏损期数比例%	8.33
空仓总期数	18404	平均空仓期数	2.71		
最长空仓期数	37				
系统平仓回撤	-0.26	盈亏比指数	23.6	净利润与系统未平仓回撤之比	64712359846.15
系统未平仓回撤	-0.26	风险回报指数	100	净利润同系统未平仓回撤之差与净利润之比%	100.00
最大未平仓交易回撤	-5316825	买入并持有指数	8348307.14	系统未平仓回撤与净利润之比%	0.00

在 Equis 公司 Metastock© "系统报告"(盈亏概览表)中,净利润总额等于利润总计减去亏损总计,包括按市值计价的未平仓头寸。相对地,盈亏交易总金额是指已实现利润总计(仅包括已平仓头寸的头寸),不包括任何未平仓头寸,亏损交易指已实现亏损合计(仅包括已平仓头寸)。同样,亏损交易总金额是指净值曲线低于初始投资净值的未平仓头寸的累计最大降幅,系统平仓回撤(SODD)是指头寸未平仓时累计净值曲线低于初始投资的累计最大降幅。盈亏指数是关于将盈利交易总金额与亏损总金额联系在一起的一个复杂计算结果,值的范围位于-100(最差可能表现)与+100(最好可能表现)之间,0 值代表盈亏相等,风险回报指数是关于净利润总额减去系统未平仓回撤的差再除以净利润总额。在本次演练交易中,初始投资假设为 100 美元。多头交易和空头交易都按进行,交易按信号出现当天收盘价格执行,统计分析中不包括交易成本、利息费用和利润。

惯性指标

在物理学中,惯性是指在没有外力影响时静止物质保持静止,或者运动时保持沿同一方向运动的倾向。这一观点一直吸引市场分析师,其中一些人在物理科学领域接受过高级训练。

惯性指标是由唐纳德·G. 多尔西提出的,并在《股票和商品期货技术分析》杂志(www.traders.com)1995年9月版上首次介绍,多尔西的惯性指标不过是他的相对波动性指标的一个平滑版(参见"相对波动性指标")。

多尔西解释论证说,市场方向的转向要比延续同一条道路多花费相当多的能量,他使用价格动量充当惯性测量尺度来量化价格运动方向和波动性。多尔西将惯性定义为一个平滑的相对波动性指标(RVI),他偏爱的平滑机制是线性回归(见"线性回归指标"),RVI衡量波动性的大方向。

如果惯性指标高于50,表明惯性为正。只要该指标高于50,长期趋势是向上的并且应该保持向上。

如果惯性指标低于50,表明惯性为负。只要该指标低于50,长期趋势是向下的并且应该保持向下。

我们对多尔西惯性指标所做的指标策略测试确认,惯性的确名副其实——它是惰性的。通过平滑RVI,惯性甚至比RVI过滤掉更多的信号。实际上,它消除了几乎全部信号。同时它产生的盈利水平并不明显好于消极的买入并持有策略(参见"相对波动性指标(RVI)")。

内部人卖出/买入比率

内部人是指公司管理人、董事或公司股票的受益所有人。拥有公开交易证券的公司内部人,需要向证券交易委员会报告其直接或间接持有份额的任何变动,不得迟于交易月份后的下月10日。

为了防止内部人在公众获得实质性重要信息之前利用接近该信息的机会,法律禁止内部人在至少6个月内通过交易获得利润。如果一个内部人在6个月内获得利润,任何股东可以对公开报告交易提出质疑,内部人可能被要求将这些短期收益返还给公司。

内部人处于获取优势信息并洞察公司前景的位置，因此，逻辑上，当公司财富即将提升时，或者股价无法抗拒地下跌到远低于其内在价值时，他们会买入股票。当人们对股票未来表现有积极预期时，就会买入股票。

逻辑上，当公司未来前景可能恶化时，或者股价上涨到远高于其内在价值时，内部人会被刺激卖出其股票。

据说，内部人有时卖出股票是为了多元化、为个人和家庭开销筹资、做慈善、房产规划以及其他与股票投资优点没有必然联系的原因。所以，内部人对公司股票的未来预期，可能并不总是能通过他们的股票销售而十分明显地判断出来。

维克斯每周内部人卖出/买入比率对每一个公司过去6个月的内部人交易进行了评级，考虑下列各方面并按相对重要性赋予权重：

1. 每个公司内部人买入和卖出交易的数量。
2. 随着每一笔买入或卖出，内部人持有股票的百分比变化。
3. 特定公司的内部人所有买入或所有卖出的一致性。
4. 内部人购买模式的转向，由买入变为卖出或由卖出变为买入。
5. 对涉及价值25万美元及以上的交易给予附加权重。

维克斯公布其每周内部人卖出/买入比率和该比率的8周移动平均线。维克斯认为2.25的比率值是中性的，低于2.25暗示着上涨的市场，大于2.25暗示着大量的内部人卖出和疲软的市场。在过去的四分之一世纪里，平均的内部人卖出/买入比率为1.99。

内部人交易数据的原始出处是维克斯股票研究公司，它是阿格斯研究集团公司（www.argusgroup.com）的全资子公司。维克斯提供关于公司管理人、重要股东和持股机构的交易和持股情况的更新。可以通过电子形式、硬拷贝以及用磁带来获得维克斯数据。

每周内部人卖出/买入比率指标策略举例

数据显示，内部人卖出/买入比率只对多头交易是一个有效的指标，空头卖出交易是不盈利的。以1971年4月至2001年1月近30年期间每周内部人卖出/买入比率和DJIA为基础，我们发现，如果不带主观性，不运用复杂技术分析，不妄断，而以纯机械式的趋势跟踪信号为基础，下列参数能产生相当好的交易结果。

第二部分 市场技术指标

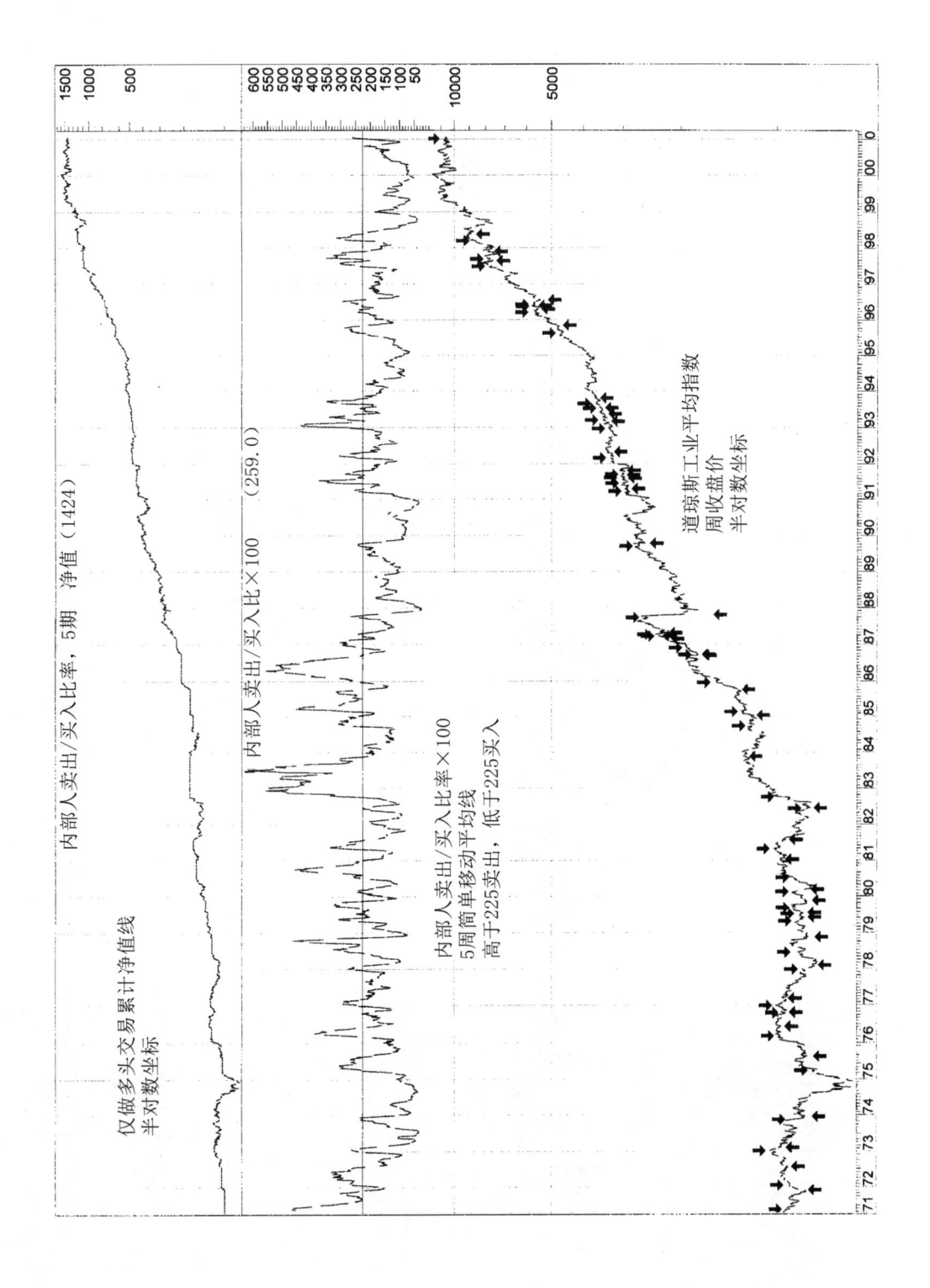

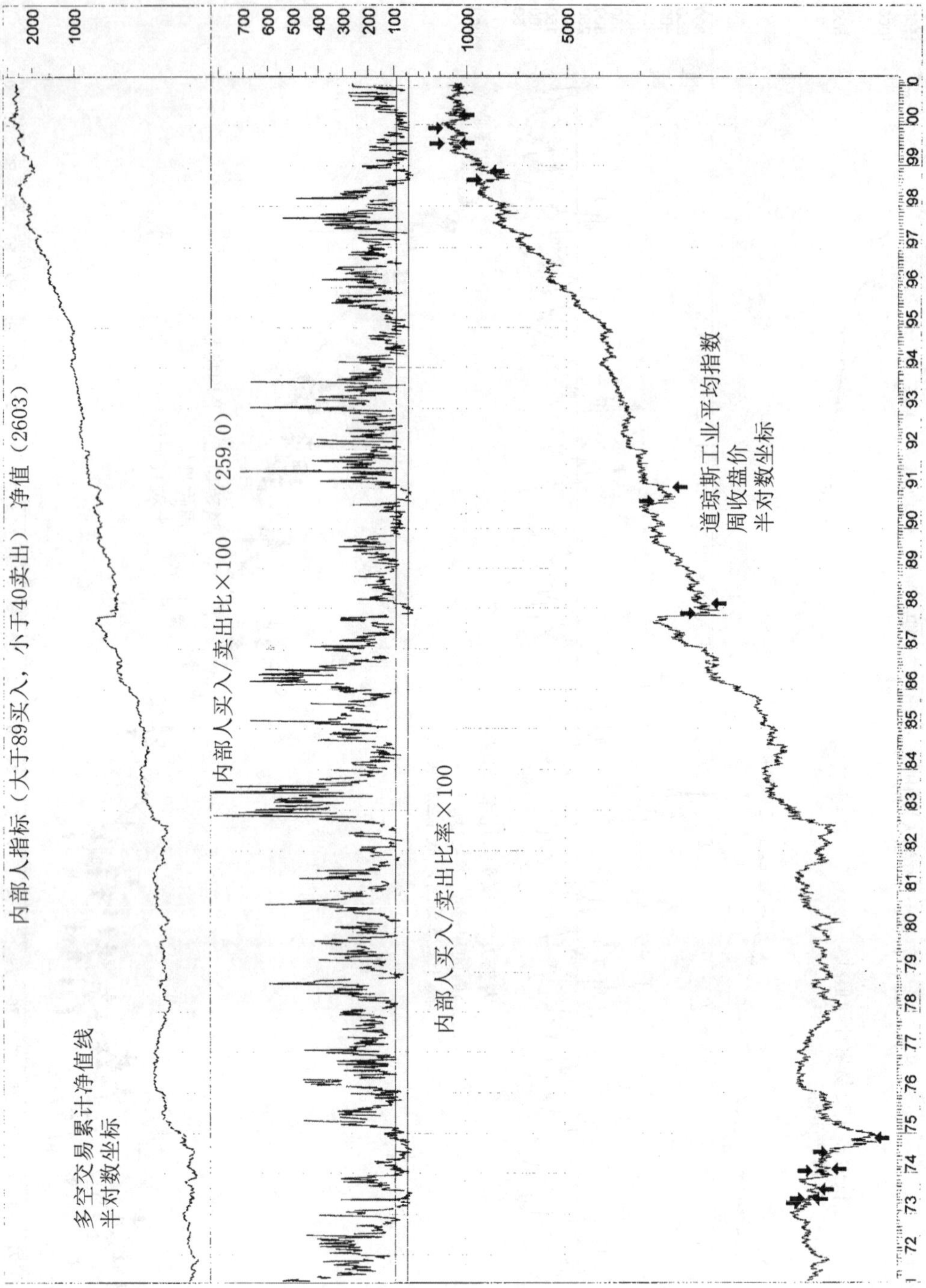
内部人指标（大于89买入，小于40卖出）净值（2603）
多空交易累计净值线
半对数坐标
内部人买入/卖出比×100 （259.0）
内部人买入/卖出比率×100
道琼斯工业平均指数
周收盘价
半对数坐标
2000
1000
700
600
500
400
300
200
100
10000
5000
72
73
74
75
76
77
78
79
80
81
82
83
84
85
86
87
88
89
90
91
92
93
94
95
96
97
98
99
00
0

内部人卖出/买入比率

净利润总额	1324.14	未平仓头寸价值	无	超额利润比率%	29.22
盈亏百分比	100	年均盈亏百分比	44.45	年均超额净利润比率%	29.22
初始投资		利息收入	0		
当前头寸	空仓	头寸建立日期	1/12/01		
买入并持有利润总额	1024.71	测试天数	10872	平均每笔交易天数	252.84
买入并持有利润率%	1024.71	年均买入并持有利率%	34.4		
已平仓交易总额	43	佣金支付总额	0		
每笔交易盈利与平均亏损比率	30.79	平均盈利与平均亏损比率	5.38		
多头交易总数	43	空头交易总数	0	多头交易中盈利占比%	76.74
盈利多头交易数	33	盈利空头交易数	0	空头交易中盈利占比%	#
盈利交易总数	33	亏损交易总数	10	交易总数中盈利交易占比%	76.74
盈利交易总额	1403.17	亏损交易总额	−79.03	交易总金额中净盈利金额占比%	89.34
平均盈利	42.52	平均亏损	−7.9	平均盈利总额中净平均盈利占比%	68.66
最大盈利	310.55	最大亏损	−25.63	最大盈亏合计中净盈利占比%	84.75
盈利交易平均持仓期数	24.06	亏损交易平均持仓期数	30.8	盈亏持仓期数差占亏损持仓期数比例%	−21.88
盈利交易最长持仓期数	138	亏损交易最长持仓期数	68	最长盈亏持仓期数差占最长亏损持仓期数比例%	102.94
最大连续盈利次数	11	最大连续亏损次数	2	最大连续盈亏期数差与净利润期数比例%	450.00
空仓总期数	538				
最长空仓期数	60	盈亏比指数	0		
系统未平仓回撤	−22.14	风险回报指数	94.37	净利润与系统未平仓回撤之比%	5980.76
系统未平仓回撤	−22.14		98.36	净利润同系统未平仓回撤之差与净利润之比%	98.33
最大未平仓交易回撤	−170.44	买入并持有指数	29.22	系统未平仓回撤与净利润之比%	−1.67

在 Equis 公司 Metastock© "系统报告"(盈亏概览统计)中,净利润总额等于利润合计减去亏损合计,包括按市值计价的未平仓头寸。相对地,盈利交易总金额是指已实现利润合计(仅包括已平仓头寸),不包括任何未平仓头寸。同样,亏损交易总金额是指已实现亏损合计(仅包括已平仓头寸),不包括任何未平仓头寸。系统未平仓回撤是指基于已平仓头寸的累计净值曲线低于初始投资的最大降幅,不包括未平仓头寸的累计净值。最大未平仓交易回撤(SODD)是指未平仓时累计净值线低于初始投资的最大降幅。系统未平仓回撤是指基于已平仓头寸将盈利交易总金额与亏损交易总金额减去系统未平仓回撤后再除以净利润总额,统计分析中不包括交易成本、利息费用和利润。净利润指数是关于亏损与盈利相关联系数加一起的一个复杂计算结果,值的范围位于−100(最差可能表现)与+100(最好可能表现)之间,0值代表盈亏相等,风险回报指数等于净利润总额减去系统未平仓回撤后除以净利润总额。在本次演练交易中,初始投资假设为 100 美元。多头交易和空头交易都进行,除非另有说明。交易按信号出现当天收盘价格执行,统计分析中不包括交易成本、利息费用和利润。

多头开仓（买入）：当内部人卖出/买入比率的 5 周简单移动平均线小于 2.25，因此表明内部人卖出水平相对较低时，以 DJIA 当周收盘价买入。

多头平仓（卖出）：当内部人卖出/买入比率的 5 周简单移动平均线大于 2.25，因此表明内部人卖出水平相对较高时，以 DJIA 当周收盘价卖出。

空头开仓（卖出空头）：从不操作。

运用该内部人卖出/买入比率反向交易策略，以 100 美元开始投资并将利润再投资，假如充分运用该投资策略进行利润再投资操作，无交易成本和税收，净利润总额将达到 1324.14 美元，这比买入并持有策略低 29.22%，空头卖出交易是不盈利的并且不包括在本策略中。这种仅做多头交易的内部人卖出/买入比率在整个期间给出的盈利性买入信号占 76.74%，交易不活跃，平均每 252.84 个日历日交易一次。

在 Equis 国际公司 MetaStock© 系统中，内部人卖出/买入比率被插入在通常预留给成交量的字段中，其测试规则书写如下：

多头开仓：Mov(V,opt1,S) <opt2
多头平仓：Mov(V,opt1,S) >opt2
OPT1 当前值：2
OPT2 当前值：225

一个独立性指标策略举例：公司内部人大宗交易

路索德集团的埃里克·比约根和史蒂夫·路索德在 1999 年撰写了论文《公司内部人大宗交易》，论文因市场分析赢得了年度道氏奖。下面是该论文的简要概括：

异常低的内部人卖出水平看涨而异常高的内部人卖出水平看跌。内部人通常是余额净卖出者，随着时间的推移该数量不断上升。为在其分析中使数据标准化，作者们使用内部人净卖出的 10 周平均美元额占总市值的百分比。

从 1983 年到 1999 年的 16.3 年期间，标准化的内部人净卖出 10 周平均美元额处于总市值的 0.01% 至 0.07% 的正常范围内的时间占 85.6%，这意味着标准化均值处于正常范围以外的时间占 14.4%。在正常范围以外的时间里（设为 100%），内部人从事异常高的卖出花费的时间（60.4%）多于从事异常低的卖出花费的时间（39.6%）。用另一句话说，标准化均值处于高卖出区域的时间为 1.4 年或 74 周或占全部时间 16.3 年的 8.7%，标准化均值处于低卖出区域的时间为 0.9 年或 48 周或占全部时间 16.3 年的 5.7%。

标准均值显示，从 1983 年到 1990 年后期，净买入仅出现三次，每一次都在一周以内出现熊市底部。当内部人净卖出异常低时，标准普尔 500 指数在继续向前的未来 3、6、9 和 12 个月的表现，要优于其平均水平以上几个百分点。低卖出水平识别出 1984、1987 和 1990 年几周内的市场底部，但从 1990 年后期到 1999 年撰写论文的时间内，没有出现任何一例低水平的内部人卖出情况。

内部人净卖出水平	标准普尔 500 指数平均收益率			
	3 个月	6 个月	9 个月	12 个月
高	-0.6%	3.5%	7.0%	0.3%
正常	3.7%	7.2%	10.7%	14.8%
低	6.0%	10.4%	13.5%	17.7%

"内部人净卖出水平"表格显示，当内部人卖出"高"时，标准普尔 500 指数表现大大低于"正常"情况，尤其是未来 12 个月表现，内部人净卖出的快速增长通常先于或同时伴有市场疲软和价格波动。然而，信号会提前 6 到 12 个月出现。例如，内部人净卖出水平在 1987 年 3 月份出现顶峰，但市场直到 7 个月之后的 1987 年 10 月份才崩盘。同样，1989 年秋季的内部人卖出剧升，紧随其后是市场振荡，但标准普尔 500 指数直到 1990 年 8 月份才崩溃。

表格还显示，当内部人卖出"低"时，标准普尔 500 指数跑赢"正常"时期 2.3 到 3.2 个百分点。

大宗交易被定义为涉及超过 10 万股股票或总交易值大于 100 万美元的交易。

根据证券交易委员会 1997 年修订法案，限售股持期限缩短，从而公司内部人卖出量提高，同样在 1997 年，长期资本所得税最高税率下调至 20%，这些变化都鼓励了内部人卖出量的提高。

为适应股票市场长期以来的增长而调整数据，使其标准化，更好地适合了历史角度分析，这也显示出 1991 年以来内部人净卖出水平的提高。

内部人交易法规不允许使用"实质性非公开信息"获取经济利益。还有，内部人能洞悉未来公司规划的可能成功或失败，这自然会影响内部人关于什么时间以及是否买卖公司股票的决策。因此，内部人交易反映了在审慎措辞的公司消息披露中难以获得的深度信息。由于股票市场就是公众公司的总和，所以全部内部人整体买卖模式能提供对股票市场未来前景的深刻认识。

证券交易委员会每周提供内部人交易信息。法律要求，公司内部人（以及持有已发行股票 10% 及上的受益所有人）于交易次月 10 日以前上传表 4。《维克内部人士周刊》每周编制最新报告并公布。公司、基金、信托和其他机构股东的交易被忽略，因为诱发这些交易的因素通常与一个公司的财务前景无关。

内部人买入和卖出交易用买入和卖出的每周净美元总额来汇总。大多数时间，卖出要比买入大很多。净卖出周数超过净买入周数，比例为 12 比 1。内部人卖出交易包括因执行期权导致的股票销售，尽管在发行期权时并没有相应的买入交易。在 1992 至 1999 年的 7 年里，卖出/买入比率攀升至 50 比 1，部分原因是为了补偿公司内部人而增加了期权的使用。随着期权发行和市值的提高，净卖出向上偏移，所以必须通过除以总市值来对数据标准化。

美元额衡量内部人交易的大小，而净交易数量衡量净卖出/买入的宽度，通常这两个数据系列一起变动。偶尔，每周净卖出的净美元额急剧上升，但净卖出交易数量却持平。这表明，在该特定周有一笔或多笔异常大的交易，例如 1989 年 6 月份德士古、1995 年 5 月份金霸王和 1998 年 3 月份微软的大宗交易。当内部人数据显示美元额和净卖出交易数量都创纪录时，市场顶部会随后到来。在 1983 年、1987 年、1993 年和 1989 年后期，卖出剧升预示了显著的价格下跌，后来在 20 世纪 90 年代的三次卖出剧升也跟随着市场价格盘整。在 1998 年第二季度出现一系列卖出信号，为 1998 年第三季度市场价格的下跌提供了及时预警。

市场间背离

交易者首先识别出两个（或多个）能分别交易却密切相关的金融工具。当两个价格背离，其中一个变动程度与另一个不成比例，或者变动方向与另一个不一致时，交易者进行交易。如果两个工具能像通常那样回归一致，他可以买入一个而卖空另一个，以求利用可能的价格变动。

风险在于，有时背离存在合理原因，偏离会持续甚至加剧。对于长期资本管理，这可能以惊人的方式发生，导致数十亿美元亏损于博弈回归常态中，以至于在 1998 年需要大量政府发起的金融援助。

日内交易，当日交易，日内价格行为

特许市场技术分析师阿瑟·A. 梅里尔在其经典著作《华尔街价格行为》（第二版）（分析出版社，纽约查帕瓜，1984：共 147 页）中开创了股票市场价格的季节性行为研究。在第10—11页中，以1962年1月至1974年12月的每小时价格变动统计为基础，他揭示了"日内价格行为"。可以明显注意到，在这段期间道琼斯工业平均指数从731.14点下跌到616.24点，下跌了18.65%。

梅里尔发现，今日60分钟形态取决于昨日趋势。如果昨日DJIA上涨，那么市场高开的时间占70%。接下来，在第一个交易60分钟内，市场持续上涨的时间占62%。该上涨的第一个交易60分钟之后，在当日中期期间，获利了结和价格向下运行的时间占53%至55%。在接下来至最后一个交易60分钟期间，价格上涨的时间占53%。最终，最后一个交易60分钟价格下行的时间占54%，这大概是由于交易者平仓多头头寸的原因。

下跌日之后的每日形态有很大不同。梅里尔发现，如果前一日DJIA下跌，那么后一日市场低开的时间占65%。开盘后，市场平均会有继续下跌的轻微趋势，尽管取决于在当周所处特定之日。在星期一，市场持续向下运行直到收盘的趋势是确定的，但这种明显的看跌偏离在星期三和星期四并不明显。相反，星期二开盘后没有看跌趋势，星期五在开盘后直到当天剩余时间更容易轻微（但不明显）上涨。

DJIA30分钟期间表现，每年更新于耶鲁·赫希的《股票交易者年鉴》（赫希组织集团公司. 新泽西州老塔潘区中央大街184号，邮编07675，第128—129页，网址www.stocktradersalmanac.com）。这里经许可转载他的统计图。赫希的年鉴提供季节性趋势和其他有趣的基于日历的统计研究的年度更新。

赫希最近公布了对1987年1月至1999年12月的30分钟价格变动的研究。可以明显注意到，在这一期间DJIA从1895.95点上涨到11497.12点，惊人地上涨了506.40%。以该看涨偏离为基础，我们可以合理地期望会发现显著看涨趋势，但情况几乎不是这样。

最连续的趋势是在当日后期上涨，尤其是从下午3：30至4点收盘的30分钟，但这样发生的时间也仅占55%。平均一周中每天从下午2：30至3点的30分钟都上涨的时间，也仅占53%。总的来说，从下午2：30到4点收盘的最后1.5小时上涨的时间占一半多一点。

每天开盘倾向于上涨的时间占54%，但星期一除外，星期一下跌的时间占54%，从上午10点至10：30下跌的时间占53%。一天内其他时间市场行为引人注目的只是它在统计上完全不显著。

显示一半时间多一点或少一点的趋势，几乎不好于抛硬币，远不足以激发交易信心。此外，日内趋势容易被每天不确定时间出现的新闻报道和谣言所击溃。

"日内交易者破产而亡"是华尔街的一句老话。1999年8月，北美证券管理协会（NASAA）的研究发现，接受调查的某公司的日内交易客户中，有70%是亏钱的。样本中只有11.5%的交易者表示,他们有能力进行盈利性短期交易,即使在破纪录的牛市期间。

日内交易者用有限的风险换取有限的回报。在月末,一长串的小收益和小亏损要用来抵补佣金、下滑损失、服务费、税收和交易者必须支付的其他费用。交易是一项高度竞争的业务,要同成千上万的竞争者相互奋力争夺,努力赚得一美元的一小部分。好处由交易所和做市商享有,但是即使他们,工作也远不容易,而且人们都知道,在困难的市场环境中他们也亏损巨大。

一天内每30分钟的市场表现
（1987年1月—1999年12月）

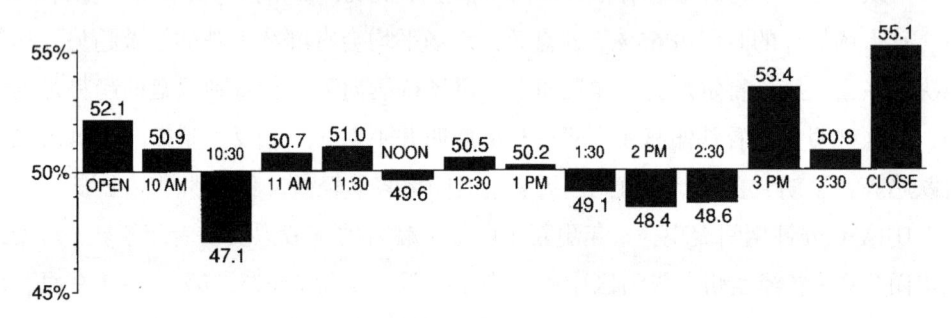

时点	百分比
OPEN	52.1
10 AM	50.9
10:30	47.1
11 AM	50.7
11:30	51.0
NOON	49.6
12:30	50.5
1 PM	50.2
1:30	49.1
2 PM	48.4
2:30	48.6
3 PM	53.4
3:30	50.8
CLOSE	55.1

DJIA前一个30分钟上涨的次数为基础

一天内每60分钟的市场表现
（1963年11月—1985年6月）

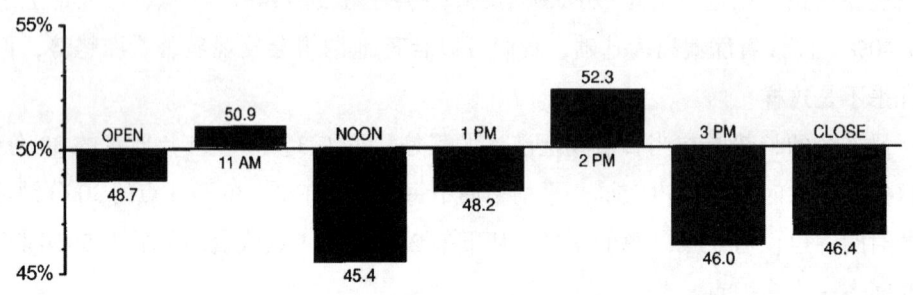

时点	百分比
OPEN	48.7
11 AM	50.9
NOON	45.4
1 PM	48.2
2 PM	52.3
3 PM	46.0
CLOSE	46.4

DJIA前一个60分钟上涨的次数为基础

经耶鲁·赫希《股票交易者年鉴》许可转载:赫希组织集团公司,新泽西州老塔潘区中央大街184号,邮编07675,www.stocktradersalmanac.com。

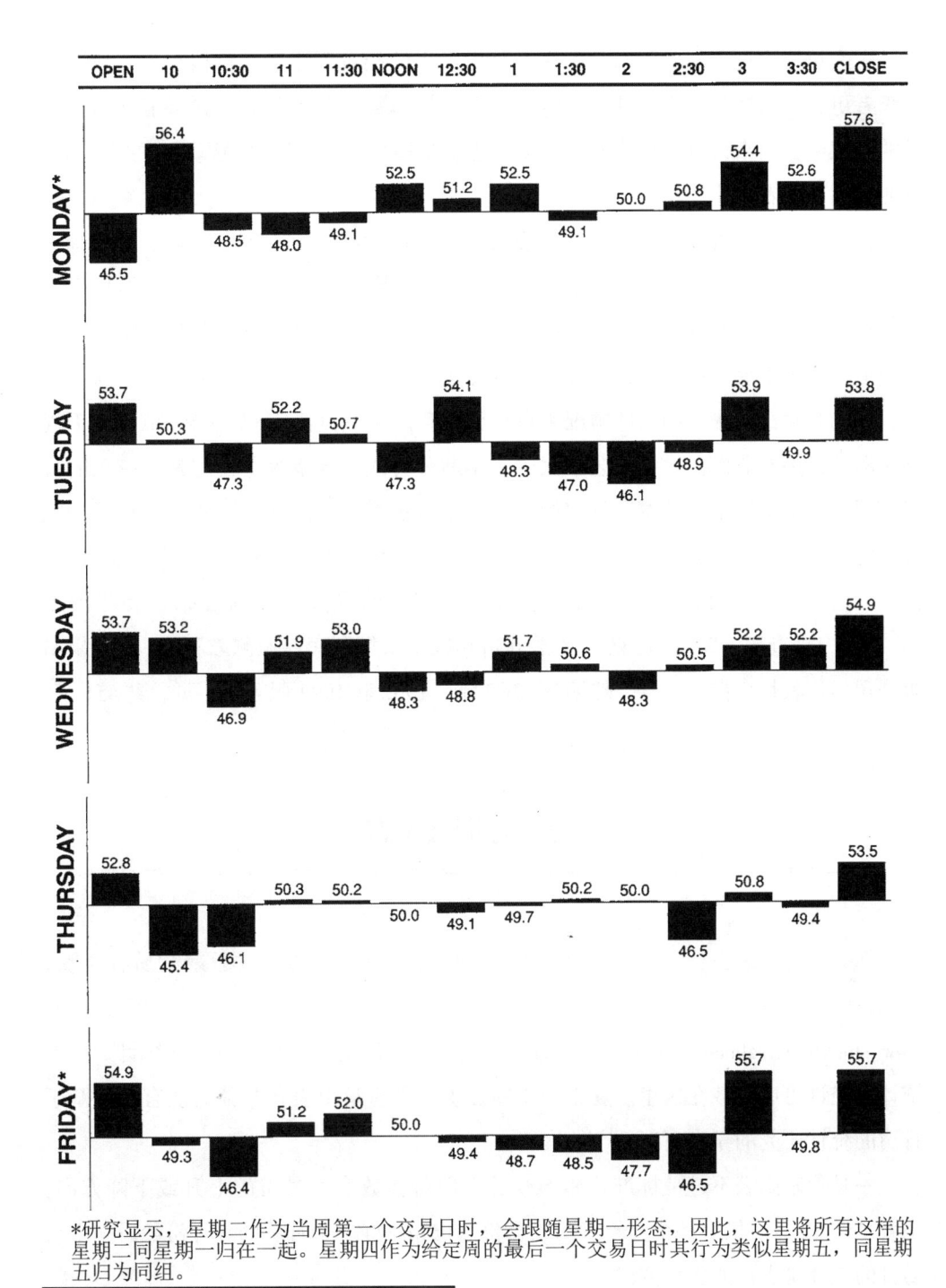

第二部分　市场技术指标

	OPEN	10	10:30	11	11:30	NOON	12:30	1	1:30	2	2:30	3	3:30	CLOSE
MONDAY*	45.5	56.4	48.5	48.0	49.1	52.5	51.2	52.5	49.1	50.0	50.8	54.4	52.6	57.6
TUESDAY	53.7	50.3	47.3	52.2	50.7	47.3	54.1	48.3	47.0	46.1	48.9	53.9	49.9	53.8
WEDNESDAY	53.7	53.2	46.9	51.9	53.0	48.3	48.8	51.7	50.6	48.3	50.5	52.2	52.2	54.9
THURSDAY	52.8	45.4	46.1	50.3	50.2	50.0	49.1	50.2	49.7	50.0	46.5	50.8	49.4	53.5
FRIDAY*	54.9	49.3	46.4	51.2	52.0	50.0	49.4	48.7	48.5	47.7	46.5	55.7	49.8	55.7

*研究显示，星期二作为当周第一个交易日时，会跟随星期一形态，因此，这里将所有这样的星期二同星期一归在一起。星期四作为给定周的最后一个交易日时其行为类似星期五，同星期五归为同组。

经耶鲁·赫希《股票交易者年鉴》许可转载：赫希组织集团公司，新泽西州老塔潘区中央大街184号，邮编07675，www.stocktradersalmanac.com。

人们早就说过，相对于通常的交易日中发生的相对不明显的价格起伏，典型的投资者更容易从持续几个月甚至几年的主要价格趋势中获得利润。如果能从每日波动的困惑中退回来，看到更广阔的前景，也就是逐日的随机噪声触摸不到的大趋势，即使短期交易者也能获益。

精明的技术分析师早就注意到主要趋势前景的价值。将近 70 年以前，理查德·W. 沙巴克强调，当短期交易者的交易与主要市场趋势一致，而不是试图抓住每一次的小波动时，他们容易更成功。技术交易中"通过使自己远离经常与股票报价器打交道，几乎不会亏损太多，实际上，他更容易受益于让自己脱离兴奋、交谈、传言、冲动和神经紧张，而这些情况来自从会议室的可疑制高点观察当天市场的不规则变动。许多专业操盘手都是艺术大师，不断分拆或聚合指令，目的是在一天的特定时间，使报价对正在观察会议室的人群产生操盘手想要的结果。图表学徒最理想的目的是，让市场行动在预测其自身技术位置中说明一切，而且，当接触到会议室传言、消息、希望和恐惧时，要获得理想所需要的平静开放的心态是相当困难的"。——理查德·W. 沙巴克《技术分析和股票市场利润：预测教程》，皮特曼出版公司，伦敦长亩街 128 号，邮编 WC2C9AN，1932 和 1997 版第 372 页，共 451 页。

一月份晴雨表

随着一月份过去，一年也很快过去。在耶鲁·赫希公司的《股票交易者年鉴》（赫希组织集团公司：新泽西州老塔潘区中央大街 184 号，邮编 07675，www.stocktradersalmanac.com）中，每年会更新一月份晴雨表的历史表现统计。他的统计表经许可后转载在这里。赫希的年鉴提供一月份晴雨表和各种其他有趣的基于日历的统计研究的年度更新。

一月份晴雨表不过是标准普尔 500 综合股价指数在一月份的上升或下降方向，也就是从 12 月后最后一个交易日的收盘价点位到刚好一个月后的一月份最后一个交易日的收盘价点位的变化方向。

从 1950 年直到 2000 年，一月份晴雨表正确地预测了全部 25 次全年变化超过 14% 的标普指数变动。

对于全部 51 年时间，这一简单的一月份方向指标有效地预测全年股票市场价格方向达82%：过去51年中正确的次数为42次。

年初一月份获利的年份有33年，其中接下来上涨的年份有31年，也就是占全部年数的94%。在1994年，指标预测错误，该年仅下跌1.5%。剩下另一个亏损年份是1966年，当年一月份获利，但接下来全年下跌13.1%，但这不是主要的市场亏损。

总体来说，一月份获利越大，全年获利就越大。

该指标在看跌预测上并非这样十分精确。18个一月份亏损，接下来全年下跌的有11次，即占全部时间的61%。开始于1982年的非同寻常的牛市持续和强势，在某种程度上击败了这一指标，解释了看跌预测后跟随着年底价格上升情况中的三次。

1994年小错之后，一月份晴雨表又回归了正轨，在最近6年100%正确。

奇怪的是，在过去51年一月份晴雨表在奇数年份从未失败过，比如2001年。所以，尾数为奇数的年份，该指标记录完美。

当然，完美记录总会有特殊诱惑，每个人都希望全部时间都正确。但如果我们选择生活在现实中，就必须问问自己，一月份晴雨表是否可能恰恰是统计上的巧合，是否只是历史巧合，思维缜密的分析师因该指标背后缺乏令人信服的逻辑基础而陷入困扰。

谨慎的分析师会依靠其他指标来确认。实际上，当使用任何一个指标时，无论看起多么有逻辑性和精确性，这都是一个好想法。时间在变化，市场也在变化。无论多么令人印象深刻，能多年维持巨大精确性的指标都很少。长期市场经验清楚地表明，力求完美毫无争议是难以实现的，反而可能会适得其反。

类似指标的论述，参考"一月份前五日指标"部分。

一月份晴雨表图形形式

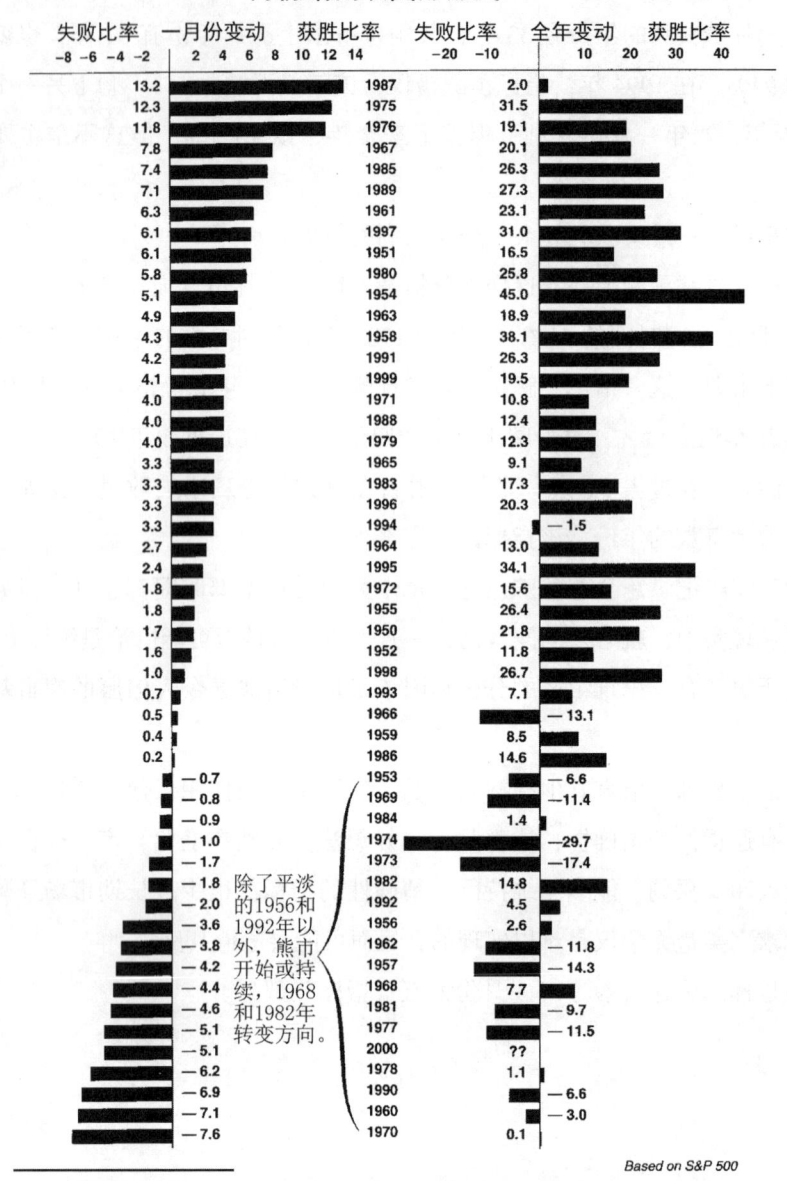

失败比率	一月份变动	年份	全年变动
13.2		1987	2.0
12.3		1975	31.5
11.8		1976	19.1
7.8		1967	20.1
7.4		1985	26.3
7.1		1989	27.3
6.3		1961	23.1
6.1		1997	31.0
6.1		1951	16.5
5.8		1980	25.8
5.1		1954	45.0
4.9		1963	18.9
4.3		1958	38.1
4.2		1991	26.3
4.1		1999	19.5
4.0		1971	10.8
4.0		1988	12.4
4.0		1979	12.3
3.3		1965	9.1
3.3		1983	17.3
3.3		1996	20.3
3.3		1994	−1.5
2.7		1964	13.0
2.4		1995	34.1
1.8		1972	15.6
1.8		1955	26.4
1.7		1950	21.8
1.6		1952	11.8
1.0		1998	26.7
0.7		1993	7.1
0.5		1966	−13.1
0.4		1959	8.5
0.2		1986	14.6
−0.7		1953	−6.6
−0.8		1969	−11.4
−0.9		1984	1.4
−1.0		1974	−29.7
−1.7		1973	−17.4
−1.8		1982	14.8
−2.0		1992	4.5
−3.6		1956	2.6
−3.8		1962	−11.8
−4.2		1957	−14.3
−4.4		1968	7.7
−4.6		1981	−9.7
−5.1		1977	−11.5
−5.1		2000	??
−6.2		1978	1.1
−6.9		1990	−6.6
−7.1		1960	−3.0
−7.6		1970	0.1

除了平淡的1956和1992年以外，熊市开始或持续，1968和1982年转变方向。

Based on S&P 500

经耶鲁·赫希．股票交易者年鉴许可转载：赫希组织集团公司，新泽西州老塔潘区中央大街184号，邮编07675，www.stocktradersalmanac.com。

50年里只有三次信号失败

自从1950年，一月份晴雨表对股票市场进程的预测惊人地准确。无论以一月份标准普尔500指数上涨还是下跌为基础，在实际上大多数年份（除了平淡的1970、1978、1984和1994年）都能跟风而动——50次当中有45次——平均击中90%。而且，在新国会会议召开的奇数年份里没有出过错，当一月份亏损时熊市会开始或持续。1956年和1992年表现平淡。

下表显示按年份顺序和按排名顺序的一月份表现。最上方的29个一月份（除了1994年）盈利1%以上，启动了最好的市场表现年份。22个一月份是亏损的或盈利很小。只有一个表现好的年份——1982年，是紧随在亏损的一月份之后。1966、1968和1982年三个明显错误年份中，越南问题影响了前两个。

随着一月份过去，一年也很快过去

	一月份市场表现			排名		一月份表现排名	
	前一年收盘价	一月份收盘价	一月份变动			一月份变动	全年变动
1950	16.76	17.05	1.7%	1	1987	13.2%	2.0%
1951	20.41	21.66	6.1	2	1975	12.3	31.5
1952	23.77	24.14	1.6	3	1976	11.8	19.1
1953	26.57	26.38	-0.7	4	1967	7.8	20.1
1954	24.81	26.08	5.1	5	1985	7.4	26.3
1955	35.98	36.63	1.8	6	1989	7.1	27.3
1956	45.48	43.82	-3.6	7	1961	6.3	23.1
1957	46.67	44.72	-4.2	8	1997	6.1	31.0
1958	39.99	41.70	4.3	9	1951	6.1	16.5
1959	55.21	55.42	0.4	10	1980	5.8	25.8
1960	59.89	55.61	7.1	11	1954	5.1	45.0
1961	58.11	61.78	6.3	12	1963	4.9	18.9
1962	71.55	68.84	-3.8	13	1958	4.3	38.1
1963	63.10	66.20	4.9	14	1991	4.2	26.3
1964	75.02	77.04	2.7	15	1999	4.1	19.5
1965	84.75	87.56	3.3	16	1971	4.0	10.8
1966	92.43	92.88	0.5	17	1988	4.0	12.4
1967	80.33	86.61	7.8	18	1979	4.0	12.3
1968	96.47	92.24	-4.4	19	1965	3.3	9.1
1969	103.86	103.01	-0.8	20	1983	3.3	17.3
1970	92.06	85.02	7.6	21	1996	3.3	20.3
1971	92.15	95.88	4.0	22	1994	3.3	-1.5
1972	102.09	103.94	1.8	23	1964	2.7	13.0
1973	118.05	116.03	-1.7	24	1995	2.4	34.1
1974	97.55	96.57	-1.0	25	1972	1.8	15.6
1975	68.56	76.98	12.3	26	1955	1.8	26.4
1976	90.19	100.86	11.8	27	1950	1.7	21.8
1977	107.46	102.03	-5.1	28	1952	1.6	11.8
1978	95.10	89.25	-6.2	29	1998	1.0	26.7
1979	96.11	99.93	4.0	30	1993	0.7	7.1
1980	107.94	114.16	5.8	31	1966	0.5	-13.1
1981	135.76	129.55	-4.6	32	1959	0.4	8.5
1982	122.55	120.40	-1.8	33	1986	0.2	14.6
1983	140.64	145.30	3.3	34	1953	-0.7	-6.6
1984	164.93	163.42	0.9	35	1969	-0.8	-11.4
1985	167.24	179.63	7.4	36	1984	-0.9	1.4
1986	211.28	211.78	0.2	37	1974	-1.0	-29.7
1987	242.16	274.08	13.2	38	1973	-1.7	-17.4
1988	247.09	257.07	4.0	39	1982	-1.8	14.8
1989	277.72	297.48	7.1	40	1992	-2.0	4.5
1990	353.40	329.07	-6.9	41	1956	-3.6	2.6
1991	330.23	343.93	4.2	42	1962	-3.8	-11.8
1992	417.09	408.79	-2.0	43	1957	-4.2	-14.3
1993	435.71	438.78	0.7	44	1968	-4.4	7.7
1994	466.45	481.61	3.3	45	1981	-4.6	-9.7
1995	459.27	470.42	2.4	46	2000	-5.1	??
1996	615.93	636.02	3.3	47	1977	-5.1	11.5
1997	740.74	786.16	6.1	48	1978	-6.2	1.1
1998	970.43	980.28	1.0	49	1990	-6.9	-6.6
1999	1229.23	1279.64	4.1	50	1960	-7.1	-3.0
2000	1469.25	1394.46	-5.1	51	1970	-7.6	0.1

基于标普500指数

经耶鲁·赫希《股票交易者年鉴》许可转载：赫希组织集团公司，新泽西州老塔潘区中央大街184号，邮编07675，www.stocktradersalmanac.com。

一月份效应

一月份效应是指小规模便宜的股票被年底有税损卖出所摧毁，从而在12月份第三周左右做出价格底部的趋势。在那之后，这些股票容易强势反弹一个月左右，直到1月份的第三周。耶鲁·赫希公布的数据暗示，这在大多数年份都会发生。赫希的观察经许可后在这里转载。关于更新，参见《股票交易者年鉴》：赫希组织集团公司，新泽西州老塔潘区中央大街184号，邮编07675，网址 www.stocktradersalmanac.com。

一月份效应开始于12月中期

我们总是听闻一月份效应，我们现在用图来揭示它的确实存在。内德·戴维斯研究公司选取了20年期间小公司的罗素2000指数的每日数据，并用其除以大公司的罗素1000指数，然后他们将20年压缩为1年来显示理想的年化形态。当图形下降时，大蓝筹股跑赢小公司；当图形上升时，小公司上升速度快于大的同类公司。

在一典型年份，小人物还站在场边观望时大人物已经入场，但突然在12月份中期小人物开始接管并起飞，这就是众所周知的"一月份效应"，年底许多红利、派息和奖金可能是产生该效应的一个因素。另一个十分明显的主要变化发生在劳动节之前，可能这是因为个人投资者从度假中返回场内。

罗素2000指数/罗素1000指数一个一年化季节性形态

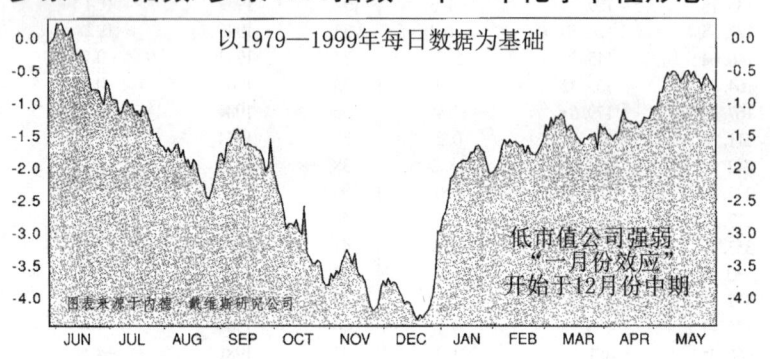

下图中数据由环球金融数据提供，显示了1979年以来罗素2000指数除以罗素1000指数的实际比率。我们看到，小公司占上风达5年，直到1983年，然后落后了大约8年，海湾战争后回归并上移较多直到1994年。有六年期间图形较暗淡，因为蓝筹股和技术股进入PE比率平流层，但要注意开始于1999年后期的低市值股。也许我们要准备好，会有几年低市值公司股票表现优异。

罗素2000指数/罗素1000指数（1979年至2000年7月）

经耶鲁·赫希《股票交易者年鉴》许可转载：赫希组织集团公司，新泽西州老塔潘区中央大街184号，邮编07675，www.stocktradersalmanac.com。

一月份前五日：一个"早期预警"系统

随着一月初过去，一年也很快过去，一月份前五日早期预警系统的历史表现统计每年会在耶鲁·赫希公司的《股票交易者年鉴》（赫希组织集团公司，新泽西州老塔潘区中央大街184号，邮编07675，www.stocktradersalmanac.com）中更新。这里经许可转载赫希的统计表。赫希的年鉴提供各种有趣的以日历为基础的统计研究的年度更新。

如果标准普尔500综合股价指数在当年的前五个交易日上涨，市场在全年里也倾向于上涨。自从1950年，该牛市早期预警在31次中有27次发挥了作用，占整个时间的87%。耶鲁·赫希暗示，四次出错中有三次可能是因为战争消息而错过——1966年和1973年的越南战争以及1990年的伊拉克与科威特战争。实际上，历史强烈暗示，战争通常伴有不安和不可预期的股票市场运行。1950年以来，同一月份早期预警相反的一面并不明显，也就是看跌信号并不显著。但在1982年开始的非常规牛市以前，当标准普尔500综合股价指数在当年的前五个交易日下跌时，全年市场下跌占整个时间的73%。唉，1982年以来的强劲上涨趋势将该倾向减少到不足抛硬币的准确性。统计上该指标正确的时间不足47%，在标普指数19个初期下跌的年份里，只有9个是全年下跌的。由于准确率被侵蚀以及缺乏基础逻辑原理，一月份前五日早期预警系统最好只是与其他指标的确认结合在一起使用。

一月份前五日：一个"早期预警"系统

一月份前五个交易日期间市场行为通常为整个一年充当出色的"早期预警"系统。

1950年以来（不包括1994年）一月份早期收益率与全年收益率相匹配，三次与战争有联系的年份除外：越南战争的开始引发了大额的军事支出，延缓了1966年熊市的开始，最终的紧急停火使股票价格在1973年1月初短暂上涨，科威特萨达姆·侯赛因行动带来1990年的市场下跌。从糟糕的开始出发的18个一月份，其中8个结果为下降趋势，10个没有跟风的年份为1955、1956、1978、1982、1985、1986、1988、1991、1993和1998年。

记住，5天是一个很短的期间，一些非常事件会使该指标转轨，正如1986年和1998年前五日的表现一样。

一月份前五日指标

年份	前一年收盘价	一月份第五日	前五日变动	排名	年份	前五日变动	全年变动
1950	16.76	17.09	2.0%	1	1987	6.2%	2.0%
1951	20.41	20.88	2.3	2	1976	4.9	19.1
1952	23.77	23.91	0.6	3	1999	3.7	19.5
1953	26.57	26.22	-1.3	4	1983	3.3	17.3
1954	24.81	24.93	0.5	5	1967	3.1	20.1
1955	35.98	35.33	-1.8	6	1979	2.8	12.3
1956	45.48	44.51	-2.1	7	1963	2.6	18.9
1957	46.67	46.25	-0.9	8	1958	2.5	38.1
1958	39.99	40.99	2.5	9	1984	2.4	1.4
1959	55.21	55.40	0.3	10	1951	2.3	16.5
1960	59.89	59.50	-0.7	11	1975	2.2	31.5
1961	58.11	58.81	1.2	12	1950	2.0	21.0
1962	71.55	69.12	-3.4	13	1973	1.5	-17.4
1963	63.10	64.74	2.6	14	1972	1.4	15.6
1964	75.02	76.00	1.3	15	1964	1.3	13.0
1965	84.75	85.37	0.7	16	1961	1.2	23.1
1966	92.43	93.14	0.8	17	1989	1.2	27.3
1967	80.33	82.81	3.1	18	1997	1.0	31.0
1968	96.47	96.62	0.2	19	1980	0.9	25.8
1969	103.86	100.80	-2.9	20	1966	0.8	-13.1
1970	92.06	92.68	0.7	21	1994	0.7	-1.5
1971	92.15	92.19	0.0	22	1965	0.7	9.1
1972	102.09	103.47	1.4	23	1970	0.7	0.1
1973	118.05	119.85	1.5	24	1952	0.6	11.8
1974	97.55	96.12	-1.5	25	1954	0.5	45.0
1975	68.56	70.04	2.2	26	1996	0.4	20.3
1976	90.19	94.58	4.9	27	1959	0.3	8.5
1977	107.46	105.01	-2.3	28	1995	0.3	34.1
1978	95.10	90.64	-4.7	29	1992	0.2	4.5
1979	96.11	98.80	2.8	30	1968	0.2	7.7
1980	107.94	108.95	0.9	31	1990	1.0	-6.6
1981	135.76	133.06	-2.0	32	1971	0.0	10.8
1982	122.55	119.55	-2.4	33	1960	-0.7	-3.0
1983	140.64	145.23	3.3	34	1957	-0.9	-14.3
1984	164.93	168.90	2.4	35	1953	-1.3	-6.6
1985	167.24	163.99	-1.9	36	1974	-1.5	-29.7
1986	211.28	207.97	-1.6	37	1998	-1.5	26.7
1987	242.16	257.28	6.2	38	1988	-1.5	12.4
1988	247.09	243.40	-1.5	39	1993	-1.5	7.1
1989	277.72	280.98	1.2	40	1986	-1.6	14.6
1990	353.40	353.79	0.1	41	1955	-1.8	26.4
1991	330.23	314.90	-4.6	42	2000	-1.9	??
1992	417.09	418.10	0.2	43	1985	-1.9	26.3
1993	435.71	429.05	-1.5	44	1981	-2.0	-9.7
1994	466.45	469.90	0.7	45	1956	-2.1	2.6
1995	459.27	460.83	0.3	46	1977	-2.3	-11.5
1996	615.93	618.46	0.4	47	1982	-2.4	14.8
1997	740.74	748.41	1.0	48	1969	-2.9	-11.4
1998	970.43	956.04	-1.5	49	1962	-3.4	-11.8
1999	1229.23	1275.09	3.7	50	1991	-4.6	26.3
2000	1469.25	1441.46	-1.9	51	1978	-4.7	1.1

基于标普500指数

经耶鲁·赫希《股票交易者年鉴》许可转载：赫希组织集团公司，新泽西州老塔潘区中央大街184号，邮编07675，www.stocktradersalmanac.com。

卡吉图

日本卡吉图是为过滤掉小的短期市场噪声而设计的一种独特的线形图，它与西方的点数图技术类似，因为价格变动（而不是时间的经过）决定沿横轴 x 轴的变化。

对于趋势的持续，卡吉线沿当前趋势方向延伸，只要当前收盘价继续沿最新垂直卡吉线同一方向前进，无论价格变动有多小。

对于趋势的转向，只有当收盘价转向达预先设定的固定数量，即所谓的转向数时，朝向相反方向前进的新的卡吉线在右侧新的一列画出。该转向数通常表述为某一明显的当地货币单位，比如 1 美元，尽管也可以设定为任何数量。另外，转向数也可以被定义为价格变动的某一百分比。但是当收盘价向相反方向变动少于转向数时，在卡吉图上不画新的直线。

当期收盘价变动超过前一列最高点或最低点时，改变卡吉线的粗细。特别是，当一条细的卡吉线穿透（上升超过）卡吉图上前一个高点时，直线变粗。相反，当一条粗的卡吉线触及（下降低于）卡吉图上前一个低点时，直线变细。

图中显示了用 MetaStock© 软件画出的、2000 年整年期间（从 1 月份到 12 月份）标准普尔存托凭证（SPY）的一美元转向数卡吉图。查看"忍蔻图"，比较同一期间同一只股票的卡吉图与类似的一点格值忍蔻图，以及一点格值和一点转向的"点数图"。关于卡吉图的进一步论述，参见史蒂夫·尼森《股票 K 线战法》，威利父子出版公司，纽约，1994。

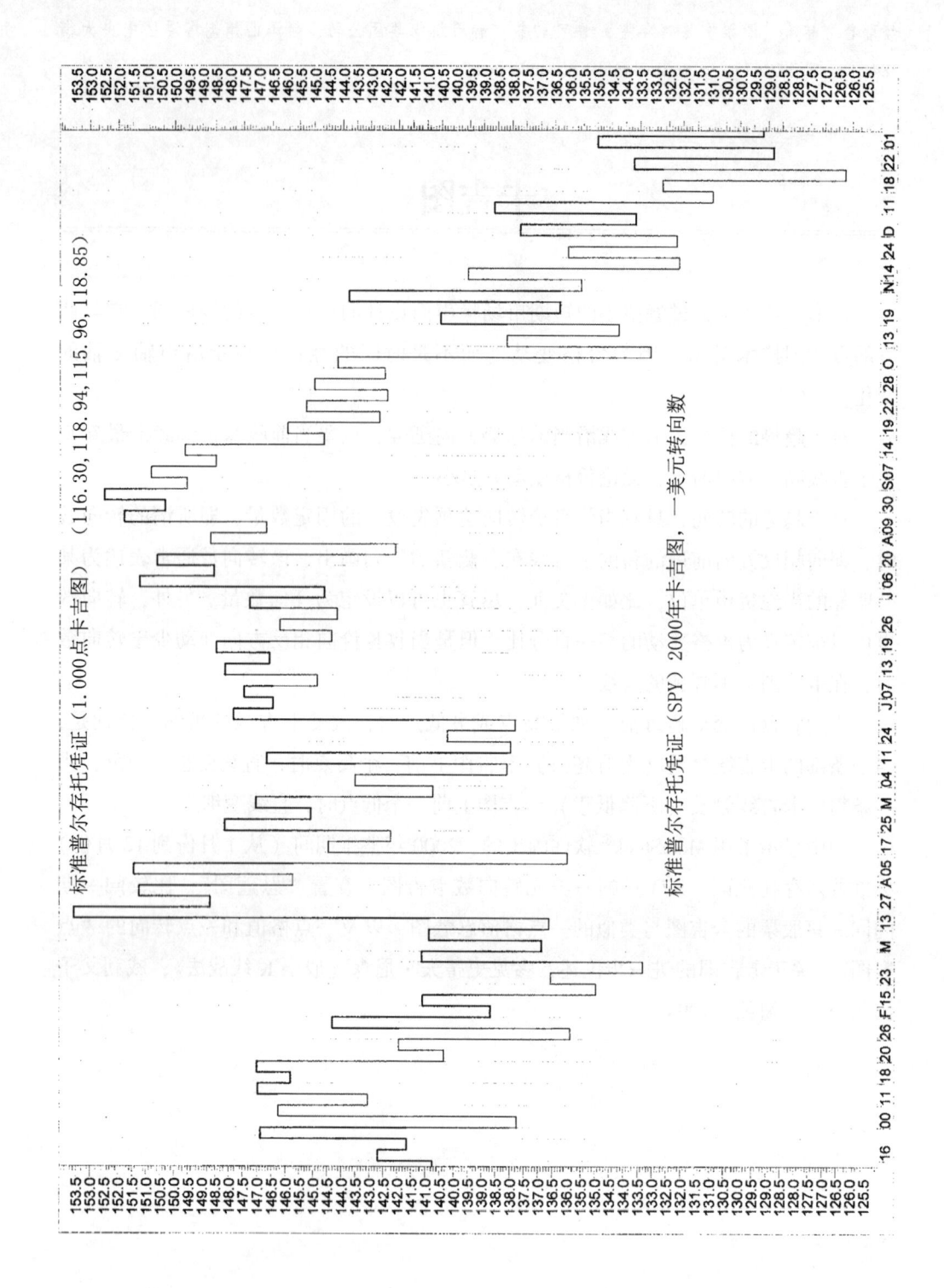

标准普尔存托凭证（1,000点卡吉图）（116.30, 118.94, 115.96, 118.85）

标准普尔存托凭证（SPY）2000年卡吉图，一美元转向数

凯恩的%K钩形指标

凯恩的%K钩形指标以随机指标的慢速%K为基础（参见"随机指标"）。当小时交易趋势向上，5分钟柱状图慢速%K突然下降达到超买点位，接下来慢速%K转而向上表明价格下降结束时，进行多头交易。当小时交易趋势向下，5分钟柱状图慢速%K突然上升到达超卖点位，接下来慢速%K转而向下表明价格上升结束时，进行空头交易。关于凯恩的%K钩形指标的进一步论述，参见查尔斯·勒博，大卫·W. 卢卡斯《技术交易者期货市场计算机分析指南》，欧文第一商业出版公司，伊利诺亚州霍姆伍德市，1992：共234页。

凯斯指标

辛西娅·A. 凯斯，工程师学历，技术分析师职业，在他的著作《与机会做交易：利用概率力量在期货市场赚钱》（欧文专业出版公司，1996：共149页）中定义了几个技术/量化指标。下述改编经出版商许可。

根据价格标准差和价格偏离，凯斯的自适应背离停损点设置了一个保护性停损指令价格，偏离是指区间朝趋势的相反方向突然上升的数量。在趋势性市场中，移动平均线可以用作早期预警线，一个、两个或三个标准差可以作为止损点。此外，这些标准差可以因偏离而修正。偏离是偏向价格的上方，因为价格下降多远是有绝对限制的。或者，使用者可以根据市场波动性和风险承受度来衡量这些停损点。例如，当市场变得异常波动或不确定时，使用者可以通过转向更严格的止损点位来降低风险，合理的波动性趋势可以允许三个标准差的停损点。

凯斯峰值摆动指标（KPO）是一个自动寻找最显著周期长度的自适应动量摆动指标。设计KPO是为了用术语来表示价格变动速度，该术语具备跨越时间框架、工具和计量单位的通用含义。

凯斯峰值突破线是发散线上第90百分位处的超买和超卖极值点。当凯斯峰值摆动指标（KPO）登顶穿过凯斯峰值突破线然后又撤回时，有90%的机会会出现一个趋势变化或背离前的倒数第二顶峰。

凯斯聚散指标（KCD）是一个非常类似于 MACD 的聚散柱状图，KCD 柱状图（KCDH）等于 KPO 减去 KPO 的平均数。

带 EMA 滤波器的肯特纳通道

肯特纳通道以绘制在平均线上方和下方的两条轨道线为基础，除了使用平均真实波幅代替了百分比（包络线）或标准差（布林线）以外，它类似于包络线和布林线。上轨是移动平均线加上平均真实波幅（ATR）的某个倍数，下轨时移动平均线减去平均真实波幅的某个倍数。通常，上轨用于确定一个可能要到期转向下降方向的超买市场。例如，当当前收盘价小于前一日的 4 日指数平均线减去前一日的 4 日 ATR 的 77%时，我们可以买入多头头寸。当当前收盘价大于前一日的 4 日指数平均线加上前一日的 4 日 ATR 的 77%时，我们可以卖出多头并卖出空头。为了过滤掉某些亏损交易并因此改善整体结果，可以加入各种长期滤波器来迫使系统仅按主要趋势进行交易。

带 EMA 滤波器的肯特纳通道指标策略举例

带 EMA 滤波器的肯特纳通道是一个适度盈利指标，具有轻度回撤和很大比例的盈利交易。它以机械式的超买/超卖信号为基础，用一条长期移动平均线来过滤，从而确定更显著的趋势并剔除许多逆势交易。以 1982 年 4 月 21 日至 2001 年 4 月 27 日期间标准普尔 500 股票指数期货 CSI 永久合约（www.csidata.com）的每日数据为基础，我们发现，如果不带主观性，不运用复杂技术分析，不妄断，下列参数能产生良好的交易结果。

多头开仓（买入）：当标准普尔 500 综合股价指数期货 CSI 永久合约收盘价小于昨日每日收盘价的 4 日指数移动平均线减去同样以过去 4 个交易日测量的平均真实波幅（ATR）的 77%，并且收盘价高于每日收盘价的长期 274 日指数移动平均线时，以当日收盘价买入。

多头平仓（卖出）：当标准普尔 500 综合股价指数期货 CSI 永久合约收盘价大于昨日每日收盘价的 4 日指数移动平均线加上同样以过去 4 个交易日测量的平均真实波幅（ATR）的 77%，或者收盘价低于每日收盘价的长期 274 日指数移动平均线时，以当日收盘价卖出。

空头开仓（卖出空头）：当标准普尔 500 综合股价指数期货 CSI 永久合约收盘价

大于昨日每日收盘价的 4 日指数移动平均线加上同样以过去 4 个交易日测量的平均真实波幅（ATR）的 77%，并且收盘价低于每日收盘价的长期 274 日指数移动平均线时，以当日收盘价卖出空头。

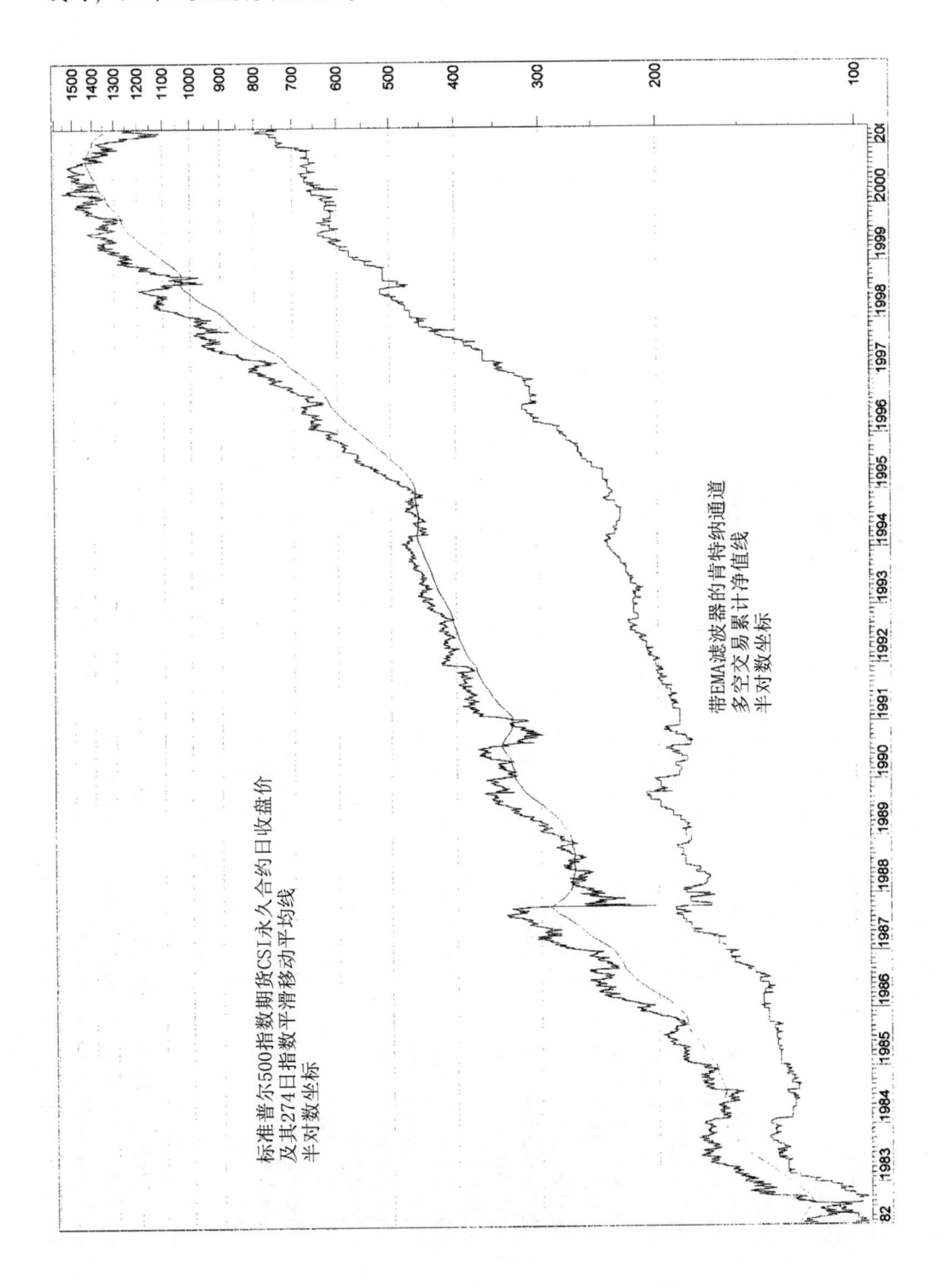

标准普尔500指数期货CSI永久合约日收盘价
及其274日指数平滑移动平均线
半对数坐标

带EMA滤波器的肯特纳通道
多空交易累计净值线
半对数坐标

带 EMA 滤波器的肯特纳通道

净利润总额	636.75	未平仓头寸价值	-58.84
盈亏百分比	636.75	年均盈亏百分比	31.17
初始投资	100	利息收入	0
当前头寸	空头	头寸建立日期	4/10/01
买入并持有利润总额	796.58	测试总天数	7456
买入并持有利润率%	796.58	年均买入并持有利润率%	39
已平仓交易总额	240	佣金支付总额	0
每笔交易平均利润	2.9	平均盈利与平均亏损比率	1.05
多头交易总数	200	空头交易总数	40
盈利多头交易数	154	盈利空头交易数	24
盈利交易总数	178	亏损交易总数	62
盈利交易总金额	1038.97	亏损交易总金额	-343.38
平均盈利	5.84	平均亏损	-5.54
最大盈利	37.86	最大亏损	-29.32
盈利交易平均持仓期数	7.2	亏损交易平均持仓期数	11.27
盈利交易最长持仓期数	28	亏损交易最长持仓期数	40
最大连续盈利次数	18	最大连续亏损次数	4
空仓总期数	3647	平均空仓持仓期数	15.13
最长空仓期数	295		
系统平仓回撤	-1.75	盈亏比指数	64.97
系统未平仓回撤	-4.04	风险回报指数	99.37
最大平仓交易回撤	-59.53	买入并持有指数	-27.45
超额净利润比率%	-20.06		
年均超额净利润比率%	-20.08		
平均每笔交易天数	31.07		
多头交易中盈利交易占比%	77.00		
空头交易中盈利交易占比%	60.00		
交易总数中盈利交易占比%	74.17		
交易总金额中净盈利金额占比%	50.32		
平均盈亏合计中净平均盈利比%	2.64		
最大盈亏持仓期数占比%	12.71		
盈亏持仓期数差占最长持仓期数比例%	-36.11		
最长盈亏持仓期数差与连续盈亏期数比%	-30.00		
最大连续盈亏持仓期数与连续亏损期数比%	350.00		
净利润与系统平仓回撤之比	15761.14		
净利润同系统未平仓回撤之差与净利润之比	99.37		
系统未平仓回撤与净利润比%	-0.63		

在Equis公司Metastock©"系统报告"（盈亏概览统计）中，净利润总额等于利润合计于未平仓，盈利交易总金额是指已实现利润合计（仅包括交易已平仓头寸），不包括任何未平仓头寸。相对地，盈利交易已平仓金额是指已实现所有亏损合计，不包括任何未平仓头寸。系统平仓回撤是指仅基于已平仓头寸的累计亏损，系统未平仓回撤（SODD）是指头寸未平仓时累计净值线低于初始投资的最大降幅，系统未平仓时可能表现）与+100（最好可能表现）之间，0值代表盈亏相等，风险回报指数等于净利润总额减去系统未平仓回撤的差再除以净利润总额。在本次演练交易中，初始投资假设为100美元。多头交易和空头交易都按进行，除非另有说明。交易按信号出现当天收盘价格执行，统计分析中不包括交易成本、利息费用和利润。

— 322 —

空头平仓（平仓）：当标准普尔500综合股价指数期货 CSI 永久合约收盘价小于昨日每日收盘价的 4 日指数移动平均线减去同样以过去 4 个交易日测量的平均真实波幅（ATR）的 77%，或者收盘价高于每日收盘价的长期 274 日指数移动平均线时，以当日收盘价平仓空头。

运用该指标短期趋势衰弱且长期趋势跟踪策略，以 100 美元开始投资并将利润再投资，假如充分运用该投资策略进行利润再投资操作，无交易成本和税收，净利润总额将达到 636.75 美元，这比买入并持有策略少 20.06%。空头卖出交易是盈利的，且空头卖出交易包含在本策略中。低于正常水平的利润被轻度净值回撤抵消，并且，该策略正确的时候远多于错误的时候，盈利性交易占 74.17%。交易较活跃，平均每 31.07 个日历日交易一次。

在 Equis 国际公司 MetaStock© 系统中，带 EMA 滤波器的肯特纳通道测试规则书写如下：

多头开仓：C<(Ref(Mov(C,opt1,E),-1)-(0.01 * opt2 * Ref(ATR(opt1),-1)))

AND C> Ref(Mov(C,opt3,E),-1)

多头平仓：C>(Ref(Mov(C,opt1,E),-1)+(0.01 * opt2 * Ref(ATR(opt1),-1)))

OR C< Ref(Mov(C,opt3,E),-1)

空头开仓：C>(Ref(Mov(C,opt1,E),-1)+(0.01 * opt2 * Ref(ATR(opt1),-1)))

AND C< Ref(Mov(C,opt3,E),-1)

空头平仓：C<(Ref(Mov(C,opt1,E),-1)-(0.01 * opt2 * Ref(ATR(opt1),-1)))

OR C> Ref(Mov(C,opt3,E),-1)

OPT1 当前值：4

OPT2 当前值：77

OPT3 当前值：274

肯特纳短期趋势规则

肯特纳短期趋势规则是最简单的趋势跟踪方法之一。当 H 大于 Hp 时买入。也就是，当当前价格高点上升高于上期价格高点达最小价格计量单位时买入。当 L 小于 Lp 时卖出。也就是，当当前价格低点下降低于上期价格低点达最小价格计量单位时卖出。尽管这一简单的系统在模拟时看起来很好，但在实际交易中当交易成本较大且价格行为上下起伏时，它会是一个代价惊人的策略。（参见切斯特·W·肯特纳《如何在商品期货市场赚钱》，堪萨斯市：肯特纳统计服务出版社，1960。）

肯特纳 10 日移动平均线规则

按肯特纳 10 日移动平均线规则，当日高点穿越上轨时买入，当日低点穿越下轨时卖出。上轨和下轨是用典型价格也就是当日最高价加最低价加收盘价再除以 3 得到的价格，加上和减去每日价格波动幅度（高点减去低点）的 10 日简单移动平均线。（参见切斯特·W·肯特纳《如何在商品期货市场赚钱》，堪萨斯市：肯特纳统计服务出版社，1960。）

关键反转日

看涨关键反转日被定义为当日低点低于前一日低点并且当日收盘价高于前一日收盘价之日。在第一次收盘更低时平仓多头头寸。看跌关键反转日被定义为当日高点高于前一日高点并且当日收盘价低于前一日收盘价之日。在第一次收盘更高时平仓空头头寸。

对于 19 年的标准普尔 500 指数期货交易来说，这将是一个非盈利交易策略，无论多头还是空头。

Equis 国际公司 MetaStock© 系统测试规则书写如下：

多头开仓：L<Ref(L,-1) AND C>Ref(C,-1)

多头平仓：C<Ref(C,-1)

空头开仓：H>Ref(H,-1) AND C<Ref(C,-1)

空头平仓：C>Ref(C,-1)

带滤波器的关键反转日

带滤波器的关键反转可以以简单的关键反转开始,此外还要求,为了建立多头,当日低点必须低于前一日低点达某一最低数量,并且长期趋势必须是看涨的。对于特定的卖出规则,可以加入类似的滤波器。用下面例子可以做出最好的解释。

带滤波器的关键反转指标策略举例:一个趋势跟踪策略【BT2】

以1982年4月21日至2001年5月23日期间标准普尔500股指期货CSI永久合约(www.csidata.com)的每日数据为基础,我们发现,如果不带主观性,不运用复杂技术分析,不妄断,而以纯机械式的趋势跟踪信号为基础,下列特定参数能产生良好的交易结果。

多头开仓(买入): 当每日收盘价大于前一日收盘价并且当日低点低于前一日低点以下至少达当前3日平均真实波幅(用包括当日的最近3个交易日计算)的45%时,以标准普尔500综合股价指数期货CSI永久合约当日收盘价买入。此外,长期趋势必须向上,即显示为当日收盘价高于前一日的收盘价328日指数移动平均线。

多头平仓(卖出): 当每日收盘价小于前一日收盘价并且当日高点高于前一日高点加上当前3日平均真实波幅(用包括当日的最近3个交易日计算)的45%时,以标准普尔500综合股价指数期货CSI永久合约当日收盘价卖出。或者,任何时候只要当日收盘价下降低于前一日的收盘价1640日指数移动平均线,则卖出多头。

空头开仓(卖出空头): 当每日收盘价小于前一日收盘价并且当日高点高于前一日高点加上当前3日平均真实波幅(用包括当日的最近3个交易日计算)的45%时,以标准普尔500综合股价指数期货CSI永久合约当日收盘价卖出空头。此外,当日收盘价必须低于前一日的收盘价1640日指数移动平均线。

空头平仓(平仓): 当每日收盘价大于前一日收盘价并且当日低点低于前一日低点以下至少达当前3日平均真实波幅(用包括当日的最近3个交易日计算)的45%时,以标准普尔500综合股价指数期货CSI永久合约当日收盘价平仓空头。或者,任何时候只要当日收盘价上升高于前一日的收盘价328日指数移动平均线,则平仓空头。

运用该带滤波器的关键反转趋势跟踪策略,以100美元开始投资并将利润再投资,假如充分运用该投资策略进行利润再投资操作,无交易成本和税收,净利润总额将达到528.37美元。这比买入并持有策略少35.56%。空头卖出交易完全被长期平均线滤波器清除。该趋势跟踪指标在整个期间给出的盈利性买入信号占70.97%。

交易不活跃，平均每 241.35 个日历日交易一次。图表显示了初始投资为 100 时累计净值是如何增长的，比起价格图本身代表的消极的买入并持有策略，它的回撤比较轻微。在一个指标中，轻微净值回撤还是令人满意的。

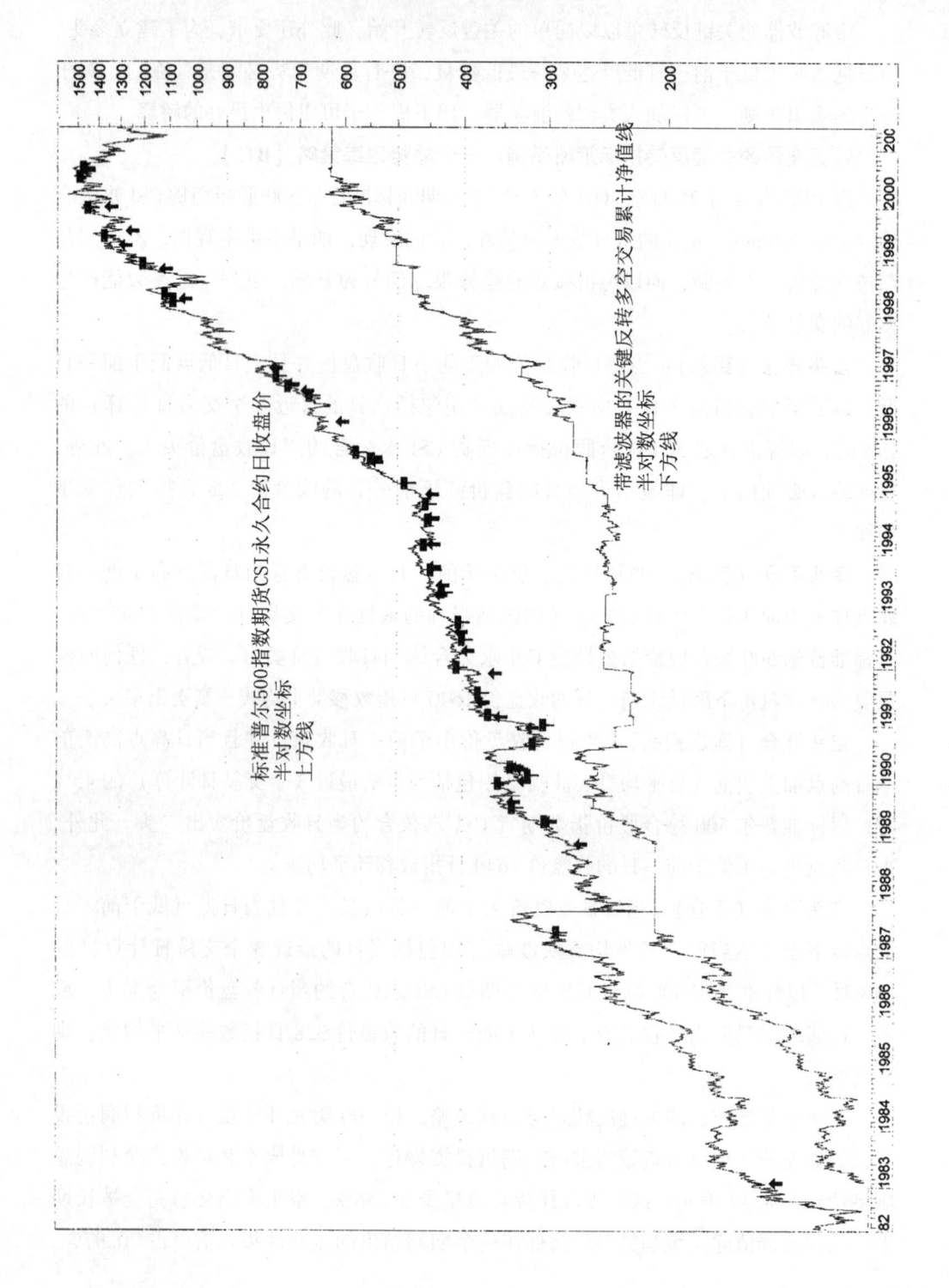

带滤波器的关键反转

净利润总额	528.37	超额净利润比率%	无
盈亏百分比	528.37	年均超额净利润比率%	−35.56
初始投资	100	利息收入	0
当前头寸	空仓	头寸建立日期	25.78
买入并持有利润总额	819.93	测试总天数	9/11/00
买入并持有利润率%	819.93	年均买入并持有利润率%	7482
已平仓交易总数	31	佣金支付总额	40
每笔交易平均利润	17.04	平均盈利与平均亏损比率	0
多头交易总数	31	空头交易总数	4.26
盈利多头交易总数	22	盈利空头交易总数	0
亏损交易总数	22	亏损交易总数	0
盈利交易总金额	584.56	亏损交易总金额	9
平均盈利	26.57	平均亏损	−56.19
最大盈利	128.23	最大亏损	−6.24
盈利交易平均持仓期数	114.73	亏损交易平均持仓期数	−18.24
盈利交易最长持仓期数	1100	亏损交易最长持仓期数	41.33
最大连续盈利次数	10	最大连续亏损次数	106
平均空仓期数	2343	空仓总期数	2
最长空仓期数	552		73.22
系统平仓回撤	0	盈亏比指数	90.39
系统未平仓回撤	0	风险回报指数	100
最大未平仓交易回撤	−30.69	买入并持有指数	−35.56
平均每笔交易天数			241.35
多头交易中盈利交易占比%			70.97
空头交易中盈利交易占比%			#
交易总数中盈利交易占比%			70.97
交易总金额中净盈利金额占比%			82.46
平均盈亏总额中净平均盈利占比%			61.96
最大盈亏合计中净盈利占比%			75.09
盈亏持仓期数差占亏损持仓期数比例%			177.59
最长盈亏持仓期数差占最长持亏损期数比例%			937.74
最大连续盈亏期数差占连续亏损期数比例%			400.00
净利润与系统平仓回撤之比%			#
净利润同系统未平仓回撤之差与净利润之比%			100.00
系统未平仓回撤与净利润之比%			0.00

在 Equis 公司 Metastock© "系统报告"(盈亏概览统计)中,净利润总额等于利润合计减去亏损合计,包括按市值计价的未平仓头寸。相对地,盈利交易总金额是指已实现利润合计(仅包括已平仓头寸),不包括任何未平仓头寸。同样,亏损交易总金额是指已实现亏损合计(仅包括已平仓头寸)。系统平仓回撤是指基于已平仓头寸的累计净值低于初始投资的最大降幅,系统未平仓回撤(SODD)是指头寸未平仓时累计净值低于初始投资的最大降幅。系统平仓回撤是指关于将盈亏总金额与交易总金额联系在一起的一个复杂计算结果,值的范围位于−100(最差可能表现)与+100(最好可能表现)之间,0值代表盈亏相等。盈亏比指数是关于将盈亏总金额等于净利润总额减去系统未平仓回撤以净利润总额。在本次演练交易中,初始投资假设为100美元。多头交易和空头交易都进行,风险回报指数出现当天收盘价格执行,统计分析中不包括交易成本、利息费用和利润,除另有说明。

Equis 国际公司 MetaStock© 系统测试规则书写如下：

多头开仓：C>Ref(C,-1) AND L<Ref(L,-1)-ART(opt1)*opt2/100
　　　　　　AND C> Ref(Mov(C,opt3,E),-1)

多头平仓：C<Ref(C,-1) AND H>Ref(H,-1)+ART(opt1)*opt2/100
　　　　　　OR C< Ref(Mov(C,opt4*opt3,E),-1)

空头开仓：C<Ref(C,-1) AND H>Ref(H,-1)+ART(opt1)*opt2/100
　　　　　　AND C< Ref(Mov(C,opt4*opt3,E),-1)

空头平仓：(C>Ref(C,-1) AND L<Ref(L,-1)-ART(opt1)*opt2/100))
　　　　　　OR C> Ref(Mov(C,opt3,E),-1)

OPT1 当前值：3
OPT2 当前值：45
OPT3 当前值：328
OPT4 当前值：5

克林格成交量摆动指标（KO）

该基于成交量的摆动指标是由史蒂芬·J. 克林格开发出来的，计算它共分七步：

1. 将最高价、最低价和收盘价加起来再除以3，从而算出日平均价；
2. 如果今日平均价大于前一日平均价，赋予今日成交量一个正号；
3. 如果今日平均价小于前一日平均价，赋予今日成交量一个负号；
4. 计算来自第2步和第3步带符号的成交量的34期指数移动平均线；
5. 计算来自第2步和第3步带符号的成交量的55期指数移动平均线；
6. 用55期指数平滑平均线减去34期指数移动平均线，绘制该差值；
7. 计算并绘制来自第6步的每日差值的13期指数平滑移动平均线。

当今日平均价大于昨日平均价时，属于累积。相反，当今日平均价小于昨日平均价时，属于发散。当合计数相等时，需求与供给的力量是均衡的，每日累积股票数量和发散股票数量的平均差值就是成交量力量。上升的成交量力量看涨，而下降的成交量力量看跌。用克林格摆动指标与价格对比来识别背离情况［参见"成交量：克林格成交量摆动指标（KO）"］。

确然指标（KST）

KST（确然指标）是一个复杂的平滑价格变动速度摆动指标，开发者为马丁·J. 普林，阐述于其著作《解读技术分析》（麦格劳—希尔教育出版公司，纽约，1993：共335页）中，它是一个组合指标，是大量可能指标的联合体。为了避免我们因该指标名称中显示的"确然"承诺而变得过于兴奋，普林指出（155页）："同样重要的是要知道，该方法并非是确然的。"很显然，投资中没有必然情况，不过一些指标会比另一些指标好些，所以我们不断寻找最好的指标（该指标构成要素的完整描述参见"价格变动率""指数平滑移动平均线"及"组合指标"）。

计算KST共分6步：

1. 计算四个不同的时间逐渐变长的价格变动率，用于测量四个不同的价格变动速度：普林建议每次增加大约三分之一到二分之一的时间长度。例如，普林为他的长期版KST使用9、12、18、24个月的价格变动率，他说这是最可靠的。

2. 用26月指数移动平均线平滑前三个短期价格变动速度。用39月指数移动平均线平滑最长的24个月变动率。

3. 为所有四个平滑价格变动速度赋予权重，给较长期限长度的平滑价格变动速度逐渐赋予更高的权重。特别地，最短的赋予权数为1，第二短的赋予权数为2，第三的长度的赋予权数为3，最长的赋予权数为4。

4. 合计这四个加权平滑价格变动速度（来自第3步），然后除以权数总和也就是10，这是基本KST。

5. 计算基本KST（来自第4步）的9月指数移动平均线，用作信号线。

6. 在价格图上绘制基本KST（来自第4步）及其9月EMA信号线（来自第5步）。

KST的解释基于：

- KST穿越信号线（自身的9月指数移动平均线）：上穿看涨，下穿看跌。
- KST方向（斜率）：上升看涨，下降看跌。
- 9月EMA信号线方向（斜率）：上升看涨，下降看跌。
- KST和/或9月EMA信号线的趋势线突破。
- KST及其9月EMA信号线对比原始价格本身的背离分析。
- 原始价格方向确认。

- 考虑超买/超卖。
- "一般来说，每月 KST 远比每日或每周 KST 更可靠。"普林写于《解读技术分析》(麦格劳-希尔教育出版公司，纽约，1993：第 169 页，共 521 页）。

很显然，如果给出各种可能的解释和可能的参数设置，我们使用 KST 的分析会变得极其复杂。

普林建议的长期每月 KST 在 Equis 国际公司 MetaStock© 系统中的指标建立公式书写为：

Periods: = Input("Enter the number of periods", 1, 9999, 1);
((1 * Mov(((C/Ref(, -(9 * periods))) * 100), (6 * periods), E)
+2 * (Mov(((C/Ref(, -(12 * periods))) * 100), (6 * periods), E))
+3 * (Mov(((C/Ref(, -(18 * periods))) * 100), (6 * periods), E))
+4 * (Mov(((C/Ref(, -(24 * periods))) * 100), (9 * periods), E)))
/10) -100; Mov(
((1 * Mov(((C/Ref(, -(9 * periods))) * 100), (6 * periods), E)
+2 * (Mov(((C/Ref(, -(12 * periods))) * 100), (6 * periods), E))
+3 * (Mov(((C/Ref(, -(18 * periods))) * 100), (6 * periods), E))
+4 * (Mov(((C/Ref(, -(24 * periods))) * 100), (9 * periods), E)))
/10) -100, (9 * periods), E); Input("Plot a horizontal line at", -100, 100, 0);
{KST(Know Sure Thing) formula for Equis International MetaStock© Indicator Builder}

KST（每月，用普林建议参数）指标策略举例

仅使用机械式规则，以 1900 年 1 月至 2000 年 5 月的 101 年期间 DJIA 月末数据为基础，我们发现，如果不带主观性，不运用复杂技术分析，不妄断，而以纯机械式的趋势跟踪信号为基础，下列由普林建议的特定参数，对于仅做多头交易能产生适度盈利的交易结果（空头交易会亏损）。

多头开仓（买入）：当每月基本 KST 上穿其信号线（自身 9 月指数移动平均线）时，以 DJIA 当月月末收盘价买入。

多头平仓（卖出）：当每月基本 KST 下穿其信号线（自身 9 月指数移动平均线）时，以 DJIA 当月月末收盘价卖出。

空头开仓（卖出空头）：从不操作。

运用该 KST 趋势跟踪策略，以 100 美元开始投资并将利润再投资，假如充分运用该

投资策略进行利润再投资操作，无交易成本和税收，净利润总额将达到9493.46美元，这比买入并持有策略高出57.89%，空头卖出交易是不盈利的并且不包括在本策略中。该趋势跟踪指标在整个期间给出的盈利性买入信号占60.00%，交易不活跃，平均每925.30个日历日交易一次。

Equis 国际公司 MetaStock© 系统测试规则书写如下：

多头开仓：

$((1*Mov(((C/Ref(,-(3*opt1))) *100),(2*opt1),E)$

$+2*(Mov(((C/Ref(,-(4*opt1))) *100),(2*opt1),E))$

$+3*(Mov(((C/Ref(,-(6*opt1))) *100),(2*opt1),E))$

$+4*(Mov(((C/Ref(,-(8*opt1))) *100),(3*opt1),E)))/10)-100>Mov($

$((1*Mov(((C/Ref(,-(3*opt1))) *100),(2*opt1),E)$

$+2*(Mov(((C/Ref(,-(4*opt1))) *100),(2*opt1),E))$

$+3*(Mov(((C/Ref(,-(6*opt1))) *100),(2*opt1),E))$

$+4*(Mov(((C/Ref(,-(8*opt1))) *100),(3*opt1),E)))/10)-100,(3*opt1),E)$

多头平仓：

$((1*Mov(((C/Ref(,-(3*opt1))) *100),(2*opt1),E)$

$+2*(Mov(((C/Ref(,-(4*opt1))) *100),(2*opt1),E))$

$+3*(Mov(((C/Ref(,-(6*opt1))) *100),(2*opt1),E))$

$+4*(Mov(((C/Ref(,-(8*opt1))) *100),(3*opt1),E)))/10)-100<Mov($

$((1*Mov(((C/Ref(,-(3*opt1))) *100),(2*opt1),E)$

$+2*(Mov(((C/Ref(,-(4*opt1))) *100),(2*opt1),E))$

$+3*(Mov(((C/Ref(,-(6*opt1))) *100),(2*opt1),E))$

$+4*(Mov(((C/Ref(,-(8*opt1))) *100),(3*opt1),E)))/10)-100,(3*opt1),E)$

空头开仓：

$((1*Mov(((C/Ref(,-(3*opt1))) *100),(2*opt1),E)$

$+2*(Mov(((C/Ref(,-(4*opt1))) *100),(2*opt1),E))$

$+3*(Mov(((C/Ref(,-(6*opt1))) *100),(2*opt1),E))$

$+4*(Mov(((C/Ref(,-(8*opt1))) *100),(3*opt1),E)))/10)-100<Mov($

$((1*Mov(((C/Ref(,-(3*opt1))) *100),(2*opt1),E)$

$+2*(Mov(((C/Ref(,-(4*opt1))) *100),(2*opt1),E))$

$+3*(Mov(((C/Ref(,-(6*opt1))) *100),(2*opt1),E))$

$+4*(\mathrm{Mov}(((\mathrm{C}/\mathrm{Ref}(,-(8*\mathrm{opt1})))*100),(3*\mathrm{opt1}),\mathrm{E})))/10)-100,(3*\mathrm{opt1}),\mathrm{E})$

空头平仓:

$((1*\mathrm{Mov}(((\mathrm{C}/\mathrm{Ref}(,-(3*\mathrm{opt1})))*100),(2*\mathrm{opt1}),\mathrm{E})$
$+2*(\mathrm{Mov}(((\mathrm{C}/\mathrm{Ref}(,-(4*\mathrm{opt1})))*100),(2*\mathrm{opt1}),\mathrm{E}))$
$+3*(\mathrm{Mov}(((\mathrm{C}/\mathrm{Ref}(,-(6*\mathrm{opt1})))*100),(2*\mathrm{opt1}),\mathrm{E}))$
$+4*(\mathrm{Mov}(((\mathrm{C}/\mathrm{Ref}(,-(8*\mathrm{opt1})))*100),(3*\mathrm{opt1}),\mathrm{E})))/10)-100>\mathrm{Mov}($
$((1*\mathrm{Mov}(((\mathrm{C}/\mathrm{Ref}(,-(3*\mathrm{opt1})))*100),(2*\mathrm{opt1}),\mathrm{E})$
$+2*(\mathrm{Mov}(((\mathrm{C}/\mathrm{Ref}(,-(4*\mathrm{opt1})))*100),(2*\mathrm{opt1}),\mathrm{E}))$
$+3*(\mathrm{Mov}(((\mathrm{C}/\mathrm{Ref}(,-(6*\mathrm{opt1})))*100),(2*\mathrm{opt1}),\mathrm{E}))$
$+4*(\mathrm{Mov}(((\mathrm{C}/\mathrm{Ref}(,-(8*\mathrm{opt1})))*100),(3*\mathrm{opt1}),\mathrm{E})))/10)-100,(3*\mathrm{opt1}),\mathrm{E})$

OPT1 当前值: 3

快速 KST 指标策略举例
(每月, 33%快速参数, 穿越标线:"OPT1 当前值: 2")

用"OPT1 当前值: 2"替换 MetaStock© 系统测试规则中的"OPT1 当前值: 3", 仍然以 100 美元开始投资并将利润再投资, 假如充分运用该投资策略进行利润再投资操作, 无交易成本和税收, 另一更快更敏感版的类似 KST 趋势跟踪策略的净利润总额将达到 36,894.75 美元, 这比买入并持有策略高出 63.64%, 空头卖出交易是不盈利的并且不包括在本策略中。该趋势跟踪指标在整个期间给出的盈利性买入信号占 58.93%, 交易稍微更活跃, 平均每 660.93 个日历日交易一次。图表显示了初始投资为 100 时累计净值是如何增长的, 比起价格图本身代表的消极的买入并持有策略, 它的回撤比较轻微。在一个指标中, 轻微净值回撤还是令人满意的。

第二部分　市场技术指标

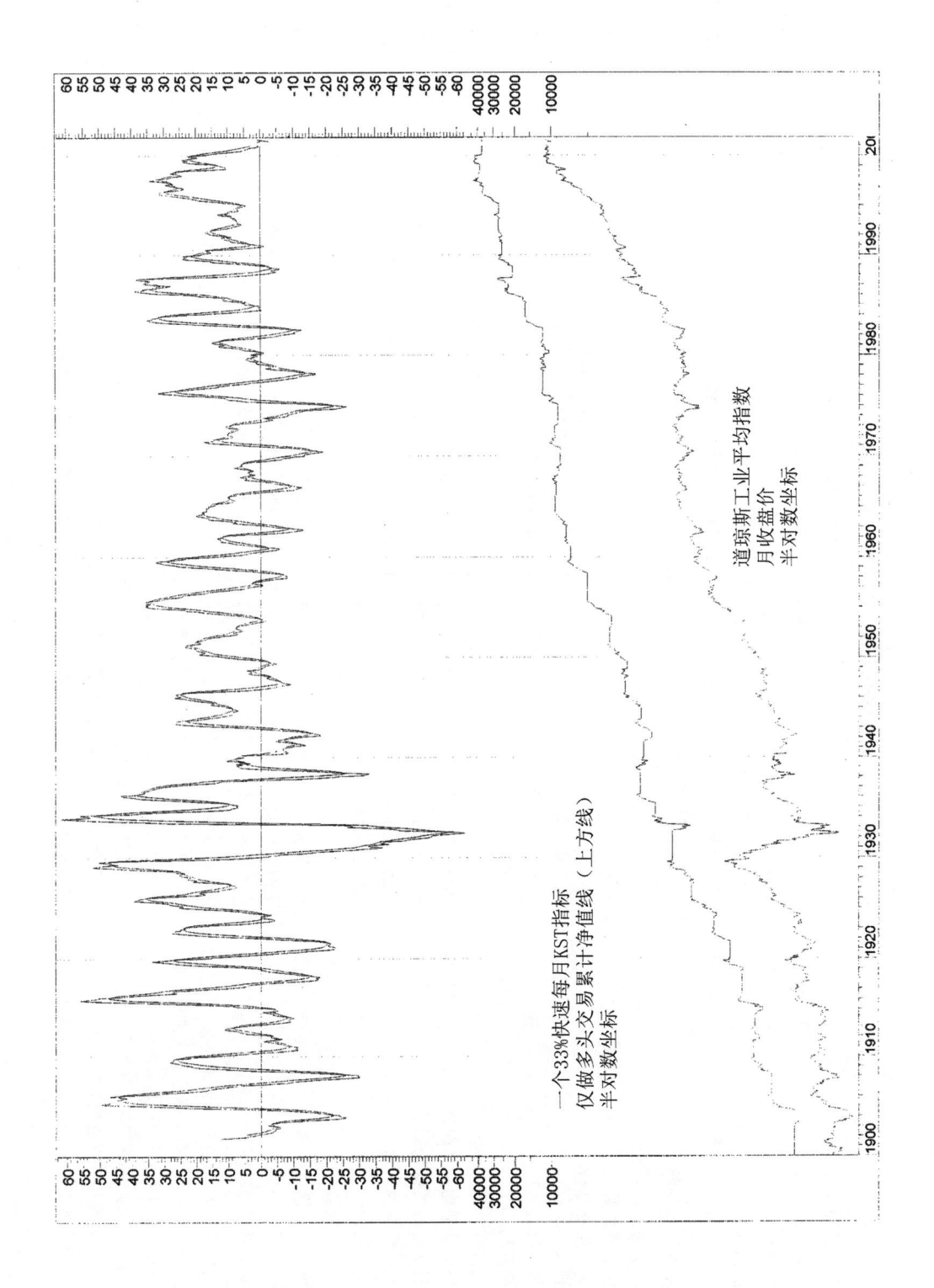

KST（每月，33%快速参数："OPT1 当前值：2"）

项目	数值	项目	数值
净利润总额	36894.75	未平仓头寸价值	0
盈亏百分比	36894.75	年均盈亏百分比	363.84	超额利润比率%	63.64
初始投资	100	利息收入	0	年均超额利润比率%	63.63
当前头寸	多头	头寸建立日期	6/1/01		
买入并持有利润总额	22546.61	测试总天数	37012	平均每笔交易天数	660.93
买入并持有利润率%	22546.61	年均买入并持有利润率%	222.35		
已平仓交易总额	56	佣金支付总数	0		
每笔交易平均利润	658.83	平均盈利与平均亏损比率	2.97		
多头交易总数	56	空头交易总数	0	多头交易中盈利交易占比%	58.93
盈利多头交易数	33	盈利空头交易数	0	空头交易中盈利交易占比%	#
亏损多头交易数	33	亏损空头交易数	23	交易总数中盈利交易占比%	58.93
盈利交易总金额	48187.09	亏损交易总金额	-11292.35	交易总金额中净盈利金额占比%	62.03
平均盈利	1460.21	平均亏损	-490.97	平均盈亏总额中净平均盈利占比%	49.67
最大盈利	8923.37	最大亏损	-4999.73	最大盈亏合计中净盈利占比%	28.18
盈利交易平均持仓期数	14.24	亏损交易平均持仓期数	6.43	盈亏持仓期数差占亏损持仓期数比例%	121.46
盈利交易最长持仓期数	22	亏损交易最长持仓期数	19	最长盈亏持仓期数差占最长亏损持仓期数比%	15.79
最大连续盈利次数	5	最大连续亏损次数	4	最大连续盈亏期数差占连续亏损期数比%	25.00
空仓总期数	708	平均空仓期数	12.42		
最长空仓期数	37				
系统平仓回撤	-7.55	盈亏比指数	76.57	净利润与系统平仓回撤之比%	395866.42
系统末平仓回撤	-9.32	风险回报指数	99.97	净利润同系统末平仓回撤之比与净利润之比%	99.97
最大末平仓回撤	-4999.73	买入并持有指数	63.64	系统末平仓回撤与净利润之比%	-0.03

在 Equis 公司 Metastock© "系统报告"（盈亏概览统计）中，净利润总额等于利润合计减于利润合计（盈亏交易所有未平仓头寸）中。相对地，盈利交易总金额是指已实现利润合计（仅包括任何未平仓头寸）。同样，亏损交易总金额是指已实现亏损所有亏损总额，不包括任何未平仓头寸）。系统平仓回撤是指基于已平仓头寸的累计净值净投资的最大降幅，系统末平仓回撤（SODD）是指头寸未平仓时累计净值线低于初始投资的累计净值的最大降幅。盈亏比指数关于将盈利净额与亏损交易总金额联系在一起的一个复杂计算结果，值的范围位于-100（最差可能表现）和+100（最好可能表现）之间，0值代表盈亏相等，风险回报指数等于净利润总额减去系统末平仓回撤以净利润的差再除以净利润。在本次演练交易中，初始投资假设为100美元。多头交易和空头交易都进行，除非另有说明。交易按信号出现当天收盘价执行，统计分析中不包括交易成本、利息费用和利润。

KST（每月，普林建议参数）

净利润总额	9493.46	未平仓头寸价值	无
盈亏百分比	9493.46	超额净利润比率%	无
初始投资	100	年均盈亏百分比	93.62
当前头寸	空仓	利息收入	0
买入并持有利润总额	22546.61	头寸建立日期	9/30/99
买入并持有利润率%	22546.61	测试总天数	37012
已平仓交易总额	40	年均买入并持有利润率%	222.35
每笔交易平均利润	237.34	平均每笔交易天数	4
多头交易总数	40	平均盈利与平均亏损比率	
盈利多头交易数	24	多头交易中盈利交易占比%	60.00
盈利空头交易总数	24	空头交易中盈利交易占比%	#
盈利交易总金额	11390.59	交易总数中盈利交易占比%	60.00
亏损交易总金额	-1897.14	交易总金额中净盈利金额占比%	71.45
平均亏损	474.61	平均盈亏总额中净平均盈利占比%	60.02
最大亏损	4404.5	最大盈亏总额中净最长亏损盈利占比%	86.77
亏损交易平均持仓期数	21.08	盈亏持仓期数差占合计中最长持仓期数比例%	215.10
盈利交易最长持仓期数	32	最长盈亏持仓期数差占最长亏损持仓期数比例%	60.00
最大连续亏损次数	4	最大连续盈亏期数差占连续亏损期数比例%	100.00
空仓总期数	681	平均空仓期数	16.61
最长空仓期数	55		
系统平仓回撤	0	盈亏比指数	83.34
系统未平仓回撤	0	净利润与系统平仓回撤之比%	100
最大未平仓交易回撤	-311.99	净利润同系统平仓回撤之差与净利润之比%	#
		风险回报指数	100.00
买入并持有指数	-57.89	系统未平仓回撤与净利润之比%	0.00

在Equis公司Metastock©"系统报告"（盈亏概览统计）中，净利润总额等于利润合计减去亏损合计，包括按市值计价的未平仓头寸。相对地，盈利交易总金额是指已实现利润合计（仅包括已平仓头寸），不包括任何未平仓头寸。同样，亏损交易总金额是指已实现亏损合计（仅包括已平仓头寸）。净值曲线低于初始投资的累计净值时的最大降幅，是指基于初始投资金额线低于初始投资金额等于亏损金额与净亏损总额减去再除以净利润总额，风险回报指数等于系统未平仓回撤以净利润总额。在本次演练交易中，初始投资假设为100美元。多头交易和空头交易都进行，除非另有说明。交易按信号出现当天收盘价格执行，统计分析中不包括交易成本、利息费用和利润。

大宗交易比率

　　大宗交易被定义为纽约证券交易所超过 1 万股的交易，大宗交易比率（也称大众交易指数）通过用大宗交易的成交量除以纽约证券交易所全部成交量来计算。该比率可以用不同长度的移动平均线来平滑，以降低噪声和识别信号。

　　解释该指标有两种明显不同的方法。根据反向意见拥护者观点，大宗交易比率可以被看作是一个超买/超卖情绪指标，反映通常是错误的机构投资者的热情或厌恶情绪。既然机构投资组合跟不上未被管理的市场指数的步伐，逆向投资者选择"弱化"其而交易——也就是，当机构买入时卖出而当机构卖出时买入。该理由的问题是，机构并不通常是错的，他们只是相对表现较差。尽管机构的表现（总体上）低于平均水平，但机构确实能获得正收益，所以与机构相反操作获得的回报是负的。无论如何，对于逆向投资者来说该比率水平较高意味着乐观水平不可持续，而比率水平较低则意味着机构过于冷漠或沮丧。逆向交易者坚信，指标的极端与过度会优先于金融市场的反转。

　　我们的数据测试与这种逆向观点相反：大宗交易活跃度与接下来市场表现之间的关系是正相关的，高的大宗交易比率是看涨的而低的比率不会看涨。

　　使用 Equis 国际公司（www.equis.com）提供的数据和软件，把 1983 年至 2001 年的每日数据压缩为每周格式进行了测试。我们发现，当大宗交易比率上穿其自身跟踪 104 周指数移动平均线时，它给出买入信号，在整个时间盈利性买入信号占 70%，仅做多头交易净利润达 511%。当该比率下穿其自身跟踪 104 周指数平滑移动平均线时，该策略平仓多头。下穿 104 周指数移动平均线给出空头卖出信号，但是在整个时间盈利性信号只占 40%，净亏损达 39%，更短的移动平均长度产生的结果相似但利润更低。

　　经验丰富的交易者知道，成交量是看涨的武器：将价格推向更高需要耗费成交量，但缺少反映在成交量数据中的购买兴趣，价格会因自身压力而下跌。同样，较高水平的大宗交易活跃度看涨而较低水平的大宗交易活跃度不看涨。特许市场技术分析师阿瑟·A. 梅里尔也得出类似的结论，他发现，他的大宗交易指标版本是能获利的，并且在统计上高度显著。

大宗交易

特许市场技术分析师阿瑟·A. 梅里尔将大宗交易定义为超过 5 万股的交易。使用《巴伦周刊》每周末公布的每日数据，梅里尔分 8 步量化了大玩家的行为。

1. 使用整周（通常 5 个交易日有时只有 4 个交易日）的数据，分别汇总每日大宗交易的上涨股票数量、下跌股票数量和价格不变股票数量。这样得出三个不同的周合计总值。
2. 用 13 周指数移动平均线平滑这三个不同的周合计总值。
3. 用上涨股票数量平均数减去下跌股票数量平均数（使用第 2 步的结果）。
4. 用来自第 3 步的差值除以来自第 2 步的价格不变股票数量平均数。
5. 计算该比率的 52 周移动平均线。
6. 计算来自第 4 步的当前比率对其来自第 5 步的 52 周移动平均线的偏差。
7. 用这些偏差除以其跟踪过去 52 周的标准差。
8. 结果比率解释如下：
   - 比率高于 0.67 看涨
   - 比率低于 0.67 看跌

运用卡方显著性检验，梅里尔发现，这些比率对接下来 13 周整个时间里大盘方向预测正确达 66%，接下来 26 周预测正确达 81%，接下来 52 周预测正确达 76%。这些结果全部高度统计显著。然而，对接下来的 1 至 5 周的市场行为是不显著的。

最小二乘法

最小二乘法是一种统计方法，用于将一个自变量或观测数据拟合为一条直线，从而使观测数据各点到直线的偏差的平方和最小。（参见"线性回归指标"。）

$$L = \sum (y-e)^2$$

其中

L = 最小二乘线（在任意给定位置）

∑ = 求和符合

y = 自变量或观测数据点，在任意给定位置

e = 根据拟合直线（在任意给定位置）确定的独立观测数据点的期望值

^{2} = 增加为 2 次方，也就是平方，或乘以自身

线性回归线

线性回归是一种数学方法，用于量化一个自变量与一个因变量或任意两个变量之间的直线关系，它通常与价格和时间数据一起用于识别趋势。

在数学上，线性回归公式表示为：

$$y = a + bx$$

y = 收盘价

x = 当前时间在数据库中的位置

a = $1/n(\sum y - b\sum x)$

b = $(n\sum xy - \sum x \sum y)/ n\sum x^2 - (\sum x)^2$

n = 求和中的时间期数

$\sum$ = 求和符号，求 n 期总和

线性回归使用最小二乘法来将数据拟合为一条趋势线，它通过最小化给定数据点与拟合线性回归趋势线之间的距离，实现最佳拟合。

MetaStock©软件（www.equis.com）在其指标菜单中为线性回归趋势线预先定义了公式，该软件在计算期末绘制任意 n 日线性回归线，所以，当前 n 日线性回归线在今日绘制。为了所有操作的目的，该线性回归线每天都在变化，尾随跟踪当期价格，非常像一条跟踪移动平均线。因此，该指标可以像更知名的移动平均线那样来解释。

价格与当期 n 日线性回归线的当前关系也可以被看作为一个摆动指标。正如图中所显示，我们可以用当前收盘价除以最近 5 日收盘价的当前跟踪 5 日线性回归线。用 MetaStock©系统公式语言，可以表示为"CLOSE/LinearReg（CLOSE，5）"。

线性回归线指标策略举例

线性回归线是稳健的，仅做多头交易（无空头卖出）的 2 日到 700 日期限长度都能获利。以 1982 年 4 月 21 日至 2000 年 12 月 22 日的 18 年期间标准普尔 500 综合股价指数

期货 CSI 永久合约（www.csidata.com）的全部历史上每日数据文件为基础，我们发现，如果不带主观性，不运用复杂技术分析，不妄断，而以纯机械式的信号为基础，下列参数能产生良好的交易结果。

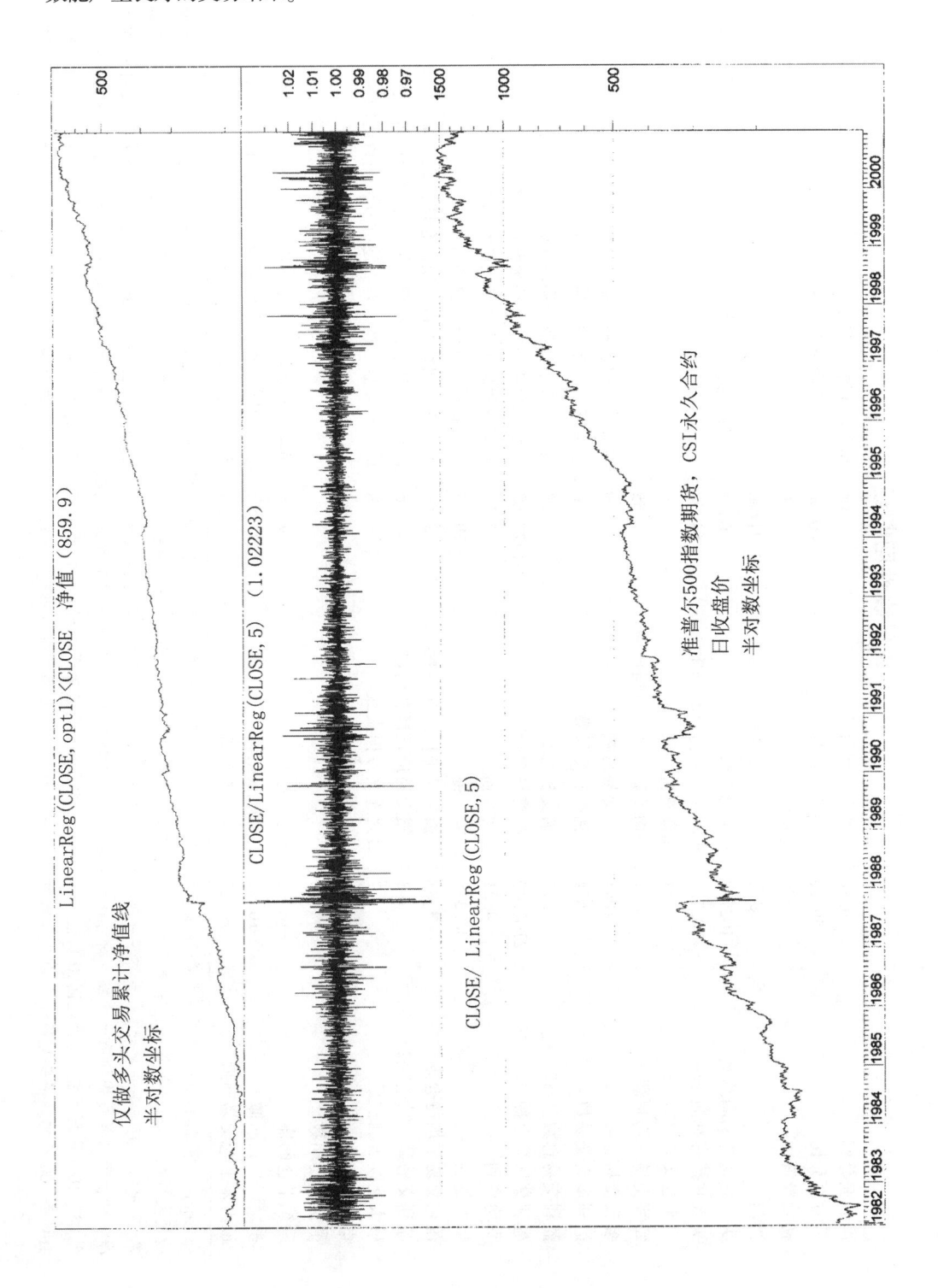

5日线性回归线

净利润总额	759.88	未平仓头寸价值	25.08	超额净利润比率%	-26.04
盈亏百分比	759.88	年均盈亏百分比	40.66	年均超额净利润比率%	-26.05
初始投资	100	利息收入	0		
当前头寸	多头	头寸建立日期	12/21/00		
买人并持有利润总额	1027.4	测试总天数	6821	平均每笔交易天数	6.55
买人并持有利润率%	1027.4	年均买人并持有利润率%	54.98		
已平仓交易总数	1041	佣金支付总额	0		
每笔交易平均利润	0.71	平均盈利与平均亏损比率	1.55		
多头交易总数	1041	空头交易总数	0	多头交易中盈利交易占比%	49.38
盈利多头交易数	514	盈利空头交易数	0	空头交易中盈利交易占比%	#
亏损交易总数	514	盈利交易总数	527	交易总数中盈利交易占比%	49.38
盈利交易总金额	2162.49	亏损交易总金额	-1427.68	交易金额总合计中净盈利金额占比%	20.47
平均盈利	4.21	平均亏损	-2.71	平均盈利总额中净平均持仓盈利占比%	21.68
最大盈利	38.338	最大亏损	-29.23	最大盈利合计中净盈利占比%	13.53
盈利交易平均持仓期数	3.87	亏损交易平均持仓期数	2.59	盈亏持仓期数差占亏损持仓期数比例%	49.42
盈利交易最长持仓期数	8	亏损交易最长持仓期数	6	最长盈亏持仓期数差占最长亏损持仓期数比例%	33.33
最大连续盈利次数	7	最大连续亏损次数	8	最大连续盈亏期数差占连续亏损期数比例%	-12.50
空仓总期数	3448	平均空仓期数	3.31		
最长空仓期数	10				
系统平仓回撤	-16.92	盈亏比指数	34.74	净利润与系统未平仓回撤之比	4491.02
系统未平仓回撤	-16.92	风险回报指数	97.82	净利润同系统未平仓回撤之差与净利润之比	97.77
最大未平仓交易回撤	-29.23	买人并持有指数	-23.6	系统未平仓回撤与净利润之比	-2.23

在Equis公司Metastock©™系统报告("盈亏概览统计")中,净利润总额等于平仓利润合计减去亏损合计,包括按市值计价的未平仓头寸。相对地,盈利交易总金额是指已实现利润合计(仅包括已平仓支付),未平仓头寸价值(仅包括任何未平仓头寸)。同样,亏损交易是指已实现亏损合计(仅包括已平仓交易所有亏损总额,不包括任何未平仓头寸)。系统平仓回撤是指基于已平仓头寸计算的累计净值低于初始投资净值的最大降幅,线平仓头寸是指头寸平仓时累计净值线低于初始投资净值的最大降幅。盈亏比指数是将关于净盈利交易总金额与净亏损交易总金额联系在一起来计算结果,一个复杂计算式)+100(最好可能表现)与+100(最好可能表现)之间,0值代表盈亏相等,风险回报指数等于净利润总额减去系统未平仓回撤以净利润总额的差再除以净利润总额。在本次演练交易中,初始投资假设为100美元。多头交易和空头交易都按信号出现当天收盘价格执行,统计分析中不包括交易成本,利息费用和利润。

— 340 —

多头开仓（买入）：当收盘价大于 5 日线性回归线时，以标准普尔 500 综合股价指数期货 CSI 永久合约当日收盘价买入

多头平仓（卖出）：当收盘价小于 5 日线性回归线时，以标准普尔 500 综合股价指数期货 CSI 永久合约当日收盘价卖出。

空头开仓（卖出空头）：从不操作。

运用该线性回归斜率趋势跟踪策略，以 100 美元开始投资并将利润再投资，假如充分运用该投资策略进行利润再投资操作，无交易成本和税收，净利润总额将达到 759.88 美元，这比买入并持有策略低 26.04%，空头卖出交易是不盈利的，并且空头卖出交易不包括在本策略中。这种仅做多头交易的线性回归斜率指标在整个期间给出的盈利性买入信号占 49.38%，交易极度活跃，平均每 6.55 个日历日交易一次。

Equis 国际公司 MetaStock© 系统测试规则书写如下：

多头开仓：CLOSE>LinearReg（CLOSE,opt1）

多头平仓：CLOSE<LinearReg（CLOSE,opt1）

OPT1 当前值：5

线性回归斜率

线性回归是用来描述任意两个变量间直线关系的一种数学方法，它通常与价格和时间数据一起用于识别趋势。

一个可能的趋势跟踪决策规则是，使用线性回归线的线性回归斜率来确定趋势跟踪信号。正的斜率（因此是上升的线性回归线）看涨，所以当斜率大于零时买入，负的斜率（因此是下降的线性回归线）看跌，所以当斜率小于零时卖出。

线性回归斜率指标策略举例

线性回归斜率是稳健的，仅做多头交易（无空头卖出）的 2 日到 300 日期限长度都能获利。以 1982 年 4 月 21 日至 2000 年 12 月 22 日的 18 年期间标准普尔 500 综合股价指数期货 CSI 永久合约的全部历史上每日数据文件为基础，数据从网站 www.csidata.com 搜集，我们发现，如果不带主观性，不运用复杂技术分析，不妄断，而以纯机械式的信号为基础，下列参数能产生良好的交易结果。

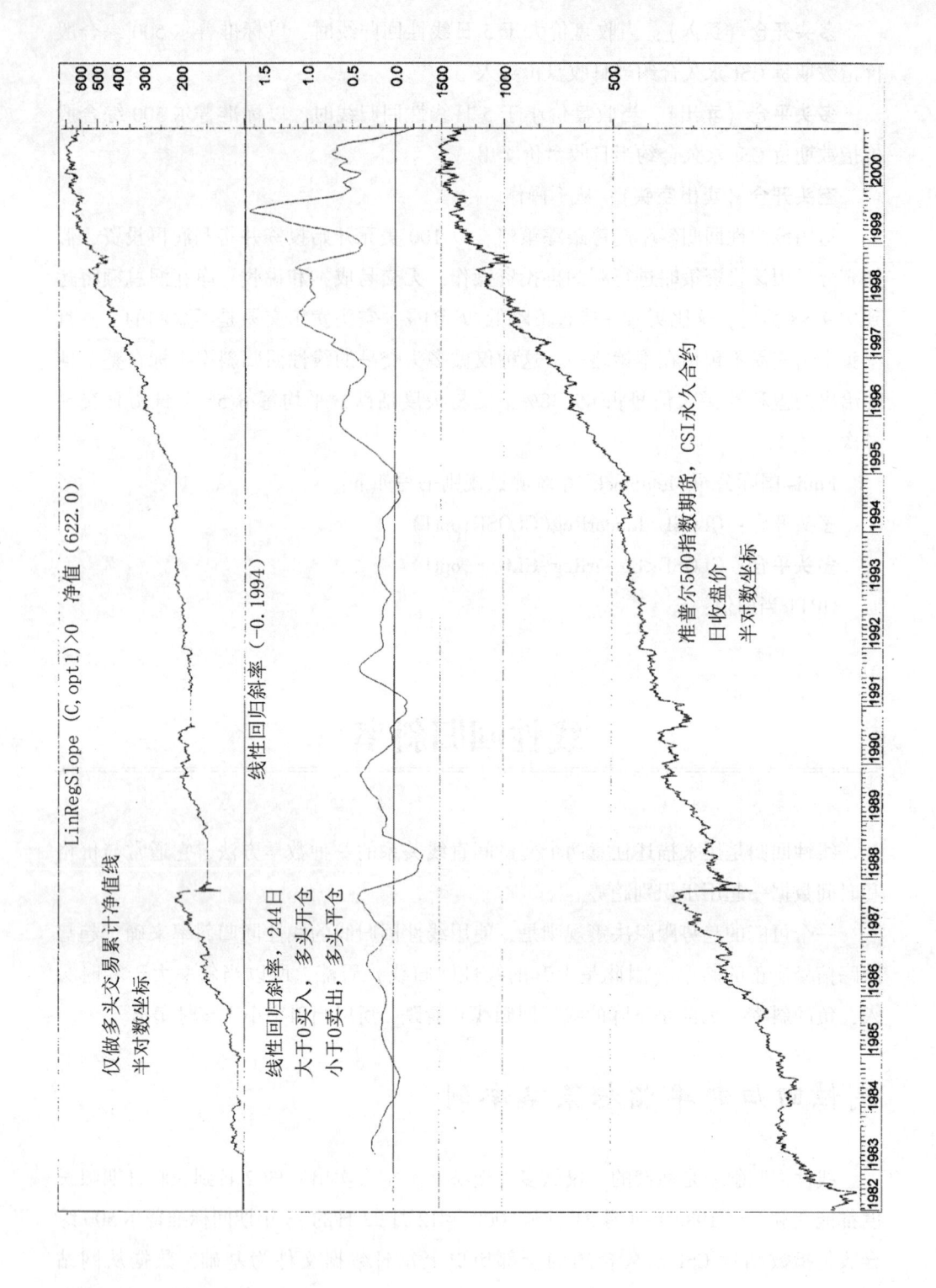

线性回归斜率，244 日

项目	值	项目	值
净利润总额	521.98	未平仓头寸价值	无
盈亏百分比	521.98	年均平仓盈亏百分比	27.93
初始投资	100	利息收入	0
当前头寸	空仓	头寸建立日期	11/27/00
买入并持有利润总额	1027	测试总天数	6821
买人并持有利润率%	1027	年均买人持有利润率%	54.98
已平仓交易总数	5	佣金支付总额	0
每笔交易平均利润	104.4	平均盈利与平均亏损比率	无
多头交易总数	5	多头交易中盈利交易占比	0
盈利多头交易数	5	空头交易中盈利交易占比	0
盈利交易总数	5	交易总数中盈利交易占比	0
盈利交易总金额	521.98	交易总金额中净盈利金额占比	无
平均盈利	104.4	平均盈亏合计中净盈利占比	无
最大盈利	409.59	最大盈亏合计中净盈利占比	无
盈利交易平均持仓期数	769	盈亏持仓期数差占盈亏持仓期数比例%	无
盈利交易最长持仓期数	1486	盈亏持仓期数差占最长亏损持仓期数比%	0
最大连续盈利次数	5	盈亏交易数差占连续亏损期数比例%	0
空仓总期数	888	平均空仓期数	148
最长空仓期数	244		
系统平仓回撤	0	盈亏比指数	100
系统未平仓回撤	0	风险回报指数	100
最大平仓交易回撤	-5.08	买入并持有指数	-49.19

超额利润比率	无
年均超额净利润比率%	-49.19
	-49.20
平均每笔交易天数	1364.20
多头交易中盈利交易占比	100.00
空头交易中盈利交易占比	#
交易总数中盈利交易占比	100.00
交易总金额中净盈利金额占比	100.00
平均盈亏合计中净盈利占比	#
最大盈亏合计中净盈利占比	#
盈亏持仓期数差占盈亏持仓期数比例%	100.00
盈亏持仓期数差占最长亏损持仓期数比%	#
盈亏交易数差占连续亏损期数比例%	#
	#
净利润与系统未平仓回撤之比	#
净利润同系统未平仓回撤之差与净利润之比%	100.00
系统未平仓回撤与净利润之比%	0.00

在 Equis 公司 Metastock© 系统报告"（盈亏概览统计）中，净利润总额等于利润合计减去亏损合计，包括按市值计价的未平仓头寸。相对地，盈利交易总额指已实现利润合计（仅包括已平仓交易所有利润总额，不包括任何未平仓头寸）。系统平仓回撤是指仅基于已平仓头寸的累计亏损投资的最大降幅，亏损交易总额是指已实现亏损合计（仅包括已平仓交易所有亏损总额，不包括任何未平仓头寸）。系统未平仓回撤是指头寸按投资初始金额与净平仓盈亏总金额之和再除以净利润总额，在本次演练交易中，初始投资净利润（率）低于初始投资的累计亏损投资的最大降幅。盈亏比指数是关于将盈利交易总金额与亏损交易总金额联系在一起的一个复杂计算结果，值的范围位于 -100（最差可能表现）与 +100（最好可能表现）之间，0 值代表盈亏相等，风险回报指数等于系统未平仓回撤减去系统未平仓回撤，统计分析中不包括交易成本、利息费用和利润。假设为 100 美元。多头交易和空头交易都进行，除非另有说明。交易按信号出现当天收盘价格执行，统计分析中不包括交易成本、利息费用和利润。

多头开仓（买入）：当 244 日线性回归线斜率大于 0 时，以标准普尔 500 综合股价指数期货 CSI 永久合约当日收盘价买入

多头平仓（卖出）：当 244 日线性回归线斜率小于 0 时，以标准普尔 500 综合股价指数期货 CSI 永久合约当日收盘价卖出。

空头开仓（卖出空头）：从不操作。

运用该线性回归斜率趋势跟踪策略，以 100 美元开始投资并将利润再投资，假如充分运用该投资策略进行利润再投资操作，无交易成本和税收，净利润总额将达到 521.98 美元，这比买入并持有策略低 49.19%。空头卖出交易都是不盈利的，并且空头卖出交易不包括在本策略中。这种仅做多头交易的线性回归斜率变量在整个期间给出的盈利性买入信号占 100%，尽管只有 5 笔交易的样本数量并不显著。交易不活跃，平均每 1364.20 个日历日交易一次。

Equis 国际公司 MetaStock© 系统测试规则书写如下：

多头开仓：LinRegSlope（C，opt1）>0

多头平仓：LinRegSlope（C，opt1）<0

OPT1 当前值：244

流动性指标

在技术分析中，流动性是指场外持有以备用于未来市场委托的可投资现金和现金等价物（参见"共同基金现金"指标）。流动性大代表着未来的购买力量，并潜在看涨。另一方面，流动性低暗示购买力枯竭，储备现金相对较少，不足以支撑当前价格水平，并潜在看跌。有远见的技术分析师（比如特许市场技术分析师拉尔夫·阿卡姆波拉，他提前数年十分准确地预测了道指的 7000 点及后来的 10,000 点）会以长期人口预测为基础，考虑遥远未来的流动性和资金流动。

交易的流动性是指交易活动的规模、成交的容易性和快速性、差价的收窄性、实际出价和要价的规模（市场深度）以及不存在市场指令的滑移。根据短期择时信号行动的活跃交易者，只会关注活跃并有深度的市场，否则成交的下滑会侵蚀理论上的账面利润。

即使最具流动性的市场也会遭受偶尔存在于所谓的"快速市场"中的指令失衡。在大新闻事件或其他大众情绪普遍过度时期的交易，可能会代价惊人。在快速市场中，与大多数人一起行动，当每一个人都想买入时买入，或当每一个人想要卖

出时卖出，通常导致惊人的糟糕成交（执行）结果，它在很大几率上使人在顶部买入和底部卖出，这是瞬间亏损的准则。相反，恰恰反其道而为之，在情绪普遍反应过度的时期与大众行动相反，如果时间把握得好，会获得不同寻常的顺利成交结果，执行的好与坏会使实际交易有非常大的区别。

具有较低成交量和很少参与者的不活跃市场，通常有最大的买卖差价和最大的市场指令下滑。在快速市场中，不活跃的流动性差的工具的市场指令的执行会产生极大代价，并有非常大的滑移，耐心和限价指令可以限制损失。

利弗莫尔摆动系统，利弗莫尔渗透滤波器

利弗莫尔摆动系统是由著名的投机商杰西·利弗莫尔在20世纪20年代开发出来的，该系统使用两个滤波器：一个x%摆动滤波器和一个摆动滤波器一半大小的渗透滤波器。上涨趋势被定义为在摆动图表上的高点更高且低点更高，下跌趋势被定义为在摆动图表上的低点更低且高点更低。

例如，假定用一个4%的摆动滤波器和一个2%的渗透滤波器，在一段下跌趋势也就是一系列低点更低且高点更低的趋势以后，当价格上涨达到摆动滤波器数量（4%）且超过最近前期摆动高点数量达渗透滤波器数量（2%）时，平仓空头头寸。然后，当接下来最近前期摆动高点被超过达渗透滤波器数量（2%）时，建立新的多头头寸。因此，为了彻底从空头转向多头，最近的两个摆动高点每一个都必须被超过2%。

相反，在一段上涨趋势也就是一系列高点更高且低点更高的趋势以后，当价格下跌达到摆动滤波器数量（4%）且击穿最近前期摆动低点数量达渗透滤波器数量（2%）时，平仓多头头寸。然后，当接下来最近前期摆动低点被击穿达渗透滤波器数量（2%）时，建立新的空头头寸。因此，为了彻底从多头转向空头，最近的两个摆动低点每一个都必须被击穿2%。

罗瑞报告

在1938年，已故的莱曼·M. 罗瑞产生了收集上涨下跌成交量统计数据的想法，

试图客观地量化股票供求基本力量和整个股票市场基本情况。他建立的罗瑞报告公司公布的专有指标包括买入力量和卖出压力、纽交所营运公司统计、上涨下跌量、盈亏点数和上涨下跌成交量，这些指标使用纽约证券交易所上市的全部国内寻常普通股的原始数据，而特别排除了全部优先股、美国存托凭证、封闭式共同基金、房地产信托投资基金和其他非寻常股票。此外，罗瑞提供专有的力量排名指标来分析部门、行业集群和个股。除了实际专有算法，预处理过的技术指标、当前和历史数据都可以从罗瑞报告公司购买（弗罗里达州北棕榈滩美国 631 高速公路 1 号 305 室，邮编 33408，电话 (561) 842-3514，网址 www.lowryreport.com）。

下图（感谢内德·戴维斯研究公司）显示，完全低于 60 的超卖点位的罗瑞短期买入力量摆动指标看起来有效地识别了主要市场底部。同样，该指标给出了一些有用的背离信号，比如 1982 年市场底部的较高低点和 1987 年市场顶部的较低高点。相反，反映价格和成交量的上涨水平，长期买入力量和卖出压力线显示了明显的上涨偏离，但那仍然没有阻止其在 1987、1990、1992、1994、1996 和 1997 年的底部给出误导的负向背离信号，很明显，与大多数其他指标相比，这些线需要一个不同的、更复杂的解释。

根据毕晓普和罗林斯的观点，一般市场活动可以归结为四个基本总值：

- 每日美元收益总值；
- 上涨股票成交量总值；
- 每日美元亏损总值；
- 下跌股票成交量总值。

为平滑掉短期波动，罗瑞报告合计了大约 50 个和 15 个交易日的这些总值，从而得出长期和短期的供求指数。罗瑞报告采用特定规则来解释，包括超买和超卖情形、显示何时现行压力消失的信号，以及警示使用者何时结束头寸止损的安全控制点。在一项使用过去 25 年应用了全部罗瑞解释规则的每日数据的研究中，毕晓普和罗林斯总结说，罗瑞报告给出了从 1950 年至 1975 年期间"带来显著超过由买入并持有程序获得的回报"的信号。同样，"……该研究暗示着，通过复杂技术分析能获得超常收益……"更完整的细节参见 E. L. 毕晓普，J. R. 罗林斯 (1975.12)《股票市场技术分析的有效性：罗瑞报告公司的一项研究》，该研究是沃顿商学院一项高级研究计划。

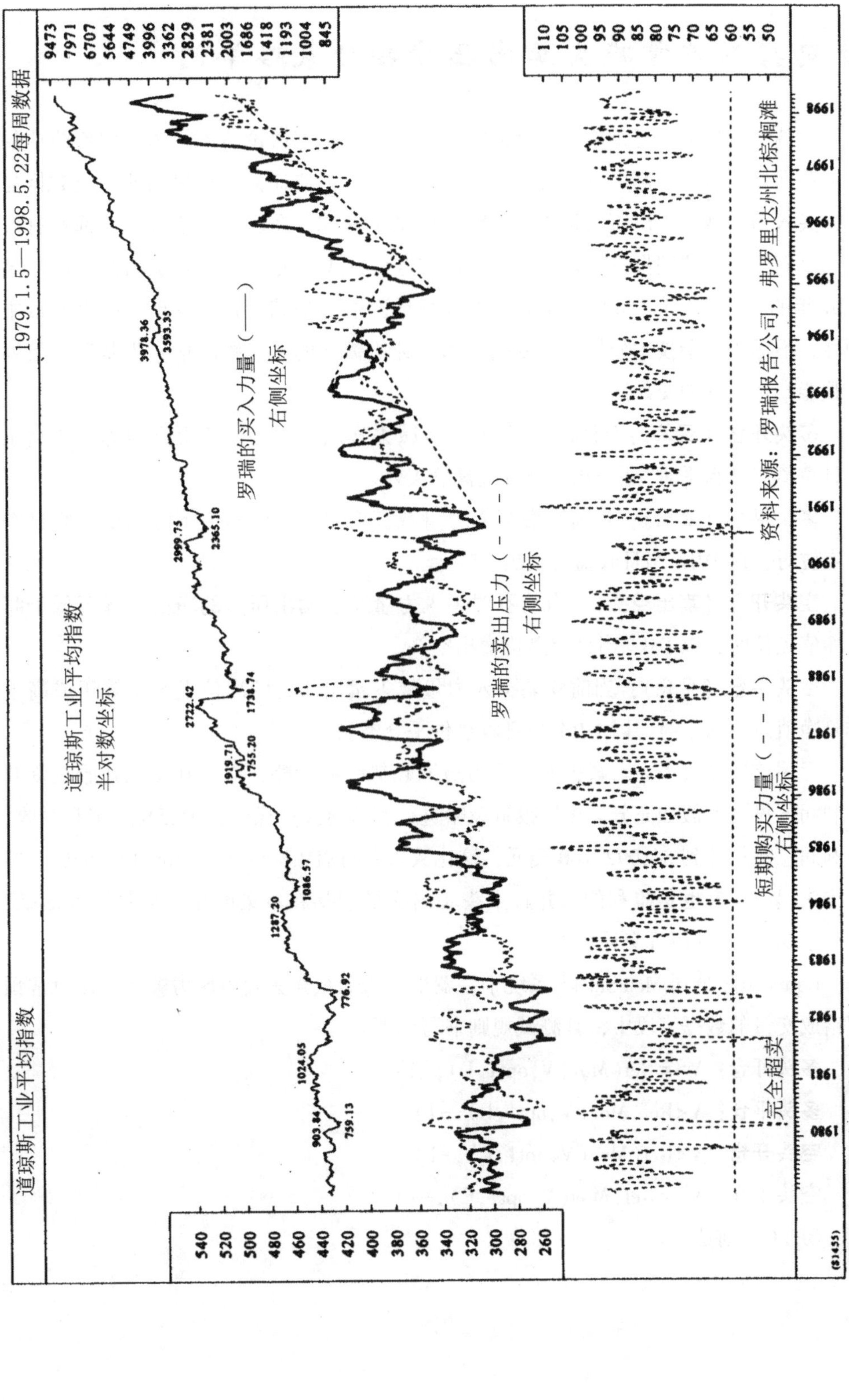

图表经内德·戴维斯研究公司许可

罗瑞买入力量减去卖出压力指标策略举例

罗瑞专有指标及复杂决策规则的完整解释不在本书讨论范围之内，即使简单的罗瑞数据计算机扫描都提示有价值的信息。由美国国债证券公司提供的历史数据显示，买入力量减去卖出压力是趋势跟踪的最基本形式，在多头和空头方面都是有效的。我们强调，罗瑞报告从未想要其指标按这种方式使用。无论如何，以 1940 年至 2001 年的 61 年期间道琼斯工业平均指数每日价格为基础，我们发现，如果不带主观性，不运用复杂技术分析，不妄断，而以纯机械式的趋势跟踪信号为基础，下列参数能产生良好的交易结果。

多头开仓（买入）：当前罗瑞买入力量减去卖出压力的净值上升至等于或高于昨日净值点位水平时，以 DJIA 当日收盘价买入。

多头平仓（卖出）：当前罗瑞买入力量减去卖出压力的净值下降至低于昨日净值点位时，以 DJIA 当日收盘价卖出。

空头开仓（卖出空头）：当前罗瑞买入力量减去卖出压力的净值下降至低于昨日净值点位时，以 DJIA 当日收盘价卖出空头。

空头平仓（平仓）：当前罗瑞买入力量减去卖出压力的净值上升至等于或高于昨日净值点位水平时，以 DJIA 当日收盘价平仓空头。

运用该罗瑞买入力量减去卖出压力短期趋势跟踪策略，以 100 美元开始投资并将利润再投资，假如充分运用该投资策略进行利润再投资操作，无交易成本和税收，净利润总额将达到 84,092,160 美元，这比买入并持有策略高出 1,216,146.87%。即使空头卖出交易也是盈利的，并且空头卖出交易包括在本策略中。交易极度活跃，平均每 3.32 个日历日交易一次。

Equis 国际公司 MetaStock© 系统中，罗瑞买入力量减去卖出压力被插入在通常预留给成交量的数据字段中，其测试规则书写如下：

多头开仓：V>=Ref(Mov(V,opt1,E),-1)

多头平仓：V<Ref(Mov(V,opt1,E),-1)

空头开仓：V<Ref(Mov(V,opt1,E),-1)

空头平仓：V>=Ref(Mov(V,opt1,E),-1)

OPT1 当前值：1

罗瑞买入力量减去卖出压力（883.0）

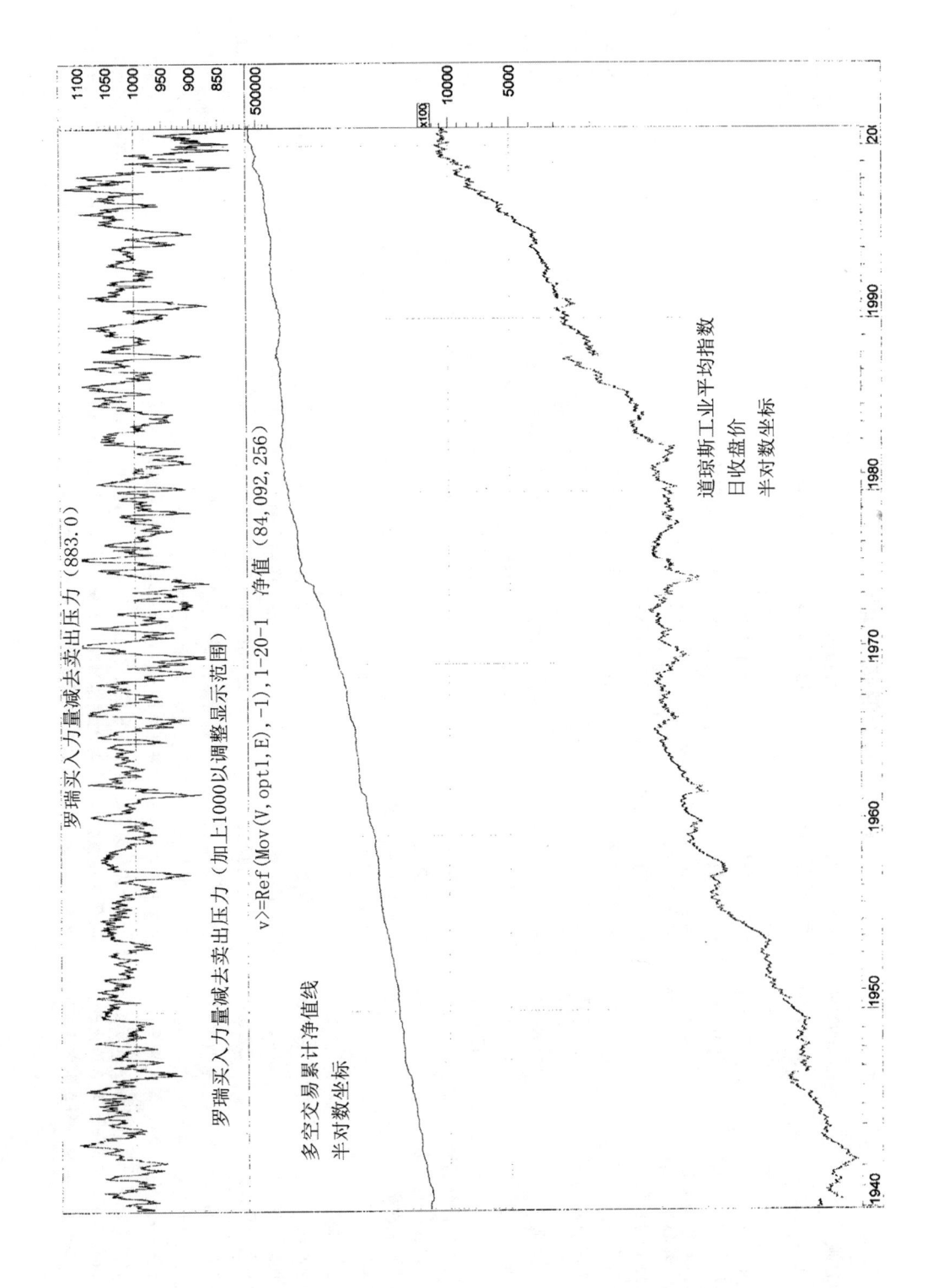

罗瑞买入力量减去卖出压力（加上1000以调整显示范围）

v>=Ref(Mov(V, opt1, E), -1), 1-20-1 净值（84, 092, 256）

多空交易累计净值线
半对数坐标

道琼斯工业平均指数
日收盘价
半对数坐标

罗瑞买入力量减去卖出压力

净利润总额	84092160	未平仓头寸价值	318998.44
盈亏百分比	84092160	年均盈亏百分比	1377137.4
初始投资	100	利息收入	0
当前头寸	空头	头寸建立日期	1/5/01
买入并持有利润总额	6914.07	测试总天数	22288
已平仓交易利润率%	6914.07	年均买入并持有利润率%	113.23
已平仓交易总数	6723	佣金支付总额	0
每笔交易平均利润	12460.68	平均盈利与平均亏损比率	1.55
多头交易总数	3362	空头交易总数	3361
盈利多头交易数	1677	盈利交易总数	1513
盈利交易总数	3190	亏损交易总数	3533
盈利交易总金额	294089536	亏损交易总金额	-210316224
平均盈利	92191.08	平均亏损	-59529.08
最大盈利	4350448	最大亏损	-2956960
盈利交易平均持仓期数	4.27	亏损交易平均持仓期数	2.53
盈利交易最长持仓期数	19	亏损交易最长持仓期数	10
最大连续盈利次数	9	最大连续亏损次数	12
空仓总期数	2	平均空仓期数	2
最长空仓期数	2		
系统平仓回撤	-19.01	盈亏比指数	28.56
系统未平仓回撤	-19.01	风险回报指数	100
最大未平仓交易回撤	-2956960	买入并持有指数	1220761.26

超额净利润比率%	1216146.87
年均超额净利润比率%	1216130.15
平均每笔交易天数	3.32
多头交易中盈利交易占比%	49.88
空头交易中盈利交易占比%	45.02
交易总数中盈利交易占比%	47.45
交易总金额中净盈利金额占比%	16.61
平均盈亏总额中净平均盈利占比%	21.53
最大盈亏合计中净盈利占比%	19.07
盈亏持仓期数差占亏损持仓期数比例%	68.77
最长盈亏期数差占最长持仓期数比%	90.00
最大连续盈亏期数差占连续亏损期数比例%	-25.00
净利润与系统未平仓回撤之比%	442357496.05
净利润同系统未平仓回撤之比与净利润之比%	100.00
系统未平仓回撤与净利润之比%	0.00

在 Equis 公司 Metastock© "系统报告"（盈亏概览统计）中，净利润总额等于利润合计减去亏损合计，包括按市值计价的未平仓头寸。相对地，盈利交易总金额是指已实现利润合计（仅包括任何未平仓头寸），不包括任何未平仓头寸。同样，亏损交易总金额是指已实现亏损合计（仅包括已平仓头寸）所有亏损总额，不包括任何未平仓头寸。系统平仓回撤是指基于已平仓头寸的累计净值的累计投资净值线低于初始投资净值的最大降幅。系统未平仓回撤（SODD）是指头寸平仓时可能累计净值+100（最好可能表现）与-100（最差可能表现）之间，0值代表盈亏相等，风险回报指数等于净利润总额减去系统未平仓回撤数除以净利润总差再除以净利润总额。在本次演练交易中，初始投资假设为100美元。多头交易和空头交易都进行，除非另有说明。交易按信号出现当天收盘价格执行，统计分析中不包括交易成本、利息费用和利润。

罗瑞短期买入力量指标策略举例

罗瑞报告也提供短期版本的买入力量指标，对于该更敏感的版本来说，使用同上面完全一样原始的趋势规则，结果会稍好一些。以 1940 年至 2001 年的 61 年期间 DJIA 每日价格为基础，我们发现，如果不带主观性，不运用复杂技术分析，不妄断，而以纯机械式的趋势跟踪信号为基础，下列参数能产生良好的交易结果。

多头开仓（买入）：当前罗瑞短期买入力量上升至等于或高于昨日数值时，以 DJIA 当日收盘价买入。

多头平仓（卖出）：当前罗瑞短期买入力量下降至低于昨日数值时，以 DJIA 当日收盘价卖出。

空头开仓（卖出空头）：当前罗瑞短期买入力量下降至低于昨日数值时，以 DJIA 当日收盘价卖出空头。

空头平仓（平仓）：当前罗瑞短期买入力量上升至等于或高于昨日数值时，以 DJIA 当日收盘价平仓空头。

运用该罗瑞短期买入力量趋势跟踪策略，以 100 美元开始投资并将利润再投资，假如充分运用该投资策略进行利润再投资操作，无交易成本和税收，净利润总额将达到 84,402,688 美元，这比买入并持有策略高出 1,220,638.12%。即使空头卖出交易也是盈利的，并且空头卖出交易包括在本策略中。交易极度活跃，平均每 3.37 个日历日交易一次。

Equis 国际公司 MetaStock© 系统中，罗瑞短期买入力量被插入在通常预留给成交量的数据字段中，其测试规则书写如下：

多头开仓：V>=Ref(Mov(V,opt1,E),-1)
多头平仓：V<Ref(Mov(V,opt1,E),-1)
空头开仓：V<Ref(Mov(V,opt1,E),-1)
空头平仓：V>=Ref(Mov(V,opt1,E),-1)
OPT1 当前值：1

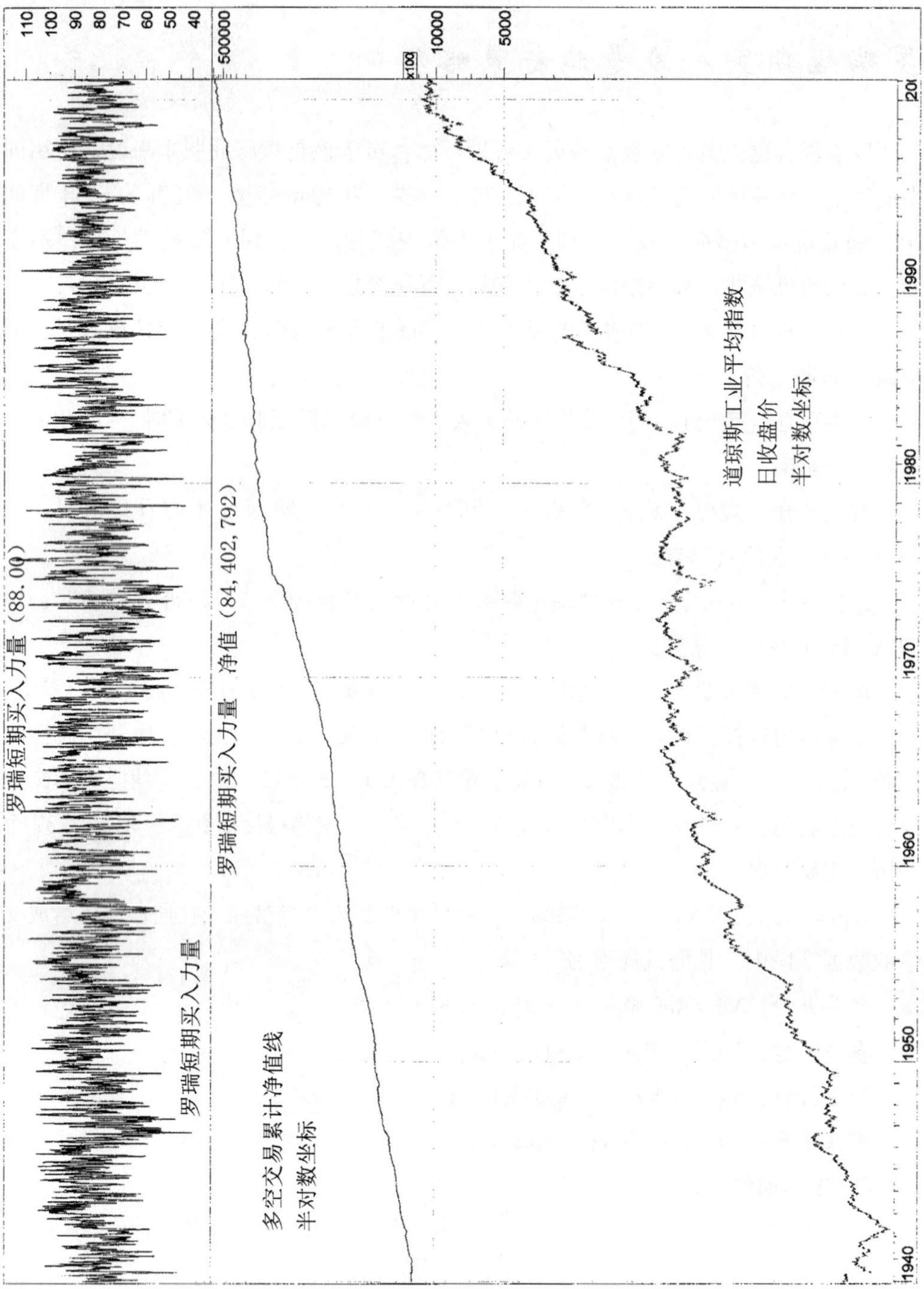
罗瑞短期买入力量（88.00）
罗瑞短期买入力量
罗瑞短期买入力量 净值（84,402,792）
多空交易易累计净值线
半对数坐标
道琼斯工业平均指数
日收盘价
半对数坐标

罗瑞短期买入力量

项目	值	项目	值
净利润总额	84402688	未平仓头寸价值	0
盈亏百分比	84402688	年均盈亏百分比	1382222.77
初始投资	100	利息收入	0
当前头寸	多头	头寸建立日期	1/8/01
买入并持有利润总额	6914.07	测试总天数	22288
买入并持有利润率%	6914.07	年均买入并持有利润率%	113.23
已平仓交易总额	66.04	佣金支付总额	0
每笔交易平均利润	12780.54	平均买入与平均亏损比率	1.43
多头交易总数	3302	空头交易总数	3302
盈利多头交易总数	1675	盈利空头交易总数	1531
亏损交易总数	3206	盈亏交易总数	3398
盈利交易总金额	324074880	亏损交易总金额	-239672256
平均盈利	101083.87	平均亏损	-70533.33
最大盈利	5760244	最大亏损	-3009856
盈利交易平均持仓期数	4.29	亏损交易平均持仓期数	2.56
盈利交易最长持仓期数	21	亏损交易最长持仓期数	11
最大连续盈利次数	13	最大连续亏损次数	10
空仓总期数	2	平均空仓期数	2
最长空仓期数	2		
系统平仓回撤	-7.91	盈亏比指数	26.04
系统未平仓回撤	-7.91	风险回报指数	100
最大未平仓交易回撤	-3009856	买入并持有指数	1220638.75

超额利润比率%	0
年均超额净利润比率%	1220638.12
	1220621.34
平均每笔交易天数	3.37
多头交易中盈利交易占比%	50.73
空头交易中盈利交易占比%	46.37
交易总数中盈利交易占比%	48.55
平均盈利总金额占比%	14.97
最大盈亏合计中净盈利占比%	17.80
盈亏持仓期数差占亏损持仓期数比例%	31.36
最长盈亏持仓期数差占最长持仓期数比例%	67.58
最大连续盈亏期数差占连续亏损期数比例%	90.91
	30.00
净利润与系统未平仓回撤之比	1067037774.97
净利润同系统未平仓回撤之净利润之比%	100.00
系统未平仓回撤与净利润之比%	0.00

在 Equis 公司 Metastock© "系统报告"（盈亏概览统计）中，净利润总额等于利润合计减去亏损合计（仅包括已平仓头寸，不包括任何未平仓头寸）。相对地，盈利交易总金额是指已实现利润合计（仅包括已平仓头寸，不包括任何未平仓头寸）。同样，亏损交易总金额是指已实现亏损合计（仅包括已平仓头寸合计，不包括任何未平仓头寸）。系统平仓回撤是指仅基于已平仓头寸的累计净值曲线低于初始投资的最大降幅，系统未平仓回撤（SODD）是指头寸平仓时累计净值曲线低于初始投资的最大表现的最大降幅。盈亏比指数是将盈利交易总金额与亏损交易总金额联系在一起的一个复杂计算结果，值的范围位于-100（最差可能表现）与+100（最好可能表现）之间，0 值代表盈亏相等。风险回报指数等于净利润总额减去系统未平仓回撤总额，再除以净利润总额。在本次演练交易中，初始投资假设为 100 美元。多头交易和空头交易都按进行，交易按信号出现当天收盘价格执行，统计分析中不包括交易成本、利息费用和利润。

卢卡斯数列

法国数学家爱德华·卢卡斯（1842—1891）描述了同斐波那契数列类似的一个两期差分整数序列，序列中的下一个数是前两个数的和。卢卡斯差分的起点或初始数值是整数 2 和 1，就是这个反向顺序。所以，卢卡斯得到了以下的序列：2，1，3，4，7，11，18，29，47，76，123，199，322，421，743，1164…卢卡斯数列并不像广泛使用的斐波那契数列那样广为人知和广泛使用。

保证金指标

初始保证金比率是由联邦储备银行或证券交易所设定的。对于大多数股票，保证金要求为购买价格的 50%（对于最高风险类股票要求 100%）。投资者拿出购买总价的一半，他的经纪人有息借给他剩下的 50%。对于大多数期货合约，初始保证金比率通常小得多。保证金既提供了机会，又提供了巨大风险。100%减去保证金比率后叫作杠杆，杠杆和保证金都是双刃剑，必须小心处理。

保证金负债量

保证金负债量是指客户因通过股票保证金账户进行借款而欠其经纪公司的总金额。纽约证券交易所以月为基础公布保证金负债统计数据。

大多数时间，保证金负债量紧随市场趋势，很少产生市场择时的重要提示。在大盘牛市趋势中，陷入财务困境即净值少于 40%的保证金账户所占的百分比，会降至很低水平。这样的市场是健康的，正常价格回调时不容易遭受非自愿的融资卖出。

然而在熊市的后期阶段，保证金负债量变得更有趣。在股票价格已经大幅下跌以后，陷入财务困境账户即净值少于 40%的账户中保证金负债的百分比，会升至很高水平。一旦股票价格有任何明显下跌，这些账户容易因追加保证金遭受强制平仓，这能导致大量的抛售，产生抛售高潮，最后将弱手清出市场。一旦抛售结束并且陷入困境的保证金账户清算完毕，股票价格就会从深度超卖情况中剧烈反弹。

具有超买/超卖区间的保证金负债量指标策略举例

以 1965 年 1 月以来 36 年期间纽约证券交易所保证金负债量及 DJIA 每月数据文件为基础，我们发现，如果不带主观性，不运用复杂技术分析，不妄断，而以纯机械式的信号为基础，一个超买/超卖区间规则能产生良好的交易结果。

多头开仓（买入）：当月年化保证金负债量变动率从-1%下方穿越至-1%上方时，以 DJIA 当月月末收盘价买入。

多头平仓（卖出）：当月年化保证金负债量变动率从 50%上方穿越至 50%下方时，以 DJIA 当月月末收盘价卖出。

空头开仓（卖出空头）：当月年化保证金负债量变动率从 50%上方穿越至 50%下方时，以 DJIA 当月月末收盘价卖出空头。

空头平仓（平仓）：当月年化保证金负债量变动率从-1%下方穿越至-1%上方时，以 DJIA 当月月末收盘价平仓空头。

运用该保证金负债量区间策略，以 100 美元开始投资并将利润再投资，假如充分运用该投资策略进行利润再投资操作，无交易成本和税收，净利润总额将达到 2,028.70 美元，这比买入并持有策略高出 111.56%。即使空头卖出交易也是盈利的，并且空头卖出交易包含在本策略中。空头卖出有三分之二是盈利的，而多头交易 100%是盈利的。交易不活跃，平均每 1817.71 个日历日交易一次。

在 Equis 国际公司 MetaStock© 系统中，保证金负债量被插入在通常预留给成交量（V）的数据字段中，其测试规则书写如下：

多头开仓：Ref(((((V-Ref(V,-12))/Ref(V,-12))*100),-1)<49-opt2
　　　　　AND (((V-Ref(V,-12))/Ref(V,-12))*100) >49-opt2

多头平仓：Ref(((((V-Ref(V,-12))/Ref(V,-12))*100),-1)>opt1
　　　　　AND (((V-Ref(V,-12))/Ref(V,-12))*100) <opt1

空头开仓：Ref(((((V-Ref(V,-12))/Ref(V,-12))*100),-1)>opt1
　　　　　AND (((V-Ref(V,-12))/Ref(V,-12))*100) <opt1

空头平仓：Ref(((((V-Ref(V,-12))/Ref(V,-12))*100),-1)<49-opt2
　　　　　AND (((V-Ref(V,-12))/Ref(V,-12))*100) >49-opt2

OPT1 当前值：50

OPT2 当前值：50

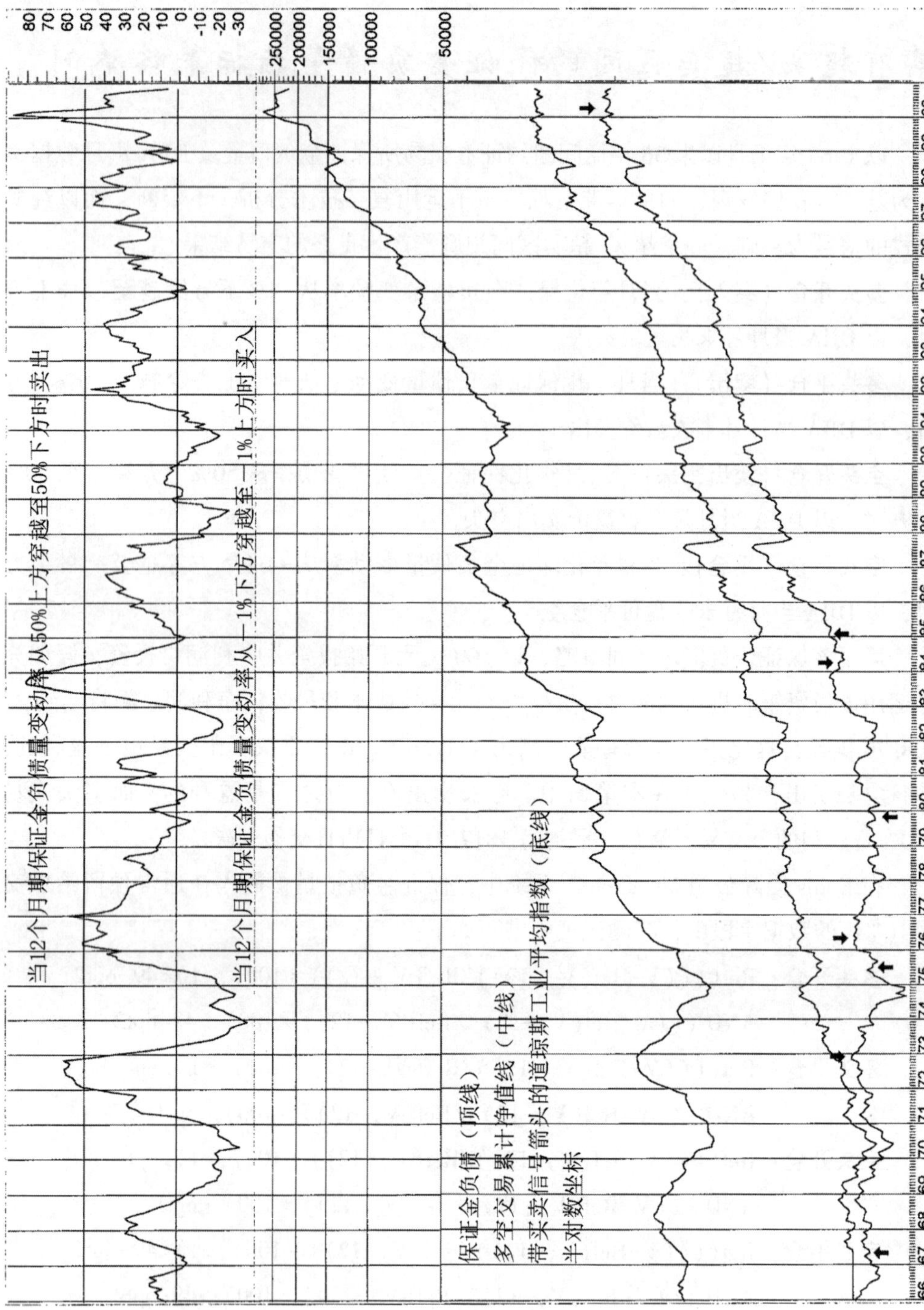
当12个月期保证金负债量变动率从50%上方穿越至50%下方时卖出
当12个月期保证金负债量变动率从—1%下方穿越至—1%上方时买入
保证金负债（顶线）
多空交易累计净值线（中线）
带买卖信号箭头的道琼斯工业平均指数（底线）
半对数坐标
80
70
60
50
40
30
20
10
0
-10
-20
-30
250000
200000
150000
100000
50000
66 67 68 69 70 71 72 73 74 75 76 77 78 79 80 81 82 83 84 85 86 87 88 89 90 91 92 93 94 95 96 97 98 99 00

第二部分　市场技术指标

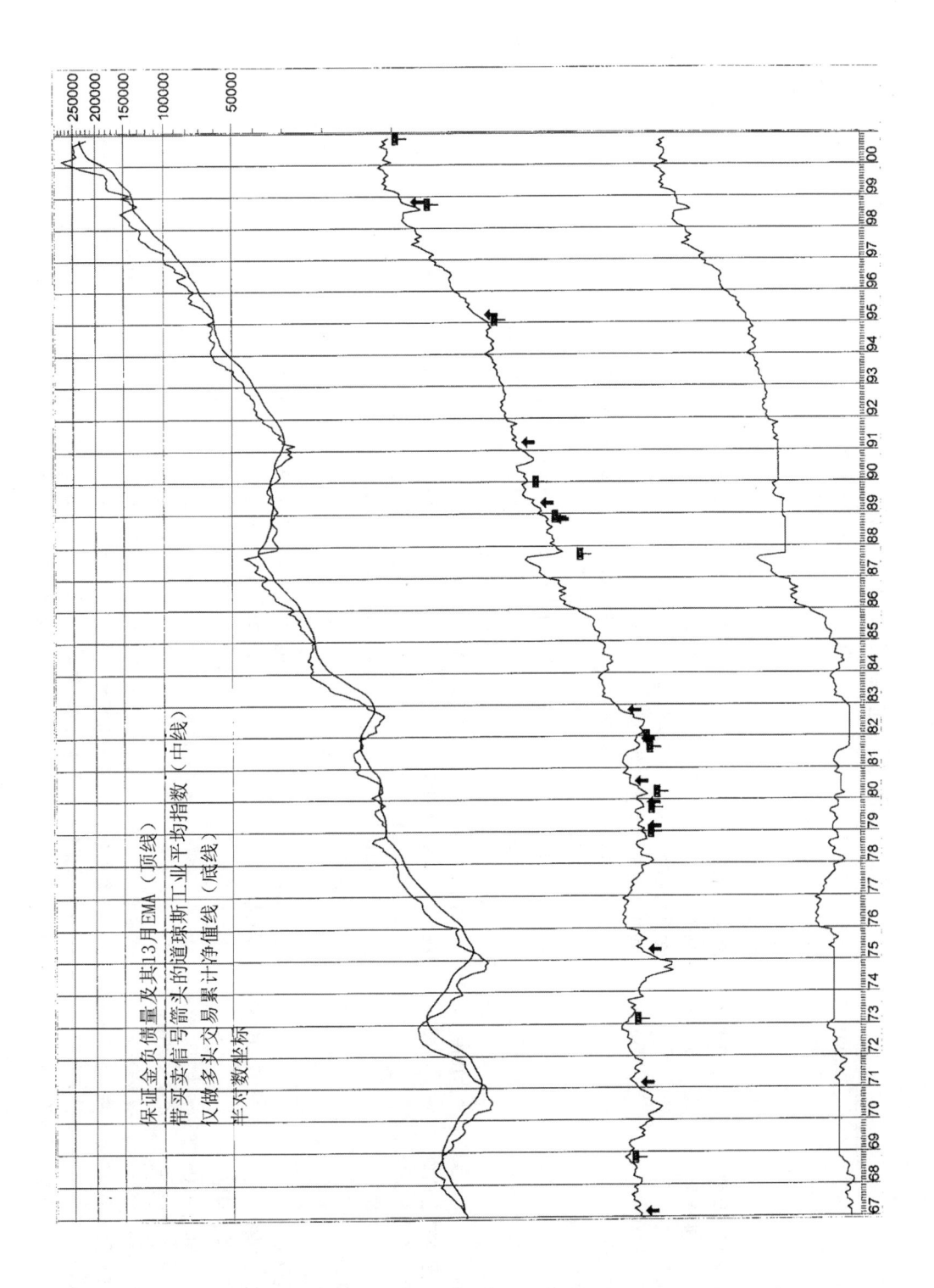

保证金负债量超买/超卖区间规则

净利润总额	2028.7	未平仓头寸价值	61.51	超额利润比率%	111.56
盈亏百分比	2028.7	年均盈亏百分比	58.2	年均超额净利润比率%	111.56
初始投资	100	利息收入	0		
当前头寸	空头	头寸建立日期	4/1/00		
买入并持有利润总额	958.92	测试总天数	12724	平均每笔交易天数	1817.71
买入并持有利润率%	958.92	年均买入并持有利润率%	27.51		
已平仓交易总数	7	佣金支付总额	0		
每笔交易平均利润	281.03	平均盈利与平均亏损比率	12.55		
多头交易总数	4	空头交易总数	3	多头交易中盈利交易占比%	100.00
盈利多头交易数	4	盈利空头交易数	2	空头交易中盈利交易占比%	66.67
盈利交易总数	6	亏损交易总数	1	交易总数中盈利交易占比%	85.71
盈利交易总金额	1993.635	亏损交易总金额	-26.47	交易总金额中净盈利金额占比%	97.38
平均盈利	332.28	平均亏损	-26.47	平均盈利总额中净平均盈利占比%	85.24
最大盈利	1819.941	最大亏损	-26.47	最大盈亏合计中净盈利占比%	9713
盈利交易平均持仓期数	65.17	亏损交易平均持仓期数	11	盈亏持仓期数差占亏损持仓期数比例%	492.45
盈利交易最长持仓期数	183	亏损交易最长持仓期数	11	最长盈亏持仓期数差占最长亏损持仓期数比例%	1563.64
最大连续盈利次数	5	最大连续亏损次数	1	最大连续盈亏期数差与连续亏损期数比例%	400.00
空仓总期数	17	平均空仓期数	17		
盈亏比指数	0				
系统平仓回撤	98.71	风险回报指数	-19.83	净利润与系统未平仓回撤之比	10230.46
系统未平仓回撤	99.03			净利润同系统未平仓回撤之差与净利润之比%	99.02
最大未平仓交易回撤	117.98	买入并持有指数	-92.67	系统未平仓回撤与净利润之比%	-0.98

在 Equis 公司 Metastock® "系统报告"(盈亏概览统计)中,净利润总额等于利润合计减去亏损合计,包括市值计的未平仓头寸。相对地,盈利交易总额是指已实现利润合计(仅包括已平仓头寸),不包括任何未平仓头寸。同样,亏损交易总额是指已实现亏损合计(仅包括已平仓头寸所有亏损)。不包括任何未平仓头寸。系统平仓回撤是指仅基于已平仓头寸的净值曲线低于初始投资的最大降幅,系统未平仓回撤(SODD)是指头寸平仓时累计净值曲线低于初始投资的最大降幅。最大平仓回撤是一个复杂的计算结果,值的范围位于-100(最差可能表现)与+100(最好可能表现)之间,0值代表盈亏相等,风险回报指数等于净利润总额减去系统未平仓回撤以净利润总额。在本次演练交易中,初始投资假设为100美元。多头交易和空头交易都进行,交易按信号出现当天收盘价格执行,统计分析中不包括交易成本、利息费用和利润。

保证金负债量趋势跟踪指标策略举例

如图表所示，保证金负债量的趋势看来是同股票市场趋势相关的。以 1967 年 3 月以来 34 年期间纽约证券交易所保证金负债量及 DJIA 每月数据文件为基础，我们发现，如果不带主观性，不运用复杂技术分析，不妄断，而以纯机械式的信号为基础，所有简单的趋势跟踪规则都能产生良好的交易结果。

多头开仓（买入）：当月保证金负债量上穿其自身截至上月的跟踪 13 月指数平滑移动平均线时，以 DJIA 当月月末收盘价买入。

多头平仓（卖出）：当月保证金负债量下穿其自身截至上月的跟踪 13 月指数平滑移动平均线时，以 DJIA 当月月末收盘价卖出。

空头开仓（卖出空头）：从不操作。

运用该保证金负债量趋势跟踪策略，以 100 美元开始投资并将利润再投资，假如充分运用该投资策略进行利润再投资操作，无交易成本和税收，净利润总额将达到 553.83 美元，这比买入并持有策略低 43.71%。空头卖出交易都是不盈利的，并且空头卖出交易不包含在本策略中，空头卖出交易会使利润减少 64%。尽管该策略跟不上消极的买入并持有策略的步伐，保证金负债量作为趋势跟踪策略，13 个信号中有 9 个是正确的，盈利性交易占 69.23%。交易不活跃，平均每 985.85 个日历日交易一次。

在 Equis 国际公司 MetaStock© 系统中，保证金负债量被插入在通常预留给成交量（V）的数据字段中，其测试规则书写如下：

多头开仓：V>Ref(Mov(V,opt1,E),-1)

多头平仓：V<Ref(Mov(V,opt1,E),-1)

OPT1 当前值：13

保证金比率

保证金比率是指投资者需要缴纳的保证金占所持有股票或抵押品头寸总价值的最低百分比。保证金比率为 50% 时，投资者至少需要支付购买价格的一半。他的经纪人会借给他剩余的 50%，并依此向其收取利息。

自从 1974 年 1 月以来，美国联邦储备委员会将保证金比率维持在 50% 不变，因此，看来美联储不再使用保证金比率作为货币政策工具。在 1934 年至 1974 年之间，美联储共提高保证金比率12次，降低该比率10次。美联储提高保证金比率是为了迫使投资者拿出更多货币来买入股票，抑制投机。当股票市场明显下跌后，美联储削减保证金比率，以使得投资者更容易持有和购买更多的股票。批评美联储的人坚持认为，美联储不应该从事操纵股票价格的活动。

尽管该指标尘封了数十年，股票市场过去曾经对保证金比率的变化做出反应。诺曼·福斯贝克在其1976年的著作《股票市场逻辑》（经济计量研究所，佛罗里达州北方联邦公路3471号，邮编33306）中发现，股票市场对提高保证金比率的最初反应是负向的。但是到比率提高以后一个月结束时，股票市场复苏，以标准普尔500指数测量平均上涨1.1%。比率提高一年后，市场上涨14.4%，该收益率显著高于正常水平。

此外，福斯贝尔发现，保证金比率下调后3个月，市场最初平均下跌2.3%，与人们期望的相反。这可能暗示着，在熊市中，向下的动量不会迅速被阻止。但紧随该短期下跌之后，市场向上反转，在保证金比率下调后的12个月、15个月和18个月，向上回升平均分别为125.%、16.3%和18.5%。所以，保证金比率的削减在最初令人失望以后，实际上在长期是看涨的。

市场轮廓

市场轮廓是指为揭示在每一交易时段以每一特定价格发生多少笔交易而设计的瞬时数据的统计频率分布。它揭示了市场均衡与否，以及微观层面支撑和阻力的精确点位。当在特定价格上有大量交易活动时，该价格的建立变成交易者心目中的价值点。当价格从价值点移走后又回到价值点，在价值点上价格会发现支撑和阻力。市场轮廓在一些老练的短期交易者中获得专注跟随，但在投资者或技术分析中没有获得广泛应用。资料来源：J·P·史代梅尔和K·柯伊（1986）《市场与市场逻辑》，芝加哥：豪猪出版社。

市场风向

加利福尼亚州帕萨迪纳市市场风向公司每周调查来自经纪公司的100位投资顾问。该指标是由投资顾问服务简报进行的四种不同情绪民意测验或调查之一，订阅者可以通过拨打电话获得。这些数据也在《巴伦周刊》中刊印，该周刊每周六提供。流行的解释是通常要逆向操作。（参见"反向意见"指标和"投资顾问服务情绪指标"。）

许多有经验的技术分析师使用情绪指标，但更多的是作为趋势、动量和其他技术指标的补充，而不是作为独立的信号产生器。情绪指标常常在定向价格运动即将结束之前显示超买和超卖水平，因此可能会产生误导。一般来说，情绪指标更多的是一个背景指标，不适合用于精确择时。

使用动态区间指标（见"布林线"指标），设置于市场风向情绪指标数据的15日移动平均线上下，内德·戴维斯研究公司发现了大多数信号，同时在图表显示的期间内，仅做多头交易年均业绩比买入并持有策略高出33.8%。当过度悲观主义减弱，出现15日移动平均线上穿下轨的信号时买入。在一段时间的极度乐观主义耗尽以后，出现15日移动平均线下穿上轨的信号时卖出。

玛特的大师交易公式

玛特的大师交易公式是一个关于移动平均线交易带的复杂指标。用平均真实波幅来决定波动性，该指标使用波动性来决定指数移动平均线的指数平滑常数。指数移动平均线的上下轨道逆波动性而改变，以至于当波动性很高时交易带空间变窄，而当波动性很低时交易带空间变宽。当日高点穿越上轨时买入，而当日低点穿越下轨时卖出。资料来源：P. J. 考夫曼（1987）《新商品期货交易系统和方法》，纽约：约翰·威利父子出版公司。

数学模型

本书中提供的技术指标是简单的数学模型。因为简单，它们容易理解并便于执行。一个数学模型，不过是以一个清晰明确的公式或多个公式结合成一个系统的形式，对现实进行的理想化表示。幸运的是，简单模型实际上要比复杂系统运行得更好。如果你不懂它，就不要使用它。

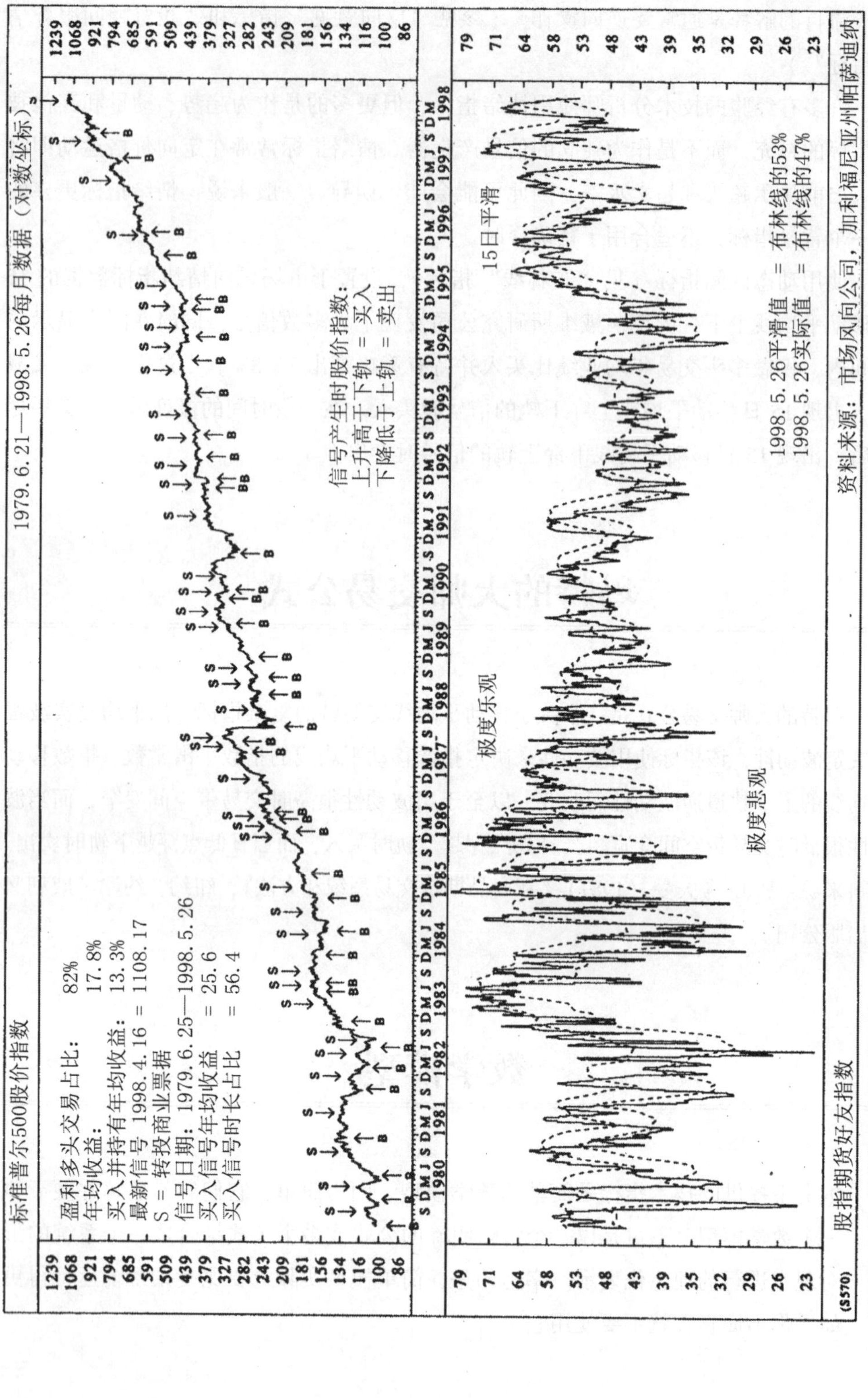

图表经内德·戴维斯研究公司许可

最大熵谱分析（MESA），最大熵法（MEM）

　　MESA 代表的不同名称，经常被互换使用，即使是同一作者也是如此。MESA 是由一位地球物理学科学家提出的，它运用适用于短期数据长度的自适应算法来提取短周期。在金融市场中的短周期，通常是不规则的且总是变动的，好像几乎能为预测者提供无限种情况。交易者自然想使用极小的市场价格数据和任一可得技术，希望能在周期改变时精确识别出该关键时刻。不幸的是，市场行为在短时间范围内要比在长期中更加不规则。当然，因心理情绪摆动产生的不规则市场数据同物理现象产生的规则数据根本就不能比较，而 MESA 是为后者而设计的。因此，MESA 应用于市场数据是受质疑的。

　　MESA 以伯格算法为基础（参见约翰·帕克·伯格的博士论文，斯坦福大学，1975）。伯格使用小数据，从有限时间序列中首创了高分辨率谱估计。

　　伯格的观点引发了交易者和分析师的想象力。1978 年，航空航天信号工程师约翰·埃勒斯成为撰写软件程序将 MESA 用于市场价格数据的第一人。埃勒斯在其网站 www.mesasoftware.com 上撰文称，他的 MESA2000 程序采用自适应滤波器和反馈回路来适应不断变化的周期。滤波器的输出结果与实际市场数据样本进行比较，比较的结果不断进行反馈来调整滤波器，从而滤波器输出结果朝着观测数据移动。昨日支配周期的一部分成为今日数据长度，滤波器参数由价格数据固定。自适应数据长度避免了通常由固定长度时间窗口产生的测量延迟或滞后。

　　埃勒斯撰文称，完全以周期为基础进行交易并不是一个合理的方法，因为交易周期在全部时间里出现仅占 15%。合理的交易策略必须包含趋势跟踪技术，比如移动平均线。（参见"周期测量"，《股票和商品期货技术分析》第 15 卷第 11 期第 505—509 页，www.traders.com。）

　　佩里·考夫曼建议，以少量数据为基础的最优周期必须具有较低的依赖性。（参见"考夫曼论商品期货交易"，《股票和商品期货技术分析》第 6 卷第 4 期第 123—128 页，www.traders.com。）

　　根据杰弗里·卡茨和唐娜·麦考密克的著作《交易策略百科全书》（纽约：麦格劳—希尔教育出版公司，2000 版第 203—204 页），"然而，和许多其他确定周期的数学方法一样，最大熵法存在许多问题。例如，MEM 有点挑剔，它对数据中比如极数和回顾期数的微小变化过度敏感。此外，价格数据不仅必须去趋势或区分，而且必须在传给最大熵算法之前通过低通滤波器进行平滑；该算法对有噪声的原始数据不好用。在最大熵周期提取之前使数据通过滤波器的问题在于，其中包括滞后和相移。因此，就相位和择时而言，所发现的对周期的推断可能是错的，除非采用额外的分析。"

卡茨和麦考密克对第 10 章"基于周期项"进行了总结，做出以下观察结果："相对于周期模型，市场似乎变得更加有效……明显的市场行为（比如清晰的可交易周期）是，在大多数交易者能利用它们之前就卖掉股票。"引用经过许可。

麦克莱伦摆动指标

麦克莱伦摆动指标是一个宽度动量摆动指标，计算它共分三步：

1. 用每天上涨股票数量减去下跌股票数量，考虑符号（因此下跌数量多于上涨数量会得出负数）。

2. 用两条不同的指数移动平均线（EMA），一条 19 日 EMA 和一条 39 日 EMA，来平滑该每日上涨下跌数量差。

3. 用 39 日 EMA 减去 19 日 EMA。

麦克莱伦摆动指标的绘制结果围绕 0 变化。同其他动量摆动指标一样，麦克莱伦摆动指标有时会在股票价格趋势改变之前触及一个极值。人们常使用来自纽交所的数据，尽管来自其他交易所的数据也可以使用。

传统上，麦克莱伦摆动指标被认为能对一般市场情况给出超买和超卖信号。人们认为，摆动指标极值暗示着熊市卖出高潮或牛市买入高潮。然而正如下列图表显示的一样，由于股票交易所上市股票总数的大幅上升，该指标点位随着时间的推移移动到更大的极端。因此，麦克莱伦摆动指标应该因这种上升而调整，比如，用每日净上涨数量除以交易股票总数量。

当麦克莱伦摆动指标从 0 下方移动到 0 上方时，它标示着动量变正，是不远的将来股票价格看涨的信号。当麦克莱伦摆动指标从 0 上方移动到 0 下方时，股票市场看跌。

如何解释麦克莱伦摆动指标的详细描述见《盈利形态：麦克莱伦摆动指标与求和指标》（交易点位公司，加利福尼亚州五兰冈市万特乐大道 22801 号 210 室，邮编 91364）。

麦克莱伦摆动指标策略举例

以 1932 年 3 月 8 日以来 68 年期间纽约证券交易所每日上涨和下跌股票数量和 DJIA 的每日数据文件为基础，我们发现，如果不带主观性，不运用复杂技术分析，不妄断，而以纯机械式的信号为基础，简单的趋势跟踪规则能产生良好的交易结果。

多头开仓（买入）：当麦克莱伦摆动指标上穿 0 时，以 DJIA 当日收盘价买入。

多头平仓（卖出）：当麦克莱伦摆动指标下穿 0 时，以 DJIA 当日收盘价卖出。

空头开仓（卖出空头）：当麦克莱伦摆动指标下穿 0 时，以 DJIA 当日收盘价卖出空头。

空头平仓（平仓）：当麦克莱伦摆动指标上穿 0 时，以 DJIA 当日收盘价平仓空头。

运用该麦克莱伦摆动指标趋势跟踪策略，以 100 美元开始投资并将利润再投资，假如充分运用该投资策略进行利润再投资操作，无交易成本和税收，净利润总额将达到 901,259.31 美元，这比买入并持有策略高出 7,087.84%，即使空头卖出交易也是盈利的。交易较活跃，平均每 11.82 个日历日就交易一次。

在 Equis 国际公司 MetaStock© 系统中，麦克莱伦摆动指标被插入在通常预留给成交量（V）的数据字段中，其测试规则书写如下：

多头开仓：(Mov(V,opt1,E))-(Mov(V,opt2,E))>0
多头平仓：(Mov(V,opt1,E))-(Mov(V,opt2,E))<0
空头开仓：(Mov(V,opt1,E))-(Mov(V,opt2,E))<0
空头平仓：(Mov(V,opt1,E))-(Mov(V,opt2,E))>0
OPT1 当前值：19
OPT1 当前值：39

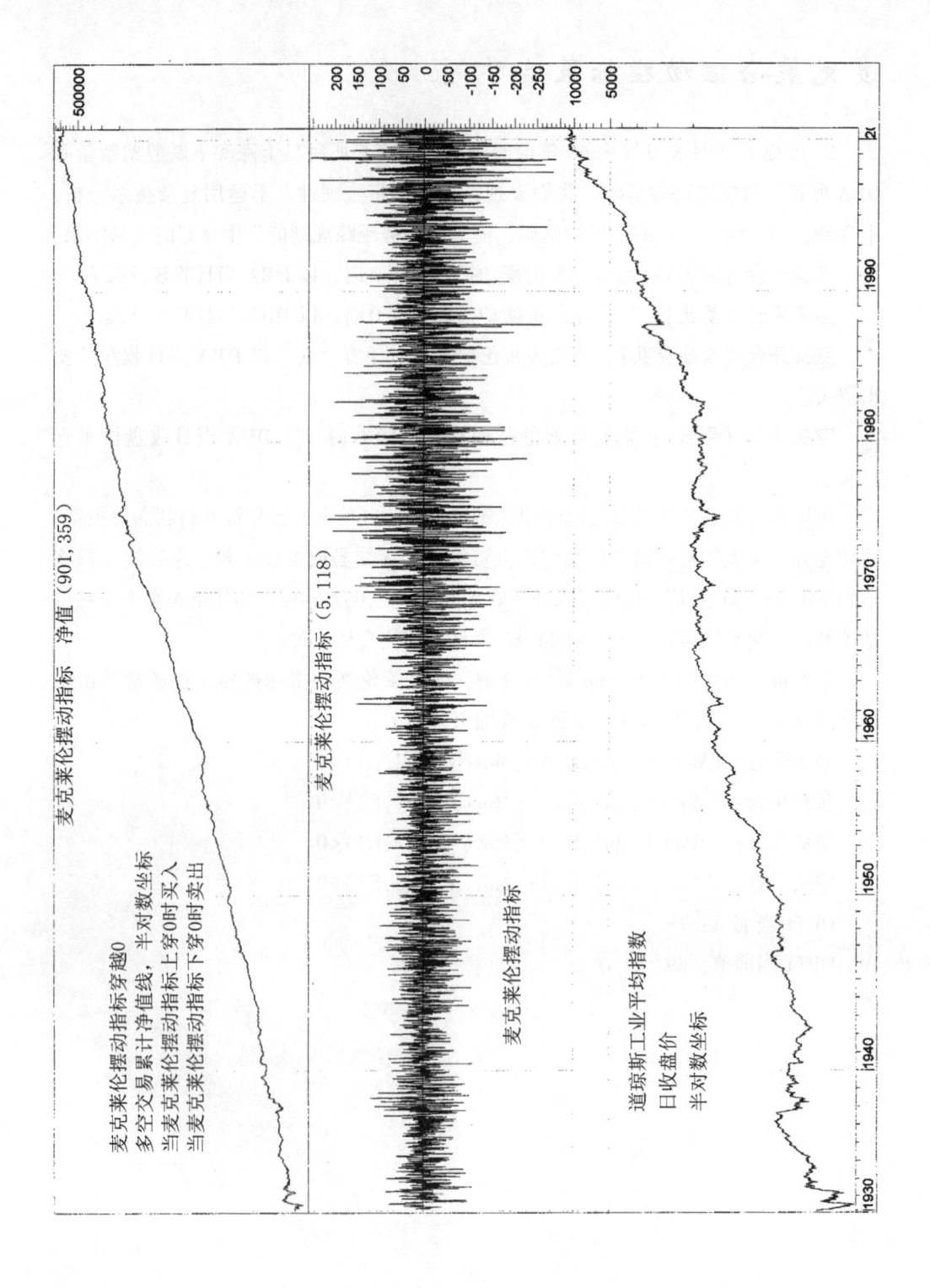

麦克莱伦摆动指标 净值（901，359）

麦克莱伦摆动指标穿越0
多空交易累计净值线，半对数坐标
当麦克莱伦摆动指标上穿0时买入
当麦克莱伦摆动指标下穿0时卖出

麦克莱伦摆动指标（5，118）

麦克莱伦摆动指标

道琼斯工业平均指数
日收盘价
半对数坐标

麦克莱伦摆动指标穿越 0，多空交易

净利润总额	901259.31	未平仓头寸价值	-1462.04	超额净利润比率%			7076.19
盈亏百分比	901259.31	年均盈亏百分比	13146.82	年均超额净利润比率%			7076.19
初始投资	100	利息收入	0				
当前头寸	多头	头寸建立日期	9/1/00				
买入并持有利润总额	12538.66	测试总天数	25022	平均每笔交易天数			11.82
买入并持有利润率%	12538.66	年均买入并持有利润率%	182.9				
已平仓交易总数	2117	佣金支付总额	0				
每笔交易平均利润	426.42	平均盈利与平均亏损比率	2.06				
多头交易总数	1058	空头交易总数	1059	多头交易中盈利交易占比%			47.45
盈利多头交易总数	502	盈利空头交易总数	367	空头交易中盈利交易占比%			34.66
盈利交易总金额	869	亏损交易总数	1248	交易总数中盈利交易占比%			41.05
盈利交易总金额	2978256.8	亏损交易总金额	-2075535.5	交易总金额中净盈利金额占比%			17.86
平均盈利	3427.22	平均亏损	-1663.09	平均盈亏总额中净平均盈利占比%			34.66
最大盈利	117985.13	最大亏损	-53506.88	最大盈亏合计中净盈利占比%			37.60
盈利交易平均持仓期数	15.12	亏损交易平均持仓期数	5.64	盈亏持仓期数差占亏损持仓期数比例%			168.09
盈利交易最长持仓期数	58	亏损交易最长持仓期数	39	盈亏持仓期数差占最长亏损持仓期数比例%			48.72
最大连续盈利次数	7	最大连续亏损次数	10	最大连续盈亏期数差占最长连续亏损期数比例%			-30.00
空仓总期数	39	平均空仓期数	39				
最长空仓期数	39						
系统未平仓回撤	-21.29	盈亏比指数	30.28	净利润与系统未平仓回撤之比			3349161.32
系统未平仓回撤	-26.91	风险回报指数	100	净利润同系统未平仓回撤之差与净利润之比%			100
最大平仓交易回撤	-53506.88	买入并持有指数	7076.19	系统未平仓回撤与净利润之比%			0.00

在 Equis 公司 Metastock© "系统报告"（盈亏概览统计）中，净利润总额等于利润合计减去亏损合计，包括按市价计价的未平仓头寸。相对地，盈利交易总金额是指已实现利润合计（仅包括已平仓头寸）。同样，亏损交易总金额是指已实现亏损合计（仅包括已平仓交易所有亏损总额，不包括任何未平仓头寸）。系统平仓回撤仅指基于已平仓头寸的累计净亏损金额最大降幅，系统未平仓回撤（SODD）是指交易时累计未实现净利润总额等于头寸平仓金额与初始投资金额之和的累计净盈亏最大降幅。盈亏比指数是关于净盈利金额与净亏损金额关系一起构成一个复杂计算结果，值的范围位于-100（最差可能表现）与+100（最好可能表现）之间，0 值代表盈亏相等，风险回报指数等指数未系统未平仓回撤再除以净利润总额。在本次演练交易中，初始投资假设为 100 美元。多头交易和空头交易都进行，除非另有说明。交易按信号出现当天收盘价格执行，统计分析中不包括交易成本、利息费用和利润。

麦克莱伦和指标

麦克莱伦和指标是指麦克莱伦摆动指标累积总和。据说当它穿越 0 时给出买入和卖出信号：上穿 0 股票市场看涨，而下穿 0 股票市场看跌。我们发现，该指标尽管能获利，但不是这几页使用的指标中更具成果的指标之一。

《盈利形态：麦克莱伦摆动指标与求和指标》中包含对麦克莱伦和指标的更全面的处理（交易点位公司，加利福尼亚州五兰冈市万特乐大道 22801 号 210 室，邮编 91364）。

麦克莱伦和指标穿越 0 的指标策略举例

以 1932 年 3 月 8 日以来 68 年期间纽交所每日上涨和下跌股票数量和 DJIA 的每日数据文件为基础，我们发现，如果不带主观性，不运用复杂技术分析，不妄断，而以纯机械式的信号为基础，简单的趋势跟踪规则能产生良好的但低于正常水平的交易结果。

多头开仓（买入）：当麦克莱伦和指标上穿 0 时，以 DJIA 当日收盘价买入。

多头平仓（卖出）：当麦克莱伦和指标下穿 0 时，以 DJIA 当日收盘价卖出。

空头开仓（卖出空头）：当麦克莱伦和指标下穿 0 时，以 DJIA 当日收盘价卖出空头。

空头平仓（平仓）：当麦克莱伦和指标上穿 0 时，以 DJIA 当日收盘价平仓空头。

运用麦克莱伦和指标趋势跟踪策略，以 100 美元开始投资并将利润再投资，假如充分运用该投资策略进行利润再投资操作，无交易成本和税收，净利润总额将达到 9,137.24 美元，这比买入并持有策略低 27.13%，空头卖出交易是不盈利的并且不包括在本策略中。交易不活跃，平均每 269 个日历日才交易一次。

在 Equis 国际公司 MetaStock© 系统中，麦克莱伦和指标被插入在通常预留给成交量（V）的数据字段中，其测试规则书写如下：

多头开仓：Cum((Mov(V,opt1,E))-(Mov(V,opt2,E)))>0
多头平仓：Cum((Mov(V,opt1,E))-(Mov(V,opt2,E)))<0
空头开仓：Cum((Mov(V,opt1,E))-(Mov(V,opt2,E)))<0
空头平仓：Cum((Mov(V,opt1,E))-(Mov(V,opt2,E)))>0

OPT1 当前值：19
OPT1 当前值：39

麦克莱伦和指标方向的指标策略举例

趋势比点位更重要。麦克莱伦和指标的斜率或方向，即上升或下降，是比穿越任何点位好上 99 倍的指标。该指标等价于麦克莱伦摆动指标，因为当和值改变方向时摆动指标正好穿越 0。

以 1932 年 3 月 8 日以来 68 年期间纽交所每日上涨和下跌股票数量和 DJIA 的每日数据文件为基础，我们发现，如果不带主观性，不运用复杂技术分析，不妄断，而以纯机械式的信号为基础，下列简单的趋势跟踪规则能产生盈利性结果。

多头开仓（买入）：当麦克莱伦和指标方向由向下改变为向上时，以 DJIA 当日收盘价买入。

多头平仓（卖出）：当麦克莱伦和指标方向由向上改变为向下时，以 DJIA 当日收盘价卖出。

空头开仓（卖出空头）：当麦克莱伦和指标方向由向上改变为向下时，以 DJIA 当日收盘价卖出空头。

空头平仓（平仓）：当麦克莱伦和指标方向由向下改变为向上时，以 DJIA 当日收盘价平仓空头。

运用该麦克莱伦和指标方向趋势跟踪策略，以 100 美元开始投资并将利润再投资，假如充分运用该投资策略进行利润再投资操作，无交易成本和税收，净利润总额将达到 906,443.88 美元，这比买入并持有策略高出 7,129.19%，即使空头卖出交易也是盈利的并且包括在这些结果中。交易活跃，平均每 11.82 个日历日交易一次。

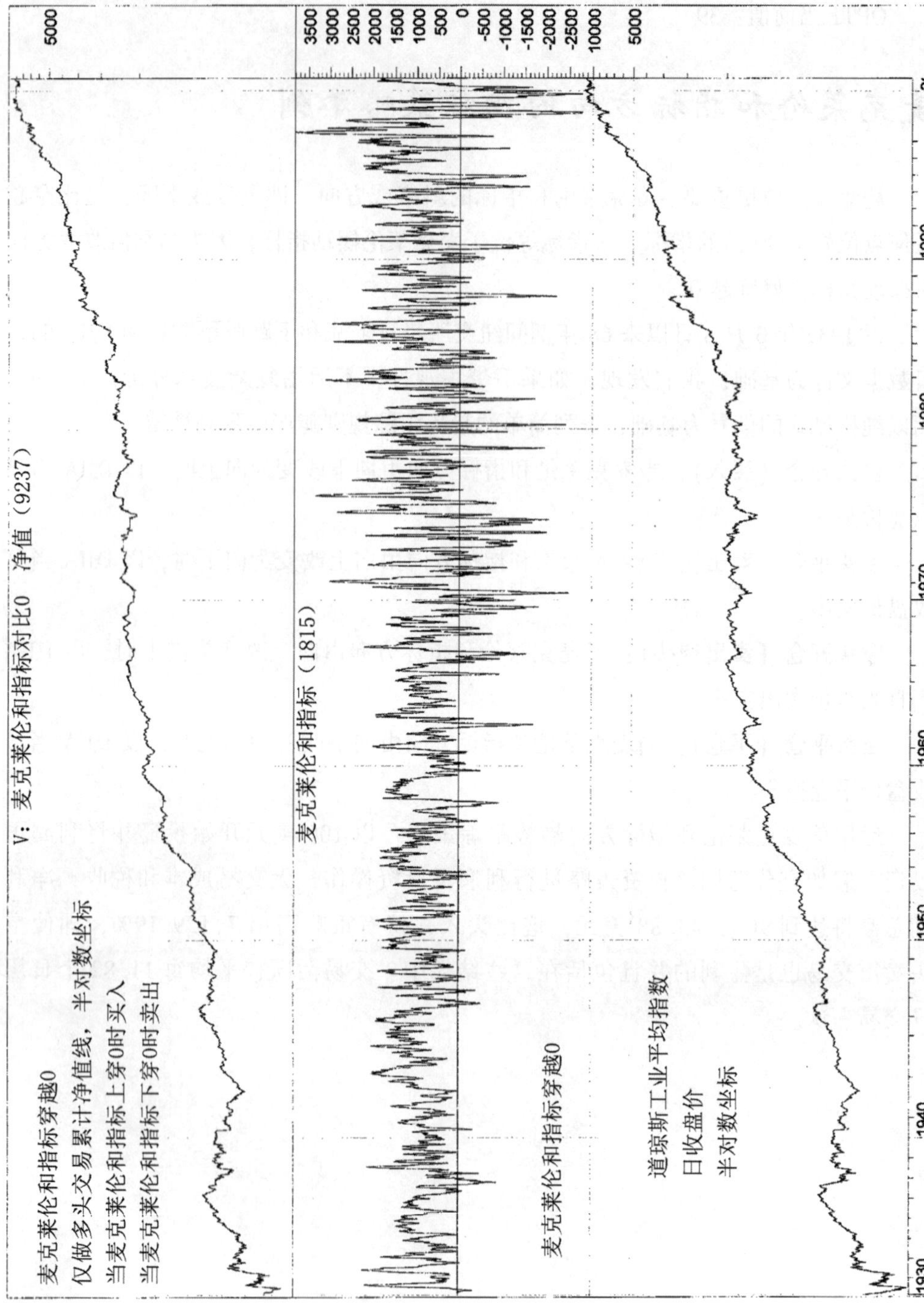
V：麦克莱伦和指标对比0　净值（9237）
麦克莱伦和指标穿越0
仅做多头交易累计净值线，半对数坐标
当麦克莱伦和指标上穿0时买入
当麦克莱伦和指标下穿0时卖出
5000
麦克莱伦和指标（1815）
麦克莱伦和指标穿越0
3500
3000
2500
2000
1500
1000
500
0
-500
-1000
-1500
-2000
-2500
10000
5000
道琼斯工业平均指数
日收盘价
半对数坐标
1930
1940
1950
1960
1970
1980
1990

麦克莱伦和指标穿越 0，仅做多头交易

净利润总额	9137.24	未平仓头寸价值	87.51	超额利润比率%	-27.13
盈亏百分比	9137.24	年均盈亏百分比	133.29	年均超额净利润比率%	-27.12
初始投资	100	利息收入	0		
当前头寸	多头	头寸建立日期	4/6/00		
买入并持有利润总额	12538.66	年均买入并持有利润率%	182.9	平均每笔交易天数	269.05
买入并持有利润率%	12538.66	佣金支付总额	0		
已平仓交易总数	93	平均买入并持有利润与亏损比率	5.72		
每笔交易平均利润	97.31				
多头交易总数	93	空头交易总数	0	多头交易中盈利交易占比%	44.09
盈利多头交易数	41	盈利空头交易数	0	空头交易中盈利交易占比%	#
盈利交易总数	41	亏损交易总数	52	交易总数中盈利交易占比%	44.09
盈利交易总金额	11629.12	亏损交易总金额	-2579.39	交易总金额中净盈利金额占比	63.69
平均盈利	283.64	平均亏损	-49.6	平均盈利合计中净平均盈利占比	70.23
最大盈利	1725.03	最大亏损	-262.19	最大盈利合计中净盈利占比	73.61
盈利交易平均持仓期数	292.59	亏损交易平均持仓期数	61.52	盈亏持仓期数占亏损持仓期数比例%	375.60
盈利交易最长持仓期数	1814	亏损交易最长持仓期数	634	最长盈亏持仓期数差占最长亏损期数比%	186.12
最大连续盈利次数	4	最大连续亏损次数	6	最大连续盈亏期数差占净盈亏期数比例%	-33.33
平均空仓期数	2981				
最长空仓期数	174				
系统平仓回撤	-15.01	盈亏比指数	77.99	净利润与系统平仓回撤之比	34702.77
系统未平仓回撤	-26.33	风险回报指数	99.71	净利润同系统平仓回撤之差与净利润之比	99.71
最大未平仓回撤	-671.02	买入并持有指数	-26.43	系统未平仓回撤与净利润之比	-0.29

在 Equis 公司 Metastock© "系统报告"（盈亏概览统计）中，净利润总额等于未平仓头寸、净利润合计减去亏损合计，包括按市值计价的未平仓头寸。相对地，盈利交易总金额是指已实现利润合计（仅包括已平仓头寸）。系统平仓回撤是指仅基于已平仓头寸的累计净利润的最大降幅。系统未平仓回撤（SODD）是指头寸未平仓时累计净亏损低于初始投资的最大降幅。盈亏比指数是关于已平仓总交易金额与总亏损金额联系在一起的一个复杂计算结果，值的范围位于-100（最差可能表现）与+100（最好可能表现）之间，0 值代表盈亏相等，风险回报指数等同盈亏比等。交易按信号出现当天收盘价格执行，统计分析中不包括交易成本、利息费用和利润。假设为 100 美元。多头交易和空头交易都进行，除非另有说明。在本次演练交易中，初始投资

— 371 —

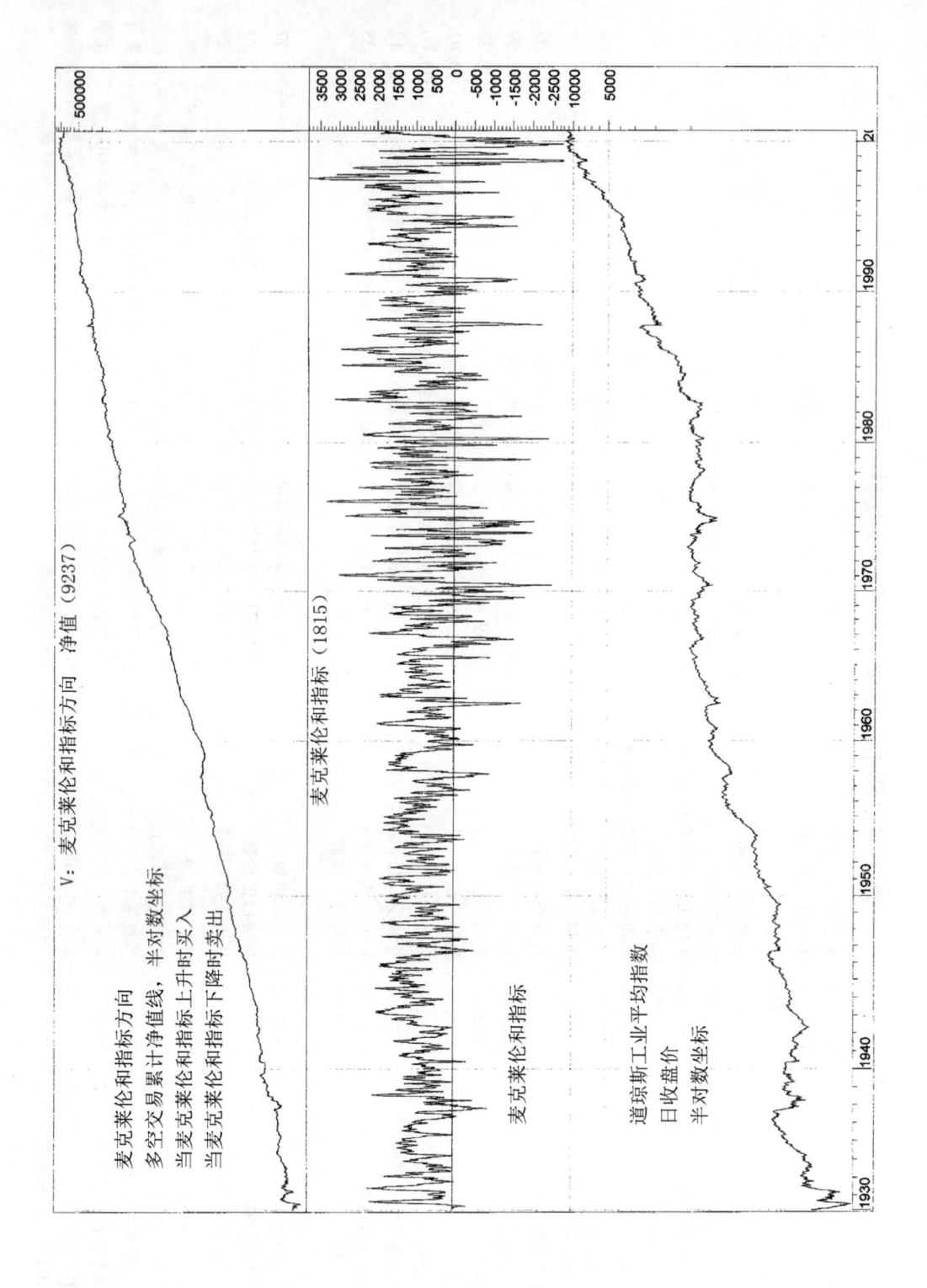

麦克莱伦指标方向
多空交易累计净值线，半对数坐标
当麦克莱伦和指标上升时买入
当麦克莱伦和指标下降时卖出

麦克莱伦指标

道琼斯工业平均指数
日收盘价
半对数坐标

麦克莱伦指标方向,多空交易

净利润总额	906443.88	未平仓头寸价值	−1470.45	超额净利润比率%	7129.19
盈利百分比	906443.87	年均盈亏百分比	13222.44	年均超额净利润比率%	7129.33
初始投资	100	利息收入	0		
当前头寸	多头	头寸建立日期	9/1/00		
买入并持有利润总额	12538.66	测试总天数	25022	平均每笔交易天数	11.82
买入并持有利润率%	12538.66	年均买入并持有利润率%	182.9		
已平仓交易总额	2117	佣金支付总额	0		
每笔交易平均利润	428.87	平均盈利与平均亏损比率	2.06		
多头交易总数	1058	空头交易总数	1059	多头交易中盈利交易占比	47.45
盈利多头交易总数	502	盈利空头交易总数	368	空头交易中盈利交易占比	34.75
盈利交易总数	870	亏损交易总数	1247	交易总数中盈利交易占比	41.10
盈利交易总金额	2995385.5	亏损交易总金额	−2087471.8	交易总金额中净盈利金额占比	17.86
平均盈利	3442.97	平均亏损	−1673.99	平均盈亏总合计中净平均盈利占比	34.57
最大盈利	118663.75	最大亏损	−53814.63	最大盈亏合计中净盈利占比	37.60
盈利交易平均持仓期数	15.1	亏损交易平均持仓期数	5.64	盈亏持仓期数差占亏损持仓期数比例%	167.73
盈利交易最长持仓期数	58	亏损交易最长持仓期数	39	最长盈亏持仓期数差占最长亏损持仓期数比例%	48.72
最大连续盈利次数	7	最大连续亏损次数	10	最大连续盈亏期数差占连续亏损期数比例%	−30.00
空仓总期数	40	平均空仓期数	40		
最长空仓期数	40				
系统平仓回撤	−20.84	盈亏比指数	30.28	净利润与系统平仓回撤之比%	3421834.20
系统未平仓回撤	−26.49	风险回报指数	100	净利润同系统平仓回撤之差与净利润之比%	100.00
最大未平仓回撤	−53814.63	买入并持有指数	7117.47	系统未平仓回撤与净利润之比%	0.00

在 Equis 公司 Metastock© "系统报告"(盈亏概览统计)中,净利润总额等于未平仓头寸已实现利润合计减去亏损合计,包括按市值计价的未平仓头寸。相对地,盈利交易总金额是指已实现利润合计(仅包括已平仓头寸已平仓头寸),不包括任何未平仓头寸。同样,亏损交易总额是指已实现亏损交易合计(仅包括已平仓交易所有亏损总额,不包括任何未平仓头寸)。系统平仓回撤仅指基于已平仓头寸的累计净值曲线低于初始投资的最大降幅,系统未平仓回撤(SODD)是指已平仓头寸未平仓时累计净值曲线)低于初始投资的最大降幅。盈亏比指数是关于将盈利交易总金额与亏损交易总额联系在一起的一个复杂计算结果,值的范围位于−100(最差可能表现)和+100(最好可能表现)之间,0值代表盈亏相等。风险回报指数等于系统未平仓回撤总额减去净利润总额的差再除以净利润总额。在本次演练交易中,初始投资假设为 100 美元。多头交易和空头交易都按进行,交易按信号出现当天收盘价格执行,统计分析中不包括交易成本、利息费用和利润。

— 373 —

在 Equis 国际公司 MetaStock© 系统中，麦克莱伦和指标被插入在通常预留给成交量（V）的数据字段中，其测试规则书写如下：

多头开仓：Cum((Mov(V,opt1,E))-
(Mov(V,opt2,E))) >Ref(Cum((Mov(V,opt1,E))-(Mov(V,opt2,E))),-1)

多头平仓：Cum((Mov(V,opt1,E))-
(Mov(V,opt2,E))) <Ref(Cum((Mov(V,opt1,E))-(Mov(V,opt2,E))),-1)

空头开仓：Cum((Mov(V,opt1,E))-
(Mov(V,opt2,E))) <Ref(Cum((Mov(V,opt1,E))-(Mov(V,opt2,E))),-1)

空头平仓：Cum((Mov(V,opt1,E))-
(Mov(V,opt2,E))) >Ref(Cum((Mov(V,opt1,E))-(Mov(V,opt2,E))),-1)

OPT1 当前值：19
OPT1 当前值：39

信步指标

信步指标用典型价格代替布林线超买/超卖分析中的收盘价（参见"布林线"指标）。计算典型价格时，把最高价、最低价和收盘价加在一起，然后再除以3。该结果被认为是该期间平均值或典型价格的大约估计，典型价格可以代替收盘价与许多指标一起使用。然而，在我们的分析中这样做的好处却不明显。

会员/零股指标

特许市场技术分析师阿瑟·A. 梅里尔比较了懂行的专业交易者行为与小人物行为，小人物只能提供少于100股整数股的报价。

从《巴伦周刊》公布的每周原始数据开始，运用一系列复合的基础简单计算，梅里尔处理原始数据得到平滑比率。梅里尔情绪指标的计算和解释共分9步：

1. 用会员买入总量乘以零股卖出总量；
2. 将来自第1步的结果乘以100，保存该结果用于步骤6；
3. 用零股买入总量加上零股卖出总量；
4. 用会员卖出总量减去来自第3步的总和；
5. 用来自第4步的差值乘以零股买入总量；
6. 用来自前面第2步的结果除以来自第5步的结果；
7. 计算来自第6步比率的5期指数移动平均线；
8. 计算来自第7步平滑比率的一个标准差的正负67%值，它们应该大约包含了中间两个四分位数；
9. 来自第7步的5周指数平滑移动平均线相对于来自于第8步的其一个标准差的上下67%轨道线解释如下：低于一个标准差67%以下的比率看涨，高于一个标准差67%以上的比率看跌。

会员空头比率

周五收盘后晚些时候，纽约证券交易所公布空头卖出总量的汇总统计数据。股票交易所会员的空头卖出是与非会员（公众）空头卖出分开的，因为随着交易活动总量的普遍膨胀，各种空头卖出的绝对水平都已经提高了，所以这些数据从某种程度上必须标准化——因而形成不同的空头卖出比率。

计算会员空头比率，用会员空头卖出总量除以全部空头卖出总量。理论上，作为深刻经历过市场运行方式的经验丰富的专业交易者的会员，对股票价格趋势的把握通常是对的，如果不是这样，他们就不会停留在交易中。

当会员空头比率较高时，会员相对于公众高度卖空，这暗示着精明的投资专家是悲观的，这是未来股票价格趋势看跌的指标。

类似地，较低的会员空头比率是看涨的，精明的投资专家相对乐观。因此，该指标的解释方式类似于超买/超卖摆动指标。

空头卖出是为了利用价格下跌而设计的进取型交易策略。当投机者预期价格下跌时，他们会卖空一只股票。如果价格真的下跌了，他们实现的利润等于卖空价格与较低的买回价格之差。如果他们错了，股价上涨了，他们的亏损会等于股价增值数额，或他们卖出价格与更高的买回价格之差。

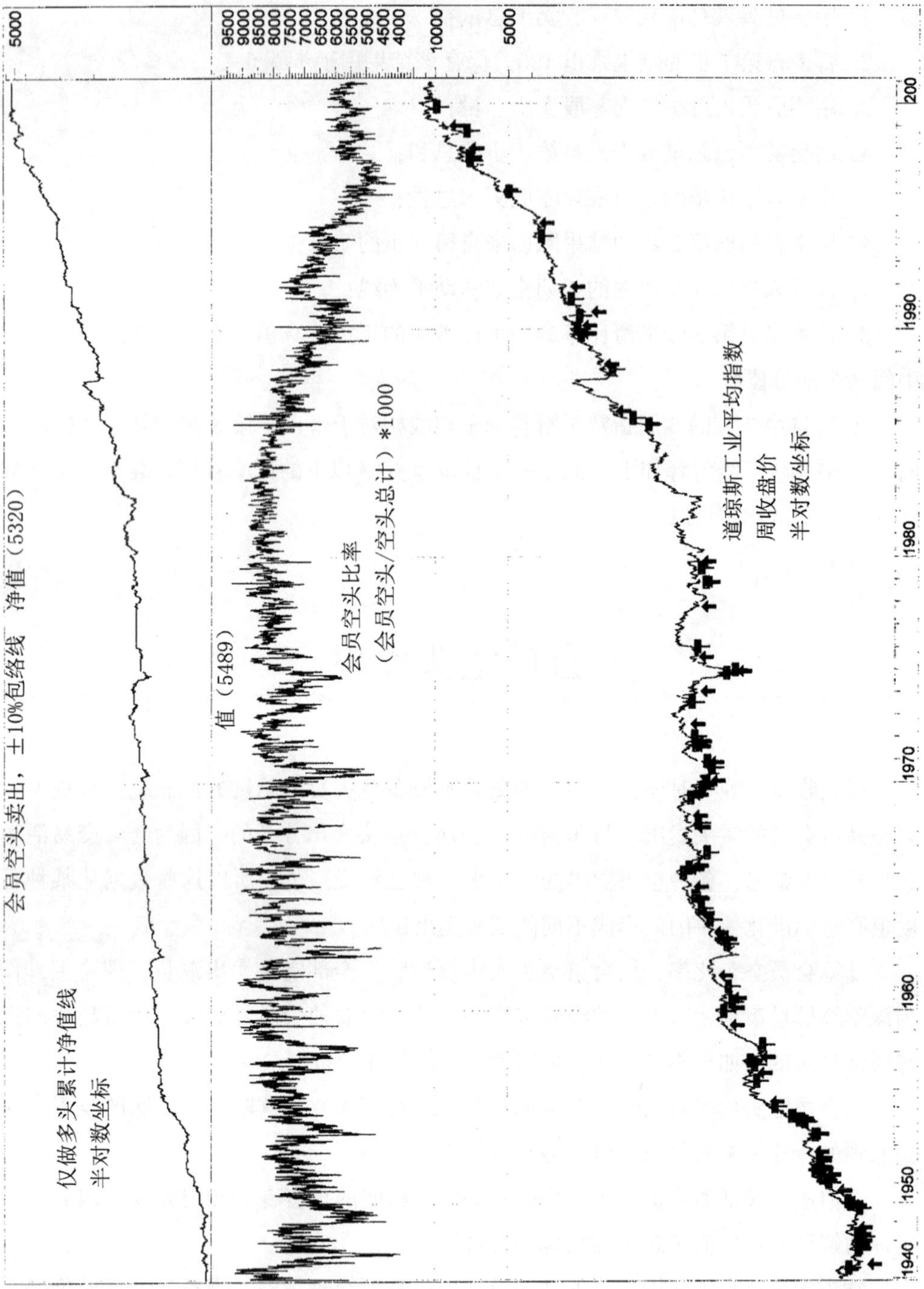
会员空头卖出，±10%包络线　净值（5320）
仅做多头累计净值线
半对数坐标
值（5489）
会员空头比率
（会员空头/空头总计）*1000
道琼斯工业平均指数
周收盘价
半对数坐标
5000
9500 9000 8500 8000 7500 7000 6500 6000 5500 5000 4500 4000
10000
5000
1940
1950
1960
1970
1980
1990
200

会员空头比率（包络线）

净利润总额	5220.29	未平仓头寸价值	无
盈亏百分比	5220.29	年均仓盈亏百分比	94.94
初始投资	100	利息收入	0
当前头寸	空仓	头寸建立日期	11/12/99
买入并持有利润总额	5217.78	测试总天数	20070
买入并持有利润率%	5217.78	年均买入并持有利润率%	94.89
已平仓交易总数	61	佣金支付总额	0
每笔交易平均利润	85.58	平均盈利与平均亏损比率	7.16
多头交易总数	61	多头交易中盈利交易占比%	0
盈利多头交易数	49	空头交易中盈利交易占比%	0
盈利交易总数	49	交易总数中盈利交易占比%	12
盈利交易总金额	5405.12	盈利总金额中净盈利金额占比	−184.83
平均盈利	110.31	平均盈亏合计中净盈利占比	−15.4
最大盈利	1143.88	最大盈亏持仓期数占中净盈利比例%	−92.57
盈利交易平均持仓期数	34.37	盈亏持仓期数占最长持仓期数比例%	22.33
盈利交易最长持仓期数	317	最长盈亏持仓期数差占最长亏损期数比例%	74
最大连续盈利次数	14	最大连续盈亏期数差占连续亏损期数比例%	3
空仓总期数	1038	平均空仓期数	16.74
最长空仓期数	93		
系统平仓回撤	−0.69	盈亏比指数	96.58
系统未平仓回撤	−3.7	风险回报指数	99.93
最大未平仓交易回撤	−136.43	买入并持有指数	0.05

超额净利润比率%	0.05
年均超额净利润比率%	0.05
平均每笔交易天数	329.02
多头交易中盈利交易占比%	80.33
空头交易中盈利交易占比%	#
交易总数中盈利交易占比%	80.33
盈利总金额中净盈利金额占比	93.39
平均盈亏合计中净盈利占比	75.50
最大盈亏持仓期数占中净盈利比例%	85.03
盈亏持仓期数占最长持仓期数比例%	53.92
最长盈亏持仓期数差占最长亏损期数比例%	328.38
最大连续盈亏期数差占连续亏损期数比例%	366.67
净利润与系统未平仓回撤之比	141008.92
净利润同系统未平仓回撤之差与净利润之比%	99.93
系统未平仓回撤与净利润之比	−0.07

在 Equis 公司 Metastock© "系统报告"（盈亏概览统计）中，净利润总额等于利润合计（仅包括已平仓交易盈亏）减去亏损合计，包括按市值计价的未平仓头寸。相对地，盈利交易总金额是指已实现利润合计（仅包括已平仓交易合计）减去所有亏损交易（仅包括已平仓头寸）。同样，亏损交易总金额是指已实现亏损合计（仅包括所有亏损交易总金额），不包括任何未平仓头寸。系统平仓回撤是指仅基于已平仓头寸净交易总金额联系在一起的累计净交易总金额的最大降幅，系统未平仓回撤（SODD）是指头寸未平仓时累计净值线低于初始投资的累计净值线的最大降幅。盈亏比指数是关于盈利交易总金额与亏损交易总金额联系在一起的一个复杂计算结果，值的范围位于−100（最差可能表现）与+100（最好可能表现）之间，0 值代表盈亏持平等，风险回报指数等于净利润总额除以净利润总额减去系统未平仓回撤后的差，统计分析中不包括交易成本、利息费用和利润。假设为 100 美元，多头和空头交易都进行，除非另有说明。交易按信号出现当天收盘价格执行。在本次演练交易中，初始投资

会员空头比率指标策略举例

以 1946 年 1 月至 2000 年 12 月的 55 年期间会员空头比率以及 DJIA 每周收盘价数据文件为基础,我们发现,如果不带主观性,不运用复杂技术分析,不妄断,而以纯机械式的超买/超卖信号为基础,下列参数能产生良好的交易结果。

多头开仓(买入):当最新会员空头比率低于其前一周会员空头比率 3 周指数移动平均线的 90% 时,以 DJIA 当周收盘价买入。

多头平仓(卖出):当最新会员空头比率高于其前一周会员空头比率 25 周指数移动平均线的 110% 时,以 DJIA 当周收盘价卖出。

空头开仓(卖出空头):从不操作。

运用该会员空头比率逆势交易策略,以 100 美元开始投资并将利润再投资,假如充分运用该投资策略进行利润再投资操作,无交易成本和税收,净利润总额将达到 5,220.29 美元,这比买入并持有策略高出 0.05%。空头卖出交易是不盈利的,且空头卖出交易不包含在本策略中。空头卖出交易会减少 90% 的利润。该仅做多头会员空头比率作为指标在整个期间给出的盈利性买入信号占 80.33%。交易不活跃,平均每 329.02 个日历日交易一次。注意,该策略仅考虑周末收盘价而忽略中间任何变化。

在 Equis 国际公司 MetaStock© 系统中,会员空头卖出对全部空头卖出的比率被插入在通常预留给成交量的字段中,会员空头比率测试规则书写如下:

多头开仓:V<0.9 * Ref(Mov(V,opt1,E),-1)

多头平仓:V>1.1 * Ref(Mov(V,opt2,E),-1)

OPT1 当前值:3

OPT2 当前值:25

动量指标

动量指标衡量在给定时间间隔内价格变动的数量。它本质上与价格变动率指标是一样的。动量指标可以定义为一个差值或比率,为了随着时间的推移能保持可比性,比率方法更受欢迎。计算动量指标的比率方法可表述如下:

$$Momentum = (C/C_n) \cdot 100$$

其中 C 是最近一期收盘价,C_n 是 n 期前的收盘价。

用 Equis 国际公司 MetaStock© 系统指标建立器语法,流行的 10 期动量指标表示为:

$$\text{Momentum} = (C/\text{Ref}(C,-10))100$$

其中 C 是最近一期收盘价，Ref（C，−10）是 10 期前的收盘价。

该公式得出的动量比率围绕 100.00 波动（一些分析师好像更喜欢再减去 100，这样该指标可以围绕 0 波动）。

当离群值突然退出进行计算所依赖的移动视窗以外时，动量指标受到无关随机噪音干扰，由于这一原因，我们更喜欢相同基本概念的其他公式。

当动量指标发生下列变化时趋势跟踪交易者买入：

- 触底回升；
- 上穿某一绝对临界值；
- 上穿某一条自身移动平均线；
- 显示某种相对于价格的正向背离。

应用相反条件进行卖出。

如果动量指标触及极高值或极低值（相对于其历史数值），它暗示着当前市场趋势会持续。例如，如果动量指标触及极高点，这意味着价格趋势非常强烈，因此价格仍会趋向更高。

动量指标与价格的背离可以作为先行指标。当价格进入顶部反转形态，或者进入派发阶段，则动量指标会随着上涨的变慢而开始恶化。同样，在市场底部，动量指标通常提前于价格变得稳定。

对于技术分析师来说，基本动量概念是很重要的。价格变动速度是趋势方向改变的先行指标，动量变化先于价格变化。在典型的主要市场周期中，价格会伴随非常高并上升的动量而开始一轮新的上涨趋势。随着价格变得充分反映实值、买方在某种程度上回撤以及卖方增加对所出售股票的供给，这种正向速度逐渐减弱，价格上升的斜率变小。几乎不变的是，刚好在价格触及其最终高点之前，动量指标触及其顶点。当价格在尝试反弹中开始很难进一步上升时，动量指标进一步变弱。当在次级反弹中价格反弹开始达不到前期顶点时，动量指标会更大幅地下降，这描述了非常成熟的看涨衰竭阶段。当价格下降到前期次级低点之下时，动量指标会突然剧烈击穿至负值区域，向图表使用者给出卖出信号，新一轮熊市（整个周期中的下跌阶段）开始。最终，经过长期下跌后，价格变动速度常常在价格触及其最终低点之前见底回升。当长期保证金账户清偿后，并且价格变得便宜或者被过度低估，新的买方被吸引，在卖方已经力竭的气氛中暂时竞买股票。在接下来的次级价格下跌中，当向下的动量指标负值变小时，并且负的价格变动率减弱时，新的上涨周期阶段确立，这是清晰的信号，此时价格突破图形底部形态的上轨，可以见到上一次牛市以来最好的动量指标（指标策略举例参见"价格变动比率（ROC）"）。

蔡金的资金流指标

参见"成交量加速摆动指标,成交量加速趋势"。

年内之月:显著季节性升降趋势

特许市场技术分析师阿瑟·A. 梅里尔发现,一年中并不是所有月份能获得同样的回报,他在其经典著作《华尔街价格行为》(第二版)(分析出版社,纽约查帕瓜,1984:共 147 页)中进行了证明。

使用日历和 DJIA 的价格变化,他计算了从 1897 年到 1983 年的 87 年期间各年中每一个月市场上涨或下跌的次数。

在大多数时间,12 个月中有 8 个月能见到更高的股价,平均每月市场上涨的时间占 55.5%。

最好的月份有 12 月份(68%的时间上涨)、8 月份(67%的时间上涨)和 1 月份(64.3%的时间上涨)。11 月份、7 月份、3 月份和 4 月份表现强劲,上涨时间依次为 58.8%至 57.1%。10 月份低于平均水平,上涨时间仅占 51.6%。

最差的月份包括 9 月份(44.3%的时间上涨)、6 月份(44.9%的时间上涨)、2 月份(46.9%的时间上涨)和 5 月份(48.0%的时间上涨)。

使用 1900 年至 2000 年的 101 年期间 DJIA 月末收盘价,我们复制和更新梅里尔的研究,我们的发现与梅里尔紧密相符。关于年中盈利月份的频率,排在最前的 3 个月份仍然是 12 月份、8 月份和 1 月份,最差的月份仍然是 9 月份、2 月份、5 月份和 6 月份。

自从 17 年前梅里尔研究以来,出现一些微小偏差。这归功于这段期间以来的大牛市,我们的最近数据显示,在过去 100 年的时间里,平均每月上涨时间占 56.6%,比起梅里尔研究的 55.5%有所上升,作为最强月份的 12 月份甚至更强,强势的 7 月份、3 月份和 11 月份胜率也更强。6 月份和 5 月份依然低于平均水平,但没有过去那么糟糕。

最差的 9 月份甚至变得更差,在过去 100 年的时间里上涨仅占 42%。4 月份尽管仍有 53.5%的时间上涨,但从稍高于平均水平下滑至稍低于平均水平。

我们的表格提供了更多的深刻认识。用价格变动数量来表示,12 月份、7 月份、

8月份、4月份、3月份、11月份和6月份表现出最好的盈利，9月份、5月份、10月份和2月份表现出最大的亏损。幸运的是，变动数量与频率是一致的，这增强了我们对研究成果的信心。

1900—2000年的101年期间每月道琼斯工业平均指数表

年内月份	年内月份	盈利（亏损）百分比	交易总次数	盈利交易数	亏损交易数	盈利次数占比	平均盈亏比率
1	1月	181.75	100	64	36	64.00%	1.09
2	2月	-16.02	100	50	50	50.00%	0.88
3	3月	93.93	101	61	40	60.40%	0.93
4	4月	134.67	101	54	47	53.47%	1.53
5	5月	-24.89	101	51	50	50.50%	0.83
6	6月	38.96	101	51	50	50.50%	1.19
7	7月	267.90	101	61	40	60.40%	1.26
8	8月	151.98	101	64	37	63.37%	0.81
9	9月	-67.58	100	42	58	42.00%	0.77
10	10月	-16.64	100	52	48	52.00%	0.84
11	11月	91.24	100	60	40	60.00%	0.91
12	12月	326.80	100	72	28	72.00%	1.32
平均		96.84	101	57	44	56.55%	1.03

1981—2000年的20年期间每月道琼斯工业平均指数表

年内月份	年内月份	盈利（亏损）百分比	交易总次数	盈利交易数	亏损交易数	盈利次数占比	平均盈亏比率
1	1月	49.24	20	14	6	70.00%	1.46
2	2月	23.12	20	13	7	65.00%	0.95
3	3月	31.55	20	14	6	70.00%	1.17
4	4月	46	20	11	9	55.00%	4.30
5	5月	24.84	20	12	8	60.00%	1.54
6	6月	14.48	20	12	8	60.00%	1.26
7	7月	20.61	20	11	9	55.00%	1.67
8	8月	-2.4	20	12	8	60.00%	0.64
9	9月	-15.26	20	7	13	35.00%	1.04
10	10月	9.18	20	12	8	60.00%	0.82
11	11月	36.13	20	14	6	70.00%	0.91
12	12月	49.64	20	15	5	75.00%	3.31
平均		23.93	20	12	8	56.55%	1.59

年内之月指标策略举例

表格表明,对于多头来说9月份是最差的月份。实际上,历史数据显示,单独以该见解为基础的策略,对于多头和空头方面都能产生良好的交易结果。以过去101年期间DJIA月末收盘价为基础,我们发现,如果不带主观性,不运用复杂技术分析,不妄断,而以纯机械式的趋势跟踪信号为基础,下列参数能产生良好的交易结果。

多头开仓(买入):在每年9月份的最后一个交易日以DJIA月末收盘价买入。

多头平仓(卖出):在每年8月份的最后一个交易日以DJIA月末收盘价卖出。

空头开仓(卖出空头):在每年8月份的最后一个交易日以DJIA月末收盘价卖出空头。

空头平仓(平仓):在每年9月份的最后一个交易日以DJIA月末收盘价平仓空头。

运用该季节性策略,以100美元开始投资并将利润再投资,假如充分运用该投资策略进行利润再投资操作,无交易成本和税收,净利润总额将达到164,048.25美元,这比买入并持有策略高出643.83%。199次信号中大约有60.30%能够产生盈利性交易,即使空头卖出交易也能赚钱,它包括在本策略中。

Equis国际公司MetaStock©系统测试规则书写如下:

多头开仓:Month( ) = opt1
多头平仓:Month( ) = opt2
空头开仓:Month( ) = opt2
空头平仓:Month( ) = opt1

OPT1 当前值:9
OPT1 当前值:8

年内之月和日指标策略举例

如果不运用复杂技术分析,不妄断,而以纯机械式的趋势跟踪信号为基础,同时考虑年内月份和月内特定之日的更复杂的策略能产生更好的交易结果。

多头开仓(买入):在每年10月27日以DJIA当日收盘价买入,如果10月27日市场停盘则在接下来的交易日买入。

多头平仓(卖出):在每年9月5日以DJIA当日收盘价卖出,如果9月5日市场停盘则在接下来的交易日卖出。

空头开仓（卖出空头）：在每年 9 月 5 日以 DJIA 当日收盘价卖出空头，如果 9 月 5 日市场停盘则在接下来的交易日卖出空头。

空头平仓（平仓）：在每年 10 月 27 日以 DJIA 当日收盘价平仓空头，如果 10 月 27 日市场停盘则在接下来的交易日平仓空头。

运用该季节性策略，以 100 美元开始投资并将利润再投资，假如充分运用该投资策略进行利润再投资操作，无交易成本和税收，多空交易净利润总额将达到 644,466.56 美元，这比买入并持有策略高出 3,013.58%，199 次信号中大约有 61.81%能够产生盈利性交易。在 1982 年以来的大牛市期间，即使空头卖出交易也能赚钱，它包括在本策略中。

Equis 国际公司 MetaStock© 系统测试规则书写如下：

多头开仓：(Month( ) = opt1 AND DayOfMonth( ) = (opt2+0)) OR
(Month( ) = opt1 AND DayOfMonth( ) = (opt2+1)) OR
(Month( ) = opt1 AND DayOfMonth( ) = (opt2+2)) OR
(Month( ) = opt1 AND DayOfMonth( ) = (opt2+3)) OR
(Month( ) = opt1 AND DayOfMonth( ) = (opt2+4))

多头平仓：(Month( ) = opt3 AND DayOfMonth( ) = (opt4+0)) OR
(Month( ) = opt3 AND DayOfMonth( ) = (opt4+1)) OR
(Month( ) = opt3 AND DayOfMonth( ) = (opt4+2)) OR
(Month( ) = opt3 AND DayOfMonth( ) = (opt4+3)) OR
(Month( ) = opt3 AND DayOfMonth( ) = (opt4+4))

空头开仓：(Month( ) = opt3 AND DayOfMonth( ) = (opt4+0)) OR
(Month( ) = opt3 AND DayOfMonth( ) = (opt4+1)) OR
(Month( ) = opt3 AND DayOfMonth( ) = (opt4+2)) OR
(Month( ) = opt3 AND DayOfMonth( ) = (opt4+3)) OR
(Month( ) = opt3 AND DayOfMonth( ) = (opt4+4))

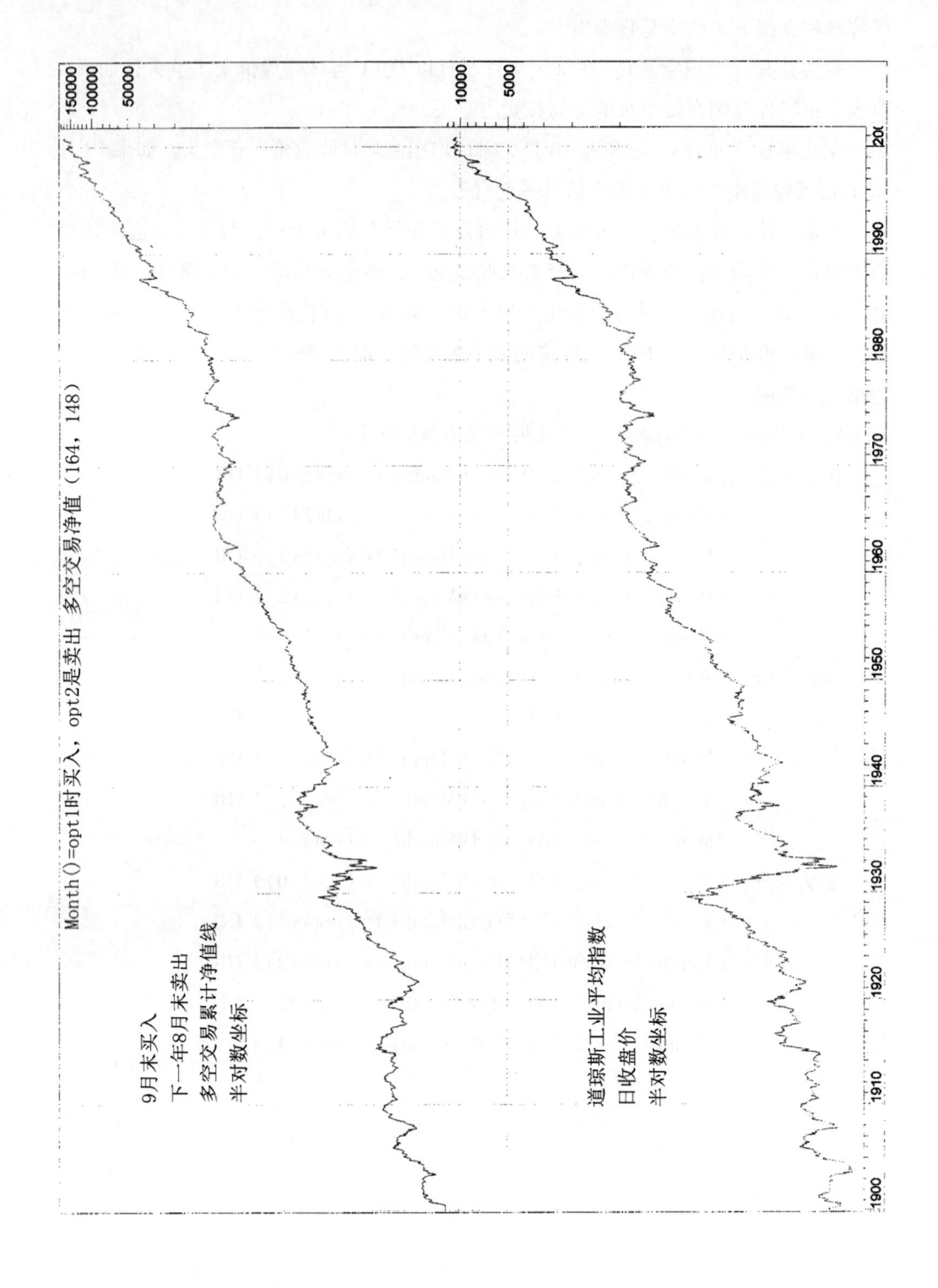

Month()=opt1时买入，opt2是卖出 多空交易净值（164, 148）

9月末买入
下一年8月末卖出
多空交易累计净值线
半对数坐标

道琼斯工业平均指数
日收盘价
半对数坐标

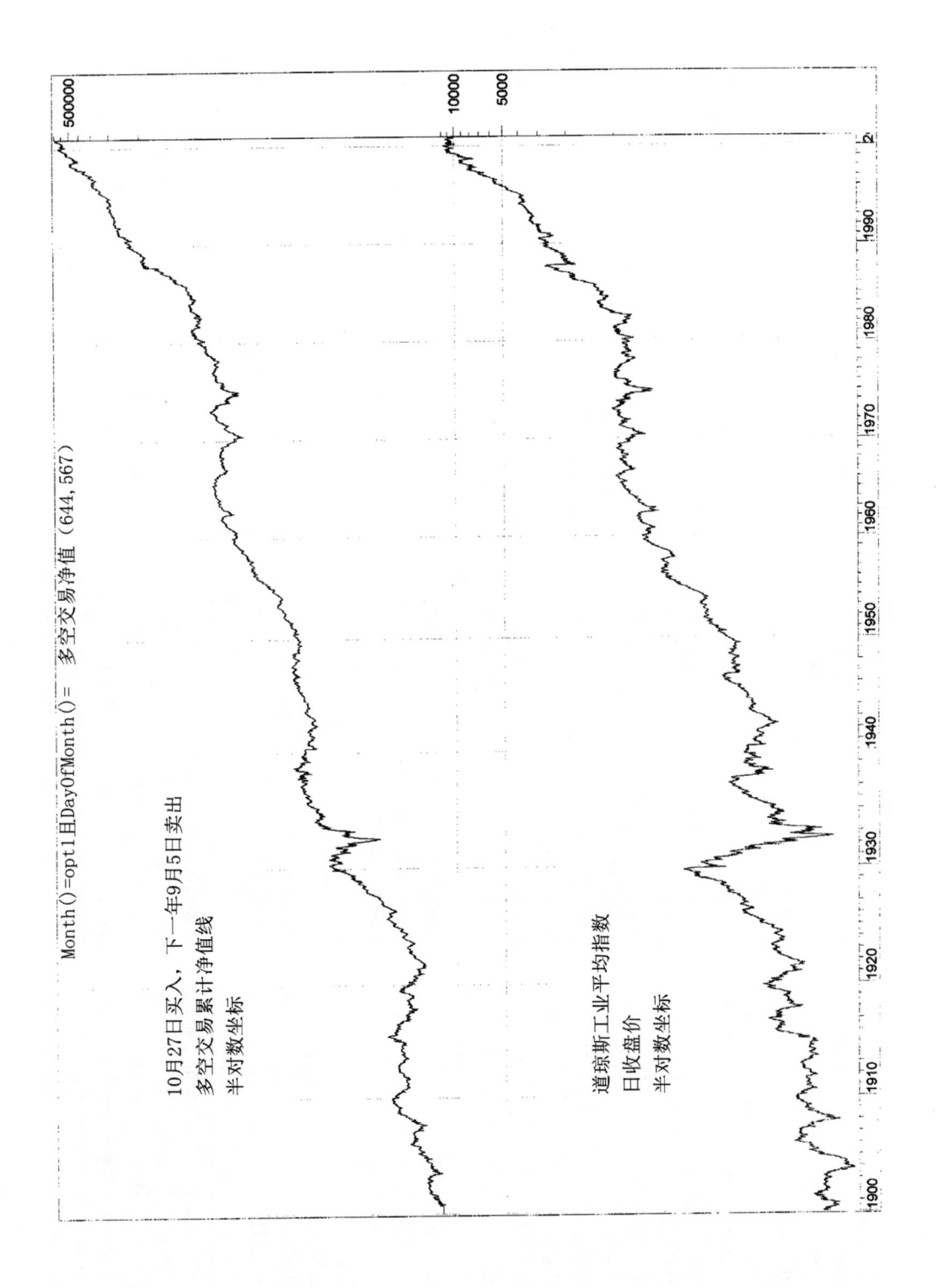

9月最后一日买入，下一年8月最后一日卖出

项目	值	项目	值
净利润总额	164048.25	未平仓头寸价值	-3971.4	超额净利润比率%	643.83
盈亏百分比	164048.25	年均盈亏百分比	1627.42	年均超额净利润比率%	643.83
初始投资	100	利息收入	0		
当前头寸	多头	头寸建立日期	9/29/00		
买入并持有利润总额	22054.45	测试总天数	36793	平均每笔交易天数	184.89
买入并持有利润率%	22054.45	年均买入并持有利润率%	218.79		
已平仓交易总数	199	佣金支付总额	0		
每笔交易平均利润	844.32	平均买入利润与平均亏损比率	2.95		
多头交易总数	99	空头交易总数	100	多头交易中盈利交易占比%	64.65
盈利多头交易数	64	盈利空头交易数	56	空头交易中盈利交易占比%	56.00
盈利交易总数	120	亏损交易总数	79	交易总笔数中盈利交易占比%	60.30
盈利交易总金额	216326.58	亏损交易总金额	-48306.93	交易总金额中净盈利金额占比%	63.49
平均盈利	1802.72	平均亏损	-611.48	平均盈利总额中净平均盈利占比%	49.34
最大盈利	38920.14	最大亏损	-8665.91	最大盈亏合计中净盈利占比%	63.58
盈利交易平均持仓期数	7.4	亏损交易平均持仓期数	6.43	盈亏持仓期数差占最长持仓期数比例%	15.09
盈利交易最长持仓期数	20	亏损交易最长持仓期数	12	盈亏交易最长持仓期数差占连续亏损期数比例%	66.67
最大连续盈利次数	7	最大连续亏损次数	7	最大连续盈亏期数差与净亏损期数之比%	0.00
空仓总期数	7	平均空仓期数	7		
最长空仓期数	0	盈亏比指数	0	净利润与系统未平仓回撤之比%	#
系统平仓回撤	0	风险回报指数	77.25	净利润同系统未平仓回撤之差与净利润之比%	100.00
系统未平仓回撤	0	买入并持有指数	100	系统平仓回撤与净利润之比%	0.00
最大未平仓回撤	-11708.9		625.83		

在 Equis 公司 Metastock©™ 系统报告 "（盈亏概览统计）中，净利润总额等于利润合计减去亏损合计，包括按市值计价的未平仓头寸。相对地，盈利总金额是指已实现利润合计（仅包括已平仓头寸），不包括任何未平仓头寸。同样，亏损合计是指已实现亏损合计（仅包括已平仓头寸），不包括任何未平仓头寸。系统平仓回撤是指基于已平仓头寸净值曲线低于初始投资净值的最大降幅。系统未平仓回撤（SODD）是指平仓时未平仓累计净值低于初始投资净值的最大降幅。盈亏比指数是指平仓盈利交易总金额联系在一起的一个复杂计算结果，值的范围位于-100（最差可能表现）与+100（最好可能表现）之间，0值代表盈亏相等，风险回报指数等于净利润总额减去系统未平仓回撤的差再除以净利润总额。在本次演练交易中，初始投资假设为100美元。多头交易和空头交易都按信号出现当天收盘价格执行，统计分析中不包括交易成本、利息费用和利润。

— 386 —

10月27日买入，9月5日卖出

项目	值	项目	值
净利润总额	644466.56	未平仓头寸价值	-11857.09
盈亏百分比	644466.56	年均盈亏百分比	6383.45
初始投资	100	利息收入	0
当前头寸	多头	头寸建立日期	10/27/00
买入并持有利润总额	20698.6	测试总天数	36850
买入并持有利润率%	20698.6	年均买入并持有利润率%	205.02
已平仓交易总数	199	佣金支付总额	0
每笔交易平均利润	3298.11	平均盈利与平均亏损比率	5.47
多头交易总数	99	空头交易总数	100
盈利多头交易数	67	盈利空头交易数	56
盈利交易总数	123	亏损交易总数	76
盈利交易总金额	739821.5	亏损交易总金额	-83497.89
平均盈利	6014.81	平均亏损	-1098.66
最大盈利	130720.66	最大亏损	-18789.31
盈利交易平均持仓期数	147.6	亏损交易平均持仓期数	124.91
盈利交易最长持仓期数	450	亏损交易最长持仓期数	264
最大连续盈利次数	7	最大连续亏损次数	4
空仓总期数	204	平均空仓期数	204
最长空仓期数	204		
系统平仓回撤	-2.56	盈亏比指数	88.53
系统未平仓回撤	-4.24	风险回报指数	100
最大未平仓交易回撤	-32949.94	买入并持有指数	2956.29

超额利润比率%	3013.58
年均超额净利润比率%	3013.57
平均每笔交易天数	185.18
多头交易中盈利交易占比%	67.68
空头交易中盈利交易占比%	56.00
交易总数中盈利交易占比%	61.81
交易总金额中净盈利金额占比%	79.72
平均盈亏总额中净平均盈利占比%	69.11
最大盈亏合计中净盈利占比%	74.87
盈亏持仓期数差占持仓期数比例%	18.17
最长盈亏持仓期数差占连续盈亏期数比例%	70.45
净利润与系统未平仓回撤之比%	75.00
净利润同系统未平仓回撤之差与净利润之比%	15199683.02
系统未平仓回撤与净利润之比%	100.00
	0.00

在 Equis 公司 Metastock© "系统报告"（盈亏概览统计）中，净利润总额等于利润合计减去亏损合计（仅包括已平仓头寸）。相对地，盈利交易总金额是指已实现利润合计（仅包括已平仓头寸合计，不包括任何未平仓头寸）。同样，亏损交易总金额是指已实现亏损合计（仅包括已平仓头寸所有亏损总额，不包括任何未平仓头寸）。系统平仓回撤是指基于已平仓头寸的累计净值线低于初始投资的最大降幅，系统未平仓（SODD）是指未平仓时累计净值线低于初始投资的最大降幅。系统平仓回撤与净利润之比是指净利润与系统平仓回撤一起复杂计算结果，值的范围位于-100（最差可能表现）与+100（最好可能表现）之间，0 值代表盈亏相等。风险回报指数是指净利润减去系统未平仓回撤的差再除以净利润总额，在本次演练交易中，初始投资假设为 100 美元。多头交易和空头交易都进行，除非另有说明。交易按信号出现当天收盘价格执行，统计分析中不包括交易成本、利息费用和利润。

空头平仓：（Month( ) = opt1 AND DayOfMonth( ) = (opt2+0)）OR
（Month( ) = opt1 AND DayOfMonth( ) = (opt2+1)）OR
（Month( ) = opt1 AND DayOfMonth( ) = (opt2+2)）OR
（Month( ) = opt1 AND DayOfMonth( ) = (opt2+3)）OR
（Month( ) = opt1 AND DayOfMonth( ) = (opt2+4)）

OPT1 当前值：10

OPT1 当前值：27

OPT1 当前值：9

OPT1 当前值：5

最活跃股票

交易最活跃股票反映了活跃交易者关注的焦点。关于该基本概念，过去几十年中出现了许多版本。内德·戴维斯研究公司开发出高度精确的一版，对多方交易来说其表现大大优于市场。其计算和解释共分八步。

1. 使用纽约证券交易所 15 只交易最活跃股票的每日数据，计算每天上涨减去下跌的净值（上涨股票数量减去下跌股票数量）。注意，当下跌股票数量大于上涨数量时，净值是一个负数，我们保留该负号。

2. 使用全美证券交易所 10 只交易最活跃股票的每日数据，计算类似的每天最活跃股票上涨数量减去下跌数量的净值。

3. 加总纽约证券交易所和全美证券交易所的净值。

4. 计算纽约证券交易所和全美证券交易所合计净值的合计 10 日移动平均线。

5. 画出两条标准差括弧（参见布林线指标），合计 10 日移动平均线上下各一条。

6. 当合计 10 日移动平均线从下方向上方穿过下轨线因而走出超卖区时买入。

7. 当合计 10 日移动平均线从上方向下方穿过上轨线因而走出超买区时卖出。

8. 加入一个保护性止损点：当纽约证券交易所综合股价指数下跌至最近买入信号出现时的点位以下 6% 时，卖出股票。

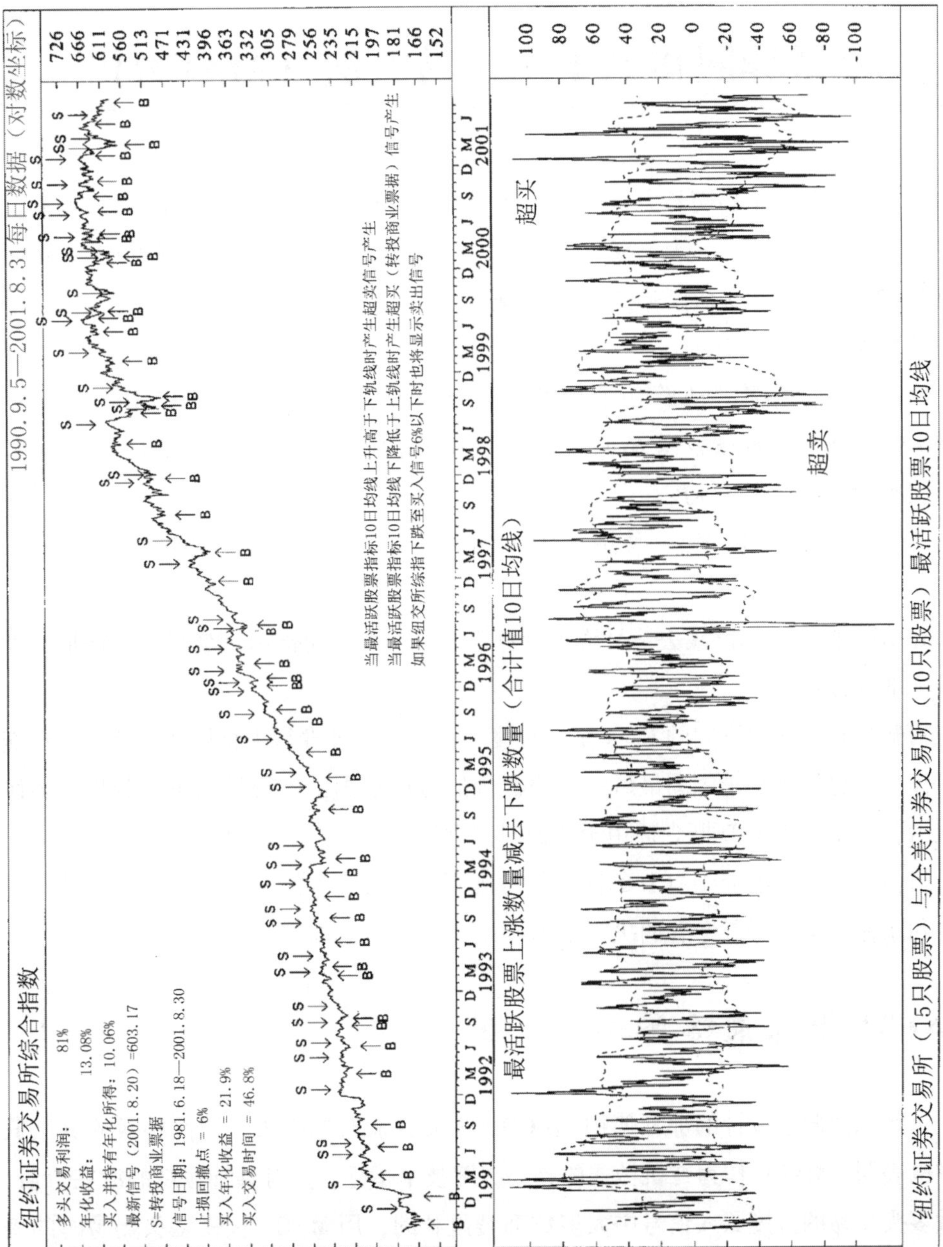

图表经内德•戴维斯研究公司许可

平滑异同移动平均交易方法（MACD）

平滑异同移动平均交易方法（MACD 或 MACDTM）是一个价格动量摆动指标，开发者为示警公司《系统与预测》（纽约大颈镇大颈路 150 号，邮编 11021，电话（516）829-6444）出版商杰拉尔德·阿佩尔。

计算 MACD 共分三步：

1. 计算两条指数移动平均线（EMA）收盘价的点数差：用较快 12 日 EMA（使用平滑常数 0.15）减去较慢 26 日 EMA（使用平滑常数 0.075）。绘制该差分摆动指标，用来衡量价格变动速度。

2. 用更快的 9 日 EMA（使用平滑常数 0.2）来平滑该价格变动速度。绘制该信号线。

3. 用价格变动速度减去信号线来计算第二个差分摆动指标。绘制该价格加速度衡量标准的柱状图。

阿佩尔有时使用不同的 EMA 平滑长度，这取决于证券行为特征和短期或长期交易目标。他也使用基于每周最后一天收盘价的每周数据，进行长期角度分析。阿佩尔表示，其基本 MACD 概念适用于任何时间框架。

阿佩尔不赞成解释 MACD 的简单技术规则，相反，阿佩尔在其提供出售的研究报告和录像带中公开了专有的决策规则。

MACD 指标策略举例

想要同阿佩尔设计的那样使用 MACD，需要经验和判断力。即使朴素的测试假设中也表明，MACD 作为纯机械式的趋势跟踪技术指标，具有某种客观的潜在价值。仅做多头交易的月度买入信号中大多数都是盈利的，用 MACD 仅做多头交易时的表现稍优于买入并持有策略，而空头卖出是不盈利的。

以 1928 年 11 月至 2000 年 12 月的 72 年期间 DJIA 每月末收盘价数据文件为基础，我们发现，如果不带主观性，不运用复杂技术分析，不妄断，而以纯机械式的趋势跟踪信号为基础，下列参数能产生良好的交易结果。

多头开仓（买入）：当 MACD（12 月平滑 EMA 减去 26 月平滑 EMA）上穿其自身信号线（12 月平滑 EMA 减去 26 月平滑 EMA 差值的 9 月平滑 EMA）时，以 DJIA

当月月末收盘价买入。

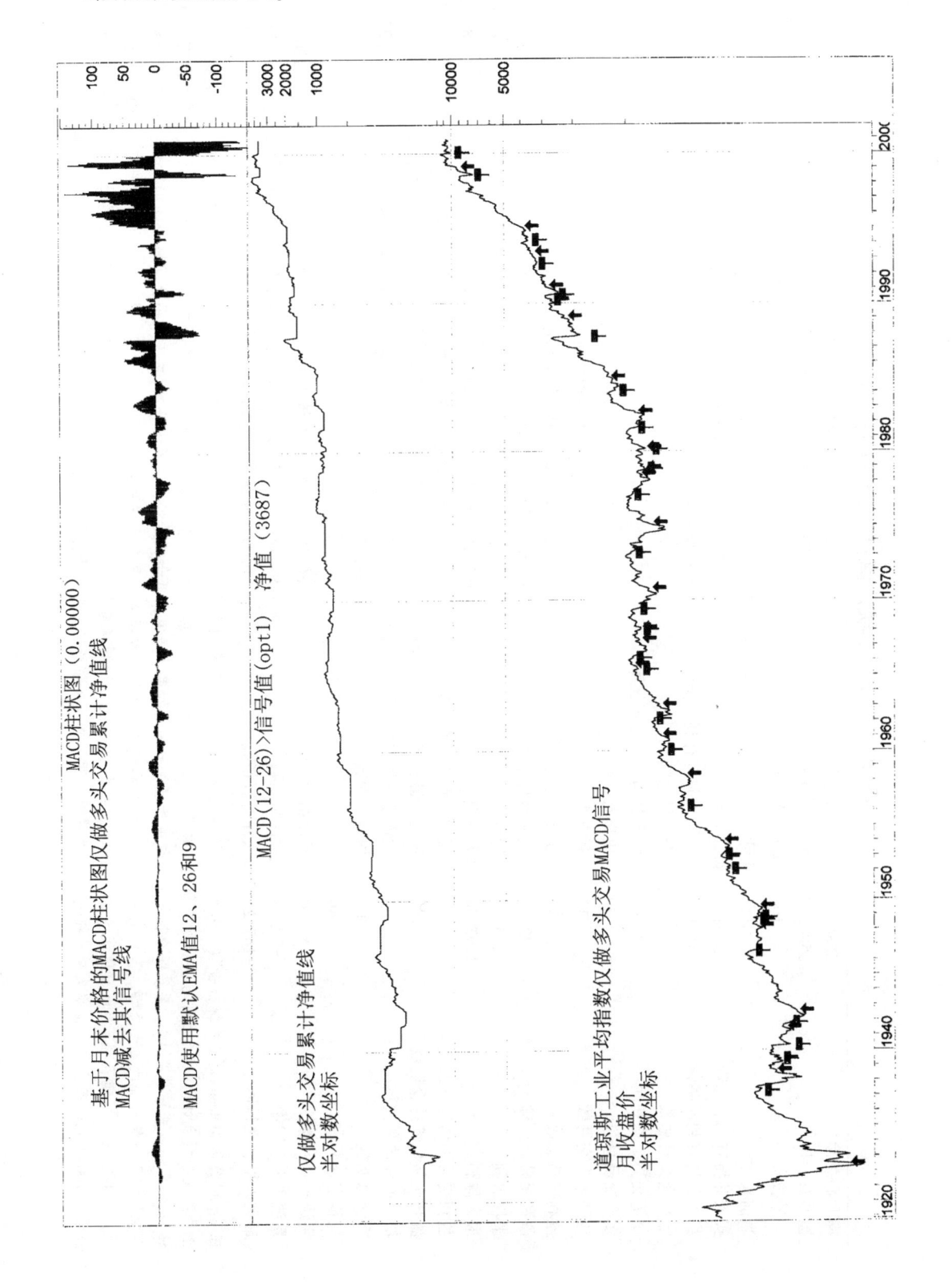

月MACD(EMA 默认值:12,26 和 9)

净利润总额	3586.55	未平仓头寸价值	无
盈亏百分比	3586.55	超额净利润比率%	
初始投资	100	年均超额净利润比率%	49.76
当前头寸	空仓	利息收入	0
买入并持有利润总额	3551.3	头寸建立日期	2/29/00
买入并持有利润率%	3551.3	测试总天数	26307
已平仓交易总数	29	年均买入并持有利润率%	49.27
每笔交易平均利润	123.67	佣金支付总额	0
多头交易总数	29	平均盈利与平均亏损比率	5.26
盈利多头交易数	17	空头交易总数	0
盈利交易总数	17	盈利空头交易数	0
盈利交易总金额	4142.25	交易总数中盈利交易占比	58.62
平均盈利	243.66	交易总金额中净盈利金额占比	#
最大盈利	1597.58	平均盈亏总额中净平均盈利占比	58.62
盈亏持仓期数平均持仓期数比例%	25.82	最大盈亏合计中净盈利占比	76.34
盈利交易最长持仓期数	58	盈亏持仓期数差占持仓期数比例%	68.06
最大连续盈利次数	4	盈亏总额差占亏损期数比例%	81.05
空仓总期数	401	亏损交易最长持仓期数	268.86
最长空仓期数	46	最大连续亏损期数比例%	286.67
系统平仓回撤	0	平均空仓期数	33.33
风险平仓回撤	-29.78	盈亏比指数	86.58
最大未平仓交易回撤	-167.25	风险回报指数	99.18
		买入并持有指数	0.99
		净利润与系统平仓回撤之比	12043.49
		净利润同系统平仓回撤之差与净利润之比	99.17
		系统未平仓回撤与净利润之比	-0.83

亏损交易总数	12		
亏损交易总金额	-555.7		
平均亏损	-46.31		
最大亏损	-167.25		
亏损交易平均持仓期数	7		
亏损交易最长持仓期数	15		
最大连续亏损次数	3		
	13.37		

在 Equis 公司 Metastock© "系统报告"中,净利润总额等于利润合计减去亏损合计,包括按市值计价的未平仓头寸。相对地,盈利交易总金额是指已实现利润合计(仅包括已平仓交易所有获利),不包括任何未平仓头寸。同样,亏损交易总金额是指已实现亏损合计(仅包括已平仓交易)总亏损金额,不包括任何未平仓头寸)。系统平仓回撤是指仅基于已平仓头寸的累计净值曲线低于初始投资的最大降幅,系统未平仓回撤(SODD)是指头寸平仓时累计净值线低于初始投资的最大降幅的最坏表现是关于将盈利交易总金额与盈亏总金额联系在一起的一个复合计算结果,值的范围位于 -100(最差可能表现)与 +100(最好可能表现)之间,0 值代表盈亏相等,风险回报指数等于系统未平仓回撤总额减去再除以净利润总额。在本次演练交易中,初始投资假设为 100 美元。多头交易和空头交易都按信号出现当天收盘价格执行,统计分析中不包括交易成本、利息费用和利润。

多头平仓（卖出）：当 MACD（12 月平滑 EMA 减去 26 月平滑 EMA）下穿其自身信号线（12 月平滑 EMA 减去 26 月平滑 EMA 差值的 9 月平滑 EMA）时，以 DJIA 当月月末收盘价卖出。

空头开仓（卖出空头）：从不操作。

运用该 MACD 趋势跟踪策略，以 100 美元开始投资并将利润再投资，假如充分运用该投资策略进行利润再投资操作，无交易成本和税收，净利润总额将达到 3,586.55 美元，这比买入并持有策略高出 0.99%。空头卖出交易是不盈利的，且空头卖出交易不包含在本策略中。空头卖出交易会使利润减少 84%，以至于比买入并持有策略低很多。仅做多头交易时 MACD 作为指标，在整个期间给出的盈利性买入信号占 58.62%。交易极度不活跃，平均每 907.14 个日历日交易一次。注意，该策略仅考虑月末收盘价而忽略中间任何变化。

Equis 国际公司 MetaStock© 系统 MACD 指标测试规则书写如下：

多头开仓：Cross(MACD( ),Mov(MACD( ),opt1,E))

多头平仓：Cross(Mov(MACD( ),opt1,E),MACD( ))

OPT1 当前值：9

移动平均滤波器和多重确认

移动平均滤波器和多重确认指标使用一条或多条移动平均线来过滤一条短期移动平均线的信号，这与只使用任何一条移动平均线相比降低了交易频率。

例如，只使用两条不同的移动平均线，一条短期的和一条长期的，当价格高于短期移动平均线并且高于长期移动平均线时买入，当价格低于短期移动平均线并且低于长期移动平均线时卖出。

当我们用"或者"替代上面决策规则中的"并且"时，会得到非常不同的结果。用"或者"的交易频率远高于用"并且"的交易频率。

移动平均摆动指标

参见"价格摆动指标"。

移动平均线斜率

移动平均线斜率是用当前移动平均线点位减去 n 期以前的移动平均线点位。例如，近期某一篇杂志上的文章，将该斜率认为是每日收盘价的 80 日简单移动平均线减去同一条 80 日简单移动平均线的 10 天前的点位。在这一主题上我们试用了所有不同指标，更偏爱移动平均线交叉方法，因为它更有效。

有些人通过使用不同的指标但实际上相互间完全等价，这是在自欺欺人。例如，人们好奇地注意到，指数平滑移动平均线斜率由下向上或者由上向下改变的同时，收盘价刚好穿过指数平滑移动平均线。一条 n 期简单移动平均线由向下向上或者由上向下改变的同时，一条 n 期价格变动率曲线刚好穿过 0 轴。一条 n 期加权移动平均线由向下向上或者由上向下改变的同时，收盘价刚好穿过 n-1 期长度的简单移动平均线。近似的不同指标有时会产生同样的结果，当心多重共线性问题。

多重共线性

特许金融分析师和市场技术分析师约翰·布林格已经正确地指出，多重共线性产生危险的幻觉，即用轻微不同的形式衡量相同基本信息时，错误地期望得到独立验证，聪明的分析师会避免这个陷阱。注意，使用源自同一时期内同一系列收盘价的几种不同的动量指标进行相互确认，并不是正确的独立性确认，相反，这是在多次计算同一事件。例如，将 RSI、随机指标、MACD 和价格变动率指标结合在一起，同衡量不同的独立指标是不一样的，因为它们都以收盘价波动速度为基础。

为了避免这一陷阱，分析师选择的指标中可以一个来自收盘价，一个来自成交量，一个来自价格区间，一个来自相对强度（不是 RSI），一个来自情绪指标，甚至另一个可能来自不同的市场，比如在股票模型中使用利率。各种时间框架，无论是短期、中期还是长期，都可以在分析中增加一个有价值的交叉检验。

运用指数移动平均线交叉规则的多重时间框架分析

也许所有技术指标中使用最广泛的是移动平均交叉规则：当每日收盘价上穿移动平均线时买入，当每日收盘价下穿移动平均线时卖出。该策略的出现早于计算机和电子计算器。传统的移动平均长度以数字 10 为基础可能并非巧合：10 个月（约 200 个交易日）、10 周（约 50 个交易日）以及 10 日。将 10 个数加在一起然后除以 10，需要很少的计算能力，这仅仅涉及把小数点向左移动一位。这些特定的长度在技术分析文献和大众媒体中充分确立，所以并不适合对事后曲线拟合进行批评（65 年前的一篇参考文献引用了这些特定的移动平均线的长度，参见 H. M. 加特利《股市中的利润》，兰伯特-江恩出版公司，华盛顿州波默罗伊市，1935）。

将三条移动平均线与古老的（超过百年）的多重时间框架分析技术分析方法一起使用，用于确定三维度趋势，效果良好。借用查尔斯·道理论的语言：

- 从长期的主潮开始，用 200 日移动平均线捕捉相当有效；
- 接下来，缩小关注到中期的次波，用 50 日移动平均线捕捉；
- 最后，微调至短期的小波，用 10 日移动平均线捕捉。

风险规避的利润最大化决策规则清晰明确：

- 当每日收盘价上穿全部三条移动平均线时买入；
- 当每日收盘价下穿三条移动平均线中任意一条时卖出；
- 当每日收盘价下穿全部三条移动平均线时卖出空头；
- 当每日收盘价上穿三条移动平均线中任意一条时平仓空头。

多重时间框架指数移动平均线指标策略举例

为了同我们本书中一般测试规则相一致，我们用指数移动平均线替换同样周期长度的较传统的简单移动平均线。同样，我们比较今日收盘价与昨日指数移动平均线，从而识别我们的交易信号（因为我们还没有今日收盘价，所以不能基于还不能计算的移动平均线在今日进行交易）。这种小的改进不仅提供更现实的历史模拟，还能通过减少众所周知的与移动平均线相关的滞后时间来改善大多数系统的运行。

历史数据显示，这种用于确定三维度趋势的多重时间框架分析，其表现相当大幅地优于消极的买入并持有策略，超过 144 倍。以 1900 年至 2001 年的 101 年期间

DJIA 每日收盘价为基础，我们发现，如果不带主观性，不运用复杂技术分析，不妄断，而以纯机械式的趋势跟踪信号为基础，下列参数能产生良好的交易结果。

多头开仓（买入）：当每日收盘价高于其全部三条指数平滑移动平均线，尤其是 10 日、50 日和 200 日指数平滑移动平均线时，以 DJIA 当日收盘价买入。

多头平仓（卖出）：当每日收盘价低于其三条指数平滑移动平均线，尤其是 10 日、50 日或 200 日指数平滑移动平均线中的任意一条时，以 DJIA 当日收盘价卖出。

空头开仓（卖出空头）：当每日收盘价低于其全部三条指数平滑移动平均线，尤其是 10 日、50 日和 200 日指数平滑移动平均线时，以 DJIA 当日收盘价卖出空头。

空头平仓（平仓）：当每日收盘价高于其三条指数平滑移动平均线，尤其是 10 日、50 日或 200 日指数平滑移动平均线中的任意一条时，以 DJIA 当日收盘价平仓空头。

运用该多重时间框架趋势跟踪策略，以 100 美元开始投资并将利润再投资，假如充分运用该投资策略进行利润再投资操作，无交易成本和税收，净利润总额将达到 3,189,323.50 美元，这比买入并持有策略高出 14,324.15%。空头卖出交易也是盈利的，尽管 1987 年以来不再盈利，空头卖出交易包括在本策略中。多空交易一起在整个期间给出的盈利性信号占 35.75%，但交易盈利远大于交易亏损。交易相当活跃，平均每 15.03 个日历日就交易一次。

Equis 国际公司 MetaStock© 系统测试规则书写如下：

多头开仓：CLOSE>Ref(Mov(CLOSE,opt1,E),-1) AND
　　　　　　CLOSE>Ref(Mov(CLOSE,opt2,E),-1) AND
　　　　　　CLOSE>Ref(Mov(CLOSE,opt3,E),-1)

多头平仓：CLOSE<Ref(Mov(CLOSE,opt1,E),-1) OR
　　　　　　CLOSE<Ref(Mov(CLOSE,opt2,E),-1) OR
　　　　　　CLOSE<Ref(Mov(CLOSE,opt3,E),-1)

空头开仓：CLOSE>Ref(Mov(CLOSE,opt1,E),-1) AND
　　　　　　CLOSE<Ref(Mov(CLOSE,opt2,E),-1) AND
　　　　　　CLOSE<Ref(Mov(CLOSE,opt3,E),-1)

空头平仓：CLOSE>Ref(Mov(CLOSE,opt1,E),-1) OR
　　　　　　CLOSE>Ref(Mov(CLOSE,opt2,E),-1) OR
　　　　　　CLOSE>Ref(Mov(CLOSE,opt3,E),-1)

OPT1 当前值：10

OPT2 当前值：50

OPT3 当前值：200

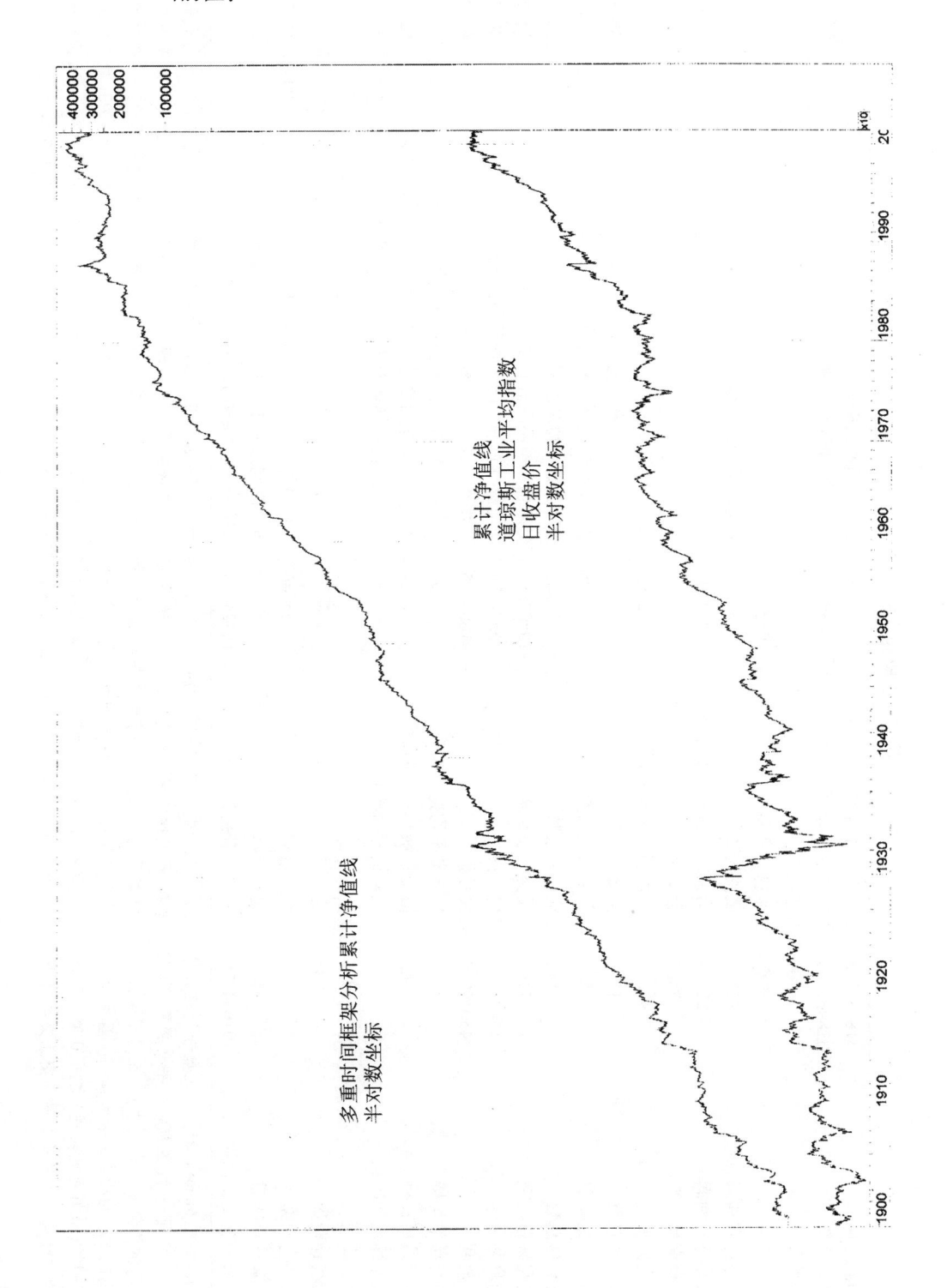

多重时间框架分析累计净值线
半对数坐标

累计净值线
道琼斯工业平均指数
日收盘价
半对数坐标

多重时间框架分析

净利润总额	3189323.5	未平仓头寸价值	无
盈亏百分比	3189323.5	年均盈亏比率%	14324.15
初始投资	100	超额净利润比率%	14324.38
当前头寸	空仓	年均超额净利润比率%	31435.06
		利息收入	0
买入并持有利润总额	22111	头寸建立日期	5/23/01
买入并持有利润率%	22111	测试总天数	37032
已平仓交易总数	2464	年均买入并持有利润率%	217.93
每笔交易平均利润	1294.37	佣金支付总额	0
		平均每笔交易天数	15.03
		每笔交易平均盈利与平均亏损比率	2.35
多头交易总数	1520	空头交易总数	944
盈利多头交易数	583	盈利空头交易数	298	多头交易中盈利交易占比%	38.36
盈利交易总数	881	亏损交易总数	1583	空头交易中盈利交易占比%	31.57
盈利交易总金额	13597166	亏损交易总金额	-10407845	交易总数中盈利交易占比%	35.75
平均盈利	15433.79	平均亏损	-6574.76	交易总金额中净盈利金额占比	13.29
最大盈利	450190.5	最大亏损	-191684.75	平均盈利与平均亏损占比	40.25
				最大盈亏合计中净盈利占比	40.27
盈利交易平均持仓期数	15	亏损交易平均持仓期数	3.93	盈亏持仓期数差占亏损持仓期数比例%	281.68
盈利交易最长持仓期数	63	亏损交易最长持仓期数	24	盈利同亏损最长持仓期数差占最长亏损持仓期数比例%	162.50
最大连续盈利次数	7	最大连续亏损次数	11	最大连续盈亏期数差占连续亏损期数比例%	-36.36
空仓总期数	13214	平均空仓期数	202		
最长空仓期数	5.51				
系统平仓回撤	-1.6	盈亏比指数	23.46	净利润与系统平仓回撤之比%	19933271875
系统未平仓回撤	-1.6	风险回报指数	100	净利润同系统平仓回撤之差与净利润之比%	100
最大未平仓交易回撤	-191684.75	买入并持有指数	14324.15	系统未平仓回撤与净利润之比%	0

在 Equis 公司 Metastock© "系统报告"(盈亏概览统计)中,净利润总额等于平仓交易净利润合计减去亏损合计,包括按市值计价的未平仓头寸。相对地,盈利交易金额是指已实现利润合计(仅包括任何未平仓头寸)。盈亏百分比是指已平仓总盈亏所获利总额,不包括任何未平仓头寸,不包括任何未平仓头寸。同样,亏损交易总金额是指已实现亏损合计(仅包括已平仓头寸)。系统未平仓回撤(SODD)是指头寸未平仓时累计平仓平均利润率是指仅基于已平仓头寸的累计净投资初始值线低于初始投资的最大降幅,系统未平仓回撤,一个复杂计算结果,值的范围位于-100(最差可能表现)与+100(最好可能表现)之间,0值代表盈亏相等,除非另有说明。交易按信号出现当天收盘价格执行,统计分析中不包括交易成本、利息费用和初始投资假设为100美元。多头交易和空头交易都进行。

共同基金现金/资产比率

共同基金现金/资产比率是指共同基金持有的现金和现金等价物除以共同基金总资产，投资公司协会（华盛顿特区西北区 K 大街 1775 号，邮编 20006）每月报告关于共同基金投资组合的详细统计数据。

共同基金现金/资产比率可以被认为是一般股票市场中可用购买力的代表。共同基金投资组合管理人与所有更广泛的专业资金管理人类似，当其他条件不变，而他们的现金资产比率同历史标准相比相对较高时，那么可用购买股票的现金就相对较多，这为上涨趋势提供了潜力。但是当其他条件不变，而他们的现金资产比率相对较低时，那么留作购买股票的现金就相对很少，所以市场就容易下跌。然而需重点注意的是，其他条件并不是一直不变的，情绪指标只能用作更精确的技术择时指标的补充。

由内德·戴维斯研究公司提供的一个共同基金现金/资产比率图显示，当现金上升高于资产的 9.5%时，标准普尔 500 指数每年收益率强至 20.1%。相反，当现金下跌至资产的 6.9%以后，标准普尔 500 指数每年收益率仅为 2.1%。

N 日规则

根据 N 日规则，我们在当前价格高点上升至前 n 日价格高点的最高值以上时买入，在当前价格低点下跌至前 n 日价格低点的最低值以下时卖出。这也是价格通道交易区间突破规则的另一种名称（参见"价格通道交易区间突破规则"）。

标准普尔500股价指数

1965.12.31—2001.7.31每月数据（对数坐标）

标准普尔500指数每年收益率		
现金/资产（%）	每年收益率	时间占比%
高于9.5	20.1	20.6
介于6.5与9.5之间	6.1	47.3
6.5及以下	2.1	32.1

NDR使用下列ICI分类方法计算现金/资产比率，积极增长型、部门增长型、收入净值增长型和收入型

7/31/2001 = 5.2%

看涨
极度悲观
极度乐观
现金过剩
现金不足
看跌

股票共同基金现金/资产比率

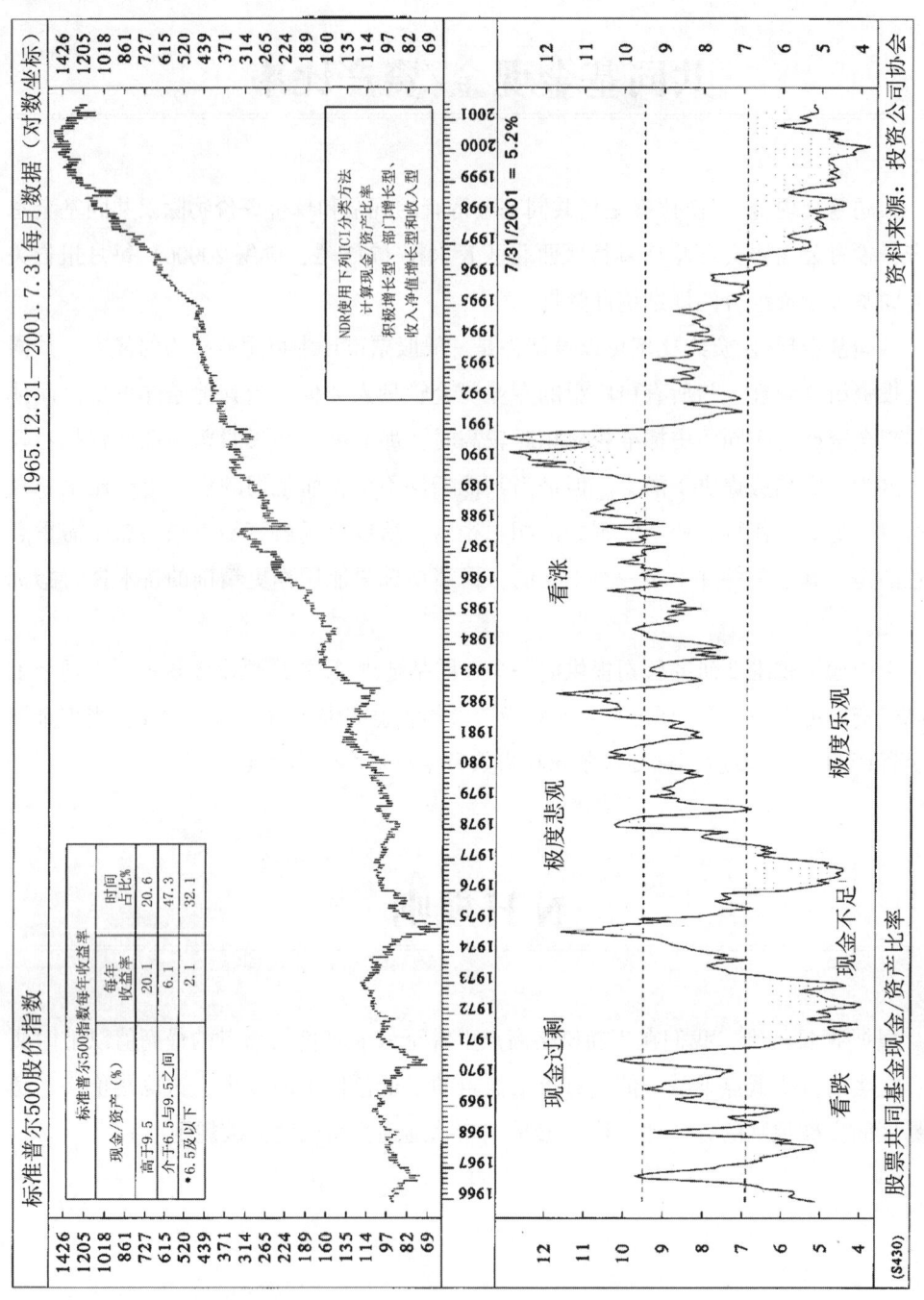

图表经内德·戴维斯研究公司许可

资料来源：投资公司协会

(S430)

负量指标（NVI）

由保罗·戴萨特创造的负量指标，仅累加成交量下降时期的净价格变动额。其思想为，在成交量下降的相对平静期，主要是精明的专业交易者在买卖。相反，只有成交量上升之日，非专业的、靠情绪驱使的玩家才活跃。因此，成交量发生负向变化之日的市场行为会更好地反映精明投资专家的想法，他们把交易当作严肃之事而不是某种疯狂的赌场游戏。

NVI 可以按任何时间间隔如分钟、小时、日、周或月来计算。NVI 可以用任何市场指数来计算，股票或商品期货指数都可以，只要有收盘价和成交量数据即可。成交量本身只用作限定符，决定在累加总值中是否包括当日净价格变动分数比。如果今日成交量小于昨日成交量，那么今日净价格变动分数比包括在累计总值中。但是如果今日成交量大于前一日成交量，那么今日净价格变动分数比不包括在累计总值中，因此，NVI 可定义为只有成交量下降之日的每日净价格变动分数比的累计总值。

计算负量指标时，先比较当日成交量与前一日成交量。如果今日成交量大于昨日成交量，那么今日不符合负成交量日；因此今日净价格变动被当作为 0，负量指标保持昨日水平不变。但是，如果今日成交量小于昨日成交量，今日就符合负成交量日。那么，我们用当日净价格变动（考虑符号，净增加为正，净减少为负）除以昨日收盘价，得出今日净价格变动分数比。最后，我们把今日正的或负的净价格变动分数比加到累计总值中，得出负量指标。

因此，在成交量下降的正向价格变动之日 NVI 上升，在成交量下降的负向价格变动之日 NVI 下降，在成交量上升之日，无论价格行为如何，NVI 都不变。

用 MetaStock© 系统指标建立器语言，NVI 可以表达如下：

$$\text{Cum}(\text{If}(V<(\text{Ref}(V,-1),\text{ROC}(C,1,\%),0)))$$

一步步直译为："累积计算：如果当前成交量小于上期成交量，那么计算一期收盘价变动率，以百分比表示；否则（如果当前成交量大于上期成交量），在累积计算前设定今日的收盘价变动率为 0。"

负量指标（NVI）的指标策略举例

历史数据显示，负量指标仅在多头交易方产生适当良好的交易结果。由于1929

至 1933 年的严重亏损，NVI 策略跑输买入并持有策略，空头卖出策略都是亏钱的。以 1928 年至 2000 年的 72 年期间纽交所每日成交股票数量和道琼斯工业平均指数（DJIA）每日价格为基础，我们发现，如果不带主观性，不运用复杂技术分析，不妄断，而以纯机械式的趋势跟踪信号为基础，下列参数能产生良好的交易结果。

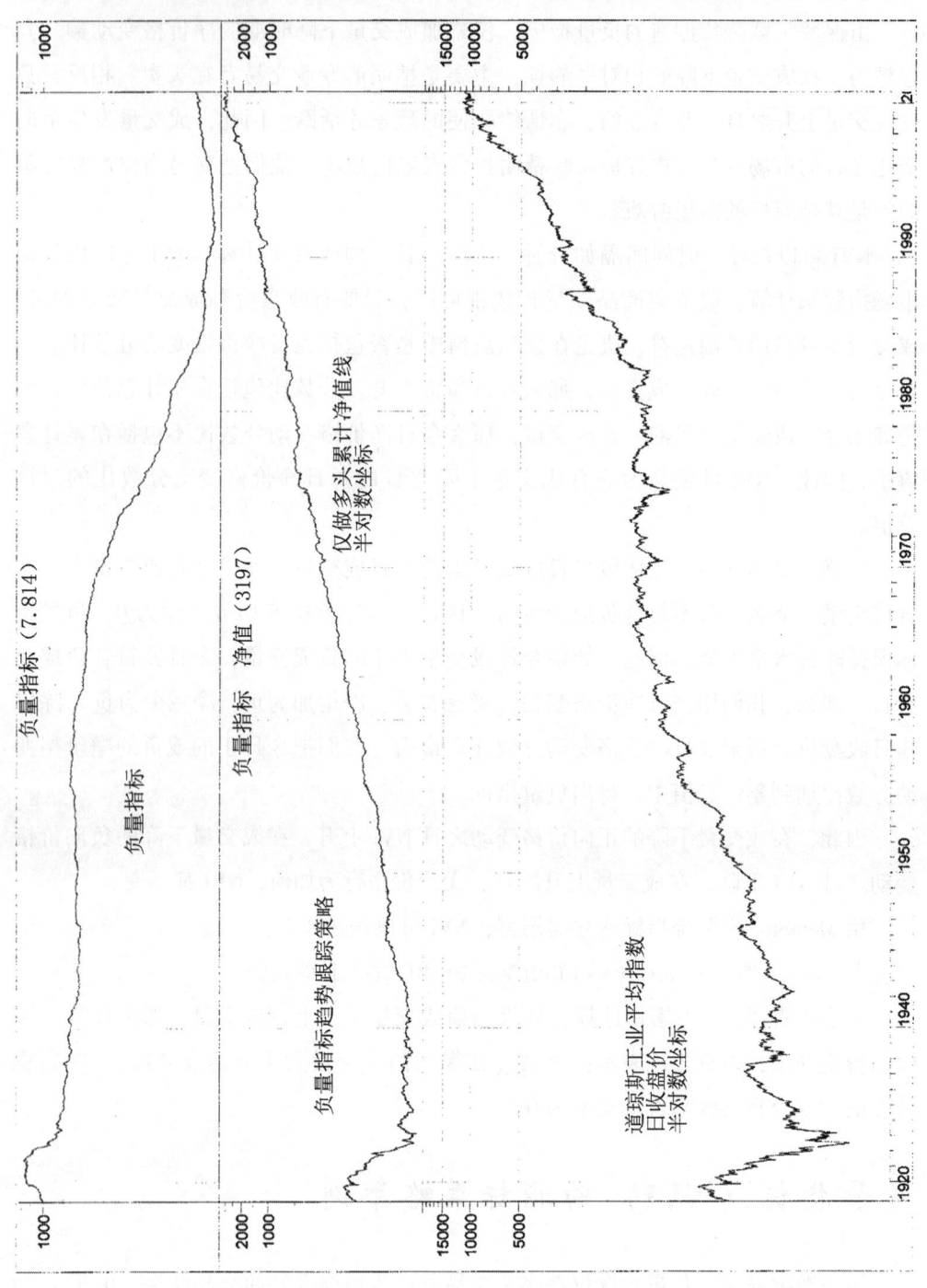

负量指标

指标	值	指标	值
净利润总额	3096.68	超额净利比率%	无
盈利百分比	3096.68	未平仓头寸价值	-32.31
初始投资	100	年均盈亏百分比	43.02
当前头寸	空仓	年均超额净利润比率%	-32.31
买人并持有利润总额	4575.25	利息收入	0
买人并持有利润率%	4575.25	头寸建立日期	9/7/00
已平仓交易总数	2213	测试总天数	26276
每笔交易平均利润	1.4	年均买人并持有利润率%	63.55
多头交易总数	2213	佣金支付总额	0
盈利多头交易数	1024	平均每笔交易天数	11.87
盈利交易总数	1024	平均盈利与平均亏损比率	1.72
盈利交易总金额	9493.05	多头交易中盈利交易占比%	0
亏损交易总金额	-6396.17	空头交易中盈利交易占比%	0
平均亏损	-5.38	交易总数中盈利交易占比%	46.27
最大亏损	-165.69	交易总金额中净盈利金额占比%	46.27
盈利交易平均持仓期数	6.05	平均盈亏合计中净平均盈利占比%	19.49
盈利交易最长持仓期数	22	最大盈亏占合计中净盈利占比%	26.55
最大连续盈利次数	11	盈亏持仓期数差占亏损持仓期数比例%	4.93
空仓总期数	11986	最长盈亏期数差占最长连续亏损期数比例%	66.637
最长空仓期数	41	最大连续亏损期数	10.00
		平均空仓期数	5.41
系统平仓回撤	-76.71	盈亏比指数	32.62
系统未平仓回撤	-78.05	净利润与系统未平仓回撤之比	3966.29
最大平仓交易回撤	-233.38	净利润同系统未平仓回撤之差与净利润之比%	97.48
		风险回报指数	97.54
		系统未平仓盈亏期数与净利润之比%	-2.52
		买人并持有指数	-32.31

在 Equis 公司 Metastock© "系统报告" (盈亏概览统计) 中, 净利润总额等于利润合计减去亏损合计 (仅包括已平仓头寸), 不包括任何未平仓头寸。相对地, 盈利交易总金额是指已实现利润合计 (仅包括已平仓头寸)。同样, 亏损交易总额是指已实现亏损合计 (仅包括已平仓头寸)。净利润百分比是指基于已平仓头寸的累计平均投资回报。系统平仓回撤是指已平仓交易时累计净值线低于初始投资额的最大降幅。系统未平仓头寸将盈利交易总金额与亏损交易总金额联系在一起的一个复杂计算结果。盈亏比指数是关于平仓盈亏相等, 盈亏回撤或风险回撤指数等于净利润减去系统未平仓回撤的差再除以净利润总额。在本次演练交易中, 初始投资假设为 100 美元。多头交易和空头交易都进行, 除非另有说明。交易按信号出现当天收盘价格执行, 统计分析中不包括交易成本、利息费用和利润。

— 403 —

多头开仓（买入）：当前负量指标高于前一日负量指标时，以 DJIA 当日收盘价买入。

多头平仓（卖出）：当前负量指标低于前一日负量指标时，以 DJIA 当日收盘价卖出。

空头开仓（卖出空头）：从不操作。

运用该负量指标策略，以 100 美元开始投资并将利润再投资，假如充分运用该投资策略进行利润再投资操作，无交易成本和税收，净利润总额将达到 3,096.88 美元，这比买入并持有策略低 32.31%。在 2213 次信号中只有大约 46.27% 能产生盈利交易，多头交易平均持续 11.87 个交易日。本策略中不包括空头交易，因为空头交易会亏钱。

Equis 国际公司 MetaStock© 系统测试规则书写如下：

多头开仓：PVI( )>Ref(Mov(PVI( ),opt1,E),-1)
多头平仓：PVI( )<Ref(Mov(PVI( ),opt1,E),-1)
OPT1 当前值：1

新高减新低指标

新高股票数量减去新低股票数量的差额是市场强弱的衡量尺度。如果新高数量多于新低数量，股票需求就比股票供给更强烈，这是看涨的。但是，如果新低数量多于新高数量，股票供给就比股票需求更强烈，这是看跌的。

这些数字仅记录那些价格相对于其过去一年交易价格区间运行至新极值的股票。新高数是触及 52 周价格新高，也就是过去一年间日内价格极高值的股票的数量。新低数是触及 52 周价格新低，也就是过去一年间日内价格极低值的股票的数量。

许多财经类报纸和电子资料都公布关于三个独立的美国证券交易所的新高和新低股票数每日数据：纽约证券交易所、全美证券交易所和纳斯达克证券市场。我们的研究强烈表明，每日数据比每周数据更有用，所以我们的举例仅限定于每日数据。许多技术分析师为了长期视角需要，分别以周为基础搜集新高新低数据，这样的周级指标产生不同的结果，信号更少。

注意，尽管简单地从新高数中减去新低数是长期以来比较流行的方法，但是新高数与新低数之差适合用纽交所每日交易股票总数量的百分比来表示。该交易所相当有效地推动了新行业发展，所以交易股票总数量增长了 71%，从 1984 年 5 月 29

日的1971只增至2000年7月12日的3371只。当比较不同时期指标点位时，这种调整尤为重要。没有这种标准化，简单的差值会随着时间的推移变得极大，这只是因为符合计数的股票更多了。通过对不断增长的交易所交易股票数量的自动调整，这一差值/比率方法保持了长期以来数据的可比性，因此，图形点位保持了多年来的可比性。在下一主题中，我们展示该差值/比率的一个图表。

还要注意，在1978年初，计算新高和新低数量的方法发生了变化。从那时起，新高数量和新低数量报告为，触及其跟踪52周回顾期的最新价格高点和价格低点极值的股票数量。在1978年以前，跟踪回顾期从2.5个月至14.5个月不同，主要根据下列随意规则：对于从任意给定一年的1月1日到3月中旬的日期，新高和新低基于上一年1月1日至当前日期的回顾期；但对于3月中旬以后的日期，新高和新低基于当年1月1日至当前日期的回顾期。理论上讲，这种不一致的处理破坏了数据的适当可比性，但是基于产生买入和卖出信号的实际目的，1978年初日期确定方法变化前后的数据作为市场指标都是有用的。因此，大多数技术分析只是忽略了这一细节，就像这里我们在测试中所做的那样。

新高减新低指标策略举例

以1940年以来60年期间新高股票数量减去新低股票数量以及DJIA的每日数据文件为基础，我们发现，如果不带主观性，不运用复杂技术分析，不妄断，而以纯机械式的信号为基础，可能最简单的趋势跟踪规则，能产生良好的交易结果。

多头开仓（买入）：当新高股票数量减去新低股票数量上穿0轴时，以DJIA当日收盘价买入。

多头平仓（卖出）：当新高股票数量减去新低股票数量下穿0轴时，以DJIA当日收盘价卖出。

空头开仓（卖出空头）：当新高股票数量减去新低股票数量下穿0轴时，以DJIA当日收盘价卖出空头。

空头平仓（平仓）：当新高股票数量减去新低股票数量上穿0轴时，以DJIA当日收盘价平仓空头。

运用该新高减新低趋势跟踪策略，以100美元开始投资并将利润再投资，假如充分运用该投资策略进行利润再投资操作，无交易成本和税收，净利润总额将达到77,520.91美元，这比买入并持有策略高出960.51%。即使空头卖出交易也是盈利的，并且空头卖出交易包含在本策略中。交易较活跃，平均每15.06个日历日交易一次。

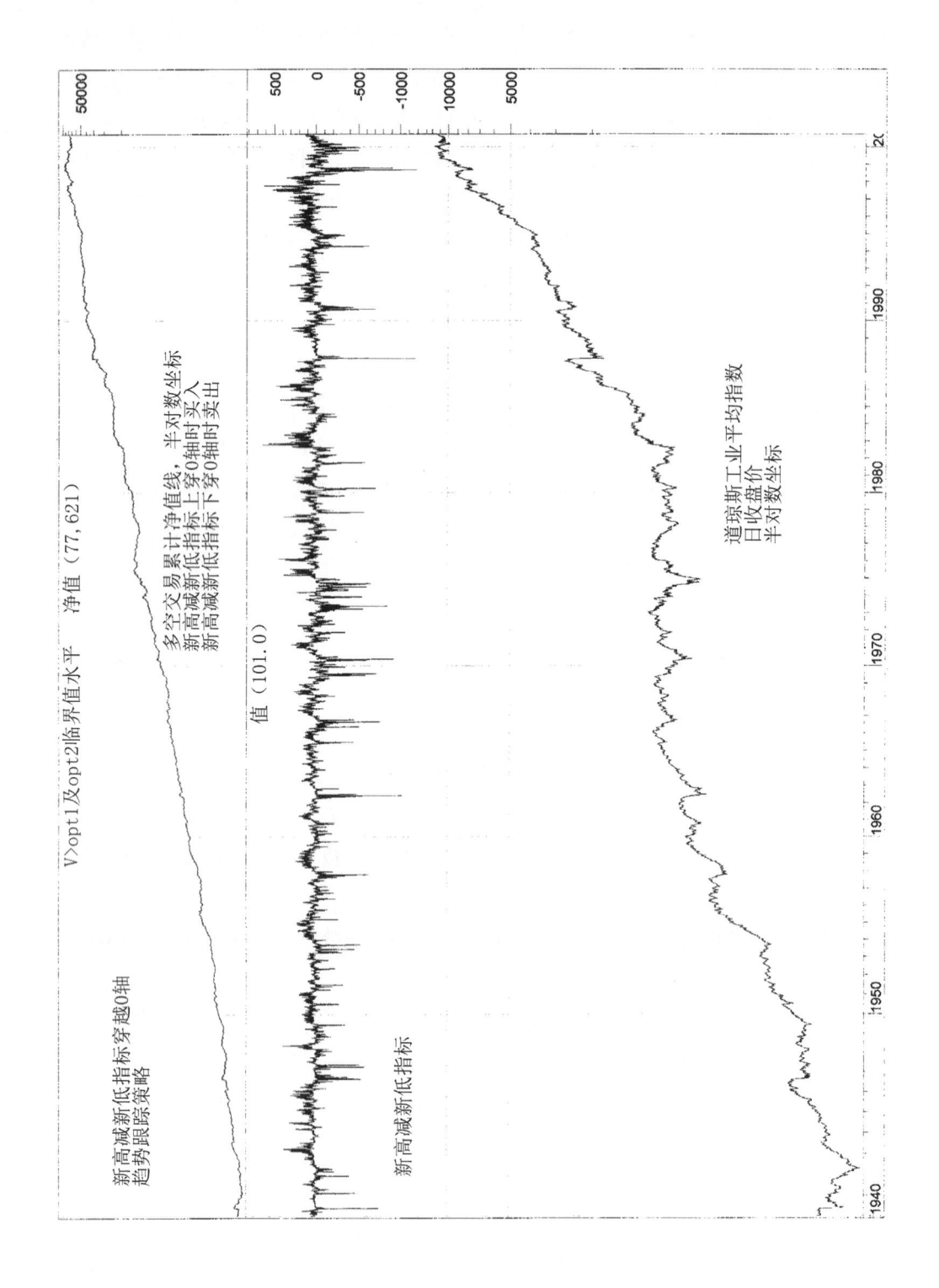

V>opt1及opt2临界值水平　净值（77,621）

多空交易累计净值线，半对数坐标
新高减新低指标上穿0轴时买入
新高减新低指标下穿0轴时卖出

值（101.0）

道琼斯工业平均指数
日收盘价
半对数坐标

新高减新低指标穿越0轴
趋势跟踪策略

新高减新低指标

新高减新低指标穿越 0 轴

净利润总额	77520.91	未平仓头寸价值	4832.71
盈亏百分比	77520.91	年均盈亏百分比	1276.51	超额净利润比%	960.51
初始投资	100	利息收入	0	年均超额净利润比率%	960.49
当前头寸	多头	头寸建立日期	7/31/00		
买入并持有利润总额	7309.76	测试总天数	22166	平均每笔交易天数	15.06
买入并持有利润率%	7309.76	年均买入并持有利润率%	120.37		
已平仓交易总数	1472	佣金支付总额	0		
每笔交易平均利润	49.38	平均盈利与平均亏损比率	2.08		
多头交易总数	736	空头交易总数	736	多头交易中盈利交易占比%	43.89
盈利多头交易数	323	盈利空头交易数	293	空头交易中盈利交易占比%	39.81
盈利交易总数	616	亏损交易总数	856	交易总数中盈利交易占比%	41.85
盈利交易总金额	217989.84	亏损交易总金额	-145301.63	交易金额中净盈利金额占比%	20.01
平均盈利	353.88	平均亏损	-169.74	平均盈亏总额中净平均盈利占比%	35.17
最大盈利	10343.41	最大亏损	-5937.19	最大盈亏合计中净盈利占比%	27.06
盈利交易平均持仓期数	20.79	亏损交易平均持仓期数	5.14	盈利持仓期数差占最长亏损持仓期数比例%	304.47
盈利交易最长持仓期数	322	亏损交易最长持仓期数	71	最长盈亏持仓期数差占连续亏损期数比%	353.52
最大连续盈利次数	6	最大连续亏损次数	12	最大连续盈亏期数差占连续亏损期数比例%	-50.00
空仓总期数	0	平均空仓期数	无		
最长空仓期数	0				
系统平平仓回撤	-20.39	盈亏比指数	34.79	净利润与系统未平仓回撤之比	77520.91
系统未平仓回撤	-100	风险回报指数	99.87	净利润同系统未平仓回撤之差与净利润之比%	99.87
最大未平仓交易回撤	-5937.19	买入并持有指数	1026.63	系统未平仓回撤与净利润之比%	-0.13

在Equis公司Metastock®系统报告("盈亏概览统计")中,净利润总额等于利润合计减去亏损合计,包括市值计价的未平仓头寸。相对地,盈利交易总金额是指已实现利润合计(仅包括已平仓头寸),不包括任何未平仓头寸。同样,亏损交易总金额是指已实现亏损合计(仅包括已平仓头寸所有亏损总额,不包括任何未平仓头寸)。系统平平仓回撤是基于已平仓头寸的累计净盈亏与初始投资的最大降幅,系统未平仓回撤(SODD)是指头寸未平仓时累计净利润线低于初始投资净值的最大降幅。盈亏比指数是关于平仓盈亏总金额与初始投资金额联系在一起的一个复杂计算结果,值位于范围位于-100(最差可能表现)与+100(最好可能表现)之间,0值代表最大平仓回撤指数等系统未平仓回撤,统计分析中不包括交易成本,利息费用和利润。风险回报指数则是统计按信号出现当天收盘价格执行,除非另有说明。交易按信号出现当天收盘价执行,除非另有说明。多头交易和空头交易都进行,初始投资假设为100美元。

在 Equis 国际公司 MetaStock© 系统中，当前新高减新低净值被插入在通常预留给成交量（V）的数据字段中，其测试规则书写如下：

多头开仓：V>opt1
多头平仓：V<opt2
空头开仓：V<opt2
空头平仓：V>opt1
OPT1 当前值：0
OPT2 当前值：0

新高新低差/交易股票总数量：新高/新低比率

正如我们在前述新高减新低指标论述中注意到的，简单地从新高数中减去新低数是表述两者关系的常用方法，然而，差值更适合用交易股票总数量的百分比来表示，因为纽交所每日交易股票总数量增长巨大。这意味着，考虑到不断的市场波动，多年来新高数和新低数之间的绝对差额在扩大。新高数与新低数的净差额除以交易股票总数量的比率，被绘制在图表中。该比率使数据标准化，通过自动调整不断增长的交易股票数量，保持了数据的可比性，图表上的点位保持了多年的可比性。没有这种调整，数据会随着时间的推移走向更大的极端，这只是因为符合计数的股票更多了，从而可能导致多年后指标内涵的歪曲。

注意，我们不能简单地用新高数除以新低数，因为有时新低数为 0，除以 0 未被定义，因此，标准化数据的最好方法是用净差值除以交易股票总数量。

新高新低差/交易股票总数量指标策略举例

以 1940 年以来 60 年期间新高新低差/交易股票总数量比率以及 DJIA 的每日数据文件为基础，我们发现，该比率的标准化比简单的减法允许有更大的分析灵活性。我们用该比率乘以 1000，使得数字与简单的减法相比更具直观性。指标点位多年直接可比，这使我们可以在不同点位上验证不同的买入和卖出规则。例如，对于那些支付了巨大交易成本或希望低频交易的人，下列建立了中性缓冲区的不对称的买入和卖出规则，相对于简单的穿越 0 轴来说产生的交易数要减少 82%。

第二部分 市场技术指标

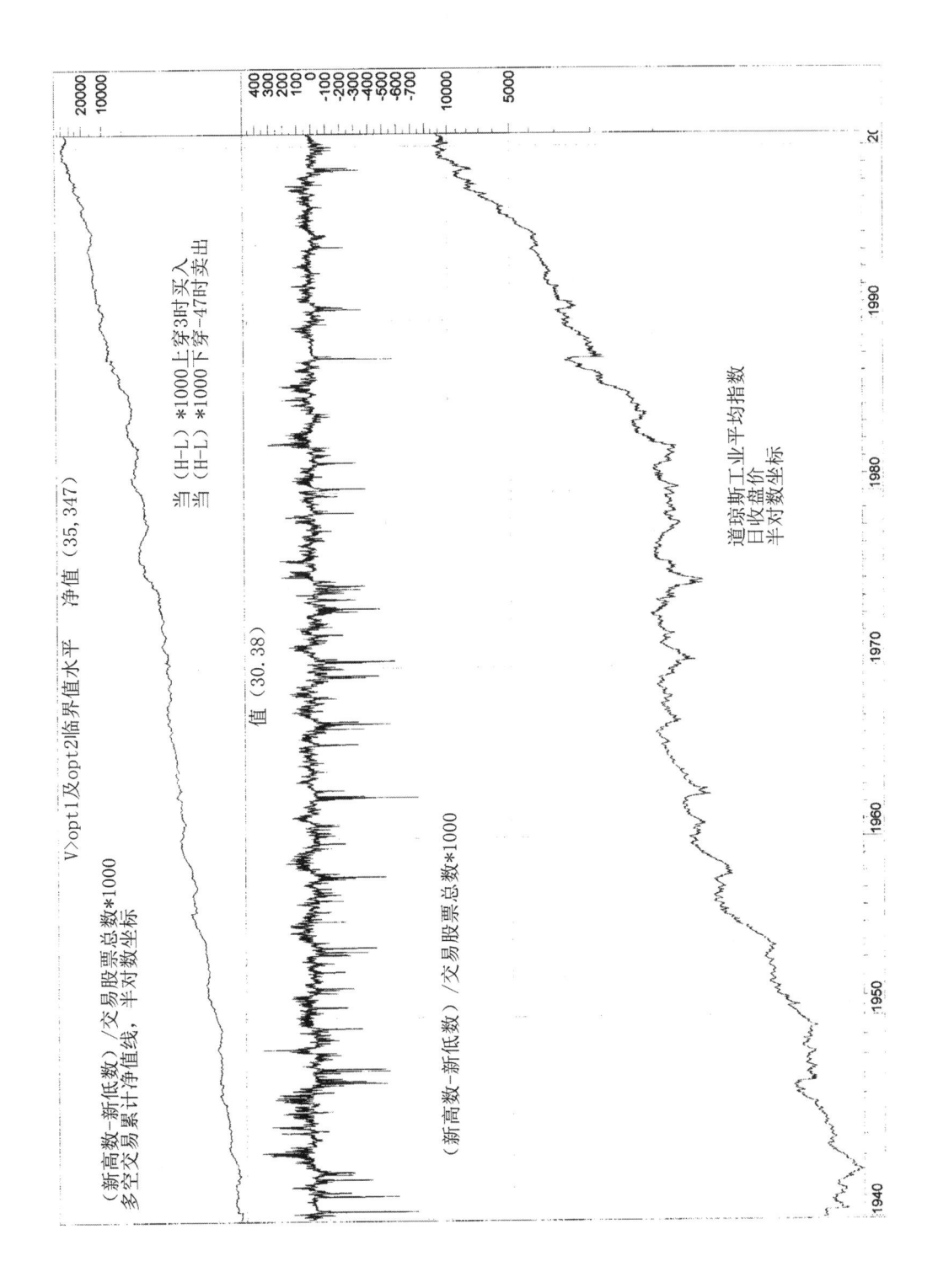

(新高数－新低数)/交易股票总数*1000
多空交易累计净值线，半对数坐标
V>opt1及opt2临界值水平 净值（35，347）

当（H-L）*1000上穿3时买入
当（H-L）*1000下穿-47时卖出
值（30，38）

(新高数－新低数)/交易股票总数*1000

道琼斯工业平均指数
日收盘价
半对数坐标

新高新低差/交易股票总数量

项目	数值	项目	数值
净利润总额	35247.34	未平仓头寸价值	1114.86	超额利润比率%	382.20
盈亏百分比	35247.34	年均盈亏百分比	580.41	年均超额利润比率%	382.20
初始投资	100	利息收入	0		
当前头寸	多头	头寸建立日期	3/22/00		
买入并持有利润总额	7309.76	测试总天数	22166	平均每笔交易天数	82.71
买入并持有利润率%	7309.76	年均买入并持有利润率%	120.37		
已平仓交易总数	268	佣金支付总额	0		
每笔交易平均利润	127.36	平均盈利与平均亏损比率	4.68		
多头交易总数	134	空头交易总数	134	多头交易中盈利交易占比%	48.51
盈利多头交易数	65	盈利空头交易数	49	空头交易中盈利交易占比%	36.57
亏损交易总数	114	亏损交易总数	154	交易总数中盈利交易占比%	42.54
盈利交易总金额	47989.15	亏损交易总金额	-13856.67	交易总金额中盈利金额占比%	55.19
平均盈利	420.96	平均亏损	-89.98	平均盈亏总额中净平均盈利占比%	64.78
最大盈利	7994.55	最大亏损	-2803.84	最大盈亏合计中净盈利占比%	48.07
盈利交易平均持仓期数	112.08	亏损交易平均持仓期数	20.34	盈亏持仓期数差占亏损持仓期数比例%	451.03
盈利交易最长持仓期数	682	亏损交易最长持仓期数	170	盈亏最长持仓期数差占亏损持仓期数比%	301.18
最大连续盈利次数	7	最大连续亏损次数	8	最大连续盈亏期数差占连续亏损期数比例%	-12.50
空仓总期数	0	平均空仓期数	无		
最长空仓期数	0				
系统平均平仓回撤	-7.88	盈亏比指数	71.78	净利润与系统平仓回撤之比	35247.34
系统未平仓回撤	-100	风险回报指数	99.72	净利润同系统未平仓回撤之差与净利润之比%	99.72
最大未平仓交易回撤	-2803.84	买入并持有指数	397.45	系统未平仓回撤与净利润之比%	-0.28

在 Equis 公司 Metastock© "系统报告"(盈亏概览统计)中,净利润总额等于利润合计减去亏损合计,包括按市值计价的未平仓头寸。相对地,盈利交易总金额是指已实现利润合计(仅包括任何未平仓头寸)。同样,亏损交易总金额是指亏损总金额合计(包括已实现亏损合计,仅包括已平仓交易所有亏损合计)。净值低于初始投资的最大降幅(SODD)是指头寸未平仓时累计净值线低于基于平仓头寸的累计净值计算净值的最大降幅。系统平仓回撤,系统未平仓回撤(SODD)是指头寸未平仓时累计净值低于初始投资的最大降幅。盈亏比指数是关于平仓盈亏总金额与盈亏总金额联系在一起的一个复杂计算结果。盈亏比指数的范围位于-100(最差可能表现)与+100(最好可能表现)之间,0值代表盈亏相等。风险回报指数等于净利润数除以净利润回撤的差再除以净利润总额。在本次演练交易中,初始投资假设为100美元。多头交易和空头交易都进行,除非另有说明。交易按信号出现当天收盘价格执行,统计分析中不包括交易成本,利息费用和利润。

— 410 —

多头开仓（买入）：当新高新低差与交易股票总数量的比率乘以 1000 后上穿 3 时，以 DJIA 当日收盘价买入。

多头平仓（卖出）：当新高新低差与交易股票总数量的比率乘以 1000 后下穿 -47 时，以 DJIA 当日收盘价卖出。

空头开仓（卖出空头）：当新高新低差与交易股票总数量的比率乘以 1000 后下穿 -47 时，以 DJIA 当日收盘价卖出空头。

空头平仓（平仓）：当新高新低差与交易股票总数量的比率乘以 1000 后上穿 3 时，以 DJIA 当日收盘价平仓空头。

运用该新高减新低趋势跟踪策略，以 100 美元开始投资并将利润再投资，假如充分运用该投资策略进行利润再投资操作，无交易成本和税收，净利润总额将达到 35,247.34 美元，这比买入并持有策略高出 382.20%。即使空头卖出交易也是盈利的，并且空头卖出交易包含在本策略中。交易相对不活跃，平均每 82.71 个日历日交易一次。

在 Equis 国际公司 MetaStock© 系统中，当前新高新低差与交易股票总量的比率乘以 1000 后被插入在通常预留给成交量（V）的数据字段中，其测试规则书写如下：

多头开仓：V>opt1
多头平仓：V<opt2
空头开仓：V<opt2
空头平仓：V>opt1
OPT1 当前值：3
OPT2 当前值：-47

新高数量/交易股票总数量

每日新高数量与交易股票总数量的比率数字是市场强弱的衡量尺度。如果新高数量与交易股票总数量比率较高并上升，则股票需求比较强并变得更强，那是看涨的。但是，如果新高数量与交易股票总数量的比率较低并下降，则股票需求比较弱并变得更弱，那是看跌的。图中用该比率乘以 10,000 来显示，以避免处理小数。

新高数量仅指那些相对于其跟踪一年交易区间向上运行至新价格极值的股票合计总数。用另一句话说，新高数量是指，相对于自身最近过去 52 周移动时间窗口，也就是相对于最近一年回顾期来说，日内价格达到最高的股票的数量。

许多财经类报纸和电子资料都公布关于三个独立的美国证券交易所的新高和新低股票数每日数据：纽约证券交易所、全美证券交易所和纳斯达克证券市场。我们的研究强烈表明，每日数据比每周数据对交易更有用，因此我们下列举例中仅限于每日数据。

正如我们在新高减新低主题下所注意的，在1978年初，计算新高和新低数量的方法发生了变化。但是出于实用目的，大多数技术分析只是忽略了这一细节，就像这里我们在测试中所做的那样。同样，新高和新低数据应该标准化为交易股票总量的百分比，这样显示在图表上的指标点位读数才能保持多年来的可比性。

新高数量/交易股票总数量指标策略举例

以1940年以来60年期间新高数量/交易股票总数量以及DJIA的每日数据文件为基础，我们发现，如果不带主观性，不运用复杂技术分析，不妄断，而以纯机械式的信号为基础，使用非常低的1.55%临界点来产生趋势跟踪买入和卖出信号，能产生良好的交易结果。

多头开仓（买入）：当新高数量与交易股票总数量之比上穿1.55%时，以DJIA当日收盘价买入。

多头平仓（卖出）：当新高数量与交易股票总数量之比下穿1.55%时，以DJIA当日收盘价卖出。

空头开仓（卖出空头）：当新高数量与交易股票总数量之比下穿1.55%时，以DJIA当日收盘价卖出空头。

空头平仓（平仓）：当新高数量与交易股票总数量之比上穿1.55%时，以DJIA当日收盘价平仓空头。

运用该新高减新低趋势跟踪策略，以100美元开始投资并将利润再投资，假如充分运用该投资策略进行利润再投资操作，无交易成本和税收，净利润总额将达到13,025.79美元，这比买入并持有策略高出78.20%。即使空头卖出交易也是盈利的，并且空头卖出交易包含在本策略中。交易极度活跃，平均每5.02个日历日交易一次。

在Equis国际公司MetaStock©系统中，当前新高数量/交易股票总数量乘以10,000后被插入在通常预留给成交量（V）的数据字段中，其测试规则书写如下：

多头开仓：V>opt1

多头平仓：V<opt2

空头开仓：V<opt2

空头平仓：V>opt1

OPT1 当前值：155

OPT2 当前值：155

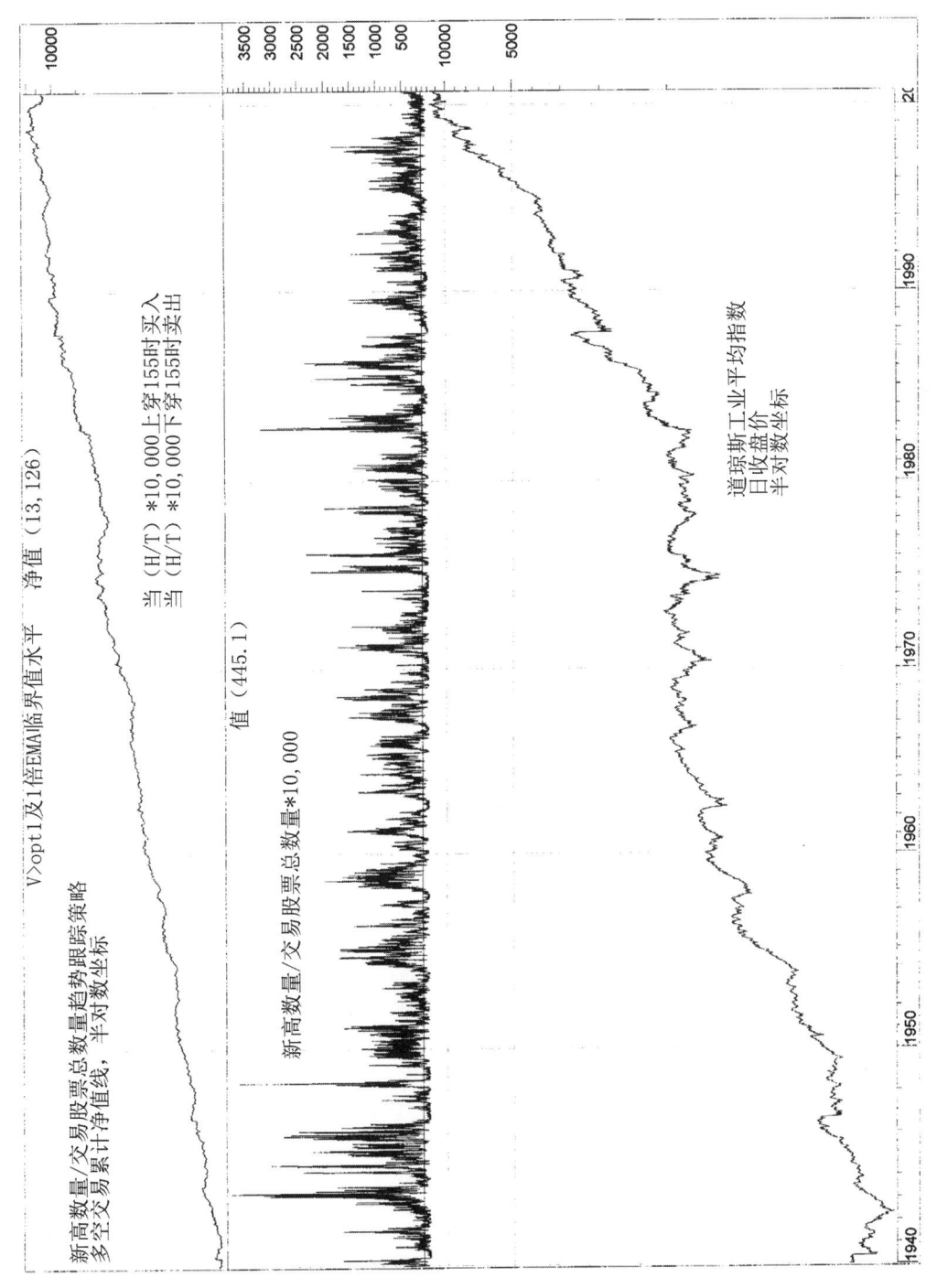

新高数量/交易股票总数量>＜1.55%

净利润总额	13025.79	未平仓头寸价值	440.66	超额净利润比率%	78.20
盈亏百分比	13025.79	年均盈亏百分比	214.49	年均超额净利润比率%	78.19
初始投资	100	利息收入	0		
当前头寸	多头	头寸建立日期	7/20/00		
买入并持有利润总额	7309.76	测试总天数	22166	平均每笔交易天数	5.02
买入并持有利润率%	7309.76	年均买入并持有利润率%	120.37		
已平仓交易总数	1744	佣金支付总额	0		
每笔交易平均利润	7.22	平均盈利与平均亏损比率	1.85		
多头交易总数	872	空头交易总数	872	多头交易中盈利交易占比%	42.20
盈利多头交易数	368	盈利空头交易数	341	空头交易中盈利交易占比%	39.11
盈利交易总数	709	亏损交易总数	1035	交易总数中盈利交易占比%	40.65
盈利交易总金额	60193.97	亏损交易总金额	-47608.83	交易总金额中净盈利金额占比%	11.67
平均盈利	84.9	平均亏损	-46	平均盈亏总额中净平均盈利占比%	29.72
最大盈利	2849.72	最大亏损	-1552.95	最大盈亏合计中净盈利占比%	29.45
盈利交易平均持仓期数	17.99	亏损交易平均持仓期数	4.56	盈亏持仓期数差占合计期数比例%	294.52
盈利交易最长持仓期数	184	亏损交易最长持仓期数	70	最长盈亏持仓期数差占最长亏损持仓期数比%	162.86
最大连续盈利次数	7	最大连续亏损次数	15	最大连续盈亏期数差占连续亏损期数比例%	-53.33
空仓总期数	0	平均空仓期数	无		
最长空仓期数	0				
系统平仓回撤	-7.48	盈亏比指数	21.48	净利润与系统平仓回撤之比%	13025.79
系统未平仓回撤	-100	风险回报率指数	99.24	净利润同系统平仓回撤之差与净利润之比%	99.23
最大未平仓交易回撤	-1552.95	买入并持有指数	84.23	系统未平仓回撤与净利润之比%	-0.77

在 Equis 公司 Metastock© "系统报告"(盈亏概览统计)中,净利润总额等于利润合计减去亏损合计,包括按市值计价的未平仓头寸。相对地,盈利交易总金额指已实现利润合计(仅包括已平仓头寸)。同样,亏损交易总金额是指已实现亏损合计(仅包括已平仓头寸)。盈利交易所有亏损所有亏损总额,不包括任何未平仓头寸。系统平仓回撤是指仅基于已平仓头寸计算的累计净值曲线低于初始投资的最大降幅,系统未平仓回撤(SODD)是指头寸未平仓时未计算净值曲线低于初始投资的最大降幅。盈亏比指数是关于平均盈利与平均亏损联系在一起的一个复杂计算结果,值的范围固定于-100(最差可能表现)与+100(最好可能表现)之间,0值代表盈亏相等,风险回报指数等于净利润总额减去系统未平仓回撤总额再除以净利润总额。在本次演练交易中,初始投资假设为 100 美元。多头交易和空头交易都进行,交易按收盘价格执行,统计分析中不包括交易成本、利息费用和利润。

— 414 —

新股寒暑表指标（IPO月发行总量）

新股发售是指由之前不存在公开市场股票的公司首次公开发行股票，该发售为公司未来成长筹集资本。公司高管也可能觉得，现在正是利用一般股票市场价格高估的时机的时候。当公司创始人和其他内部人出售大量的新发行股票时，他们可能觉得现在是时候变现了。该指标的开发者是经济计量研究所著名的市场分析师诺曼·福斯贝克。

内德·戴维斯研究公司发现，首次公开发行股票由较低水平的27只剧增至极高水平的62只，接下来股票市场回报率会低于平均水平，并且会有重大市场下跌，正如图中显示的一样。1995年下半年，卖出信号比之前多一些，这可能是由于公司数量比以前多太多的原因。因此，该数据需要相对于公司数量在统计上标准化，标准化的例子见内部人卖出/买入比率指标。

新低数量/交易股票总数量

每日新低数量与交易股票总数量的比率是市场强弱的衡量尺度。如果新低数量与交易股票总数量的比值较高并上升，则股票需求比较弱并变得更弱，那是看跌的。但是，如果新低数量与交易股票总数量的比率较低并下降，则股票需求比较强并变得更强，那是看涨的。图中用该比率乘以10,000来显示，以避免处理小数。

新低数量仅指那些相对于其跟踪一年交易区间向下运行至新价格极值的股票合计总数。用另一句话说，新低数量是指，相对于自身最近过去52周移动时间窗口，也就是相对于最近一年回顾期来说，日内价格达到最低的股票总数量。

许多财经类报纸和电子资料都公布关于三个独立的美国证券交易所的新高和新低股票数每日数据：纽约证券交易所、全美证券交易所和纳斯达克证券市场。我们的研究强烈表明，每日数据比每周数据对交易更有用，因此我们下列举例中仅限于每日数据。

计算新高新低的方法在1978年初发生了变化，但是出于实用目的，大多数技术分析只是忽略了这一细节，就像这里我们在测试中所做的那样。新高新低数据也应该作为交易股票总数量的百分比来分析，这样显示在图表上的指标点位读数才能保持多年来的可比性。

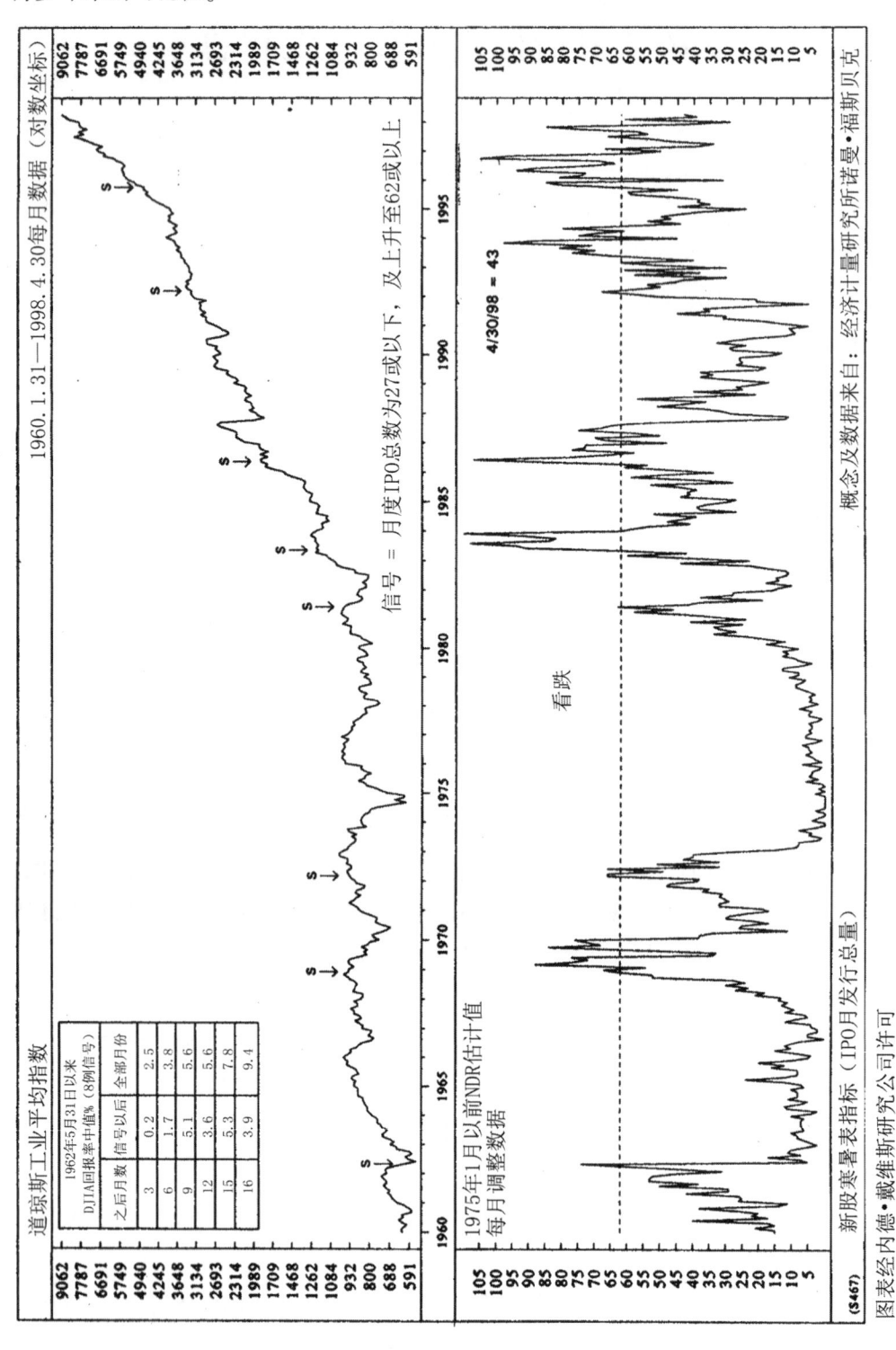

新低数量/交易股票总数量指标策略举例

以 1940 年以来 60 年期间新低数量与交易股票总数量比率以及 DJIA 的每日数据文件为基础,我们发现,如果不带主观性,不运用复杂技术分析,不妄断,而以纯机械式的信号为基础,使用 3.53% 的临界值水平产生的趋势跟踪买入和卖出信号,能产生良好的交易结果。

多头开仓(买入):当新低数量与交易股票总数量的比率下穿 3.53% 时,以 DJIA 当日收盘价买入。

多头平仓(卖出):当新低数量与交易股票总数量的比率上穿 3.53% 时,以 DJIA 当日收盘价卖出。

空头开仓(卖出空头):当新低数量与交易股票总数量的比率上穿 3.53% 时,以 DJIA 当日收盘价卖出空头。

空头平仓(平仓):当新低数量与交易股票总数量的比率下穿 3.53% 时,以 DJIA 当日收盘价平仓空头。

运用该新低数量与交易股票总数量比率趋势跟踪策略,以 100 美元开始投资并将利润再投资,假如充分运用该投资策略进行利润再投资操作,无交易成本和税收,净利润总额将达到 153,684.44 美元,这比买入并持有策略高出 2,002.46%。即使空头卖出交易也是盈利的,并且空头卖出交易包含在本策略中。交易适度活跃,平均每 19.34 个日历日交易一次。

在 Equis 国际公司 MetaStock© 系统中,当前新低数量与交易股票总数量比率乘以 10,000 后被插入在通常预留给成交量(V)的数据字段中,其测试规则书写如下:

多头开仓:V<opt2
多头平仓:V>opt2
空头开仓:V>opt2
空头平仓:V<opt2
OPT2 当前值:353

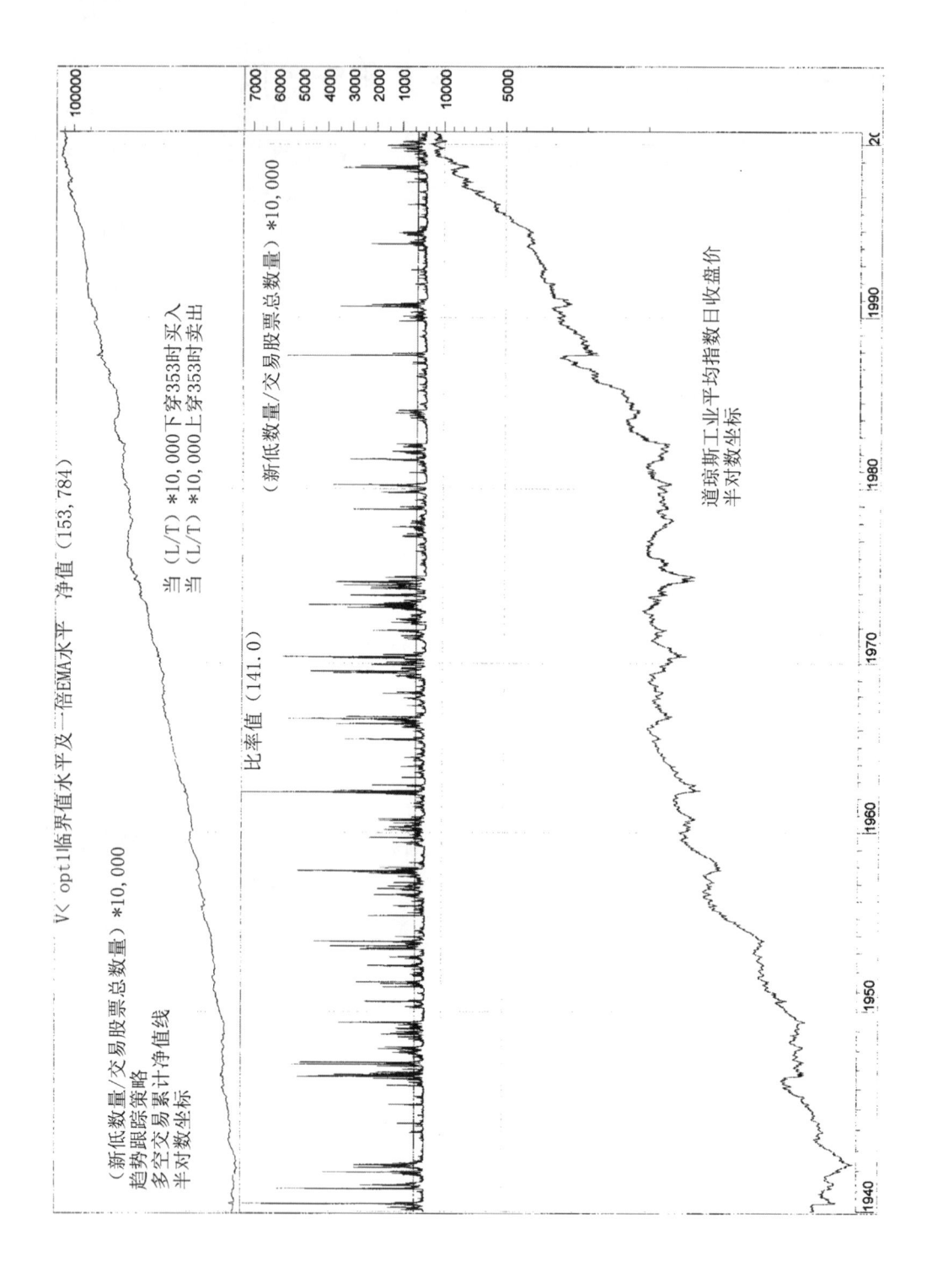

新低数量/交易股票总数量 < >3.53%

净利润总额	153684.44	未平仓头寸价值	-12289.75	超额利润比率%	2002.46
盈亏百分比	153684.44	年均盈亏百分比	2530.67	年均超额净利润比率%	2002.41
初始投资	100	利息收入	0		
当前头寸	多头	头寸建立日期	5/25/00		
买入并持有利润总额	7309.76	测试总天数	22166	平均每笔交易天数	19.34
买入并持有利润率%	7309.76	年均买入并持有利润率%	120.37		
已平仓交易总数	1146	佣金支付总额	0		
每笔交易平均利润	123.38	平均盈利与平均亏损比率	2.71		
多头交易总数	573	空头交易总数	573	多头交易中盈利交易占比%	43.98
盈利多头交易数	252	盈利空头交易数	237	空头交易中盈利交易占比%	41.36
盈利交易总数	489	亏损交易总数	657	交易总数中盈利交易占比%	42.67
盈利交易总金额	279986.41	亏损交易总金额	-138591.73	盈亏总金额中净盈利金额占比%	33.78
平均盈利	572.57	平均亏损	-210.95	平均盈亏合计中净平均盈利占比%	46.15
最大盈利	17372.34	最大亏损	-8502.08	最大盈亏合计中净最大盈利占比%	34.28
盈利交易平均持仓期数	27.02	亏损交易平均持仓期数	5.51	盈亏持仓期数差占亏损持仓期数比例%	390.38
盈利交易最长持仓期数	465	亏损交易最长持仓期数	124	盈亏持仓期数差占最长持仓期数比例%	275.00
最大连续盈利次数	7	最大连续亏损次数	8	最大盈亏连续期数差占连续亏损期数比例%	-12.50
空仓总期数	0	平均空仓期数	无		
最长空仓期数	0				
系统平仓回撤	-19.7	盈亏比指数	52.58	净利润与系统未平仓回撤之比	153684.44
系统未平仓回撤	-100	风险回报指数	99.93	净利润同系统未平仓回撤之差与净利润之比	99.93
最大未平仓交易回撤	-8502.08	买入并持有指数	2170.58	系统未平仓回撤与净利润之比	-0.07

在 Equis 公司 Metastock© 系统报告中,"盈亏概览计"(盈亏所有交易)中,净利润总额等于利润合计减去亏损合计(仅包括已平仓已平仓头寸)。相对地,盈利交易总金额是指已实现利润总额合计(仅包括已平仓头寸合计,不包括任何未平仓头寸)。同样,亏损交易总金额是指已实现亏损(仅包括已平仓头寸损益)。系统未平仓回撤(SODD)是指未平仓头寸的累计额,不包括任何未平仓头寸)。系统未平仓回撤是基于已平仓头寸的净值曲线的累计基于初始投资的最大降幅,系统未平仓回撤是指未平仓头寸的时时累计净值曲线低于初始投资的最大降幅。盈亏比指数是将盈利交易总金额除以亏损总金额联系在一起的一个复杂计算结果,值的范围位于-100(最差可能代表现)与+100(最好可能表现)之间,0值代表盈亏相等。风险回报指数是系统未平仓回撤总额减去净利润总额的差除以净利润总额,在本次演练交易中,初始投资假设为100美元。多头交易和空头交易都按信号出现当天收盘价格执行。交易按信号出现当天收盘价格执行,除非另有说明。统计分析中不包括交易成本、利息费用和利润。

百分之九十之日，九比一之日

股票市场价格下跌时大多显现出密集抛售标志，伴随百分之九十下跌之日的信号，即下跌股票数量超过上涨股票数量，其比率达九比一。

股票市场价格上涨时大多显现出密集买入标志，伴随百分之九十上涨之日的信号，即上涨股票数量超过下跌股票数量，其比率达九比一。

尽管使用来自其他交易所的数据可以进行类似的分析，人们还是最常使用来自纽交所的数据，数据可从《华尔街日报》C2 版获得，也可以从许多其他报纸、网站及收费电子数据服务商处获得。

百分之九十之日、九比一之日指标策略举例

九比一之日指标仅为多头交易提供适度有效的信号，但在卖空方面表现不佳。以 1964 年 5 月 1 日以来 37 年期间的纽交所每日上涨股票数量与下跌股票数量之比和 DJIA 的每日数据文件为基础，我们发现，如果不带主观性，不运用复杂技术分析，不妄断，而以纯机械式的信号为基础，下列简单的趋势跟踪规则能产生良好的交易结果。

多头开仓（买入）：当上涨股票数量至少超过下跌股票数量的九倍以上时，以 DJIA 当日收盘价买入。

多头平仓（卖出）：当下跌股票数量至少超过上涨股票数量的九倍以上时，以 DJIA 当日收盘价卖出。

空头开仓（卖出空头）：从不操作。

运用该百分之九十之日趋势跟踪策略，以 100 美元开始投资并将利润再投资，假如充分运用该投资策略进行利润再投资操作，无交易成本和税收，净利润总额将达到 600.89 美元，这比买入并持有策略低 53.17%，空头卖出交易是不盈利的并且不包括在本策略中。大多数多头交易即 57.89% 的多头交易能获利，同时包含的累计净值线回撤也较多。有人会问，既然该策略跑输买入并持有策略，为什么还用它？答案是，如果使用 50% 保证金交易，该策略表现会优于买入并持有策略，不过仍然包含较多轻度的累计净值线回撤。交易并不活跃，平均每 356.11 个日历日交易一次。

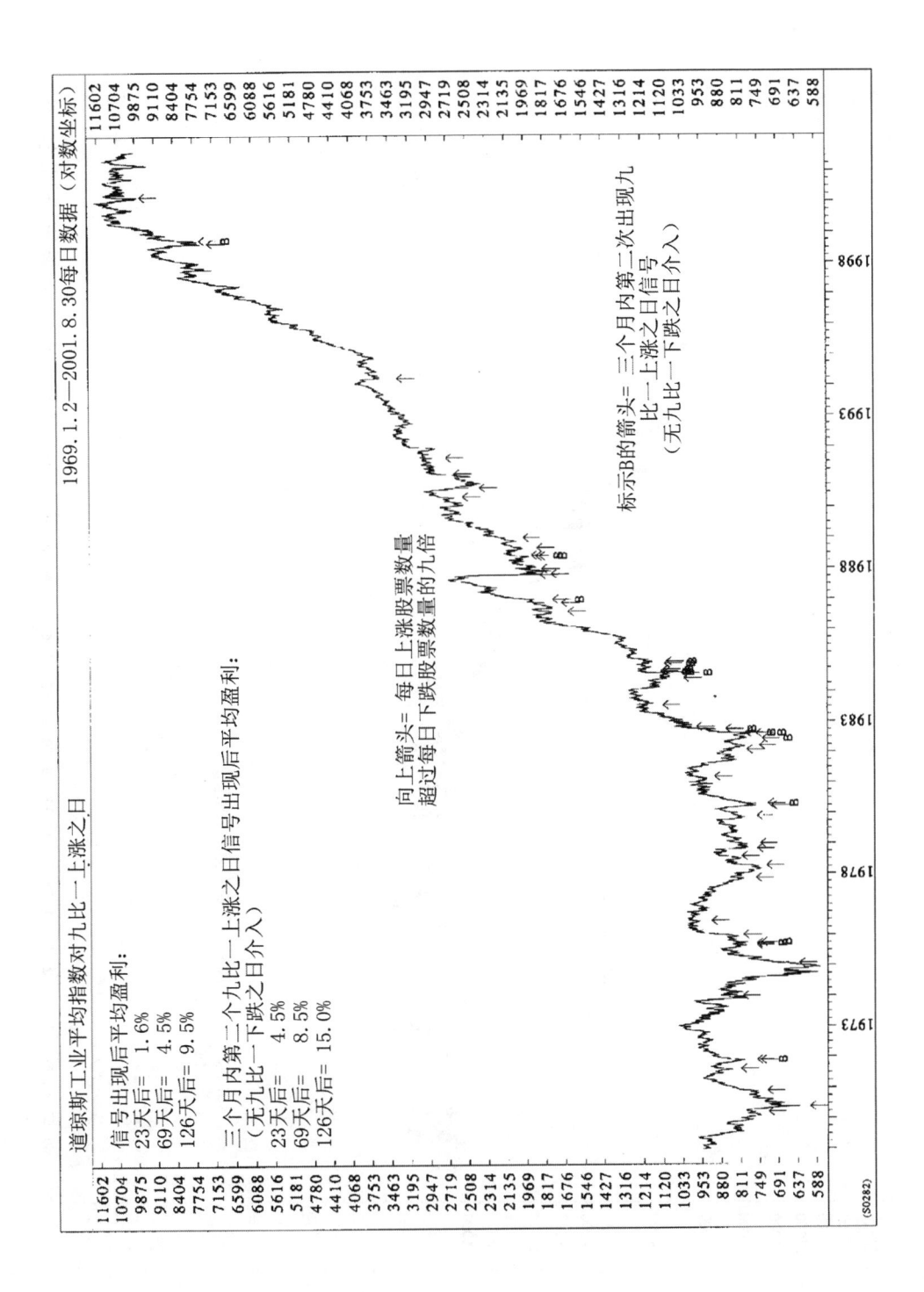

道琼斯工业平均指数对九比一上涨之日 1969.1.2—2001.8.30每日数据（对数坐标）

信号出现后平均盈利：
23天后= 1.6%
69天后= 4.5%
126天后= 9.5%

三个月内第二个九比一上涨之日信号出现后平均盈利：
（无九比一下跌之日介入）
23天后= 4.5%
69天后= 8.5%
126天后= 15.0%

向上箭头＝每日上涨股票数量
超过每日下跌股票数量的九倍

标示B的箭头＝三个月内第二次出现九
比一上涨之日信号
（无九比一下跌之日介入）

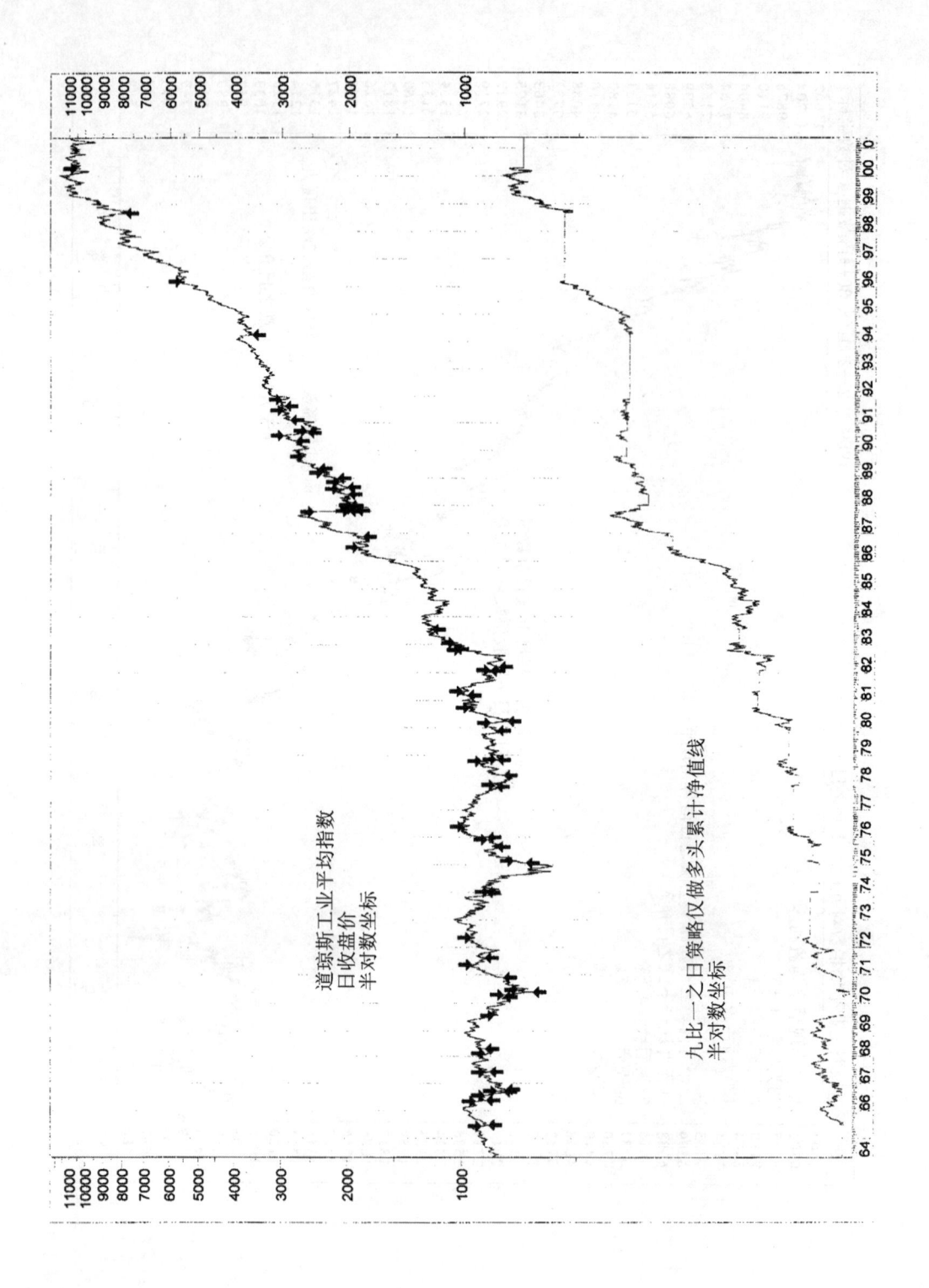

道琼斯工业平均指数
日收盘价
半对数坐标

九比一之日策略仅做多头累计净值线
半对数坐标

百分之九十七日，九比一之日

净利润总额	600.89	未平仓头寸价值	无
盈亏百分比	600.89	年均超额净利润比率%	-53.17
初始投资	100	超额净利润比率%	-53.17
当前头寸	空仓	利息收入	
买入并持有利润总额	1283.15	头寸建立日期	4/14/00
买入并持有利润率%	1283.15	测试总天数	13532
已平仓交易总额	38	年均买入并持有利润率%	34.61
每笔交易平均利润	15.81	佣金支付总额	0
多头交易总数	38	平均买卖平均亏损比率	4.77
盈利多头交易数	22	空头交易总数	0
盈利交易总数	22	盈利空头交易数	0
亏损交易总数	708.88	交易总数中盈利交易占比	16
平均亏损	32.22	交易总额中净盈利金额占比	-107.99
最大盈利	178.99	平均盈亏总额中净平均盈利占比	-6.75
盈利交易平均持仓期数	162.45	最大盈亏合计中净盈利占比	-17.75
盈利交易最长持仓期数	749	盈亏持仓期数差占亏损持仓期数比例%	52.69
最大连续盈利次数	5	最长盈亏持仓期数差占最长亏损期数比%	300
空仓总期数	4989	最大连续盈亏期数差占连续亏损期数比%	3
最长空仓期数	632	平均空仓期数	127.92
系统平仓回撤	-4.03	盈亏比指数	84.77
系统未平仓回撤	-4.03	风险回报指数	99.33
最大未平仓交易回撤	-17.56	买入并持有回撤	-53.17

| 超额净利润比率% | 356.11 |
平均每笔交易天数		
多头交易中盈利交易占比%	57.89
空头交易中盈利交易占比%	#
交易总数中盈利交易占比%	57.89
交易总额中净盈利金额占比%	73.56
平均盈亏总额中净平均盈利占比%	65.36
最大盈亏合计中净盈利占比%	81.96
盈亏持仓期数差占亏损持仓期数比例%	208.31
最长盈亏持仓期数差占最长亏损期数比%	149.67
最大连续盈亏期数差占连续亏损期数比%	66.67
净利润与系统平仓回撤之比	14910.42
净利润同系统未平仓回撤之差与净利润之比	99.33
系统未平仓回撤与净利润之比	-0.67

在Equis公司Metastock©"系统报告"（盈亏概览统计）中，净利润总额等于利润合计减去亏损合计，包括按市值计价的未平仓头寸。相对地，盈利交易总金额是指已实现利润合计（仅包括已平仓交易的所有获利头寸），不包括任何未平仓头寸。同样，亏损交易总金额是指已实现亏损合计（仅包括已平仓交易所有亏损头寸），不包括任何未平仓头寸。系统平仓回撤是指基于初始投资净值线低于初始投资的最大降幅，系统未平仓回撤（SODD）是指头寸未平仓时累计净值线低于初始投资的累计净值的最大降幅。盈亏指数是盈亏于将盈利交易总金额与亏损交易总金额联系在一起的一个复杂计算结果，值的范围位于-100（最差可能表现）与+100（最好可能表现）之间，0值代表盈亏相等。风险回报指数是于净利润总额减去系统未平仓回撤总额的差再除以净利润总额。在本次演练交易中，初始投资假设为100美元。多头交易和空头交易都进行，交易按信号出现当天收盘价格执行，统计分析中不包括交易成本，利息费用和利润。

— 423 —

在 Equis 国际公司 MetaStock© 系统中,当前上涨股票数量除以下跌股票数量的比率被插入在通常预留给成交量(V)的数据字段中,当前下跌股票数量除以上涨股票数量的比率被插入在通常预留给未平仓合约(OI)的数据字段中,两个比率都乘以 1000 以调整显示范围,其测试规则书写如下:

多头开仓:V>=1000 * opt1

多头平仓:OI>=1000 * opt1

OPT1 当前值:9

使用 50%保证金的百分之九十之日、九比一之日指标策略举例

如果使用 50%保证金交易,该策略表现会优于买入并持有策略,不过仍然包含较多轻度的累计净值线回撤。仍然以 100 美元开始投资并将利润再投资,假如充分运用该投资策略进行利润再投资操作,无交易成本和税收,运用杠杆后将使净利润总额提高到 2933.33 美元,这将比使用相同的 50%保证金进行交易的买入并持有策略高出 14.30%,空头卖出交易仍然不包括在本策略中。与百分之百保证金策略相比,交易频率和精确性并未改变。每一次交易记录如下:

使用 50%保证金的百分之九十之日指标,每次交易记录

交易次数	卖出/买入	建仓日期	平仓日期	净利润
—	空仓	5/1/64	6/30/65	0.00
2	多头	6/30/65	5/5/66	7.31
—	空仓	5/5/66	5/18/66	0.00
2	多头	5/18/66	7/25/66	-6.27
—	空仓	7/25/66	9/12/66	0.00
3	多头	9/12/66	9/21/66	0.77
—	空仓	9/21/66	10/12/66	0.00
4	多头	10/12/66	5/31/67	19.46
—	空仓	5/31/67	6/6/67	0.00
5	多头	6/6/67	2/8/68	-3.48
—	空仓	2/8/68	4/8/68	0.00
6	多头	4/8/68	7/28/69	-20.83

(续表)

交易次数	卖出/买入	建仓日期	平仓日期	净利润
—	空仓	7/28/69	3/25/70	0.00
7	多头	3/25/70	4/22/70	-6.75
—	空仓	4/22/70	5/27/70	0.00
8	多头	5/27/70	6/23/70	9.50
—	空仓	6/23/70	11/30/70	0.00
8	多头	11/30/70	5/17/71	31.94
—	空仓	5/17/71	8/16/71	0.00
10	多头	8/16/71	5/9/72	10.71
—	空仓	5/9/72	1/3/74	0.00
11	多头	1/3/74	1/9/74	-14.84
—	空仓	1/9/74	1/27/75	0.00
12	多头	1/27/75	2/25/75	9.77
—	空仓	2/25/75	8/28/75	0.00
13	多头	8/28/75	12/2/75	4.55
—	空仓	12/2/75	1/5/76	0.00
14	多头	1/5/76	5/24/76	30.28
—	空仓	5/24/76	11/10/77	0.00
15	多头	11/10/77	12/6/77	-10.60
—	空仓	12/6/77	4/14/78	0.00
16	多头	4/14/78	10/16/78	32.52
—	空仓	10/16/78	11/1/78	0.00
17	多头	11/1/78	11/7/78	-12.99
—	空仓	11/7/78	11/26/79	0.00
18	多头	11/26/79	3/6/80	-0.30
—	空仓	3/6/80	3/28/80	0.00
19	多头	3/28/80	9/26/80	75.51
—	空仓	9/26/80	3/12/81	0.00
20	多头	3/12/81	5/4/81	-5.55
—	空仓	5/4/81	1/28/82	0.00
21	多头	1/28/82	2/8/82	-17.88
—	空仓	2/8/82	3/22/82	0.00
22	多头	3/22/82	10/25/82	99.77
—	空仓	10/25/82	11/3/82	0.00
23	多头	11/3/82	1/24/83	-22.05
—	空仓	1/24/83	7/20/83	0.00
24	多头	7/20/83	7/7/86	309.13
—	空仓	7/7/86	11/20/86	0.00
25	多头	11/20/86	10/14/87	367.70
—	空仓	10/14/87	10/21/87	0.00
26	多头	10/21/87	10/22/87	-75.39
—	空仓	10/22/87	10/29/87	0.00

(续表)

交易次数	卖出/买入	建仓日期	平仓日期	净利润
27	多头	10/29/87	11/19/87	-40.41
—	空仓	11/19/87	1/4/88	0.00
28	多头	1/4/88	1/8/88	-89.90
—	空仓	1/8/88	5/31/88	0.00
29	多头	5/31/88	8/9/88	36.95
—	空仓	8/9/88	9/2/88	0.00
30	多头	9/2/88	11/11/88	9.91
—	空仓	11/11/88	1/4/89	0.00
31	多头	1/4/89	3/17/89	87.10
—	空仓	3/17/89	5/12/89	0.00
32	多头	5/12/89	10/13/89	97.25
—	空仓	10/13/89	5/11/90	0.00
33	多头	5/11/90	7/23/90	74.56
—	空仓	7/23/90	8/27/90	0.00
34	多头	8/27/90	9/20/90	-77.70
—	空仓	9/20/90	2/11/91	0.00
35	多头	2/11/91	6/24/91	7.50
—	空仓	6/24/91	8/21/91	0.00
36	多头	8/21/91	11/15/91	-39.71
—	空仓	11/15/91	4/5/94	0.00
37	多头	4/5/94	3/8/96	954.82
—	空仓	3/8/96	9/8/98	0.00
38	多头	9/8/98	4/14/00	1100.99
—	空仓	4/14/00	5/18/01	0.00
			合计	2933.35

第二部分　市场技术指标

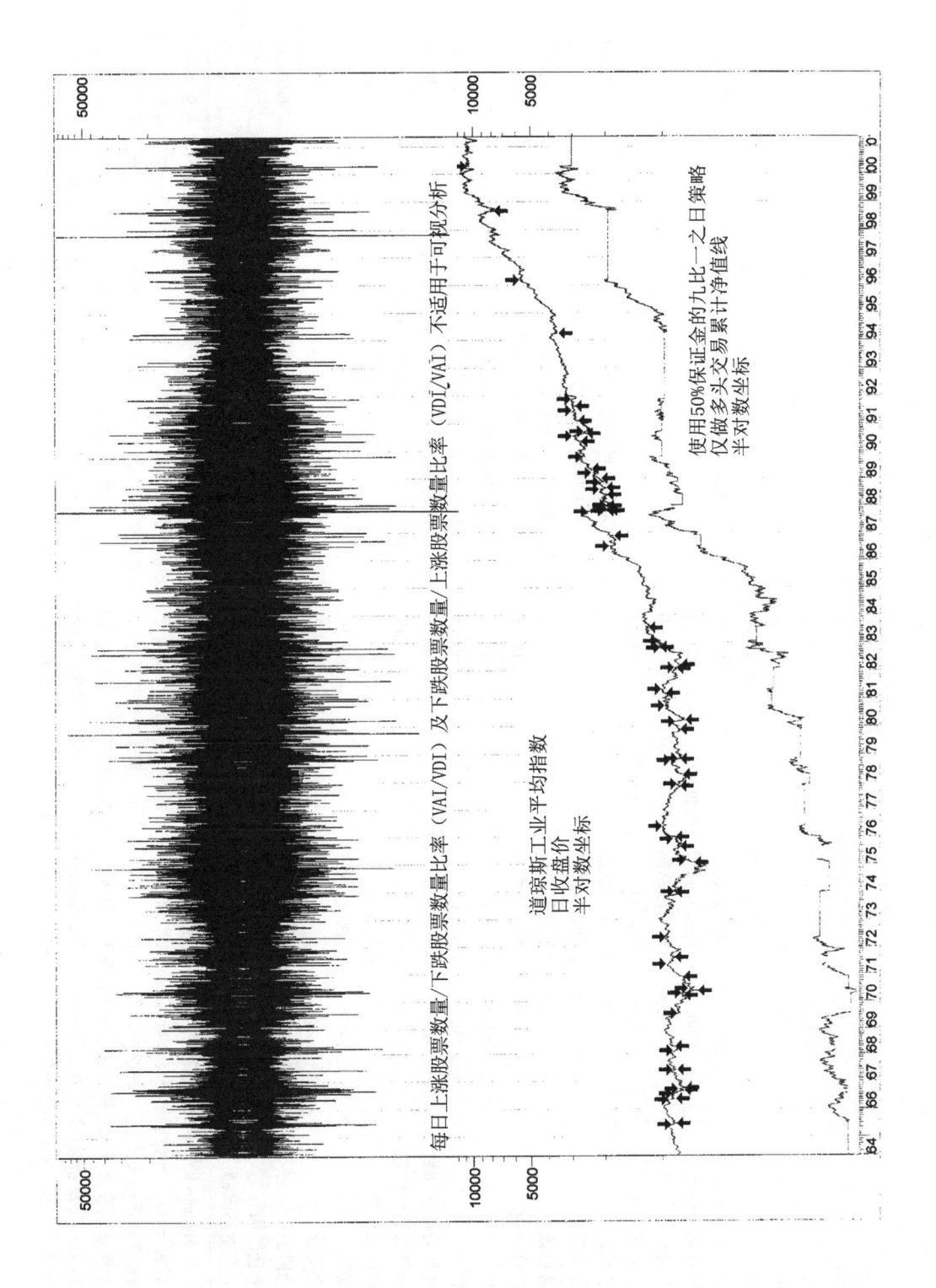

使用50%保证金的百分之九十之日指标

净利润总额	2933.33	未平仓头寸价值	无
盈亏百分比	2933.33	超额净利润比率%	14.30
初始投资	100	年均超额净利润比率%	14.30
当前头寸	空仓	利息收入	79.12
买入并持有利润总额	2566.3	头寸建立日期	4/14/00
买入并持有利润率%	2566.3	测试总天数	13532
已平仓交易总数	38	年均买入并持有利润率%	69.22
每笔交易平均利润	77.19	佣金支付总额	0
多头交易总数	38	平均每笔交易天数	356.11
盈利多头交易数	22	平均盈利与平均亏损比率	5.52
盈利交易总数	22	多头交易中盈利交易占比%	57.89
亏损交易总数	16	空头交易中盈利交易占比%	#
盈利交易总金额	3377.99	交易总数中盈利交易占比%	57.89
平均盈利	153.54	交易总金额中净盈利金额占比%	76.74
最大盈利	1100.99	平均盈亏总额中净平均盈利占比%	69.35
亏损交易总金额	−444.46	最大盈亏合计中净盈利占比%	84.90
平均亏损	−27.79	盈亏持仓期数差占亏损持仓期数比例%	208.31
最大亏损	−89.9	最长盈亏持仓期数差占最长亏损持仓期数比例%	149.67
亏损交易平均持仓期数	52.69	最大连续盈亏期数差占连续亏损期数比例%	66.67
盈利交易平均持仓期数	162.45		
亏损交易最长持仓期数	300		
盈利交易最长持仓期数	749		
最大连续亏损次数	3		
最大连续盈利次数	5		
空仓总期数	4989	平均空仓持有期数	127.92
最长空仓期数	632		
系统平仓回撤	−9.79	盈亏比指数	86.84
系统未平仓回撤	−9.79	风险回报指数	29962.51
最大未平仓交易回撤	−195.26	净利润与系统平仓回撤之比	99.67
		净利润同系统未平仓回撤之差与净利润之比	99.67
		买入并持有回撤	14.3
		系统未平仓回撤同净利润之比	−0.33

在Equis公司Metastock©"系统报告"（盈亏概览统计）中，净利润总额等于利润合计减去亏损合计，包括市值计价的未平仓头寸。相对地，盈利交易总额是指已实现利润合计（仅包括已平仓交易，不包括任何未平仓头寸）。系统平仓回撤是指基于已平仓头寸的累计净投资价值下降的最大幅度，系统未平仓回撤（SODD）是指头寸未平仓时可能累计额，不包括任何未平仓头寸）。系统平仓回撤是指基于已平仓头寸的累计净投资价值下降的最大幅度，系统未平仓回撤时计算结果，值的范围位于−100（最差可能表净值线低于初始投资的最坏表现）与+100（最好可能表现）之间，0值代表盈亏相等，风险回报指数等于系统未平仓回撤总额除以净利润总额。在本次演练交易中，初始投资假设为100美元。多头交易和空头交易都进行，除非另有说明。交易按信号出现当天收盘价格执行，统计分析中不包括交易成本、利息费用和利润。

— 428 —

诺弗里的拥塞相系统

大多数市场在大多数时间里会沿着较窄的、无趋势的交易区间盘整，这被称为拥塞相，因此，一种利用这种趋势的方法显示出较高的盈利交易百分比。以系统开发者尤金·诺弗里命名的诺弗里交易系统，会等待明确定义的交易区的产生，在连续两个定向交易日后的收盘建仓，一天以后即在第三天收盘时将头寸平仓。也就是，连续上涨两天后，我们在收盘时卖出空头，然后在下一日收盘时平仓空头。同样，连续下跌两天后，我们在收盘时买入，然后在下一日收盘时卖出从而平仓多头。在该基本系统之上，还可以进行许多改进和过滤。例如，为减少交易次数，可将交易行为推迟到连续的定向变化三天后进行，然后在第四个交易日收盘时将头寸平仓，最佳的时间过滤长度可以通过回溯测试来决定。此外，我们可以用图表点位或回撤百分比来确认建立新头寸或结束头寸。

上涨股票数量

上涨股票数量是指当日收盘时每股股票价格高于前一日收盘价的交易股票总数量。多年来随着交易股票总数量的变化，上涨股票数量在稳定增加。尽管使用来自其他交易所的数据可以进行类似的分析，人们还是最常使用来自纽交所的数据。数据可从《华尔街日报》C2 版获得，也可以从许多其他报纸、网站及收费电子数据服务商处获得。

上涨股票数量指标策略举例

上涨股票数量变动趋势是一个有效的指标，运用该指标可在过去几十年里获得稳定增长的累积利润。以 1932 年 3 月 8 日以来 68 年期间纽交所每日上涨股票数量和道琼斯工业平均指数（DJIA）的每日数据文件为基础，我们发现，如果不带主观性，不运用复杂技术分析，不妄断，而以纯机械式的信号为基础，简单的趋势跟踪规则能产生良好的交易结果。

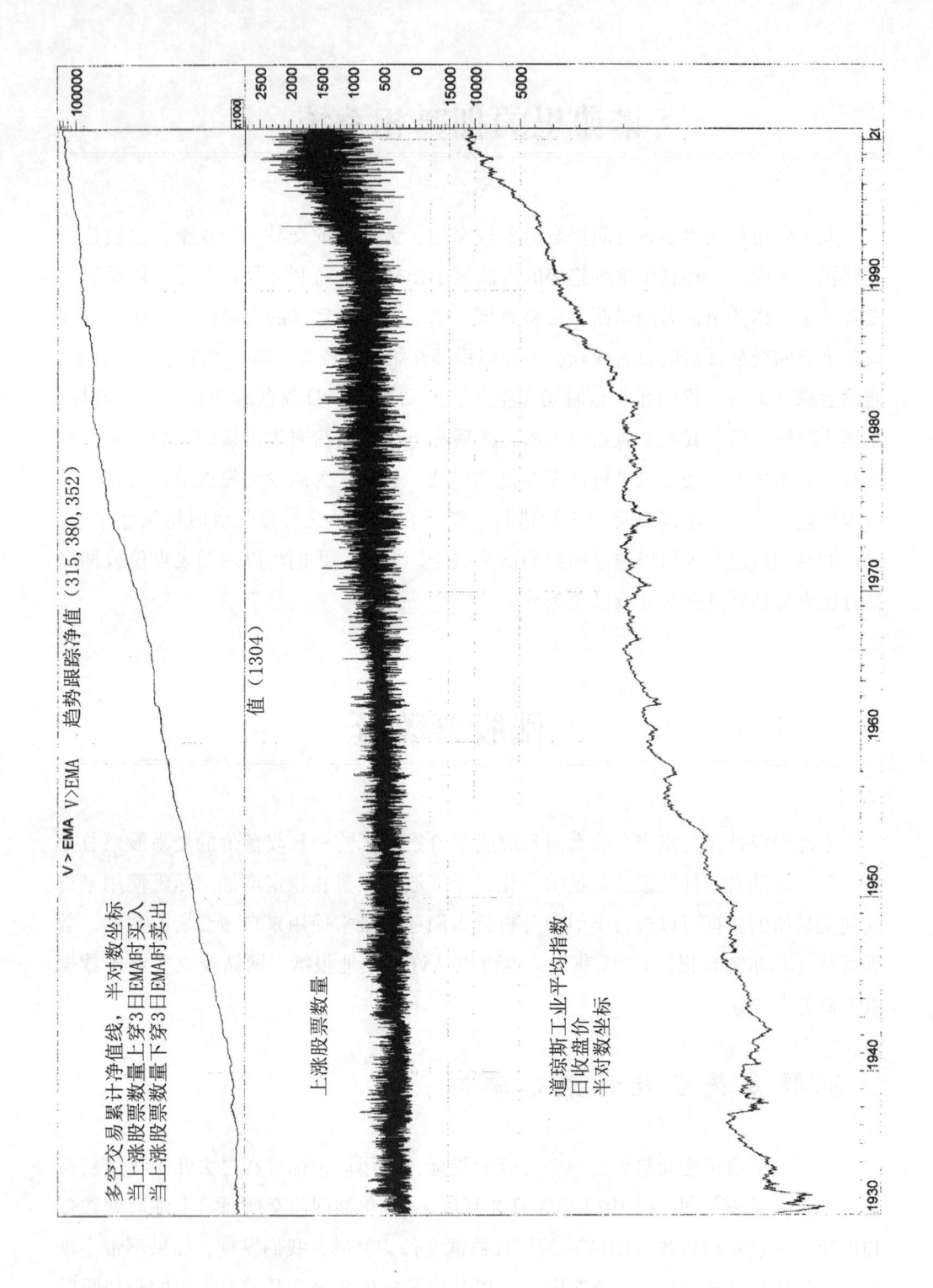

V > EMA V)EMA 趋势跟踪净值（315, 380, 352）

多空交易累计净值线，半对数坐标
当上涨股票数数量上穿3日EMA时买入
当上涨股票数数量下穿3日EMA时卖出

值（1304）

上涨股票数量

道琼斯工业平均指数
日收盘价
半对数坐标

上涨股票数量上穿 3 日 EMA

净利润总额	315380356	未平仓头寸价值	1096953.13	超额净利润比率%	2515162.84
盈亏百分比	315380356	年均盈亏百分比	4600503.29	年均超额净利润比率%	2515210.71
初始投资	100	利息收入	0		
当前头寸	空头	头寸建立日期	9/7/00		
买人并持有利润总额	12538.66	测试总天数	25022	平均每笔交易天数	2.81
买人并持有利润率%	12538.66	年均买人并持有利润率%	182.9		
已平仓交易总数	8902	佣金支付总额	0		
每笔交易平均利润	35304.8	平均盈利与平均亏损比率	1.33		
多头交易总数	4451	空头交易总数	4451	多头交易中盈利交易占比%	54.08
盈利多头交易数	2407	盈利空头交易数	1996	空头交易中盈利交易占比%	44.84
盈利交易总数	4403	交易总数中盈利交易占比%	4499		49.46
盈利交易总金额	1.353E+09	亏损交易总金额	-1.038E+09	交易总金额中净盈利金额占比%	13.14
平均盈利	307237.09	平均亏损	-230825.07	平均盈亏总额中净平均盈利占比%	14.20
最大盈利	20820608	最大亏损	-15593024	最大盈亏合计中净盈利占比%	14.36
盈利交易平均持仓期数	3.56	亏损交易平均持仓期数	2.52	盈亏持仓期数差占亏损持仓期数比例%	41.27
盈利交易最长持仓期数	10	亏损交易最长持仓期数	8	最长盈亏持仓期数差占最长亏损持仓期数比例%	25.00
最大连续盈利次数	10	最大连续亏损次数	13	最大连续盈亏期数差占连续亏损期数比例%	-23.08
空仓总期数	4	平均空仓期数	4		
最长空仓期数	4				
系统平仓回撤	-25.3	盈亏比指数	23.29	净利润与系统平仓回撤之比	1246562276.68
系统未平仓回撤	-25.3	风险回报指数	100	净利润同系统平仓回撤之差与净利润之比	100
最大未平仓交易回撤	-15593024	买人并持有指数	2523911.97	系统未平仓回撤与净利润之比%	0.00

在 Equis 公司 Metastock© "系统报告"（盈亏概览统计）中，净利润总额等于利润合计减去亏损合计，包括按市值计价的未平仓头寸。相对地，盈利交易总金额是指已实现利润合计（仅包括已平仓头寸）。系统平仓回撤是指基于已平仓头寸的累计净值曲线低于初始投资的最大降幅，不包括任何未平仓头寸，亏损交易是指已平仓已实现亏损合计（仅包括已平仓头寸）。同样，亏损交易总金额是指已实现亏损合计，不包括任何未平仓头寸。系统未平仓回撤是指基于已平仓头寸的累计净值曲线低于初始投资的最大降幅，系统未平仓回撤（SODD）是指头寸未平仓时累计净值低于初始投资的最大表现。盈亏比指数是盈利交易与亏损交易总金额联系在一起的一个复杂计算结果，值的范围位于-100（最差可能表现）与+100（最好可能表现）之间，0值代表盈亏相等。风险回报指数等于系统未平仓回撤减去系统未平仓回撤的差再除以净利润总额。在本次演练交易中，初始投资假设为100美元。多头交易和空头交易都进行，除非另有说明。交易按信号出现当天收盘价格执行，统计分析中不包括交易成本、利息费用和利润。

— 431 —

多头开仓（买入）：当上涨股票数量上穿其自身前一日跟踪 3 日 EMA 时，以 DJIA 当日收盘价买入。

多头平仓（卖出）：当上涨股票数量下穿其自身前一日跟踪 3 日 EMA 时，以 DJIA 当日收盘价卖出。

空头开仓（卖出空头）：当上涨股票数量下穿其自身前一日跟踪 3 日 EMA 时，以 DJIA 当日收盘价卖出空头。

空头平仓（平仓）：当上涨股票数量上穿其自身前一日跟踪 3 日 EMA 时，以 DJIA 当日收盘价平仓空头。

运用该上涨股票数量趋势跟踪策略，以 100 美元开始投资并将利润再投资，假如充分运用该投资策略进行利润再投资操作，无交易成本和税收，净利润总额将达到 315,380,256 美元，这比买入并持有策略高出 2,515,162%，即使空头卖出交易也是盈利的。交易极度活跃，平均每 2.81 个日历日就交易一次。

在 Equis 国际公司 MetaStock© 系统中，当前上涨股票数量被插入在通常预留给成交量（V）的数据字段中，其测试规则书写如下：

多头开仓：V>Ref（Mov（V, opt1, E），-1）
多头平仓：V<Ref（Mov（V, opt1, E），-1）
空头开仓：V<Ref（Mov（V, opt1, E），-1）
空头平仓：V>Ref（Mov（V, opt1, E），-1）
OPT1 当前值：3

下跌股票数量

下跌股票数量是指当日收盘时每股股票价格低于前一日收盘价的交易股票总数量。多年来随着交易股票总数量的变化，下跌股票数量在稳定增加。尽管使用来自其他交易所的数据可以进行类似的分析，人们还是最常使用来自纽交所的数据。数据可从《华尔街日报》C2 版获得，也可以从许多其他报纸、网站及付费电子服务商处获得。

下跌股票数量指标策略举例

下跌股票数量变动趋势是一个有效的指标，运用该指标可在过去几十年里获得稳定增长的累积利润。以 1932 年 3 月 8 日以来 68 年期间纽交所每日下跌股票数量和道琼斯工业平均指数（DJIA）的每日数据文件为基础，我们发现，如果不带主观性，不运用复杂技术分析，不妄断，而以纯机械式的信号为基础，简单的趋势跟踪规则能产生良好的交易结果。

多头开仓（买入）：当下跌股票数量下穿其自身前一日跟踪 2 日 EMA 时，以 DJIA 当日收盘价买入。

多头平仓（卖出）：当下跌股票数量上穿其自身前一日跟踪 2 日 EMA 时，以 DJIA 当日收盘价卖出。

空头开仓（卖出空头）：当下跌股票数量上穿其自身前一日跟踪 2 日 EMA 时，以 DJIA 当日收盘价卖出空头。

空头平仓（平仓）：当下跌股票数量下穿其自身前一日跟踪 2 日 EMA 时，以 DJIA 当日收盘价平仓空头。

运用该下跌股票数量趋势跟踪策略，以 100 美元开始投资并将利润再投资，假如充分运用该投资策略进行利润再投资操作，无交易成本和税收，净利润总额将达到 140,806,288 美元，这比买入并持有策略高出 1,122,877%。即使空头卖出交易也是盈利的，并包括在该策略中。交易极度活跃，平均每 2.58 个日历日就交易一次。

在 Equis 国际公司 MetaStock© 系统中，当前下跌股票数量被插入在通常预留给成交量（V）的数据字段中，其测试规则书写如下：

多头开仓：V<Ref(Mov(V,opt1,E),-1)
多头平仓：V>Ref(Mov(V,opt1,E),-1)
空头开仓：V>Ref(Mov(V,opt1,E),-1)
空头平仓：V<Ref(Mov(V,opt1,E),-1)
OPT1 当前值：2

交易股票总数量

交易股票总数量是指交易所中有交易活动的股票总数量，它是价格上涨、下跌和不变的股票合计数量。由于一些上市股票并不是每天都进行交易，所以交易股票总数量少于交易所上市股票总数。

纽约证券交易所、全美证券交易所和纳斯达克股票交易所交易股票总数量可从《华尔街日报》C2 版获得，这些数据也可以从许多其他报纸、网站及付费电子服务商处获得。一些周末消息来源公布的每周数据，提供当周整体价格上涨、下跌和不变的股票数量，通常是从上一个周五收盘到最近周五收盘之间的数据，除非周五为节假日，这种情况下他们使用周四收盘点，以这种每周数据为基础的计算提供区别于每日数据的不同结果。

当分析源于交易股票总数量的指标点位大小时，交易股票总数量是很重要的。这些指标包括交易股票总数量的所有子集，如价格上涨、下跌、新高和新低股票数。当交易股票总数量大幅上升时，这些因变量也会上升。

第 462 页的图表显示了纽交所交易股票总数量的大幅增长，60 年来增长率达 1080%，即从 1940 年 8 月 24 日的低点 303 只增加到 1999 年 11 月 30 日的高点 3574 只。随着时间的推移，这种增长会使宽度指标的内涵失真，除非技术分析师因这种增长进行调整，将指标转换成交易股票总数量的百分比。

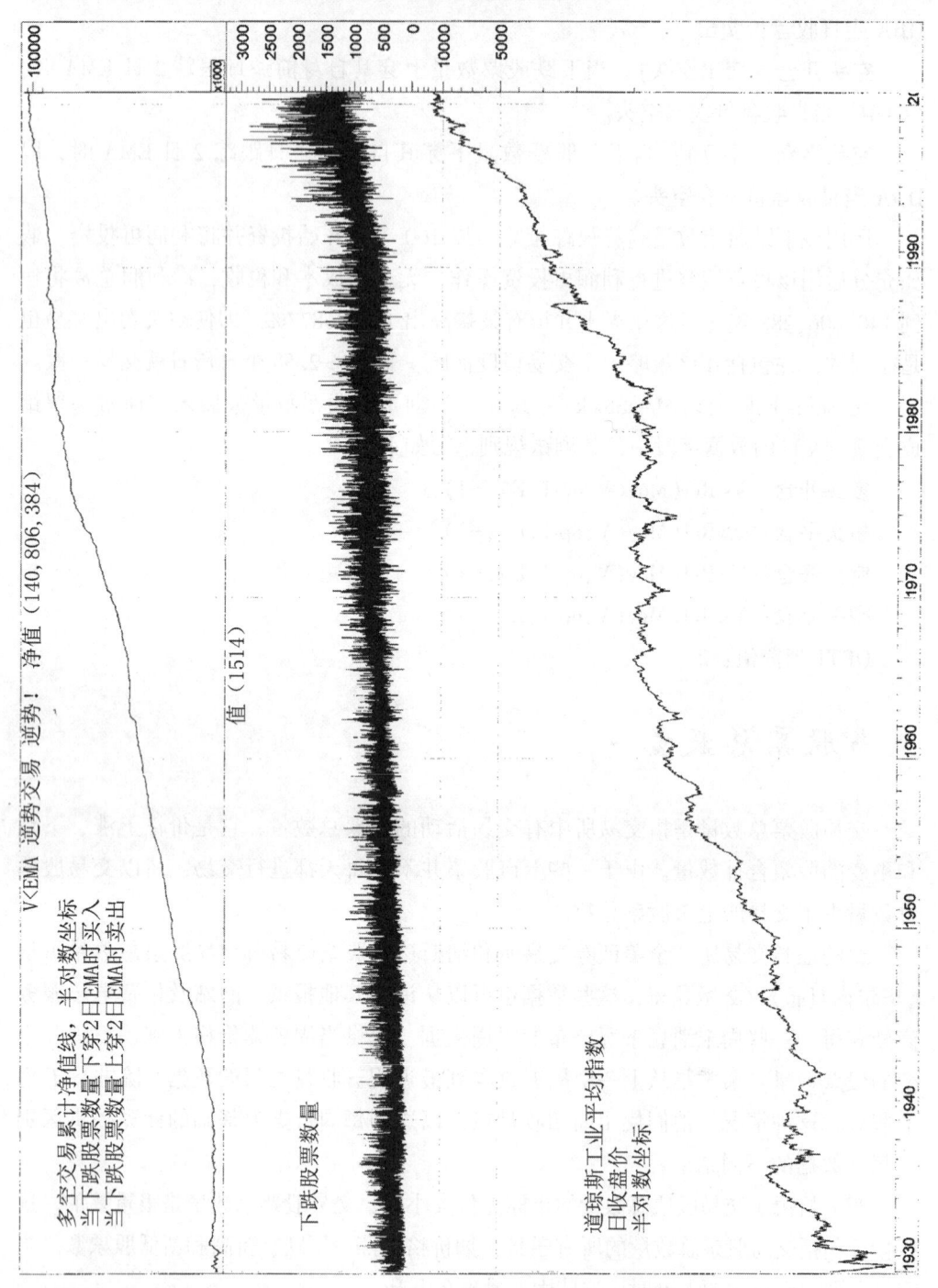

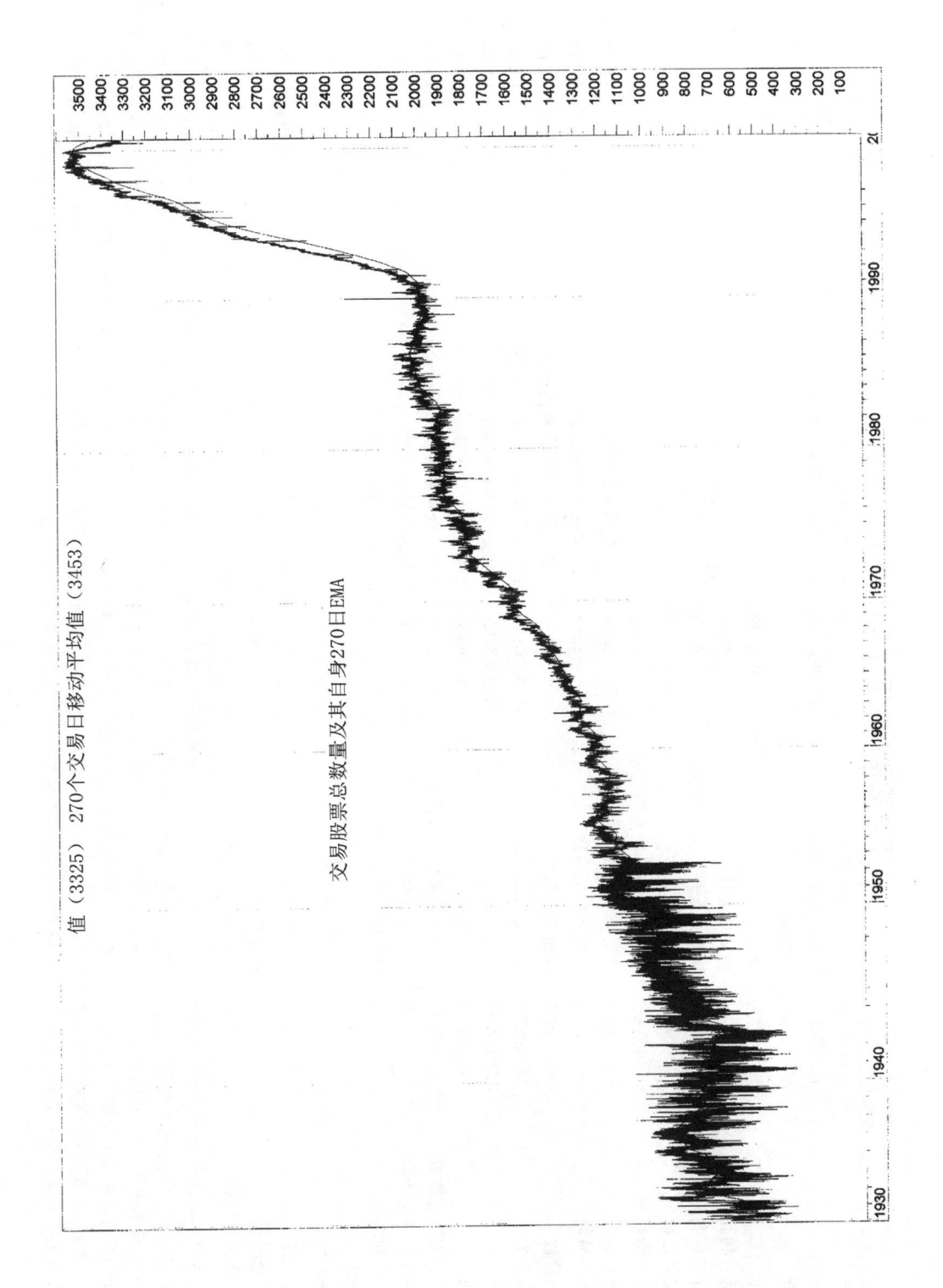

值（3325） 270个交易日移动平均值（3453）

交易股票总数量及其自身270日EMA

下跌股票数量下穿 2 日 EMA

净利润总额	140806288	未平仓头寸价值	0
盈亏百分比	140806288	年均盈亏百分比	2053964.32
初始投资	100	利息收入	0
当前头寸	空头	头寸建立日期	9/8/00
买入并持有利润总额	12538.66	测试总天数	25022
买入并持有利润率%	12538.66	年均买入并持有利润率%	182.9
已平仓交易总数	9696	佣金支付总额	0
每笔交易平均利润	14522.1	平均盈利与平均亏损比率	1.23
多头交易总数	4848	空头交易总数	4848
盈利多头交易数	2592	盈利空头交易数	2239
盈利交易总数	4831	亏损交易总数	4865
盈利交易总金额	767836288	亏损交易总金额	-627030144
平均盈利	158939.41	平均亏损	-128885.95
最大盈利	10446592	最大亏损	-8619320
盈利交易平均持仓期数	3.28	亏损交易平均持仓期数	2.45
盈利交易最长持仓期数	10	亏损交易最长持仓期数	8
最大连续盈利次数	9	最大连续亏损次数	14
空仓总期数	3	平均空仓期数	3
最长空仓期数	3		
系统平仓回撤	-31.5	盈亏比指数	18.34
系统未平仓回撤	-31.5	风险回报指数	100
最大未平仓回撤	-8619320	买入并持有指数	1122877.41

		超额利润比率%	1122877.16
		年均超额净利润比率%	1122898.53
		平均每笔交易天数	2.58
		多头交易中盈利交易占比%	53.47
		空头交易中盈利交易占比%	46.18
		交易总数中盈利交易占比%	49.82
		交易总金额中净盈利金额占比	10.09
		平均盈亏总额中净平均盈利占比	10.44
		最大盈亏合计中净盈利占比%	9.58
		盈亏持仓期数差占亏损持仓期数比例%	33.88
		最长盈亏持仓期数差占最长亏损持仓期数比例%	25.00
		最大连续盈亏期数差占连续盈亏损期数比例%	-35.71
		净利润与系统平仓回撤之比	44700408.89
		净利润同系统平仓回撤之差与净利润之比%	100
		系统未平仓回撤与净利润之比%	0.00

在 Equis 公司 Metastock© 系统报告中,"净利润总额"(盈亏概览统计)中,净利润总额等于交易系统已实现利润合计(仅包括已平仓头寸)减去亏损合计,包括按市值计价的未平仓头寸。相对地,盈利交易金额是指已实现利润合计(仅包括已平仓头寸),不包括任何未平仓头寸。同样,亏损交易总额是指已实现亏损,不包括任何未平仓头寸。系统平仓回撤是指仅基于已平仓头寸的累计净值线低于初始投资的最大降幅。系统未平仓回撤(SODD)是指头寸平仓回撤时累计净值线低于初始投资的最大表现。盈亏比指数是将盈利交易总金额与亏损交易总金额联系在一起的一个复杂计算结果,值的范围位于-100(最差可能表现)与+100(最好可能表现)之间,0 值代表盈亏相等。风险回报指数等于系统未平仓回撤总额除以净利润总额。在本次演练交易中,初始投资假设为 100 美元。多头交易和空头交易都按信号出现当天收盘价格执行,除非另有说明。统计分析中不包括交易成本、利息费用和利润。

零股平衡指标：零股卖出总量/零股买入总量

零股平衡指标是一个"反向意见"市场情绪指标，计算该指标用零股卖出总量除以零股买入总量（在这里该比率乘以1000以调整显示范围）。计算中使用的纽约证券交易所每日数据，在许多日报中都公布。

零股是指低于某只股票100股整股的小额股数买卖报价。该指标背后的道理是，买不起100股股票的小投机者思维简单和信息不足，因此，这些小人物在未来股价方向上很可能是错的。

记录显示，实际上这种推理通常是正确的。因此，按零股交易者的做法反向操作是合适的：当零股平衡指标相对较高（表明零股卖出较高）时买入，而当零股平衡指标相对较低（表明零股买入较高）时卖出。

每日零股平衡指标包络线指标策略举例

以1962年1月至2000年1月的39年期间每日零股平衡指标包络线和DJIA每日收盘价数据文件为基础，我们发现，如果不带主观性，不运用复杂技术分析，不妄断，而以纯机械式的趋势跟踪信号为基础，下列参数跑赢消极的买入并持有策略，并能在大多数时间引领正确方向。

多头开仓（买入）：当最新零股平衡指标高于其前一日的零股平衡指标2日EMA以上3.1%时，以DJIA当日收盘价买入。

多头平仓（卖出）：当最新零股平衡指标低于其前一日的零股平衡指标9日EMA时以下3.1%时，以DJIA当日收盘价卖出。

空头开仓（卖出空头）：从不操作。

运用该零股平衡指标包络线逆势交易策略，以100美元开始投资并将利润再投资，假如充分运用该投资策略进行利润再投资操作，无交易成本和税收，净利润总额将达到1,789.97美元，这比买入并持有策略高31.07%。空头卖出交易是不盈利的，且空头卖出交易不包括在本策略中，空头卖出交易会使利润减少13%，该仅做多头交易零股平衡指标包络线作为指标在整个期间给出的盈利性买入信号占55.34%。交易较活跃，平均每8.45个日历日交易一次。

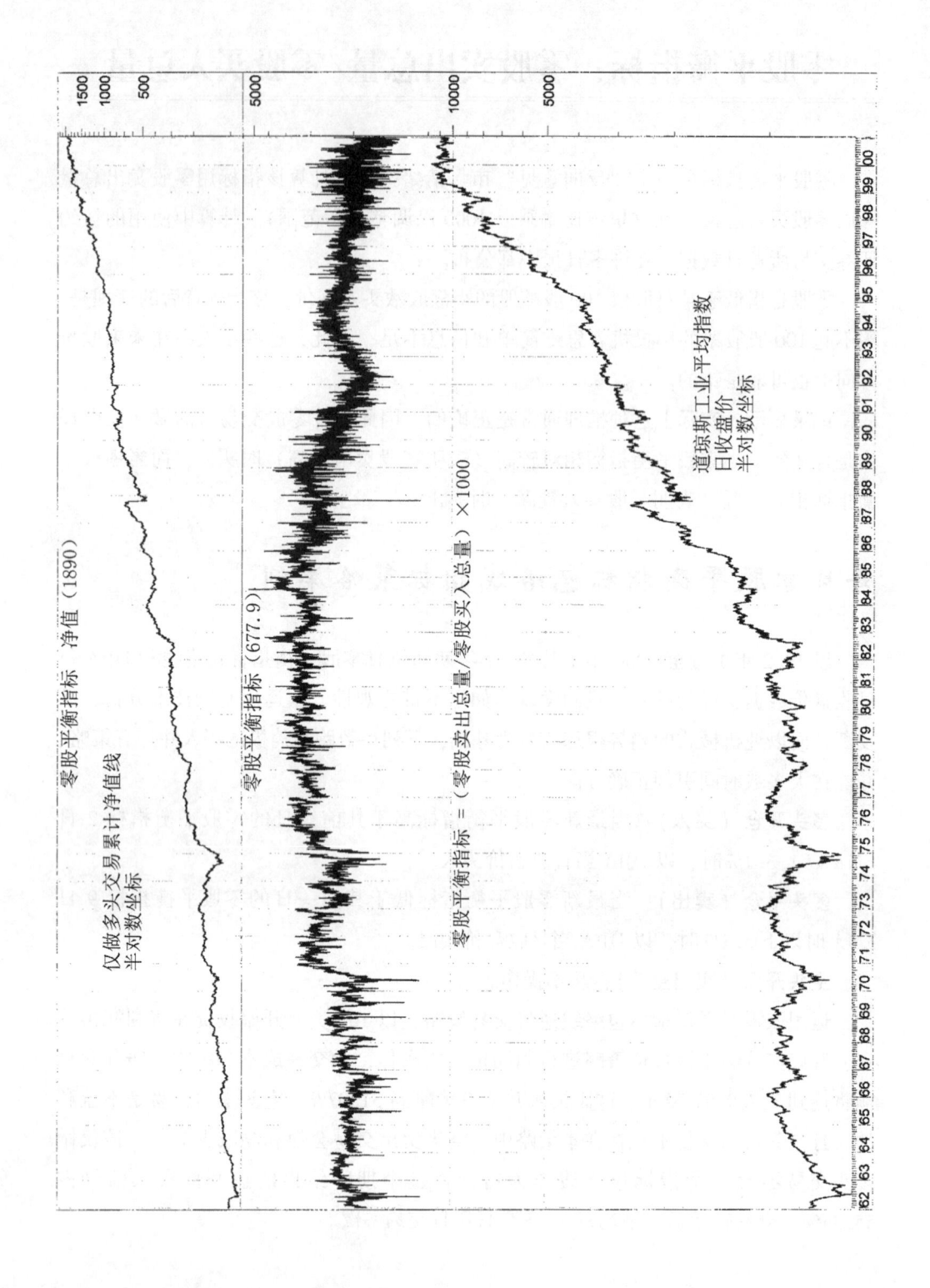

零股平衡指标 净值（1890）

仅做多头交易累计净值线
半对数坐标

零股平衡指标（677.9）

零股平衡指标＝（零股卖出总量/零股买入总量）×1000

道琼斯工业平均指数
日收盘价
半对数坐标

零股平衡指标包络线

项目	值	项目	值
净利润总额	1789.97	未平仓头寸价值	无	超额净利润比率%	31.07
盈亏百分比	1789.97	年均盈亏百分比率%	45.84	年均超额净利润比率%	31.08
初始投资	100	利息收入	0		
当前头寸	空仓	头寸建立日期	1/5/01		
买入并持有利润总额	1365.61	测试总天数	14252	平均每笔交易天数	8.45
买入并持有利润率%	1365.61	年均买入并持有利润率%	34.97		
已平仓交易总数	1686	佣金支付总额	0		
每笔交易盈亏平均利润	1.06	平均盈利与平均亏损比率	1.09		
多头交易总数	1686	空头交易总数	0	多头交易中盈利交易占比%	55.34
盈利多头交易数	933	盈利空头交易数	0	空头交易中盈利交易占比%	#
盈利交易总数	933	亏损交易总数	753	交易总数中盈利交易占比%	55.34
盈利交易总金额	6970.44	亏损交易总金额	-5180.48	盈利总金额中净盈利金额占比%	14.73
平均盈利	7.47	平均亏损	-6.88	平均盈亏合计中净平均盈利占比%	4.11
最大盈利	92.53	最大亏损	-140.9	最大盈亏合计中净盈利占比%	-20.72
盈利交易平均持仓期数	4.74	亏损交易平均持仓期数	4.44	盈亏持仓期数差占亏损持仓最长持仓期数比例%	6.76
盈利交易最长持仓期数	30	亏损交易最长持仓期数	26	盈亏持仓期数差占最长持仓亏损期数比例%	15.38
最大连续盈利次数	16	最大连续亏损次数	9	最大连续亏损期数与连续盈利期数比例%	77.78
空仓总期数	5437	平均空仓期数	3.22		
最长空仓期数	15				
系统平仓回撤	-15.32	盈亏比指数	25.68	净利润与系统平仓回撤之比%	10547.85
系统未平仓回撤	-16.97	风险回报指数	99.06	净利润同系统未平仓回撤之比%	99.05
最大未平仓交易回撤	-168.86	买入并持有指数	31.07	系统未平仓回撤与净利润之比%	-0.95

在 Equis 公司 Metastock© "系统报告"（盈亏概览统计）中，净利润总额等于利润合计减去亏损合计，包括按市值计价的未平仓头寸。相对地，盈利交易总金额是指已实现利润合计（仅包括已平仓头寸）。同样，亏损交易总额是指已实现亏损合计（仅包括已平仓头寸）。亏损总是指系统投资低于初始投资基于已平仓头寸的累计净值的最大降幅。同样，系统未平仓亏损（SODD）是指未平仓头寸的累计时刻净值线低于初始投资净值线的最大降幅。盈亏比指数是关于将盈利交易总金额与亏损交易总金额联系在一起的一个复杂计算结果，值的范围位于-100（最差可能表现）和+100（最好可能表现）之间，0值代表盈亏相等，风险回报指数等于净利润总额减去系统未平仓回撤，再除以净利润总额。在本次演练交易中，初始投资假设为 100 美元。多头交易和空头交易都进行，交易按信号出现当天收盘价格执行，统计分析中不包括交易成本、利息费用和利润。

在 Equis 国际公司 MetaStock© 系统中，零股卖出总量与零股买入总量之比乘以 1000 后的值被插入在通常预留给未平仓合约的字段中，其测试规则书写如下：

多头开仓：OI>Ref(Mov(OI,opt1,E),-1)+
((opt2/1000))*Ref(Mov(OI,opt1,E),-1)

多头平仓：OI<Ref(Mov(OI,opt3,E),-1)-
((opt2/1000))*Ref(Mov(OI,opt3,E),-1)

OPT1 当前值：2
OPT2 当前值：31
OPT3 当前值：9

零股卖空比率

零股卖空比率是一个过时的情绪指标，它反映业余小投机者的行为，传统上这些投机者被认为"通常是错的"（参见"反向意见"指标）。实际上零股卖空者常常做错多于做对，而从 1962 年 1 月至 2001 年 1 月，由于亏损大于盈利，不断变少的零股卖空者损失了大量的美元。对于任何时间范围，都得到这种令人沮丧的结果，反向意见可能是错的。

零股卖空总量是指进行零股交易的小交易者达成的空头卖出总量（用股数来表示）（零股是指任何小于 100 股整股的报价值）。零股卖空比率是一个数据样本，可以精确衡量那些处理小额股票的交易者及投资者的行为和情绪。

计算零股卖空比率有多种方法，最简单和最好的方法是，使用每日数据，用零股卖空总量除以全部零股卖出总量，也有人用零股卖空总量除以全部零股卖出总量与买入总量之和来替换。两个公式很相似，因此结果也很相似。如果使用每周数据，用零股卖空总量除以全部卖空总量，这种改变使盈利性更低。在计算中使用纽约证券交易所的数据。

正如第 478 页每周数据图表显示，零股卖空总量对全部卖空总量的比率在过去 55 年大幅下降，因此，用于识别绝对点数的传统基准变得无意义了，数据需要标准化并考虑适用性标准。

通常，当投机者预期未来价格下降时，他会卖出空头。如果卖空者是对的，且价格下降了，他会基于一个盈利点，以低于其卖出的价格买入股票从而平仓空头头寸，其差额（空头卖出价格减去空头平仓价格）构成利润。如果卖空者是错的，且价格上升了，他会通过以高于其卖出空头所获得的价格买入股票来平仓空头头寸，从而限制或减少损失，价格差额构成亏损。

每日零股卖空总量与全部零股卖出总量之比指标策略举例：多空转向交易策略

在过去29年，如果与零股卖空者进行反向交易，会亏损掉我们多数资金。因为结果让人沮丧，我们可以反向逻辑操作，假定零股卖空者反映了精明投资者的意见。

使用每日数据，我们用零股卖空总量除以全部零股卖出总量。我们将该比率乘以1,000,000以调整显示范围。以1962年1月至2001年1月的39年期间每日零股卖空比率以及DJIA的每日收盘价数据为基础，我们发现，如果不带主观性，不运用复杂技术分析，不妄断，而以纯机械式的趋势跟踪信号为基础，下列多空交易参数跑赢消极的买入并持有策略。

多头开仓（买入）：当最新每日零股卖空总量对全部零股卖出总量的比率低于其前一日的值时，以DJIA当日收盘价买入。

多头平仓（卖出）：当最新每日零股卖空总量对全部零股卖出总量的比率高于其前一日每日零股卖空总量对全部零股卖出总量的比率的跟踪18日EMA时，以DJIA当日收盘价卖出。

空头开仓（卖出空头）：当最新每日零股卖空总量对全部零股卖出总量的比率高于其前一日每日零股卖空总量对全部零股卖出总量的比率的跟踪18日EMA时，以DJIA当日收盘价卖出空头。

空头平仓（平仓）：当最新每日零股卖空总量对全部零股卖出总量的比率低于其前一日的值时，以DJIA当日收盘价平仓空头。

运用该每日零股卖空总量对全部零股卖出总量之比的转向操作策略，以100美元开始投资并将利润再投资，假如充分运用该投资策略进行利润再投资操作，无交易成本和税收，净利润总额将达到4,384.41美元，这比买入并持有策略高出221.06%。空头卖出交易也是盈利的，并且包含在本策略中。不进行空头卖出交易，该指标仍然会跑赢消极的买入并持有策略。该每日零股卖空总量对全部零股卖出总量的比率作为指标在整个期间提供的盈利性买入信号稍稍过半，而盈利性卖出信号接近半数。交易极度活跃，平均每3.34个日历日交易一次，这些结果与传统的预期相反。

在Equis国际公司MetaStock©系统中，每日零股卖空总量对全部零股卖出总量的比率（乘以1,000,000以调整显示范围）被插入在通常预留给未平仓合约的字段中，其测试规则书写如下：

多头开仓：OI<Ref(Mov(OI,opt1,E),-1)

多头平仓：OI>Ref(Mov(OI,opt2,E),-1)

空头开仓：OI>Ref(Mov(OI,opt2,E),-1)

空头平仓：OI<Ref(Mov(OI,opt1,E),-1)

OPT1 当前值：1

OPT2 当前值：18

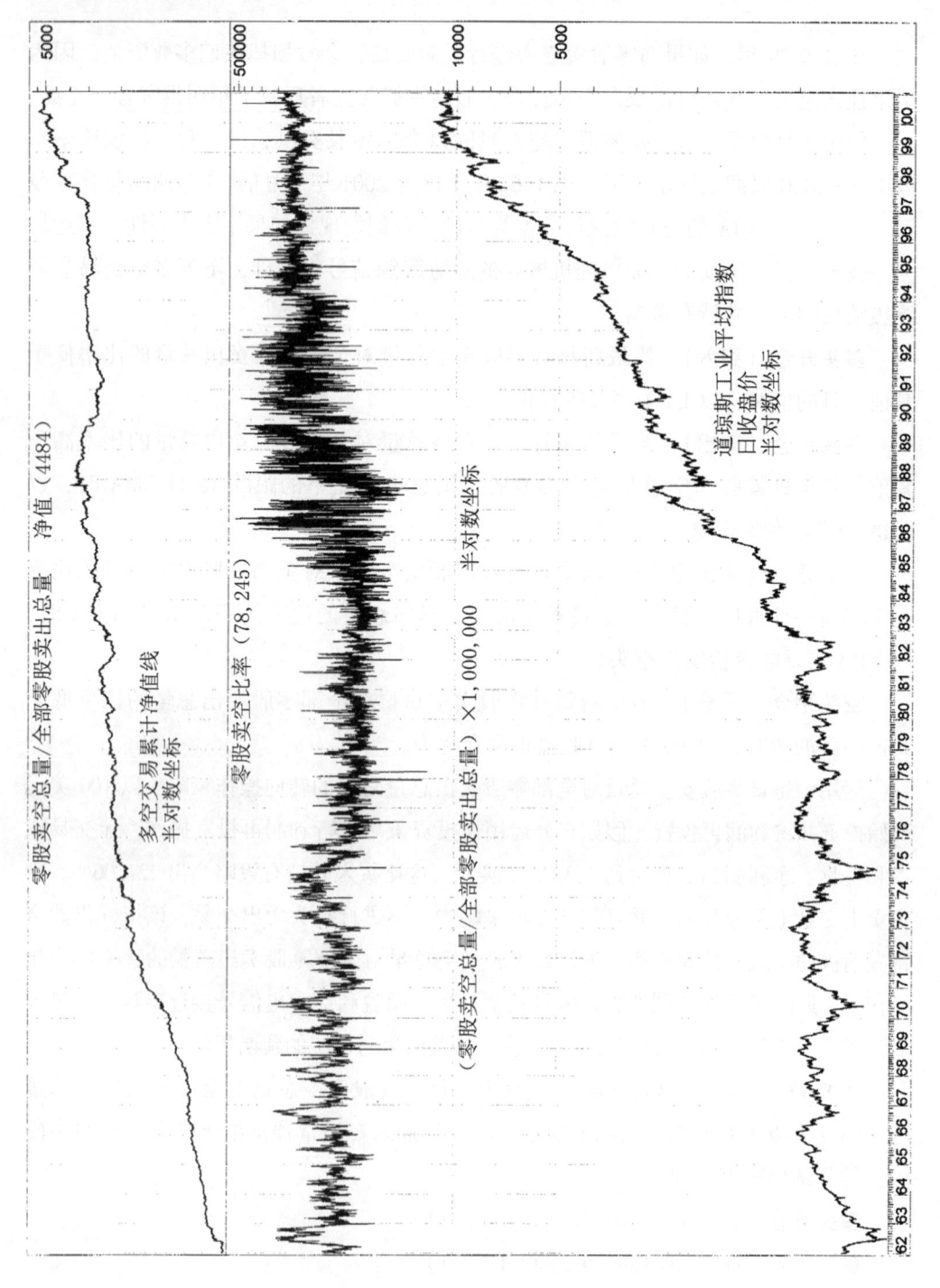

零股卖空总量/全部零股卖出总量，多空交易

净利润总额	4384.41	未平仓头寸价值	0
盈亏百分比	4384.41	年均平仓头寸价值%	112.29
初始投资	100	年均超额净利润比率%	221.06
当前头寸	多头	利息收入	0
买入并持有利润总额	1365.61	头寸建立日期	1/8/01
买入并持有利润率%	1365.61	测试总天数	14252
已平仓交易总数	4262	年均买入并持有利润率%	34.97
每笔交易平均利润	1.03	佣金支付总额	0
		平均盈利与平均亏损比率	1.14
多头交易总数	2131	空头交易总数	2131
盈利多头交易数	1088	盈利空头交易数	1048
盈利交易总数	2136	亏损交易总数	2126
盈利交易总金额	35542.98	亏损交易总金额	-31158.6
平均盈利	16.64	平均亏损	-14.66
最大盈利	460.45	最大亏损	-277.99
盈利交易平均持仓期数	3.64	亏损交易平均持仓期数	2.96
盈利交易最长持仓期数	41	亏损交易最长持仓期数	29
最大连续盈利次数	10	最大连续亏损次数	10
空仓总期数	6	平均空仓期数	6
最长空仓期数	6		
系统平仓回撤	-3.37	盈亏比指数	12.34
系统未平仓回撤	-3.37	风险回报指数	99.92
最大平仓交易回撤	-293.5	买入并持有指数	221.06

超额净利润比率%	221.06
年均超额净利润比率%	221.10
平均每笔交易天数	3.34
多头交易中盈利交易占比%	51.06
空头交易中盈利交易占比%	49.18
交易总数中盈利交易占比%	50.12
盈利总金额中盈利金额占比%	6.57
平均盈亏总额中净平均盈利占比%	6.33
最大盈亏合计中净盈利占比%	24.71
盈亏持仓期数差占最长持仓期数比例%	22.97
盈亏持仓期数差占持仓期数比例%	41.38
最大连续盈亏期数差占净盈亏期数比例%	0.00
净利润与系统平仓回撤之比	130101.19
净利润同系统未平仓回撤之差与净利润之比	99.92
系统未平仓回撤与净利润之比	-0.08

在 Equis 公司 Metastock© "系统报告"（盈亏概览统计）中，净利润总额等于利润合计减去亏损合计，包括按市值计价的未平仓头寸。相对地，盈利交易总金额是指已实现利润合计（仅包括已平仓头寸）。同样，亏损交易总金额是指已实现亏损合计（仅包括已平仓头寸）。盈利交易总金额是指头寸平仓时累计净值曲线低于初始投资的最大降幅。系统平仓回撤（SODD）是指头寸未平仓时累计净值曲线低于初始投资的最大降幅。盈亏比指数是基于初始投资等于将盈利交易总金额与净亏损总金额联系在一起的一个复杂计算结果，值的范围位于-100（最差可能表现）到+100（最好可能表现）之间，0值代表盈亏相等，除非另有说明。盈亏比指数是盈亏相等，多头和空头交易按信号进行，交易按信价格执行，风险回报指数等于净利润总额减去系统未平仓回撤之差再除以净利润总额。在本次演练交易中，初始投资假设为100美元。多头交易和空头交易按信号进行，交易按信价格执行，统计分析中不包括交易成本，利息费用和利润。

— 443 —

每日零股卖空总量与全部零股买卖总量之比指标策略举例：另一个多空转向交易策略

使用每日数据，我们用零股卖空总量除以全部零股卖出总量与买入总量之和，然后将该比率乘以 1,000,000 以调整显示范围。以 1962 年 1 月至 2001 年 1 月的 39 年期间每日零股卖空比率以及 DJIA 的每日收盘价数据为基础，我们发现，如果不带主观性，不运用复杂技术分析，不妄断，而以纯机械式的趋势跟踪信号为基础，下列多空交易参数跑赢消极的买入并持有策略。

多头开仓（买入）：当最新每日零股卖空总量对全部零股买卖总量之和的比率低于其前一日的值时，以 DJIA 当日收盘价买入。

多头平仓（卖出）：当最新每日零股卖空总量对全部零股买卖总量之和的比率高于其前一日每日零股卖空总量对全部零股买卖总量之和的比率的跟踪 12 日 EMA 时，以 DJIA 当日收盘价卖出。

空头开仓（卖出空头）：当最新每日零股卖空总量对全部零股买卖总量之和的比率高于其前一日每日零股卖空总量对全部零股买卖总量之和的比率的跟踪 12 日 EMA 时，以 DJIA 当日收盘价卖出空头。

空头平仓（平仓）：当最新每日零股卖空总量对全部零股买卖总量之和的比率低于其前一日的值时，以 DJIA 当日收盘价平仓空头。

运用该每日零股卖空总量对全部零股买卖总量之和的比率的转向操作策略，以 100 美元开始投资并将利润再投资，假如充分运用该投资策略进行利润再投资操作，无交易成本和税收，净利润总额将达到 3,199.85 美元，这比买入并持有策略高出 134.32%。空头卖出交易也是盈利的，并且包含在本策略中。不进行空头卖出交易，该指标仍然会跑赢消极的买入并持有策略。该每日零股卖空总量对全部零股买卖总量之和的比率作为指标在整个期间提供的盈利性买入信号稍稍过半，而盈利性卖出信号接近半数。交易极度活跃，平均每 3.19 个日历日交易一次，这些结果与传统的预期相反。

在 Equis 国际公司 MetaStock© 系统中，每日零股卖空总量对全部零股买卖总量之和的比率（乘以 10,000 以调整显示范围）被插入在通常预留给未平仓合约的字段中，该比率测试规则书写如下：

多头开仓：OI<Ref（Mov（OI，opt1，E），-1）
多头平仓：OI>Ref（Mov（OI，opt2，E），-1）
空头开仓：OI>Ref（Mov（OI，opt2，E），-1）
空头平仓：OI<Ref（Mov（OI，opt1，E），-1）
OPT1 当前值：1
OPT2 当前值：12

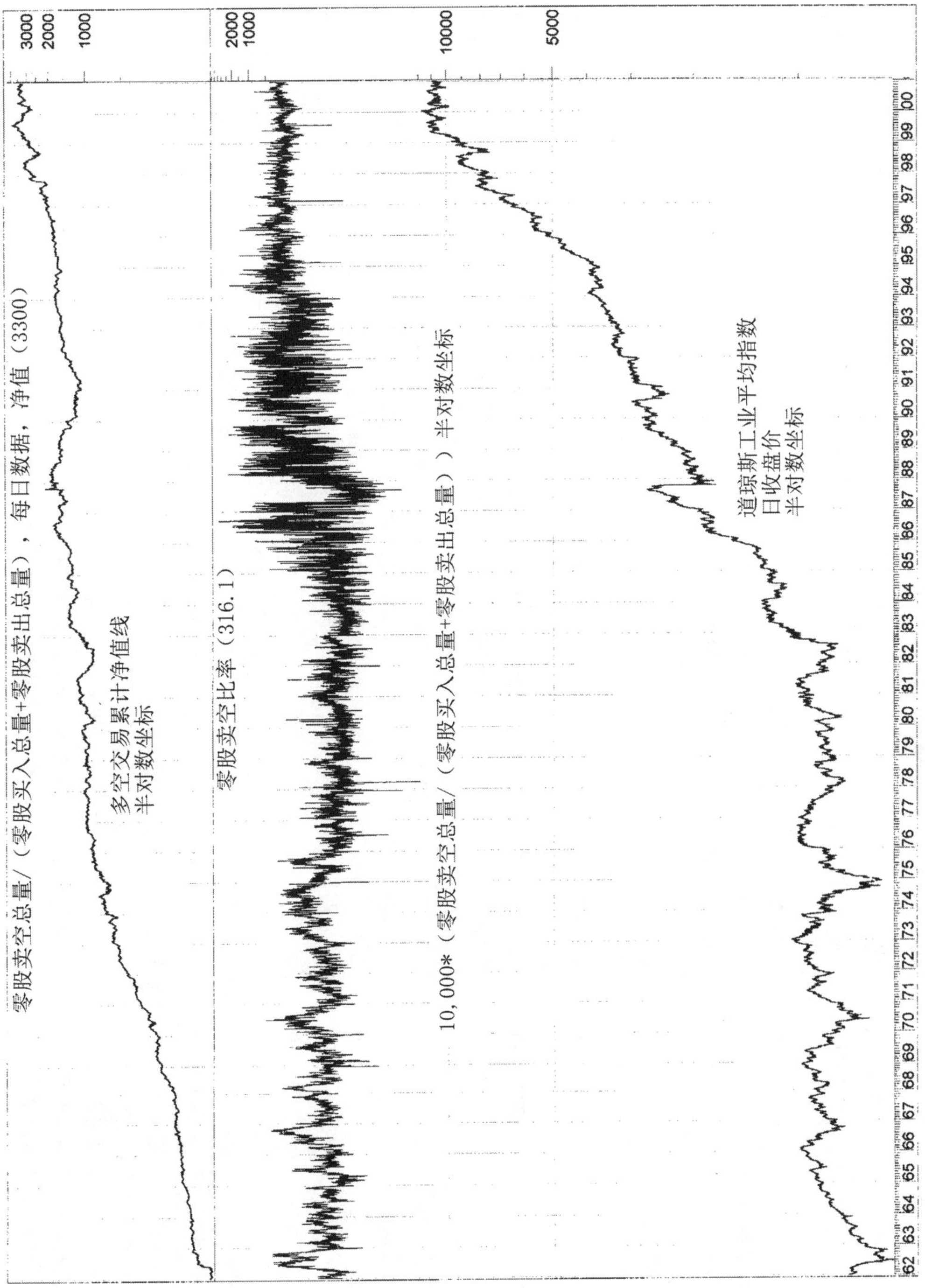
零股卖空总量/（零股买入总量+零股卖出总量），每日数据，净值（3300）
3000
2000
1000
多空交易累计净值线
半对数坐标
零股卖空比率（316.1）
2000
1000
10,000*（零股卖空总量/（零股买入总量+零股卖出总量））半对数坐标
10000
5000
道琼斯工业平均指数
日收盘价
半对数坐标
62 63 64 65 66 67 68 69 70 71 72 73 74 75 76 77 78 79 80 81 82 83 84 85 86 87 88 89 90 91 92 93 94 95 96 97 98 99 00

零股卖空总量/(零股买入总量+零股卖出总量)

净利润总额	3199.85	未平仓头寸价值	0
盈亏百分比	3199.85	超额净利润比率%	
初始投资	100	年均超额净利润比率%	81.95
当前头寸	空头	利息收入	0
买入并持有利润总额	1365.61	头寸建立日期	1/8/01
年均买入并持有利润率%	1365.61	测试总天数	14252
已平仓交易总数	4463	年均买入并持有利润率%	34.97
每笔交易平均利润	0.72	佣金支付总额	0
多头交易总数	2232	平均盈利与平均亏损比率	1.14
盈利多头交易数	1140	空头交易总数	2231
盈利交易总数	2220	多头交易中盈利交易占比%	51.08
盈利交易总金额	28381.41	空头交易中盈利交易占比%	48.41
平均盈利	12.78	交易总数中盈利交易占比%	49.74
最大盈利	342.99	交易总金额中盈利金额占比%	5.97
盈利交易平均持仓期数	3.53	平均盈亏总金额中净平均盈利占比%	6.46
盈利交易最长持仓期数	26	最大盈亏持仓期数合计中净盈利占比%	34.06
最大连续盈利次数	9	盈亏持仓期数差占亏损持仓期数比例%	23.00
空仓总期数	6	亏损交易最长持仓期数	21
最长空仓期数	6	最长盈亏持仓期数差占最长亏损期数比%	23.81
		最大连续盈亏损次数差与连续亏损期数比例%	−25.00
盈亏比指数	11.27		
系统平仓回撤	−3.34	净利润与系统平仓回撤之比	95803.89
系统未平仓平仓回撤	−3.34	净利润同系统未平仓回撤之差与净利润之比%	99.90
最大未平仓交易回撤	−175.12	系统未平仓回撤与净利润之比%	−0.10
买入并持有指数	134.32		

在Equis公司Metastock©"系统报告"(盈亏概览统计)中,净利润总额等于未平仓头寸。
已实现利润合计(仅包括已平仓交易所有获利数额,不包括任何未平仓头寸) 超额净利润比率(仅指已实现利润合计减去亏损合计)。相对地,盈利交易总金额是指已实现利润合计(仅包括已平仓交易合计减去亏损合计减去初始投资的所有获利数额)。同样,亏损合计是指已实现亏损总额与初始投资现金数额净亏损投资净值线低于初始投资现金数额所表现的最大降幅。系统平仓回撤(SODD)是指未平仓时累计净亏损最大降幅的现值。风险回报指数是关于终盈利交易金额联系在一起的一个复杂计算结果,值的范围位于−100(最差可能表现)与+100(最好可能表现)之间,0值代表盈亏相等,风险回报指数等于系统未平仓回撤的差再除以净利润总额。在本次演练交易中,初始投资假设为100美元。多头交易和空头交易都按价格执行,统计分析中不包括交易成本、利息费用和利润。

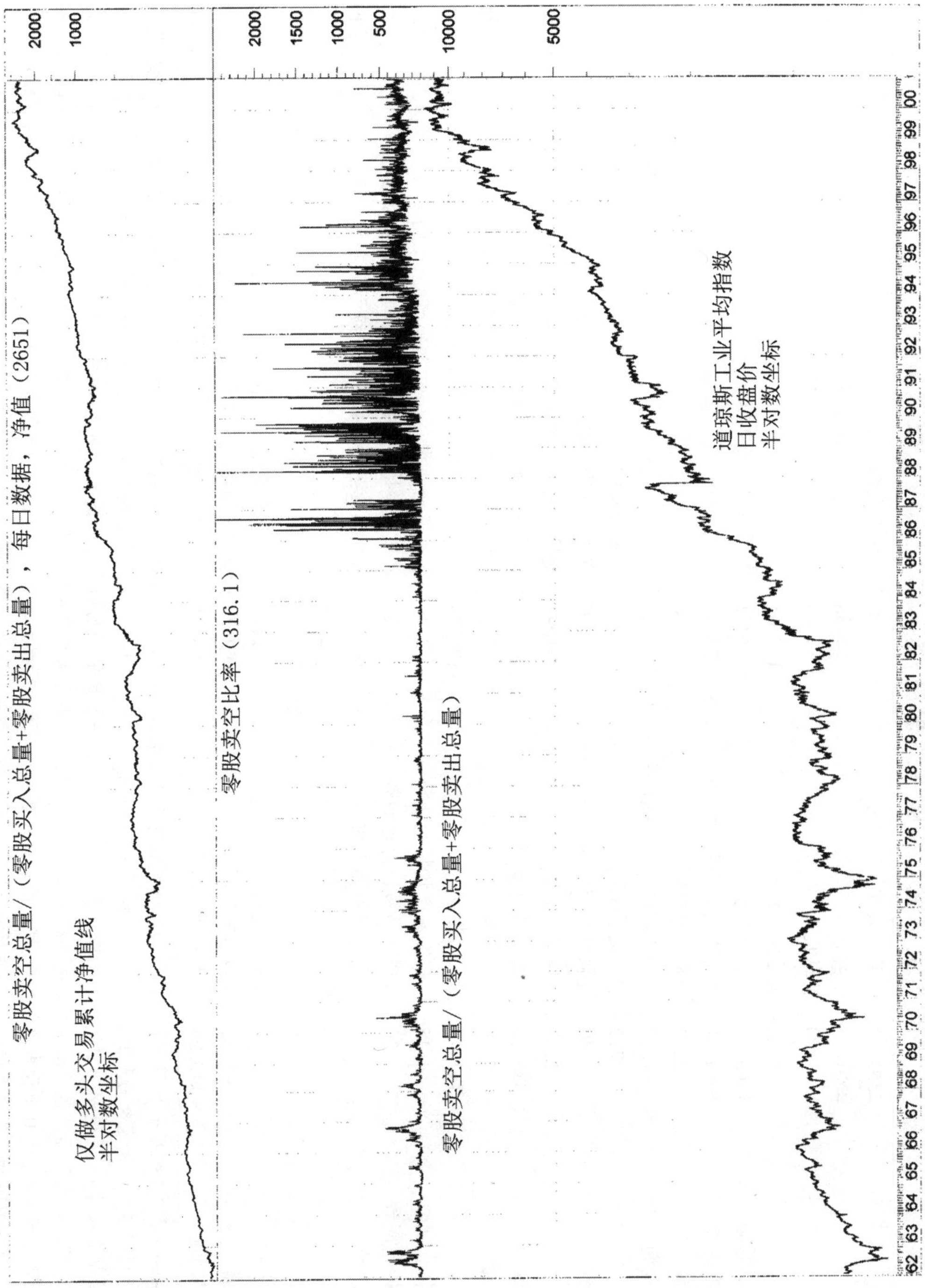

零股卖空总量/(零股买入总量+零股卖出总量)，仅做多头

净利润总额	2551.04	未平仓头寸价值	无
盈亏百分比	2551.04	超额净利润比率%	86.81
初始投资	100	年均超额净利润比率%	86.82
当前头寸	空仓	利息收入	65.33
买入并持有利润总额	1365.61	头寸建立日期	1/8/01
买入并持有利润率%	1365.61	测试总天数	14252
已平仓交易总额	2232	年均买入并持有利润率%	34.97
每笔交易平均利润	1.14	佣金支付总额	0
多头交易总数	2232	平均每笔交易天数	6.39
盈利多头交易数	1140	平均盈利与平均亏损比率	1.26
盈利交易总数	1140	多头交易中盈利交易占比%	0
盈利交易总金额	10586.88	空头交易中盈利交易占比%	0
亏损交易总金额	−8035.83	交易总数中盈利交易占比%	51.08
平均盈利	9.29	交易总金额中净盈利金额占比%	51.08
最大盈利	143.76	平均盈亏合计中净平均盈利占比%	13.70
盈利交易平均持仓期数	4.45	最大盈亏合计中净盈利占比%	11.59
盈利交易最长持仓期数	26	盈亏持仓期数差占亏损持仓期数比例%	5.11
最大连续盈利次数	9	最长盈亏持仓期数差占最长持仓期数比例%	3.46
空仓总期数	5438	最大连续盈亏期数差占连续亏损期数比例%	28.61
最长空仓期数	6	平均空仓期数	23.81
系统平仓回撤	−5.62	盈亏比指数	−10.00
系统未平仓回撤	−5.62	风险回报指数	24.1
最大未平仓交易回撤	−140.96	净利润与系统未平仓回撤之比	99.78
		净利润同系统未平仓回撤之差与净利润之比%	45392.17
		买入并持有指数	99.78
		系统未平仓回撤与净利润之比%	86.81
			−0.22

在Equis公司Metastock© 系统报告"（盈亏概览计）中，净利润总额等于利润合计减去亏损合计，包括按市值计价的未平仓头寸。相对地，盈利交易总金额是指已实现利润合计（仅包括已平仓交易所有头寸）。同样，亏损交易总金额是指已实现亏损合计（仅包括已平仓交易所有头寸，不包括任何未平仓头寸）。系统平仓回报是指仅基于已平仓头寸的累计净值曲线低于初始投资的最大降幅，系统未平仓回撤（SODD）是指头寸未平仓时累计净值曲线低于初始投资的最大降幅。盈比指数是关于将交易总金额联系在一起的一个复杂计算结果，值的范围位于−100（最差可能表现）与+100（最好可能表现）之间，0值代表所有交易都按执行，除非另有说明。盈利交易总金额减去净亏损总额，风险回报指数等于净利润总额的差再除以平仓回撤，统计分析中不包括投资假设为100美元。多头交易和空头交易按信号出现当天收盘价格执行，除非另有说明。在本次演练交易中，初始投资费用和利润。

— 448 —

每日零股卖空总量与全部零股买卖总量之比指标策略举例：仅做多头转向交易策略

全使用前述相同参数，如果仅做多头交易而不做卖空交易，利润将减少20%，这仍然会跑赢消极的买入并持有策略。第474页的图表看上去显示出温和的净值回撤，尤其在1987至1991年期间。

每周零股卖空总量与全部卖空总量之比指标策略举例：传统解释

不幸的是，每周零股卖空比率与每日比率相抵触：无论多头交易还是空头交易都是盈利的，当每周读数上穿平滑期为2至8周的跟踪指数移动平均线（EMA）时买入，当每周读数下穿 EMA 时卖出，然而这仍然跑输买入并持有策略，超过8周的长期平滑是不盈利的。

指标进一步改进后，以1946年1月至2000年12月的55年期间每周零股卖空总量对全部卖空总量的比率以及 DJIA 的每周收盘价数据为基础，我们发现，如果不带主观性，不运用复杂技术分析，不妄断，而以纯机械式的趋势跟踪信号为基础，仅做多头交易，下列参数跑赢消极的买入并持有策略，但给出的信号中每8次有5次方向正确。

多头开仓（买入）：当最新每周零股卖空比率高于其前一周零股卖空比率的2周 EMA 以上2.5%时，以 DJIA 当周收盘价买入。

多头平仓（卖出）：当最新每周零股卖空比率低于其前一周零股卖空比率的10周 EMA 以下2.5%时，以 DJIA 当周收盘价卖出。

空头开仓（卖出空头）：从不操作。

运用该仅做多头交易每周零股卖空总量对全部卖空总量比率的逆向交易策略，以100美元开始投资并将利润再投资，假如充分运用该投资策略进行利润再投资操作，无交易成本和税收，净利润总额将达到1,853.61美元，这比买入并持有策略低64.48%。空头卖出交易是不盈利的，且空头卖出交易不包含在本策略中。空头卖出交易会减少84%的利润，且空头卖出产生的亏损交易稍多于盈利交易，该仅做多头的每周零股卖空总量对全部卖空总量比率指标在整个期间给出的盈利性买入信号占62.97%。交易适度活跃，平均每31.76个日历日交易一次。注意，该策略仅考虑周末收盘价而忽略中间任何变化。这些结果稍微支持传统的预期，尽管不能证实该工作是有用的。

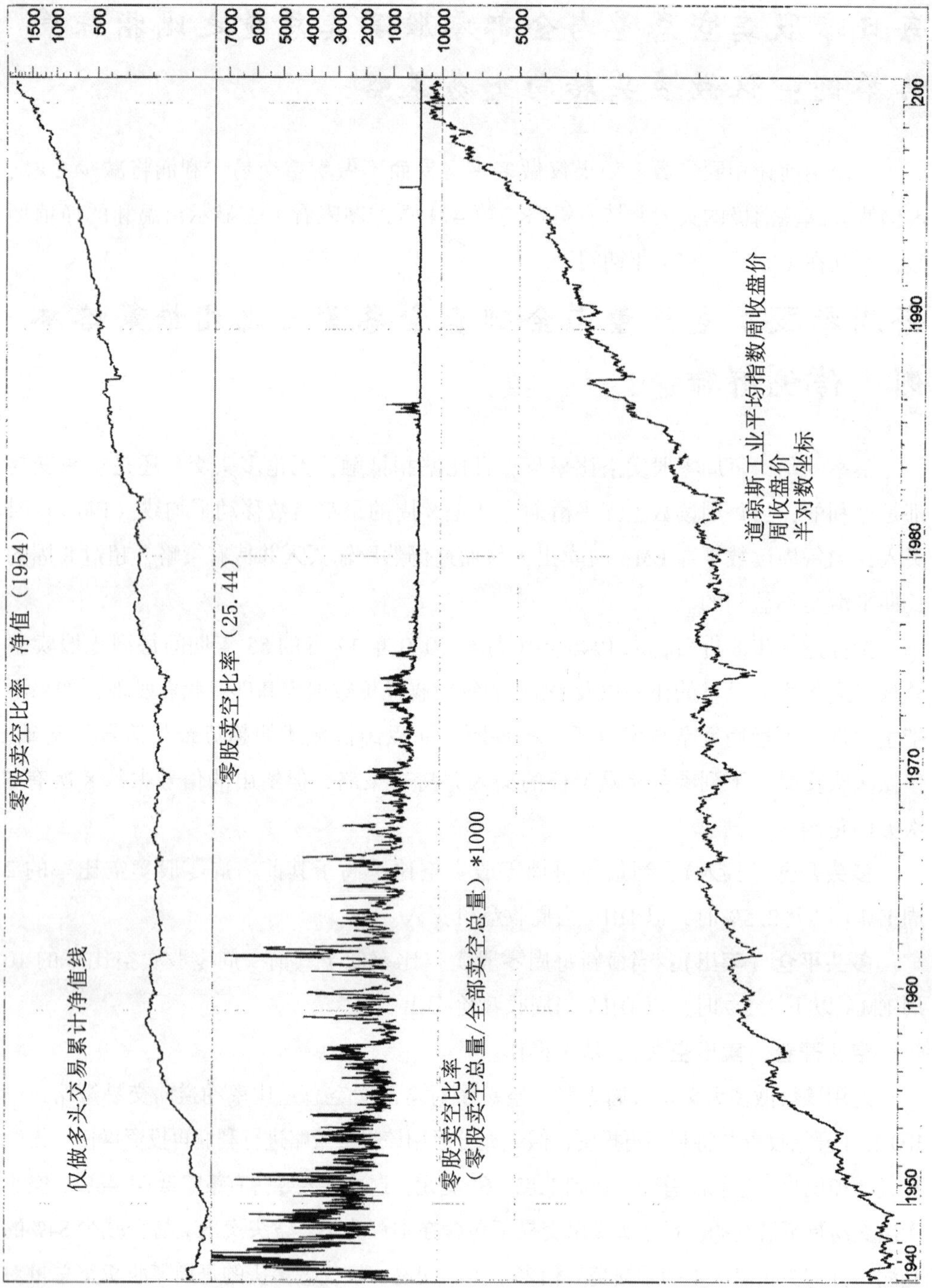
零股卖空比率 净值（1954）
仅做多头交易累计净值线
1500
1000
500
零股卖空比率（25.44）
7000
6000
5000
4000
3000
2000
1000
零股卖空比率
（零股卖空总量/全部卖空总量）*1000
10000
5000
道琼斯工业平均指数周收盘价
周收盘价
半对数坐标
1940
1950
1960
1970
1980
1990
200

零股卖空比率（包络线）

净利润总额	1853.61	未平仓头寸价值	无
盈亏百分比	1853.61	年均盈亏百分比	33.71
初始投资	100	利息收入	0
当前头寸	空仓	头寸建立日期	12/22/00
买入并持有利润总额	5217.78	测试总天数	20070
买入并持有利润率%	5217.78	年均买入并持有利润率%	94.89
已平仓交易总额	632	佣金支付总额	0
每笔交易平均利润	2.93	平均盈利与平均亏损比率	1.28
多头交易总数	632	空头交易总数	0
盈利多头交易数	398	盈利空头交易数	0
盈利交易总数	398	亏损交易总数	234
盈利交易总金额	3433.61	亏损交易总金额	-1580
平均盈利	8.63	平均亏损	-6.75
最大盈利	187.45	最大亏损	-94.08
盈利交易平均持仓期数	3.06	亏损交易平均持仓期数	3.83
盈利交易最长持仓期数	12	亏损交易最长持仓期数	15
最大连续盈利次数	16	最大连续亏损次数	5
空仓总期数	2017	平均空仓期数	3.19
最长空仓期数	13		
系统平仓回撤	-27.45	盈亏比指数	53.98
系统未平仓回撤	-28.84	风险回报指数	98.47
最大未平仓交易回撤	-107.07	买入并持有指数	-64.48

超额利润比率%			-64.48
年均超额净利润比率%			-64.47
平均每笔交易天数			31.76
多头交易中盈利交易占比%			62.97
空头交易中盈利交易占比%			#
交易总数中盈利交易占比%			62.97
盈利交易总金额中净盈利额占比%			36.97
平均交易净盈利占比%			12.22
最大盈亏合计中净盈利占比%			33.17
盈亏持仓期数差占亏损持仓期数比例%			-20.10
最长盈亏期数差占最长亏损期数比例%			-20.00
最大连续盈亏期数差占连续亏损期数比例%			-220.00
净利润与系统平仓回撤之比%			6427.22
净利润同系统未平仓回撤之差与净利润之比%			98.44
系统未平仓回撤与净利润之比%			-1.56

在 Equis 公司 Metastock© 系统报告"（盈亏概览统计）中，净利润总额等于利润合计减去亏损合计，包括按市值计价的未平仓头寸。相对地，盈利交易总金额是指已实现利润合计（仅包括任何平仓头寸）。同样，亏损交易是指已实现亏损合计（仅包括已平仓的头寸）。盈利交易总金额与亏损交易总金额所有交易总损益合计。系统平仓回撤（SODD）是指头寸未平仓的时段累计净值线低于初始投资的最大降幅，系统未平仓回报是指已基于已平仓头寸的累计净值线低于初始投资的最大降幅。系统未平仓回撤（SODD）是指头寸未平仓的时段累计净值线低于初始投资的最大降幅。盈亏比指数是关于将盈利交易总金额与亏损交易总金额联系在一起的一个复杂计算结果，值的范围位于 -100（最差可能表现）与 +100（最好可能表现）之间，0 值代表盈亏相等，风险回报指数等于净利润总额减去系统未平仓回撤再除以净利润总额。在本次演练交易中，初始投资假设为 100 美元。多头交易和空头交易都进行，除非另有说明。交易按信号出现当天收盘价格执行，统计分析中不包括交易成本、利息费用和利润。

— 451 —

在 Equis 国际公司 MetaStock© 系统中，零股卖空总量对全部卖空总量的比率被插入在通常预留给未平仓合约的字段中，每周零股卖空比率测试规则书写如下：

多头开仓：OI>Ref(Mov(OI,opt1,E),-1)+
((opt2/1000))*Ref(Mov(OI,opt1,E),-1)

多头平仓：OI <Ref(Mov(OI,opt3,E),-1)-
((opt2/1000))*Ref(Mov(OI,opt3,E),-1)

OPT1 当前值：2

OPT2 当前值：25

OPT3 当前值：10

奥哈马的三维技术指标

比尔·奥哈马将逻辑与实务交易结合在一起，识别了三种期货市场：原油、燃用油和汽油市场。当这三种期货合约价格背离时，奥哈马建立交易，以利用预期的重新组合［参见 C·勒博，D.W. 卢卡斯（1992）《技术交易者期货市场计算机分析指南》，伊利诺亚州霍姆伍德：欧文第一商业出版公司］。

在市场间背离交易中，当金融工具价格背离，或者变动程度不成比例，或者变动方向不一致时，交易者进行交易。在这些金融工具回归一致之前，他可以买入一种合约而卖空另一种合约，以求利用可能的价格变动。

风险在于，有时背离存在合理原因，偏离会持续甚至加剧，不能保证会及时重新组合。这种风险极大地冲击着长期资本管理，导致数十亿美元亏损于回归常态的博弈中，以至于在 1998 年需要大量政府发起的金融援助。

净额成交量指标

参见"成交量：净额成交量指标（OBV）"。

未平仓合约

未平仓合约是指期货市场上多头或空头委托总额。由于多头合约持有数量必定等于空头合约持有数量，所以未平仓合约既是多头合约持有数量，又是空头合约持有数量。用另一句话说，未平仓合约是指多头合约持有数量加上空头合约持有数量再除以二。

按常规解释，当未平仓合约趋势向上或增长时，现行价格趋势被确认——无论价格向上、向下还是中性，现行价格趋势很可能会持续。增长的未平仓合约意味着，强化现存趋势的新头寸被建立。当基础期货合约进入定向趋势时，未平仓合约倾向于进入上升趋势，因为市场趋势会吸引新的趋势跟踪头寸。

当未平仓合约从上升趋势转向下降趋势时，现存头寸的清算或平仓会快于市场中新头寸的进入，现行价格上升趋势或下降趋势是不可持续的。

有人通过增加成交量作为另一个指标来使分析进一步复杂化，为了确认结论，成交量趋势应该与未平仓合约方向一致。

下表展示了价格趋势与未平仓合约趋势之间的关系。简单的经验法则是，当价格与未平仓合约趋向同一方向时，期货市场属于牛市，所以价格趋于上升。但当价格与未平仓合约趋向相反方向时，期货市场属于熊市，所以价格趋于下降。

价格趋势	未平仓合约趋势	内涵	暗示趋势方向
上升	上升	多头买入	上升
上升	中性	多头买入 + 空头平仓	上升
上升	下降	空头平仓	下降
下降	上升	空头卖出	下降
下降	中性	多头卖出 + 空头卖出	下降
下降	下降	多头卖出	上升
中性	上升	多头买入 + 空头卖出	中性
中性	中性	相互抵消，行动均衡	中性
中性	下降	多头卖出 + 空头平仓	中性

未平仓合约指标策略举例

对于股票指数期货，未平仓合约指标沿着清晰的季节性形态在一年里运行四次（3月、6月、9月和12月的第三个周五），每次到期前急剧增加而到期后急剧下降。以 1982 年 4 月 21 日至 2000 年 12 月 29 日的 18 年期间标准普尔 500 综合股价指数期货合约全部历史上每日数据文件为基础（永久合约数据从网站 www.csidata.com 收集），我们发现，如果不带主观性，不运用复杂技术分析，不妄断，而以纯机械式的超买/超卖信号为基础，下列参数能产生良好的交易结果。

多头开仓（买入）：当合约价高于其前一日的 145 日 EMA 且该合约的当前未平仓合约高于其前一日的 314 日 EMA 时，以标准普尔 500 综合股价指数期货永久合约当日收盘价买入。或者，当合约价低于其前一日的 145 日 EMA 且该合约的当前未平仓合约低于其前一日的 314 日 EMA 时买入。

多头平仓（卖出）：当合约价低于其前一日的 145 日 EMA 且该合约的当前未平仓合约高于其前一日的 314 日 EMA 时，以标准普尔 500 综合股价指数期货永久合约当日收盘价卖出。或者，当合约价高于其前一日的 145 日 EMA 且该合约的当前未平仓合约低于其前一日的 314 日 EMA 时卖出。

空头开仓（卖出空头）：当合约价低于其前一日的 145 日 EMA 且该合约的当前未平仓合约高于其前一日的 314 日 EMA 时，以标准普尔 500 综合股价指数期货永久合约当日收盘价卖出空头。或者，当合约价高于其前一日的 145 日 EMA 且该合约的当前未平仓合约低于其前一日的 314 日 EMA 时卖出空头。

空头平仓（平仓）：当合约价高于其前一日的 145 日 EMA 且该合约的当前未平仓合约高于其前一日的 314 日 EMA 时，以标准普尔 500 综合股价指数期货永久合约当日收盘价平仓空头。或者，当合约价低于其前一日的 145 日 EMA 且该合约的当前未平仓合约低于其前一日的 314 日 EMA 时平仓空头。

运用该投未平仓合约策略，以 100 美元开始投资并将利润再投资，假如充分运用该投资策略进行利润再投资操作，无交易成本和税收，净利润总额将达到 1208.84 美元，这比买入并持有策略高出 16.85%。空头卖出交易是盈利的，并且包括在本策略中，未平仓合约作为多空交易策略在整个期间给出的盈利性买入信号占 57.68%。交易适度活跃，平均每 21.40 个日历日交易一次。

第二部分 市场技术指标

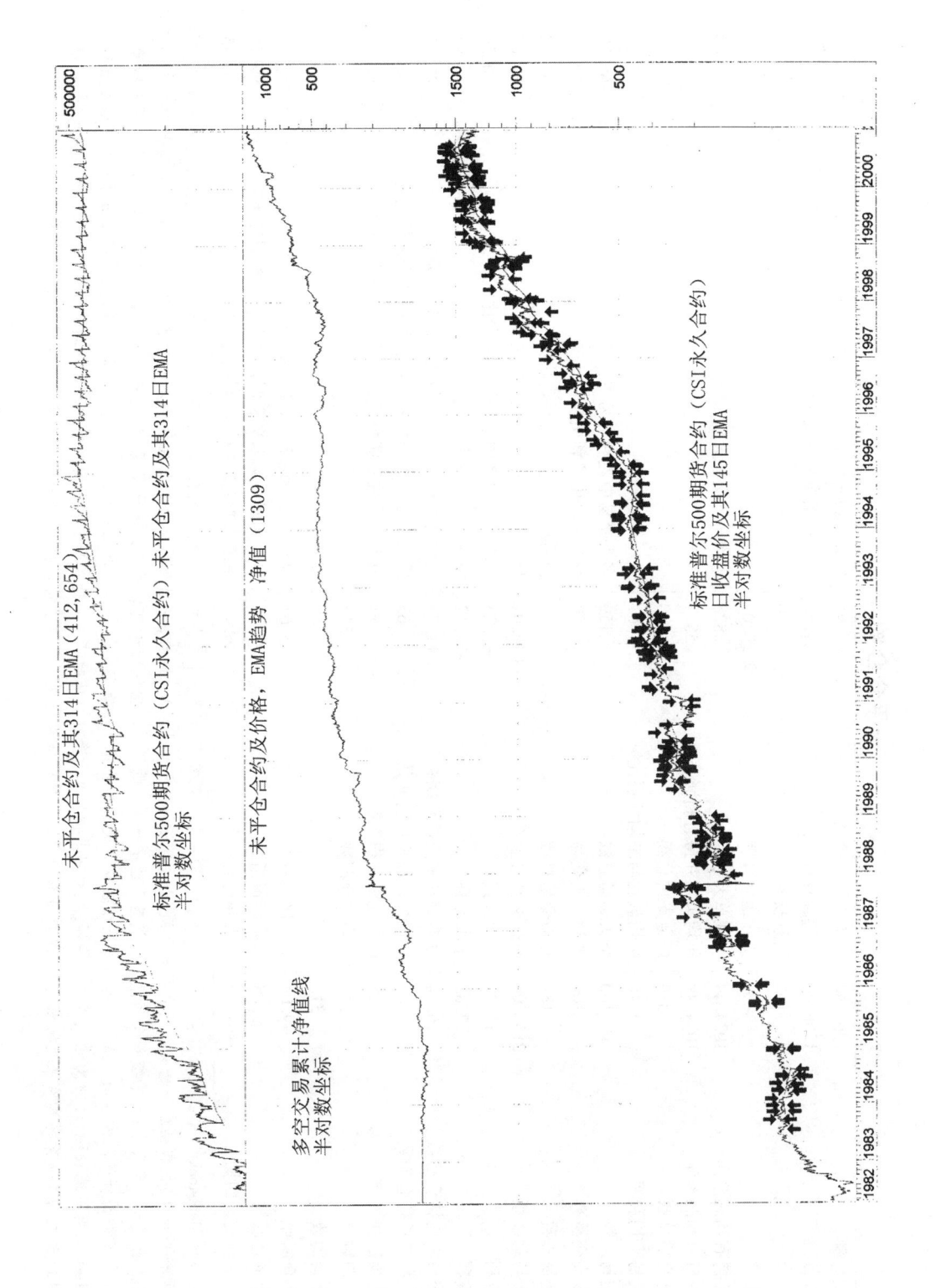

未平仓合约

净利润总额	1208.84	未平仓头寸价值	98.82
盈亏百分比	1208.84	年均盈亏百分比	64.62
初始投资	100	利息收入	0
当前头寸	空头	头寸建立日期	9/29/00
买入并持有利润总额	1034.49	测试总天数	6828
买入并持有利润率%	1034.49	年均买入并持有利润率%	55.3
已平仓交易总数	319	佣金支付总额	0
每笔交易平均利润	3.48	平均盈利与平均亏损比率	1.51
多头交易总数	160	空头交易总数	159
盈利多头交易数	104	盈利空头交易数	80
盈利交易总数	184	亏损交易总数	135
盈利交易总金额	2156.06	亏损交易总金额	−1046.04
平均盈利	11.72	平均亏损	−7.75
最大盈利	77.82	最大亏损	−68.12
盈利交易平均持仓期数	16.74	亏损交易平均持仓期数	11.76
盈利多头最长持仓期数	186	亏损多头最长持仓期数	65
最大连续盈利次数	18	最大连续亏损次数	11
空仓总期数	315	平均空仓期数	315
最长空仓期数	315		
系统未平仓回撤	−9.08	盈亏比指数	53.61
系统未平仓回撤%	−9.08	风险回报指数	99.25
最大未平仓交易回撤	−68.12	买入并持有指数	26.41
		超额净利润比率%	16.85
		年均超额净利润比率%	16.85
		平均每笔交易天数	21.40
		多头交易中盈利交易占比%	65.00
		空头交易中盈利交易占比%	50.31
		交易总数中盈利交易占比%	57.68
		交易总金额中净盈利金额占比%	34.67
		平均盈亏总额中净平均盈利占比%	20.39
		最大盈亏合计中净盈利占比%	6.65
		盈亏持仓期数差占亏损持仓期数比例%	42.35
		最长盈亏持仓期数差占最长持仓期数比例%	186.15
		最大连续盈亏期数差占连续亏损期数比例%	63.64
		净利润与系统未平仓回撤之比	13313.22
		净利润同系统未平仓回撤之差与净利润之比	99.25
		系统未平仓回撤与净利润之比%	−0.75

在 Equis 公司 Metastock© 系统报告"(盈亏概览统计)中,净利润总额等于利润合计减去亏损合计,包括按市值计价的未平仓头寸。相对地,盈利交易总金额是指已实现利润合计(仅包括已平仓头寸),不包括任何未平仓头寸。盈亏百分比指总利润,不包括所有获利利息,不包括任何未平仓头寸。同样,亏损交易总金额是指已实现亏损合计(仅包括已平仓头寸)的累计总金额。净利润率是指相对于初始投资的累计利润率。系统平仓回撤是基于已平仓头寸的累计投资净值曲线低于初始投资的最大降幅,系统未平仓回撤(SODD)是指头寸未平仓时累计净值曲线低于初始投资的最大降幅。盈亏比指数是基于净盈利交易总金额与亏损总金额联系在一起的一个复杂计算结果,值的范围位于−100(最差可能表现)与+100(最好可能表现)之间,0值代表盈亏相等。风险回报指数等于净利润总额减去系统未平仓回撤以净利润总额。在本次演练交易中,初始投资假设为100美元。多头交易和空头交易都按进行,除非另有说明。交易按信号出现当天收盘价格执行,统计分析中不包括交易成本、利息费用和利润。

Equis 国际公司 MetaStock©系统测试规则书写如下：

多头开仓：（CLOSE>Ref(Mov(CLOSE,opt1,E),-1) AND
　　　　　　OI>Ref(Mov(OI,opt2,E),-1))
　　　　　　OR （CLOSE<Ref(Mov(CLOSE,opt1,E),-1) AND
　　　　　　OI<Ref(Mov(OI,opt2,E),-1))

多头平仓：（CLOSE<Ref(Mov(CLOSE,opt1,E),-1) AND
　　　　　　OI>Ref(Mov(OI,opt2,E),-1))
　　　　　　OR （CLOSE>Ref(Mov(CLOSE,opt1,E),-1) AND
　　　　　　OI<Ref(Mov(OI,opt2,E),-1))

空头开仓：（CLOSE<Ref(Mov(CLOSE,opt1,E),-1) AND
　　　　　　OI>Ref(Mov(OI,opt2,E),-1))
　　　　　　OR （CLOSE>Ref(Mov(CLOSE,opt1,E),-1) AND
　　　　　　OI<Ref(Mov(OI,opt2,E),-1))

空头平仓：（CLOSE>Ref(Mov(CLOSE,opt1,E),-1) AND
　　　　　　OI>Ref(Mov(OI,opt2,E),-1))
　　　　　　OR （CLOSE<Ref(Mov(CLOSE,opt1,E),-1) AND
　　　　　　OI<Ref(Mov(OI,opt2,E),-1))

OPT1 当前值：145
OPT2 当前值：314

未平仓合约之拉里·威廉姆斯变异系数

拉里·威廉姆斯的解释与众不同，根据他的观点，未平仓合约主要是由大商家和专业的精明玩家进行空头卖出形成的指标，他们在期货市场上占统治地位，决策通常是对的。未平仓合约变动25%或以上意味着，大亨们在进行豪赌，而我们应该同他们对赌。

当未平仓合约上升时，商家在卖空。这为看跌，尤其是在期货溢价市场或正常市场中，近期合约交易价格与过去合约价格相比存在折价，价格很可能趋于下降。

另一方面，当商家平仓空头时未平仓合约会下降。这为看涨，尤其在现货溢价和反向市场中。现货溢价描述了非正常的市场，近期合约交易价格与过去合约价格相比存在溢价，从而终止期货看好未来，价格很可能趋于上涨。

在强烈牛市价格上升趋势中，如果价格与主要趋势相反急剧下降，同时未平仓合约也急剧下降，商家将在价格疲软中平仓空头，这是看涨的。

在显著熊市价格下降趋势中，如果价格与主要趋势相反急剧反弹，同时未平仓合约也急剧上升，商家将在价格上涨中卖出空头，这是看跌的。

关于R·拉里·威廉姆斯分析的进一步论述，参见乔尔·罗宾斯《高业绩期货操作》，伊利诺伊州芝加哥：普罗伯斯出版公司，1995：227—250页。

未平仓合约之拉里·威廉姆斯变异系数指标策略举例

对于股票指数期货，最简单的拉里·威廉姆斯解释形式，即逆向未平仓合约趋势操作，对于所有时间框架都会产生亏损。无论何时发现非预期的持续为负的投资结果，我们都按相反条件来测试。实际上，按未平仓合约顺势交易能在任何时间框架内获得利润（参见"未平仓合约趋势跟踪策略"）。

未平仓合约趋势跟踪策略

对于股票指数期货，按未平仓合约顺势交易能在任何时间框架内获得利润（参见"未平仓合约指标"）。

以1982年4月21日至2000年12月29日的18年期间标准普尔500综合股价指数期货CSI永久合约全部历史上每日数据文件为基础，数据从网站www.csidata.com收集，我们发现，如果不带主观性，不运用复杂技术分析，不妄断，而以纯机械式的超买/超卖信号为基础，下列参数能产生良好的交易结果。

多头开仓（买入）：当当前未平仓合约高于其前一日的665日EMA时，以标准普尔500综合股价指数期货CSI永久合约当日收盘价买入。

多头平仓（卖出）：当当前未平仓合约低于其前一日的665日EMA时，以标准普尔500综合股价指数期货CSI永久合约当日收盘价卖出。

空头开仓（卖出空头）：当当前未平仓合约低于其前一日的665日EMA时，以标准普尔500综合股价指数期货CSI永久合约当日收盘价卖出空头。

空头平仓（平仓）：当当前未平仓合约高于其前一日的665日EMA时，以标准普尔500综合股价指数期货CSI永久合约当日收盘价平仓空头。

运用该未平仓合约趋势跟踪策略，以100美元开始投资并将利润再投资，假如充分运用该投资策略进行利润再投资操作，无交易成本和税收，净利润总额将达到

1244.14 美元,这比买入并持有策略高出 20.27%。空头卖出交易是盈利的,并且包括在本策略中,仅跟踪未平仓合约趋势作为多空交易策略在整个期间给出的盈利性买入信号占 67.27%。交易适度活跃,平均每 62.07 个日历日交易一次。

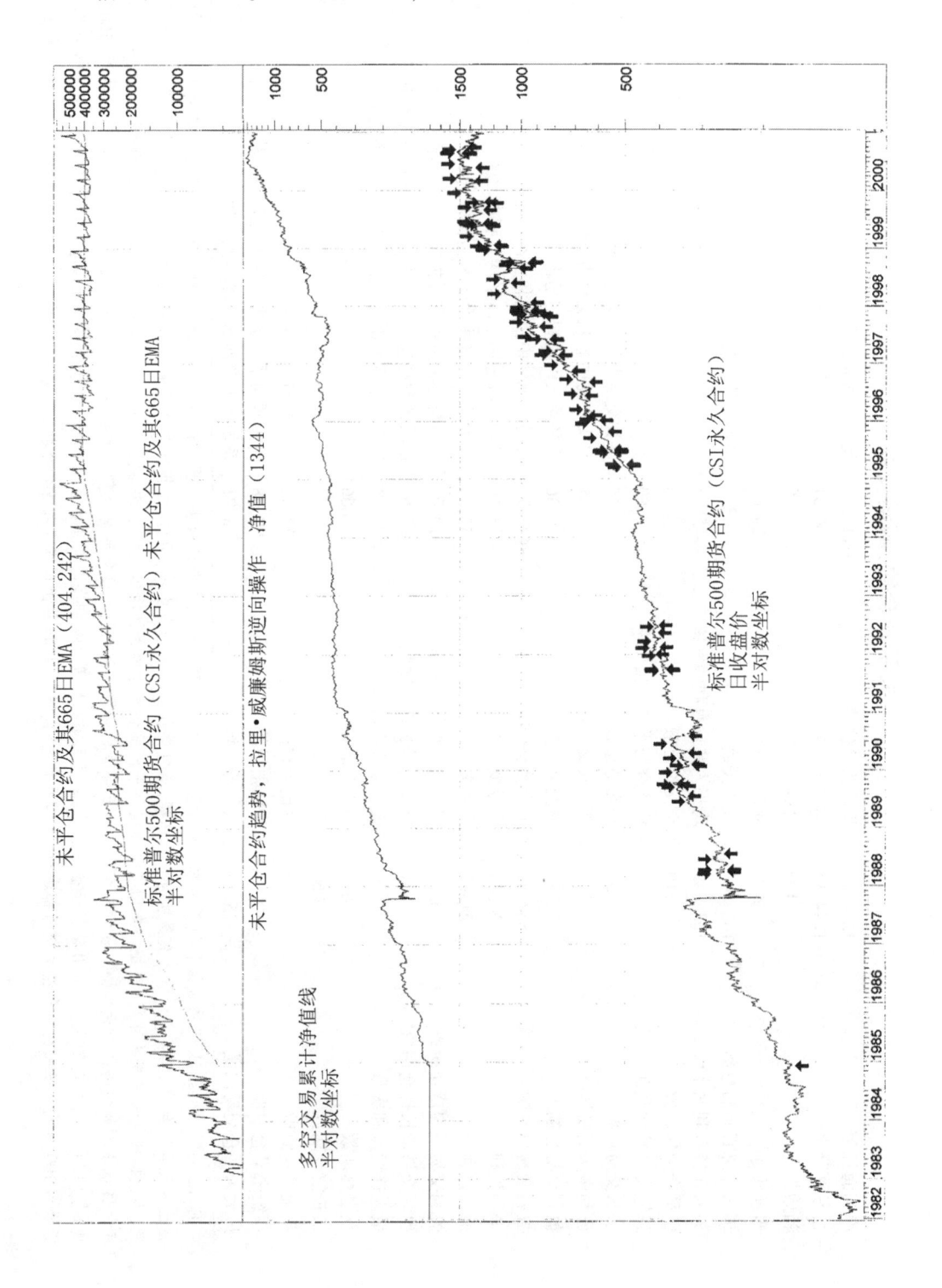

未平仓合约,顺势交易

净利润总额	1244.14	未平仓头寸价值	-119.54
盈亏百分比	1244.14	年均盈亏百分比	66.51
初始投资	100	利息收入	0
当前头寸	多头	头寸建立日期	9/29/00
买入并持有利润总额	1034.49	测试总天数	6828
买入并持有利润率%	1034.49	年均买入并持有利润率%	55.3
已平仓交易总额	110	佣金支付总额	0
每笔交易平均利润	12.4	平均盈利与平均亏损比率	1.89
多头交易总数	55	空头交易总数	55
盈利多头交易数	43	盈利空头交易数	31
盈利交易总数	74	亏损交易总数	36
盈利交易总金额	1837.42	亏损交易总金额	-473.75
平均盈利	24.83	平均亏损	-13.16
最大盈利	151.63	最大亏损	-52.56
盈利交易平均持仓期数	46.24	亏损交易平均持仓期数比例%	19.06
盈利交易最长持仓期数	831	亏损交易最长持仓期数	62
最大连续盈利次数	9	最大连续亏损次数	4
空仓总期数	666	平均空仓期数	666
最长空仓期数	666		
系统未平仓回撤	0	盈亏比指数	72.42
系统未平仓回撤	-0.31	风险回报指数	99.98
最大未平仓交易回撤	-175.35	买入并持有指数	8.71

		超额净利润比率%	20.27
		年均超额净利润比%	20.27
		平均每笔交易天数	62.07
		多头交易中盈利交易占比%	78.18
		空头交易中盈利交易占比%	56.36
		交易总数中盈利交易占比%	67.27
		交易总金额中净盈利金额占比%	59.00
		平均盈亏总额中净平均盈利占比%	30.72
		最大盈亏合计中净盈利占比%	48.52
		盈亏持仓期数差占亏损持仓期数比例%	142.60
		最长盈亏持仓期数差占最长亏损持仓期数比例%	1240.32
		最大连续盈亏期数差占连续亏损期数比例%	125.00
		净利润与系统未平仓回撤之比%	401335.48
		净利润同系统未平仓回撤之差与净利润之比%	99.98
		系统未平仓回撤与净利润之比%	-0.02

在Equis公司Metastock©系统报告"(盈亏概上统计)中,净利润总额等于利润合计减去亏损合计,包括按市值计价的未平仓头寸。相对地,盈利交易总金额是指已实现利润合计(仅包括已平仓交易),不包括任何未平仓头寸)。亏损交易总金额指已实现亏损(仅包括已平仓交易)。同样,亏损交易是指与初始投资相比线最大降幅,系统未平仓回撤(SODD)是指头寸未平仓时累计净值线低于初始投资的最大降幅。盈亏比指数是基于已平仓头寸的累计净值线低于初始投资的最大降幅。盈亏比指数是基于已平仓交易盈亏总金额与亏损联系在一起的一个复杂计算结果,值的范围位于-100(最差可能表现)与+100(最好可能表现)之间,0值代表盈亏相等。风险回报指数等于净利润总额减去系统未平仓回撤总额的差再除以净利润总额。在本次演练交易中,初始投资假设为100美元。多头交易和空头交易都进行,除非另有说明。交易按信号出现当天收盘价格执行,统计分析不包括交易成本、利息费用和利润。

Equis 国际公司 MetaStock©系统测试规则书写如下：

多头开仓：OI>Ref(Mov(OI,opt1,E),-1)
多头平仓：OI<Ref(Mov(OI,opt1,E),-1)
空头开仓：OI<Ref(Mov(OI,opt1,E),-1)
空头平仓：OI>Ref(Mov(OI,opt1,E),-1)
OPT1 当前值：665

乐观主义/悲观主义指数（OP）

除了在定向价格变动时间间隔内或价格浪形中使用日内价格变动而不只是每日收盘价的方向变化来决定赋予给成交量的符号（正或负）以外，威科夫乐观主义/悲观主义指数（OP）与净额成交量指标类似。OP 的计算为：

- 对日内价格上涨浪的成交量赋予正号，对日内价格下跌浪的成交量赋予负号；
- 考虑符号后合计当日正成交量和负成交量；
- 累计每日合计数至累计总值。

关于一系列撰写理查德·D. 威科夫方法的丰富信息文献，参见《股票和商品期货技术分析》，www.traders.com。

公众客户期权活跃度：客户期权活跃度指标

公众客户期权活跃度能衡量作为反向意见指标的公众情绪，它的开发者为特许市场技术分析师阿瑟·A. 梅里尔："客户期权活跃度"，《股票和商品期货技术分析》第 8 卷第 12 期，www.traders.com。

梅里尔受到的启发源于罗伯特·纽洛克的专业性期权活跃度衡量指标，必要的每周数据来源于期权清算公司的周报，包括所有全国性交易所中客户、市场做市商和公司的期权买入和卖出的总成交量。梅里尔只选用客户数据，把数据加进纽洛克的基本公式中，其比率表达如下：

（看涨买入量+看跌卖出量-看涨卖出量-看跌买入量）/
（看涨买入量+看跌卖出量+看涨卖出量+看跌买入量）

该比率将公众净看涨活跃度汇总然后除以全部公众活跃度。接下来，梅里尔将该比率乘以 100，再用 33%EMA 平滑。梅里尔选择距离均值一个标准差的三分之二处作为基准，用于提示通常的数据点位的高和低。高的指标读数反映公众乐观主义，是看跌的；低的指标读数反映公众悲观主义，是看涨的。

从 1980 年到 1990 年的 10 年期间，梅里尔以他的 2/3 标准差基准衡量了平滑的客户期权活跃度指标信号在预测 DJIA 变动方向的精确性，26 周平滑的预测中有 155 次正确、99 次错误，这在统计上高度显著。

期权指标

期权赋予其拥有者在确定的将来日期或之前按确定价格买入（看涨）或卖出（看跌）某一确定标的证券的权利（而非义务）。期权极其富有变化并很难估值，所有与其相关的变量都在不断变动：波动性、利率、投资者情绪以及流动性，其中任何变量都可能比过去波动幅度更大或更小。

期权估值模型都是回溯性模型，它们精确量化了过去的行为以及汇编了未知将来信息的计划。当未来大幅偏离过去时，它将是一个很大的错误。

当投资者使用由诺贝尔奖获得者费希尔·布莱克与迈伦·斯科尔斯提出的精确的数学公式来对期权和衍生工具进行评估时，会感到缺少建立在现实基础上的信心。投资组合保险的崩溃（1987 年 10 月）和长期资本管理公司的倒闭（1998 年 8 月），都给了我们一个代价昂贵的教训：如果发生剧烈变化且没有预警，精确计算衍生工具策略会陷入巨大混乱，即使估值公式在大多数时间是有用的，仅仅一次的变量重大背离也会迅速毁掉慢慢积累起来的资本。

人们设计出技术分析，用来测量关键的可变变量可能的未来变化，任何不使用这一工具的交易企图，都犹如不带装备在迷雾中乱飞。

作为参考，下面用希腊字母表示对未来的朴素预测，后面是其基本定义。

• 德尔塔（Delta）是以标的证券价格变动百分比表示的期权价格可能变化的朴素估计。Delta 为 50 一般意味着期权价格变动可能约为标的证券价格变动的一半，因此，Delta 随着标的证券市场价格与合约固定执行价格之间距离而变动，该变动会迅速出现。看涨期权的 Delta 用正数表示，而看跌期权的 Delta 用负数表示。

• 伽马（Gamma）是标的证券价格变动 1 点时 Delta 变动率的朴素估计。假设一项期权的 Delta 为 50 而 Gamma 为 10，那么，如果标的证券价格上升 1 点，则期权的期望 Delta 为 60，这里有诸多假设。

• 西塔（Theta）是期权时间溢价的损失率。Theta 可快可慢，取决于市场情绪和标的证券价格行为。时间对于期权买方来说是敌人，当期权临近到期时，时间溢价损失率会加速。

- 维格（Vega）是期权对波动性变动的敏感性，没有人知道未来的变动会有多快。
- 柔（Rho）是期权对利率变动的敏感性。
- 剩余时间（Life）表述为到期日以前的剩余天数。通俗地讲，距离到期日越短，那么期权价值越低——其他条件不变。要记住，不能绝对保证其他条件不变。
- 到期日（Expiration）是期权终止退出的重要日期，是确定的日期。在到期日前交易活跃度和流动性通常开始下降，因此要关注日历，要关注成交量和未平仓合约。一般，远在到期日之前平仓多头头寸是值得的，因为随着到期日的临近，时间溢价的衰退会加速。股票期权和股票指数期权在每个月第三个星期五之后的星期六到期，最后交易日就是那个星期五。股票期权、股指期货和股指期权到期日为3月、6月、9月和12月第三个星期五之后的星期六，一年共4次。这些日期被认为是"三巫日"，通常不改变。要关注到期日前后两天，尤其是前一天。

摆动指标

摆动指标量化速度，描述数据系列的变动速度，这些多功能指标被用来描述价格、宽度、成交量、情绪、基础指标或任何变量组合的变动速度。

一些比较流行的价格摆动指标包括随机指标、相对强度指标（RSI），以及两条移动平均线之比或之差（参见"价格摆动指标：移动平均摆动指标"）。这些指标由涵盖过去1至4周的市场数据构成，然而，它们可以适合任何时间框架。

一个摆动指标通常围绕充当锚或吸引子的中点上下摆动。它通常为0、1或50——取决于摆动指标公式的构成。该中点标示着中性的点和正负动量的分界线，该数值用作信号临界值，尽管穿越中性区常常多少迟于价格变动。

可以将上限和下限加入摆动指标公式，基于历史观测，也常常可以建立超买和超卖临界值。

市场只能沿着三种方向变动：上涨、下跌或横盘。交易者常识认为，大多数市场在大多数时间在一个交易区间内波动，横盘盘整花费的时间要多于上涨趋势和下跌趋势花费的时间。在交易区内，对市场反转下注是值得的。在交易区内，价格具有从一个极端向相反极端反弹的倾向，利润最大化策略就是"低买高卖"，所以交易者必须在交易区间的高端附近卖出而在交易区间的低端附近买入。摆动指标是识别超卖和超买极端的有用工具。

只要价格保持在交易区间内，短期的逆势操作效果就很好。如果强有力的价格新趋势开始了，又没有提前通知，对于那些打赌市场会与新趋势相反的人，会迅速积聚非常大的亏损，数周或数月的小额交易利润可能在几天内就清光。

当趋势更新时，新的主要趋势是最有力的和动态变化的。在延长的交易区间之后，交易者习惯于认为趋势不会持续。然而，在动态新趋势中，摆动指标迅速触及超买或超卖点，停留在那里，而价格却沿新趋势方向继续暴涨或暴跌。当背离真正出现时，也仅预示着新趋势初始迅猛速度的降低而已。摆动指标交易者继续使趋势变弱，而他们随后被迫削减亏损的行为会为新趋势的持续提供食物来源，摆动指标心态成为导致交易者忽略全局的陷阱。基于某一摆动指标数值而与主要趋势作对就是导致衰弱的经历，使一些杠杆交易者亏个精光，反主要趋势操作的摆动指标交易者会产生巨大净值回撤。

主要趋势只有通过长期图表分析才能察觉，通过窄屏幕的短期摆动指标是不可能看到全局的。

摆动指标有多种解释方法，下面是一些解释摆动指标的典型标准：

● 摆动指标及其跟踪移动平均线，可以对比由观测过去摆动指标行为决定的特定的高低关键临界值点位，从而判断超买和超卖点位。例如，RSI 的超买点位通常定义为 70 以上，而超卖点位通常低于 30。这往往仅限于在盘整交易区间的市场中表现较好，但当市场具有强有力定向趋势时表现不良。

● 将摆动指标的相关点位与原始价格数据的相关点位相比较，从而决定两者背离的正负。

● 将摆动指标与中性临界值点位相比较，中性临界值通常为 0、1 或 50，这取决于指标公式是如何处理数据的。

● 将摆动指标与由其移动平均线或趋势线确定的自身过去趋势相比较：处于趋势上方预示着动量改善，而处于趋势下方预示着动量恶化。

● 摆动指标和/或其移动平均线的最新方向可以被认为：上升通常预示着动量改善，而下降通常预示着动量恶化。

● 摆动指标最近过去趋势也可以由其最近浪形来判断：一系列的高点和低点都变得更高属于看涨，而一系列的高点和低点都变得更低属于看跌。

当这些标准出现一个或以上时，可以被当作从属于主要趋势分析下进行买卖的信号的一部分。当标准混合在一起时，可能要求进行更细微的判断。由于摆动指标会怂恿使用者反流行趋势进行操作，因此在初学者手里是有危险的，摆动指标应该与长期趋势技术分析方法的确认结合在一起使用。关于适合长期分析的摆动指标举例，参见后述的"摆动指标：移动平均摆动指标"。

区间外收盘的外包日

外包日的特征是当日价格区间在两个方向上完全覆盖了前一日价格区间，也就是说，最高点更高且最低点更低。在这里要求收盘价也位于前一日价格区间之外，超出了前一日价格区间的边界。这种形态提示了价格波动的争斗，在这里价格有力地向一个方向推进又转向另一个方向，收盘价方向指明了阻力最小的方向，可能是未来趋势方向。因此，在外包日，在更高的收盘价处买入，或者在更低的收盘价处卖空，可以在超出区间处设置止损点。

在过去19年的标准普尔500指数期货交易中，外包日的买入与卖空操作是一个非盈利策略。Equis国际公司MetaStock©系统测试规则可书写如下：

多头开仓：L<Ref(LLV(L,opt1),-1) AND C>Ref(HHV(H,opt1),-1)

多头平仓：C<Ref(LLV(C,opt2),-1)

空头开仓：H>Ref(HHV(H,opt1),-1) AND C <Ref(LLV(L,opt1),-1)

空头平仓：C>Ref(HHV(H ,opt2),-1)

超买/超卖摆动指标

在交易区间内或主要趋势方向中抓住次级趋势的转向进行操作，如果持续应用该策略并且具有洞察力，是能够获利的。底部买入和顶部卖出总是吸引交易者和投资者，结果，许多指标被设计出来用以提示价格极端信号，随机指标和RSI是更受欢迎的指标中的两个例子。

超买是指短期摆动指标出现显著高值，警示着可能存在价格向下修正的脆弱性。

超卖是指短期摆动指标出现显著低值，警示着存在价格向上修正的可能。

当市场处于某一交易区间内时，摆动指标最有用。同样，与主要趋势方向一致时，使用摆动指标对次级折返进行交易是有用的。

如果在趋势不断弱化的市场中使用摆动指标是危险的。如何强调都不过分，持有的头寸与主要趋势相反会有损于你的财富。主要趋势是占统治地位的有力力量，是必须被尊重的，主要趋势超过一切看起来合理的目标。

在主要上涨趋势期间，市场显示超卖情况的能力并不能成为使上涨趋势衰弱的原因，相反，摆动指标的高值应该被看作是看涨趋势有活力的积极信号。

同样，在主要看跌趋势期间，市场显示超买情况的能力并不能成为买入的原因，相反，摆动指标的低值应该被看作是一个消极信号，一个熊市有活力的信号。

在盘整趋势或主要看跌趋势中，下降的摆动指标顶点和价格反弹的负向背离，通常预示着即将来临的价格疲软。

在盘整趋势或主要看涨趋势中，上升的摆动指标低点和价格下降的正向背离，通常预示着即将来临的价格活力。

注意，超买/超卖指标只应该与作为首要滤波器的主趋势分析结合在一起使用，主要趋势的方向必须为我们主要关注。如果失去对主要趋势的关注，我们就容易亏损掉多数美元。

抛物线时间/价格交易系统

抛物线时间/价格交易系统（译者注：又译为"抛物线转向操作系统"）是一个设置停损点的进出交易系统，提出者为 J·小威尔斯·威尔德 [J. W. 小威尔德(1978)《技术交易系统中的新概念》，北卡莱罗纳州麦克林斯维尔：趋势研究出版社]。设计该系统的目的是，在新交易的早期为相反趋势的价格波动留些余地和空间。随着交易时间的推移，抛物线时间/价格交易指标逐渐收紧，形成保护性跟踪止损指令。

为完成该目标，系统引入一系列跟随价格趋势的、渐进式更短期的指数平滑移动平均线指标。当价格向新的预期趋势方向极值变化时，这些指标就会变动。指数平滑常数被称作"加速因子"，最小值为 0.02，如果每天价格趋势向预期方向前进，加速因子就增加 0.02，但加速因子最高值为 0.20。

这种适应性强的技术不断调整跟踪"停损点转向价格"（SAR），使其逐渐靠近当前实际价格。当新趋势形成时，该 SAR 指标给新趋势提供了最大喘息空间。随着时间的推移，该保护性止损点会收紧。抛物线时间/价格交易系统趋势会持续到股价穿过 SAR 曲线，此时将当前头寸平仓，建立反向头寸。

随着 SAR 信号的每次更新，SAR 也重新计算。例如，在最初买入信号出现当天建立新的多头，此时 SAR 等于极值（EP），也就是由抛物线时间/价格交易系统给出的股价向下运行结束时所记录的最低价格。接下来，SAR 沿着新的预期趋势方向以加速因子（AF）而向上调整。

当 SAR 值初次等于空头平仓时记录的最低价格时，新的买入信号出现。随后，第二天 SAR 指标向上做如下调整：

$$S = P + A(H-P)$$

其中

S = 停损点转向价格（SAR）的多头卖出价格，我们按此价格对当前多头头寸转向操作，卖出多头并开立空头。

P = 上期 SAR。

A = 加速因子。在根据最初 SAR 买入止损指令开立当前多头交易后，下一刻即形成 A 的最初值 0.02。自从当前多头交易开立后，接下来一期以及之后每一期，如果价格升至最高高点（H），那么 A 上升 0.02。在当前多头交易持续期间，如果价格不再创出新高，A 保持前期水平不变。

H = 根据止损买入指令开立当前多头交易以来的最高高价。

当 SAR 值初次等于多头平仓时记录的最高价格时，新的卖出信号和卖空信号出现，随后，第二天 SAR 指标向下做如下调整：

$$S = P - A(L-P)$$

其中

S = 停损点转向价格（SAR）的空头买入价格，我们按此价格对当前空头头寸转向操作，平仓空头并买入新的多头。

P = 上期 SAR。

A = 加速因子。在根据最初 SAR 卖出止损指令开立当前空头交易后，下一刻即形成 A 的最初值 0.02。自从当前空头交易开立后，接下来一期以及之后每一期，如果价格降至最低低点（L），那么 A 上升 0.02。在当前空头交易期间，如果价格不再创出新低，A 保持前期水平不变。

L = 根据止损卖出指令开立当前空头交易以来的最低低价。

无论市场处于多头或空头，SAR 值都必须位于最近两期高低价波动区间的边界或外部。SAR 值不能位于最近两期价格波动区间内，如果落在最近两期价格波动区间内，必须重新设定：多头交易中，设在最近两期低点中的较低点，空头交易中中设在最近两期高点中的较高点。

下面列表中提供了抛物线时间/价格交易系统中涉及的计算例子。

抛物线时间/价格交易系统计算举例（A：初始值0.02，增量0.02，最大值0.2）

头寸	年份	纽交所年度价格		极高或极低价格*		上期SAR		差值		加速因子		乘积		当前价格		操作价格
多空		最高	最低													
多头	1973	65.87	48.71	65.87												
空头	1974	53.77	32.47	32.47	−	65.87	=	−33.40	×	0.02	=	−0.67	+	65.87	=	65.20
空头	1975	51.39	36.49	32.47	−	65.20	=	−32.73	×	0.02	=	−0.65	+	65.20	=	64.55
空头	1976	57.88	47.67	32.47	−	64.55	=	−32.08	×	0.02	=	−0.64	+	64.55	=	63.91
空头	1977	57.92	49.61	32.47	−	63.91	=	−31.44	×	0.02	=	−0.63	+	63.91	=	63.28
空头	1978	60.60	48.27	32.47	−	63.28	=	−30.81	×	0.02	=	−0.62	+	63.28	=	62.66
多头	1979	63.58	53.42	63.58	−	32.47	=	+31.11	×	0.02	=	+0.62	+	32.47	=	33.09
多头*	1980	81.29	53.66	81.29	−	33.09	=	+48.20	×	0.02	=	+1.93	+	33.09	=	35.02
多头	1981	79.44	63.75	81.29	−	35.02	=	+46.27	×	0.02	=	+1.85	+	35.02	=	36.87
多头	1982	83.13	58.78	83.13	−	36.87	=	+46.26	×	0.02	=	+2.78	+	36.87	=	39.65
多头	1983	99.63	79.63	99.63	−	39.65	=	+59.98	×	0.02	=	+4.80	+	39.65	=	44.45
多头	1984	989.12	84.81	99.63	−	44.45	=	+55.18	×	0.02	=	+4.41	+	44.45	=	48.86
多头	1985	122.44	94.41	122.44	−	48.86	=	+73.58	×	0.02	=	+7.36	+	48.86	=	56.22
多头	1986	145.91	117.30	145.91	−	56.20	=	+89.69	×	0.02	=	+10.76	+	56.20	=	66.98
多头	1987				−	66.98	=									

* 持仓期间

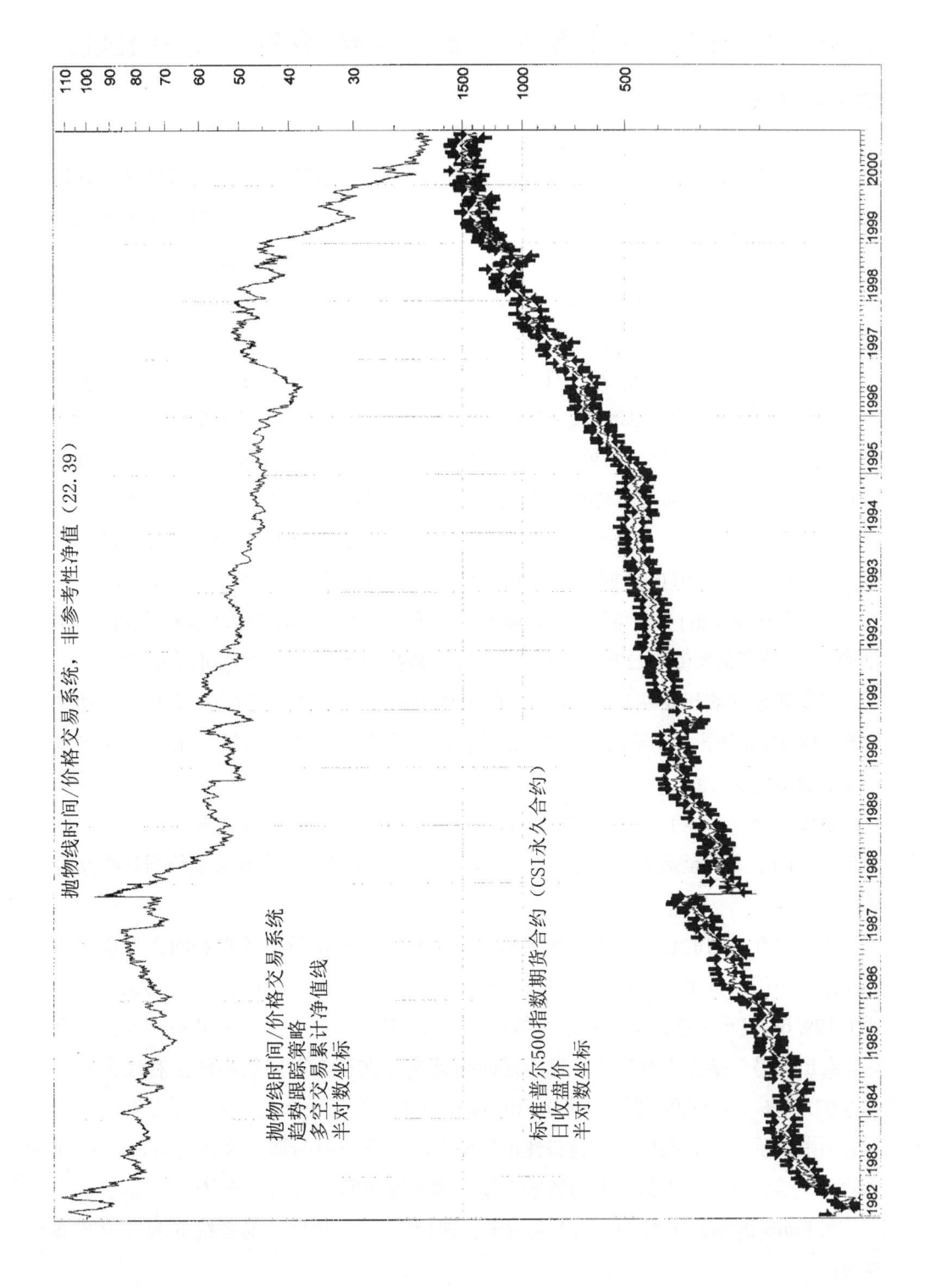

抛物线时间/价格交易系统，非参考性净值（22.39）

抛物线时间/价格交易系统
趋势跟踪策略
多空交易累计净值线
半对数坐标

标准普尔500指数期货合约（CSI永久合约）
日收盘价
半对数坐标

抛物线时间/价格交易系统指标策略举例：逆向 SAR 指标操作

对于威尔德最初阐述的抛物线时间/价格交易系统，我们的测试并未能证明其任何有效性。当使用某指标总是亏钱时，我们可以逆向运用该指标，即当该指标发出卖出信号时买入，发出买入信号时卖出，这是有效的，但净值回撤会很大。利用一个长期 EMA 滤波器可以降低净值回撤，但也会减少总利润。我们的逆向操作版本的 MetaStock© 技术指标建立器语法为：SAR（0.04,0.22）。

以 1982 年 4 月 21 日至 2001 年 5 月 23 日期间标准普尔 500 股指期货 CSI 永久合约（www.csidata.com）的每日数据为基础，我们发现，当加速因子基本变动单位为 0.04，最大值为 0.22 时，如果不带主观性，不运用复杂技术分析，不妄断，而以纯机械式的趋势衰弱信号为基础进行逆向 SAR 信号交易，能产生良好的交易结果。

多头开仓（买入）：当每日最高价低于 SAR 值，并且以 0.04 为基本变动单位的 SAR 加速因子上升至最大值 0.22 时，以标准普尔 500 股指期货永久和约当日收盘价买入。

多头平仓（卖出）：当每日最低价高于 SAR 值，并且以 0.04 为基本变动单位的 SAR 加速因子上升至最大值 0.22 时，以标准普尔 500 股指期货永久和约当日收盘价卖出。

空头开仓（卖出空头）：当每日最低价高于 SAR 值，并且以 0.04 为基本变动单位的 SAR 加速因子上升至最大值 0.22 时，以标准普尔 500 股指期货永久和约当日收盘价卖出空头。

空头平仓（平仓）：当每日最高价低于 SAR 值，并且以 0.04 为基本变动单位的 SAR 加速因子上升至最大值 0.22 时，以标准普尔 500 股指期货永久和约当日收盘价平仓空头。

运用这种逆向的趋势衰弱操作策略，以 100 美元开始投资并将利润再投资，假如充分运用该投资策略进行利润再投资操作，无交易成本和税收，净利润总额将达到 1,199.66 美元，这比买入并持有策略高出 20.19%。空头卖出交易稍有亏损，且空头卖出交易包括在本策略中，这种逆向指标操作在整个期间给出的盈利性买入信号占 67.66%。交易较活跃，平均每 10.39 个日历日交易一次。

图中显示，逆势操作会在趋势性市场中引起严重净值回撤，这种逆向 SAR 指标总的来说是有效的，因为短期内股票市场在大多数时间里是上下波动的。

在 Equis 国际公司 MetaStock© 系统中，抛物线时间/价格交易系统的测试规则书写为：

多头开仓：H<SAR(0.01 * opt1,0.01 * opt2)

多头平仓：L>SAR(0.01 * opt1,0.01 * opt2)

空头开仓：L>SAR(0.01 * opt1, 0.01 * opt2)

空头平仓：H<SAR(0.01 * opt1, 0.01 * opt2)

OPT1 当前值：4

OPT2 当前值：22

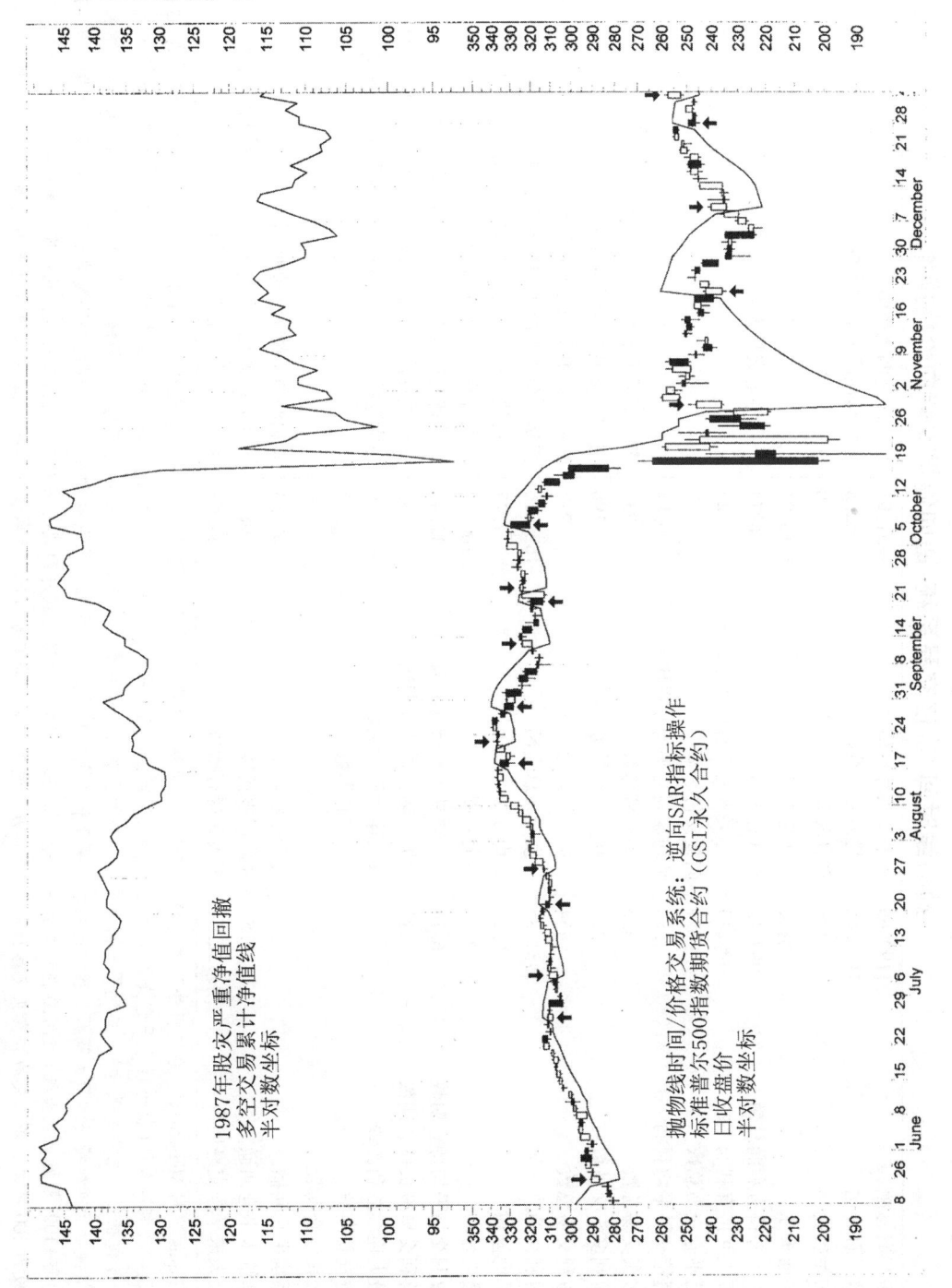

抛物线时间/价格交易系统：逆向停损点转向价格操作

净利润总额	1199.66	未平仓头寸价值	-31.03
盈亏百分比	1199.66	年均盈亏百分比	62.8
初始投资	100	利息收入	0
当前头寸	空头	头寸建立日期	5/10/01
买入并持有利润总额	998.13	测试总天数	6973
买入并持有利润率%	998.13	年均买入并持有利润率%	52.25
已平仓交易总数	671	佣金支付总额	0
每笔交易平均利润	1.83	平均盈利与平均亏损比率	0.84
多头交易总数	336	多头交易中盈利交易占比	335
盈利空头交易数	256	空头交易中盈利交易占比	198
盈利交易总数	454	交易总数中盈利交易占比	217
盈利交易总金额	2851.85	亏损交易总金额	-1621.16
平均盈利	6.28	平均亏损	-7.47
最大盈利	77.06	最大亏损	-100.49
盈利交易平均持仓期数	6.14	盈亏合计中净盈利占比%	12.42
盈利交易最长持仓期数	17	亏损交易平均持仓期数	33
最大连续盈利次数	9	亏损交易最长持仓期数	6
空仓总期数	7	最大连续亏损次数	7
最长空仓期数	7	平均空仓期数	
系统平仓回撤	-13.6	盈亏比指数	42.53
系统未平仓回撤	-19.51	风险回报指数	98.4
最大平仓交易回撤	-122.51	买入并持有指数	17.08

		超额利润比%	20.19
		年均超额净利润比率%	20.19
		平均每笔交易天数	10.39
		多头交易中盈利交易占比%	76.19
		空头交易中盈利交易占比%	59.10
		交易总数中盈利交易占比%	67.66
		交易总金额中净盈利金额比%	27.51
		平均盈亏总额中净平均盈利比%	-8.65
		最大盈亏合计中净盈利占比%	-13.20
		盈亏持仓期数差占最长持仓期数比例%	-50.56
		最长盈亏持仓期数差占最长亏损持仓期数比例%	-48.48
		最大连续盈亏期数差占连续亏损期数比例%	50.00
		净利润与系统平仓回撤之比%	6148.95
		净利润同系统平仓回撤之差与净利润之比%	98.37
		系统未平仓回撤与净利润之比%	-1.63

在 Equis 公司 Metastock© "系统报告"（盈亏概览统计）中，净利润总额等于利润合计减去亏损合计，包括按市值计算的未平仓头寸。盈亏百分比指已实现利润合计（仅包括任何已平仓头寸）。相对地，盈利交易总金额是指已实现利润合计（仅包括任何已平仓头寸）。同样，亏损交易总金额是指已实现亏损合计（仅包括已平仓回撤）亏损总额，不包括任何未平仓头寸）。系统平仓回撤是指基于已平仓头寸的累计净值线低于净值线初始投资的最大降幅，系统未平仓回撤（SODD）是指头寸未平仓时累计净值线（不包括任何已平仓头寸）低于初始投资的最大降幅。系统平仓回撤仅基于已平仓头寸的净值线低于净值初始投资累计的一个复杂计算结果，值的范围位于-100（最差可能表现）与+100（最好可能表现）之间，0 值代表盈亏相等，风险回报指数是系统未平仓回撤同指数系统未平仓回撤总额再除以净利润总额。在本次演练交易中，初始投资假设为 100 美元。多头交易和空头交易都进行，交易信号出现当天收盘价格执行，统计分析中不包括交易成本、利息费用和利润。

位于30周及10周简单移动平均线上方股票百分比

任何给定范围股票中位于其跟踪主要移动平均线上方的股票百分比，是许多技术分析师追随的传统宽度动量指标。我们只需简单地数一数以主要移动平均线上方价格成交的股票的数量，然后再除以所检验的股票总数，结果百分比形式显示被认为呈现上涨趋势的股票所占比例。该指标被当作是具备领先指标特征的动量标准，也被用来衡量大盘情况是处于超买还是超卖。与其他动量指标一样，该百分比会在价格指数高点和低点之前分别达到峰值和谷值。

位于30周简单移动平均线上方股票百分比指标策略举例

关于该指标的历史数据显示，位于30周简单移动平均线上方股票百分比指标无论对多头还是空头都是有效的，尤其是对多头来说。以周线百分比指标和1968年1月至2001年1月的33年期间道琼斯工业平均指数（DJIA）为基础，我们发现，如果不带主观性，不运用复杂技术分析，不妄断，而以纯机械式的趋势跟踪信号为基础，下列参数能产生非常好的交易结果。

多头开仓（买入）：当上周位于自身30周简单移动平均线上方股票百分比低于其上周自身跟踪35周指数移动平均线，并且本周位于自身30周SMA上方股票百分比高于其上周自身跟踪2周指数移动平均线时，以DJIA本周收盘价买入。

多头平仓（卖出）：当上周位于自身30周简单移动平均线上方股票百分比高于其上周自身跟踪17周指数移动平均线，并且本周位于自身30周SMA上方股票百分比低于其上周自身跟踪41周指数移动平均线时，以DJIA本周收盘价卖出。

空头开仓（卖出空头）：当上周位于自身30周简单移动平均线上方股票百分比高于其上周自身跟踪17周指数移动平均线，并且本周位于自身30周SMA上方股票百分比低于其上周自身跟踪41周指数移动平均线时，以DJIA本周收盘价卖出空头。

空头平仓（平仓）：当上周位于自身30周简单移动平均线上方股票百分比低于其上周自身跟踪35周指数移动平均线，并且本周位于自身30周SMA上方股票百分比高于其上周自身跟踪2周指数移动平均线时，以DJIA本周收盘价平仓空头。

运用该趋势跟踪策略，以100美元开始投资并将利润再投资，假如充分运用该投资策略进行利润再投资操作，无交易成本和税收，净利润总额将达到5,548.81美元，这比买入并持有策略高出 467.45%。即使卖空交易也是盈利的，并且包括在本策略中，该多空交易策略在整个期间给出的盈利性信号占 54.30%。交易相对不活跃，平均每 68.65 个日历日交易一次。

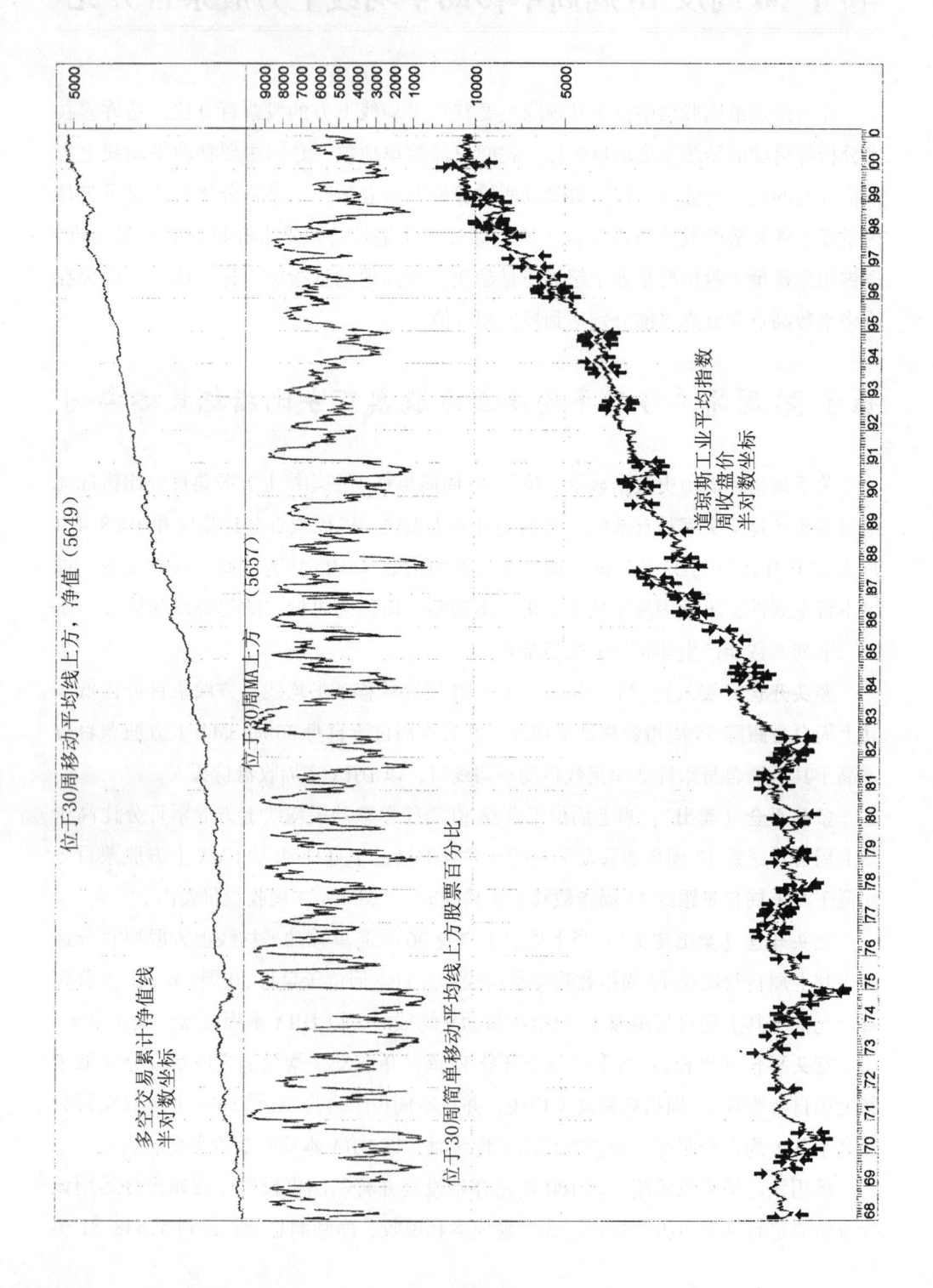

位于30周简单移动平均线上方股票百分比

项目	数值	项目	数值
净利润总额	5548.81	未平仓头寸价值	387.45
盈亏百分比	5548.81	年均盈亏百分比	158.61
初始投资	100	利息收入	0
当前头寸	多头	头寸建立日期	3/10/00
买入并持有利润总额	977.85	测试总天数	12769
买入并持有利润率%	977.85	年均买入并持有利润率%	27.95
已平仓交易总数	186	佣金支付总额	0
每笔交易平均利润	27.75	平均盈利与平均亏损比率	3.69
多头交易总数	93	空头交易总数	93
盈利多头交易数	54	盈利空头交易数	47
盈利交易总数	101	亏损交易总数	85
盈利交易总金额	6688.77	亏损交易总金额	−1527.4
平均盈利	66.23	平均亏损	−17.97
最大盈利	804.28	最大亏损	−259.46
盈利交易平均持仓期数	13.52	亏损交易平均持仓期数	5.94
盈利交易最长持仓期数	82	亏损交易最长持仓期数	42
最大连续盈利次数	6	最大连续亏损次数	8
空仓总期数	94	平均空仓期数	94
最长空仓期数	94	盈亏比指数	78.41
系统平仓回撤	−1.42	风险回报指数	99.96
系统未平仓回撤	−2.48	买入并持有指数	507.07
最大未平仓回撤	−576.86		
超额净利润比率%	467.45		
年均超额净利润比率%	467.45		
平均每笔交易天数	68.65		
多头交易中盈利交易占比%	58.06		
空头交易中盈利交易占比%	50.54		
交易总数中盈利交易占比%	54.30		
交易总金额中净盈利金额占比%	62.82		
平均盈亏总额中净平均盈利占比%	57.32		
最大盈亏合计中净盈利占比%	51.22		
盈亏持仓期数差占最长持仓期数比例%	127.61		
最长盈亏持仓期数差占净盈亏持仓期数比%	95.24		
最大连续盈亏期数差占连续盈亏期数比例%	−25.00		
净利润与系统平仓回撤之比%	223742.34		
净利润同系统未平仓回撤之差与净利润之比%	99.96		
系统未平仓回撤与净利润之比%	−0.04		

在Equis公司Metastock©"系统报告"（盈亏概览统计）中，净利润总额等于利润合计减去亏损合计，包括按市值计价的未平仓头寸。相对地，盈利交易总金额是指已实现利润合计（仅包括已平仓头寸），不包括任何未平仓头寸。同样，亏损交易总金额是指已实现亏损合计（仅包括已平仓头寸）所有亏损总额，不包括任何未平仓头寸。系统平仓回撤是指基于已平仓头寸净值线低于初始投资净值线的累计净值最大降幅，系统未平仓回撤（SODD）是指头寸未平仓时累计净值线依于初始投资净值线的累计净值最大降幅。盈亏比指数是净利润与交易总金额关于净盈利与净亏损联系在一起的一个复杂计算结果，值的范围在+100（最好可能表现）与−100（最差可能表现）之间，0值代表盈亏相等，风险回报指数等于系统平仓回撤以净利润总额再除以净利润的差再除以净利润总额。在本次演练交易中，初始投资假设为100美元。多头交易和空头交易都进行，交易按信号价格执行，统计分析中不包括交易成本、利息费用和利润。

在 Equis 国际公司 MetaStock©系统中，位于 30 周简单移动平均线上方股票百分比被插入在通常预留给未平仓合约的字段中，其测试规则书写为：

多头开仓：Ref(OI,-1)<Ref(Mov(OI,opt1,E),-1) AND
　　　　　　OI>Ref(Mov(OI,opt2,E),-1)

多头平仓：Ref(OI,-1)>Ref(Mov(OI,opt3,E),-1) AND
　　　　　　OI<Ref(Mov(OI,opt4,E),-1)

空头开仓：Ref(OI,-1)>Ref(Mov(OI,opt3,E),-1) AND
　　　　　　OI<Ref(Mov(OI,opt4,E),-1)

空头平仓：Ref(OI,-1)<Ref(Mov(OI,opt1,E),-1) AND
　　　　　　OI>Ref(Mov(OI,opt2,E),-1)

OPT1 当前值：35
OPT2 当前值：2
OPT3 当前值：17
OPT4 当前值：41

位于 10 周简单移动平均线上方股票百分比指标策略举例

使用同上述 30 周一样的基本策略，位于 10 周简单移动平均线上方股票百分比指标效果并不太好。我们发现，如果不带主观性，不运用复杂技术分析，不妄断，而以纯机械式的趋势跟踪信号为基础，下列参数能产生不太好的交易结果。

多头开仓（买入）：当上周位于自身 10 周简单移动平均线上方股票百分比低于其上周自身跟踪 18 周指数移动平均线，并且本周位于自身 10 周 SMA 上方股票百分比高于其上周自身跟踪 34 周指数移动平均线时，以 DJIA 本周收盘价买入。

多头平仓（卖出）：当上周位于自身 10 周简单移动平均线上方股票百分比高于其上周自身跟踪 7 周指数移动平均线，并且本周位于自身 10 周 SMA 上方股票百分比低于其上周自身跟踪 34 周指数移动平均线时，以 DJIA 本周收盘价卖出。

空头开仓（卖出空头）：当上周位于自身 10 周简单移动平均线上方股票百分比高于其上周自身跟踪 7 周指数移动平均线，并且本周位于自身 10 周 SMA 上方股票百分比低于其上周自身跟踪 34 周指数移动平均线时，以 DJIA 本周收盘价卖出空头。

多头平仓（卖出）：当上周位于自身 10 周简单移动平均线上方股票百分比低于其上周自身跟踪 18 周指数移动平均线，并且本周位于自身 10 周 SMA 上方股票百分比高于其上周自身跟踪 34 周指数移动平均线时，以 DJIA 本周收盘价平仓空头。

运用该趋势跟踪策略，以 100 美元开始投资并将利润再投资，假如充分运用该投资策略进行利润再投资操作，无交易成本和税收，净利润总额将达到3375.93美元，这比买入并持有策略高出245.24%，即使卖空交易也是轻微盈利的并且包括在本策略中，该多空交易策略在整个期间给出的盈利性信号占52.05%。交易相对不活跃，平均每87.46个日历日交易一次。

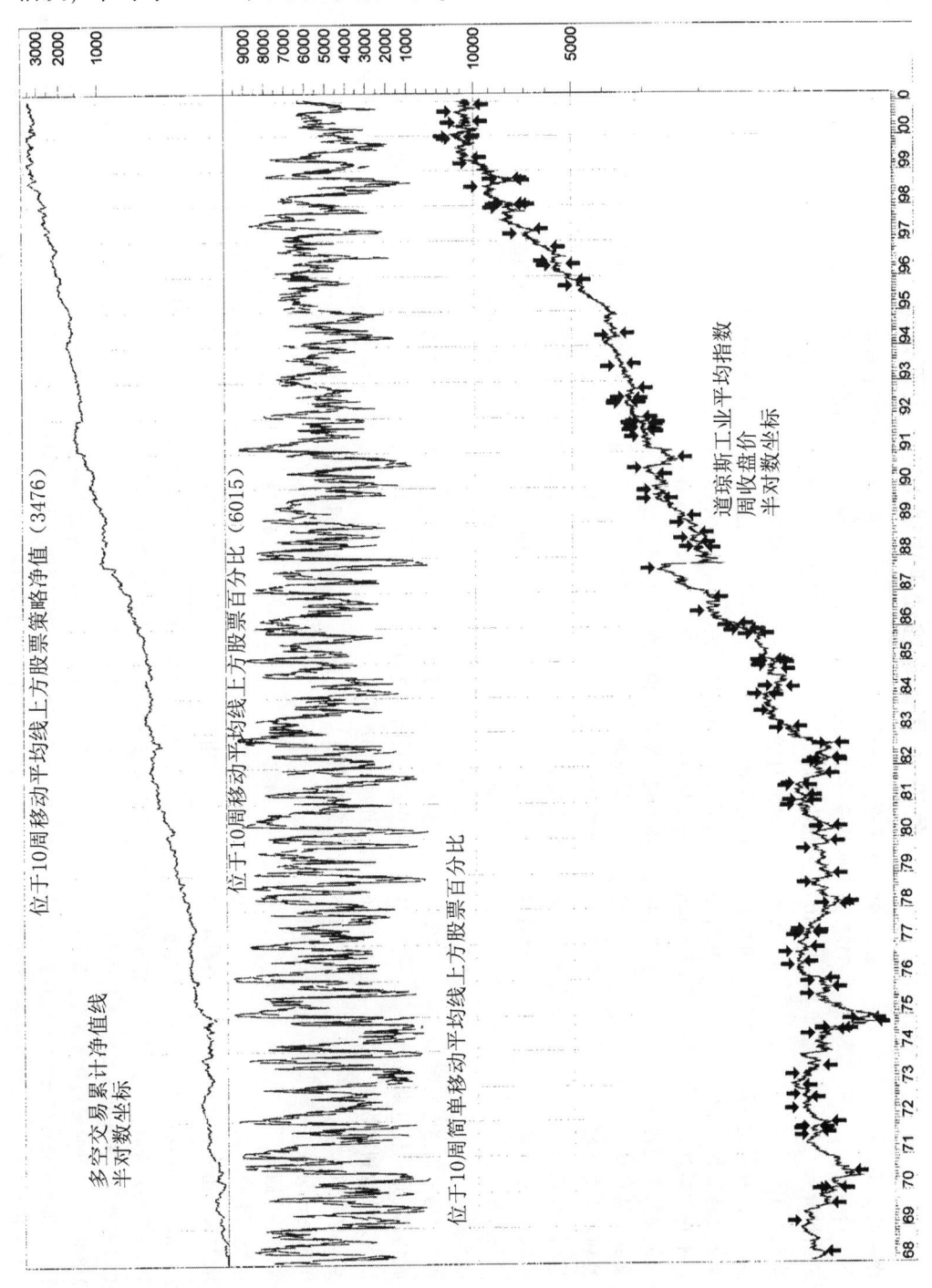

位于 10 周简单移动平均线上方股票百分比

净利润总额	3375.93	未平仓头寸价值	93.4
盈亏百分比	3375.93	超额净利润比率%	245.24
初始投资	100	年均超额净利润比率%	245.26
当前头寸	多头	利息收入	0
买入并持有利润总额	977.85	头寸建立日期	12/1/00
买入并持有利润率%	977.85	测试总天数	12769
已平仓交易总数	146	年均买入并持有利润率%	27.95
每笔交易平均利润	22.48	佣金支付总额	0
		平均每笔交易天数	87.46
多头交易总数	73	平均盈利与平均亏损比率	2.23
盈利多头交易数	42	多头交易中盈利交易占比%	57.53
亏损多头交易数	76	空头交易中盈利交易占比%	46.58
盈利交易总金额	5591.4	交易总数中盈利交易占比%	52.05
亏损交易总金额	-2308.87	盈利交易总额中净盈利金额占比%	41.55
平均盈利	73.57	平均盈亏总额中净平均盈利占比%	38.09
最大盈利	529.68	最大盈亏合计中净盈利占比%	32.08
盈利交易平均持仓期数	16.95	盈亏持仓期数差占持仓期数比例%	111.08
盈利交易最长持仓期数	71	盈亏持仓期数差占最长亏损持仓期数比%	44.90
最大连续盈利次数	6	最长连续盈亏期数差与连续亏损期数比例%	50.00
空仓总期数	113		
最长空仓期数	113		
系统平仓回撤	0	盈亏比指数	59.39
系统未平仓回撤	0	风险回报指数	100
最大平仓交易回撤	-504.93	买入并持有指数	254.79
		净利润与系统未平仓回撤之比%	#
		净利润与系统平仓回撤之差与净利润之比%	100.00
		系统未平仓回撤与净利润之比%	0.00

在 Equis 公司 Metastock© "系统报告"（盈亏概览统计）中，净利润总额等于利润合计减去亏损合计，包括按市值计价的未平仓头寸。相对地，盈利交易总金额是指已实现利润合计（仅包括已平仓头寸），不包括任何未平仓头寸。同样，亏损交易总金额是指实现亏损合计（仅包括已平仓头寸）。系统平仓回撤是指交易基于已平仓头寸的累计净值低于初始投资的最大降幅，系统未平仓回撤（SODD）是指头寸平仓时累计净值线低于初始投资的最大降幅。盈亏指数是关于将盈利交易总金额与净亏损总额联系在一起的一个复杂计算结果，值的范围位于-100（最差可能表现）与+100（最好可能表现）之间，0值代表盈亏相等。风险回报指数是系统未平仓回撤的差再除以净利润总额。在本次演示交易中，初始投资假设为100美元。多头交易和空头交易都按信号出现当天收盘价格执行，统计分析中不包括交易成本、利息费用和利润。

— 478 —

在 Equis 国际公司 MetaStock© 系统中，位于 10 周简单移动平均线上方股票百分比被插入在通常预留给成交量的字段中，其测试规则书写为：

多头开仓：Ref(V,-1)<Ref(Mov(V,opt1,E),-1) AND
V>Ref(Mov(V,opt2,E),-1)

多头平仓：Ref(V,-1)>Ref(Mov(V,opt3,E),-1) AND
V<Ref(Mov(V,opt2,E),-1)

空头开仓：Ref(V,-1)>Ref(Mov(V,opt3,E),-1) AND
V<Ref(Mov(V,opt2,E),-1)

空头平仓：Ref(V,-1)<Ref(Mov(V,opt1,E),-1) AND
V>Ref(Mov(V,opt2,E),-1)

OPT1 当前值：18
OPT2 当前值：34
OPT3 当前值：7
OPT4 当前值：34

许可滤波器，许可筛选器

要接受敏感的短期指标发出的信号，必须同时有来自缓慢长期指标的确认信号。例如，当收盘价格上穿一条跟踪 5 期移动平均线时买入——但同时价格也要高于一条跟踪 200 期移动平均线。这种许可筛选可以过滤掉许多与大趋势相反的交易，从而降低交易频率［参见辛西娅·凯斯（1996）《与机会做交易：利用概率力量在期货市场赚钱》，欧文专业出版公司许可改编］。

枢轴点

枢轴点是最高价或最低价极值，标志着趋势转折点。满足枢轴点的条件是，转折点在走势图上必须明显并且位置突出。

枢轴点也被定义为明日的预期最高价或最低价，获得该远期预期值共分五步：

1. 计算今日平均价（A），即用今日最高价加上今日最低价再加上今日收盘价，然后再除以3，用我们熟悉的符号表示为 A =（H+ L+ C)/3。

2. 下一期预期最高价等于平均价的2倍减去今日最低价，即2A-L。

3. 下一期预期最低价等于今日平均价的2倍减去今日最高价，即2A-H。

4. 下一期预期最高价极值等于今日平均价加上今日价格振幅，即A+（H-L）。

5. 下一期预期最低价极值等于今日平均价减去今日价格振幅，即A-（H-L）。

[参见 C·勒博，D.W. 卢卡斯（1992）《技术交易者期货市场计算机分析指南》，伊利诺亚州霍姆伍德：欧文第一商业出版公司]。

枢轴点转向交易系统

枢轴点转向交易系统是识别小趋势方向变化的简单方法。枢轴点顶点被定义为比前期最高价和下期最高价都高的高点，枢轴点底点被定义为比前期最低价和下期最低价都低的低点，这两类枢轴点都是小趋势方向转向的信号。此外，我们发现，为完善该系统，还需要收盘价来确认趋势的改变。

枢轴点转向交易系统指标策略举例

枢轴点转向交易系统指标无论对多头还是空头都是有效的，尤其是对多头来说。以1900年1月至2000年12月期间每日DJIA为基础，我们发现，如果不带主观性，不运用复杂技术分析，不妄断，而以纯机械式的趋势跟踪信号为基础，下列参数能产生非常好的交易结果。

多头开仓（买入）：当出现枢轴点底点伴随收盘价转向确认时，也就是昨日最低价比前日最低价低、今日最低价比昨日最低价高，并且今日收盘价比昨日收盘价高时，以DJIA当日收盘价买入。

多头平仓（卖出）：当出现枢轴点顶点伴随收盘价转向确认时，也就是昨日最高价比前日最高价高、今日最高价比昨日最高价低，并且今日收盘价比昨日收盘价低时，以DJIA当日收盘价卖出。

空头开仓（卖出空头）：当出现枢轴点顶点伴随收盘价转向确认时，也就是昨日最高价比前日最高价高、今日最高价比昨日最高价低，并且今日收盘价比昨日收盘价低时，以DJIA当日收盘价卖出空头。

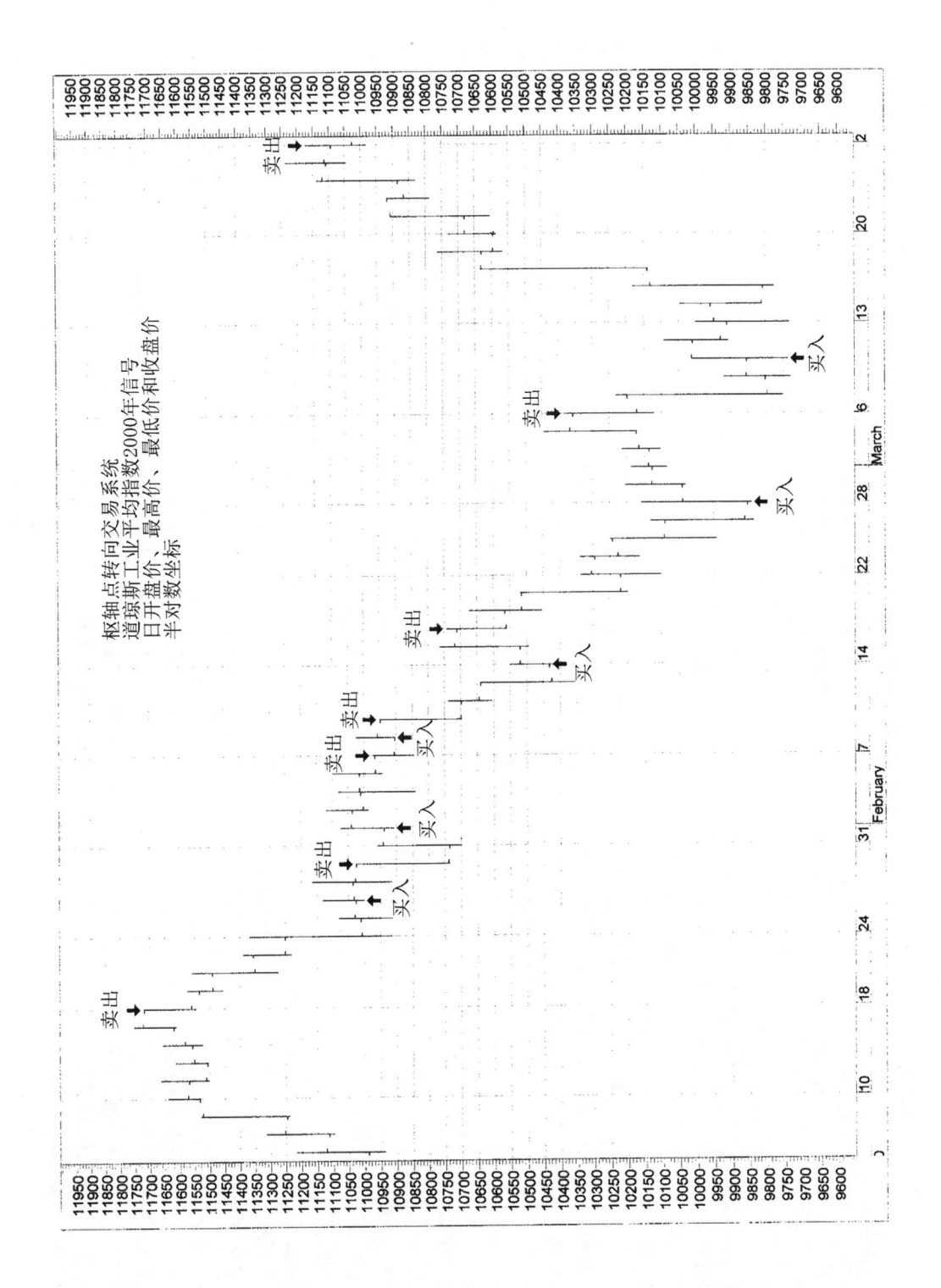

枢轴点转向交易系统

净利润总额	2912550.5	未平仓头寸价值	40853.84	超额净利润比值	13463.27
盈亏百分比	2912550.5	年均盈亏百分比	28819.93	年均超额净利润比率%	13463.27
初始投资	100	利息收入	0		
当前头寸	多头	头寸建立日期	12/22/00		
买入并持有利润总额	21473.8	测试总天数	36887	平均每笔交易天数	5.35
买入并持有利润率%	21473.8	年均买入并持有利润率%	212.49		
已平仓交易总数	6896	佣金支付总额	0		
每笔交易平均利润	416.43	平均盈利与平均亏损比率	1.89		
多头交易总数	3448	空头交易总数	3448	多头交易中盈利交易占比%	43.97
盈利多头交易数	1516	盈利空头交易数	1271	空头交易中盈利交易占比%	36.86
盈利交易总数	2787	亏损交易总数	4109	交易总数中盈利交易占比%	40.41
盈利交易总金额	1303024	亏损交易总金额	-10158852	交易总金额中净盈利金额占比%	12.38
平均盈利	4675.36	平均亏损	-2472.27	平均盈利总额中净平均盈利占比%	30.82
最大盈利	304738.75	最大亏损	-230805	最大盈亏合计中净盈利占比%	13.81
盈利交易平均持仓期数	6.89	亏损交易平均持仓期数	3.74	盈利持仓期数差占亏损持仓期数比例%	84.22
盈利交易最长持仓期数	484	亏损交易最长持仓期数	169	最长盈亏持仓期数差占最长亏损期数比%	186.39
最大连续盈利次数	9	最大连续亏损次数	18	最大连续盈亏期数差占连续亏损期数比例%	-50.00
空仓总期数	3	平均空仓期数	3		
最长空仓期数	3				
系统平仓回撤	-7.39	盈亏比指数	22.38	净利润与系统平仓回撤之比	39412050.07
系统未平仓回撤	-7.39	风险回报指数	100	净利润同系统未平仓回撤之差与净利润之比%	100.00
最大平仓交易回撤	-230805	买入并持有交易回撤	13653.52	系统未平仓回撤与净利润之比%	0.00

在Equis公司Metastock©"系统报告"(盈亏概览统计)中,净利润总额等于利润合计减去亏损合计,包括按市值计价的未平仓头寸。相对地,盈利金额是指已实现利润合计(仅包括已平仓头寸)。同样,亏损合计是指任何未平仓头寸的累计亏损额,不包括任何未平仓头寸。系统平仓回撤是指基于已平仓头寸净值的累计亏损的最大降幅,亏损总金额是指已实现亏损总额的最大降幅。系统未平仓回撤(SODD)是指头寸未平仓时累计净值线低于初始投资的累计亏损的最大降幅。盈亏比指数是关于平仓盈利交易金额联系在一起的一个累计结果,值的范围固定于-100(最差可能表现)与+100(最好可能表现)之间,0值代表盈亏相等。风险回报指数等于净利润总额减去系统未平仓回撤总额再除以净利润总额。在本次演练交易中,初始投资假设为100美元。多头交易和空头交易都进行,除非另有说明。交易按信号出现当天收盘价格执行,统计分析中不包括交易成本、利息费用和利润。

— 482 —

空头平仓（平仓）：当出现枢轴点底点伴随收盘价转向确认时，也就是昨日最低价比前日最低价低、今日最低价比昨日最低价高，并且今日收盘价比昨日收盘价高时，以 DJIA 当日收盘价平仓空头。

运用该趋势跟踪策略，以 100 美元开始投资并将利润再投资，假如充分运用该投资策略进行利润再投资操作，无交易成本和税收，净利润总额将达到 2,912,550.50 美元，这比买入并持有策略高出 13,463.27%。本策略中有空头卖出交易，即使卖空交易也是盈利的，该多空枢轴点转向交易系统在整个期间给出的盈利性信号占 40.41%。交易极度活跃，平均每 5.35 个日历日就交易一次。

在 Equis 国际公司 MetaStock© 系统中，枢轴点转向交易系统测试规则书写为：

多头开仓：(Ref(L,-2)>Ref(L,-1)) AND (Ref(L,-1)<L) AND
(Ref(C,-1)<C)

多头平仓：(Ref(H,-2)<Ref(H,-1)) AND (Ref(H,-1)>H) AND
(Ref(C,-1)>C)

空头开仓：(Ref(H,-2)<Ref(H,-1)) AND (Ref(H,-1)>H) AND
(Ref(C,-1)>C)

空头平仓：(Ref(L,-2)>Ref(L,-1)) AND (Ref(L,-1)<L) AND
(Ref(C,-1)<C)

点数图（P & F 图）

点数图将一个价格滤波器（包括预先定义的格值和预先定义的转向格数）用于价格波动中，目的是过滤和消除掉数据中的某些噪声。只有足够大的价格变化才记录到点数图中，这使得主要趋势作为显著特征呈现在点数图上。

同绝大多数图表一样，价格变动在图上沿纵轴 y 轴方向计量。然而同绝大多数图表不一样的是，沿横轴 x 轴变化并不由时间来决定。实际上，时间对图形的构造和形成没一点用处，点数图与大多数图形的不同点在于它们完全忽略了时间因素。

在时间序列图比如柱状图和 K 线图中，图上从左到右的标记反映时间的推移。相对而言，点数图向右移到新一列不是基于时间的推移，而是只有当由预先定义的格值乘以转向格数决定的价格方向改变时才会产生。

如果价格方向的改变没有达到预先定义的格值乘以转向格数之积，则任何时间内价格的变化按预先定义的格值，按同方向标记在当前已建立的同一列。当价格移动或者没有达到格值或者没有达到转向格数，那么在图上就不做新的标记。因此当股价限定在很小区间内变化时，可能在几天、几周甚至几个月内点数图上都没有新的标记。

在传统的一格转向点数图中，交易期间内任何时候价格变动方向改变，达到一整格值，且在下一个非分值的整数格点的价位达成实际交易，那么在接下来的右侧一列以该新价格标记数值（代表最新成交价格的数值）。每一价格要瞬时计数，因此，在单日内价格双向波动若干整格的活跃股票，当日会记录多列。点数图正统主义者坚持认为这是标记点数图的唯一正确方法，这种方法显然需要瞬时数据支撑和更多的时间和精力来详细记录，这对大多数个人交易者和投资者来说是不能绘制图表的。因此，一格转向方法主要是全职专业分析师和交易者来使用［参见亚历山大·惠伦（1954）《点数图技术学习指导》，纽约：摩根·罗杰斯和罗伯特出版公司］。如果想为技术分析研究获得一整套专业质量的点数图表服务及其他有价值的必要数据，机构投资者可以联系美国国债证券公司（UST）：新泽西州普林斯顿市沃恩大道5号，区号5209，邮编08543-5209，电话（201）734-7747。

格值和转向格数可以设置为任何大小，这取决于证券价格及其波动性。实际经验揭示了最有用的设定值。为保持图表用起来简单连续，许多交易者对全部股票都采用一格转向点数图，这里格值和转向数都是1，并且只使用格值整数而忽略分数值变化。例如，股票价格从45升至50后，当前价格瞬时转向变到49，则需要在右侧新一列进行标记。接下来的整数价格决定了新一列是属于价格上升列还是价格下降列，如果下一个整数价格是50，那么新一列属于价格上升列，但如果下一个整数价格是48，那么新一列属于价格下降列。

对于价格为20以下的低价股票，惠伦建议格值用0.5。对于价格为80以上的高价股票，他建议格值用3。美国国债证券公司开发了一个有趣的半对数坐标方法，来自动适应股票价格水平的变化。美国国债证券公司、阿瑟·梅里尔公司以及内德·戴维斯研究公司试验了百分比坐标。内德·戴维斯研究公司发现，使用4%做格值和8%做转向数，对过滤DJIA的长期趋势是有用的。

过去几年，一些使用不太广泛的点数图简化版本不断演进（参见A·科恩《怎样使用点数图三点转向法进行股票交易》，纽约拉奇蒙特：图艺网 www.chartcraft.com）。科恩的方法对所有股票和指数都使用三格转向数。图艺网允许根据股票价格水平改变格值大小，具体如下：价格为5及以下的股票使用格值为

0.25，价格高于 5 低于 21 的股票使用格值为 0.5，价格位于 21 至 100 的股票使用格值为 1 整点，价格高于 100 的股票使用格值为 2。

MetaStock©软件可以构建图艺网的三点转向图，但用户必须进行详细设置。当股价呈上升趋势时，MetaStock©系统会在价格上升达到规定的格值（通常为 1 点）时标记一个"X"。当价格趋势转向后，即当且仅当根据预设的转向数（通常为三格）确定价格下降时，软件会在右侧新的一列标记一个"O"。在持续下降的"O"列，只要价格持续下降而未能向上移动达到转向数，则在同一列标记"O"，后一个"O"都低于前一个"O"。仅当价格上涨达到转向数时，才会在右侧新的一列标记一个"X"。当价格上升或下降数值达不到格值时，图上不做"X"或"O"标记。每一列只包括"X"或"O"，而不能同时包括两种，每一列标记数量至少达到转向格数。MetaStock©软件在检测能否向相反方向转向之前，先检测价格是否沿着当前方向移动（也就是在"X"列出现更高的高价或在"O"列出现更低的低价）。因此软件在趋势转向前持续标记当前趋势。这里所说的点数图都是由 MetaStock©软件制作的。

用户可以设定任意大小的格值和转向数。任何格值和转向数下的转列（由上升的"X"列转向下降的"O"列，或者由下降的"O"列转向上升的"X"列），价格转向变化必须达到转向数与格值的乘积。

例如，用 DJIA 指数的点数图来解释，如果格值设定为 100 点，转向数设定为 3 格，那么价格转向变化必须达到 300 点（3×100）才换列。当当前列由上升的"X"构成时，价格变化必须下降达 300 点才转到新的下降列"O"列。相反，当当前列由下降的"O"列构成时，价格变化必须上升达 300 点才转到新的上升列"X"列。

因此，列的变化只意味着短期价格趋势中某一规定的最小改变。随着格值和转向数的增大，我们在图上可以过滤掉越来越多的价格波动，当格值和转向数很大时，只留下了最大的价格变动。

点数图上有意义的是趋势和形态，趋势线、前期顶点和底点、头肩形态、双顶底或三顶底、碟形、三角形以及许多其他有用的图形形态都可用在点数图中。点数图通过过滤掉一些较小的价格波动，更大的和更重要的趋势和形态更容易得以识别。

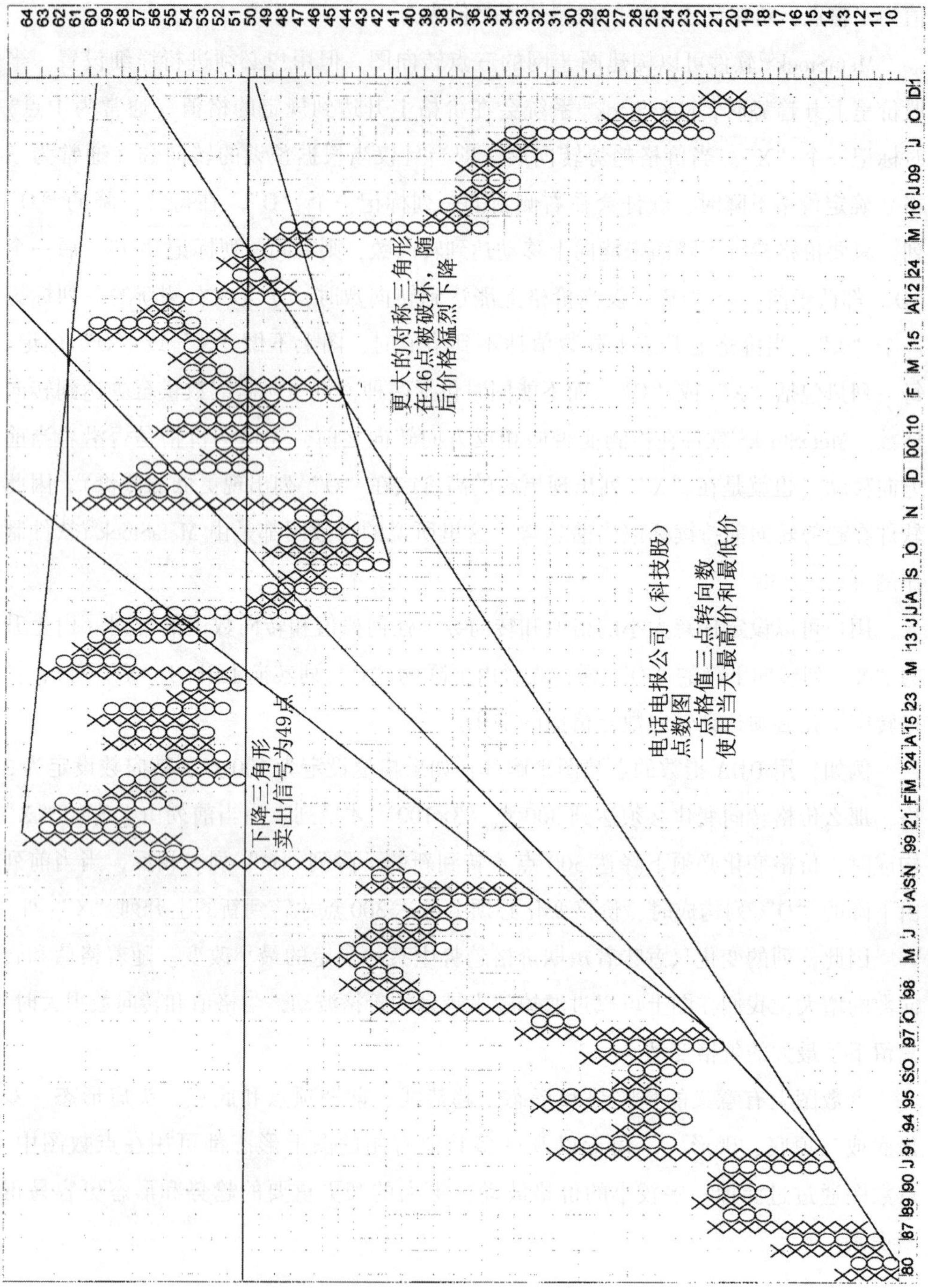
更大的对称三角形
在46点被破坏，随
后价格猛烈下降
电话电报公司（科技股）
点数图
一点格值三点转向数
使用当天最高价和最低价
下降三角形
卖出信号为49点

回顾一下道氏理论，新高图形形态是牛市的标志，而新低形态是熊市的标志。同样，用图艺网方法，当一列"X"上升到比前一列"X"更高，当然也就是形成了更高的高点时，可以机械地识别出买入信号。相反，当一列"O"下降到比前一列"O"更低，即明显精确指出了更低的低点时，可以机械地识别出卖出信号。

"100×3"的 DJIA 指数点数图揭示出点数图的一些优点和缺点。由于图形完全由点数变化来决定，当价格很低时价格波动不能反映在图上。例如，1929 至 1933 年历史上最大的熊市期间，DJIA 指数下降了 89%，但在"100×3"的点数图上却看不到，这是因为（用整数值格值）价格从 300 点下降到 100 点时只降了 200 点，比起转向新的下降"O"列记录所要求的下降 300 点来说还少 100 点。1900 年至 1997 年期间全部价格变化记录所占横向长度与 2000 年一年所占长度一样，这看起来也怪怪的。

但是点数图的其他特点比较突出。第三条扇形线（趋势线）由历史低点 100 点开始上升，在 1999 年 9 月的 10800 点被突破，接下来成为阻力线，直到 2000 年 3 月指数达到历史高点 11700 点。同样明显的是，过去的阻力点 9600 点（1999 年 1 月和 2 月的两个高点）成为 2000 年的支撑点。击穿 9500 点则形成大反转形态，导致对支撑点 7500 点的考验。

第 517 页美国电话电报公司（ST&T）"1×3"点数图显示出扇形线原理的作用：当三条趋势线都被击穿时，你被三振出局，趋势结束。这一缩小的 20 年期股价图也揭示出两个三角形反转形态：一个从历史高点 64 点到失败的双底 51 点的下降三角形反转形态，以及完全包含这一形态的另一更大的对称三角形反转形态。后一形态接下来在 46 点被击穿，先前刚好第三条扇形线被击穿，一年期或更短期的典型柱状图则不能反映这种大的图形形态。

国际技术分析师协会 1997 年集会的一项非正式民意调查显示，大约有 10% 的与会分析师使用过点数图。

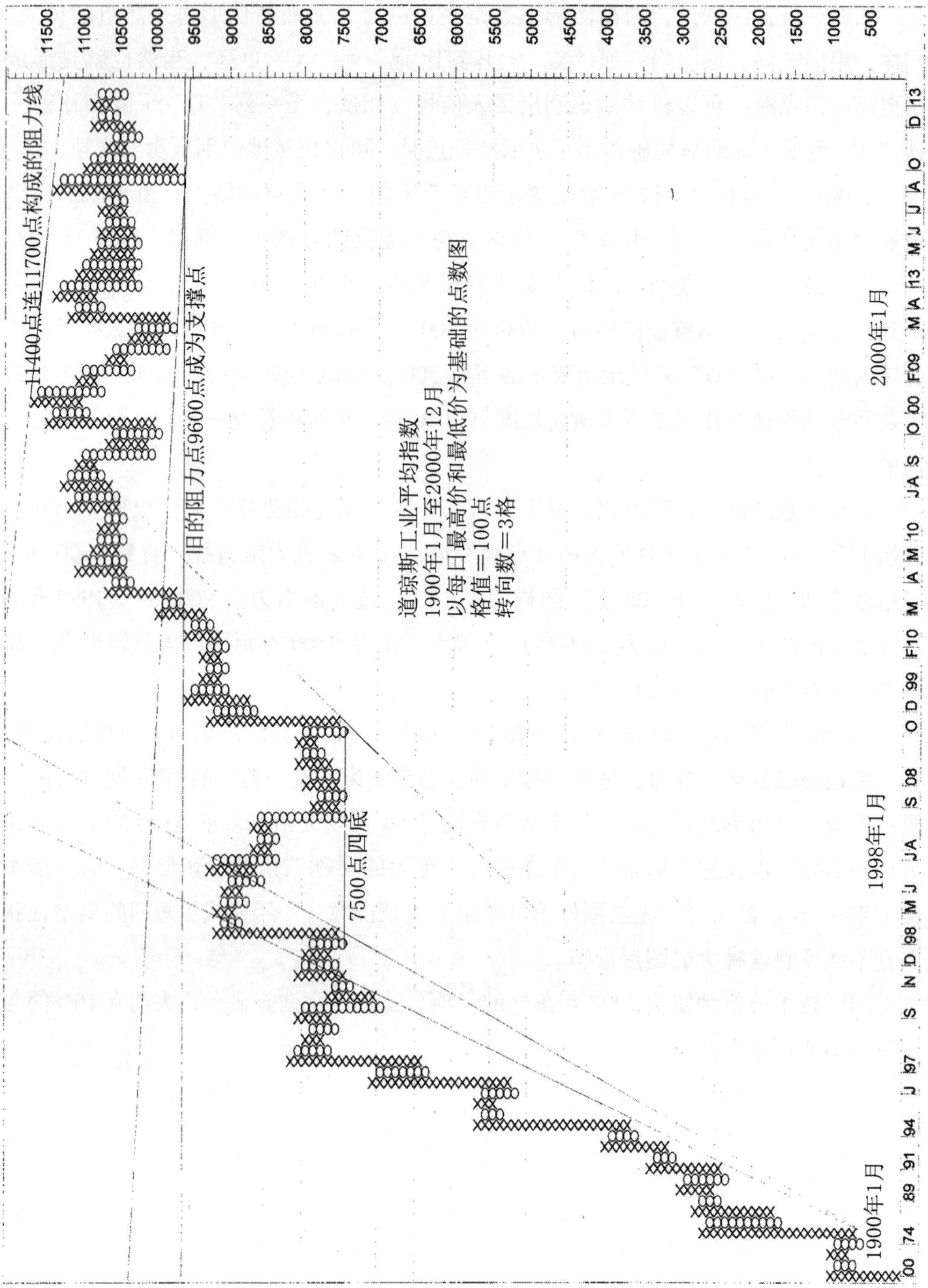
11400点连11700点构成的阻力线
旧的阻力点9600点成为支撑点
7500点四底
道琼斯工业平均指数
1900年1月至2000年12月
以每日最高价和最低价为基础的点数图
格值＝100点
转向数＝3格
1900年1月
1998年1月
2000年1月

极化分形效率指标（PFE）

极化分形效率指标（PFE）是由汉斯·汉努拉在《股票和商品期货技术分析》杂志（www.traders.com）的1994年1月版上提出的，该指标旨在描述价格变动效率以及近期价格变动趋势和上下波动情况。

文中包括一项高度提升的模糊因子，其核心基础指标是关于价格变动速度摆动指标的高度复杂变量，等于收盘价的长期变动幅度除以较短期的平均价格变动幅度。该杂志上的一个姊妹篇提供了下列MetaStock©系统公式语言，用来表述极化分形效率指标：

Mov(If(C,>,Ref(C,-9),

Sqrt(Power(ROC(C,9,$),2)+Power(10,2))/

Sum(Sqrt(Power(ROC(C,1,$),2)+1),9),

-Sqrt(Power(ROC(C,9,$),2)+Power(10,2))/

Sum(Sqrt(Power(ROC(C,1,$),2)+1),9))*100,5,E)

其中

Mov(…,5,E) = 5期指数移动平均线

Sqrt = 括号内表达式的平方根

Power(ROC(C,9,$),2) = 收盘价平方的10日内变化

Power(10,2) = 10的2次方，即10的平方或100

ROC(C,9,$) = 以美元标价（也就是用点数而不是百分数标价）的过去10期收盘价变化率

Sum…9 = 括号内表达式的跟踪9期求和

按照汉斯·汉努拉的观点，PFE值大于0表明市场趋势向上，PFE值越大，表明向上运行越有效。效率指标为100%则股价直线向上运行，相反，PFE值小于0表明市场趋势向下。PFE值越小，表明向下运行越有效。效率指标为-100%则股价直线向下运行。PFE值接近于0，则表明价格拥塞、上下起伏、无趋势、运行无效。

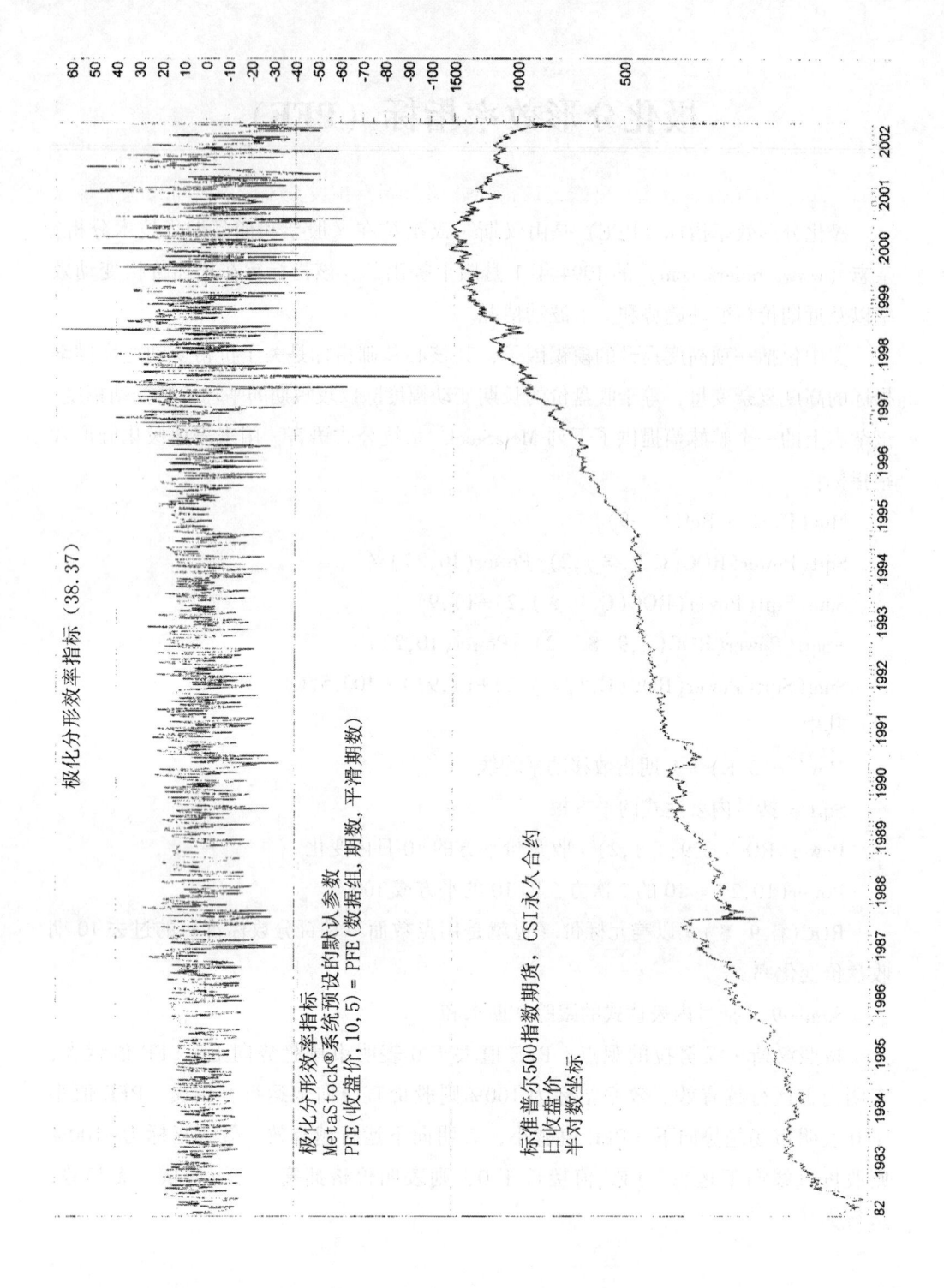

极化分形效率指标（38.37）

极化分形效率指标
MetaStock®系统预设的默认参数
PFE（收盘价, 10, 5） = PFE（数据组, 期数, 平滑期数）

标准普尔500指数期货, CSI永久合约
日收盘价
半对数坐标

使用 MetaStock© 系统预设的公式，PFE（数据组，期数，平滑期数）中默认的参数分别为：数据组使用收盘价，期数为 10，平滑期数为 5，则结果显示，标准普尔 500 指数期货 CSI 永久合约几乎不存在有效趋势。此外，结果还显示，近年来的指标变动区间变得更极端。所以，该指标波动区间与预设处理和统计标准有一定关系。另外，指标结果看起来可能与作者明确表述的意图并不一致，因此，观测该指标应格外小心。

正量指标（PVI）

正量指标由保罗·戴萨特创立，是成交量上升时期净价格变动比率的累计值。成交量本身仅作为限定条件，来决定当日的净价格变动比率是否包括在累计总值中。最常见的是，PVI 被定义为各成交量上升之日的日价格变动率的累计总值。PVI 也可以基于其他如分钟、小时、月等时间间隔标准来计算，此外，PVI 可用任何市场指数（股票市场或商品期货市场）来计算，只要有收盘价和成交量数据即可。

计算 PVI 分为六个简要步骤：

1. 用今日成交量减去前一日的成交量，注意符号；

2. 如果第一步的差值是正数，那么当日成交量大于前一日成交量，当日被定义为正成交量日。

3. 如果第一步的差值是负数，那么当日成交量小于前一日成交量，当日被定义为负成交量日。

4. 如果是正成交量日，那么用当日价格增幅（标上正号）或当日价格降幅（标上负号）除以前一日收盘价，来计算当日价格变动比率，注意符号。

5. 如果是负成交量日，那么当日价格变动比率设为 0。

6. 将第四步或第五步的值加入累计总值。

用 MetaStock© 系统指标建立器语言，PVI 可写为：

$$\mathrm{Cum(\,If(\,V>Ref(\,V,-1)\,,ROC(\,C,1,\%\,)\,,0\,)\,)}$$

直译为："累计下列数值：如果当前成交量'V'大于上期成交量'Ref（V，-1）'，那么计算一期的收盘价'C'的价格变动率'ROC'，以百分比表示；否则（如果当前成交量小于上期成交量），在累计前设定当日收盘价变动率计算值为 0。"

诺曼·福斯贝克（经济计量研究所，佛罗里达州北方联邦公路3471号，邮编33306）发现，当PVI值高于其一年期跟踪移动平均线时，有效预示着股票牛市到来。我们做的独立测试确认了福斯贝克的结论。

我们还发现，当PVI值低于其一年期跟踪移动平均线时，退出股票市场才合适。负的PVI趋势线为1929至1932年巨大亏损提示了信号，然而总体来说，根据负的PVI趋势信号卖空操作也不合适。

正量指标策略举例

历史数据显示，正量指标对多头来说是适度有效的。以1928年至2000年的72年期间纽交所每日成交股票数量和DJIA每日价格为基础，我们发现，如果不带主观性，不运用复杂技术分析，不妄断，而以纯机械式的趋势跟踪信号为基础，下列参数能产生良好的交易结果。

多头开仓（买入）：当前正量指标高于前一日的一年期（253日）正量指标EMA时，以DJIA当日收盘价买入。

多头平仓（卖出）：当前正量指标低于前一日的一年期（253日）正量指标EMA时，以DJIA当日收盘价卖出。

空头开仓（卖出空头）：从不操作。

运用该正量指标策略，以100美元开始投资并将利润再投资，假如充分运用该投资策略进行利润再投资操作，无交易成本和税收，净利润总额将达到6,591.80美元，这比买入并持有策略高出44.08%。在108次信号中只有大约三分之一能产生盈利交易，多头交易平均持续接近一年。本策略中不包括空头交易，因为空头交易会亏钱。

Equis国际公司MetaStock©系统测试规则书写如下：

多头开仓：PVI( )>Ref(Mov(PVI( ),opt1,E),-1)

多头平仓：PVI( )<Ref(Mov(PVI( ),opt1,E),-1)

OPT1当前值：253

第二部分 市场技术指标

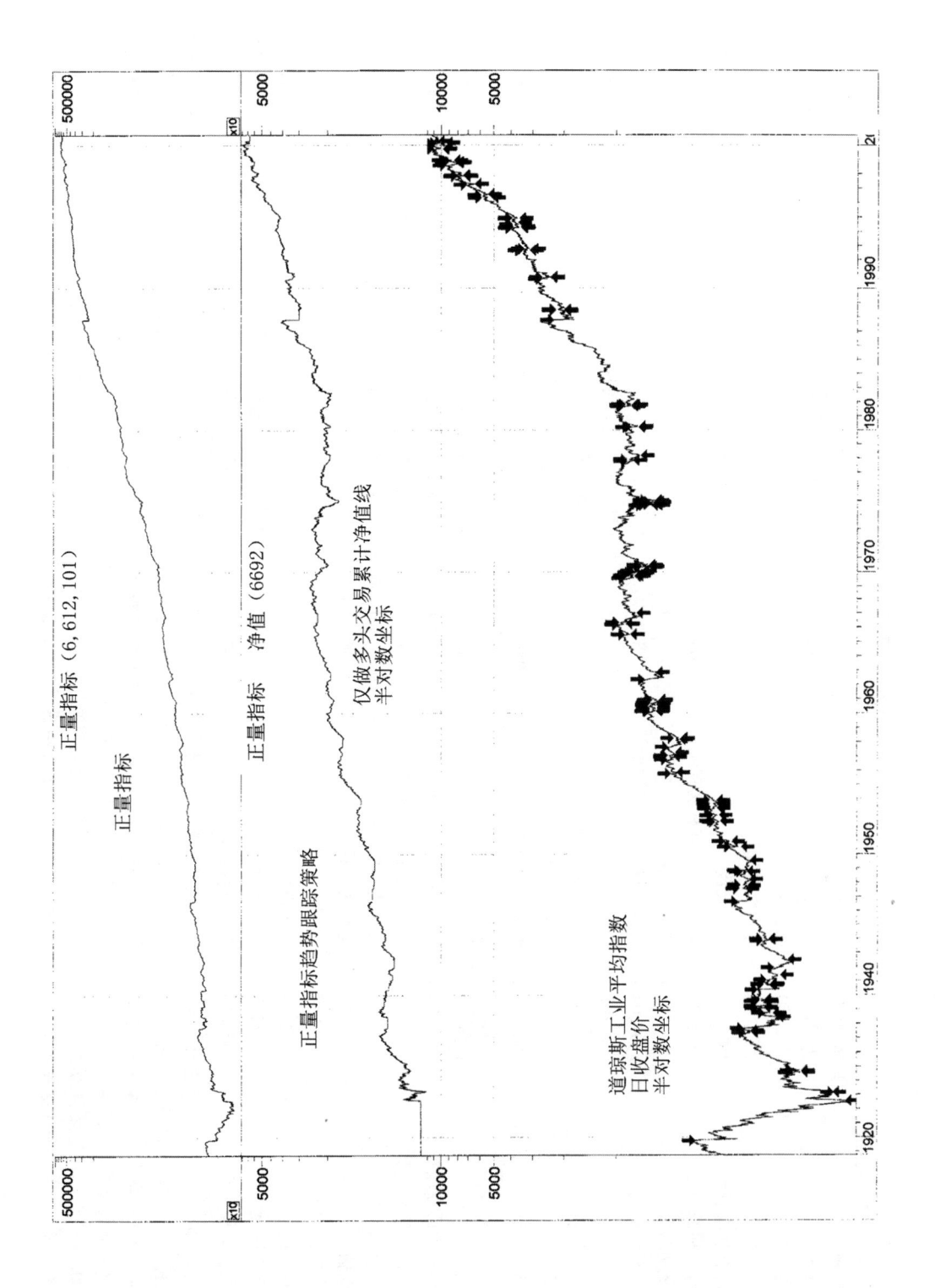

正量指标：对比 1 年期 EMA

净利润总额	6591.8	未平仓头寸价值	无
盈亏百分比	6591.8	年均超额利润比率%	44.08
初始投资	100	年均超额净利润比率%	44.09
当前头寸	空仓	利息收入	0
买入并持有利润总额	4575.25	头寸建立日期	4/27/00
买入并持有利润率%	4575.25	测试总天数	26276
已平仓交易总数	108	年均买入并持有利润率%	63.55
每笔盈利平均利润	61.04	佣金支付总额	0
多头交易总数	108	平均盈利与平均亏损比率	8.31
盈利多头交易数	36	多头交易中盈利交易占比%	0
盈利交易总数	36	空头交易中盈利交易占比%	#
亏损交易总数	72	交易总数中盈利交易占比%	33.33
盈利交易总金额	8681.33	交易总金额中净盈利金额占比%	61.20
亏损交易总金额	-2089.53	平均盈亏总额中净平均盈利占比%	78.52
平均盈利	241.15	最大盈亏合计中净盈利占比%	62.49
最大盈利	1458.32	盈亏持仓期数差占亏损持仓期数比例%	717.75
盈利交易平均持仓期数	319.25	最长盈亏持仓期数差占最长亏损比%	44.55
盈利交易最长持仓期数	1512	最大连续盈亏期数差占连续亏损期数比例%	-55.56
最大连续盈利次数	4		
空仓总期数	3975		
最长空仓期数	957		
系统平仓回撤	-2.14	盈亏比指数	75.93
系统未平仓回撤	-12.7	净利润与系统平仓回撤之比	51903.94
最大平仓交易回撤	-336.63	风险回报指数	99.81
		净利润同系统未平仓回撤之比净利润之比	99.81
		买入并持有指数	44.08
		系统未平仓回撤与净利润之比	-0.19

在 Equis 公司 Metastock© "系统报告" （盈亏概览统计）中，净利润总额等于利润合计减去亏损合计，包括市值计价的未平仓头寸。相对地，盈利交易总金额是指已实现利润合计（仅包括已平仓头寸）。亏损交易总金额是指已实现亏损合计（仅包括已平仓头寸）。系统平仓回撤是指仅基于已平仓头寸的累计净值线低于初始投资的最大降幅。系统未平仓回撤（SODD）是指头寸未平仓时累计净值线低于初始投资的累计净值与初始投资金额联系在一起的一个复杂计算结果，值的范围位于-100（最差可能表现）与+100（最好可能表现）之间，0值代表盈亏相等，风险回报指数是系统未平仓回撤的差再除以净利润总额。在本次演练交易中，初始投资假设为 100 美元。多头交易和空头交易都进行，除非另有说明。交易按信号出现当天收盘价格执行，统计分析中不包括交易成本、利息费用和利润。

节前季节性指标

股价在节前的最后一个交易日趋于上涨。这种现象最初由特许市场技术分析师阿瑟·A.梅里尔揭示于其著作的第一版中[A·梅里尔（1966）《华尔街价格行为》，纽约查帕瓜：分析出版社]。在其1984年修订的第二版书中，梅里尔发现，基于过去89年历史数据，节前平均有67.9%期间股价上涨，这比平均水平高出29.4%，而全部交易中只有52.5%是上涨的。最牛节假日为劳动节，紧随其后的是独立纪念日、阵亡将士纪念日、圣诞节、新年、耶稣受难日和感恩节。

看涨节假日规则的唯一例外是总统日，其间股价实际上下行比上行略多，只有48.9%的总统日前股价上涨，比89年间全部交易日中上涨占52.5%要少6.9%。

节假日名称	上涨天数占比%	平均上涨天数占比%	高于/低于(-)平均水平%
劳动节	79.6%	52.5%	51.6%
独立纪念日	75.3%	52.5%	43.4%
阵亡将士纪念日	75.0%	52.5%	42.9%
圣诞节	72.2%	52.5%	37.5%
新年	70.8%	52.5%	34.9%
耶稣受难日	61.5%	52.5%	17.1%
感恩节	60.2%	52.5%	14.7%
总统日	48.9%	52.5%	-6.9%
平均	67.9%	52.5%	29.4%

总统选举周期

特许市场技术分析师阿瑟·A.梅里尔在其经典著作中阐述了股票市场价格的季节性行为[A·梅里尔《华尔街价格行为》（第二版），纽约查帕瓜：分析出版社]。

梅里尔发现，自1886年至1983年期间，美国总统选举前一日股价通常是上涨的，并在接下来的一月份持续上涨，直到总统实际宣誓就职。

宣誓就职典礼过后，股价立即倾向于在接下来的17个月里下降，直到总统任期第二年的整个六月份。该持续下降过后，股价通常会上涨，直到下一次总统宣誓就职典礼。

在《股票交易者年鉴》（www.stocktradersalmanac.com）中，出版商耶鲁·赫希每年会更新许多梅里尔的研究。他公开的表格（2001 版第 139 页）显示，自从 1832 年，总统四年任期中的后两年里，股价运行总体上要好于前两年。选举前一年表现最好，上涨 74%。选举当年有 69% 的年份是上涨的，而中期选举当年有 60% 的年份是上涨的。相反，从 1832 年到 1981 年期间，选举后一年有 61% 的年份是下跌的，尽管 1985 年后这种熊市趋势完全反转。1832 年以来的股价净收益总和中，74% 源于总统任期的最后两年（选举前一年和选举当年）。相对而言，股价净收益总和中只有 26% 源于总统任职期间的前两年（选举后一年和中期选举当年）。

1943 年以来每一个选举前一年（15 个全部）都出现股市高涨。这 15 年中有 11 年收益高达两位数，1943 年以来选举前一年的平均年收益为 17%。

第二次世界大战结束后的总统选举中，共和党挑战者三次从民主党统治下夺取白宫，每一次选举后一年 DJIA 指数都下降。相反，在职民主党总统继续留在白宫的三次，选举后一年 DJIA 指数都继续上涨。当民主党取代共和党时，三次中有两次在选举后一年市场持续上涨。

人们通常认为，在职总统在使用其巨大的权力来确保其再次选举及保持其党派当权方面，有极大积极性。

美国居民传统上反对美国卷入战争，尤其是外国战争，与战争密切相连的美国总统都遭受了严重后果。

1. 扎卡里·泰勒，作为职业军官在 1846 年 5 月 13 日至 1848 年 2 月 2 日的墨西哥战争中获胜，凭借胜利当选为美国第 12 任总统，但在任仅 16 个月，从 1849 年 3 月 5 日就职，到 1850 年 7 月 9 日死于总统办公室。

2. 南部地区将亚伯拉罕·林肯 1860 年就任美国第 16 任总统视作是对奴隶制的威胁，使得美国于 1861 年 4 月 12 日开始了国内战争。四年后，即 1865 年 4 月 15 日，林肯成为美国第一位被暗杀的总统。

3. 詹姆斯·A. 加菲尔德是美国第 20 任总统，国内战争中联邦军前陆军上将，任期内被一位"愤怒的律师"枪击后于 1881 年 9 月 19 日死亡。

4. 第 25 任总统威廉·麦金利，发动了 1898 年"美西百日战争"，于 1901 年 9 月 14 日被一位"疯狂的无政府主义者"枪杀。

5. 富兰克林·D. 罗斯福，第二次世界大战德国投降两周前，即 1945 年 4 月 12 日死亡。

6. 1961 年 4 月，第 35 任总统约翰·F. 肯尼迪，批准了 1000 多名古巴流亡分子在猪湾的两栖登陆。1961 年至 1963 年，肯尼迪还输送了 16,000 多名军事顾问至越南。1963年11月2日南越总统吴庭艳被暗杀，其后20天即1963年11月22日，约翰·肯尼迪被暗杀。

除了在职期间总统死亡外，还有一种趋势，就是在战争开始时或战争期间执政党落选。

1. 第一次世界大战（1914—1918）后，以伍德罗·威尔逊为首的民主党在1920年下台。

2. 朝鲜战争（1950—1953）期间，哈里·杜鲁门于1952年连任选举中被击败。

3. 德怀特·D. 艾森豪威尔向在越南的法军大幅增加了美国援助，包括物资以及高达700名军事顾问，从而阻止越南共产主义者的获胜。在1960年选举中，共和党总统候选人被击败。

4. 对越南战争的争议如此之大，以至于林登·约翰逊1968年连任选举中感到不得不放弃角逐。截至1968年底，美国总兵力水平达49.5万人，美军死亡人数升至3万人，服役死亡率超过每月1000人，约翰逊所在的民主党总统候选人在1968年选举中失败。

5. 1968年的选举获胜者理查德·M. 尼克松，因为越南战争的拖延，被迫于1974年8月9日辞职。

6. 1975年4月29日，被任命的美国总统杰拉尔德·R. 福特签署"常风运动"命令，用直升机撤退了在西贡的7000名美军及南越军，从而以失败结束了越南战争，福特在1976年选举中被击败。

7. 1991年1月，在共和党总统乔治·H. 布什统治下，发动了"沙漠风暴行动"（反对伊拉克夺取科威特），布什于1992年连任选举中被击败。

8. 1999年3月，第42任总统比尔·克林顿在南斯拉夫发动了航空罢工运动，反对塞尔维亚军队的入驻，克林顿所在的民主党派候选人在2000年选举中被击败。

这些全部只是意外事件吗？听一下某一掌握大量一手战争信息的人的说法："在我管理期间，美国从未失去一个士兵或一寸土地，我们保持了和平。人们会问这是如何做到的——我会告诉你们，上帝作证，恰恰就是没有发生。"德怀特·D. 艾森豪威尔如是说。他是二战中欧洲区盟军指挥官，美国的第34任总统，就任于1953年1月20日至1961年1月20日期间。艾克因1953年6月朝鲜战争的休战而获誉，1956年的连任就是回馈。

但艾克忘了提及他第二个任期内即1959年7月8日在越南战争中美国人的第一次死亡，当时美国两位军事顾问在南越被越盟游击队所杀害，艾森豪威尔所在的共和党候选人在1960年选举中失败。

自1840年以来，每隔20年即以"0"结尾的年份当选的美国总统，有7位死于任期内，只有一位每隔20年即以"0"结尾的年份当选的美国总统，也就是扎卡里·泰勒没有死于任期内，不过他是战时总统。著名的市场分析家及占星家阿奇·克劳福指出，七次死亡时间全部同木星与土星在土象星座——金牛座、处女座或摩羯座中会合相一致。这种会合的每一次发生，美国总统都死于任期内。罗纳德·里根当选时木星与土星相合于风象星座中，而不是土象星座中，尽管被持械刺客枪击而受伤非常严重，他还是活了下来。2000年，美国总统选举时，木星与土星在土象星座中星象会合［参见阿奇·克劳福的月度市场简报《克劳福展望》，亚利桑那州图森市东太阳升大道6890号120-70室，邮编85750-0840，电话（520）577-1158，传真（520）577-1110，www.astramoney.com］。

任期内死亡或辞职	当选人	党派	执政党变化	当选年份	选举当年	选举后一年	中期选举当年	选举前一年	合计
	杰克逊	民主		1832	5	1	13	3	20
	范布伦	民主		1836	-12	12	2	-12	-34
死亡	W·哈里森	辉格	改变	1840	6	13	-18	45	20
	波克尔	民主	改变	1844	16	8	-15	1	10
死亡	泰勒	辉格	改变	1848	-4	0	19	-3	12
	皮尔斯	民主	改变	1852	20	-13	-30	2	-21
	布坎南	民主		1856	4	-31	14	11	-24
	林肯	共和	改变	1860	14	-2	55	38	105
死亡	林肯	共和		1864	6	-9	4	2	3
	格兰特	共和		1868	11	2	6	7	26
	格兰特	共和		1872	7	-13	3	-4	-7
	海斯	共和		1876	-18	-9	6	43	22
死亡	加菲尔德	共和		1880	19	3	-3	-9	10
	克利夫兰	民主	改变	1884	-19	20	12	-8	5
	B·哈里森	共和	改变	1888	5	6	-14	18	15
	克利夫兰	民主	改变	1892	-7	-25	-1	2	-31
死亡	麦金莱	共和	改变	1896	-2	21	23	9	51
	麦金莱	共和		1900	7	-9	0	-24	-26
	T·罗斯福	共和		1904	42	38	-2	-38	40
	塔夫脱	共和		1908	47	15	-18	1	45
	威尔逊	民主	改变	1912	8	-10	-5	82	75
死亡	威尔逊	民主		1916	-4	-22	11	31	16
	哈丁	共和	改变	1920	-33	13	22	-3	-1
	柯立芝	共和		1924	26	30	0	29	85
	胡佛	共和		1928	48	-17	-34	-53	-56
	F·罗斯福	民主	改变	1932	-23	67	4	39	87
	F·罗斯福	民主		1936	25	-33	28	-3	17
	F·罗斯福	民主		1940	-13	-15	8	14	-6

(续表)

任期内死亡或辞职	当选人	党派	执政党变化	当选年份	选举当年	选举后一年	中期选举当年	选举前一年	合计
死亡	F·罗斯福	民主		1944	12	27	-8	2	33
	杜鲁门	民主		1948	-2	13	18	14	43
	艾森豪威尔	共和	改变	1952	8	-4	44	21	69
	艾森豪威尔	共和		1956	2	-13	34	16	40
死亡	肯尼迪	民主	改变	1960	-9	19	-11	17	16
	约翰逊	民主		1964	15	11	-19	15	22
	尼克松	共和	改变	1968	4	-15	5	6	0
辞职	尼克松	共和		1972	15	-17	-28	38	9
	卡特	民主	改变	1976	18	-17	-3	4	2
	里根	共和	改变	1980	15	-9	20	20	46
	里根	共和		1984	-4	28	23	2	49
	G·H.布什	共和		1988	12	27	-4	20	55
	克林顿	民主	改变	1992	4	14	2	34	54
	克林顿	民主		1996	26	23	16	25	90
	G·W.布什	共和	改变	2000	-6				
				合计	291	75	178	434	978
				盈利占比%	30%	8%	18%	44%	100%
				上升年数	29	19	25	31	104
				下降年数	13	23	17	11	64
				上升占比%	69%	45%	60%	74%	62%
				下降占比%	31%	55%	40%	26%	38%

道琼斯工业指数变化%

此处转载表格经耶鲁·赫希《股票交易者年鉴》许可：赫希组织集团公司，新泽西州老塔潘区中央大街184号，邮编07675，网址www.stocktradersalmanac.com。该年鉴提供的年度更新包括总统选举周期以及其他每年更新的稀奇有用的基于日历的统计数据。

总统选举周期指标策略举例

大卫·麦克尼尔在《股票交易者年鉴》（新泽西州老塔潘区；赫希组织集团公司，www.stocktradersalmanac.com）的一期中建议的策略是，在总统选举两年前买入股票然后在选举前卖出。

历史数据显示，这种总统选举周期策略在过去68年里对多头交易来说十分精确，唯一失败的交易是在1938年底到1940年底之间，当时因战争消息引起了不正常的市场波动。以1932年底至2000年底的68年间道琼斯工业平均指数（DJIA）每年底收盘价数据为基础，我们发现，如果不带主观性，不运用复杂技术分析，不妄断，而以纯机械式的趋势跟踪信号为基础，下列参数能产生良好的交易结果。

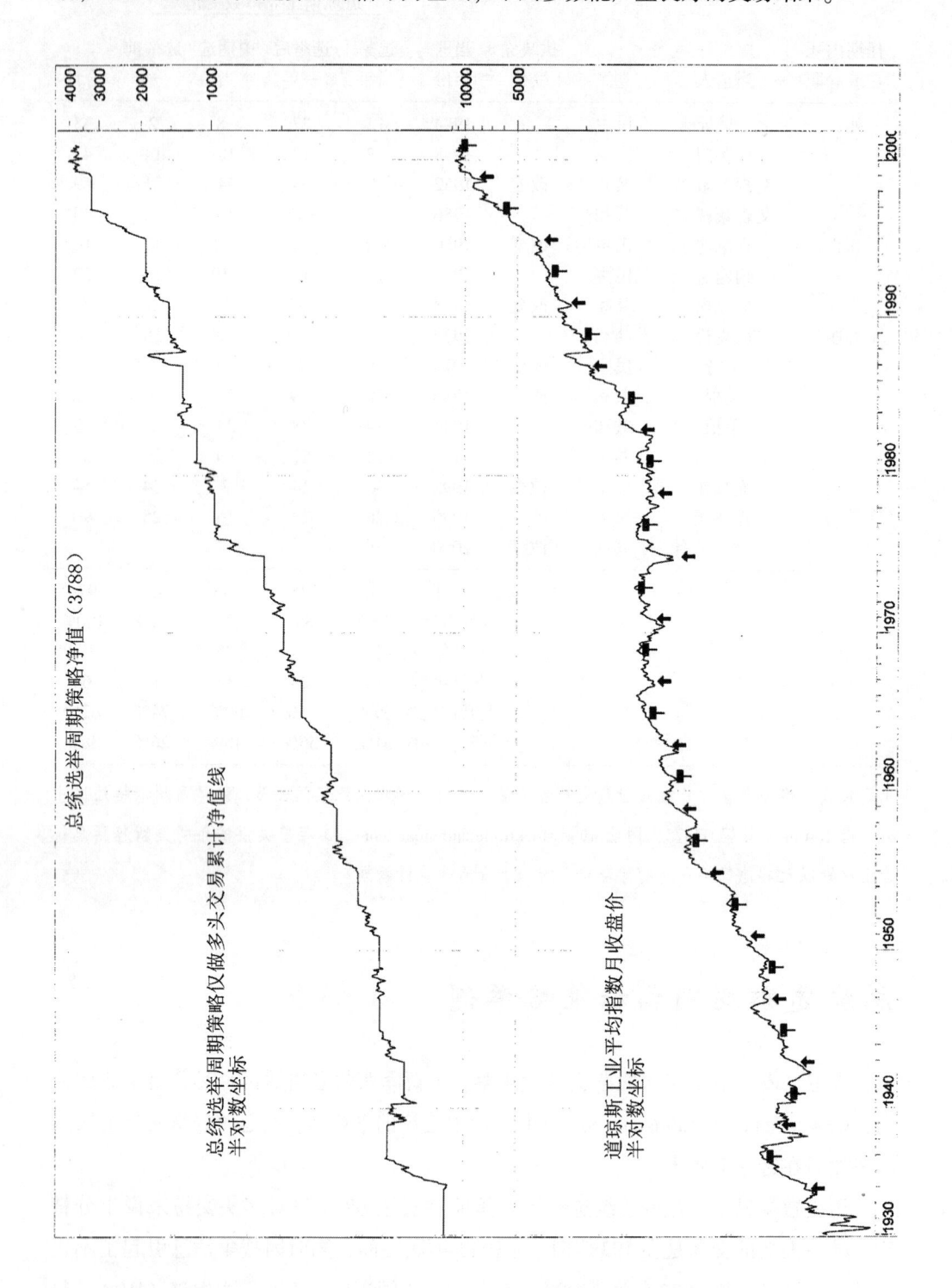

总统选举周期策略

净利润总额	3688.03	未平仓头寸价值	无
盈亏百分比	3688.03	年均盈亏百分比	53.42
初始投资	100	利息收入	0
当前头寸	空仓	头寸建立日期	12/29/00
买入并持有利润总额	13983.54	测试总天数	25200
买入并持有利润率%	13983.54	年均买入并持有利润率%	202.54
已平仓交易总数	17	佣金支付总额	0
每笔交易平均利润	216.94	平均盈利与平均亏损比率	8.89
多头交易总数	17	空头交易总数	0
盈利多头交易数	16	盈利空头交易数	0
盈利交易总数	16	亏损交易总数	1
盈利交易总金额	3714.13	亏损交易总金额	-26.1
平均盈利	232.13	平均亏损	-26.1
最大盈利	1306.85	最大亏损	-26.1
盈利交易平均持仓期数	25	亏损交易平均持仓期数	25
盈利交易最长持仓期数	25	亏损交易最长持仓期数	25
最大连续盈利次数	15	最大连续亏损次数	1
空仓总期数	437	平均空仓期数	24.28
最长空仓期数	36		
系统平仓回撤	0	盈亏比指数	99.3
盈亏百分比	-3.08	风险回报指数	99.92
最大未平仓交易回撤	-44.01	买入并持有指数	-73.63

超额净利润比率%	-73.63
年均超额净利润比率%	-73.63
平均每笔交易天数	1482.35
多头交易中盈利交易占比	94.12
空头交易中盈利交易占比	#
交易总数中盈利交易占比	94.12
交易总金额中净盈利金额占比	98.60
平均盈亏总额中净平均盈利占比	79.79
最大盈亏合计中净盈利占比	96.08
盈利持仓期数差占亏损持仓期数比例%	0.00
最长盈亏持仓期数差占最长亏损持仓期数比例%	0.00
最大连续盈亏持仓期数差占连续亏损期数比例%	1400.00
净利润与系统平仓回撤之比	119741.23
净利润同系统末平仓回撤之差与净利润之比	99.92
系统未平仓交易回撤与净利润之比	-0.08

在Equis公司Metastock©系统报告"(盈亏概览统计)中,净利润总额等于利润合计减去亏损合计,包括按市值计价的未平仓头寸。相对地,盈利交易总金额是指已实现利润合计(仅包括已平仓交易所有利润合计,不包括任何未平仓头寸)。同样,亏损交易总金额是指已实现亏损合计(仅包括已平仓交易所有亏损总额,不包括任何未平仓头寸)。系统平仓回撤是指基于头寸平仓时的累计净值曲线低于初始投资的最大降幅,系统未平仓回撤(SODD)是指头寸未平仓时累计净值曲线低于初始投资的累计净值曲线低于初始投资的最好表现)的累计计算结果,值的范围位于−100(最差可能表现)与+100(最好可能表现)之间。盈亏比指数是将关于平均盈利与平均亏损总额的一个复杂计算结果,值的范围位于−100(最差可能表现)与+100(最好可能表现)之间,0值代表盈亏相等。风险回报指数等于净利润减去系统未平仓回撤的差再除以净利润总额。在本次演练交易中,初始投资假设为100美元。多头交易和空头交易都进行,除非另有说明。交易按信号出现当天收盘价格执行,统计分析中不包括交易成本、利息费用和利润。

— 501 —

多头开仓（买入）：在总统选举之前 22 个月左右时间，以 DJIA 年底收盘价买入。

多头平仓（卖出）：在总统选举之后 2 个月左右时间，以 DJIA 年底收盘价卖出。

空头开仓（卖出空头）：从不操作。

运用这种总统选举周期策略，以 100 美元开始投资并将利润再投资，假如充分运用该投资策略进行利润再投资操作，无交易成本和税收，净利润总额将达到 3688.03 美元，这比买入并持有策略低 73.63%，但该策略只有一半时间里承担着市场风险，17 个信号中只有一个是失败的，所以有 94.12% 的交易是盈利的。本策略中不包括空头交易，因为空头交易会亏钱。这是一个非常简单的策略，而且随着增加更多复杂过滤规则后，该策略的运行可能还有许多改善空间。

Equis 国际公司 MetaStock© 系统测试规则（代码被插入在通常预留给如下显示的未平仓合约的字段中）书写为：

多头开仓：OI = 8888
多头平仓：OI = 9999

价格通道交易区间突破规则

价格通道指标包括 N 日规则、唐奇安四周规则、肯特纳次级趋势规则、冲力方法以及海龟交易法，这种规则多次被创新，每一次都伴有极大热情，尽管名称不同但都是同一指标。

中心思想很简单：当价格上升高于前高时买入，当价格下降低于前低时卖出。唯一需要考虑的指标是回顾期时间的长短，这是纯粹的趋势跟踪策略。

这些从价格高点和低点出发的价格通道线，在图上向右沿水平方向延伸至未来（关于倾斜的价格通道线的论述参见"趋势通道指标"）。

价格通道指标策略举例

我们的测试确认了价格通道能够成为有效的指标。MetaStock© 系统软件以收盘价执行所有交易，因此，价格通道指标在只检验收盘数据时更有效。

以 1982 年 4 月 21 日至 2000 年 11 月 17 日的 18.5 年期间标准普尔股指期货 CSI 永久合约（www.csidata.com）文件为基础，我们发现，如果不带主观性，不运用复杂技术分析，不妄断，而以纯机械式的趋势跟踪信号为基础，下列参数能产生良好的交易结果。

多头开仓（买入）：当收盘价高于上期收盘价时，以标准普尔指数期货 CSI 永久合约当日收盘价买入。

多头平仓（卖出）：当收盘价低于所有过去 100 期收盘价时，以标准普尔指数期货 CSI 永久合约当日收盘价卖出。

空头开仓（卖出空头）：当收盘价低于所有过去 100 期收盘价时，以标准普尔指数期货 CSI 永久合约当日收盘价卖出空头。

空头平仓（平仓）：当收盘价高于上期收盘价时，以标准普尔指数期货 CSI 永久合约当日收盘价平仓空头。

运用该价格通道趋势跟踪策略，以 100 美元开始投资并将利润再投资，假如充分运用该投资策略进行利润再投资操作，无交易成本和税收，净利润总额将达到 1547.87 美元，这比买入并持有策略高出 45.96%。交易相对不太活跃，20 年里只有 56 个信号，平均每 130.5 天出现一次。

在 Equis 国际公司 MetaStock© 系统中，该价格通道指标测试规则书写为：

多头开仓：C>Ref(HHV(C,opt1),-1)

多头平仓：C<Ref(LLV(C,opt2),-1)

空头开仓：C<Ref(LLV(C,opt2),-1)

空头平仓：C>Ref(HHV(C,opt1),-1)

OPT1 当前值：1

OPT2 当前值：100

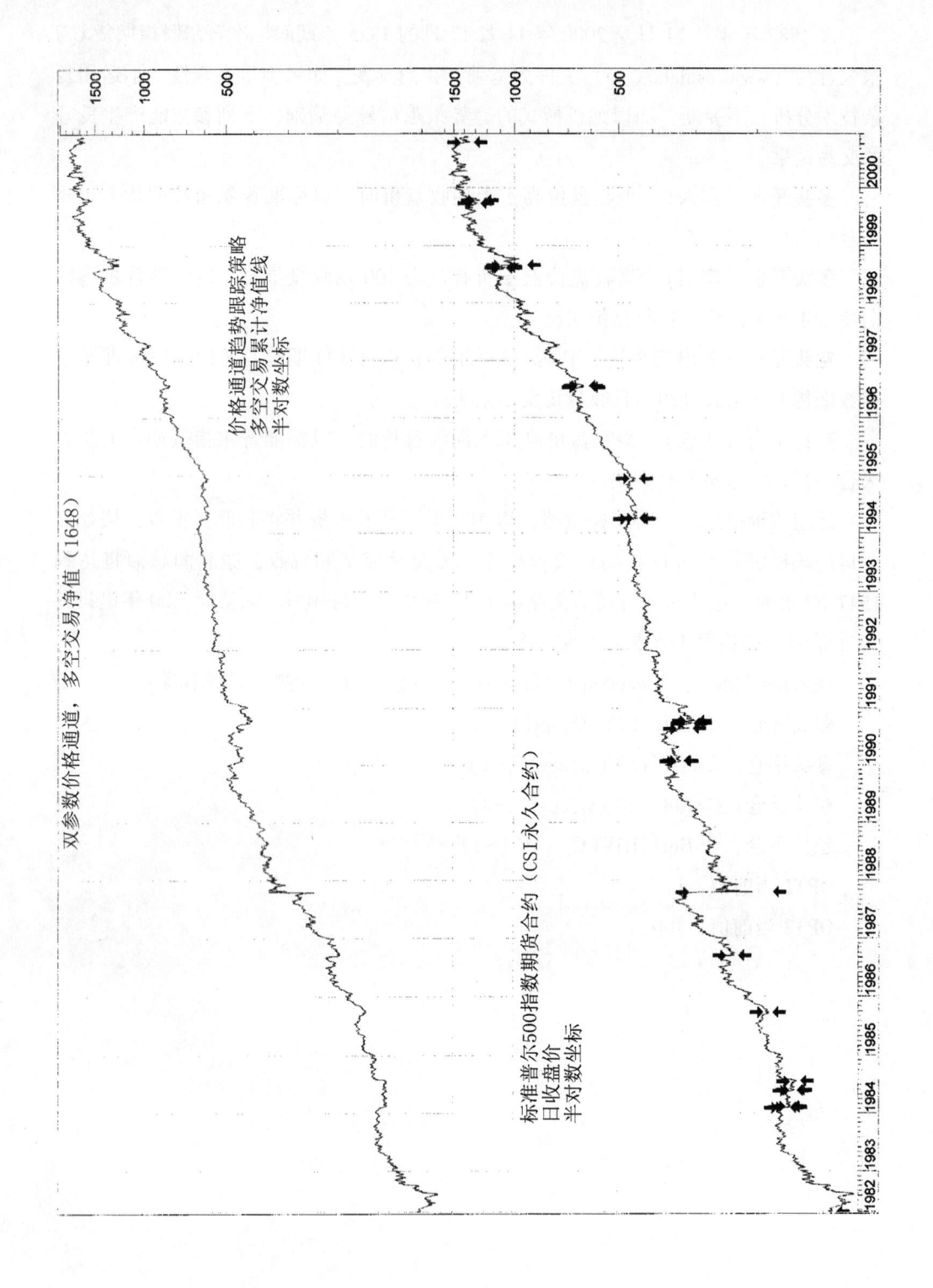

价格通道策略

净利润总额	1547.87	未平仓头寸价值	-18.04	超额利润比率%	45.96
盈亏百分比	1547.87	年均盈亏百分比	83.26	年均超额净利润比率%	45.97
初始投资	100	利息收入	0		
当前头寸	多头	头寸建立日期	10/13/00		
买入并持有利润总额	1060.46	测试总天数	6786	平均每笔交易天数	130.50
买入并持有利润率%	1061.46	年均买入并持有利润率%	57.04		
已平仓交易总数	52	佣金支付总额	0		
每笔交易平均利润	30.11	平均盈利与平均亏损比率	10.42		
多头交易总数	26	空头交易总数	26	多头交易中盈利交易占比%	38.46
盈利多头交易数	10	盈利空头交易数	8	空头交易中盈利交易占比%	30.77
盈利交易总数	101	亏损交易总数	34	交易总数中盈利交易占比%	34.62
盈利交易总金额	1912.73	亏损交易总金额	-346.82	交易总金额中净盈利金额占比%	69.30
平均盈利	106.26	平均亏损	-10.2	平均盈利总额中净平均盈利占比%	82.48
最大盈利	561.82	最大亏损	-57.23	最大盈利合计中净盈利占比%	81.51
盈利交易平均持仓期数	232.89	亏损交易平均持仓期数	15.65	盈亏持仓期数差占亏损持仓期数比例%	1388.12
盈利交易最长持仓期数	876	亏损交易最长持仓期数	173	最大盈亏持仓期数差占最长亏损期数比例%	406.36
最大连续盈利次数	3	最大连续亏损次数	5	最大连续盈亏期数差占连续亏损期数比例%	-40.00
空仓总期数	2	平均空仓期数	2		
最长空仓期数	2				
系统平仓回撤	0	盈亏比指数	81.7	净利润与系统平仓回撤之比%	11373.03
系统未平仓回撤	-13.61	风险回报指指数	99.13	净利润同系统平仓回撤之差与净利润之比%	99.12
最大平仓交易回撤	-57.23	买入并持有指数	44.26	系统未平仓回撤与净利润之比%	-0.88

在 Equis 公司 Metastock© 系统报告("盈亏概览统计")中,净利润总额等于利润合计减去亏损合计,包括按市值计价的未平仓头寸。相对地,盈利交易总金额是指已实现利润合计(仅包括交易所有获利总额,不包括任何未平仓头寸)。系统平仓回撤是指仅基于已平仓头寸的累计净值线低于初始投资的最大降幅。盈亏比指数是关于已实现盈亏总金额与亏损总金额的一个复杂计算结果,值的范围位于-100(最差可能表现)与+100(最好可能表现)之间,0值代表盈亏相等,风险回报指数等于系统未平仓回撤除以净利润总额。在本次演练交易中,初始投资假设为 100 美元。多头交易和空头交易都进行,除非另有说明。交易信号出现当天按收盘价格执行,统计分析不包括交易成本、利息费用和利润。

价格通道交易区间突破规则——动态角度

关于使用带有自适应回顾期长度的动态基本交易区间突破系统的建议，是由佩里·J. 考夫曼提出的 [P·考夫曼（1987）《新商品期货交易系统和方法》，纽约：约翰·威利父子出版公司：第213页]。例如，回顾期天数可以用长期历史最佳周期长度乘以长期历史价格波动与近期价格波动的比值来改变。将近期价格波动放在分数乘数的分母上，随着价格波动的增加，乘数会下降，从而得出更小的回顾期的值，使得决策规则更敏感，当市场不断波动和变化时加快反应时间。相反，随着价格波动的下降，乘数会上升，从而得出更大的回顾期的值，使得决策规则敏感性减少，当市场平淡安静波动小时减缓反应时间。

价格摆动指标：移动平均摆动指标

移动平均摆动指标是最有用的设置指标，是短期和长期移动平均线之间的百分比差异。移动平均线广泛用于平滑原始市场数据，移动平均线至少可以控制通常会产生混淆的不规则短期波动。

所有技术分析计算机软件应该都能测算一条短期平均线和一条长期平均线之间的百分比差异、比率或点数差。思维缜密的技术分析师更喜欢百分比差异或比率表示形式，因为这样能随着时间的推移对较大的价格水平差异自动调整。例如，当DJIA指数为1000时，100点的价格移动是10%，但是当DJIA指数为10,000时，100点的价格波动仅仅是1%。1点的差异只显示两种价格移动中相同的数量变化，而百分比差异（或比率）能更精确地描绘每种价格移动的相对重要性。

为更好调整移动平均摆动指标，有两个变量要优化：短期移动平均数的时间长度n，和较长时期的移动平均数的时间长度p。当两条价格移动平均线的百分比差异（或点数差异）穿越0轴时，按穿越的方向给出趋势改变以及交易头寸改变的信号 [当两条移动平均线的比率穿越1.00值时，同百分比差异（或点数差异）穿越0轴时是完全一样的]。

设置移动平均线时，要包含用来识别趋势的观察期数量（分钟数、天数、周数、月数），它取决于基础原始时间序列数据中周期运动的时间长度。选择值可用简单的"蛮力算法"来决定，这是一种测试不同时间长度组合的系统试错程序。例如，我们允许的时间长度从 1 天到 100 天，则两种移动平均有 10,000（100×100）种组合。这在一些计算机上运行需要时间，但我们没有必要测试每一种平均线组合。在实际操作中，为使这一任务更易操作和更快完成，我们先在测试变量间用大额递增方法进行大扫描测试。在我们的例子中，如果我们允许两个移动平均线以 5 天为增量在 5 到 100 天之间变动，那么我们就把组合数降低为 400（20×20），减少了 96%，这一任务可以在几分钟内完成。在大扫描初步通过后，我们再降低增量与范围，重点微调至最可能的变量。

大众化追随的收盘价与任何移动平均线之间关系都可以用一个摆动指标来展示。计算起来甚至要比两条移动平均线摆动指标还简单，因为周期长度为 1 的移动平均线就是收盘价本身。

例如，使用流行的 40 周（200 日）移动平均线，从最近一个周五收盘价中减去周五收盘价的 40 周移动平均值，然后该差值再除以 40 周移动平均值，再乘以 100 将小数转换成百分比数。当得出的摆动指标向上穿越 0 轴时，收盘价移至自己 40 周移动平均线上方，这解释为出现买入信号。相反，当收盘价移至自己 40 周移动平均线下方时，摆动值向下穿越 0 轴，这被看作是通过卖出而平仓多头的信号。

将移动平均线交叉看作为百分比差异摆动指标移动到 0 轴上方或下方，有三个优点：

1. 我们经常能更清晰地看到穿越。
2. 我们能更好地预测穿越。
3. 我们能从摆动指标图上主观地解释动量背离情况，这种背离在只有移动平均线图没有摆动指标时可能不会在价格上被发现。

价格摆动指标——两条移动平均线百分比差异指标策略举例

价格摆动指标可以用多种方法解释，但最简单的方法是纯粹趋势跟踪。以 1900 年 1 月 2 日至 2000 年 12 月 29 日 101 年期间的 DJIA 每周数据文件为基础，我们发现，如果不带主观性，不运用复杂技术分析，不臆断，而以纯机械式的趋势跟踪信号为基础，下列参数能产生良好的交易结果。

多头开仓（买入）：当 1/40 周摆动指标变为正值，也就是周收盘价除以其跟踪 40 周指数移动平均线（EMA）的值上穿 1，即百分比差异价格摆动指标上穿 0 轴时，以 DJIA 当周收盘价买入。

证券市场技术指标百科全书

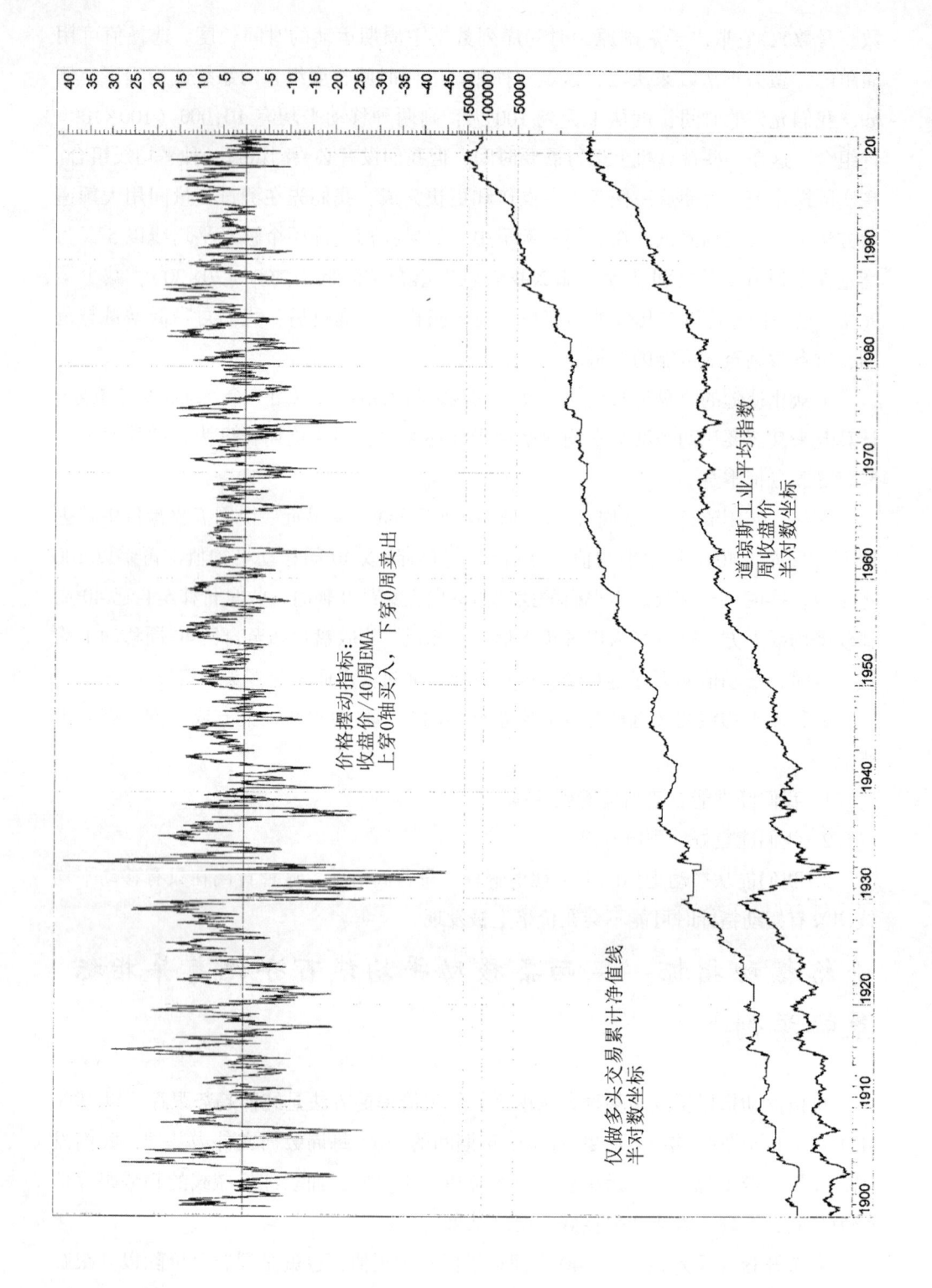

价格摆动指标:收盘价/40 周 EMA

净利润总额	97517.16	未平仓头寸价值	0	超额利润比率%	331.86
盈亏百分比	97517.16	年均盈亏百分比	965.23	年均超额净利润比率%	331.87
初始投资	100	利息收入	0		
当前头寸	多头	头寸建立日期	12/29/00		
买入并持有利润总额	22580.61	测试总天数	36876	平均每笔交易天数	208.34
买入并持有利润率%	22580.61	年均买入并持有利润率%	223.5		
已平仓交易总数	177	佣金支付总额	0		
每笔交易平均利润	550.94	平均盈亏与平均亏损比率	7.18		
多头交易总数	177	空头交易总数	0	多头交易中盈利交易占比%	29.94
盈利多头交易数	53	盈利空头交易数	0	空头交易中盈利交易占比%	#
盈利交易总数	53	亏损交易总数	124	交易总数中盈利交易占比%	29.94
盈利交易总金额	144654.22	亏损交易总金额	-47137.06	交易总金额中净盈利金额占比%	50.85
平均盈利	2729.32	平均亏损	-380.14	平均盈亏合计中净平均盈利占比%	75.55
最大盈利	57516.2	最大亏损	-8538.57	最大盈亏合计中净盈利占比%	74.15
盈利交易平均持仓期数	54.04	亏损交易平均持仓期数	5.52	盈亏持仓期数差占最长持仓期数比例%	878.99
盈利交易最长持仓期数	192	亏损交易最长持仓期数	21	最长盈亏持仓期数差占最长亏损持仓期数比%	814.29
最大连续盈利次数	4	最大连续亏损次数	15	最大连续盈亏期数差占连续亏损期数比例%	-73.33
空仓总期数	2054	平均空仓期数	122		
最长空仓期数	11.54				
系统未平仓回撤	-3.27	盈亏比指数	67.41	净利润与系统未平仓回撤之比	2982176.15
系统未平仓回撤%	-3.27	风险回报指数	100	净利润同系统未平仓回撤之差与净利润之比%	100.00
最大未平仓交易回撤	-8538.57	买入并持有指数	331.86	系统未平仓回撤与净利润之比%	0.00

在 Equis 公司 Metastock© "系统报告"(盈亏概览统计)中,净利润总额等于利润合计减去亏损合计,包括按市值计价的未平仓头寸。相对地,盈利交易合计(仅包括已平仓头寸)是指已实现利润合计(仅包括已平仓头寸)减去所有亏损合计,不包括任何未平仓头寸。同样,亏损交易总金额是指已实现亏损合计(仅包括已平仓头寸)所有盈利合计,不包括任何未平仓头寸。系统平仓回撤是指基于已平仓头寸的累计净亏损值低于初始投资线低于初始投资线低于初始投资线的最大降幅,系统未平仓时累计净值低于初始投资的最大降幅。盈利指数是关于已将盈利交易总金额联系在一起的一个复杂计算结果,值的范围位于-100(最差可能表现)与+100(最好可能表现)之间,0值代表盈亏相等,除非另有说明。交易按信号指示价格执行,统计分析中不包括交易成本、利息费用和利润。多头交易和空头交易都进行,风险代指数等于净利润总额减去系统未平仓回撤的差再除以净利润总额。在本次演练交易中,初始投资假设为 100 美元。

多头平仓（卖出）：当1/40周摆动指标变为负值，也就是周收盘价除以其跟踪40周指数移动平均线（EMA）的值下穿1，即百分比差异价格摆动指标下穿0轴时，以DJIA当周收盘价卖出。

空头开仓（卖出空头）：从不操作。

运用该趋势跟踪策略，以100美元开始投资并将利润再投资，假如充分运用该投资策略进行利润再投资操作，无交易成本和税收，净利润总额将达到97,517.16美元，这比买入并持有策略高出331.86%。空头卖出交易是不能获利的，且本策略中不包括空头卖出交易，该价格摆动仅做多头交易策略在整个期间给出的盈利性买入信号只占29.94%。值得注意的是，该趋势跟踪策略尽管大多数交易是错的，但享有的平均盈利要比平均损失大得多，会出现一些净值回撤，但回撤的出现是可控的。交易相对不活跃，平均每208.34个日历日交易一次。

在Equis国际公司MetaStock©系统中，其测试规则书写如下：

多头开仓：((Mov(C,opt1,E)/Mov(C,opt2,E))-1)*100>0

多头平仓：((Mov(C,opt1,E)/Mov(C,opt2,E))-1)*100<0

OPT1 当前值：1

OPT2 当前值：40

Equis国际公司MetaStock©系统指标建立器公式书写为：

Periods：= Input("Enter the shorter EMA periods：",1,100,1)；

Multiplier：= Input("Enter the number of signal line periods：",1,100,40)；

((Mov(C,periods,E)/Mov(C,multiplier*periods,E))-1)*100；

Input("Plot a horizontal line at ",-100,100,0)；

{Price Oscillator ((Mov(C,periods,E)/Mov(C,multiplier*periods,E))-1)*100}

价格趋势通道：向上倾斜或向下倾斜

价格通道指标是最古老也是最流行的波段交易工具。在上升趋势中，通过最近时期的明显枢轴点低点画一条向上倾斜的直线作为下方的通道线和支撑线，我们参考该线买入。接下来，通过中间期间的某一价格高点画一条平行线，作为上方的通道线和阻力线，它是向上的价格摆动目标，我们参考该线卖出，拿走多头利润。

在下降趋势中，通过最近时期的明显枢轴点高点画一条向下倾斜的直线作为上方的通道线和阻力线，我们参考该线卖出空头。接下来，通过中间期间的某一价格低点画一条平行线，作为下方的通道线和支撑线，它是向下的价格摆动目标，我们参考该线平仓空头，拿走空头利润。

价格通常会在这些平行通道线处找到阻力和支撑。当距离一条通道线有缺口时，当前趋势可能将失去动量，失去力量。当股价超出通道线时，趋势可能将加速或变得波动更大。

绘制通道线也可以不使用传统的绘图方法，而用算术方法设计，使用围绕移动平均线或回归线的价格带。这些通道线是基础线加减固定的百分比或以跟踪标准差为基础的自适应数量，或平均真实波幅的倍数（参见"布林线"和"包络线"指标）。

程序化交易成交量指标

程序化交易买入和卖出成交量反映一定的专业化交易策略，包括基于一篮子基础股票的股指期货套利策略。基本上来说，当期货相对于基础股票变得便宜时，买入期货同时卖出股票。当期货相对于基础股票变得昂贵时，买入股票同时卖出期货。交易者有时用复杂的布莱克—斯科尔斯期权定价模型的变量来确定什么昂贵什么便宜。

内德·戴维斯研究公司发现，当平滑的程序化交易买入成交量除以全部程序化交易成交量所得比率上升超过 104.2 时，属于股票看涨。相反，当该比率下降低于 97 时，属于看跌，这种策略在下图中显示的期间跑赢市场。

OEX期权指数（几何形式）

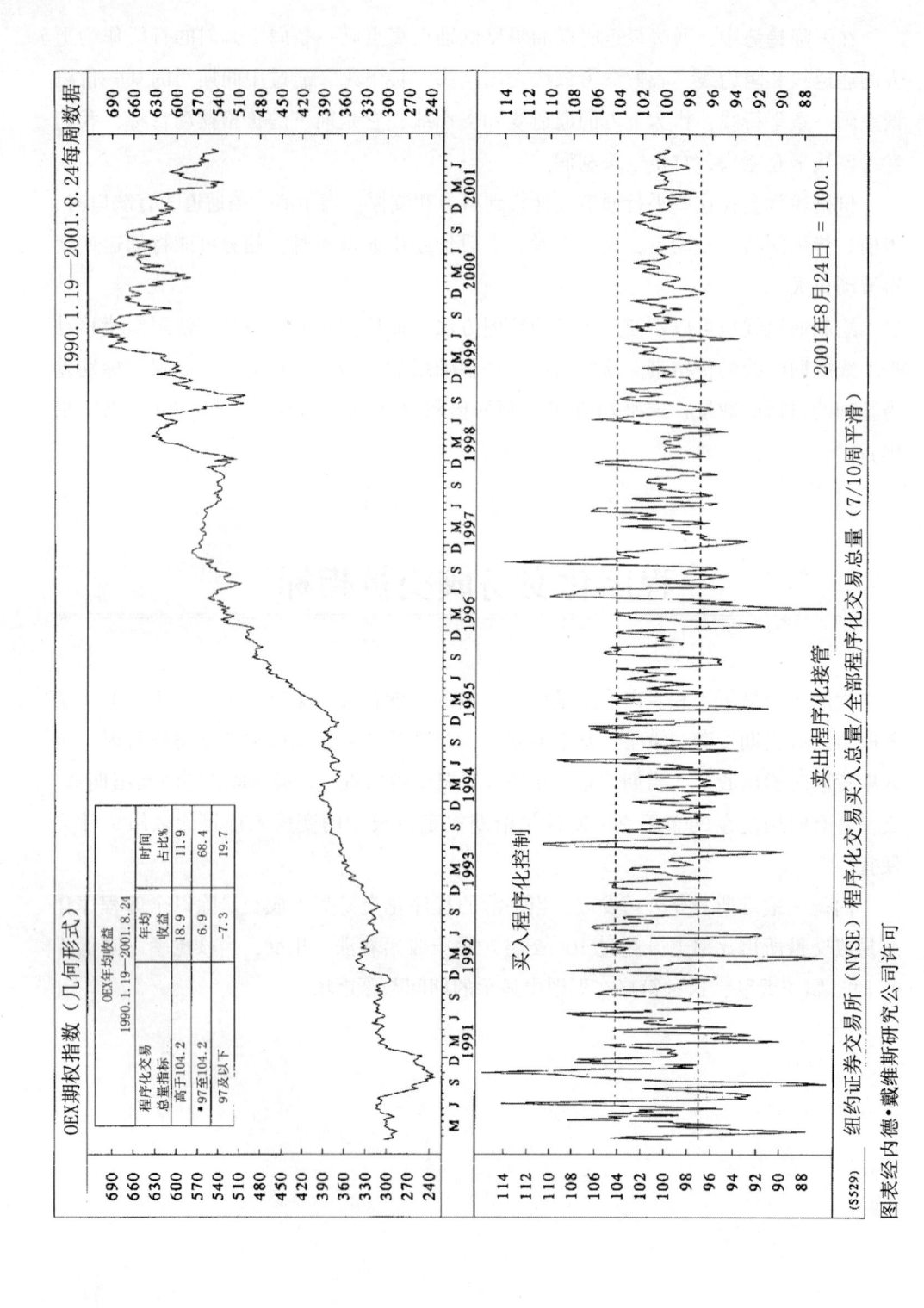

1990.1.19—2001.8.24每周数据

OEX年均收益 1990.1.19—2001.8.24		
程序化交易总量指标	年均收益	时间占比%
高于104.2	18.9	11.9
97至104.2	6.9	68.4
97及以下	-7.3	19.7

买入程序化控制

卖出程序化接管

2001年8月24日 = 100.1

纽约证券交易所（NYSE）程序化交易买入总量/全部程序化交易总量（7/10周平滑）

图表经内德·戴维斯研究公司许可

投射带指标

投射带指标最初是由梅尔·威德纳在《股票和商品期货技术分析》杂志（www.traders.com）1995年7月期上提出的，这种区间带在概念上类似于一些著名的帮助识别交易区间边界的工具，如价格通道、包络线以及布林线。

要导出投射带，首先找出一条对过去n期回顾视窗内收盘价拟合而形成的线性回归线。然后，平行于这条线性回归线画出两条线：一条通过n期回顾视窗内的低点，另一条通过高点。相关视窗每天向前移动，从而价格总是包含在这两条低价和高价边界内。

解释起来很简单：当价格位于上轨时，可以认为位于阻力位且超买；当价格位于下轨时，可以认为超卖且位于支撑位。

设计投射带是为了帮助交易者低买高卖，该指标在盘整交易区间的市场上使用效果最好。然而在强劲趋势市场期间，超买/超卖指标将是非常错误的，因为趋势会击溃所有阻力和支撑点，而且价格会沿着趋势方向持续运行，超出大多数交易者的预期很远。

投射带指标策略举例

想要同梅尔·威德纳设计的那样使用投射带指标，需要经验和判断力。即使朴素的测试假设中也表明，投射带指标作为纯机械式的逆势技术指标，具有某种客观的潜在价值。超卖买入信号中大多数都是盈利的，此外，这些仅做多头的买入信号是很稳健的，对于从1天到50天回顾期都是盈利的，而且大多数时间都是正确的，11天以下的短期信号仅稍有盈利。

高百分比的盈利交易看起来很诱人，然而要注意，这一策略和其他逆势超买/超卖策略一样，在1987年股灾中未能提供任何保护。正如下图所显示，有一个急剧的净值回撤。使用投射带逆势超买和超卖信号，对于仅做多头交易是一个盈利的策略，从过去看，空头卖出交易是不盈利的。

以1982年4月21日至2000年12月22日间的18年期间标准普尔500综合股价指数期货的全部历史上每日收盘价数据文件为基础（使用从网站www.csidata.com收集的CSI永久合约数据），我们发现，如果不带主观性，不运用复杂技术分析，不妄断，而以纯机械式的超买/超卖信号为基础，下列参数能产生良好的交易结果。

多头开仓（买入）：当每日最低价等于 22 日回顾期投射带底线（下轨）时，以标准普尔 500 综合股价指数期货 CSI 永久合约当日收盘价买入。

多头平仓（卖出）：当每日最高价等于 22 日回顾期投射带顶线（上轨）时，以标准普尔 500 综合股价指数期货 CSI 永久合约当日收盘价卖出。

空头开仓（卖出空头）：从不操作。

运用该投射带逆势交易策略，以 100 美元开始投资并将利润再投资，假如充分运用该投资策略进行利润再投资操作，无交易成本和税收，净利润总额将达到 801.50 美元，这比买入并持有策略低 21.99%。空头卖出交易是不盈利的，且不包括在本策略中。空头卖出交易会进一步减少利润，这种仅做多头交易的投射带策略在整个期间给出的盈利性买入信号占 77.24%。交易适度活跃，平均每 35.90 个日历日交易一次。注意，该策略仅以收盘价执行交易。

Equis 国际公司 MetaStock© 系统测试规则书写为：

多头开仓：Low ＝ ProjBandBot(opt1)
多头平仓：High ＝ ProjBandBot(opt1)
空头开仓：High ＝ ProjBandBot(opt1)
空头平仓：Low ＝ ProjBandBot(opt1)
OPT1 当前值：22

第二部分 市场技术指标

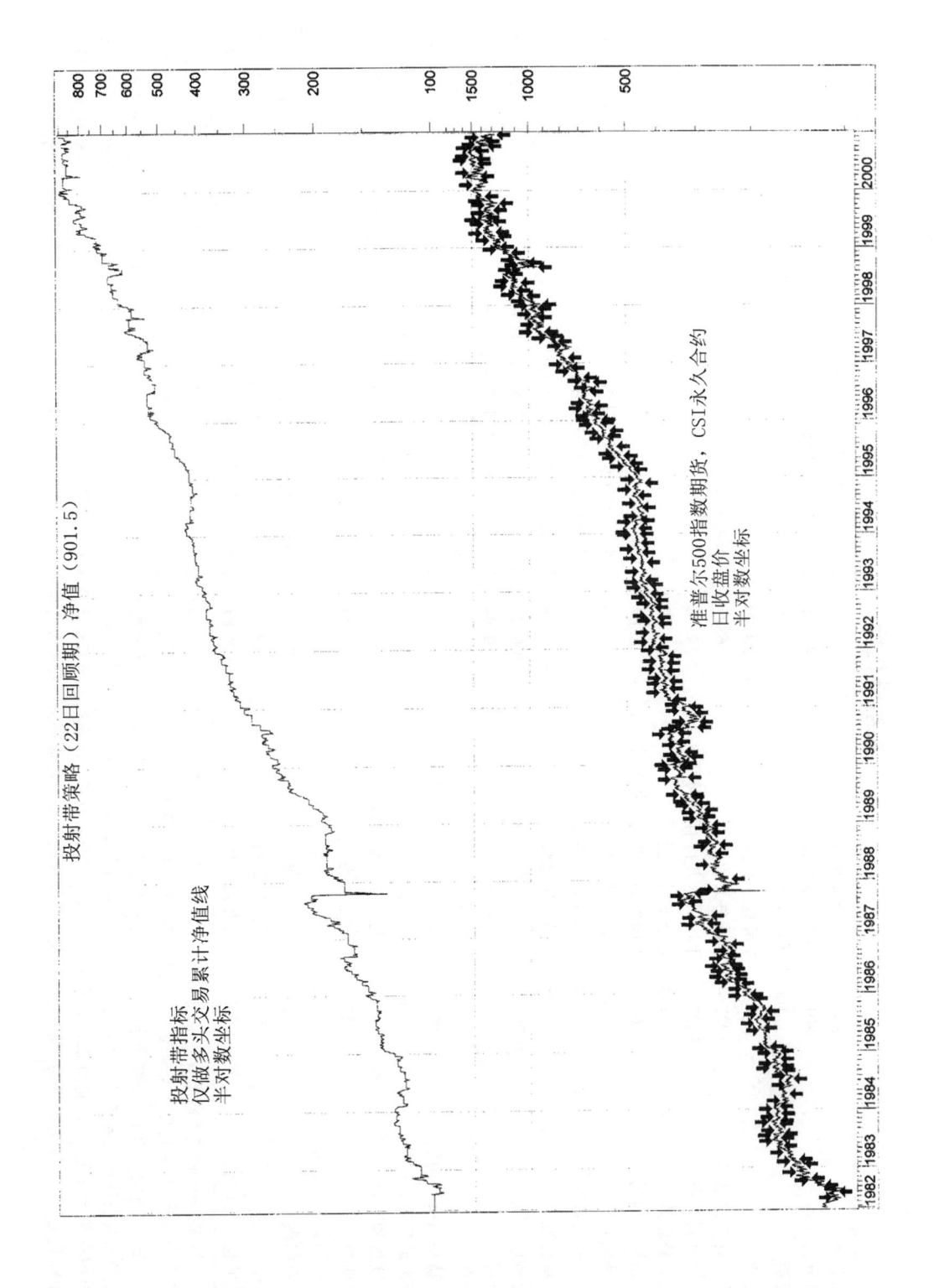

投射常指标

净利润总额	801.5	超利净利润比率	-21.99
盈亏百分比	801.5	年均超额净利比率%	-21.99
初始投资	100	利息收入	
当前头寸	多头	头寸建立日期	12/20/00
买入并持有利润总额	1027.4	测试总天数	6821
买入并持有利润率%	1027.4	年均买入并持有利润率%	54.98
已平仓交易总数	123	佣金支付总额	0
每笔交易平均利润	6.26	平均盈利与平均亏损比率	1.04
多头交易总数	123	空头交易总数	0
盈利多头交易数	95	盈利空头交易数	0
盈利交易总数	95	平均每笔交易天数	35.90
亏损交易总数	28	多头交易中盈利交易占比%	77.24
盈利交易总金额	1075.74	空头交易中盈利交易占比%	#
平均盈利	11.32	交易总金额中盈利交易占比%	77.24
最大盈利	58.21	交易总数中净平均盈利占比%	55.68
盈利交易平均持仓期数	19.26	平均盈利持仓期数中净平均盈利占比%	1.71
盈利交易最长持仓期数	69	最大盈利占中净盈利占比%	2.20
最大连续盈利次数	12	盈亏持仓期数差占最长持仓期数比例%	-6.69
空仓总期数	2559	盈亏持仓期数差占最长持仓期数比例%	38.00
平均空仓期数	69	最大连续盈亏期数差期数比例%	300.00
最大空仓回撤	-3.09	净利润与系统平仓回撤之比%	14135.80
系统平仓回撤	-5.67	风险回报指数	99.3	净利润同系统平仓回撤之差与净利润之比%	99.29
系统未平仓回撤	-18.87	买入并持有指数		系统未平仓回撤与净利润之比%	-0.71
最大平仓交易回撤	-87.71				

在 Equis 公司 Metastock© "系统报告"（盈亏概览统计）中，净利润总额等于利润合计减去亏损合计（仅包括已平仓头寸）。相对地，盈利净利润总额是指已实现利润合计（仅包括任何未平仓头寸），不包括任何未平仓头寸。同样，亏损交易总金额是指已实现亏损合计（仅包括已平仓交易所有平仓头寸），不包括任何未平仓头寸。系统平仓回撤是指基于已平仓头寸计算的累计未平仓时累计净值线低于初始投资净值线的最大降幅。系统未平仓回撤（SODD）是指头寸未平仓时累计净值线与初始投资金额联系在一起的一个复杂计算结果，值的范围位于-100（最差可能表现）与+100（最好可能表现）之间，0值代表盈亏相等，风险回报指数等于净利润总额减去系统未平仓回撤以净利润总额。在本次演练交易中，初始投资假设为100美元。多头交易和空头交易都按当天收盘价格执行。交易按信号出现当天收盘价进行，统计分析中不包括交易成本、利息费用和利润。

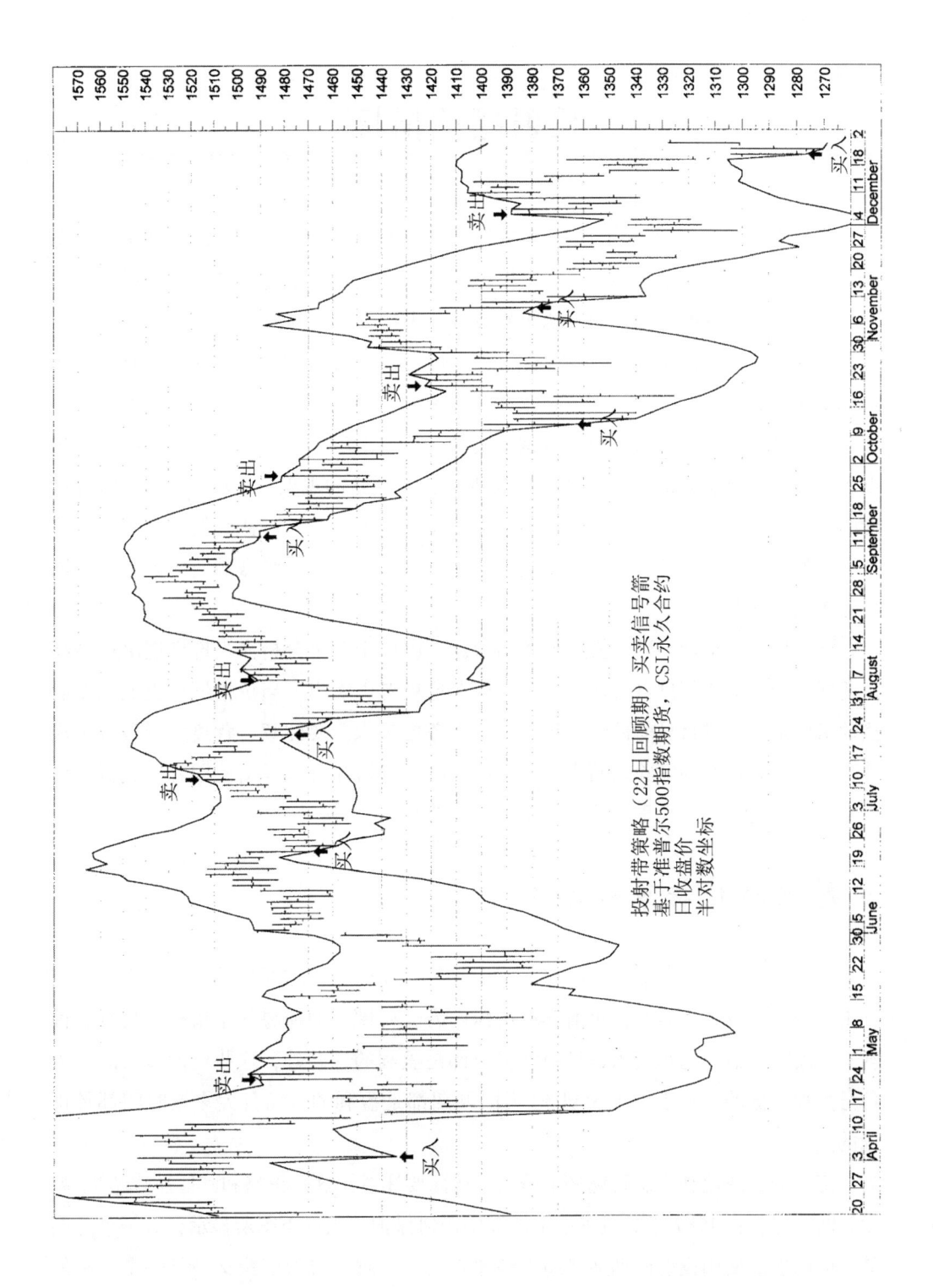

投射带策略（22日回顾期）买卖信号箭
基于准普尔500指数期货，CSI永久合约
日收盘价
半对数坐标

投射摆动指标

投射摆动指标最初是由梅尔·威德纳在《股票和商品期货技术分析》杂志（www.traders.com）1995年7月期上提出的，它以投射带指标为基础。该指标给出了当前收盘价在投射带上轨和下轨间的位置，表述为当前上轨减去下轨区间的一个百分比，该百分比以3日EMA进行平滑。投射摆动指标在概念上与随机指标类似，解释方式也类似。

使用投射摆动指标的最简单方法是运用超买/超卖信号：当摆动指标下降到30以下时买入，当摆动指标上升到70以上时卖出。通常的观点是，较高水平意味着过度的和不可持续的乐观主义，而较低水平意味着过度的和不可持续的悲观主义。该指标仅限于在盘整交易区间内使用效果良好，但当市场处于强烈的定向趋势时，该指标作用会很差。

同其他摆动指标一样，投射带摆动指标可以用于背离分析。当价格创出更高高点而摆动指标未能超过自身前高时，我们在这里考虑卖出。当价格创出更低低点而摆动指标未能超过自身前低时，我们在这里考虑买入。要注意，背离分析具有主观性，并且需要良好的经验判断来进行纠错。由于该指标可以吸引使用者反流行趋势而交易，因此在初学者手中使用可能是有危险的。

投射摆动指标策略举例

想要同梅尔·威德纳设计的那样使用投射摆动指标，需要经验和判断力。即使朴素的测试假设中也表明，投射摆动指标作为纯机械式的逆势技术指标，具有某种客观的潜在价值。超卖买入信号中大多数都是盈利的，此外，这些仅做多头的买入信号是很稳健的，对于从1天到50天回顾期都是盈利的，而且大多数时间都是正确的。

高百分比的盈利交易看起来很诱人，然而要注意，这一策略和其他逆势超买/超卖策略一样，在1987年的股灾中未能提供任何保护。正如下图所显示，有一个急剧的净值回撤。使用投射摆动逆势超买和超卖信号，对于仅做多头交易是一个盈利的策略。从过去看，空头卖出交易是不盈利的。

以1982年4月21日至2000年12月22日间的18年期间标准普尔500综合股价

指数期货的全部历史上每日收盘价数据文件为基础（使用从网站 www.csidata.com 收集的 CSI 永久合约数据），我们发现，如果不带主观性，不运用复杂技术分析，不妄断，而以纯机械式的超买/超卖信号为基础，下列参数能产生良好的交易结果。

多头开仓（买入）：当投射摆动指标（14 天回顾期的收盘价 3 日 EMA 值位于投射带上轨减去下轨的差值以内）低于 30 时，以标准普尔 500 综合股价指数期货 CSI 永久合约当日收盘价买入。

多头平仓（卖出）：当投射摆动指标（14 天回顾期的收盘价 3 日 EMA 值位于投射带上轨减去下轨的差值以内）高于 70 时，以标准普尔 500 综合股价指数期货 CSI 永久合约当日收盘价卖出。

空头开仓（卖出空头）：从不操作。

运用该投射摆动逆势交易策略，以 100 美元开始投资并将利润再投资，假如充分运用该投资策略进行利润再投资操作，无交易成本和税收，净利润总额将达到 1197.67 美元，这比买入并持有策略高出 16.57%。空头卖出交易是不盈利的，也不包括在本策略中。空头卖出交易会减少利润，使其低于买入并持有利润，这种仅做多头交易的投射摆动指标在整个期间给出的盈利性买入信号占 76.64%。交易适度活跃，平均每 31.87 个日历日交易一次。注意，该策略仅以收盘价执行交易。

Equis 国际公司 MetaStock© 系统测试规则书写为：

多头开仓：ProjOsc（opt1，3）<30

多头平仓：ProjOsc（opt1，3）>70

OPT1 当前值：14

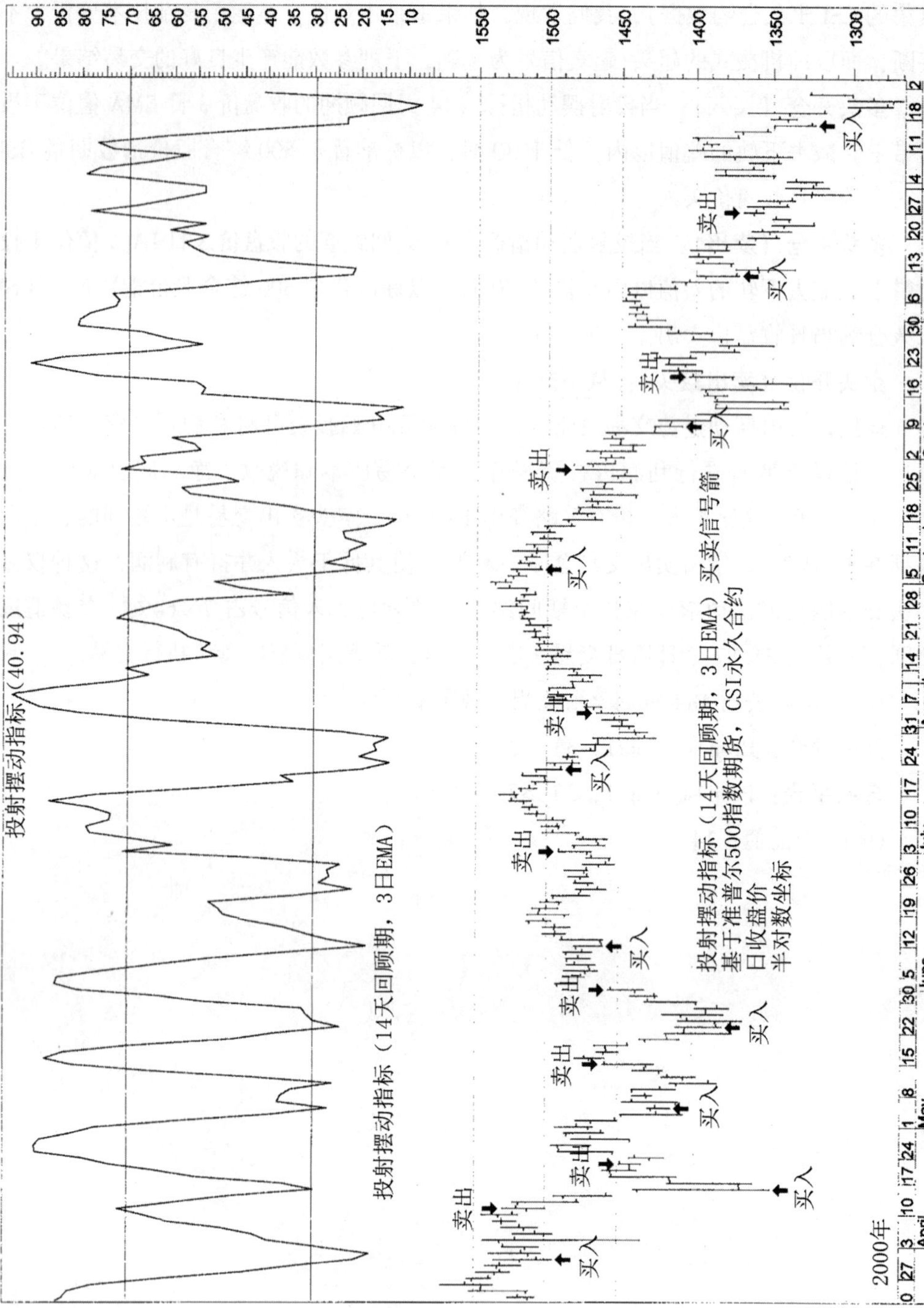
投射摆动指标（40.94）
投射摆动指标（14天回顾期，3日EMA）
投射摆动指标（14天回顾期，3日EMA）买卖信号箭
基于准普尔500指数期货，CSI永久合约
日收盘价
半对数坐标
2000年
April
May
June
July
August
September
October
November
December
买入
卖出

第二部分　市场技术指标

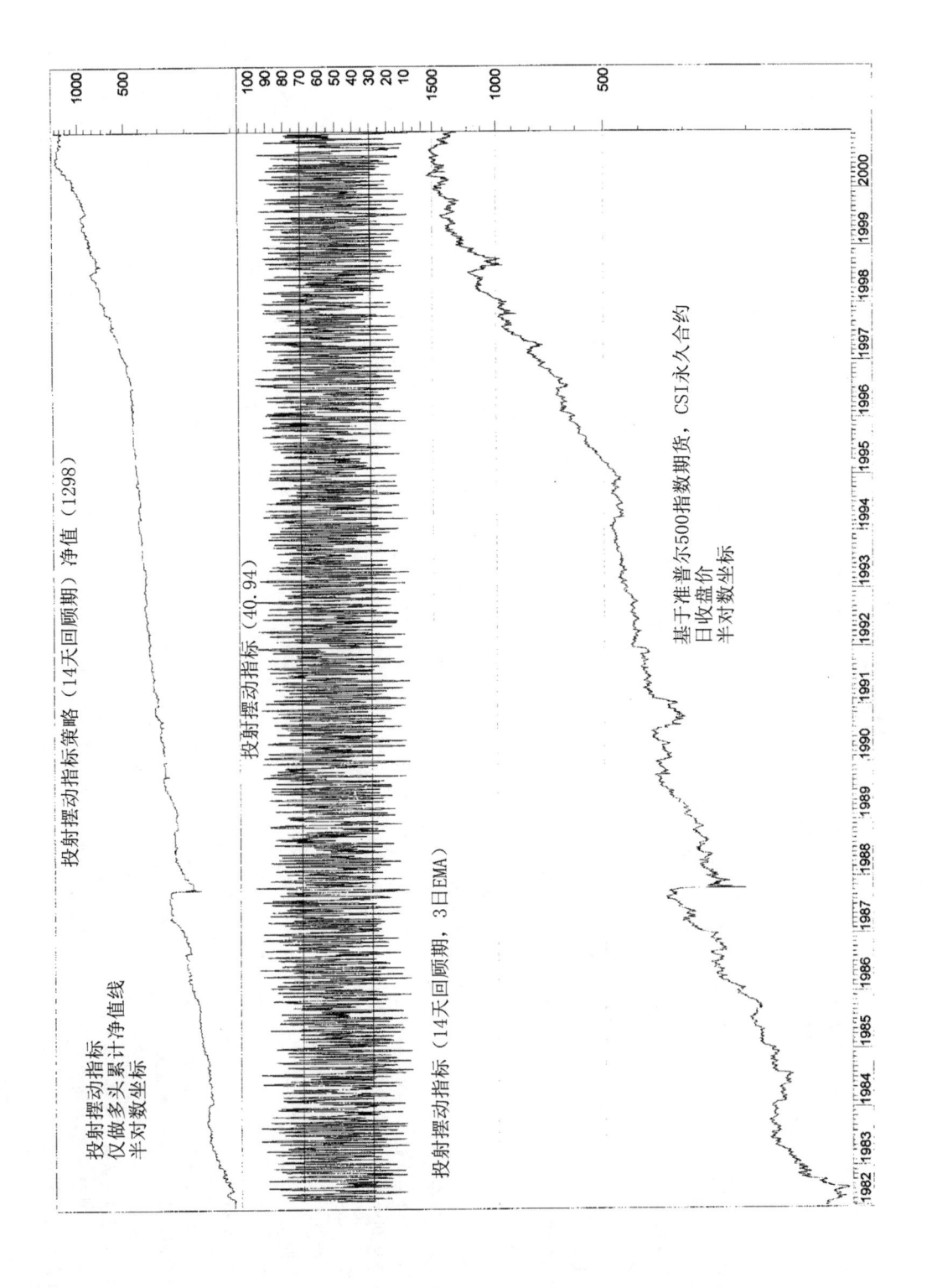

投射摆动指标策略（14天回顾期）净值（1298）

投射摆动指标
仅做多头累计净值线
半对数坐标

投射摆动指标（40.94）

投射摆动指标（14天回顾期，3日EMA）

基于标准普尔500指数期货，CSI永久合约
日收盘价
半对数坐标

— 521 —

投射摆动指标

净利润总额	1197.67	未平仓头寸价值	0.68	超额净利润比%	16.57
盈亏百分比	1197.67	年均盈亏百分比	64.09	年均超额净利润比率%	16.57
初始投资	100	利息收入	0		
当前头寸	多头	头寸建立日期	12/15/00		
买入并持有利润总额	1027.4	测试总天数	6821	平均每笔交易天数	31.87
买入并持有利润率%	1027.4	年均买入并持有利润率%	54.98		
已平仓交易总数	214	佣金支付总额	0		
每笔交易平均利润	5.59	平均盈利与平均亏损比率	1.14		
多头交易总数	214	空头交易总数	0	多头交易中盈利交易占比%	76.64
盈利多头交易数	164	盈利空头交易数	0	空头交易中盈利交易占比%	#
盈利交易总数	164	亏损交易总数	50	交易总数中盈利交易占比%	76.64
盈利交易总金额	1636.41	亏损交易总金额	-439.42	交易总金额中净盈利金额占比%	57.66
平均盈利	9.98	平均亏损	-8.79	平均盈亏总额中净平均盈利占比%	6.34
最大盈利	78.59	最大亏损	-74.51	最大盈亏合计中净盈利占比%	2.66
盈利交易平均持仓期数	9.47	亏损交易平均持仓期数	12.24	盈亏持仓期数差占中平均持仓期数比例%	-28.47
盈利交易最长持仓期数	33	亏损交易最长持仓期数	27	最长盈亏持仓期数差占最长持仓期数比例%	22.22
最大连续盈利次数	14	最大连续亏损次数	4	最大连续盈亏连续期数比例%	250.00
空仓总期数	2931	平均空仓期数	56		
最长空仓期数	0	盈亏比指数	73.16	净利润与系统未平仓回撤之比%	52994.25
系统平仓回撤	-2.26	风险回报指数	99.81	净利润同系统未平仓回撤之差与净利润之比%	99.81
系统未平仓回撤	-96.33	买入并持有指数	16.64	系统未平仓回撤与净利润之比%	-0.19

在 Equis 公司 Metastock© "系统报告" (盈亏概览统计) 中,净利润总额等于利润合计减去亏损合计价值的未平仓头寸。相对地,盈利总金额是指已实现利润合计 (仅包括已平仓头寸),不包括任何未平仓头寸。同样,亏损交易总金额是指已实现亏损合计 (仅包括已平仓交易所有亏损总额,不包括任何未平仓头寸)。系统平仓回撤是指基于已平仓头寸的净值线低于初始投资净值线的最大降幅,系统未平仓头寸未平仓时累计净值线低于初始投资净值线的最大降幅。盈亏比指数是关于将盈利交易总金额与亏损总金额联系在一起的一个复合计算结果,值的范围位于-100 (最差可能表现) 与+100 (最好可能表现) 之间,0值代表盈亏相等。风险回报指数等于净利润总额减去系统未平仓回撤的差再除以净利润总额。在本次演练交易中,初始投资假设为100美元。多头交易和空头交易都进行,交易按信号出现当天收盘价格执行,统计分析不包括佣金成本、利息费用和利润。

专有指标

对于专有指标并没有提供文献记载，用于计算结果的算法或公式没有被泄露出来。很好理解，这种保密的商业动机就是要保护该分析的独特性，防止大范围模仿，并维护商业秘密。

对使用者不幸的是，这种保密妨碍了对指标输出结果的理解和研发。如果交易者不能准确理解一个专有指标所述及其原因，那么在几次失败信号以后，他很可能会放弃以这一指标为基础的所有原则。尽管对大多数指标来说一系列失败信号都很常见，但好的指标会在交易者坚持每一个跟踪信号的原则后，克服这一难题。

另外，如果专有指标所依赖的基础假设因某种外部发展力量而改变，使用者在发生重大损失前将不能注意到。

进一步来说，依赖于某一专有指标并不能有助于使用者发展智力、提高交易技术或增长智慧。

由于这些原因，思维最缜密的技术分析师避免所有专有指标，毕竟还有许多能适用全面分析的有趣且有用的概念有待开发。而且，无论一个指标被接受还是被拒绝，对技术指标的构成和历史表现进行全面研究，能为洞察市场运动的性质提供有利的帮助，使学习者成为更好的技术分析师。

心理线——心理线意向摆动指标（PI）

心理线是由日本技术分析师设计的，用作简单的方法来识别投机市场中的超买和超卖极端情况。按照中村肯（撰文于《期货》杂志 2000 年 6 月第 29 卷第 6 期第 48—50 页）的观点，PI 指标不过是过去 12 个交易日中证券价格上涨的天数占比。PI 用下列公式计算：

$$PI = (n/12) * 100$$

这里 n 为市场价格高于前一日价格的交易日的天数，移动视窗为过去 12 个连续交易日（12 天回顾期可以改变，以适合所关注市场的独特特点）。

PI 一定总是位于 0 和 100 区间内。当过去 12 天每天都是下降日时，PI 值为 0。当过去 12 天每天都是上涨日时，PI 值为 100。当 PI 值为 75 或更高时，意味着过去

12天中价格上涨了9次或更多,市场超买。当PI值为25或更低时,意味着过去12天中价格上涨了3次或更少,市场超卖,PI指标一般与其他技术工具结合在一起使用。

中村肯指出,尽管你不需要计算机来计算PI,但用电子表格计算PI更容易,使用"IF"函数,当今日收盘价高于昨日收盘价时分派一个值为1,当今日收盘价低时分派值为0。

公众空头比率

公众空头卖出总量是全部空头卖出总量扣除会员空头卖出总量后的余额,因此,计算公众空头比率,先从全部空头卖出总量中减去员空头卖出总量,然后用该差值除以全部空头卖出总量。

按照"反向意见"的想法,当进行股票交易或其他类似交易时,公众并不是精明的投资者。所以,当相对没有经验的业余交易者卖空时,我们要买入。当他们不做卖空时,我们要卖空。

换一句话说,当公众空头比率较高时,业余交易者相对于行家会员卖出更多,长期以来这被看作是股票价格未来趋势看涨的指标。

同样地,较低的公众空头比率是看跌信号。此时业余交易者相对于精明的会员投资者更加乐观,因此,该指标的解释方式类似于嵌入的超买/超卖摆动指标。

空头卖出是进攻型交易策略,是为了利用价格下降而设计。当投机者预期价格会下降时,他们卖空一只股票。如果股票真的下降了,他们实现的利润等于卖空价格与较低的买回价格之间的差额。如果他们错了,股价上升了,他们的损失等于股价升值的数量,即他们卖空价格与更高的买回价格之间的差额。

每周五收盘后晚些时候,纽约证券交易所会公布空头卖出总量的汇总统计,并将股票交易所会员的空头卖出与非会员(公众)的空头卖出分开统计。因为随着交易活动中总成交量的普遍扩张,所有类别交易中空头卖出绝对水平都已经增加,因而数据必须用某种方法标准化,从而得到不同的空头卖出比率。

公众空头比率指标策略举例

以1946年1月至2000年12月55年期间的DJIA每周收盘价数据文件为基础,

我们发现，如果不带主观性，不运用复杂技术分析，不妄断，而以纯机械式的超买/超卖信号为基础，下列参数能产生良好的交易结果。

多头开仓（买入）：当最新公众空头比率超出其上周的公众空头比率 50 周 EMA 以上 45.7% 时，以 DJIA 当周收盘价买入。

多头平仓（卖出）：当最新公众空头比率低于其上周的公众空头比率 50 周 EMA 以下 45.7% 时，以 DJIA 当周收盘价卖出。

空头开仓（卖出空头）：当最新公众空头比率低于其上周的公众空头比率 50 周 EMA 以下 45.7% 时，以 DJIA 当周收盘价卖出空头。

空头平仓（平仓）：当最新公众空头比率超出其上周的公众空头比率 50 周 EMA 以上 45.7% 时，以 DJIA 当周收盘价平仓空头。

运用该公众空头比率包络线策略，以 100 美元开始投资并将利润再投资，假如充分运用该投资策略进行利润再投资操作，无交易成本和税收，净利润总额将达到 11,646.27 美元，这比买入并持有策略高出 123.20%，空头卖出交易适度盈利且包括在本策略中，这种多空交易公众空头比率作为指标在整个期间给出的盈利性买入信号占 77.78%。交易适度不活跃，平均每 557.50 个日历日交易一次。注意，该策略仅考虑每周收盘价而忽略中间任何变化。

令人好奇的是，该策略自从 1986 年 6 月 6 日起再也没有给出过一个信号。十分明显，在图上看上去从 1986 年开始的检验结尾部分原始数据波动变小了。既然有可能是因为基础数据的性质可能已经改变了，在打算将该公众空头比率包络线策略应用到实际交易中时，小心些是值得的。

在 Equis 国际公司 MetaStock$^{©}$ 系统中，公众空头卖出总量对全部空头卖出总量的比率被插入在通常预留给成交量的字段中，公众空头比率测试规则书写如下：

多头开仓：V>(Ref(Mov(V,opt1,E),-1)+((opt2/1000))*Ref(Mov(V,opt1,E),-1))

多头平仓：V<(Ref(Mov(V,opt1,E),-1)-((opt2/1000))*Ref(Mov(V,opt1,E),-1))

空头开仓：V<(Ref(Mov(V,opt1,E),-1)-((opt2/1000))*Ref(Mov(V,opt1,E),-1))

空头平仓：V>(Ref(Mov(V,opt1,E),-1)+((opt2/1000))*Ref(Mov(V,opt1,E),-1))

OPT1 当前值：50

OPT2 当前值：457

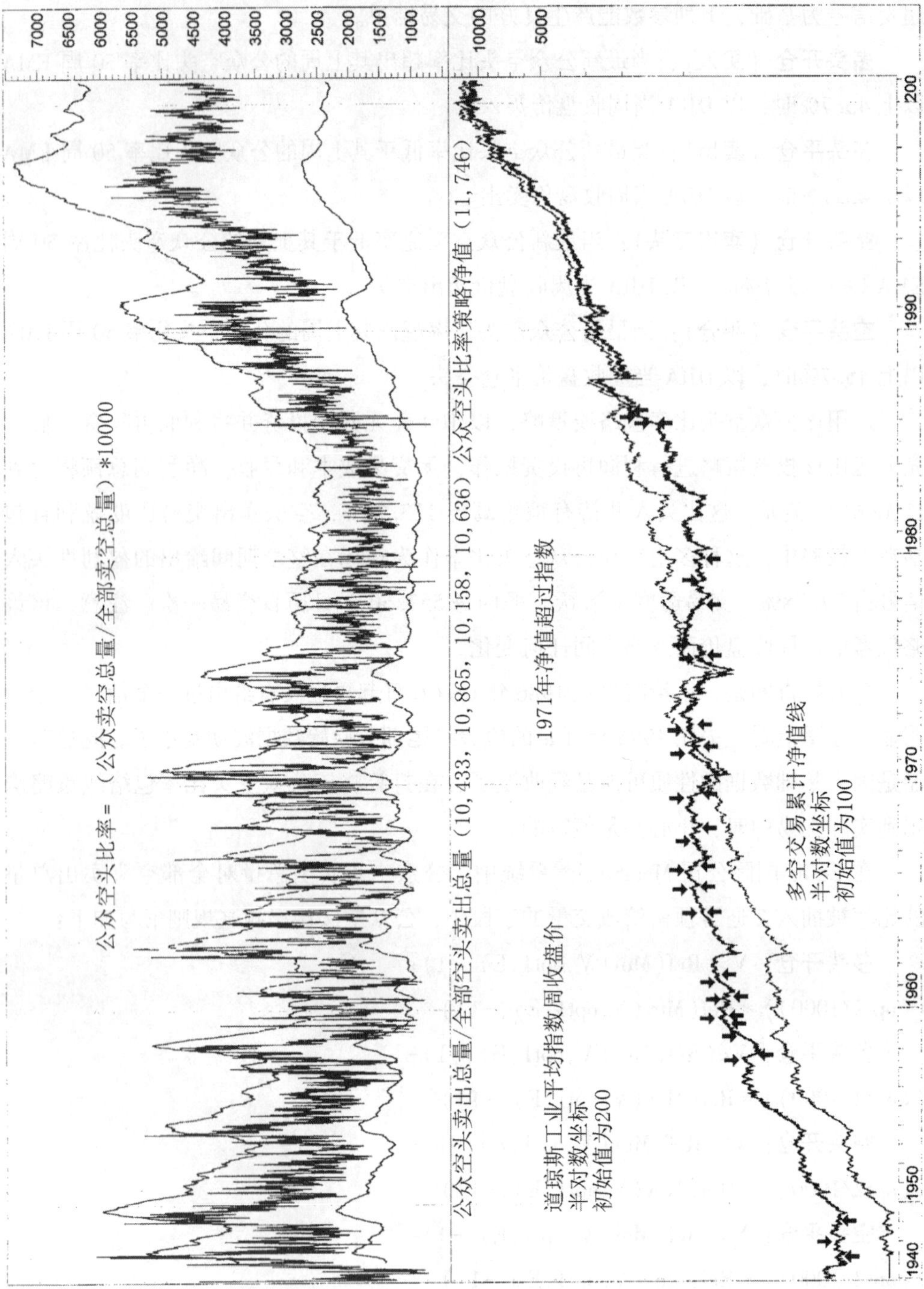
公众空头比率=（公众卖空总量/全部卖空总量）*10000
公众空头卖出总量/全部空头卖出总量（10，433，10，865，10，158，10，636）公众空头比率策略净值（11，746）
1971年净值超过指数
道琼斯工业平均指数周收盘价
半对数坐标
初始值为200
多空交易累计净值线
半对数坐标
初始值为100
7000
6500
6000
5500
5000
4500
4000
3500
3000
2500
2000
1500
1000
10000
5000
200
1940
1950
1960
1970
1980
1990

公众空头比率

净利润总额	11646.27	未平仓头寸价值	超额净利润比率%	123.20
盈亏百分比	11646.27	年均仓盈亏百分比	211.8	年均超额净利润比率%	123.21
初始投资	100	利息收入	0		
当前头寸	多头	头寸建立日期	6/6/86	平均每笔交易天数	557.50
买入并持有利润总额	5217.78	测试总天数	20070		
买入并持有利润率%	5217.78	年均买入并持有利润率%	94.89		
已平仓交易总额	36	佣金支付总额	0		
每笔交易平均利润	55.08	平均盈利与平均亏损比率	1.26		
多头交易总数	18	空头交易总数	18	多头交易中盈利交易占比	83.33
盈利多头交易数	15	盈利空头交易数	13	空头交易中盈利交易占比	72.22
盈利交易总数	28	亏损交易总数	18	交易总数中盈利交易占比	77.78
盈利交易总金额	2564.13	亏损交易总金额	-581.28	盈利总金额中净盈利金额占比	63.04
平均盈利	91.58	平均亏损	-72.66	平均盈亏总额中净平均盈利占比	11.52
最大盈利	889.17	最大亏损	-319.55	最大盈亏合计中净盈利占比	47.13
盈利交易平均持仓期数	61.18	亏损交易平均持仓期数	46.25	盈亏持仓期数差占最长持仓期数比例%	32.28
盈利交易最长持仓期数	438	亏损交易最长持仓期数	151	盈亏总持仓期数与持仓期数比例%	190.07
最大连续盈利次数	14	最大连续亏损次数	2	最大连续盈亏期数差占连续亏损期数比例%	600.00
空仓总期数	62	平均空仓期数	62		
最长空仓期数	62	盈亏比指数	0	净利润与系统平仓回撤之比%	95.25
系统平仓回撤	-4.57	风险回报指数	99.96	净利润同系统平仓回撤之差与净利润之比%	99.96
系统未平仓回撤	-410.62	买入并持有指数	308.41	系统未平仓回撤与净利润之比%	254841.79
最大未平仓交易回撤					-0.04

在 Equis 公司 Metastock© "系统报告"（盈亏概览统计）中，净利润总额等于利润合计减去亏损合计，包括按市值计价的未平仓头寸。相对地，盈利交易总额是指已实现利润合计（仅包括已平仓头寸），不包括任何未平仓头寸。同样，亏损交易总额是指已实现亏损合计（仅包括已平仓头寸）。系统平仓回撤是指系统平仓时累计净值线最低于初始投资的最大降幅。系统未平仓回撤（SODD）是指头寸未平仓时累计净值线最低于初始投资的最大降幅。盈亏指数是将盈利交易总金额与亏损交易总金额联系在一起的一个复杂计算结果，值的范围位于-100（最差可能表现）与+100（最好可能表现）之间，0值代表盈亏相等，除非另有说明，统计分析中不包括交易成本、利息费用和利润。交易按信号出现当天收盘价格执行，在本次演练交易中，初始投资假设为100美元。多头交易和空头交易都进行，风险回报指数等于净利润总额减去系统未平仓回撤的差再除以净利润总额。

公众/专家空头比率

计算公众/专家空头比率，用公众（非会员）空头卖出总量除以专家空头卖出总量。

关于对股价未来方向的认识方面，传统上假设公众（业余交易者）是错误的，而专家（专业交易者）是正确的。因此，较高的公众/专家空头比率属于看涨而较低的比率是看跌的。

空头卖出是进攻型交易策略，是为了利用价格下降而设计。当投机者预期价格会下降时，他们卖空一只股票。如果股票真的下降了，他们实现的利润等于卖空价格与较低的买回价格之间的差额。如果他们错了，股价上升了，他们的损失等于股价升值的数量，即他们卖空价格与更高的买回价格之间的差额。

每周五收盘后晚些时候，纽约证券交易所会公布空头卖出总量的汇总统计，并将股票交易所会员的空头卖出与非会员（公众）的空头卖出分开统计。因为随着交易活动中总成交量的普遍扩张，所有类别交易中空头卖出绝对水平都已经增加，因而数据必须用某种方法标准化，从而得到不同的空头卖出比率。

公众/专家空头比率指标策略举例

以1946年1月至2000年12月55年期间的DJIA每周收盘价数据文件为基础，我们发现，如果不带主观性，不运用复杂技术分析，不妄断，而以纯机械式的超买/超卖信号为基础，下列参数能产生良好的交易结果。

多头开仓（买入）：当最新公众/专家空头比率超出其上周的公众空头比率4周EMA以上59%时，以DJIA当周收盘价买入。

多头平仓（卖出）：当最新公众/专家空头比率低于其上周的公众空头比率4周EMA以下59%时，以DJIA当周收盘价卖出。

空头开仓（卖出空头）：当最新公众/专家空头比率低于其上周的公众空头比率4周EMA以下59%时，以DJIA当周收盘价卖出空头。

空头平仓（平仓）：当最新公众/专家空头比率超出其上周的公众空头比率4周EMA以上59%时，以DJIA当周收盘价平仓空头。

运用该公众/专家空头比率包络线策略，以100美元开始投资并将利润再投资，假如充分运用该投资策略进行利润再投资操作，无交易成本和税收，净利润总额将达到 8,431.27 美元，这比买入并持有策略高出 61.59%。空头卖出交易适度盈利，且包括在本策略中。这种多空交易公众/专家空头比率作为指标在整个期间给出的盈利性买入信号占 90.00%，交易不活跃，平均每 2007.00 个日历日交易一次。注意，该策略仅考虑每周收盘价而忽略中间任何变化。

令人好奇的是，该策略自从 1985 年 11 月 15 日起再也没有给出过一个信号。这很有可能的是，基础数据背后的行为由于商业实践规则改变或演进而发生了变化。总之，当基础数据行为改变时，做出当前决策就不再适合使用历史标准。因此，如果你打算使用该指标一定要小心。

在 Equis 国际公司 MetaStock© 系统中，公众空头卖出总量对专家空头卖出总量的比率被插入在通常预留给成交量的字段中，公众/专家空头比率测试规则书写如下：

多头开仓：$V > (\text{Ref}(\text{Mov}(V, \text{opt1}, E), -1) + ((\text{opt2}/1000)) * \text{Ref}(\text{Mov}(V, \text{opt1}, E), -1))$

多头平仓：$V < (\text{Ref}(\text{Mov}(V, \text{opt1}, E), -1) - ((\text{opt2}/1000)) * \text{Ref}(\text{Mov}(V, \text{opt1}, E), -1))$

空头开仓：$V < (\text{Ref}(\text{Mov}(V, \text{opt1}, E), -1) - ((\text{opt2}/1000)) * \text{Ref}(\text{Mov}(V, \text{opt1}, E), -1))$

空头平仓：$V > (\text{Ref}(\text{Mov}(V, \text{opt1}, E), -1) + ((\text{opt2}/1000)) * \text{Ref}(\text{Mov}(V, \text{opt1}, E), -1))$

OPT1 当前值：4

OPT2 当前值：590

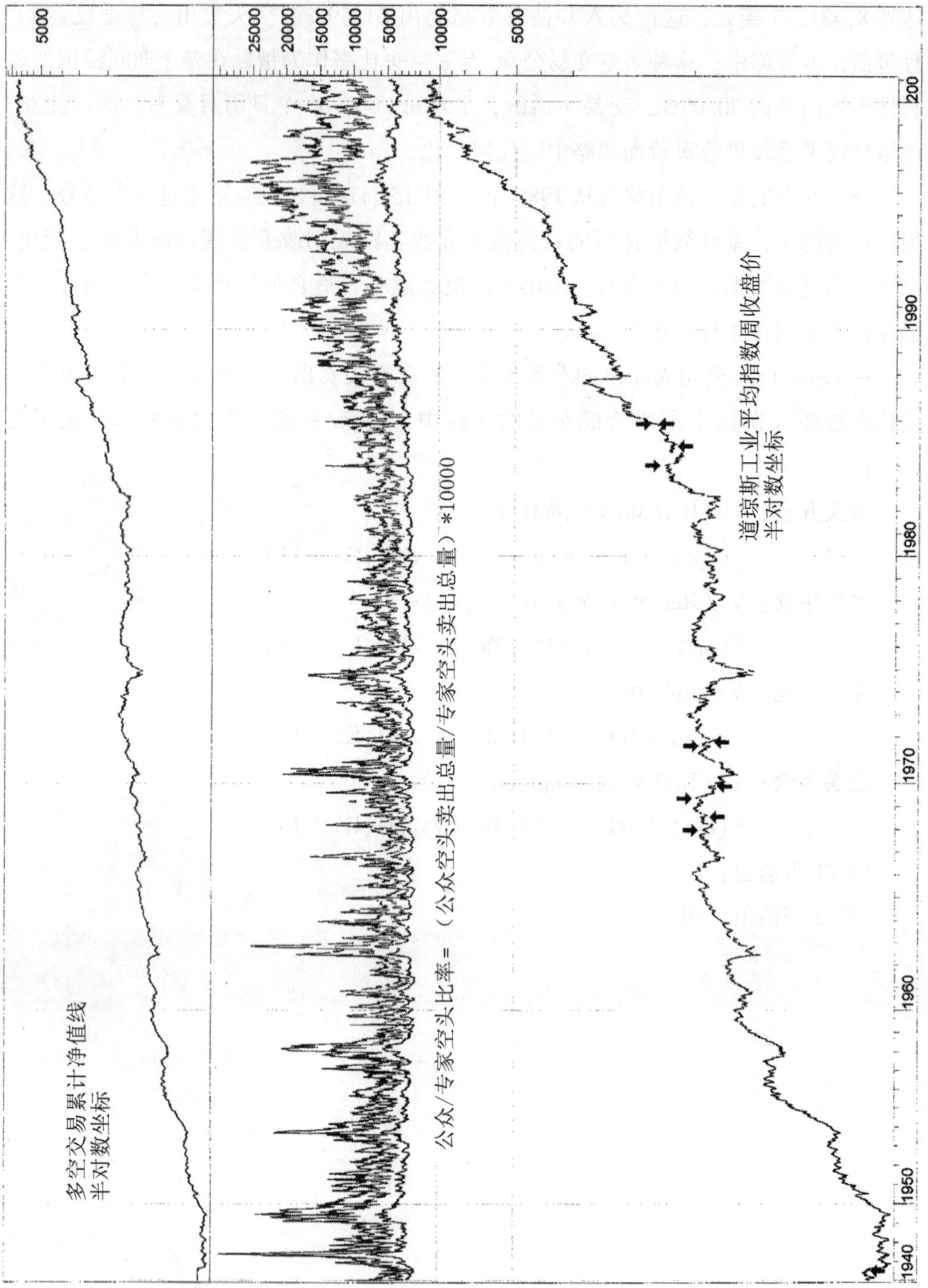
多空交易累计净值线
半对数坐标
公众/专家空头比率 =（公众空头卖出总量/专家空头卖出总量）*10000
道琼斯工业平均指数周收盘价
半对数坐标
5000
25000
20000
15000
10000
5000
10000
5000
1940
1950
1960
1970
1980
1990
200

公众/专家空头比率

净利润总额	8431.27	未平仓头寸价值	7380.11	超额净利润比率%	61.59
盈亏百分比	8431.27	年均盈亏百分比	153.33	年均超额净利润比率%	61.59
初始投资	100	利息收入	0		
当前头寸	多头	头寸建立日期	11/15/85		
买入并持有利润总额	5217.78	测试总天数	20070	平均每笔交易天数	2007.00
买入并持有利润率%	5217.78	年均买入并持有利润率%	94.89		
已平仓交易总数	10	佣金支付总额	0		
每笔交易平均利润	105.12	平均盈利与平均亏损比率	4.65		
多头交易总数	5	空头交易总数	5	多头交易中盈利交易占比%	100.00
盈利多头交易数	5	盈利空头交易数	4	空头交易中盈利交易占比%	80.00
盈利交易总数	9	亏损交易总数	1	交易总数中盈利交易占比%	90.00
盈利交易总金额	1076.89	亏损交易总金额	-25.73	平均盈亏总额中净盈利金额占比%	95.33
平均盈利	119.65	平均亏损	-25.73	交易总金额中净平均盈利占比%	64.60
最大盈利	343.24	最大亏损	-25.73	最大盈亏合计中净盈利占比%	86.05
盈利交易平均持仓期数	229	亏损交易平均持仓期数	2	盈亏持仓期数差占持仓期数比例%	11350.00
盈利交易最长持仓期数	1121	亏损交易最长持仓期数	2	最长盈亏持仓期数差占最长亏损持仓期数比%	55950.00
最大连续盈利次数	9	最大连续亏损次数	1	最大连续盈亏期数差与最长连续亏损期数比例%	800.00
空仓总期数	27	平均空仓期数	27		
最长空仓期数	27				
系统未平仓回撤	0	盈亏比指数	99.7	净利润与系统未平仓回撤之比%	42410.81
系统末平仓回撤	-19.88	风险回报指数	99.76	净利润同系统末平仓回撤之差与净利润之比%	99.76
最大末平仓交易回撤	-197.47	买入并持有指数	203.03	系统末平仓回撤与净利润之比%	-0.24

在 Equis 公司 Metastock© 系统报告"(盈亏概览统计)中,净利润总额等于利润合计减去亏损合计,包括按市值计价的未平仓头寸。相对地,盈利交易总金额是指已实现利润合计(仅包括已平仓头寸),不包括任何未平仓头寸的盈亏总额。同样,亏损交易是指已实现亏损合计(仅包括已平仓头寸所有亏损总额,不包括任何未平仓头寸)。系统平仓回撤是指基于已平仓头寸计算的累计净值投资净值曲线低于初始投资的最大降幅,系统未平仓回撤(SODD)是指头寸未平仓时累计净值曲线低于初始投资净值的最大降幅。盈亏比指数是关于将盈利交易总金额与亏损总金额联系在一起的一个复杂计算结果,值的范围位于-100(最差可能表现)与+100(最好可能表现)之间,0值代表盈亏相等,风险回报指数等于净利润总额减去系统未平仓回撤的差再除以净利润总额。在本次演练交易中,初始投资假设为 100 美元。多头交易和空头交易都进行,交易信号出现当天收盘价格执行,统计分析不包括交易成本、利息费用和利润。

— 531 —

看跌/看涨期权费比率

看跌/看涨期权费比率是平均股票看跌期权费除以平均股票看涨期权费的比率，它是一个根据"反向意见"理论来解释的情绪指标。当期权投机者走向极端时，他们对股票价格方向的认识是错的。

当期权投机者感觉特别悲观时，他们会过度抬高看跌期权价格，这使看跌期权费上涨，引起看跌/看涨期权费比率上升到相当高的水平，这意味着股票价格未来反而看涨。

在相反极端，当期权投机者感觉特别乐观时，他们会过度抬高看涨期权价格，这使看涨期权费上涨，引起看跌/看涨期权费比率下降到相当低的水平，这意味着股票价格未来反而看跌。

技术分析师一般靠这一比率的水平来寻找信号。我们发现，研究该比率从一周到下一周的大幅变化更有用。当我们看到期权投机者突然和剧烈改变其想法时，就获得了更好的信号。

数据是由期权清算公司汇编的。机构投资者获得该指标的历史数据，源于美国国债证券公司（UST）：新泽西州普林斯顿市沃恩大道5号，区号5209，邮编08543-5209，电话（609）734-7788。

看跌/看涨期权费比率跳跃策略的指标策略举例

以1979年8月至2000年11月21年期间道琼斯工业平均指数（DJIA）每周看跌/看涨期权费比率和每周收盘价数据文件为基础，我们发现，如果不带主观性，不运用复杂技术分析，不妄断，而以纯机械式的超买/超卖信号为基础，下列参数能产生良好的交易结果。

多头开仓（买入）：当最新看跌/看涨期权费比率跳跃超出其上周水平以上19.4%时，以DJIA当周收盘价买入。

多头平仓（卖出）：当最新看跌/看涨期权费比率跳跃超出其上周水平以下31.4%时，以DJIA当周收盘价卖出。

空头开仓（卖出空头）：当最新看跌/看涨期权费比率跳跃超出其上周水平以下 31.4%时，以 DJIA 当周收盘价卖出空头。

空头平仓（平仓）：当最新看跌/看涨期权费比率跳跃超出其上周水平以上 19.4%时，以 DJIA 当周收盘价平仓空头。

运用该看跌/看涨期权费比率跳跃策略，以 100 美元开始投资并将利润再投资，假如充分运用该投资策略进行利润再投资操作，无交易成本和税收，净利润总额将达到 2,769.00 美元，这比买入并持有策略高出 143.47%。空头卖出交易适度盈利，且包括在本策略中。该多空交易看跌/看涨期权费比率跳跃策略在整个期间给出的盈利性信号占 65.83%，交易适度活跃，平均每 64.88 个日历日交易一次。注意，该策略仅考虑每周收盘价而忽略中间任何变化。

在 Equis 国际公司 MetaStock© 系统中，看跌期权费对看涨期权费比率乘以 10000（以调整显示范围）后，被插入在通常预留给成交量的字段中，看跌/看涨期权费比率测试规则书写如下：

多头开仓：V>(Ref(Mov(V,opt1,E),-1)+
((opt2/1000))*Ref(Mov(V,opt1,E),-1))

多头平仓：V<(Ref(Mov(V,opt1,E),-1)-
((opt3/1000))*Ref(Mov(V,opt1,E),-1))

空头开仓：V<(Ref(Mov(V,opt1,E),-1)-
((opt3/1000))*Ref(Mov(V,opt1,E),-1))

空头平仓：V>(Ref(Mov(V,opt1,E),-1)+
((opt2/1000))*Ref(Mov(V,opt1,E),-1))

OPT1 当前值：1

OPT2 当前值：194

OPT3 当前值：314

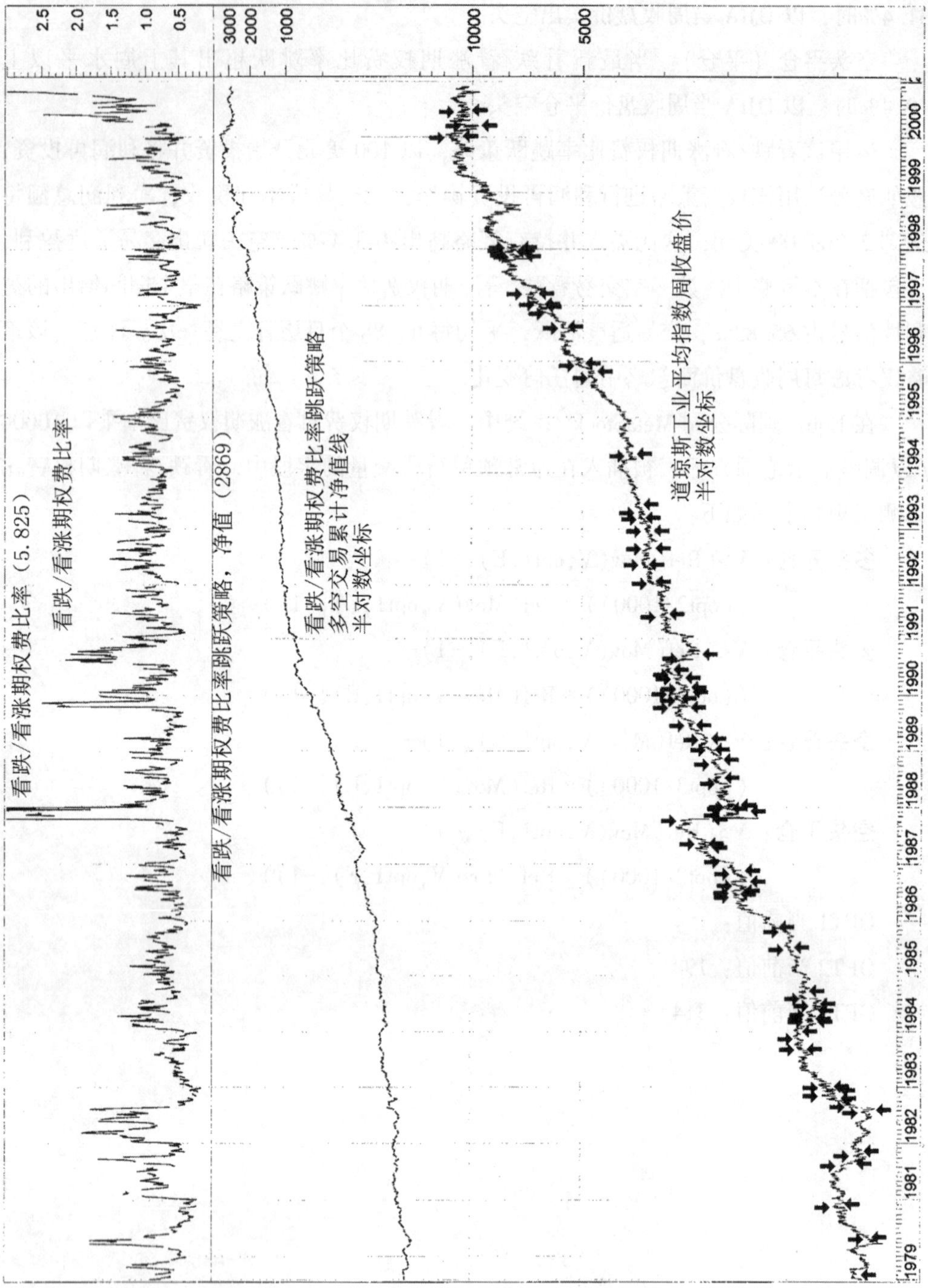

看跌/看涨期权费比率（5.825）
看跌/看涨期权费比率
看跌/看涨期权费比率跳跃策略，净值（2869）
看跌/看涨期权费比率跳跃策略
多空交易累计净值线
半对数坐标
道琼斯工业平均指数周收盘价
半对数坐标
2.5
2.0
1.5
1.0
0.5
3000
2000
1000
10000
5000
1979
1981
1982
1983
1984
1985
1986
1987
1988
1989
1990
1991
1992
1993
1994
1995
1996
1997
1998
1999
2000

看跌/看涨期权费比率跳跃策略

净利润总额	2769	未平仓头寸价值	17.94
盈亏百分比	2769	年均盈亏百分比	129.82
初始投资	100	利息收入	0
当前头寸	多头	头寸建立日期	6/23/00
买入并持有利润总额	1137.32	测试总天数	7785
买入并持有利润率%	1137.32	年均买入并持有利润率%	53.32
已平仓交易总数	120	佣金支付总额	0
每笔交易平均利润	22.93	平均盈利与平均亏损比率	1.68
多头交易总数	60	空头交易总数	60
盈利多头交易数	46	盈利空头交易数	33
亏损交易总数	79	交易总数中盈利交易占比	41
盈利交易总金额	3979.09	亏损交易总金额	-1228.04
平均盈利	50.37	平均亏损	-29.95
最大盈利	1185.42	最大亏损	-480.23
盈利交易平均持仓期数	11.34	亏损交易平均持仓期数	7.54
盈利交易最长持仓期数	104	亏损交易最长持仓期数	36
最大连续盈利次数	7	最大连续亏损次数	3
空仓总期数	6	平均空仓期数	6
最长空仓期数	6		
系统平仓回撤	-8.33	盈亏比回报指数	69.28
系统未平仓回撤	-12.67	风险回报指数	99.54
最大平仓交易回撤	-500.32	买入并持有指数	145.04

超额利润比率%	143.47		
年均超额利润比率%	143.47		
平均每笔交易天数	64.88		
多头交易中盈利交易占比	76.67		
空头交易中盈利交易占比	55.00		
交易总数中盈利交易占比	65.83		
交易总金额中净盈利金额占比	52.83		
平均盈亏总额中净平均盈利占比	25.42		
最大盈亏合计中净盈利占比	42.34		
盈亏持仓期数差占亏损持仓期数比例%	50.40		
最大连续盈亏期数差占连续盈亏期数比例%	188.89		
			133.33
净利润与系统平仓回撤之比	21854.78		
净利润同系统未平仓回撤与净利润之比	99.54		
系统未平仓回撤与净利润之比%	-0.46		

在 Equis 公司 Metastock© "系统报告"（盈亏概览统计）中，净利润总额等于利润合计减去亏损合计，包括按市值计价的未平仓头寸。盈利交易总金额是指已实现利润合计（仅包括已平仓头寸）。系统平仓回撤是指基于已平仓头寸的累计净值曲线低于初始投资的最大降幅。同样，亏损交易总金额是指已实现亏损合计（仅包括已平仓头寸）所有亏损的累计金额，不包括任何未平仓头寸。买入并持有指数是指关于将盈利交易总金额与亏损交易总金额联系在一起的一个复杂计算结果，值的范围位于-100（最差可能表现）与+100（最好可能表现）之间，0值代表盈亏相等，风险回报指数等于净利润除以净利润总额的差再除以净利润。在本次演练交易中，初始投资假设为100美元。多头交易和空头交易都进行，除非另有说明。交易按信号出现当天收盘价格执行，统计分析中不包括交易成本、利息费用和利润。

看跌/看涨比率：看跌/看涨成交量比率

看跌/看涨比率是一个根据"反向意见"理论来解释的情绪指标。当期权投机者走向极端时，他们对股票价格方向的认识是错的。

计算看跌/看涨比率时，用当日股票看跌期权成交量除以股票看涨期权成交量。计算中通常使用芝加哥期权交易所（CBOE）每日数据。（机构投资者获得该指标的历史数据，源于美国国债证券公司（UST）：新泽西州普林斯顿市沃恩大道5号，区号5209，邮编08543-5209，电话（609）734-7788。）

极高的看跌/看涨比率表明，期权投机者强烈感觉股票价格将下降很低。相反的是，由于期权投机者走向情绪极端时是错的，他们的悲观主义就意味着股票价格未来是看涨的。

在相反极端，非常低的看跌/看涨比率表明，期权投机者强烈感觉股票价格将要上升很高。他们的乐观主义意味着股票价格未来是看跌的。

技术分析师一般靠这一比率的水平来寻找信号。在本例中，比率水平随时间而移动。因此，我们发现，研究该比率相对于原始数据跟踪指数移动平均线的大幅变化更有用。当我们看到期权投机者相对于以前突然和剧烈改变其想法时，就获得了更好的信号。

看跌/看涨比率包络线策略的指标策略举例

以1978年1月至2000年11月22年期间DJIA每日看跌/看涨成交量比率和每日收盘价数据文件为基础，我们发现，如果不带主观性，不运用复杂技术分析，不妄断，而以纯机械式的超买/超卖信号为基础，下列参数能产生良好的交易结果：

多头开仓（买入）：当最新看跌/看涨成交量比率跳跃超出其前一日自身跟踪90日指数移动平均线（EMA）以上19.5%时，以道琼斯工业平均指数（DJIA）当日收盘价买入。

多头平仓（卖出）：当最新看跌/看涨成交量比率跳跃超出其前一日自身跟踪90日EMA以下42.0%时，以DJIA当日收盘价卖出。

空头开仓（卖出空头）：当最新看跌/看涨成交量比率跳跃超出其前一日自身跟踪90日EMA以下42.0%时，以DJIA当日收盘价卖出空头。

空头平仓（平仓）：当最新看跌/看涨成交量比率跳跃超出其前一日自身跟踪 90 日 EMA 以上 19.5%时，以 DJIA 当日收盘价平仓空头。

运用该看跌/看涨成交量比率包络线策略，以 100 美元开始投资并将利润再投资，假如充分运用该投资策略进行利润再投资操作，无交易成本和税收，净利润总额将达到 2,893.76 美元，这比买入并持有策略高出 141.37%。空头卖出交易适度盈利，并包括在本策略中。该多空交易看跌/看涨成交量比率跳跃策略作为指标在整个期间给出的盈利性买入信号占 89.74%，交易适度活跃，平均每 215.56 个日历日交易一次。

在 Equis 国际公司 MetaStock© 系统中，看跌成交量对看涨成交量比率乘以 10000（以调整显示范围）后，被插入在通常预留给成交量的字段中，看跌/看涨成交量比率测试规则书写如下：

多头开仓：V>(Ref(Mov(V,opt1,E),-1)+
((opt2/1000))*Ref(Mov(V,opt1,E),-1))

多头平仓：V<(Ref(Mov(V,opt1,E),-1)-
((opt3/1000))*Ref(Mov(V,opt1,E),-1))

空头开仓：V<(Ref(Mov(V,opt1,E),-1)-
((opt3/1000))*Ref(Mov(V,opt1,E),-1))

空头平仓：V>(Ref(Mov(V,opt1,E),-1)+
((opt2/1000))*Ref(Mov(V,opt1,E),-1))

OPT1 当前值：90

OPT2 当前值：195

OPT3 当前值：420

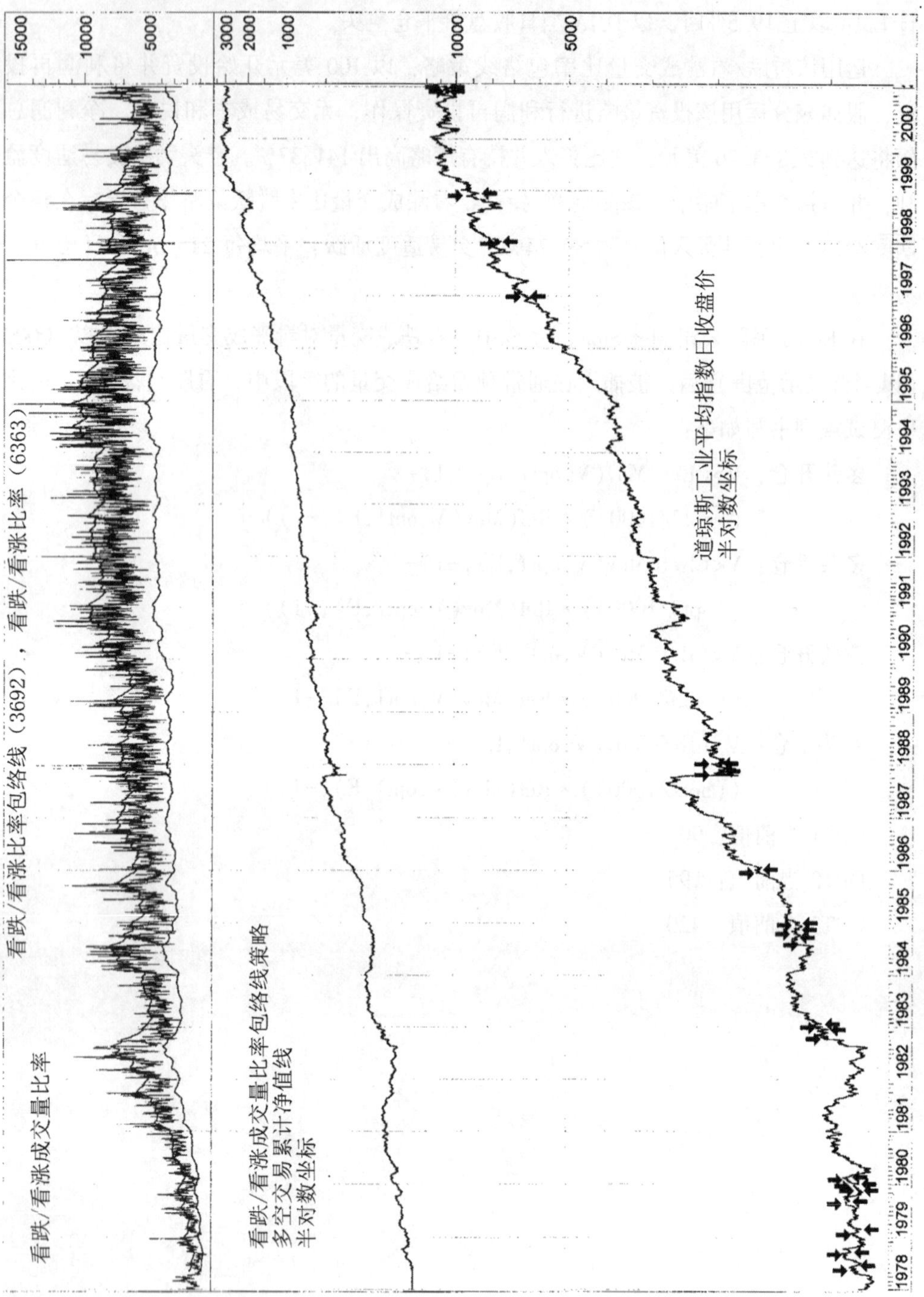
看跌/看涨比率包络线（3692），看跌/看涨比率（6363）
看跌/看涨成交量比率
15000
10000
5000
3000
2000
1000
10000
5000
看跌/看涨成交量比率包络线策略
多空交易累计净值线
半对数坐标
道琼斯工业平均指数日收盘价
半对数坐标
1978
1979
1980
1981
1982
1983
1984
1985
1986
1987
1988
1989
1990
1991
1992
1993
1994
1995
1996
1997
1998
1999
2000

看跌/看涨成交量比率包络线策略

净利润总额	2893.76	未平仓头寸价值	-6.96	超额净利润比率%	141.37
盈亏百分比	2893.76	年均盈亏百分比	125.64	年均超额净利润比率%	141.38
初始投资	100	利息收入	0		
当前头寸	多头	头寸建立日期	1/2/00		
买入并持有利润总额	1198.37	测试总天数	8407	平均每笔交易天数	215.56
买入并持有利润率%	1198.37	年均买入并持有利润率%	52.05		
已平仓交易总数	39	佣金支付总额	0		
每笔交易平均利润	74.38	平均盈利与平均亏损比率	8.47		
多头交易总数	19	空头交易总数	20	多头交易中盈利交易占比%	89.47
盈利交易总数	17	盈利空头交易数	18	空头交易中盈利交易占比%	90.00
亏损交易总数	35	亏损空头交易数	4	交易总数中盈利交易占比%	89.74
盈利交易总金额	2940.38	亏损交易总金额	-39.66	交易总金额中净盈利金额占比%	97.34
平均盈利	84.01	平均亏损	-9.91	平均盈亏总额中净平均盈利占比%	78.90
最大盈利	1077.3	最大亏损	-23.15	最大盈亏合计中净盈利占比%	95.79
盈利交易平均持仓期数	159.49	亏损交易平均持仓期数	44.25	盈亏持仓期数差占亏损持仓最长期数比例%	260.43
盈利交易最长持仓期数	2268	亏损交易最长持仓期数	85	最长盈亏期数差占最长持仓期数比例%	2568.24
最大连续盈利次数	17	最大连续亏损次数	1	最大连续盈亏期数差占连续亏损期数比例%	1600.00
空仓总期数	94	平均空仓期数	94		
最长空仓期数	94				
系统平仓回撤	0	盈亏比指数	98.65	净利润与系统未平仓回撤之比	202360.84
系统未平仓回撤	-1.43	风险回报指数	99.95	净利润同系统未平仓回撤之差与净利润之比	99.95
最大未平仓交易回撤	-85.18	买入并持有指数	140.79	系统未平仓回撤与净利润之比	-0.05

在 Equis 公司 Metastock© "系统报告"("盈亏概览计")中，净利润总额等于利润合计减去亏损合计，包括按市值计的未平仓头寸。相对地，盈利交易总金额是指已实现利润合计(仅包括已平仓交易)。同样，亏损交易总金额是指已实现亏损合计(仅包括已平仓交易)。超额净利润总额是指已实现利润合计(仅包括任何未平仓头寸)。系统平仓回撤是指(仅基于已平仓交易)计算净值的最大降幅，亏损平均值线低于初始投资的最大降幅。系统未平仓回撤(SODD)是指未平仓时累计净值等于+100(最好可能于初始投资的最大降幅。盈亏比指数是关于相等于净利润与净交易总金额联系在一起的一个复杂计算结果，值的范围位于-100(最差可能表现)与+100(最好可能表现)之间，0 值代表亏相等。盈亏比指数等于净利润总额减去风险回报指数以净利润总额，统计分析不包括交易成本，利息费用和利润。假设为100美元。多头交易和空头交易都进行，除非另有说明。交易按信号价格执行，统计分析不包括交易成本，利息费用和利润。

— 539 —

Q 棒指标

　　Q 棒指标是一个价格动量摆动指标，是关于收盘价减去开盘价差值的简单移动平均线，围绕 0 轴上下摆动。通过关注收盘价减去开盘价的差值，Q 棒指标试图量化日本 K 线图的内涵：当今日收盘价高于今日开盘价时，它预示着买入压力；而当今日收盘价低于今日开盘价时，它预示着卖出压力。就像其他摆动指标一样，Q 棒指标可以用多种方法解释。Q 棒指标是由图莎尔·钱德和斯坦利·克罗尔提出的（《新技术交易者》，约翰·威利父子出版公司，纽约，1994：共 256 页）。

　　按最初的设计和通常还在使用的计算方法，Q 棒指标水平扩张到更高的高点和更低的低点，因为在过去的 1982 至 2000 年期间的 18 年里，股票价格水平上升超过 10 倍（为标准化该指标，通过用收盘价减去开盘价的差再除以收盘价将基本 Q 棒指标转换为百分比形式）。

Q 棒趋势跟踪指标策略举例

　　Q 棒指标可以用于趋势跟踪。Q 棒指标的值大于 0 表明阳线占大部分，在移动平均线测算的时间内买入压力对卖出压力占支配地位。相反，Q 棒指标的值小于 0 表明阴线占大部分，在移动平均线测算的时间内卖出压力对买入压力占支配地位，因此，穿越 0 轴被用于发出信号。

　　Q 棒指标的趋势方向也可以用来发出信号。例如，上升趋势的 Q 棒指标可以被视作是看涨的，而下降趋势的 Q 棒指标可以被视作是看跌的。

　　以 1982 年 4 月 21 日至 2000 年 12 月 22 日间的 18 年期间标准普尔 500 综合股价指数期货的全部历史上每日数据文件为基础（使用从网站 www.csidata.com 收集的 CSI 永久合约数据），我们发现，如果不带主观性，不运用复杂技术分析，不妄断，而以纯机械式的信号为基础，下列参数能产生良好的交易结果。

　　多头开仓（买入）：当 1 日 Q 棒指标（无移动平均平滑）大于 0 并上升时，以标准普尔 500 综合股价指数期货 CSI 永久合约当日收盘价买入。

　　多头平仓（卖出）：当 1 日 Q 棒指标（无移动平均平滑）小于 0 并下降时，以标准普尔 500 综合股价指数期货 CSI 永久合约当日收盘价卖出。

　　空头开仓（卖出空头）：从不操作。

运用该 Q 棒趋势跟踪策略，以 100 美元开始投资并将利润再投资，假如充分运用该策略进行利润再投资操作，无交易成本和税收，净利润总额将达到 222.76 美元，这比买入并持有策略低 78.32%。空头卖出交易是不盈利的，且空头卖出交易不包括在本策略中。该仅做多头交易 Q 棒变量在整个期间提供的盈利性买入信号中占 49.19%，交易极度活跃，平均每 4.83 个日历日交易一次。

Equis 国际软件公司 MetaStock 系统测试规则书写如下：

多头开仓：CLOSE-OPEN>0 AND
　　　　　　CLOSE-OPEN>Ref(CLOSE-OPEN,-1)

多头平仓：CLOSE-OPEN<0 OR
　　　　　　CLOSE-OPEN<Ref(CLOSE-OPEN,-1)

Q 棒逆势交易指标策略举例

朴素的测试假设表明，Q 棒指标作为纯机械式的逆势技术指标具有某种客观的价值，低于 0 时买入，高于 0 时卖出，大多数买入信号是盈利的。此外，这些买入信号是稳健的，从 1 天到 50 天的所有期限长度都是盈利的，且对于仅做多头交易同样大部分时间都正确，6 天及以下的短期长度盈利最少。

高百分比的盈利交易看起来很诱人，然而要注意，这一策略和其他逆势策略一样，在 1987 年股灾、1998 年大跌和其他市场价格下跌中未能提供任何保护。正如下图所显示，有一个急剧的净值回撤。使用 Q 棒指标作为逆势信号，对于仅做多头交易跑赢消极的买入并持有策略，从过去看，空头卖出交易是不盈利的。

以 1982 年 4 月 21 日至 2000 年 12 月 22 日间的 18 年期间标准普尔 500 综合股价指数期货的全部历史上每日数据文件为基础（使用从网站 www.csidata.com 收集的 CSI 永久合约数据），我们发现，如果不带主观性，不运用复杂技术分析，不妄断，而以纯机械式的超买/超卖信号为基础，下列参数能产生良好的交易结果。

多头开仓（买入）：当 Q 棒指标 9 日简单移动平均线小于 0 时，以标准普尔 500 综合股价指数期货 CSI 永久合约当日收盘价买入。

多头平仓（卖出）：当 Q 棒指标 9 日简单移动平均线大于 0 时，以标准普尔 500 综合股价指数期货 CSI 永久合约当日收盘价卖出。

空头开仓（卖出空头）：从不操作。

仅做多头累计净值线
半对数坐标

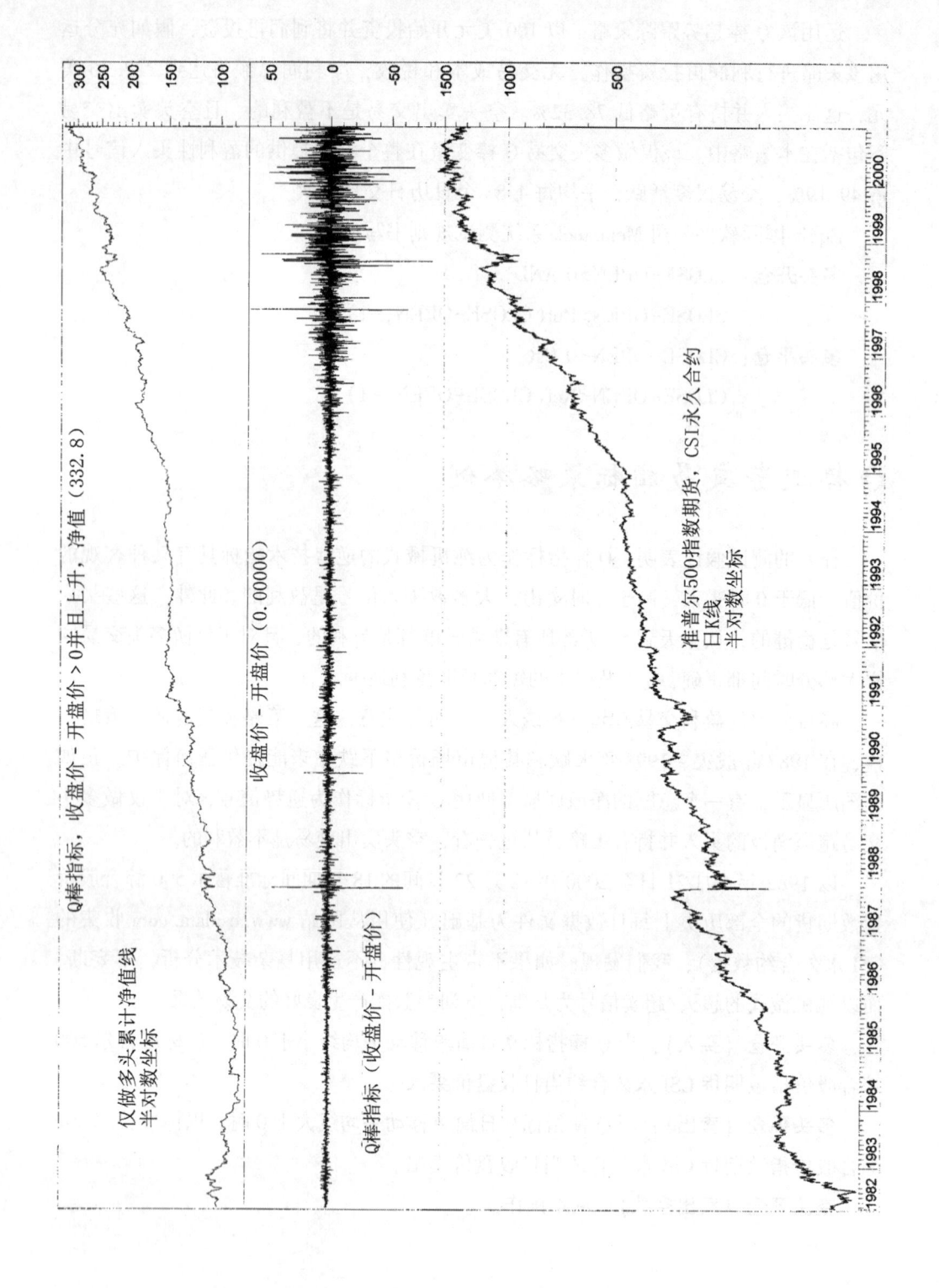

Q棒指标，收盘价－开盘价＞0并且上升，净值（332.8）

收盘价－开盘价（0.00000）

Q棒指标（收盘价－开盘价）

标普尔500指数期货，CSI永久合约
日K线
半对数坐标

1 日 Q 棒指标，趋势跟踪

净利润总额	222.76	未平仓头寸价值	9.41	超额利润比率%	−78.32
盈亏百分比	222.76	年均盈亏百分比	11.92	年均超额净利润比率%	−78.32
初始投资	100	利息收入	0		
当前头寸	多头	头寸建立日期	12/21/00		
买入并持有利润总额	1027.4	测试总天数	6821	平均每笔交易天数	4.83
买入并持有利润率%	1027.4	年均买入并持有利润率%	54.98		
已平仓交易总数	1413	佣金支付总额	0		
每笔交易平均利润	0.15	平均盈利与平均亏损比率	1.32		
多头交易总数	1413	空头交易总数	0	多头交易中盈利交易占比%	49.19
盈利多头交易总数	695	盈利空头交易总数	0	空头交易中盈利交易占比%	#
盈利交易总数	695	交易总天数中盈利交易占比%	49.19
亏损交易总数	718	交易总金额中净盈利金额占比%	12.19
盈利交易总金额	982.03	亏损交易总金额	−768.68	平均盈利总额中净平均盈利占比%	13.71
平均盈利	1.41	平均亏损	−1.07	最大盈亏合计中净盈利占比%	13.46
最大盈利	15.13	最大亏损	−11.54	盈亏持仓期数差占最长持仓期数比例%	21.15
盈利交易平均持仓期数	2.52	亏损交易平均持仓期数	2.08	最长盈亏持仓期数差占持仓期数比%	25.00
盈利交易最长持仓期数	5	亏损交易最长持仓期数	4	最大连续盈亏期数差占连续亏损期数比例%	−20.00
最大连续盈利次数	8	最大连续亏损次数	10		
空仓总期数	4310	平均空仓期数	3.05		
最长空仓期数	10				
系统平仓回撤	−16.47	盈亏比指数	22.47	净利润与系统未平仓回撤之比	1352.52
系统未平仓回撤	−16.47	风险回报指数	93.11	净利润同系统未平仓回撤之差与净利润之比	92.61
最大未平仓交易回撤	−11.54	买入并持有指数	−77.4	系统未平仓回撤与净利润之比	−7.39

在 Equis 公司 Metastock© 系统报告"盈亏概览统计"中，净利润总额等于利润合计减去亏损合计（包括按市值计的未平仓头寸，包括按市值计的未平仓头寸合计）。同样，亏损交易总金额是指已实现亏损合计（仅包括已平仓头寸）。相对地，盈利交易总金额是指已实现利润合计（仅包括已平仓头寸）。系统平仓回撤是指基于已平仓头寸净值的累计净投资降幅。系统未平仓回撤（SODD）是指头寸未平仓时累计净值线低于初始投资的最大降幅。盈亏指数是关于将盈利交易总金额联系在一起计算结果，值的范围位于−100（最差可能表现）与+100（最好可能表现）之间，0值代表盈亏相等。风险回报指数等于净利润总额减去系统未平仓回撤，统计分析不包括交易成本，利息费用和利润。假设为 100 美元。多头交易和空头交易都按信号价格执行，除非另有说明。买入并持有指数是指出现当天收盘价格时分析不包括交易成本，利息费用和利润。

— 543 —

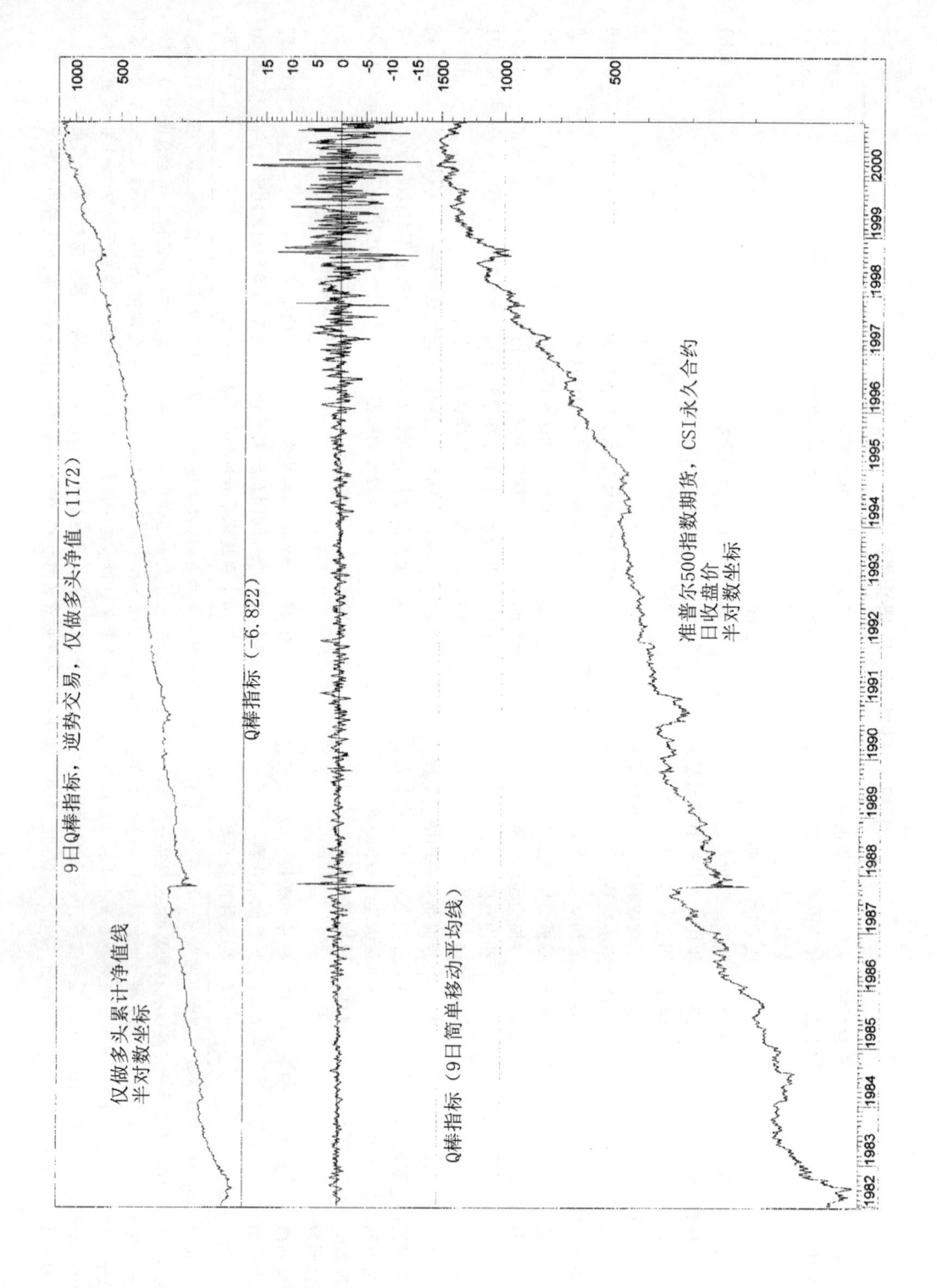

9日Q棒指标，逆势交易，仅做多头净值（1172）

仅做多头累计净值线
半对数坐标

Q棒指标（-6.822）

Q棒指标（9日简单移动平均线）

准普尔500指数期货，CSI永久合约
日收盘价
半对数坐标

9日Q棒指标，逆势交易

净利润总额	1071.86	未平仓头寸价值	−17.97
盈亏百分比	1071.86	年均盈亏百分比	57.36
初始投资	100	利息收入	0
当前头寸	多头	头寸建立日期	12/7/00
买入并持有利润总额	1027.4	测试总天数	6821
买入并持有利润率%	1027.4	年均买入并持有利润率%	54.98
已平仓交易总数	366	佣金支付总额	0
每笔交易平均利润	2.98	平均盈利与平均亏损比率	1.1
多头交易总数	366	空头交易总数	0
盈利多头交易数	271	盈利空头交易数	0
盈利交易总数	271	盈利交易总数占比%	95
亏损交易总数	1598.74	亏损交易总金额占比%	−508.91
平均盈利	5.9	平均亏损	−5.36
最大盈利	42.64	最大亏损	−55.26
盈利交易平均持仓期数	5.44	亏损交易平均持仓期数	10.04
盈利交易最长持仓期数	27	亏损交易最长持仓期数	28
最大连续盈利次数	19	最大连续亏损次数	4
空仓总期数	3017	平均空仓期数	65
最长空仓回撤			8.22
系统平仓回撤	−10.45	盈亏比指数	67.81
系统未平仓回撤	−14.22	风险回报指数	98.69
最大未平仓交易回撤	−91.09	买入并持有指数	2.58

超额净利润比率%	4.33
年均超额净利润比率%	4.33
平均每笔交易天数	18.64
多头交易中盈利交易占比%	74.04
空头交易中盈利交易占比%	#
交易总数中盈利交易占比%	74.04
交易盈利总金额中净盈利占比%	51.71
平均盈亏总额合计中净盈利占比%	4.08
最大盈亏持仓期数差占亏损持仓期数比例%	−12.89
盈亏持仓期数差占最长持仓期数比例%	−45.82
最长连续盈亏期数差占连续盈亏期数比例%	−3.57
	375.00
净利润与系统平仓回撤之比%	7537.69
净利润同系统平仓回撤之差与净利润之比%	98.67
系统未平仓回撤与净利润之比%	−1.33

在Equis公司Metastock©"系统报告"（盈亏概览统计）中，净利润总额等于利润总额减去亏损总额，不包括任何获利头寸。相对地，盈利交易总金额是指已实现利润合计（仅包括已平仓头寸），不包括任何初始投资基于已平仓头寸的累计净值线低于初始投资净值线的最大降幅。系统平仓回撤仅指基于已平仓头寸的累计净值线低于初始投资净值线的最大降幅（仅包括平仓回撤）（SODD）是指头寸未平仓时累计净值低于初始投资净值线的最大降幅。盈亏比指数是关于将盈利交易总金额与净亏损总额联系在一起的一个复杂计算结果，值的范围位于−100（最差可能表现）与+100（最好可能表现）之间。0值代表盈亏相等，风险回报指数等于净利润总额减去系统未平仓回撤总额的差再除以净利润总额。在本次演练交易中，初始投资假设为100美元。多头交易和空头交易都按信号出现当天收盘价执行，统计分析中不包括交易成本，利息费用和利润。

运用该Q棒逆势交易策略，以100美元开始投资并将利润再投资，假如充分运用该投资策略进行利润再投资操作，无交易成本和税收，净利润总额将达到1071.86美元，这比买入并持有策略高出4.33%。空头卖出交易是不盈利的，且空头卖出交易不包括在本策略中。该仅做多头交易Q棒变量在整个期间给出的盈利性买入信号占74.04%，交易仅仅适度活跃，平均每18.64个日历日交易一次。

Equis 国际公司 MetaStock© 系统测试规则书写如下：

多头开仓：Qstick（opt1）<0

多头平仓：Qstick（opt1）>0

OPT1 当前值：9

R 平方指标

R 平方指标试图量化既定方向上的趋势价格倾向。价格运行与时间的推移越接近线性关系，趋势越强烈，且 R 平方值越高。当 R 平方指标高于其临界值并且上升时，则说明我们有95%的把握认为强势已经出现。

下表显示了不同时期数95%置信水平所要求的 R 平方临界值。如果 R 平方值大于等于所显示的临界值，价格表现为统计显著趋势。但如果 R 平方值小于所显示的临界值，价格表现为无统计显著趋势。

时期数	R 平方临界值（95%置信水平）
5	0.77
10	0.40
14	0.27
20	0.20
25	0.16
30	0.13
50	0.08
60	0.06
120	0.03

R 平方指标通常与线性回归斜率指标一起使用。当临界的 R 平方值伴随正的线性回归斜率值一起出现时，它作为显著信号被采用。实际上，再增加 R 平方值大于0.03的要求，245日线性回归斜率指标的盈利性得到轻微加强。见"线性回归斜率

指标"。

R 平方与线性回归斜率结合使用的指标策略举例

R 平方指标与线性回归斜率指标结合在一起使用是稳健的。我们要求的 R 平方临界值为 0.03 或更大，结合的线性回归斜率期限长度为 120 至 320 日之间。仅做多头交易全部都盈利，空头卖出交易全都不盈利。

以 1982 年 4 月 21 日至 2000 年 12 月 22 日间的 18 年期间标准普尔 500 综合股价指数期货 CSI 永久合约的全部历史上每日数据文件为基础，数据从网站 www.csidata.com 收集，我们发现，如果不带主观性，不运用复杂技术分析，不妄断，而以纯机械式的信号为基础，下列参数能产生良好的交易结果。

多头开仓（买入）：当 245 日线性回归斜率大于 0 并且 R 平方大于等于 0.03 时，表明价格上涨趋势显著，以标准普尔 500 综合股价指数期货 CSI 永久合约当日收盘价买入。

多头平仓（卖出）：当 245 日线性回归斜率小于 0 并且 R 平方大于等于 0.03 时，表明价格下降趋势显著，以标准普尔 500 综合股价指数期货 CSI 永久合约当日收盘价卖出。

空头开仓（卖出空头）：从不操作。

运用该 R 平方结合线性回归斜率指标趋势跟踪策略，以 100 美元开始投资并将利润再投资，假如充分运用该投资策略进行利润再投资操作，无交易成本和税收，净利润总额将达到 544.48 美元，这比买入并持有策略低 47.00%。空头卖出交易是不盈利的，且空头卖出交易不包括在本策略中。该仅做多头交易 R 平方结合线性回归斜率指标在整个期间给出的盈利性买入信号占 100%，交易不活跃，平均每 1364.20 个日历日交易一次。

Equis 国际公司 MetaStock© 系统测试规则书写如下：

多头开仓：LinRegSlope(C,opt1)>0 AND RSquared(C,opt1)>=opt2*0.001

多头平仓：LinRegSlope(C,opt1)<0 AND RSquared(C,opt1)>=opt2*0.001

OPT1 当前值：245

OPT2 当前值：30

仅做多头累计净值线
半对数坐标

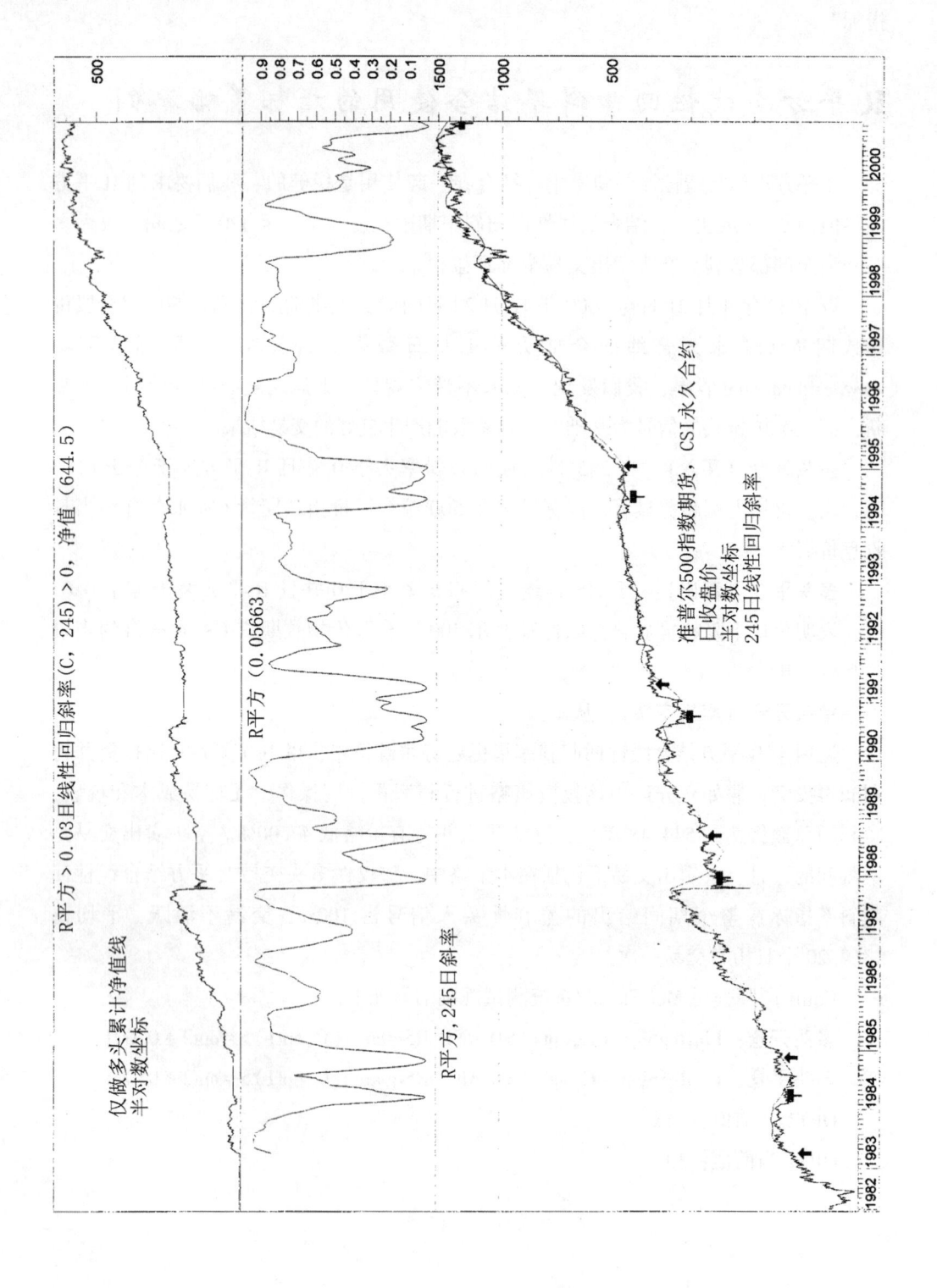

R平方 > 0.03 日线性回归斜率 (C, 245) > 0, 净值 (644.5)

R平方 (0.05663)

R平方, 245日斜率

准普尔500指数期货, CSI永久合约
日收盘价
半对数坐标
245日线性回归斜率

R平方 = 0.03 且线性回归斜率 = 245 日

净利润总额	544.48	未平仓头寸价值	无	超额净利润比率%	-47.00
盈亏百分比	544.48	年均盈亏百分比	29.14	年均超额净利润比率%	-47.00
初始投资	100	利息收入	0		
当前头寸	空仓	头寸建立日期	12/18/00		
买入并持有利润总额	1027.4	测试总天数	6821	平均每笔交易天数	1364.20
买入并持有利润率%	1027.4	年均买入并持有利润率%	54.98		
已平仓交易总数	5	佣金支付总额	0		
每笔交易平均利润	108.9	平均盈利与平均亏损比率	无		
多头交易总数	5	空头交易总数	0	多头交易中盈利交易占比%	100
盈利多头交易数	5	盈利空头交易数	0	空头交易中盈利交易占比%	#
盈利交易总数	5	亏损交易总数	0	交易总数中盈利交易占比%	100.00
盈利交易总金额	544.48	亏损交易总金额	0	交易总金额中净盈利金额占比%	100.00
平均盈利	108.9	平均亏损	无	平均盈亏总额中净平均盈利占比%	#
最大盈利	420.18	最大亏损	0	最大盈亏合计中净盈利占比%	100.00
盈利交易平均持仓期数	770.8	亏损交易平均持仓期数	无	盈亏持仓期数差占亏损持仓期数比例%	#
盈利交易最长持仓期数	1492	亏损交易最长持仓期数	0	最长盈亏持仓期数差占最长亏损持仓期数比例%	#
最大连续盈利次数	5	最大连续亏损次数	0	最大连续盈亏期数差占连续亏损期数比例%	#
空仓总期数	879	平仓总期数	146.5		
最长空仓期数	245				
系统平仓回撤	0	盈亏比指数	100	净利润与系统平仓回撤之比%	#
系统未平仓回撤	0	风险回报指数	100	净利润同系统未平仓回撤之差与净利润之比%	100.00
最大未平仓回撤	-5.15	买入并持有指数	-47	系统未平仓回撤与净利润之比%	0.00

在 Equis 公司 Metastock® 系统报告"(盈亏概览统计)中,净利润总额等于利润合计减去亏损合计,包括按市值计价的未平仓头寸。相对地,盈利交易总金额是指已实现利润合计(仅包括已平仓头寸)。同样,亏损交易总金额是指已实现亏损合计(仅包括已平仓头寸)。系统未平仓回撤是指仅基于头寸已平仓时净值低于初始投资的最大降幅。盈利交易总金额减去亏损交易总金额等于净利润总额,风险回报指数等于相等,0 值代表盈亏相等,除非另有说明。交易按信号出现当天收盘价格执行,统计分析中不包括交易成本,利息费用和利润。假设为100美元。多头交易和空头交易都被执行,除非另有说明。交易按信号出现当天收盘价格执行,统计分析中不包括交易成本,利息费用和利润。

— 549 —

随机游走假说

随机游走假说认为，股票价格运动是完全随意的，市场未来运行不能通过任何一种方法来预测，技术分析和基本面分析都是无效的，具有最好的教育、信息和洞察力的聪明分析师还没有机会从市场中获得额外回报，从投资中获得巨额财富的积极投资者只是在统计上巧合而已。一万个参与投资游戏的投资者中，盈利者和亏损者的比例是一样的。任何否认随机游走假说的异常现象证据，都仅仅是数据或程序的错误。

从来没有实际证据或证明来支持随机游走假说，其流行性正在衰弱。许多学者争议说，存在异常现象（非随机、无效的市场价格运动）的实际证据，市场至少在某种程度上可预测，尽管有效市场是不可能存在的。

想找到一个有时间按随机游走假说操作成功的投资者或交易者是不可能的。本书中包括的许多简单客观的市场技术指标，在绝对基础上尤其是风险调整后基础上，大幅击败了消极的买入并持有策略。如果市场非常有效或是随机的，这些显赫的结果是不可能获得的。

随机游走指标（RWI）

随机游走指标（RWI）既是短期超买/超卖趋势衰弱指标，又是长期趋势跟踪指标。RWI 由 E·迈克尔·普洛斯提出（"趋势与随机游走"，《股票和商品期货技术分析》第 9 卷第 2 期第 49—50 页，www.traders.com）。该指标可识别过去 n 日的最大 RWI 值，高点和低点可分别确认，短期和长期也可分别确认。

计算 RWI，先计算今日最低价与 n 日前最高价的差额，再除以包括今日的最近 n 日平均真实波幅与总日数的平方根之积。通过乘以总日数的平方根因子，指标赋予旧数据的权重逐渐降低。

例如，首先比较今日最低价和昨日最高价，其差额再除以这两日平均真实波幅与 2 的平方根之积。其次，比较今日最低价和两日前最高价，其差额再除以过去三天平均真实波幅与 3 的平方根之积。再次，比较今日最低价和三日前最高价，其差额再除以过去四天平均真实波幅与 4 的平方根之积，等等。这个过程执行至 n 日回顾期，记录下这一系列从 1 期到 n 期回顾期长度 RWI 中的最大值。如果任何回顾期长度产生的 RWI 值大于 1，那么市场形成趋势（本例中形成低点）。

计算 RWI，也可以计算今日最高价与 n 日前最低价的差额，再除以包括今日的最近 n 日平均真实波幅与总日数的平方根之积。

重复同样的过程，从今日最高价中减去每一个 n 日前的最低价，再除以包括今日的过去这些日期的平均真实波幅与所测算的总日数平方根之积。幸运的是，使用 MetaStock© 软件指标菜单中的预设指标，进行这些计算并不费力。

RWI 分别使用短期和长期指标。SRWI 是短期指标，2 至 7 日 RWI 用于确认短期超买/超卖趋势的衰减。SRWI 大于 1 是不可持续的，高点 SRWI 的峰值伴随着短期价格的顶点，低点 SRWI 的峰值伴随着短期价格的低点。

LRWI 是长期指标，8 至 64 日 RWI 用于确认长期趋势持续。高点 LRWI 值大于 1.0 表明长期可持续上涨趋势，低点 LRWI 值大于 1.0 表明长期可持续下降趋势。

作者建议，可以建立有效的趋势击穿系统，对长期趋势方向进行短期修正后开立交易：当高点的长期 RWI 值大于 1.0 并且低点的短期 RWI 值达到大于 1.0 的峰值时，平仓空头并买入多头；当低点的长期 RWI 值大于 1.0 并且高点的短期 RWI 值达到大于 1.0 的峰值时，平仓多头并建立空头。

随机游走指标策略举例

以 1982 年 4 月 21 日至 2000 年 12 月 22 日间的 18 年期间标准普尔 500 综合股价指数期货 CSI 永久合约的全部历史上每日数据文件为基础，数据从网站 www.csidata.com 收集，我们发现，如果不带主观性，不运用复杂技术分析，不妄断，而以纯机械式的信号为基础，下列参数能产生良好的交易结果。

多头开仓（买入）：当高点的长期 RWI 值大于 1.0 并且低点的短期 RWI 值大于 1.0 时，以标准普尔 500 综合股价指数期货 CSI 永久合约当日收盘价买入。

多头平仓（卖出）：当高点的短期 RWI 值大于 1.0 并且低点的长期 RWI 值大于 1.0 时，以标准普尔 500 综合股价指数期货 CSI 永久合约当日收盘价卖出。

空头开仓（卖出空头）：从不操作。

运用该随机游走指标策略，以 100 美元开始投资并将利润再投资，假如充分运用该投资策略进行利润再投资操作，无交易成本和税收，净利润总额将达到 359.06 美元，这比买入并持有策略低 65.05%。空头卖出交易是不盈利的，且空头卖出交易不包括在本策略中。该仅做多头交易随机游走指标策略在整个期间给出的盈利性买入信号占53.19%，交易仅仅适度活跃，平均每145.13个日历日交易一次。

Equis 国际公司 MetaStock© 系统测试规则书写如下：

多头开仓：RWIH(8,64)>1 AND RWIL(2,7)>1

多头平仓：RWIH(2,7)>1 AND RWIL(8,64)>1

灵活参数的随机游走指标 MetaStock© 系统测试规则

我们认为指标参数不是给定不变的。相反我们允许它们变化和演变，以适合市场交易。下列 MetaStock© 系统测试规则为更大的灵活性和适用性以及更大利润提供了可能，任何市场都可以使用同样的系统：

多头开仓：RWIH(opt1∗opt2, opt1∗opt2 ∗opt1∗opt2)>1 AND
RWIL(opt1,opt1∗opt2)>1

多头平仓：RWIL(opt1∗opt2, opt1∗opt2 ∗opt1∗opt2)>1 AND
RWIH(opt1,opt1∗opt2)>1

空头开仓：RWIL(opt1∗opt2, opt1∗opt2 ∗opt1∗opt2)>1 AND
RWIH(opt1,opt1∗opt2)>1

空头平仓：RWIH(opt1∗opt2, opt1∗opt2 ∗opt1∗opt2)>1 AND
RWIL(opt1,opt1∗opt2)>1

OPT1 当前值：5

OPT2 当前值：2

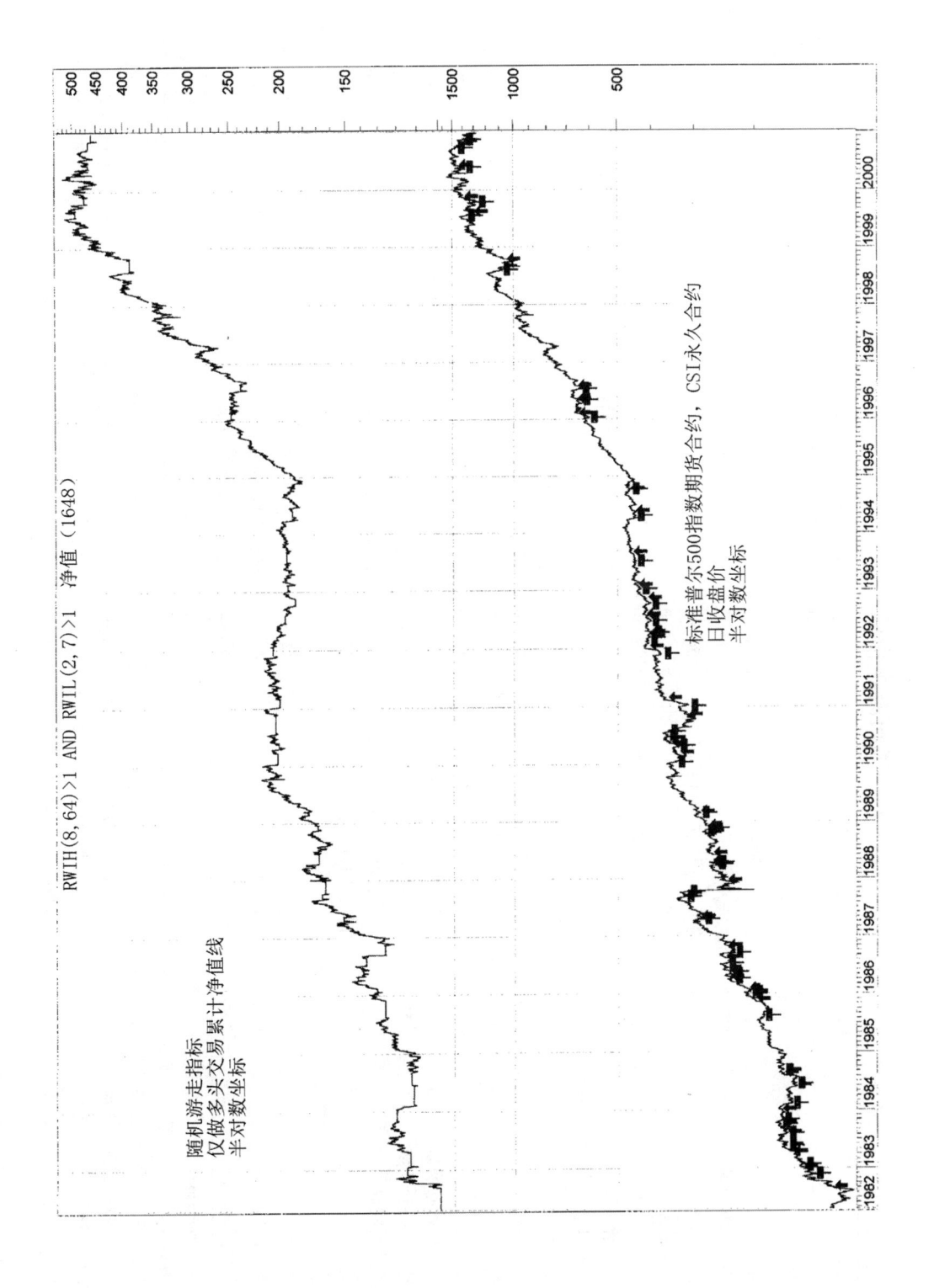

随机游走指标累计净值线
仅做多头交易
半对数坐标

RWIH(8, 64)>1 AND RWIL(2, 7)>1 净值（1648）

标准普尔500指数期货合约，CSI永久合约
日收盘价
半对数坐标

随机游走指标

指标	值	指标	值
净利润总额	359.06	未平仓头寸价值	无	超额利润比率%	-65.05
盈亏百分比	359.06	年均盈亏百分比	19.21	年均超额净利润比率%	-65.05
初始投资	100	利息收入	0		
当前头寸	空仓	头寸建立日期	11/14/00		
买入并持有利润总额	1027.4	测试总天数	6821	平均每笔交易天数	145.13
买入并持有利润率%	1027.4	年均买入并持有利润率%	54.98		
已平仓交易总数	47	佣金支付总额	0		
每笔交易平均利润	7.64	平均盈利与平均亏损比率	3.49		
多头交易总数	47	空头交易总数	0	多头交易中盈利交易占比	53.19
盈利多头交易数	25	盈利空头交易数	0	空头交易中盈利交易占比	#
盈利交易总数	25	亏损交易总数	22	交易总数中盈利交易占比	53.19
盈利交易总金额	479.97	亏损交易总金额	-120.9	交易总金额中净盈利金额占比	59.76
平均盈利	19.2	平均亏损	-5.5	平均盈亏总额中净平均盈利占比	55.47
最大盈利	150.25	最大亏损	-19.49	最大盈亏合计中净盈利占比	77.04
盈利交易平均持仓期数	108.2	亏损交易平均持仓期数	35.95	盈亏持仓期数差占亏损持仓期数比例%	200.97
盈利交易最长持仓期数	506	亏损交易最长持仓期数	160	最长盈亏持仓期数差占最长亏损持仓期数比例%	216.25
最大连续盈利次数	4	最大连续亏损次数	4	最长连续盈亏期数差占连续亏损期数比例%	0.00
空仓总期数	1321	平均空仓期数	27.52		
最长空仓期数	100				
系统平仓回撤	0	盈亏比指数	74.81	净利润与系统未平仓回撤之比%	108806.06
系统未平仓回撤	-0.33	风险回报指数	99.91	净利润同系统未平仓回撤之差与净利润之比%	99.91
最大未平仓回撤	-25.88	买入并持有指数	-65.05	系统未平仓回撤与净利润之比%	-0.09

在 Equis 公司 Metastock© "系统报告"（盈亏概览统计）中，净利润总额等于利润合计减去亏损合计，包括按市值计价的未平仓头寸。相对地，盈利平仓交易总金额指已实现利润合计（仅包括已平仓交易头寸）。同样，亏损交易是指已实现亏损合计（仅包括已平仓交易）所有亏损总额，不包括任何未平仓头寸。系统平仓回撤是基于已平仓头寸净值净值净投资的最大降幅，不包括任何未平仓头寸。系统未平仓回撤（SODD）是指未平仓时累计净值曲线低于初始投资净值的最大降幅。盈亏比指数是关于将盈利交易总金额与亏损总金额联系在一起的一个复杂计算结果，值的范围在-100（最差可能表现）与+100（最好可能表现）之间，0值代表盈亏相等，风险回报指数等于净利润总额减去系统未平仓回撤总额之差再除以净利润总额。在本次演练交易中，初始投资假设为100美元。多头交易和空头交易都进行，除非另有说明。交易按信号出现当天收盘价格执行，统计分析不包括交易成本、利息费用和利润。

区间指标：厄普肖"跟踪交易区间"价格投射方法（HOTR）

特许市场技术分析师大卫·L. 厄普肖（肯萨斯州莱克基维拉市希尔克雷斯特东465号，邮编66106）设计出一个简单的方法，为一个市场做出价格投射区间。仅需使用道琼斯工业平均指数（DJIA）当年最高点和最低点，先用当年价格最低点除以当年价格最高点，然后将该比率乘以100转换成百分比形式，计算出该百分比比率的20年简单移动平均线。计算出标准差，也就是20个百分比比率（一个代表一年）分别减去这20年的均值，求这些差的平方和，再除以观测期数（本例中为20），然后求平方根。大多数时间里，任何一年的价格波动区间会位于过去20年平均价格波动区间一个标准差范围内。

下列是以 MetaStock© 系统公式语言表示的厄普肖"跟踪交易区间"价格投射方法的自定义公式：

Mov((((L/H)∗100)),20,S); Stdev((L/H)∗100,20)

其中 Mov 是指移动平均，L 是当年最低点，H 是当年最高点，20 是移动平均的年数，S 是简单移动平均符号，Stdev 是指标准差，也是20年期的。

这个公式能返回我们计算厄普肖 HOTR 所需要的全部信息。该公式告诉我们，从1980年到2000年的20年间，DJIA 年最低点相当于最高点的百分比，平均为79.6%，同期标准差为6.2个百分点，这些数据在1958至2000年的42年里都相当稳定。

相同的公式也适用于任何期限或任何金融工具。例如，用99年替换公式中的20年，我们发现，从1901年到2000年的99年里，DJIA 最低价相对于最高价的百分比平均为76.3%，同期标准差为10.4个百分点，较宽的波动区间和较高的标准差反映了20世纪20年代和30年代市场展现的较大波动。

这些公式看似可以提供投射价格区间的容易操作的粗略指南。一旦某一年的最高点和最低点看起来像是已经建立，投射价格区间的统计训练就变得很简单了——不过向公式中插入数字即可。

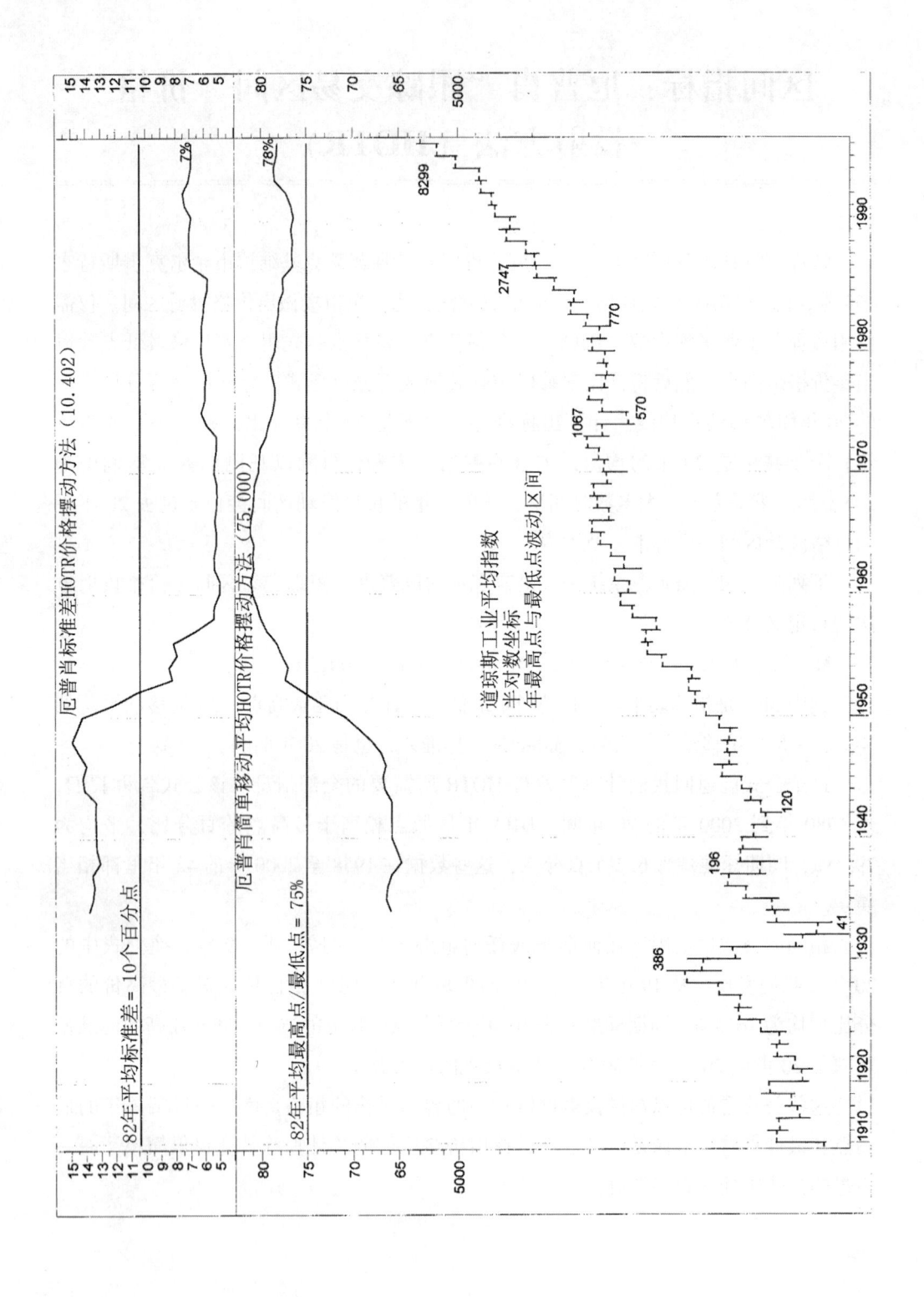

我们可以修改厄普肖的公式，只看年底收盘价的年变动率，这也是流行于预言家间的一个消遣活动。我们用年末价格除以前一年的收盘价，接下来将该比率乘以100转换成百分比形式，计算出该百分比比率的 n 期简单移动平均线。同样，大多数时间里，年价格波动区间会位于过去 n 期平均价格波动区间一个标准差范围内。下列是以 MetaStock© 系统公式语言表示的仅使用收盘价的自定义公式：

Periods：= Input("Enter the number of periods",1,1999,10)；

((C/Ref(C,-1))*100)-100；

Mov((((C/Ref(C,-1))*100)-100),Periods,S)；

Stdev(((C/Ref(C,-1))*100),Periods)；

其中 Periods 是你选择计算的期数，期数允许从 1 期到 999 期之间改变（默认值设置为 10 期，因为 10 年是业绩衡量的行业标准），C 是收盘价，Ref（C，-1）是上期的收盘价。

1997 年至 2000 年之间 DJIA 的滚动 10 年年均价格上涨率为 16%，是 1928 年以来唯一再次见到的极值水平。该 16% 的增长率是过去 99 年平均增长率 8% 的两倍，用另一句话来说，价格表现 100% 高于平均水平。

1991 年至 2000 年之间的滚动 10 年标准差徘徊在 12 个百分点左右，刚好低于历史上 89 年的 20 个百分点的平均水平，位于历史波动 38 个百分点至 10 个百分点区间的较低端，用另一句话说，波动低于平均水平 40%。

所以，公式说明，在过去一个世纪里，DJIA 平均一年上涨了 8%，正常波动区间为 -12% 至 +28%，这代表以 100 年历史为基础，一个标准差为 20 个百分点。

将这种简单观察用于预测通常是错误的，看起来统计上是合理的，但实际上是完全幼稚的，实际要比简单公式复杂得多。跨越各种时间框架的多周期表现以非线性结合方式不断收敛和发散，使线性预测失败。投资者要获得更好的服务，应借助于那些并不试图于预测的指标，而是有效跟踪趋势及时给出趋势变化信号的指标，我们能依据这些指标最大化利润和最小化损失。

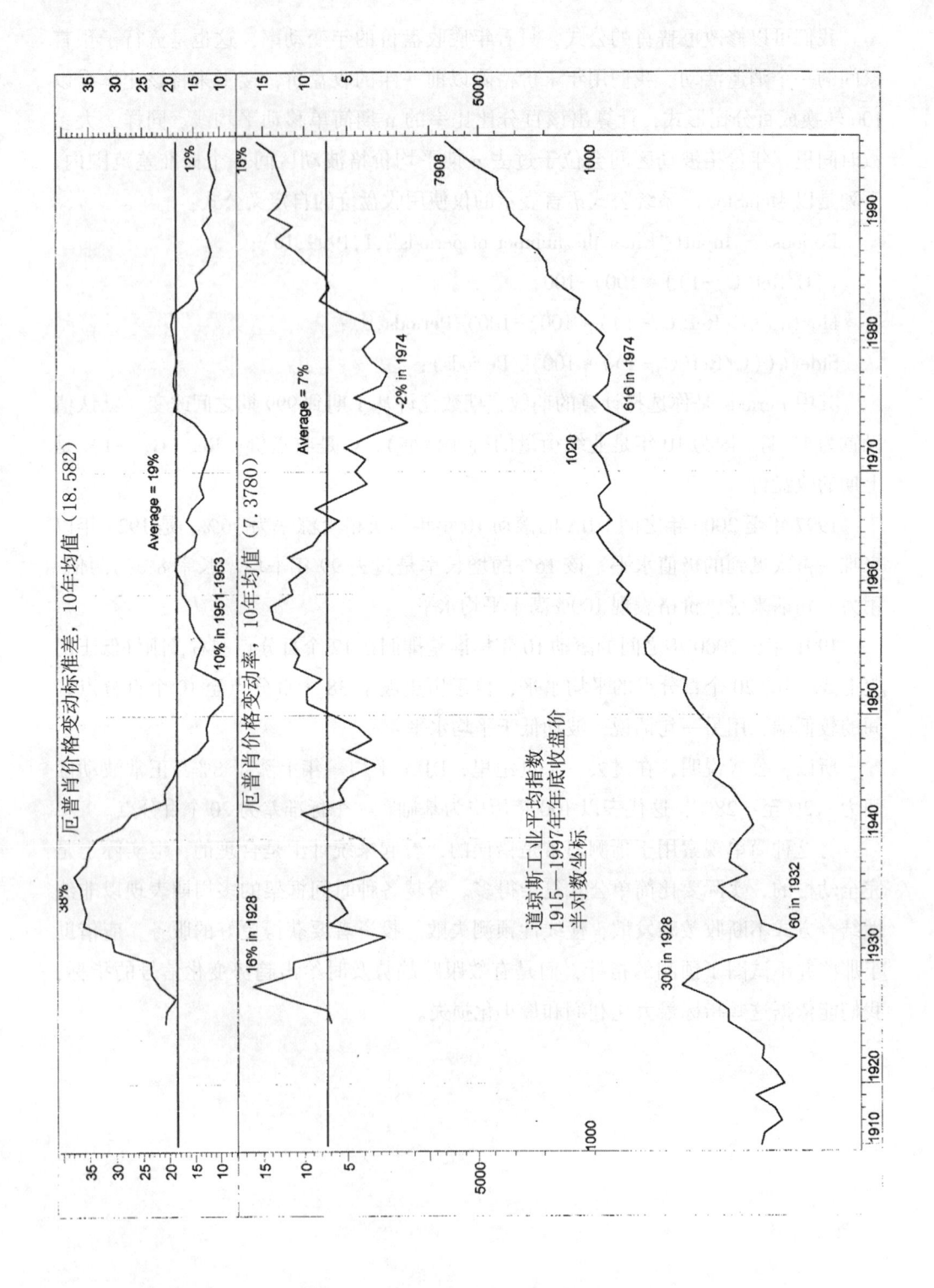

区间指标（TRI）

设计区间指标（TRI）是为了利用已建立的长期趋势中不断扩大的标准化价格波动区间。TRI 由杰克·L. 温伯格在《股票和商品期货技术分析》杂志 1995 年 6 月版第 13 卷第 6 期（www.traders.com）上提出的。TRI 建立在某一复杂公式基础上，可能因某一偶然事件。幸运的是，该公式在 MetaStock© 系统指标菜单中是一预设函数。在其核心，TRI 不过是波动性衡量指标，具体来说就是标准化的平均真实波幅。像温伯格建议的那样，同趋势/动量指标一起使用，在一个较大的时间框架趋势中，TRI 会因短期价格波动的加速而跳跃。

TRI 以下列基本观察为基础，即每日最高减最低价格波动区间平均水平的较大扩张，意味着一个交易区的结束和新的市场价格趋势的开始。小的日价格波幅通常伴随着不明显的、无趋势的交易区范围，盘整价格上下漂移。另一方面，每日价格波幅的明显扩大伴随着新的活跃的定向价格趋势。

TRI 可以表述如下：

R = 当日真实波幅除以当日收盘价减前一日收盘价之差

T = 当日价格真实波幅

L = 过去 n 日 T 或 R 的最低值

H = 过去 n 日 T 或 R 的最高值

C = 当日收盘价

P = 前一日收盘价

n = 计算期总日数

x = 指数移动平均平滑日数

1. 如果 C>P，那么计算 T/(C-P)。也就是，如果当日收盘价大于前一日收盘价，那么用当日真实波幅除以当日收盘价减前一日收盘价之差。

2. 如果 C<P，那么计算 T。也就是，如果当日收盘价小于前一日收盘价，那么计算当日真实波幅。

3. 如果过去 n 日内第一步或第二步的最高值大于过去 n 日内第一步或第二步的最低值，从第一步或第二步的值中减去最低值（L）。

4. 用第三步的差值除以 H-L，也就是，除以 H 减去 L 的差。

5. 用第四步的比率乘以 100。

6. 使用 x 日指数移动平均法平滑第五步的值。

温伯格建议，使用一个独立的价格趋势指标如移动平均交叉指标一起来解释 TRI。当 TRI 上穿或下穿特定的任意定义水平时，采纳信号，定义的水平取决于所分析的每一特定市场的波动性。问题在于，所结合的指标要适合特定的市场，并允许 n 和 x 变化，这些指标组合的数量是惊人的，使得处理该指标既耗费时间又复杂。此外，我们观察到，合适的 TRI 水平随时间而漂移，从而使用者不得不经常调整参数。一种更适应的方法可以是，将移动平均线、包络线或布林线应用到 TRI 中来定义信号的临界值。我们使用最简单的形式，将 TRI 高于或低于其自身跟踪指数移动平均线作为我们下述指标策略举例的信号产生标志。

温伯格在其公布的例子中使用 3 日来计算平均真实波幅和收盘价变动率，温伯格使用 10 日进行指数移动平均平滑。温伯格还提示，基本测算和平滑的实际合适天数取决于所分析的每一特定市场的波动性。

在 MetaStock© 版本预设的区间指标中，默认值设为 10 期用于计算标准化的平均真实波幅，10 日用于计算指数移动平均平滑。对于标准普尔指数期货，这些默认值比温伯格举例中的 3 期平均真实波幅和 10 日平滑效果更好。

区间指标的指标策略举例

区间指标一个简化版本的表现胜过简单的趋势跟踪指标，将亏损交易的数量削减一半。以 1982 年 4 月 21 日至 2000 年 12 月 22 日间的 18 年期间标准普尔 500 综合股价指数期货 CSI 永久合约的全部历史上每日数据文件为基础，数据从网站 www.csidata.com 收集，我们发现，如果不带主观性，不运用复杂技术分析，不妄断，而以纯机械式的信号为基础，下列参数能产生良好的交易结果。

多头开仓（买入）：当收盘价高于自身前一天的 271 日跟踪指数移动平均收盘价，并且区间指标（设定为 MetaStock© 系统的 10 期和 10 日指数平滑默认值）高于自身前一天的 4 日跟踪指数移动平均 TRI，从而表明扩张的标准化价格波幅时，以标准普尔 500 综合股价指数期货 CSI 永久合约当日收盘价买入。

多头平仓（卖出）：当收盘价低于自身前一天的 271 日跟踪指数移动平均收盘价，并且区间指标（设定为 MetaStock© 系统的 10 期和 10 日指数平滑默认值）高于自身前一天的 4 日跟踪指数移动平均 TRI，从而表明扩张的标准化价格波幅时，以标准普尔 500 综合股价指数期货 CSI 永久合约当日收盘价卖出。

空头开仓（卖出空头）：从不操作。

运用该区间指标策略，以 100 美元开始投资并将利润再投资，假如充分运用该投资策略进行利润再投资操作,无交易成本和税收,净利润总额将达到 515.60 美元,这比买入并持有策略低 49.82%。空头卖出交易是不盈利的,且空头卖出交易不包括在本策略中。该仅做多头交易的区间指标策略在整个期间给出的盈利性买入信号占 33.33%,交易相对不活跃,平均每 284.21 个日历日交易一次。

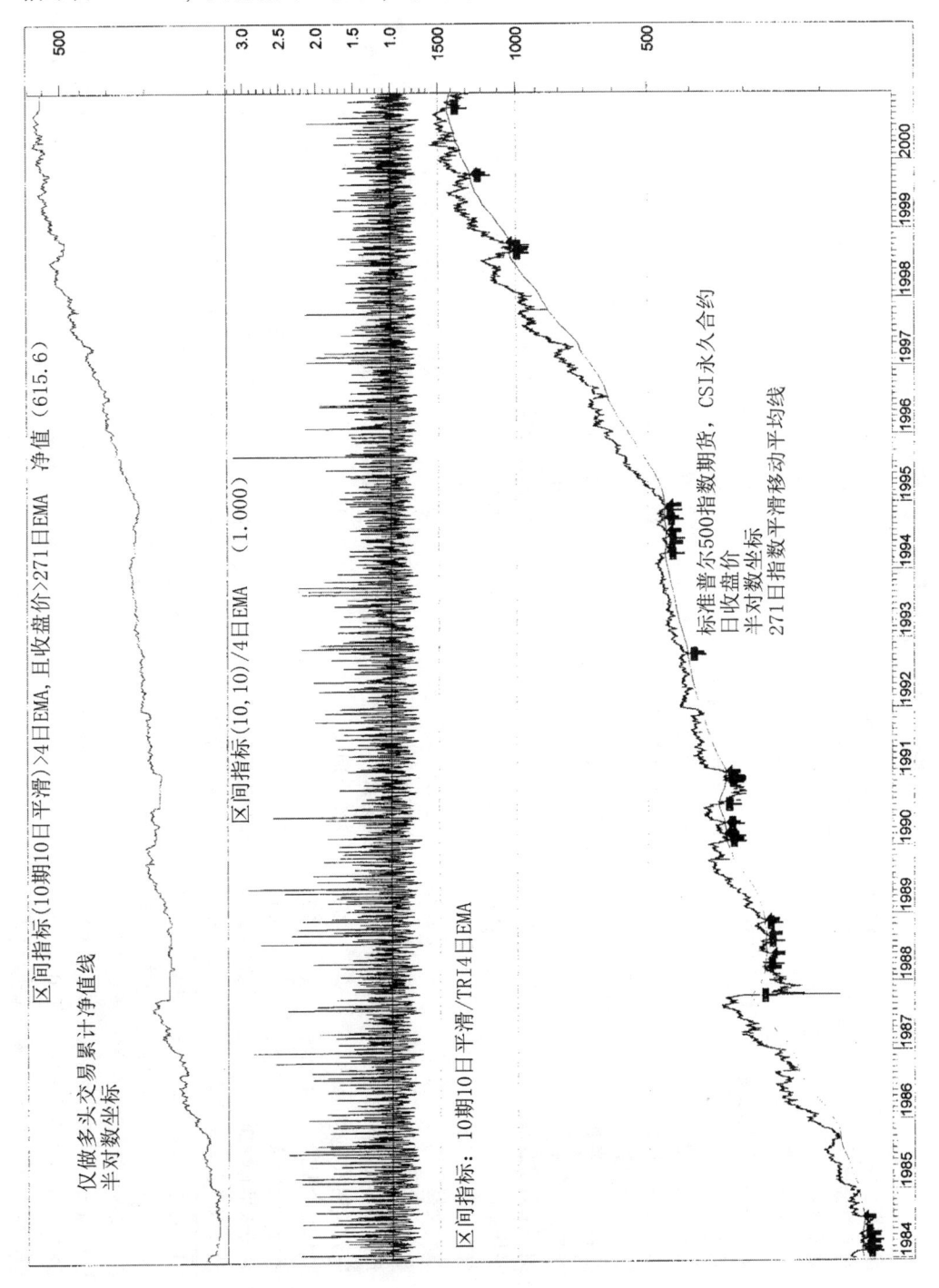

区间指标（10期10日平滑，穿越4日EMA）

净利润总额	515.6	未平仓头寸价值	无
盈亏百分比	515.6	年均盈亏百分比	27.59
初始投资	100	利息收入	0
当前头寸	空仓	头寸建立日期	10/6/00
买入并持有利润总额	1027.4	测试总天数	6821
买入并持有利润率%	1027.4	年均买入并持有利润率%	54.98
已平仓交易总数	24	佣金支付总额	0
每笔交易平均利润	21.48	平均盈利与平均亏损比率	26.84
多头交易总数	24	空头交易总数	0
盈利多头交易数	8	盈利空头交易数	0
盈利交易总数	8	亏损交易总数	16
盈利交易总金额	557.1	亏损交易总金额	-41.51
平均盈利	69.64	平均亏损	-2.59
最大盈利	265.27	最大亏损	-6.26
盈利交易平均持仓期数	421.25	亏损交易平均持仓期数	29.44
盈利交易最长持仓期数	934	亏损交易最长持仓期数	185
最大连续盈利次数	2	最大连续亏损次数	6
空仓总期数	930	平均空仓期数	37.2
最长空仓回撤	273		
系统平仓回撤	-9.13	盈亏比指数	92.55
系统末平仓回撤	-9.82	风险回报指数	98.13
最大末平仓回撤	-8.79	买入并持有指数	-49.82

超额利润比%	-49.82
年均超额净利润比率%	-49.82
平均每笔交易天数	284.21
多头交易中盈利交易占比%	33.33
空头交易中盈利交易占比%	#
交易总数中盈利交易占比%	33.33
交易总金额中净盈利金额比%	86.13
平均盈利中净平均盈利占比%	92.83
最大盈利合计中净盈利占比%	95.39
盈亏持仓期数差占最长持仓期数比例%	1330.88
最长盈亏持仓期数差占期数比%	404.86
最大连续盈亏期数差与连续亏损期数比例%	-66.67
净利润与系统末平仓回撤之比%	5250.51
净利润同系统末平仓回撤之差与净利润之比%	98.10
系统末平仓回撤与净利润比%	-1.90

在Equis公司Metastock©"系统报告"（盈亏概览统计）中，净利润总额等于利润合计中，不包括任何获利额，不包括任何未平仓头寸。相对地，盈利交易金额合计，盈利交易总金额是指已实现利润合计（仅包括已平仓头寸）中，不包括任何未平仓头寸）。系统平仓回撤是指已平仓头寸的累计未平仓头寸的累计净值线低于初始投资净值线低于净值线的最大降幅，系统末平仓回撤（SODD）是指头寸末平仓时累计净值线低于初始投资净值线的最大降幅。盈亏比指数是关于将盈利交易总金额联系在一起的一个复杂计算结果，值的范围位于-100（最差可能表现）与+100（最好可能表现）之间，0值代表盈亏相等。风险回报指数等于净利润总额减去系统末平仓回撤的差再除以净利润总额。在本次演练交易中，初始投资假设为100美元。多头交易和空头交易都按信号出现当天收盘价格执行，统计分析中不包括交易成本、利息费用和利润。

Equis 国际公司 MetaStock©系统测试规则书写如下：

多头开仓：CLOSE>Ref(Mov(CLOSE,opt1,E),-1) AND
　　　　　RangeIndicator(opt2,opt3)>
　　　　　Ref(Mov(RangeIndicator(opt2,opt3),opt4,E),-1)

多头平仓：CLOSE<Ref(Mov(CLOSE,opt1,E),-1) AND
　　　　　RangeIndicator(opt2,opt3)>
　　　　　Ref(Mov(RangeIndicator(opt2,opt3),opt4,E),-1)

OPT1 当前值：271
OPT2 当前值：10
OPT3 当前值：10
OPT4 当前值：4

价格变动率指标（ROC）

价格变动率是对价格变动速度或"动量"的一种常用表述。通常，计算 ROC 用当前价格除以 n 期之前的价格。例如，如果当前价格为 100 而 18 周之前价格为 80，那么 18 周的价格变动率为 100/80 或 1.25，然后，技术分析通常将得数减去 1 再乘以 100 从而将显示值调整为所选择时间间隔的价格变化的百分比点数（动量有时表述为当前价格减去 n 周前价格之差，但随着时间的推移因价格水平的变化这会产生可比范围问题）。

通常，当百分比变动率大于 0 时，这被视作价格变动速度显示为正的动量趋势和看涨的信号，价格变动率上穿 0 轴的点被视为买入信号。但是，当价格变动率下穿 0 轴时，它是卖出信号，意味着动量趋势转为看跌。

价格变动率指标的主要问题是，它总是不规则地跳跃。它对移动 n 期计算窗口中不断减少的旧的过时的数据的依赖，如同对不断进入的新数据的敏感是一样的。即使当期市场是稳定的，n 期前市场中大的价格变化也会引起 ROC 宽幅跳跃，这是个巨大错误。ROC 产生的问题超过其不良信号的合理部分，不建议作为技术指标使用，还有更好的指标可以选择。

ROC 指标策略举例

以 1900 年 1 月至 2000 年 12 月期间 DJIA 每周数据文件为基础，我们发现，如果不带主观性，不运用复杂技术分析，不妄断，而以纯机械式的趋势跟踪信号为基础，下列参数能产生良好的交易结果。

多头开仓（买入）：当过去 18 周 ROC 大于 0 时，以 DJIA 当周周末收盘价买入。

多头平仓（卖出）：当过去 18 周 ROC 小于 0 时，以 DJIA 当周周末收盘价卖出。

空头开仓（卖出空头）：从不操作。

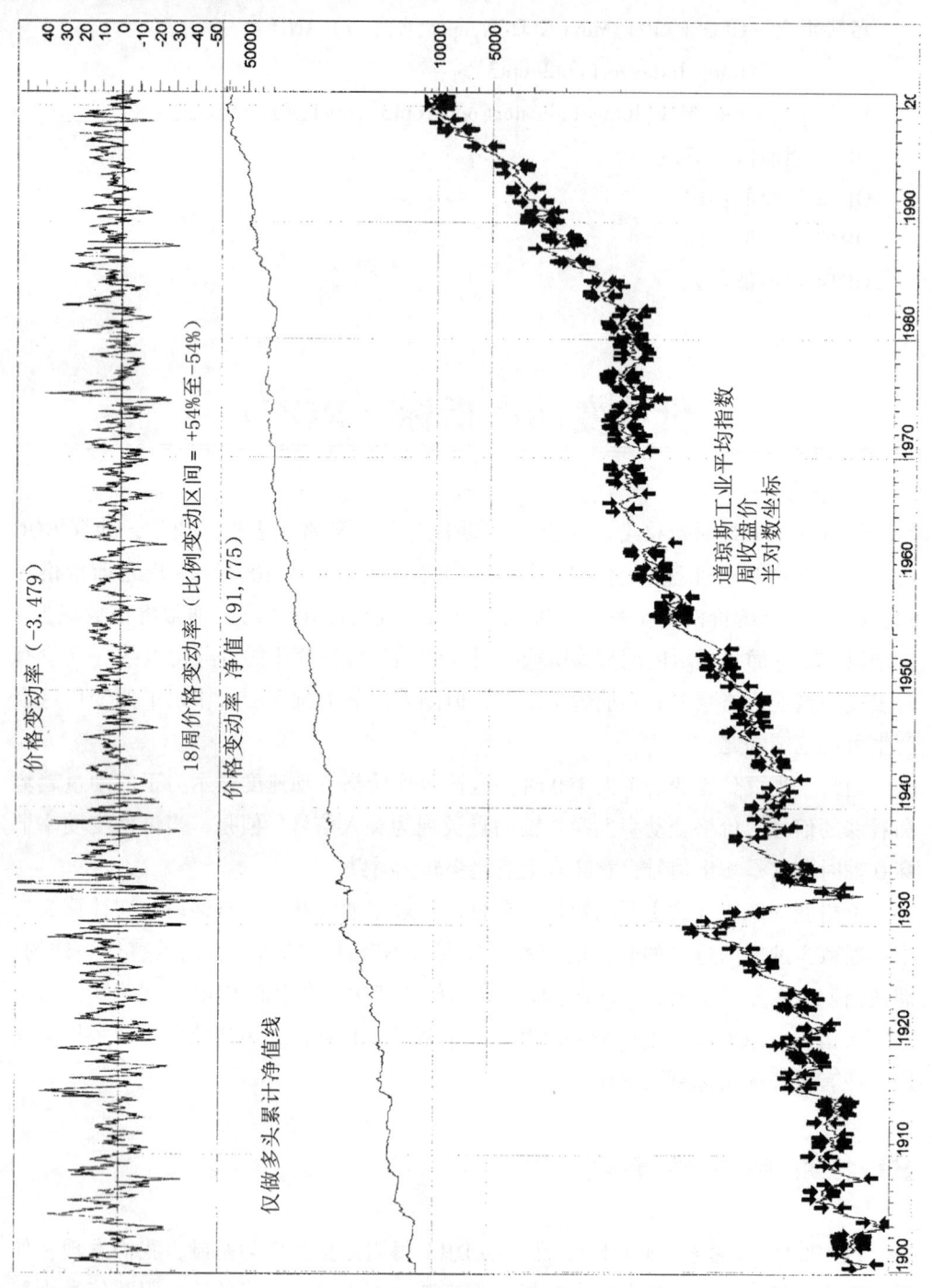

价格变动率，18 周

净利润总额	91674.62	未平仓头寸价值	无
盈亏百分比	91674.62	年均盈亏百分比	907.45
初始投资	100	利息收入	0
当前头寸	空仓	头寸建立日期	11/10/00
买入并持有利润总额	22614.89	测试总天数	36874
买入并持有利润率%	22614.89	年均买入并持有利润率%	223.86
已平仓交易总数	209	佣金支付总额	0
每笔交易平均利润	438.63	平均盈利与平均亏损比率	3.34
多头交易总数	209	空头交易总数	0
盈利多头交易数	90	盈利空头交易数	0
盈利交易总数	90	亏损交易总数	119
盈利交易总金额	151696.02	亏损交易总金额	−60021.39
平均盈利	1685.51	平均亏损	−504.38
最大盈利	24342.23	最大亏损	−5507.92
盈利交易平均持仓期数	28.69	亏损交易平均持仓期数	7.18
盈利交易最长持仓期数	137	亏损交易最长持仓期数	26
最大连续盈利次数	4	最大连续亏损次数	8
空仓总期数	2230	平均空仓期数	10.62
最长空仓期数	75		
系统未平仓回撤	0	盈亏比指数	60.43
系统未平仓回撤同净利润之比%	0	风险回报指数	100
最大未平仓交易回撤	−5507.92	买入并持有指数	305.37

超额净利润比率%			305.37
年均超额净利润比率%			305.36
平均每笔交易天数			176.43
多头交易中盈利交易占比			43.06
空头交易中盈利交易占比			#
交易总数中盈利交易占比			43.06
交易总金额中净盈利金额占比			43.30
平均盈亏总额中净平均盈利占比			53.94
最大盈亏合计中净盈利占比			63.10
盈亏持仓期数差占持仓期数比例%			299.58
最长盈亏持仓期数差占最长持仓期数比%			426.92
最大连续盈亏期数差占连续亏损期数比例%			−50.00
净利润与系统未平仓回撤之比%			#
净利润同系统未平仓回撤之差与净利润之比%			100.00
系统未平仓回撤与净利润之比%			0.00

在 Equis 公司 Metastock© 系统报告 (盈亏概览统计) 中, 净利润总额等于利润合计减去亏损合计, 包括按市值计价的未平仓头寸。相对地, 盈利交易总金额是指已实现利润合计(仅包括已平仓头寸), 不包括任何未平仓头寸。同样, 亏损交易总金额是指已实现亏损合计(仅包括已平仓头寸)。平均每笔交易的最大降幅, 不包括任何未平仓头寸。系统未平仓回撤是指基于已平仓头寸净值曲线低于初始投资的最大降幅, 系统未平仓回撤(SODD) 是指头寸未平仓时累计净值线低于初始投资的累计头寸。盈亏比指数是关于平仓盈利交易总金额联系在一起的一个复杂计算结果, 值的范围 −100 (最差可能表现) 与 +100 (最好可能表现) 之间, 0 值代表盈亏相等。风险回报指数等于系统未平仓回撤除以净利润的差再联系以净利润。在本次演练交易中, 初始投资假设为100美元。多头交易和空头交易都按信号出现当天收盘价格执行, 除非另有说明。统计分析中不包括交易成本、利息费用和利润。

运用该 ROC 趋势跟踪策略，以 100 美元开始投资并将利润再投资，假如充分运用该投资策略进行利润再投资操作，无交易成本和税收，净利润总额将达到 91,674.62 美元，这比买入并持有策略高出 305.37%。空头卖出交易是不盈利的，且空头卖出交易不包括在本策略中。该仅做多头的 ROC 作为指标在整个期间给出的盈利性买入信号占 43.06%，交易相对不活跃，平均每 176.43 个日历日交易一次。

Equis 国际公司 MetaStock© 系统测试规则书写如下：

多头开仓：ROC(C,opt1,%)>0
多头平仓：ROC(C,opt1,%)<0
OPT1 当前值：18

相对强度（比率分析）

相对强度分析是一个股票筛选与择时的强有力工具，分析相对强度的两种方法是传统比率方法和计算机筛选方法，传统比率方法精确量化每种投资工具或指数相对于另一种工具或指数的相对强度。相对强度分析不仅限于股票价格，还适用于商品期货、货币以及任何交易品价格。自然地，相对强度有效适用于行业板块和更宽的板块（参见"板块轮动指标"）。

该筛选方法将每一工具或指数与更宽领域的全部相关工具或指数进行比较和排名，相对强度筛选方法特别灵活，因为任何交易品与其他所有交易品都能比较。

已发表的对几十年历史上实际股票价格数据所做的调查研究表明，相对于更大市场而表现优秀的股票，可能会继续表现优异，相反，相对于市场而表现不良的股票可能会持续表现不佳。

相对强度分析的传统比率方法

作为比率分析方法的一般举例，我们可以简单用特定股票价格除以市场指数，最具代表性的是标准普尔 500 综合股价指数。或者，我们可以用股票价格除以对该股票来说重要的任一指数，比如相关行业或板块指数。所得比率绘制成比如典型的价格/时间折线图，以纵向 y 轴表示相对强度，以横向 x 轴表示时间。

CHARTS — 84 — JUNE 1998

道琼斯工业平均指数 月均线——半对数坐标

萨洛蒙·史密斯·班尼

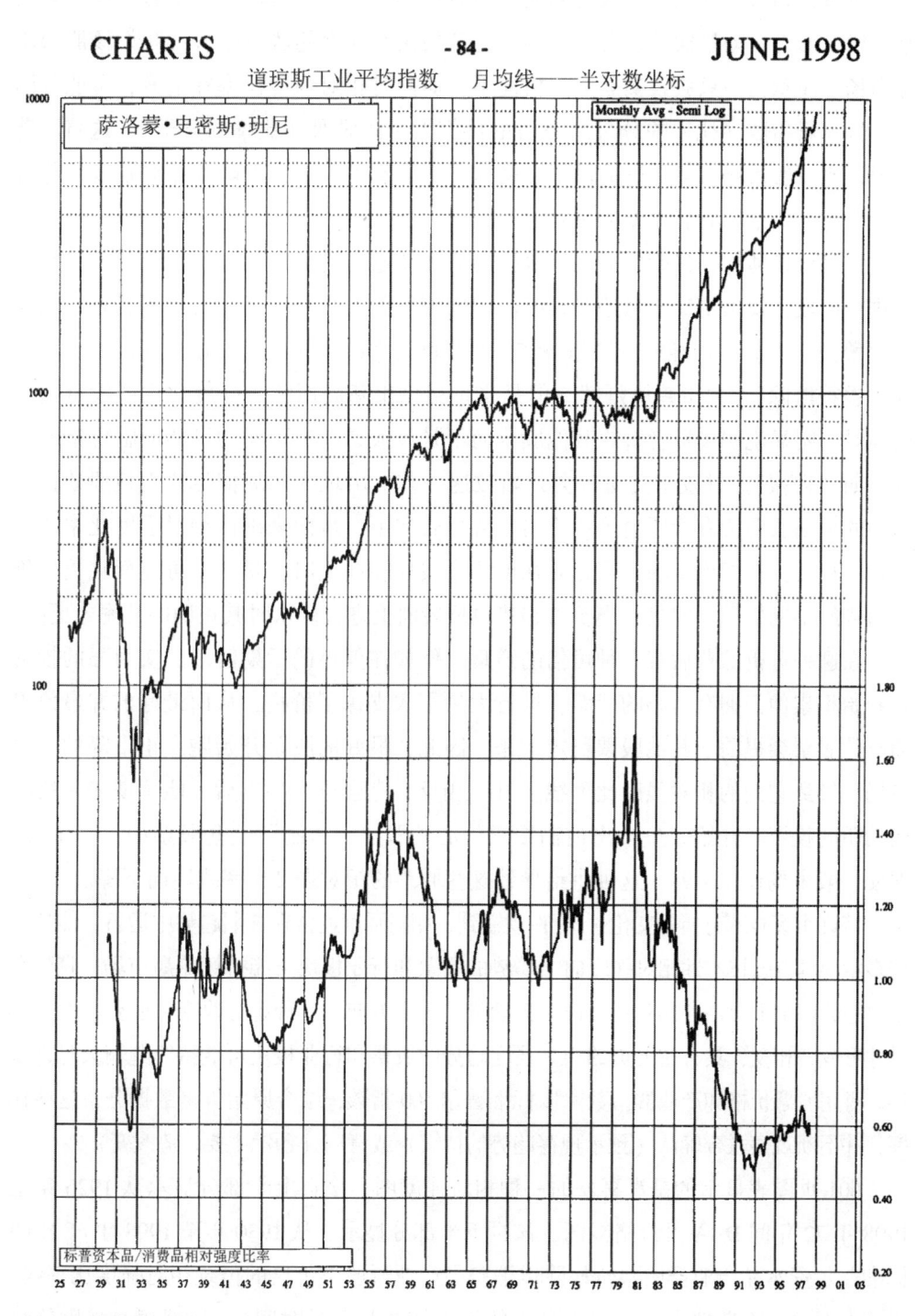

Monthly Avg - Semi Log

标普资本品/消费品相对强度比率

图表经萨洛蒙·史密斯·班尼许可

所得的相对强度比率曲线可以使用所有已确立的技术方法，包括趋势线、移动平均线、形态、动量摆动、背离等等，上升的相对强度趋势只是告诉我们该股票跑赢市场。注意，一只股票实际上价格向下，而同时相对强度比率在上升，可能是因为一般市场指数（比率的分母）下行的比例大于该股票（比率的分子），这暗示着该股票比一般市场有着更好的供求平衡状况。在看跌一方，下降的相对强度趋势说明股票比一般市场有着更差的供求平衡状况。

技术分析师将一只股票的纯粹价格趋势和动量与自身的相对强度线的趋势和动量进行比较，找出是属于对趋势延续的"警报解除"确认，还是可能面临趋势改变的"警报"背离。当纯粹价格趋势和相对强度比率线都在上升并创出新高时，指标为"警报解除"，牛市趋势延续。但是当价格创出新高而相对强度比率线没有创出新高时，明显说明投资者喜欢其他股票而不是该股票，这可作为可能面临价格麻烦的早期"警报"。进攻型交易者会开始按这一首次出现的麻烦信号变卖该股票，而耐心的长期股票持有者还会等待价格趋势反转向下，从而来确认相对强度比率线的恶化。相反，在熊市市场，当相对强度比率线反转向上时，是一个可能面临更好价格趋势的早期信号，但只有当价格趋势也反转向上进行确认时其正确的几率才更高。

在这种分析的背后有一种可信的道理。例如在熊市的后期阶段，实力强的投资者开始积累他们拥有信心的股票，进行大量买入支撑了价格，从而最好的并最值得拥有的股票会提前于其他股票稳定下来，因此，最好的股票开始跑赢正下降的一般市场，导致它们的相对强度比率线上升。相反，完全进入牛市后，能预期未来情况的精明的投资者开始大量卖出他们缺乏信心的股票，压制了这些股票的价格上升，即使一般市场还在上升，这种供给导致这些股票的相对强度比率线转向下降。

特许市场技术分析师艾伦·R. 肖观察到，相对强度通常在长期趋势中运行，能持续许多年。具有强技术性相对强度向上趋势的股票和行业板块可能持续跑赢市场，直到在主要趋势基础上价格和相对强度都失去动量并改变方向。这种趋势改变一般要花费几个月才形成，相反，具有主要负的相对强度趋势的股票和行业板块可能持续跑输大盘许多年。肖用股票价格和产业群指数除以标准普尔 500 指数，结合原始价格数据分析这些比率，并不断观察联合确认（预示现存趋势的持续）或背离（预示主要趋势改变）。

601 页图表显示的是肖喜欢的一种相对强度图。该页上半部分显示从 1926 年至 1998 年 72 年间 DJIA 月价格线图。该页下半部分显示，从 1930 年至 1998 年 68 年间标准普尔资本品产业群股票价格除以消费品产业群股票价格的传统相对强度比率线。尽管有明显的周期性噪声（也就是小的波动持续几个月时间），长期相对强度趋势的持续还是显著的。持续时间最长的两个定向运动持续了 11 年和 12 年，四个从低点到低点的完整循环，持续了 14、17、8 和 21 年。

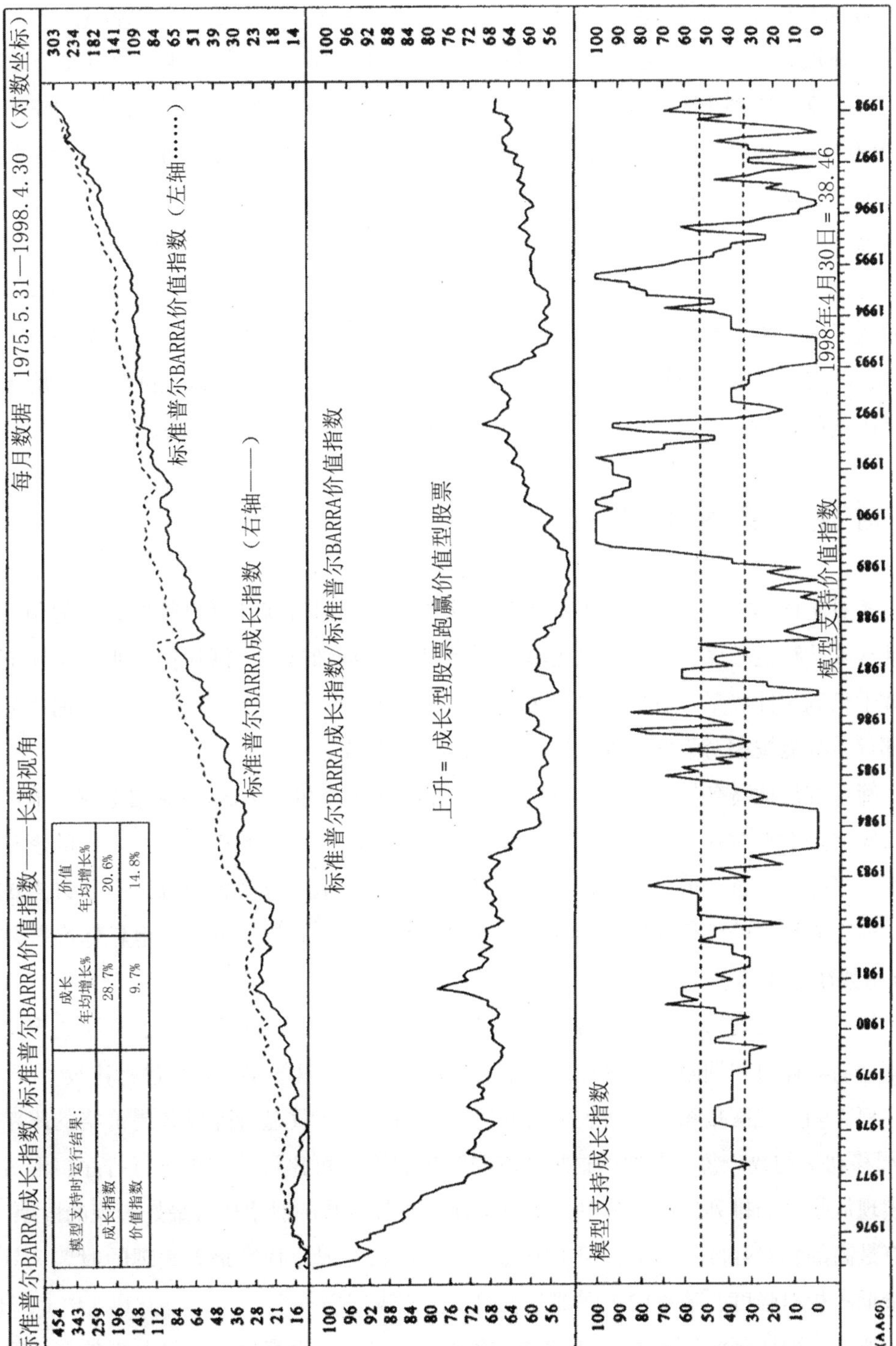
标准普尔BARRA成长指数/标准普尔BARRA价值指数——长期视角
每月数据　1975. 5. 31—1998. 4. 30　（对数坐标）
模型支持时运行结果:
成长 年均增长%
价值 年均增长%
成长指数　28. 7%　20. 6%
价值指数　9. 7%　14. 8%
标准普尔BARRA价值指数（左轴……）
标准普尔BARRA成长指数（右轴——）
标准普尔BARRA成长指数/标准普尔BARRA价值指数
上升 = 成长型股票跑赢价值型股票
模型支持成长指数
模型支持价值指数
1998年4月30日 = 38. 46
454 343 259 196 148 112 84 64 48 36 28 21 16
303 234 182 141 109 84 65 51 39 30 23 18 14
100 96 92 88 84 80 76 72 68 64 60 56
100 90 80 70 60 50 40 30 20 10 0
1976 1977 1978 1979 1980 1981 1982 1983 1984 1985 1986 1987 1988 1989 1990 1991 1992 1993 1994 1995 1996 1997 1998
(AA60)

第 603 页来自内德·戴维斯研究公司的图表显示了成长型股票除以价值型股票的相对强度比率。成长型股票跑赢价值型股票许多年，直到 1974 年（未显示出来）。从 1974 年到 1988 年的 14 年成长型股票跑输价值型股票，接下来，从 1988 年到 2000 年的 12 年成长型股票再次跑赢价值型股票。很明显，主要相对强度趋势能在长期周期运行。

该比率分析方法对专业技术分析师和证券组合管理者是最有用的，对任何一个跟踪与上述所分析股票接近的适度规模的股票的人也是有用的。然而，要使用连续客观的标准来筛选数千只股票和其他投资工具，该比率方法是费时的和不易操作的。此外，图表解释的传统技术方法会受分析师的个人经验、偏好、偏见和判断的制约。要克服这些缺陷，技术分析师开发了分析相对强度的计算机筛选方法。

相对强度分析的筛选方法

相对于比率方法，许多分析师更喜欢筛选方法。通过将计算机筛选方法的预设标准编入计算机程序，任一金融工具都能被量化计量和排名，既快又客观，可比面对数千只竞争性股票。例如，整个市场中的全部股票、全部期货、全部商品期货和全部货币都能按相对强度表现从最好到最差有效排名。

筛选方法最著名的拥护者是特许市场技术分析师查尔斯·D. 柯克帕里克。他广为人知的是对相对强度的研究，对此他从 20 世纪 60 年代开始进行了几十年的密集研究，当时他和哲学博士罗伯特·A. 利维一起工作，在技术预测方面进行了许多试验。柯克帕里克的流行相对强度模型，从 1982 年开始不断公布，其跑赢标准普尔 500 指数超过 4 倍。

柯克帕里克的筛选方法每周按相对强度从强到弱排名 5000 只股票，在预先定义的固定的具体时间期限内，将每只股票的近期表现与大盘股票的表现进行比较。

柯克帕里克衡量相对价格表现的方法是，用每周四收盘价除以各周价格的跟踪 26 周移动平均数。每一股票的这种比率与其他股票的可比计算结果进行排序，形成按表现从强到弱排列的股票清单。清单中顶部百分位数的股票代表最好表现的股票，具有最高的相对强度。相反，清单中底部百分位数的股票代表最差表现的股票，具有最低的相对强度，清单中中间部分表明过去表现居中。

通过全面回溯测试并由长期实时检验确认，柯克帕里克发现，最关键的是计算相对强度筛选的时间间隔。当他将时间窗口改短和改长时，统计显著性都下降，尤其是低于 6 周的最短时间期限总是得到负的结果，从而确认了先驱技术分析师们建立的判断，比如查理·道就教导说短期趋势有较多噪声。

聚焦于最强劲股票是有时广泛流行的"动量投资"的基础，也就是说，买入那些具有最大向上价格变动速度的股票，而不进行任何其他考虑。这种投机方式走向了极端，导致艾伦·格林斯潘的"非理性繁荣"，或过度的股价估值。确切地说，这种动量游戏失去动力时，也就证明很难再对实际操作精确定位。柯克帕里克承认，股票价格能被推向不可持续的极端水平，跟随相对强度在顶点买入或在底点卖出总是有些风险的。此外，当趋势反转时，价格被拉远的股票会迅速恢复到均值，在几天左右时间里夺走几个月的价格增长。然而长期的观察暗示，最强劲股票更经常将强势保持到牛市的最后，甚至到大盘开始下降周期之后，最强劲股票通常在大盘下降更进一步的阶段，最后见顶被卖出。

在学术文献中，柯克帕里克的方法被广泛测试并被发现有统计学意义。参见哲学博士罗伯特·A. 利维的文章，《金融杂志》1967 年 12 月期第 596—610 页。较近时期，柯克帕里克筛选方法的价值被纳拉辛汉·杰格迪什和谢里登·梯特曼认可："购买赢家和卖出输家的回报：对股市效率的启示"，《金融杂志》第 48 卷第 1 期，1993 年 3 月期第 65—91 页。

柯克帕里克集团公司提供柯克帕里克的研究：科罗拉多州贝菲尔德第 502 县级公路第 7669 号，邮编 81122，电子邮箱 keikco@capecod.net。

金融报刊《投资者商业日报》每天提供数千只股票的相对强度（RS）评级。根据出版商威廉·J. 欧奈尔，他计算每只股票最近一年的价格变化，针对其他股票对该价格变动速度进行排名。这些 RS 排名按百分位数等级来表示，99 百分位数代表最强价格表现者，而 1 百分位数表示最弱价格变动速度。例如，拥有第 80RS 评级的股票在过去一年跑赢全部股票中的 80%，并且以该均值以上 RS 为基础，是可能买入的备选股。下降到第 70RS 评级以下的股票表现出弱化的相对价格表现，是可能卖出的备选股。具有较高 RS 评级的股票有着更大的上涨潜力，而具有较低 RS 评级的股票更容易令人失望。欧奈尔的"最大股市赢家"模型中的平均 RS 评级，在这些股票完成最大价格上涨之前为 87。欧奈尔将 RS 和图形分析结合在一起，获得了最好的效果，在股票刚刚开始从筑底形态突出时，就抓住了那些具有较高 RS 的股票。当 RS 极高并且价格相对于其基础伸展出来时，是卖出的时机（威廉·J. 欧奈尔《如何在股市赚钱：在好时机和坏时机的盈利系统》，麦格劳—希尔教育出版公司，纽约，1991：共 248 页）。

已发表研究表明，在以月和年计量的长期时间间隔里，强势变得更强而弱势变得更弱。根据一独立的学术研究确认，在 3 至 12 个月的中期投资期限里，动量策略是最盈利的，参见希尔顿和考尔"交易策略剖析"，《金融研究评论》第 11 卷，

1998年秋第489—519页。

根据萨缪尔·艾森斯塔特提供的数据，相对价格强度排名高的股票在过去15年里价格年上涨率为70%，比价值线排名高的股票（收益和价格动量）年增长率纪录18%快四倍，比标准普尔500指数年价格上涨率15.6%快4.5倍。参见《价值线投资调查》研究部主席萨缪尔·艾森斯塔特"价值线选择与意见"：价值线出版集团公司，纽约东42大街220号，邮编10017-5891，2000-1-28：5099-5114。价值线顶端及时性股票（最高收益和价格动量）的35年的平均年化复合业绩超过20%，比标准普尔500市场价格上涨8.4%要快2.4倍，所有数据不包括交易成本、股息和税收。

过去表现是未来表现的一个良好指标，参见乔纳森·克莱门茨"热门股动量强劲"，《华尔街日报》，1999-9-7（C1版）。如果一只股票表现耀眼达一年，有很大机会在接下来继续表现好于平均水平。"盈利股持续盈利，而亏损股真的持续亏损。"芝加哥大学金融学教授托比亚斯·莫斯科维茨如是说。按照博格尔投资管理公司总裁小约翰·博格尔的观点，原因可能是，投资者对新情况反应比较慢，分析师们往往对收益估计改变太慢，这是为了避免走向孤立无援的事业风险中。根据戈尔德曼—萨克斯资产管理公司（高盛资产管理公司）量化研究部联席主管马克·卡哈特发表在《金融杂志》1997年3月期上的研究，对于共同基金，上一年业绩最优的基金通常也持续表现优异。该研究以截止1993年12月末的31年期间的股票基金表现为基础，某一年排在最前面10%的基金在接下来一年明显好于平均水平，但排在最后10%的基金在接下来的一年表现严重滞后，最优表现基金每年平均盈利比最差表现基金高出8个百分点。此外，最差表现基金有持续跟踪较差业绩的强烈倾向，这种坏的表现通常会持续到基金清算或合并，表现较差的基金通常费用较高、交易迅速。另一项由《免佣金投资者》简报的编辑谢尔登·雅格布斯进行的研究发现，在过去23年里买入最前多元化无佣金基金，每年年化收益为22.2%，这比美国多元化基金平均收益率15%要好48%。马克·卡哈特建议，基金相对表现的持续，反映更多的是基础股票的持续动量，而不是特殊的基金管理行为。克莱门茨总结说，投资者不必不敢买入曾表现良好的股票，也不应该急于买入已经暴跌的股票。

"让动量来支持你，紧紧抓住盈利投资，同时尽快抛出亏损投资。学术研究暗示，任何特定年份中表现最优的股票和基金通常在接下来的一年享有好的回报。同时，亏损头寸倾向于继续亏损。"参见乔纳森·克莱门茨"何时毁掉规则之规则"，《华尔街日报》，2000-1-25（C1版）。克莱门茨引用了投资研究员、坎特伯雷格林尼治奥肖纳西资本管理公司主席詹姆斯·P. 奥肖纳西的观点，"让动量为你服务。如果你买了5只股票有2只盈利，那么卖出另外3只将资金集中于盈利股票，直到你看到动量被打破那一刻再出来。"克莱门茨又说,"这也是最明智的税收策略……紧紧抓住你的盈利投资可以推迟缴纳资本利得税,而卖出亏损投资产生的损失可用来抵减你的税额。"

奥肖纳西总结出"买入最强相对价格强度股票"的顶端投资策略。在风险调整基础上,最差表现策略是买入一年期表现最差的股票。"不惜任何代价避免买入去年最大价格亏损者——过去40年那些投资的记录是极糟的。"奥肖纳西的深入详细研究以及关于投资回报和风险的系列丛书和文献的详细书目,参见詹姆斯·P. 奥肖纳西《华尔街股市投资经典(修订版)》,纽约:麦格劳—希尔教育出版公司,1998。

柯克帕里克发现相对强度指标表现大大优于市场

根据特许市场技术分析师查尔斯·D. 柯克帕里克的另一项研究,在长期内相对价格强度指标与实时未见数据一起使用效果良好(参见C．D．柯克帕里克《股票选择:17.5年相对股票价值测试报告》,www.mta.org,2001)。

柯克帕里克在1982年7月首次研究中,总结建立了股票选择与剔除标准,确定了业绩表现衡量方法(每周平等地衡量每只股票),他命名为"清单1"。从1982年7月到2000年12月31日,清单1上涨了5,086.6%,相对地,标准普尔500指数上涨了1087.6%,价值线几何指数上涨了221.9%。在这17.5年期间,清单1和标准普尔指数遭受3个下跌年度,相对地,价值线几何指数为7个下跌年度。清单1的股票选择标准包括三个变量:高相对价格强度、高相对收益增长率和强图形形态。

1999年1月柯克帕里克开始了清单2,截至2000年12月31日,该清单上涨了137.3%,相对地,标准普尔500指数上涨了7.41%,价值线几何指数亏损了9.99%。清单2没有遭受下跌年度,相对地,标准普尔指数为1个下跌年度、价值线几何指数为2个下跌年度。清单2的股票选择标准也包括三个变量:高相对价格强度、高相对收益增长率和低相对市销率(PSR)。清单2表现还大大优于清单1,同样在1999至2000年的2年中,清单1上涨了75.19%。

柯克帕里克的测试不包括股息和交易成本。柯克帕里克每周将每一清单公布于《柯克帕里克机构市场策略家》上:柯克帕里克集团公司,科罗拉多州贝菲尔德第502县级公路第7669号,邮编81122,电子邮箱 keikco@capecod.net。

清单2于1999年作为清单1的增补而加入,清单1继续像以前一样公布。对于清单1,设计强图形形态标准的作用是当作价格下行时的止损标准,但是后来单独用简单价格形态的测试表明,不能获得明显的好处。因此,清单2开始使用另一种风险降低方法，只选择那些以低相对市销率进行交易的股票。相对于清单1，清单2提供了两年期实时测试的三个好处：

- 证券向下波动近一半，清单2投资组合β值一直低于1，相对地，清单1投资组合的β值经常达到2。
- 反转向下平均持有期限翻一倍多，清单2从清单1的22周上升超过1年。
- 清单2的证券规模明显变少和更易于管理，为5到15只股票，相对地，清单1中达80只股票。

相对价格强度排名定义为相对于全部其他股票价格表现平等衡量的每只股票价格表现。每只股票当前价格除以自身跟踪26周移动平均值所得的比率，相对于全部其他股票相应比率进行排名，最高比率和最高百分位数排名代表最高相对强度。因此，第99百分位数代表最强股票，0百分位数代表最弱股票。每周使用的收盘价为周四收盘价，当相对价格强度下降到第30百分位数或以下时，该只股票从两个清单中都移除。

相对收益增长率定义为1年期移动4季平均变动率。同相对价格强度一样，每只股票收益变动率相对于全部其他股票收益变动率进行排名，两个清单都选择高排名股票。当相对收益增长率下降到第80百分位数或以下时，该只股票从清单1中移除。当相对收益增长率下降到第50百分位数或以下时，该只股票从清单2中移除。

只对清单1来说，如果最新价格沿方向运行高于最近前两期最高价格枢轴点，图形形态定义为上升形态，选择时只考虑那些上升股票。如果最新价格沿方向运行低于最近前两期最低价格枢轴点，图形形态为下降形态，那些下降形态股票被移除。

只对清单2来说，对清单增加的要求是相对市销率（PSR）为第30百分位数或以下。PSR越低，正收益惊喜的潜力越大。PSR越高风险越高。奥肖纳西（1998）坚持主张，PSR是选择长期上涨股票的最可靠方法（詹姆斯·P.奥肖纳西《华尔街股市投资经典：历史上最佳投资策略指南》，纽约：麦格劳-希尔教育出版公司，1998）。基本PSR等于本周收盘价除以最近报告四季销售额。清单2的移除标准不包括PSR。

按照以上标准每周筛选出全部可得美国股票的清单（通常约5000只）。未列在清单中的符合选择标准的任一股票会被加入到清单中。

只对清单1来说，当相对价格强度下降到第30百分位数或以下时，当相对收益增长率下降到第80百分位数或以下时，或者当股票价格图形形态打破最近两个较低的转向点时，该只股票被移除。

只对清单2来说，当相对价格强度下降到第30百分位数或以下时，或者当相对收益增长率下降到第50百分位数或以下时，该只股票被移除（相对市销率不包括在移除标准中)。

相对强弱指标（RSI）

相对强弱指标（RSI）是最流行的价格动量指标之一。RSI 是一种误称，因为它与已确立的技术指标概念"相对强度"没有任何关系，后者将一种金融工具的价格或指数同另一种进行比较。RSI 是由 J·小威尔斯·威尔德在其 1978 年的著作《技术交易系统中的新概念》（趋势研究出版社，北卡莱罗纳州麦克林斯维尔第 128 号邮政信箱，邮编 27301）中最先描述的。在数学上，RSI 表示为：

RSI = 100-（100/(1+RS)）

其中

RS 是 n 期收益指数移动平均值除以 n 期损失指数移动平均值的绝对值所得的比率。

计算 RSI 的例子见第 616—617 页。

如同你在公式中见到的一样，RSI 并不将任何证券与其他证券相联系。RSI 量化价格动量，它仅仅以收盘价的变动为基础。除了名称外，它与传统的"相对强度"概念绝对不一样，后者是用股票价格除以更广的市场指数（比如标准普尔 500 指数）来算得比率，用来反映一只股票的表现相对于大盘表现的趋势。而威尔德的 RSI 实际上是只针对一件商品期货（一只股票、一份期货合约或一个指数）的向前加权的价格变动速度比率，并且，与一般的价格变动速度指标的标准解释一致，威尔德重点考虑了 RSI 相对于标的资产价格系列的确认和背离。

RSI 的计算方法使用指数移动平均法，能正确地避免仅因减少旧数据而产生的不规则变动问题，也就是"扣除"数问题，该问题会干扰比如短期移动平均线、价格变动率以及随机指标等流行指标，指数平滑还免除了每天处理一长串历史数据的必要。很明显，n 越小，则测算期越短且指标越敏感；而 n 越大，则测算期越长且指标越不敏感。威尔德建议的 n 期长度是 14 天，其他流行的长度有 20 天、10 天、8 天、7 天和 5 天。我们发现，最短的 5 天获得的结果最好。该指标也可适用于任何时间框架，从几分钟到几个月。

RSI 的计算方法使用比率分析，能将指标的 y 轴范围限定在 0 至 100 区间内。然而由于使用比率分析，RSI 同不依赖于比率的平滑指标相比，容易受到更大的波动和不规则变动的限制。

相对强弱指标（79.95）

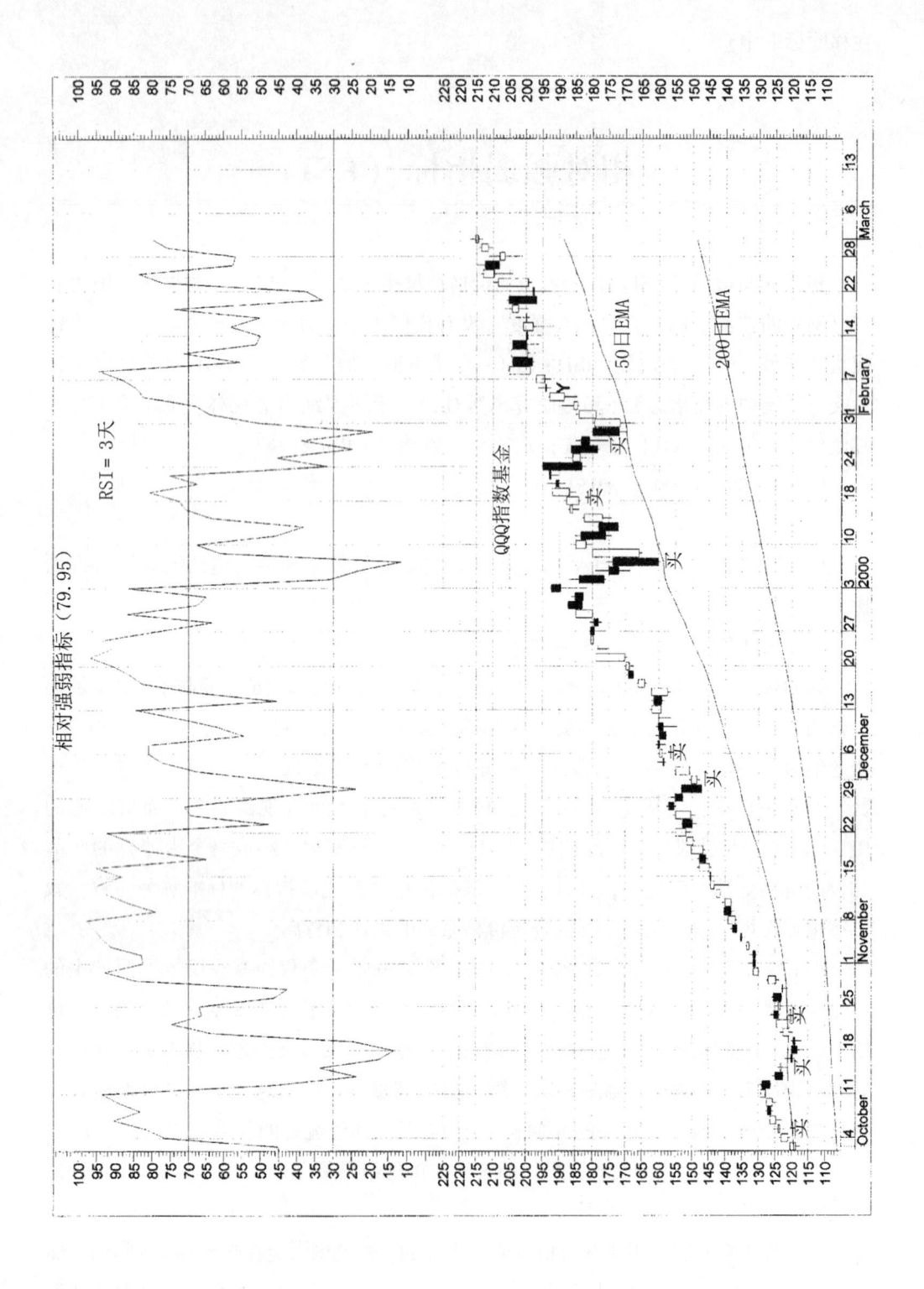

RSI = 3天

QQQ指数基金

50日EMA

200日EMA

威尔斯·威尔德 4 期 RSI 举例

年底日	收盘价 C	正值变化(收盘价-前期收盘价) PC	负值变化(前期收盘价-收盘价) NC	P的前期值 Pp	乘以 n-1 = ×3	Pp×3 结果	+PC	正值合计 PS	除以 n = ÷4 = PP
1968	58.90	N/A	N/A						
1969	51.53	0.00	7.37						
1970	50.23	0.00	1.30						
1971	56.43	6.20	0.00						
1972	64.48	8.05	0.00	N/A	×3	N/A	✝	✝	÷4=3.56 ✝
1973	51.82	0.00	12.66	3.56	×3	=10.68	+0.00	=10.68	÷4=2.67
1974	36.13	0.00	15.69	2.67	×3	=8.01	+0.00	=8.01	÷4=2.00
1975	47.64	11.51	0.00	2.00	×3	=6.00	+11.51	=17.51	÷4=4.38
1976	57.88	10.24	0.00	4.38	×3	=13.14	+10.24	=23.38	÷4=5.85
1977	52.50	0.00	5.38	5.85	×3	=17.55	+0.00	=17.55	÷4=4.39
1978	53.62	1.12	0.00	4.39	×3	=13.17	+1.12	=14.29	÷4=3.57
1979	61.95	8.33	0.00	3.57	×3	=10.71	+8.33	=19.04	÷4=4.76
1980	77.86	15.91	0.00	4.76	×3	=14.28	+15.91	=30.19	÷4=7.55
1981	71.11	0.00	6.75	7.55	×3	=22.65	+0.00	=22.65	÷4=5.66
1982	81.03	9.92	0.00	5.66	×3	=16.98	+9.92	=26.90	÷4=6.73
1983	95.18	14.15	0.00	6.73	×3	=20.19	+14.15	=34.34	÷4=8.59
1984	96.38	1.20	0.00	8.59	×3	=25.77	+1.20	=26.97	÷4=6.74
1985	121.58	25.20	0.00	6.74	×3	=20.22	+25.20	=45.42	÷4=11.36
1986	138.58	17.00	0.00	11.35	×3	=34.05	+17.00	=51.05	÷4=12.76

✝ 威尔德使用 n 期简单移动平均值作为第 n 期值。在本例中,他使用 4 期简单移动平均线。因此,威尔德通过乘以前期平滑值 n-1(本例中为 3)来进行平滑,加上本期 PC 或 NC,然后将该合计数除以 n(本例中为 4),该过程相当于指数平滑。一些计算机软件使用其他指数平滑变量,但并不会明显改变 RSI。

RSI 指标策略举例

想要同威德纳设计的那样使用 RSI,需要经验和判断力。即使朴素的测试假设中也表明,RSI 作为纯机械式的逆势技术指标,具有某种客观的潜在价值,超卖买入信号中绝大多数都是盈利的。此外,对于仅做多头交易来说,这些买入信号是很稳健的,对于从 2 天到 21 天长度的 RSI 都是盈利的,而且大多数时间都是正确的。

威尔斯·威尔德 4 期 RSI 举例（续表）

N 的前期值 Np	乘以 n-1 = ×3	Np×3 结果	+ NC	负值合计 NS	除以 n = ÷4 = N	P÷N 比率 RS	1 加上 RS 1+ RS	100÷(1+ RS) RR	100 减去 RR RSI
N/A	×3	N/A	+	+	÷4=2.17 +	1.64	2.64	37.88	62.12
2.17	×3	= 6.51	+ 12.56	= 19.17	÷4=4.79	0.56	1.56	64.10	35.90
4.79	×3	= 14.37	+ 15.69	= 30.06	÷4=7.52	0.27	1.27	78.74	21.26
7.52	×3	= 22.56	+ 0	= 22.56	÷4=5.64	0.78	1.78	56.18	43.82
5.64	×3	= 16.92	+ 0	= 16.92	÷4=4.23	1.38	2.38	42.02	57.98
4.23	×3	= 12.69	+ 5.38	= 18.07	÷4=4.52	0.97	1.97	50.76	49.24
4.52	×3	= 13.56	+ 0	= 13.56	÷4=3.39	1.05	2.05	48.78	51.22
3.39	×3	= 10.17	+ 0	= 10.17	÷4=2.54	1.87	2.87	34.84	65.16
2.54	×3	= 9.62	+ 0	= 7.62	÷4=1.91	3.95	4.95	20.20	79.80
1.91	×3	= 5.73	+ 6.75	= 12.48	÷4=3.12	1.81	2.81	35.59	64.41
3.12	×3	= 9.36	+ 0	= 9.36	÷4=2.34	2.88	3.88	25.77	74.23
2.34	×3	= 7.02	+ 0	= 7.02	÷4=1.76	4.88	5.88	17.01	82.99
1.76	×3	= 5.28	+ 0	= 5.28	÷4=1.32	5.11	6.11	16.37	83.63
1.32	×3	= 3.96	+ 0	= 3.96	÷4=0.99	11.64	12.64	7.91	92.09
0.99	×3	= 2.97	+ 0	= 2.97	÷4=0.74	17.24	18.24	5.48	94.52

高百分比的盈利交易看起来很诱人，然而重要的是要注意到，该策略（同其他反趋势策略一样），在 1987 年的股灾、1998 年的下跌和其他市场价格下跌中未能提供任何保护。如图中所显示，存在急剧的净值回撤。使用 RSI 逆势超买和超卖信号，对于仅做多头交易会跑输消极的买入并持有策略，而在过去空头卖出是不盈利的。

以 1982 年 4 月 21 日至 2000 年 12 月 8 日间的 18 年期间标准普尔 500 综合股价指数期货 CSI 永久合约的全部历史上每日数据文件为基础，数据从网站 www.csidata.com 收集，我们发现，如果不带主观性，不运用复杂技术分析，不妄断，而以纯机械式信号为基础，下列参数能产生良好的交易结果。

多头开仓（买入）：当 5 日 RSI（5）小于 30 时，以标准普尔 500 综合股价指数期货 CSI 永久合约当日收盘价买入。

多头平仓（卖出）：当 5 日 RSI（5）大于 70 时，以标准普尔 500 综合股价指数期货 CSI 永久合约当日收盘价卖出。

空头开仓（卖出空头）：从不操作。

运用该 RSI 逆势交易策略，以 100 美元开始投资并将利润再投资，假如充分运用该投资策略进行利润再投资操作，无交易成本和税收，净利润总额将达到 717.36 美元，这比买入并持有策略低 31.39%。空头卖出都是不盈利的，且空头卖出不包括在本策略中。空头卖出交易会将利润减少一半。仅做多头交易的 RSI 作为指标在整个期间给出的盈利性买入信号占85.94%，交易相对不活跃，平均每53.18个日历日交易一次。注意，该策略仅考虑收盘价而忽略当天的最高价和最低价。

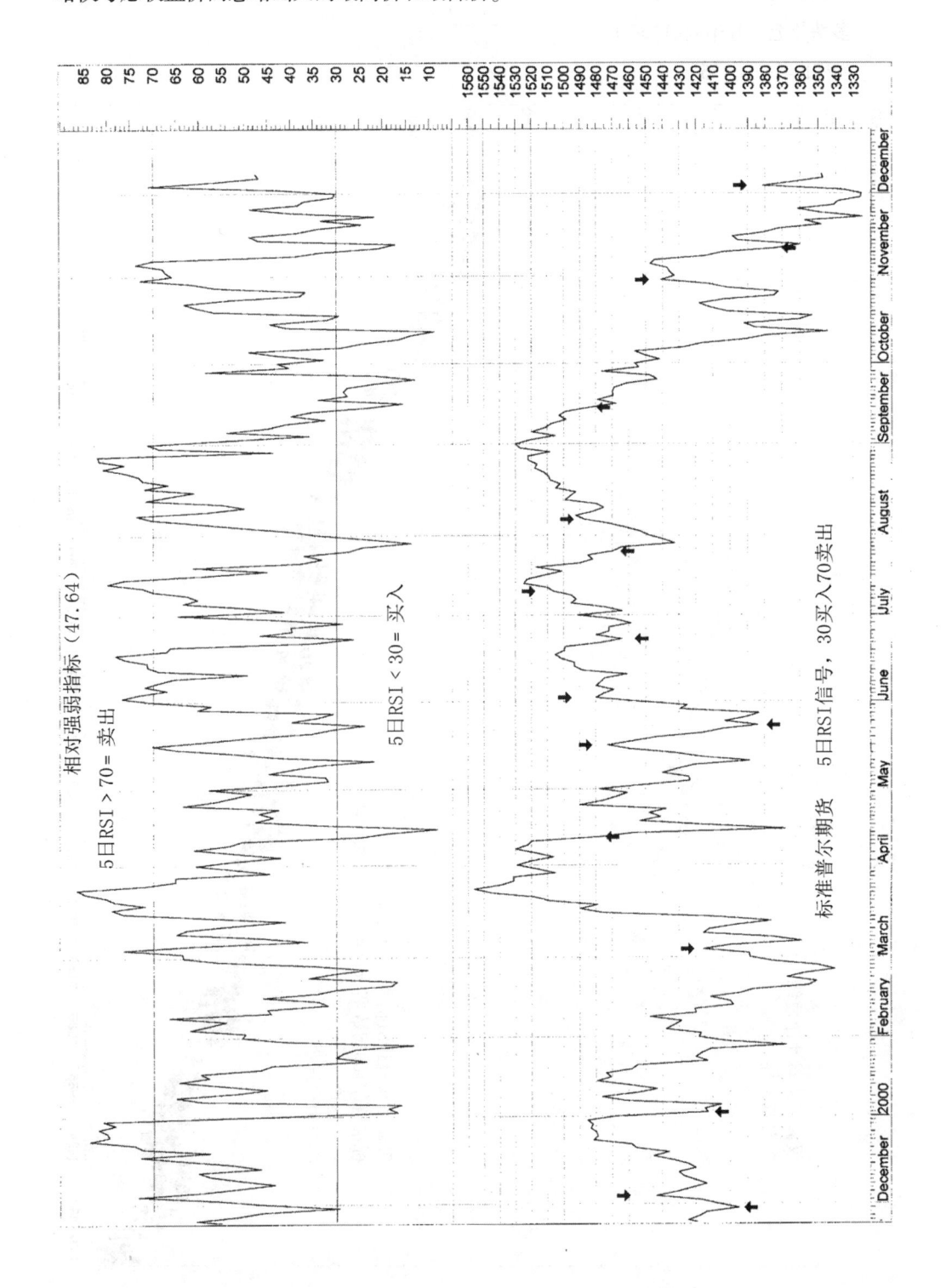

Equis 国际公司 MetaStock©系统的 RSI 测试规则书写如下：

多头开仓：RSI(opt1)<30

多头平仓：RSI(opt1)>70

OPT1 当前值：5

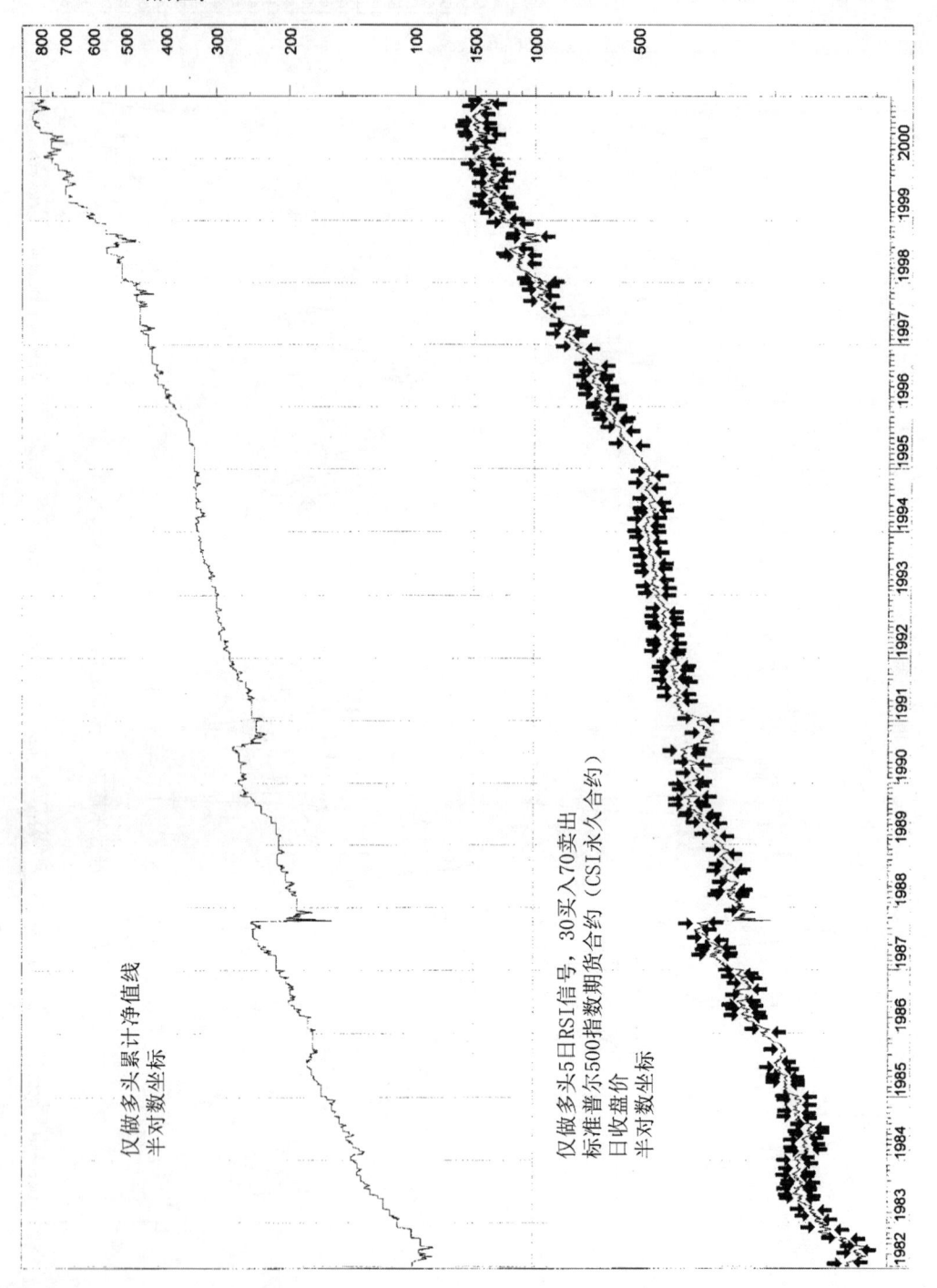

5日RSI,30买入70卖出

项目	值	项目	值
净利润总额	717.36	未平仓头寸价值	无	超额净利润比率%	-31.39
盈亏百分比	717.36	年均盈亏百分比	38.47	年均超额净利润比率%	-31.38
初始投资	100	利息收入	0		
当前头寸	空仓	头寸建立日期	12/5/00		
买入并持有利润总额	1045.54	测试总天数	6807	平均每笔交易天数	53.18
买入并持有利润率%	1045.54	年均买入并持有利润率%	56.06		
已平仓交易总数	128	佣金支付总额	0		
每笔交易平均利润	5.6	平均盈利与平均亏损比率	0.75		
多头交易总数	128	空头交易总数	0	多头交易中盈利交易占比%	85.94
盈利多头交易数	110	盈利空头交易数	0	空头交易中盈利交易占比%	#
盈利交易总数	110	亏损交易总数	18	交易总数中盈利交易占比%	85.94
盈利交易总金额	918.11	亏损交易总金额	-200.75	交易总金额中净盈利金额占比%	64.12
平均盈利	8.35	平均亏损	-11.15	平均盈亏合计中净平均盈利占比%	-14.36
最大盈利	52.19	最大亏损	-55.73	最大盈亏合计中净平均盈利占比%	-3.28
盈利交易平均持仓期数	13.75	亏损交易平均持仓期数	30.56	盈亏持仓期数差占净平均持仓期数比例%	-55.01
盈利交易最长持仓期数	42	亏损交易最长持仓期数	65	盈亏持仓期数差占最长亏损持仓期数比例%	-35.38
最大连续盈利次数	14	最大连续亏损次数	2	最长连续盈亏数差占连续亏损期数比例%	600.00
空仓总期数	2907	平均空仓期数	22.53		
最长空仓期数	106				
系统平仓回撤	-4.47	盈亏比指数	78.13	净利润与系统未平仓回撤之比%	6575.25
系统未平仓回撤	-10.91	风险回报指数	98.5	净利润同系统未平仓回撤之差与净利润之比%	98.48
最大未平仓交易回撤	-93.45	买入并持有指数	-31.39	系统未平仓回撤与净利润之比%	-1.52

在Equis公司Metastock®"系统报告"(盈亏概览统计)中,净利润总额等于利润合计减去亏损合计,包括按市值计价的未平仓头寸。相对地,盈利交易总金额是指已实现利润合计(仅包括已平仓头寸)。同样,亏损交易总金额是指已实现亏损合计(仅包括已平仓头寸)。盈利交易总金额所有亏损总金额是指已实现利润合计(仅包括任何未平仓头寸)。系统平仓回撤是指仅基于已平仓头寸的累计平仓净值下降的最大幅度。系统平仓回撤低于初始投资的最大降幅,不包括任何未平仓头寸的累计平仓净值下降的最大降幅。系统未平仓回报(SODD)是指头寸未平仓时累计净利润总额低于初始投资金额的最大降幅,系统的一个复杂计算结果,值固定于-100(最差可能表现)与+100(最佳可能表现)之间,0值代表盈亏相等,风险亏损等指数等于净利润总额减去系统未平仓回撤的差再除以净利润总额。在本次演绎交易中,初始投资假设为100美元。多头交易和空头交易都按价格执行,统计分析中不包括交易成本,利息费用和投资。

相对波动性指标（RVI）

相对波动性指标（RVI）衡量价格波动方向，它被用作滤波器来确认独立的价格动量指标。RVI 是由唐纳德·G. 多尔西设计出来的，最初在《股票和商品期货技术分析》杂志（www.traders.com）1993 年 6 月期上提出，在 1995 年 9 月期上有该指标的修订版。

RVI 的计算与 RSI 类似（见相对强弱指标），但 RVI 衡量每日价格变动的标准差而不完全是价格变动。RSI 将每日收盘价的净变动分为正值变动和负值变动，然后使用比率来平滑和标准化这些变动，得到从 0 到 100 的标准范围。RVI 使用同样的基本公式，但用 10 日标准差替换了收盘价净波动值。

设计 RVI 是为了衡量波动的方向。多尔西将原因解释为，如果将一个用作滤波器的确认指标加入到一个价格动量指标中，交易系统可以得到改进。该滤波器，即 RVI，通过衡量波动性而不是价格变动幅度来计算强弱，增加了之前许多系统中缺少的多元性。RVI 被设计成一个能用于确认的指标，而无须来自一个趋势动量指标（如 RSI、MACD、随机指标、价格变动率指标、价格摆动指标如双向移动平均交叉系统，等等）的重复信号。多尔西声称："因为 RVI 衡量一套与其他指标不同的市场动态，所以作为一个确认指标它通常更高级……RVI 的优点是它能作为一个确认指标，因为它提供了 RSI 中缺乏的一定水平的多元性。"

多尔西测试了移动平均交叉系统的盈利性，发现通过增加 RVI 规则进行确认能改进效果。

RVI 指标策略举例

我们的测试确认，RVI 确实过滤了许多信号，但比起消极的买入并持有策略其盈利性并不显著的好。以 1993 年以来的标准普尔 500 指数存托凭证、1982 年至 1993 年的标准普尔 500 指数期货和 1980 至 1993 年的标准普尔 500 现金股票价格指数的 20 年间合并的全部历史上调整的每日数据文件为基础，我们发现，如果不带主观性，不运用复杂技术分析，不妄断，而以纯机械式的趋势跟踪信号为基础，下列参数能产生下列的交易结果。

多头开仓（买入）：当 280 期 RVI 大于 50 并且当日收盘价大于昨日的每日收盘价 140 日 EMA 时，以标准普尔指数当日收盘价买入。

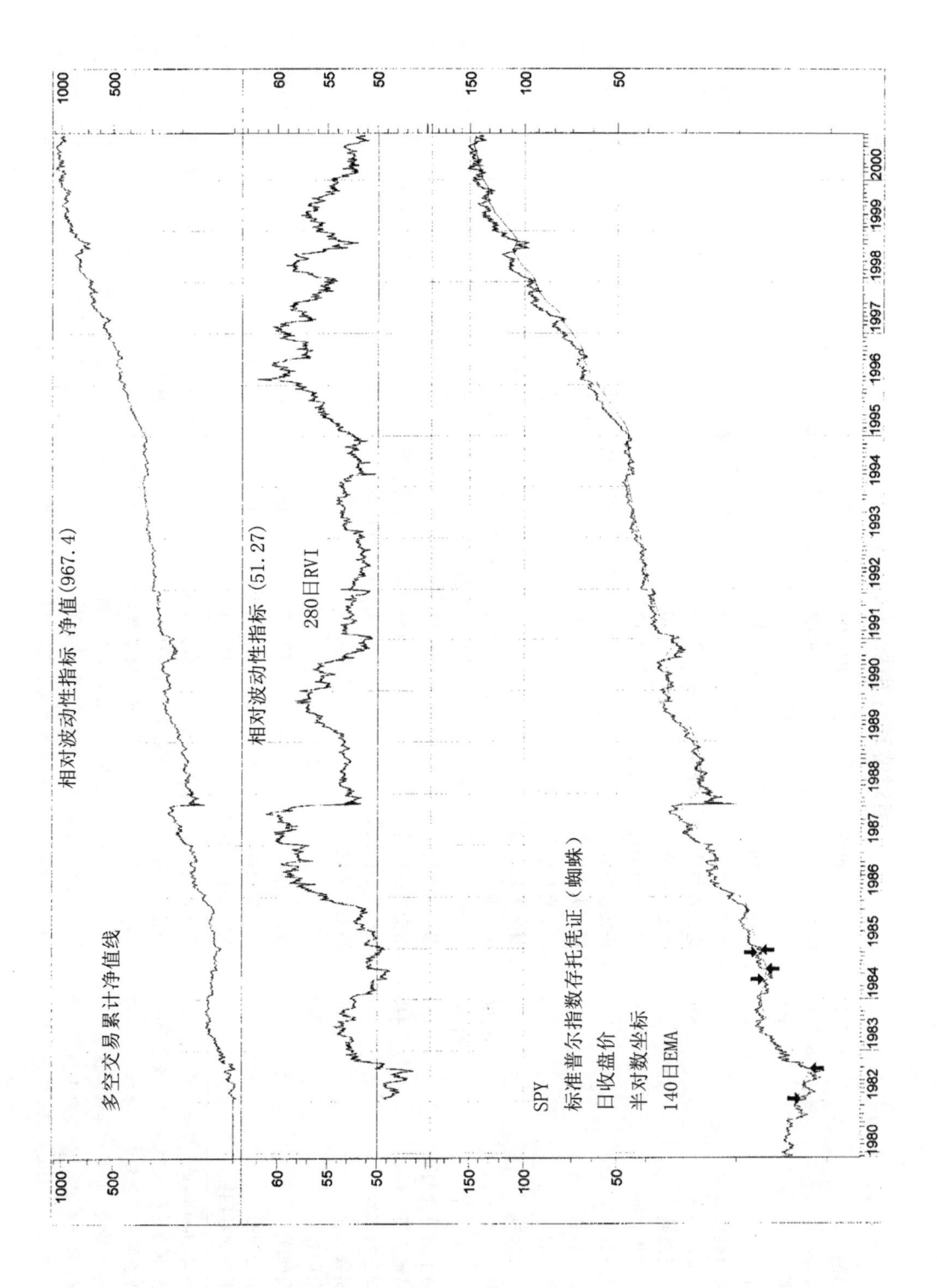

相对波动性指标（RVI）

净利润总额	867.42	未平仓头寸价值	846.99	超额净利润比率	1.33
盈亏百分比	867.42	年均盈亏百分比	43.3	年均超额净利润比率%	1.33
初始投资	100	利息收入	0		
当前头寸	多头	头寸建立日期	12/19/84		
买入并持有利润总额	856	测试总天数	7295	平均每笔交易天数	1459.00
买入并持有利润率%	856	年均买入并持有利润率%	42.83		
已平仓交易总数	5	佣金支付总额	0		
每笔交易平均利润	4.09	平均盈利与平均亏损比率	4.12		
多头交易总数	2	空头交易总数	3	多头交易中盈利交易占比%	100.00
盈利多头交易数	2	盈利空头交易数	0	空头交易中盈利交易占比%	0.00
盈利交易总数	2	亏损交易总数	3	交易总数中盈利交易占比%	40.00
盈利交易总金额	32.12	亏损交易总金额	−11.69	交易总金额中净盈利金额占比	46.63
平均盈利	16.06	平均亏损	−3.9	平均盈利总额中平均盈利占比	60.92
最大盈利	31.66	最大亏损	−6.74	最大盈亏合计中净盈利占比	64.90
盈利交易平均持仓期数	262	亏损交易平均持仓期数	73.33	盈亏持仓期数差占亏损持仓期数比例%	257.29
盈利交易最长持仓期数	440	亏损交易最长持仓期数	153	最长盈亏持仓期数差占最长亏损持仓期数比%	187.58
最大连续盈利次数	1	最大连续亏损次数	289	最大连续盈亏期数差占连续亏损期数比例%	0.00
空仓总期数	289	平均空仓期数	289		
最长空仓期数	289				
系统平仓回撤	−0.9	盈亏比指数	98.67	净利润与系统平仓回撤之比	19405.37
系统未平仓回撤	−4.47	风险回报指数	99.49	净利润同系统平仓回撤之差与净利润之比	99.48
最大未平仓交易回撤	−7.12	买入并持有指数	100.28	系统未平仓回撤与净利润之比	−0.52

在 Equis 公司 Metastock© "系统报告"（盈亏概览统计）中，净利润总额等于未平仓头寸减去亏损合计，包括按市值计算的未平仓头寸。相对地，盈亏总金额是指已实现利润合计（仅包括已平仓头寸）。年均盈亏百分比是已实现利润合计减去亏损合计等于未平仓头寸。同样，亏损交易是指已实现亏损合计（仅包括平仓回撤）是指头寸未平仓时累计额，不包括任何未平仓头寸）。系统平仓回撤是指仅基于已平仓头寸净值的最大降幅，系统未平仓回撤（SODD）是指头寸未平仓时累计净值曲线低于初始投资的累计降幅。盈亏比指数是关于平仓盈利交易总金额与亏损总金额联系在一起的一个复杂计算结果，值的范围为−100（最差可能表现）与+100（最好可能表现）之间，0值代表盈亏相等，风险回报指数等于净利润总额减去系统未平仓回撤再除以净利润总额。在本次演练交易中，初始投资假设为100美元。多头交易和空头交易都进行，除非另有说明。交易按信号出现当天收盘价格执行，统计分析中不包括交易成本，利息费用和利润。

多头平仓（卖出）：当 280 期 RVI 小于 50 并且当日收盘价小于昨日的每日收盘价 140 日 EMA 时，以标准普尔指数当日收盘价卖出。

空头开仓（卖出空头）：当 280 期 RVI 小于 50 并且当日收盘价小于昨日的每日收盘价 140 日 EMA 时，以标准普尔指数当日收盘价卖出空头。

空头平仓（平仓）：当 280 期 RVI 大于 50 并且当日收盘价大于昨日的每日收盘价 140 日 EMA 时，以标准普尔指数当日收盘价平仓空头。

运用该 RVI 趋势跟踪策略，以 100 美元开始投资并将利润再投资，假如充分运用该投资策略进行利润再投资操作，无交易成本和税收，净利润总额将达到 867.42 美元。这比买入并持有策略仅高出 1.33%。交易极度不活跃，20 年内只有 5 次信号，使得该指标作为交易指南是无效的。

在 Equis 国际公司 MetaStock© 系统中，该预处理的 RVI 指标测试规则书写如下：

多头开仓：RVI(OPT1)>50 AND CLOSE>Ref(Mov(CLOSE,opt2,E),-1)
多头平仓：RVI(OPT1)<50 AND CLOSE<Ref(Mov(CLOSE,opt2,E),-1)
空头开仓：RVI(OPT1)<50 AND CLOSE<Ref(Mov(CLOSE,opt2,E),-1)
空头平仓：RVI(OPT1)>50 AND CLOSE>Ref(Mov(CLOSE,opt2,E),-1)
OPT1 当前值：280
OPT2 当前值：140

忍蔻图（砖形图）

日本忍蔻图是一种独特的为过滤掉小的短期市场噪声的折线图。它与西方点数图技术类似，因为价格运行（而不是时间的经过）决定沿横轴 x 轴的变化。只有当价格变动达到用某一固定单位的当地货币如美元来表示的事先确定的固定数量或格值时，我们才做图形记录（日语中称"连歌"，英语中称"砖块"）。

不同点在于，日本忍蔻图不使用像西方点数图中的当天极高和极低点，而是使用收盘价来决定什么时候放一块新的"连歌"（"砖块"）。当前收盘价与前期砖形的高点和低点进行比较。在向上趋势中，当收盘价上升超过前期砖形最高点以上超过至少达格值（或更大数量）时，那么在接下来的右侧一列更上方放上一块或更多白砖。如果趋势反转，也就是以当日收盘价下降超过前期砖形最低点以下超过至少达格值为标志，那么在接下来的右侧一列下方放上一块或更多黑砖。

对标准普尔存托凭证（SPY）的 2000 年 1 月至 12 月全年指数进行绘图，使用

MetaStock© 系统软件，比较两图，一个是一点格值忍蔻图，另一个是类似的一点格值一点转向点数图。

参见 S·尼森（1994）《股票 K 线战法》，纽约：威利出版公司。

阻力指标

从最基本水平上说，支撑和阻力就是前期的低点和高点。那些包含着有序上升或下降形态的价格行为的倾斜趋势线和价格通道线也提供了移动支撑和阻力点，其作用同水平的交易价格区间类似（参见"支撑与阻力"指标）。

阿瑟·梅里尔阻力指标

阻力指标衡量向下价格摆动阻力与向上价格摆动阻力之差，阻力指标定义为道琼斯工业平均指数（DJIA）移动一点时纽交所（NYSE）的成交量。该指标是由特许市场技术分析师阿瑟·A.梅里尔发明的。

梅里尔阻力指标的计算和解释分十步：

1. 收集 DJIA 价格和 NYSE 成交量的每小时交易数据。
2. 计算 DJIA 每小时总净点数变化，考虑符号的正与负。
3. 合计当周的正点数变化（来自第 2 步）。
4. 合计当周有正点数变化的各小时成交量。
5. 用周合计正点数成交量（来自第 4 步）除以周合计正点数变化（来自第 3 步），该结果为上升阻力。
6. 用负点数变化和相关的成交量替换后，重复第 3 和第 4 步，该结果为下降阻力。
7. 用下降阻力（来自第 6 步）减去上升阻力（来自第 5 步），该结果为净阻力。
8. 用 13 周指数平滑移动平均线（EMA）平滑该净阻力（来自第 7 步），该结果为阻力指标。
9. 当阻力指标低于其平均值超过一个标准差的 67% 时，属于看涨。
10. 当阻力指标高于其平均值超过一个标准差的 67% 时，属于看跌。

从 1971 年到 1982 年的 11 年期间，以 52 周时间窗口进行测算，梅里尔发现，在整个期间其阻力指标正确预测市场方向达 64%，从统计上说，这是高度显著的。以 26 周为窗口，正确多于错误但不够显著。以 5 周和 1 周为窗口，错误多于正确，尽管并不显著。

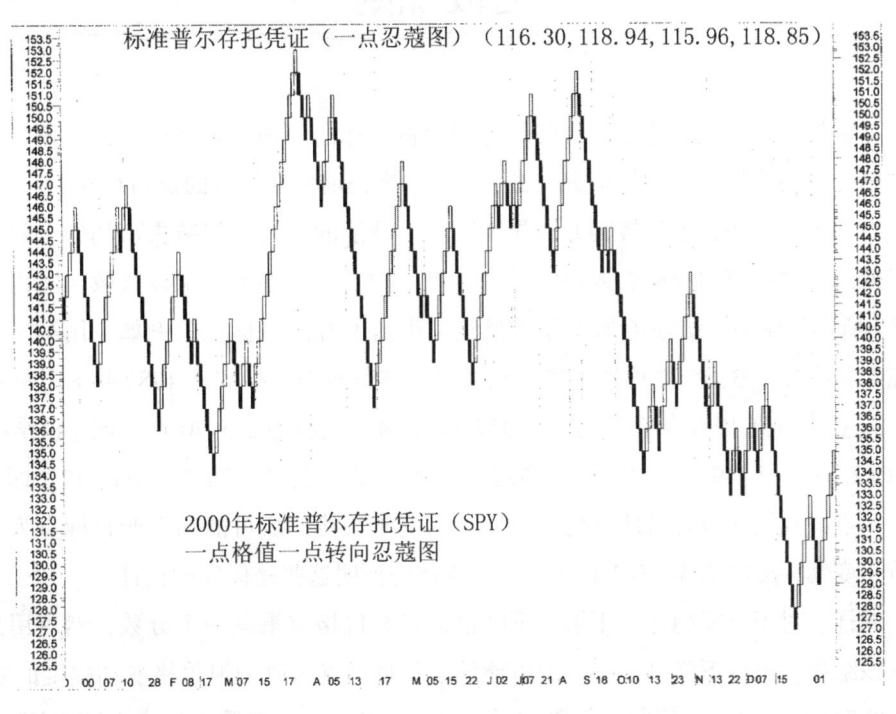

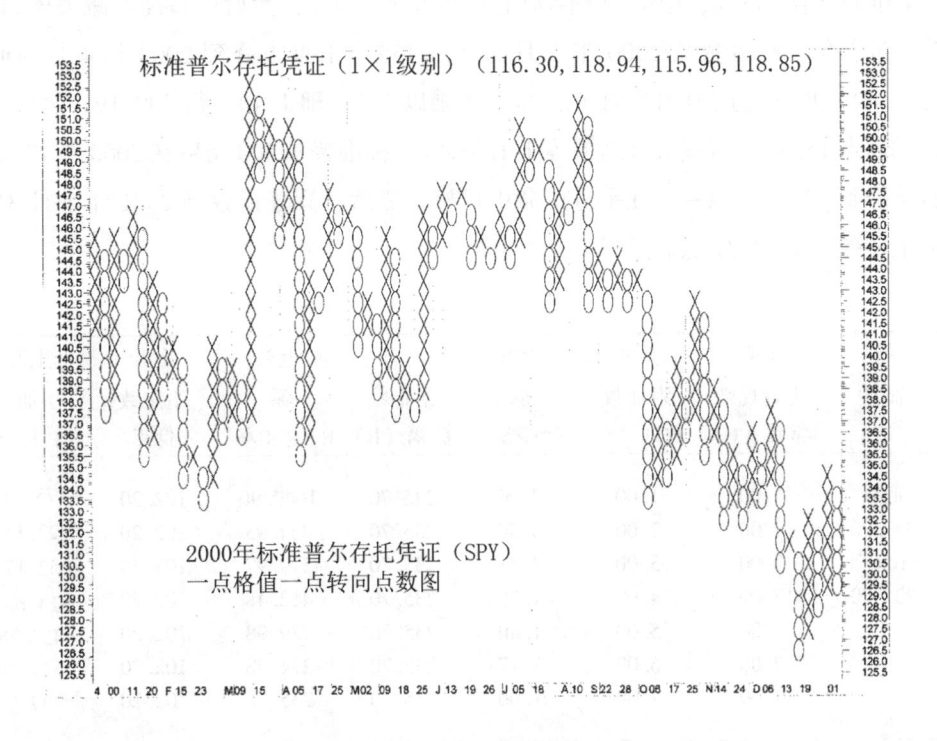

标准普尔存托凭证（一点忍蔻图）（116.30, 118.94, 115.96, 118.85）

2000年标准普尔存托凭证（SPY）
一点格值一点转向忍蔻图

标准普尔存托凭证（1×1级别）（116.30, 118.94, 115.96, 118.85）

2000年标准普尔存托凭证（SPY）
一点格值一点转向点数图

七数规则

　　七数规则是粗略估计显著价格运行中价格目标的一项指导原则，它使用价格运行中第一浪的价格点数差的倍数（通常为 3）来提前估计初步的价格目标。

　　对于上升趋势，七数规则方法先用第一上升浪的最高高点减去市场向上启动时的最低点，该差值用价格点数而不是百分比来表示。该差值再乘以整数 7 除以整数 1 至 7 所得的比率，结果再加上原来低点，得到上升的目标点。例如，用第一升浪的点数差乘以 7/3，结果再加上最低点。当标准普尔 500 指数从 1982 年 8 月的低点 102.20 点上升到 1987 年 8 月的高点 337.90 点时，差值为 235.70 点。该差值乘以 7/3（即 2.33）得 549.97，然后该结果加回到原来的低点 102.20 等于 652.17，即为上升目标点。我们能很容易地创建如下所示的电子表格，最可能的上升目标点为第一浪价格变动幅度的 7/4、7/3 和 7/2 倍，本例中证明这些是保守的估计。

　　同样，对于下降趋势，用第一下降浪的点数价格差乘以一个分数，然后用高点减去该结果，得到下降目标点，最可能的下降目标点为第一浪价格变动幅度的 7/5、7/4 和 7/3 倍。例如，用第一下降浪的点数差乘以 7/5，然后用最高点减去该结果。当标准普尔 500 指数从 2000 年 3 月的高点 1553.11 点下降到 2000 年 4 月的低点 1339.40 点时，差值为 213.71 点。该差值乘以 7/5（即 1.40）得 299.19。然后用原来的高点 1553.11 点减去该结果等于 1253.92。标准普尔 500 指数在 2000 年 12 月 21 日下降到 1254.07 点——几乎直接命中目标。之后，标普指数到 2001 年 1 月 31 日向上反弹至 1383.37 点。

减法 高点 减	上升 七数规则 常数（C）	上升 附加数 数列（S）	上升 除 C/S	上升 给定数 波幅（R）	上升 乘 R*（C/S）	上升 给定数 低点	上升 加 目标点
低点	7.00	1.00	7.00	235.70	1649.90	102.20	1752.10
337.90	7.00	2.00	3.50	235.70	824.95	102.20	927.15*
−102.20	7.00	3.00	2.33	235.70	549.97	102.20	652.17*
235.70	7.00	4.00	1.75	235.70	412.48	102.20	514.68*
	7.00	5.00	1.40	235.70	329.98	102.20	432.18
	7.00	6.00	1.17	235.70	274.98	102.20	377.18
	7.00	7.00	1.00	235.70	235.70	102.20	337.90

减法 高点减	下降 七数规则 常数（C）	下降 附加数 数列（S）	下降 除 C/S	下降 给定数 波幅（R）	下降 乘 R*（C/S）	下降 给定数 高点	下降 减 目标点
低点	7.00	1.00	7.00	213.71	1495.97	1553.11	57.14
1553.11	7.00	2.00	3.50	213.71	747.99	1553.11	805.13
−1339.40	7.00	3.00	2.33	213.71	498.66	1553.11	1054.45*
213.71	7.00	4.00	1.75	213.71	373.99	1553.11	1179.12*
	7.00	5.00	1.40	213.71	299.19	1553.11	1253.92*
	7.00	6.00	1.17	213.71	249.33	1553.11	1303.78
	7.00	7.00	1.00	213.71	213.71	1553.11	1339.40 最可能*

圣诞老人升浪

圣诞老人升浪开始于新年前 5 个交易日，结束于 1 月份的第二个交易日。从 1952 年到 2000 年，它曾有 77% 的时间出现过，也就是过去 48 年中有 37 年出现过。从 1952 年开始，该指标体现的标准普尔 500 指数平均上涨为 1.5%。这种升浪最早于 1972 年由《股票交易者年鉴》的编辑耶鲁·赫希识别出来（赫希组织集团公司，新泽西州老塔潘区中央大街 184 号，邮编 07675，第 114 页，网址 www.stocktradersalmanac.com）。

圣诞老人升浪有 23% 的时间即过去 48 年中有 11 年没有出现，赫希说，当这种情况发生时，如果不完全是熊市的话，接下来一年也会出现更低价格。正如他所说的："如果圣诞老人升浪未能如约，熊市会来到华尔街。"用另一句话说，如果没有年底升浪，那么纽交所就有卖出压力和更低价格，纽交所位于纽约曼哈顿广阔华尔街的一角。

舒尔茨上涨股票比（A/T）

舒尔茨上涨股票比（A/T）是由约翰·舒尔茨设计的另一个市场宽度指标。计算 A/T，用上涨股票数量除以交易股票的总数量，使用不同的移动平均线来平滑掉不规则的每日价格变动，每周数据也被使用在单独的计算中。舒尔茨 A/T 的计算通常以纽约证券交易所上市的股票为基础，对其他市场也可以计算类似的指标，比如纳斯达克市场。在使用任一移动平均线进行平滑之前，舒尔茨 A/T 可以用下列基本公式来表述：

$$S=(A)/(A+D+U)$$

其中

S＝今日的 1 日上涨股票比

A＝上涨股票数量

D＝下跌股票数量

U＝价格不变股票数量

A+ D+ U＝每日交易股票总数量

舒尔茨 A/T 的 68 年均值水平为 0.394。图中显示，相比于 20 世纪 30 年代和 40 年代，在最近几十年典型的 A/T 水平看起来在变窄。我们将 S 乘以 1000 转换成 3 位有效数字，以避免处理小数。

舒尔茨上涨股票比（A/T）指标策略举例

舒尔茨 A/T 的趋势是一个有效的指标，在几十年里产生了稳定增长的累计净值。以 1932 年 3 月 8 日以来 68 年期间的纽交所每天上涨、下降和价格不变股票数量和 DJIA 的每日数据文件为基础，我们发现，如果不带主观性，不运用复杂技术分析，不妄断，而以纯机械式的信号为基础，简单的趋势跟踪规则能产生良好的交易结果。

多头开仓（买入）：当舒尔茨 A/T 上穿其自身前一日跟踪 7 日 EMA 时，以 DJIA 当日收盘价买入。

多头平仓（卖出）：当舒尔茨 A/T 下穿其自身前一日跟踪 7 日 EMA 时，以 DJIA 当日收盘价卖出。

空头开仓（卖出空头）：当舒尔茨 A/T 下穿其自身前一日跟踪 7 日 EMA 时，以 DJIA 当日收盘价卖出空头。

空头平仓（平仓）：当舒尔茨 A/T 上穿其自身前一日跟踪 7 日 EMA 时，以 DJIA 当日收盘价平仓空头。

运用该舒尔茨 A/T 趋势跟踪策略，以 100 美元开始投资并将利润再投资，假如充分运用该投资策略进行利润再投资操作，无交易成本和税收，净利润总额将达到 473,954,592 美元。这比买入并持有策略仅高出 3,779,846%。即使空头卖出也是盈利的。交易极度活跃，平均每 2.93 个日历日日交易一次。

在 Equis 国际公司 MetaStock© 系统中，舒尔茨 A/T 乘以 1000 后被插入在通常预留给成交量（V）的字段中，其测试规则书写如下：

多头开仓：V>Ref(Mov(V,opt1,E),-1)

多头平仓：V<Ref(Mov(V,opt1,E),-1)
空头开仓：V<Ref(Mov(V,opt1,E),-1)
空头平仓：V>Ref(Mov(V,opt1,E),-1)
OPT1 当前值：7

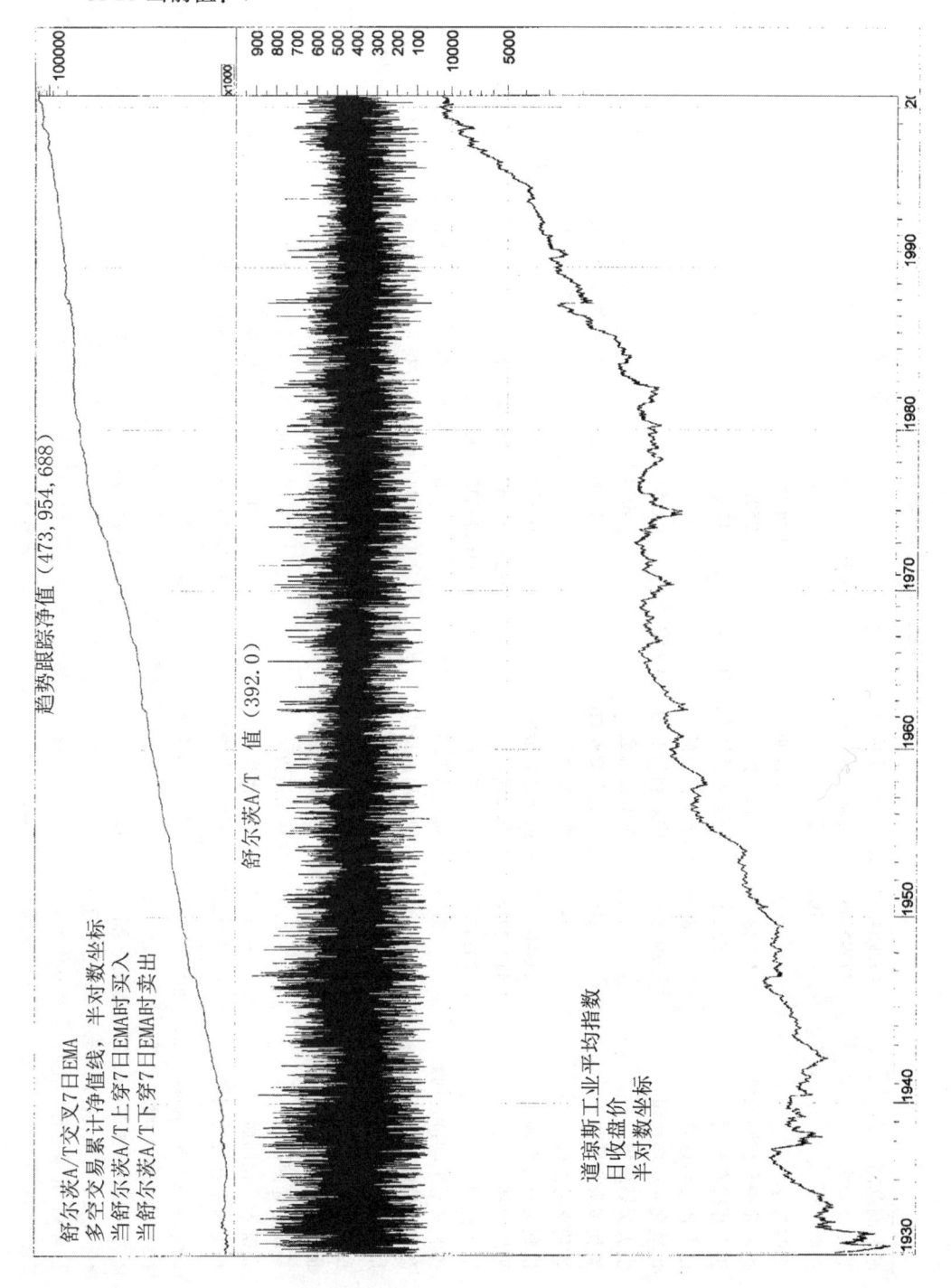

舒尔茨 A/T：7日 EMA

净利润总额	473954592	未平仓头寸价值	0
盈亏百分比	473954592	年均盈亏百分比	6913653.03	超额净利润比率	3779846.12
初始投资	100	利息收入	0	年均超额净利润比率%	3779918.06
当前头寸	空头	头寸建立日期	9/8/00		
买入并持有利润总额	12538.66	测试总天数	25022		
买入并持有利润率%	12538.66	年均买入并持有利润率%	182.9	平均每笔交易天数	2.93
已平仓交易总数	8036	佣金支付总额	0		
每笔交易平均利润	58978.92	平均盈利与平均亏损比率	1.51		
多头交易总数	4018	空头交易总数	4018	多头交易中盈利交易占比	53.56
盈利多头交易数	2152	盈利空头交易数	1738	空头交易中盈利交易占比%	43.26
盈利交易总数	3890	亏损交易总数	4146	交易总数中盈利交易占比%	48.41
盈利交易总金额	1.604E+09	亏损交易总金额	-1.13E+09	交易总金额中净盈利金额占比%	17.34
平均盈利	412327.49	平均亏损	-272551.67	平均盈亏总额中净平均盈利占比%	20.41
最大盈利	23307040	最大亏损	-16179232	最大盈亏合计中净盈利占比%	18.05
盈利交易平均持仓期数	3.94	亏损交易平均持仓期数	2.6	盈亏持仓期数差占最长持仓期数比例%	51.54
盈利交易最长持仓期数	12	亏损交易最长持仓期数	11	盈亏最长持仓期数差占最长亏损持仓期数比%	9.09
最长连续盈利次数	11	最长连续亏损次数	16	最长连续盈亏期数差占连续亏损期数比例%	-31.25
空仓总期数	8	平均空仓期数	8		
最长空仓期数	8				
系统平仓回撤	-25.05	盈亏比指数	29.55	净利润与系统平仓回撤之比	18920342994.40
系统未平仓回撤	-25.05	风险回报指数	100	净利润同系统平仓回撤之差与净利润之比%	100.00
最大未平仓交易回撤	-16179232	买入并持有指数	3779846.95	系统未平仓回撤与净利润之比%	0.00

在Equis公司Metastock©™系统报告（盈亏概览统计）中，净利润总额等于利润合计减去亏损合计，包括按市值计价的未平仓头寸。相对地，盈利交易总金额是指已实现利润合计（仅包括任何平仓头寸）。同样，亏损交易总金额是指已实现亏损合计（仅包括已平仓已平仓头寸）。系统平仓回撤是指基于已平仓头寸的净值所有获利总额，不包括任何未平仓头寸。系统平仓回撤是指基于已平仓头寸的净值线低于初始投资的最大降幅，系统未平仓回撤（SDD）是指未平仓时累计净值线低于初始投资的最大降幅。盈亏比指数是关于下将盈利交易总金额与亏损交易总金额联系在一起的一个复杂计算结果，值的范围位于-100（最差可能表现）与+100（最好可能表现）之间，0值代表盈亏相等。风险回报指数等于系统未平仓回撤除以净利润总额。在本次演练交易中，初始投资假设为100美元。多头交易和空头交易都进行，除非另有说明。交易按信号出现当天收盘价格执行，统计分析价不包括交易成本、利息费用和利润。

第二小时指标

第二小时指标使用交易第二小时的市场相对强弱作为衡量未来市场潜力的指标。该指标是由特许市场技术分析师阿瑟·A. 梅里尔发明的，他发现，当交易的第二小时道琼斯工业平均指数（DJIA）表现大幅强于全天各小时平均表现时，DJIA 接下来 13 周、26 周和 52 周的未来表现是极为显著的上涨行情。他还发现，当第二小时相对弱于各小时时，则为极为显著的下跌行情。

梅里尔第二小时指标的计算和解释分为八步：

1. 每个交易日计算 DJIA 第二小时的总净点数变化。
2. 合计当周每日第二小时净点数变化（第 1 步）。
3. 用合计数（第 2 步）除以当周的天数，得出整个一周每日第二小时价格变化的平均值。
4. 用当周周五收盘价减去上周五的收盘价，其差值除以当周小时数，算出当周全部小时表现的均值。（在节假日使用周四的收盘价，同时调整节假日当周的小时数）。
5. 用第二小时表现均值（第 3 步）减去当周全部小时的每日表现均值（来自第 4 步）。
6. 用 26 周指数移动平均线（EMA）平滑该差值（第 5 步）。
7. 当第二小时指标（第 6 步）高于其均值一个标准差的 67% 时，属于看涨。
8. 当第二小时指标（第 6 步）低于其均值一个标准差的 67% 时，属于看跌。

从 1971 年到 1982 年的 11 年期间，以 52 周时间窗口进行测算，梅里尔发现，在整个期间其第二小时指标正确预测市场方向达 80%。以 26 周为窗口，正确的频率为 72%。以 13 周为窗口，正确的时间占 64%。以 5 周为窗口，正确的时间占 59%，但是以接下来一周为窗口，正确的时间只占 54%。因此，时间框架越长，指标作用越好。

二次发售指标

二次发售是指先前已存在公开市场股票的公司再次公开发售股票。大股东比如公司内部人也可以通过特别发售卖出其股票的一部分或全部，或者参与公司本身的公开股票发售。有时候，这些销售被说成是为了实现分散风险或不动产投资目的，因此，不一定反映一个内部人对股票前景的意见。

从某种逻辑上人们曾认为，二次发售指标上升到相对高的水平，一般属于消息灵通的内部人离开即将走向下降的价值高估市场的一个指标。相反，相对较低水平的二次发售指标暗示着，内部人认为股票太便宜了而不该卖出，因此股票价格将走向一个主升浪。如第632页图表所示，该指标看起来提供了及时的信号，直到1991年二次发售指标上升到一个较高水平并大多停留在高位，而主要股票价格指数翻了一番又一番。一个可能的问题是，公众公司的数量比以前多很多，所以二次发售的数量自然应该更高。因此，该数据可能需要相对于公众公司的数量在统计上标准化，之后才再次变得有用（参见"内部人卖出/买入比率"指标）。

板块轮动指标

相对强度是选股和择时的一个最重要指标。根据萨姆·斯托瓦尔的研究，基于每个板块对潜在的基本循环经济力量和经济周期阶段的敏感性，相对强度从一个行业板块向另一行业板块相继轮转（汤姆·哈特尔访谈："标普股市策略师萨姆·斯托瓦尔自上而下投资策略"，《股票和商品期货技术分析》第14卷第3期，www.traders.com）。

经济扩张阶段平均持续大约51个月。扩张时期可以分为各17个月的三个部分，代表经济扩张的早期、中期和后期阶段。

在经济扩张的第一个阶段，通货膨胀率较低并下降，利率低，收益率曲线陡峭（也就是短期利率低于长期利率）。工业产出水平低并且下降，但开始转而向上，交通部门（空运、航空公司、铁路、卡车运输）最早反弹。该经济扩张早期阶段的后期，相对强度转向技术板块。

在经济扩张的第二个阶段即中期阶段，通货膨胀率见底回升，短期利率开始稳定上升，工业产出急剧上升。相对强度转向服务板块，接下来的后期转向资本品板块，资本品板块包括航空航天、集装箱、电子设备、工程与建筑、机械、制造业、办公设备与用品、卡车及零部件以及废物管理。

在经济扩张的后期阶段，通货膨胀率上升，促使美联储紧缩银根，利率上升，消费者预期和工业产出达到顶点。相对强度首次转向基础材料板块，接下来的后期转向能源板块。原材料和地下资产长期以来被看作是通货膨胀保值物，基础材料包括农产品、铝、化工品、集装箱与纸包装、黄金与贵金属、采矿、钢铁、金属、造纸以及林产品。

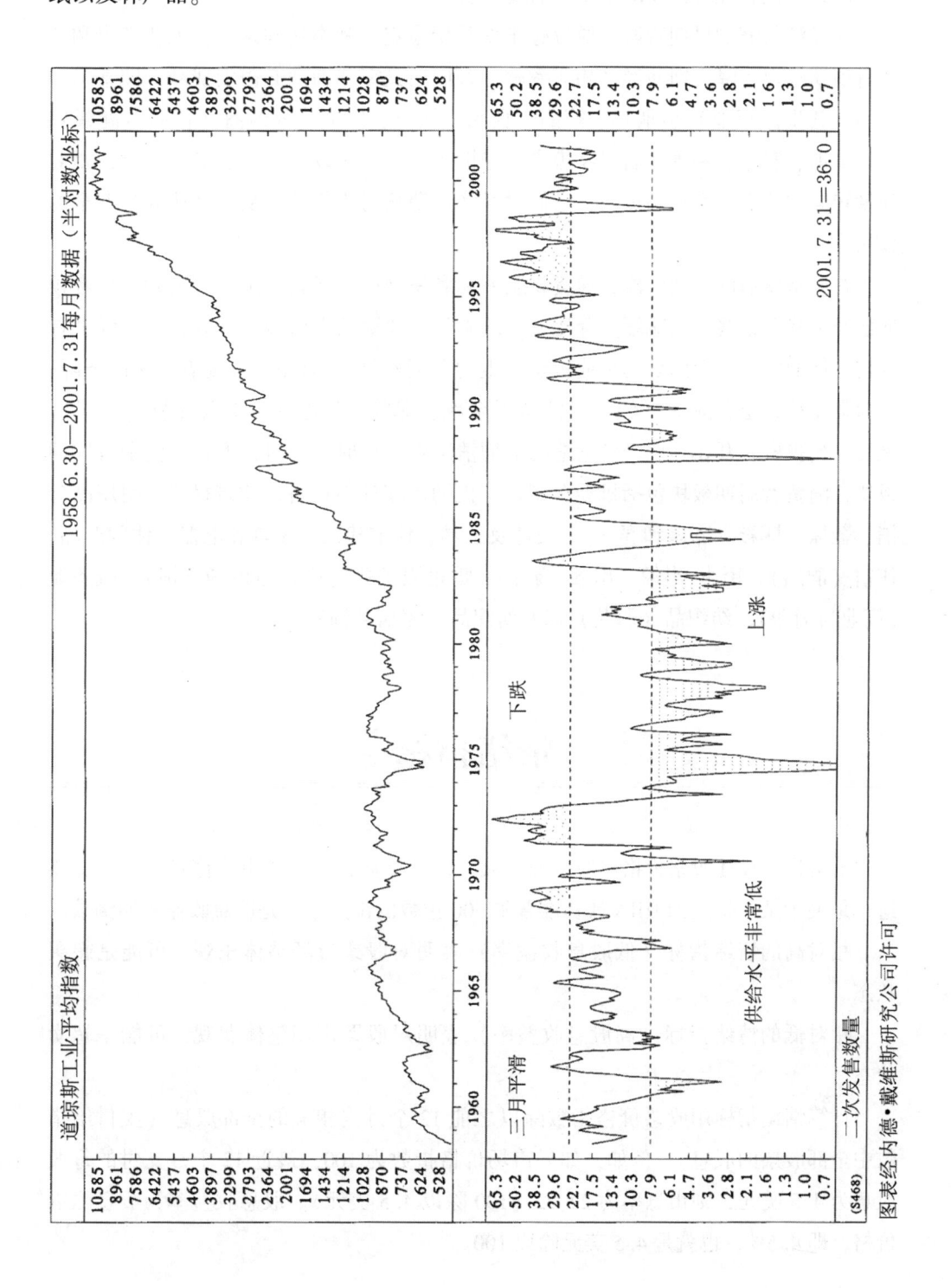

经济紧缩时期很短，平均仅持续大约 12 个月。紧缩时期可以分为相等 6 个月的两个部分，代表经济紧缩的早期和后期阶段。

在经济紧缩的早期阶段，通货膨胀率开始稳定，利率达到顶点，工业产出和消费者预期呈现下降。即使经济相对疲软，人们还是需要消费必需消费品，即基本必需品，其生产行业包括烟草、药品、食品、饮料、广播、分销商（食品与健康）、个人护理、餐馆、零售药店、零售食品连锁店、服务业以及专业印刷。因此，相对强度转向这些消费必需品板块，它们对经济周期相对不敏感，从而被认为是安全的板块。

在经济紧缩的后期阶段，通货膨胀率和利率都向上运行，工业产出和消费者预期已经下降并最终开始减缓下降比率。随着经济紧缩后期阶段的展开，相对强度首次转向仍旧相对安全的公用事业板块（电力和天然气）。接下来，随着利率的下降，相对强度轮转至金融业（银行、消费者金融、保险、经纪人、储蓄和贷款公司）。最后，当投资者开始预期经济紧缩的最糟情况将结束时，相对强度转向消费者周期板块，消费者周期板块包括机动车制造、机动车零件与设备、建筑材料、耐用品分销、鞋袜、博彩（彩票和赛马）、硬件及工具、住宅建设、家具和电器、休闲产品、住宿（酒店）、摄影/影像、出版、新闻、零售服务业（广告与市场营销）、服务业（商业与消费）、纺织品（服装）以及纺织品（家居装饰）。

情绪指标

情绪指标描述股票价格对股息的倍数。情绪指标这一术语由埃德森·古尔德创造，是关于某一指数如 DJIA 或标准普尔 500 指数的市息率，是股息收益率的倒数。

相对高的情绪指标（低股息收益率）表明对股票市场整体乐观，可能是超买状态。

相对低的情绪指标（高股息收益率）表明对股票市场整体悲观，可能是超卖状态。

计算情绪指标用股票价格指数除以之前 12 个月内相应的全部股息（支付给指数中全部股票的股息）。例如，如果市场价格指数为 100，最近 12 个月支付的每股股息为 4.5 美元，则市息率为 22.22（100 除以 4.5 美元）。股息收益率为股息除以价格，即 4.5%，也就是 4.5 美元除以 100。

道琼斯工业平均指数　1915.3.31—1998.3.31季度数据（半对数坐标）

估计股息220美元
（估计收益440美元按50%标准化）

×38 = 8360
×30 = 6500
×24 = 5280
×16.5 = 3630
1998.3.31价格 = 8799.81

股息×标准值（24.2）
83.2年间平均线*（……）

DJIA最高价-最低价-收盘价

1929年之前股息为内德戴维斯研究公司估计值
1998.3.31最近4季股息 = 139.03美元

昂贵
正常*（……）
便宜

DJIA市息率

标准普尔500股价指数　1925.12.31—1998.4.30每月数据

股息×标准值（25.8）
72.4年间平均线*（……）

标准普尔500（——）

1936年之前股息为内德戴维斯研究公司估计值
1998.3.31最近12月股息 = 15.64美元

昂贵
正常*（……）
便宜

1970.1.31至现在平均值 = 29.97
1950.1.31至现在平均值 = 28.77
1998.4.31 = 29.97

标准普尔500指数市息率

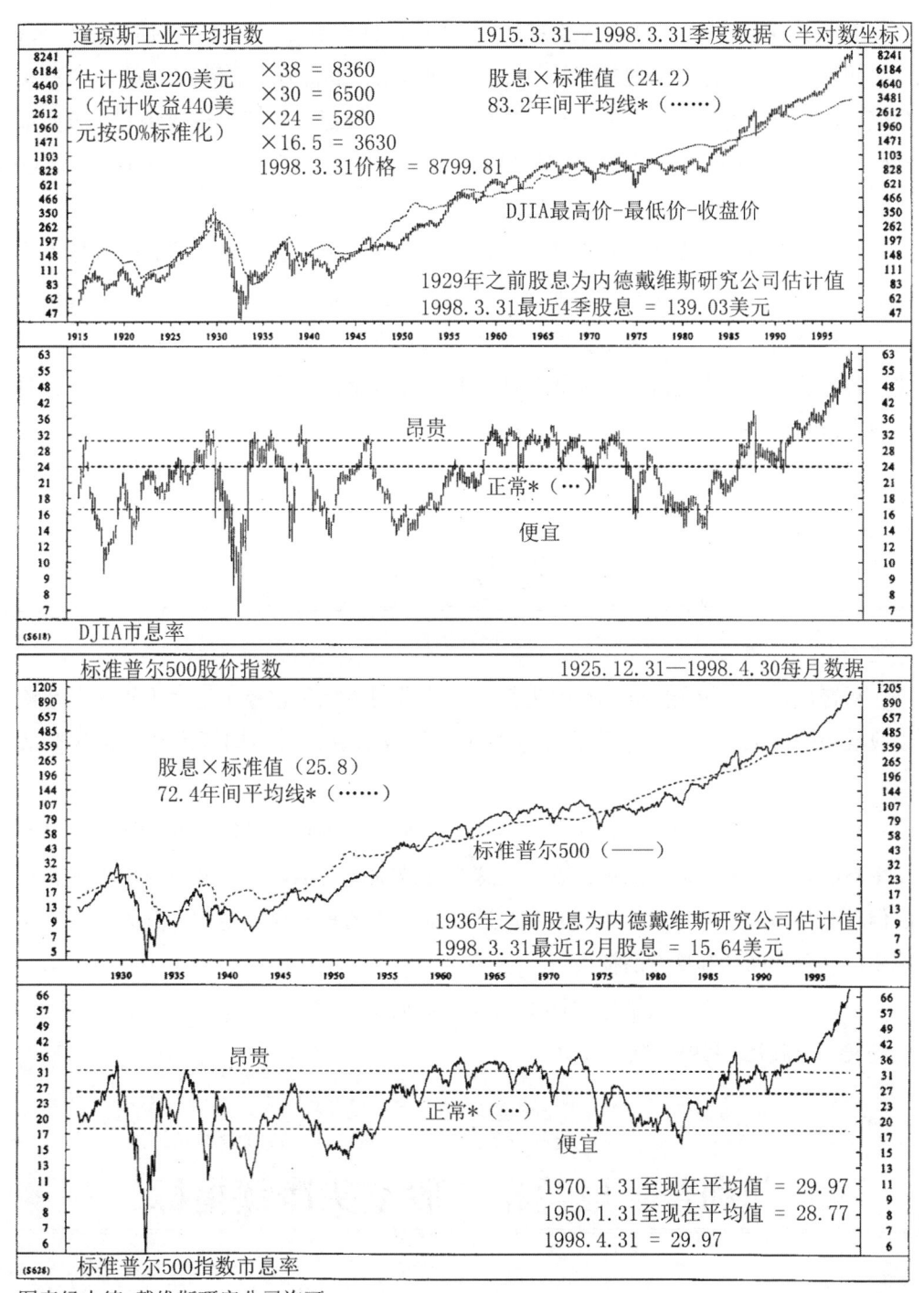

图表经内德·戴维斯研究公司许可

历史上 DJIA 平均市息率为股息的 24.2 倍，标准普尔 500 指数为股息的 25.8 倍。低于 17 和 18 的极低值常被认为暗示着被低估，股价有上涨潜力。高于 30 的极高值被认为暗示着被高估，股价有下降潜力。自从极值大幅超出达数年后，很明显这些历史指导原则不再足以满足市场择时了。情绪指标表现良好，直到 1991—2000 年大牛市中大幅地突破了历史标准值。

公司融资方式的变化导致近期该指标不再可靠。由于股息在公司和个人层面存在双重纳税，公司会保留收益的大部分份额，将其再投资到公司业务中，或者用于增加对外收购从而提高未来增长性。股息支付率下降了，并且看起来也不太可能很快反转。然而，这不能解释近期非常低的股息收益率，因为净收益率也很低（并且市盈率很高）。

夏普比率

夏普比率是对投资策略的风险进行估计的常用指标，它等于超额平均收益率除以收益率的标准差，超额平均收益率等于平均收益率减去美国国库券的无风险收益率。

该比率有很严重的问题，使得它不适合用来衡量风险。最糟糕的问题是，夏普比率不能区分向上和向下的价格波动，这会导致荒唐的结论，即收益率向上大幅跳跃但没有回撤的策略比终点相同的双向波动都较小的策略风险更大。此外，夏普比率不能区分间断的和连续的损失。

关于不同的绩效衡量指标的详细论述，参见 J. D. 施瓦格《技术分析》，纽约：威利父子出版社，1996：共 775 页。

菲利普·厄兰格个股空头净额指标

根据特许市场技术分析师菲利普·厄兰格的观点，空头卖出是衡量情绪的指标，能解释强势意见，这对分析中到长期内的单只股票和整个一般股票市场都是有用的（www.erlanger2000.com）。通过多年的大量研究，该世界上一流的专家在空头净额方面得出以下结论。

空头净额比率必须标准化以调整短期成交量波动,这一指标等于当前空头净额除以1月期平均日成交量。该指标的问题是,它会因当前交易活动产生的成交量变化而大幅变动,即使当空头净额保持不变时,这会导致错误的结论。解决办法是用厄兰格个股空头净额比率指标,它在跟踪12月期内平滑每日成交量均值,从而得到更稳定的结果。

将一只股票对比另一只股票进行判断,空头净额比率必须标准化以调整每只股票这一比率的历史波动,厄兰格通过在历史5年内波幅内量化该股票最新空头净额比率头寸的数值来进行标准化。例如,如果一只特定股票当前空头净额比率为5.00,5年最高比率为6.00,5年内最低比率为2.00,那么厄兰格空头净额比率排名为(5.00-2.00)/(6.00-2.00) = 75%。接下来就能比较该标准化的排名与其他股票的排名了。

最高空头净额不一定被用作反向交易的自动信号,有时,空头卖出者是对的,弱势股票价格会继续下降。相反,当过度看涨情绪和正的相对强度同时存在时,它是最值得注意的。这是用于逼空的公式,能导致价格大幅上涨,持续到空头净额耗尽。

任何历史空头净额数据库都必须进行除权调整,以避免失真。大多数数据库不能进行股票除权调整,结果误导出向上的偏差。单独调整每日成交量均值是不充分的,要对空头净额和每日成交量均值都进行除权调整。

从大图形角度,厄兰格计算其比率的简单平均值并对一个行业板块、部门板块和大盘的全部股票进行排名。随着一只个股、行业板块、部门板块和大盘空头卖出的调整和标准化水平的提高,价格具备了更宽裕的上升时间。

空头净额比率

空头净额比率是一个长期的"反向意见"情绪指标,计算该指标用纽约证券交易所公开的每月空头净额数值除以该月内每日平均交易总量。

当空头卖出行为数量明显相对较大时,交易者显然会推测,股票价格很可能变得更低。相对较高的空头净额比率会增加股票买入需求潜力,因为看跌最终必定会导致他们平仓空头(也就是他们必须买入他们先前卖出空头的股票),这种买入力量就是反弹的潜在助力。

相对较低水平的空头卖出产生较低的空头净额比率数值,这些较低水平的比率并不是看涨指标,因为他们代表较少的买入力量。

在过去 20 年，随着新的期权和期货衍生工具市场的动态增长，空头净额比率的表现发生了巨大变化。这些市场加上活跃的并购行为，催生出大量复杂的套利策略。在 20 世纪 80 年代早期，报告空头净额的纽交所股票中受套利交易影响的不足 25%，但在 20 世纪 80 年代后期受影响的超过了 50%，我们需要一个不断演化的适应性指标来跟上这些行为变化水平的步伐。

空头净额比率指标策略举例

以 1932 年 1 月至 2000 年 12 月 69 年期间的空头净额比率和 DJIA 每月数据为基础，我们发现，如果不带主观性，不运用复杂技术分析，不妄断，而以纯机械式的趋势跟踪信号为基础，下列参数能产生良好的交易结果。

多头开仓（买入）：当前空头净额比率大于上月的空头净额比率 74 月 EMA 时，以 DJIA 当月月底收盘价买入。

多头平仓（卖出）：当前空头净额比率小于上月的空头净额比率 74 月 EMA 时，以 DJIA 当月月底收盘价卖出。

空头开仓（卖出空头）：从不操作。

运用该空头净额比率趋势跟踪策略，以 100 美元开始投资并将利润再投资，假如充分运用该投资策略进行利润再投资操作，无交易成本和税收，净利润总额将达到 5888.84 美元。这比买入并持有策略少 57.89%。空头卖出交易是不盈利的，且空头卖出交易不包括在本策略中。空头卖出交易会使利润减少超过一半。该仅做多头交易空头净额比率作为指标在整个期间给出的盈利性买入信号占 72.97%。交易不活跃，平均每 340.16 个日历日交易一次。注意，该策略仅考虑月底收盘价。而忽略全部的每日价格变化。

Equis 国际公司 MetaStock© 系统测试规则（空头净额比率被插入在通常预留给成交量的数据字段中）书写如下：

多头开仓：V>Ref(Mov(V,opt1,E),-1)

多头平仓：V<Ref(Mov(V,opt1,E),-1)

OPT1 当前值：74

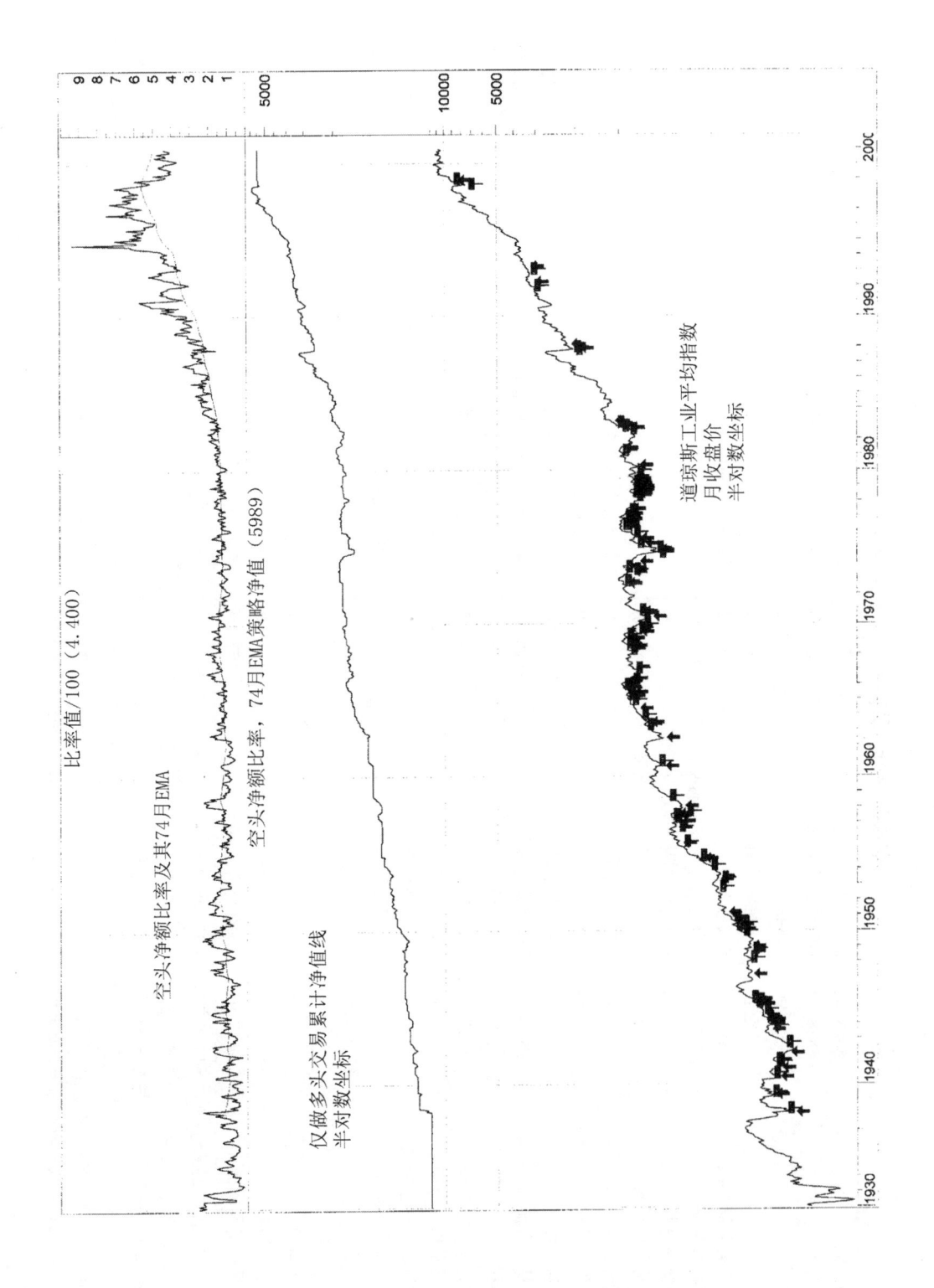

空头净额比率，74月EMA策略

净利润总额	5888.84	超额净利润比率	无
盈亏百分比	100	年均超额净利润比率%	-57.89
初始投资	5888.84	年均盈亏百分比	85.39
			-57.89
当前头寸	空仓	利息收入	0
买入并持有利润总额	13983.54	头寸建立日期	1/1/99
买入并持有利润率%	202.76	测试总天数	25172
已平仓交易总额	74	年均买入并持有利润率%	340.16
每笔交易平均利润	79.58	佣金支付总额	0
		平均每笔交易天数	3.85
多头交易总数	74	多头交易中盈利交易占比	0
盈利多头交易数	54	空头交易中盈利交易占比	#
盈利交易总数	54	交易总数中盈利交易占比	72.97
亏损交易总数	20	交易总金额中盈利金额占比	72.97
盈利交易总金额	6515.41	交易总盈亏合计中净盈利占比	82.45
平均亏损	120.66	平均盈亏持仓期数差占总持仓期数比例%	58.77
最大亏损	3307.52	最长盈亏持仓期数差占最长连续亏损期数比例%	85.53
盈利交易平均持仓期数	7.96		78.88
盈利交易最长持仓期数	66	盈亏持仓期数差占最长持仓期数比例%	312.50
最大连续盈利次数	8	最长连续盈亏期数差占连续亏损期数比%	300.00
空仓总期数	457	平均空仓期数	6.09
最长空仓期数	75		
系统平仓回撤	0	盈亏比指数	90.38
系统未平仓回撤	0	净利润与系统未平仓回撤之比%	#
最大未平仓交易回撤	-257.95	风险回报指数	100
		净利润同系统未平仓回撤之差与净利润之比%	100.00
		买入并持有指数	-57.89
		系统未平仓回撤与净利润之比%	0.00

在Equis公司Metastock©"系统报告"（盈亏概览统计）中，净利润总额等于利润合计减去亏损合计（仅包括已平仓头寸），不包括任何未平仓头寸。盈亏百分比是指已实现利润合计（仅包括已平仓头寸）除以所有头寸已实现亏损合计（仅包括已平仓头寸）所得。相对地，盈利交易总金额是指已实现盈利总额，不包括任何未平仓头寸。系统平仓回撤是指基于已平仓头寸价值的累计净值线最低于初始投资的最大降幅，亏损总金额是指已实现亏损合计（仅包括已平仓交易）时亏损金额累计。净值线低于初始投资的累计最大降幅，不包括任何未平仓头寸。系统未平仓回撤（SODD）是指头寸未平仓时累计净值线低于初始投资的最大降幅，系统未平仓回报是联系在一起的一个复杂计算结果，值的范围位于-100（最差可能表现）与+100（最好可能表现）之间，0值代表盈亏相等，风险指数等于将盈利总金额减去系统未平仓回撤再除以净利润总额，值的范围位于-100（最差可能表现）之间。多头交易和空头交易都进行，除非另有说明。交易按信号出现当天收盘价格执行。统计分析中不包括交易成本、利息费用和初始投资假设为100美元。

熊市标志

该宽度动量指标是由市场简报出版商、投资组合管理人彼得·G·艾丽亚泽斯开发的：《股市周期》，加利福尼亚州圣罗莎第 6873 邮政信箱，邮编 95406-0873，电话（707）769-4800，传真（707）769-4803，电子信箱 peter@eliades.net。熊市标志有三项必要条件：

1. 必须在连续的 21 至 27 个交易日内，纽交所涨跌比率高于 0.65 并低于 1.95。这意味着市场反复买卖而方向不明。

2. 该 21 至 27 个交易日的静默期必须被一个低于 0.65 的一日涨跌比率打破。这是消极趋势变化的第一个标志。

3. 最后，涨跌比率的 2 日均线必须下降到 0.75 以下。该 2 日均线可以包括触发必要条件 2 的低于 0.65 的首日。这确认了消极趋势变化。

涨跌比率是指每天纽交所上涨股票数量除以下跌股票数量。2 日均线是指当前涨跌比率加上前一日涨跌比率的和再除以 2。

下表显示，自从 1929 年以来熊市标志信号只出现了 7 次。其中有一些在牛市最终高价的前几周出现。每一个信号的接下来，DJIA 指数下降幅度在 21% 至 89% 之间，平均为 39%。

日期	跌幅
1929.7.22	-89%
1961.12.14	-29%
1966.1.31	-27%
1968.10.25	-36%
1972.12.12	-45%
1998.4.6	-21%
2000.9.18	-27%
平均值	-39%

涨跌比率摆动指标 2 日 EMA 穿越 0.75 的指标举例

艾丽亚泽斯的熊市标志缺少退出规则，即停止卖出信号的买入信号。而宽度动量摆动指标能用作完整趋势跟踪策略的一部分。以 1932 年 3 月 8 日以来 68 年间纽交所每天上涨和下跌股票数量和 DJIA 每日数据文件为基础，我们发现，如果不带主观性，不运用复杂技术分析，不妄断，而以纯机械式的信号为基础，下列特殊参数能产生良好的交易结果。

多头开仓（买入）：当每日涨跌比率的 2 日 EMA 上升穿过 0.75 以上时，以 DJIA 当日收盘价买入。

多头平仓（卖出）：当每日涨跌比率的 2 日 EMA 下降穿过 0.75 以下时，以 DJIA 当日收盘价卖出。

空头开仓（卖出空头）：当每日涨跌比率的 2 日 EMA 下降穿过 0.75 以下时，以 DJIA 当日收盘价卖出空头。

空头平仓（平仓）：当每日涨跌比率的 2 日 EMA 上升穿过 0.75 以上时，以 DJIA 当日收盘价平仓空头。

运用这种宽度动量摆动指标趋势跟踪策略，以 100 美元开始投资并将利润再投资，假如充分运用该投资策略进行利润再投资操作，无交易成本和税收，净利润总额将达到 10,533,586 美元，这比买入并持有策略高出 83,908.87%，即使卖空交易也是盈利的。交易非常活跃，平均每 6.76 天交易一次。

在 Equis 国际公司 MetaStock© 系统中，当前涨跌比率乘以 1000 后（避免处理小数）被插入在通常预留给成交量（V）的字段中，其测试规则书写如下：

多头开仓：Mov(V,opt1,E) > opt2

多头平仓：Mov(V,opt1,E) < opt2

空头开仓：Mov(V,opt1,E) < opt2

空头平仓：Mov(V,opt1,E) > opt2

OPT1 当前值：2

OPT2 当前值：750

第二部分　市场技术指标

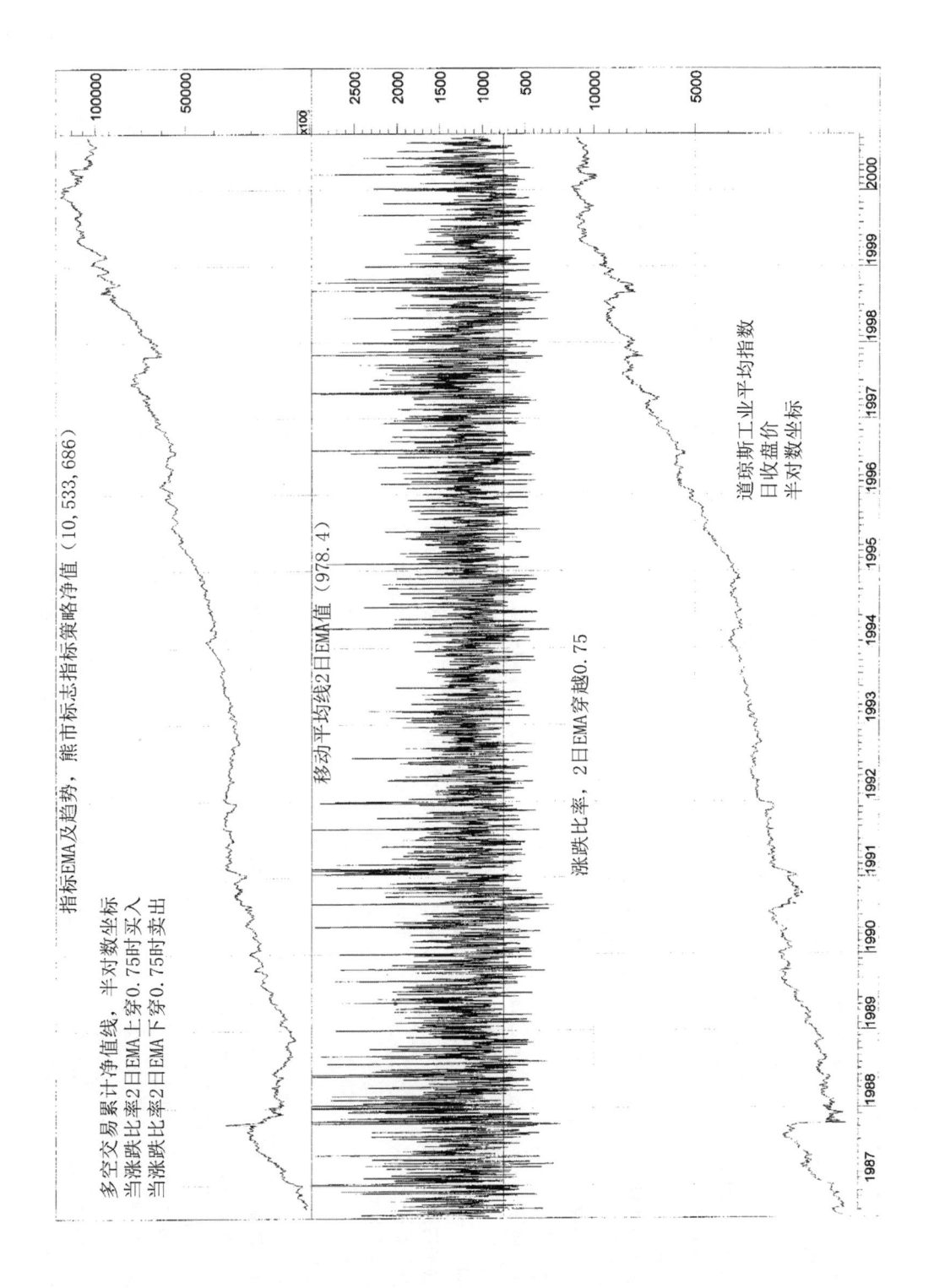

涨跌比率摆动指标 2 日 EMA 穿越 0.75

净利润总额	10533586	未平仓头寸价值	655832.06	超额利润率	83908.87
盈亏百分比	10533586	年均盈亏百分比	153655.14	年均超额净利润比率%	83910.46
初始投资	100	利息收入	0		
当前头寸	多头	头寸建立日期	7/31/00		
买入并持有利润总额	12538.66	测试总天数	25022	平均每笔交易天数	6.76
买入并持有利润率%	12538.66	年均买入并持有利润率%	182.9		
已平仓交易总数	3702	佣金支付总额	0		
每笔交易平均利润	2668.22	平均盈利与平均亏损比率	1.8		
多头交易总数	1851	空头交易总数	1851	多头交易中盈利交易占比%	42.90
盈利多头交易数	794	盈利空头交易数	833	空头交易中盈利交易占比%	45.00
盈利交易总数	1627	亏损交易总数	2075	交易总数中盈利交易占比%	43.95
盈利交易总金额	33685556	亏损交易总金额	-23807786	交易总金额中净盈利金额占比%	17.18
平均盈利	20704.09	平均亏损	-11473.63	平均盈亏总额中净平均盈利占比%	28.69
最大盈利	1289721	最大亏损	-497100	最大盈亏持仓期数差占亏损持仓期数比例%	44.36
盈利交易平均持仓期数	8.97	亏损交易平均持仓期数	3.45	盈亏持仓期数差占期数差比持仓期数比例%	160.00
盈利交易最长持仓期数	66	亏损交易最长持仓期数	22	最长盈亏持仓期数差占最长连续亏损期数比例%	200.00
最大连续盈利次数	10	最大连续亏损次数	10	最大连续盈亏次数差占连续亏损期数比例%	0.00
空仓总期数	2	平均空仓期数	2		
最长空仓期数	2				
系统平仓回撤	-45.15	盈亏比指数	30.67	净利润与系统平仓回撤之比	23330201.55
系统未平仓回撤	-45.15	风险回报指数	100	净利润同系统平仓回撤之差与净利润之比	100.00
最大平仓交易回撤	-497100	买入并持有指数	89139.36	系统未平仓回撤与净利润之比	0.00

在 Equis 公司 Metastock© "系统报告"(盈亏概览统计)中,净利润总额等于利润合计减去亏损合计,包括市值计价的未平仓头寸。相对地,盈利交易总金额是指已实现利润合计(仅包括已平仓头寸),不包括任何未平仓头寸。同样,亏损交易总金额是指已实现亏损合计(仅包括已平仓交易所有亏损总额,不包括任何未平仓头寸)。系统平仓回撤是指仅基于已平仓头寸净利润的累计亏损幅度,系统未平仓回撤(SODD)是指头寸未平仓时累计净值线低于初始投资的最大降幅,值的范围位于-100(最差可能表现)与+100(最好可能表现)之间,0 值代表盈亏相等,风险回报指数等于净利润总额减去系统未平仓回撤总额以净利润总额的差再除以平仓回撤总额,在本次演练交易中,初始投资假设为 100 美元。多头交易和空头交易都按进行,交易按信号出现当天收盘价格执行,统计分析中不包括交易成本、利息费用和利润。

— 606 —

简单移动平均线（SMA）：算术移动平均数

在数学上，简单算术平均数公式表示为：

$$M_k = \frac{1}{n}\sum_{i=k-n+1}^{k} C_i = (C_{k-n+1} + C_{k-n+2} + C_{k-n+3} + \cdots + C_k) \div n$$

其中

M_k = 第 k 期简单移动平均算术平均数

C_i = 第 i 期收盘价

n = 移动平均数计算中包括的总期数

k = 数据库中总期数内所研究的期数位置（见第 649 页的例子）

简单移动平均线（SMA）可能是最简单、最古老和使用最广泛的应用于股票价格数据分析的方法。例如，200 日简单移动平均线作为适度有效的股票交易择时指南曾流行了几十年。要计算这一平均数，我们只需简单加总过去 200 个交易日的收盘价，再用该合计数除以 200。在计算机前，分析师们采用一简单算法，将过去 40 周的周收盘价加总，再除以 40。假设一周有 5 个交易日，200 日就是 40 周（200/5 = 40）。或者，如果采用极端不利算法，他们将 10 个月末收盘价加总再除以 10。假设一个月有 20 个交易日，200 日就是 10 个月（200/20 = 10）。三种方法几乎算出同样的结果，该结果如此好用，以至于足以推动了该主要趋势跟踪指标在几十年中流行性不断提高。除了其简单性，SMA 还是用来识别和跟踪价格趋势并平滑各种数据的一个有用工具。

由于只有两个价格影响最新的 SMA，不用计算机就能迅速更新数据。例如，保持 10 月 SMA 不变，在每一月末我们从 10 月移动计算总值中减去最旧一期数据也就是 11 月前的数据，然后将最新数据加入移动计算总值。最后用该新的移动计算总值除以平均计算期数，在本例中为 10 期，仅仅涉及在移动计算总值最后一位数字前面放上一个小数点而已。

4 期简单移动平均线

年底	纽交所收盘价	4 期移动计算总值（T）	4 期简单移动平均值（T÷4）
1968	58.90		
1969	51.53		
1970	50.23		
1971	56.43	217.09	54.27
1972	64.48	222.67	55.67
1973	51.82	222.96	55.74
1974	36.13	208.86	52.22
1975	47.64	20.07	50.02
1976	57.88	193.47	48.37
1977	52.50	194.15	48.54
1978	53.62	211.64	52.91
1979	61.95	225.95	56.49
1980	77.86	245.93	61.48
1981	71.11	264.54	66.14
1982	81.03	291.95	72.99
1983	95.18	325.18	81.30
1984	96.38	343.70	85.93
1985	121.58	394.17	98.54
1986	138.58	451.72	112.93

简单移动平均线指标策略

以 1990 年至 2000 年期间 DJIA 每日收盘价为基础，从 1 天到 385 天的所有长度的简单移动平均线交叉策略都是盈利的并能击败消极的买入并持有策略。假设在 1900 年我们开始用 100 美元投资，1 日、4 日和 5 日 SMA 能产生数十亿美元的最大净利润，运行表现会随着移动平均周期长度的增加而恶化。从 1 日到 100 日的全部 SMA 周期长度，跑赢买入并持有策略都超过 7 比 1。"中期"长度中，66 日 SMA 能产生最好的结果，净利润为 639,933 美元，这比买入并持有策略的 20,105 美元要多出 31 倍。最流行的 200 日 SMA 交叉策略产生更少的利润 121,257 美元，这仅为买入并持有策略的 20,105 美元的 6 倍。

如果不带主观性，不运用复杂技术分析，不妄断，而以纯机械式的趋势跟踪信号为基础，在"长期"长度中，126 日 SMA 交叉策略能产生最大利润。

多头开仓（买入）：当每日收盘价大于前一日的每日收盘价 126 日 SMA 时，以 DJIA 当日收盘价买入。

多头平仓（卖出）：当每日收盘价小于前一日的每日收盘价 126 日 SMA 时，以

DJIA 当日收盘价卖出。

空头开仓（卖出空头）：当每日收盘价小于前一每日的日收盘价 126 日 SMA 时，以 DJIA 当日收盘价卖出空头。

空头平仓（平仓）：当每日收盘价大于前一日的每日收盘价 126 日 SMA 时，以 DJIA 当日收盘价平仓空头。

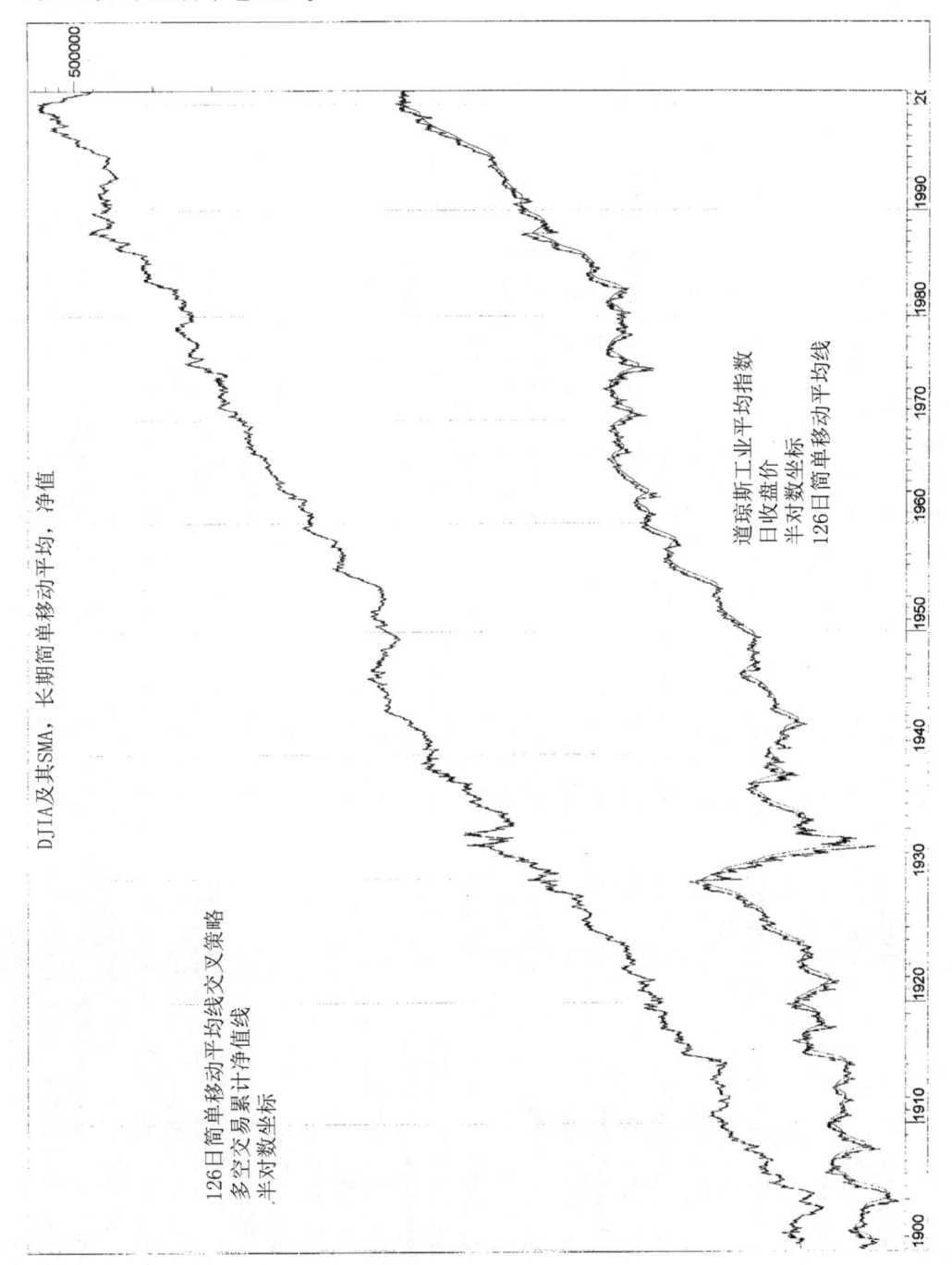

126日SMA交叉策略

净利润总额	426745.59	未平仓头寸价值	20677.37	超额净利润比率	2022.54
盈亏百分比	426745.59	年均盈亏百分比	4211.04	年均超额净利润比率%	2022.50
初始投资	100	利息收入	0		
当前头寸	空头	头寸建立日期	3/9/01		
买入并持有利润总额	20105.4	测试总天数	36989	平均每笔交易天数	41.75
买入并持有利润率%	20105.4	年均买入并持有利润率%	198.4		
已平仓交易总数	886	佣金支付总额	0		
每笔交易平均利润	458.32	平均盈利与平均亏损比率	5.65		
多头交易总数	443	空头交易总数	443	多头交易中盈利交易占比%	24.83
盈利多头交易数	110	盈利空头交易数	75	空头交易中盈利交易占比%	16.93
亏损交易总数	185	盈利交易总数	701	交易总数中盈利交易占比%	20.88
盈利交易总金额	1273965.75	亏损交易总金额	-867897.5	交易总金额中净盈利金额占比%	18.96
平均盈利	6886.3	平均亏损	-1238.08	平均盈亏总额中净平均盈利占比%	69.52
最大盈利	147373.22	最大亏损	-36365	最大盈亏合计中净盈利占比%	60.42
盈利交易平均持仓期数	117.43	亏损交易平均持仓期数	9.65	盈亏持仓期数差占亏损持仓期数比例%	1116.89
盈利交易最长持仓期数	500	亏损交易最长持仓期数	89	最长盈亏持仓期数差占最长亏损持仓期数比例%	461.80
最大连续盈利次数	4	最大连续亏损次数	27	最大连续盈亏期数差与连续亏损期数比例%	-85.19
空仓总期数	127	平仓空仓期数	127		
最长空仓期数	127				
系统平仓回撤	-23.51	盈亏比指数	32.96	净利润与系统平仓回撤之比	1787790.49
系统未平仓回撤	-23.87	风险回报指数	99.99	净利润与系统未平仓回撤之差与净利润之比%	99.99
最大未平仓交易回撤	-36365	买入并持有指数	2125.39	系统未平仓回撤与净利润之比%	-0.01

在Equis公司Metastock©"系统报告"(盈亏概览统计)中,净利润总额等于利润合计减去亏损合计(仅包括已平仓头寸)中,不包括任何未平仓头寸。相对地,盈利交易合计,包括按市值计价的未平仓头寸。同样,亏损交易总金额是指已实现利润合计(仅包括已平仓头寸),不包括任何未平仓头寸。系统平仓回撤是指仅基于已平仓头寸的累计未平仓投资价值曲线低于初始投资的最大降幅。系统未平仓回撤(SODD)是指头寸平仓时累计净值曲线低于初始投资的最大降幅。盈亏比指数是盈亏相关的一个复杂计算结果,系统末平仓回报指数等于净利润总额减去系统未平仓回撤再除以净利润总额。在本次演练交易中,初始投资假设为100美元。多头交易和空头交易都进行,风险回报指数有说明。交易按信号出现当天收盘价格执行,统计分析中不包括交易成本,利息费用和利润。现)与+100(最好可能表现)之间,0值代表盈亏相等,除非另有说明。交易按信号出现当天收盘价格执行,统计分析中不包括交易成本,利息费用和利润。

运用该 126 日 SMA 交叉策略，以 100 美元开始投资并将利润再投资，假如充分运用该投资策略进行利润再投资操作，无交易成本和税收，净利润总额将达到 426,745.59 美元，这比买入并持有策略高出 2,022.54%。空头卖出交易是盈利的，但自从 1987 年股灾后不再盈利。交易频率适中，平均每 41.75 个日历日交易一次，总共有 185 次盈利交易和 701 次亏损交易，盈利性交易百分比仅为 20.88%。但由于该趋势跟踪策略能减少损失并使盈利持续，尽管大多数信号错误该策略还是能赚钱，这典型表现在长期趋势跟踪策略中。这种策略可以单独使用，它可以作为过滤指标用于其他交易系统中。

Equis 国际公司 MetaStock© 系统测试规则书写如下：

多头开仓：CLOSE >Ref(Mov(CLOSE,opt1,S),-1)
多头平仓：CLOSE <Ref(Mov(CLOSE,opt1,S),-1)
空头开仓：CLOSE <Ref(Mov(CLOSE,opt1,S),-1)
空头平仓：CLOSE >Ref(Mov(CLOSE,opt1,S),-1)
OPT1 当前值：126

专家空头比率

计算专家空头比率，用专家空头卖出总量除以包括会员和公众空头卖出的全部空头卖出总量。因为随着交易活动中总成交量的普遍扩张，所有类别交易中空头卖出绝对水平都已经增加，因而数据必须用某种方法标准化，从而得到不同的空头交易比率。

每周五收盘后纽交所公布的数据有 2 周的滞后期，所公布的数据仅包括交易所整体的汇总数据，不包括个别股票的数据（建议：在这个提前处理数据的时代，如果纽交所公布的数据不滞后并且包括个股数据，可能更有利于市场的高效、公平和有序）。

专家是经验丰富的专业交易者，在交易所拥有席位，有大量交易资本支持，能获取私密重要信息，包括关于他们做市的股票的高于和低于市场价格的买入和卖出价格及数量。由于这些原因，在谈到交易时，专家被看作是精明的交易者。如果他们没有市场头脑，就不能长期留在专家行业内。专家在股价未来趋势方面是最正确的，因此，较低的专家空头卖出意味着看涨，较高的专家空头卖出意味着看跌。所以，该指标的解释方式同超买/超卖摆动指标类似。

空头卖出是赌股票价格会下降。当一个交易者确信他并未持有头寸的一只股票价格可能大幅下降时，他会发出"卖出空头"指令（该交易者的经纪商为其不停歇地安排股票的买入。一些非流通股票不能被买入，因此也不能被卖出空头）。最终，该交易者必须发出"平仓空头"的买入指令，以结束他的空头头寸：如果股票价格如期下降则获得利润，而如果股票价格出乎意料地上涨则会亏损。

专家空头比率指标策略举例

以1946年1月至2000年12月的55年期间专家空头比率和DJIA每周收盘价数据文件为基础，我们发现，如果不带主观性，不运用复杂技术分析，不妄断，而以纯机械式的超买/超卖信号为基础，下列参数表现稍差于消极的买入并持有策略，但能产生100%的准确信号：

多头开仓（买入）：当最新专家空头比率低于其上周专家空头比率21周EMA以下28.5%时，以DJIA当周收盘价买入。

多头平仓（卖出）：当最新专家空头比率高于其上周专家空头比率21周EMA以上28.5%时，以DJIA当周收盘价卖出。

空头开仓（卖出空头）：从不操作。

运用该专家空头比率逆势交易策略，以100美元开始投资并将利润再投资，假如充分运用该投资策略进行利润再投资操作，无交易成本和税收，净利润总额将达到4,829.91美元，这比买入并持有策略低7.43%。空头卖出是不盈利的，而且空头交易不包括在本策略中，空头卖出交易会将利润削减58%。仅做多头交易专家空头比率作为指标在整个期间给出的盈利性买入信号占100%，交易不活跃，平均每2508.75个日历日交易一次。注意，该策略仅考虑周末收盘价而忽略中间任何变化。

在Equis国际公司MetaStock©系统中，专家空头卖出对全部空头卖出的比率被插入在通常预留给未平仓合约的字段中，专家空头比率测试规则书写如下：

多头开仓：OI<(Ref(Mov(OI,opt1,E),-1)-
((opt2/1000))*Ref(Mov(OI,opt1,E),-1))

多头平仓：OI>(Ref(Mov(OI,opt3,E),-1)+
((opt2/1000))*Ref(Mov(OI,opt3,E),-1))

OPT1 当前值：21

OPT2 当前值：285

OPT3 当前值：13

第二部分　市场技术指标

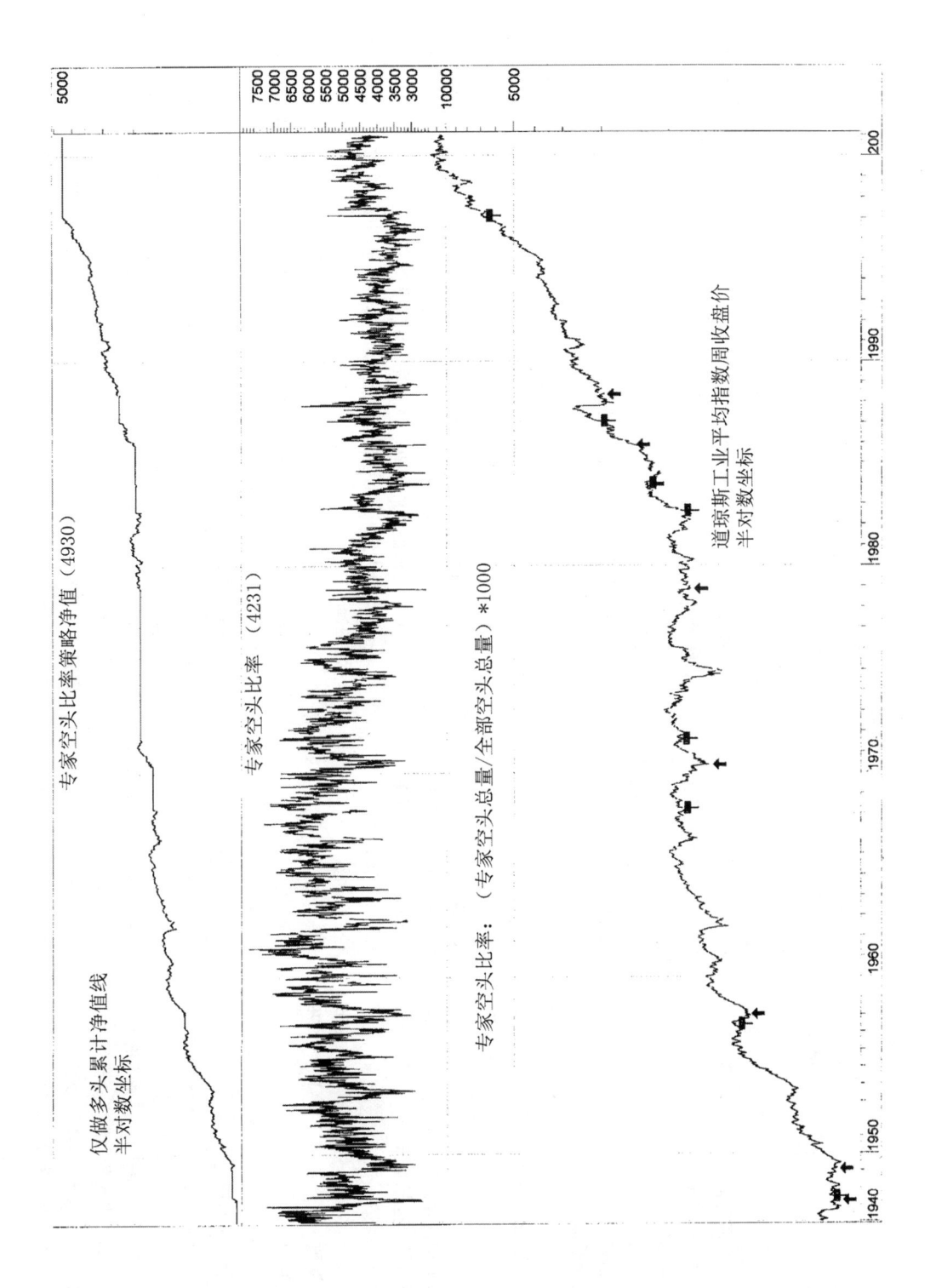

专家空头比率(包络线)

净利润总额	4829.91	未平仓头寸价值	无
盈亏百分比	4829.91	超额净利润比率%	-7.43
初始投资	100	年均盈亏百分比	87.84
当前头寸	空仓	年均超额净利润比率%	-7.43
买人并持有利润总额	5217.78	利息收入	0
买人并持有利润率%	5217.78	头寸建立日期	2/14/97
已平仓交易总额	8	测试总天数	20070
佣金支付总额	0	年均买人并持有利润率%	94.89
每笔交易平均利润	603.74	平均每笔交易天数	2508.75
多头交易总数	8	平均盈利与平均亏损比率	无
盈利多头交易数	8	多头交易中盈利交易占比%	0
盈利交易总数	8	空头交易中盈利交易占比%	0
亏损交易总数	0	交易总数中盈利交易占比%	100.00
盈利交易总金额	4829.91	交易总金额中盈利金额占比%	#
平均盈利	603.74	平均盈亏总额中净平均盈利占比%	100.00
最大盈利	3525.78	最大盈亏合计中净盈利占比%	#
盈利交易平均持仓期数	221.88	盈亏持仓期数差占亏损持仓期数比例%	无
盈利交易最长持仓期数	535	最长盈亏持仓期数差占最长连续亏损期数比%	100.00
最大连续盈利次数	8	最大连续盈亏期数差占连续亏损期数比例%	#
空仓期数	1109	平均空仓期数	123.22
最长空仓期数	378		
系统平仓回撤	0	盈亏比指数	100
系统未平仓回撤	-1.08	净利润与系统平仓回撤之比%	447213.89
买人并持有回撤	-47.65	净利润同系统未平仓回撤之差与净利润之比%	99.98
最大未平仓回撤		系统未平仓回撤与净利润之比%	-0.02

在 Equis 公司 Metastock® "系统报告"(盈亏概览统计)中,净利润总额等于利润合计减去亏损合计,包括按市值计价的未平仓头寸。相对地,盈利交易总金额是指已实现利润合计(仅包括已平仓头寸),不包括任何未平仓头寸。同样,亏损交易总金额是指已实现亏损合计(仅包括已平仓交易所实现亏损总额,不包括任何未平仓头寸)。系统平仓回撤是指基于已平仓头寸净值低于初始投资的最大降幅,亏损平仓回撤(SODD)是指头寸平仓时累计净值线低于初始投资总额的最大降幅。盈亏比指数是关于将盈利交易总金额与亏损交易总金额联系在一起的一个复杂计算结果,值的范围固定于-100(最差可能表现)与+100(最好可能表现)之间,0值代表盈亏相等。风险回报指数等于净利润总额减去系统未平仓回撤的差再除以净利润总额。在本次演练交易中,初始投资假设为100美元。多头交易和空头交易都进行,除非另有说明。交易按信号出现当天收盘价格执行,统计分析中不包括交易成本、利息费用和利润。

— 614 —

速度阻力线

速度阻力线提供了理论上的支撑位和阻力位。该线是由埃德森·古尔德提出的，古尔德出版了技术分析简报《发现与预测》，该简报在 20 世纪 70 年代备受欢迎并获得众多追随者，这归功于大量的极其精准的市场预测。古尔德学习工程师专业，他运用自己的知识、长期经验和直觉对市场运行结构进行了概念化。古尔德把市场运行看作是累积与派发的深层显著力量的重要展现。

速度阻力线按着先前显著市场价格运行速度的一定比例而变化。上升速度阻力线向上移动的速率，是之前从显著低点到显著高点的上涨比率的三分之一和三分之二。下降阻力线向下移动的速率，是之前从显著高点到显著低点的下降比率的三分之一和三分之二。一年中在图上真正明显突出的转折点很少，这些点成为显著的高点和低点。

计算上升速度阻力线时，用后面重要的反弹顶点价格减去明显的低点价格，其差额分成三份。用原来的低点分别加上该价格差额的三分之一和三分之二。在算术比例图上，就在明显反弹顶点的当天，直接在下面按整个反弹幅度的三分之一和三分之二从低到高分别标上两个计算出来的点。沿低点到这两个点画出直线，这两条直线就是三分之一速度阻力线和三分之二速度阻力线。画下降速度阻力线的过程类似，是沿高点和高点与后面低点降幅的三分之一点及三分之二点向下划线。

价格在强劲看涨趋势中向下的修正或折返，会在上升的三分之二速度阻力线处找到支撑位。然而，如果支撑失败，价格接下来可能下降到三分之一速度阻力线，在那里会找到支撑位。图中显示，从 1982 年低点到 1987 年高点的上升阻力线为 1987 年股灾提供了精确的支撑位。相应的上升三分之二速度阻力线为接下来的 1988 至 1994 年的上升趋势提供了中线回顾性指导。

在熊市中，超卖反弹和死猫反弹会在下降的三分之二速度阻力线处发现阻力。如果该阻力位不能停止价格反弹，接下来价格可能上涨到三分之一速度阻力线处，在那里会发现阻力。

注意，Equis 国际公司（www.equis.com）的 MetaSock© 软件也能自动画出从低点到高点（或从高点到低点）的三分之三速度阻力线。这论述的不多，但扩展到期货领域看起来就很有趣了。沿 1982 年低点到 1983 年高点画出的三分之三阻力线从未被超越，但在结束于 2000 年 3 月的暴涨牛市的末期相当接近该线。还要注意，沿 1994 年 12 月低点到 1996 年 5 月高点画出的三分之三阻力线好像为接下来的牛市提供了支撑结构。

跳板指标

当价格向上突破阻力水平或向下突破支撑水平但立即反转,并强势向相反方向运行时,跳板出现。这会使跟随突破而行动的趋势跟踪交易者上钩或掉入陷阱。这些趋势跟踪交易者此时必须止损交易,这又为新的定向动量火上浇油。

阶段分析指标

阶段分析是由史丹·温斯坦创造的术语(参见 S·温斯坦(1998)《史丹·温斯坦称傲牛熊市的秘密》,伊利诺伊州霍姆伍德:欧文出版公司),用来描述他观察的结果,即,股票从牛市到熊市的一个完整周期要经历四个阶段。

第 1 阶段是盘整筑底阶段,特点是股票价格在相对较窄的交易区间内横向波动。人们对股票的兴趣很少,好像什么都不会发生。然而,重要的事情将要发生,也就是对未来情况看好的精明的投资者不断积聚。成交量很小但积累开始增加。在第一阶段,股票价格无目的地游荡,来回穿越自身跟踪 50 日、150 日和 200 日移动平均线。这不是趋势交易的时机,因为来回拉锯会吃掉你的资本。第一阶段会拖延几个月甚至几年,因此对于技术交易者来说买入还太早,但是第一阶段持续时间越长,第二阶段上涨的潜力就越大。

第 2 阶段出现突破,价格大幅上涨。价格在移动平均线上方运行,并创下 52 周新高。成交量在突破时大幅上升,随着价格的反弹而增加,随着价格的下跌而减少。移动平均线此时也不断上升。次级修正波或暂时振荡可能使股票跌破其 50 天移动平均线,但时间不会太长,因为价格会迅速回升。跟踪 150 日和 200 日移动平均线为正常的逆势修正提供支撑,这是获利回吐的时期,在第 2 阶段基本面开始改善。除了卖空者,每个人都在赚钱,这是一个牛市。

第 3 阶段是筑顶阶段,基本面消息是非常积极的,每个人都在谈论牛市。然而,股票价格涨速下降,不再对好消息做出反应。成交量很高,但只要有买家就会有卖家。价格盘整下滑,穿过上升的趋势线。这时形成潜在看跌的图形形态,价格开始穿过各种移动平均线来回移动。到第 3 阶段结束的时候,每个想买入的人都已经进场,所以价格只有一条路可以走——下跌。

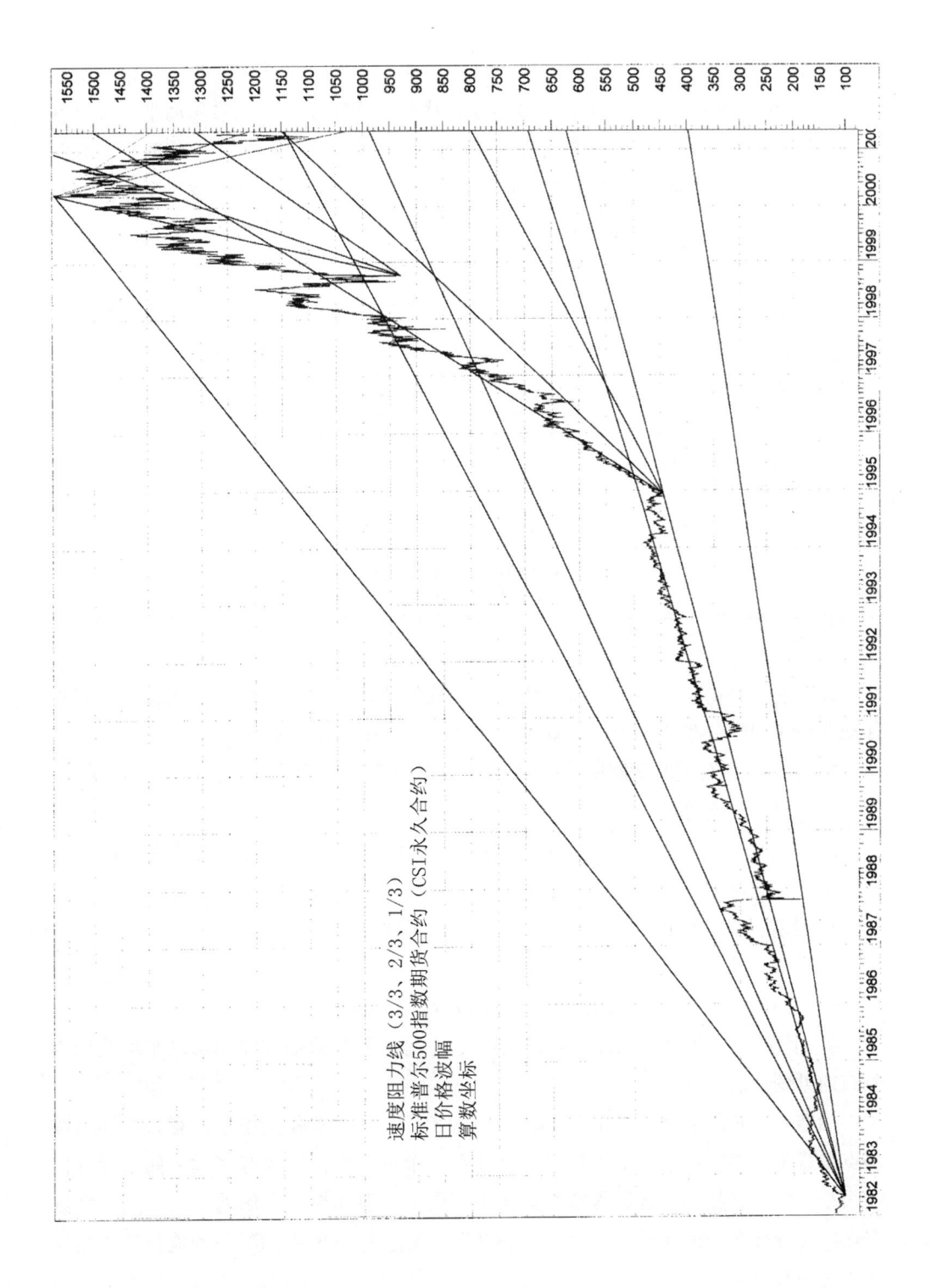

速度阻力线（3/3、2/3、1/3）
标准普尔500指数期货合约（CSI永久合约）
日价格波幅
算数坐标

第 4 阶段趋势被击穿，随后出现主要的下跌。股票价格跌破其第 3 阶段的交易区间，直达自身跟踪 50 日、150 日和 200 日移动平均线以下。这些移动平均线现在指向更低，开始下降，并为正常的逆势反弹提供阻力，这是空头平仓的时期。在第 4 阶段的早期，基本面看起来仍然不错，但股票价格未能对好消息做出反应，或只是短暂反弹，然后再次下跌。随着第 4 阶段的进展，基本面开始转向消极。在这一时点，每个人都想离开市场，并且下跌变陡。当投资者变得担忧，可能会有一系列高成交量的抛售恐慌和抛售高潮。这种下跌通常比任何人想象的都要严重，直到股票极度超卖和被低估。最终，所有想卖出股票的人都已经离场，所以股票不会再因坏消息而跌到新低。群众的热情被燃烧殆尽，因此对股票感到完全厌恶，抱怨说"再也不买股票了"。在这一时点，最终新一轮的累积阶段应运而生，新第 1 阶段将会开始，尽管这可能还需要时间。

标准差指标

标准差是测量数据分布、离散性或波动性的统计指标，它是对原始数据在简单移动平均线周围分布的可变性的量化。标准差的计算分为六步：

1. 在选定的有关时间间隔内计算原始数据的简单平均值，即，将观测值相加，然后再除以观测值总数。

2. 计算每一个观测值（每一时期内的原始数据）与所有观测值的平均值（来自第一步）之间的差。

3. 计算这些差值的平方。

4. 将这些差值的平方相加。

5. 用该平方和除以观测值总数，得出方差。

6. 计算该方差的平方根，得出标准差，它是对原始数据在简单移动平均线周围分布的可变性的量化。

标准差用希腊字母"sigma"或"σ"表示。在许多实际应用中，有必要知道数据点是紧紧聚集在均值周围还是广泛分散在一个范围内，以及有多远。如果标准偏差很小，则个别数据点就是紧紧聚集在均值周围。但如果标准偏差很大，则个别数据点广泛分散在均值周围（参见"布林线"指标，它是使用标准差的流行技术指标例子之一）。

统计学指标

本书中的技术指标是简单的数学模型，由于简单，它们易于理解、计算和执行，简单性是选择一个投资方法的非常重要的标准。

数学模型不过是以一个明确的公式或多个公式组合成一个"系统"的形式对现实的一种理想化的表现。幸运的是，尽管也许简单的形态是反直觉的，但它比复杂的系统使用效果更好。如果我们不能理解它，我们就不会使用它。

技术分析师们一直使用简单的统计方法，没有证据表明先进的、复杂的统计方法比最简单的统计方法使用效果更好。实际上，经验强烈地表明，事实恰恰相反，简单的统计比先进和复杂的统计更有效。

技术人员使用移动平均线比任何其他统计方法都多，移动平均线是简单和易于理解的衡量基本趋势的数学工具。原始的市场数据可能是嘈杂的，技术分析师几十年前就认识到移动平均线可以平滑数据，足以揭示趋势，每日收盘价的移动平均线可靠地与价格趋势一致。而且，它们通常提供支撑和阻力。

传统上，技术人员几十年来使用涵盖过去10个月、10周和10天时间窗口的移动平均线，来识别并跟踪长期、中期和短期趋势。为了计算10期简单移动平均线，我们只需将过去10期的每日收盘价相加，然后再除以10。奇怪的是，10个月只比200个交易日稍稍多一点，而后者是长期趋势中最流行的移动平均线。计算机可以很快地将过去200天的每日收盘价格相加，并将该和值除以200，以找到200日简单移动平均数。然后，如果当前收盘价高于移动平均线，那么长期趋势被认为是向上的（看涨的），而所涉及的金融工具是买入备选者。另一方面，如果当前收盘价低于200日移动平均线，那么主要趋势是向下的（看跌的），而所涉及的金融工具是卖出备选者。一起使用涵盖所有三个时间框架（10个月、10周和10日）的简单移动平均线，能提供确认和其他好处（参见"多重时间框架分析"）。

一些技术指标使用移动平均线周围数据分布的可变性。有时，知道数据点是紧紧聚集在均值周围还是广泛分散在一个范围内似乎很重要，标准差只是偏差平方的均值的平方根。换句话说，我们计算每一个观测数据点减去均值或最近数据点平均值的差值，我们对这些差值求平方，然后我们用这些平方数除以所考察的观测值的数量（用字母 n 表示）。传统上人们指定一个排他的希腊字母 sigma（σ）来表示该标准差，但实际上它是一个非常简单的概念。如果标准偏差很小，则个别数据点就是紧紧聚集在均值周围。但如果标准偏差很大，则个别数据点广泛分散在均值周围，方差不过是标准差的平方。

相关性是测量关联性的指标。当两个数据序列按比例同时增加或减少时，两者呈正相关，完全正相关得出相关系数+1。在相反的极端，如果一个数据系列随着另一个数据系列的下降而同比例上升，那么两者呈负相关，完全负相关得出相关系数-1，完全无关得出相关系数0，中间的数值按程度解释。0.75为高度正相关，-0.75为高度负相关。0.25为较低的正相关，而-0.25为较低的负相关。

也可以设计可靠性检验，告诉我们一个指标是否有效。统计学家们设计了几种显著性或可靠性的检验，我们在本书中提到的一个是卡方检验。这里，对偏差（观测指标值减去随机值的期望）求平方，再除以期望值，最后求和，然后将卡方值与标准统计表中的值进行比较，以确定偏差的显著性。使用大量的追溯许多年的历史数据对一个指标进行回溯测试，产生一个清晰的买入和卖出信号以及累计净值线的模拟记录。这条曲线可以与消极的买入并持有策略的记录相比较，如果曲线显示的利润更大且风险更小（也就是负向变动更小或损失更少），那么很明显，该指标为投资决策过程增添了价值。通常情况下，目测检查一下累计净值线对比非管理基础证券的图表，就显而易见了，不需要数字运算。

花时间学习轻松读懂图表，会带来意想不到的好处，这种方式对数据内涵的掌握，比任何抽象的统计数据揭示出来的更有力、更深刻。经验丰富的技术分析师通过简单地检查实际数据的图表，就能产生对统计显著性的强烈感觉，这是一种值得培养的艺术。

斯蒂克斯指标（STIX）：短期聚合指标

STIX是一个由《聚合报告》开发的指数平滑的宽度动量摆动指标。它将9%（或21日）的指数平滑常数，应用于上涨股票数量除以上涨股票数量加上下跌股票数量之和。STIX通常以纽约证券交易所上市股票为基础进行计算，对其他市场也可以计算类似的指标，比如纳斯达克市场。STIX可以由下面的公式表示：

$$S = (((A/(A+D)) * 0.09 + (P * 0.91)$$

其中

S = 今日的STIX

A = 上涨股票数量

D = 下跌股票数量

P = 前一日STIX

STIX通常乘以100以避免处理小数。STIX围绕一个完美的平衡数50上下摆动，此处上涨和下跌数量相等。开始计算STIX时，可以将初始值50设在任何时间点，最好是在一个横盘盘整的市场趋势之后，虽然不管什么时候开始 STIX 都将在几周内变得准确。

STIX 的记录范围是从 28 到 69，低点和高点都在 1932 年创设。传统上，高于 58 的较高点位被认为预示着强劲的看涨宽度动量，而低于 40 的较低点位则预示看跌动量。然而如图所示，近年来宽度波动性已经减少，以 40 和 58 临界值为基础的 STIX 没有产生过信号。

STIX 的趋势、可比点位和背离，以典型的摆动指标相对于市场价格指数来解释。例如，再次检验以前价格指数低点的 STIX 正背离，一般被认为预示着供过于求的失衡在减少，这可能是短期趋势看涨的领先指标。另一方面，再次检验以前价格指数高点的 STIX 负背离，预示着供不应求的失衡在减少，这是短期趋势看跌的领先指标。

STIX 指标策略举例

以 1932 年 3 月 8 日以来 68 年期间纽约证券交易所每日上涨和下跌股票数量和 DJIA 每日数据文件为基础，我们发现，如果不带主观性，不运用复杂技术分析，不妄断，而以纯机械式的信号为基础，一个简单的趋势跟踪规则能产生良好的交易结果。

多头开仓（买入）：当 STIX 上穿 49 时，以 DJIA 当日收盘价买入。

多头平仓（卖出）：当 STIX 下穿 49 时，以 DJIA 当日收盘价卖出。

空头开仓（卖出空头）：当 STIX 下穿 49 时，以 DJIA 当日收盘价卖出空头。

空头平仓（平仓）：当 STIX 上穿 49 时，以 DJIA 当日收盘价平仓空头。

运用该 STIX 趋势跟踪策略，以 100 美元开始投资并将利润再投资，假如充分运用该投资策略进行利润再投资操作，无交易成本和税收，净利润总额将达到 240,013.89 美元，这比买入并持有策略高出 1,814.19%，即使空头卖出交易也是盈利的。交易相当活跃，平均每 16.35 个日历日交易一次。

在 Equis 国际公司 MetaStock© 系统中，用 100 乘以上涨股票数量与上涨加下跌股票数量之和的比率后，被插入在通常预留给成交量（V）的数据字段中，其测试规则书写如下：

多头开仓：Mov(V,opt1,E)>opt2 AND Ref(Mov(V,opt1,E),-1)<opt2

多头平仓：Mov(V,opt1,E)<opt3 AND Ref(Mov(V,opt1,E),-1)>opt3

空头开仓：Mov(V,opt1,E)<opt3 AND Ref(Mov(V,opt1,E),-1)>opt3

空头平仓：Mov(V,opt1,E)>opt2 AND Ref(Mov(V,opt1,E),-1)<opt2

OPT1 当前值：21

OPT2 当前值：49

OPT3 当前值: 49

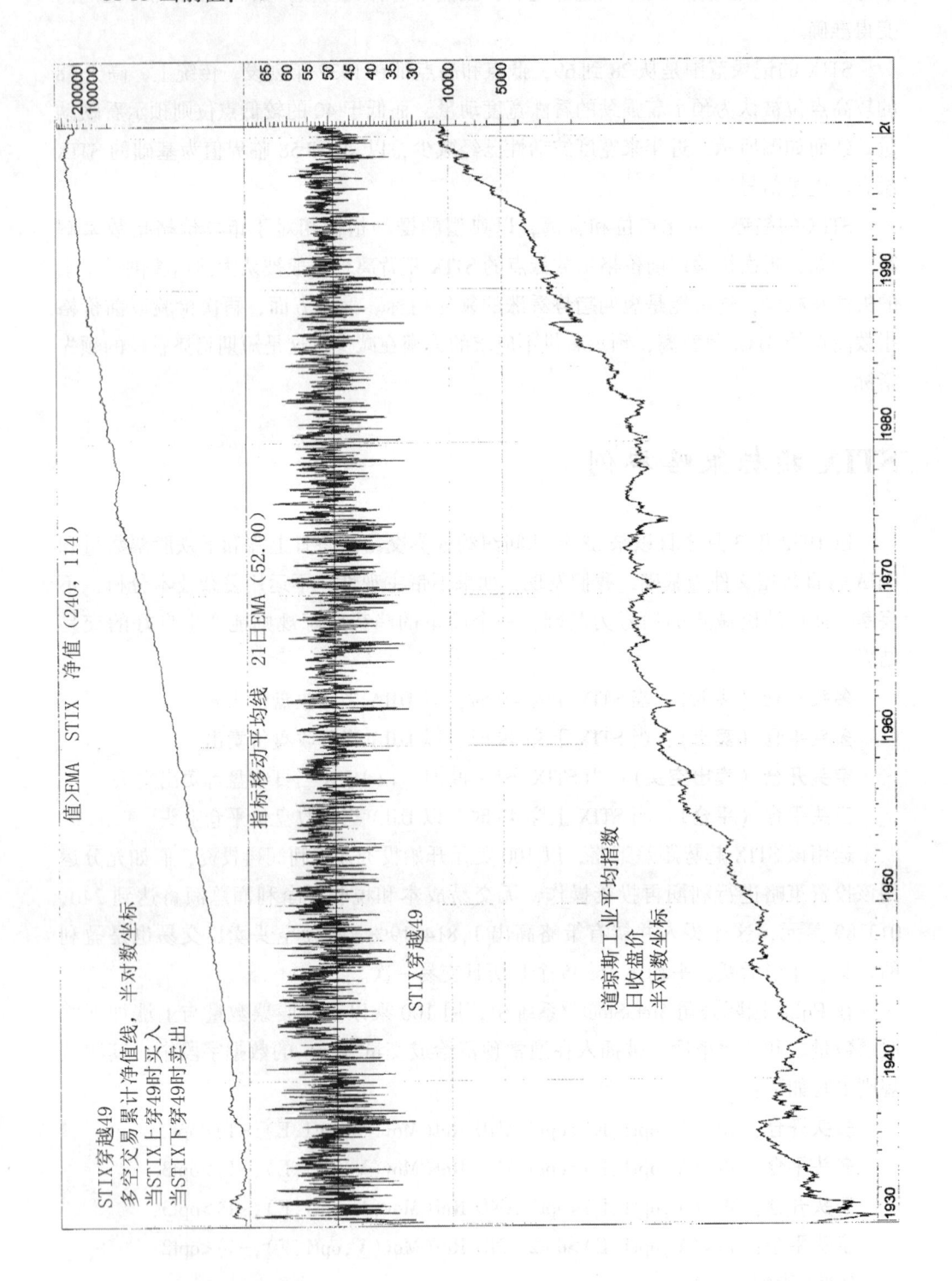

值>EMA STIX 净值 (240, 114)

指标移动平均线 21日EMA (52.00)

STIX穿越49
多空交易累计净值线, 半对数坐标
当STIX上穿49时买入
当STIX下穿49时卖出

STIX穿越49

道琼斯工业平均指数
日收盘价
半对数坐标

STIX 穿越 49

净利润总额	240013.89	未平仓头寸价值	14949.6	超额净利润比率%	1814.19
盈亏百分比	240013.89	年均盈亏百分比	3501.12	年均超额净利润比率%	1814.23
初始投资	100	利息收入	0		
当前头寸	多头	头寸建立日期	7/31/00		
买入并持有利润总额	12538.66	测试总天数	25022	平均每笔交易天数	16.35
买入并持有利润率%	12538.66	年均买入并持有利润率%	182.9		
已平仓交易总数	1530	佣金支付总额	0		
每笔交易平均利润	147.1	平均盈利与平均亏损比率	2.33		
多头交易总数	765	空头交易总数	765	多头交易中盈利交易占比%	40.78
盈利多头交易数	312	盈利空头交易数	248	空头交易中盈利交易占比%	32.42
亏损交易总数	560	交易总数中盈利交易占比%	970	交易总数中盈利交易占比%	36.60
盈利交易总金额	874366.19	亏损交易总金额	-649302.13	交易总金额中净盈利金额占比%	14.77
平均盈利	1561.37	平均亏损	-669.38	平均盈亏总额中净平均盈利占比%	39.99
最大盈利	49665.41	最大亏损	-32085.47	最大盈亏合计中净盈利占比%	21.50
盈利交易平均持仓期数	24.92	亏损交易平均持仓期数	5.73	盈亏持仓期数差占亏损持仓期数比例%	334.90
盈利交易最长持仓期数	152	亏损交易最长持仓期数	60	最长盈亏持仓期数差占最长亏损持仓期数比例%	153.33
最大连续盈利次数	6	最大连续亏损次数	15	最大连续盈亏期数差占连续亏损期数比例%	-60.60
空仓总期数	84	平均空仓期数	84		
最长空仓期数	84				
盈亏比指数	-6.05	盈亏比指数	26.99	净利润与系统未平仓回撤之比	3681194.63
系统未平仓回撤	-6.52	风险回报指数	100	净利润同系统未平仓回撤之差与净利润之比%	100
最大未平仓回撤	-32085.47	买入并持有指数	1933.42	系统未平仓回撤与净利润之比%	0.00

在 Equis 公司 Metastock© 系统报告"（盈亏概览统计）中，净利润总额等于利润合计减去亏损合计，不包括任何未平仓头寸。相对地，盈利交易总金额是指已实现利润合计（仅包括已平仓头寸），不包括任何未平仓头寸。系统平仓回撤是指仅基于已平仓交易的累计净值线低于初始投资的最大降幅。同样，亏损交易总金额是指已实现所有亏损总额，不包括任何未平仓头寸。系统平仓回撤（SODD）是指已平仓头寸的累计净值线低于初始投资的最大降幅。系统未平仓时累计净值线与系统平仓回撤的差（以+100（最佳可能表现）与-100（最差可能表现）之间，0值代表盈亏相等，风险回报指数等于净利润总额减去净利润总额与净利润总额减去再除以净利润总额。在本次演练交易中，初始投资假设为 100 美元。多头交易和空头交易都按信号有说明。交易按价格执行，统计分析中不包括交易成本、利息费用与利润。

随机指标（莱恩随机指标）

在统计学中，术语"随机"是指随机变量。但这与乔治·莱恩的想法恰恰相反。莱恩的随机指标是一个短期的"价格变动速度"指标，乔治·C.莱恩对其给予了精确定义并成功推广（《投资教育工作者》，伊利诺伊州德斯普兰斯第2354邮政信箱）。由于随机指标是基于固定的一期接一期的移动计算，可能会不规律地上下跳跃，这完全因为最早期的数据随着数据窗口（预设长度的期限）沿时间向前移动而被丢弃，所以莱恩的随机指标用移动平均线平滑两次。莱恩的随机指标可以计算如下：

$$K = 100((C-L)/(H-L))$$

其中
K＝当前价格相对于最近价格波动区间的位置
C＝股票或合约的最新收盘价
L＝股票或合约的n期最低价
H＝股票或合约的n期最高价
n可以是任何数（莱恩建议用5至21天）。

接下来，莱恩用3期简单移动平均线对K平滑两次：他的%K为K的3期简单移动平均值，%D是%K的3期简单移动平均值。数据平滑后，K不再使用，只有%K线和%D线用于解释信号。

莱恩提供解释随机指标的几条准则，包括超买/超卖的前提条件、背离和交叉。首先，考虑买入信号。在价格向下运动中，当%K低于25%从而变得超卖时，识别出买入信号的前提条件。当%K低于15%从而极度超卖时，更为显著。请注意，这些只是前提条件，而不是行动信号。

在超卖前提条件实现以后，寻找正背离。当价格向下运行到一个新低但已经超卖的%K并没有创出新低时，这是一个正背离，我们应该警惕价格趋势的向上反转。当%K上穿%D时出现实际的买入信号，莱恩说，如果当%K上穿%D时%D已经转向上升，此时买入信号更可靠。如果较慢的%D已经悄悄地刻画出这样一种形态，即价格创出更低的低点而它的低点更高，那就更有理由在下一次下跌中寻找买入机会。

再考虑卖出信号。在价格向上运动中，当%K高于75%变得超买时，识别出卖出信号的前提条件。当%K高于85%从而极度超买时，更为显著。请注意，这些只是前提条件，而不是行动信号。

在超买前提条件实现以后，寻找负背离。当价格向上运行到一个新高但已经超买的%K并没有创出新高时，这是一个负背离，我们应该警惕价格趋势的向下反转。当%K下穿%D时出现实际的卖出信号，莱恩说，如果当%K下穿%D时%D已经转向下降，此时卖出信号更可靠。如果较慢的%D已经悄悄地刻画出这样一种形态，即价格创出更高的高点而它的高点更低，那就更有理由在下一次反弹中寻找卖出机会。

莱恩在"失败"中发现了更多的意义。例如，跟随一个超买前提条件，当%K已经下穿%D，然后%K再次反弹重新接近%D，但%K未能上穿%D时，这是空头方进行交易的一个很好时机。

类似地，在价格下跌至超卖的前提条件后，价格的小幅向上修正导致%K上穿%D，当%K再次下降重新接近%D，但%K未能下穿%D时，这是多头方进行交易的一个很好时机。

莱恩分析了%K线和%D线的变化速度，并发现了趋势变化的后果。当%K在极端处转向并出现异常大的移动，给出"警示"，这表明旧的趋势最多维持两天。

当速度减慢，也就是当K%线或%D线的速度变平时，它表明价格在接下来的一天会转向，莱恩把这称为"铰链"。

莱恩说，当%K在一个极端超买或超卖区时，可靠性增强:%K低于15%极度超卖，是买入信号;%K高于85%极度超买，是卖出信号

在100%和0%附近的最极端的%K水平，显示出异常强劲的价格变动速度，有可能沿当前趋势方向继续。有时，%K可能钉在100%或0%处，连续几天处于强势运行中。只有在%K拉回来，再次尝试，但未能实现其先前极端读数以后，莱恩才识别出信号的一个有价值的超买/超卖前提条件。

最重要的是要注意，当与主要趋势方向相同时，莱恩认为信号更可靠。这意味着，短期随机指标可以与主要趋势指标一起用来过滤信号。

随机指标的指标策略举例

想要像乔治·C.莱恩设计的那样使用随机指标，需要经验和判断力。他的指导方针对于简单的计算机测试来说太复杂了，即使朴素的测试假设中也表明，随机指标作为纯机械式的技术指标，具有某种客观的潜在价值。我们的测试发现了大部分盈利性信号，对于4至50日的所有%K期限长度，结果都是很稳健的。

高百分比的盈利交易看起来很诱人，然而重要的是要注意，这一策略和其他反趋势策略一样，在1987年的股灾中、1998年的下跌和其他陡峭的市场价格下跌中未能提供任何保护。正如下图所显示，存在急剧的净值回撤。使用随机指标逆势超卖和超买信号，"对于仅做多头交易"会跑赢消极的买入并持有策略。从过去看，

空头卖出交易是不盈利的。

以 1982 年 4 月 21 日开始至 2001 年 5 月 10 日期间标准普尔 500 股指期货 CSI 永久合约（www.csidata.com）以及 1980 年 11 月 28 日至 1982 年 4 月 21 日期间标准普尔 500 现金股票价格指数的全部历史上调整后每日数据的合并文件为基础，我们发现，如果不带主观性，不运用复杂技术分析，不妄断，而以逆势、纯机械式的超买/超卖信号为基础，下列参数能产生显著良好的交易结果。

多头开仓（买入）：当随机指标的%K（K 等于 7 日，用 3 日 SMA 平滑）小于 30 时，以标准普尔 500 股指期货 CSI 永久合约当日收盘价买入。

多头平仓（卖出）：当随机指标的%K（K 等于 7 日，用 3 日 SMA 平滑）大于 70 时，以标准普尔 500 股指期货 CSI 永久合约当日收盘价卖出。

空头开仓（卖出空头）：当随机指标的%K（K 等于 7 日，用 3 日 SMA 平滑）大于 70 时，以标准普尔 500 股指期货 CSI 永久合约当日收盘价卖出空头。

空头平仓（平仓）：当随机指标的%K（K 等于 7 日，用 3 日 SMA 平滑）小于 30 时，以标准普尔 500 股指期货 CSI 永久合约当日收盘价平仓空头。

运用该随机指标反趋势策略，以 100 美元开始投资并将利润再投资，假如充分运用该投资策略进行利润再投资操作，无交易成本和税收，净利润总额将达到 1,215.35 美元，这比买入并持有策略高出 52.12%。空头卖出交易轻微不盈利，但空头卖出交易包括在本策略中。这种多空交易随机指标在整个期间给出的盈利性买入信号占 70.64%，交易较活跃，平均每 13.70 个日历日交易一次。注意，该逆势超买/超卖策略遭受了大幅净值回撤，最糟糕时在 1987 年股灾中下降了 36%。

Equis 国际公司 MetaStock© 系统测试规则书写如下：

多头开仓：Mov((C-LLV(C,opt1))/(HHV(C,opt1)-LLV(C,opt1)),opt2,S)<.5-.01*opt3

多头平仓：Mov((C-LLV(C,opt1))/(HHV(C,opt1)-LLV(C,opt1)),opt2,S)>.5+.01*opt3

空头开仓：Mov((C-LLV(C,opt1))/(HHV(C,opt1)-LLV(C,opt1)),opt2,S)>.5+.01*opt3

空头平仓：Mov((C-LLV(C,opt1))/(HHV(C,opt1)-LLV(C,opt1)),opt2,S)<.5-.01*opt3

OPT1 当前值：7

OPT2 当前值：3

OPT3 当前值：20

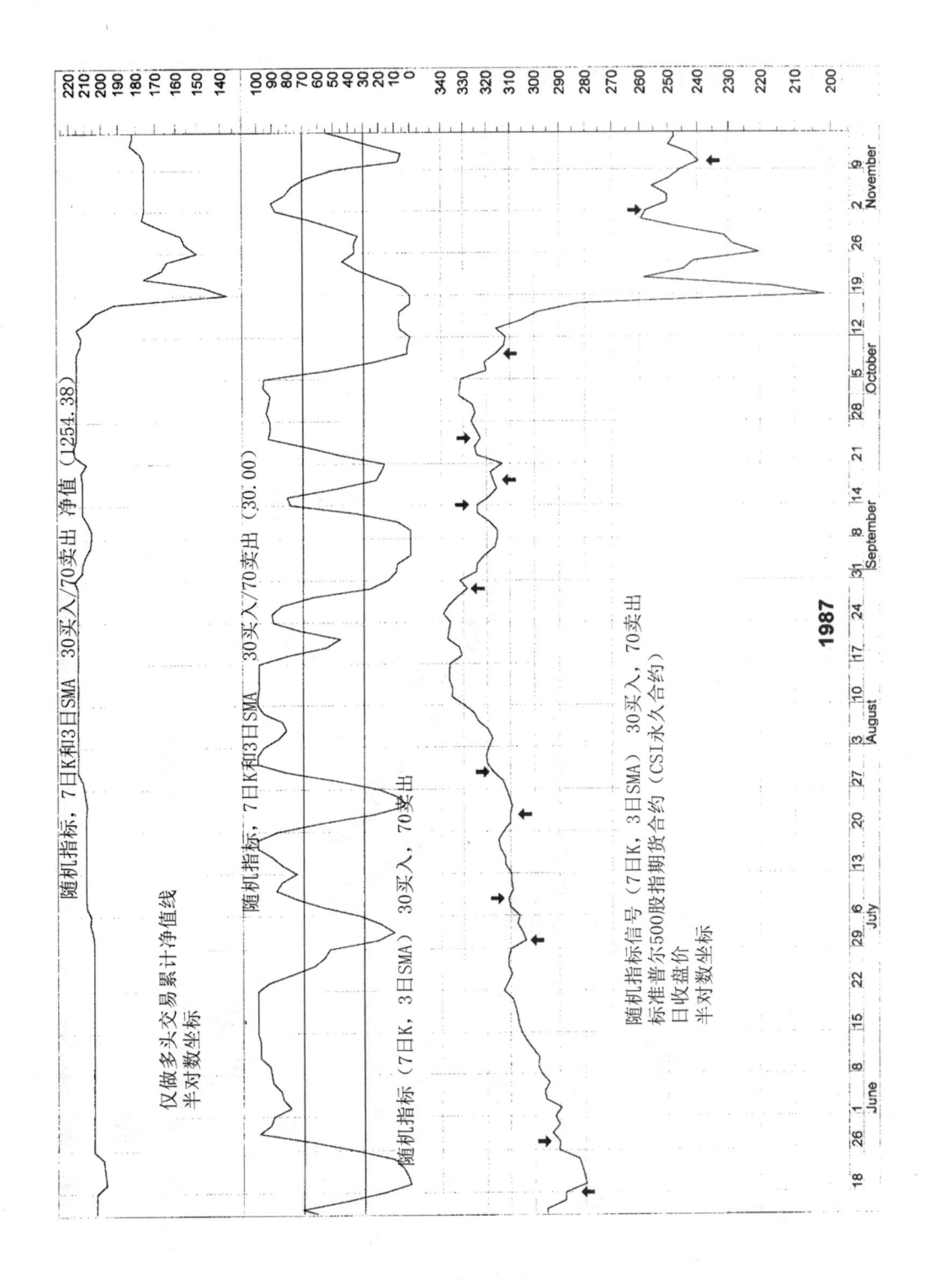

证券市场技术指标百科全书

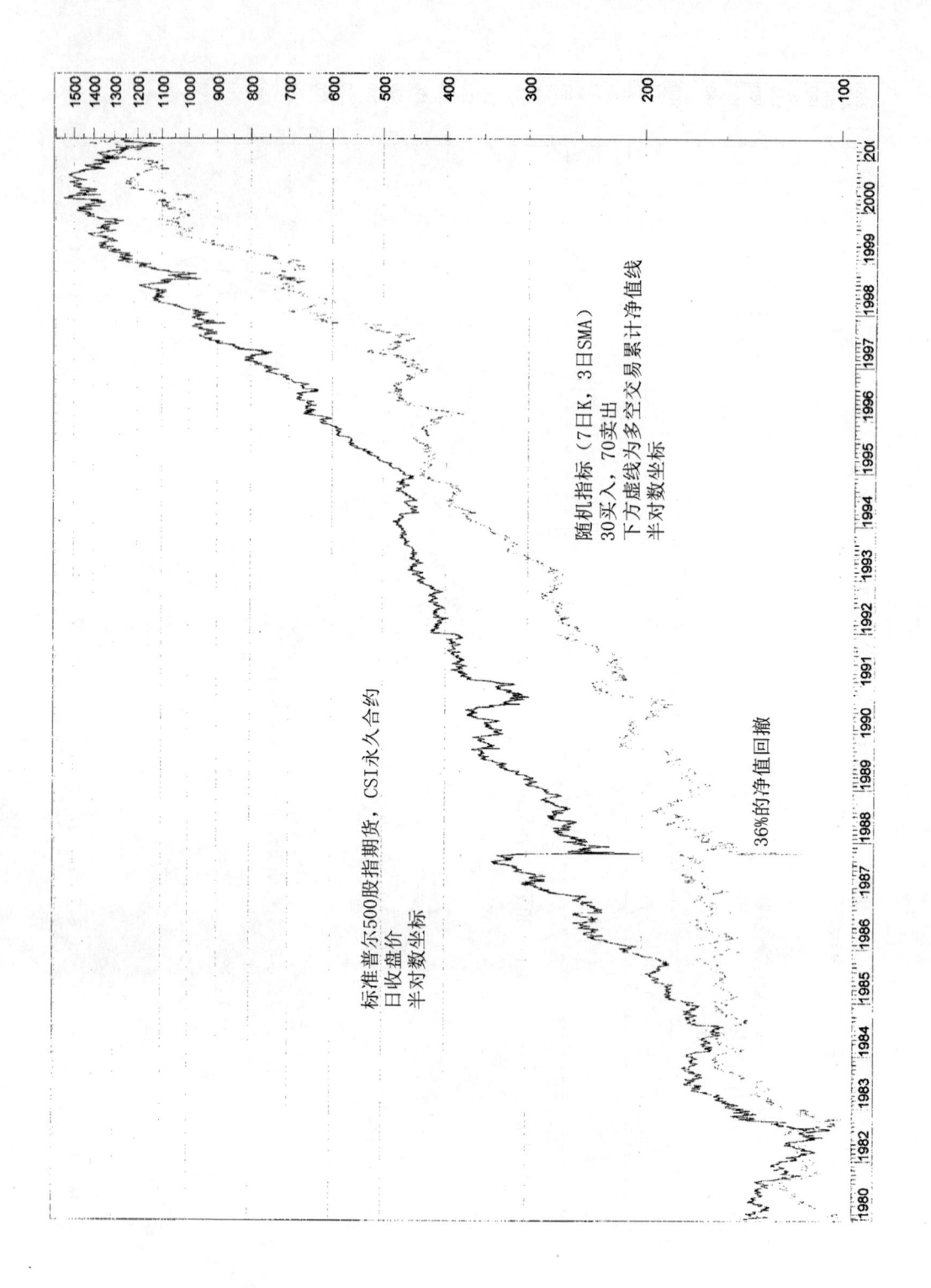

标准普尔500股指期货，CSI永久合约
日收盘价
半对数坐标

随机指标（7日K，3日SMA）
30买入，70卖出
下方虚线为多空交易累计净值线
半对数坐标

36%的净值回撤

随机指标（7日K，3日SMA）

项目	数值	项目	数值
净利润总额	1215.35	未平仓头寸价值	-109.38	超额净利润比率%	52.12
盈亏百分比	1215.35	年均盈亏百分比	59.39	年均超额净利润比率%	52.13
初始投资	100	利息收入	0		
当前头寸	空头	头寸建立日期	4/10/01		
买入并持有利润总额	798.93	测试总天数	7469	平均每笔交易天数	13.70
买入并持有利润率%	798.93	年均买入并持有利润率%	39.04		
已平仓交易总额	545	佣金支付总额	0		
每笔交易平均利润	2.43	平均盈利与平均亏损比率	0.76		
多头交易总数	273	空头交易总数	272	多头交易中盈利交易占比%	77.29
盈利多头交易数	211	盈利空头交易数	174	空头交易中盈利交易占比%	63.97
盈利交易总数	385	亏损交易总数	160	交易总数中盈利交易占比%	70.64
盈利交易总金额	2946.06	亏损交易总金额	-1621.33	交易总金额中净盈利金额占比%	29.00
平均盈利	7.65	平均亏损	-10.13	平均盈亏总额中净平均盈利占比%	-13.95
最大盈利	86.13	最大亏损	-102.19	最长盈亏合计期数中净盈利占比%	-8.53
盈利交易平均持仓期数	7.5	亏损交易平均持仓期数	17.48	盈亏持仓期数差占亏损持仓期数比例%	-57.09
盈利交易最长持仓期数	24	亏损交易最长持仓期数	51	最长盈亏持仓期数差占最长亏损期数比%	-52.94
最大连续盈利次数	11	最大连续亏损次数	3	最大连续盈亏期数差占连续亏损期数比例%	266.67
空仓总期数	9	平均空仓期数	9		
最长空仓期数	9				*
系统平仓回撤	0	盈亏比指数	42.84	净利润与系统平仓回撤之比	65341.40
系统未平仓回撤	-1.86	风险回报指数	99.85	净利润同系统未平仓回撤之差与净利润之比%	99.85
最大未平仓交易回撤	-133.61	买入并持有指数	38.43	系统未平仓回撤与净利润之比%	-0.15

在 Equis 公司 Metastock© "系统报告" (盈亏概览统计) 中，净利润总额等于利润合计减去亏损合计 (仅包括已平仓头寸)。相对地，盈利交易总金额是指已实现利润合计 (仅包括已平仓交易的所有利润，不包括任何未平仓头寸)。同样，亏损交易总金额是指已实现亏损合计 (仅包括已平仓交易所有亏损总额，不包括任何未平仓头寸)。系统平仓回撤是指仅基于已平仓头寸计的累计净值的最大降幅，系统未平仓回撤 (SODD) 是指头寸未平仓时可能累计净值线低于初始投资的最大降幅。盈亏比指数是将盈利交易总金额与亏损交易总金额联系在一起的一个复杂计算结果，值的范围位于-100 (最差可能表现) 与+100 (最好可能表现) 之间，0值代表盈亏相等。风险回报指数等于净利润总额减去系统未平仓回撤的差再除以净利润总额。在本次演练交易中，初始投资假设为100美元。多头交易和空头交易都进行，除非另有说明。交易按盘后信号出现当天收盘价格执行，统计分析中不包括交易成本、利息费用和利润。

带长期滤波器的随机指标的另一个指标策略举例

以 1982 年 4 月 21 日开始至 2001 年 5 月 10 日期间标准普尔 500 股指期货 CSI 永久合约（数据从 www.csidata.com 收集）以及 1980 年 11 月 28 日至 1982 年 4 月 21 日期间标准普尔 500 现金股票价格指数的全部历史上调整后每日数据的合并文件为基础，我们发现，如果不带主观性，不运用复杂技术分析，不妄断，而以过滤后的纯机械式的超买/超卖信号为基础，下列参数能产生显著良好的交易结果。

多头开仓（买入）：当随机指标的%K（K 等于 7 日，用 3 日 SMA 平滑）小于 30，且当日收盘价大于每日收盘价的今日 271 日 EMA 时，以标准普尔 500 股指期货 CSI 永久合约当日收盘价买入。

多头平仓（卖出）：当随机指标的%K（K 等于 7 日，用 3 日 SMA 平滑）大于 70，或当日收盘价小于每日收盘价的今日 271 日 EMA 时，以标准普尔 500 股指期货 CSI 永久合约当日收盘价卖出。

空头开仓（卖出空头）：当随机指标的%K（K 等于 7 日，用 3 日 SMA 平滑）大于 70，且当日收盘价小于每日收盘价的今日 271 日 EMA 时，以标准普尔 500 股指期货 CSI 永久合约当日收盘价卖出空头。

空头平仓（平仓）：当随机指标的%K（K 等于 7 日，用 3 日 SMA 平滑）小于 30，或当日收盘价大于每日收盘价的今日 271 日 EMA 时，以标准普尔 500 股指期货 CSI 永久合约当日收盘价平仓空头。

运用该随机指标反趋势策略，以 100 美元开始投资并将利润再投资，假如充分运用该投资策略进行利润再投资操作，无交易成本和税收，净利润总额将达到 825.49 美元，这比买入并持有策略高出 3.32%。即使空头卖出交易也是轻微盈利的，且空头卖出交易包括在本策略中，这种多空交易随机指标在整个期间给出的盈利性买入信号占 72.00%。交易不太活跃，平均每 27.16 个日历日交易一次。注意，该过滤过的策略遭受了较少且轻微的净值回撤。当考虑到任何交易系统的实际优点时，这是非常重要的。

Equis 国际公司 MetaStock© 系统测试规则书写如下：

多头开仓：Mov((C-LLV(C,opt1))/(HHV(C,opt1)-LLV(C,opt1)),
   opt2,S)<.5-.01*opt3 AND CLOSE > Mov(CLOSE,opt4,E)

多头平仓：Mov((C-LLV(C,opt1))/(HHV(C,opt1)-LLV(C,opt1)),
   opt2,S)>.5+.01*opt3 OR CLOSE < Mov(CLOSE,opt4,E)

空头开仓：Mov((C-LLV(C,opt1))/(HHV(C,opt1)-LLV(C,opt1)),
   opt2,S)>.5+.01*opt3 AND CLOSE < Mov(CLOSE,opt4,E)

空头平仓：Mov((C-LLV(C,opt1))/(HHV(C,opt1)-LLV(C,opt1)),
opt2,S)<.5-.01*opt3 OR CLOSE > Mov(CLOSE,opt4,E)

OPT1 当前值：7

OPT2 当前值：3

OPT3 当前值：20

OPT4 当前值：271

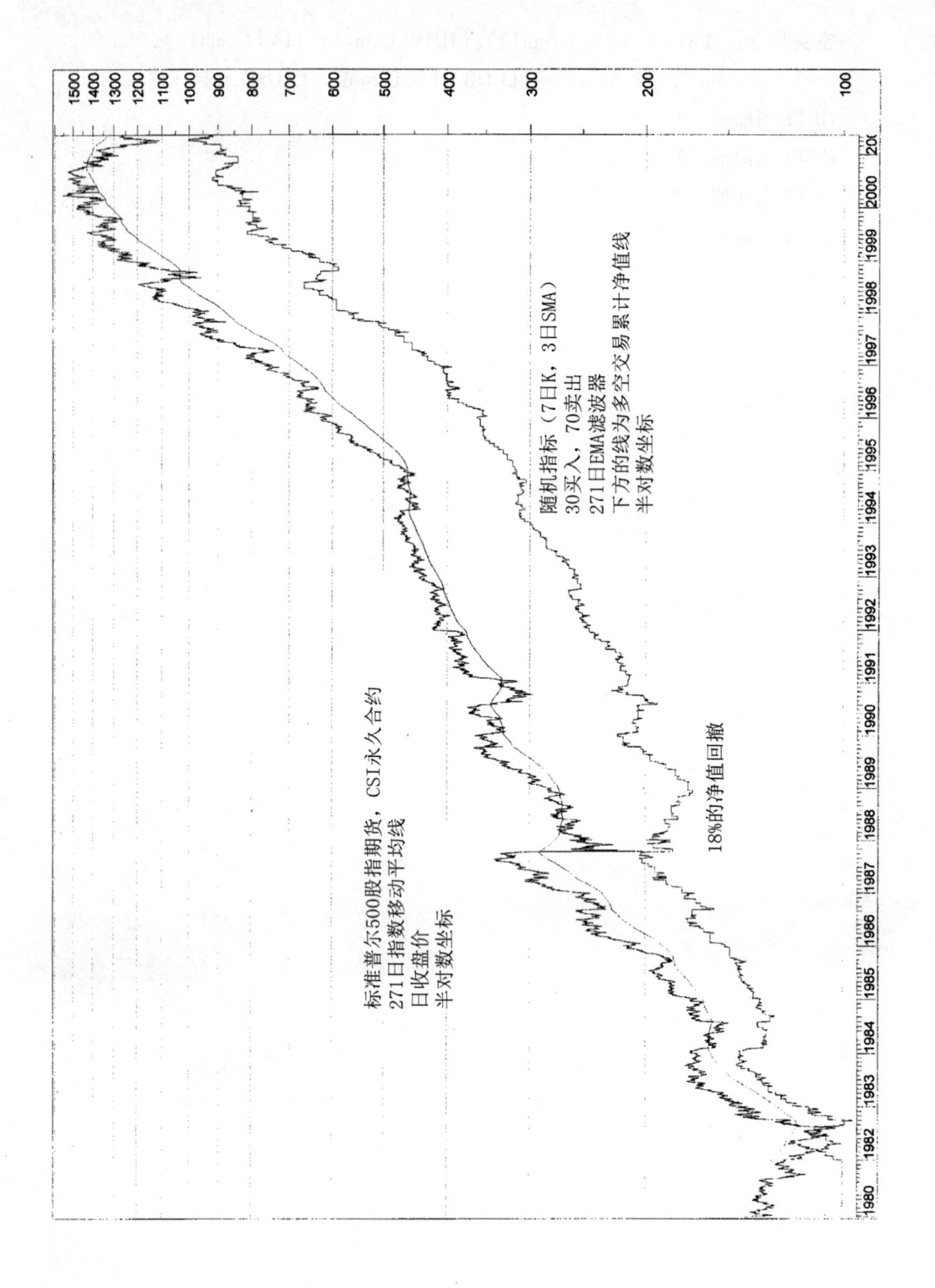

标准普尔500股指期货，CSI永久合约
271日指数移动平均线
日收盘价
半对数坐标

随机指标（7日K，3日SMA）
30买入，70卖出
271日EMA滤波器多空交易累计净值线
下方的线为多空交易累计净值线
半对数坐标

18%的净值回撤

带长期 EMA 滤波器规则的随机指标

净利润总额	825.49	未平仓头寸价值	-76.96	超额利润比率%	3.32
盈亏百分比	825.49	年均盈亏百分比	40.34	年均超额净利润比率%	3.33
初始投资	100	利息收入	0		
当前头寸	空头	头寸建立日期	4/10/01		
买入并持有利润总额	798.93	测试总天数	7469	平均每笔交易天数	27.16
买入并持有利润率%	798.93	年均买入并持有利润率%	39.04		
已平仓交易总数	275	佣金支付总额	0		
每笔交易盈利与平均利润	3.28	平均盈利与平均亏损比率	1.15		
多头交易总数	224	空头交易总数	51	多头交易中盈利交易占比%	78.13
盈利多头交易数	175	盈利空头交易数	23	空头交易中盈利交易占比%	45.10
盈利交易总数	198	亏损交易总数	77	交易总数中盈利交易占比%	72.00
亏损交易总金额	1363.24	盈利交易总金额	-460.78	盈利总金额中净盈利占比%	49.48
平均盈利	6.89	平均亏损	-5.98	平均盈亏总额中净平均盈利占比%	7.07
最大盈利	64.07	最大亏损	-50.5	最大盈亏合计中净盈利占比%	11.84
盈利交易平均持仓期数	6.53	亏损交易平均持仓期数	9.4	盈亏持仓期数差占亏损持仓期数比例%	-30.53
盈利交易最长持仓期数	18	亏损交易最长持仓期数	21	盈亏持仓期数差占最长亏损持仓期数比%	-14.29
最大连续盈利次数	13	最大连续亏损次数	5	最长连续盈亏期数差与连续亏损期数比例%	160.00
空仓总期数	3681	平均空仓期数	277		
最长空仓期数	13.34				
系统平仓回撤	-0.78	盈亏比指数	64.18	净利润与系统未平仓回撤之比%	22371.00
系统未平仓回撤	-3.69	风险回报指数	99.56	净利润同系统未平仓回撤之差与净利润之比%	99.55
最大平仓交易回撤	-86.92	买入并持有指数	-6.31	系统未平仓回撤与净利润之比%	-0.45

在 Equis 公司 Metastock© 系统报告"（盈亏概览统计）中，净利润总额等于利润合计减去亏损合计，包括按市值计价的未平仓头寸。相对地，盈利交易总金额是指已实现利润合计（仅包括已平仓交易所有获利润，不包括任何未平仓头寸）。同样，亏损交易总金额是指已实现亏损合计（仅包括已平仓交易所有亏损总额，不包括任何未平仓头寸）。系统平仓回撤合计是指基于已平仓头寸的累计净值线低于初始投资的最大降幅，亏损未平仓回撤（SODD）是指头寸平仓时累计净值线低于初始投资的最大降幅。盈亏比指数是关于将盈利交易总金额与亏损交易总金额联系在一起的一个复杂计算结果，值的范围位于-100（最差可能表现）与+100（最好可能表现）之间，0 值代表盈亏相等，风险回报指数等于净利润的差再除以净利润总额。在本次演练交易中，初始投资假设为 100 美元。多头交易和空头交易都进行，统计分析中不包括交易成本。利息费用和利润。交易按信号出现当天收盘价格执行，除非另有说明。

随机指标流行突破：斯特克突破

技术分析师发明了使用乔治·莱恩随机指标的替代方法。杰克·伯恩斯坦可能是在莱恩的随机指标上升到 70 时尝试买入而不是卖出的第一人。在《股票和商品期货技术分析》杂志（800-8324642，www.traders.com）2000 年 8 月期发表的文章中，大卫·斯特克勒（www.dsteckler@aol.com）设计了下列具体参数设置条件，他声称该条件下股票价格会发起一轮快速的上升：

- 每日 ADX 低于 20（最好低于 15），表明市场无趋势（参见"动向"指标）。ADX 衡量近期趋势的强度，而不是它向上或向下的方向。
- 每日随机指标%K 高于 70（最好高于 80）并且在上升，将%K 设置为原始比率 K 的 3 期 SMA，K 设置为 8 天。
- 每周随机指标的%K 高于 50 并且在上升，再将%K 设置为原始比率 K 的 3 期 SMA，K 设置为 8 周。
- 股票价格以高于平均成交量形式突破（参见"价格通道"指标），成交量大于自身 50 日 SMA。等待股票成交价格上升，超过近期的拥塞区高点，而且以更高的成交量突破。
- 牛市条件的标志是，大盘价格指数适中且/或行业板块价格指数连续两个交易日高于其跟踪 50 日 SMA 或高于 20 日 EMA。
- 使用适当的退出策略和最适合你交易风格的资金管理方法。

股票市场价格指数

价格指数对于判断股票市场的趋势和衡量股票市场总体业绩是很重要的，而且，由于过去 20 年的创新，创建出与许多最流行的指数相匹配的期货、期权、信托基金和共同基金，我们现在都可以买卖，这些新的金融工具对那些想"炒股"但没有时间研究个股的投机者很有用。指数还提供了多元化投资于大量股票的优势，从而降低了风险。

最早和最流行的指数是道琼斯公司公布的那些。创始人查尔斯·道在1884年7月3日的《客户下午信札》中公布了第一个市场平均指数，该信札是《华尔街日报》的前身。这第一批股票包括11只，9只铁路股和2只工业股。

1896年5月26日，道公布了他的第一个道琼斯工业平均指数（通常也被称为道指或DJIA），仅由12只工业股票组成。1928年10月1日，道指扩大至30只股票，此后一直保持在这个数字上。然而多年来，由于合并、破产以及公司和整个行业经济实力的起落，成分股的数量发生了多次变化。发布者尽力维持目前30只最大最重要蓝筹股的名单，今天唯一还能看到的从1928年就有的两个名字是"通用电气"和"通用汽车"。考虑到当前竞争日益激烈的金融资本主义和加速技术变革的趋势，我们可以预期在未来几年成分股变化将更加频繁。当前包括在道琼斯平均指数中的股票名单，每天都能在《华尔街日报》的C3版找到。

从实践角度看，DJIA是大盘的显著代表，30只道指股票只占美国股票总市值的15%左右。评论家们一直怀疑这样一个小样本能否足够代表由成千上万只股票组成的整个股票市场，很明显，道指和大盘有时会分道扬镳。此外，用特许市场技术分析师阿瑟·A. 梅里尔——一位既是专业统计学家又是权威市场技术分析师的话来说："统计学家们在学习道琼斯平均指数的加权方法时畏缩了。"算术价格平均指数是用价格加权的，所以一个100美元股票的影响力是10美元股票的10倍。更糟的是，如果一只股票按一分为二形式分拆，那么它的权重就会立即减半。最后，平均指数中股票的替换也有损于随着时间的推移平均指数同自身的可比性。但是，尽管存在这些合理的批评，统计数字清楚地表明，道琼斯平均指数非常密切地反映了大盘的走势。

用显微镜来看它，我们注意到，多年以来，比起构建得更好的指数比如标准普尔或纽交所综合指数，DJIA的假信号（误导性的突破点和击穿点）数量有点多。实际上，当DJIA与标准普尔500指数背离时，DJIA通常被证明是错误的一个，这就是为什么大多数技术分析师绘制不止一个一般价格指数的原因。

道琼斯运输业平均指数和公用事业平均指数与DJIA有相同的弱点——价格加权、分拆、替换以及样本规模小（只有20只运输业股票和15只公用事业股票），只有一两只运输业股票的收购投机活动就会对平均指数有显著影响。1980年，当能源股占据市场时，大部分的公用事业平均指数运动都直接归因于四天然气股票，而不是大多数人查看公用事业平均指数时想到的那些保守的电力股票。

与大众的看法相反，我们发现，道琼斯运输业平均指数并不是一个可靠的大盘领先指标。但是，道琼斯公用事业平均指数更多的时候是一个相当可靠的领先指标，尽管该领先可能是漫长而多变的。

基础广泛的按市值加权的标准普尔指数（S&P）和纽交所股价指数是市场总值的衡量标准。用上百只成份股的最新价格乘以已发行股票的数量，该结果再除以一个基期指数数值，使指数随着时间的推移可比。拆分没有影响，通过调整基期指数数值来恰当地处理股票替换。因此，对于标准普尔500指数，可以获得追溯到1873年的有效的和可比的市场价格数据。

纽约证券交易所综合指数（代码 NYA）包括在纽约证券交易所上市的 2800 只普通股，NYA 包含了所有美国股票总市值的 82%。由最大的 500 只股票构成的标准普尔综合指数（代码 SPX）是纽约证券交易所综合指数的一个子集，它包括了所有美国股票总市值的 65%。标准普尔 100 指数（OEX），作为一个芝加哥期权交易所合约的市场指数而使用，是标准普尔 500 指数的一个子集，涵盖最大的 100 只股票。正如人们可能猜测的那样，在这些市值加权指数之间存在着近乎完全的相关性，最大的 100 只股票在所有这些指数中都占大部分权重。

纳斯达克综合指数（代码 COMP）包括 5500 只未上市的场外交易股票，它约占所有美国股票总市值的 18%。纳斯达克技术股指数的 700 只股票是 COMP 的一个子集，约占 COMP 总市值的 37%。NASDAQ（纳斯达克）代表"全国证券交易商协会自动报价"系统。

美国证券交易所（AMEX）市场价值指数是充分按市值加权的指数，但其整个市值只与一只股票即 IBM 不匹配，所以其影响是微不足道的。此外，仅 10 只股票就占 AMEX 总权重的三分之一，所以价格扭曲是可能存在的，很少有技术分析师跟随 AMEX 指数。

罗素 3000 指数由 3000 只普通股组成，约占所有美国股票总市值的 98%。罗素 1000 指数是一个子集，由 3000 只股票中市值排名前三分之一的股票构成。罗素 1000 占罗素 3000 总市值的 90% 左右，罗素 2000 指数是罗素 3000 指数中市值最低的三分之二，约占罗素 3000 总市值的 10%。

威尔夏 5000 指数是基础最广泛、按市值加权的指数，包括几乎所有美国股票总市值。该指数最初包括 5000 只股票，目前涵盖了大约 7000 只美国股票，包括活跃在纽约证券交易所、美国证券交易所和纳斯达克场外交易商市场上的所有普通股。

价值线平均指数是 1665 只股票的未加权几何平均指数，最小的股票和最大的股票有同样的影响。按照诺曼·福斯贝克在 1976 年的著作《股票市场逻辑》（经济计量研究所，佛罗里达州北方联邦公路 3471 号，邮编 33306）中所说，几何平均法（基于对数）产生负的、向下的偏差，以至于几何平均线总是低于简单算术平均线或均线。我们还没有发现价值线综合指数在我们的技术工作中有用。

　　福斯贝克还对涨跌线作为市场晴雨表提出了批评，他有三个很好的理由：第一，没有考虑价格或市值变化的程度，而只关注价格变动的方向，向上或向下。学术研究已经证明，平均价格的上升大于平均价格的下降，所以涨跌线未能考虑任何价格变化，意味着涨跌线必然跑输股票市场价格指数，确实是这样。第二，上市股票的数量多年来有所增加，从而破坏了随着时间的推移涨跌线的可比性（这可以通过用涨跌数量差除以涨跌数量之和或除以交易股票总数量来调整）。第三，优先股的波动更多地跟随债券价格而不是普通股价格，如果包括优先股，就会产生扭曲，特别是当债券价格和普通股票价格走势相反时，就像过去曾经有过的那样。考虑到这么多的缺点，涨跌线与价格指数的假背离就变得更容易理解了。

　　在另一方面，福斯贝克比较重视未加权总收益指数，这些都以科特龙的"QCHA"为基础，QCHA是在纽交所上市的每只普通股的平均价格变动百分比。按照福斯贝克的说法，将红利回报和价格变动百分比包括在一起，才能提供一个更现实的整体表现，因为历史上所有股票一半以上的长期总回报是从分红而来。

　　虽然福斯贝克已经为未加权总收益指数给出了一个好理由，但它们仍然不能受到广泛欢迎。一方面，大机构难以交易大量美元的小市值股票，因此他们大多与占领标准普尔500指数的大的、高市值股票打交道，因此，他们把重点放在指数上。另一方面，未加权总收益指数没有广泛公布在大众媒体上，很少有人愿意花费必要的时间来自己进行计算。

　　最后，像大多数技术研究人员一样，我们更喜欢基础广泛的资本加权指数来进行我们的技术研究，特别是标准普尔500指数或纽约证交所综合指数，两者实际用途几乎相同。我们用道指做了许多研究，非常实际的原因是，我们恰好有最多计算机可读形式的每日道指数据（回溯到1900年）。最后，偏爱DJIA的传统占有很大比重，也需求尊重。

支撑和阻力指标

　　在最基本的层面上，支撑和阻力是先前的低点和高点。价格运动有暂时停止的倾向，或至少对图表上突出的明显重要低点和高点做出反应或犹豫。另外，在有序的上升或下降形态中，包含价格行动的倾斜的趋势线和价格通道，会提供移动的支撑和阻力，功能类似于水平交易区间。

支撑和阻力的一个非常有用的特性是，这些点位的趋势一旦被击穿，作用就会反转。具体来说，一旦跌破当前价格的支撑位，该点位就成为未来反弹尝试的阻力位。同样，一旦当前价格上方的阻力位被突破，该点位就成为未来价格向下折返的支撑位。

得州仪器的图例显示，从1980年到1991年，1.4至1.8之间的支撑区支撑了11年期间的所有下降。在1983年、1988年和1993年初遇到的3.5至3.7之间的阻力区，在1993年末作用反转，起到了支撑作用。另外，1987年至1994年5至5.5之间的阻力区，在1996年三个不同的场合起到了支撑作用。从1980年到1995年，15年的长期横盘交易区间，为2000年主要价格累积上涨至99.8点奠定了坚实的基础。

当然，寻根问底的人总是想知道为什么，所以这里给出理论依据，用例子做出最好的说明。假设一只股票在几个月内一直在50点到55点的价格区间内交易，该股票的活跃追随者已经注意到了，所以他们逢低买进，在50点形成支撑，然后在反弹时卖出并卖空，在55点形成阻力，这是一个有利可图的商业策略。但是有序的形态不会永远持续下去，有一天价格会从50点降到48点。第二天，又降了2点，第三天又跌到了另一点45点。到了这个时候，那些在50点处买入的波段交易者，如果没有正确操作并迅速止损，净值就下跌了10%，因此他们处于一种不正常的心理状态，他们希望回升到50点的买入价，如果他们只能把钱拿回来，他们愿保本离场。当然，这是一种糟糕的交易策略，但人类的本性就是憎恨犯错、为亏损感到痛苦、承认错误缓慢，并希望幸运突然来临，从而消除他们的痛苦。所以如果股票确实反弹回50点，所有那些希望拿回他们的钱的受伤的买家将得到缓解，并高兴地让出他们的多头股票头寸，在该50点价位出售，从而限制了价格，并创造一个股票难以克服的阻力点位。同样，因为看起来像是交易区间的低端而在50点平仓空头的看空者，现在如果他们有机会的话，很乐意在50点重新建立空头头寸。

同样地，在上升中，如果在50至55点的多头交易区间之后，紧接着有一个对50点阻力位的突破，冲向60点，那么在55点卖空者现在就希望价格向下折返，这样他们才能减少损失和因做错而带来的心理上的不适，他们愿意做盈亏平衡点55点处的买家。此外，在55点处并没用做空但确实获利回吐的看多者，会对自己可能错过的利润感到懊悔。这些多头也希望调整到他们卖出多头时的55点，这样他们就可以消除痛苦的错误，并有机会重新建立多头头寸。因此，这两大人群，看多者和看空者，将在55点竞买股票，从而提供了价格支撑。

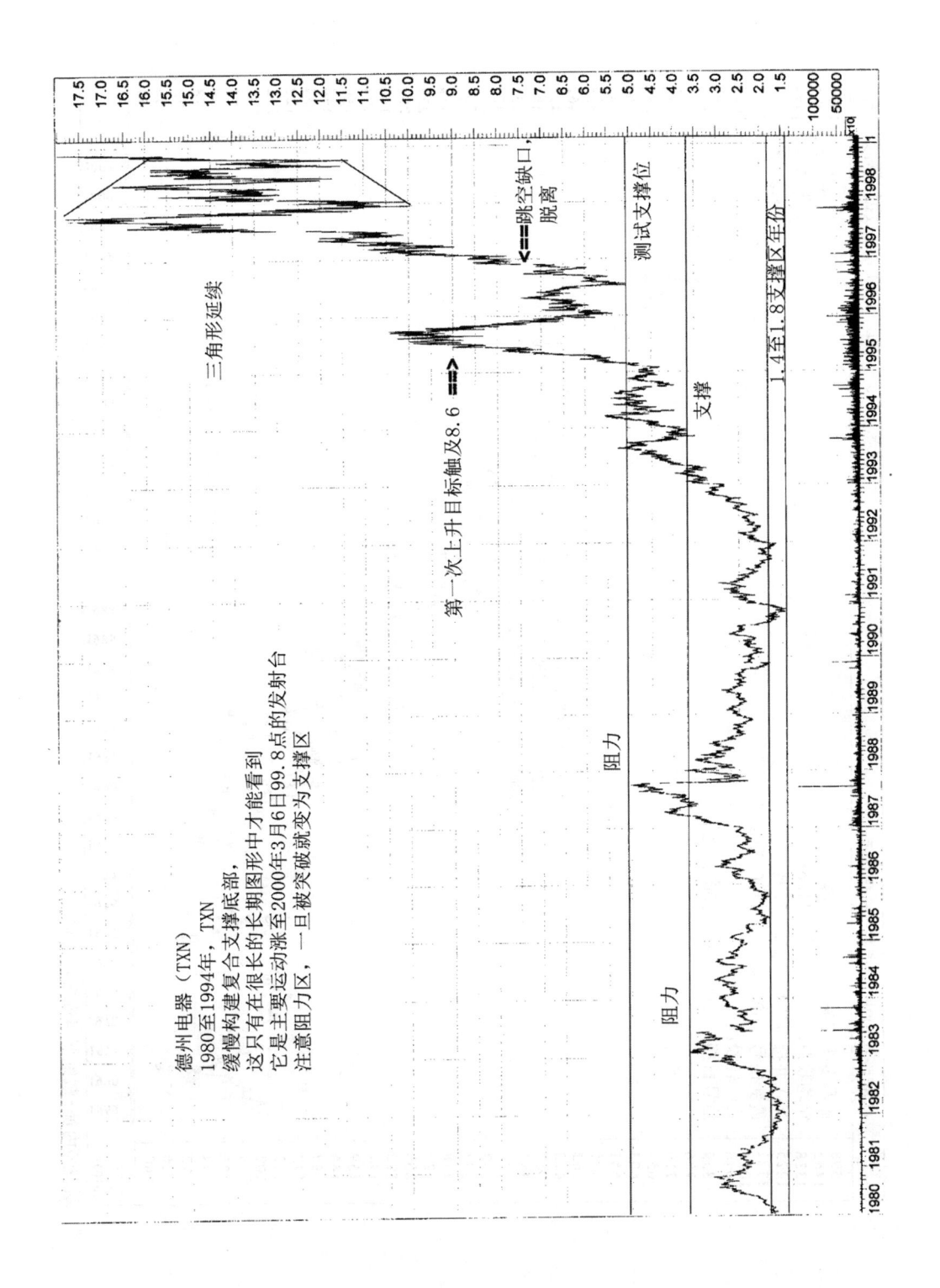

德州电器（TXN）
1980至1994年，TXN
缓慢构建复合支撑底部，
这只有在很长的长期图形中才能看到，
它是主要运动涨至2000年3月6日99.8点的发射台
注意阻力区，一旦被突破就变为支撑区

三角形延续

第一次上升目标触及8.6 ==>

<== 跳空缺口 脱离

测试支撑位

支撑

阻力

阻力

1.4至1.8支撑区 年份

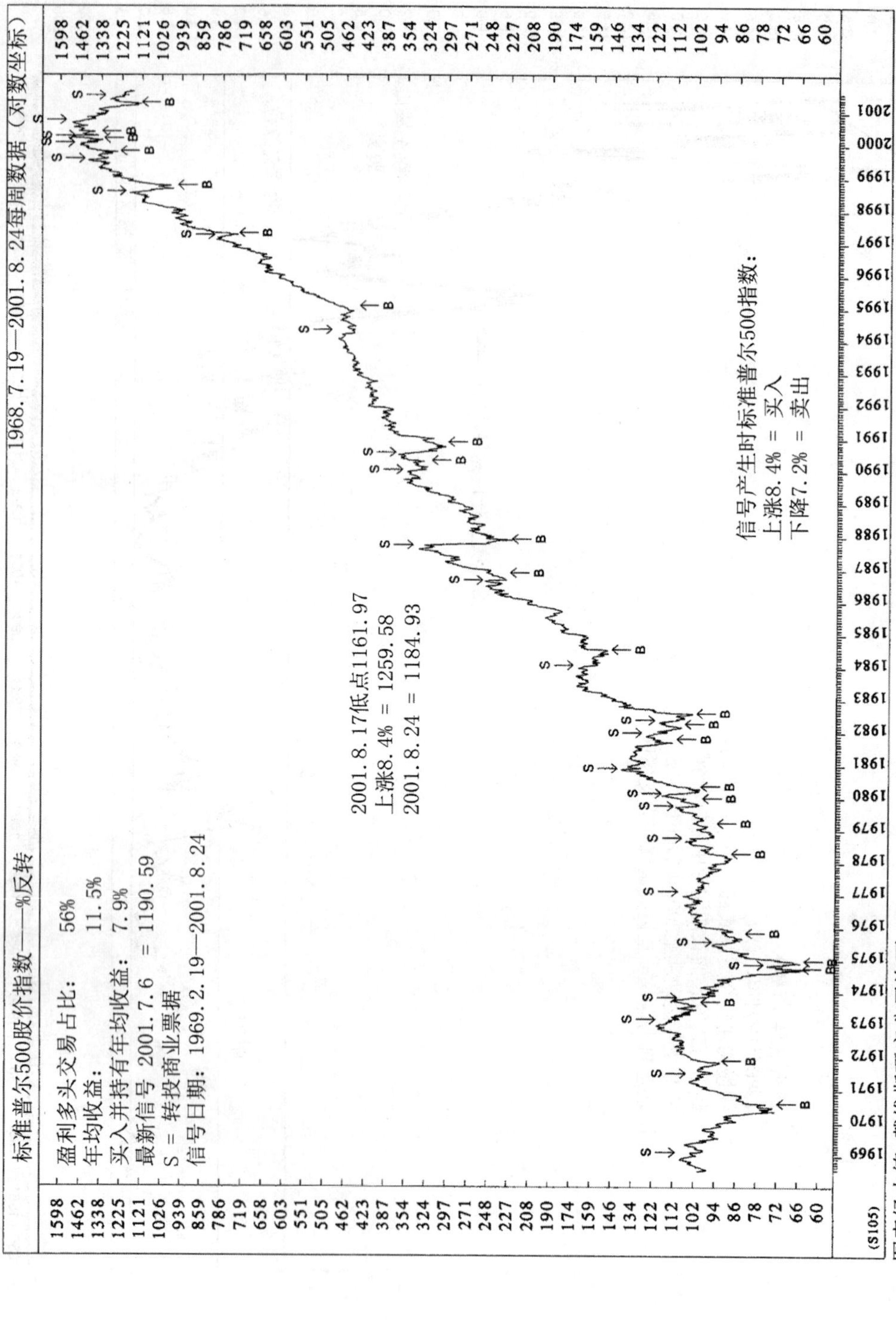

图表经内德·戴维斯研究公司许可

摆动滤波器指标

交易者面临的一个主要挑战是如何处理自由市场产生的数据中的噪声。有许多概念上相关的技术试图过滤掉小的价格波动，或者道氏理论术语中的"涟漪"。有些人忽略了低于一定最小规模的价格变动。点数图作图法是这种滤波器的古老而著名的例子。

摆动滤波器是一个简单的想法：检查每个高点和低点，过滤掉最低百分比大小的价格反转。例如，一些股票市场分析师过滤掉（并因此忽略）低于3%、4%或8%的价格运动。这减少了需要考虑的数据量，简化了决策过程。我们的想法是，如果我们能消除一些轻微的噪声，就可以减少混淆，更好地聚焦于主要趋势，滤波器的最佳大小可以通过回溯测试来确定。

摆动滤波器的一个很好的例子是12年多以前由内德·戴维斯研究公司开发的一种稍微不对称的规则。当标普500指数从一个极低收盘价上升达8.4%时，买入指数，持有多头，直到标准普尔500指数从一个极高收盘价下跌达7.2%时，再卖出多头头寸，转投商业票据。这种简单的滤波器对于仅做多头交易，在整个时间给出的盈利性信号占63%。正如图表所示，从1969年到1998年，它跑赢消极的买入并持有策略达44.2%。该摆动滤波器规则总是位于大的价格运动的右侧，有一个内置减损的止损点，它的平均收益比平均损失大四倍。

威尔德摆动指标

威尔德的摆动指标（SI）是一个复杂的趋势确认/背离指标，是由J·小威尔斯·威尔德在其1978的著作《技术交易系统中的新概念》（趋势研究出版社，北卡莱罗纳州麦克林斯维尔第128号邮政信箱，邮编27301）中公开的。威尔德设计的SI更好地代表了真正的市场趋势，SI比较当前价格（开盘价、最高价、最低价和收盘价）与上期价格之间的关系。在数学上，SI可以表述如下：

$$SI = ((50*K)/M) * ((C-Cp) + 0.5(C-O) + 0.25(Cp-Op))/R$$

其中

K = H-Cp 与 L-Cp 中的较大者

H = 当期最高价

Cp = 上期收盘价

L = 当期最低价

M = 期货交易所设置的价格变动限额值

C = 当期收盘价

O = 当期开盘价

Op = 上期开盘价

R = 通过下列两步确定：

第1步：确定下列三个值中哪个最大

$$H-Cp, 或$$
$$L-Cp, 或$$
$$H-L$$

第2步：根据下列三个公式计算 R：

如果第1步中的最大值为 H-Cp，那么

$$R = (H-Cp) - 0.5(L-C) + 0.25(Cp-Op)$$

如果第1步中的最大值为 L-Cp，那么

$$R = (L-Cp) - 0.5(L-C) + 0.25(Cp-Op)$$

如果第1步中的最大值为 H-L，那么

$$R = (H-L) + 0.25(Cp-Op)$$

股票没有每日价格变动限额。因此，当使用 MetaStock© 系统软件时，我们用最大数 30,000 作为"价格变动限额参数"。

SI 数据可以绘制为一个摆动指标图，用多种技术分析方法来观察。最有成效的是把它视为累积摆动指标（ASI），它是摆动指标的累积运行总和（参见"累积摆动指标"）。

摆动回撤水平

这种摆动回撤方法用任一显著摆动（价格波动区间）的极高值减去极低值，该差值乘以交易群体长期使用的特定习惯数字，然后用这些结果加上极低值或从极高值中减去它们，结果就是有用的价格目标值，也是支撑和阻力点位。

W. D. 江恩将一个价格波动区间分割为八个部分：0.125，0.25，0.375，0.5，0.625，0.75，0.875 和 1，江恩还设计了价格区间的整数倍数：0，1，2，3，4，5，6，7，8，9，10，等等，江恩标出整数的平方：4，9，16，25，36，49，64，81，100，144，等等，江恩也使用从极高价格到零的区间。江恩还注意到，整数价格独立于任何过去的价格，尤其是那些尾数带 0 的。

用来乘以过去的价格区间的最重要的斐波纳契比率是：0.236，0.382，0.500，0.618，0.786，1.000，1.272，1.618，2.000，2.618 和 4.236。

道氏理论学家强调三分数，即 0.333 和 0.667。

塔布比例定律强调普通分数，1/2 或 0.5，2/3 或 0.667，3/4 或 0.75，作为最重要的比率。

该摆动回撤方法也可以应用于摆动高点和低点之间的时间间隔。例如，如果从价格低点的日期到价格高点的日期，价格向上摆动持续了 100 个日历日，我们可以寻找该向上运动的一个向下的价格修正，在从顶部起算的下列斐波那契日数或其附近终止：24，38，50，62，79，100，127，162，200，262 和 424 个日历日。最后，为涵盖所有极数，我们可以也标出三分数，33 和 66 天，以及所有的江恩数字。

对于不熟悉的、未注意到的市场隐性结构，这种练习最初似乎是武断的和不合逻辑的。但许多有经验的交易者使用摆动回撤，因为它通常能帮助他们"提前"确定潜在的价格水平和时间节点，在该点要特别警惕价格趋势的变化。他们将这些日期和价格水平与其他技术指标结合起来，准确指出否则不可能确定的趋势变化，有时，他们以惊人的准确性击中了未来的转折点。

泰勒公式方法

泰勒公式方法是一种短期的、逆向的、趋势消退策略，试图利用所观测到的市场趋势，即 3 天左右的定向价格小波动后会反转。基本上，在三个下跌日之后，选择在开盘价或附近的早期弱势中买入。如果市场早期不疲软，推迟一天行动。买入后，在前期高点附近寻找获利点。相反，在三个上涨日之后，选择在开盘价或附近的早期强势中卖出空头。如果市场早期不强，推迟一天行动。卖空后，在前期低点附近寻找获利点。平仓头寸的时间在 1 到 3 天内（参见泰勒，乔治·道格拉斯《泰勒交易技术》，1950，交易者出版社：南卡莱罗纳州格林威尔，邮政信箱 6206，网址 www.traderspressbookstore.com）。

TEMA

参见"三重指数移动平均线"。

三线反转图

　　日本三线反转图是为了过滤掉小的短期市场噪声而设计的一种独特的线形图，它的名称来源于用于构造图表的三个线块。

　　该方法仅考虑收盘价而忽略所有日内最高价和最低价。当前一个线块的最高点被超过时，在图上右侧新的一列加上一个新的白线块。当当前收盘价击穿前一条线块的最低点时，加上一个新的黑线块，该黑线块画在右侧的下一列，从前一线块的底部开始。当既没有新高也没有新低时，哪种也不加，线图保持不变。因此，就像西方的点数图技术一样，价格变动（而不是时间的经过）决定沿横轴 x 轴的变化。

　　在强劲的反弹足以形成连续三个白线块之后，只有当价格跌破最近三个连续白线块的最低价时，才会识别出向下的反转。在该点，从最高的白线块的底部开始，向下画出一条黑线块，直到新的价格低点。

　　在强劲的抛售足以形成三个连续的黑线块之后，只有当价格上涨超过最近三个连续的黑线块的最高价时，才会识别出向上的反转。在该点上，从最低的黑线块的顶部开始，向上画出一条白线块，直到新的价格高点。

　　图中显示了用 MetaStock© 软件画出的、2000 年整年期间（从 1 月份到 12 月份）标准普尔存托凭证（SPY）的三线反转图。查看"忍蔻图"，比较同一期间同一只股票的三线反转图与类似的一点格值忍蔻图，以及一点格值和一点转向的"点数图"。

第二部分 市场技术指标

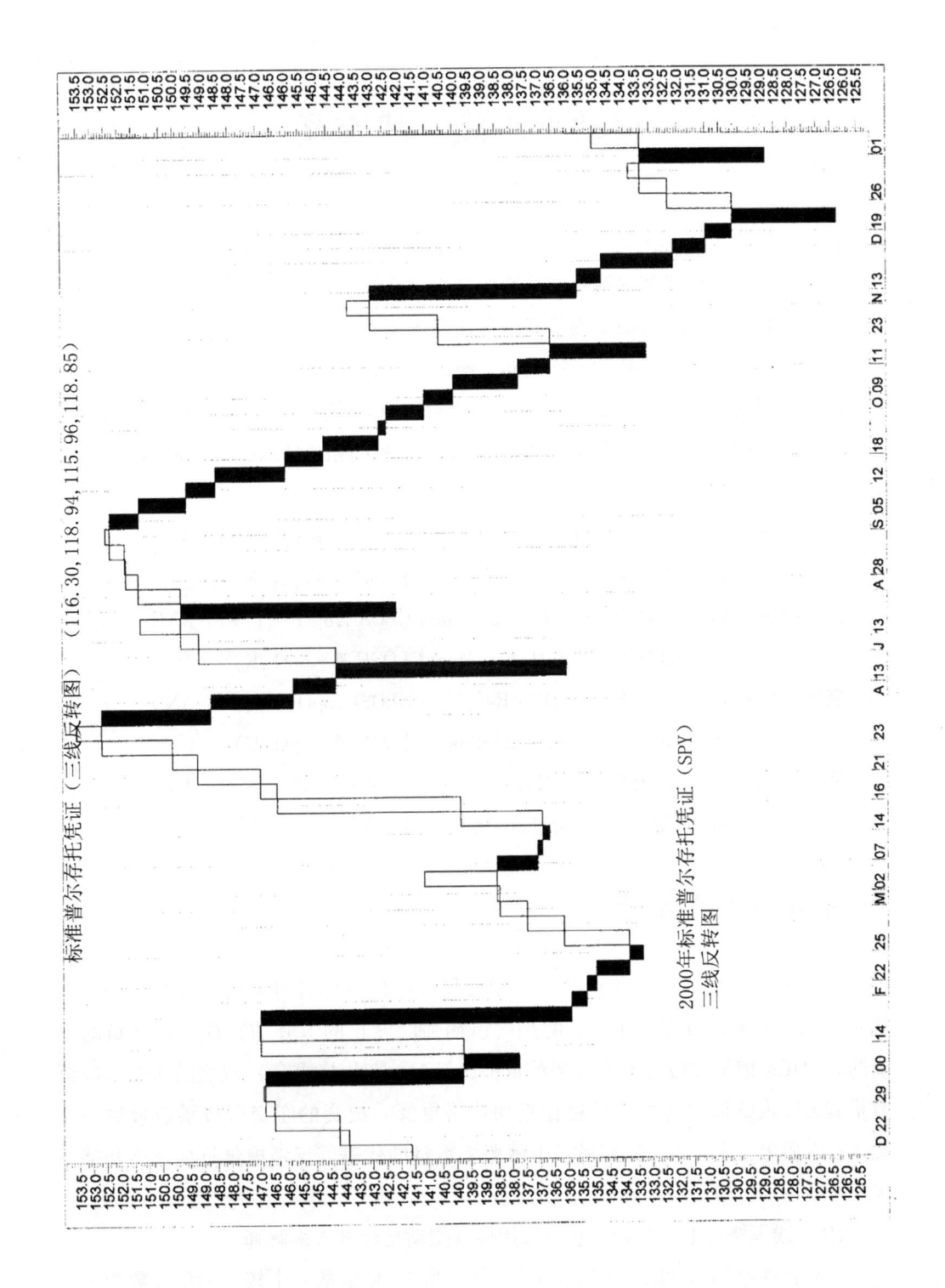

标准普尔存托凭证（三线反转图）（116.30, 118.94, 115.96, 118.85）

2000年标准普尔存托凭证（SPY）三线反转图

移动平均线三线交叉

移动平均线三线交叉是一个组合指标，它使用三条不同长度的移动平均线来产生交易信号。它将快速和慢速移动平均信号组合在一个指标中。当快速移动平均线的斜率为正且中等速度移动平均线高于慢速移动平均线时，买入。当快速移动平均线的斜率为负且中等速度移动平均线低于慢速移动平均线时，卖出。

流行使用的移动平均长度为4、9、18个交易日。当然，这些特定的期限长度是允许改变的，因此可以出现大量的可能组合。一种可能的 MetaStock© 系统测试可表示如下：

多头开仓：Mov(CLOSE,opt1,E)>Ref(Mov(CLOSE,opt1,E),-1) AND
Mov(CLOSE,2*opt1,E)>Mov(CLOSE,4*opt1,E)

多头平仓：Mov(CLOSE,opt1,E)<Ref(Mov(CLOSE,opt1,E),-1) AND
Mov(CLOSE,2*opt1,E)<Mov(CLOSE,4*opt1,E)

空头开仓：Mov(CLOSE,opt1,E)<Ref(Mov(CLOSE,opt1,E),-1) AND
Mov(CLOSE,2*opt1,E)<Mov(CLOSE,4*opt1,E)

空头平仓：Mov(CLOSE,opt1,E)>Ref(Mov(CLOSE,opt1,E),-1) AND
Mov(CLOSE,2*opt1,E)>Mov(CLOSE,4*opt1,E)

闪电图（TICK图）

闪电图（TICK图，也称点线图）是交易日中任意特定时刻的市场趋势的一个快照，TICK图反映交易日中任意时刻的市场强度（正的上升的）或疲软（负的下降的），TICK值是以报升形式（当前价格比最近一期价格更高）成交的纽交所股票数量减去以报跌形式（当前价格比近期价格更低）成交的纽交所股票数量的净差额。在本质上，它是一个即时的净上涨股票数量的代表，仅考虑最近期价格和接下来一个最近期价格。

TICK线围绕0上下摆动，它可以用标准摆动指标方式来解释。

交易者观察TICK线以识别趋势的变化。当TICK值从一个较大的负读数变成一个较大的正读数时，这表明市场供求平衡中有看涨变化。同样，从一个较大的正TICK值到一个较大的负TICK值的等值大小的负向摆动，表明有看跌变化。

TICK 图相对于一个独立的指标如市场价格指数的正负背离，表明价格趋势变化即将到来。当 TICK 图高点更低，而独立的市场指标创出新高时，这种负背离警告当前趋势中可能出现看跌变化。

一般来说，极高的 TICK 读数表明极为积极的动量和不同寻常的市场强度。这种强劲的趋势会持续，直到反弹的动量开始消散。一些极具攻击性的短期专业交易员淡出极端势头，期望回到更正常的状态。一般来说，逆势交易战术不适合长期投资者。

极低的 TICK 读数表明异常的卖出压力。同样，淡出这种势头是有风险的，但靠这种负向趋势赚钱的最佳时机，是在以巨大的成交量出现真正的抛售高潮的时候。这样的抛售高潮往往跟随着一次不可持续的死猫反弹，这对精明的交易者可能会产生利润。

TICK 图在日常交易以外具有更大的暗示意义。每日最后的价格，即收盘价，一直被视为一天中最重要的价格，每日牛熊拉锯战以战斗结束时的价格来结束。当一天结束时该说的都已经说了该做的都已经做了，该收盘价就是供需平衡之处，收盘价是一天交易活动的总结。技术人员通常对收盘 TICK 值应用各种移动平均线，以平滑不规则的运动，并揭示出任何潜在的趋势。

收盘 TICK 图指标策略举例

TICK 图是一个稳健的指标，对于所有指数移动平均长度的测试（从 1 日到 50 日），多空交易都是盈利的，累计净值线很少显示出净值回撤。以 1966 年 1 月至 2001 年 1 月的 35 年期间的文件（每日结束时的 TICK 值和 DJIA 收盘价）为基础，如果不带主观性，不运用复杂技术分析，不妄断，而以纯机械式的信号为基础，下列参数能产生良好的交易结果。

多头开仓（买入）：当当前收盘 TICK 值高于其前一日的自身跟踪 11 日指数移动平均线（EMA），因此显示收盘 TICK 的上升趋势时，以 DJIA 当日收盘价买入。

多头平仓（卖出）：当当前收盘 TICK 值低于其前一日的自身跟踪 11 日指数移动平均线（EMA），因此显示收盘 TICK 的下降趋势时，以 DJIA 当日收盘价卖出。

空头开仓（卖出空头）：当当前收盘 TICK 值低于其前一日的自身跟踪 11 日指数移动平均线（EMA），因此显示收盘 TICK 的下降趋势时，以 DJIA 当日收盘价卖出空头。

空头平仓（平仓）：当当前收盘 TICK 值高于其前一日的自身跟踪 11 日指数移动平均线（EMA），因此显示收盘 TICK 的上升趋势时，以 DJIA 当日收盘价平仓

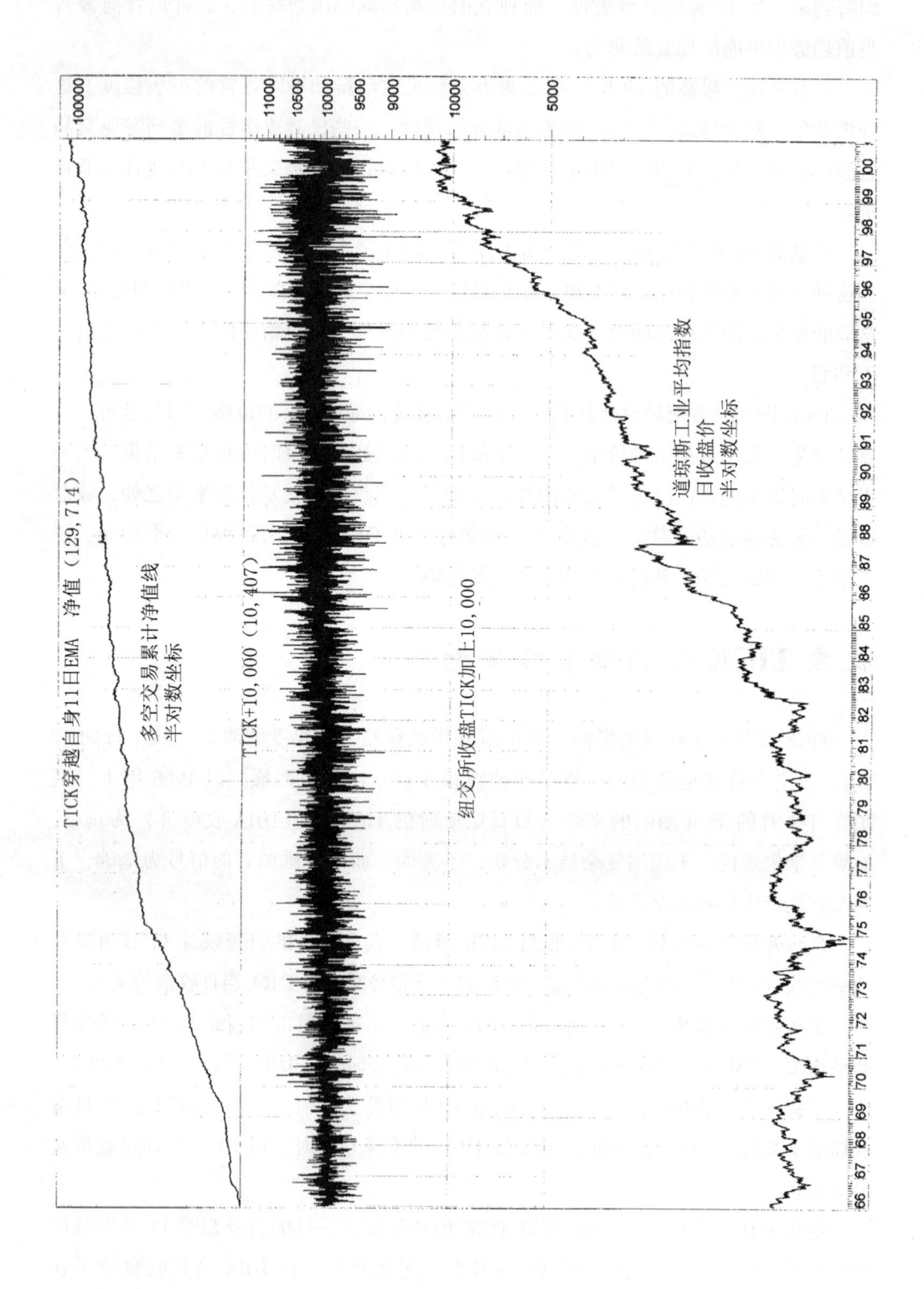

空头。

TICK 穿越 11 日 EMA

项目	值	项目	值
净利润总额	129613.94	未平仓头寸价值	492.06	超额净利润比率%	12905.09
盈亏百分比	129613.94	年均盈亏百分比	3698.91	年均超额净利润比率%	12906.01
初始投资	100	利息收入	0		
当前头寸	空头	头寸建立日期	1/5/01		
买入并持有利润总额	996.64	测试总天数	12790	平均每笔交易天数	3.04
买入并持有利润率%	996.64	年均买入并持有利润率%	28.44		
已平仓交易总额	4202	佣金支付总额	0		
每笔交易平均利润	30.73	平均盈利与平均亏损比率	1.26		
多头交易总数	2101	空头交易总数	2101	多头交易中盈利交易占比%	51.88
盈利多头交易数	1090	盈利空头交易数	977	空头交易中盈利交易占比%	46.50
亏损交易总数	2067	交易总数中盈利交易占比%			49.19
盈利交易总金额	708502.63	亏损交易总金额	-579380.56	交易总金额中盈利金额占比%	10.03
平均盈利	342.77	平均亏损	-271.37	交易总额中净平均盈利占比%	11.63
最大盈利	9345.78	最大亏损	-4445.94	最大盈亏合计中净盈利占比%	35.53
盈利交易平均持仓期数	3.64	亏损平均持仓期数差占合计期数比例%	2.57	盈亏持仓期数差占亏损持仓期数比例%	41.63
盈利交易最长持仓期数	16	亏损交易最长持仓期数	11	最长盈亏持仓期数差占最长亏损持仓期数比例%	45.45
最大连续盈利次数	13	最大连续亏损次数	8	最大连续盈亏期数差占最大连续亏损期数比例%	62.50
空仓总期数	12	平均空仓期数	12		
最长空仓期数	12				
系统未平仓回撤	0	盈亏比指数	0	净利润与系统未平仓回撤之比%	#
系统未平仓回撤%	0	风险回报指数	100	净利润同系统未平仓回撤之差与净利润之比%	100
最大未平仓交易回撤	-4445.94	买入并持有指数	12954.46	系统未平仓回撤与净利润之比%	0

在 Equis 公司 Metastock© 系统报告"（盈亏概览统计）中，净利润总额等于利润合计减去亏损合计（仅包括已平仓头寸），不包括任何未平仓头寸。同样，亏损交易总金额是指已实现亏损（仅包括已平仓头寸）。相对地，盈利交易总金额是指已实现利润合计（仅包括已平仓头寸），不包括任何未平仓头寸。系统平仓回撤是指基于已包含头寸的累计净值的最大降幅，系统未平仓回撤（SODD）是指头寸未平仓时累计净值低于初始投资的最大降幅。盈亏比指数是买入并持有盈亏交易总金额与交易联系在一起的一个复杂计算结果，值的范围位于-100(最差可能表现)和+100(最好可能表现)之间，0 值代表盈亏相等，风险回报指数等于净利润减去系统未平仓回撤总额再除以净利润总额。在本次演练交易中，初始投资假设为 100 美元。多头交易和空头交易都进行，交易按信号严格执行，除非另有说明。统计分析中不包括交易成本、利息费用和利润。

— 649 —

运用该 TICK 趋势跟踪策略，以 100 美元开始投资并将利润再投资，假如充分运用该投资策略进行利润再投资操作，无交易成本和税收，净利润总额将达到 129,613.94 美元，这比买入并持有策略高出 12,905.09%。空头卖出交易也是盈利的，并且空头卖出交易包含在本策略中。尽管盈利性很高，TICK 策略错误的时候要多于正确的时候，盈利性交易仅占 49.19%。交易极度活跃，平均每 3.04 个日历日就交易一次。

在 Equis 国际公司 MetaStock© 系统中，我们将收盘 TICK 值加上 10,000 后，插入在通常预留给成交量的数据字段中，收盘 TICK 图测试规则书写如下：

多头开仓：V>Ref(Mov(V,opt1,e),-1)
多头平仓：V<Ref(Mov(V,opt1,e),-1)
空头开仓：V>Ref(Mov(V,opt1,e),-1)
空头平仓：V>Ref(Mov(V,opt1,e),-1)
OPT1 当前值：11

跳动量柱状图

跳动量柱状图是用纵轴 y 轴表示价格、用横轴 x 轴表示 n 次跳动间隔的柱状图，每个价格柱定义为 n 次跳动。例如，一个 10 次跳动的跳动量柱包含了过去 10 笔交易的价格区间，一个 100 次跳动的跳动量柱包含了过去 10 笔交易的价格区间，等等。

时间分割成交量指标（TSV）

时间分割成交量指标（TSV）是一个由唐·沃登创建的专有价格和成交量摆动指标（www.TC2000.com，沃登兄弟公司，北卡莱罗纳州达勒姆松果大道 4950 号，邮编 27707，电话 800-776-4940）。沃登通常使用 18 柱、26 柱或 31 柱 TSV，时间期限越短越敏感，时间期限越长越不敏感。接下来，沃登用一条指数移动平均线（在他公布的例子中是 13 天）平滑该 TSV 数据，移动平均线覆盖在 TSV 上面。沃登观察到，一些股票 TSV 的表现比其他股票好，所以他对每只股票 TSV 的过去表现进行了评估，从而查看 TSV 应用在个案上表现如何。

TSV 的解释与任一其他摆动指标十分类似：用各种方式检验它，用来确定累积（买入）和派发（卖出）的相对平衡性，以及价格持续定向运动的潜在可能性。

- 对摆动指标相对于其自身近期波动区间的水平进行测量，高水平看涨，低水平看跌。
- 将摆动指标的相对水平与原始价格数据的相对水平进行比较，以确定两者之间的正背离或负背离。
- 将摆动指标与关键临界值水平进行比较，该情况下临界值为零值线。高于临界值看涨，低于临界值看跌。
- 将摆动指标自身的指数移动平均线与关键临界值水平进行比较。高于临界值看涨，低于临界值看跌。
- 将摆动指标与其自身过去的趋势相比较，该情况下其趋势是由其自身跟踪指数移动平均线来定义的。高于趋势看涨，低于趋势看跌。
- 同许多摆动指标相反，TSV 不用来确定超买和超卖水平。

当这些标准排列向一边，都看涨或看跌时，对行动的暗示是明确的，买入或卖出股票。当这些标准混乱时，需要做出微妙的判断。

时间序列预测（TSF），移动线性回归，终点移动平均线（EPMA）

时间序列预测（TSF）是一条线性回归趋势线加上其斜率的结果值，加上斜率使线性回归趋势线沿时间向前延出一个交易日，为接下来一天的价格提供了朴素的预测。它假定趋势以线性方式继续（实际很少发生）。设计 TSF 是为了通过减少滞后加快趋势改变的信号，TSF 跟踪原始数据比跟踪线性回归趋势线或移动平均线更加紧密。

"终点移动平均线"是一个误称，严格地说，因为这个指标不像一条移动平均线那样计算。但是帕特里克·E. 拉弗蒂（"终点移动平均线"，《股票和市场技术分析》第 13 卷第 413—417 页，www.traders.com）正确地指出，这个指标的解释可以与移动平均线大致相同。当 TSF 向上移动且 DJIA 值高于 TSF 值时，他给出买入信号；当 TSF 向下移动且 DJIA 值低于 TSF 值时，他给出卖出信号。

交易股票总量

交易股票总量包括在任意给定一天在所有价格水平上成交的所有股票，包括以更高价格、更低价格和不变价格收盘的股票总数量。在纽交所，交易股票总量从1940年到1999年上升了1080%。随着时间的推移，这种增长扭曲了宽度指标（上涨股票数量、下跌股票数量、新高股票数量和新低股票数量）的内涵（参见"交易股票总数量"）。

总卖空比率

计算总卖空比率，是用卖空总量除以总成交量。在计算中使用纽交所的每月数据。高读数反映过度卖空，被视为看涨。低读数意味着卖空水平较低，被认为看跌（参见"空头净额比率"）。

总盈利交易百分比，交易者胜率

交易者胜率是总盈利交易百分比，或我们表中的"交易总数中盈利交易占比%"，它是用盈利交易总数除以全部交易总数。对该统计指标的重视通常超过了它应得的重视，许多好的趋势跟踪指标在风险回报基准方面表现良好，因为它们能减少损失并让利润运行，但实际上总盈利交易百分比相对较低，相反，一些在风险回报基准方面表现不佳的指标实际上总盈利交易百分比相对较高。从实践看，考虑总盈利交易百分比相对于风险回报是不重要的，后者才最值得我们关注。

陷阱：牛市陷阱，熊市陷阱

当价格突破至阻力线以上或支撑线以下但立即反转，向相反方向强劲运动时，陷阱出现，这会使跟随突破而行动的趋势跟踪交易者掉入陷阱或上钩。这些趋势跟踪交易者现在必须止损，这又为新的定向动量火上浇油，短期交易者对这种快速变动的结果很感兴趣。牛市陷阱是一个向上的突破后紧接着一个向下的快速且猛烈的反转，熊市陷阱是一个向下的突破后紧接着一个向上的快速且猛烈的反转。陷阱在短期交易中很常见，也很重要，但对长期投资来说并不重要，陷阱也被称为跳板。

跟踪转向交易系统

当股票价格从最近的枢轴点低点上涨n%时，跟踪转向交易系统建立多头交易。当股票价格从最近的枢轴点高点下跌n%时，系统卖出多头并卖出空头。唯一的变量n%，取决于所偏好的时间框架和交易频率。一般来说，这一百分比对短线交易者来说从1%到5%不等，而对投资者来说增加到从7%到15%不等（参见"摆动滤波器"指标）。

趋势通道指标

趋势通道由两条随时间向前移动的平行直线组成，这两条平行线内包含了大部分或全部价格波动。趋势通道可能向上或向下倾斜，盘整交易区间是横向趋势通道，也称为价格通道。

一旦我们通过至少两个最近的价格枢轴点极值建立了一条趋势线，我们就可以通过中间的相反方向极端价格画一条平行线，该条通道线可用于设定在价格趋势内进行交易的价格目标，基本趋势线和平行的趋势通道都提供随时间向前移动的未来价格摆动极限的合理估计。

一切美好的事物终将结束。当价格运动到通道的边界以外时，这标示着新的更有力的价格动量，这可能意味着趋势加速（如果价格突破与当前趋势的方向相同）或趋势反转（如果价格突破与当前趋势方向相反）。在任何一种情况下，我们都假设所分析金融工具的供求平衡正在改变，新的价格目标将是最近通道的宽度加上或减去突破点。

价格包含在一个通道内运动了一段时间后，当价格向一个边界移动但未能触及，还距离边界相当大的距离时，这就意味着动量发生了变化和供需平衡产生了变动。技术分析师对趋势变化保持警觉，该变化将以趋势通道的实际突破而得到确认。

趋势线指标

趋势线是技术分析的基本工具，它们的定义很简单，可以在任何价格图、柱状图、K线图和点数图上绘制。

对于上升趋势线，一旦价格确立了一个更高的高点和更高的低点，我们可以连接最低的低点和最近的较高的低点。此外，我们可以判断，通过用第二高和第三高的低点作为我们的趋势线，可以完成一条更适合价格走势的趋势线。在每种情况下，我们都从图上突出的一个明显的过去价格低点开始，然后我们把手向右移动（沿时间向前移动）和向上移动（向更高价格移动）到另一个明显的发生在后来日期的高于第一个低点的价格低点。我们用一条直线连接这两点，这是一条初步的上升趋势线。当价格再次下跌，在该线停止，那么上升趋势线被确认有效，至少需要在一条线上取三点才能形成一条有效的趋势线。

对于下跌趋势线类似，在价格确立了一个更低的高点和更低的低点之后，我们从图上突出的一个明显的过去价格高点开始。接下来，我们把手向右移动（沿时间向前移动）和向下移动（向更低价格移动）到另一个明显的发生在后来日期的低于第一个高点的价格高点，我们用一条直线连接这两点。这是一条初步的下降趋势线，当价格再次上升，在该线停止，那么下降趋势线被确认有效，需要在一条线上取三点才能形成一条有效的趋势线。

通过明显的高点和低点画出的水平趋势线被用来确定盘整的价格范围，通常变成可识别的持续或反转图形形态。

通常一条趋势线持续（时间）越长，价格触碰趋势线并支撑的次数越多，被认为越有效。我们再次强调，至少需要在一条线上取三点才能形成一条有效的趋势线。

价格触碰趋势线越多，该趋势线越结实且越有意义。

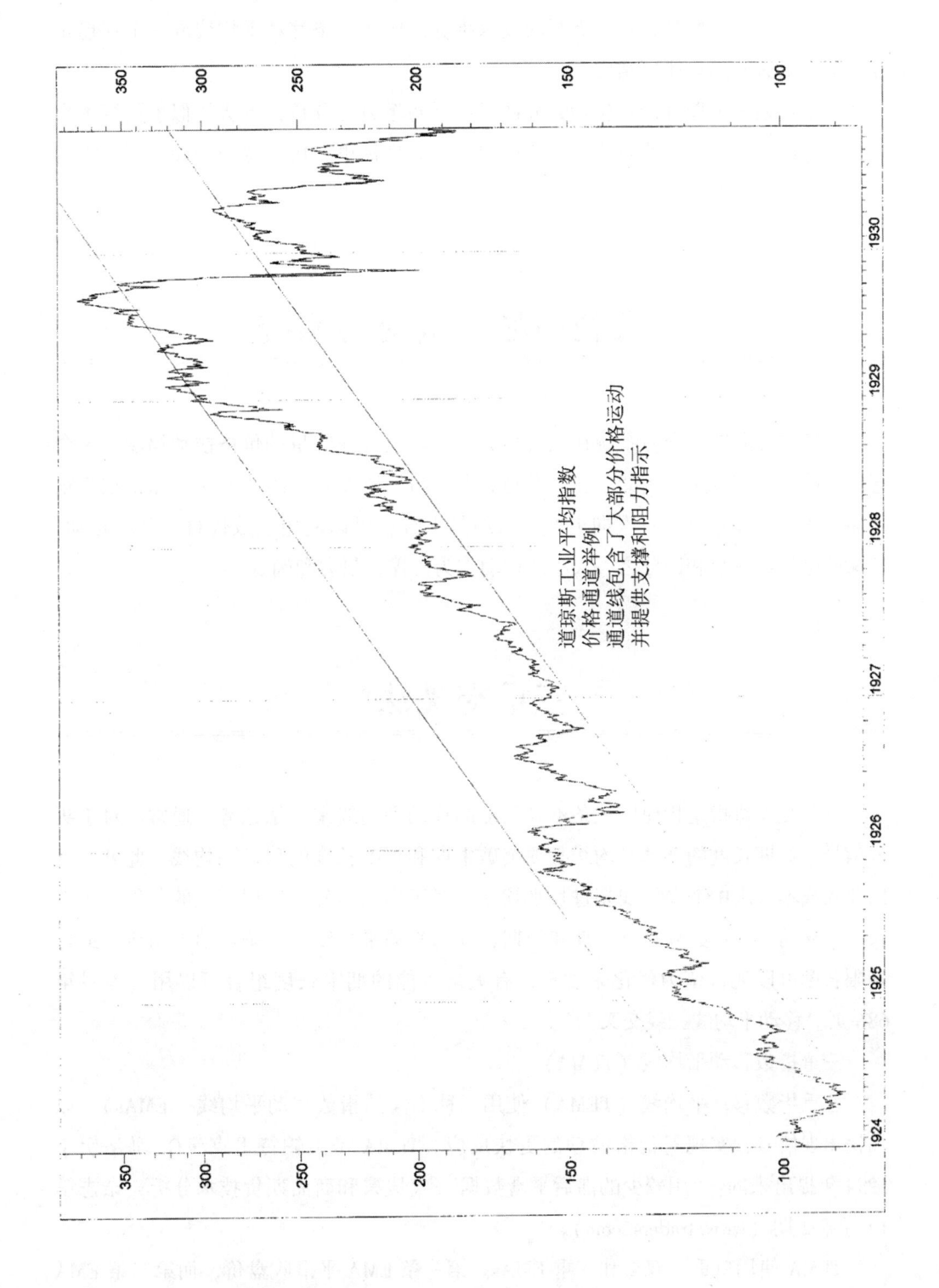

道琼斯工业平均指数
价格通道举例
通道线包含了大部分价格运动
并提供支撑和阻力指示

如果趋势线恰好与另一个重要的技术指标，比如一条移动平均线或一个江恩角相一致，那么该趋势线更结实。

对于短期至中期分析，包括数分钟至数周乃至数月分析，趋势线似乎用算术坐标图更好用。对于多年的趋势，可能使用半对数坐标更有用，特别是如果所分析的金融工具价格波动非常大时。

三叉戟商品期货交易系统

三叉戟商品期货交易系统在主要趋势的方向上寻找等量的价格摆动幅度，这个想法与趋势通道有关。例如，在上升趋势中，如果先前向上摆动10%，那么在修正之后，我们可以寻求下一次向上摆动大约是10%，可以使用点数代替百分比移动。三叉戟也强调一半和四分之一大小的摆动作为支撑、阻力和确认。

三重交叉法

三重交叉法指是指使用三条不同长度的移动平均线来提示趋势。通常，对于买入信号，短期长度的移动平均线必须突破中期和长期长度的移动平均线。此外，可以要求或不要求中期平均线超过长平均线。对于卖出信号，适用相反的条件，短期长度的移动平均线必须跌破中期和长期长度的移动平均线。三条移动平均线的最佳期限长度可以通过蛮力优化来发现，有大量可能的期限长度组合可以用（参见第686页"移动平均线三线交叉"）。

三重指数移动平均线（TEMA）

三重指数移动平均线（TEMA）使用三种不同的指数移动平均线（EMAs），以加快出现信号，实现对价格波动的更快反应。TEMA 是由帕特里克·G. 马洛伊于1994年提出来的："用较少的滞后平滑数据"，《股票和商品期货技术分析》杂志第12卷第2期（www.traders.com）。

TEMA 使用单重、双重和三重 EMAs。第一条 EMA 平滑收盘价，而第二条 EMA 平滑第一条 EMA，第三条 EMA 平滑第二条 EMA，那么 TEMA1 = 3EMA1 − 3EMA2 +

EMA3。因此，TEMA1 是单重、双重和三重指数移动平均线的合成体。

在我们的独立观测中，对于短期长度，TEMA 确实好像比普通 EMA 和双重 EMA 更有效地对不断变化的新数据做出反应，然而对于较长的期限长度，TEMA 比同等长度的 EMA 反应效果差得多。如表所示，29 天及更长长度的 TEMA 的表现差于 EMA。因此，TEMA 不应该被认为能替代任何其他移动平均线。相反，它最好被认为是一种陌生的新工具，需要适当谨慎地加以尊重，TEMA 不能未经测试就用于代替传统的移动平均线。

下页的表格显示了在测量 1982 年 4 月 21 日至 2000 年 12 月 29 日标准普尔 500 综合股价指数期货 CSI 永久约中，使用 TEMA 的标准移动平均线交叉规则和同样长度的普通 EMA 的信号表现的比较，这些数据只反映多头交易。很明显，对于非常短的周期长度，TEMA 是比普通 EMA 更有效的信号发生器，但对于超过 28 天的更长的周期长度，效果差得多。

TEMA 指标策略举例

以 1982 年 4 月 21 日至 2000 年 12 月 29 日间的 18 年期间标准普尔 500 综合股价指数期货 CSI 永久合约（www.csidata.com）的全部历史上每日数据文件为基础，我们发现，如果不带主观性，不运用复杂技术分析，不妄断，而以纯机械式的信号为基础，下列参数能产生良好的交易结果。

多头开仓（买入）：当收盘价大于 6 日 TEMA，从而预示短期价格呈上涨趋势时，以标准普尔 500 综合股价指数期货 CSI 永久合约当日收盘价买入。

多头平仓（卖出）：当收盘价小于 6 日 TEMA，从而预示短期价格呈下跌趋势时，以标准普尔 500 综合股价指数期货 CSI 永久合约当日收盘价卖出。

空头开仓（卖出空头）：从不操作。

运用该 TEMA 趋势跟踪策略，以 100 美元开始投资并将利润再投资，假如充分运用该投资策略进行利润再投资操作，无交易成本和税收，净利润总额将达到 815.33 美元，这比买入并持有策略低 21.19%。空头卖出交易都是不盈利的，且空头卖出交易不包括在本策略中。该仅做多头交易的 TEMA 在整个期间给出的盈利性买入信号占 46.97%，交易非常活跃，平均每 7.67 个日历日交易一次。

Equis 国际公司 MetaStock© 系统测试规则书写如下：

多头开仓：CLOSE>Tema(CLOSE, opt1)

多头平仓：CLOSE<Tema(CLOSE, opt1)

OPT1 当前值：6

TEMA长度日数	净利润总额	交易次数总计	盈利交易次数	亏损交易次数	盈利交易%	平均盈亏比率	TEMA长度日数	净利润总额	交易次数总计	盈利交易次数	亏损交易次数	盈利交易%	平均盈亏比率
2	368.81	1406	697	709	49.57	1.32	2	311.97	917	382	535	41.66	2.01
3	362.96	1215	592	623	48.72	1.37	3	260.03	768	311	457	40.49	2.06
4	591.73	1089	529	560	48.58	1.53	4	182.53	669	261	408	39.01	2.09
5	709.75	985	474	511	48.12	1.72	5	139.26	606	226	380	37.29	2.15
6	815.33	890	418	472	46.97	1.79	6	136.28	563	208	355	36.94	2.17
7	572.61	852	383	469	44.95	1.78	7	115.31	538	195	343	36.25	2.22
8	506.42	793	358	435	45.15	1.73	8	116.75	508	179	329	35.24	2.32
9	430.09	760	334	426	43.95	1.79	9	105.67	480	161	319	33.54	2.45
10	349.62	737	318	419	43.15	1.86	10	106.24	454	145	309	31.94	2.63
11	379.11	698	304	394	43.55	1.87	11	87.03	443	134	309	30.25	2.77
12	445.87	666	293	373	43.99	1.87	12	76.94	422	122	300	28.91	2.90
13	383.79	648	276	372	42.59	2.03	13	61.87	415	117	298	28.19	2.93
14	401.87	611	264	347	43.21	2.06	14	67.75	395	111	284	28.10	3.01
15	271.20	600	251	349	41.83	1.96	15	91.22	376	109	267	28.99	3.02
16	272.77	577	241	336	41.77	1.97	16	121.09	359	102	257	28.41	3.27
17	209.18	564	233	331	41.31	1.88	17	105.64	359	104	255	28.97	3.10
18	205.47	541	224	317	41.40	1.88	18	117.50	348	100	248	28.74	3.20
19	162.50	527	216	311	40.99	1.85	19	108.23	343	99	244	28.86	3.15
20	166.94	514	204	310	39.69	1.99	20	111.52	334	95	239	28.44	3.23
21	138.26	502	194	308	38.65	2.03	21	115.76	329	93	236	28.27	3.29
22	150.41	489	179	310	36.61	2.27	22	123.31	318	89	229	27.99	3.33
23	160.52	481	174	307	36.17	2.35	23	144.92	305	86	219	28.20	3.41
24	179.98	466	174	292	37.34	2.29	24	140.92	299	85	214	28.43	3.34
25	204.81	458	168	290	36.68	2.42	25	168.71	290	80	210	27.59	3.59
26	188.61	460	168	292	36.52	2.40	26	160.97	283	79	204	27.92	3.54
27	165.65	461	165	296	35.79	2.41	27	161.95	272	76	196	27.94	3.58
28	165.32	456	163	293	35.75	2.41	28	143.82	263	73	190	27.76	3.54
29	140.41	451	159	292	35.25	2.42	29	158.53	258	76	182	29.46	3.36
30	121.60	441	158	283	35.83	2.32	30	152.09	254	76	178	29.92	3.23
31	115.55	431	150	281	34.80	2.42	31	137.96	250	73	177	29.20	3.29
32	95.56	431	145	286	33.64	2.43	32	147.56	244	72	172	29.51	3.33
33	65.52	431	139	292	32.25	2.46	33	146.94	242	69	173	28.51	3.50
34	68.38	425	136	289	32.00	2.52	34	154.00	239	67	172	28.03	3.64
35	85.06	414	134	280	32.37	2.57	35	150.03	238	67	171	28.15	3.58
36	99.71	397	129	268	32.49	2.62	36	170.23	234	71	163	30.34	3.32
37	76.79	401	129	272	32.17	2.54	37	179.24	231	70	161	30.30	3.40
38	87.67	401	129	272	32.17	2.58	38	183.09	225	69	156	30.67	3.41
39	89.48	394	128	266	32.49	2.56	39	169.90	221	66	155	29.86	3.48
40	74.36	386	124	262	32.12	2.54	40	172.92	219	61	158	27.85	3.88
41	61.43	378	121	257	32.01	2.52	41	176.51	217	63	154	29.03	3.68
42	55.95	374	121	253	32.35	2.44	42	173.62	216	63	153	29.17	3.60
43	66.44	371	121	250	32.61	2.48	43	175.03	212	60	152	28.30	3.76
44	67.58	363	118	245	32.51	2.50	44	193.24	208	58	150	27.88	3.93
45	77.54	361	116	245	32.13	2.61	45	223.81	203	57	146	28.08	4.09
46	84.87	355	114	241	32.11	2.65	46	236.39	202	57	145	28.22	4.17
47	100.9	341	111	230	32.55	2.68	47	252.03	195	57	138	29.23	4.07
48	96.72	336	106	230	31.55	2.78	48	276.33	189	59	130	31.22	3.91
49	89.70	330	103	227	31.21	2.80	49	290.37	187	58	129	31.02	4.03
50	77.76	332	98	234	29.52	2.95	50	274.66	180	53	127	29.44	4.20

第二部分　市场技术指标

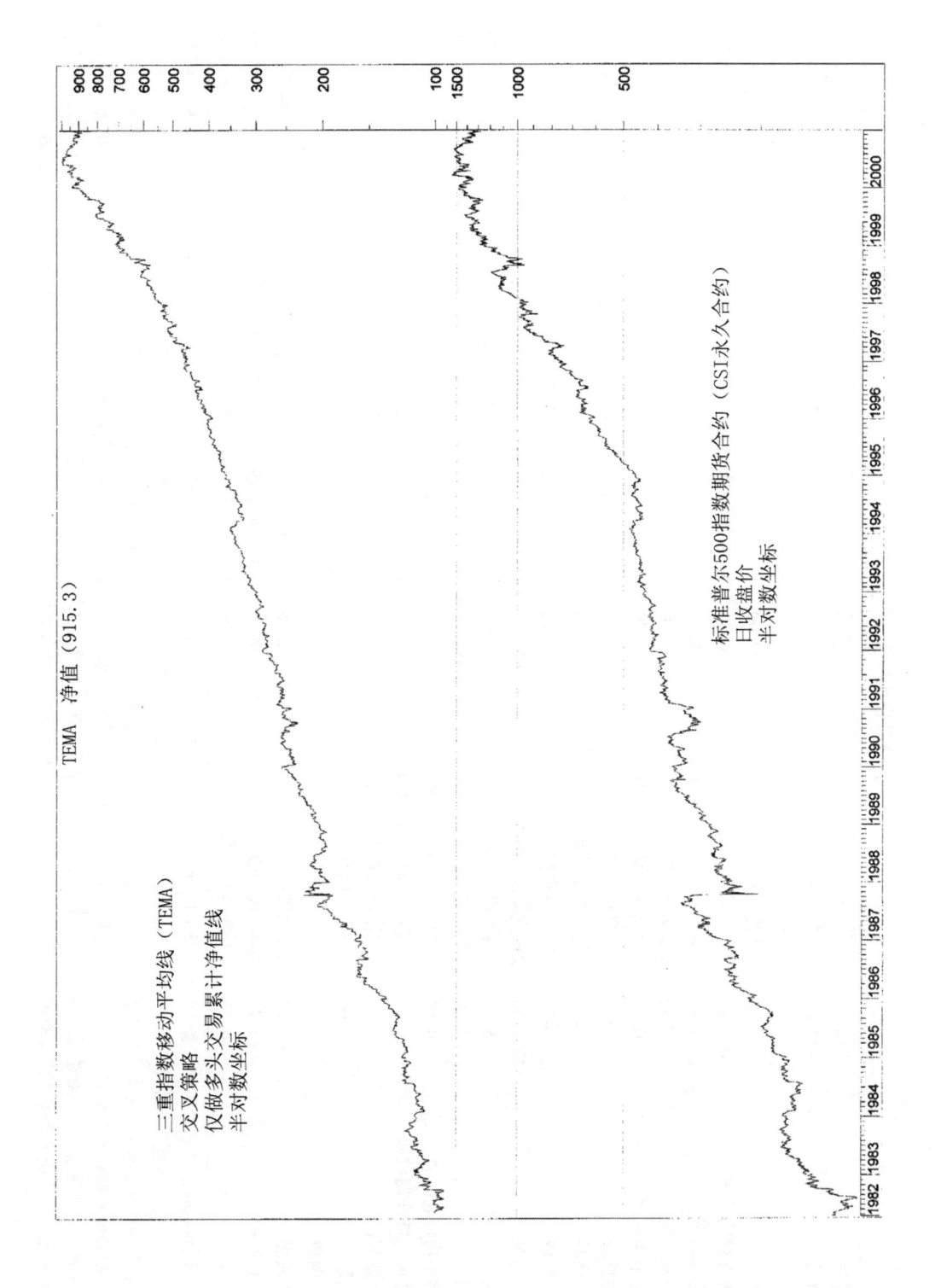

6日TEMA交叉

净利润总额	815.33	未平仓头寸价值	无
盈亏百分比	815.33	年均盈亏百分比	43.58
初始投资	100	利息收入	0
当前头寸	空仓	头寸建立日期	12/29/00
买入并持有利润总额	1034.49	测试总天数	6828
买入并持有利润率%	1034.49	年均买入并持有利润率%	55.3
已平仓交易总数	890	佣金支付总额	0
每笔交易平均利润	0.92	平均盈利与平均亏损比率	1.79
多头交易总数	890	空头交易总数	0
盈利多头交易数	418	盈利空头交易数	0
盈利交易总数	418	亏损交易总数	472
盈利交易总金额	2217.93	亏损交易总金额	−1402.6
平均盈利	5.31	平均亏损	−2.97
最大盈利	48.56	最大亏损	−34.23
盈利交易平均持仓期数	4.64	亏损交易平均持仓期数	2.68
盈利交易最长持仓期数	12	亏损交易最长持仓期数	9
最大连续盈利次数	6	最大连续亏损次数	8
空仓总期数	3306	平均空仓期数	3.71
最长空仓期数	22		
系统未平仓回撤	−5.67	盈亏比指数	36.76
系统未平仓回撤%	−5.71	风险回报指数	99.3
最大未平仓回撤	−34.23	买入并持有指数	−21.19

		超额净利润率%	−21.19
		年均超额净利润比率%	−21.19
		平均每笔交易天数	7.67
		多头交易中盈利交易占比%	46.97
		空头交易中盈利交易占比%	#
		交易总数中盈利交易占比%	46.97
		交易总金额中净盈利金额占比%	22.52
		平均盈亏合计中净盈利占比%	28.26
		最大盈亏总额中平均持仓期数比例%	17.31
		盈亏持仓期数差占亏损持仓期数比例%	73.13
		最长盈亏持仓期数差占最长亏损持仓期数比%	33.33
		最大连续盈亏期数差占连续亏损期数比例%	−25.00
		净利润与系统未平仓回撤之比	14278.97
		净利润同系统未平仓回撤之差与净利润之比	99.30
		系统未平仓净利润之比	−0.70

在Equis公司Metastock©"系统报告"（盈亏概览统计）中，净利润总额等于利润合计减去亏损合计，包括按市值计价的未平仓头寸。相对地，盈利交易总金额是指已实现利润合计（仅包括已平仓头寸），不包括任何未平仓头寸。同样，亏损交易总金额是指已实现亏损合计（仅包括已平仓交易所有亏损。盈利交易+净亏损交易=交易总金额）。系统平仓回撤是指基于初始投资净值的累计未平仓头寸的最大降幅，系统平仓时累计净值线低于初始投资净值的最大降幅。系统未平仓回撤（SODD）是指头寸未平仓时累计净值与+100（最好可能表现）与+100（最好可能表现）之间，0值代表盈亏相等，风险回报指数等于净利润总额减去系统未平仓回撤总额的差再除以净利润总额。在本次演练交易中，初始投资假设为100美元。多头交易和空头交易都进行，交易按信号出现当天收盘价格执行，统计分析中不包括交易成本、利息费用和利润。

三重滤网交易系统

三重滤网交易系统是一个包含三个部分的综合指标,由亚历山大·艾尔德在其畅销著作《以交易为生:心理学、交易策略、金钱管理》(纽约:约翰·威利父子出版公司,1993)中提出。用三重滤网系统,艾尔德在接受交易之前使用了三个滤网:一个长期趋势跟踪指标,一个短期反趋势指标和一个非常短期的趋势跟踪指标,所有三个指标必须在交易有保证之前都表明"出发"。

- 艾尔德建议用每周 MACD 柱的方向(上升为看涨,下降为看跌)作为长期许可滤波器:交易只能在与此相一致时进行。当每周 MACD 上升时,只可以进行多头交易。当每周 MACD 下降时,只可以进行空头交易(参见"指标季节")。
- 三重滤网反向每日超买/超卖摆动指标进行交易,艾尔德建议用他的强力指数、艾尔德射线或随机指标来产生这些信号。当每日摆动指标显示超卖且每周 MDCDH 上升时,只可以进行多头交易。当每日摆动指标显示超买且每周 MDCDH 下降时,只可以进行空头交易。
- 最后,三重滤网建立头寸与日内突破指标相一致。例如,假设前两个条件已经满足,那么当今日高点突破前一日高点时买入。再假定前两个条件已经满足,那么当今日低点跌破前一日低点时买入。

契克斯指标
(TRIX,对数收盘价三重指数平滑移动平均线)

TRIX 是一个由杰克·K. 赫特森提出的价格动量摆动指标:"优秀的契克斯指标",《股票和商品期货技术分析》杂志第 1 卷第 5 期(www.traders.com)。TRIX 是 1 日对数收盘价三重指数平滑值差值,其计算分六步:

1. 计算当日收盘价的对数。
2. 用指数移动平均线(EMA)平滑该对数值。
3. 计算来自第 2 步的 EMA 的 EMA。
4. 计算来自第 3 步的 EMA 的 EMA。

5. 计算 1 日长度的每日第三次平滑结果之间的差值，也就是，用昨日的第 4 步计算结果减去今日的第 4 步计算结果。

6. 用来自第 5 步的结果乘以 10,000 以调整显示范围。

对于结合其他指标时，改变 EMA 的日数，以调整 TRIX 使其适应合适的交易周期。

TRIX 指标策略举例

解释 TRIX 的方式可能有很多种（参见"摆动指标"）。对于相对直接的趋势跟踪，当 TRIX 方向从向下变为向上时买入，当 TRIX 方向从向上变为向下时卖出。

以 1982 年 4 月 21 日至 2000 年 12 月 29 日间的 18 年期间标准普尔 500 综合股价指数期货 CSI 永久合约（www.csidata.com）的全部历史上每日数据文件为基础，我们发现，如果不带主观性，不运用复杂技术分析，不妄断，而以纯机械式的信号为基础，下列参数能产生良好的交易结果。

多头开仓（买入）：当 2 日 TRIX 上升时，也就是 TRIX（时间期限设置为 2 日）大于昨日的 2 日 TRIX 时，以标准普尔 500 综合股价指数期货 CSI 永久合约当日收盘价买入。

多头平仓（卖出）：当 2 日 TRIX 下降时，也就是 TRIX（时间期限设置为 2 日）小于昨日的 2 日 TRIX 时，以标准普尔 500 综合股价指数期货 CSI 永久合约当日收盘价卖出。

空头开仓（卖出空头）：从不操作。

运用该 TRIX 趋势跟踪策略，以 100 美元开始投资并将利润再投资，假如充分运用该投资策略进行利润再投资操作，无交易成本和税收，净利润总额将达到 694.55 美元，这比买入并持有策略低 32.86%。空头卖出交易都是不盈利的，且空头卖出交易不包括在本策略中。该仅做多头交易的 TRIX 在整个期间给出的盈利性买入信号占 48.10%，交易非常活跃，平均每 6.50 个日历日交易一次。

Equis 国际公司 MetaStock© 系统测试规则书写如下：

多头开仓：TRIX(opt1)>Ref(TRIX(opt1),-1)

多头平仓：TRIX(opt1)<Ref(TRIX(opt1),-1)

OPT1 当前值：2

TRIX(opt1)>Ref(TRIX(opt1),-1) 净值（794.5）

TRIX（当2日TRIX上升时买入，当2日TRIX下降时卖出）
（对数收盘价三重指数平滑）
交叉策略
仅做多头交易累计净值线
半对数坐标

标准普尔500指数期货合约（CSI永久合约）
日收盘价
半对数坐标

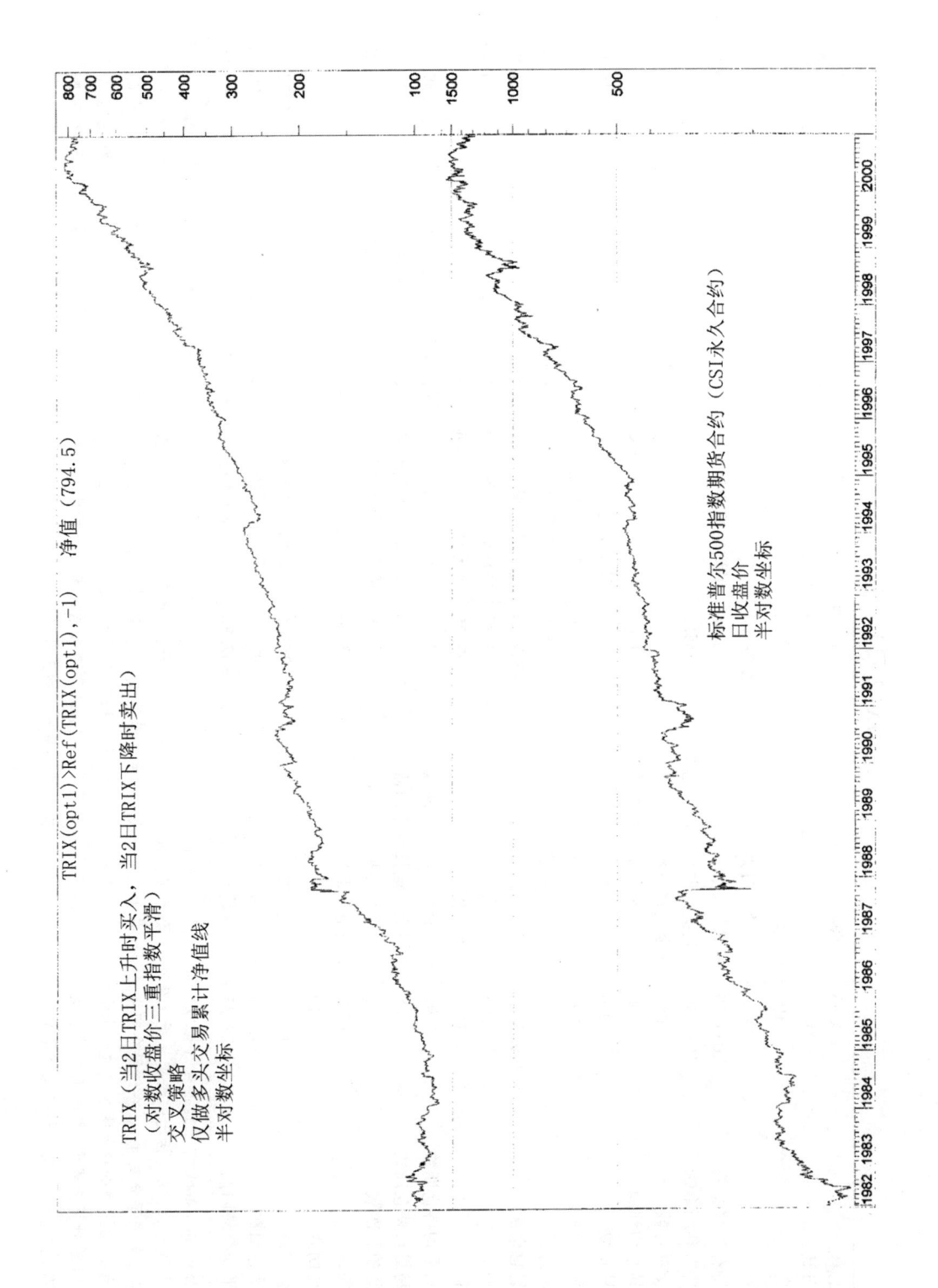

TRIX（2日）

项目	值	项目	值
净利润总额	694.55	未平仓头寸价值	无	超额净利润比率%	-32.86
盈亏百分比	694.55	年均盈亏百分比	37.13	年均超额净利润比率%	-32.86
初始投资	100	利息收入	0		
当前头寸	空仓	头寸建立日期	12/28/00		
买入并持有利润总额	1034.49	测试总天数	6828	平均每笔交易天数	6.50
买入并持有利润率%	1034.49	年均买入并持有利润率%	55.3		
已平仓交易总数	1050	佣金支付总额	0		
每笔交易平均利润	0.66	平均盈利与平均亏损比率	1.66		
多头交易总数	1050	空头交易总数	0	多头交易中盈利交易占比%	48.10
盈利多头交易数	505	盈利空头交易数	0	空头交易中盈利交易占比%	#
盈利交易总数	505	亏损交易总数	545	交易总数中盈利交易占比%	48.10
盈利交易总金额	1983.84	亏损交易总金额	-1289.29	交易总金额中盈利金额占比%	21.22
平均盈利	3.93	平均亏损	-2.37	平均盈亏合计中净平均盈利占比%	24.76
最大盈利	38.3	最大亏损	-27.35	最大盈亏合计中净盈利占比%	16.68
盈利交易平均持仓期数	3.92	亏损交易平均持仓期数	2.46	盈亏持仓期数平均持仓期数比例%	59.35
盈利交易最长持仓期数	8	亏损交易最长持仓期数	6	盈亏持仓期数差占最长持仓期数比例%	33.33
最大连续盈利次数	7	最大连续亏损次数	8	最大连续盈亏期数差占连续亏损期数比例%	-12.25
空仓总期数	3508	平均空仓期数	3.34		
最长空仓期数	10				
系统平仓回撤	-13.16	盈亏比指数	35.01	净利润与系统平仓回撤之比%	5277.74
系统未平仓回撤	-13.16	风险回报指数	98.14	净利润同系统平仓回撤之差与净利润之比%	98.11
最大平仓交易回撤	-27.35	买入并持有指数	-32.86	系统未平仓回撤与净利润之比%	-1.89

在Equis公司Metastock©系统报告"（盈亏概览统计）中，净利润总额等于利润合计减去亏损合计，包括按市值计价的未平仓头寸。相对地，盈利交易总金额是指已实现利润合计（仅包括已平仓交易）不包括任何未平仓头寸），不包括任何未平仓头寸。同样，亏损交易总金额是指已平仓交易所有亏损合计（仅包括已平仓交易）不包括任何未平仓头寸。系统平仓回撤是指基于已平仓头寸净资金的最大降幅，系统未平仓回撤（SODD）是指头寸未平仓时累计净值线低于初始投资的最大降幅。一个复杂计算结果，值的范围位于 -100（最差可能表现）与 +100（最好可能表现）之间，0值代表盈亏相等，除非另有说明。风险回报指数等指数信号出现当天收盘价格执行，统计分析不包括交易成本、利息费用和利润。假设为100美元。多头交易和空头交易都进行，交易信号出现当天收盘价格执行，统计分析不包括交易成本、利息费用和利润。

真实波幅

真实波幅是指一定时期的整个价格波动幅度，包括缺口在内。缺口是指没有执行实际交易的价格点，缺口通常发生在一夜之间，往往是对新闻事件的反应，尽管跳空可能发生在任何时间间隔内和没有任何事件发生的时候。

J·小威尔斯·威尔德在其1978的著作《技术交易系统中的新概念》（趋势研究出版社，北卡莱罗纳州麦克林斯维尔第128号邮政信箱，邮编27301）中将真实波幅定义为下列三个可能值中的最大值：

$$TR = H - L$$
$$TR = H - P$$
$$TR = P - L$$

其中

T = 真实波幅

H = 当期最高价

L = 当期最低价

P = 上期最低价

威尔德将平均真实波幅（ATR）定义为真实波幅的指数平滑（或指数移动平均）值。最常见的是，威尔德的例子中使用的指数平滑常数为1/14或0.07143，大约相当于27日简单移动平均值。对于他的波动性指标，威尔德使用的指数平滑常数为1/7或0.14286，大约相当于13日简单移动平均值。

25日多元化指标

25日多元化指标是一个市场宽度指标，旨在显示市场何时活跃并处于移动状态（极高的读数），或处于自满而无所作为状态（极低的读数）。它的计算分为四步：

1. 用每天上涨股票数量减去下跌股票数量。
2. 通过去掉正负号将该差值转换成绝对值。
3. 将过去20天的该绝对值加在一起。
4. 每天重复第1至第3步，形成持续的涨跌量绝对差的移动总值线。

传统上，在计算中使用纽交所数据，但它也适用于来自其他交易所的数据。

绝对值忽略正负符号。例如，如果该日市场运动是轻度看涨的，上涨股票数量为1500只而下跌股票数量为1300只，那么当日的25日多元化指标结果在求和之前等于200。另一方面，如果下一日市场趋势转向为轻度看跌，上涨股票数量为1300

只而下跌股票数量为1500只，那么当日的结果仍然等于200，因为绝对值仅计算差值，而不管失衡偏向上涨方还是下跌方。相反，大多数宽度指标为上涨标上正号而为下跌标上负号，并保留着符号。

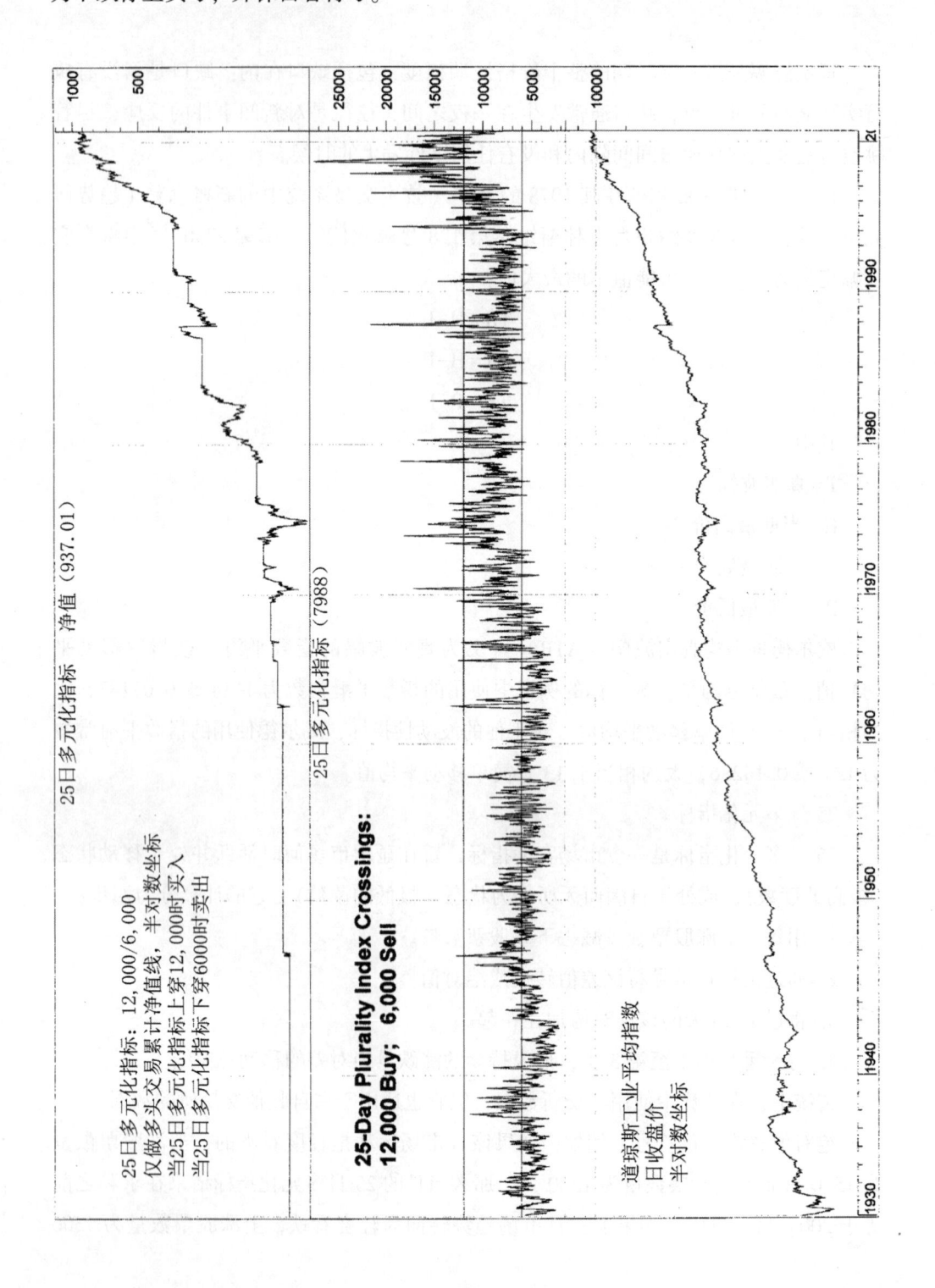

25日多元化指标 净值（937.01）

25日多元化指标：12,000/6,000
仅做多头交易累计净值线，半对数坐标
当25日多元化指标上穿12,000时买入
当25日多元化指标下穿6000时卖出

25日多元化指标（7988）

**25-Day Plurality Index Crossings:
12,000 Buy; 6,000 Sell**

道琼斯工业平均指数
日收盘价
半对数坐标

25 日多元化指标，仅做多头

净利润总额	837.09	未平仓头寸价值	549.45
盈利百分比	837.09	年均盈亏百分比	12.21
初始投资	100	利息收入	0
当前头寸	多头	头寸建立日期	7/20/95
买入并持有利润总额	12538.66	测试总天数	25022
买入并持有利润率%	12538.66	年人买入并持有利润率%	182.9
已平仓交易总数	14	佣金支付总额	0
每笔交易平均利润	20.55	平均盈利与平均亏损比率	1.04
多头交易总数	14	空头交易总数	0
盈利多头交易数	13	盈利空头交易数	0
盈利交易总数	13	亏损交易总数	1
盈利交易总金额	310.56	亏损交易总金额	-22.92
平均盈利	23.89	平均亏损	-22.92
最大盈利	89.12	最大亏损	-22.92
盈利交易平均持仓期数	270.85	亏损交易平均持仓期数	411
盈利交易最长持仓期数	95	亏损交易最长持仓期数	411
最大连续盈利次数	11	最大连续亏损次数	1
空仓总期数	12895	平均空仓期数	859.67
最长空仓期数	4325	盈亏比指数	97.33
系统平仓回撤	0	风险回报指数	97.88
系统未平仓回撤	-18.12	买入并持有指数	-88.94
最大未平仓交易回撤	-102.17		

超额净利润比%	-93.32
年均超额净利润率%	-93.32
平均每笔交易天数	1787.29
多头交易中盈利交易占比%	92.86
空头交易中盈利交易占比%	#
交易总数中盈利交易占比%	92.86
交易总金额中净盈利金额占比%	86.25
平均盈亏总额中净平均盈利占比%	2.07
最大盈亏合计中净盈利占比%	59.09
盈亏持仓期数差占最长持仓期数比例%	-34.10
最长盈亏持仓期数差占连续亏损期数比例%	131.63
	1000.00
净利润与系统未平仓回撤之比	4619.70
净利润同系统未平仓回撤之差与净利润之比%	97.84
系统未平仓回撤与净利润之比%	-2.16

在 Equis 公司 Metastock© "系统报告"（盈亏概览统计）中，净利润总额等于平仓利润合计减去亏损合计，包括按市值计价的未平仓头寸。相对地，盈利交易总金额是指已实现利润合计（仅包括已平仓头寸）。系统平仓回撤（仅包括任何未平仓头寸）是指基于已平仓头寸的累计净值线低于初始投资的最大降幅，系统未平仓回撤（SODD）是指头寸未平仓时累计净值线低于初始投资总金额或买入持有盈利金额（盈亏总金额与初始投资金额联系在一起的一个复杂计算结果，值位于-100（最差可能表现）与+100（最好可能表现）之间，0 值代表盈亏相等，风险回报指数等于净利润总额减去系统未平仓回撤的差再除以净利润总额。在本次演练交易中，初始投资假设为 100 美元。多头交易和空头交易都进行，除非另有说明。交易按信号出现当天收盘价执行，统计分析中不包括交易成本、利息费用和利润。

图中显示，随着时间的推移，25日多元化指标不断变大。纽交所交易股票总数量在过去59年增长了1080%，即从1940年8月24日的低点303只增加到1999年11月30日的高点3574只。随着时间的推移，这种增长会扭曲宽度指标的内涵。技术分析师必须适应，我们可以用上涨减下跌股票数量净值除以交易股票总数量，从而将指标转换成百分比形式（参见"绝对宽度指标"）。或者，我们可以用它自身的布林通道来衡量25日多元化指标，该通道是自适应的包络线，能随时间的推移自动调整变动水平。

25日多元化指标背后的有趣观察是，当上涨股票数量和下跌股票数量的绝对差值极高时，市场更可能接近了一个底部。显著的市场价格低点往往更为极端，情绪更加激烈，多数股票受到普遍悲观、恐惧和为满足保证金要求而被迫抛售的影响，大多数股票的价格在市场底部附近发生变化。

相反，当上涨与下跌股票数量的绝对差值较低时，市场更可能接近了一个顶部。显著的市场价格顶点往往表现平淡，进展缓慢，因为准备买进股票的现金储备逐渐减少，直到最终被耗尽。股票上涨趋势开始停滞，一只股票接着一只股票，随着时间的推移整个筑顶过程蔓延开来。随着牛市的消逝，以及股票的需求和供给达到均衡，股票价格可能涨跌不一。

25日多元化指标的指标策略举例：旧标准已过时

25日多元化指标曾被解释为，当它上升高于12,000点位时股市看涨，当它下降低于6000时看跌。当然，用绝对和固定的点位来判断该指标不能使它适应市场的变化，特别是在过去59年内交易股票数量增长12倍这一情况下。图中显示，以DJIA来衡量，在过去68年跟踪这些指标的买卖信号，累积利润为很小的837.09美元。我们发现，自从1932年3月8日以来，如果不带主观性，不运用复杂技术分析，不妄断，而以纯机械式的信号为基础，简单的12,000/6000规则产生的结果低于平均水平。

多头开仓（买入）：当25日多元化指标上穿12,000时，以DJIA当日收盘价买入。

多头平仓（卖出）：当25日多元化指标下穿6000时，以DJIA当日收盘价卖出。

空头开仓（卖出空头）：从不操作。

运用该25日多元化指标策略，以100美元开始投资并将利润再投资，假如充分运用该投资策略进行利润再投资操作，无交易成本和税收，净利润总额将达到 837.09 美元，这比买入并持有策略低 93.32%。空头卖出交易是不盈利的，且不包括在这些策略中。交易极度不活跃，平均每 1787.29 个日历日才交易一次。

在 Equis 国际公司 MetaStock© 系统中，上涨股票数量减去下跌股票数量净值被插入在通常预留给成交量（V）的数据字段中，其测试规则书写如下：

多头开仓：(Mov(Abs(V),25,S))*25)>12000

多头平仓：(Mov(Abs(V),25,S))*25)<6000

空头开仓：(Mov(Abs(V),25,S))*25)<6000

空头平仓：(Mov(Abs(V),25,S))*25)>12000

另一个指标策略举例：带 25 日多元化指标的布林线指标表现更好

回测至 1932 年 3 月 8 日我们发现，如果不带主观性，不运用复杂技术分析，不妄断，而以纯机械式的信号为基础，布林线高于和低于该指标的策略产生的交易结果要好很多。

多头开仓（买入）：当 25 日多元化指标上穿昨日的设置在 25 日多元化指标 324 日指数移动平均线以上 2 个标准差处的布林线上轨时，以 DJIA 当日收盘价买入。

多头平仓（卖出）：当 25 日多元化指标下穿昨日的设置在 25 日多元化指标 324 日指数移动平均线以下 2 个标准差处的布林线下轨时，以 DJIA 当日收盘价卖出。

空头开仓（卖出空头）：从不操作。

运用该 25 日多元化指标策略，以 100 美元开始投资并将利润再投资，假如充分运用该投资策略进行利润再投资操作，无交易成本和税收，净利润总额将达到 18,257.66 美元，这比买入并持有策略高出 45.61%。空头卖出交易是不盈利的，且不包括在这些策略中。交易极度不活跃，平均每 1668.13 个日历日才交易一次。

在 Equis 国际公司 MetaStock© 系统中，上涨股票数量减去下跌股票数量净值被插入在通常预留给成交量（V）的数据字段中，其测试规则书写如下：

多头开仓：((Mov(Abs(V),25,S))*25)>Ref(BBandTop(((Mov(Abs(V), 25,S))*25),opt1,E,opt2),-1

多头平仓：((Mov(Abs(V),25,S))*25) < Ref(BBandBot(((Mov(Abs(V),25,S))*25),opt1,E,opt2),-1

OPT1 当前值：324

OPT2 当前值：2

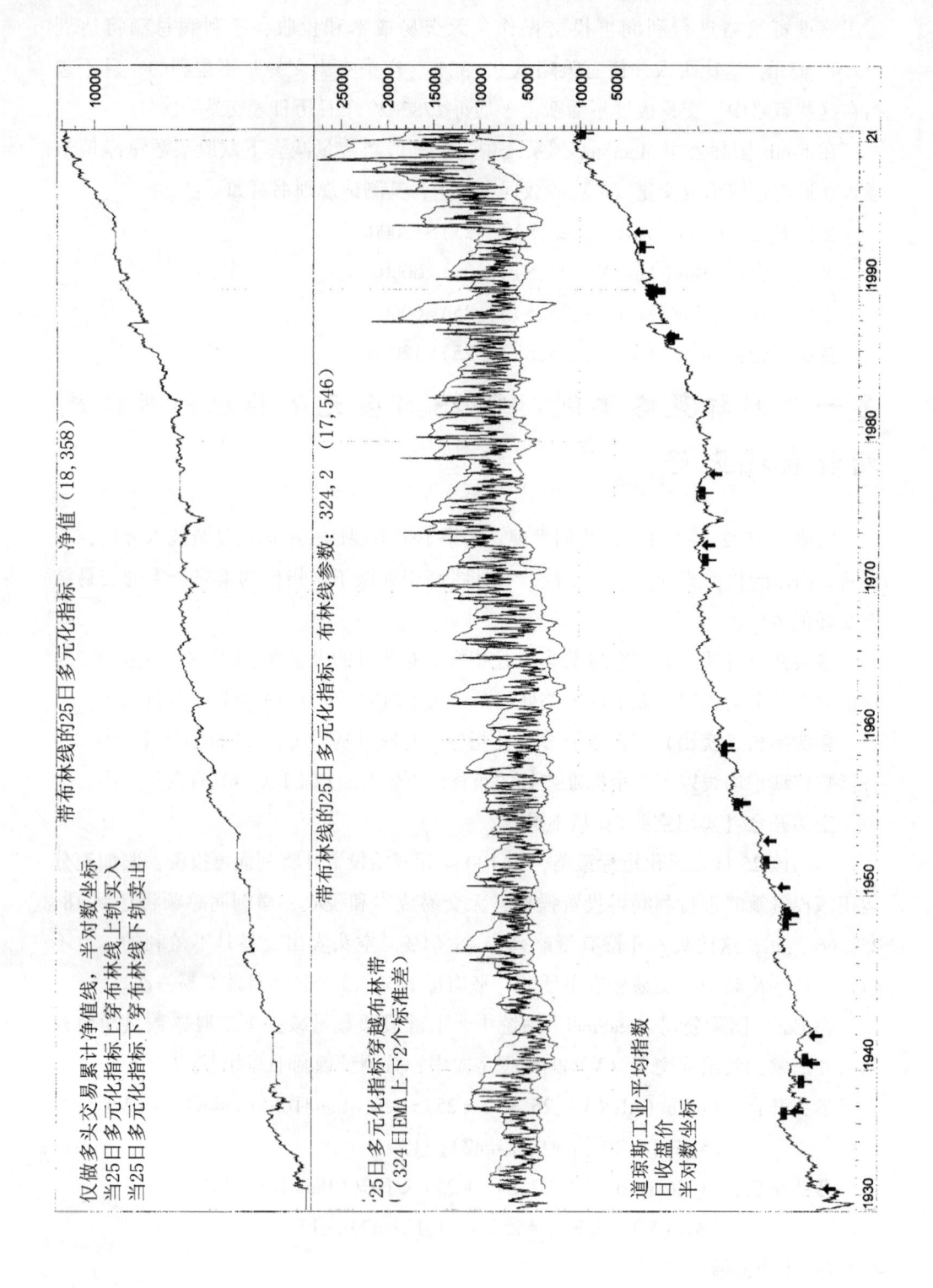

带布林线的25日多元化指标 净值（18,358）

仅做多头交易累计净值线，半对数坐标
当25日多元化指标上穿布林线上轨买入
当25日多元化指标下穿布林线下轨卖出

带布林线的25日多元化指标，布林线参数：324,2 （17,546）

'25日多元化指标穿越布林线带
（324日EMA上下2个标准差）

道琼斯工业平均指数
日收盘价
半对数坐标

布林线的 25 日多元化指标（324 日，2 个标准差）

净利润总额	18257.66	未平仓头寸价值	无
盈亏百分比	18257.66	年均盈亏百分比	266.33
初始投资	100	利息收入	0
当前头寸	空仓	头寸建立日期	7/7/00
买人并持有利润总额	12538.66	测试总天数	25022
买人并持有利润率%	12538.66	年均买人并持有利润率%	182.9
已平仓交易总数	15	佣金支付总额	0
每笔交易平均利润	1217.18	平均盈利与平均亏损比率	36.19
多头交易总数	15	空头交易总数	0
盈利多头交易数	14	盈利空头交易数	0
盈利交易总数	14	亏损交易总数	1
盈利交易总金额	18293.76	亏损交易总金额	-36.1
平均盈利	1306.7	平均亏损	-36.1
最大盈利	11999.1	最大亏损	-36.1
盈利交易平均持仓期数	1034.21	亏损交易平均持仓期数	504
盈利交易最长持仓期数	3117	亏损交易最长持仓期数	504
最大连续盈利次数	13	最大连续亏损次数	1
空仓总期数	3144	平均空仓期数	196.5
最长空仓期数	433		
系统平仓回撤	0	盈亏比指数	99.8
系统未平仓回撤	-3.27	风险回报指数	99.98
最大平仓交易回撤	-606.41	买人并持有指数	45.61

		超额利润比%	45.61
		年均超额净利润比率%	45.62
		平均每笔交易天数	1668.13
		多头交易中盈利交易占比%	93.33
		空头交易中盈利交易占比%	#
		交易总数中盈利交易占比%	93.33
		盈利总金额中净盈利金额占比%	99.61
		平均盈利合计中净平均盈利占比%	94.62
		最大盈亏合计中净平均盈利占比%	99.40
		盈亏持仓期数差占亏损持仓期数比例%	105.20
		最长盈亏持仓期数差与最长亏损期数比%	518.45
		最大连续盈亏期数差占连续亏损期数比例%	1200.00
		净利润与系统未平仓回撤之比%	558338.23
		净利润同系统未平仓回撤之差与净利润之比%	99.98
		系统未平仓回撤与净利润之比%	-0.02

在 Equis 公司 Metastock® 系统报告（"盈亏概览统计"）中，净利润总额等于利润合计减去亏损合计（仅包括已平仓头寸）。相对地，盈利交易总金额是指已实现利润合计（仅包括已平仓头寸的任何未平仓头寸）。同样，亏损交易总金额是指已实现亏损合计（仅包括已平仓头寸的任何未平仓头寸）。系统平仓回撤是指基于平仓头寸的累计净投资净值曲线低于初始投资的最大降幅，系统未平仓回撤（SODD）是指头寸平仓未平仓计算结果，值低于-100（最差可能表现）与+100（最好可能表现）之间，0 值代表盈亏都进行，除非另有说明。盈亏比指数是关于平格盈亏总金额等于净交易总金额再除以净利润总额。在本次演练交易中，初始投资假设为 100 美元。多头交易和空头交易都进行。风险回报指数未平仓回报指数，交易按信号出现当天收盘价格执行，统计分析中不包括交易成本、利息费用和利润。

双重移动平均线交叉

双重移动平均线交叉是用两条不同长度的移动平均线来产生交易信号的一个组合指标，它结合一条较短（快速）和一条较长（慢速）移动平均线来产生买入和卖出信号。当快速移动平均线上穿慢速移动平均线时买入，当快速移动平均线下穿慢速移动平均线时卖出。每条移动平均线的期限长度可以以任何方式改变，可以产生大量的可能组合。一个可能的 MetaStock© 系统测试可以表示如下：

多头开仓：Mov(CLOSE, opt1, E) > Mov(CLOSE, opt1 * opt2, E)
多头平仓：Mov(CLOSE, opt1, E) < Mov(CLOSE, opt1 * opt2, E)
空头开仓：Mov(CLOSE, opt1, E) < Mov(CLOSE, opt1 * opt2, E)
空头平仓：Mov(CLOSE, opt1, E) > Mov(CLOSE, opt1 * opt2, E)

龟汤交易法

交易大师理查德·丹尼斯训练了一群被他称为"海龟"的新手，据说他们的策略之一是沿一条价格通道被突破的方向进行交易，特别是，当价格创出 20 日新高时买入，价格创出 20 日新低时卖出。龟汤交易法的秘诀是，当价格突破后出现立即反转时反向"海龟"操作，这样很有希望当趋势跟踪交易者止损时快速收集利润（参见"陷阱"指标）。在入场线柱极值以外设置一个保护性止损点，如果价格沿正确方向运动则跟踪该止损点（参见劳伦斯·A. 康纳斯和琳达·布拉福德·瑞斯克《华尔街智慧：高胜算短线交易策略》，M·戈登出版集团，加利福尼亚州马里布，1995：共 239 页）。

典型价格

计算典型价格，是将最高价、最低价和收盘价相加，然后再除以三，这一结果被认为是该时期平均价格或典型价格的粗略估计。典型价格可以代替收盘价用在许多指标中，但在我们的测试中，收盘价会产生更好的结果。

终极摆动指标

终极摆动指标是由拉里·威廉姆斯提出的一个时间加权价格动量摆动指标："终极摆动指标",《股票和商品期货技术分析》杂志第 3 卷第 4 期（www.traders.com）。终极摆动指标使用三个不同指标的时间加权总和,而每一个指标分别是在三个不同时间期限——第一个周期（短期）、第二个周期（中期）、第三个周期（长期）的价格变动率的总和。首先,计算每天的买入压力,定义为当前收盘价减去当前最低价或上期最低价。将三个不同时间期限的买入压力加在一起:第一个周期,威廉姆斯建议用 7 天,第二个周期为第一个周期的两倍或 14 天,第三个周期为第二个周期两倍或 28 天（当然,任何其他时间间隔,比如数日、数分钟、数周或数月,都适合该基本概念）。接下来,用这些买入压力总和除以用真实波幅计算的类似总和（该比率可以被认为是买入压力总和除以买入压力与卖出压力的总和）。最后,这三个比率（三个不同时间框架的买入压力/总压力）赋予的权重分别为:第一个周期为 4,第二个周期为 2,第三个周期为 1。

一旦计算完后,按照威廉姆斯的观点,终极摆动指标就可以分别为多头和空头分六步来解释:

- 对于多头头寸:

1. 摆动指标必须已经确立低于 30 的超卖读数值。
2. 必须有一个看涨背离设置,此处证券价格创出更低低点但没有被摆动指标更低低点确认。
3. 摆动指标必须突破其下降趋势线。
4. 当摆动指标在低于 30 的超卖极端低点后建立了一个更高高点的形态时,有一个新的摆动指标上升趋势的确认,新的正动量和证券价格趋势的一个可能看涨变化。
5. 当摆动指标移动到一个高于 70 的极端超买点位时,平仓拿走多头利润。
6. 当摆动指标上升超过 50 接着又跌破 45 时,平仓多头。

- 对于空头头寸:

1. 摆动指标必须已经确立高于 50 的至少轻微超买的读数值。
2. 必须有一个看跌背离设置,此处证券价格创出更高高点但没有被摆动指标更高高点确认。
3. 摆动指标必须击穿其上升趋势线。

4. 当摆动指标在一个超买极端高点后建立了一个更低低点的形态时，有一个新的摆动指标下降趋势的确认，新的负动量和证券价格趋势的一个可能看跌变化。

5. 当摆动指标移动到一个低于 30 的极端超卖点位时，平仓拿走空头利润。

6. 当摆动指标上升超过 65 时，平仓空头。

终极摆动指标的指标策略举例

解释终极摆动指标有许多其他方式（参见"摆动指标"）。如果我们允许每一个威廉姆斯的参数改变，解释方式的数量会是惊人的，我们可以用测试被观测数据的超买/超卖参数的方式来开始。

以 1982 年 4 月 21 日至 2000 年 12 月 29 日的 18 年期间标准普尔 500 综合股价指数期货 CSI 永久合约（www.csidata.com）全部历史上每日数据文件为基础，我们发现，如果不带主观性，不运用复杂技术分析，不妄断，而以纯机械式的信号为基础，下列参数能产生良好的交易结果。

多头开仓（买入）：当终极摆动指标低于 43 时，以标准普尔 500 综合股价指数期货 CSI 永久合约当日收盘价买入。

多头平仓（卖出）：当终极摆动指标高于 73 时，以标准普尔 500 综合股价指数期货 CSI 永久合约当日收盘价卖出。

空头开仓（卖出空头）：当终极摆动指标高于 74 时，以标准普尔 500 综合股价指数期货 CSI 永久合约当日收盘价卖出空头。

空头平仓（平仓）：当终极摆动指标低于 49 时，以标准普尔 500 综合股价指数期货 CSI 永久合约当日收盘价平仓空头。

运用终极摆动指标策略，以 100 美元开始投资并将利润再投资，假如充分运用该投资策略进行利润再投资操作，无交易成本和税收，净利润总额将达到 1,357.21 美元，这比买入并持有策略高出 31.20%。即使空头卖出交易也是轻微盈利的，并且空头卖出交易包括在本策略中。该多空终极摆动指标在整个期间给出的盈利性买入信号占 96.00%，盈利性卖出信号占 57.14%。注意，该反趋势策略不包括停损，而且偶尔会有大的净值回撤。交易相对不活跃，平均每 148.43 个日历日交易一次。

Equis 国际公司 MetaStock© 系统测试规则书写如下：

多头开仓：Ult(opt1,2*opt1,4*opt1)<50-opt2

多头平仓：Ult(opt1,2*opt1,4*opt1)>50+opt3

空头开仓：Ult(opt1,2*opt1,4*opt1)>50+opt4

空头平仓：Ult(opt1,2*opt1,4*opt1)<50-opt5

OPT1 当前值：7

OPT2 当前值：7
OPT3 当前值：23
OPT4 当前值：24
OPT5 当前值：1

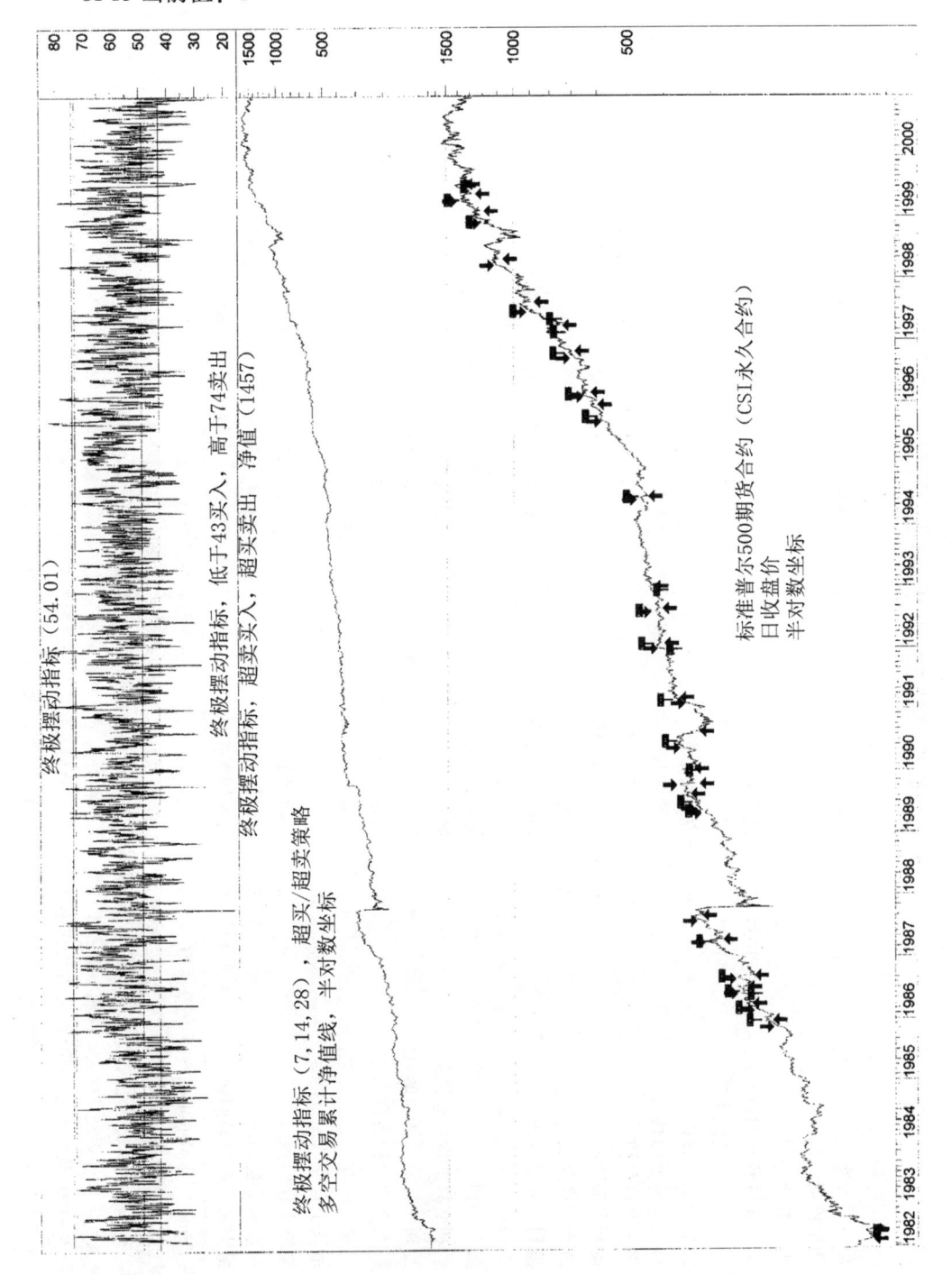

终极摆动指标，低于43买多，高于74卖空

净利润总额	1357.21	未平仓头寸价值	31.20
盈亏百分比	1357.21	年均盈亏百分比	31.19
初始投资	100	年均超额净利润比率%	
当前头寸	多头	超额净利润比率%	
买入并持有利润总额	1034.49	测试总天数	6828
买入并持有利润率%	1034.49	头寸建立日期	7/23/99
已平仓交易总额	46	利息收入	0
每笔交易平均利润	30.18	年均买入并持有利润率%	55.3
多头交易总数	25	佣金支付总额	0
盈利多头交易数	24	平均每笔交易天数	148.43
盈利空头交易数	36	平均盈利与平均亏损比率	4.17
盈利交易总额	1487.17	多头交易中盈利交易占比%	96.00
平均盈利	41.31	空头交易中盈利交易占比%	57.14
最大盈利	181.41	交易总数中盈利交易占比%	78.26
盈利交易平均持仓期数	92.58	交易总金额中净盈利金额占比%	87.52
盈利交易最长持仓期数	835	平均盈亏总额中净平均盈利占比%	61.34
最大连续盈利次数	10	最大盈亏合计中净平均利润占比%	73.89
空仓总期数	493	盈亏持仓期数差占中最长盈亏持仓期数比例%	52.02
平均空仓期数	50	亏损持仓期数差占最长亏损持仓期数比例%	100.72
最长空仓期数	0	最大连续盈亏期数差占连续亏损期数比例%	400.00
系统平仓回撤	-5.93	净利润与系统平仓回撤之比%	22887.18
系统未平仓回撤	-127.35	净利润同系统平仓回撤与净利润之比%	99.56
最大平仓交易回撤		系统未平仓回撤与净利润之比%	-0.44
买入并持有指数	28.2		
风险回报指数	99.56		
盈亏比指数	93.2		

在 Equis 公司 Metastock® 系统报告"(盈亏概览统计)中,净利润总额等于利润合计减去亏损合计,包括按市值计价的未平仓头寸。相对地,盈利交易总金额是指已实现利润合计(仅包括已平仓头寸),不包括任何未平仓头寸。系统平仓回撤是指仅基于已平仓头寸的累计亏损金额合计。同样,亏损交易总金额是指已实现亏损合计(仅包括已平仓头寸),不包括任何未平仓头寸。系统平仓回撤(SODD)是指当头寸未平仓时累计净值线低于初始投资线的最大降幅。系统未平仓投资的最大降幅,系统未平仓时未平仓头寸未平仓时累计净值(最差可能表现)与+100(最好可能表现)之间,0 值代表盈亏相等,风险指数等于净利润总额减去再除以净利润总额。在本次演练交易中,初始投资假设为 100 美元。多头交易和空头交易都按信号出现当天收盘价格执行,统计分析中不包括交易成本、利息费用和利润。

价格不变股票数量指标

计算价格不变股票数量指标是用价格不变股票总数量除以交易股票总数量。最常见的是,用每日或每周的纽交所数据进行计算,类似的指标也可以应用于来自其他交易所的数据。

该指标背后流行的假设是,当绝大多数股票正参与市场下跌时,股票价格趋于见底回升,因此,此时价格不变股票数量指标很低。相反,流行的解释是,当大多数股票因完全估值而停滞时,市场到达顶部,此时价格不变股票数量指标很高。

然而,流行的解释经不起客观测试。相反,数据显示,价格不变股票数量指标相对较高的读数是看跌的,而较低的读数则是看涨的,但结果并不强烈。

价格不变股票数量指标的指标策略举例

以1932年以来68年期间价格不变股票数量指标(纽交所每日价格不变股票总数量除以交易股票总数量)和 DJIA 的每日数据文件为基础,我们发现,如果不带主观性,不运用复杂技术分析,不妄断,而以纯机械式的信号为基础,高于或低于昨日的放置在7日指数移动平均线上下两个标准差处的布林线(见"布林线"指标)的极端移动,能产生轻度良好的交易结果。

多头开仓(买入):当价格不变股票数量指标跌破昨日的放置于价格不变股票数量指标7日指数移动平均线(EMA)下方两个标准差处的布林线下轨时,以 DJIA 当日收盘价买入。

多头平仓(卖出):当价格不变股票数量指标突破昨日的放置于价格不变股票数量指标7日 EMA 上方两个标准差处的布林线上轨时,以 DJIA 当日收盘价卖出。

空头开仓(卖出空头):当价格不变股票数量指标突破昨日的放置于价格不变股票数量指标7日 EMA 上方两个标准差处的布林线上轨时,以 DJIA 当日收盘价卖出空头。

空头平仓(平仓):当价格不变股票数量指标跌破昨日的放置于价格不变股票数量指标7日 EMA 下方两个标准差处的布林线下轨时,以 DJIA 当日收盘价平仓空头。

运用该价格不变股票数量指标,以100美元开始投资并将利润再投资,假如充分运用该投资策略进行利润再投资操作，无交易成本和税收，净利润总额将达到 9,403.33 美元。这比买入并持有策略低 25.01%。空头卖出交易是无利可图的，大多数空头交易是亏钱的。仅做多头的策略（没有显示）击败买入并持有策略，59.38%的多头交易是盈利的。

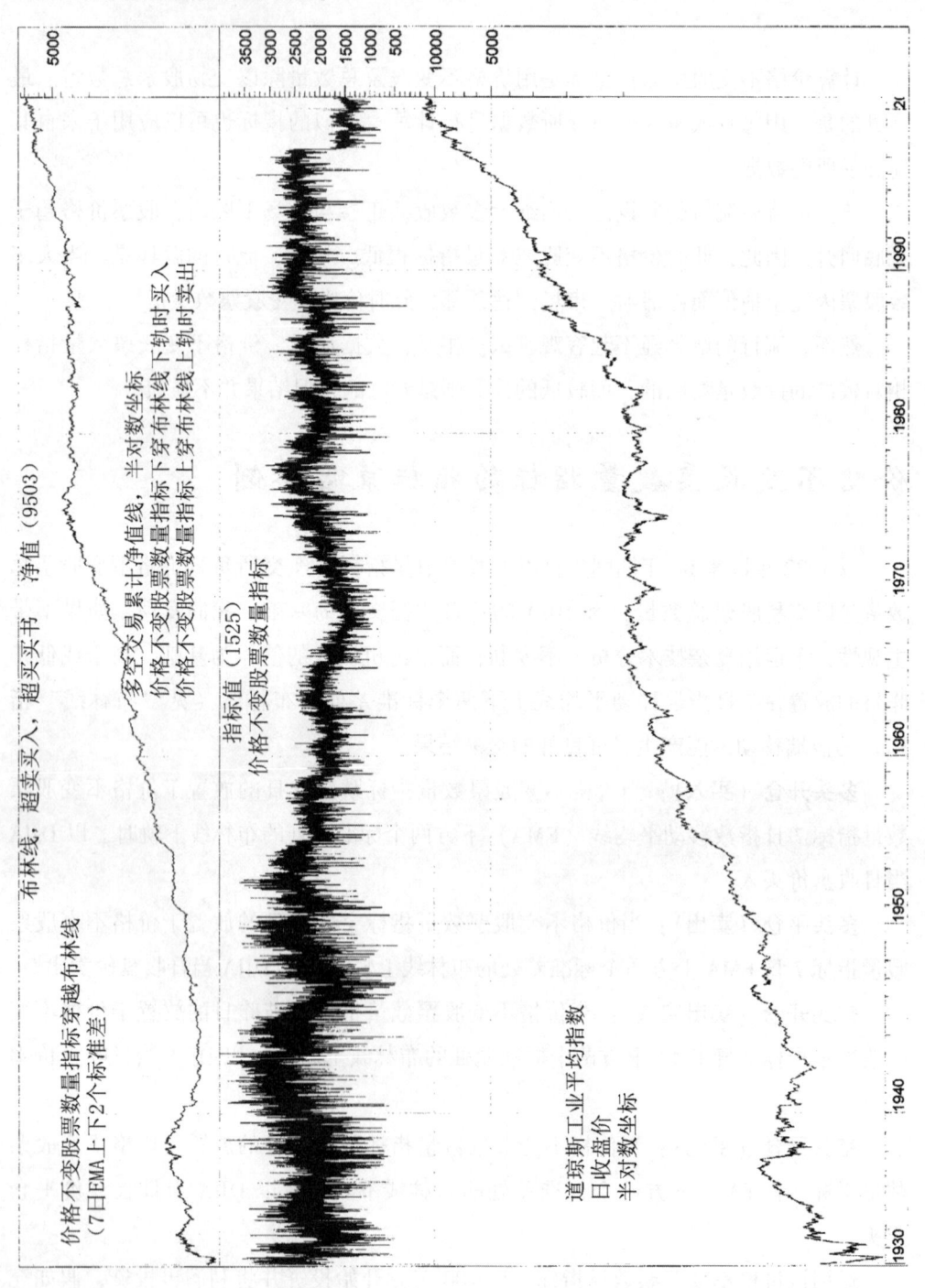

价格不变股票数量指标及布林线

净利润总额	9403.33	未平仓头寸价值	4.66	超额利润比率%	-25.01
盈亏百分比	9403.33	年均盈亏百分比	137.17	年均超额净利润比率%	-25.00
初始投资	100	利息收入	0		
当前头寸	多头	头寸建立日期	8/31/00		
买入并持有利润总额	12538.66	测试总天数	25022	平均每笔交易天数	19.38
买入并持有利润率%	12538.66	年均买入并持有利润率%	182.9		
已平仓交易总笔数	1291	佣金支付总额	0		
每笔交易盈利平均比率	7.28	平均买入并持有平均亏损比率	1.14		
多头交易总笔数	645	空头交易总笔数	646	多头交易中盈利交易占比%	59.38
盈利多头交易笔数	383	盈利空头交易笔数	313	空头交易中盈利交易占比%	48.45
盈利交易总笔数	696	亏损交易总笔数	595	交易总笔数中盈利交易占比%	53.91
盈利交易总金额	37519.41	亏损交易总金额	-28120.75	交易总金额中净盈利金额占比%	14.32
平均盈利	53.91	平均亏损	-47.26	平均盈亏总额中净平均盈利占比%	6.57
最大盈利	1242.11	最大亏损	-1053.15	最大盈亏合计中净盈利占比%	8.23
盈利交易平均持仓期数	15.47	亏损交易平均持仓期数	14.46	盈亏持仓期数差占盈亏持仓期数比例%	6.98
盈利交易最长持仓期数	72	亏损交易最长持仓期数	113	盈亏持仓期数差占最长亏损期数比例%	-36.28
最大连续盈利次数	9	最大连续亏损次数	7	最长连续盈亏期数差占连续亏损期数比例%	28.57
空仓总期数	11	平均空仓期数	11		
最长空仓期数	11				
系统平仓回撤	-17.74	盈亏比指数	25.06	净利润与系统未平仓回撤之比	51751.95
系统未平仓回撤	-18.17	风险回报指数	99.81	净利润同系统未平仓回撤之差与净利润之比	99.81
最大未平仓交易回撤	-1460.2	买入并持有指数	-24.97	系统未平仓回撤与净利润之比%	-0.19

在 Equis 公司 Metastock© 系统报告"(盈亏概览统计)中,净利润总额等于利润合计减去亏损合计,包括按市值计价的未平仓头寸。相对地,盈利交易总金额是指已实现利润合计(仅包括任何未平仓头寸)。系统平仓回撤是指基于已平仓头寸的累计已实现利润线低于初始投资净值线的最大降幅。同样,亏损交易总金额是指已实现亏损合计(仅包括已平仓所有亏损头寸)。系统未平仓头寸未平仓时累计未计算净额,不包括任何未平仓头寸。系统平仓回撤是指基于已平仓头寸的累计已实现利润线低于初始投资净值线的最大降幅。系统未平仓头寸未平仓时累计算结果,值的范围位于-100(最差可能表现)与+100(最好可能表现)之间,0值代表盈亏相等,风险回报指数等于净利润总额减去系统未平仓回撤后再除以净利润总额。在本次演练交易中,初始投资假设为 100 美元。多头交易和空头交易都进行,交易按信号出现当天收盘价格执行,统计分析中不包括交易成本,利息费用和利润。

在 Equis 国际公司 MetaStock© 系统中，价格不变股票数量指标被插入在通常预留给成交量（V）的数据字段中，其测试规则书写如下：

多头开仓：V<Ref(BBandBot(V,opt1,E,opt2),-1)
多头平仓：V>Ref(BBandTop(V,opt1,E,opt2),-1)
空头开仓：V>Ref(BBandTop(V,opt1,E,opt2),-1)
空头平仓：V<Ref(BBandBot(V,opt1,E,opt2),-1)
OPT1 当前值：7
OPT2 当前值：2

涨跌成交量比率

涨跌成交量比率是用上涨股票成交量除以下跌股票成交量，计算中通常使用纽交所每日数据。

涨跌成交量比率旨在衡量买入和卖出压力。较高的读数表明买入压力，看涨。较低的读数反映卖出压力，看跌。

马丁·茨威格（纽约第三大街 900 号，邮编 10022，电话（212）755-9860）发现，每日涨跌成交量比率大于 9 比 1 是极度看涨的。每次牛市以及许多强势的中间性上涨，都从大于 9 比 1 的涨跌成交量比率读数开始。

此外，如果 3 个月内出现两次大于 9 比 1 的读数值，股票价格平均获利是显著的。从 1960 年 1 月到 1985 年 5 月，按 3 个月期间内有两天读数大于 9 比 1，给出了 12 个买入信号。每种情况下茨威格都发现，股票价格在 6 个月和 12 个月后都是更高的，6 个月和 12 个月后平均获利分别为 14% 和 20.7%。

从 1985 年 5 月更新茨威格的研究，3 个月内出现两次大于 9 比 1 的读数值情况只有 4 次。总体上，从第二个 9 比 1 信号日期开始，实际出现的 4 个信号都是盈利的。结果显示在下表中。自从 1988 年 9 月 6 日以来，3 个月内没有再出现过两个信号。

第二个 9/1 信号日	标普 500 指数 收盘价	6 个月后 标普 500 指数	标普 500 指数 6 个月 变动%	12 个月后 标普 500 指数	标普 500 指数 12 个月 变动%
11/20/86	242.05	278.20	14.93	242.00	-0.02
10/29/87	265.00	261.35	-1.38	278.55	5.11
5/31/88	262.15	272.50	3.95	320.50	22.26
9/6/88	265.60	294.80	10.99	349.25	31.49
平均			7.12		14.71

涨跌成交量比率指标策略举例

以 1984 年以来 16 年期间涨跌成交量比率和标准普尔 500 现金指数的每日数据文件为基础，我们发现，如果不带主观性，不运用复杂技术分析，不妄断，而以纯机械式的信号为基础，一个简单的趋势跟踪规则能产生良好的交易结果。

多头开仓（买入）：当涨跌成交量比率上穿其自身昨日的跟踪 3 日指数移动平均线（EMA）时，以标准普尔 500 指数当日收盘价买入。

多头平仓（卖出）：当涨跌成交量比率下穿其自身昨日的跟踪 3 日 EMA 时，以标准普尔 500 指数当日收盘价卖出。

空头开仓（卖出空头）：当涨跌成交量比率下穿其自身昨日的跟踪 3 日 EMA 时，以标准普尔 500 指数当日收盘价卖出空头。

空头平仓（平仓）：当涨跌成交量比率上穿其自身昨日的跟踪 3 日 EMA 时，以标准普尔 500 指数当日收盘价平仓空头。

运用该涨跌成交量比率趋势跟踪策略，以 100 美元开始投资并将利润再投资，假如充分运用该投资策略进行利润再投资操作，无交易成本和税收，净利润总额将达到 1,157.23 美元，这比买入并持有策略高出 26.91%，即使空头卖出交易也是盈利的。交易极度活跃，平均每 2.80 个日历日就交易一次。

在 Equis 国际公司 MetaStock© 系统中，当前涨跌成交量比率乘以 10,000 后被插入在通常预留给成交量（V）的字段中，公众空头比率测试规则书写如下：

多头开仓：V>Ref(Mov(V,opt1,E),-1)

多头平仓：V<(Ref(Mov(V,opt1,E),-1)

空头开仓：V<(Ref(Mov(V,opt1,E),-1)

空头平仓：V>(Ref(Mov(V,opt1,E),-1)

OPT1 当前值：3

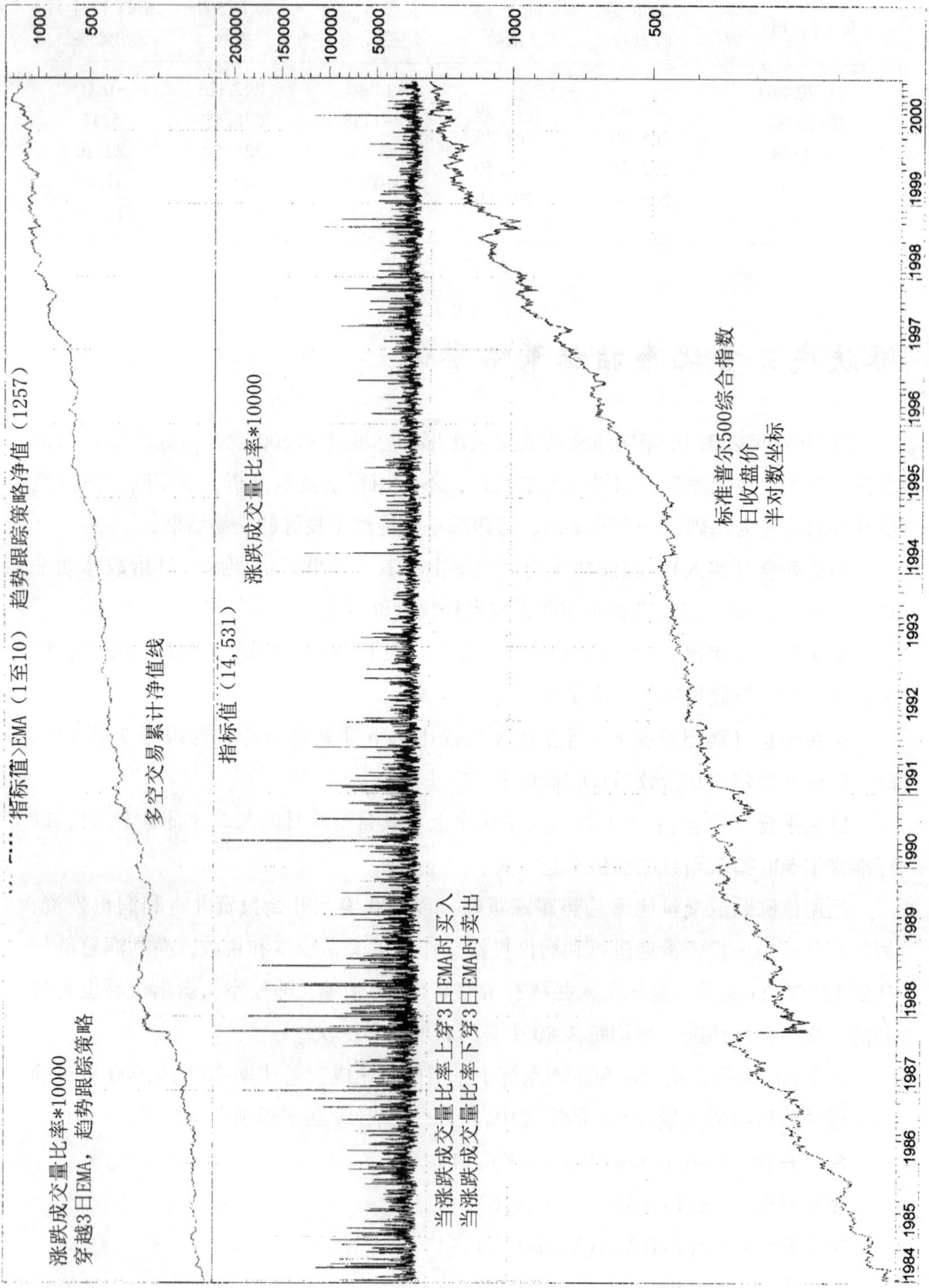
涨跌成交量比率*10000
穿越3日EMA，趋势跟踪策略
指标值>EMA（1至10） 趋势跟踪策略净值（1257）
多空交易累计净值线
指标值（14,531）
涨跌成交量比率*10000
当涨跌成交量比率上穿3日EMA时买入
当涨跌成交量比率下穿3日EMA时卖出
标准普尔500综合指数
日收盘价
半对数坐标
1000
500
200000
150000
100000
50000
1000
500
1984
1985
1986
1987
1988
1989
1990
1991
1992
1993
1994
1995
1996
1997
1998
1999
2000

涨跌成交量比率穿越跟踪 3 日 EMA

净利润总额	1157.23	未平仓头寸价值	2.55	超额净利润比率%	26.91
盈亏百分比	1157.23	年均盈亏百分比	71.11	年均超额净利润比率%	26.91
初始投资	100	利息收入	0		
当前头寸	多头	头寸建立日期	8/31/00		
买入并持有利润总额	911.82	测试总天数	5940	平均每笔交易天数	2.80
买入并持有利润率%	911.82	年均买入并持有利润率%	56.03		
已平仓交易总额	2120	佣金支付总额	0		
每笔交易平均利润	0.54	平均盈利与平均亏损比率	1.38		
多头交易总数	1060	空头交易总数	1060	多头交易中盈利交易占比%	54.72
盈利多头交易数	580	盈利空头交易数	428	空头交易中盈利交易占比%	40.38
盈利交易总数	1008	交易总数	1112	交易总数中盈利交易占比%	47.55
盈利交易总金额	5697.51	亏损交易总金额	-4542.83	交易总金额中净盈利金额占比%	11.28
平均盈利	5.65	平均亏损	-4.09	平均盈亏总额中净平均盈利占比%	16.02
最大盈利	82.06	最大亏损	-78.08	最大盈亏合计中净盈利占比%	2.49
盈利交易平均持仓期数	3.44	亏损交易平均持仓期数	2.48	盈亏持仓期数差占亏损持仓期数比例%	38.71
盈利交易最长持仓期数	9	亏损交易最长持仓期数	7	最长盈亏持仓期数差占最长亏损持仓期数比%	28.57
平均连续盈利次数	8	平均连续亏损次数	9	最大连续盈亏期数差占连续亏损期数比例%	-11.11
最长空仓期数	4	平均空仓期数	4		
系统平仓回撤	0	盈亏比指数	20.3	净利润与系统平仓未平仓回撤之比%	#
系统未平仓回撤	0	风险回报指数	100	净利润同系统平仓未平仓回撤之差与净利润之比%	100.00
最大未平仓交易回撤	-78.08	买入并持有指数	27.19	系统未平仓回撤与净利润之比%	0.00

在 Equis 公司 Metastock© 系统报告"（盈亏概览统计）中，净利润总额等于利润合计减去亏损合计，包括按市值计价的未平仓头寸。相对地，盈利交易总金额是指已实现利润合计（仅包括任何未平仓头寸），不包括任何未平仓头寸。同样，亏损交易总额是指已实现亏损合计（仅包括已平仓头寸）。最大平仓回撤（SODD）是指头寸平仓时累计净值线最低于初始投资的最大降幅。系统平仓回撤是基于已平仓头寸的净值计算累计净值曲线低于初始投资的累计净值线最大降幅，系统未平仓回撤是指头寸未平仓时累计净值线最低于初始投资的最大降幅。盈亏比指数是关于不计盈利交易总金额与亏损交易总金额联系在一起的一个复杂计算结果，值的范围位于 -100（最差可能表现）与 +100（最好可能表现）之间，0 值代表盈亏相等。风险回报指数等于系统平仓未平仓回撤的差再除以净利润总额。在本次演练交易中，初始投资假设为 100 美元。多头交易和空头交易都进行，除非另有说明。交易按信号出现当天收盘价格执行，统计分析中不包括交易成本、利息费用和利润。

— 683 —

波动率简介

波动率衡量价格上涨和下跌运动，而不考虑趋势方向。所有普通波动率衡量指标都以过去的价格波动为基础，但我们真正需要知道的是未来的波动性。然而，没有办法知道那将是什么样，它似乎取决于投资者的情绪，没有趋势方向的普通波动率通常是误导性的。

计算波动率有很多方法。许多人使用希腊符号，很复杂，很难理解，所有方法都试图量化价格波动的幅度。波动率通常被定义为衡量股票价格上下波动趋势的一种手段，以其历史上比如最近一个月或一年或其他时期的每日价格为基础。作为解决难题的一个可能最简单的方法，波动率可以被定义为在一定时期内价格变动或波动的百分比（请注意，需要使用百分比价格变动，而不是美元或点数价格变动，以使得随着时间的推移能适当比较，因为在长期牛市中价格水平变化巨大）。

我们尝试了许多波动率公式，发现波动率是一个同步指标，变化频繁、迅速和不可预测，或根本不能预测，这取决于交易人群的情绪。仅仅考虑价格波动，而不考虑价格趋势，似乎就没有什么有用的信息。这就是依赖于历史波动率的策略的弱点，例如过去许多期权和衍生品估值中就尝试使用过。

以过去的波动率为基础，使用复杂的方差测量方法来构建资产组合和评估衍生工具，似乎没有使使用者跑赢买入并持有策略的标准普尔500指数基准。相反，复杂的金融数学在过去至少彻底失败了两次：投资组合保险引起或至少恶化了1987年的股灾，在1987年8月长期资本管理衍生工具策略的失败将整个美国金融体系带到灾难的边缘，幸免于联邦储备委员会官员的及时干预。

数学家本华·曼德博推测，股票价格变动的分布具有无限方差。比尔·埃克哈特（杰克·D. 施瓦格《华尔街点金人》，纽约：哈珀柯林斯出版集团，1992：共493页）指出，如果这种方差不是有限的，那么在不可预知的未来，有时可能出现难以想象的更极端的情况，甚至1987年10月19日标普500指数一天价格下跌20%，还未达到可能的极端水平。另外，如果市场价格没有有限的方差，那么买入并持有策略的经典的衍生风险估计也是被严重低估的。

总之，波动率的历史测量，没有考虑趋势的方向，不能被依赖。对过去30天或1年进行的波动率测量，不管有多么流行，在我们最需要完美分析的最关键时刻，都可能是严重误导人的。

蔡金波动率指标

蔡金波动率是由资深技术分析师马克·蔡金开发的,它衡量证券高低点之间价差的平滑速度。首先,蔡金用每日最高价减去每日最低价,然后,他计算出每日价差的 10 日指数移动平均线,最后,他计算出该指数移动平均线的 10 日百分比变动率。

使用 1928 年以来 62 年期间的每日高低点价差数据,我们发现,如果当蔡金波动率上穿 0 表明波动率率上升时我们买入 DJIA,可以获得边际利润。该策略资自从 1987 年股灾以来是亏钱的,完全是由于在破纪录的牛市中空头操作是持续亏损的。相反的策略,波动率上升买入而波动率下降卖出,亏损更严重。和我们测试过的其他指标一样,蔡金波动率作为独立的指标没有出现特别的收获。

MetaStock© 系统指标建立器的蔡金波动率公式可以表示如下:
ROC(Mov(H-L,10,E),10,%);
Input("Plot a horizontal line at",-100,100,0);

芝加哥期权交易所市场波动率指数(VIX)

芝加哥期权交易所市场波动率指数(VIX)是一个相对较新的波动率指标,受到一些交易者的欢迎,因为它使用实时股票期权买卖报价,提供了股票市场隐含波动率的最新估计。VIX 是八个平均到期时间为 30 天的 OEX(标普 100 指数期权)看涨期权和看跌期权隐含波动率的加权平均数,隐含波动率是说明期权当前市场价格的波动性百分比,隐含波动率反映期权投机者的贪婪与恐惧情绪。

当期权交易者害怕市场可能会崩溃时,VIX 飞快上升。接下来当抛售恐慌结束,交易者平静下来时,VIX 回复到均值。VIX 的 14.5 年平均水平大约为 20,在 1987 年股灾中的所谓"黑色星期一"的 1987 年 10 月 19 日,VIX 飙升到纪录值 152.48 点。VIX 回到 20 花费了 4 个月的时间。随着 1991 年到 1996 年价格波动区间的收窄,VIX 指数大部分时间都位于低于平均水平的 11 至 19 的范围内,如第 730 页的图表所示。VIX 在 1993 年 12 月 23 日创出最低纪录 8.68 点。

VIX, 净值 (422.3)

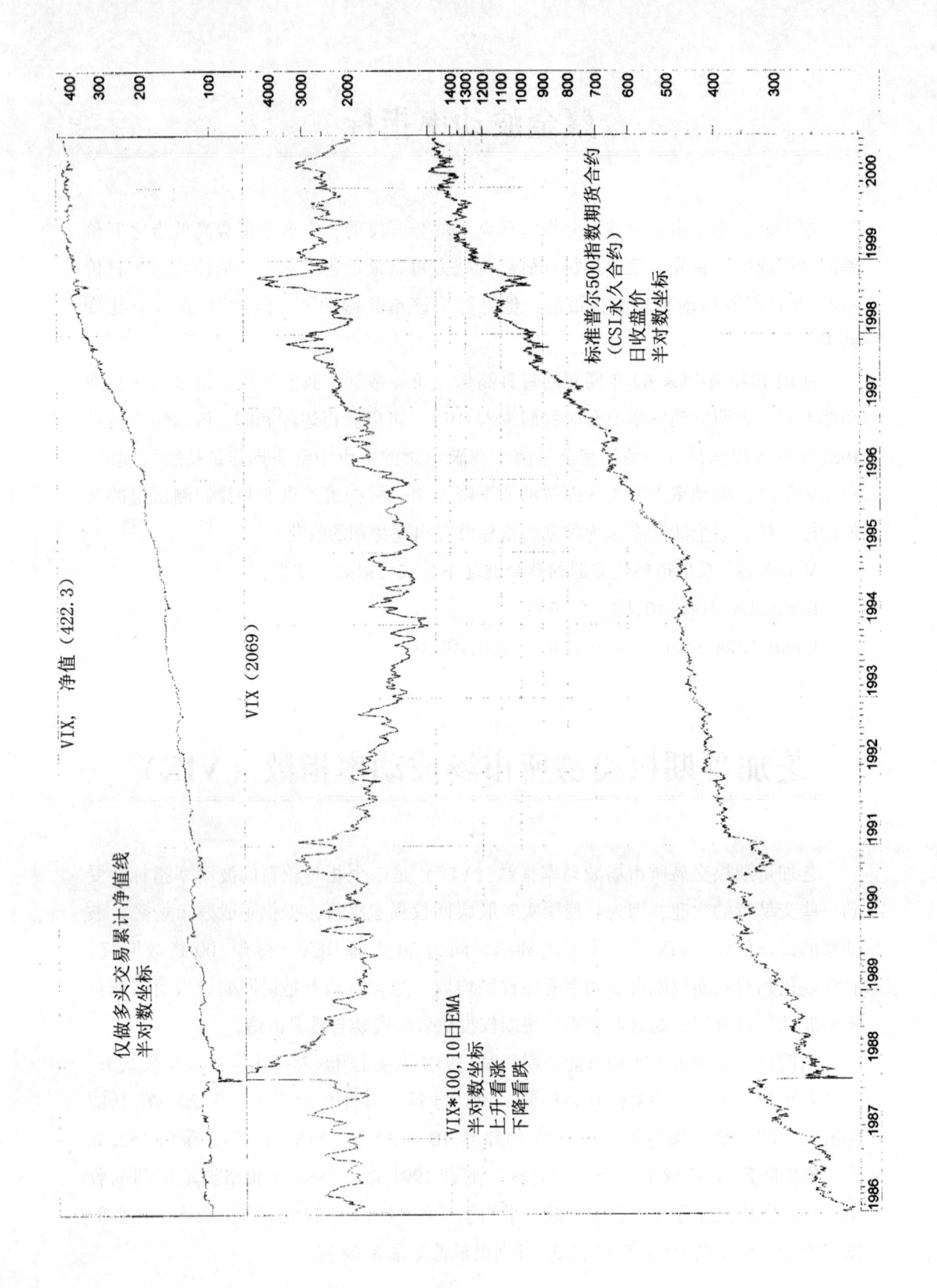

仅做多头交易累计净值线
半对数坐标

VIX (2069)

VIX*100, 10日EMA
半对数坐标
上升看涨
下降看跌

标准普尔500指数期货合约
（CSI永久合约）
日收盘价
半对数坐标

VIX 对 10 日 EMA

净利润总额	322.27	未平仓头寸价值	-4.43
盈亏百分比	322.27	年均盈亏百分比	21.93
初始投资	100	利息收入	0
当前头寸	多头	头寸建立日期	9/5/00
买入并持有利润总额	604.12	测试总天数	5364
买入并持有利润率%	604.12	年均买入并持有利润率%	41.11
已平仓交易总额	432	佣金支付总额	0
每笔交易平均利润	0.766	平均盈利与平均亏损比率	1.09
多头交易总数	432	空头交易总数	0
盈利多头交易数	274	盈利空头交易数	0
盈利交易总数	274	交易总数中盈利交易占比%	63.43
亏损交易总额	693.17	亏损交易总金额	-366.47
平均盈利	2.53	平均亏损	-2.32
最大盈利	22.49	最大亏损	-27.84
盈利交易平均持仓期数	4.85	盈亏持仓期数差占平均持仓期数比例%	4.83
盈利交易最长持仓期数	17	最长盈亏持仓期数差占最长亏损持仓期数比例%	22
最大连续盈利次数	9	最大连续盈亏期数差与盈亏期数比%	7
空仓总期数	2481	平均空仓期数	5.3
最长空仓期数	25		
系统平仓回撤	-7.35	盈亏比指数	46.79
系统未平仓回撤	-26.46	风险回报指数	92.41
最大未平仓交易回撤	-46.69	买入并持有指数	-47.39

超额净利润比率%	-46.65
年均超额净利润比率%	-46.66
平均每笔交易天数	12.42
多头交易中盈利交易占比%	63.43
空头交易中盈利交易占比%	#
交易总数中盈利金额占比%	63.43
交易总金额中净盈利平均金额占比%	30.83
平均盈亏总额中净盈利占比%	4.33
最大盈亏中净盈利占比%	-10.63
盈亏持仓期数差占平均持仓期数比例%	0.41
最长盈亏持仓期数差占最长连续亏损持仓期数比例%	-22.73
最大连续盈亏期数差与亏损期数比%	28.57
净利润与系统平仓回撤之比	1217.95
净利润同系统未平仓回撤之差与净利润之比	91.79
系统未平仓回撤与净利润之比	-8.21

在 Equis 公司 Metastock© "系统报告"(盈亏概览统计)中,净利润总额等于利润合计减去亏损合计,包括按市值计价的未平仓头寸。相对地,盈利交易总金额是指已实现利润合计(仅包括已平仓头寸),亏损交易总金额是指已实现亏损合计(仅包括已平仓头寸)。盈利交易所有亏损总金额不包括任何未平仓头寸。系统平仓回撤是基于净平仓头寸的累计净投资净值曲线低于初始投资的最大降幅,系统未平仓回撤(SODD)是指头寸未平仓时计算累计盈亏总金额仅包括关于将盈亏总金额与实现交易总金额联系在一起的一个复杂计算结果,值的范围位于-100(最差可能表现)与+100(最好可能表现)之间,0值代表盈亏相等,风险回报指数等于净利润总额减去系统平仓回撤的差再除以净利润总额。在本次演练交易中,初始投资假设为 100 美元。多头交易和空头交易都按信号出现当天收盘价格执行,统计分析中不包括支付成本、利息费用和利润。

波动率（VIX）指标策略举例

历史数据显示，当波动率（VIX）呈现上升趋势时表明市场看涨。在多头交易方，尽管盈利不如买入并持有策略，VIX 趋势策略是盈利的，而且正确的时候多于错误的时候。然而在空头交易方，在所有的每日时间框架中 VIX 趋势策略都是不盈利的，而且错误的时候多于正确的时候。

以芝加哥期权交易所网站公布的 VIX 和 1986 年 1 月至 2000 年 9 月的 14.75 年期间标准普尔 500 综合股价指数期货 CSI 永久合约的每日数据文件为基础，数据从网站 www.csidata.com 收集，我们发现，如果不带主观性，不运用复杂技术分析，不妄断，而以纯机械式的趋势跟踪信号为基础，下列参数能产生下列交易结果。

多头开仓（买入）：当今日 VIX 大于昨日的 VIX 的 10 日 EMA 表明波动率的上升趋势时，以标准普尔 500 综合股价指数期货 CSI 永久合约当日收盘价买入。

多头平仓（卖出）：当今日 VIX 小于昨日的 VIX 的 10 日 EMA 表明波动率的下降趋势时，以标准普尔 500 综合股价指数期货 CSI 永久合约当日收盘价卖出。

空头开仓（卖出空头）：从不操作。

运用该 VIX 策略，以 100 美元开始投资并将利润再投资，假如充分运用该投资策略进行利润再投资操作，无交易成本和税收，净利润总额将达到 322.27 美元，这比买入并持有策略低 46.65%。空头卖出交易是严重亏损的，且不包括在本策略中。交易较活跃，平均每 12.42 个日历日交易一次。该指标对于多头交易来说，正确的时候多于错误的时候，盈利性多头交易占 63.43%。

在 Equis 国际公司 MetaStock© 系统中，VIX 被插入在通常预留给成交量的数据字段中，其测试规则书写如下：

多头开仓：V>Ref(Mov(V,opt1,E),-1)
多头平仓：V<Ref(Mov(V,opt1,E),-1)
空头开仓：V<Ref(Mov(V,opt1,E),-1)
空头平仓：V>Ref(Mov(V,opt1,E),-1)
OPT1 当前值：10

波动带指标

移动平均线附近的波动带是分析波动率的一种更好的方法,它们可以有效地被量化,并使其在交易系统中运行(参见"布林线"指标)。

布林线可应用于波动率(VIX)本身。下列参数产生的信号正确的时候多于错误的时候,但仍然跟不上消极的买入并持有策略的步伐。在 Equis 国际公司 MetaStock© 系统中,VIX 被插入在通常预留给成交量的数据字段中,其测试规则书写如下:

多头开仓:Mov(V,opt3,E)>Ref(BBandTop(V,opt1,E,opt2),-1)
多头平仓:Mov(V,opt3,E)<Ref(BBandTop(V,opt1,E,opt2),-1)
空头开仓:Mov(V,opt3,E)<Ref(BBandTop(V,opt1,E,opt2),-1)
空头平仓:Mov(V,opt3,E)>Ref(BBandTop(V,opt1,E,opt2),-1)
OPT1 当前值:13
OPT2 当前值:2
OPT3 当前值:1

波动率与价格通道

波动率与价格通道是一个组合指标系统,可以有几十亿种组合。在这里,当价格突破了交易区间,而且价格波动率在突破时上升,就可以识别出买入或卖出信号。波动率可以用各种方式来描述,包括平均真实波幅,是一个在一些可变回顾期例如6天内最近高低点价格区间的平均值。波动率的上升表明价格波动较大,这意味着买入或卖出的强度更大。这种更大的运动和强度使得价格行为比只有价格突破而没有波动率上升更为重要,因此,一个伴随波动率上升的价格突破,会触发跟随突破方向的买入或卖出信号。

波动率与价格通道趋势跟踪策略的指标策略举例

以 1982 年 4 月 21 日至 2001 年 5 月 23 日期间的标准普尔 500 股指期货 CSI 永久合约的每日数据为基础，数据从网站 www.csidata.com 收集，我们发现，如果不带主观性，不运用复杂技术分析，不妄断，而以纯机械式的趋势跟踪信号为基础，下列特定参数能产生下列交易结果。

多头开仓（买入）：当每日收盘价高于前一日收盘价，且当日高低点价格区间大于前一日的 6 日回顾期平均真实波幅的 138%时，以标准普尔 500 股指期货 CSI 永久合约当日收盘价买入。

多头平仓（卖出）：当每日收盘价低于跟踪 84 个交易日的最低每日收盘价，且当日高低点价格区间大于前一日的 6 日回顾期平均真实波幅的 138%时，以标准普尔 500 股指期货 CSI 永久合约当日收盘价卖出。

空头开仓（卖出空头）：当每日收盘价低于跟踪 84 个交易日的最低每日收盘价，且当日高低点价格区间大于前一日的 6 日回顾期平均真实波幅的 138%时，以标准普尔 500 股指期货 CSI 永久合约当日收盘价卖出空头。

空头平仓（平仓）：当每日收盘价高于前一日收盘价，且当日高低点价格区间大于前一日的 6 日回顾期平均真实波幅的 138%时，以标准普尔 500 股指期货 CSI 永久合约当日收盘价平仓空头。

运用该波动率与价格通道趋势跟踪策略，以 100 美元开始投资并将利润再投资，假如充分运用该投资策略进行利润再投资操作，无交易成本和税收，净利润总额将达到 2,089.03 美元，这比买入并持有策略高出 109.29%。空头卖出交易是稍微不盈利的，并且空头卖出交易包含在本策略中，该反向指标在整个期间给出的盈利性买入信号占 62.50%。交易相对不活跃，平均每 217.91 个日历日交易一次。

图表显示了该波动率与价格通道趋势跟踪策略的累计净值线，它从较低点（100 点）开始，然后在 1987 年 10 月份的股灾中上穿非管理的准普尔 500 股指期货永久合约，因为波动率与价格通道策略是盈利的，而买入并持有策略严重亏损。另外注意，波动率与价格通道相比非管理合约在总体上净值回撤轻微，利润更高而回撤轻微是一个指标的理想品质。

在 Equis 国际公司 MetaStock© 系统中，波动率与价格通道趋势跟踪策略测试规则书写如下：

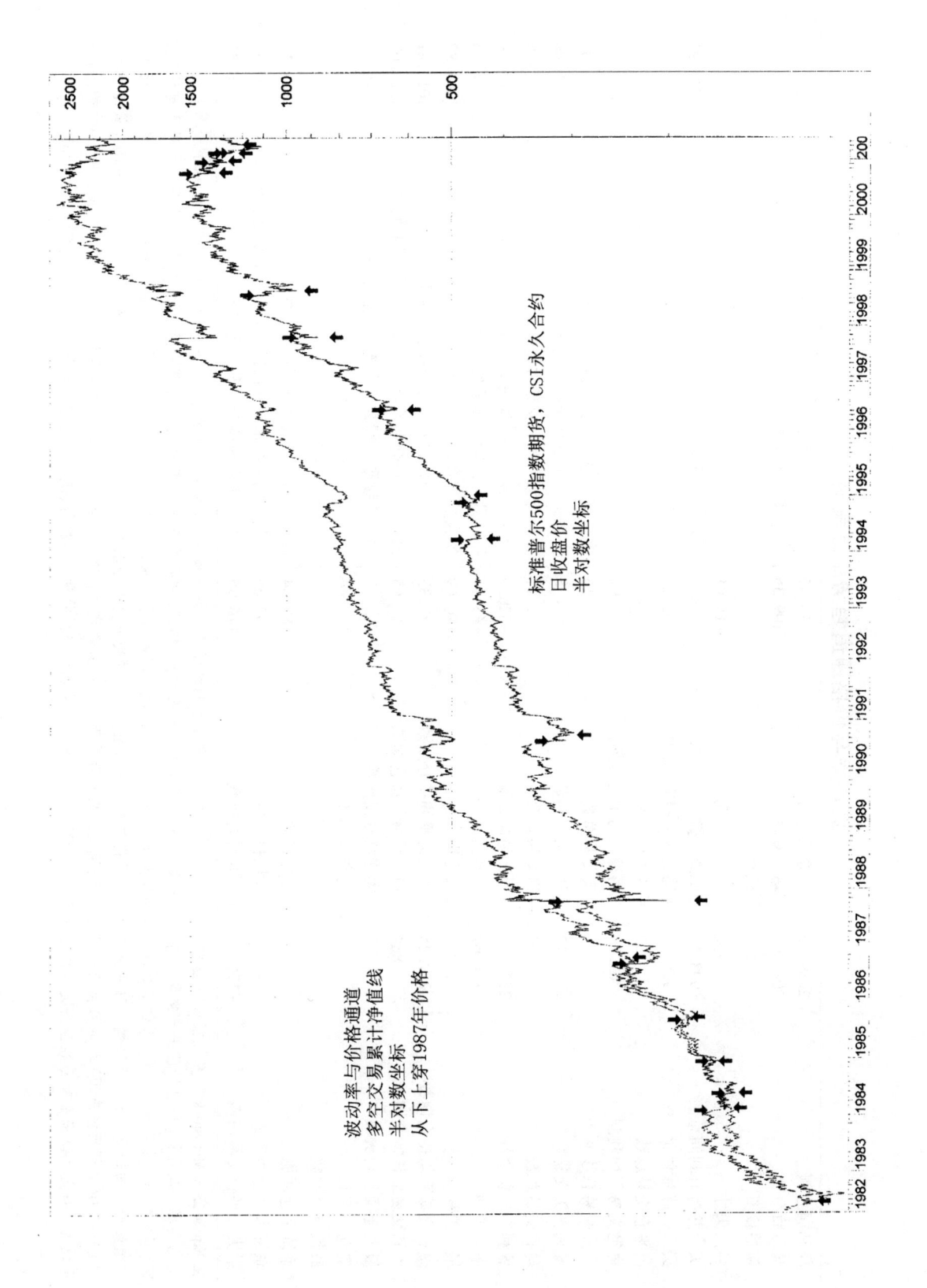

波动率与价格通道趋势跟踪策略

净利润总额	2089.03	未平仓头寸价值	109.29
盈亏百分比	2089.03	年均盈亏百分比	109.35
初始投资	100	利息收入	0
当前头寸	多头	头寸建立日期	4/18/01
买入并持有利润总额	998.13	测试总天数	6973
买入并持有利润率%	998.13	年均买入并持有利润率%	52.25
已平仓交易总额	32	佣金支付总额	0
每笔交易平均利润	62.89	平均盈利与平均亏损比率	2.92
多头交易总数	16	空头交易总数	16
盈利多头交易数	12	盈利空头交易数	8
盈利交易总数	20	交易总数中盈利交易占比	62.50
盈利交易总金额	2533.47	交易总金额中盈利交易金额占比	65.89
亏损交易总金额	-520.9	平均盈亏总额中净平均盈利占比	48.95
平均亏损	126.67	平均盈亏合计中净盈利占比	-43.41
最大盈利	722.9	最大亏损	-170.69
盈利交易平均持仓期数	227.25	盈亏持仓期数差占最长亏损持仓期数比例%	20.33
盈利交易最长持仓期数	884	最长盈亏持仓期数差占最长亏损持仓期数比例%	65
最大连续盈利次数	7	最大连续盈亏期数差占连续亏损期数比例%	5
空仓总期数	44	平均空仓期数	44
最长空仓期数	44		
		盈亏比指数	0
系统平仓回撤	-6.58	风险回报指数	80.04
系统未平仓回撤	-170.69	净利润与系统平仓回撤之比%	99.69
最大未平仓回撤	-170.69	净利润同系统未平仓回撤之差与净利润之比%	31748.18
		买入并持有指数	116.96
			99.69
		系统未平仓回撤与净利润之比%	-0.31

在Equis公司Metastock^{©TM}系统报告"(盈亏概览统计)中,净利润总额等于利润合计减去亏损合计,包括按市值计价的未平仓头寸。相对地,系利交易总金额已实现利润合计(仅包括任何未平仓头寸)。系统平仓回撤是指基于已平仓头寸的累计净值线低于初始投资的最大降幅,系统未平仓回撤(SODD)是指头寸未平仓时累计净值线)与+100(最好可能表现)之间。盈亏比指数是关于将盈亏总金额联系在一起的一个衡量结果,值的范围位于-100(最差可能表现)与+100(最好可能表现)之间。盈亏比指数是关于将盈亏总金额联系在一起的一个衡量结果,值的范围位于-100(最差可能表现)与+100(最好可能表现)之间。0值代表盈亏相等,风险回报指数等于净利润总额减去系统未平仓回撤总额,再除以净利润总额。在本次演练交易中,初始投资假设为100美元。多头交易和空头交易都进行,交易按信号出现当天收盘价格执行,除非另有说明。统计分析中不包括交易成本、利息费用和利润。

多头开仓：CLOSE>Ref(HHV(C,opt1),-1) AND
(H-L)>Ref((ATR(opt2))*(opt4/100),-1)

多头平仓：CLOSE<Ref(LLV(C,opt3),-1) AND
(H-L)>Ref((ATR(opt2))*(opt4/100),-1)

空头开仓：CLOSE<Ref(LLV(C,opt3),-1) AND
(H-L)>Ref((ATR(opt2))*(opt4/100),-1)

空头平仓：CLOSE>Ref(HHV(C,opt1),-1) AND
(H-L)>Ref((ATR(opt2))*(opt4/100),-1)

OPT1 当前值：1
OPT2 当前值：6
OPT2 当前值：84
OPT2 当前值：138

波动率扩张指标

波动率扩张是指数据离群值，识别为远离价格移动平均线的价格尖峰。离群值是与众不同的、异常的数据点，远远偏离均值。离群值可以提供交易机会，一些已知的交易系统试图利用数据离群值。

统计学通常用于测量数据围绕中心趋势的变异性，量化所观测离群值偏离均值的距离以及变异性的正常程度和异常程度，变异性（数据的宽度）可以用极差、方差和标准差来衡量。

极差不过是数据样本中的最高值减去最低值，它包含所有离群值，它们可能给人一种典型变异的扭曲印象。

方差衡量围绕均值的平均变异性，将每个数据点与均值的偏差的平方相加，再用该和值除以观测的总数减1，如下列公式所示：

$$s^2 = \frac{(\sum((x-\bar{x})^2))}{n-1} = (累计求和((x-均值)^2))/(n-1)$$

标准差是方差的平方根。这似乎比方差更有用，因为通过对所观测数据点与它们的均值之间的平均差方开平方，我们将变异性的度量值转换成与我们开始的原始数据相同的度量单位。比如以股票为例，计量单位为美元每股。

标准差越小，样本群的测量值围绕均值就越紧，更小的标准差意味着更大的一致性。

一个正态分布，形状像一个对称的钟形曲线，包含大约67%的在均值上下正负一个标准差内的所有观测数据。大约95%的数据在均值上下正负两个标准差内，大约99.7%的数据在均值上下正负三个标准差内。

不幸的是，市场数据不一定是正态分布的，相反，分布曲线往往由于失去平衡的离群数据在一个方向而偏向一侧。例如，在一个急剧上升的牛市中，分布曲线可能是正偏的，右侧有一条长尾。然而，在一个长期而严重的熊市中，可能会出现一个负偏斜，左侧有一条长尾。

问题是，我们可以计算的任何统计数据完全依赖于过去的数据，而不是反映我们恰恰希望我们拥有的未知的未来数据。在其他条件相同时，这种缺陷可能并不完全排除一些有用倾向的发现。然而，市场突然颠簸的经历比如1987年10月的股灾表明，当投资者情绪失控时依赖于过去的倾向可能要付出昂贵的代价，机械和统计工具需要用良好的技术分析来过滤。

关于波动率扩展的统计方法的进一步讨论，请参见：辛西娅·A.凯斯《与机会做交易：利用概率力量在期货市场赚钱》，欧文专业出版公司，1996：共149页。

阿瑟·梅里尔的波动率指标

特许市场技术分析师阿瑟·A.梅里尔通过简单计算每日百分比价格变动的绝对值，为DJIA设计了一个简单的波动率衡量指标。他平均了整个每周（通常是五个交易日，除非有假期）的每日价格变动，然后他用一条5周EMA平滑了该平均每周波动率。

梅里尔计算了该平滑波动率的一个标准差的正负67%，这些应该大约包含了中间的四分位数。他把相对于一个标准差上下67%的5周指数平滑波动率轨道解释如下：高于一个标准差67%的比率是看涨的，低于一个标准差67%的比率是看跌的。

使用卡方显著性检验，检验期间覆盖1971至1982年，梅里尔发现，对于以DJIA衡量的接下来13周的大盘方向，该指标预测正确的时间占63%，这一结果在统计学上高度显著。对于接下来26周，它在60%的时间预测了市场，也是显著的。它对于接下来5周，准确预测的时间占57%，可能是显著的。对于接下来1周和52周，准确率仅超过50%多一点，统计上是不显著的。

波动比率

不能区分价格上升运动和下跌运动的纯粹的波动率衡量指标,在市场择时价值方面是受到质疑的。

在这本百科全书的第一版中,我们把每周高低点价格比率作为波动率的一个简单衡量指标进行了测试,应用于纽约股票综合指数。我们没有找到任何能提供持续盈利的客观决策规则,不同时间长度上的利润分布呈现出不规则的形态,在许多时间间隔内都有损失。我们的结论是,将波动率作为市场择时指标似乎并不富有成效。

在第二版中,我们使用我们的标准指数移动平均线交叉模型,对 1900 年至 2001 年 DJIA 每日收盘价百分比变动的绝对值进行了测试,我们又一次没能找到击败买入并持有策略的择时规则。我们写出的 Equis 国际公司 MetaStock© 系统测试规则如下:

多头开仓:Abs(ROC(C,opt1,%))>
　　　　　　Ref(Mov(Abs(ROC(C,opt1,%)),opt2,E),-1)

多头平仓:Abs(ROC(C,opt1,%))<
　　　　　　Ref(Mov(Abs(ROC(C,opt1,%)),opt2,E),-1)

空头开仓:Abs(ROC(C,opt1,%))<
　　　　　　Ref(Mov(Abs(ROC(C,opt1,%)),opt2,E),-1)

空头平仓:Abs(ROC(C,opt1,%))>
　　　　　　Ref(Mov(Abs(ROC(C,opt1,%)),opt2,E),-1)

OPT1 当前值:1
OPT2 当前值:6

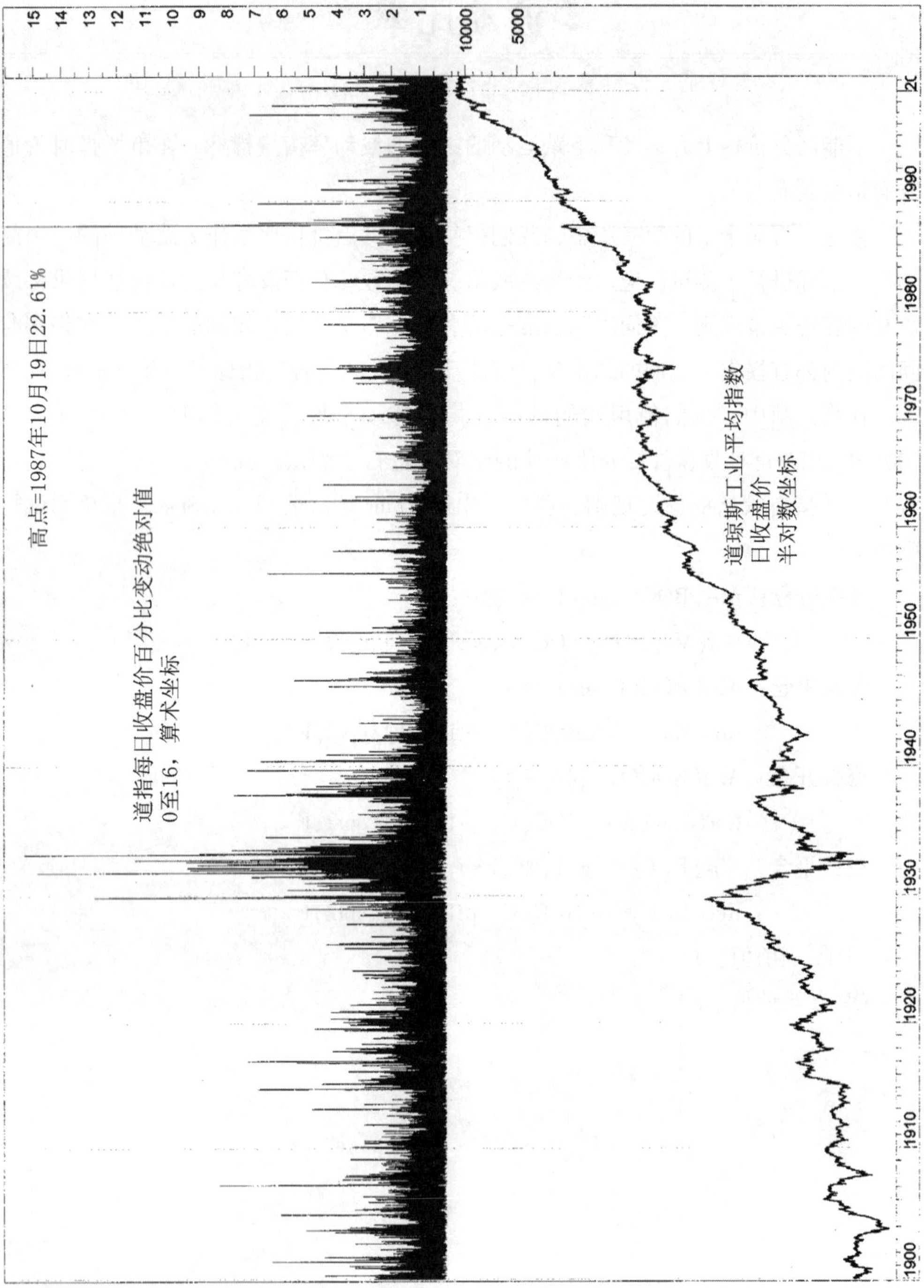
高点=1987年10月19日22.61%
道指每日收盘价百分比变动绝对值
0至16，算术坐标
道琼斯工业平均指数
日收盘价
半对数坐标
15
14
13
12
11
10
9
8
7
6
5
4
3
2
1
10000
5000
1900
1910
1920
1930
1940
1950
1960
1970
1980
1990

我们还尝试了加速模型，但我们发现结果甚至更糟糕，我们写出的 Equis 国际公司 MetaStock© 系统测试规则如下：

多头开仓：$(\text{Mov}((\text{Abs}(\text{ROC}(C,1,\%))),\text{opt1},E)/$
$\text{Ref}(\text{Mov}((\text{Abs}(\text{ROC}(C,1,\%))),\text{opt2}*\text{opt1},E),-1))/$
$(\text{Ref}(\text{Mov}((\text{Mov}((\text{Abs}(\text{ROC}(C,1,\%))),\text{opt1},E)/$
$\text{Ref}(\text{Mov}((\text{Abs}(\text{ROC}(C,1,\%))),\text{opt2}*\text{opt1},E),-1)),\text{opt1},E),-1))>=1$

多头平仓：$(\text{Mov}((\text{Abs}(\text{ROC}(C,1,\%))),\text{opt1},E)/$
$\text{Ref}(\text{Mov}((\text{Abs}(\text{ROC}(C,1,\%))),\text{opt2}*\text{opt1},E),-1))/$
$(\text{Ref}(\text{Mov}((\text{Mov}((\text{Abs}(\text{ROC}(C,1,\%))),\text{opt1},E)/$
$\text{Ref}(\text{Mov}((\text{Abs}(\text{ROC}(C,1,\%))),\text{opt2}*\text{opt1},E),-1)),\text{opt1},E),-1))<1$

空头开仓：$(\text{Mov}((\text{Abs}(\text{ROC}(C,1,\%))),\text{opt1},E)/$
$\text{Ref}(\text{Mov}((\text{Abs}(\text{ROC}(C,1,\%))),\text{opt2}*\text{opt1},E),-1))/$
$(\text{Ref}(\text{Mov}((\text{Mov}((\text{Abs}(\text{ROC}(C,1,\%))),\text{opt1},E)/$
$\text{Ref}(\text{Mov}((\text{Abs}(\text{ROC}(C,1,\%))),\text{opt2}*\text{opt1},E),-1)),\text{opt1},E),-1))<1$

空头平仓：$(\text{Mov}((\text{Abs}(\text{ROC}(C,1,\%))),\text{opt1},E)/$
$\text{Ref}(\text{Mov}((\text{Abs}(\text{ROC}(C,1,\%))),\text{opt2}*\text{opt1},E),-1))/$
$(\text{Ref}(\text{Mov}((\text{Mov}((\text{Abs}(\text{ROC}(C,1,\%))),\text{opt1},E)/$
$\text{Ref}(\text{Mov}((\text{Abs}(\text{ROC}(C,1,\%))),\text{opt2}*\text{opt1},E),-1)),\text{opt1},E),-1))>=1$

OPT1 当前值：2

OPT2 当前值：4

最后，我们转向每周价格变动并再次适用于波动速度、加速度和减速度模型，所有方法的结果还是令人失望的。

成交量指标

成交量是一个关键技术指标，发挥着重要的分析作用。股票交易的成交量，也称为换手数和交易活跃度,是指在一定时期(小时、日、周、月、年等)换手的股票数量。

高的和上涨的成交量确认牛市的价格趋势,成交量通常在最终价格顶点前达到顶峰。另外,成交量确认突破:当价格走出盘整交易区间,穿过倾斜的趋势通道线,或穿过任何支撑或阻力水平,成交量应该增加以确认突破的有效性。

当股票向上突破时,成交量的回升意味着新的购买兴趣、新的需求、新的买家进入市场。

当股票向下突破时,成交量的回升意味着新的卖出、新的供应、新的卖方进入市场。

缺乏成交量确认的突破是不能被完全信任的。低成交量意味着冷漠、犹豫不决,以及对股票买入和卖出双方都缺乏吸引力。接下来,价格更可能漫无目的地摆动,反映出投资者缺乏对股票的兴趣,低成交量的突破更可能是一种失常现象。

偶尔,高成交量可能标志着暂时的过剩,一个超买或超卖的极端。当人群的非理性热情达到不可持续的极端时,极度活跃的交易有时与小的价格转折点有关,如处于买卖高潮中。这些关键时刻,可能跟随着与当前趋势方向相反的价格临时修正。然而,一般一个主要趋势不会仅因为一个高成交量的巅峰而逆转。相反,改变主要趋势是需要时间和进一步考验的。

华尔街的一句重要的老话是:"成交量是牛市的武器——它需要新的购买力来推高价格,但价格会因自身的重力而下降。"的确,相对于卖家的供给,买家的需求要更强劲,才能推高价格,当需求(买入)超过供给(卖出)时价格才会上涨。此外,一般来说,高成交量下看涨的时候更多,因为每卖出一份股票就有一份股票被买入,高成交量至少意味着当前的购买需求明显。

另一方面,价格可能会因较轻的成交量而下降较长距离。例如,进入熊市后,投资者意识到股票价格在持续下跌,很少有人想买股票,所以成交量会枯竭。当卖方寻找出价,但找不到足够的出价来吸收掉他们出售的股票时,价格可能会下跌很远。因此,成交量可能会相对较低,而价格会越来越低,因为卖方在寻找愿意接受股票、愿意充当交易对手的买方。当附近没有出价时,价格可能会在真空中下降,直接无量下降,在图上造成价格缺口。

没有完美的指标,成交量也会受制于需求和供给以外的原因造成的扭曲,这些扭曲可能会促进或抑制股票的换手总数量,这些扭曲因素包括节假日、季节形态、买卖计划、套利、动态对冲、大宗交易和指数基金头寸调整。当这些扭曲变得明显时,按成交量加权的指标会出现一些不稳定性。

华尔街另一句重要古话是"价格内是有学问的",价格最可靠、最一致地反映股票的供求平衡状况。无论怎样，成交量是一个非常有用的确认指标，这在几十年的实践中得到了证明，成交量为完整的技术分析增加了价值。

单纯成交量指标策略举例

包含成交量的指标有很多，占满了这里许多页，最好的成交量指标将成交量与价格相结合。在最纯粹和最基本的层面上，历史数据显示高成交量看涨，低成交量看跌。以1928年至2000年的72年期间纽约证券交易所每日交易股票数量的趋势为基础，我们发现，如果不带主观性，不运用复杂技术分析，不妄断，而以纯机械式的趋势跟踪信号为基础，下列参数能产生良好的交易结果。

多头开仓（买入）：当纽交所今日成交量大于昨日的每日成交量220日EMA时，以DJIA当日收盘价买入。

多头平仓（卖出）：当纽交所今日成交量小于昨日的每日成交量220日EMA时，以DJIA当日收盘价卖出。

空头开仓（卖出空头）：当纽交所今日成交量小于昨日的每日成交量220日EMA时，以DJIA当日收盘价卖出空头。

空头平仓（平仓）：当纽交所今日成交量大于昨日的每日成交量220日EMA时，以DJIA当日收盘价平仓空头。

运用该单纯成交量策略，以100美元开始投资并将利润再投资，假如充分运用该投资策略进行利润再投资操作，无交易成本和税收，多空交易净利润总额将达到12,007.92美元，这比买入并持有策略高出177.21%。对于多头交易来说，盈利性交易多于亏损交易，但对于空头交易来说则相反。奇怪的是，成交量趋势跟踪策略在过去14年是不盈利的，这源于空头交易的亏损。

Equis 国际公司 MetaStock© 系统测试规则书写如下：

多头开仓：V>Ref(Mov(V,opt1,E),-1)

多头平仓：V<Ref(Mov(V,opt1,E),-1)

空头开仓：V<Ref(Mov(V,opt1,E),-1)

空头平仓：V>Ref(Mov(V,opt1,E),-1)

OPT1 当前值：220

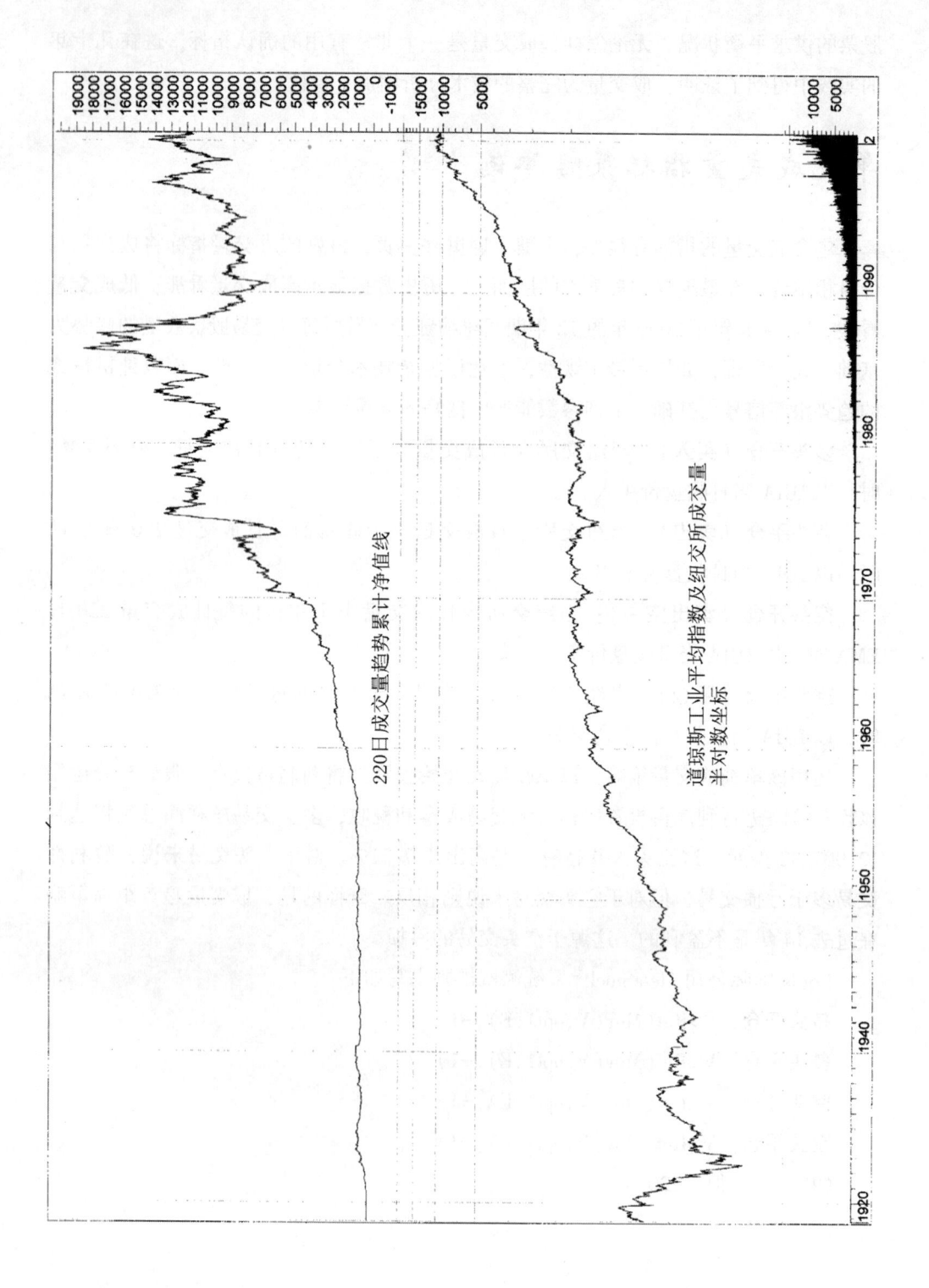

成交量对 220 日 EMA

净利润总额	12007.92	未平仓头寸价值	0	超额净利润比率%	177.21
盈亏百分比	12007.92	年均盈亏百分比	167.2	年均超额净利润比率%	177.19
初始投资	100	利息收入	0		
当前头寸	空头	头寸建立日期	7/7/00		
买入并持有利润总额	4331.67	测试总天数	26213	平均每笔交易天数	6.71
买入并持有利润率%	4331.67	年均买入并持有利润率%	60.32		
已平仓交易总数	3907	佣金支付总额	0		
每笔交易平均利润	3.07	平均盈利与平均亏损比率	1.16		
多头交易总数	1954	空头交易总数	1953	多头交易中盈利交易占比	51.84
盈利多头交易数	1013	盈利空头交易数	870	空头交易中盈利交易占比	44.55
盈利交易总数	1883	亏损交易总数	2024	交易总数中盈利交易占比	48.20
盈利交易总金额	157402.39	亏损交易总金额	-145394.5	交易总金额中净盈利金额占比	3.97
平均盈利	83.59	平均亏损	-71.84	平均盈利总额中净平均盈利占比	7.56
最大盈利	2965.13	最大亏损	-2630.35	最大盈亏合计中净盈利占比	5.98
盈利交易平均持仓期数	6.42	亏损交易平均持仓期数	4.75	盈亏持仓期数差占亏损持仓期数比例%	35.16
盈利交易最长持仓期数	94	亏损交易最长持仓期数	66	盈亏持仓期数差占最长亏损持仓期数比%	42.42
最大连续盈利次数	9	最大连续亏损次数	9	最大连续盈亏期数差占连续亏损期数比例%	0.00
空仓总期数	221	平均空仓期数	221		
最长空仓期数	221				
系统平仓回撤	-14.33	盈亏比指数	7.63	净利润与系统平仓回撤之比	71475.71
系统未平仓回撤	-16.8	风险回报指数	99.86	净利润同系统平仓回撤之差与净利润之比%	99.86
最大未平仓交易回撤	-4447.7	买入并持有指数	177.21	系统未平仓回撤与净利润之比%	-0.14

在 Equis 公司 Metastock© "系统报告"(盈亏概览统计)中,净利润总额等于利润合计减去亏损合计,包括按市值计价的未平仓头寸。相对地,盈利交易总金额是指已实现利润合计(仅包括已平仓头寸)。同样,亏损交易总金额是指已实现亏损合计(仅包括已平仓头寸时所有亏损总额,不包括任何未平仓头寸)。系统平仓回撤是指系统在运行过程中净值线低于初始投资的最大降幅,系统未平仓回撤(SODD)是指头寸平仓时累计净值线低于初始投资的最大降幅,不包括任何未平仓头寸。盈利交易总金额与亏损交易总金额联系在一起的一个复杂计算结果,值的范围是-100(最差可能表现)与+100(最好可能表现)之间,0值代表盈亏相等。盈亏比指数是基于已平仓头寸的累计未平仓头寸值。在本次演练交易中,初始投资假设为 100 美元。多头交易和空头交易都进行,除非另有说明。交易按信号出现当天收盘价格执行,风险回报指数是再除以净利润总额,统计分析中不包括交易成本、利息费用和利润。

成交量加速度

成交量加速度是一个由两部分组成的以成交量*价格动量摆动指标（V*PMO）为基础的指标。

成交量加速度既考虑 V*PMO 相对于 0（高于或低于）的位置，又考虑 V*PMO 相对于其前一日水平是上升的还是下降的。

当 V*PMO 的 n 期指数移动平均线为正并且上升时，动量是看涨和加速的，所以我们买入。当动量减速，因此表明反弹失去动力时，我们结束多头。

当 V*PMO 的 n 期指数移动平均线为负并且下降时，动量是看跌和加速向下的，所以我们卖出空头。当负动量减速，因此表明下跌失去破坏性力量时，我们结束空头。

成交量加速度指标策略举例

历史数据显示，成交量加速度是一个比成交量*价格动量摆动指标（V*POM）更有效的指标。以 1928 年至 2001 年的 72 年期间纽约证券交易所 DJIA 每日交易股票数量为基础，我们发现，如果不带主观性，不运用复杂技术分析，不妄断，而以纯机械式的趋势跟踪信号为基础，下列参数能产生相当良好的交易结果。

多头开仓（买入）：当每日 V*PMO 的 3 日 EMA 大于 0 且相对于其前一日水平升高时，以 DJIA 当日收盘价买入。

多头平仓（卖出）：当每日 V*PMO 的 3 日 EMA 小于 0 且相对于其前一日水平下降时，以 DJIA 当日收盘价卖出。

空头开仓（卖出空头）：当每日 V*PMO 的 3 日 EMA 小于 0 且相对于其前一日水平下降时，以 DJIA 当日收盘价卖出空头。

空头平仓（平仓）：当每日 V*PMO 的 3 日 EMA 大于 0 且相对于其前一日水平升高时，以 DJIA 当日收盘价平仓空头。

运用该成交量加速度策略，以 100 美元开始投资并将利润再投资，假如充分运用该投资策略进行利润再投资操作，无交易成本和税收，多空交易净利润总额将达到 72,812,288 美元。这比买入并持有策略高出 1,767,385.88%。空头卖出交易在整个 72 年里是盈利的，但自从 1987 年以来是不盈利的。

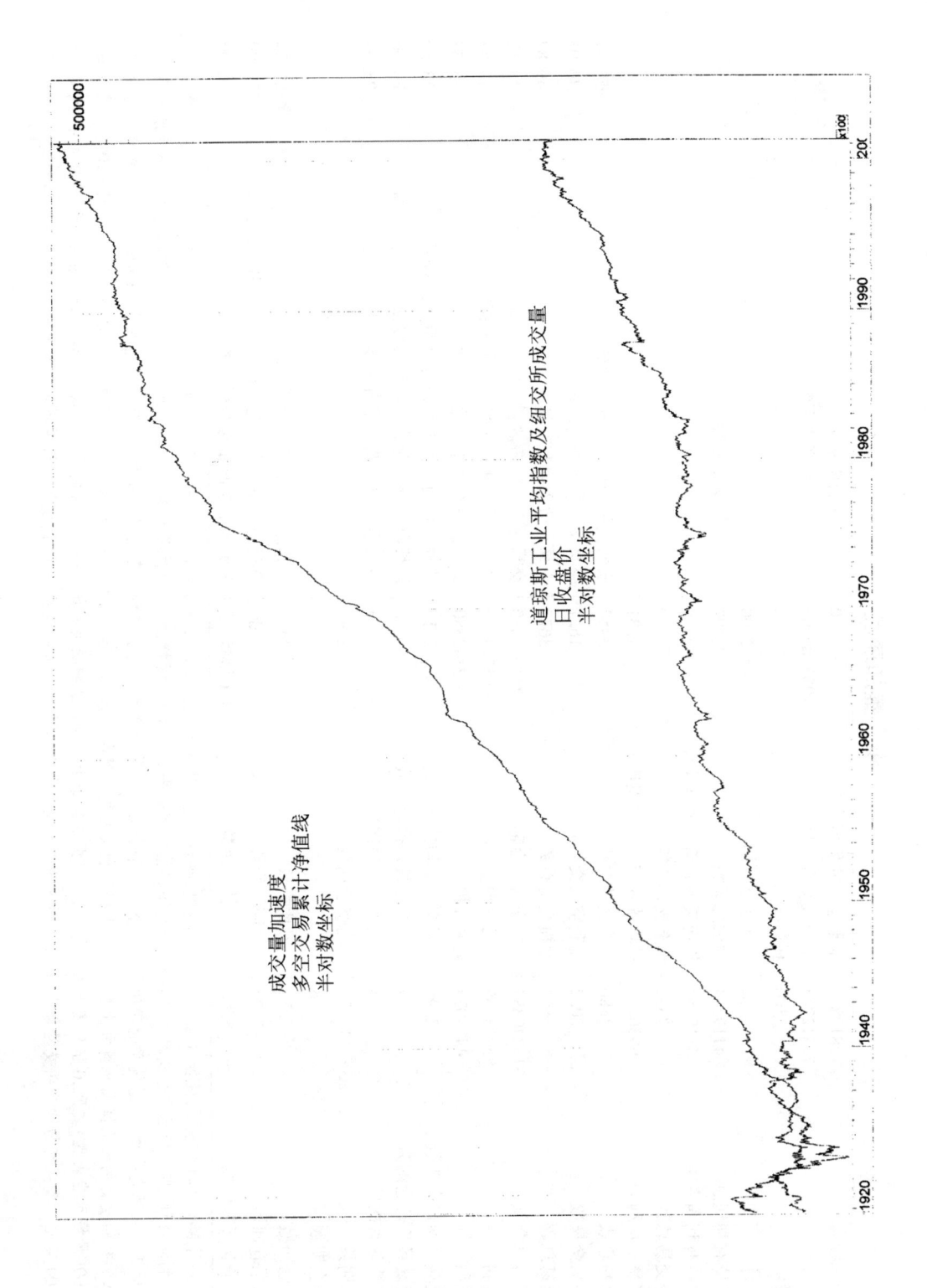

成交量加速度
多空交易累计净值线
半对数坐标

道琼斯工业平均指数及纽交所成交量
日收盘价
半对数坐标

成交量加速度

净利润总额	72812288	未平仓寸价值	0	超额净利润比率%	1767385.88
盈亏百分比	72812288	年均盈亏百分比	1003189.08	年均超额净利润比率%	1767322.62
初始投资	100	利息收入	0		
当前头寸	多头	头寸建立日期	4/12/00		
买人并持有利润总额	4119.54	测试总天数	26492	平均每笔交易天数	3.61
买人并持有利润率%	4119.54	年均买人并持有利润率%	56.76		
已平仓交易总额	7332	佣金支付总额	0		
每笔交易平均利润	9930.75	平均盈利与平均亏损比率	1.31		
多头交易总数	3880	空头交易总数	3452	多头交易中盈利交易占比	52.37
盈利多头交易数	2032	盈利空头交易数	1621	空头交易中盈利交易占比	46.96
盈利交易总数	3653	亏损交易总数	3679	交易总数中盈利交易占比	49.82
盈利交易总金额	313840384	亏损交易总金额	-241027680	交易总金额中净盈利金额占比	13.12
平均盈利	85913.05	平均亏损	-65514.46	平均盈亏总额中净平均盈利占比	13.47
最大盈利	4436074	最大亏损	-2108380	最大盈亏合计中净盈利占比	35.57
盈利交易平均持仓期数	2.95	亏损交易平均持仓期数	2.13	盈亏持仓期数差占亏损持仓期数比例%	38.50
盈利交易最长持仓期数	9	亏损交易最长持仓期数	5	最长盈亏持仓期数差占最长亏损持仓期数比例%	80.00
最大连续盈利次数	16	最大连续亏损次数	13	最大连续盈亏期数差占连续亏损期数比例%	23.08
空仓总期数	11676	平均空仓期数	2.46		
最长空仓期数	8				
系统平仓回撤	-7.72	盈亏比指数	23.2	净利润与系统平仓回撤之比	9431 64352.33
系统未平仓回撤	-7.72	风险回报指数	100	净利润同系统未平仓回撤之差与净利润之比	100.00
最大平仓交易回撤	-2108380	买人并持有指数	1767385.03	系统未平仓回撤与净利润之比%	0.00

在 Equis 公司 Metastock© 系统报告"(盈亏概览统计)中,净利润总额等于利润合计减去亏损合计,包括按市值计价的未平仓头寸。相对地,盈利交易总金额是指已实现利润合计(仅包括已平仓交易)加上所有获利头寸,不包括任何未平仓头寸。同样,亏损交易总金额是指已实现亏损合计(仅包括已平仓交易)加上所有亏损总金额,不包括任何未平仓头寸。系统平仓回撤是基于已平仓交易仅指净值曲线低于净值计算基础于初始投资的累计未平仓时的最大降幅,系统未平仓回撤(SODD)是指未平仓时累计净值曲线低于初始投资的最大降幅。系统平仓回报是基于已将交易总金额与亏损总金额联系在一起的一个复杂计算结果,值的范围位于-100(最差可能表现)与+100(最好可能表现)之间,0值代表盈亏相等,风险回报指数等于指数未平仓回撤再除以净利润总额。在本次演练交易中,初始投资假设为100美元。多头交易和空头交易都进行,除非另有说明。交易按信号出现当天收盘价格执行,统计分析不包括交易成本,利息费用和利润。

Equis 国际公司 MetaStock© 系统测试规则书写如下：

多头开仓：Mov((C-Ref(C,-1))*V,opt1,E)>0 AND
(Mov((C-Ref(C,-1))*V,opt1,E)>Ref(Mov((C-Ref(C,-1))*V,opt1,E),-1))

多头平仓：Mov((C-Ref(C,-1))*V,opt1,E)<0 OR
(Mov((C-Ref(C,-1))*V,opt1,E)<Ref(Mov((C-Ref(C,-1))*V,opt1,E),-1))

空头开仓：Mov((C-Ref(C,-1))*V,opt1,E)<0 AND
(Mov((C-Ref(C,-1))*V,opt1,E)<Ref(Mov((C-Ref(C,-1))*V,opt1,E),-1))

空头平仓：Mov((C-Ref(C,-1))*V,opt1,E)>0 OR
(Mov((C-Ref(C,-1))*V,opt1,E)>Ref(Mov((C-Ref(C,-1))*V,opt1,E),-1))

OPT1 当前值：3

成交量收集摆动指标，成交量收集趋势

成交量收集摆动指标及趋势是由马克·蔡金（纽约州新纽约东 77 号大街第 177 号，邮编 10021）开发的成交量动量指标。该指标最简单形式的基础是，每日成交量乘以每日收盘价与每日价格波动区间中点间差值之积的运行总和。所以，代替了更常见的做法即从前一日收盘价开始衡量价格变动，我们在这里从中间价即价格中点开始来衡量当日价格变动。在数学上，该成交量收集累积总和公式表示如下：

$$Cum((C-(H+L)/2)*V)$$

其中

Cum 是指累积计算后面括号中表达式的每日值的运行总和。

C = 某期收盘价

H = 同期最高价

L = 该期最低价

V = 该期交易活动总成交量

例如，如果当期最高价为 180，最低价为 160，收盘价为 165，而成交量为 2000，那么当日收盘价 165 减去中点 170 后等于负 5，然后，用-5 乘以当日成交量

2000 得到当日成交量收集值-10000：

(C-(H+L)/2) * V = ((165-(180+160)/2) * 2000 = (-5) * 2000 = -10,000

接下来，计算这些每日计算结果的运行总和，即成交量收集累积总和。然后我们可以将它绘制成一条线，可以用不同方法来测量该每日值的累积总和的趋势，包括图形形态、趋势线等方法。例如，下一页上半部分的图显示的是成交量收集累积总和，它在1999年有一个巨大的翻滚顶（类似复杂的头肩顶），在2000年猛烈下跌，提供了最可能的图形解释。注意，伴随着成交量收集值的负值，跟踪交易者可能从1999年10月开始面临着不可获利的下跌，直到2000年标普指数和纳斯达克指数一起筑顶。

此外，我们可以将该累积总和转换成一个摆动指标，例如用它减去它自身的某条移动平均线（参见"摆动指标"）。下一页下半部分的图显示了作为敏感的短期摆动指标的成交量收集值，是用它减去它自身昨日的 2 日 EMA，再用该差值除以昨日的 2 日 EMA，旨在标准化显示范围。可以用下列 Equis 国际公司 MetaStock© 系统指标建立器公式来绘制这一成交量收集摆动指标：

(((Cum(((C-(H+L)/2) * V))-
(Ref(Mov(Cum(((C-(H+L)/2) * V),2,E),-1)))/
(Ref(Mov(Cum(((C-(H+L)/2) * V),2,E),-1));
Input("Plot a horizontal line at",-0.25,0.25,0);

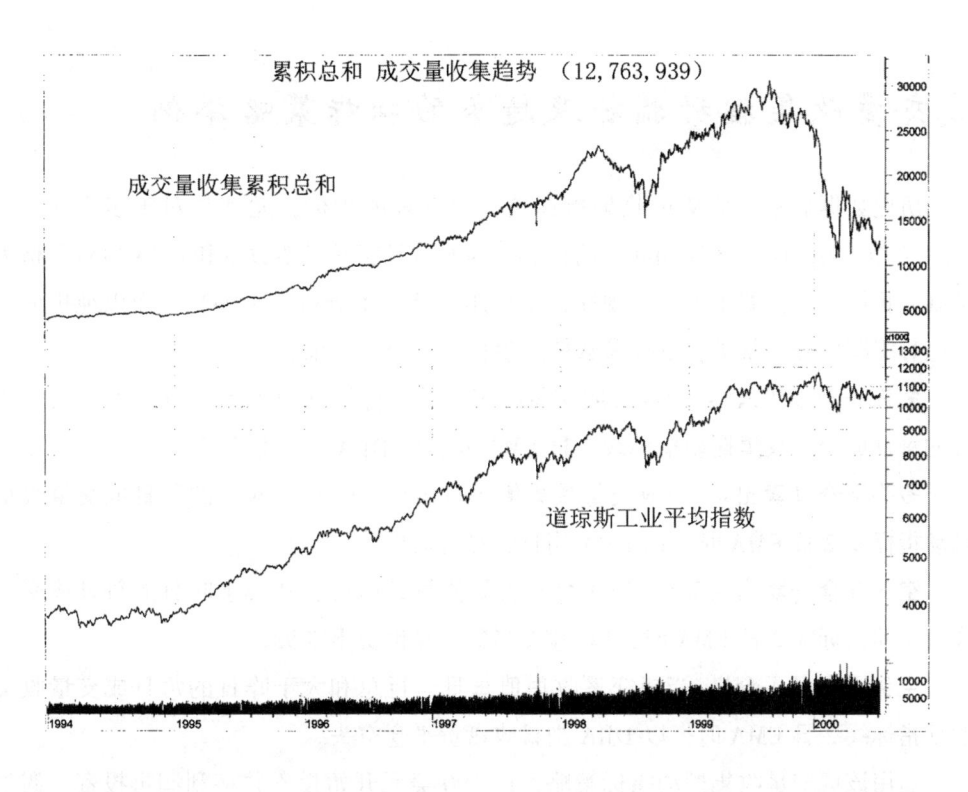

第二部分　市场技术指标

累积总和　成交量收集趋势　（12,763,939）

成交量收集累积总和

道琼斯工业平均指数

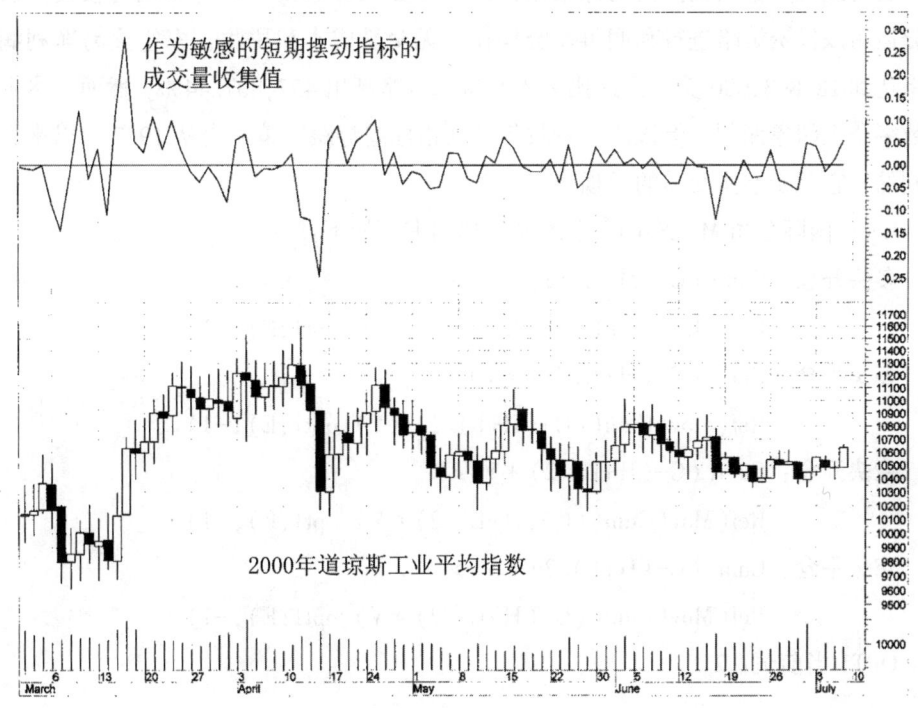

作为敏感的短期摆动指标的
成交量收集值

2000年道琼斯工业平均指数

成交量收集摆动指标及趋势的指标策略举例

历史数据显示，成交量收集指标是一个有效的指标，尤其是对于多头方。以1928年至2001年的73年期间纽约证券交易所每日交易股票数量和DJIA每日价格为基础，我们发现，如果不带主观性，不运用复杂技术分析，不妄断，而以纯机械式的趋势跟踪信号为基础，下列参数能产生良好的交易结果。

多头开仓（买入）：当今日成交量收集摆动指标线（也就是运行总和）大于昨日的每日成交量收集摆动指标线2日EMA时，以DJIA当日收盘价买入。

多头平仓（卖出）：当成交量收集值每日运行总和小于昨日的每日成交量收集摆动指标线2日EMA时，以DJIA当日收盘价卖出。

空头开仓（卖出空头）：当成交量收集值每日运行总和小于昨日的每日成交量收集摆动指标线2日EMA时，以DJIA当日收盘价卖出空头。

空头平仓（平仓）：当成交量收集值每日运行总和大于昨日的每日成交量收集摆动指标线2日EMA时，以DJIA当日收盘价平仓空头。

运用该成交量收集摆动指标策略，以100美元开始投资并将利润再投资，假如充分运用该投资策略进行利润再投资操作，无交易成本和税收，多空交易净利润总额将达到18,863,680美元，这比买入并持有策略高出457,807.44%。然而，尽管这些数字令人印象深刻，但该成交量收集摆动指标趋势跟踪策略自从1987年以来是不盈利的，它源于空头交易的亏损。

Equis国际公司MetaStock©系统测试规则书写如下：

多头开仓：Cum(((C-(H+L)/2)*V)>
　　　　　Ref(Mov(Cum(((C-(H+L)/2)*V),opt1,E),-1)

多头平仓：Cum(((C-(H+L)/2)*V)<
　　　　　Ref(Mov(Cum(((C-(H+L)/2)*V),opt1,E),-1)

空头开仓：Cum(((C-(H+L)/2)*V)<
　　　　　Ref(Mov(Cum(((C-(H+L)/2)*V),opt1,E),-1)

空头平仓：Cum(((C-(H+L)/2)*V)>
　　　　　Ref(Mov(Cum(((C-(H+L)/2)*V),opt1,E),-1)

OPT1当前值：2

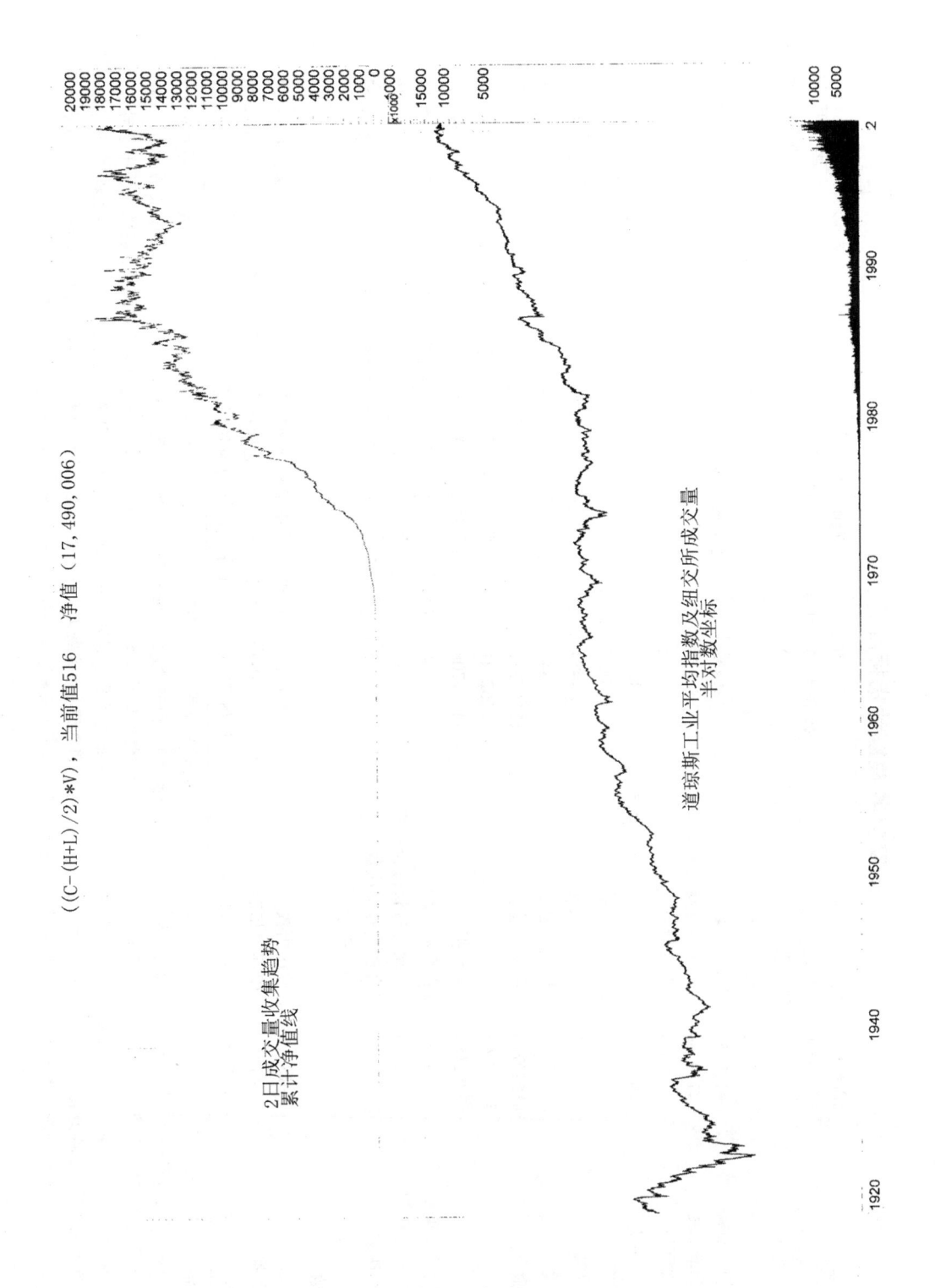

((C-(H+L)/2)*V),当前值516 净值(17,490,006)

2日成交量收集趋势
累计净值线

道琼斯工业平均指数及纽交所成交量
半对数坐标

成交量收集摆动指标及趋势

净利润总额	18863680	未平仓头寸价值	0
盈亏百分比	18863680	年均盈亏百分比	259898.96
初始投资	100	利息收入	0
当前头寸	多头	头寸建立日期	4/12/00
买入并持有利润总额	4119.54	测试总天数	26492
买入并持有利润率%	4119.54	年均买入并持有利润率%	56.76
已平仓交易总数	7074	佣金支付总额	0
每笔交易平均利润	2666.62	平均盈利与平均亏损比率	1.33
多头交易总数	3537	空头交易总数	3537
盈利多头交易数	1741	盈利空头交易数	1484
盈利交易总数	3225	亏损交易总数	3849
盈利交易总金额	181530784	亏损交易总金额	-162667232
平均盈利	56288.62	平均亏损	-42262.21
最大盈利	2881155	最大亏损	-1437708
盈利交易平均持仓期数	4.67	亏损交易平均持仓期数	2.66
盈利交易最长持仓期数	23	亏损交易最长持仓期数	14
最大连续盈利次数	13	最大连续亏损次数	15
平均空仓期数	3	最长空仓期数	3
最长空仓期数	3		
系统平仓回撤	-78.15	盈亏比指数	10.39
系统未平仓回撤	-78.3	风险回报指数	100
最大平仓交易回撤	-1437708	买入并持有指数	457807.21

超额净利润比率%	0
年均超额净利润比率%	457807.44
	457791.05
平均每笔交易天数	3.74
多头交易中盈利交易占比	49.22
空头交易中盈利交易占比	41.96
交易总数中盈利交易占比	45.59
交易总金额中净盈利金额占比	5.48
平均盈亏总额中净平均盈利占比	14.23
最大盈亏合计中净盈利占比	33.42
盈亏持仓期数差占亏损持仓期数比例%	75.56
盈亏盈亏期数差占最长亏损持仓期数比例%	64.29
最大连续盈亏期数差占连续亏损期数比例%	-13.33
净利润与系统未平仓回撤之比	24091545.34
净利润同系统未平仓回撤之差与净利润之比%	100.00
系统未平仓回撤与净利润之比%	0.00

在 Equis 公司 Metastock® "系统报告"（盈亏概览统计）中，净利润总额等于利润合计减去亏损合计，包括按市值计价的未平仓头寸。相对地，盈利交易总金额是指已实现利润合计（仅包括已平仓头寸）。同样，亏损交易总金额是指已实现亏损合计（仅包括已平仓头寸）。盈利交易总金额所有交易总亏损是指已实现利润合计所有获利总额，不包括任何未平仓头寸）。系统平仓回撤是指基于已平仓头寸平仓投资净值线低于初始投资净值时的累计累计净值线低于初始投资净值的最大降幅，不包括任何未平仓头寸）。系统未平仓回撤（SDD）是指头寸未平仓时累计净值线低于初始投资净值时的最大降幅，盈亏指数是关于平仓盈利交易总金额与亏损交易总金额联系在一起的一个复杂计算结果，系统未平仓头寸平均计算表现）与+100（最好可能表现）之间，0 值代表盈亏相等，除非另有说明。盈亏指数是关于平仓盈利交易总金额与亏损交易总金额减去系统未平仓回报的差再除以净利润总额。在本次演练交易中，初始投资假设为 100 美元。多头交易和空头交易都进行，除非另有说明。交易按信号出现当天收盘价格执行，统计分析不包括交易成本、利息费用和利润。

成交量：净上涨减下跌股票累积成交量指标

累积成交量指标是每日上涨股票成交量减去下跌股票成交量差值的运行总和，它的计算只分两步：

1. 用纽交所每日交易的上涨股票成交量减去下跌股票成交量，计算出每日净上涨成交量。

2. 将该每日差值加入到前一日的每日净上涨成交量的累积总和中。

历史上，该指标的解释基于技术分析师的图表阅读技巧，他们通常依赖于对趋势、形态以及相对于股价指数如标普 500 指数或 DJIA 的偏离的判断。

累积成交量指标的指标策略举例

从完全客观角度看待，累积成交量指标是一个有效的指标。以 37 年期间的纽交所每日上涨股票数量与下跌股票数量背后的成交量和 DJIA 的每日数据文件为基础，我们发现，如果不带主观性，不运用复杂技术分析，不妄断，而以纯机械式的信号为基础，下列可能最简单的趋势跟踪规则能产生良好的交易结果。

多头开仓（买入）：当累积成交量指标相对于其前一日水平上升时，以 DJIA 当日收盘价买入。

多头平仓（卖出）：当累积成交量指标相对于其前一日水平下降时，以 DJIA 当日收盘价卖出。

空头开仓（卖出空头）：当累积成交量指标相对于其前一日水平下降时，以 DJIA 当日收盘价卖出空头。

空头平仓（平仓）：当累积成交量指标相对于其前一日水平上升时，以 DJIA 当日收盘价平仓空头。

运用该累积成交量指标趋势跟踪策略，以 100 美元开始投资并将利润再投资，假如充分运用该投资策略进行利润再投资操作，无交易成本和税收，净利润总额将达到 852,743.19 美元，这比买入并持有策略高出 66,357.02%。空头卖出交易也是盈利的，但自从 1982 年 8 月 12 日底部以来不再盈利。交易极度活跃，平均每 3.59 个日历日交易一次（参见第 760 页图表）。

在 Equis 国际公司 MetaStock© 系统中，当前累积成交量指标被插入在通常预留给成交量（V）的字段中，该比率测试规则书写如下：

多头开仓：V>Ref(V,-1)

多头平仓：V<Ref(V,-1)

空头开仓：V<Ref(V,-1)

空头平仓：V>Ref(V,-1)

成交量：累积成交量比率

累积成交量指标产生向上偏斜曲线的时候更多，这是因为，它不会因常常随时间而扩张的成交量，也就是不断增长的上市股票数量、数不清的股票拆分以及衍生套利交易带来的扭曲而调整。为了获得可比性而调整数据，我们可以尝试在将净成交量累积为运行总和之前，对每日数据进行下列变换：

$$V=(A-D)/(A+D)$$

其中

V=今日的1日成交量指标

A=上涨股票成交量

D=下跌股票成交量

奇怪的是，该公式产生一个向下偏斜的图形曲线，比更流行的累积成交量指标的向上偏斜更误导人。这些偏斜背后的原因是，股票在高成交量时往往会上涨，而在低成交量时下降。正如老话所说："推高股票价格需要成交量，但价格会因自身的重力而下降。"

上涨股票成交量

上涨股票成交量是上涨股票也就是那些在当日以高于前一日收盘价收盘的股票的总成交量，最经常使用纽约证券交易所的数据，也广泛使用纳斯达克和美国证券交易所的数据。上涨成交量显示买入压力：当上涨成交量（或上涨成交量的移动平均值）上升时看涨，当上涨成交量下降时看跌。上涨成交量最常用作另一个指标的补充，比如累积成交量指标、阿姆斯的短线交易指数、百分之九十之日以及涨跌成交量比率。

第二部分　市场技术指标

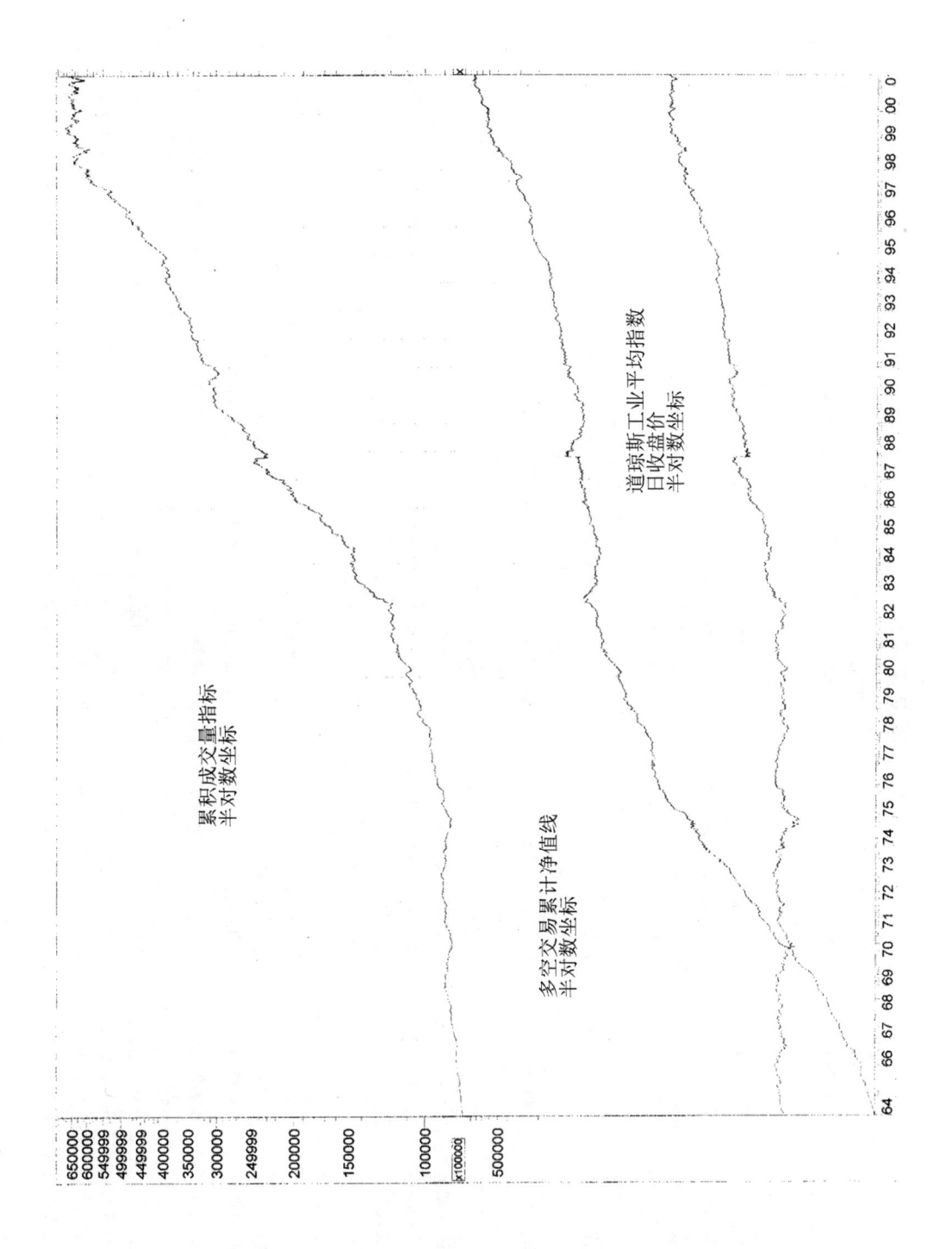

累积成交量指标

指标	数值	指标	数值
净利润总额	852743.19	未平仓头寸价值	32025.89	超额净利润比率%	66357.02
盈亏百分比	852743.19	年均盈亏百分比	23001.13	年均超额净利润比率%	66358.05
初始投资	100	利息收入	0		
当前头寸	多头	头寸建立日期	5/14/01		
买入并持有利润总额	1283.15	测试总天数	13532	平均每笔交易天数	3.59
买入并持有利润率%	1283.15	年均买入并持有利润率%	34.61		
已平仓交易总数	3772	佣金支付总额	0		
每笔交易平均利润	217.58	平均盈利与平均亏损比率	1.559		
多头交易总数	1886	空头交易总数	1886	多头交易中盈利交易占比%	47.88
盈利多头交易数	903	盈利空头交易数	858	空头交易中盈利交易占比%	45.49
盈利交易总数	1761	亏损交易总数	2011	交易总数中盈利交易占比%	46.69
盈利交易总金额	2915657.25	亏损交易总金额	-2094938.5	交易总金额中净盈利金额占比%	16.38
平均盈利	1655.68	平均亏损	-1041.74	平均盈亏总额中净平均盈利占比%	22.76
最大盈利	42574.19	最大亏损	-27290.38	最大盈亏合计中净盈利占比%	21.88
盈利交易平均持仓期数	4.57	亏损交易平均持仓期数	2.51	盈亏持仓期数差占亏损持仓期数比例%	82.07
盈利交易最长持仓期数	24	亏损交易最长持仓期数	10	最长盈亏持仓期数差占最长持仓期数比率%	140.00
最大连续盈利次数	11	最大连续亏损次数	11	最大连续盈亏期数差占连续亏损期数比例%	0.00
空仓总期数	2	平均空仓期数	2		
最长空仓期数	2				
系统平仓回撤	-0.14	盈亏比指数	28.93	净利润与系统平仓回撤之比	609102278.57
系统未平仓回撤	-0.14	风险回报指数	100	净利润同系统未平仓回撤之差与净利润之比%	100.00
最大平仓交易回撤	-27290.38	买入并持有指数	68853.01	系统未平仓回撤与净利润之比%	0.00

在 Equis 公司 Metastock© "系统报告" (盈亏概览统计) 中,净利润总额等于利润合计减去亏损合计,包括按市值计价的未平仓头寸。相对地,盈亏交易总金额是指已实现利润合计 (仅包括已平仓头寸),不包括任何未平仓头寸。同样,亏损交易总金额指已实现亏损合计 (仅包括已平仓头寸)。盈利交易所有头寸损益净值,不包括任何未平仓头寸。系统平仓回撤是指仅基于已平仓头寸的累计净值降低于初始投资净值的最大降幅,系统未平仓回撤 (SODD) 是指未平仓时累计净值线低于初始投资净值的累计净值线低于初始投资净值的最大降幅。盈亏比指数是指关于平仓盈亏总金额与亏损总金额联系在一起的一个复杂计算结果,值的范围介于-100 (最差可能表现) 与+100 (最好可能表现) 之间,0 值代表盈亏相等。风险回报指数等于净利润总额减去系统未平仓回撤的差再除以净利润总额,在本次演练交易中,初始投资假设为 100 美元。多头交易和空头交易都进行,除非另有说明。交易信号出现当天按收盘价格执行,统计分析中不包括交易成本、利息费用和利润。

下跌股票成交量

下跌股票成交量是下跌股票也就是那些在当日以低于前一日收盘价收盘的股票的总成交量，下跌成交量显示卖出压力：当下跌成交量（或下跌成交量的移动平均值）上升时看跌，当下跌成交量下降时看涨。结合上涨成交量，下跌成交量最常用作另一个指标的补充。

成交量：克林格摆动指标（KO）

这一基于成交量的摆动指标是由史蒂芬·克林格开发的，它的计算分为七步：
1. 通过将最高价、最低价和收盘价加在一起再除以三，找出当日平均价。
2. 如果今日平均价大于昨日平均价，赋予今日成交量以正号。
3. 如果今日平均价小于昨日平均价，赋予今日成交量以负号。
4. 计算来自第2步和第3步的带符号的成交量的34期指数移动平均线。
5. 计算来自第2步和第3步的带符号的成交量的55期指数移动平均线。
6. 用55期指数移动平均线减去34期指数移动平均线，绘制该差值。
7. 计算并绘制来自第6步的每日差值的13期指数移动平均线。

当今日平均价大于昨日平均价时，被定义为"累积"。相反，当今日平均价小于昨日平均价时，被定义为"派发"。当和值相等时，需求和供给的力量被看作是平衡的，每日累积和派发股票数量的平均差值被定义为"成交量力量"。成交量力量的上升趋势是看涨的，而成交量力量的下降趋势是看跌的。克林格摆动指标也同价格对比，以识别背离情况。

克林格摆动指标的指标策略举例

以1982年4月21日至2000年12月29日的18年期间标准普尔500综合股价指数期货CSI永久合约全部历史上每日数据文件为基础，数据从网站www.csidata.com收集，我们发现，如果不带主观性，不运用复杂技术分析，不妄断，而以纯机械式的超买/超卖信号为基础，下列参数产生低于平均水平的交易结果。

多头开仓（买入）：当当前克林格摆动指标（使用上述标准参数）上穿其自身以前一日收盘价计算的跟踪2日EMA时，以标准普尔500综合股价指数期货CSI永久合约当日收盘价买入。

多头平仓（卖出）：当当前克林格摆动指标（使用上述标准参数）下穿其自身以前一日收盘价计算的跟踪2日EMA时，以标准普尔500综合股价指数期货CSI永久合约当日收盘价卖出。

空头开仓（卖出空头）：从不操作。

以100美元开始投资并将利润再投资，假如充分运用该投资策略进行利润再投资操作，无交易成本和税收，净利润总额将达到261.46美元，这比买入并持有策略低74.73%。空头卖出交易是不盈利的，且空头卖出交易不包括在本策略中。该仅做多头交易的克林格摆动指标作为一个指标，在整个期间给出的盈利性买入信号占46.30%。交易较活跃，平均每10.10个日历日交易一次。该仅做多头交易的克林格摆动指标趋势跟踪策略在1987年股灾中被长期卷入到错误的时间里，遭受了异常大的净值回撤，如图清晰显示。很明显，盈利性相对低而净值回撤高是一个不受欢迎的组合。

Equis国际公司MetaStock©系统测试规则书写如下：

多头开仓：KVO( )>Ref(Mov(KVO( ),opt1,E),-1)

多头平仓：KVO( )<Ref(Mov(KVO( ),opt1,E),-1)

OPT1当前值：2

第二部分　市场技术指标

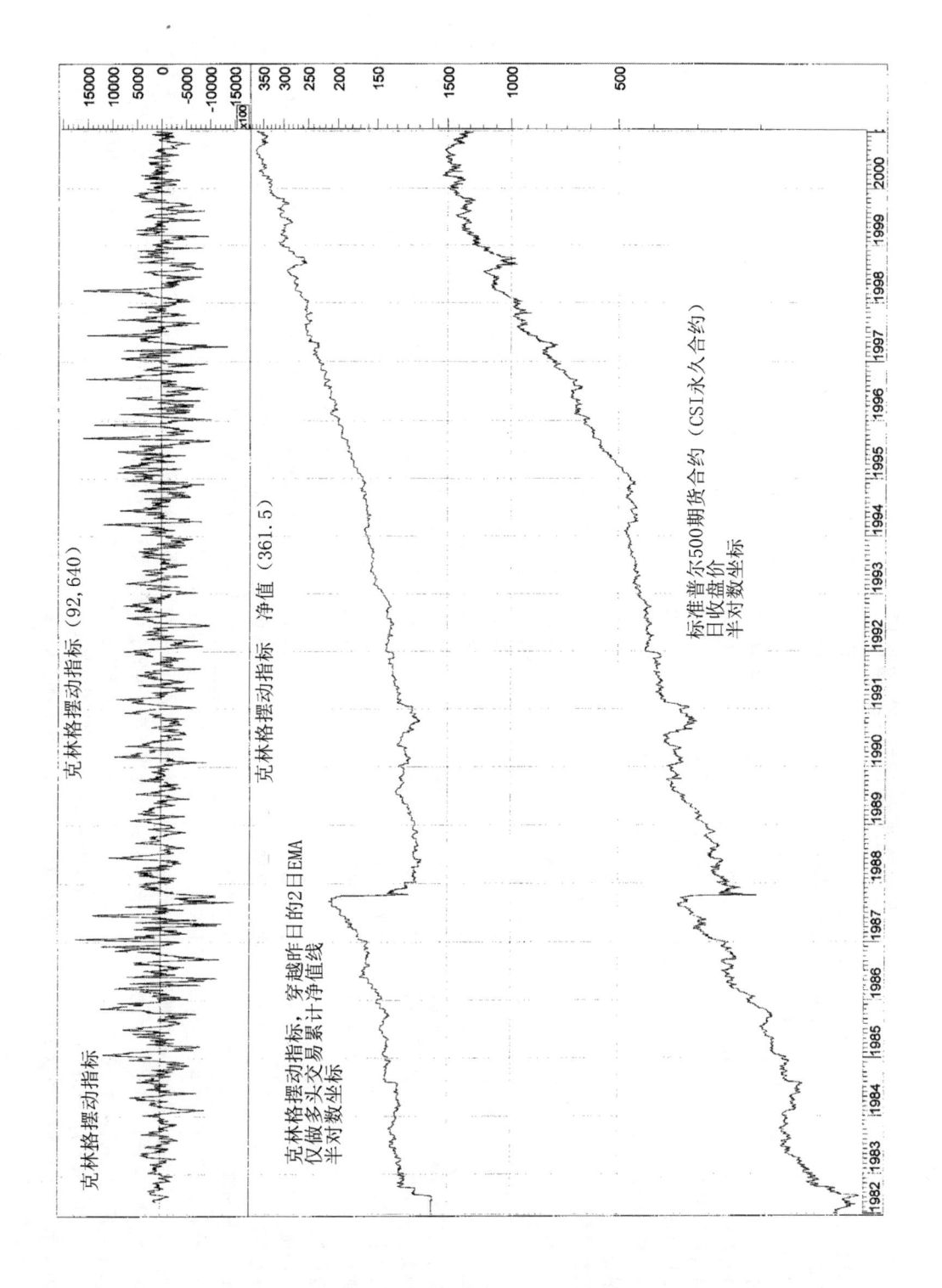

克林格摆动指标,穿越昨日的2日EMA

净利润总额	261.46	未平仓头寸价值	12.74	超额净利润比率%	-74.73
盈亏百分比	261.46	年均盈亏百分比	13.98	年均超额净利润比率%	-74.72
初始投资	100	利息收入	0		
当前头寸	多头	头寸建立日期	12/21/00		
买入并持有利润总额	1034.49	测试总天数	6828	平均每笔交易天数	10.10
买入并持有利润率%	1034.49	年均买入并持有利润率%	55.3		
已平仓交易总额	676	佣金支付总额	0		
每笔交易平均利润	0.37	平均盈利与平均亏损比率	1.57		
多头交易总数	676	空头交易总数	0	多头交易中盈利交易占比%	46.30
盈利多头交易数	313	盈利空头交易数	0	空头交易中盈利交易占比%	#
盈利交易总数	313	亏损交易总数	363	交易总数中盈利交易占比%	46.30
盈利交易总金额	949.18	亏损交易总金额	-700.45	交易总金额中净盈利金额占比%	15.08
平均盈利	3.03	平均亏损	-1.93	平均盈亏总额中净平均盈利占比%	22.18
最大盈利	17.3	最大亏损	-55.62	最大盈亏持仓期数比%	-52.55
盈利交易平均持仓期数	5.84	亏损交易平均持仓期数	3.09	盈亏持仓期数差占亏损持仓期数比例%	89.00
盈利交易最长持仓期数	13	亏损交易最长持仓期数	14	最长盈亏持仓差占最长持损持仓期数比%	-7.14
最大连续盈利次数	10	最大连续亏损次数	9	最大连续盈亏期数差与连续亏损期数比例%	11.11
空仓总期数	3127	平均空仓期数	4.62		
最长空仓期数	59				
系统平仓回撤	-0.97	盈亏比指数	27.18	净利润与系统平仓未回撤之比	26954.64
系统未平仓回撤	-0.97	风险回报指数	99.63	净利润同系统未平仓回撤之差与净利润之比	99.63
最大未平仓回撤	-55.62	买入并持有指数	-73.49	系统未平仓回撤与净利润之比%	-0.37

在Equis公司Metastock©™系统报告"(盈亏概览统计)中,净利润总额等于平仓利润合计减去平仓亏损合计,包括市值计价的未平仓头寸。相对地,盈利交易总金额是指已实现利润合计(仅包括已平仓头寸),不包括任何未平仓头寸)。同样,亏损交易总金额是指已实现亏损合计(仅包括已平仓交易所有亏损总额,不包括任何未平仓头寸)。系统平仓回撤是指仅基于已平仓头寸的累计平仓净值曲线低于初始投资的最大降幅,系统未平仓回撤(SODD)是指头寸未平仓时累计净值曲线低于初始投资的最大降幅。盈亏比指数是将平仓盈与亏损总金额联系在一起的一个复杂计算结果,值的范围位于-100(最差可能表现)与+100(最好可能表现)之间,0值代表盈亏相等,风险回报指数等于系统未平仓回报指数减去系统未平仓回撤的差再除以净利润总额。在本次演练交易中,初始投资假设为100美元。多头交易和空头交易都进行,交易按信号出现当天收盘价格执行,除非另有说明。统计分析中不包括交易成本、利息费用和利润。

成交量：纽约证券交易所对比场外市场

纽交所每周成交量除以场外市场成交量的比率被平滑后，被解释为严肃的投资活动相比投机狂热状况的一个指标。

纽交所上市的股票通常被认为较为保守，因为它们代表了经验丰富、成熟的公司的所有权份额。相反，在场外交易的股票通常被认为更具投机性和风险性，因为它们代表了年轻的、有时是未经考验的公司的所有权份额，这些公司可能没有经历过许多起起落落的商业周期，当然也有例外情况，但这些一般情况更为常见。

内德·戴维斯研究公司发现，对于仅做多头交易，如果当平滑的纽交所/场外市场成交量比率高于102.12%，显示谨慎的重"质量"的投资心理时，我们买入，而当纽交所/场外市场成交量比率低于96.35%，显示过度的重"投机"的大众情绪时，我们卖出多头头寸，这样可以获得适当高于平均水平的回报。

成交量：平衡成交量指标（OBV）

平衡成交量指标（OBV，也称能量潮指标）是一个价格和成交量趋势量化指标，它是由《利润最大化下每日股票市场择时新策略》（普伦蒂斯霍尔出版社，新泽西州恩格尔伍德克利夫斯，1976）的作者约瑟夫·E. 格兰威尔推广的。它的计算很容易：如果今日收盘价高于昨日收盘价，那么全天的成交量被赋予一个正号；但如果今日收盘价低于昨日收盘价，那么全天的成交量被赋予一个负号。注意，它不管今天价格变动多少，是1美分还是10美元。只有价格变化的方向，向上或向下，决定了赋予全天成交量正号或负号。每日 OBV 被累积在运行总和中，同纯粹价格走势图进行直观比较，用于显示确认或背离。

在数学上，今日 OBV 在累积前可计算如下：

$$OBV = ((C-P) / |C-P|) * V$$

其中

C = 当期收盘价

P = 上期收盘价

|C-P|=两个收盘价之差的绝对值

V=当期成交量

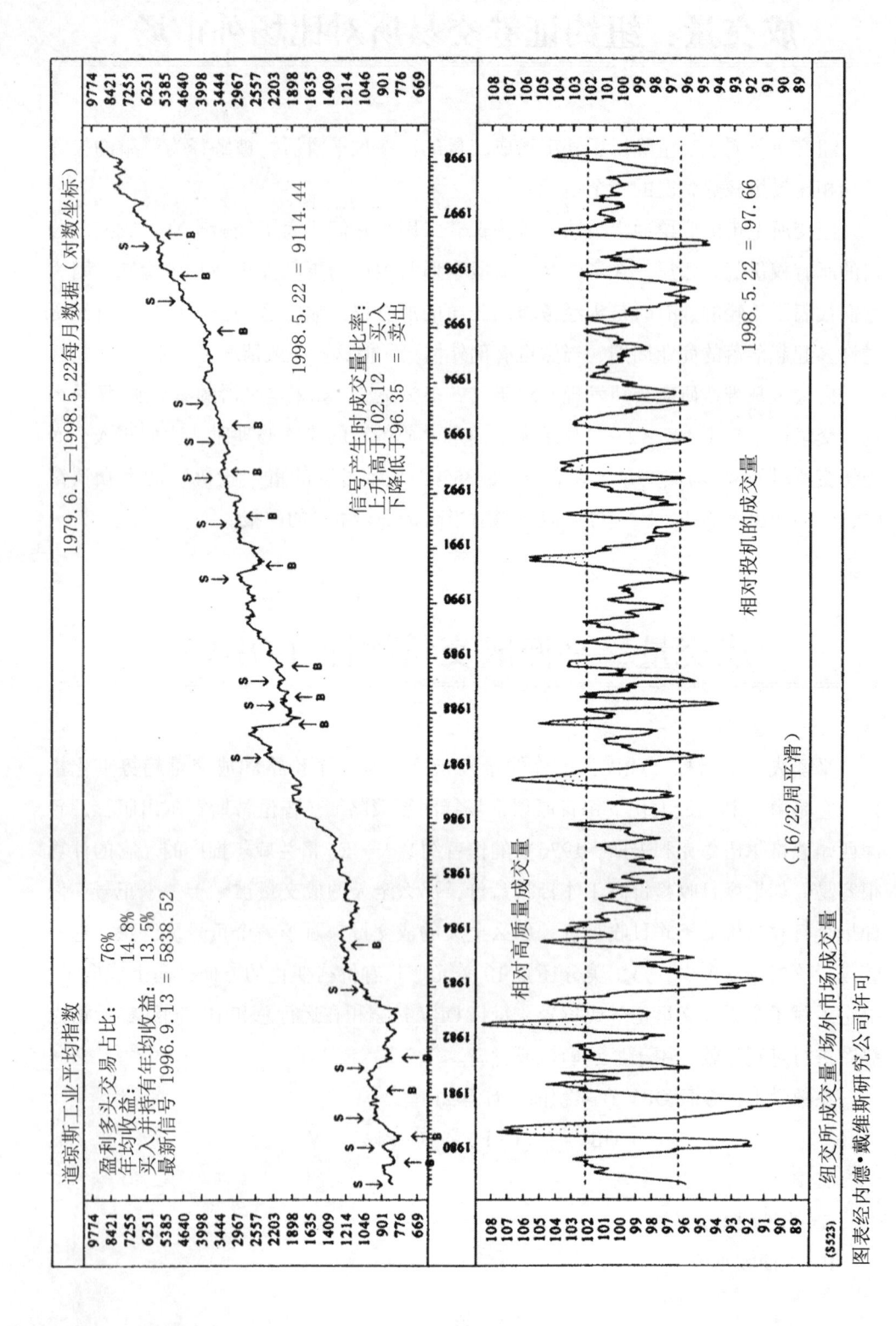

由于任何正数除以它本身的绝对值是1，所以括号中的表达式只用来决定符号，正号或负号。因此，如果当期价格变动是正的（上升），C大于P，那么该期成交量被赋予一个正号。但如果C小于P，则价格已经下跌，而该期成交量被赋予一个负号。

每日OBV累计总运行总和考虑每日OBV的正负号，这使得累积OBV线每日随着价格的上升而上升，随着价格的下降而下降，当日成交量决定了该上升或下降的大小。

分析OBV有各种各样的方法，可使用所有评估趋势的技术工具、超买/超卖变动指标以及背离分析。到目前为止，最简单的方法是使用计算机来找出一个客观的趋势跟踪决策规则。

可以用下列Equis国际公司MetaStock©系统指标建立器公式来绘制累积OBV：

(If(C>Ref(C,-1),1,-1)*V)+PREV

平衡成交量指标策略举例

历史数据显示，OBV是一个更好的基于成交量的摆动指标，它极大幅度地击败了买入并持有策略。但它仍然是一个比成交量*价格动量摆动指标（V*PMO）效果稍差的指标，尤其是对于多头方。以1928年至2001年的72年期间纽约证券交易所每日交易股票数量和DJIA每日价格为基础，我们发现，如果不带主观性，不运用复杂技术分析，不妄断，而以纯机械式的趋势跟踪信号为基础，下列参数能产生良好的交易结果。

多头开仓（买入）：当累积OBV线上穿其昨日的3日EMA时，以DJIA当日收盘价买入。

多头平仓（卖出）：当累积OBV线下穿其昨日的3日EMA时，以DJIA当日收盘价卖出。

空头开仓（卖出空头）：当累积OBV线下穿其昨日的3日EMA时，以DJIA当日收盘价卖出空头。

空头平仓（平仓）：当累积OBV线上穿其昨日的3日EMA时，以DJIA当日收盘价平仓空头。

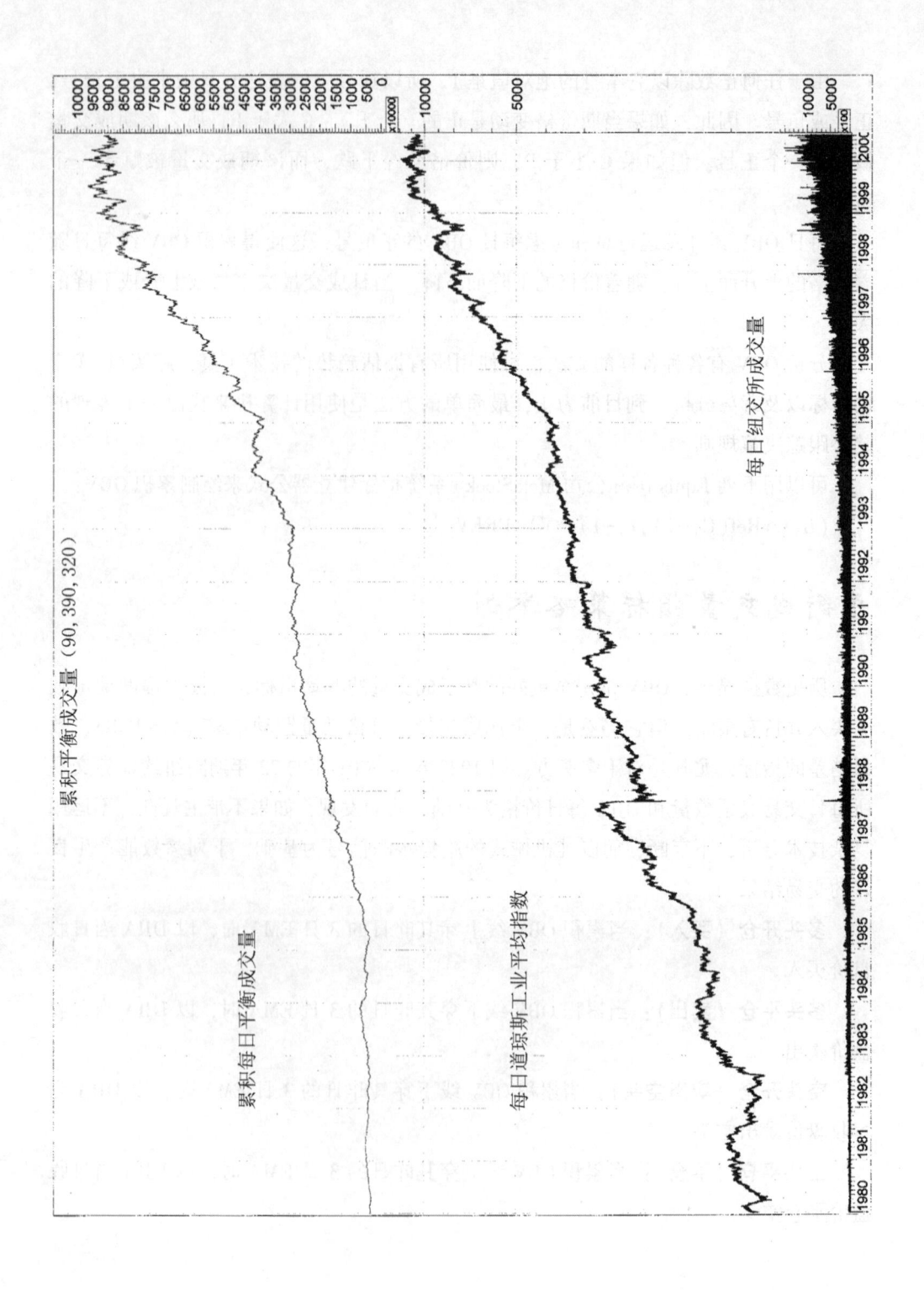

累积平衡成交量（90，390，320）

累积每日平衡成交量

每日道琼斯工业平均指数

每日纽交所成交量

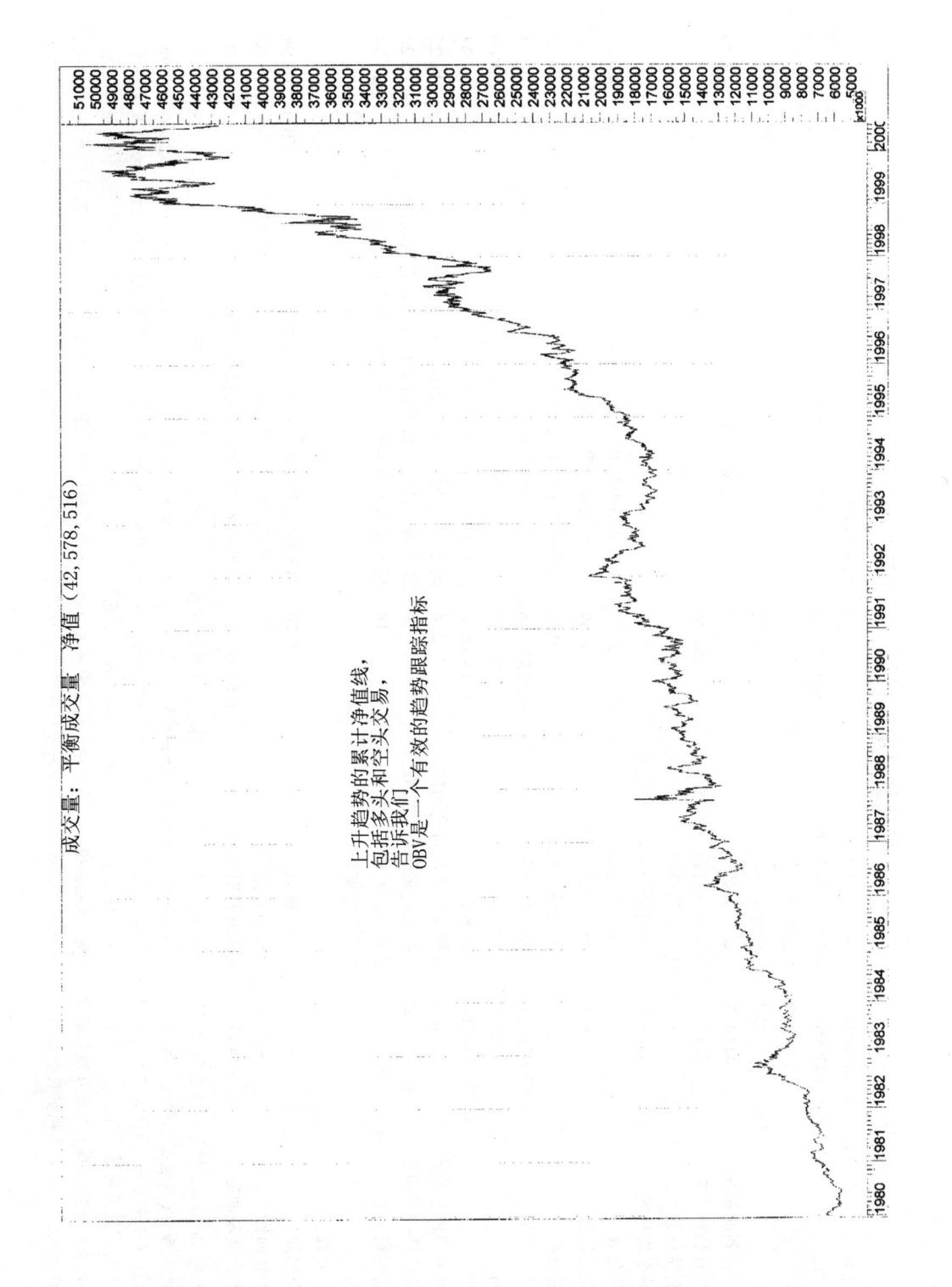

成交量：平衡成交量 净值（42,578,516）

上升趋势的累计净值线，
包括多头和空头交易，
告诉我们
OBV是一个有效的趋势跟踪指标

成交量:OBV 穿越 3 日 EMA

净利润总额	47999352	未平仓头寸价值	0	超额利润比率%	1165062.91
盈亏百分比	47999352	年均盈亏百分比	661322.79	年均超额净利润比率%	1165021.19
初始投资	100	利息收入	0		
当前头寸	多头	头寸建立日期	4/12/01		
买入并持有利润总额	4119.54	测试总天数	26492	平均每笔交易天数	3.50
买入并持有利润率%	4119.54	年均买入并持有利润率%	56.76		
已平仓交易总数	7564	佣金支付总额	0		
每笔交易盈利与平均利润	6345.76	平均盈利与平均亏损比率	1.86		
多头交易总数	3782	空头交易总数	3782	多头交易中盈利交易占比%	43.47
盈利多头交易数	1644	盈利空头交易数	1349	空头交易中盈利交易占比%	35.67
亏损交易总数	2993	亏损交易总数	4571	交易总数中盈利交易占比%	39.57
盈利交易总金额	270331232	亏损交易总金额	-222332048	交易总金额中净盈利金额占比%	9.74
平均盈利	90321.16	平均亏损	-48639.7	平均盈亏总额中净平均盈利占比%	30.00
最大盈利	3141108	最大亏损	-1480628	最大盈亏合计中净盈利占比%	35.93
盈利交易平均持仓期数	4.95	亏损交易平均持仓期数	2.4	盈亏持仓期数差占亏损持仓期数比例%	106.25
盈利交易最长持仓期数	20	亏损交易最长持仓期数	9	盈亏最长持仓期数差占最长亏损持仓期数比%	122.22
最大连续盈亏次数	13	最大连续亏损次数	18	最大连续盈亏期数与净连续亏损期数比例%	-27.78
空仓总期数	5	平均空仓期数	5		
最长空仓期数	5				
系统平仓回撤	-47.12	盈亏比指数	17.76	净利润与系统平仓未平仓回撤之比%	101866196.94
系统未平仓回撤	-47.12	风险回报指数	100	净利润同系统平仓未平仓回撤之差与净利润之比%	100.00
最大平仓交易回撤	-1480628	买入并持有指数	1165062.34	系统未平仓回撤与净利润之比%	0.00

在 Equis 公司"Metastock©"系统报告"(盈亏概览统计)中,净利润总额等于利润合计(盈亏合计仅包括已平仓头寸),包括按市值计价的未平仓头寸。相对地,盈利交易总金额是指已实现利润合计(仅包括已平仓头寸)。同样,亏损交易总金额是指已实现亏损合计(仅包括已平仓头寸)。平均每笔交易天数指已平仓头寸的累计净值曲线低于初始投资线的最大降幅,系统未平仓回撤(SODD)是指未平仓头寸的累计净值曲线低于初始投资线的最大降幅。系统平仓回撤是指基于已平仓头寸净值计算的累计净值低于初始投资线的最大降幅。盈亏比指数是关于将盈利交易总金额与亏损交易总金额联系在一起的一个复杂结果,值的范围位于-100(最差可能表现)与+100(最好可能表现)之间,0值代表盈亏相等。风险回报指数等于净利润总额减去再除以净利润的差再除以净利润总额。在本次演练交易中,初始投资假设为100美元。多头交易和空头交易都进行,除非另有说明。交易按信号出现当天收盘价格执行,统计分析中不包括交易成本、利息费用和利润。

— 724 —

运用该 OBV 指标策略，以 100 美元开始投资并将利润再投资，假如充分运用该投资策略进行利润再投资操作，无交易成本和税收，净利润总额将达到 47,999,352 美元，这比买入并持有策略高出 1,165,062.91%。与大多数其他基于成交量的指标不同，OBV 自从 1987 年股灾以来是显著盈利的，尽管在破纪录的牛市中不盈利的空头交易带来了亏损。毫不奇怪，空头交易自从 1982 年以来是极度不盈利的，而多头交易是非常盈利的。交易极度活跃，平均每 3.50 个日历日就交易一次。

Equis 国际公司 MetaStock© 系统测试规则书写如下：

多头开仓：OBV( )>Ref(Mov(OBV( ),opt1,E),-1)
多头平仓：OBV( )<Ref(Mov(OBV( ),opt1,E),-1)
空头开仓：OBV( )<Ref(Mov(OBV( ),opt1,E),-1)
空头平仓：OBV( )>Ref(Mov(OBV( ),opt1,E),-1)
OPT1 当前值：3

成交量摆动指标

摆动指标有效地组织或驯服了原始市场数据，用于系统交易策略或投资择时模型。例如，我们发现成交量的 220 日 EMA 可以用来定义交易活动是否活跃。通过计算成交量对其 220 日趋势线的百分比背离，并绘制它，我们可以直观地把握交易活动高于或低于正常水平究竟多少。

例如，浏览一下下图，当股票换手率高于或低于正常值 50% 时，我们就能很容易地理解了。只需用当前成交量减去它自己跟踪 220 日 EMA，再用该差值除以 220 日 EMA，然后用该比率乘以 100，以便将比率分数转换成百分比，如下面 Equis MetaStock© 系统指标建立器公式所示：

(V-(Ref(Mov(V,220,E),-1)))
/(Ref(Mov(V,220,E),-1))*100;
Input("Plot a horizontal line at",-0.25,0.25,0);
其中
V=当期交易活动总成交量
Ref(Mov(V,220,E),-1)=昨日的成交量 220 日 EMA

成交量摆动指标，
(V-(Ref(Mov(V, 220, E), -1)))
/(Ref(Mov(V, 220, E), -1))*100;
Input("Plot a horizontal line at", -0.25, 0.25, 0);

1999年和2000年道琼斯工业平均指数

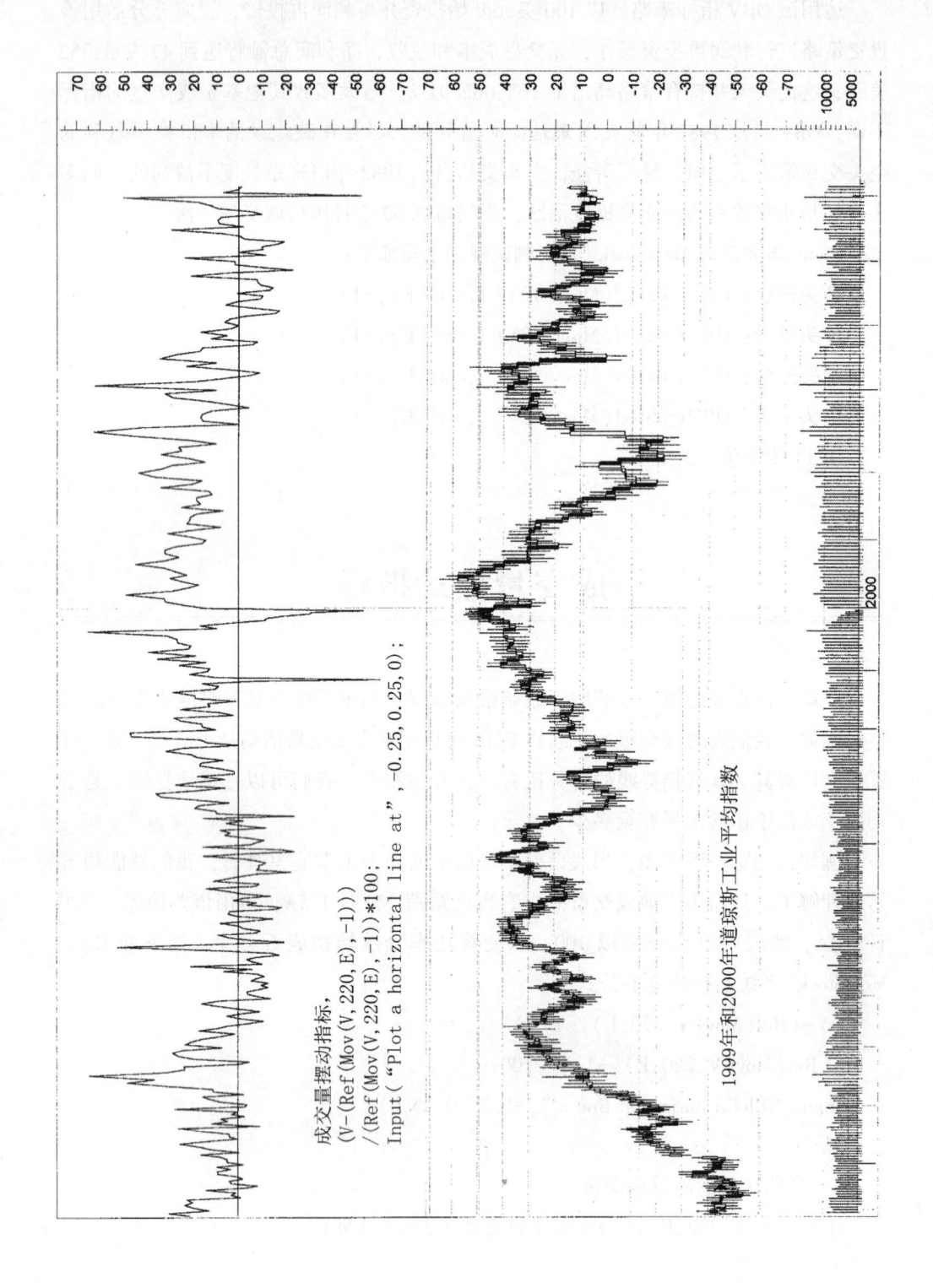

成交量 * 价格动量摆动指标（V * PMO）

成交量 * 价格动量摆动指标（V * PMO）是一个价格和成交量动量摆动指标。在应用平滑之前，1 日的 V * PMO 的基本输入值可表示如下：

今日 V * PMO 输入值 = V * P

其中

V = 今日成交量

P = 今日价格变动，用收盘价减去昨日收盘价

例如，如果今日价格变动为下跌 4 点，今日成交量为 200，那么今日 V * PMO 输入值为 -800。

接下来，计算这些每日价格变动乘以成交量值的指数移动平均值。这样就平滑了不规则的每日数据，足以使我们绘制一个动量摆动指标，有助于系统开发，也可能有助于主观解释，包括背离分析。

通常与简单的动量指标一起，当 V * PMO 的 n 期指数移动平均线为正时，动量看涨，所以我们买入，建立多头头寸。但是当 V * PMO 的 n 期指数移动平均线为负时，我们平仓多头头寸并建立空头头寸。

成交量 * 价格动量摆动指标（V * PMO）的指标策略举例

历史数据显示，成交量 * 价格动量摆动指标（V * PMO）是一个有效的指标，尤其是对于多头方。以 1928 年至 2001 年的 72 年期间纽约证券交易所每日交易股票数量和 DJIA 每日价格为基础，我们发现，如果不带主观性，不运用复杂技术分析，不妄断，而以纯机械式的趋势跟踪信号为基础，下列参数能产生相当良好的交易结果。

多头开仓（买入）：当每日 V * PMO 的 3 日 EMA 大于 0 时，以 DJIA 当日收盘价买入。

多头平仓（卖出）：当每日 V * PMO 的 3 日 EMA 小于 0 时，以 DJIA 当日收盘价卖出。

空头开仓（卖出空头）：当每日 V * PMO 的 3 日 EMA 小于 0 时，以 DJIA 当日收盘价卖出空头。

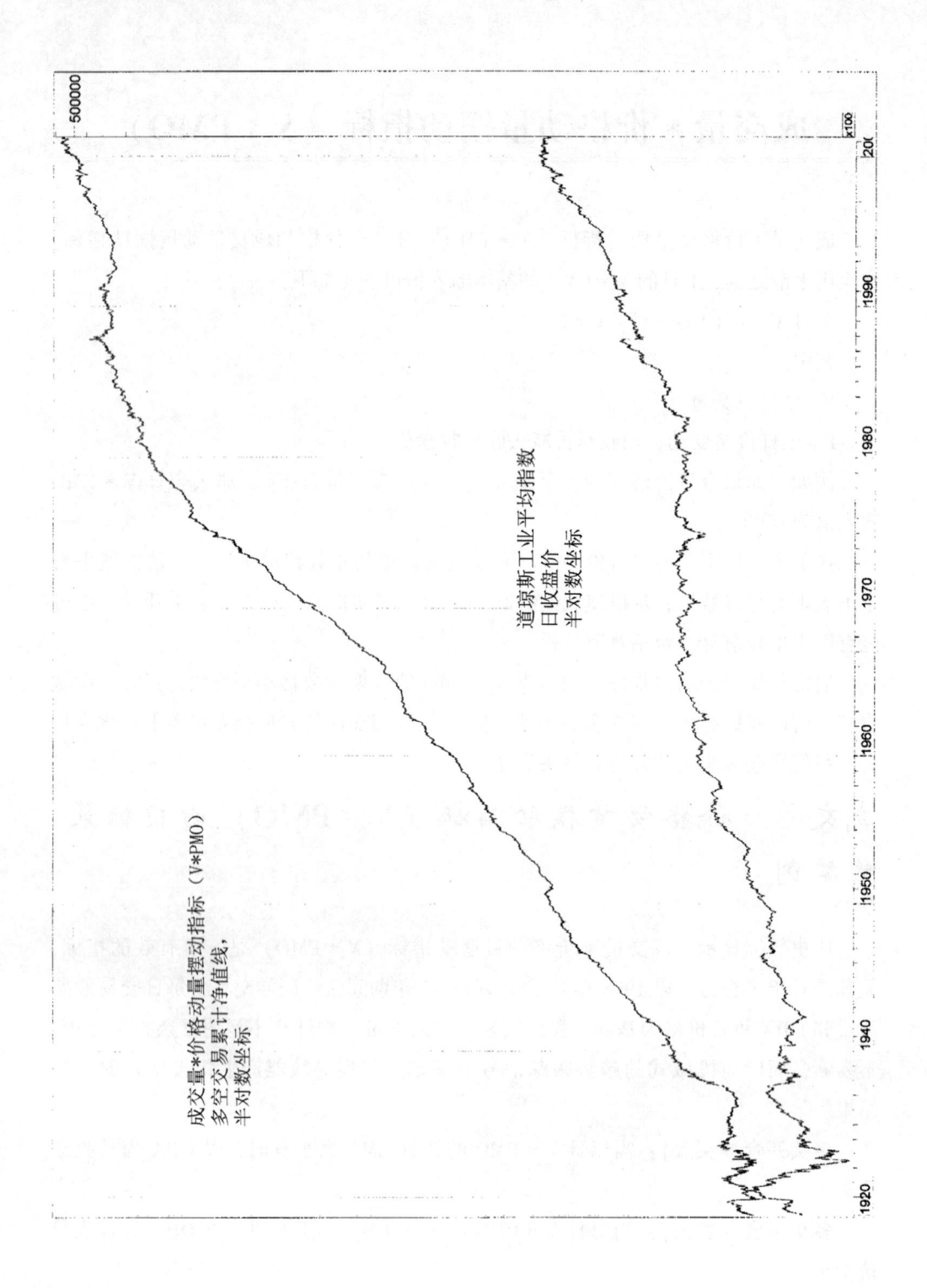

成交量*价格动量摆动指标（V*PMO）
多空交易累计净值线，
半对数坐标

道琼斯工业平均指数
日收盘价
半对数坐标

成交量 * 价格动量摆动指标（V * PMO）

净利润总额	61609220	未平仓头寸价值	1270590.38	超额净利润比率%	1495436.39
盈亏百分比	61609220	年均盈亏百分比	848836.08	年均超额净利润比率%	1495382.88
初始投资	100	利息收入	0		
当前头寸	多头	头寸建立日期	4/5/01		
买入并持有利润总额	4119.54	测试总天数	26492	平均每笔交易天数	5.29
买入并持有利润率%	4119.54	年均买入并持有利润率%	56.76		
已平仓交易总数	5008	佣金支付总额	0		
每笔交易平均利润	12048.45	平均盈利与平均亏损比率	1.86		
多头交易总数	2504	空头交易总数	2504	多头交易中盈利交易占比%	44.05
盈利多头交易数	1103	盈利空头交易数	893	空头交易中盈利交易占比%	35.66
盈利交易总数	1996	亏损交易总数	3012	交易总数中盈利交易占比%	39.86
盈利交易总金额	320391680	亏损交易总金额	-260053184	交易总金额中净盈利金额占比%	10.40
平均盈利	160516.87	平均亏损	-86339.04	平均盈亏总额中净平均盈利占比%	30.05
最大盈利	5003268	最大亏损	-2330460	最大盈亏合计中净盈利占比%	36.45
盈利交易平均持仓期数	7.24	亏损交易平均持仓期数	2.91	盈亏持仓期数差占亏损持仓期数比例%	148.80
盈利交易最长持仓期数	26	亏损交易最长持仓期数	11	盈亏最长持仓期数差占最长亏损持仓期数比例%	136.36
最大连续盈利次数	8	最大连续亏损次数	11	最大连续盈亏期数差占连续亏损期数比例%	-27.27
空仓总期数	4	平均空仓期数	4		
最长空仓期数	4				
系统平仓回撤	-1.32	盈亏比指数	19.15	净利润与系统未平仓回撤之比	3779706748.47
系统未平仓回撤	-1.68	风险回报指数	100	净利润同系统未平仓回撤之差与净利润之比%	100.00
最大未平仓交易回撤	-2330460	买入并持有指数	1526278.67	系统未平仓回撤与净利润之比%	0.00

在 Equis 公司 Metastock© "系统报告"（盈亏概览统计）中，净利润总额等于净利润合计减去亏损合计，包括技术市值计价的未平仓头寸。相对地，盈亏总额是指已实现利润合计（仅包括任何已平仓交易头寸），不包括任何未平仓头寸。同样，亏损交易是指已实现亏损合计（仅包括已平仓交易）所有亏损总金额。初始投资（取值为100美元，最好可能表现）是指年平仓投资比率（取值为100美元，最好可能表现）+100（最好可能表现）之间，0值代表盈亏相等，风险回报指数等于净利润总额减去系统未平仓回撤再除以净利润总额。在本次演练交易中，初始投资假设为100美元。多头交易和空头交易都进行，除非另有说明。交易按信号出现当天收盘价格执行，统计分析中不包括交易成本、利息费用和利润。

— 729 —

空头平仓（平仓）：当每日 V∗PMO 的 3 日 EMA 大于 0 时，以 DJIA 当日收盘价平仓空头。

运用该成交量∗价格动量摆动指标（V∗PMO）策略，以 100 美元开始投资并将利润再投资，假如充分运用该投资策略进行利润再投资操作，无交易成本和税收，净利润总额将达到 61,609,220 美元，这比买入并持有策略高出 1,495,436.39%。空头卖出交易对于整个 72 年期间是盈利的，但自从 1985 年以来是不盈利的。交易极度活跃，平均每 5.29 个日历日交易一次。

Equis 国际公司 MetaStock© 系统测试规则书写如下：
多头开仓：Mov((C-Ref(C,-1))∗V,opt1,E)>0
多头平仓：Mov((C-Ref(C,-1))∗V,opt1,E)<0
空头开仓：Mov((C-Ref(C,-1))∗V,opt1,E)<0
空头平仓：Mov((C-Ref(C,-1))∗V,opt1,E)>0
OPT1 当前值：3

成交量反转指标

当成交量增加且有明确的定向价格波动幅度扩大时，接下来会出现成交量反转。成交量反转指标是由技术分析师马克·A. 莱博威特开发出来的，他专门从事交易活动的研究。莱博威特是市场简报半月刊《成交量反转调查》（亚利桑那州塞多纳第 1451 邮政信箱）的编辑。成交量反转基于以往的技术分析观察，即成交量应该增加以确认定向价格运动的变动。莱博威特成交量反转指标的解释完全基于下列定义：

- 当今日总交易活动大于昨日交易量时，出现"上升成交量"。
- 当当前日内最高价高于昨日最高价且当前日内最低价等于或高于昨日最低价时，出现"反弹日"。
- 当当前日内最低价低于昨日最低价且当前日内最高价等于或低于昨日最高价时，出现"折返日"。
- 当从折返日到反弹日的变动伴随成交量的上升时，出现"正成交量反转"。
- 当从反弹日到折返日的变动伴随成交量的上升时，出现"负成交量反转"。

重要的是，在莱博威特成交量反转指标的解释中，我们强调一下什么应该被忽视为不相关：

- 当当前日内最高价等于或低于昨日最高价且当前日内最低价等于或高于昨日

最低价时，出现"内包日"。

- 当当前日内最高价高于昨日最高价且当前日内最低价低于昨日最低价时，出现"外包日"。
- 收盘价是当日最终价格，它也毫无价值。

仔细检查下一页图上的买卖箭头，就应该弄明白这些定义了。

在我们的独立指标策略测试中，近年来该指标跑输消极的买入并持有策略。如标准普尔存托凭证图表显示，累积成交量反转指标在 1997 年 7 月 22 日见顶，但进行实际交易还为时太早。看来，莱博威特的成功取决于他基于长期经验的良好判断，而不是对这一指标简单机械的解释。

使用 Equis 国际公司 MetaStock© 系统指标建立器语言，累积成交量反转指标（类似于平衡成交量指标）可以书写如下：

Cum ((If(H>Ref(H,-1)) AND (L>=Ref(L,-1)) AND (V>Ref(V,-1)),V,0))

+(If((H<=Ref(H,-1)) AND (L<Ref(L,-1)) AND (V>Ref(V,-1)),-V,0)))

Equis 国际公司 MetaStock© 系统测试规则可以书写如下：

多头开仓：H>Ref(H,-1) AND L>=Ref(L,-1) AND V>Ref(V,-1)

多头平仓：H<=Ref(H,-1) AND L<Ref(L,-1) AND V>Ref(V,-1)

空头开仓：H<=Ref(H,-1) AND L<Ref(L,-1) AND V>Ref(V,-1)

空头平仓：H>Ref(H,-1) AND L>=Ref(L,-1) AND V>Ref(V,-1)

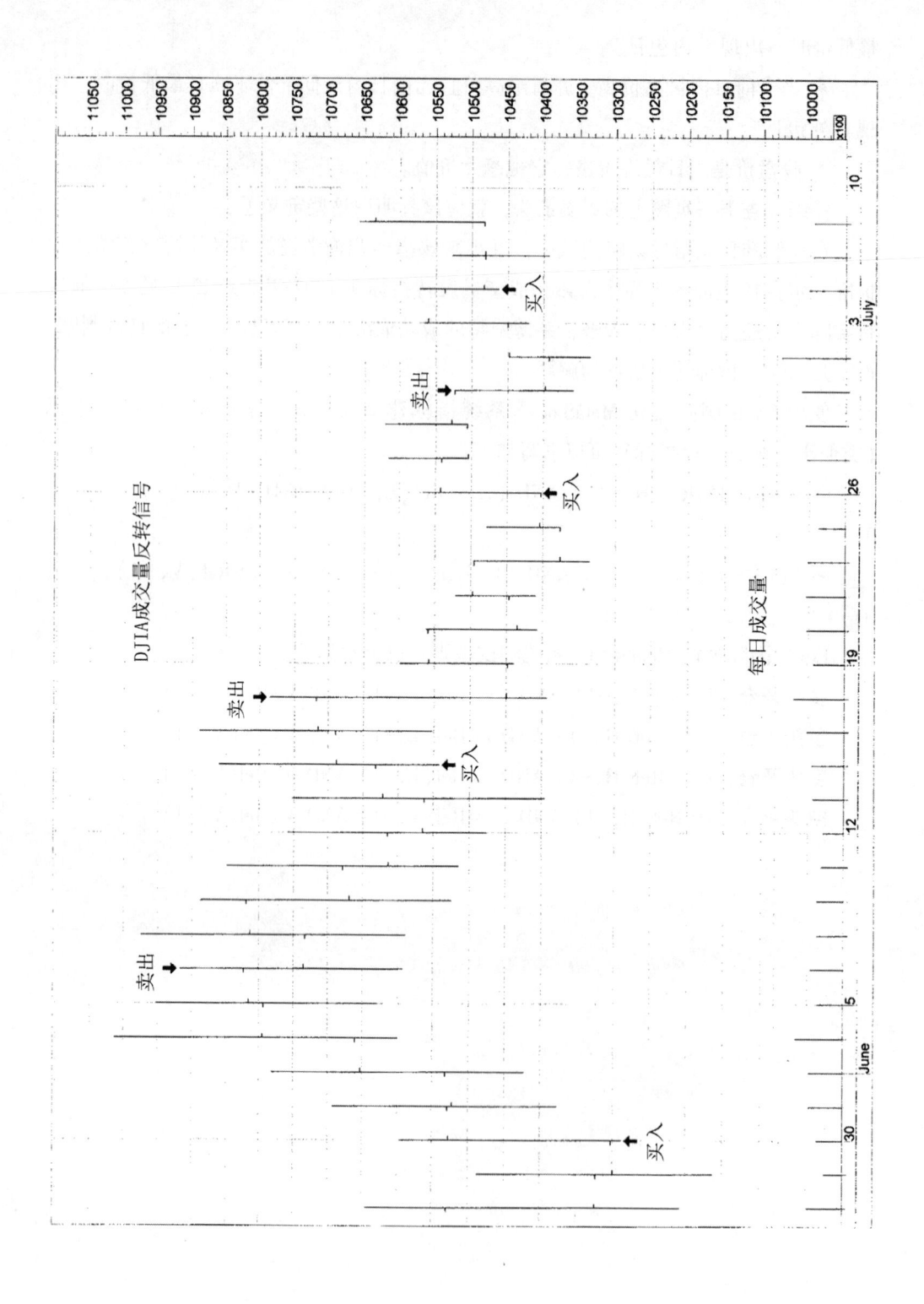

上涨日成交量/下跌日成交量

上涨日成交量/下跌日成交量，由获奖技术分析师、特许市场技术分析师阿瑟·A. 梅里尔开发，是一个比率摆动指标，计算它用最近5个以更高价收盘的交易日的每日成交量总和除以最近5个以更低价收盘的交易日的每日成交量总和。下面的例子应该能说清楚它：

日数	交易股票成交量	收盘价：上升或下降
1	183	上升
2	165	下降
3	177	下降
4	242	上升
5	234	上升
6	212	下降
7	195	上升
8	152	下降
9	145	下降
10	163	下降
11	159	下降
12	180	上升

$$上涨日成交量/下跌日成交量 = \frac{183+242+234+195+180}{212+152+145+163+159}$$

以上计算结果为1.24。根据阿瑟·A. 梅里尔的研究，高于1.05的读数是看涨的，而低于0.95的读数是看跌的。

成交量：威廉变异离散量（WVAD）

成交量：威廉变异离散量（WVAD）是由拉里·威廉姆斯开发的一个成交量加权的价格动量摆动指标。WVAD基于以下观点，衡量一天买入力量和卖出压力的最好方法，是建立在当天市场从开盘价运行到收盘价的两个点位之间关系的基础上。具体来说，它的计算和解释分为六个步骤：

1. 用收盘价减去开盘价，注意符号，正号或负号。
2. 用该差值（来自第1步）除以最高价与最低价的差。
3. 用该比率（来自第2步）乘以成交量。
4. 在 n 日移动时间窗口内求该结果（来自第3步）的平均值。
5. 如果移动平均值（来自第4步）是正的，则买入力量占主导地位，所以建立多头头寸。
6. 如果移动平均值（来自第4步）是负的，则卖出力量占主导地位，所以建立空头头寸。

在数学上，WVAD 公式的第 1 步至第 3 步可以表示为：
$$WVAD = (((C-O)/(H-L))*V)$$

其中

C = 当期收盘价

O = 当期开盘价

H = 当期最高价

L = 当期最低价

V = 当期成交量

例如，如果当天开盘价为 175，最高价为 180，最低价为 160，收盘价为 165，成交量为 2000 股，那么：

$WVAD = (((165-175)/(180-160))*2000) = -1000$

在第 4 步中，例如对于 4 期 WVAD，该 -1000 会成为 4 日移动平均线的输入值。

在我们的独立指标策略测试中，近年来该指标跑输消极的买入并持有策略。如标准普尔存托凭证图表显示，累积 WVAD 指标在 1998 年 4 月 3 日见顶，但进行实际交易还为时太早。看来，威廉姆斯的成功取决于他基于长期经验的良好判断，而不是对这一指标简单机械的解释。

使用 Equis 国际公司 MetaStock© 系统指标建立器语言，累积 WVAD 指标可以书写为：Cum((((C-O)/(H-L))*V)

Equis 国际公司 MetaStock© 系统测试规则可以书写如下：

多头开仓：Mov(((C-O)/(H-L))*V,opt1,E)>0

多头平仓：Mov(((C-O)/(H-L))*V,opt1,E)<0

空头开仓：Mov(((C-O)/(H-L))*V,opt1,E)<0

空头平仓：Mov(((C-O)/(H-L))*V,opt1,E)>0

OPT1 当前值：4

成交量：WVAD（上方的曲线）
标准普尔存托凭证（中间的曲线）
成交量柱状图（下方的柱线）

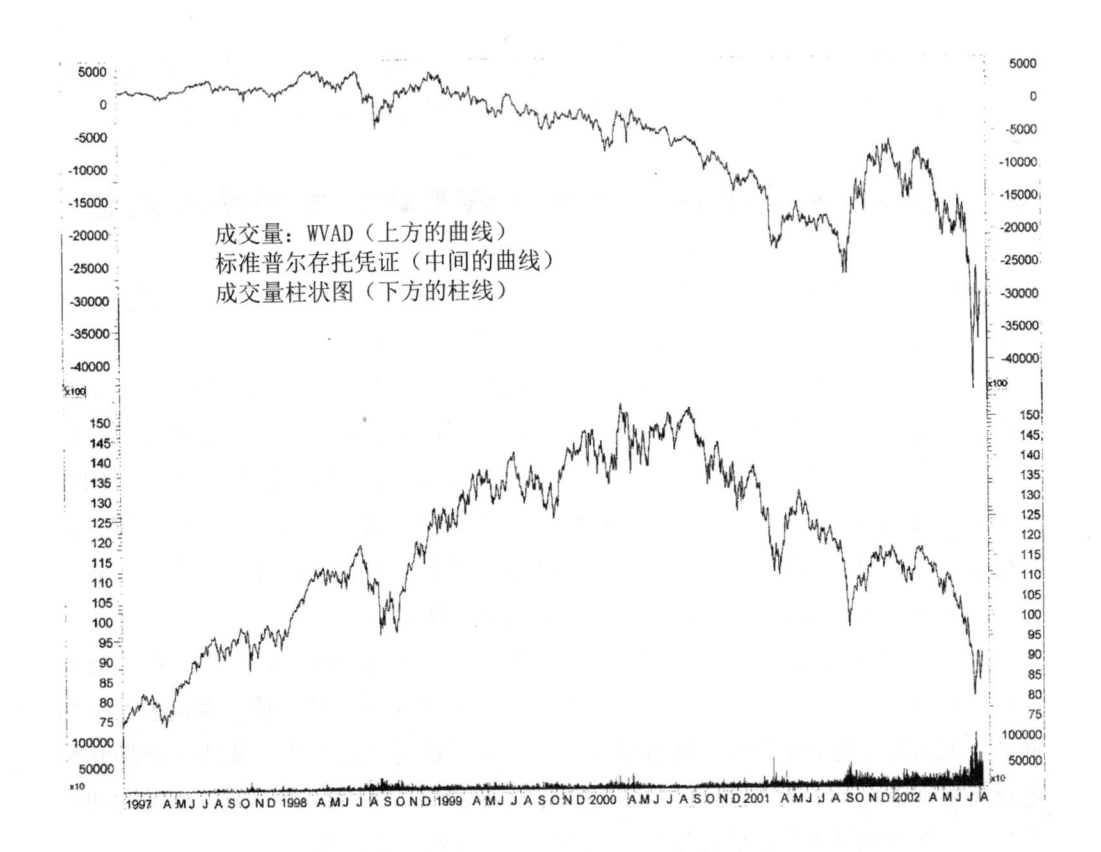

每周华尔街（W$W）市场技术指标

每周华尔街（W$W）市场技术指标曾经是最广泛采用的技术市场指标之一，这归功于美国公共电视网（PBS）每周电视节目的流行。它是包括十个不同股票市场指标的一个共识指标，创建者为罗伯特·J. 纽洛克（投资者分析公司总裁/市场策略师，新墨西哥州圣达菲第460号邮政信箱，邮编87504-1460）。鲍勃·纽洛克是1970年该节目开始以来多年的原始"领英"和原始定期嘉宾之一，当鲍勃·纽洛克放弃了演艺事业时，他的指标也随他一起离开了每周华尔街节目。不过，纽罗克的每周华尔街（W$W）市场技术指标是一个很有意思的复杂组合指标的例子，表现相当卓越。

1972年10月6日，W$W市场技术指标被介绍给华尔街周观众，它以十个不同市场技术指标的每周解释为基础，该指标忽略了有关经济、公司盈利和股息的基本面数据。十个市场技术指标读数被加总为一个数字，以帮助投资者感知变化，包括通常在关键市场转折点出现的投资者心理、市场行为、投机和货币环境。该指标试图识别中长期的市场走势（持续3至6个月或更长时间），而不是短期的波动。

纽罗克设计的指标既用来确认当前趋势的延续（当大部分组成指标是中性的），也为当前趋势改变提供早期预警（当五个或更多的组成指标变为正值或负值）。

纽罗克如何构建每周华尔街（W$W）市场技术指标

纽罗克使用以下十个市场技术指标，纽罗克说明了他每年更新具体计算公式和解释水平的目的，在本书的每个指标项下分别提供了更多的当前参数。

1. 动量比率衡量 DJIA 同其 30 日简单移动平均线之间的百分比差异，用 DJIA 的最新收盘价除以它最近 30 日简单移动平均值。当 DJIA 偏离其 30 日简单移动平均线超过百分之三（3%）时，所算出的动量摆动指标显示超买/超卖预警。当 DJIA 低于其 30 日简单移动平均线超过百分之三（3%）时，通常显示市场底部极值，该指标是积极的和看涨的。当 DJIA 高于其 30 日简单移动平均线超过百分之三（3%）时，通常显示市场顶部极值，该指标是消极的和看跌的。

2. 高低点指数比较过去 10 个交易日纽交所创出新高的股票总数量与跌至新低的股票总数量，计算并比较新高总数量和新低总数量的 10 日移动值。在显著的市场底部，创出新高的股票很少。在市场顶部，显示新低的股票很少。从任一极端开始的反转都确认市场方向的改变，当新高数量上穿新低数量时，该指标是积极的和看涨的。当新高数量下穿新低数量时，该指标是消极的和看跌的。

3. 市场宽度指标是过去 10 个交易日每日上涨数量和下跌数量总净差值的移动值。该宽度动量指标通过显示大多数股票是否沿市场均线的相同方向运动，来量化市场运动的潜在强度，是大盘强弱的重要确认指标。当该指标从下向上穿过 +1000 时，指标是积极的和看涨的，而且它会保持积极，直到从峰值下降 1000 点。当该指标从上向下穿过 -1000 时，指标是消极的和看跌的，而且它会保持消极，直到从谷值上升 1000 点，-1000 与 +1000 之间的读数是中性的。

4. 阿姆斯短线交易指数使用纽交所数据计算（上涨股票数量/下跌股票数量）/（上涨股票成交量/下跌股票成交量）的 10 日移动平均线。高于 1.20 的读数表明极度悲观，是积极的；低于 0.80 的读数表明极度乐观，是消极的。

5. 当不足 30% 的纽交所股票在其 10 周移动平均线上方成交，并且不足 40% 的纽交所股票在其 30 周移动平均线上方成交时，纽交所股票高于其移动平均线的百分比指标是超卖的，因而是积极的。当超过 70% 的纽交所股票在其 10 周移动平均线上方成交，并且超过 60% 的纽交所股票在其 30 周移动平均线上方成交时，该指标是超买的，因而是消极的。

6. 期权费比率是以每周为基础用所有上市看跌期权的平均期权费除以所有上市看涨期权的平均期权费，原始数据来自期权清算公司（伊利诺伊州芝加哥西杰克逊大道 142 号，邮编 60604）。当期权费比率高于 95.5% 时，它表明投资者过度悲观，是积极的。当期权费比率低于 42% 时，投资者过度哄抬看涨期权价格，因此过度乐观，是消极的。

7. 投资人情报公司的投资顾问情绪调查将大约 100 家股票市场简报的预测分类为看涨、看跌或预期市场折返。当情绪变得明显一边倒时，预期市场会有反向运动。当看跌百分比加上预期市场折返百分比的一半上升高于 51.5% 时，它是积极的和看涨的。当同一计算结果读数低于 35.5% 时，它是消极的和看跌的。

8. 低价位活跃度比率是巴伦的低价位股票指数成交量水平与 DJIA 蓝筹股成交量水平之比。高于 7.59% 的比率表明投机活动较高，是消极的和看跌的。低于 2.82% 的比率表明投机较低，是积极的和看涨的。

9. 内部人活跃度比率是内部人卖出交易相对于买入交易的比率，由维克斯股票研究公司每周编制。高于 3.61 比 1 的比率意味着卖方的数量明显远多于买方，表明主要的公司内部人认为他们的股票被高估，可能出现向下的价格调整。低于 1.42 的比率意味着内部人认为他们的股票被低估，可能出现向上的价格运动，内部人通常是正确的。

10. 美联储政策为联邦储备委员会政策的方向提供了指南，反映在联邦基金利率相对于贴现率的水平上。用联邦基金的每日收盘出价除以贴现率。每周用星期五、星期一、星期二和星期四的 4 日平均线平滑这些比率。由于银行周交易结束时个别银行要平衡储备头寸，导致星期三的读数异常波动，所以星期三的读数被忽略。该 4 日移动平均线高于 125% 时是消极的，表明联邦基金利率相对于贴现率较高，银根收紧，这通常会放缓经济增长，抑制股票市场。4 日移动平均线低于 103% 时是积极的，因为联邦基金利率相对于贴现率较低表明银根放松，这会促进经济扩张和股票市场上升。

每周华尔街（W $ W）市场技术指标是如何编制的

W $ W 指标每周在周五编制一次，以 10 个指标每一个截至星期四收盘价的数据为基础。

- 当一个指标触及通常在市场底部显示的极值时，它是积极的和看涨的，因此赋给它一个正 1 的值。
- 当一个指标触及通常在市场顶部显示的极值时，它是消极的和看跌的，因此赋给它一个负 1 的值。
- 当一个指标在两个极值之间，它是中性的，因此赋给它一个 0 值。
- 当一个指标第一次从一个极值直接运动到另一个极值时（从积极到消极或从消极到积极），赋给它一个中性的 0 值，该 0 值保持不变，直到到达正值或负值，这种首次例外使得典型新趋势中的初始强势动量能逐渐消散。

一旦对 10 个指标的每一个进行这种赋值（+1，0 或 -1）完成后，将 10 个值加在一起（考虑符号，正号或负号），得到当周 W $ W 指标读数。例如，如果 4 个指标是积极的和看涨的，5个是中性的，1个是消极的和看跌的，那么和值为4+0-1=3。再例如，如果2个指标是看涨的，1个是中性的，7个是看跌的，那么和值为2+0-7=-5。

如何解释每周华尔街（W＄W）市场技术指标

W＄W当前读数	解释
10	极度看涨
9	极度看涨
8	极度看涨
7	极度看涨
6	极度看涨
5	极度看涨
4	强势看涨
3	看涨
2	轻度看涨
1	中性
0	中性
-1	中性
-2	轻度看跌
-3	看跌
-4	强势看跌
-5	极度看跌
-6	极度看跌
-7	极度看跌
-8	极度看跌
-9	极度看跌
-10	极度看跌

每周华尔街（W＄W）市场技术指标的表现是高度显著的

特许市场技术分析师阿瑟·A. 梅里尔独立地证实了W＄W指标预测道琼斯工业平均指数（DJIA）的能力。梅里尔检验了所有大于等于+5的积极或看涨的指标读数，用来确定在1、5、13、26和52周后DJIA是否更高。梅里尔还检查了所有小于等于-5的消极或看跌的指标读数，用来查看在1、5、13、26和52周后DJIA是否更低。

从1974年10月18日（W＄W指标第一版日期）到1986年12月31日的12.2年期间，W＄W指标提前1周预测DJIA的正确率为58.5%，提前5周的正确率为62.6%，提前13周的正确率为70.4%，提前26周的正确率为79.5%，提前52周的正确率为81.6%，所有读数都是统计上高度显著的。

加权移动平均线：移动位置加权算术平均方法

加权算术平均方法以时间位置按比例对每个数据观测点进行加权，最近的数据赋予最高的权重，最旧的数据赋予最低的权重。计算结果的总和（每日值乘以可变权重）再除以权重总和。

例如，假设市场已经收盘，我们打算为某一假定股票计算每日收盘价的6日加权移动平均线。

1. 首先，我们为6个最近过去每日收盘价编号，这样5日前最陈旧的数据编号为"第1日"，4日前的数据编号为"第2日"，3日前的数据编号为"第3日"，2日前的数据编号为"第4日"，1天前的数据编号为"第5日"，今日的数据编号为"第6日"，这些赋予日期位置的数字（1、2、3、4、5和6）就是我们的权重。

2. 使用这些权重，用5日前的每日收盘价乘以1，用4日前的每日收盘价乘以2，用3日前的每日收盘价乘以3，用2日前的每日收盘价乘以4，用1日前的每日收盘价乘以5，用今日的每日收盘价乘以6。

3. 将6个结果（来自第2步）加在一起，在本例中，结果总和为1135。

4. 计算权重总和，即1+2+3+4+5+6=21。权重求和的简化公式为 $0.5 \times n \times (n+1)$，其中n是观测点的数量。在本例中，权重总和为 $0.5 \times 6 \times (6+1) = 21$。

5. 用结果的总和（来自第3步）除以权重的总和（来自第4步），在本例中，结果的总和除以权重总和等于54。

假设股票的6日加权移动平均值

收盘价来自	每日收盘价权重	乘以	价格	等于	结果	结果总和/权重总和
5日前	1	×	50	=	50	
4日前	2	×	51	=	102	
3日前	3	×	53	=	159	
2日前	4	×	56	=	224	
1日前	5	×	60	=	300	
今日	6	×	50	=	300	—
合计	21				1135	54

使用一个微软Excel电子表格来计算月末纽交所综合指数的6个月加权移动平均数，假定价格在B列，下列公式插入H列的每一个单元格：

$$=(B6*1+B7*2+B8*3+B9*4+B10*5+B11*6)/21$$

月末纽交所综合指数的6个月加权移动平均数

行	A 月末日期	B 收盘价	C 乘以	D 权重	E 等于	F 结果	G 结果移动总和	H 结果总和/权重总和
6	2/28/74	51.56	×	1	=	51.56		
7	3/29/74	50.21	×	2	=	100.42		
8	4/30/74	47.93	×	3	=	143.79		
9	5/31/74	45.92	×	4	=	183.68		
10	6/28/74	44.90	×	5	=	224.50		
11	7/31/74	41.55	×	6	=	249.30	953.25	45.39
12	8/30/74	37.70	×	1	=	37.70	939.39	42.73
13	9/30/74	33.45	×	2	=	66.90	905.87	39.52
14	10/31/74	38.97	×	3	=	116.91	878.99	38.68
15	11/29/74	37.13	×	4	=	148.52	843.83	37.74
16	12/31/74	36.13	×	5	=	180.65	799.98	36.93
17	1/31/75	40.91	×	6	=	245.46	796.14	37.91
18	2/28/75	43.07	×	1	=	43.07	801.51	39.54
19	3/31/75	44.21	×	2	=	88.42	823.03	41.23
20	4/30/75	46.19	×	3	=	138.57	844.69	42.98
21	5/30/75	48.46	×	4	=	193.84	890.01	45.03
22	6/30/75	50.85	×	5	=	254.25	963.61	47.23
23	7/31/75	47.52	×	6	=	285.12	1003.27	47.77
24	8/29/75	46.29	×	1	=	46.29	1006.49	47.65
25	9/30/75	44.49	×	2	=	88.98	1007.05	46.86
26	10/31/75	47.05	×	3	=	141.15	1009.63	46.79
27	11/28/75	48.24	×	4	=	192.96	1008.75	47.02
28	12/31/75	47.64	×	5	=	238.20	992.70	47.09
29	1/30/76	53.55	×	6	=	321.30	1028.88	48.99
30	2/27/76	53.35	×	1	=	53.35	1035.94	50.56
31	3/31/76	54.80	×	2	=	109.60	1056.56	52.20
32	4/30/76	54.11	×	3	=	162.33	1077.74	53.15
33	5/31/76	53.31	×	4	=	213.24	1098.02	53.54
34	6/30/76	55.71	×	5	=	278.55	1138.37	54.38
35	7/30/76	55.26	×	6	=	331.56	1148.63	54.70

加权移动平均线交叉策略的指标策略举例

以 1900 年 1 月至 2001 年 3 月期间 DJIA 每日收盘价为基础，我们发现，如果不带主观性，不运用复杂技术分析，不妄断，而以纯机械式的趋势跟踪信号为基础，下列参数能产生非常好的交易结果。

多头开仓（买入）：当收盘价高于昨日的每日收盘价 6 日加权移动平均线时，以 DJIA 当日收盘价买入。

多头平仓（卖出）：当收盘价低于昨日的每日收盘价 6 日加权移动平均线时，以 DJIA 当日收盘价卖出。

空头开仓（卖出空头）：当收盘价低于昨日的每日收盘价 6 日加权移动平均线时，以 DJIA 当日收盘价卖出空头。

空头平仓（平仓）：当收盘价高于昨日的每日收盘价 6 日加权移动平均线时，以 DJIA 当日收盘价平仓空头。

运用该加权移动平均线交叉策略，以 100 美元开始投资并将利润再投资，假如充分运用该投资策略进行利润再投资操作，无交易成本和税收，净利润总额将达到 10,772,985,856.00 美元，这比买入并持有策略高出 51,712,052.38%，空头卖出交易是盈利的且包括在本策略中。只有 38.48% 的交易是盈利的，但该策略会迅速止损并让利润运行。交易极度活跃，平均每 5.89 个日历日交易一次。

Equis 国际公司 MetaStock© 系统科尔比变量指标季节测试规则书写如下：

多头开仓：CLOSE>Ref(Mov(CLOSE,opt1,W),-1)

多头平仓：CLOSE<Ref(Mov(CLOSE,opt1,W),-1)

空头开仓：CLOSE<Ref(Mov(CLOSE,opt1,W),-1)

空头平仓：CLOSE>Ref(Mov(CLOSE,opt1,W),-1)

OPT1 当前值：6

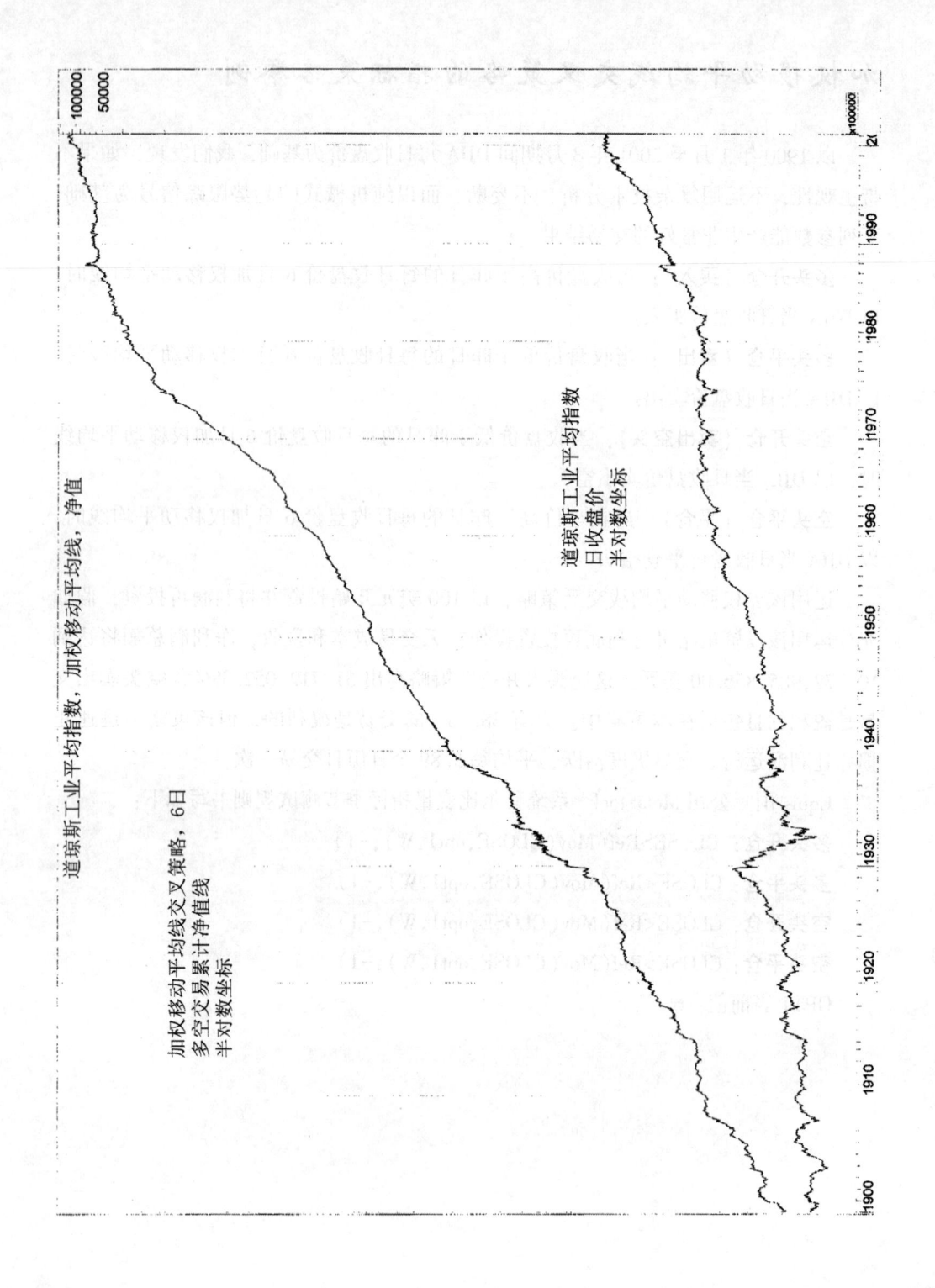

道琼斯工业平均指数,加权移动平均线,6日
多空交易累计净值线
半对数坐标

道琼斯工业平均指数,加权移动平均线,净值

道琼斯工业平均指数
日收盘价
半对数坐标

加权移动平均线交叉策略：6 日

净利润总额	1077298585 6	未平仓头寸价值	29685260	超额净利润率%	51712052.38
净利润率%	100	年均净利润率%	106417857.6	年均超额利润率%	51711770.15
初始投资		利息收入	0		
当前头寸	空头	头寸建立日期	2/28/01		
买入并持有利润总额	20832.6	测试总天数	36950		
买入并持有利润率%	20832.6	年均买入并持有利润率%	205.79	平均每笔交易天数	5.89
已平仓交易总数	6278	佣金支付总额	0		
每笔交易平均利润	1711261.64	平均盈利与平均亏损比率	1.96		
多头交易总数	3139	空头交易总数	3139	多头交易中盈利交易占比%	42.63
盈利多头交易数	1338	盈利空头交易数	1078	空头交易中盈利交易占比%	34.34
盈利交易总金额	2416	交易总数中盈利交易占比%	3862	交易总数中盈利交易占比%	38.48
亏损交易总金额	5848644032	亏损交易总金额	-4774311168	交易总金额中净盈利金额占比%	10.11
平均盈利	24207965.25	平均亏损	-12362276.33	平均盈利总额中净平均盈利占比%	32.39
最大盈利	1428177920	最大亏损	-463197184	最大盈亏合计中净盈利占比%	51.02
盈利交易平均持仓期数	8.86	亏损交易平均持仓期数	3.26	盈亏持仓天数差占亏损持仓天数比例%	171.78
盈利交易最长持仓期数	39	亏损交易最长持仓期数	24	最长盈亏持仓天数差与亏损持仓天数比例%	62.50
最大连续盈利次数	6	最大连续亏损次数	18	最大连续盈亏差占连续亏损天数比例%	-66.67
空仓总期数	7	平均空仓期数	7		
最长空仓期数					
系统平仓回撤	-9.63	盈亏比指数	18.41	净利润与系统平仓回撤之比%	1118690120 04.15
系统未平仓回撤	-9.63	风险回报指数	100	净利润与系统未平仓回撤之差与净利润之比%	100
最大未平仓交易回撤	-46197184	买入并持有指数	51854547.61	系统未平仓回撤与净利润之比%	0.00

在 Equis 公司 Metastock© "系统报告"（盈亏概览统计）中，净利润合计等于利润合计减去亏损合计，包括市值计价的未平仓头寸。相对地，盈利平仓交易总金额是指实现利润合计（仅包括已平仓交易，不包括任何未平仓头寸）。同样，亏损交易总金额是指已实现亏损合计（仅包括已平仓交易所有亏损总额，不包括任何未平仓头寸）。系统平仓回撤是指基于已平仓头寸净值线低于初始投资的最大降幅，系统未平仓回撤（SODD）是指已平仓头寸未平仓累计净值线低于初始投资的最大降幅。盈亏比指数是关于将盈利交易总金额与亏损交易总金额联系在一起的一个复杂计算结果，值的范围位于-100（最差可能表现）与+100（最好可能表现）之间，0值代表盈亏相等。风险回报指数等于净利润减去系统未平仓回撤，再除以净利润总额。在本次演练交易中，初始投资假设为100美元。多头交易和空头交易都进行，除非另有说明。交易按信号出现当天收盘价格执行，统计分析中不包括交易成本、利息费用和利润。

— 743 —

差别加权技术指标

技术指标组合有相当大量的可能性。假设我们从本书中只挑选 10 个指标，我们打算检查这些指标的所有组合。我们将不得不检查 10 的 10 次方个组合，或者 100 亿个组合。当我们对不同指标赋予可变权重时，例如根据它们的历史有效性赋权，可能的组合数量会迅速增长。

交易员和数学家威廉·埃克哈特（参见杰克·D. 施瓦格《华尔街点金人》，哈珀柯林斯出版集团，纽约东 53 大街 10 号，邮编 10022，第 109 页）指出，赋予权重往往充满考虑指标之间关系的假设。稳健统计的文献表明，最好的策略不是一些最优的加权方案，而是为每个指标赋予权重为 1 或 0。换句话说，接受或者拒绝。如果该指标从根本上足够好用，它就足以得到与其他指标一样的权重。如果它不够好，完全排除它。

特许市场技术分析师阿瑟·A. 梅里尔使用另一种方法，他有数十年作为专业统计师和技术分析师的经验。他观察到，在任何给定的时间，一些指标都是看涨的，而另一些则是看跌的，只看到那些能确认自己先入为主的观点的指标，是人的本性。梅里尔对这个问题的解决办法是，客观地根据过去的表现来为指标赋权。首先，他用预测道琼斯工业平均指数未来 1、5、13、26、52 周内走势的准确性来衡量每一个指标，对较长的时间期限逐渐给予更大的权重，这通常能提供最精确的预测。接下来，梅里尔用正确预测数量除以预测总数量来定义准确性，他用一个自由度的统计显著性卡方检验进一步量化了准确性。梅里尔将其全部指标的这类重要数据转化为与卡方的对数成正比的权重数据，这是他自己独特的创新。最后，他用所有看涨权重的总和除以所有看涨加上所有看跌权重的总和，作为统计证据的一个完全客观的权重，他称之为技术趋势平衡。

在指标组合中包括、排除和加权指标的标准应基于投资者的目标、逻辑、常识和历史风险调整回报，这些回报是在几十年的未见历史数据中模拟的。此外，每一个组成指标都应分别分析和跟踪，以便技术分析师能够察觉到每个指标的行为可能发生的变化，因为有时随着交易环境的结构性变化，一些指标随着时间的推移已经发生巨大变化。

威尔德平滑

威尔德平滑方法是由 J·小威尔斯·威尔德提出的，他被认为是动向指标和 RSI 的开发者。威尔德使用的平滑公式和更为广泛接受的指数移动平滑公式（参见"指数移动平均线"指标）几乎一样。当威尔德提及除以平滑数 14 时，非常接近于使用 28 日的指数移动平均数，两种平滑方法都为系列中所有历史数据每天分配越来越小的权重。

威廉百分比范围指标（%R）

该指标归功于拉里·威廉姆斯（加利福尼亚州兰乔圣菲第 8162 邮政信箱），完全是逆向的随机指标，随机指标在同类中更流行（参见"随机指标"）。

威廉变异离散量（WVAD）

参见"成交量：威廉变异离散量（WVAD）"。

威科夫波浪

威科夫波浪指标是关于八只重要和活跃股票的一个不断变化的价格指数。最近，八只股票为：百时美施贵宝（BMY）、通用汽车（GM）、陶氏化学（DOW）、IBM（IBM）、埃克森美孚（XOM）、美林（MER）、通用电器（GE）和联合太平洋（UNP）（描述理查德·D. 威科夫的方法的一系列详实文章，参见《股票和商品期货技术分析》，www.traders.com）。

MetaStock© 系统及罗伯特·W. 科尔比提供的特别优惠

为帮助你进一步进行自己的独立研究，作者对本书中使用的同样的 MetaStock© 系统技术分析软件，安排了特别优惠价格。致电 1-800-82-3040 并说明"提供代码：科尔比"（"Offer Code COLBY"），可以以一个特别优惠价获得该强大的软件。

亲爱的读者：

我感谢您对我工作完整性的信任。在我三十年的技术研究中，我相信我已经见到了所有可用的分析工具。我专门选择 MetaStock© 软件完成本书中的研究。Equis 国际公司制作了 MetaStock© 系统，并没有为我选择他们的软件提供任何激励措施。我使用 MetaStock© 系统来进行我的研究，生成我的统计表格，绘制我的图表。我选择 MetaStock© 系统是因为它范围广泛的强大功能、它的灵活性、它的易用性和它的承受能力。

我选择 MetaStock© 系统，因为它提供下列功能：

- 大量的分析工具，包括 120 多个不需要编写公式的易于使用的内置指标，显示屏上的解释告诉您如何使用每个指标。
- 探索无限可能性的能力，您可以修改指标，混合和匹配指标组合，并创建自己的全新指标，以满足您的需要。
- 出色的灵活性——MetaStock© 系统可以适应使用任何变量、任何技术或基本指标或任何不同变量组合的工作。
- 为指标研究和开发进行系统测试，有能力基于历史数据不冒任何风险回溯测试指标。
- 最优化——它使您能够研究和开发使实际的过去市场数据风险回报表现最大化的指标，您可以微调您的交易系统。MetaStock© 系统可以测试每一个可能的参数设置并自动为您排序利润和亏损结果。
- 您可以通过进行真实前行模拟来证明或反驳您的想法。
- 灵活的、可定制的和先进的绘图功能，包括九种不同的图表样式。
- MetaStock© 浏览器可以扫描数千只证券，找到满足您定制标准的证券并进行排序。

- 专家系统、专家顾问、专家提醒、专家评论和专家符号，能提供指导、辅导、评估，监控您的证券并标记特殊情况。
- MetaStock© 业绩系统、新业绩系统和10个探索器，旨在提高盈利能力和降低风险。
- 内置的附加功能，包括网页浏览器、在线交易能力、教程、历史数据CD、培训CD和技术支持。
- MetaStock© 提供其软件的两个版本：MetaStock©，一个日终数据经济版（适合长期投资者），和MetaStock© 专业版，一个更昂贵的、实时活跃数据版（适合活跃的短线交易者）。

我为专业交易员和普通投资者设计和教授了技术分析课程。我总是强烈鼓励我的学生做自己的研究，为自己思考，有用的工具如MetaStock© 能帮您做这些。

更多详细信息和订购MetaStock©，请拨打免费电话1-800-882-3040。

一定要说明"提供代码：科尔比"（"Offer Code COLBY"），以获得您的特别优惠。

敬上

罗伯特·W. 科尔比

MetaStock© 和 MetaStock© 业绩系统（MetaStock© Performance Systems）是 Equis 国际公司的注册商标，该公司是一家路透社公司：犹他州盐湖城东700南街3950号100室，邮编84107，电话（800）882-3040 或（801）265-8886，传真（801）265-3999，网址www.equis.com。所有其他产品名称归其各自所有者拥有。

罗伯特·W. 科尔比是一个客观的、独立的研究人员、投资经理、作家、教育家、顾问和演说家，他不是任何提供投资经纪服务或投资软件产品的公司的雇员。他没有接受，也不会接受任何预付补偿而建议或提及任何服务、产品或证券。

罗伯特·W. 科尔比的最新思想、更新及建议，请访问 www.robertwcolby.com。